二

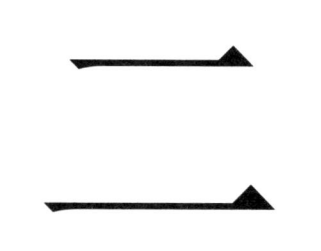

醫家部

論　述

《漢書·藝文志·方技略》 方技者，皆生生之具，王官之一守也。太古有岐伯、俞拊，中世有扁鵲、秦和，蓋論病以及國，原診以知政。漢興有倉公。今其技術晻昧，故論其書，以序方技爲四種。

又 醫經者，原人血脈經落骨髓陰陽表裏，以起百病之本，死生之分，而用度箴石湯火所施，調百藥齊和之所宜。至齊之得，猶慈石取鐵，以物相使。拙者失理，以瘉爲劇，以生爲死。

又 經方者，本草石之寒温，量疾病之淺深，假藥味之滋，因氣感之宜，辯五苦六辛，致水火之齊，以通閉解結，反之於平。及失其宜者，以熱益熱，以寒增寒，精氣内傷，不見於外，是所獨失也。故諺曰：「有病不治，常得中醫。」

又 房中者，情性之極，至道之際，是以聖王制外樂以禁内情，而爲之節文。傳曰：「先王之作樂，所以節百事也。」樂而有節，則和平壽考。及迷者弗顧，以生疾而隕性命。

《隋書·經籍志·醫方》 醫方者，所以除疾疢，保性命之術者也。天有陰陽風雨晦明之氣，人有喜怒哀樂好惡之情。節而行之，則和平調理，專壹其情，則溺而生疢。是以聖人原血脉之本，因鍼石之用，假藥物之滋，調中養氣，通滯解結，而反之於素。其善者，則原脉以知政，推疾以及國。《周官》醫師之職「掌聚諸藥物，凡有疾者治之」，是其事也。鄙者爲之，則反本傷性。故曰：「有疾不治，恒得中醫。」

晁公武《郡齋讀書志·醫書類》 醫經傳於世者多矣。原百病之起瘉者，本乎黄帝；辨百藥之味性者，本乎神農；湯液則稱伊尹。三人皆聖人也。憫世疾苦，親著書以垂後，而世之君子不察，乃以爲賤技，恥於習之。由此，故今稱醫者多庸人，治之常失理，可生而死者甚衆。激者至云「有病不治，猶得中醫」，豈其然乎？故予録醫頗詳。

王禕《青巖叢録》 醫家之書，自《内經》而下藏於有司者，一百七十九家，二百九部，一千二百五十九卷，而後出雜著者不與焉。《内經》謂爲黄帝之書，雖先秦之士依倣而託之，其言質奥而義宏深，實醫家之宗旨，殆猶吾儒之六經乎！秦越人《八十一難經》繼作，蓋舉黄帝、岐伯之要旨而推明之，亞於《内經》者也。漢張仲景本《内經》、《難經》之旨，著《金匱玉函經》及《傷寒》諸論，其論六氣之所傷，最爲詳備。晉王叔和纂岐伯、華佗等書爲《脈經》，敍陰陽内外，辨三部九候，分人迎氣口，條陳十二經，洎三焦五臟六腑之病，尤爲精密。二氏之書，誠千古不刊之典也。厥後巢元方著《病源候論》，王砅撰《天元玉策》，要皆有所祖述。然元方言風寒二濕而不著濕熱之説，砅推五運六氣之變而患在滯而不通，此其失也。至唐孫思邈出，以絶人之識，篤濟物之仁，其列《千金方翼》，所以發前言，啓後學，有功於醫道深矣。當時王燾有《外臺祕要》，所言方證符證灼灸甚詳，然謂鍼能殺生人，而不能起死人，則一偏之論也。及宋，錢乙、龐安時、許叔微迭興，龐則囿於準繩尺寸之中，許則務在出奇而應變，其術皆本於仲景。惟錢深造仲景之閫奥，建爲五藏之方，各隨所宜用。謂肝有相火，則有瀉而無補，腎爲真水，則有補而無瀉，可謂啓《内經》之祕，惜其遺書散亡，出於閻孝忠之所集者，非乙之本真也。若大觀間陳師文、裴元宗輩所製二百九十七方，則欲以一定之方而應無窮之病，識者固知其昧於變通之道矣。金氏之有中原也，張潔古、劉守真、張子和、李明之四人者作，醫道於是乎中興。潔以古方新病，不能相値，治疾一切不以方，故其書不傳，其學則明之深得之。明之推内外二傷，尤先於治脾土，其爲法專於補，其所著《脾胃論》，誠根本之言也。子和以吐、汗、下三法，風、寒、暑、濕、火、燥、六門，爲醫之關鍵。其劑多峻厲，其爲法主於攻。守真論風火之病，以《内經》病機氣宜十九條者爲《病原式》，曲盡精微，其治法則與子和相出入者也。張氏一再傳，其後無聞。李氏弟子，多在中州。獨劉氏傳之荆山浮圖師，師至江南，傳之宋中人羅知悌，而南方之醫皆宗之矣。爰及近時天下之言醫者，非劉、李之學弗道也。劉、李之法，雖攻補不同，會而通之，隨證而用之，不在其人乎？

殷仲春《醫藏書目·無上函》 無上函者，取《内經》暨諸籍，凡諸家無有越于此者，爲識函也。釋縛脱艱，全真導氣，三聖道源，萬世鴻造。其併收《易》與《洪範》、《繁露》者，醫與治道相符，聖賢表裏也。故《書》之分命羲和之四方，即《内經》春月發陳、夏月蕃秀之玄奥。一以分四時而治民，一以分四氣而調世。治民者敬授人時，教民以析因夷隩，隱有調世之濟植。調世者勿奪怒急泄，暗藏聖王之養性情，育德以豫民。《易》與《洪範》、《繁露》諸書者，如醫緩知晉侯之膏肓，食不及新。

子鍼識趙孟正卿之喝曰。故孫思邈云：大醫須當兼識陰陽卜相之術。亦此意也。《難經》至元七十註，而義猶訛，張長沙忿舉族羅患而著《論》，豈易易而言哉！昔人教人讀《朱書本草》，恐後人惑于膚測藥性。診脉者休執《高陽歌括》，必須熟讀《脉經》。

又《正法函》　正派者，醫家之大濟生民之書也。自軒岐已降，奇賅雖傳，無準的以法世。張機仲景以天縱之才，以生民爲惧，分六經證治，此不能一辭爲賛。李東垣深究《内經》，闡明藥性，辨明内外之傷，立調補陰陽之法。張潔古夢人鑿胸納書，而醫業最精。劉河澗立熱病法，而治法迥異，非操戈于仲景，寔羽翼于長沙。錢仲陽之論腎常不足，朱丹溪云相火有餘，更超千古。謙甫、好古、安常、安道，不失邯鄲。《千金》、《十書》當爲正典。

又《法流函》　法流者，正法流行于宇内，有扶植生靈之功，垂教英敏之法。劉宗厚《傷寒雜病治例》，東垣《正脉》、《心法》、《附餘》，此爲最當。若陶節菴《六書》，薛氏諸種，節齊、石山、元禮、慕松、用光、仁齋，咸用心于著述，未必盡妙法于當年。覽者譬楂梨橘柚，各當于口；用者澠淄涇渭，細辯于分毫，不可一拘。程不識之號令嚴明，又不宜玩李將軍之兵，便于水草。

又《結集函》　結集者，諸品妙諦而爲一乘之法也。惟此最難，廣之則蕪穢漫散，約之則遺漏失詮。非有宏材，安能删述？若無慧悟，安能編簡？叔和次仲景之書，猶多異論；《千金》秘龍藏之方，人豈易知？纂集之書，全善《綱目》最妙，小大不遺。又奇方簡畧，宗厚《微義》得中，而門類失全。《集成》、《醫統》，亦有可觀，不能枚舉。近得徐儆弦《醫經彙編》，裒取百氏切要之篇，惜無方以配之。凡纂此諸書，若無神解，譬猶晉鄙之兵，一椎可奪。欲若細柳之營，天子按轡方妙，未易忘筌，猶當枕蓆。

又《旁通函》　旁通者，爲醫家之能事，禪之别宗，治之變法，兵之詭道，民之菽麥，此非常經。古人曰：「民可樂成，不可慮始。」此行變之始法。蘓子曰：「兵猶火也，不戢將自焚。」此用奇之節制。子和之三法，奉議之《活人》，隱君之《痰論》，飛霞之霞膏，迥乎自别。善用者譬五兵之一技，須必勝而後施；十策之總陳，待萬全而始用。其《嶺南》、《海上》、《奇効》、《家寶》、《袖珍》，諸書併輯，不可執此即爲秘方。細考適當，其病如獲衣珠。醫爲人之司命，安可擬學書廢紙？

又《散聖函》　散聖者，非醫流之專業。天生聰睿特達之士，既以文學標乎宇宙，爲才流之山斗，而更游心一藝，亦切生民粟帛。自蘓長公、沈存中以下數十家，或方或論，或運氣，或地宜，談之生眉睫之喜色，用之蘇嶺表之生民。彼以慈心一念，越尊俎而代庖人，不可成心景企，竟刻舟而求劍。又草廬、伯齊、叔拱，得徐儆弦之彙萃，而時見一班。金之河澗、潔古、彦修諸家，李濂集《醫史》而行迹畧備。自正派、結集外，方書俱總萃于兹。

又《玄通函》　玄通者，出于《内經・五運》、《六微》、《天元紀論》。太虚寥廓，肇基化元，同曆家敘四時之位，正分至之節，望雲觀氣，以紀灾祥，測候紀風，以察交度。若執成案以驗民瘼，有應不應；以活變而驗時事，此理庶幾。昔人云：「病知不似當年氣，看與何年氣候同，但向此中求活法，須知至妙在其中。」蓋亢則害，承乃制，大過不已，則反不及。沈存中《測候》數篇，是得運氣之妙。而《天元玉册》，此兼推步，不特民病，兼通世運；《玄珠密語》，則又其次。當求明哲，以稽其妙。此函其涉于深玄尚古者附焉。

又《理窟函》　理窟者，攻切脉而知病情。諸家所集不言望、聞、問，而止言此，以其最難緊要立名也。孔子曰：觀水有術，必觀其瀾。脉者，血氣之波瀾。又曰：國之氣脉，水之源流，地之龍脉。天下之理，莫玄微乎此理。人之死生，係於頃刻按診。醫之良否，亦在處治安危。七診九候，非識陰陽而奚測？七表八裏，非洞明度數而焉知？故論病以及國，而診以知政。《太素》肇源乎《靈樞》，何曾有外乎上聖；《難經》闡明乎石室，此可領袖乎後賢。自《脉經》以下註叔和者，亦如《難經》之多，雲岐最妙，《通真》、《俗解》、《圖註》、《刊誤》，不一而足。滑氏《樞要》、丹溪《脉論》，脉訣玄理，標提診候，寔切世用。而丹溪者又以黄鍾推寸口，此深知律吕，真能若是乎。扁鵲垣見一方，洞經絡而自神其目。若壺丘淵九示之虚妙，神巫遁形，此又出乎其上。淵乎玄乎，其惟脉乎！

又《機在函》　機在者，集目科數十種而便于治焉也。人之機，在目乎！人胷中正不正，猶能察人瞭髦，况病不見秋毫乎。此病分五輪八廓，表裏寒熱。世有得一方即通治，豈不悮人乎？佛祖曰：金屑雖貴，入眼成塵。

又《秘密函》　秘密者，秘傳之書，不經世目。如華士元《肘後》、《青囊》之類，自古有之。扁鵲之遇長桑，授上池之神術，淳于意公傳宇外之禁方，不其然乎！若不待傳而心得者，如張潔古夢神人鑿胷納書，此道大明，正爲神解，何嘗蹊曲必遇異人哉？管公明亡後，止有《周易》、《孝經》、《論語》，又何嘗有潛虚覆射之術哉？雖然，自古英奇之士，非得枕中秘記、圯上一篇，安能施其妙用哉？目遇抄本秘方異帙，列于斯焉。

又《普醒函》 普醒函者，取《神農本草》以至近代諸本草，如釋氏醍醐以清涼味解脱諸煩惱也。自神農嘗百草，至《唐本草》，下迨宋元，辨愈精而用愈難。非精考諸書，安可妄定方藥？辨五苦六辛，致水火之齊，通閉解結，反之于平用之，當如磁石取鐵，用無不驗。反此，如以火益薪，反生煩惱。

又《印證函》 印證函者，述古方舊案而成之也。人有今古之不同，方有南北之迥異。況方者，倣也；案者，諳也。止可法此而證他歧，不可證此而爲準鵠。不細玩自古名方，必曹七方之博約，焉知十劑之縱横？范文商文二公，皆收天下之犀革羽毛，以待奇士之需用。周府蜀藩，進呈袖珍御用，恐妨生民之信誤。

又《誦法函》 誦法函者，熟其記誦，便于應酬，此皆爲鈍根而設也。至于高陽生之《脉訣》雖僞作，而分臟府有條。許叔微之《百証》深括長沙之正脉，必須熟誦。其餘雖有可觀，不免凑砌成括。《藥性》以二十八字爲則，何能盡升降補瀉經絡之運用？即如越裳之指南，何能盡國中門城之深窅？此不可無，又不可如釋、道咀呪，留連于口吻。

又《聲聞函》 聲聞者，非謂辟支之謂也。目未經覽，但世有秘册奇書，或禁方奇賅，或醫書引用，未覩全帙。高人逸士，方外丹客，或世傳秘方，訪知的有，必須求之。古聖聞一善言，聞一善行，若決江湖；而醫者人之司命，而拘虚執安于一曲哉？珠玉無足而至者，以人好之也，遇此必須傾橐。若焦弱侯《經籍誌》所收，亦附後。

又《化生函》 化生者，女科十二種爲輯也。《易》曰：「男女遘精，萬物化生。乾道成男，坤道成女。」《經》曰：「女子二七天癸至，男子二八則精通。七爲少陽，八爲少陰。女反以陽，男反以陰者，陽偶陰爲女，陽交陰爲男。陰主静，海滿而去血；陽主動，應血而泄精。古人遲于婚嫁者，豫養其精神。今人故有立胎教，行坐起居皆有禮，則生子形容端正，自亦無疾患憂虞。況屢胎育者，氣血有耗，而不得子姓者，鬱滯多端。尼寡之不同，經候之有異。語云：寧治十男子，莫治一婦人。若扁鵲巧達，趙重婦女，即爲帶下，此何拘乎？

又《楊肘浸假函》 楊肘函者，取外科散籍，總綱一籍。《周官》疕瘍科治邦之患，歲終稽上下。又瘍科近于卑，故其書散漫。凡世之庸人，得一方即秘爲神丹。此皆損元氣之藥。東垣、丹溪深究心于此焉，始知依經絡表裏補瀉之法。陶尚文自患此，徧考前書，著《十段關》，以五善七惡爲要，治其惡其毒易愈，患疽者百全。立齊推廣，大有妙驗，單方奇方，深愛廣求，不敢以爲嚆矢。稽生云：蚊盲噬膚，則通夕不眠。惟外死生者跰躃視井而云：造物又爲此拘拘也，何哉？

又《妙竅函》 《内經・異法方宜論》云：東方之民，魚鹽之地，其民熱中，鹹勝血爲癰瘍，治宜砭石。北方地寒，乳食生滿，治宜灸焫。南方霧露所聚，嗜酸食胕，病多攣痺，治宜微鍼。然則鍼灸上古之法，又春夏秋冬散俞絡俞，皮膚竅理毫不可紊。又九刺胸腹，必避五臟，中心環死，脾五日，腎七日，應日而斃，豈易易者哉？又云：刺皮無傷肉，刺肉無傷脉，刺脉無傷筋。況喜怒、憂思、勞饑，皆不宜輕刺。此非神授仁人更有秋毫貫虱之眸，承蜩揮斤之手，則不能盡此技。故自扁鵲之起虢太子，寥寥千載，代不數人。若駑人鍼腰疾之鬼，啓衣刺危産之兒，則涉神恠矣。又云：針能殺生人，不能起死人。言其術之難也，非鹵莽之夫輕爲此技。此書玄妙深奥，善乎王宇泰讀此而發歎曰：《鍼經》分理經絡，條陳補瀉，咸臻微妙。欲一一立方，以代針刺，正恐印定後人耳目，謙讓未遑。惜乎未得識荆，致有望洋之歎。

又《慈保函》 慈保者，嬰科種種，顱顖夷瘡，纖收而備具者。若附諸書者，此不記録。古爲啞科，以虎口部爲診候。錢仲陽奥臻神聖，嚴孝忠補輯未別珉玉。痘疹之書不著先秦，而建武之後始有。惟痘疹書最繁，猶當逐一推究，庶用寒用熱，法有餘地。

又《指歸函》 指歸者，指示學者得正脉，而深明乎妙理，使不雜淆于裏，而得聖賢玄奥。如《大藏》以《般若》印心，既及《楞嚴》、《華嚴》，爲入悟之漸；儒者不外乎六經，以及諸書。醫書汎濫，諸書互有得失，譬楊朱之見岐路，須以苦心探索，方罔象之得玄珠。余每函摘取切要爲一帙，以便業醫捷徑，猶恐以誤後人。倘有高賢爲余正之，余之贅言無當總不如。昔人云：不讀本草，焉知藥性？既知藥性，決不識病。假饒識病，未必得法；識病得法，工中之甲。經絡明認得標，運氣明認得本，治千人無一損。禪家有頓悟、漸解，醫須漸解以及頓悟，頓悟難離漸解。一爲修己之性，一爲救人之命，故有差別。

又《法真函》 法真者，取修真導引之書數十種，以資醫理。經云：上古真人提挈天地，把握陰陽，呼吸精氣，獨立守神，故能壽敝天地。廣成子曰：至道之精，窈窈冥冥；至道之極，昏昏默默。其次至人，淳德全道，和于陰陽，積精全道，游行天地之間，視聽八達之外，益壽强神，亦歸真人。其次則有聖人、賢人，亦持修習永年。今之丹書，法時火候，顛倒坎離，龍從火出，虎向水生，秉仙風道骨，堪承真諦。若其養砂燒茅，以藥物資貪心，房中採戰，以淫慾縱痴性，何能至神仙地位？故曰燕昭無靈氣，漢武非仙材，況凡庸乎！人居天地，一念妄生，反罹灾咎。若能依坐功清修，亦躋上壽。《悟真篇》云：一日清閑一日仙，六神和合自天然。丹田有寶休尋道，萬境忘言莫問禪。此有夙根清品，方臻此妙。又俗塵未斷，反生懊惱，亦可暫却塵勞。《養生論》云：加一溉于陽年，亦遲枯于苗旱。可不法此乎？

初誦東垣《藥性》，知升降浮沉。次看録《大觀朱書本草方》，知藥之端的。考伊摯、潔古處方之妙，細觀《湯液本草》之精對，縱觀《本草綱目》之應用，庶知藥性，遇方則知來歷，何往而不通暢哉！脉之難明，自古而然。《脉訣》雖爲高陽生之僞作，然辨部定分，灼知臟腑，熟之易于明白。《脉經》爲醫家要領，日夕細觀理會，然又難措手診視。必先看滑氏《診家樞要》，得其按法。紫虛真人之《舉要訣》，大槩甚明。至于仲景《脉論》，運氣、司天、在泉，此大關節。丹溪《脉論》，以律吕以配寸口，内外之辨甚明。諸家所集逐門脉法，亦出《脉經》、脉書，亦須潛心細看。

焦竑《國史經籍志・醫家類序》 醫經昉於《素問》，經方原於《本草》。《七畧》分二家，實王官之一守也。許嗣宗曰：醫特意耳。脈候幽而難明，吾意所解，口不能宣也。虛著方劑，於世何益？顧自六塵伐性，七寶移情，衛生虧攝，機速蹷痿，求緩齡於金液，假息於銀丸，則五色所書，《鴻寶》所録，又可盡廢邪？第方匪對症，藥或誤人。語曰「疾不治，得中醫」，非虛言也。代歷古今，篇籍猥衆，今稍稍次之爲醫家。

《四庫全書總目提要・醫家類序》 儒之門户分於宋，醫之門户分於金元。觀元好問《傷寒會要序》，知河間之學與易水之學争。觀戴良作《朱震亨傳》，知丹溪之學與宣和局方之學争也。然儒有定理，而醫無定法。病情萬變，難守一宗。故今所敘録，兼衆説焉。明制，定醫院十三科，頗爲繁碎。而諸家所著，往往以一書兼數科，分隸爲難。今通以時代爲次。《漢志》醫經、經方二家後有房中、神仙二家，後人誤讀爲一，故服餌導引，歧塗頗雜，今悉删除。《周禮》有獸醫，《隋志》載治馬經等九家，雜列醫書間。今從其例，附録此門，而退置於末簡。貴人賤物之義也。《太素脈法》，不關治療，今别收入術數家，兹不著録。

耿文光《萬卷精華樓藏書記・醫家類序》 醫家者流，子夏指爲小道，朱子斥爲賤役，似不足重輕矣。然其關係甚大，故《記》云：「醫不三世，不服其藥。」或解「不三世」爲不讀三世之書，其説差長。而書無定論。愚以伏羲之《易》，神農之《本草》，黄帝之《素問》當之，似爲近。是醫師之法，載於《周官》，而惠《注》最詳。和緩之言，見於《左傳》，而專書不顯。然其片語單詞，尊爲經典，宜熟玩也。其他專門之書，今所録者凡百十五家，分爲四卷。羣經音義，古本多佚，唯醫家自周迄今，代有作者，流傳不絶。雖師門之授受，宋元以後不免紛争，而各自成家者具有見解，所以能信今而傳後也。明人著述，愜心者甚少，而醫門諸部，差强人意。此學宜觀近代之書，而參以古義，勿泥成方，勿執己見。書無論其漢晉宋元，師意爲要。藥無論其温凉寒熱，中病而止。非變動不拘，神而明之，未易窺斯道也。古云「醫者，意也。」愚以爲醫者，易也，明於易而思過半矣。因備列諸家，而俗本不及。

黄逢元《補晉書藝文志・醫方類序》 醫者，意也。心之所會，口不能宣，奚以書爲？然廢書以求醫，則《黄帝素問》、《神農本草》，可以不作。死生亦大矣，可無術治之哉？徵諸有晉，葛、范兩家經方，集其大成，故卷帙最富。王氏一人，脈理發其祕訣，其依託亦多。昔馬遷作《史》，扁、倉立傳。唐修《晉書》，有藝術矣，多載推步，而此道闕如，惜哉！

雜録

《漢書・藝文志・方技略》 右醫經七家，二百一十六卷。

又 右經方十一家，二百七十四卷。

右房中八家，百八十六卷。

《隋書・經籍志・醫方》 右二百五十六部，合四千五百一十卷。

《舊唐書・經籍志》 右醫術本草二十五家，養生十六家，病源單方二家，食經十家，雜經方五十八家，類聚方一家，共一百一十家，凡三千七百八十九卷。

馬端臨《文獻通考・經籍考・醫家》 《漢藝文志》：醫經者，原人血脉、經絡、骨髓、陰陽、表裏，以起百病之本、死生之分，而用度鍼石湯火所施，師古曰：鍼所以刺病也，石謂砭石，即石鍼也。古者攻病則有砭，今其術絶矣。調百藥齊和之所宜。至齊之得，齊音劑。猶磁石取鐵，以物相使。拙者失理，以瘉爲劇，以生爲死。

《漢藝文志》：經方者，本草石之寒温，量疾病之淺深，假藥味之滋，因氣感之宜，辯五苦六辛，致水火之齊，以通閉解結，反之於平。及失其宜者，以熱益熱，以寒增寒，精氣内傷，不見於外，是所獨失也。故諺曰：「有病不治，常得中醫。」

《漢志》：醫經七家，二百一十六卷。

《漢志》：經方十一家，二百七十四卷。

《隋志》：醫方二百五十六部，四千五百一十三卷。

《唐志》：明堂經脉類一十六家，三十五部，二百三十一卷。失姓名十六家，甄權以下不著録二家，十卷。
《唐志》：醫術六十四家，一百二十部。四千四十六卷。失姓名十八家，王方慶以下不著録五十五家，四百八卷。
《宋三朝志》：經脉四十六部，一百四十卷，醫術一百九十一部，二千九十九卷。
《宋兩朝志》：經脉二十九部，四十五卷，醫術八十四部，二百二十六卷。
《宋四朝志》：三十六部，二百九卷。
《宋中興志》：一百七十九家，二百九部，一千二百五十九卷。
《新唐書・藝文志・醫術類》 右醫術類六十四家，一百二十部，四千四十六卷。失姓名三十八家，王方慶以下不著録五十五家，四百八卷。
《宋史・藝文志・醫書類》 右醫書類五百九部，三千三百二十七卷。
《四庫全書總目提要・醫家類》 右醫家類九十七部，一千八百一十六卷，皆文淵閣著録。
右醫家類九十四部，六百八十二卷，附録六部，二十五卷，皆附存目。
錢東垣等輯《崇文總目・醫書類》 醫書類一共五十九部，計一千二百七十二卷。
張之洞《書目答問・醫家》 醫家弟六。録初唐以前者。唐後方書，須專門經驗，定其是非，不録。

醫經與基礎理論分部

黃帝内經　扁鵲内經

《漢書・藝文志・方技略・醫經》 《黃帝内經》十八卷。《外經》三十(九)〔七〕卷。《扁鵲内經》九卷。《外經》十二卷。
姚振宗撰《漢書藝文志條理・方技略》 《黃帝内經》十八卷。
《外經》三十七卷。
黃帝見前道家、陰陽家、小説家、兵家、曆譜五行雜占家，皇甫謐《帝王世紀》：黃帝有熊氏，命雷公岐伯論經脈，旁通問難八十一，爲《難經》，教制九針著《内外術經》十八卷。又曰：「岐伯，黃帝臣也。帝使岐伯嘗味草木，典主醫病經方，《本草》、《素問》之書，咸出焉。」
皇甫謐《鍼灸甲乙經》序曰：「按《七略》、《藝文志》、《黃帝内經》十八卷。今有《鍼經》九卷，《素問》九卷，二九十八卷，即《内經》也。《素問》原本《經脈》，其義深奧，不可容易覽也。又有《明堂孔穴》、《鍼灸治要》皆黃帝、岐伯遺事也。三部同歸，文多重複，錯互非一，乃撰集三部，使事類相從，刪其浮辭，除其重複，論其精要，至爲十二卷。」
《太平御覽》曰：《抱朴子》曰：「《黃帝醫經》有《蝦蟆圖》，言月生始二日，蝦蟆始生，人亦不可針灸其處。」
《四庫全書總目提要》曰：「《漢書・藝文志》載《黃帝内經》十八篇，無《素問》之名，後漢張機《傷寒論》引之，始稱《素問》，晉皇甫《甲乙經》序稱《鍼經》九卷，《素問》九卷，皆爲《内經》，與《漢志》十八篇之數合。則《素問》之名起于漢晉間矣。」
按皇甫氏《甲乙經》序云：又有《明堂孔穴》、《鍼灸治要》皆黃帝、岐伯遺事。林億云：《鍼經》三卷，最出遠古。似皆謂《外經》。《外經》之書至西晉時已非《漢志》三十七卷之舊。隋、唐《志》所載《蝦蟆忌》、《岐伯經》、《明堂經》之類，似皆後人集《外經》之文，別爲篇目者。又按：此《外經》與後《扁鵲外經》、《白氏外經》原本相聯貫，皆蒙上省文，別爲一條，遂各不相屬，謬之甚矣。
《扁鵲内經》九卷。
《外經》十二卷。
《史・列傳》：扁鵲者，勃海郡鄭人也。徐廣曰：鄭當爲鄚。《索隱》曰：勃海無鄭縣，徐説是也。今按扁鵲自言：臣齊勃海秦越人也，家在于鄭。則碻爲「鄚」字，不得以勃海郡泥之。姓秦氏名越人，少時爲人舍長，舍客長桑君過，扁鵲獨奇之，常謹遇之。長桑君亦知扁鵲非常人也，出入十餘年，乃呼扁鵲私坐，間與語曰：「我有禁方，年老，欲傳與公，公毋泄。」扁鵲曰：「敬諾。」乃出其懷中藥予扁鵲：按此處當有「曰」字。飲是以上池之水，三十日當知物矣。乃悉取其禁方書盡與扁鵲，忽然不見，殆非人也。扁鵲以其言，飲藥三十日，視見垣一方人。《索隱》曰：言能隔牆見人也。以此視病，盡見五藏癥結，特以診脈爲名耳。爲醫或在齊，或在趙，在趙者名扁鵲。
《隋書・經籍志》：《黃帝八十一難》二卷，《扁鵲偃側鍼灸圖》三卷。《崇文總目》：《黃帝八十一難經》二卷，秦越人撰。越人采《黃帝内經》精要之説凡八十一章，編次爲十三類，理趣深遠，非易了，故名《難經》。晁《志》云：唐楊元操編次爲十三類。
王氏《考證》：《史記》倉公師公乘陽慶，傳黃帝、扁鵲之脈書。王勃《八十一難經》序曰：岐伯以授黄帝，黄帝歷九師以授伊尹，伊尹以授湯，湯歷六師以授太公，太公以授文王，文王歷九師以授醫和，醫和歷六師以授秦越人，秦越人始定立章句。

按：王子安氏言秦越人始定立章句，當有所受，若是，則扁鵲内外經，即本黄帝内外經，而引申發明之。今可考見者，唯《難經》及《鍼灸圖》二書。

黄帝内經

尤袤《遂初堂書目・醫書類》《黄帝内經》。

徐𤊹《徐氏家藏書目・醫類》《黄帝内經》。

彭元瑞等《天禄琳琅書目後編・宋版子部》《黄帝内經》。四函二十四册。

《素問》二十四卷，篇目同前。《靈樞》二十四卷，八十一篇，前有紹興乙亥史崧序，亦每卷附音義。

《素問》之名始見於後漢張機《傷寒論》。《靈樞》之名，漢、隋、唐《志》皆不著録。王冰以《九靈經》更名《靈樞》，謂即皇甫謐所言《鍼經》，故後人或以爲冰所僞託也。至崧始云：家藏舊本《靈樞》九卷，送祕書省國子監，是此書至南宋始出也。考《漢書・藝文志》載《黄帝内經》十八篇，晉皇甫謐《甲乙經》序稱《鍼經》九卷，《素問》九卷，與《漢志》十八篇合，此兩書所由合刻也。

扁鵲内經　外經

姚振宗《七略别録佚文・方技略》《扁鵲内經》九卷，《外經》十二卷。扁鵲治趙太子暴疾尸蹷之病，使子明炊湯，子儀脈神，子術按摩。馬本。

素　問

《新唐書・藝文志・醫術類》王冰注《黄帝素問》二十四卷。

鄭樵《通志・藝文略・醫方》《黄帝素問》二十四卷。晉王冰撰。

錢東垣等輯《崇文總目・醫書類》《素問》二十四卷。王冰注。

補注素問

鄭樵《通志・藝文略・醫方》《補注素問》二十四卷。林億補注。

晁公武《郡齋讀書志・醫書類》《黄帝素問》二十四卷。袁本前志卷三下醫家類第一。

右昔人謂《素問》者，以素書黄帝之問，猶言「素書」也。唐王砅注。砅謂：「《漢藝文志》有《黄帝内經》十八卷，《素問》即其經之九卷，兼《靈樞》九卷，迺其數焉。」先是第七亡逸，砅時始獲，乃詮次注釋，凡八十一篇，分二十四卷。今又亡《刺法》、《本論》二篇。砅自號啓玄子。醫經傳於世者多矣。原百病之起瘉者，本乎黄帝；辨百藥之味性者，本乎神農；湯液則稱伊尹。三人皆聖人也。

陳振孫《直齋書録解題・醫書類》《黄帝内經素問》二十四卷。

黄帝與岐伯問答。《三墳》之書無傳，尚矣。此固出於後世依託，要是醫書之祖也。唐太僕令王砅注，案：「砅」原本作「冰」，今據《文獻通攷》改正。自號啓元子。案：《漢志》但有《黄帝内外經》，至《隋志》乃有《素問》之名，又有全元起《素問注》八卷。嘉祐中，光禄卿林億、國子博士高保衡承詔校定、補注，亦頗采元起之説，附見其中，其爲篇八十有一。王砅者，寶應中人也。

馬端臨《文獻通考・經籍考・醫家》《黄帝素問》二十四卷。

晁氏曰：昔人謂《素問》者，以素書黄帝之問，猶言「素書」也。唐王砅注。砅謂：「《漢・藝文志》有《黄帝内經》十八卷，《素問》即其經之九卷，兼《靈樞》九卷，迺其數焉。」先是第七亡逸，砅時始獲，乃詮次注釋，凡八十一篇，分二十四卷。今又亡《刺法》、《本論》二篇。砅自號啟玄子。醫經之傳於世者多矣，原百病之起瘉者本乎黄帝，辯百藥之味性者本乎神農，湯液則稱伊尹。三人皆古聖人也，憫世疾苦，親著書以垂後，而世之君子不察，乃以爲賤技，恥習之。由此故今稱醫者多庸人，治之失理，以生爲死者甚衆，激者至云「有病不治，常得中醫」，豈其然乎？故予録醫頗詳。《隋志》以此書爲首，今從之。

陳氏曰：黄帝與岐伯問答。《三墳》之書無傳，尚矣。此固出於後世依託，要是醫書之祖也。唐太僕令王砯注，自號啟玄子。按《漢書》但有《黄帝内外經》，至《隋志》乃有《素問》之名，又有全元起《素問注》八卷。嘉祐中，光禄卿林億、國子博士高保衡承詔校定補注，亦頗采元起之説，附見其中，其爲篇八十有一。王砯者，寶應中人也。

《宋史・藝文志・醫書類》 《黄帝内經素問》二十四卷。唐王冰注。

徐𤊹《徐氏家藏書目・醫類》 《黄帝素問》五十卷。

素問

楊士奇等《文淵閣書目・醫書》 《素問》一部一册闕。

殷仲春《醫藏書目・無上函目》 《内經素問》。二十四卷。

殷仲春《醫藏書目・指歸函目》 《内經素問》。

于敏中等《天禄琳琅書目・明版子部》 《重廣補註黄帝内經素問》。一函十册。

二十四卷。唐王冰註，宋林億、孫奇、高保衡校正，孫兆改誤。前億等進書序，次冰原序。

按晁公武《讀書志》、陳振孫《書録解題》俱稱王冰自號「啟元子」，陳氏又稱其爲寶應中人，官太僕令。而王冰之名載於《讀書志》及《文獻通考》者，並作砅，惟《宋史・藝文志》仍作「冰」字，與此書同。按《集韻》、《韻會》諸書，砅並音「砰」，爲水擊出巖聲，與「冰」字音義迥別。據此書作「冰」，則知晁馬二家之誤也。又按《宋史・藝文志》及晁陳諸家著録，皆第稱《黄帝内經素問》二十四卷。而無「重廣補註」之名，則此本定爲明人翻刻時所加名目。且《書録解題》但稱林億、高保衡，承詔校定，並無孫奇之名，亦不言有孫兆改誤之事，今本增入孫奇、孫兆二人，則「重廣補註」之名，當即爲此二人所加矣。書中凡遇宋諸廟諱，皆從缺筆，蓋僞充宋槧之所爲。然橅刻特精，固翻版之絶佳者。林億於宋嘉祐中，官光禄卿，見至元《嘉禾志》。孫奇諸人無考。

《重廣補註黄帝内經素問》。二函十四册。

篇目同前。

橅印在前部之後，墨色少差，而實爲一版也。

《四庫全書總目提要・醫家類》 《黄帝素問》二十四卷。内府藏本。

唐王冰註。《漢書・藝文志》載《黄帝内經》十八篇，無《素問》之名。後漢張機《傷寒論》引之，始稱《素問》。晉皇甫謐《甲乙經》序稱《鍼經》九卷，《素問》九卷，皆爲《内經》，與《漢志》十八篇之數合。則《素問》之名起於漢晉間矣。故《隋書・經籍志》始著録也。然《隋志》所載祇八卷，全元起所註已闕其第七。冰爲寶應中人，乃自謂得舊藏之本，補足此卷。宋林億等校正，謂《天元紀大論》以下，卷帙獨多，與《素問》餘篇絶不相通。疑即張機《傷寒論》序所稱陰陽大論之文，冰取以補所亡之卷。理或然也。其《刺法論》、《本病論》則冰本亦闕，不能復補矣。冰本頗更其篇次，然每篇之下必註全元起本第幾字，猶可考見其舊第。

彭元瑞等《天禄琳琅書目後編・宋版子部》 《重廣補註黄帝内經素問》。二函十一册。

唐王冰次註，孫兆重改誤，宋林億、孫奇、高保衡校正。書二十四卷，八十一篇。前有林億等進表，録寶應元年冰序，校正銜名，每卷末附音義。

長洲顧氏藏本。

《重廣補注黄帝内經素問》。一函十四册。

同上。係一版摹印。

新刊補注釋文黄帝内經素問

孫星衍《平津館鑒藏書籍記・元版》 《新刊補注釋文黄帝内經素問》十二卷。題啓元子次注，林億、孫奇、高保衡等奉勅校正，孫兆重改誤。前有啓元子王冰《黄帝内經素問》序，後題將仕郎守殿中丞孫兆重改誤。《明史・藝文志》：孫兆《素問注釋考誤》十二卷，誤以孫兆爲明人。總目一卷，後題云：元本廿四卷，今併爲一十二卷刊行。總目前有「本堂今求到元豐孫校正家藏善本，重加訂正，分爲一十二卷」云云木長印。總目後亦有木長印，字已滅去。卷十二後有「至元己卯菖節古林書堂新刊」十二字木長印。洪頤煊曰：晁氏《讀書志》、陳氏《書録解題》此書廿四卷，《四庫全書》本亦廿四卷，皆與此本異。末附《素問入式運氣論奥》三卷，前有元符己卯朝散郎太醫學司業劉温舒序，《黄帝内經素問遺篇》一卷。黑口版，每葉廿三行，行廿三字。

張之洞《書目答問・醫家》 《素問王冰注》二十四卷。明仿刻宋高保衡等校本。近人重刻本。互見前古子。

張之洞《書目答問・周秦諸子》《素問王冰注》廿四卷。互見下醫家類醫。

黄帝素問

《隋書・經籍志・子部・醫方》《黄帝素問》九卷。梁八卷。

又《黄帝素問》八卷。全元起注。

《舊唐書・經籍志・醫術》《黄帝素問》八卷。

《新唐書・藝文志・醫術類》全元起注《黄帝素問》九卷。

鄭樵《通志・藝文略・醫方》《黄帝素問》九卷。全元起注。

《宋史・藝文志・醫書類》《素問》八卷。隋全元起注。

錢東垣等輯《崇文總目・醫書類》《黄帝素問》八卷。全元起。見天一閣鈔本。

錢謙益等《絳雲樓書目・醫書類》《素問》。九卷。

黄帝八十一難

《隋書・經籍志・醫方》《黄帝八十一難》二卷。梁有《黄帝衆難經》一卷，吕博望注，亡。

《舊唐書・經籍志・醫術》《黄帝八十一難經》一卷。秦越人撰。

錢東垣等輯《崇文總目・醫書類》《黄帝八十一難經》二卷。秦越人撰。

《新唐書・藝文志・醫術類》秦越人《黄帝八十一難經》二卷。

鄭樵《通志・藝文略・醫方》《黄帝八十一難經》二卷。《唐志》注：秦越人。

晁公武《郡齋讀書志・醫書類》吕楊注《八十一難經》五卷。袁本前志卷三下醫家類第二。

右秦越人撰。吴吕廣注。唐楊玄操演。越人生於渤海，家於盧，受桑君祕術，洞明醫道。世以其與黄帝時扁鵲相類，乃號之爲「扁鵲」。采《黄帝内經》精要之説，凡八十一章。以其理趣深遠，非易了，故名《難經》。玄操編次爲十三類。

尤袤《遂初堂書目・醫書類》《八十一難經》。

馬端臨《文獻通考・經籍考・醫家》吕、楊注《八十一難經》五卷。

晁氏曰：秦越人撰，吴吕廣注，唐楊玄操演。越人，渤海人，家於盧，授桑君秘術，明洞醫道，世以其與黄帝時扁鵲相類，乃號之爲扁鵲。采《黄帝内經》精要之説，凡八十一章。以其爲趣深遠，未易了，故名《難經》。玄操編次爲十三類。

陳氏曰：《漢志》亦但有《扁鵲内外經》而已，《隋志》始有《難經》，《唐志》遂屬之越人，皆不可考。「難」當作去聲讀。

《宋史・藝文志・醫書類》《扁鵲注黄帝八十一難經》二卷。秦越人撰。

錢東垣等輯《崇文總目・醫書類》《黄帝八十一難經》二卷。原釋：秦越人撰。秦越人采《黄帝内經》精要之説凡八十一章，編次爲十三類。理趣深遠，非易了，故曰《難經》。見《漢蓺文志攷證》。

黄帝八十一難經注釋

《宋史・藝文志・醫書類》宋庭臣《黄帝八十一難經注釋》一卷。

徐𤊹《徐氏家藏書目・醫類》《八十一難經》四卷。

張萱等《内閣藏書目録・技藝部》《黄帝八十一難經》一册。全。紀天錫注。

孫星衍《平津館鑒藏書籍記・外藩本》王翰林集注《黄帝八十一難經》五卷。影寫本，題盧國秦越人撰，吕廣、丁德用、楊元操、虞庶、楊康侯注解，王九思、王鼎象、石友諒、王惟一校正，附音釋。前有楊元操序。《文獻通考》引晁氏、陳氏書目：吕楊注《八十一難經》五卷，丁德用注《難經》五卷，虞庶注《難經》五卷。此本又明王九思所集，各家書目皆不載。末有癸亥天瀑跋。

白氏内經　外經　旁篇

《漢書・藝文志・方技略・醫經》《白氏内經》三十八卷。《外經》三十六卷。《旁篇》二十五卷。

姚振宗撰《漢書藝文志條理》《白氏内經》三十八卷。

《外經》三十六卷。

《旁篇》二十五卷。

按：白氏不詳何人，自來醫家罕見著録。其書大抵亦本黃帝、扁鵲《内外經》，而申説之，故其《内經》卷數倍多于前。《旁篇》者，旁通問難之屬也，或統于白氏，或别爲一家。

又按：本志雜家伯象先生一篇，《風俗通・姓氏篇》作白象先生，張澍輯注曰：伯與白同。又《集韻》白音博陌切，與伯同。疑此白氏即岐伯，而稱伯氏者，此類醫經皆黃帝、扁鵲、岐伯之所傳，而後如秦越人、倉公，亦皆引申發明之。又按：是篇《黃帝内外經》爲一段，《扁鵲内外經》爲一段，《白氏内外經》及《旁篇》爲一段，凡三章段。

右醫經七家二百一十六卷。按：此篇止黃帝、扁鵲、白氏三家，此云七家者，或以外篇及旁篇所作非一人，故别爲一家。今仍其舊，篇數則溢出四十一卷，今校定當爲七家一百七十五卷。

湯液經法

《漢書・藝文志・方技略・經方》 《湯液經法》三十二卷。

姚振宗撰《漢書藝文志條理》 《湯液經法》三十二卷。

《素問・湯液醪醴論》：黃帝問曰：「上古聖人作湯液醪醴，爲而不用，何也。」岐伯曰：「自古聖人之作湯液醪醴者，以爲備耳。故爲而弗服也。中古之世，道德稍衰，邪氣時至，服之萬全。當今之世，必齊毒藥攻其中，鑱石鍼艾治其外也。」

本書《郊祀志》王莽篡位二年，以方士蘇樂言起八風臺于宫中，作樂其上，順風作液湯。如淳曰：「《藝文志》有《液湯經法》，其義未聞也。」

晁氏《讀書志》曰：醫經傳于世者，多矣。原百病之起瘉者本乎黃帝，辯百藥之味性者本乎神農，湯液則稱伊尹。三人皆聖人也，憫世疾苦，親著書以垂後。

王氏《考證》：《事物紀原》：《湯液經》出于商之伊尹，皇甫謐曰：仲景論《伊尹湯液》爲十數卷。按後漢張機仲景或取是書論次爲十數卷也。

涪翁鍼經

姚振宗《後漢藝文志・醫家類》 《涪翁鍼經》。

藥　録

姚振宗《三國藝文志・醫家類》 李讜之《藥録》三卷。

《本草綱目》序例引韓保昇《蜀本草》曰：《李氏藥録》，魏李當之撰。當之，華佗弟子，修《神農本草》三卷，而世少行。李時珍曰：其書散見吴氏、陶氏《本草》中，頗有發明。

《隋書・經籍志》：梁有李讜之《本草經》一卷，亡。又曰梁有李讜之《藥録》六卷，亡。唐《經籍志》：《李氏本草》三卷。失著撰人。《藝文志》同。

案《李氏本草》即《李氏藥録》，《七録》一卷，六卷據韓保昇言，皆非其原第。《吴普本草》多引李氏，今略見于《御覽》百穀部、菜部、藥部中。

衆難經注

《太平御覽》七百二十四《玉匱鍼經》序曰：吕博，少以醫術知名，善診脈論疾，多所著述。吴赤烏二年爲太醫令：撰《玉匱鍼經》及注《八十一難經》，大行于代。

《隋書・經籍志》：《玉匱鍼經》一卷。失著撰人。又曰：梁有《黃帝衆難經》一卷，吕博望注，亡。《崇文總目》：《金滕玉匱鍼經》三卷，吕博撰。

案《隋志》，《玉匱鍼經》之下又有《赤烏神鍼經》一卷，不著撰人。兩《唐志》並云張子存撰。子存不知何代人。吕博，《七録》稱吕博望，或其字歟。

鄭樵《通志・藝文略・醫方》 《黃帝衆難經》一卷。吕博望注。

姚振宗《三國藝文志・醫家類》 《吕博衆難經注》一卷。

黄帝靈樞經

《宋史・藝文志・醫書類》《黄帝靈樞經》九卷。

《四庫全書總目提要・醫家類》《靈樞經》十二卷。大理寺卿陸錫熊家藏本。

案晁公武《讀書志》曰：王冰謂《靈樞》即《漢志》、《黄帝内經》十八卷之九。或謂好事者於皇甫謐所集《内經》倉公論中鈔出之，名爲古書。未知孰是。又李濂《醫史》載元吕復《羣經古方論》曰：《内經》、《靈樞》，漢、隋、唐《志》皆不録。隋有《鍼經》九卷，唐有靈寶註《黄帝九靈經》十二卷而已。或謂王冰以「九靈」更名爲「靈樞」。又謂《九靈》尤詳於鍼，故皇甫謐名之爲「鍼經」。苟一經而二名，不應《唐志》别出《鍼經》十二卷。是《靈樞》不及《素問》之古，宋元人已言之矣。近時杭世駿《道古堂集》亦有《靈樞經跋》曰：《七略》、漢《藝文志》：《黄帝内經》十八篇，皇甫謐以《鍼經》九卷、《素問》九卷合十八篇當之。《隋書・經籍志》：《鍼經》九卷，《黄帝九靈》十二卷。是《九靈》自《九靈》，《鍼經》自《鍼經》，不可合而爲一也。王冰以《九靈》名《靈樞》，不知其何所本。余觀其文義淺短，與《素問》之言不類，又似竊取《素問》而鋪張之。其爲王冰所僞託可知。後人莫有傳其書者。至宋紹興中，錦官史崧乃云家藏舊本《靈樞》九卷，除已具狀經所屬申明外，准使府指揮依條申轉運司選官詳定，具書送祕書省國子監。是此書至宋中世而始出，未經高保衡、林億等校定也。其中《十二經水》一篇，黄帝時無此名，冰特據身所見而妄臆度之云云。其考證尤爲明晰。然李杲精究醫理，而使羅天益作《類經》，兼採《素問》、《靈樞》。吕復亦稱善學者，當與《素問》竝觀其旨義，互相發明。蓋其書雖僞，而其言則綴合古經，具有源本。譬之梅賾古文，雜採逸書，聯成篇目。雖牴牾罅漏，贋託顯然，而先王遺訓，多賴其蒐輯以有傳，不可廢也。此本前有紹興乙亥史崧序，稱舊本九卷八十一篇，增修音釋附於卷末。又目録首題鼇峯熊宗立點校重刊，末題原二十四卷今併爲十二卷。是此本爲熊氏重刊所併。吕復稱史崧併是書爲十二卷，以復其舊，殆誤以熊本爲史本歟。

晁公武《郡齋讀書志・醫書類》《靈樞經》九卷。袁本後志卷二醫家類第一。

右王砅謂此書即《漢志》、《黄帝内經》十八卷之九也。或謂好事者於皇甫謐所集《内經・倉公論》中鈔出之，名爲古書也。未知孰是。

馬端臨《文獻通考・經籍考・醫家》《靈樞經》九卷。

晁氏曰：王砅謂此書即《漢志》、《黄帝内經》十八卷之九也。或謂好事者於皇甫謐所集《内經・倉公論》中抄出之，名爲古書也。未知孰是。

殷仲春《醫藏書目・無上函目》《靈樞經》十二卷。

殷仲春《醫藏書目・指歸函目》《靈樞經》。

錢謙益等《絳雲樓書目・醫書類》《靈樞經》九卷。

張金吾《愛日精廬藏書志・醫家類》《靈樞經》十二卷。元至元刊本。

王冰僞托《黄帝内經》十八卷之九也。目録後有至元己卯古林胡氏新刊一條。卷一後又有至元庚辰菖節古林書堂印行兩行。

張之洞《書目答問・醫家》《靈樞經》十二卷。晋人。醫統本。通行本。

華氏中藏經

《宋史・藝文志・醫書類》《華氏中藏經》一卷。靈寶洞主探微真人撰。

孫星衍《平津館鑒藏書籍記・影寫本》《華氏中藏經》三卷。前有應靈洞主探微真人少室山鄧處中序，稱：華先生佗未六旬爲魏所戮，余乃先生外孫也，因弔先生寢室，夢先生引余坐語：「《中藏經》真活人法也。子可取之，勿傳非人。」余覺，獲石函一具，開之，得書一帙，乃《中藏經》也。《宋史・藝文志》誤作《黄氏中藏經》一卷，靈寶洞主探微真人撰。陳氏《書録解題》有此書，亦作一卷。此本卷上第十篇性急則服急以下及下卷爲趙孟頫手書，張太史錦芳所藏，第十篇以上及中卷，余以明江澄中刻本補寫成之。

中藏經

阮元《四庫未收書目提要・醫家類》《中藏經》三卷。平津館叢書本、《古今醫統正脈全書》本作八卷。漢華陀撰。分上中下三卷。《隋書・經籍志》載《華陀方》十卷，唐、宋《藝文志》並載《華陀藥方》一卷，鄭樵《通志・藝文略》同。《宋志》又載《黄氏中藏經》一卷，注云：靈寶洞主探微真人撰。與此别爲一書，無疑矣。是編今吳中有趙孟頫手寫本，分上中下三卷。《隋志》列有華陀觀形察色，并三部脈經，蓋即是書之中卷也。其書文義古奥，似是六朝人手筆，非後世所能假托。

殷仲春《醫藏書目·玄通函目》《中藏經》。五卷。鄧處中。

陳振孫《直齋書録解題·醫書類》《中藏經》一卷。

漢譙郡華佗元化撰。其序稱應靈洞主少室山鄧處中，自言爲華先生外孫，莫可考也。

黄帝甲乙經

《隋書·經籍志·醫方》《黄帝甲乙經》十卷。音一卷。梁十二卷。

《新唐書·藝文志·醫術類》《黄帝甲乙經》十二卷。

鄭樵《通志·藝文略·醫方》《黄帝甲乙經》十二卷。

尤袤《遂初堂書目·醫書類》《甲乙經》。

《四庫全書總目提要·醫家類》《甲乙經》八卷。兩淮鹽政採進本。

晉皇甫謐撰。謐有《高士傳》，已著録。是編皆論鍼灸之道。《隋書·經籍志》稱《黄帝甲乙經》十卷，註曰音一卷，梁十二卷。不著撰人姓名。考此書首有謐自序，稱：《七略》、《藝文志》、《黄帝内經》十八卷，今有《鍼經》九卷，《素問》九卷，二九十八卷，即《内經》也。又有《明堂孔穴》、《鍼灸治要》，皆黄帝、岐伯選事也。三部同歸，文多重複，錯互非一。是此書乃裒合舊文而成，故《隋志》冠以黄帝。然刪除謐名，似乎黄帝所自作，則於文爲謬。《舊唐書·經籍志》稱《黄帝三部鍼經》十三卷，始著謐名。然較梁本多一卷，其併音一卷計之歟。《新唐書·藝文志》既有《黄帝甲乙經》十二卷，又有皇甫謐《黄帝三部鍼經》十三卷。兼襲二《志》之文，則更舛誤矣。書凡一百一十八篇。内《十二經脈絡脈支別篇》、《疾形脈診篇》、《鍼灸禁忌篇》、《五臟傳病發寒熱篇》、《陰受病發痹篇》、《陽受病發風篇》各分上下。《經脈篇》、《六經受病發傷寒熱病篇》各分上中下。實一百二十八篇。句中夾註，多引楊上達《太素經》、孫思邈《千金方》、王冰《素問註》、王惟德《銅人圖》，參考異同。其書皆在謐後，蓋宋高保衡、孫奇、林億等校正所加，非謐之舊也。考《隋志》有《明堂孔穴》五卷，《明堂孔穴圖》三卷，又《明堂孔穴圖》三卷。《唐志》有《黄帝内經明堂》十三卷，《黄帝十二經脈明堂五臟圖》一卷，《黄帝十二經明堂偃側人圖》十二卷，《黄帝明堂》三卷，又楊上善《黄帝内經明堂類成》十三卷，楊元孫《黄帝明堂》三卷。今竝亡佚，惟賴是書存其精要。且節解章分，具有條理，亦尋省較易。至今與《内經》竝行，不可偏廢，蓋有由矣。

張金吾《愛日精廬藏書志·醫家類》《黄帝三部鍼灸甲乙經》十二卷。明初抄本。

晉元晏先生皇甫謐集。後有熙寧二年四月二十三日進呈奉聖旨鏤板施行一條。後列富弼趙抃等銜名末有題識云正統六年琴川永惠堂俞氏家藏。

張之洞《書目答問·醫家》《甲乙經》十二卷。晉皇甫謐。醫統本。

殷仲春《醫藏書目·無上函目》《甲乙鍼經》。十二卷。皇甫士安。

黄帝三部針經

《舊唐書·經籍志·醫術》《黄帝三部針經》十三卷。皇甫謐撰。

褚氏遺書

《宋史·藝文志·醫書類》褚澄《褚氏遺書》一卷。

楊士奇等《文淵閣書目·醫書》《褚氏遺書》一部一册闕。

高儒《百川書志·醫家》《褚氏遺書》一卷。

南齊褚澄彦道著。十篇，凡二千六百二十言，發揮人身中造化之秘，明白要約，殆無餘藴，蓋沈酣於《内經》、《素問》、《靈樞》之旨也。巢徒發塚，見石刻棄之，後始傳世。

徐𤊹《徐氏家藏書目·醫類》《褚氏遺書》一卷。南齊褚澄。

《四庫全書總目提要·醫家類》《褚氏遺書》一卷。浙江范懋柱家天一閣藏本。

舊本題南齊褚澄撰。澄字彦適，陽翟人。褚淵弟也。尚宋文帝女廬江公主，拜駙馬都尉。入齊爲吴郡太守，官至左民尚書。事蹟具《南齊書》本傳。是書分受形、本氣、平脈、津潤、分體、精血、除疾、審微、辨書、問子十篇。大旨發揮人身氣血陰陽之奥。《宋史》始著於録。【略】有嘉泰元年丁介跋，稱此書初得蕭氏父子護其石而始全，繼得僧義堪筆之紙而始存，今得劉義先錄之木而始傳云云。考周密《癸辛雜識》引其非男非女之身一條，則宋代已有此本。所謂刻於嘉泰中者，殆非虛語。其書於《靈樞》、《素問》之理頗有發明。李時珍、王肎堂俱採用之。其論寡婦、僧尼必有異乎妻妾之療，發前人所未發。而論吐血、便血飲寒涼百不一生，尤千古之龜鑑。疑宋時精醫理者所著，而僞託澄以傳。然其言可採，雖贗本不可廢也。

張之洞《書目答問・醫家》 《褚氏遺書》一卷。南齊褚澄。醫統本。廣百川本。

巢氏諸病源候論

錢東垣等輯《崇文總目・醫書類》 《巢氏諸病源候論》五十卷。巢元方撰。

鄭樵《通志・藝文略・醫方》 《巢氏諸病源候論》五十卷。隋巢元方撰。

《宋史・藝文志・醫書類》 巢元方《巢氏諸病源候論》五十卷。

《四庫全書總目提要・醫家類》 《巢氏諸病源候論》五十卷。浙江巡撫採進本。

隋大業中太醫博士巢元方等奉詔撰。考《隋書・經籍志》有《諸病源候論》五卷，目一卷，吳景賢撰。《舊唐書・經籍志》有《諸病源候論》五十卷，吳景撰。皆不言巢氏書。《宋史・藝文志》有巢元方《巢氏諸病源候論》五十卷。又無吳氏書。惟《新唐書・藝文志》二書並載，書名卷數並同。不應如是之相複，疑當時本屬官書，元方與景一爲監修，一爲編撰，故或題景名，或題元方名，實止一書。《新唐書》偶然重出。觀晁公武《讀書志》，稱隋巢元方等撰，足證舊本所列不止一名。然則《隋志》吳景作吳景賢，「賢」或「監」字之誤。其作五卷，亦當脱一「十」字。如止五卷，不應目録有一卷矣。此本爲明汪濟川、方鑛所校。前有宋綬奉敕撰序。考《玉海》載：天聖四年十月十二日乙酉，命集賢校理晁宗慤、王舉正校定《黄帝内經》、《素問》、《難經》、《巢氏病源候論》。五年四月乙未，令國子監摹印頒行，詔學士宋綬撰《病源序》。是其事也。書凡六十七門，一千七百二十論。陳振孫《書録解題》稱：王燾《外臺祕要》諸論，多本此書。今勘之，信然。又第六卷《解散病諸候》，爲服寒食散者而作，惟六朝人有此證。第二十六卷《猫鬼病候》見於《北史》及《太平廣記》者，亦惟周齊時有之。皆非唐以後語，其爲舊本無疑。其書但論病源，不載方藥，蓋猶《素問》、《難經》之例。惟諸證之末多附導引法，亦不言法出誰氏。考《隋志》有《導引圖》三卷，註曰立一坐一卧一，或即以其説編入歟。《讀書志》稱宋朝舊制，用此書課試醫士。而太平興國中集《聖惠方》，每門之首亦必冠以此書。蓋其時去古未遠。

黄帝内經太素

《舊唐書・經籍志・醫術》 《黄帝内經太素》三十卷。楊上善注。

《新唐書・藝文志・醫術類》 又《黄帝内經太素》三十卷。

潘祖蔭《滂喜齋藏書記・子部》 日本鈔《黄帝内經太素》殘本二十三卷。廿三册。

題通直郎守太子文學臣楊上善奉勅撰注。《黄帝内經》世所傳者，惟唐王冰注。此書自宋以來，不聞著録。此日本寫本。攷《唐書・藝文志》：楊上善注《黄帝内經明堂類成》十三卷，又《黄帝内經太素》三十卷。此本共存卷二之三，卷五之六，卷八之十五，卷十七，卷十九之二十，卷二十三之三十，凡二十三卷，闕七卷。所存卷中亦有闕文、脱簡。前有長方朱印曰：「函碕文庫」。每卷末有題字云：仁安某年某月某日，以同本書之，以同本移點校合了，丹波賴基。又一行云：仁平某年某月某日以家本移點比校了，憲基。或云相傳本校合不一律。仁平或作久壽、保元。攷仁平、久壽、保元，皆日本近衛王紀年，在宋紹興時，仁安六條王紀年在宋乾道時，當是憲基從丹波寫本傳録。故仁平、久壽、保元之上，皆旁注「本云」二字，本云者，舊本有此一行也。此本紙色尚新，當出近人手鈔。每半葉七行，字兼行草，長短不齊，中無板心，原書疑爲卷子本。自唐以來，沈埋千載，醫林古笈，海舶重來，未可以殘帙近鈔而忽視之。

《宋史・藝文志・醫書類》 《黄帝太素經》三卷。楊上善注。

素問六脉玄珠密語

《宋史・藝文志・醫書類》 王冰《素問六脉玄珠密語》一卷。

殷仲春《醫藏書目・玄通函目》 《玄珠密語》。十卷。啓玄子王冰。

錢曾《讀書敏求記・醫家》 《玄珠密語》十七卷。

唐啓玄子王冰，述其師密授之口語也。冰云：「能究其言，見之天生，可以延生；見之天殺，可以逃殺。百年間，不逢志求之士，遂書五本藏五岳深洞中，遇者可寶愛之。」冰之言如此。余讀其書，浩瀚詰曲，莫得其津涯，大槩直申《素問》六氣之隱奧耳。

孫星衍《平津館鑒藏書籍記・影寫本》 《素問六氣元珠密語》十卷。題唐啓元子述。前有五運六氣數訣，大唐麟德元年啓元子王冰序，稱乃元珠子密而口授之言也。又王冰《内經》序云：別撰《元珠》，以陳其道。林億等校正云：詳王氏《元珠》，世無傳者，今有《元珠》十卷，蓋後人附託之文。雖非王氏原書，亦於《素問》第十九卷至廿二四卷頗有發明。

廣成先生玉函經并序

孫星衍《平津館鑒藏書籍記・影寫本》 《廣成先生玉函經并序》一卷。題傳真天師特進檢校太傅太子賓客主管大學士户部侍郎徽國公廣成先生杜光庭、旴江水月黎民壽。分《生死歌決》上中下三篇，前有小序。案杜光庭《玉函經》，唐宋史志俱不載，唯錢氏《讀書敏求記》有杜光庭《了證歌》一卷，云謹傍《難經》，各推《了證歌》爲之，以決生死。此本序云：謹傍《難經》，略依決證，迺成生死歌決一門。疑即此書。黎民壽校注，亦未詳何人。

玉函經

殷仲春《醫藏書目・無上函目》 《玉函經》二卷。杜光廷。

阮元《四庫未收書目提要・醫家類》 《玉函經》一卷。

錢謙益等《絳雲樓書目・醫書類》 《玉函經》八卷。漢張仲景撰。仲景名機。

唐杜光庭撰。光庭字聖賓，括蒼人。王建據蜀，除諫議大夫，進户部侍郎，歸老青城山。此書銜稱特進檢校太傅太子賓客主管徽國公，殆建時加授也。書中辭簡義深，黎民壽注亦多發明。是書藏書家皆未著録，錢曾《讀書敏求記》載有光庭《了證歌》一卷，又與此異，惟明人殷仲春《醫藏目録》曾載是册，列之無上函中。此從宋刻影寫。

水牛經

《四庫全書總目提要・醫家類》 《水牛經》三卷。《永樂大典》本。

舊本題唐造父撰。造父未詳何許人。原序有云：唐則天垂拱二年八月，收得水牛有病證。造父奏言，水牛與黄牛形貌相同，治法不等。若依黄牛用藥，誤矣。造父别立醫書共四十五證，有方有論，竝無差誤。但其詞俚陋。蓋方技家聞古有善御之造父，誤以爲唐人而託之也。

脉經

《新唐書・藝文志・醫術類》 王子顒《脉經》二卷。

鄭樵《通志・藝文略・醫方》 王子顒《脉經》二卷。

脉經

《新唐書・藝文志・醫術類》 甄權《脉經》一卷。

鄭樵《通志・藝文略・醫方》 甄權《脉經》二卷。

釋文

《新唐書・藝文志・醫術類》 《釋文》一卷。冰號啓元子。

黄帝九靈經

《新唐書・藝文志・醫術類》 靈寶注《黄帝九靈經》十二卷。

鄭樵《通志・藝文略・醫方》 靈寶注《黄帝九靈經》十二卷。

神醫普救

錢東垣等輯《崇文總目・醫書類》 《神醫普救》一千卷。賈黄中等撰。闕。

見天一閣鈔本。

太元新論

錢東垣等輯《崇文總目・醫書類》 《太元新論》一卷。闕。見天一閣鈔本。

難經疏

錢東垣等輯《崇文總目・醫書類》 《難經疏》十三卷，侯自然撰。

鄭樵《通志・藝文略・醫方》 《難經疏》十三卷。侯自然撰。

尤袤《遂初堂書目・醫書類》 《難經疏》。

《宋史・藝文志・醫書類》 秦越人《難經疏》十三卷。

黄帝内經明堂類成

《新唐書・藝文志・醫術類》 楊上善注《黄帝内經明堂類成》十三卷。

鄭樵《通志・藝文略・醫方》 《黄帝内經明堂類成》十三卷。楊上善注。

《舊唐書・經籍志・醫術》 《黄帝内經明堂類成》十三卷。楊上善撰。

元和紀用經

殷仲春《醫藏書目・玄通函目》 《元和紀用經》一卷。王冰。

療黄歌

錢東垣等輯《崇文總目・醫書類》 《療黄歌》一卷。蔣淮撰。

《宋史・藝文志・醫書類》 蔣淮《療黄歌》一卷。

經要集

錢東垣等輯《崇文總目・醫書類》 《經要集》一卷。闕。見天一閣鈔本。

《宋史・藝文志・醫書類》 《身經要集》一卷。

證病源

錢東垣等輯《崇文總目・醫書類》 《證病源》五卷。闕。見天一閣鈔本。

法家論語

錢東垣等輯《崇文總目・醫書類》 《法家論語》一卷。闕。見天一閣鈔本。

問醫療訣

錢東垣等輯《崇文總目・醫書類》 《問醫療訣》一卷。闕。見天一閣鈔本。

臺要術

錢東垣等輯《崇文總目・醫書類》《臺要術》五卷。闕。見天一閣鈔本。

五鑑論

錢東垣等輯《崇文總目・醫書類》《五鑑論》一卷。闕。見天一閣鈔本。

醫顯微論

錢東垣等輯《崇文總目・醫書類》《醫顯微論》一卷。石昌璉撰。

療黄經

錢東垣等輯《崇文總目・醫書類》《療黄經》三卷。

鄭樵《通志・藝文略・醫方》《療黄經》三卷。

《宋史・藝文志・醫書類》扁鵲《療黄經》三卷。

《宋史・藝文志・醫書類》張仲景《療黄经》一卷。

素問氣圖

鄭樵《通志・圖譜略・記有》《素問氣圖》。

難經

鄭樵《通志・藝文略・醫方》丁德甫補注《難經》二卷。

晁公武《郡齋讀書志・醫書類》丁德用注《難經》五卷。袁本後志卷二醫家類第二。

右皇朝丁德用注。以楊玄操所演甚失大義，因改正之。經文隱奥者，繪爲圖。德用，濟陽人。嘉祐末，其書始成。

晁公武《郡齋讀書志・醫書類》虞庶注《難經》五卷。

右皇朝虞庶注。庶，仁壽人，寓居漢嘉。少爲儒，已而棄其業，習醫術，爲此書，以補吕、楊所未盡。黎泰辰治平間爲之序。

陳振孫《直齋書録解題・醫書類》《難經》二卷。案：《文獻通攷》作五卷。

渤海秦越人撰，濟陽丁德用補注。《漢志》亦但有《扁鵲内外經》而已。《隋志》始有《難經》，《唐志》遂題云秦越人，皆不可考。德用者，乃嘉祐中人也。序言太醫令吕廣重編此經，而楊元操復爲之注，覽者難明，故爲補之，且間爲之圖。八十一難，分爲十三篇，而首篇爲《診候》，最詳，凡二十四難。蓋脈學自扁鵲始也。「難」當作去聲讀。

馬端臨《文獻通考・經籍考・醫家》虞庶注《難經》五卷。

晁氏曰：皇朝虞庶注。庶，仁壽人，寓居漢嘉。少爲儒，已而棄其業習醫，爲此書以補吕、楊所未盡。黎泰辰治平間爲之序。

馬端臨《文獻通考・經籍考・醫家》丁德用注《難經》五卷。

晁氏曰：德用以楊玄操所演甚失大義，因改正之，經文隱奥者繪爲圖。德用，濟陽人。嘉祐末，其書始成。

陳氏曰：序言太醫令吕廣重編此經，而楊玄操復爲之註，覽者難明，故爲補之，且間爲之圖。首篇爲《診候》，最詳，凡二十四難。蓋脉學自扁鵲始也。

楊士奇等《文淵閣書目・醫書》《難經》一部一册闕。

殷仲春《醫藏書目・無上函目》《難經》。八卷。秦越人。

殷仲春《醫藏書目・指歸函目》《難經》。

錢謙益等《絳雲樓書目・醫書類》《難經》。二卷。秦越人撰。

錢曾《讀書敏求記・醫家》《難經》三卷。

陸孟鳧先生云：「《難經》從未見宋槧本。」予留心搜訪，僅購得此舊鈔，字法俱撫松雪翁。疑是元人所書，不識賞鑒家以爲然否？

素問音釋

鄭樵《通志・藝文略・醫方》《素問音釋》一卷。

《宋史・藝文志・醫書類》揚玄操《素問釋音》一作「言」一卷。

難經圖

鄭樵《通志・圖譜略・記有》《難經圖》。

耆婆脉經

鄭樵《通志・藝文略・醫方》《耆婆脉經》一卷。

《宋史・藝文志・醫書類》《耆婆脉經》三卷。

病源手鏡

鄭樵《通志・藝文略・醫方》《病源手鏡》一卷。唐段元亮撰。

錢東垣等輯《崇文總目・醫書類》《病源手鑑》一卷。段元亮撰。闕。見天一閣鈔本。

《宋史・藝文志・醫書類》段元亮《病源手鑑》二卷。

子午經

晁公武《郡齋讀書志・醫書類》《子午經》一卷。

右題云扁鵲撰。論鍼砭之要，成歌訣。蓋後人依託者。

馬端臨《文獻通考・經籍考・醫家》《子午經》一卷。

晁氏曰：題云扁鵲撰。論鍼砭之要，成歌詠。蓋後人依託者。

聖濟經

尤袤《遂初堂書目・醫書類》《聖濟經》。

陳振孫《直齋書録解題・醫書類》《聖濟經》十卷。

政和御製。辟廱學生昭武吴禔注。

《宋史・藝文志・醫書類》宋徽宗《聖濟經》十卷。

張萱等《内閣藏書目録・技藝部》《聖濟經》二册。全。鈔本。

張金吾《愛日精廬藏書志・醫家類》《聖濟經》十卷。明刊本。卷七至十抄補。

宋徽宗御撰，辟雍學生昭武吴禔注。分十篇四十二章。

晁公武《郡齋讀書志・醫書類》《聖濟經》十卷。

右徽宗皇帝御製。因《黄帝内經》，采天人之賾，原性命之理，明營衛之清濁，究七八之盛衰，辨逆順之盈虚，爲書十篇，凡四十二章。

趙希弁《讀書附志・醫家類》《御製聖濟經》十卷。

右徽宗皇帝所製也。政和八年五月十一日，詔頒之天下學校。九月二十四日大司成李邦彦等言：乃者從侍臣之請，令内外學校課試，於《聖濟經》出題。臣等切謂今《内經》、《道德經》既已選博士訓説，乞更以《聖濟經》附二經兼講。從之。

馬端臨《文獻通考・經籍考・醫家》《聖濟經》十卷。

點烙三十六黃經

馬端臨《文獻通考・經籍考・醫家》《點烙三十六黃經》一卷。

晁氏曰：不著撰人，唐世書也。《國史補》云：「自茗飲行於世，世人不復病黃癉。」

難經解

《宋史・藝文志・醫書類》龐安時《難經解》一卷。

《宋史・藝文志・醫書類》龐安時《難經解義》一卷。

難經疏義

《宋史・藝文志・醫書類》王宗正《難經疏義》二卷。

口齒論

《宋史・藝文志・醫書類》《口齒論》一卷。

三因極一病證方

潘祖蔭《滂喜齋藏書記・子部》安樂堂藏書記。

宋刻《三因極一病證方》十八卷。一函十二册。

宋陳言無擇編，前有言自序。每半葉十三行，行二十三字。此本卷一至九，卷十四至十六，精槧可愛。餘六卷麻沙本，似元人覆刻。蓋以二本合成者也。武林高氏、長洲汪氏皆經收藏。卷末二葉補鈔墨筆記云：雍正七年仲夏影述古堂珍藏宋本補全，不知誰筆。眉端有以别本校其異同，墨迹甚古，當是明以前人筆也。

黄帝脉經

《宋史・藝文志・醫書類》《黄帝脉經》一卷。

素問誤文闕義

《宋史・藝文志・醫書類》高若訥《素問誤文闕義》一卷。

内經素問論奥

《宋史・藝文志・醫書類》劉温舒《内經素問論奥》四卷。

素問論奥

鄭樵《通志・藝文略・醫方》劉温舒《素問論奥》四卷。

黄帝素問入試秘寶

《宋史・藝文志・醫書類》馬昌運《黄帝素問入試祕寶》七卷。

孩子脉論

《宋史・藝文志・醫書類》《孩子脉論》一卷。

黄帝九虚内經

《宋史・藝文志・醫書類》《黄帝九虚内經》五卷。

黄帝灸經明堂

《宋史・藝文志・醫書類》《黄帝灸經明堂》三卷。

五藏榮衛論

《宋史・藝文志・醫書類》《五藏榮衛論》一卷。

黄庭五藏經

《宋史・藝文志・醫書類》《黄庭五藏經》一卷。

扁鵲鍼傳

《宋史・藝文志・醫書類》《扁鵲鍼傳》一卷。

錢東垣等輯《崇文總目・醫書類》《扁鵲鍼傳》一卷。

玄悟四神針經

《宋史・藝文志・醫書類》《玄悟四神針經》一卷。

錢東垣等輯《崇文總目・醫書類》《元悟四神鍼法》一卷。諸家書目並不著撰人。

鄭樵《通志・藝文略・醫方》《玄悟四神鍼經》一卷。

玄秘會要針經

《宋史・藝文志・醫書類》王處明《玄祕會要針經》五卷。

黄帝問岐伯灸經

《宋史・藝文志・醫書類》《黄帝問岐伯灸經》一卷。

顔齊灸經

《宋史・藝文志・醫書類》《顔齊灸經》十卷。

明堂灸法

《宋史・藝文志・醫書類》《明堂灸法》三卷。

岐伯論針灸要訣

《宋史·藝文志·醫書類》《岐伯論針灸要訣》一卷。

小兒明堂針灸經

《宋史·藝文志·醫書類》吴復珪《小兒明堂針灸經》一卷。

明堂經

《宋史·藝文志·醫書類》王惟一《明堂經》三卷。

明堂玄真經訣

《宋史·藝文志·醫書類》《明堂玄真經訣》一卷。

黄庭五藏六府圖

《宋史·藝文志·醫書類》《黄庭五藏六府圖》一卷。

五藏金鑑論

《宋史·藝文志·醫書類》《五藏金鑑論》一卷。

五藏旁通明鑑圖

《宋史·藝文志·醫書類》孫思邈《五藏旁通明鑑圖》一卷。

刺　法

《宋史·藝文志·醫書類》《刺法》一卷。

太上天寶金鏡靈樞神景内編

《宋史·藝文志·醫書類》《太上天寶金鏡靈樞神景内編》九卷。

灸勞法

《宋史·藝文志·醫書類》崔知悌《灸勞法》一卷。

青烏風經

《宋史·藝文志·醫書類》《青烏子風經》一卷。

風論山兆經

《宋史·藝文志·醫書類》吴希言《風論山兆一作「眺」經》一卷。

通玄經

《宋史·藝文志·醫書類》 支義方《通玄經》十卷。

金韜玉鑑經

《宋史·藝文志·醫書類》 吕廣《金韜玉鑑經》三卷。

雷公仙人養性治身經

《宋史·藝文志·醫書類》 《雷一作「靈」公仙人養性治一作「理」身經》三卷。

醫源兆經

《宋史·藝文志·醫書類》 《醫源兆經》一卷。

枕中祕訣

《宋史·藝文志·醫書類》 又《枕中祕訣》三卷。

素問入式運氣論奥

《四庫全書總目提要·醫家類》 《素問入式運氣論奥》三卷。附《黄帝内經素問遺篇》一卷。兩江總督採進本。

宋劉温舒撰。温舒里居未詳。前有元符己卯自序，題朝散郎太醫學司業，蓋以醫通籍者也。晁公武《讀書志》云，温舒以《素問》氣運爲治病之要，而答問紛糅，文辭古奥，讀者難知。因爲三十論二十七圖上於朝。今詳考其圖，實二十九。蓋十干起運十二支司天二圖，原本别題曰訣，故公武不以入數，僅曰二十有七。其論實爲三十一篇。末五行勝復論一篇，原本别註附字，故公武亦不以人數，僅曰三十也。卷末别附刺法論一卷，題曰《黄帝内經素問遺篇》。案：刺法論之亡在王冰作註之前，温舒生北宋之末，何從得此。其註亦不知出自何人，殆不免有所依託，未可盡信。焦竑《經籍志》載此書四卷，合此論爲一書，益舛誤矣。

安驥集

《四庫全書總目提要·醫家類》 《安驥集》三卷。《永樂大典》本。

不著撰人名氏。前有僞齊劉豫時刊書序曰：尚書兵部阜昌五年準内降付下都省奏，朝散大夫尚書户部郎中馮長寧等劄子，成忠郎皇城司準備差遣盧元賓進呈司牧《安驥集方》四册。奉齊旨，可看詳開印施行。長寧等竊謂國家乘宋後，不得已而用兵。故遣官市馬於隴右，詔修馬政。始命有司看詳司牧《安驥集方》，開印以廣其傳云云。詳其序意，則舊有此書，僞齊刊之耳。凡病各有圖，藥方附末。其所載王良《百一歌》及伯樂《畫烙圖》、《十二經絡圖》、《馬師皇》、《五臟論》、《八邪論》，大抵方技依託之言。然其來則已久矣。

針經

《宋史·藝文志·醫書類》 岐伯《針經》一卷。

《宋史·藝文志·醫書類》 又《針經》一卷。

黃帝脉經指下秘訣

《宋史・藝文志・醫書類》 徐氏《黃帝脉經指下秘訣》一卷。

拾遺候用深靈玄録

《宋史・藝文志・醫書類》 郭仁普《拾遺候用深靈玄録》五卷。

摭醫新説

《宋史・藝文志・醫書類》 党求平《摭醫新説》三卷。

黃帝問答疾狀

《宋史・藝文志・醫書類》 《黃帝問答疾狀》一卷。

草石論

《宋史・藝文志・醫書類》 晏封《草石論》六卷。

五藏類合賦

《宋史・藝文志・醫書類》 劉清海《五藏類合賦》一卷。

聖濟經解義

《宋史・藝文志・醫書類》 黃維《聖濟經解義》十卷。

楊士奇等《文淵閣書目・醫書》 《聖濟經解義》一部四册。

張萱等《内閣藏書目録・技藝部》 《聖濟經解義》一册。

宋徽宗著。太學生吴禔解釋醫書也。

聖濟總録

楊士奇等《文淵閣書目・醫書》 《聖濟總録》一部一百二十册闕。

楊士奇等《文淵閣書目・醫書》 《聖濟總録》一部九十五册闕。欠四十二卷。

張萱等《内閣藏書目録・技藝部》 《聖濟總録》二十六册。不全。

元大德間重校。莫詳姓氏。

錢謙益等《絳雲樓書目・醫書類》 《聖濟總録》。《鐵圍山叢談》中言：政和間編，詔天下凡藥之治病彰彰有聲者，悉索其方書上之。

黃虞稷《千頃堂書目・醫家類・補元》 《聖濟總録》二百卷。

倪燦等《補遼金元藝文志・醫方》 《聖濟總録》二百卷。

醫學啓元

倪燦等《補遼金元藝文志・醫方》 李慶嗣又《醫學啓元》。洺州人。

錢大昕《補元史藝文志・醫書類》 李慶嗣《醫學啓元》。

孫德謙《金史藝文略・醫家》 《醫學啓元》。

李慶嗣撰。案：本傳不載此目，今見《補遼金元》、《補元史》兩志。

龔顯曾《金藝文志補録・醫家類》 《醫學啓元》。李慶嗣。

醫學啟源

張金吾《愛日精廬藏書志・醫家類》　《醫學啟源》三卷。抄本。從吴門黄氏藏本傳録。

金易水潔古老人張元素著。元素有《病機氣宜保命集》，傳本較多。是書自《敏求記》外無著録者。先生張元素潔古，易水人也。八歲試經童，二十七經義登科，犯章廟諱出落。於是怠仕進，遂潛心於醫學二十餘年。雖記誦廣博，然治人之術不出時右。潔古治病，不用古方。但云古方新病恐不相宜，反以害人。每自從病取方，刻期見效，藥下如攫，當時目之曰神醫。暇日緝集《素問》五運六氣，《内經》治要，《本草》藥性，名曰《醫學啓源》，以教門生。有醫方三十卷傳於世，壬辰遺失不存。所存者惟《醫學啓源》。

龔顯曾《金藝文志補録・醫家類》　《醫學啓源》。易水潔古老人張元素。

潘祖蔭《滂喜齋藏書記・子部》　元刻《醫學啟源序》三卷。三册。

金張元素潔古撰，張吉甫序。按序云：劉守真病傷寒，潔古治之，一服而愈。與李溏《醫史》所言合。其所著《病機氣宜保命集》三卷，《四庫》著録，此書未收。舊爲季滄葦藏書，即載之《延令書目》者也。

孫德謙《金史藝文略・醫家》　潔古老人《醫學啓元》三卷。

張元素撰。《讀書敏求記》：潔古治病，不用古方，刻期見效。劉守真嘗病傷寒，潔古診其脈，而知其用藥之差，守真大服。自是名滿天下。是書採輯《素問》五運六氣、《内經》治要、《本草》藥性而成，其門下高弟李明之請蘭泉張建吉甫序于首卷。

治病心印

黄虞稷《千頃堂書目・醫家類・補金》　劉元素《治病心印》一卷。

倪燦等《補遼金元藝文志・醫方》　劉完素《治病心印》一卷。

錢大昕《補元史藝文志・醫書類》　劉完素《治病心印》一卷。

龔顯曾《金藝文志補録・醫家類》　《治病心印》一卷。劉完素。

孫德謙《金史藝文略・醫家》　《治病心印》一卷。

劉完素撰。

難經注

孫德謙《金史藝文略・醫家》　《難經注》。

張元素撰。《絳雲樓書目》載之。

素問標注

孫德謙《金史藝文略・醫家》　《素問標注》。

趙秉文撰。劉祁《書證類本草後》云：後居大梁，得閑閑趙公家《素問》善本，其上有公標注。夤緣一讀。

素問注疑難

孫德謙《金史藝文略・醫家》　《素問注疑難》二十卷。

濩澤王翼輔之撰。李俊民《莊靖集》有《王公輔之墓誌銘》，其略曰：因感疾，遂留意于醫，與名輩張全道、趙子華友，講究《難素》，及《本草》物性，藥證病源，以拯濟爲務。平生著述，有《素問注疑難》二十卷，《本草傷寒歌括》各一卷。

素問注

孫德謙《金史藝文略・醫家》　《素問注》。

封仲堅撰。仲堅金元史無傳。此見《二妙集・封仲堅挽詞註》，蓋與段克己、成己兄弟往來者，是亦金之遺民也。仲堅當是字，其名與里居，則不可攷矣。

宣明論

殷仲春《醫藏書目・正法函目》 《宣明論》。十五卷。劉河間。

孫德謙《金史藝文略・醫家》 《精要宣明論》五卷。

劉完素撰。以上二書，見《金史》本傳。

原病式

王圻《續文獻通考・經籍考・醫家》 《原病式》一卷。《宣明論》五卷。《運氣要旨論》一卷。金河間劉守真名完素，早遇陳希夷，服仙酒，醉覺，得悟《素問》玄機，著此三書。

殷仲春《醫藏書目・正法函目》 《原病式》。一卷。劉河間。

錢謙益等《絳雲樓書目・醫書類》 《原病式》。劉完素。明王履道有《標題原病式》一卷。

高儒《百川書志・醫家》 《素問元機原病式》二卷。

宋河間處士劉完素守真述五運六氣十一篇。

黃虞稷《千頃堂書目・醫家類・補金》 劉元素《素問玄機原病式》二卷。

倪燦等《補遼金元藝文志・醫方》 劉完素《素問玄機原病式》二卷。

《四庫全書總目提要・醫家類》 《素問元機原病式》一卷。通行本。

金劉完素撰。完素字守真，河間人。事蹟具《金史・方技傳》。是書因《素問・至真要論》，詳言五運六氣盛衰勝復之理，而以病機一十九條附於篇末。乃於十九條中採一百七十六字，演爲二百七十七字，以爲綱領，而反復辨論以申之。凡二萬餘言。大旨多主於火。

錢大昕《補元史藝文志・醫書類》 劉完素《原病式》二卷。一作一卷。

龔顯曾《金藝文志補録・醫家類》 《素問元機原病式》一卷。劉完素。一作《河間原病式》。《絳雲樓書目》作《原病式》。倪《志》作二卷。

孫德謙《金史藝文略・醫家》 《素問玄機原病式》二卷。

劉完素撰。本傳云：慮庸醫或出妄説，又著《素問玄機原病式》，特舉二百八十八字，注二萬餘言。

六經傳變直格

孫德謙《金史藝文略・醫家》 《六經傳變直格》。

劉完素撰。《提要》據《醫鑑》云：完素著《六經傳變直格》一部，計一萬七千零九字，則完素又著此書矣。

素問保命集

楊士奇等《文淵閣書目・醫書》 《素問保命集》一部三册闕。

孫德謙《金史藝文略・醫家》 《素問病機氣宜保命集》三卷。

河間劉完素守真撰。完素《金史》列《方伎傳》，自號通元處士。嘗遇異人陳先生，以酒飲，守真大醉，及寤，洞達醫術，若有授之者。其治病好用涼劑，以降心火益腎水爲主。此書完素有自序，其文曰：夫醫道者，以濟世爲良，以愈疾爲善，蓋濟世者憑乎術，愈疾者仗乎法，故法之與術，悉出《內經》之元機。此經固不可力而求，智而得也。況軒岐問答，理非造次，奧藏金丹寶典，深隱生死元文，爲修行之徑路，作達道之天梯。得其理者，用如神聖，失其理者，似隔水山。其法元妙，其功深固，非小智所能窺測也。若不訪求師範，而自生穿鑿者，徒勞皓首耳。余年二十有五，志在《內經》，日夜不輟，殆至六旬，得遇天人，授飲美酒，若橡斗許，面赤若醉，一醒之後，目至心靈，大有開悟。衍其功療，左右逢原，百發百中。今見世醫多賴祖名，倚約舊方，恥問不學，特無更新之法，縱聞善説，反怒爲非。嗚呼！患者遇此之徒，十誤八九，豈念人命死而不復者哉？仁者鑒之，可不痛歟？以此觀之，是未知陰陽變化之道。況木極似金，金極似火，火極似水，水極似土，土極似木，故《經》曰亢則害，承迺制。謂已亢極，反似勝己之化。俗流未知，故認似作是，以陰爲陽，失其本意。《經》所謂誅罰無過，命曰大惑，醫徒執迷，反肆傍識，縱用獲效，終無了然之語，其道難與語哉。僕見如斯，首述元機，刊行于世者，已有《宣明》等三書，革庸醫之鄙陋，正俗論之舛訛，宣揚古聖之法則，普救後人之生命。今將余三十年間，信如心手，親用若神，遠取諸物，近取諸身，比物立象，直明真理，治法方論，裁成三卷，三十二論，目之曰《素問病機氣宜保命集》。此集非崖略之説，蓋得軒岐要妙之旨，故用之可以濟人命，捨之無以活人生。得乎心髓，祕之篋笥，不敢輕以示人，非絶仁人之心，蓋聖人之法，不遇當人，未易授爾，後之明者，當自傳焉。

黄虞稷《千頃堂書目・醫家類・補金》 劉元素《素問玄機氣宜保命集》三卷。

彭元瑞等《天禄琳琅書目後編・元版子部》 《素問病機氣宜保命集》。一函。八册。

元劉完素撰。完素，字守真，號通元，河間人。章宗承安年，徵不起，賜號「高尚先生」，事具《金史・方技傳》。書三卷，凡三十二篇，前有大定丙午守真自序。其辛亥楊威序，則鏤版時作，並《玉連環》一篇。因爲完素自序行止之作，故並揭之。辛亥，元憲宗元年也。

按李時珍《本草綱目》序例，辨此書爲張元素撰，云後人誤作劉完素所著，僞撰序文詞調於卷首，以附會之。然此書刻於元代，時珍據明周藩重刻爲言，不如仍從當時人之言爲審。元素，字潔古，易州人。

明開國鄧愈追封寧河王，其後裔所藏。

運氣要旨

龔顯曾《金藝文志補録・醫家類》 《運氣要旨》一卷。劉完素。

孫德謙《金史藝文略・醫家》 《運氣要旨論》一卷。

劉完素撰。

黄帝八十一難經纂圖句解

張金吾《愛日精廬藏書志・醫家類》 《黄帝八十一難經纂圖句解》七卷。抄本。從《道藏》本傳録。

周盧國秦越人撰，宋臨川晞范子李駉子埜句解。隨句箋釋，故云「句解」。

《黄帝八十一難經》，盧國秦越人所撰。《史記》列傳曰：扁鵲者，姓秦氏名越人。楊雄所謂「扁鵲，盧人是也」。假設問答以釋疑難之義，凡八十一篇，故謂之《八十一難經》。

濟衆新編

潘祖蔭《滂喜齋藏書記・子部》 高麗刻《濟衆新編》八卷。五本。

高麗内閣刻本，題内局首醫康命吉奉敕撰。前列引用書目，自《靈樞》至《東醫寶鑑》，凡二十種。李秉模序。

素問釋義

張之洞《書目答問・醫家》 《素問釋義》十卷。張琦。道光十年宛鄰書屋自刻本。

醫經溯洄集

《四庫全書總目提要・醫家類》 《醫經溯洄集》二卷。浙江汪啟淑家藏本。

元王履撰。履字安道，崑山人。學醫於金華朱震亨，盡得其術，至明初始卒。故《明史》載入《方技傳》中，其實乃元人也。嘗以《傷寒論》中《陽明篇》無目痛，《少陰篇》言胸背滿不言痛，《太陰篇》無嗌乾，《厥陰篇》無囊縮，必有脱簡。乃取三百九十七法，去其重複者二百三十八條，復增益之，仍爲三百九十七法。因極論内外傷經旨異同，併中風中暑之辨，撰爲此書，凡二十一篇。其間闡發明切者，如亢則害，承乃制，及四氣所傷，皆前人所未及。他若温病熱病之分，三陰寒熱之辨，以及瀉南補北諸論，尤確有所見。又以《素問》云傷寒爲病熱，言常不言變，至仲景始分寒熱，然義猶未盡。乃備列常與變，作《傷寒立法考》一篇。李濂《醫史》有履補傳，載其著書始末甚詳。

醫韻

錢大昕《補元史藝文志·醫書類》 滑壽《醫韻》一卷。

醫韻統

錢大昕《補元史藝文志·醫書類》 王履《醫韻統》一百卷。

素問注抄

錢大昕《補元史藝文志·醫書類》 滑壽《素問注抄》三卷。

黃虞稷《千頃堂書目·醫家類·補元》 滑壽滑氏《素問注鈔》十二卷。

倪燦等《補遼金元藝文志·醫方》 滑壽滑氏《素問注鈔》三卷。

楊士奇等《文淵閣書目·醫書》 《素問抄》一部一册闕。

殷仲春《醫藏書目·無上函目》 《素問抄》。十二卷。滑伯仁。

原機啓微集

王圻《續文獻通考經籍考·醫家》 《原機啓微集》。吴郡名世之醫倪維德病眼科雜出方論，竟無全書，故著此。又以李杲《試効方》若干卷録梓傳世。

黃虞稷《千頃堂書目·醫家類》 倪維德《原機啓微集》二卷。

錢大昕《補元史藝文志·醫書類》 倪維德《元機啓微》二卷。

玉機微義

黃虞稷《千頃堂書目·醫家類》 劉純《玉機微義》五十卷。又《醫經小學》六卷。采《素》、《難》之言，以便誦習，凡十八篇。純字宗厚，泰州人，洪武中名醫。父叔淵，朱震亨弟子。

《明史·藝文志·藝術·醫書》 劉純《玉機微義》五十卷。《醫經小學》六卷。

《四庫全書總目提要·醫家類》 《玉機微義》五十卷。兩淮鹽政採進本。明徐用誠撰，劉純續增。用誠字彦純，會稽人。純字宗厚，咸寧人。用誠原本，名《醫學折衷》，分中風、痿、傷風、痰飲、滯下、泄瀉、瘧、頭痛、頭眩、欬逆、痞滿、吐酸、痓、癘風、癇、破傷風、損傷十七類。純以其條例未備，又益以欬嗽、熱、火、暑、溼、燥、寒、瘡瘍、氣血、内傷、虚損、積聚、消渴、水氣、脚氣、諸疝、反胃、脹滿、喉痹、淋閟、眼目、牙齒、腰痛、腹痛、心痛、癍疹、黄疸、霍亂、厥、痹、婦人、小兒三十三類，始改今名。仍於目録各註續添字，以相辨識。或於用誠原本十七類中有所附論，亦註續添字以別之。是二人相繼而成，本書可據。

錢大昕《補元史藝文志·醫書類》 徐彦純《玉機微義》五十卷。

高儒《百川書志·醫家》 《玉機微義》五十卷。皇明吳陵劉純宗厚著。凡五十門。

徐𤊹《徐氏家藏書目·醫類》 《玉機微義》。

殷仲春《醫藏書目·結集函目》 《玉機微義》。五十卷。劉宗厚。

岐伯五藏論

楊士奇等《文淵閣書目·醫書》 《岐伯五藏論》一部一册闕。

扁鵲脈髓

楊士奇等《文淵閣書目·醫書》《扁鵲脈髓》一部一册闕。

醫門雜記

楊士奇等《文淵閣書目·醫書》《醫門雜記》一部一册闕。

運氣精華

楊士奇等《文淵閣書目·醫書》《運氣精華》一部一册闕。

家塾事親

高儒《百川書志·醫家》《家塾事親》五卷。皇明北平郭晟著。

金精直指註論

高儒《百川書志·醫家》《金精直指註論》一卷。不知作者。

小學醫經

高儒《百川書志·醫家》《小學醫經》一卷。不知作者。模倣《孝經》篇章，雜取《素問》諸書之説以明之，凡十八篇。

醫經會元

范邦甸等《天一閣書目·醫家類》吴梅坡《醫經會元》一册。刊本。吴嘉言著。男學易，姪學問，門人韓師文等校刊。

注内經靈樞發微

殷仲春《醫藏書目·無上函目》《註内經靈樞發微》。十九卷。馬玄臺。

醫經大旨

殷仲春《醫藏書目·結集函目》《醫經大旨》。四卷。賀春軒。

醫經纂萃

殷仲春《醫藏書目·結集函目》《醫經纂萃》。二卷。杜大章。

病機賦

殷仲春《醫藏書目・誦法函目》《病機賦》。二卷。劉全備。

素問元機

楊士奇等《文淵閣書目・醫書》《素問元機》一部一册闕。

素問元珠

楊士奇等《文淵閣書目・醫書》《素問元珠》一部一册闕。

素問靈推集

楊士奇等《文淵閣書目・醫書》《素問靈推集》一部一册闕。推疑樞字之譌。

難經本義

楊士奇等《文淵閣書目・醫書》《難經本義》一部二册闕。

殷仲春《醫藏書目・無上函目》《難經本義》。二卷。滑氏。

錢謙益等《絳雲樓書目・醫書類》《難經本義》。二卷。明初滑壽著。危素作序。

黄虞稷《千頃堂書目・醫家類・補元》滑壽《難經本義》二卷。

倪燦等《補遼金元藝文志・醫方》滑壽《難經本義》二卷。

《四庫全書總目提要・醫家類》《難經本義》二卷。兩淮鹽政採進本。

周秦越人撰。元滑壽註。越人即扁鵲，事迹具《史記》本傳。壽，字伯仁，《明史・方技傳》稱爲許州人，寄居鄞縣。案朱右《攖寧生傳》曰：世爲許州襄城大家，元初，祖父官江南，自許徙儀真，而壽生焉。又曰：在淮南曰滑壽，在吴曰伯仁氏，在鄞越曰攖寧生。然則許乃祖貫，鄞乃寄居，實則儀真人也。壽卒於明洪武中，故《明史》列之《方技傳》。

錢大昕《補元史藝文志・醫書類》滑壽《難經本義》二卷。

潘祖蔭《滂喜齋藏書記・子部》元刻殘本《難經本義》一卷。一册。

元許昌滑壽著，四明吕復校正。原書二卷。此佚其下卷。前有至正中揭汯、張翥、劉仁本三序，及壽自序。

難經本旨

錢大昕《補元史藝文志・醫書類》袁坤厚《難經本旨》。字淳甫，成都醫學官。

難經説

錢大昕《補元史藝文志・醫書類》謝縉孫《難經説》。字堅白，廬陵人。元統間遼陽路官醫提舉。

難經辨疑

錢大昕《補元史藝文志・醫書類》陳瑞孫《難經辨疑》。字庭芝，慶元人。温州路醫學正。與其子宅之同著。

鍼經

錢大昕《補元史藝文志・醫書類》 李慶嗣《鍼經》一卷。

龔顯曾《金藝文志補録・醫家類》 《鍼經》一卷。李慶。

儒門事親

王圻《續文獻通考經籍考・醫家》 《儒門事親》十四卷。金張從正字子和，考城人。精於醫，貫穿《難》、《素》之學。其法宗劉守真，用藥多寒涼，然起疾救死多取効。興定中召補太醫，居無何，辭去，與麻知幾輩日遊隱水之上，講明奥義，辨析玄理，遂以平日聞見及嘗試効者，著爲此書。又有《六門二法》。

殷仲春《醫藏書目・旁通函目》 《儒門事親》。十五卷。張子和。

黄虞稷《千頃堂書目・醫家類・補金》 張從政《儒門事親》十五卷。

倪燦等《補遼金元藝文志・醫方》 張從政《儒門事親》十五卷。

錢大昕《補元史藝文志・醫書類》 張從正《儒門事親》十五卷。

龔顯曾《金藝文志補録・醫家類》 《儒門事親》十五卷。張從正，字子和。倪《志》作從政。《世善堂書目》、金《志》、《許州志》俱作十四卷。

潘祖蔭《滂喜齋藏書記・子部》 元刻太醫張子和先生《儒門事親》三卷。《直言治病百法》二卷。《十形三療》三卷。一函六册。

金張從正撰。前有中統壬戌高鳴序，時爲元世祖之三年，亦宋景定三年也。黄蕘圃藏金本後有《撮要圖》一卷，《三法六門方》一卷，《世傳神效名方》一卷，《治法雜論》一卷，又附《扁華訣病機》二種，則以別一殘本補入。此刻皆無之。黄氏跋云：殘本行款多同，惟四圍雙線未能定其何刻。今此本正雙線，惟上下以墨塗之，改爲單線，當是作僞者，以充金刻耳。黄氏所見殘本必與此本同出一源也。每半葉十三行，行二十五字。《四庫》著録，總名之曰《儒門事親》十五卷，失其實矣。雖以錢竹汀之博洽，而《補元史藝文志》亦語焉未詳也。舊爲朱笥河藏書。

難經辨釋

楊士奇等《文淵閣書目・醫書》 《難經辨釋》一部一册闕。

素問運氣論奥

楊士奇等《文淵閣書目・醫書》 《素問運氣論奥》一部一册闕。

難經集註

楊士奇等《文淵閣書目・醫書》 《難經集註》一部一册。

阮元《四庫未收書目提要・醫家類》 《難經集注》五卷。（《佚存叢書》本。《守山閣叢書》本。）

周秦越人撰。越人即扁鵲，事迹具《史記》本傳。明王九思等集注。九思，字敬夫，鄠縣人。弘治十才子之一，丙辰進士，由庶吉士授檢討，調吏部主事，陞郎中。坐劉瑾黨，降壽州同知，尋勒致仕。事迹附《明史・李夢陽傳》，餘則未詳。《難經》雖不見于《漢藝文志》，而隋、唐《志》已著録，凡八十一章，編次爲十三類，理趣深遠，非易了然。九思因集吴吕廣，唐楊元操，宋丁德用、虞庶、楊康侯各家之説，彙爲一書，以便觀者。

張之洞《書目答問・醫家》 《難經集注》五卷。舊題周秦越人。明王九思注。借月山房本。

醫學管見

王圻《續文獻通考經籍考・醫家》 《醫學管見》。如臯何塘著。

黄虞稷《千頃堂書目·醫家類》何瑭《醫學管見》。

華陀内照

徐𤊹《徐氏家藏書目·醫類》《華陀内照》二卷。

殷仲春《醫藏書目·無上函目》《内照經》。一卷。華陀。

醫經

徐𤊹《徐氏家藏書目·醫類》《醫經》。

黄庭内景經

殷仲春《醫藏書目·玄通函目》《黄庭内景經》。

醫旨釋義

殷仲春《醫藏書目·聲聞函目》《醫旨釋義》。

古案原義

殷仲春《醫藏書目·聲聞函目》《古案原義》。

醫學入門

殷仲春《醫藏書目·誦法函目》《醫學入門》。九卷。李挺。

玄珠經

殷仲春《醫藏書目·秘密函目》《玄珠經》。一卷。

四要集

殷仲春《醫藏書目·機在函目》《四要集》。四卷。

鈎玄秘集

殷仲春《醫藏書目·結集函目》《鈎玄秘集》。一卷。劉全德。

醫孝經

殷仲春《醫藏書目·無上函目》《醫孝經》。一卷。

明理論

殷仲春《醫藏書目·無上函目》《明理論》。四卷。成無己。

難經正義

殷仲春《醫藏書目・理窟函目》《難經正義》。九卷。馬玄臺。

黄虞稷《千頃堂書目・醫家類》《難經正義》九卷。

黄虞稷《千頃堂書目・醫家類》《難經正義》九卷。

天元玉册

殷仲春《醫藏書目・玄通函目》《天元玉册》。二十八卷。啓玄子。

醫學原理

殷仲春《醫藏書目・結集函目》《醫學原理》。十三卷。汪機。

内經類旨

殷仲春《醫藏書目・聲聞函目》《内經類旨》。

内經始生考

殷仲春《醫藏書目・無上函目》《内經始生考》。六卷。汲郡陰秉陽。

錢曾《讀書敏求記・醫家》 陰秉暘《黄帝内經始生考》六卷。

秉暘自號衛涯居人。謂「原病有式，鍼灸有經，醫療有方，診視有訣，運氣則全書，藥性則本草，獨始生之説所未及聞，因詮次《内經》，條疏圖列，收四時，斂萬化以成章，其用心亦良苦矣。」

素問論

高儒《百川書志・醫家》《素問論》二卷。

皆昔人與素女問答之辭。未詳真僞。

黄帝素問靈樞經

范邦甸等《天一閣書目・醫家類》《黄帝素問靈樞經》十二卷。刊本。紹興乙亥錦官史崧序，云：昔黄帝作《内經》十八卷，《靈樞》九卷，《素問》九卷，迺其數焉。世所奉行惟《素問》耳。僕本庸昧，自髫迄壯，潛心斯道，頗涉其理，輒不自揣，參對諸書，再行校正。家藏舊本《靈樞》九卷，共八十一篇，增修音釋，附于卷末，勒爲十二卷。庶使開卷易明，了無差別。

内經素問

范邦甸等《天一閣書目・醫家類》《内經素問》十卷。刊本。明吴梯校正，林億等有進書表。

讀素問鈔

范邦甸等《天一閣書目・醫家類》《讀素問鈔》三卷。刊本。不著編書人姓名。卷首載林億進書表。

素問要旨論

錢謙益等《絳雲樓書目・醫書類》《素問要旨論》。劉完素，字守真，河間人。《金史・方伎傳》載之。

黃虞稷《千頃堂書目・醫家類・補金》 劉元素《素問要旨》八卷。

倪燦等《補遼金元藝文志・醫方》 劉完素《素問要旨》八卷。

錢大昕《補元史藝文志・醫書類》 劉完素《素問要旨》八卷。

龔顯曾《金藝文志補録・醫家類》《素問要旨論》。劉完素。

龔顯曾《金藝文志補録・醫家類》《素問要旨》八卷。劉完素。或作元素。

孫德謙《金史藝文略・醫家》《素問要旨論》八卷。劉完素撰。

阮元《四庫未收書目提要・醫家類》《圖解素問要旨論》八卷。

金劉守真撰，馬重素重編。按守真名完素，事蹟見《金史・方技傳》。所著《素問元機原病式》一卷，《宣明論方》十五卷，《傷寒直格方》三卷，《傷寒標本心法類萃》二卷等書，皆爲《四庫全書》所載。此從金板影寫。錢大昕《元史・藝文志補》載《素問要旨》八卷，即此書也。其自序以爲《内經》元機奥妙，旨趣幽深，習者苦無所悟，乃撮其樞要，集成斯文。以分三卷，敘爲九篇，繪圖釋音，以彰明之。其徒馬重素又爲之序，重爲編定，分作八卷云。

内經素問摘語

錢謙益等《絳雲樓書目・醫書類》《内經素問摘語》。

補遺黃帝素問

錢謙益等《絳雲樓書目・醫書類》《補遺黃帝素問》。

張潔古注難經

錢謙益等《絳雲樓書目・醫書類》《張潔古注難經》。

圖注難經

錢謙益等《絳雲樓書目・醫書類》《圖注難經》。四卷。李晞范注。

錢大昕《補元史藝文志・醫書類》 李晞范注《難經》四卷。

黃虞稷《千頃堂書目・醫家類・補元》 李晞范《難經注解》四卷。崇仁人。

倪燦等《補遼金元藝文志・醫方》 李晞范《難經注解》四卷。

鍼　經

錢謙益等《絳雲樓書目・醫書類》《鍼經》。十卷。

隨身備用經

錢謙益等《絳雲樓書目・醫書類》《隨身備用經》。

醫統正宗

錢謙益等《絳雲樓書目・醫書類》《醫統正宗》。

内經類考

黄虞稷《千頃堂書目・醫家類》 陰秉暘《内經類考》十卷。

《明史・藝文志・藝術・醫書》 陰秉暘《内經類考》十卷。

素問心得

黄虞稷《千頃堂書目・醫家類》 胡文煥《素問心得》二卷。字德父，錢塘人。

醫經原始

黄虞稷《千頃堂書目・醫家類》 芮養謙《醫經原始》。

補刊素問遺篇

黄虞稷《千頃堂書目・醫家類》 趙簡王《補刊素問遺篇》一卷。世傳《素問》王冰注本，本缺七十二篇《刺法論》、七十三篇《本病論注》，簡王得全本，補行之。

《明史・藝文志・藝術・醫書》 趙簡王《補刊素問遺篇》一篇。世傳《素問》王砅注本，中有缺篇，簡王得全本，補之。

靈樞經脈箋

黄虞稷《千頃堂書目・醫家類》 吕復《靈樞經脈箋》。

錢大昕《補元史藝文志・醫書類》 吕復《靈樞經脈箋》。

靈樞經補注

黄虞稷《千頃堂書目・醫家類》 高士《靈樞經補注》十卷。字志學，鄞縣人。

靈樞經心得

黄虞稷《千頃堂書目・醫家類》 胡文煥《靈樞經心得》二卷。

素問發微

黄虞稷《千頃堂書目・醫家類》 馬蒔《素問發微》。別本有注文云：字仲化，會稽人。

《四庫全書總目提要・醫家類》 《素問註證發微》九卷。浙江巡撫採進本。

明馬蒔撰。蒔字仲化，會稽人。其説據《漢志》、《内經》十八篇之文，以《素問》九卷、《靈樞》九卷當之。復引《離合真邪論》中「《九鍼》九篇，因而九之」之文，定爲九九八十一篇，以唐王冰分二十四卷爲誤。殊非大旨所關。其註亦無所發明，而於前人著述多所訾議，過矣。

素問注

黄虞稷《千頃堂書目・醫家類》 馬懸臺《素問注》□卷。

刪次内經　運氣考正

黃虞稷《千頃堂書目・醫家類》 潘弼《刪次内經》。又《運氣考正》。字夢徵，興化人，號西泉居士。

靈素類纂

黃虞稷《千頃堂書目・醫家類》 汪昂《靈素類纂》。

素問箋釋

黃虞稷《千頃堂書目・醫家類》 沈應善《素問箋釋》二卷。新建人。

素問鈔

黃虞稷《千頃堂書目・醫家類》 汪機《素問鈔》三卷。又《内經補注》一卷。別本有注文云：字省之，祁門人，諸生。

《四庫全書總目提要・醫家類》 《續素問鈔》九卷。兩淮鹽政採進本。

明汪機撰。機有《鍼灸問對》，已著録。是編因滑壽《素問鈔》，採王冰原註太略，因重爲補録。凡所增入，以續字別之。九卷之中，分上中下三部，上四卷，中一卷，下四卷。其標目悉依滑氏之舊。

素問注釋考誤

黃虞稷《千頃堂書目・醫家類》 孫兆《素問注釋考誤》十二卷。

《明史・藝文志・藝術・醫書》 孫兆《素問注釋考誤》十二卷。

張氏類經

黃虞稷《千頃堂書目・醫家類》 張介賓《張氏類經》四十二卷。字景岳，號通一子，浙江山陰人。

《明史・藝文志・藝術・醫書》 張介賓《張氏類經》四十二卷。

嵇璜等《續通志・圖譜略・記有・醫藥》 明張介賓《類經圖翼》。

《四庫全書總目提要・醫家類》 《類經》三十二卷。内府藏本。

明張介賓編。介賓字會卿，號景岳，山陰人。是書以《素問》、《靈樞》分類相從，一曰《攝生》，二曰《陰陽》，三曰《藏象》，四曰《脈色》，五曰《經絡》，六曰《標本》，七曰《氣味》，八曰《論治》，九曰《疾病》，十曰《鍼刺》，十一曰《運氣》，十二曰《會通》，共三百九十條。又益以《圖翼》十一卷，《附翼》四卷。雖不免割裂古書，而條理井然，易於尋覽。其註亦頗有發明。

素問糾略

黃虞稷《千頃堂書目・醫家類》 楊慎《素問糾略》三卷。

《明史・藝文志・藝術・醫書》 楊慎《素問糾略》三卷。

難經附説

黄虞稷《千頃堂書目・醫家類》 吕復《難經附説》。

錢大昕《補元史藝文志・醫書類》 吕復《難經附説》。

難經補注

黄虞稷《千頃堂書目・醫家類》 徐述《難經補注》。洪武間常州名醫。

難經注解

黄虞稷《千頃堂書目・醫家類》 周與權《難經注解》一卷。

集注難經

黄虞稷《千頃堂書目・醫家類・補金》 紀天錫《集注難經》五卷。泰安人。爲醫學博士。大定七年表上于朝。

倪燦等《補遼金元藝文志・醫方》 紀天錫《集注難經》五卷。

龔顯曾《金藝文志補録・醫家類》 《集註難經》五卷。紀天錫。泰安人。

錢大昕《補元史藝文志・醫書類》 紀天錫《集注難經》五卷。一作三卷。字齊卿，泰安人，醫學博士。

王圻《續文獻通考經籍考・醫家》 《難經集註》五卷。金紀天錫著。天錫字齊卿，泰安人。

孫德謙《金史藝文略・醫家》 《集註難經》五卷。

醫學博士泰安紀天錫齊卿撰。《金史》天錫入《方伎傳》。《傳》云：早棄進士業，學醫，精于其技，遂以醫名世。集註《難經》五卷，大定十五年上其書，授醫學博士。《補元史藝文志》注：一作三卷。

圖注難經

黄虞稷《千頃堂書目・醫家類》 熊宗立《圖注難經》四卷。又《難經大全》四卷。別字道軒，建陽人。從劉剡學，通陰陽醫卜諸術。

圖注難經

黄虞稷《千頃堂書目・醫家類》 張世賢《圖注難經》八卷。又《圖注脈訣》四卷。

《明史・藝文志・藝術・醫書》 張世賢《圖注難經》八卷。

嵇璜等《續通志・圖譜略・記有・醫藥》 張世賢《圖注難經》。

《四庫全書總目提要・醫家類》 《圖註難經》八卷。浙江巡撫採進本。

明張世賢撰。世賢字天成，寧波人。正德中名醫也。《難經》舊有吴吕廣、唐楊德操諸家註。宋嘉祐中，丁德用始於文義隱奥者各爲之圖。元滑壽作《本義》亦有數圖。然皆不備。世賢是編，於八十一篇，篇篇有圖。凡註所累言不盡者，可以披圖而解。惟其中有文義顯然，不必待圖始解者，亦强足其數，稍爲冗贅。其註亦循文敷衍，未造深微。

内經解

黄虞稷《千頃堂書目・醫家類》 周詩《内經解》。字以言，一名《素問箋解》。

素問鈔補正

黄虞稷《千頃堂書目・醫家類》 《滑壽素問鈔補正》十二卷。又《診家樞要》

一卷。元滑壽有《素問注鈔》三卷，《補正》十二卷，明丁瓚編。瓚字點白，鎮江人，嘉靖丁丑進士，温州府知府。

《四庫全書總目提要・醫家類》 《素問鈔補正》十二卷。浙江巡撫採進本。

明丁瓚編。瓚字點白，鎮江人。嘉靖丁丑進士。官至温州府知府。初，滑壽著《素問鈔》，歲久傳寫多譌。瓚因其舊本，重爲補正，復兼採王冰原註以明之。凡十二門，悉依壽書舊例。又以《五運六氣主客圖》并《診家樞要》附於後。

内經或問

黄虞稷《千頃堂書目・醫家類》 吕復《内經或問》。號滄洲翁，明初名醫。

錢大昕《補元史藝文志・醫書類》 吕復《内經或問》。

了證歌

錢曾《讀書敏求記・醫家》 杜光庭《了證歌》一卷。

光庭謹傍《難經》，各推《了證歌》爲之，以決生死。宋高氏爲之注，東越伍捷又爲之補注。其于脉理，可謂研奥義于精微者矣。

證治要訣

錢曾《讀書敏求記・醫家》 戴元禮《證治要訣》十二卷。

復菴受文皇寵顧，供奉之餘，著爲此書。正統八年春，朝鮮人泛海捕魚，風飄至浙江，官軍以爲倭寇，擒獲解京收候，飢寒困苦。復菴悉衣粮供贍之，卒使之寧歸，其存心濟物如此。是書惟以活人爲念，有功于醫道，豈淺鮮哉。吴文定公録而藏于叢書堂，重其人，并以重其書也。

扁鵲指歸圖

錢曾《讀書敏求記・醫家》 《扁鵲指歸圖》一卷。

四原論

錢曾《讀書敏求記・醫家》 紫虚崔真人《四原論》一卷。

「四原」者，原脉、原病、原証、原治也。予又藏《紫虚脉訣》一卷，句如《蒙求》，蓋欲初學醫者易知耳。

素問運氣圖括

嵇璜等《續通志・圖譜略・記有・醫藥》 熊宗立《素問運氣圖括》。

《四庫全書總目提要・醫家類》 《素問運氣圖括定局立成》一卷。兩淮鹽政採進本。

明熊宗立撰。宗立字道軒，建陽人。劉剡之門人也。剡，永樂中人，有《四書通義》已著録。好講陰陽醫卜之術。是書以《素問》五運六氣之説編爲歌辭。又有天符歲會之説，以人生年之甲子，觀其得病之日氣運盛衰，決其生死。醫家未有用其法者。蓋本五運六氣，以生剋制化推其王相休囚而已，初無所徵驗也。

類方馬經

《四庫全書總目提要・醫家類》 《類方馬經》六卷。兩江總督採進本。

不著撰人名氏。首有刑部員外郎姚江舒春序，稱：太監錢公總掌御馬監，命本監中官之善於馬者，取《馬經》舊本，參以羣書，日加考訂。究脈絡鍼穴之源委，校經方藥石之君臣，極歌訣之周，盡方術之備。又增馬援所進《銅馬表》、《銅馬相法》及《騰駒牧養法》諸條。書成，命壽諸梓云云。考太學題名碑，成化己丑有進士舒春，武功衛人。則所謂太監錢公者，當即憲宗朝之錢能也。

療馬集

《四庫全書總目提要・醫家類》《療馬集》四卷。《附録》一卷。内府藏本。

明喻仁、喻傑同撰。仁、傑皆六安州馬醫。其書方論頗簡明。《附録》一卷，則醫駝方也。

痊驥集

《四庫全書總目提要・醫家類》《痊驥集》二卷。《永樂大典》本。

不著撰人名氏。前載通元三十九論。病分五臟治之，各有方論。復附雜病諸方。今世療馬之劑，其源大略皆本此。

素問懸解

《四庫全書總目提要・醫家類》《素問懸解》十三卷。編修周永年家藏本。國朝黄元御撰。元御有《周易懸象》，已著録。是書謂《素問》八十一篇，秦漢以後始著竹帛，傳寫屢更，不無錯亂，因爲參互校正。如《本病論》、《刺志論》、《刺法論》舊本皆謂已亡。元御則謂《本病論》在《玉機真藏論》中，《刺志論》則誤入《診要經中論》，《刺法論》則誤入《通評虚實論》，未嘗亡也。又謂《經絡論》乃《皮部論》之後半篇，《皮部論》乃《十二正經經絡論》之正文。如此則三奇經與《氣府論》之前論、《正經後論》、《奇經三脈》無異。故取以補闕，仍復八十一篇之舊。考言經文錯簡者起於劉向之校《尚書》，見《漢書・藝文志》。猶有古文可據也。疑經文脱簡者始於鄭元之註《玉藻》，見《禮記注》。然猶不敢移其次第。至北宋以後，始各以己意改古書。有所不通，輒言錯簡，六經遂幾無完本。餘波所漸，劉夢鵬以此法説楚詞。迨元御此註，併以此法説醫經。而漢以來之舊帙，無能免於點竄者矣。揆諸古義，殆恐不然。其註則間有發明。如五運六氣之南政、北政，舊註以甲、己爲南政，其餘八干爲北政。元御則謂：天地之氣東西對待，南北平分，何南政之少而北政之多也。一日之中，天氣晝南而夜北。一歲之中，天氣夏南而冬北。則十二年中，三年在北，三年在東，三年在南，三年在西。在北則南面而布北方之政，是謂北政。天氣自北而南升，在南則北面而布南方之政，是謂南政。天氣自南而北升，則自卯而後，天氣漸南，總以南政統之。自酉而後，天氣漸北，總以北政統之。東西者左右之間氣，故不可以言政。此南北二極之義。其論爲前人所未及。然運氣之説，特約舉天道之大凡，不能執爲定譜以施治療。則亦如太極、無極之争耳。

醫津筏

《四庫全書總目提要・醫家類》《醫津筏》一卷。通行本。

國朝江之蘭撰。之蘭字含微，歙縣人。是書凡十四篇。每篇以《内經》數語爲主，而分條疏論於其後。

四聖懸樞

《四庫全書總目提要・醫家類》《四聖懸樞》四卷。編修周永年家藏本。

國朝黄元御撰。是書謂寒疫、温疫、痘病、疹病皆由於歲氣。世皆以小兒之痘爲胎毒，非也。若能因其將發而急表散之，則痘可以不出。其説爲宋以來所未有。夫痘病之發，每一時而遍及遠近。且輕則大概皆輕，重則大概皆重。則謂之歲氣，亦非無理。然究由胎毒伏於内，歲氣感於外，相觸而發。必謂不係胎毒，何以小兒同感歲氣，而未出痘者乃病痘，已出痘者不病痘乎。是又未可舉一廢百也。

四聖心源

《四庫全書總目提要・醫家類》《四聖心源》十卷。編修周永年家藏本。

國朝黃元御撰。四聖者，黄帝、岐伯、秦越人、張機也。元御於《素問》、《靈樞》、《難經》、《傷寒論》、《金匱玉函經》五書，已各爲之解。復融貫其旨，以爲此書。其文極爲博辯，而詞勝於意者多。

靈樞懸解

《四庫全書總目提要・醫家類》《靈樞懸解》九卷。編修周永年家藏本。

國朝黃元御撰。是書亦以錯簡爲説。謂經别前十三段爲正經，後十五段爲别經，乃經别之所以命名。而後十五段卻誤在經脈中。標本而誤名衛氣。四時氣大半誤入邪氣。藏府病形論津液五别誤名五癃津液别。此類甚多。乃研究《素問》，比櫛其辭，使之脈絡環通。案《靈樞》晚出，又非《素問》之比。説者謂唐人剽取《甲乙經》爲之，不應與古書一例錯簡。亦姑存其説可也。

素靈微蘊

《四庫全書總目提要・醫家類》《素靈微蘊》四卷。編修周永年家藏本。

國朝黃元御撰。其書以胎化、藏象、經脈、營衛、藏候、五色、五聲、問法、診法、醫方爲十篇。又病解十六篇。多附以醫案。其説詆訶歷代名醫，無所不至。以錢乙爲悖謬。以李杲爲昏蒙。以劉宗素、朱震亨爲罪孽深重，擢髮難數。可謂之善罵矣。

難經經釋

《四庫全書總目提要・醫家類》《難經經釋》二卷。江蘇巡撫採進本。

國朝徐大椿撰。大椿有《神農本草經百種録》，已著録。是書以秦越人《八十一難經》有不合《内經》之旨者，援引經文以駁正之。考《難經》，《漢藝文志》不載，《隋志》始著於録。雖未必越人之書，然三國已有吕博望註本。而張機《傷寒論・平脈篇》中所稱經説，今在第五難中。則亦後漢良醫之所爲。歷代以來，與《靈樞》、《素問》竝尊，絶無異論。大椿雖研究《内經》，未必學出古人上。遽相排斥，未見其然。況大椿所據者《内經》，而《素問》全元起本已佚其第七篇，唐王冰始稱得舊本補之。宋林億等校正，已稱其《天元紀大論》以下與《素問》餘篇絶不相通，疑冰取《陰陽大論》以補所亡。至刺法、本病二論，則冰本亦闕。其間字句異同，億等又復有校改，註中題曰「新校正」皆是。則《素問》已爲後人所亂，而《難經》反爲古本。又滑壽《難經本義》列是書所引《内經》，而今本無之者，不止一條。則當時所見之本，與今亦不甚同。即有舛互，亦宜兩存。遽執以駁《難經》之誤，是何異談六經者執開元改隸之本以駁漢博士耶。

難經懸解

《四庫全書總目提要・醫家類》《難經懸解》二卷。編修周永年家藏本。

國朝黃元御撰。《難經》之出在《素問》之後，《靈樞》之前。故其中所引經文有今本所不載者。見滑壽《難經本義》。然其文自三國以來不聞有所竄亂。元御亦謂舊本有譌，復多所更定，均所謂我用我法也。

傷寒金匱分部

傷寒論

錢東垣等輯《崇文總目・醫書類》 《傷寒論》十卷。張仲景撰，王叔和編。

鄭樵《通志・藝文略・醫方》 張仲景《傷寒論》十卷。晉王叔和編次。

晁公武《郡齋讀書志・醫書類》 《仲景傷寒論》十卷。袁本後志卷二醫家類第五。

陳振孫《直齋書録解題・醫書類》 《傷寒論》十卷。

漢長沙太守南陽張機仲景撰。建安中人。其文辭簡古奥雅。又名《傷寒卒病論》。凡一百一十二方。古今治傷寒者，未有能出其外也。

尤袤《遂初堂書目・醫書類》 仲景《傷寒論》。

馬端臨《文獻通考・經籍考・醫家》 仲景《傷寒論》十卷。

《宋史・藝文志・醫書類》 張仲景《傷寒論》十卷。

楊士奇等《文淵閣書目・醫書》 張仲景《傷寒論》一部一册闕。

楊士奇等《文淵閣書目・醫書》 《傷寒論》一部二册闕。

徐𤊹《徐氏家藏書目・醫類》 《傷寒論》十卷。

徐𤊹《徐氏家藏書目・醫類》 仲景《傷寒論》十卷。成無己註解。

殷仲春《醫藏書目・無上函目》 仲景《傷寒論》。十卷。張仲景。

《四庫全書總目提要・醫家類》 《傷寒論註》十卷。附《傷寒明理論》三卷，《論方》一卷。內府藏本。

張之洞《書目答問・醫家》 《傷寒論》十卷。漢張機。明吴勉學刻《古今醫統》本。

文廷式《補晉書藝文志・醫家類》 王叔和編次《張仲景傷寒論》十卷。見《通志》。今存。高湛《養生論》曰：「叔和性沈静，好著述，考覈遺文，採摭羣論，撰成《脈經》十卷。編次《張仲景方論》爲三十六卷，大行於世。《御覽》七百二十二」。《隋志》：梁有張仲景《辨傷寒》十卷，張仲景《評病要方》一卷，又張仲景《療婦人方》二卷。

《新唐書・藝文志・醫術類》 《傷寒卒病論》十卷。

姚振宗《後漢藝文志・醫家類》 張仲景《傷寒卒病論》十六卷。

孫星衍《平津館鑒藏書籍記補遺・元版》 《傷寒論注解》十卷。題仲景述，王叔和撰次，成無己注解。前有甲子洛陽嚴器之序，目録一卷，《圖解運氣圖説》一卷，後有孝□木方印，東山鼎式木印，大德甲辰歲孝永堂重刊木長印。每卷後俱有釋音。卷七、卷八本合爲一卷。錢少詹《日記鈔》所見毛氏影金刻鈔本，小字密行，前有皇統甲子洛陽嚴器之、大定壬辰黽池令魏公衡、武安王絳三人序，後有冥飛退翁王鼎序，又别是一本。黑口板，每葉廿四行，行廿四字，收藏有古婁龔生白文方印。

張金吾《愛日精廬藏書志・醫家類》 《傷寒論注解》十卷。影寫金刊本。

范邦甸等《天一閣書目・醫家類》 《註解傷寒論》四册。刊本。漢張仲景著，宋成無己註。晉王叔和撰次，明汪通值校正。

錢大昕《補元史藝文志・醫書類》 成無己《注傷寒論》十卷。

楊士奇等《文淵閣書目・醫書》 成無己《傷寒論》。一部二册闕。

龔顯曾《金藝文志補録・醫家類》 《傷寒論注解》十卷。成無己注解。一作《傷寒論註》。

孫德謙《金史藝文略・醫家》 《傷寒論注》十卷。

金匱玉函要略

錢東垣等輯《崇文總目・醫書類》 《金匱玉函要略》三卷。張仲景撰。【原釋】闕。見天一閣鈔本。

陳振孫《直齋書録解題・醫書類》 《金匱要略》三卷。案：《文獻通攷》作《金匱玉函經》八卷。

鄭樵《通志・藝文略・醫方》 《金匱玉函要略》三卷。

尤袤《遂初堂書目・醫書類》 《金匱要略》。

徐𤊹《徐氏家藏書目・醫類》 《金匱要畧》二卷。張仲景。

殷仲春《醫藏書目・無上函目》 《金匱要略》。三卷。張仲景。

《四庫全書總目提要・醫家類》 《金匱要略論註》二十四卷。通行本。

張之洞《書目答問・醫家》 《金匱要略》三卷。漢張機。醫統本。

張仲景方

《隋書・經籍志・醫方》《張仲景方》十五卷。仲景，後漢人。梁有《黄素藥方》二十五卷，亡。

鄭樵《通志・藝文略・醫方》《張仲景方》。十五卷。

姚振宗《後漢藝文志・醫家類》《張仲景方》十五卷。

金匱玉函經

晁公武《郡齋讀書志・醫書類》《金匱玉函經》八卷。袁本後志卷二醫家類第四。

右漢張仲景撰，晉王叔和集。設答問雜病形證脈理，參以療治之方。仁宗朝，王洙得於館中，用之甚效。合二百六十二方。

馬端臨《文獻通考・經籍考・醫家》《金匱玉函經》八卷。

晁氏曰：漢張仲景撰，晉王叔和集。設答問雜病形證脉理，參以療治之方。仁宗朝，王洙得於館中，用之甚効。合二百六十二方。

陳氏曰：林億等校正。此書王洙於館閣蠹簡中得之，曰《金匱玉函要略方》。上卷論傷寒，中論雜病，下載其方，并療婦人，乃録而傳之。今書以逐方次於證候之下，以便檢用。其所論傷寒，文多節略，故但取雜病以下，止服食禁忌二十五篇，二百六十二方，而仍其舊名。

姚振宗《後漢藝文志・醫家類》張仲景《金匱玉函經》八卷。

文廷式《補晉書藝文志・醫家類》《金匱玉函經》八卷。

《郡齋讀書志》曰：漢張仲景撰，晉王叔和集。設答問雜病形證脈理，參以療治之方。仁宗朝，王洙得於館中，用之甚效。合二百六十二方。

鄭樵《通志・藝文略・醫方》《金匱玉函》，八卷。

《宋史・藝文志・醫書類》《金匱玉函》八卷。王叔和集。

仲景全書

殷仲春《醫藏書目・結集函目》《仲景全書》。十卷。張仲景。王叔和次，成無己註。

殷仲春《醫藏書目・指歸函目》《仲景全書》。

玉匱鍼經

姚振宗《三國藝文志・醫家類》吕博《玉匱鍼經》一卷。

錢東垣等輯《崇文總目・醫書類》《金滕玉匱鍼經》三卷。吕博撰。

《宋史・藝文志・醫書類》吕博《金滕玉匱鍼經》三卷。

千金要方

《四庫全書總目提要・醫家類》《千金要方》九十三卷。兩淮馬裕家藏本。

養性要録

錢東垣等輯《崇文總目・醫書類》《養性要録》一卷。【原釋】闕。見天一閣鈔本。

《宋史・藝文志・醫書類》《養性要録》一卷。

金匱録

錢東垣等輯《崇文總目・醫書類》《金匱録》五卷。【原釋】闕。見天一閣鈔本。

鄭樵《通志・藝文略・醫方》《金匱録》五卷。

《宋史・藝文志・醫書類》《金匱録》五卷。

傷寒論

錢東垣等輯《崇文總目・醫書類》 張果先生《傷寒論》一卷。

鄭樵《通志・藝文略・醫方》 張果先生《傷寒論》一卷。

《宋史・藝文志・醫書類》 張果《傷寒論》一卷。

楚劉豹子眼

錢東垣等輯《崇文總目・醫書類》《楚劉豹子眼》一卷。

傷寒手鑑

錢東垣等輯《崇文總目・醫書類》《傷寒手鑑》二卷。田誼卿撰。

鄭樵《通志・藝文略・醫方》《傷寒手鑑》二卷。田誼卿撰。

《宋史・藝文志・醫書類》 田誼卿《傷寒手鑑》三卷。

傷寒証辨集

錢東垣等輯《崇文總目・醫書類》《傷寒証辨集》一卷。《通志畧》、《宋志》，並不著撰人。

鄭樵《通志・藝文略・醫方》《傷寒證辨集》一卷。

《宋史・藝文志・醫書類》《傷寒證辨集》一卷。

百中傷寒論

錢東垣等輯《崇文總目・醫書類》《百中傷寒論》三卷。陳昌允撰。【原釋】百中者，取其必愈。見《通志・校讐畧》。

鄭樵《通志・藝文略・醫方》《百中傷寒論》三卷。太常主簿陳昌胤撰。

療傷寒身驗方

鄭樵《通志・藝文略・醫方》《療傷寒身驗方》一卷。

辨傷寒

鄭樵《通志・藝文略・醫方》 徐文伯《辨傷寒》一卷。

傷寒總要

鄭樵《通志・藝文略・醫方》《傷寒總要》二卷。

傷寒論

鄭樵《通志・藝文略・醫方》 巢氏《傷寒論》一卷。

傷寒論

鄭樵《通志・藝文略・醫方》 玉川《傷寒論》一卷。

傷寒論後集

鄭樵《通志・藝文略・醫方》《傷寒論後集》六卷。

證辨傷寒論

鄭樵《通志・藝文略・醫方》 石昌璉《證辨傷寒論》一卷。

傷寒百問經絡圖

鄭樵《通志・藝文略・醫方》《傷寒百問經絡圖》一卷。

傷寒集論方

鄭樵《通志・藝文略・醫方》《傷寒集論方》十卷。

傷寒論方

鄭樵《通志・藝文略・醫方》 孫王二公《傷寒論方》二卷。

傷寒要論方

鄭樵《通志・藝文略・醫方》 上官均集《傷寒要論方》一卷。

傷寒論

鄭樵《通志・藝文略・醫方》 朱旦《傷寒論》一卷。

明時政要傷寒論

鄭樵《通志・藝文略・醫方》《明時政要傷寒論》三卷。

《宋史・藝文志・醫書類》 陳昌祚《明時政要傷寒論》三卷。

傷寒方

鄭樵《通志・藝文略・醫方》 鄭氏《傷寒方》一卷。

傷寒方

鄭樵《通志・藝文略・醫方》 孫兆《傷寒方》二卷。

傷寒論

鄭樵《通志・藝文略・醫方》 曾誼《傷寒論》一卷。

《宋史・藝文志・醫書類》 朱旦《傷寒論方》一卷。

陰毒形證訣

鄭樵《通志・藝文略・醫方》 《陰毒形證訣》一卷。宋迪撰。

傷寒括要詩

鄭樵《通志・藝文略・醫方》 《傷寒括要詩》一卷。通真子撰。

傷寒類要方

鄭樵《通志・藝文略・醫方》 《傷寒類要方》十卷。

傷寒式例

鄭樵《通志・藝文略・醫方》 《傷寒式例》一卷。劉君翰撰。

傷寒慈濟集

鄭樵《通志・藝文略・醫方》 《傷寒慈濟集》三卷。

《宋史・藝文志・醫書類》 丁德用《醫傷寒慈濟集》三卷。

通真子傷寒訣

晁公武《郡齋讀書志・醫書類》 《通真子傷寒訣》一卷。袁本後志卷二醫家類第十。

右題曰通真子而不著名氏。用張長沙《傷寒論》爲歌詩，以便覽者，《脈訣》之類也。

馬端臨《文獻通考・經籍考・醫家》 《通真子傷寒訣》一卷。

晁氏曰：題曰通真子而不著名氏。用張長沙《傷寒論》爲歌詩，以便覽者，《脉訣》之類也。

傷寒百問

晁公武《郡齋讀書志・醫書類》 《傷寒百問》三卷。袁本後志卷二醫家類第十一。

右題曰無求子。大觀初所著書。

馬端臨《文獻通考・經籍考・醫家》 《傷寒百問》三卷。

晁氏曰：題曰無求子。大觀初所著書。

錢謙益等《絳雲樓書目・醫書類》 《傷寒百問》。三卷。題曰無求子。即朱肱。大觀初著。

楊士奇等《文淵閣書目・醫書》 《傷寒百問歌》一部一册闕。

傷寒總病論

鄭樵《通志・藝文略・醫方》 《傷寒總病論》七卷。龐安時撰。

尤袤《遂初堂書目・醫書類》 龐安常《傷寒論》。

殷仲春《醫藏書目・正法函目》 《傷寒論》。六卷。龐安常。

《四庫全書總目提要・醫家類》 《傷寒總病論》六卷。附《音訓》一卷，《修治藥法》一卷。大學士于敏中家藏本。

黄丕烈《蕘圃刻書題識》 題宋刻龐安常《傷寒總病論》後。

黄丕烈《蕘圃刻書題識》 重雕宋刻《傷寒總病論札記》識語。

傷寒證法

尤袤《遂初堂書目・醫書類》《傷寒證法》。

傷寒要旨

尤袤《遂初堂書目・醫書類》《傷寒要旨》。

陳振孫《直齋書録解題・醫書類》《傷寒要旨》二卷。李檉撰。列方於前而類證於後，皆不外仲景。

馬端臨《文獻通考・經籍考・醫家》《傷寒要旨》二卷。陳氏曰：李檉撰。列方於前，而類證於後，皆不外仲景。

《宋史・藝文志・醫書類》李檉《傷寒要旨》一卷。

黄丕烈《蕘圃藏書題識・子類》《傷寒要旨》二卷。宋本。

黄丕烈《百宋一廛書録》《傷寒要旨藥方》。

傷寒遺法

尤袤《遂初堂書目・醫書類》《傷寒遺法》。

傷寒論翼

尤袤《遂初堂書目・醫書類》《傷寒論翼》。

傷寒微旨論

陳振孫《直齋書録解題・醫書類》《傷寒微旨論》二卷。不著作者。序言元祐丙寅，必當時名醫也。其書頗有發明。

馬端臨《文獻通考・經籍考・醫家》《傷寒微指論》二卷。陳氏曰：不著作者。序言元祐丙寅，必當時名醫也。其書頗有發明。

范邦甸等《天一閣書目・醫家類》《傷寒微旨》一卷。鈔本。宋淇川韓祗和撰，許昌滑壽校。

《四庫全書總目提要・醫家類》《傷寒微旨》二卷。《永樂大典》本。

傷寒直格方

范邦甸等《天一閣書目・醫家類》《傷寒直格方》六卷。刊本。金劉完素撰，臨川葛雍編校。

錢謙益等《絳雲樓書目・醫書類》劉河間《傷寒直格》。劉完素。

黄丕烈《蕘圃藏書題識・子類》《新刊河間劉守真傷寒直格》三卷。《後集》一卷。《續集》一卷。《張子和心境》一卷。元刊本。

錢曾《讀書敏求記・醫家》劉守真《傷寒直格》三卷。後集一卷，續集一卷，别集一卷。

錢大昕《補元史藝文志・醫書類》劉完素或作元素《傷寒直格》三卷。後集一卷，續集一卷，别集一卷。

黄虞稷《千頃堂書目・醫家類・補金》劉元素《傷寒直格論方》三卷。

《四庫全書總目提要・醫家類》《傷寒直格方》三卷。《傷寒標本心法類萃》二卷。通行本。

錢大昕《補元史藝文志・醫書類》劉完素《傷寒直格論方》三卷。

孫德謙《金史藝文略・醫家》《傷寒直格》三卷。

孫德謙《金史藝文略・醫家》《傷寒直格論方》三卷。

龔顯曾《金藝文志補録・醫家類》《傷寒直格方》三卷。劉完素。倪《志》作《傷寒直格論方》。又《天一閣書目》作六卷。錢《志》題《傷寒直格》三卷，《後集》一卷，《續集》一卷，《別集》一卷，與《天一閣書目》卷數正符。

傷寒百證歌

楊士奇等《文淵閣書目・醫書》《傷寒百證歌》一部一册闕。

楊士奇等《文淵閣書目・醫書》《傷寒百證歌》一部一册闕。

殷仲春《醫藏書目・誦法函目》《傷寒百証歌》。三卷。許叔微。

錢謙益等《絳雲樓書目・醫書類》《傷寒百證歌》。宋學士許叔微著。

錢曾《讀書敏求記・醫家》《張仲景註解傷寒百證歌》五卷。《傷寒發微論》三卷。

翰林學士白沙許叔微知可述。述者，推明仲景之意，而申言之也。

黄丕烈《蕘圃藏書題識・子類》《新編張仲景注解傷寒百證歌》五卷。《新編張仲景注解傷寒發微論》二卷。元刊本。

傷寒賦

殷仲春《醫藏書目・誦法函目》《傷寒賦》。見前。

傷寒百證

錢謙益等《絳雲樓書目・醫書類》《傷寒百證》。南宋錢聞禮著。宋國醫吴敏脩著《傷寒辨疑論》，元許文正公序其書。

孫星衍《平津館鑒藏書籍記・元版》《類證增注傷寒百問歌》四卷。卷一爲《傷寒解惑論》，前有乾道癸巳湯尹才序，《解惑論》即尹才所撰，末有淳熙壬寅韓玉跋。卷二以下爲《傷寒百問》，題建寧府通守錢聞禮撰，前有至大己酉武夷詹清子子敬序。此書爲曹仲立取湯錢兩書合刻，詹氏序而行之。黑口版，巾箱本，每葉廿二行，行廿一字。

殷仲春《醫藏書目・指歸函目》《傷寒百証》。

傷寒救俗方

《宋史・藝文志・醫書類》王世臣《傷寒救俗方》一卷。

楊士奇等《文淵閣書目・醫書》《傷寒救俗方》一部一册闕。

馬端臨《文獻通考・經籍考・醫家》《傷寒捄俗方》一卷。

陳氏曰：寧海羅適正之尉桐城，民俗惑巫不信藥，因以藥施人，多愈。遂以方書召醫參校，刻石以捄迷俗。紹興中，有王世臣彦輔者序之以傳。

傷寒證類要略

陳振孫《直齋書録解題・醫書類》《傷寒證類要略》二卷。《玉鑑新書》二卷。

汴人平堯卿撰。專爲傷寒而作。皆仲景之舊也，亦別未有發明。

馬端臨《文獻通考・經籍考・醫家》《傷寒證類要略》二卷。《玉鑑新書》二卷。

陳氏曰：汴人平堯卿撰。專爲傷寒而作。皆仲景之舊也，亦別未有發明。

《宋史・藝文志・醫書類》《傷寒證類要略》二卷。

傷寒證治

馬端臨《文獻通考・經籍考・醫家》《傷寒證治》三卷。

晁氏曰：宋朝王實編。實謂百病之急無踰傷寒，故略舉病名法及世名醫之言，爲十三篇，總方百四十六首。或云潁州人，官至外郎，龐安常之高弟也。

《宋史・藝文志・醫書類》王寔《傷寒證治》三卷。

錢氏傷寒百問方

《宋史・藝文志・醫書類》錢聞禮《錢氏傷寒百問方》一卷。

傷寒方論

《宋史・藝文志・醫書類》李涉《傷寒方論》二十卷。

家傷寒指南論

《宋史・藝文志・醫書類》李大參《家傷寒指南論》一卷。

傷寒明理論

《宋史・藝文志・醫書類》嚴器之《傷寒明理論》四卷。

傷寒類要

《宋史・藝文志・醫書類》《傷寒類要》四卷。

四時傷寒總病論

《宋史・藝文志・醫書類》楊介存《四時傷寒總病論》六卷。

局方續添傷寒證治

《宋史・藝文志・醫書類》《局方續添傷寒證治》一卷。

傷寒論

《宋史・藝文志・醫書類》成無己《傷寒論》一卷。

傷寒要法

《宋史・藝文志・醫書類》《傷寒要法》一卷。

傷寒玉鑑新書

《宋史・藝文志・醫書類》平堯卿《傷寒玉鑑新書》一卷。

傷寒辨疑

錢曾《讀書敏求記・醫家》何滋《傷寒辨疑》一卷。

滋於乾道年間爲保安大夫，診御脉，兼應奉皇太子宫。撮畧仲景書，凡病証之疑似，陰陽之差殊，共三十種，悉爲辨之，使人釋然無疑焉。

傷寒摘疑

錢曾《讀書敏求記・醫家》 朱震亨《傷寒摘疑》一卷。彦脩謂：「仲景書，儒家之《論》、《孟》也。復何所疑。摘之者，竊恐摘簡斷文，章句或誤，故畧紀所疑，而附以己意，非敢致疑于仲景也。」

錢大昕《補元史藝文志・醫書類》 朱震亨《傷寒摘疑》一卷。

傷寒論

錢謙益等《絳雲樓書目・醫書類》 《傷寒論》三卷。李嗣慶著。載《金史・方伎傳》。

黄虞稷《千頃堂書目・醫家類・補金》 李慶嗣《傷寒論》三卷。

倪燦等《補遼金元藝文志・醫方》 李慶嗣《傷寒論》三卷。

錢大昕《補元史藝文志・醫書類》 李慶嗣《傷寒論》三卷。

孫德謙《金史藝文略・醫家》 《傷寒論》三卷。

龔顯曾《金藝文志補録・醫家類》 《傷寒論》二卷。李慶嗣。《絳雲樓書目》、倪《志》、金《志》俱作三卷。金《志》作《傷寒論》，誤。

傷寒纂類

黄虞稷《千頃堂書目・醫家類・補金》 李慶嗣《傷寒纂類》四卷。

倪燦等《補遼金元藝文志・醫方》 李慶嗣《傷寒纂類》四卷。

錢大昕《補元史藝文志・醫書類》 李慶嗣《傷寒纂類》四卷。

龔顯曾《金藝文志補録・醫家類》 《傷寒纂類》。四卷。李慶嗣。洺州人。李慶嗣撰。案此書《絳雲樓書目》有之。

王圻《續文獻通考經籍考・醫家》 《傷寒纂類》四卷，《活人書》二卷，《傷寒類》三卷，《針經》一卷。金李慶嗣著。慶嗣，洛陽人。少舉進士不第，退而學醫，讀《素問》諸書，洞曉其義。大德間，歲大疫，廣平尤甚，貧者往往闔門臥病，慶嗣携藥與米分遺之，全活者衆。

孫德謙《金史藝文略・醫家》 《傷寒纂類》四卷。洛人李慶嗣撰。《金史・方伎傳》云：少舉進士不第，棄而學醫，讀《素問》諸書，洞曉其義。天德間，歲大疫，廣平尤甚，貧者往往闔門臥病，慶嗣携藥與米分遺之，全活者衆。慶嗣年八十餘，無疾而終。所著《傷寒纂要》四卷，《改證活人書》二卷，《傷寒論》三卷，《針經》一卷，傳于世。

傷寒標本心法類萃

黄虞稷《千頃堂書目・醫家類・補金》 劉元素《傷寒標本心法類萃》二卷。

錢大昕《補元史藝文志・醫書類》 劉完素《傷寒標本心法類萃》二卷。

龔顯曾《金藝文志補録・醫家類》 《傷寒標本心法類萃》二卷。劉完素。

孫德謙《金史藝文略・醫家》 《傷寒標本心法類萃》二卷。劉完素撰。

附廣肘後方

孫德謙《金史藝文略・醫家》 《附廣肘後方》八卷。

傷寒心鏡

黄虞稷《千頃堂書目・醫家類・補金》 劉元素又《傷寒心鏡》一卷。

《四庫全書總目提要・醫家類》 《傷寒心鏡》一卷。通行本。

一名《張子和心鏡別集》。舊本題鎮陽常德編。德不知何許人，亦不詳其時代。考李濂《醫史・張從正傳》後附記曰：《儒門事親》十四卷，蓋子和草創之，麻知幾潤色之，常仲明又撫其遺爲《治法心要》。子和即從正之字，知幾爲麻革之字。仲明字義與德字相符，常仲明者，其即德歟。若然，則金興定中人也。書凡七篇。首論河間雙解散及子和增減之法，餘亦皆二家之緒論。

龔顯曾《金藝文志補録・醫家類》《傷寒心鏡》一卷。劉完素。張從正亦有此書，或名偶同，抑即此書，未詳。

傷寒指掌圖

楊士奇等《文淵閣書目・醫書》《傷寒指掌圖》一部一册闕。

傷寒發明

楊士奇等《文淵閣書目・醫書》《傷寒發明》一部二册闕。

傷寒立法考

楊士奇等《文淵閣書目・醫書》《傷寒立法考》一部一册闕。

錢大昕《補元史藝文志・醫書類》 王履《傷寒立法考》。字安道，崑山人。

傷寒明理論

楊士奇等《文淵閣書目・醫書》《傷寒明理論》一部一册闕。

高儒《百川書志・醫家》《傷寒明理論》三卷。

高儒《百川書志・醫家》《傷寒明理方論》一卷。

宋聊攝成無己著論。凡五十篇。

錢曾《讀書敏求記・醫家》《傷寒明理論》四卷。

錢大昕《補元史藝文志・醫書類》 成無己《傷寒明理論》三卷。

黄丕烈《蕘圃刻書題識・子類》《傷寒明理論》三卷。《傷寒明理論方》一卷。元本。

余向藏《傷寒明理論》，相傳爲影宋鈔本。紙墨精妙，卻未將别本校過，已舉而歸諸藝芸書舍矣。頃冷攤以舊刻本見遺，審是元刻本，中多闕失，偶有鈔補，亦復不全，遂動校勘之興。從藝芸借歸，命長孫秉剛竭幾日力手校一過，竟有勝於鈔本之處。然彼此既非一樣行款，辭句又復有異，無可全補，遂命工楷書影宋原文之可與刻本參者附麗之，又命秉剛自寫影宋之與刻異者爲校勘記。事畢之後，秉剛請余自爲跋記其原委，因書此以示之，而即令其手書於後。時在道光癸未九月十七望，秋清逸士跋，孫美鏐書。

越歲甲申夏六月裝成，迨七月初旬，有人索觀士禮居子部醫家，因舉此以示之，作介者恐得主不識此骨董，未敢涉手。舉世皆俗眼，其視此不爲棄物乎？吾愛吾寶，於此益信云。匏巢老人自記。

龔顯曾《金藝文志補録・醫家類》《傷寒明理論》三卷。成無己。

孫德謙《金史藝文略・醫家》《傷寒明理論》三卷。

傷寒心鏡

黄虞稷《千頃堂書目・醫家類・補金》 張從政《傷寒心鏡》一卷。

倪燦等《補遼金元藝文志・醫方》 張從政《傷寒心鏡》一卷。

錢大昕《補元史藝文志・醫書類》 張從正《傷寒心鏡》一卷。

龔顯曾《金藝文志補録・醫家類》《傷寒心鏡》一卷。《四庫存目提要》云：一名《張子和心鏡別集》。舊本題鎮陽常德編。考李濂《醫史・張從正傳》後附記曰：《儒門事親》十四卷，蓋子和草創之，麻知幾潤色之，常仲明又撫其遺爲《治法心要》。

孫德謙《金史藝文略・醫家》《傷寒心鏡》一卷。

張從正撰。

傷寒類證

孫德謙《金史藝文略・醫家》《傷寒類證》。

劉完素撰。宋雲公《序》云：竊聞天地師道以覆載，聖人立醫以濟物，道德醫藥，皆源于一。醫不通道，無以知造物之機；道不通醫，無以盡養生之理。然欲學此道者，必先立其志，志立則格物，物格則學專，學雖專也必得師匠，則可入其門矣。更能敏惠愛物，公正無私，方合其道。夫掌命之職，其大矣哉。且聖智元遠，自有樞要，强欲穿鑿，徒勞皓首。僕于常山醫流張道人交密，受通元類證，乃仲景之鈐法也。彼得之異人，而世未有本。切念仲景之書，隱奥難見，雖有上士，所見博達，奈以一心日應衆病，萬一差誤，豈不憂哉。今則此書總其微言，宗爲直説，使難見之文，明于掌上，故曰舉一綱而萬目張，標一言而衆理顯，若得是書以補廢志，其濟于人也不亦深乎？故命工開版，庶傳永久。案此書本不言撰人，觀序謂通元類證，以守真自號通元處士，爰題劉氏姓名云。

飲食勞倦傷論

孫德謙《金史藝文略・醫家》《飲食勞倦傷論》。

李杲撰。見上元遺山《序》，其曰上發二書之微，則此與《内外傷辨惑論》各爲一書矣。

傷寒歌括

孫德謙《金史藝文略・醫家》《傷寒歌括》一卷。

王翼撰。

傷寒醫鑒

黄虞稷《千頃堂書目・醫家類・補金》 劉元素《傷寒醫鑒》一卷。

錢大昕《補元史藝文志・醫書類》 劉完素《傷寒醫鑒》一卷。

龔顯曾《金藝文志補録・醫家類》《傷寒醫鑑》一卷。劉完素。

孫德謙《金史藝文略・醫家》《傷寒醫鑑》一卷。

金匱鈎玄

高儒《百川書志・醫家》 丹溪《金匱鈎玄》三卷。

元金華朱彦修著。

殷仲春《醫藏書目・法流函目》《金匱鈎玄》。三卷。戴元禮。

黄虞稷《千頃堂書目・醫家類・補元》 朱震亨《金匱鈎玄》三卷。

倪燦等《補遼金元藝文志・醫方》 朱震亨《金匱鈎玄》三卷。

《四庫全書總目提要・醫家類》《金匱鉤元》三卷。江蘇巡撫採進本。

錢大昕《補元史藝文志・醫書類》 朱震亨《金匱鈎玄》三卷。

金匱方論衍義

錢謙益等《絳雲樓書目・醫書類》《金匱方論衍義》。元趙良仁著。長洲人，朱丹溪高弟，亦見《姑蘇志》。

倪燦等《補遼金元藝文志・醫方》 趙良《金匱衍義》。

錢大昕《補元史藝文志・醫書類》 趙良《金匱衍義》。

傷寒類書活人總括

錢大昕《補元史藝文志・醫書類》 楊士瀛《傷寒類書活人總括》七卷。

陰證略例

錢謙益等《絳雲樓書目・醫書類》 《陰證略例》。

黃虞稷《千頃堂書目・醫家類・補元》 王好古《陰證略例》一卷。

倪燦等《補遼金元藝文志・醫方》 王好古《陰症略例》一卷。

錢大昕《補元史藝文志・醫書類》 王好古《陰證略例》一卷。

錢曾《讀書敏求記・醫家》 海藏老人《陰證畧例》一卷。

内外傷寒辨

錢謙益等《絳雲樓書目・醫書類》 《内外傷寒辨》。三卷。李東垣。

錢大昕《補元史藝文志・醫書類》 李杲《内外傷寒辨》三卷。

《四庫全書總目提要・醫家類》 《内外傷辨惑論》三卷。江蘇巡撫採進本。

孫德謙《金史藝文略・醫家》 《内外傷寒辨》三卷。

李杲撰。以上二種見《國史經籍志》。《補遼金元志》入潔古著書後，誤。

黃虞稷《千頃堂書目・醫家類・補元》 李杲《辨惑論》三卷。辨内傷外感。

倪燦等《補遼金元藝文志・醫方》 李杲《辨惑論》三卷。辨内傷外感。

錢大昕《補元史藝文志・醫書類》 李杲《辨惑論》三卷。

高儒《百川書志・醫家》 《内外傷辨》三卷。即《内外辨惑編》。小注中「外」字原脱，從瞿校鈔本補。

龔顯曾《金藝文志補録・醫家類》 《内外傷寒辨惑論》三卷。李杲。《絳雲樓書目》、錢《志》俱作《内外傷寒辨》。倪《志》作《辨惑論》，注云：辨内傷外感。

讀傷寒論鈔

黃虞稷《千頃堂書目・醫家類・補元》 滑壽《讀傷寒論鈔》二卷。

倪燦等《補遼金元藝文志・醫方》 滑壽《讀傷寒論抄》二卷。

錢大昕《補元史藝文志・醫書類》 滑壽《傷寒論抄》二卷。

傷寒論辨

黃虞稷《千頃堂書目・醫家類・補元》 朱震亨《傷寒論辨》□卷。

倪燦等《補遼金元藝文志・醫方》 朱震亨《傷寒論辨》。

錢大昕《補元史藝文志・醫書類》 朱震亨《傷寒辨疑》。一作論辨。

傷寒記玄妙用集

黃虞稷《千頃堂書目・醫家類・補元》 尚從善《傷寒記玄妙用集》十卷。

倪燦等《補遼金元藝文志・醫方》 尚從善《傷寒紀玄妙用集》十卷。

錢大昕《補元史藝文志・醫書類》 尚從善《傷寒紀元妙用集》十卷。

殷仲春《醫藏書目・正法函目》 《傷寒紀玄》。十卷。尚從善。

傷寒生意

黃虞稷《千頃堂書目・醫家類・補元》 熊景元《傷寒生意》。

倪燦等《補遼金元藝文志・醫方》 熊景元《傷寒生意》。

錢大昕《補元史藝文志・醫書類》 熊景元《傷寒生意》。字仲光，崇仁人。

傷寒直格

黄虞稷《千頃堂書目・醫家類・補宋》 劉開復《傷寒直格》五卷。

倪燦等《宋史・藝文志補・醫方》 劉開復《傷寒直格》五卷。

傷寒醫鑑

殷仲春《醫藏書目・正法函目》 《傷寒醫鑑》。一卷。馬宗素。

黄虞稷《千頃堂書目・醫家類》 馬宗素《傷寒醫鑑》一卷。

《四庫全書總目提要・醫家類》 《傷寒醫鑑》一卷。通行本。

傷寒九十論

張金吾《愛日精廬藏書志・醫家類》 《傷寒九十論》一卷。舊鈔本。

宋曰沙許叔微知可述。先列病證，後論治法，剖析頗精。是書諸家書目俱未著録。伏讀《欽定四庫全書總目》云：叔微書屬辭簡雅，不諧於俗，故明以來不甚傳布。是則因傳本稀少，故藏書家俱未之見歟。陳振孫曰叔微有《傷寒治法》八十一篇，未知即此書否。

傷寒心要

龔顥曾《金藝文志補録・醫家類》 《傷寒心要》一卷。劉完素。《四庫存目》云：舊題都梁劉洪編。

《四庫全書總目提要・醫家類》 《傷寒心要》一卷。通行本。

舊本題都梁鎦洪編。洪始末未詳。大旨敷演劉完素之説，所列方凡十八。又有病後四方，與常德《傷寒心鏡》皆後人裒輯，附入《河間六書》之末者。然掇拾殘剩，無所發明。

傷寒會要

錢大昕《補元史藝文志・醫書類》 李杲《傷寒會要》。

龔顥曾《金藝文志補録・醫家類》 《傷寒會要》。李杲。

孫德謙《金史藝文略・醫家》 《傷寒會要》。

汗下吐法

錢大昕《補元史藝文志・醫書類》 張從正《汗下吐法》。有六門二法之目。

孫德謙《金史藝文略・醫家》 《張子和汗下吐法》。

傷寒總要

錢大昕《補元史藝文志・醫書類》 黄大明《傷寒總要》三卷。

長沙傷寒十釋

錢大昕《補元史藝文志・醫書類》 吕復《長沙傷寒十釋》。

黄虞稷《千頃堂書目・醫家類》 吕復《長沙論傷寒十釋》。

傷寒治例

高儒《百川書志・醫家》《傷寒治例》一卷。

俱吳陵劉宗厚編集。

殷仲春《醫藏書目・正法函目》《傷寒治例點點金段段錦》。陶節菴。

《四庫全書總目提要・醫家類》《傷寒治例》一卷。通行本。

明劉純撰。其體例與《雜病治例》相同。不標六經，亦不分表裏。但以現證九十五種爲綱，而每證推其病源與其治法。亦成化己亥蕭謙所刻也。

錢大昕《補元史藝文志・醫書類》劉純《傷寒治例》一卷。

傷寒直格

殷仲春《醫藏書目・正法函目》《傷寒直格》。二卷。葛雍。

傷寒指掌

殷仲春《醫藏書目・正法函目》《傷寒指掌》。十卷。吳恕。

殷仲春《醫藏書目・誦法函目》《傷寒指掌》。十卷。吳恕。

黄虞稷《千頃堂書目・醫家類》吳恕《傷寒活人指掌》五卷。

錢大昕《補元史藝文志・醫書類》吳恕《傷寒活人指掌圖》三卷。號蒙，齋錢唐人。至正間刊。

錢曾《讀書敏求記・醫家》吳恕《傷寒活人指掌圖》三卷。

傷寒指掌

《四庫全書總目提要・醫家類》《傷寒指掌》十四卷。浙江巡撫採進本。

明皇甫中撰。中字雲洲，仁和人。其書原始《内經》，發明仲景立法之意。於諸家議論獨推陶華。第十三卷載節菴《殺車槌法》中，議於後云：先君菊泉與陶翁厥嗣廷柱善，嘗得其所著《傷寒瑣言》及《殺車槌法》傳心之祕旨云云。然節菴六書，至今爲傷寒家所詬厲。則此書抑可知也。

傷寒袖鏡

殷仲春《醫藏書目・正法函目》《傷寒袖鏡》。一卷。劉全德。

傷寒解惑

殷仲春《醫藏書目・正法函目》《傷寒解惑》。一卷。韓玉。

傷寒標本

殷仲春《醫藏書目・正法函目》《傷寒標本》。附《心要心鏡》一卷。常德。

傷寒觀舌心法

殷仲春《醫藏書目・正法函目》《傷寒觀舌心法》。一卷。申斗垣。

傷寒論編

殷仲春《醫藏書目·正法函目》《傷寒論編》。七卷。胡南金删。

釐正傷寒六書

殷仲春《醫藏書目·正法函目》《釐正傷寒六書》。六卷。趙心山。

傷寒條辯

殷仲春《醫藏書目·正法函目》《傷寒條辯》。八卷。方執中。

《四庫全書總目提要·醫家類》《傷寒論條辨》八卷。附《本草鈔》一卷,《或問》一卷,《痓書》一卷。内府藏本。

傷寒類症辯疑

殷仲春《醫藏書目·正法函目》《傷寒類症辯疑》。一卷。吴時宰。

傷寒舉要

殷仲春《醫藏書目·正法函目》《傷寒舉要》。

傷寒指要

殷仲春《醫藏書目·正法函目》《傷寒指要》。一卷。翁先春。

傷寒或問

殷仲春《醫藏書目·正法函目》《傷寒或問》。一卷。

傷寒纂要

殷仲春《醫藏書目·正法函目》《傷寒纂要》。二卷。閔道楊。

傷寒明理論補　闡明傷寒論

殷仲春《醫藏書目·正法函目》《傷寒明理論補》、《闡明傷寒論》。四卷。巴應奎。

傷寒全書

殷仲春《醫藏書目·結集函目》《傷寒全書》。四卷。陶節庵。

錢謙益等《絳雲樓書目·醫書類》《傷寒全書》。五卷。陶華。

《明史·藝文志·藝術·醫書》《傷寒全書》五卷。

傷寒論

殷仲春《醫藏書目・秘密函目》 陳氏抄本《傷寒論》。

傷寒通議

殷仲春《醫藏書目・秘密函目》《傷寒通議》。

解傷寒百證疑難症

殷仲春《醫藏書目・秘密函目》《解傷寒百證疑難症》。一卷。

傷寒論大全

殷仲春《醫藏書目・聲聞函目》《傷寒論大全》。

傷寒摘捷

錢謙益等《絳雲樓書目・醫書類》《傷寒摘捷》。

傷寒語録

錢謙益等《絳雲樓書目・醫書類》《傷寒語録》。

傷寒遺方家祕

錢謙益等《絳雲樓書目・醫書類》《傷寒遺方家祕》。

纂述傷寒祕要

黄虞稷《千頃堂書目・醫家類》 劉醇《纂述傷寒祕要》一卷。又《傷寒治例》一卷。別本「醇」作「純」。

傷寒書

黄虞稷《千頃堂書目・醫家類》 方炯《傷寒書》。

傷寒會通

黄虞稷《千頃堂書目・醫家類》 沈貞《傷寒會通》。號絶聰老人。崑山沈愚祖。其書取李浩《傷寒或問》，郭雍《補亡》及他書論傷寒者，以合于仲景之論爲一書。

傷寒運氣或問

黄虞稷《千頃堂書目・醫家類》 鄒彬《傷寒運氣或問》一卷。

運氣或問

黄虞稷《千頃堂書目・醫家類》 鄒彬《運氣或問》一卷。字文質。臨洮人。杭補。

傷寒鈐法書

黄虞稷《千頃堂書目・醫家類》 高昶《傷寒鈐法書》一卷。弘治間益都人。

傷寒祕問

黄虞稷《千頃堂書目・醫家類》 彭浩《傷寒祕問》。

傷寒纂例

黄虞稷《千頃堂書目・醫家類》 徐彪《傷寒纂例》二卷。

傷寒家祕心法

黄虞稷《千頃堂書目・醫家類》 姚能《傷寒家祕心法》。別有注文云：嘉興人，字懋良，號亞冠道人。

傷寒選録

黄虞稷《千頃堂書目・醫家類》 汪機《傷寒選録》。

傷寒統會

黄虞稷《千頃堂書目・醫家類》 馮鸞《傷寒統會》七卷。

傷寒易覽一編

黄虞稷《千頃堂書目・醫家類》 李如庵《傷寒易覽一編》。黄岡人。

王圻《續文獻通考經籍考・醫家》 《傷寒大易覽一編》。葉如菴。黄岡人。以儒爲醫，所撰《傷寒大易覽一編》爲時所宗。

傷寒證治準繩

黄虞稷《千頃堂書目・醫家類》 王肯堂《傷寒證治準繩》八卷。

殷仲春《醫藏書目・正法函目》 《傷寒準繩》。八卷。王宇泰。

傷寒尚論編

黄虞稷《千頃堂書目・醫家類》 喻嘉言《傷寒尚論編》。

外傷金鏡録

黄虞稷《千頃堂書目・醫家類》《外傷金鏡録》一卷。

仲景精華鈐

楊士奇等《文淵閣書目・醫書》《仲景精華鈐》一部一册闕。

傷寒集義

楊士奇等《文淵閣書目・醫書》《傷寒集義》一部一册闕。

傷寒撮要

楊士奇等《文淵閣書目・醫書》《傷寒撮要》一部一册闕。

殷仲春《醫藏書目・正法函目》《傷寒撮要》。楊珣。

黄虞稷《千頃堂書目・醫家類》楊珣《傷寒撮要》二卷。

傷寒撮要

殷仲春《醫藏書目・正法函目》《傷寒撮要》。四卷。繆慕松。

傷寒捷要

楊士奇等《文淵閣書目・醫書》《傷寒捷要》一部一册闕。

傷寒類書

楊士奇等《文淵閣書目・醫書》《傷寒類書》一部一册闕。

傷寒瑣言

高儒《百川書志・醫家》《傷寒瑣言》一卷。

傷寒家秘的本

高儒《百川書志・醫家》《傷寒家秘的本》一卷。

傷寒家秘殺車槌法

高儒《百川書志・醫家》《傷寒家秘殺車槌法》一卷。

傷寒證脈藥截江網

高儒《百川書志・醫家》《傷寒證脈藥截江網》一卷。此行本在《局方發揮》之前，從瞿校鈔本移前，始符解題中「總六書」之語。

傷寒一提金

高儒《百川書志・醫家》《傷寒一提金》一卷。

傷寒明理續論

范邦甸等《天一閣書目・醫家類》《傷寒明理續論》六卷。刊本。明陶華著并序。

傷暑全書

范邦甸等《天一閣書目・醫家類》《傷暑全書》二卷。刊本。明張鶴騰撰，彭期生叙。

傷寒症治明條

范邦甸等《天一閣書目・醫家類》《傷寒症治明條》五卷。刊本。王震編集。

傷寒五法

范邦甸等《天一閣書目・醫家類》《傷寒五法》四卷。刊本。國朝石楷撰，并叙。

傷寒論脈訣

王圻《續文獻通考・經籍考・醫家》《傷寒論脈訣》。楊介。盱眙人。善醫，著此書及《脈訣》行於世。

傷寒指掌補註

徐𤊹《徐氏家藏書目・醫類》《傷寒指掌補註》三卷。甌寧董養學著。

黄虞稷《千頃堂書目・醫家類》董養學《傷寒指掌補注》三卷。甌寧人。

傷寒類粹

徐𤊹《徐氏家藏書目・醫類》《傷寒類粹》一卷。撫州邱先生著。

黄虞稷《千頃堂書目・醫家類》洪州丘先生《傷寒類萃》一卷。

傷寒湯散方

徐𤊹《徐氏家藏書目・醫類》《傷寒湯散方》一卷。

傷寒發微

殷仲春《醫藏書目・正法函目》《傷寒發微》。一卷。許叔微。

傷寒六書

殷仲春《醫藏書目・正法函目》《傷寒六書》。六卷。陶節菴。

黃虞稷《千頃堂書目・醫家類》陶華《傷寒六書》六卷。

《明史・藝文志・藝術・醫書》陶華《傷寒六書》六卷。

黃丕烈《蕘圃藏書題識・子類》陶華《傷寒六書》六卷。明刻本。

傷寒蘊要全書

殷仲春《醫藏書目・正法函目》《傷寒蘊要全書》。四卷。彭用光續吴綬。

殷仲春《醫藏書目・正法函目》《傷寒蘊要》。八卷。吴綬。

黃虞稷《千頃堂書目・醫家類》吴綬《傷寒蘊要全書》。錢塘人，太醫院判。

傷寒摘玄

殷仲春《醫藏書目・秘密函目》《傷寒摘玄》。

傷寒集驗

殷仲春《醫藏書目・聲聞函目》《傷寒集驗》。

傷寒運氣全書

黃虞稷《千頃堂書目・醫家類》熊宗立《傷寒運氣全書》十卷。又《傷寒活人指掌圖論》十卷。

《明史・藝文志・藝術・醫書》熊宗立《傷寒運氣全書》十卷。

傷寒摘錦

黃虞稷《千頃堂書目・醫家類》萬全《傷寒摘錦》二卷。又《傷寒撮要》六卷。

傷寒活人指掌圖

《明史・藝文志・藝術・醫書》熊宗立《傷寒活人指掌圖論》十卷。

嵇璜等《續通志・圖譜略・記無・醫藥》熊宗立《傷寒活人指掌圖》。

傷寒九種書

《明史・藝文志・藝術・醫書》陶華《傷寒九種書》九卷。

寒暑經圖解

嵇璜等《續通志・圖譜略・記無・醫藥》明吕柟《寒暑經圖解》。

傷寒舌鑑

《四庫全書總目提要・醫家類》《傷寒舌鑑》一卷。浙江巡撫採進本。

國朝張登撰。登字誕先，吴江人。是書備列傷寒觀舌之法，分白胎、黄胎、黑胎、灰色、紅色、紫色、嫩醬色、藍色八種。末附妊娠傷寒舌，爲圖一百二十，各有總論。案古經於診候之外，兼及辨色聆音，而未嘗以舌觀病。舌白胎滑之説，始見張機《傷寒論》，其傳亦古。然其法不詳，亦未嘗言及種種之別。後《金鏡録》推至三十六圖，未爲賅備。《觀舌心法》衍至三十七圖，又頗病繁蕪。登以己所閲歷，參證於二書之間，削煩正舛，以成是編。較之《脈候隱微》，尤易考驗。固診傷寒者所宜參取也。

傷寒兼證析義

《四庫全書總目提要·醫家類》《傷寒兼證析義》一卷。浙江巡撫採進本。

國朝張倬撰。倬字飛疇，吳江人。張登弟也。是書專論傷寒而挾雜病者。凡分中風、虚勞、中滿腫脹、噎膈反胃、内傷、宿食、咳嗽、咽乾、閉塞、頭風、心腹痛、亡血多汗、積聚動氣、疝氣、淋濁、瀉痢、胎産凡十七種。設爲問荅以發明之。案《傷寒論》所謂合病併病止言六經兼證，而不及雜病。醫家不明兼證之意，往往於脈證參差之際，或顧彼而失此，或治此而妨彼，爲害頗深。此書一一剖析，使治病者不拘於一隅，不惑於多岐，亦可謂有功於傷寒矣。

傷寒類方

《四庫全書總目提要·醫家類》《傷寒類方》一卷。江蘇巡撫採進本。

國朝徐大椿撰。世傳後漢張機《傷寒論》乃晉王叔和蒐採成書，本非機所編次。金聊城成無已始爲作註，又以己意移易篇章。自後醫家屢有刊定，如治《尚書》者之争《洪範》、《武成》，註《大學》者之争古本今本。迄於有明，終無定論。大椿以爲非機依經立方之書，乃救誤之書。當時隨症立方，本無定序。於是削除陰陽六經門目，但使方以類從，症隨方證。使人可案證以求方，而不必循經以求症。雖於古人著書本意未必果符，而於聚訟紛呶之中亦芟除葛藤之一術也。其中如大青龍湯下註云：脈浮緩，身不疼，但重乍有輕時無少陰症者，此湯主之。大椿則以爲病情甚輕，不應投以麻黄、桂枝、石膏，此條必有舛誤。又甘草茯苓湯下註云：傷寒汗出而渴者，五苓散主之。不渴者，此湯主之。大椿則以爲此汗出者乃發汗後汗出不止，非傷寒自汗。其辨證發明，亦多精到。凡分一十二類，計方一百一十有三。末附《六經脈法》。又論正證之外有別證、變證，附以刺法。皆有原委可尋。自謂七年之中，五易草稾乃成云。

傷寒懸解

《四庫全書總目提要·醫家類》《傷寒懸解》十五卷。編修周永年家藏本。

國朝黄元御撰。是書大旨，謂漢張機因《鍼灸刺法》已亡，而著《傷寒論》以治外感之疾。其理則岐、黄、越人之理。其法則因岐、黄、越人之鍼刺而變通之。立六經以治傷寒，從六氣也。製湯丸以療感傷，守五味也。凡脈法八十三章，六經經證以及入府傳藏之裏證誤行汗吐下之壞病三百六十八章，外感之類證汗吐下宜忌八十六章，共五百三十七章，合百十三方。自晉王叔和混熱病於傷寒，後來坊本雜出，又有傳經爲熱，直中爲寒之説，而《傷寒》亡矣，且簡編亦多失次。因爲解其脈法，詳其經絡，考其常變，辨其宜忌，凡舊文之譌亂者，悉爲更定。末載《駁正叔和序例》一卷，以糾其失。其持論甚高。考《傷寒論》舊本經王叔和之編次，已亂其原次。元御以爲錯簡，較爲有據，與所改《素問》、《靈樞》、《難經》出自獨斷者不同。然果復張機之舊與否，亦別無佐證也。

傷寒説意

《四庫全書總目提要·醫家類》《傷寒説意》十一卷。編修周永年家藏本。

國朝黄元御撰。元御既作《傷寒懸解》謂論文簡奧，非讀者所能遽曉。乃會通大意，復著此書以開示初學之門徑。

金匱懸解

《四庫全書總目提要・醫家類》 《金匱懸解》二十二卷。編修周永年家藏本。

國朝黃元御撰。元御謂張機著《金匱玉函經》以治內傷雜病，大旨主於扶陽氣以爲運化之本。自滋陰之説勝，而陽自陰升，陰由陽降之理迄無解者。因推明其意，以成此書。於四診九候之法，言之頗詳。

傷寒纘論

《四庫全書總目提要・醫家類》 《傷寒纘論》二卷。《緒論》二卷。浙江巡撫採進本。

國朝張璐撰。取張機《傷寒論》重分其例，採喻昌《尚論篇》及各家之註爲之發明，而參以己見，是曰《纘論》。又以原書殘佚既多，證治不備，博搜前人之論以補之，是曰《緒論》。《纘論》先載原文，次附註釋，末録正方一百十三首。《緒論》首載六經傳變，合病併病，標本治法，及正傷寒以下四十證，又分別表裏，如發熱頭痛、結胸自利之類。末録雜方一百二十餘道。其《醫通》十六卷內，諸證畢備，不立傷寒一門。自序謂先有此二書別行，故不復衍也。康熙甲寅，林起龍刻方有執《傷寒論條辨》。其序有曰：鈐槌活人類證者出，而斯道日茅塞矣。近之《準繩》、《金鎞》、《續焰》、《參註》、《宗印》、《圖經》、《緒論》、《五法》、《手援》諸刻，衒奇鬬異，弔詭承譌，逞意簧鼓，任口杜撰。如狂犬吠，如野狐鳴。又曰：更可異者，本無一長，又未夢見《條辨》，止將《尚論篇》割裂紛更。稱《纘論》者，譬之推糞蜣螂，自忘其臭。此書必不能傳，即傳不過供人笑罵塗抹云云。其詆諆是書，不遺餘力。然亦不至如是之甚也。

傷寒分經

《四庫全書總目提要・醫家類》 《傷寒分經》十卷。浙江巡撫採進本。

國朝吳儀洛撰。此書爲其《醫學述》之第五種。取喻嘉言所撰《尚論篇》重爲訂正。凡太陽經三篇，陽明經三篇，太陰經一篇，少陰經二篇，厥陰經一篇，春温三篇，夏熱一篇，脈法二篇，諸方一篇，補卒病論一篇，秋燥一篇。共十有九篇。

傷寒論條辨續註

《四庫全書總目提要・醫家類》 《傷寒論條辨續註》十二卷。大學士英廉購進本。

國朝鄭重光撰。重光字在辛，歙縣人。明萬曆中方有執作《傷寒論條辨》，號爲精審。後喻昌因之作《尚論篇》，張璐因之作《傷寒纘論》，程嘉倩因之作《後條辨》。互有發明，亦各有出入。然諸書出而方氏之舊本遂微。重光爲有執之里人，因取《條辨》原本，刪其支詞，復旁參喻昌等三家之説，以己意附益之，名曰《續註》。卷首仍題執中之名，明不忘所本之意也。

診法分部

脈訣

鄭樵《通志・藝文略・醫方》 扁鵲《脈訣》一卷。

《宋史・藝文志・醫書類》 《扁鵲脈經》一卷。

脈經

鄭樵《通志・藝文略・醫方》 張仲景《脈訣》一卷。

姚振宗《後漢藝文志・醫家類》 《張仲景脈經》一卷。

《新唐書・藝文志・醫術類》 《脈經》十卷。又二卷。

楊士奇等《文淵閣書目・醫書》 王氏《脈經》一部一册闕。

張金吾《愛日精廬藏書志·醫家類》《新刊王氏脉經》十卷。影寫元刊本。

晉王叔和撰。朝散大夫守光禄卿直秘閣判登聞檢院上護軍臣林億等類次。目録後有天曆庚午誠廣勤葉氏刊本記。

《郡齋讀書志》曰：王叔和《脉經》十卷，右晉王叔和撰。按唐甘宗伯《名醫傳》曰：「叔和，西晉高平人，性度沈静，博通經方，精意診處，尤好著述。其書纂岐伯、華陀等論脉要訣所成，敘陰陽表裏，辨三部九候，分人迎、氣口、神門，條十二經、二十四氣、奇經八脉、五臟六腑、三焦四時之疴。纖悉具備，誠可按用。凡九十七篇。皇朝林億等校正。

張之洞《書目答問·醫家》《脈經》十卷。晉王叔和。借月山房本。守山閣本。

文廷式《補晉書藝文志·醫家類》王叔和《脈經》十卷。高平人，官太醫令。今存《郡齋讀書志》曰：「按唐甘宗伯《名醫傳》：叔和，西晉高平人，性度沈静，博通經方，精意診處，尤好著述。其書纂岐伯、華佗等論脈要訣，凡九十七篇。」

《宋史·藝文志·醫書類》張仲景《脉經》一卷。

華佗觀形察色并三部脉經

《隋書·經籍志·醫方》《華佗觀形察色并三部脉經》一卷。

鄭樵《通志·藝文略·醫方》《華佗觀形察色并三部脉經》一卷。

姚振宗《後漢藝文志·醫家類》《華佗觀形察色并三部脈經》一卷。

脉經

《隋書·經籍志·醫方》《脉經》十卷。王叔和撰。

錢東垣等輯《崇文總目·醫書類》《脉經》十卷。【原釋】王叔和。見天一閣鈔本。

錢東垣等輯《崇文總目·醫書類》《脉經》十卷。【原釋】不著姓氏。闕。見天一閣鈔本。

鄭樵《通志·藝文略·醫方》《脉經》十卷。晉王叔和撰。又二卷。

尤袤《遂初堂書目·醫書類》《脈經》。

馬端臨《文獻通考·經籍考·醫家》王叔和《脉經》十卷。

《宋史·藝文志·醫書類》王叔和《脉經》十卷。

范邦甸等《天一閣書目·醫家類》《王氏脈經》六卷。刊本。晉太醫令王叔和撰，宋林億等類次并序。

徐𤊹《徐氏家藏書目·醫類》《王氏脉經》十卷。王叔和。

殷仲春《醫藏書目·無上函目》《脉經》。十卷。王叔和。

阮元《四庫未收書目提要·醫家類》《脈經》十卷。《古今醫統正脈全書》本。守山閣叢書本。

西晉王叔和撰，宋林億等校定。叔和，高平人，官太醫令《甘伯宗》、《名醫傳》稱叔和博通經方，精義診處，尤好著述。是編從宋嘉定何大任刻本影鈔。前有宋國子博士高保衡、尚書屯田郎中孫奇、光禄卿直祕閣林億等校上序，卷末載熙寧二年及二年進書銜名，又紹聖三年六月國子監雕版札子，及各銜名。案林億序云：臣等博求衆本，據經爲斷，去取非私。又云：今攷以《素問》、《靈樞》、《太素》、《難經》、《甲乙》、仲景之書，并《千金方》及《翼》説脈之篇，以校之，除去重複，補其脱漏云云。用力可爲勤摯。世傳叔和《脈訣》一卷，乃後人依託爲之，與此絶不相同也。

脈訣

晁公武《郡齋讀書志·醫書類》《脈訣》一卷。袁本後志卷二醫家類第七。

右題曰王叔和撰。皆歌訣鄙淺之言，後人依託者，然最行於世。

尤袤《遂初堂書目·醫書類》王叔和《脈訣》。

馬端臨《文獻通考·經籍考·醫家》《脉訣》一卷。

楊士奇等《文淵閣書目·醫書》王叔和《脈訣》一部一册闕。

范邦甸等《天一閣書目·醫家類》《脈訣》八卷。刊本。晉王叔和撰，四明張世賢註。

徐𤊹《徐氏家藏書目·醫類》王叔和《脉訣》四卷。

殷仲春《醫藏書目·理窟函目》《訂定王叔和脉訣》。一卷。徐叔拱。

殷仲春《醫藏書目·指歸函目》《脉訣》。

黃虞稷《千頃堂書目・醫家類》 劉醇《刊正王叔和脈訣》□卷。字文中，祥符人，洪武中周府右長史。

黃虞稷《千頃堂書目・醫家類》 張世貞《圖注王叔和脈訣》四卷。

《宋史・藝文志・醫書類》 王叔和《脉訣》一作「經」一卷。

脉訣發蒙

鄭樵《通志・藝文略・醫方》 王叔和《脉訣發蒙》三卷。

脉訣機要

鄭樵《通志・藝文略・醫方》《脉訣機要》三卷。晉王叔和撰。

陳振孫《直齋書録解題・醫書類》《脈訣機要》三卷。

晉太醫令高平王叔和撰。通真子注并序，不著名氏，熙寧以後人也。盧校本「注」下無「并序」二字。

馬端臨《文獻通考・經籍考・醫家》《脉訣機要》三卷。

《宋史・藝文志・醫書類》《脉訣機要》三卷。

診脉須知

殷仲春《醫藏書目・理窟函目》《診脉須知》。五卷。附《診脉要訣》三卷。王叔和。吴洪義解。

黃虞稷《千頃堂書目・醫家類》《診脈須知》五卷。又《診脈要訣》三卷。

耆婆脈訣注

文廷式《補晉書藝文志・醫家類》 羅什《耆婆脈訣注》十二卷。

涪翁診脈法

姚振宗《後漢藝文志・醫家類》《涪翁診脈法》。

《范書・方術・郭玉傳》：初，有老父不知何出，常漁釣于涪水，因號涪翁。乞食人間，見有疾者，時下鍼石，輒應時而效。乃著《鍼經診脈法》傳于世。弟子程高尋求積年，翁乃授之。高亦隱跡不仕。

岐伯經

《隋書・經籍志・醫方》《岐伯經》十卷。

脉經

《隋書・經籍志・醫方》《脉經》二卷。徐氏撰。

《隋書・經籍志・醫方》《脉經》二卷。梁《脉經》十四卷，又《脉生死要訣》二卷；又《脉經》六卷，黃公興撰；《脉經》六卷，秦承祖撰；《脉經》十卷，康普思撰。亡。

脉經略

《隋書・經籍志・醫方》《脉經略》一卷。

黄帝素問女胎

《隋書・經籍志・醫方》《黄帝素問女胎》一卷。

辨病形證

《隋書・經籍志・醫方》《辨病形證》七卷。

三部四時五藏辨診色決事脉

《隋書・經籍志・醫方》《三部四時五藏辨診色決事脉》一卷。

鄭樵《通志・藝文略・醫方》《三部四時五藏辨候診色決事脉經》一卷。

《舊唐書・經籍志・醫術》《三部四時五臟辨候診色脉經》一卷。

《新唐書・藝文志・醫術類》《三部四時五藏辨候診色脉經》一卷。

脉經鈔

《隋書・經籍志・醫方》《脉經鈔》二卷。許建吴撰。

鄭樵《通志・藝文略・醫方》《脉經鈔》二卷。許建吴撰。

脉經決

《隋書・經籍志・醫方》《脉經決》二卷。徐氏新撰。

《舊唐書・經籍志・醫術》《脈經訣》三卷。徐氏撰。

《宋史・藝文志・醫書類》徐氏《脉經》三卷。

《新唐書・藝文志・醫術類》徐氏《脉經訣》三卷。

鄭樵《通志・藝文略・醫方》徐氏《脉經訣》三卷。徐裔撰。

黄帝流注脉經

《隋書・經籍志・醫方》《黄帝流注脉經》一卷。梁有《明堂流注》六卷，亡。

《新唐書・藝文志・醫術類》《黄帝流注脉經》一卷。

鄭樵《通志・藝文略・醫方》《黄帝流注脉經》一卷。

脈經

《舊唐書・經籍志・醫術》《脈經》二卷。

鈐和子

《舊唐書・經籍志・醫術》《鈐和子》十卷。賈和光撰。

鄭樵《通志・藝文略・醫方》《鈐和子》十卷。賈和光撰。

灸經

《舊唐書・經籍志・醫術》《灸經》一卷。

《新唐書・藝文志・醫術類》岐伯《灸經》一卷。

五藏論

《舊唐書・經籍志・醫術》《五藏論》一卷。

金寶鑑

錢東垣等輯《崇文總目・醫書類》《金寶鑑》一卷。【原釋】不詳何代人。述脉候徵驗要妙之理。見《讀書後志》。闕。見天一閣鈔本。

鄭樵《通志・藝文略・醫方》《金寶鑑》一卷。唐衛嵩撰。

馬端臨《文獻通考・經籍考・醫家》《金寶鑑》三卷。

玉函經

楊士奇等《文淵閣書目・醫書》《玉函經》一部一册闕。

太素脉法

錢曾《讀書敏求記・醫家》《太素脉法》一卷。

脈訣

顧櫰三《補五代史藝文志・技術類》《脈訣》二册。題高陽生撰，劉元賓和歌。見《孫氏書目》。

方脈書

王仁俊《遼史藝文志補證・醫家類》耶律庶成《方脈書》。錢有。按本傳：初，契丹醫人鮮知切脈審藥，上命庶成譯《方脈書》行之，自是人皆通習，雖諸部族，亦知醫事。

奇經八脈考

《四庫全書總目提要・醫家類》《奇經八脈考》一卷。大學士于敏中家藏本。

明李時珍撰。其書謂人身經脈有正有奇。手三陰三陽、足三陰三陽爲十二正經。陰維、陽維、陰蹻、陽蹻、衝、任、督、帶爲八奇經。正經人所共知，奇經醫所易忽。故特評其病源治法，竝參考諸家之説薈粹成編。其原委精詳，經緯貫徹，洵辨脈者所不可廢。又創爲氣口九道脈圖，暢發《内經》之旨，而詳其診法，尤能闡前人未洩之祕。

脈要新括

陳振孫《直齋書録解題・醫書類》《脈要新括》一卷。案：《宋史・藝文志》作二卷。

通真子撰。以叔和《脈訣》有骫骳鄙俗處，疑非叔和作，以其不類故也。乃作歌百篇，案經爲注。又自言嘗爲《傷寒括要》六十篇，其書未之見。

馬端臨《文獻通考・經籍考・醫家》《脉要新括》一卷。

《宋史・藝文志・醫書類》《脉要新括》二卷。

脉經

錢東垣等輯《崇文總目・醫書類》　《脉經》一卷。【原釋】無名氏。襍論脉訣。見天一閣鈔本。

脉經

錢東垣等輯《崇文總目・醫書類》　李勣《脉經》一卷。【原釋】闕。見天一閣鈔本。

鄭樵《通志・藝文略・醫方》　李勣《脉經》一卷。

《宋史・藝文志・醫書類》　李勣《脉經》一卷。

黄帝脉訣

錢東垣等輯《崇文總目・醫書類》　《黄帝脉訣》一卷。【原釋】闕。見天一閣鈔本。

鄭樵《通志・藝文略・醫方》　《黄帝脉訣》一卷。

《宋史・藝文志・醫書類》　《脉訣》一卷。

黄氏脉訣

錢東垣等輯《崇文總目・醫書類》　《黄氏脉訣》一卷。【原釋】闕。見天一閣鈔本。

脉經訣録

錢東垣等輯《崇文總目・醫書類》　《脉經訣録》一卷。【原釋】闕。見天一閣鈔本。

金鑑集歌

錢東垣等輯《崇文總目・醫書類》　《金鑑集歌》一卷。【原釋】闕。見天一閣鈔本。

鄭樵《通志・藝文略・醫方》　《金鑑集歌》一卷。

《宋史・藝文志・醫書類》　《金鑑集歌》一卷。

鳳髓脉經機要

錢東垣等輯《崇文總目・醫書類》　《鳳髓脉經機要》五卷。

鄭樵《通志・藝文略・醫方》　《鳳髓脉經機要》五卷。

醫鑑

錢東垣等輯《崇文總目・醫書類》　《醫鑑》一卷。【原釋】闕。見天一閣鈔本。

鄭樵《通志・藝文略・醫方》　《醫鑑》一卷。

《宋史・藝文志・醫書類》　代榮《醫鑑》一卷。

脉經手訣

錢東垣等輯《崇文總目・醫書類》《脉經手訣》一卷。張及撰。【原釋】闕。見天一閣鈔本。

鄭樵《通志・藝文略・醫方》《脉經手訣》一卷。張及撰。

《宋史・藝文志・醫書類》張及《脉經手訣》一卷。王善注。

百會要訣脉經

錢東垣等輯《崇文總目・醫書類》《百會要訣脉經》一卷。【原釋】闕。見天一閣鈔本。

《宋史・藝文志・醫書類》《百會要訣脉經》一卷。

鄭樵《通志・藝文略・醫方》《百會要訣脉經》一卷。

延靈鈔

錢東垣等輯《崇文總目・醫書類》《延靈鈔》一卷。張尚容撰。【原釋】闕。見天一閣鈔本。

鄭樵《通志・藝文略・醫方》《延齡寶抄》一卷。張尚容撰。

元門脉訣

錢東垣等輯《崇文總目・醫書類》《元門脉訣》一卷。【原釋】闕。見天一閣鈔本。

《宋史・藝文志・醫書類》《元門脉訣》一卷。

鄭樵《通志・藝文略・醫方》《玄門脉訣》一卷。

碎金脉訣

錢東垣等輯《崇文總目・醫書類》《碎金脉訣》一卷。【原釋】闕。見天一閣鈔本。

鄭樵《通志・藝文略・醫方》《碎金脉訣》一卷。

《宋史・藝文志・醫書類》《碎金脉訣》一卷。

延靈至寶診脉定生死三部要訣

錢東垣等輯《崇文總目・醫書類》《延靈至寶診脉定生死三部要訣》一卷。【原釋】闕。見天一閣鈔本。

鄭樵《通志・藝文略・醫方》《延齡至寶診脉定生死三部要訣》一卷。

太醫秘訣診脉俟生死

錢東垣等輯《崇文總目・醫書類》《太醫秘訣診脉俟生死》一卷。【原釋】闕。見天一閣鈔本。

鄭樵《通志・藝文略・醫方》《太醫祕訣診候生死部》一卷。

《宋史・藝文志・醫書類》《太醫祕訣診候生死部》一卷。

徐氏指訣

錢東垣等輯《崇文總目・醫書類》《徐氏指訣》一卷。徐裔撰。【原釋】闕。見天一閣鈔本。

鄭樵《通志・藝文略・醫方》《徐氏指下訣》一卷。徐裔撰。

脉　訣

錢東垣等輯《崇文總目・醫書類》《脉訣》二卷。**【原釋】**徐裔撰。闕。見天一閣鈔本。

《宋史・藝文志・醫書類》 徐裔《脉訣》二卷。

倉公訣生死秘要

錢東垣等輯《崇文總目・醫書類》《倉公訣生死秘要》一卷。**【原釋】**闕。見天一閣鈔本。

鄭樵《通志・藝文略・醫方》《倉公决生死祕要》一卷。

《宋史・藝文志・醫書類》《倉公决生死祕要》一卷。

新集脉色要訣

錢東垣等輯《崇文總目・醫書類》《新集脉色要訣》一卷。覃延鎬撰。**【原釋】**闕。見天一閣鈔本。

鄭樵《通志・藝文略・醫方》《新集脉色要訣》一卷。醫博士譚延鎬撰。

《宋史・藝文志・醫書類》 譚延鎬《脉色要訣》一卷。

韓氏脉訣

鄭樵《通志・藝文略・醫方》《韓氏脉訣》一卷。

《宋史・藝文志・醫書類》《韓氏脉訣》一卷。

脉　訣

鄭樵《通志・藝文略・醫方》 柴先生《脉訣》一卷。李上交注。

脉　訣

鄭樵《通志・藝文略・醫方》 清溪子《脉訣》一卷。

脉經祕録

鄭樵《通志・藝文略・醫方》《脉經祕録》一卷。

脉　經

鄭樵《通志・藝文略・醫方》 秦承祖《脉經》六卷。

脉　經

鄭樵《通志・藝文略・醫方》 康普思《脉經》十卷。

黄帝内經太素

鄭樵《通志・藝文略・醫方》《黄帝内經太素》三十卷。楊上善注。

黄帝太素經

鄭樵《通志・藝文略・醫方》《黄帝太素經》三卷。

黄帝傳太素脉訣

鄭樵《通志・藝文略・醫方》《黄帝傳太素脉訣》一卷。

寶應靈樞

鄭樵《通志・藝文略・醫方》《寶應靈樞》九卷。

内經靈樞經

鄭樵《通志・藝文略・醫方》《内經靈樞經》九卷。

内經靈樞略

鄭樵《通志・藝文略・醫方》《内經靈樞略》一卷。

脉訣賦

鄭樵《通志・藝文略・醫方》《脉訣賦》一卷。甄權撰。

自經要集

鄭樵《通志・藝文略・醫方》《自經要集》一卷。

金匱指微訣

鄭樵《通志・藝文略・醫方》《金匱指微訣》一卷。吴復圭撰。

錢東垣等輯《崇文總目・醫書類》《金匱指微訣》一卷。吴復圭撰。【原釋】闕。見天一閣鈔本。

《宋史・藝文志・醫書類》吴復圭《金匱指微訣》一卷。

素問入式鈐

鄭樵《通志・藝文略・醫方》《素問入式鈐》一卷。藍先生撰。

三甲運氣經

鄭樵《通志・藝文略・醫方》《三甲運氣經》三卷。

玄珠密語

鄭樵《通志・藝文略・醫方》《玄珠密語》十卷。

錢謙益等《絳雲樓書目・醫書類》《元珠密語》。唐王冰著。寶應間人。

六甲天元運氣鈐

鄭樵《通志・藝文略・醫方》《六甲天元運氣鈐》二卷。

《宋史・藝文志・醫書類》趙從古《六甲天元運氣鈐》二卷。

五運六氣玉鎖子

鄭樵《通志・藝文略・醫方》《五運六氣玉鎖子》三卷。

靈元經

鄭樵《通志・藝文略・醫方》《靈元經》三卷。

孫子脉論

鄭樵《通志・藝文略・醫方》《孫子脉論》一卷。

孫子脉決論

鄭樵《通志・藝文略・醫方》《孫子脉決論》一卷。

診脉要訣

鄭樵《通志・藝文略・醫方》《診脉要訣》一卷。唐强明撰。

診脉要會

鄭樵《通志・藝文略・醫方》《診脉要會》一卷。

指難圖

鄭樵《通志・藝文略・醫方》《指難圖》一卷。

内經指微

鄭樵《通志・藝文略・醫方》沖真子《内經指微》十卷。

相色經訣

鄭樵《通志・藝文略・醫方》《相色經訣》一卷。華子顒撰。

《宋史・藝文志・醫書類》華子顒《相色經妙訣》一卷。

脉證口訣

鄭樵《通志・藝文略・醫方》《脉證口訣》一卷。

脈粹

晁公武《郡齋讀書志・醫書類》《脈粹》一卷。袁本後志卷二醫家類第十三。右皇朝蕭世基撰。世基嘗閲《素問》及歷代醫經，患其難知，因綴輯成一編。治平中姚誼序之。「因綴輯成一編」，袁本、卧雲本、《宛委》本、《經籍考》卷四十九「輯」作「緝」。

馬端臨《文獻通考・經籍考・醫家》《脉粹》一卷。

崔真人脈訣

黄虞稷《千頃堂書目・醫家類》《崔真人脈訣》一卷。

高儒《百川書志・醫家》《紫虚崔真人脈訣》一卷。

《四庫全書總目提要・醫家類》《崔真人脈訣》一卷。江蘇巡撫採進本。

舊本題紫虚真人撰。東垣老人李杲校評。考紫虚真人爲宋道士崔嘉彦。陶宗儀《輟耕録》稱：宋淳熙中，南康崔紫虚隱君嘉彦，以《難經》於六難專言浮沈，九難專言遲數，故用爲宗，以統七表八裏，而總萬病。即此書也。宋以來諸家書目不著録，焦竑《國史經籍志》始載之。《東垣十書》取以冠首。李時珍已附入《瀕湖脈學》中。至其旁註之評語，真出李杲與否，則無可徵信矣。

孫德謙《金史藝文略・醫家》《校評崔真人脈訣》一卷。

李杲撰。《提要》云：宋以來諸家書目不載，焦竑《國史經籍志》始載之。《東垣十書》取以冠首。李時珍已附入《瀕湖脈學》中。至其旁註之評語，真出李杲與否，則無可徵信矣。今亦録之，以存疑云。

脉經

馬端臨《文獻通考・經籍考・醫家》《脉經》三卷。

啓玄子元和紀用經

《宋史・藝文志・醫書類》葉長文《啓玄子元和紀用經》一卷。

續注脉賦

《宋史・藝文志・醫書類》通真子《續注脉賦》一卷。

劉三點脈訣

楊士奇等《文淵閣書目・醫書》《劉三點脈訣》一部一册闕。

高儒《百川書志・醫家》《復真劉三點脈訣》一卷。宋太醫劉開復真撰。

黄虞稷《千頃堂書目・醫家類・補宋》劉開復真《劉三點脈訣》一卷。

倪燦等《宋史・藝文志補・醫方》劉開復《真劉三點脈訣》一卷。

脈訣理玄祕要

黄虞稷《千頃堂書目・醫家類・補宋》劉開復《脈訣理玄祕要》一卷。

倪燦等《宋史・藝文志補・醫方》劉開復《脈訣理玄祕要》一卷。

殷仲春《醫藏書目・理窟函目》《脉訣理玄》。一卷。劉開。

醫林闡微

黄虞稷《千頃堂書目・醫家類・補宋》劉開復《醫林闡微》一卷。

脈要祕括

黄虞稷《千頃堂書目・醫家類・補宋》 劉元賓《脈要祕括》二卷。

倪燦等《宋史・藝文志補・醫方》 劉元賓《脈要祕括》二卷。

通真子脉訣

殷仲春《醫藏書目・理窟函目》 《通真子脉訣》。三卷。劉元賓。

崇寧看詳太醫局醫局生赴試問答

黄虞稷《千頃堂書目・醫家類・補宋》 《崇寧看詳太醫局醫局生赴試問答》一卷。

太醫局諸科程文格

黄虞稷《千頃堂書目・醫家類・補宋》 何大任《太醫局諸科程文格》一卷。

潔古注脈訣

錢謙益等《絳雲樓書目・醫書類》 《潔古注脈訣》。張元素撰。載《金史・方伎傳》。金末人。

黄虞稷《千頃堂書目・醫家類・補金》 張元素《潔古注叔和脈訣》十卷。

錢大昕《補元史藝文志・醫書類》 張元素《注叔和脈訣》十卷。

倪燦等《補遼金元藝文志・醫方》 張元素《潔古注叔和脈訣》十卷。

龔顯曾《金藝文志補録・醫家類》 《潔古註叔和脈訣》十卷。張元素。

孫德謙《金史藝文略・醫家》 《注叔和脈訣》十卷。

易州張元素潔古撰，見《國史經籍志》。《金史・方伎傳》：八歲試童子舉，二十七試經義進士，犯廟諱下第，乃去學醫，無所知名。夜夢有人用大斧長鑿，鑿心開竅，納書數卷于其中，自是洞徹其術。治病不用古方，其説曰：運氣不齊，古今異軌，古方新病，不相能也，自爲家法云。

治法機要

孫德謙《金史藝文略・醫家》 《治法機要》三卷。

張元素撰。《補遼金元》、《補元史》兩志，于《病機氣宜保命集》下皆注云：一名《治法機要》，爰立其目。惟「治法」，《補元史志》作「活法」。至《儀顧堂題跋書元槧濟生拔萃方後》云：東垣之《活法機要》，今皆不傳。則「治法」固有作「活法」者。

黄虞稷《千頃堂書目・醫家類・補金》 張元素《病機氣宜保命集》四卷。一名《治法機要》。後人誤以爲劉元素作，潔古諸書多附託，惟二書爲元素所著，餘削不録。

直言治病百法

錢大昕《補元史藝文志・醫書類》 張從正《直言治病百法》二卷。

龔顯曾《金藝文志補録・醫家類》 《直言治病百法》二卷。張從正。

孫德謙《金史藝文略・醫家》 《直言治病百法》二卷。

張從正撰。

治病撮要

黃虞稷《千頃堂書目・醫家類・補金》 張從政《治病撮要》一卷。

倪燦等《補遼金元藝文志・醫方》 張從政《治病撮要》一卷。

錢大昕《補元史藝文志・醫書類》 張從正《治病撮要》一卷。

龔顯曾《金藝文志補録・醫家類》 《治病撮要》一卷。張從正

孫德謙《金史藝文略・醫家》 《治病撮要》一卷。張從正撰。據《士禮居題跋》，有金刊本《撮要圖》一卷。

此事難知

黃虞稷《千頃堂書目・醫家類・補元》 李杲《此事難知》二卷。辨析經絡脈法，分比傷寒六經之則。

倪燦等《補遼金元藝文志・醫方》 李杲《此事難知》二卷。辨析經絡脈法，分比傷寒六經之則。王好古爲闡明之。

孫德謙《金史藝文略・醫家》 《此事難知》二卷。李杲撰。《提要》稱：元王好古作。謂杲之議論，賴此以存一二，今本《東垣十書》竟屬之杲，殊爲謬誤。其説是矣。然《補遼金元》、《補元史》兩志皆入杲著述中，故仍録之。

《四庫全書總目提要・醫家類》 《此事難知》二卷。江蘇巡撫採進本。

元王好古撰。是編專述李杲之緒論，於傷寒證治尤詳。其問三焦有幾，分别手足，明孫一奎極稱其功。惟謂命門包絡與右尺同論，又謂包絡亦有三焦之稱，未免誤會經旨耳。史稱杲長於傷寒，而《會要》一書，元好問實序之。今其書已失傳，則杲之議論猶賴此以存其一二。前有至大元年自序，稱得師不傳之祕，旬儲月積，浸就篇帙。蓋好古自爲裒輯。今本《東垣十書》竟屬之杲，殊爲謬誤。考明李濂《醫史》，亦以是書爲杲作。則移甲爲乙，已非一日矣。

蘭室祕藏

黃虞稷《千頃堂書目・醫家類・補元》 李杲《蘭室祕藏》五卷。

倪燦等《補遼金元藝文志・醫方》 李杲《蘭室祕藏》五卷。

龔顯曾《金藝文志補録・醫家類》 《蘭室祕藏》六卷。李杲。倪《志》作五卷。

用藥法象

黃虞稷《千頃堂書目・醫家類・補元》 李杲《用藥法象》一卷。

倪燦等《補遼金元藝文志・醫方》 李杲《用藥法象》一卷。

錢大昕《補元史藝文志・醫書類》 李杲《用藥法象》一卷。

龔顯曾《金藝文志補録・醫家類》 《用藥法象》一卷。李杲。

孫德謙《金史藝文略・醫家》 《用藥法象》一卷。李杲撰。

十形三療

錢大昕《補元史藝文志・醫書類》 張從正《十形三療》三卷。附雜記一卷。

龔顯曾《金藝文志補録・醫家類》 《十形三療》三卷。附《雜記》一卷。張從正。

孫德謙《金史藝文略・醫家》 《十形三療》三卷。附《雜記》一卷。張從正撰。

治法雜論

孫德謙《金史藝文略・醫家》 《治法雜論》一卷。張從正撰。以上二種，見《士禮居題跋》。并于此書下注云：附劉河間先生

《三消論》。

河間劉先生十八劑

孫德謙《金史藝文略・醫家》《河間劉先生十八劑》一卷。
劉完素撰。以上二種，見《補元史》、《補遼金元》兩志。

指微論

孫德謙《金史藝文略・醫家》《指微論》三卷。
何若愚撰。

流注經絡井滎圖歌訣

孫德謙《金史藝文略・醫家》《流注經絡井滎圖歌訣》。
常山閻明廣撰。

診家樞要

殷仲春《醫藏書目・理窟函目》《診家樞要》。一卷。滑伯仁。

殷仲春《醫藏書目・指歸函目》《診家樞要》。

黄虞稷《千頃堂書目・醫家類・補元》 滑壽《診家樞要》一卷。

錢謙益等《絳雲樓書目・醫書類》 滑伯仁《診家樞要》。滑壽。

錢謙益等《絳雲樓書目・醫書類》《診家樞要》。

倪燦等《補遼金元藝文志・醫方》 滑壽《胗家樞要》一卷。

錢大昕《補元史藝文志・醫書類》 滑壽《診家樞要》一卷。

錢曾《讀書敏求記・醫家》 滑伯仁《證家樞要》一卷。

切脈樞要

黄虞稷《千頃堂書目・醫家類》 呂復《切脈樞要》。又《五色診奇眩》。又《脈緒脈系圖》。又《運氣圖説》。又《運氣常變釋》。別本「診」作「胗」。盧校改説爲釋。

錢大昕《補元史藝文志・醫書類》 呂復《切脈樞要》二卷。

脈髓

黄虞稷《千頃堂書目・醫家類・補元》 李晞范《脈髓》一卷。

倪燦等《補遼金元藝文志・醫方》 李晞范《脈髓》一卷。宗仁人。

錢大昕《補元史藝文志・醫書類》 李晞范《脈髓》一卷。宗仁人。

李晞范脈訣

錢謙益等《絳雲樓書目・醫書類》《李晞范脈訣》。王叔和《脈訣》，醫家指南也，李在其後。

脈訣刊誤

黄虞稷《千頃堂書目・醫家類・補元》 戴起宗《脈訣刊誤》三卷。

錢大昕《補元史藝文志・醫書類》 戴起宗《脈訣刊誤》三卷。

倪燦等《補遼金元藝文志・醫方》 戴起宗《脈訣刊誤》三卷。

殷仲春《醫藏書目・理窟函目》《脉訣刊誤》。一卷。

《四庫全書總目提要・醫家類》《脈訣刊誤》二卷。《附録》二卷。兩淮鹽政採進本。

元戴啟宗撰。啟宗字同父，金陵人。官龍興路儒學教授。

醫學引彀

黄虞稷《千頃堂書目・醫家類・補元》 滑壽《醫學引彀》四卷。

倪燦等《補遼金元藝文志・醫方》 滑壽《醫學引彀》四卷。

錢大昕《補元史藝文志・醫書類》 滑壽《醫家引彀》一卷。

滑氏脈訣

黄虞稷《千頃堂書目・醫家類・補元》 滑壽《滑氏脈訣》一卷。

倪燦等《補遼金元藝文志・醫方》 滑壽《滑氏脈訣》一卷。

錢大昕《補元史藝文志・醫書類》 滑壽《滑氏脈訣》一卷。

醫學啓蒙

黄虞稷《千頃堂書目・醫家類・補元》 葛乾孫《醫學啓蒙》。又《經絡十二論》。又《十藥神書》一卷。

倪燦等《補遼金元藝文志・醫方》 葛乾孫《醫學啓蒙》。

錢大昕《補元史藝文志・醫書類》 葛乾孫《醫學啓蒙》。

醫學宗旨

黄虞稷《千頃堂書目・醫家類・補元》 趙良《醫學宗旨》。又《金匱衍義》。

倪燦等《補遼金元藝文志・醫方》 趙良《醫學宗旨》。

錢大昕《補元史藝文志・醫書類》 趙良《醫學宗旨》。

壽親養老書

黄虞稷《千頃堂書目・醫家類・補元》 陳直《壽親養老書》一卷。

倪燦等《補遼金元藝文志・醫方》 陳直《壽親養老書》一卷。

通玄指要二賦

倪燦等《補遼金元藝文志・醫方》 鮑同仁注《通玄指要二賦》。

脈　法

錢大昕《補元史藝文志・醫書類》 黄大明《脈法》三卷。

醫學圖説

錢大昕《補元史藝文志・醫書類》 程汝清《醫學圖説》。婺源人。

五色胗奇眩

錢大昕《補元史藝文志・醫書類》 呂復《五色胗奇眩》。

運氣圖釋

錢大昕《補元史藝文志・醫書類》 呂復《運氣圖釋》。

脈緒脈系圖

錢大昕《補元史藝文志・醫書類》 呂復《脈緒脈系圖》。

楊士奇等《文淵閣書目・醫書》 《脈緒》一部一册闕。

診脈樞機

錢大昕《補元史藝文志・醫書類》 黄存誠《診脈樞機》。未詳其名。

太素脈訣

錢謙益等《絳雲樓書目・醫書類》 《太素脈訣》一卷。楊文德。

黄虞稷《千頃堂書目・醫家類》 楊文德《太素脈訣》一卷。

黄虞稷《千頃堂書目・醫家類》 趙銓《太素脈訣》。廬陵名醫，與羅洪先善，洪先嘗贈以詩，稱爲石亭子。別本「子」下有「銓字仲衡，貢生」。

黄虞稷《千頃堂書目・醫家類》 程玠《太素脈訣》。

錢曾《讀書敏求記・醫家》 《太素脉訣》一卷。

樂平楊文德，以醫士徵太醫院。洪武戊寅，老歸鄱陽，寓劉烈之祖閨芳家，授以《太素脉訣》。烈恕舊本湮没無聞，刻而傳之。

《明史・藝文志・藝術・醫書》 楊文德《太素脈訣》一卷。

證治要訣

殷仲春《醫藏書目・法流函目》 《證治要訣》。十二卷。戴元禮。

黄虞稷《千頃堂書目・醫家類》 戴思恭《證治要訣》十二卷。又《類證用藥》一卷。又《金匱鉤玄》三卷。字原禮，浦江人，洪武時官御醫，永樂初擢除院使，乞歸卒，帝自製文賜祭。別本無「除」字。

服藥須知

楊士奇等《文淵閣書目・醫書》 《服藥須知》一部一册闕。

殷仲春《醫藏書目・散聖函目》 温隱居《服藥須知》。一卷。

錢謙益等《絳雲樓書目・醫書類》 《服藥須知》。

證治

楊士奇等《文淵閣書目・醫書》 《證治》一部一册闕。

脈訣琮璜附方

范邦甸等《天一閣書目・醫家類》 《脈訣琮璜》。附方一卷。鈔本。晉王叔和著。

脉經直指

徐𤊹《徐氏家藏書目・醫類》《脉經直指》七卷。萬曆初，錢塘方穀著。

黃虞稷《千頃堂書目・醫家類》方穀《脈經直指》七卷。萬曆初錢塘人。

《明史・藝文志・藝術・醫書》方穀《脈經直指》七卷。

識病捷法

黃虞稷《千頃堂書目・醫家類》繆氏《識病捷法》十卷。

殷仲春《醫藏書目・法流函目》《識病捷法》。十卷。繆存濟。

太素心要

黃虞稷《千頃堂書目・醫家類》《太素心要》一卷。

四診發明

黃虞稷《千頃堂書目・醫家類》李言聞《四診發明》八卷。李時珍父，號月池翁。

《明史・藝文志・藝術・醫書》李言聞《四胗發明》八卷。

脈學奇經

范邦甸等《天一閣書目・醫家類》《脈學奇經》八卷。刊本。明李時珍撰。自序云：「先考月泉翁著《四珍發明》八卷，皆精詣奧室，淺學未能窺造。珍因撮粹擷華，僭撰此書，以便習讀，爲脈學指南。」

瀕湖脉學

徐𤊹《徐氏家藏書目・醫類》《瀕湖脉學》。

黃虞稷《千頃堂書目・醫家類》李時珍《瀕湖脉學》一卷。又《奇經八脈考》一卷。

《明史・藝文志・藝術・醫書》李時珍《瀕湖脈學》一卷。

《四庫全書總目提要・醫家類》《瀕湖脈學》一卷。大學士于敏中家藏本。

明李時珍撰。宋人剽竊王叔和《脈經》改爲《脈訣》，其書之鄙謬，人人知之，然未能一一駁正也。至元戴啟宗作《刊誤》，字剖句析，與之辨難，而後其僞妄始明。啟宗書之精核，亦人人知之。然但斥贋本之非，尚未能詳立一法，明其何以是也。時珍乃撮舉其父言聞《四診發明》，著爲此書，以正《脈訣》之失。其法分浮、沈、遲、數、滑、濇、虛、實、長、短、洪、微、緊、緩、芤、弦、革、牢、濡、弱、散、細、伏、動、促、結、代二十七種。毫釐之別，精核無遺。又附載宋崔嘉彦四言詩一首，及諸家考證《脈訣》之説，以互相發明。與所作《奇經八脈考》皆附《本草綱目》之後。可謂既能博考，又能精研者矣。自是以來，《脈訣》遂廢。其廓清醫學之功，亦不在戴啟宗下也。

証治類編

徐𤊹《徐氏家藏書目・醫類》《証治類編》卷。王肯堂。

東垣正脉

殷仲春《醫藏書目・法流函目》《東垣正脉》。十二卷。王執中。

丹溪心法

殷仲春《醫藏書目・法流函目》《丹溪心法》。五卷。程充。

丹溪附餘心法

殷仲春《醫藏書目・法流函目》《丹溪附餘心法》。二十四卷。方廣。

醫學正傳

殷仲春《醫藏書目・法流函目》《醫學正傳》。八卷。虞摶。

殷仲春《醫藏書目・法流函目》《醫學正宗》。即《正傳》。

黄虞稷《千頃堂書目・醫家類》虞摶《醫學正傳》八卷。字天民，義烏人。能詩，有《百字吟》，《半齋稿》。又《方脈發蒙》□卷。

脉法八叚錦

殷仲春《醫藏書目・理窟函目》玄白子《脉法八叚錦》。附《脉法微旨》一卷。

診翼

殷仲春《醫藏書目・理窟函目》《診翼》。二卷。許培元。

脉學指掌

殷仲春《醫藏書目・理窟函目》《脉學指掌》。一卷。翁宣春。

脉訣正義

殷仲春《醫藏書目・理窟函目》馬玄臺《脉訣正義》。三卷。

勿聽子脉訣俗解

殷仲春《醫藏書目・理窟函目》《勿聽子脉訣俗解》。

太素脉

殷仲春《醫藏書目・玄通函目》《太素脉》。

醫要脉學

殷仲春《醫藏書目・散聖函目》《醫要脉學》。

方脉正宗

殷仲春《醫藏書目・理窟函目》《方脉正宗》。七卷。古燕李時蘭。

醫要脉學秘傳

殷仲春《醫藏書目・慈保函目》《醫要脉學秘傳》。二卷。張文介。

醫　萃

殷仲春《醫藏書目・散聖函目》《醫萃》。一卷。蕭昂。

黄虞稷《千頃堂書目・醫家類》蕭昂《醫萃》一卷。

方脈發蒙

《明史・藝文志・藝術・醫書》虞摶《方脈發蒙》六卷。

折肱録

錢謙益等《絳雲樓書目・醫書類》《折肱録》。明汙忱著。又黄承昊亦有《折肱録》。

醫　逸

錢謙益等《絳雲樓書目・醫書類》《醫逸》。

原病論

錢謙益等《絳雲樓書目・醫書類》《原病論》。

原病要法

錢謙益等《絳雲樓書目・醫書類》《原病要法》。王履道。字安道，崑山人。朱丹溪高弟，著《標題原病式》一卷。見《姑蘇志》。

脈　賦

錢謙益等《絳雲樓書目・醫書類》《脈賦》六册。

脈經指南

錢謙益等《絳雲樓書目・醫書類》宋板《脈經指南》。

脉　語

黄虞稷《千頃堂書目・醫家類》吴崐《脈語》二卷。

集解脈訣

黄虞稷《千頃堂書目·醫家類》 李詗《集解脈訣》十二卷。字孟言，錢塘人，號樗散生，從楊維楨學，賣藥於金陵市，賢而隱於醫。《明史·藝文志》作李集詗。

《明史·藝文志·藝術·醫書》 李詗《集解脈訣》十二卷。

運氣説

黄虞稷《千頃堂書目·醫家類》 錢寶《運氣説》二卷。字文善，鎮江人。以醫名。程敏政志其墓。

《明史·藝文志·藝術·醫書》 錢寶《運氣説》二卷。

脈理精微

黄虞稷《千頃堂書目·醫家類》 方炯《脈理精微》□卷。字用晦，莆田人。善詩，工醫術。

脈訣本義

黄虞稷《千頃堂書目·醫家類》 蔣主忠《脈訣本義》。蔣用文子。

經緯八卦脈訣

黄虞稷《千頃堂書目·醫家類》 永寧王□《經緯八卦脈訣》一卷。

重集脈訣刊誤

黄虞稷《千頃堂書目·醫家類》 汪機《重集脈訣刊誤》二卷。又《運氣易覽》二卷。

運氣類注

黄虞稷《千頃堂書目·醫家類》 樓英《運氣類注》四卷。字全芳，金華人。

脈訣疏義

黄虞稷《千頃堂書目·醫家類》 吴球《脈訣疏義》□卷。又《方脈主意》二卷。

醫家須知

黄虞稷《千頃堂書目·醫家類》 李先芳《醫家須知》。論氣運。

脈家典要

黄虞稷《千頃堂書目·醫家類》 盧志《脈家典要》。字宗尹，崑山人。正德中太醫院判。

訓解宋劉元賓脈書

黃虞稷《千頃堂書目・醫家類》 劉浴德《訓解宋劉元賓脈書》三卷。

方脈全書

黃虞稷《千頃堂書目・醫家類》 劉仕聰《方脈全書》。浙江西安人。

潛谿太素啓蒙

黃虞稷《千頃堂書目・醫家類》 彭用先《潛谿太素啓蒙》二卷。廬陵人。

脈　薈

黃虞稷《千頃堂書目・醫家類》 程伊《脈薈》一卷。

運氣指明

黃虞稷《千頃堂書目・醫家類》 王三傑《運氣指明》二卷。

乾坤生意

黃虞稷《千頃堂書目・醫家類》 寧獻王權《乾坤生意》四卷。又《乾坤生意秘韞》一卷。又《活人心法》三卷。

標題原病式

黃虞稷《千頃堂書目・醫家類》 王履《標題原病式》一卷。又《溯洄集》一卷。又《百病鉤玄》二十卷。又《醫韻統》一百卷。別本有注文云：字安通，崑山人。

平治治法

黃虞稷《千頃堂書目・醫家類》 沈繹《平治治法》。吴人，洪武中以事累戍蘭州，以醫名。

華氏心法

黃虞稷《千頃堂書目・醫家類》 《華氏心法》四卷。以下不知撰人。

見證祕傳

黃虞稷《千頃堂書目・醫家類》 《見證祕傳》一卷。又《脈學祕傳》一卷。

歷代醫粹

黃虞稷《千頃堂書目・醫家類》 《歷代醫粹》一卷。

脈訣集成

黄虞稷《千頃堂書目・醫家類》《脈訣集成》四卷。

脈訣補注

黄虞稷《千頃堂書目・醫家類》《脈訣補注》三卷。

杏林春意

黄虞稷《千頃堂書目・醫家類》《杏林春意》。

圖經脈證類擬

黄虞稷《千頃堂書目・醫家類》鮑叔鼎《圖經脈證類擬》二卷。

醫經脈要録

黄虞稷《千頃堂書目・醫家類》章秀《醫經脈要録》一卷。

赤水玄珠

黄虞稷《千頃堂書目・醫家類》孫一奎《赤水玄珠》十卷，又《醫指緒餘》二卷。別本指作旨。

如庵脈訣

黄虞稷《千頃堂書目・醫家類》森立夫《如庵脈訣》一卷，又《經驗痘疹方》一卷。

世醫通變大法

黄虞稷《千頃堂書目・醫家類》葉文遜《世醫通變大法》二卷。

醫學指歸

黄虞稷《千頃堂書目・醫家類》宋心德《醫學指歸》三卷。

醫經蒙引

黄虞稷《千頃堂書目・醫家類》錢桂逵《醫經蒙引》八卷。

圖注脈訣

嵇璜等《續通志・圖譜略・記有・醫藥》張世賢《圖注脈訣》。

扁鵲指歸圖

《四庫全書總目提要·醫家類》《扁鵲指歸圖》一卷。兩淮鹽政採進本。

不著撰人名氏。以脈證形色編爲歌括，以便記誦。蓋坊市俗醫所爲。

釋骨

《四庫全書總目提要·醫家類》《釋骨》一卷。浙江巡撫採進本。

國朝沈彤撰。彤有周官禄田考，已著録。是編取内經所載人身諸骨，參以他書所説，臚而釋之。中間多所辨正。

脈因證治

《四庫全書總目提要·醫家類》《脈因證治》八卷。浙江巡撫採進本。

不著撰人名氏。其書按四時氣候，詳列諸病。先脈，次因，次證，次治，頗有條理。而分屬處未免牽强。如霍亂泄瀉屬夏三月，傷寒屬冬三月，已爲拘滯。至於以癲狂驚癇痔漏脱肛分屬冬夏，益爲無説矣。春三月之證，分别真陰、元陰、真陽、元陽，其意主先後天立説，亦牽合不能了了。案元朱震亨有《脈因證治》一書，國朝喻昌嘗惜其不行，説見所撰《寓意草》。是書卷首無序。後有嘉禾石氏一跋。稱岐黄家久奉爲枕祕，因譌脱甚多，借得藏書家善本校録。似即震亨之書。然所載各方如左歸丸、右歸丸之類，皆出自張介賓《景岳全書》，而亦以古方目之。知其斷非震亨所著矣。

診宗三昧

《四庫全書總目提要·醫家類》《診宗三昧》一卷。浙江巡撫採進本。

國朝張璐撰。是書專明脈理。首宗旨，次醫學，次色脈，次脈位，次脈象，次經絡，次師傅，次口問，次逆順，次異脈，次婦人，次嬰兒。其醫學篇有云，王氏脈經，全氏太素多拾經語，溷厠雜説於中。偶一展卷，不無金屑入眼之憾。他如紫虚四診，丹溪指掌，撄寧樞要，瀕湖脈學，士材正眼等，要皆刻舟求劍，案圖索駿之説。夫得心應手之妙，如風中鳥迹，水上月痕，苟非智慧辨才，烏能測其微於一毫端上哉。其言未免太自詡也。

針灸·推拿分部

枕中灸刺經

《隋書·經籍志·醫方》《華佗枕中灸刺經》一卷。

鄭樵《通志·藝文略·醫方》 華佗《枕中灸刺經》一卷。

姚振宗《後漢藝文志·醫家類》 華佗《枕中灸刺經》一卷。

釋僧匡鍼灸經

《隋書·經籍志·醫方》《釋僧匡鍼灸經》一卷。

鍼灸經

鄭樵《通志·藝文略·醫方》 釋僧康《鍼灸經》一卷。

要用孔穴

《隋書・經籍志・醫方》《要用孔穴》一卷。

鄭樵《通志・藝文略・醫方》《要用孔穴》一卷。

老子石室蘭臺中治癩符

《隋書・經籍志・醫方》《老子石室蘭臺中治癩符》一卷。

偃側人經

《隋書・經籍志・醫方》《偃側人經》二卷。秦承祖撰。

鄭樵《通志・藝文略・醫方》《偃側人經》二卷。秦承祖撰。

三奇六儀鍼要經

《隋書・經籍志・醫方》《三奇六儀鍼要經》一卷。

鄭樵《通志・藝文略・醫方》《三奇六儀鍼要經》一卷。

扁鵲偃側鍼灸圖

《隋書・經籍志・醫方》《扁鵲偃側鍼灸圖》三卷。

鄭樵《通志・藝文略・醫方》扁鵲《偃側鍼灸圖》三卷。

曹氏灸經

《隋書・經籍志・醫方》《曹氏灸經》一卷。

鄭樵《通志・藝文略・醫方》曹氏《灸經》一卷。

鍼灸經

《隋書・經籍志・醫方》《鍼灸經》一卷。

鄭樵《通志・藝文略・醫方》公孫克《鍼灸經》一卷。

公孫克鍼灸經

錢東垣等輯《崇文總目・醫書類》《公孫克鍼灸經》一卷。

山眺鍼灸經

錢東垣等輯《崇文總目・醫書類》《山眺鍼灸經》一卷。

鄭樵《通志・藝文略・醫方》山兆《鍼灸經》一卷。

鄭樵《通志・藝文略・醫方》《鍼灸經》一卷。

《宋史・藝文志・醫書類》《山眺一作「兆」鍼灸經》一卷。

殷元鍼經

《隋書・經籍志・醫方》《殷元鍼經》一卷。

鄭樵《通志・藝文略・醫方》 商元《鍼經》一卷。

九部鍼經

《隋書・經籍志・醫方》 《九部鍼經》一卷。

鍼經

鄭樵《通志・藝文略・醫方》 孫思邈《鍼經》一卷。

鄭樵《通志・藝文略・醫方》 程天祚《鍼經》六卷。

赤烏神鍼經

《隋書・經籍志・醫方》 《赤烏神鍼經》一卷。

《新唐書・藝文志・醫術類》 張子存《赤烏神鍼經》一卷。

玉匱鍼經

《隋書・經籍志・醫方》 《玉匱鍼經》一卷。

黄帝鍼經

《隋書・經籍志・醫方》 《黄帝鍼經》九卷。梁有《黄帝鍼灸經》十二卷，徐悦、龍銜素。

《新唐書・藝文志・醫術類》 《黄帝鍼經》十卷。

《宋史・藝文志・醫書類》 《黄帝鍼經》九卷。

黄帝鍼經音義

《宋史・藝文志・醫書類》 席延賞《黄帝鍼經音義》一卷。

鄭樵《通志・藝文略・醫方》 《黄帝鍼經》一卷。

鄭樵《通志・藝文略・醫方》 《黄帝鍼經》九卷。

《新唐書・藝文志・醫術類》 皇甫謐《皇帝三部鍼經》十二卷。

鄭樵《通志・藝文略・醫方》 皇甫謐《黄帝三部鍼灸經》十二卷。

錢東垣等輯《崇文總目・醫書類》 《黄帝鍼經》一卷。【原釋】以下俱闕。見天一閣鈔本。

流注鍼經

《隋書・經籍志・醫方》 《流注鍼經》一卷。

鄭樵《通志・藝文略・醫方》 《流注鍼經》一卷。

謝氏鍼經

《隋書・經籍志・醫方》 《謝氏鍼經》一卷。

鄭樵《通志・藝文略・醫方》 謝氏《鍼經》一卷。

明堂孔穴

《隋書・經籍志・醫方》 《明堂孔穴》五卷。梁《明堂孔穴》二卷，《新撰鍼灸穴》一卷，亡。

《新唐書・藝文志・醫術類》 《明堂孔穴》五卷。

鄭樵《通志・藝文略・醫方》《明堂孔穴》五卷。

明堂孔穴圖

《隋書・經籍志・醫方》《明堂孔穴圖》三卷。

《隋書・經籍志・醫方》《明堂孔穴圖》三卷。梁有《偃側圖》八卷，又《偃側圖》二卷。

鄭樵《通志・藝文略・醫方》《明堂孔穴圖》三卷。

黄帝十二經脉明堂五藏人圖

《隋書・經籍志・醫方》《黄帝十二經脉明堂五藏人圖》一卷。

《舊唐書・經籍志・醫術》《黄帝十二經脉明堂五藏圖》一卷。

《新唐書・藝文志・醫術類》《黄帝十二經脉明堂五藏圖》一卷。

鄭樵《通志・圖譜略・記無》《黄帝明堂五藏圖》。

鄭樵《通志・藝文略・醫方》《黄帝十二經脉明堂五藏圖》一卷。

十二人圖

《隋書・經籍志・醫方》《十二人圖》一卷。

鄭樵《通志・藝文略・醫方》《十二人圖》一卷。

鍼灸圖要訣

《隋書・經籍志・醫方》《鍼灸圖要決》一卷。

鍼灸圖經

《隋書・經籍志・醫方》《鍼灸圖經》十一卷。本十八卷。

鄭樵《通志・藝文略・醫方》《鍼灸圖經》十一卷。

鍼灸圖

鄭樵《通志・圖譜略・記無》王惟一《鍼灸圖》。

黄帝明堂經

鄭樵《通志・藝文略・醫方》《黄帝明堂經》三卷。又，三卷。楊玄注。

《新唐書・藝文志・醫術類》楊玄注《黄帝明堂經》三卷。

鄭樵《通志・藝文略・醫方》《黄帝明堂經》三卷。

《新唐書・藝文志・醫術類》《黄帝明堂經》三卷。

黄帝鍼灸蝦蟆忌

《隋書・經籍志・醫方》《黄帝鍼灸蝦蟆忌》一卷。

鄭樵《通志・藝文略・醫方》《黄帝鍼灸蝦蟇忌》一卷。

明堂蝦蟆圖

《隋書・經籍志・醫方》《明堂蝦蟆圖》一卷。

《新唐書・藝文志・醫術類》《龍銜素鍼經并孔穴蝦蟇圖》三卷。

鄭樵《通志·藝文略·醫方》《明堂蝦蟇圖》一卷。

鍼經並孔穴蝦蟆圖

《隋書·經籍志·醫方》《鍼經並孔穴蝦蟆圖》三卷，《雜鍼經》四卷，程天祚《鍼經》六卷，《灸經》五卷，《曹氏灸方》七卷，秦承祖《偃側雜鍼灸經》三卷，亡。徐叔嚮《鍼灸要鈔》一卷。

《舊唐書·經籍志·醫術》《龍銜素針經并孔穴蝦蟇圖》三卷。

鄭樵《通志·圖譜略·記無》孔穴《蝦蟇圖》。

鄭樵《通志·藝文略·醫方》徐悦《龍御素鍼并孔穴蝦蟇圖》三卷。

黄帝明堂偃人圖

《隋書·經籍志·醫方》《黄帝明堂偃人圖》十二卷。

《舊唐書·經籍志·醫術》《黄帝十二經明堂偃側人圖》十二卷。

《新唐書·藝文志·醫術類》曹氏《黄帝十二經明堂偃側人圖》十二卷。

鄭樵《通志·圖譜略·記有》《明堂偃側人圖》。

鄭樵《通志·藝文略·醫方》《明堂偃側圖》八卷。

鄭樵《通志·藝文略·醫方》曹氏《黄帝十二經明堂偃側人圖》十二卷。

黄帝明堂經

《舊唐書·經籍志·醫術》《黄帝明堂經》三卷。

《舊唐書·經籍志·醫術》《黄帝明堂經》三卷。楊玄孫撰注。

明堂圖

《舊唐書·經籍志·醫術》《明堂圖》三卷。秦承祖撰。

《新唐書·藝文志·醫術類》秦承祖《明堂圖》三卷。

鄭樵《通志·圖譜略·記無》秦承祖《明堂圖》。

鄭樵《通志·藝文略·醫方》秦承祖《明堂圖》三卷。

馬端臨《文獻通考·經籍考·醫家》《明堂鍼灸圖》三卷。

晁氏曰：題曰黄帝論人身俞穴及灼灸禁忌。

黄帝内經明堂

《舊唐書·經籍志·醫術》《黄帝内經明堂》十三卷。

《新唐書·藝文志·醫術類》《黄帝内經明堂》十三卷。

鄭樵《通志·藝文略·醫方》《黄帝内經明堂》十三卷。

黄帝明堂

《舊唐書·經籍志·醫術》《黄帝明堂》三卷。

《新唐書·藝文志·醫術類》《黄帝明堂》三卷。

玉匱鍼經

《新唐書·藝文志·醫術類》《玉匱鍼經》十二卷。

《舊唐書·經籍志·醫術》《玉匱針經》十二卷。

鄭樵《通志·藝文略·醫方》《玉匱鍼經》十二卷。

黄帝針經

《舊唐書・經籍志・醫術》《黄帝針經》十卷。

針灸經

《宋史・藝文志・醫書類》公孫克《針灸經》一卷。

黄帝鍼灸經

《舊唐書・經籍志・醫術》《黄帝鍼灸經》十二卷。

《新唐書・藝文志・醫術類》《黄帝鍼灸經》十二卷。

鄭樵《通志・藝文略・醫方》《黄帝鍼灸經》十二卷。

黄帝三部鍼灸經

《宋史・藝文志・醫書類》林億《黄帝三部鍼灸經》十二卷。

又 皇甫謐《黄帝三部鍼灸經》十二卷即《甲乙經》。

鍼經鈔

《新唐書・藝文志・醫術類》《鍼經鈔》三卷。

鄭樵《通志・藝文略・醫方》《鍼經抄》三卷。甄權撰。

又 《鍼經鈔》三卷。

錢東垣等輯《崇文總目・醫書類》《鍼經鈔》三卷。甄權撰。

徐叔嚮鍼灸要鈔

《新唐書・藝文志・醫術類》《徐叔嚮鍼灸要鈔》一卷。

鄭樵《通志・藝文略・醫方》徐叔嚮《鍼灸要鈔》一卷。

黄帝岐伯鍼論

鄭樵《通志・藝文略・醫方》《黄帝岐伯鍼論》二卷。

黄帝雜注鍼經

《新唐書・藝文志・醫術類》《黄帝雜注鍼經》一卷。

鄭樵《通志・藝文略・醫方》《黄帝雜注鍼經》一卷。

明堂論

《新唐書・藝文志・醫術類》米遂《明堂論》一卷。右明堂經脉類一十六家，三十五部，二百三十一卷。失姓名十六家，甄權以下不著録二家，七卷。

鄭樵《通志・藝文略・醫方》《明堂論》一卷。唐朱遂撰。《唐志》，「朱」作「米」。

《宋史・藝文志・醫書類》朱遂《明堂論》一卷。

錢東垣等輯《崇文總目・醫書類》《明堂論》一卷。朱遂撰。

赤烏神針經

《舊唐書・經籍志・醫術》《赤烏神針經》一卷。張子存撰。

鄭樵《通志・藝文略・醫方》《赤烏神鍼經》一卷。張子存撰。

黄帝雜注針經

《舊唐書・經籍志・醫術》《黄帝雜注針經》一卷。

針經抄

《宋史・藝文志・醫書類》甄權《針經抄》三卷。

鍼方

《新唐書・藝文志・醫術類》《鍼方》一卷。

鄭樵《通志・藝文略・醫方》《鍼方》一卷。

黄帝九靈經

《舊唐書・經籍志・醫術》《黄帝九靈經》十二卷。靈寶注。

炮炙論

錢東垣等輯《崇文總目・醫書類》《炮炙論》三卷。雷教撰。

鄭樵《通志・藝文略・醫方》《炮炙論》三卷。雷教撰。

《宋史・藝文志・醫書類》雷斆《炮灸方》三卷。

新集明堂灸法

鄭樵《通志・藝文略・醫方》《新集明堂灸法》三卷。

又 曹氏《灸方》七卷。

錢東垣等輯《崇文總目・醫書類》《新集明堂灸法》三卷。《通志畧》不著撰人。

指難圖

鄭樵《通志・圖譜略・記無》《指難圖》。

鍼傳

鄭樵《通志・藝文略・醫方》扁鵲《鍼傳》一卷。

銅人腧穴鍼灸圖

鄭樵《通志・圖譜略・記有》《銅人腧穴鍼灸圖》。

馬端臨《文獻通考・經籍考・醫家》《銅人鍼灸圖》三卷。

灸經

《新唐書・藝文志・醫術類》 雷氏《灸經》一卷。

錢東垣等輯《崇文總目・醫書類》《灸經》十卷。

明堂人形圖

《新唐書・藝文志・醫術類》《明堂人形圖》一卷。

鄭樵《通志・圖譜略・記無》《明堂人形圖》。

鄭樵《通志・藝文略・醫方》《明堂人形圖》一卷。

鍼經要訣

鄭樵《通志・藝文略・醫方》 許希《鍼經要訣》一卷。

銅人俞穴鍼灸圖經

錢東垣等輯《崇文總目・醫書類》《銅人俞穴鍼灸圖經》三卷。

鄭樵《通志・藝文略・醫方》《銅人俞穴鍼灸圖經》三卷。宋朝翰林醫官王惟一編修，天聖中，詔以鍼灸之法鑄爲銅人式。

晁公武《郡齋讀書志・醫書類》《銅人針灸圖》三卷。袁本前志卷三下醫家類第十一。

右皇朝王惟德撰。仁宗嘗詔惟德考次針灸之法，鑄銅人爲式，分府藏十二經，旁注俞穴所會，刻題其名，并爲圖法并主療之術，刻板傳於世。夏竦爲序。

新鑄銅人腧穴鍼灸圖經

《宋史・藝文志・醫書類》 王維一《新鑄銅人腧穴鍼灸圖經》三卷。

陳雷炮炙論

錢東垣等輯《崇文總目・醫書類》《陳雷炮炙論》三卷。

鄭樵《通志・藝文略・醫方》 陳雷《炮炙論》三卷。

黄帝岐伯論鍼灸要訣

錢東垣等輯《崇文總目・醫書類》《黄帝岐伯論鍼灸要訣》一卷。

鄭樵《通志・藝文略・醫方》《黄帝岐伯論鍼灸要訣》一卷。

杜天師了證歌

《四庫全書總目提要・醫家類》《杜天師了證歌》一卷。浙江巡撫採進本。

舊本題唐杜光庭撰。光庭字聖賓，晚自號東瀛子，括蒼人。應百篇舉不第，入天台山爲道士。僖宗幸蜀，召見。賜紫衣，充麟德殿文章應制。王建據蜀，賜號廣成先生，除諫議大夫，進户部侍郎。後歸老於青城山。此書題曰天師，據陶岳《五代史補》，亦王建時所稱也。考光庭所著多神怪之談，不聞以醫顯，此書殆出僞託。其詞亦不類唐末五代人。錢曾《讀書敏求記》以爲真出光庭，殊失鑒別。其註稱宋人高氏伍氏所作，而不題其名。後附持脈備要論三十篇，亦不知誰作。多引《王叔和脈訣》，而不知叔和有《脈經》。則北宋以後人矣。

仙人水鑑圖

鄭樵《通志·圖譜略·記有》《仙人水鑑圖》。

灸經

鄭樵《通志·藝文略·醫方》楊齊顔《灸經》十卷。

灸勞法

鄭樵《通志·藝文略·醫方》崔知悌《灸勞法》一卷。

銅人鍼灸經

尤袤《遂初堂書目·醫書類》《銅人鍼灸經》。

點烙三十六黄經

晁公武《郡齋讀書志·醫書類》《點烙三十六黄經》一卷。袁本後志卷二醫家類第十八。

右不著撰人。唐世書也。

岐伯灸經

鄭樵《通志·藝文略·醫方》《岐伯灸經》一卷。

灸經

鄭樵《通志·藝文略·醫方》《灸經》五卷。見《隋志》。

又 雷氏《灸經》一卷。

九部鍼經

鄭樵《通志·藝文略·醫方》《九部鍼經》一卷。

晁公武《郡齋讀書志·醫書類》《明堂針灸圖》三卷。袁本後志卷二醫家類第十七。

右題云黄帝論人身俞穴及灼灸禁忌。明堂者，謂雷公問道，黄帝授之，故名云。

鍼灸資生經

趙希弁《讀書附志·醫家類》《鍼灸資生經》七卷。

右王執中所編也。執中，東嘉人，嘗爲從政郎、澧州教授云。

馬端臨《文獻通考·經籍考·醫家》《膏肓灸法》二卷。

陳氏曰：清源莊綽季裕集。

《宋史·藝文志·醫書類》莊綽《膏肓腧穴灸法》一卷。

尤袤《遂初堂書目·醫書類》《膏肓腧穴灸法》。

存真圖

馬端臨《文獻通考·經籍考·醫家》 《存真圖》一卷。

外科灸法論粹新書

《宋史·藝文志·醫書類》 徐夢符《外科灸法論粹新書》一卷。

神應鍼經要訣

《宋史·藝文志·醫書類》 《神應鍼經要訣》一卷。

伯樂鍼經

《宋史·藝文志·醫書類》 《伯樂鍼經》一卷。

灸經背面相

《宋史·藝文志·醫書類》 《灸經背面相》二卷。

法象論

《宋史·藝文志·醫書類》 張文仲《法象論》一卷。

鬼　論

《宋史·藝文志·醫書類》 劉涓子《鬼論》一卷。

按摩法

《宋史·藝文志·醫書類》 《按摩法》一卷。

内外二景圖

《宋史·藝文志·醫書類》 朱肱《内外二景圖》三卷。

明堂元真經訣

鄭樵《通志·藝文略·醫方》 《明堂元真經訣》一卷。

神農明堂圖

鄭樵《通志·藝文略·醫方》 《神農明堂圖》一卷。

路氏明堂經

鄭樵《通志·藝文略·醫方》 《路氏明堂經》一卷。

脈訣針灸書

王圻《續文獻通考·經籍考·醫家》 直魯古《脈訣針灸書》遼直魯古、吐谷渾人。太祖破吐谷渾，一騎士棄槖，反射不中而去。追兵開槖視之，得一小兒，即直魯古也。因所俘問其故，乃知嬰父世善醫，雖馬上視疾，亦知標本，不欲子爲人所得，故欲射殺之耳。由是進於太祖，欽哀皇后養之長，亦能醫，專事針灸。

銅人鍼經密語

龔顯曾《金藝文志補録·醫家類》 《銅人鍼經密語》一卷，竇默

黄虞稷《千頃堂書目·醫家類·補元》 竇默《銅人鍼經密語》一卷。

經驗鍼法

黄虞稷《千頃堂書目·醫家類·補元》 鮑同仁《經驗鍼法》別本元作玄。

鍼　經

黄虞稷《千頃堂書目·醫家類·補金》 李慶嗣《鍼經》一卷，又《醫學啓元》。

經絡十二論

倪燦等《補遼金元藝文志·醫方》 葛乾孫《經絡十二論》。

針　經

倪燦等《補遼金元藝文志·醫方》 李慶嗣《針經》一卷。

倪燦等《補遼金元藝文志·醫方》 竇默《銅人針經密語》一卷。

針　經

孫德謙《金史藝文略·醫家》 《針經》一卷。

李慶嗣撰。

流注指微鍼賦

孫德謙《金史藝文略·醫家》 《流注指微鍼賦》一卷。

南唐何若愚撰。此書《補元史藝文志》列入元代，未是。

鍼經指南

孫德謙《金史藝文略·醫家》 《鍼經指南》一册。

太師竇傑漢卿撰，見《絳雲樓書目》。張金吾云：金之漢卿，仕至太師，即撰《鍼經指南》者，《菉竹堂書目》作一册，今本之。

潔古雲岐鍼法

孫德謙《金史藝文略·醫家》 《潔古雲岐鍼法》。

張元素撰。

鍼灸書

王仁俊《遼史藝文志補證・醫家類》 直魯古《鍼灸書》一卷。錢、金、繆有。見《世善堂書目》。

扁鵲神應鍼灸玉龍經

錢大昕《補元史藝文志・醫書類》 王國瑞《扁鵲神應鍼灸玉龍經》一卷。

金蘭循經取穴圖解

錢大昕《補元史藝文志・醫書類》 忽先生《金蘭循經取穴圖解》一卷。名公泰，字吉甫，翰林集賢直學士。

八法神針

錢大昕《補元史藝文志・醫書類》 璚瑶道人《八法神針》二卷。黄士真序。

古鍼灸圖經

錢大昕《補元史藝文志・醫書類》 姚良玫《古鍼灸圖經》一卷。

錢大昕《補元史藝文志・醫書類》 葛乾孫《經絡十二論》。

聶崇岐《補宋書藝文志・醫方家類》 《鍼灸要鈔》一卷。徐叔嚮撰。

錢大昕《補元史藝文志・醫書類》 鮑同仁《經驗鍼法》一卷。歙人字用，良會昌州同知。

錢大昕《補元史藝文志・醫書類》 滑壽《十四經發揮》二卷。

十四經發揮

楊士奇等《文淵閣書目・醫書》 《十四經發揮》一部一册闕。

鍼經指南

楊士奇等《文淵閣書目・醫書》 《鍼經指南》一部一册闕。

存真圖

楊士奇等《文淵閣書目・醫書》 《存真圖》一部一册闕。

鍼灸資生經

楊士奇等《文淵閣書目・醫書》 《鍼灸資生經》一部一册闕。

膏肓腧穴灸法

楊士奇等《文淵閣書目・醫書》 《膏肓腧穴灸法》一部一册闕。

明堂灸經

楊士奇等《文淵閣書目·醫書》《明堂灸經》一部一册闕。

鍼灸集成

楊士奇等《文淵閣書目·醫書》《鍼灸集成》一部一册闕。

銅人鍼灸經

楊士奇等《文淵閣書目·醫書》《銅人鍼灸經》一部一册闕。

鍼灸四書

楊士奇等《文淵閣書目·醫書》《鍼灸四書》一部一册闕。

鍼灸聚英

范邦甸等《天一閣書目·醫家類》《鍼灸聚英》四卷。刊本。明四明高武撰，并序。

銅人鍼灸經

范邦甸等《天一閣書目·醫家類》《銅人鍼灸經》二卷。刊本。不著撰人名氏，正統八年御製序，嘉靖十三年許紳跋。

太素脉訣

王圻《續文獻通考·經籍考·醫家》《太素脉訣》劉開嘗游廬山，遇異人授以太素。脉訣，預知生死，胗脉上以手指三點之，即知其症，世號劉三點。

紺珠針法

錢謙益等《絳雲樓書目·醫書類》《紺珠針法》。

密活針經

錢謙益等《絳雲樓書目·醫書類》《密活針經》。

針灸小易賦

錢謙益等《絳雲樓書目·醫書類》《針灸小易賦》。

針　書

錢謙益等《絳雲樓書目·醫書類》《針書》。

針灸撮要

錢謙益等《絳雲樓書目・醫書類》《針灸撮要》。

針灸玉龍歌

錢謙益等《絳雲樓書目・醫書類》《針灸玉龍歌》。

飛勝八法神鍼

錢謙益等《絳雲樓書目・醫書類》《飛勝八法神鍼》。

資生經鍼灸

錢謙益等《絳雲樓書目・醫書類》《資生經鍼灸》。

瓊瑶真人計經

錢謙益等《絳雲樓書目・醫書類》《瓊瑶真人計經》。

鍼灸圖法

錢謙益等《絳雲樓書目・醫書類》《鍼灸圖法》。

針灸全書

殷仲春《醫藏書目・妙竅函目》王鏡潭《針灸全書》。一卷。

南乹鍼灸書

殷仲春《醫藏書目・妙竅函目》《南乹鍼灸書》。二卷。

鍼學提綱

殷仲春《醫藏書目・妙竅函目》《鍼學提綱》。一卷。

針灸纂要

殷仲春《醫藏書目・妙竅函目》《針灸纂要》一卷。

資生經

殷仲春《醫藏書目・妙竅函目》《資生經》。七卷。王執中。

針灸捷法

殷仲春《醫藏書目・妙竅函目》《針灸捷法》。六卷。徐廷瑞。

針灸聚英

殷仲春《醫藏書目・妙竅函目》《針灸聚英》。高武。

十四經發揮

殷仲春《醫藏書目・妙竅函目》《十四經發揮》。二卷。滑伯仁。

飛騰八法

殷仲春《醫藏書目・妙竅函目》《飛騰八法》。

竇太師針法

殷仲春《醫藏書目・妙竅函目》《竇太師針法》。名傑，字漢卿。

秘授保嬰推拿法

殷仲春《醫藏書目・慈保函目》《秘授保嬰推拿法》。

神應經

殷仲春《醫藏書目・妙竅函目》《神應經》。一卷。許希。

六十六穴流注秘訣

殷仲春《醫藏書目・妙竅函目》《六十六穴流注秘訣》。一卷。竇文貞公。

瓊瑶神書

殷仲春《醫藏書目・妙竅函目》《瓊瑶神書》。三卷。

人鏡經

殷仲春《醫藏書目・妙竅函目》《人鏡經》。八卷。錢雷。

銅人圖

殷仲春《醫藏書目・妙竅函目》《銅人圖》。三卷。王惟德。

鍼灸治例

殷仲春《醫藏書目・妙竅函目》《鍼灸治例》。一卷。

西方子明堂針灸經

殷仲春《醫藏書目・妙竅函目》《西方子明堂針灸經》。八卷。衛生堂。

鍼灸正門

殷仲春《醫藏書目・聲聞函目》　《鍼灸正門》。

十二經絡治療淵源

黄虞稷《千頃堂書目・醫家類》　沈宗學《十二經絡治療淵源》字宗起，蘇州人，與王賓友善。

鍼灸詳説

黄虞稷《千頃堂書目・醫家類》　楊珣《鍼灸詳説》二卷。

考古鍼灸圖經

黄虞稷《千頃堂書目・醫家類》　姚良《考古鍼灸圖經》字長卿，吴人。

經穴圖解

黄虞稷《千頃堂書目・醫家類》　解延年《經穴圖解》。

鍼灸問對

黄虞稷《千頃堂書目・醫家類》　汪機《鍼灸問對》二卷。

徐氏鍼灸

黄虞稷《千頃堂書目・醫家類》　徐鳳《徐氏鍼灸》六卷，又《鍼灸大全》七卷。

經絡全書

黄虞稷《千頃堂書目・醫家類》　徐師曾《經絡全書》。

銅人鍼灸經

黄虞稷《千頃堂書目・醫家類》　西方子《銅人鍼灸經》十五卷，又《本草圖形》四卷。

瓊瑶真人八法神鍼紫芝春谷全書

錢曾《讀書敏求記・醫家》　《瓊瑶真人八法神鍼紫芝春谷全書》二卷。峨眉山人黄士真序而傳之。録于至正乙未仲秋。

楊氏玉龍歌

錢曾《讀書敏求記・醫家》　《楊氏玉龍歌》一卷。玉龍一百二十穴，看穴行鍼，恐時人有差别，故作此歌以爲衛生之寶焉。

西方子明堂灸經

錢曾《讀書敏求記・醫家》 《西方子明堂灸經》八卷。

金蘭循經取穴圖解

錢曾《讀書敏求記・醫家》 忽先生《金蘭循經取穴圖解》一卷。忽先生名公泰，字吉甫，元翰林集賢直學士，中順大夫。是書與《素問》，若合符節，大德癸卯，刊于吳門。圖長尺有四，折而裝潢之，他書未有也。

内外二景圖

錢曾《讀書敏求記・醫家》 《内外二景圖》一卷。

鍼　灸

錢曾《讀書敏求記・醫家》 《鍼灸》、《銅人鍼灸經》七卷。

瓊瑤真人鍼經

錢曾《讀書敏求記・醫家》 《瓊瑤真人鍼經》三卷。題云：「賜太師劉真人集」。算詳何時人。神農煮鍼法，他書俱失載，獨備于此，亦可寶也。

鍼灸節要

《四庫全書總目提要・醫家類》 《鍼灸節要》三卷。兩淮鹽政采進本。

明高武撰。是書以難經《素問》爲主。難經首取行鍼補瀉，次取井滎俞經合，次及經脉。《素問》首九鍼，次補瀉，次諸法，次病刺，次經脉空穴。俱顛倒後先，於經文多割裂。

針灸詳説

《明史・藝文志・藝術・醫書》 楊珣《針灸詳説》二卷。

針灸大全

《明史・藝文志・藝術・醫書》 徐鳳《針灸大全》七卷。

小兒推拿秘訣

《明史・藝文志・藝術・醫書》 周子蕃《小兒推拿秘訣》一卷。

奇經八脈考

《明史・藝文志・藝術・醫書》 《奇經八脈考》一卷時珍《本草綱目》一書，用力深久，詳《方伎傳》。

鼎雕銅人腧穴鍼灸圖經

孫星衍《平津館鑒藏書籍記·明版》

《鼎雕銅人腧穴鍼灸圖經》三卷。

鍼灸圖書

張金吾《愛日精廬藏書志·醫家類》

《鍼灸圖書》八卷。影寫元刊本

銅人鍼灸經

《四庫全書總目提要·醫家類》

《銅人鍼灸經》七卷。浙江范懋柱家天一閣藏本。

不著撰人名氏。

《四庫全書總目提要·醫家類》

《鍼灸資生經》七卷。兩淮鹽政采進本。

舊本題《葉氏廣勤堂新刊》，蓋麻沙本也。不著撰人名氏。前有嘉定庚辰徐正卿初刊序，稱東嘉王叔權作。又有紹定四年趙綸重刊序，稱澧陽郡博士王執中作，而疑叔權爲執中字。以字義推之，其説是也。

扁鵲神應鍼灸玉龍經

《四庫全書總目提要·醫家類》

《扁鵲神應鍼灸玉龍經》一卷，浙江范懋柱家天一閣藏本。

元王國端撰。國端，婺源人。其書專論鍼灸之法。

鍼灸問對

《四庫全書總目提要·醫家類》

《鍼灸問對》三卷。兩淮鹽政采進本。

明汪機撰。機字省之，祁門人。《明史·方技傳》稱：吳縣張頤、祁門汪機、杞縣李可大、常熟繆希雍皆精通醫術，治病多奇中。即其人也。是書成於嘉靖壬辰，前有程鐄序。上中二卷論鍼法，下卷論灸法及經絡穴道。皆取《靈樞》、《素問》、《難經》、《甲乙經》及諸家鍼灸之書，條析其説，設爲問答以發明其義。措語頗爲簡明。

圖註脉訣

《四庫全書總目提要·醫家類》

《圖註脉訣》四卷《附方》一卷。浙江巡撫采進本。

明張世賢撰。是編因世傳《王叔和脉訣》而爲之圖註。

《四庫全書總目提要·醫家類》

《鍼灸聚英》四卷。兩淮鹽政采進本。

明高武撰。武始末未詳。是書以《經絡空穴類聚》爲一卷，《各病取穴治法》爲一卷，《諸論鍼灸法》爲一卷，《各歌賦》爲一卷。凡諸書與《素問》、《難經》異同者，取其同而論其異。故以聚英名書。其所蒐采，惟銅人明堂子午及竇氏流注等書。餘皆不録。

鍼灸大全

《四庫全書總目提要·醫家類》

《鍼灸大全》十卷。内府藏本。

明楊繼洲編。繼洲萬曆中醫官。里貫未詳。據其刊版於平陽，似即平陽人也。是書前有巡按山西御史趙文炳序，稱文炳得痿痹疾，繼洲鍼之而愈。因取其家傳《衛生鍼灸元機秘要》一書，補輯刊刻，易以今名。

本朝順治丁酉，平陽府知府李月桂以舊版殘闕，復爲補綴。其書以《素問》、

《難經》爲主。又肖銅人像，繪圖立説，亦頗詳賅。惟議論過於繁冗。

《四庫全書總目提要・醫家類》 《明堂灸經》八卷。浙江范懋柱家天一閣藏本。題曰西方子撰，不知何許人。與銅人鍼灸經俱刊於山西平陽府。其書專論灸法。銅人惟有正背左右人形。此則兼及側伏，較更詳密。

本草分部

本　草

鄭樵《通志・藝文略・醫方》 蔡邕《本草》七卷。

姚振宗《漢書藝文志條理・醫家類》 蔡邕《本草》七卷。邕始末具經部禮類

《隋書・經籍志》梁有蔡邕《本草》七卷亡。

子儀本草經

姚振宗《漢書藝文志條理・方技略》 《子儀本草經》一卷。

周禮天官疾醫注，五藥治合之齊，則存乎神農、子儀之術，疏案劉向云：扁鵲治趙太子，暴疾尸蹷之病，使子明炊湯、子儀脉神、子術按摩。又中經簿云：子義《本草經》一卷，儀與義一人也，若然子義亦周末時人也。

按子儀秦越人弟子也，禮疏引劉向見《説苑辨物》篇然其文，則云：子容擣藥、子明吹耳，陽儀反神，子越扶形，子游矯摩，與此所引異。《史記・扁鵲傳》言其治號太子尸蹷，使弟子子陽厲鍼砥石，使子豹爲五分之熨，與此亦異。又《索隱案傳》玄云：號是晉獻所滅，先此百二十餘年，此時焉得有號，則此云號太子，非也。然案號後稱郭春秋，有郭公。蓋郭之太子也。今按此云趙太子，與史亦異。

倉公對詔。

《史記列傳》太倉公者，齊太倉長，臨菑人也。姓淳于氏，名意。少而喜醫方術。高后八年，更受師同郡元里公乘陽慶，慶使意盡去其故，方更悉以禁方予之，傳黄帝、扁鵲之脉書，五色診病，知人死生，决嫌疑，定可治，及藥論，甚精。受之三年，爲人治病，决死生多驗。然左右行游諸侯，不以家爲家，或不爲人治病，病家多怨之者。文帝四年中，人上書言意，以刑罪當傳西之長安，意有五女，隨而泣，意怒，罵曰：「生子不生男，緩急無可使者！」於是少女緹縈傷父之言，乃隨父西。上書曰：「妾父爲吏，齊中稱其廉平，今坐法當刑。妾切痛死者不可復生。而刑者不可復續，雖欲改過自新，其道莫由，終不可得。妾願入身爲官婢，以贖父刑罪，使得改行自新也。」書聞，上悲其意，此歲中亦除肉刑法（徐廣曰案年表孝文十二年除肉刑。），意家居，詔召問所爲治病死生驗者幾何人，主名爲誰。詔問故太倉長臣意：「方技所長。及所能治病者？有其書無有？皆安受學？受學幾何歲？嘗有所驗，何縣里人也？何病？醫藥已，其病之狀皆何如？具悉而對。」臣意對云云。按主名爲誰？以上是史公所叙詔問，以下則録其本奏之。辭而失於刊正者，與三王世家全録本奏同也。

《漢書・藝文志》曰：「太古有岐伯、俞拊。中世有扁鵲、秦和，漢興有倉公，今其技術晻昧。」

嚴可均《全漢文編》曰：「淳于意對詔問所爲治病死生驗者幾何人，主名爲誰，凡三十一條，並史記倉公傳。」

按倉公所對，凡二十六條，又詔問對八條實三十四條，刊本誤，合三條，故嚴氏以爲三十一其所事，師則菑川唐里公孫光及陽慶所授，弟子則爲齊宦者，平臨菑人。宋邑濟北王太醫高期、王禹，菑川王太倉馬長馮信、高永侯家杜信，齊王侍醫臨菑召里唐安，凡七人。自陶氏名醫别録亡，遂皆不可考。

右經方凡五家五部。

本　草

鄭樵《通志・藝文略・醫方》 吴普《本草》六卷。

姚振宗《三國藝文志・醫家類》 吴普《本草》六卷。

《魏志・華佗傳》廣陵吴普從佗學普依準佗療多所全，濟佗語以五禽之戲，普施行之年九十餘耳，目聰明齒牙完堅。范書方術傳同

《本草綱目》序例引韓保昇曰：吴氏《本草》，魏吴普撰，廣陵人，華佗弟子，凡

一卷。李時珍曰其書分記神農、黄帝、岐伯、桐君、雷公、扁鵲、華佗、李氏、所説性味甚詳，今亦失傳。

隋書《經籍志》梁有華佗弟子吴普《本草》六卷，亡唐《經籍志》吴氏《本草》，因六卷吴普撰，《藝文志》同案《御覽》引吴氏《本草》，凡數十條，其中言諸藥氣味有引醫和者，在李時珍所舉諸家之外，兩唐志作《本草》因岂其本名歟。

文廷式《補晉書藝文志・醫家類》 吴普《本草》六卷。華佗弟子廣陵人。

《抱朴子》至理篇云：「有吴普者，從華佗受五禽之戲，以代導引，猶得百餘歲。」按此書《藝文類聚》、《太平御覽》屢引之，《後漢書・華佗傳》注引佗别傳曰：吴普從佗學，微得其方。魏明帝呼之，使爲禽戲，普以年老，手足不能相及，粗以其法語諸醫。普今年將九十，耳不聾，目不冥，牙齒完堅，飲食無損。按作佗别傳者，在魏明帝後而稱普將九十，《抱朴子》言普得百餘歲，則固入晉矣。

本草經

文廷式《補晉書藝文志・醫家類》 王季琰《本草經》三卷。

按季琰、王珉，字沈子培，曰此修《隋書》時避唐諱，故稱其字。

集藥訣

鄭樵《通志・藝文略・醫方》 陶隱居《集藥訣》一卷。

相君藥録

《隋書・經籍志・醫方》 《桐君藥録》三卷。梁有《雲麾將軍徐滔新集藥録》四卷，《李譡之藥録》六卷，《藥法》四十二卷，《藥律》三卷，《藥性》、《藥對》各二卷，《藥目》三卷，《神農采藥經》二卷，《藥忌》一卷，亡。

《舊唐書・經籍志・醫術》 《桐君藥録》三卷。桐君撰。

姚振宗《漢書藝文志拾補・方技略》 桐君采藥録二卷。

梁陶弘景《名醫别録》序曰：「又有《桐君采藥録》説其花葉形色。」

隋書《經籍志》桐君藥録三卷，《唐經籍志》同《藝文志》同日本國人見在書目《桐君藥録》二卷。

明李時珍《本草綱目》序録曰：「桐君，黄帝時臣也，書凡二卷，紀其花葉形色，今已不傳後人。又有《四時采藥》、《太常采藥時月》等書。」

按《御覽》八百六十七引《桐君録》曰：「西陽、武昌、晉陵皆出好茗，又曰「茶花，狀似梔子，其色稍白，此不知爲本文？爲後人注文」。

《新唐書・藝文志・醫術類》 《桐君藥録》三卷。

姚振宗《漢書藝文志條理・方技略》 《雷公藥對》二卷。

陶弘景《名醫别録》序曰：「又有《桐君采藥録》説其花葉形色藥對四卷，論其佐使相須。魏晉以來，吴普、李譡之等更復損益，按此似有誤，「藥對」上當有「雷公」二字，當是桐雷二家書，合四卷也。

唐書《經籍志》雷公藥對二卷。

李時珍《本草綱目》叙録曰：「雷公藥對陶氏前已。」有此書，吴氏《本草》所引雷公是也，蓋黄帝、雷公所著，北齊徐之才增飾之。

按《隋志・唐藝文志》有雷公集注《神農本草》四卷，蓋劉宋時雷斅，非此雷公。

鄭樵《通志・藝文略・醫方》 《桐君藥録》二卷。

本草集經

《舊唐書・經籍志・醫術》 《本草集經》七卷。陶弘景撰。

神農本草

《新唐書・藝文志・醫術類》 陶弘景集注《神農本草》七卷。

鄭樵《通志・藝文略・醫方》 《神農本草》八卷。陶隱居集注。

《隋書・經籍志・醫方》 《神農本草》八卷。梁有《神農本草》五卷，《神農本草屬物》二卷，《神農明堂圖》一卷，《蔡邕本草》七卷，《華佗弟子吳普本草》六卷，《陶隱居本草》十卷，《隋費本草》九卷，《秦承祖本草》六卷，《王季璞本草經》三卷，《李譡之本草經》，《談道術本草經鈔》各一卷，《宋大將軍參軍徐叔嚮本草病源合藥要鈔》五卷，《徐叔嚮等四家體療雜病本草要鈔》十卷，《王末鈔小兒用藥本草》二卷，《甘濬之癰疽耳眼本草要鈔》九卷，《陶弘景本草經集注》七卷，《趙贊本草經》一卷，《本草經輕行》、《本草經利用》各一卷，亡。

鄭樵《通志·藝文略·醫方》 秦承祖《本草》六卷。

神農本草

《隋書·經籍志·醫方》 《神農本草》四卷。雷公集注。

《新唐書·藝文志·醫術類》 雷公集撰《神農本草》四卷。

鄭樵《通志·藝文略·醫方》 《神農本草》四卷。雷公集注。

神農本草經

《隋書·經籍志·醫方》 《神農本草經》三卷。

鄭樵《通志·藝文略·醫方》 《神農本草經》三卷。

張之洞《書目答問·醫家》 《神農本草經》三卷。問經堂校本。

姚振宗《漢書藝文志拾補·方技略》 《神農本草經》三卷。

皇甫謐《帝王世紀》曰：「炎帝神農氏，長於江水，始教天下耕種五穀，而食之。以省殺生，嘗味草木宣藥療疾，救天傷人命，百姓日用而不知，著《本草》四卷。」

《隋志·子部醫方家》、《神農本草經》三卷，《唐·經籍志·醫術》類神農本草三卷，《藝文志》同《顔氏家訓》書證篇，典籍錯亂久矣！譬猶《本草》、《神農》所述而有豫章、朱崖、趙國、常山奉、高真定、臨淄、馮翊等郡縣名出諸藥物，皆由後人所羼，非本文也。

宋掌禹錫嘉祐補注《本草》敍録曰：「舊説《本草經》三卷，神農所作，而不經見《漢書·藝文志》亦無録焉。」唐李世勣等以梁七録載《神農本草》三卷，推以爲始，又疑所載郡縣有後漢地名，似張機、華佗輩所爲，皆不然也。蓋上世未著文字，師學相傳謂之本草。兩漢以來。名醫益衆，張華輩始因古書附以新説，通爲編述。本草繇是見於經録，宋寇宗奭《本草衍義》序曰：「帝王世紀云黄帝使岐伯嘗味草木，定本草經造醫方，以療衆疾乃知本草之名，自黄帝始。」

王應麟《漢志》考證曰：「張仲景金匱云：『神農能嘗百藥。』淮南子云：『神農嘗百草之滋味，一日而七十毒。』按平帝紀元始，五年舉天下通知方術本草者。郊祀志成帝初有本草，待詔樓護傳護少誦醫經本草方術。數十萬言其名見於此。」陶弘景云：「疑仲景元化等所記舊經三卷，藥止三百六十五種。」唐于志寧曰：「世謂神農氏嘗藥以拯含氣，而黄帝以前文字不傳以識相付至桐雷乃載篇册。」

按嚴氏全上古文編云：《漢·藝文志》經方家有神農黄帝食禁七卷，周禮醫師疏引食禁，作食藥蓋食禁食藥即本草矣，今按隋志引七録別有神農藥忌一卷，黄帝雜飲食忌二卷，藥忌食忌，似即《漢志》食禁七卷之遺。蓋黄農兩家禁方之類，非本草也。今仍從王氏所補録於此，扁鵲倉公列傳數言禁方知古來禁方多矣。

本草經

《隋書·經籍志·醫方》 《本草經》四卷。蔡英撰。

鄭樵《通志·藝文略·醫方》 《本草經》四卷。蔡英撰。

甄氏本草

《隋書·經籍志·醫方》 《甄氏本草》三卷。

藥目要用

《隋書·經籍志·醫方》 《藥目要用》二卷。

《舊唐書·經籍志·醫術》 《藥目要用》二卷。

《新唐書·藝文志·醫術類》 《藥目要用》二卷。

鄭樵《通志·藝文略·醫方》 《藥目要用》二卷。

太清草本集要

《隋書・經籍志・醫方》《太清草本集要》二卷。陶隱居撰。

本草經略

《隋書・經籍志・醫方》《本草經略》一卷。

鄭樵《通志・藝文略・醫方》《本草經略》一卷。

本　草

《隋書・經籍志・醫方》《本草》二卷。徐太山撰。

鄭樵《通志・藝文略・醫方》《本草》二卷。徐大山撰。

尤袤《遂初堂書目・醫書類》《本草》。

本草經類用

《隋書・經籍志・醫方》《本草經類用》三卷。

鄭樵《通志・藝文略・醫方》《本草經類用》三卷。

本草音義

《隋書・經籍志・醫方》《本草音義》三卷。姚最撰。

鄭樵《通志・藝文略・醫方》《本草音義》三卷。姚最撰。

本草音義

《隋書・經籍志・醫方》《本草音義》七卷。甄立言撰。

《新唐書・藝文志・醫術類》甄立言一作權。《本草音義》七卷。

鄭樵《通志・藝文略・醫方》《本草音義》七卷。甄權撰。

本草集録

《隋書・經籍志・醫方》《本草集録》二卷。

鄭樵《通志・藝文略・醫方》《本草集録》二卷。

本草鈔

《隋書・經籍志・醫方》《本草鈔》四卷。

鄭樵《通志・藝文略・醫方》《本草鈔》四卷。

本草雜要訣

《隋書・經籍志・醫方》《本草雜要訣》一卷。

鄭樵《通志・藝文略・醫方》《本草雜要訣》一卷。

本草要方

《隋書・經籍志・醫方》《本草要方》三卷。甘濬之撰。

鄭樵《通志・藝文略・醫方》《本草要方》三卷。甘濬之撰。

依本草録藥性

《隋書・經籍志・醫方》《依本草録藥性》三卷。録一卷。

靈秀本草圖

《隋書・經籍志・醫方》《靈秀本草圖》六卷。原平仲撰。

《舊唐書・經籍志・醫術》《靈秀本草圖》六卷。原平仲撰。

鄭樵《通志・藝文略・醫方》《靈秀本草圖》六卷。原平仲撰。

鄭樵《通志・圖譜略・記無》原平仲《靈秀本草圖》。

芝草圖

《隋書・經籍志・醫方》《芝草圖》一卷。

《舊唐書・經籍志・醫術》《芝草圖》一卷。

《新唐書・藝文志・醫術類》《芝草圖》一卷。

入林採藥法

《隋書・經籍志・醫方》《入林採藥法》二卷。

鄭樵《通志・藝文略・醫方》《入林採藥法》二卷。

太常採藥時月

《隋書・經籍志・醫方》《太常採藥時月》一卷。

鄭樵《通志・藝文略・醫方》《太常採藥時月》一卷。

四時採藥及合目録

《隋書・經籍志・醫方》《四時採藥及合目録》四卷。

藥録

《隋書・經籍志・醫方》《藥録》二卷。李密撰。

鄭樵《通志・藝文略・醫方》《藥録》二卷。

諸藥異名

《隋書・經籍志・醫方》《諸藥異名》八卷。沙門行矩撰。本十卷，今闕。

諸藥要性

《隋書・經籍志・醫方》《諸藥要性》二卷。

鄭樵《通志・藝文略・醫方》《諸藥要性》二卷。

種植藥法

《隋書·經籍志·醫方》《種植藥法》一卷。

鄭樵《通志·藝文略·醫方》《種植藥法》一卷。

種神芝

《隋書·經籍志·醫方》《種神芝》一卷。

神農本草

《舊唐書·經籍志·醫術》《神農本草》三卷。

《新唐書·藝文志·醫術類》《神農本草》三卷。

雷公藥對

《舊唐書·經籍志·醫術》《雷公藥對》二卷。

《新唐書·藝文志·醫術類》徐之才《雷公藥對》二卷。

藥　類

《舊唐書·經籍志·醫術》《藥類》二卷。

《新唐書·藝文志·醫術類》《藥類》二卷。

鄭樵《通志·藝文略·醫方》《藥類》二卷。

本草用藥要妙

《舊唐書·經籍志·醫術》《本草用藥要妙》二卷。

《新唐書·藝文志·醫術類》《本草用藥要妙》九卷。

鄭樵《通志·藝文略·醫方》《本草用藥要妙》九卷。

本草病源合藥節度

《舊唐書·經籍志·醫術》《本草病源合藥節度》五卷。

《新唐書·藝文志·醫術類》《本草病源合藥節度》五卷。

鄭樵《通志·藝文略·醫方》《本草病源合藥節度》五卷。

本草要術

《舊唐書·經籍志·醫術》《本草要術》三卷。

《新唐書·藝文志·醫術類》《本草要術》三卷。

本草藥性

《舊唐書·經籍志·醫術》《本草藥性》三卷。甄立言撰。

《新唐書·藝文志·醫術類》甄立言,《本草藥性》三卷。

鄭樵《通志·藝文略·醫方》《本草藥性》三卷。甄權撰。

雷公炮炙

晁公武《郡齋讀書志・醫書類》 《雷公炮炙》三卷。袁本後志卷二醫家類第八。

右宋雷斆撰，胡洽重定。述百藥性味，炮熬煮炙之方，其論多本之於乾寧晏先生。斆稱「內究守國安正公」，當是官名，未詳。

雷公炮炙三卷　《崇文總目》卷三、《通志・藝文畧》卷七醫方類上有雷教《炮炙論》三卷，《宋志》卷六作《雷斆炮炙方》三卷。按是書不傳，唯李時珍《本草綱目》頗引載其書，《序例》第一卷，《歷代諸家本草》題作《雷公炮炙論》，云：「藥凡三百種，爲上、中、下三卷，其性味、炮炙、煮熬、修事之法多古奥，文亦古質，别是一家。」

宋雷斆撰　顧校本改「宋」作「皇朝」，誤。此「宋」非趙宋，乃六朝宋。是書後經胡洽重定，洽名既見《隋志》，斆不得爲趙宋人明矣。《讀書志》凡稱「宋人」者，必指劉宋，後妄人改「皇朝」爲「宋」，遂紊其例。顧廣圻蓋以爲此「宋」字亦出後人手，不意此「宋」字不誤。

胡洽重定　按《隋志》卷三有胡洽《百病方》二卷，《舊唐志》卷下有胡洽《胡居士方》三卷，《新唐志》卷三有胡治《胡居士治百病要方》三卷，《崇文總目》卷三有《胡道洽方》三卷，《宋志》卷六題同《崇文總目》一卷。按劉敬叔《異宛》卷八云：「胡道洽者，自云廣陵人，好音樂、醫術之事。」疑胡洽亦劉宋時人。《新唐志》「治」當「洽」之誤。

乾寧晏先生　《本草綱目》云：「乾寧先生名晏封，著《制伏草石論》六卷，蓋丹石家書也。」按是書見《新唐志》卷三，《崇文總目》卷三，題晏封《乾寧晏先生制伏草石論》六卷，《秘續目》有《草石論》五卷，《宋志》卷六有《草食論》六卷（「食」當「石」之誤）。題郭晏封撰。《隋志》卷三有《石論》一卷，未著撰人，疑即是書。

內究　袁本「究」作「宄」，沈録何校本改正。

馬端臨《文獻通考・經籍考・醫家》 《雷公炮炙》三卷。

晁氏曰：宋雷斆撰，胡洽重定。述百藥性味、炮熬煮炙之方，其論多本之於乾寧晏先生。斆稱「内究守國安正公」，當是官名。未詳。

殷仲春《醫藏書目・普醍函目》 《雷公炮炙》。五卷。雷斆。

療癰疽耳眼本草要妙

《舊唐書・經籍志・醫術》 《療癰疽耳眼本草要妙》五卷。

《新唐書・藝文志・醫術類》 《療癕疽耳眼本草要妙》五卷。

鄭樵《通志・藝文略・醫方》 《療癰疽耳眼本草要妙》九卷。甘濬之撰。

種芝經

《舊唐書・經籍志・醫術》 《種芝經》九卷。

吴氏本草因

《舊唐書・經籍志・醫術》 《吴氏本草因》六卷。吴普撰。

《新唐書・藝文志・醫術類》 《吴氏本草因》六卷。吴普。

李氏本草

《舊唐書・經籍志・醫術》 李氏《本草》三卷。

鄭樵《通志・藝文略・醫方》 李氏《本草》三卷。

名醫别録

《舊唐書・經籍志・醫術》 《名醫别録》三卷。

諸藥異名

《舊唐書・經籍志・醫術》《諸藥異名》十卷。釋行智撰。

《新唐書・藝文志・醫術類》僧行智《諸藥異名》十卷。

鄭樵《通志・藝文略・醫方》《諸藥異名》十卷。沙門行智撰。

四時採取諸藥及合和

《舊唐書・經籍志・醫術》《四時採取諸藥及合和》四卷。

《新唐書・藝文志・醫術類》《四時採取諸藥及合和》四卷。

本草圖經

《舊唐書・經籍志・醫術》《本草圖經》七卷。蘇敬撰。

《新唐書・藝文志・醫術類》《本草圖經》七卷。

鄭樵《通志・藝文略・醫方》《唐本草圖經》七卷。蘇敬撰。

新修本草

《舊唐書・經籍志・醫術》《新修本草》二十一卷。蘇敬撰。

《新唐書・藝文志・醫術類》蘇敬《新修本草》二十一卷。

新修本草圖

《舊唐書・經籍志・醫術》《新修本草圖》二十六卷。蘇敬等撰。

《新唐書・藝文志・醫術類》《新修本草圖》二十六卷。

鄭樵《通志・藝文略・醫方》《新修本草圖》二十六卷。蘇敬撰。

本草音

《舊唐書・經籍志・醫術》《本草音》三卷。蘇敬等撰。

《新唐書・藝文志・醫術類》《本草音》三卷。

鄭樵《通志・藝文略・醫方》《本草音》三卷。蘇敬撰。

本草音義

《舊唐書・經籍志・醫術》《本草音義》二卷。殷子嚴撰。

《新唐書・藝文志・醫術類》殷子嚴《本草音義》二卷。

鄭樵《通志・藝文略・醫方》《本草音義》二卷。殷子嚴撰。

開寶重定神農本草

鄭樵《通志・藝文略・醫方》開寶《重定神農本草》二十一卷。李昉等撰。

《宋史・藝文志・醫書類》李昉《開寶本草》二十卷《目》一卷。

錢東垣等輯《崇文總目・醫書類》《開寶重定神農本草》二十一卷。李昉等撰。

本　草

《新唐書・藝文志・醫術類》《本草》二十卷。

鄭樵《通志・藝文略・醫方》《唐本草》二十卷。李勣等修。

錢東垣等輯《崇文總目・醫書類》《本草》二十卷。李勣等撰。

新詳定本草

鄭樵《通志・藝文略・醫方》《新詳定本草》二十卷。宋朝盧多遜定。

《宋史・藝文志・醫書類》盧多遜《詳定本草》二十卷《目録》一卷。

錢東垣等輯《崇文總目・醫書類》《新詳定本草》二十卷。盧多遜撰。

本草韻略

鄭樵《通志・藝文略・醫方》《本草韻略》五卷。

《宋史・藝文志・醫書類》《本草韻略》五卷。

錢東垣等輯《崇文總目・醫書類》《本草韻略》五卷。【原釋】闕。見天一閣鈔本。

本草音義

鄭樵《通志・藝文略・醫方》《本草音義》二卷。李含光撰。

《宋史・藝文志・醫書類》李含光《本草音義》五卷。

錢東垣等輯《崇文總目・醫書類》《本草音義》五卷。李含光撰。【原釋】闕。見天一閣鈔本。

本草拾遺

鄭樵《通志・藝文略・醫方》《本草拾遺》十卷。唐陳藏器撰。

《宋史・藝文志・醫書類》陳藏器《本草拾遺》十卷。

錢東垣等輯《崇文總目・醫書類》《本草拾遺》十卷。陳藏器撰。

刪繁本草

鄭樵《通志・藝文略・醫方》《刪繁本草》五卷。楊損之撰。

《宋史・藝文志・醫書類》楊損之《刪繁本草》五卷。

錢東垣等輯《崇文總目・醫書類》《刪繁本草》五卷。楊損之撰。【原釋】闕。見天一閣鈔本。

本草性類

鄭樵《通志・藝文略・醫方》《本草性類》一卷。杜善方纂。

《宋史・藝文志・醫書類》杜善方《本草性類》一卷。

錢東垣等輯《崇文總目・醫書類》《本草性類》一卷。杜善方撰。

四聲本草

《宋史・藝文志・醫書類》蕭炳《四聲本草》四卷。

鄭樵《通志・藝文略・醫方》《四聲本草》四卷。蕭炳撰。

錢東垣等輯《崇文總目・醫書類》《四聲本草》四卷。蕭炳撰。【原釋】闕。見天一閣鈔本。

草木諸藥單方

鄭樵《通志・藝文略・醫方》《草木諸藥單方》一卷。張秀言撰。

《宋史・藝文志・醫書類》章秀言《草木諸藥單方》一卷。

錢東垣等輯《崇文總目・醫書類》《草木諸藥單方》一卷。

本草音義

《新唐書・藝文志・醫術類》 孔志約《本草音義》二十卷。

鄭樵《通志・藝文略・醫方》 《本草音義》二十卷。孔志約撰。

唐本草

《宋史・藝文志・醫書類》 孔志約《唐本草》二十卷。

石藥爾雅

尤袤《遂初堂書目・醫書類》 《石藥爾雅》。

蜀本草

鄭樵《通志・藝文略・醫方》 《蜀本草》二十卷。僞蜀韓保昇等撰。

增注蜀本草圖經

顧櫰三《補五代史藝文志・技術類》 《增注蜀本草圖經》二十卷，韓保昇撰。

補注本草

鄭樵《通志・藝文略・醫方》 嘉祐《補注本草》二十卷。掌禹錫撰。

晁公武《郡齋讀書志・醫書類》 《補注神農本草》二十卷。袁本前志卷三下醫家類第三。

右皇朝掌禹錫等補注。舊説《本草經》神農所作，而《藝文志》所不載。《平帝紀》：「詔天下舉知方術、《本草》者。」《本草》之名，蓋起於此。梁之録載《神農本草》三卷。書中有後漢郡縣名，蓋上世未著文字，師學相傳，至張機、華佗始爲編述。嘉祐初，詔禹錫與林億、蘇頌、張洞等爲之補注。以《開寶本草》及諸家參校，采拾遺逸，刊定新舊，合得藥一千八十二種，總二十卷。

馬端臨《文獻通考・經籍考・醫家》 《補注神農本草》二十卷。

晁氏曰：宋朝掌禹錫等補注。舊説《本草經》神農所作，而《藝文志》所不載。《平帝紀》「詔天下舉知方術、《本草》者」，《本草》之名，蓋起於此。梁之録載《神農本草》三卷。書中有後漢郡縣名，蓋上世未著文字，師學相傳，至張機、華佗始爲編述。嘉祐初，詔禹錫與林億、蘇頌、張洞等爲之補注，以《開寶本草》及諸家參校，采拾遺逸，刊定新舊藥合一千八十二種，總二十卷。

《宋史・藝文志・醫書類》 《補注本草》二十卷，《目録》一卷。

本草圖經

鄭樵《通志・藝文略・醫方》 《本草圖經》二十卷。宋朝掌禹錫等編撰。

圖經本草

晁公武《郡齋讀書志・醫書類》 《圖經本草》二十卷。目録一卷。袁本前志卷三下醫家類第四。

右皇朝蘇頌等撰。先是，詔掌禹錫、林億等六人重校《神農本草》，累年成書奏御。又詔郡縣，圖産藥本，用永徽故事，重命編述。於是頌再與禹錫等裒集衆説，類聚詮次，各有條目云。嘉祐六年上。

馬端臨《文獻通考・經籍考・醫家》 《圖經本草》二十卷。《目録》一卷。

晁氏曰：宋朝蘇頌等撰。先是，詔掌禹錫、林億等六人重校《神農本草》，累年成書，奏御。又詔郡縣圖上所産藥本，用永徽故事重命編述。於是頌再與禹錫等裒集衆説，類聚銓次，各有條目云。嘉祐六年上。

楊士奇等《文淵閣書目・醫書》《圖經本草》一部一册。

校本草圖經

《宋史・藝文志・醫書類》蘇頌《校本草圖經》二十卷。

嘉祐本草

《宋史・藝文志・醫書類》党禹錫《嘉祐本草》二十卷。

本草經

鄭樵《通志・藝文略・醫方》王季璞《本草經》三卷。

新本草

鄭樵《通志・藝文略・醫方》《新本草》四十一卷。王方慶撰。

藥性要訣

鄭樵《通志・藝文略・醫方》《藥性要訣》五卷。王方慶撰。

證類本草

鄭樵《通志・藝文略・醫方》《證類本草》三十二卷。唐慎微撰。

晁公武《郡齋讀書志・醫書類》《證類本草》三十二卷。袁本後志卷二醫家類第十五。

右皇朝唐慎微纂。合兩《本草》爲一書，且集書傳所記單方附之於本條之下，殊爲詳博。

馬端臨《文獻通考・經籍考・醫家》《證類本草》三十二卷。

晁氏曰：皇朝唐慎微纂。合兩《本草》爲一書，且集書傳所記單方，附之於本條之下，殊爲詳博。

大觀本草

陳振孫《直齋書録解題・醫書類》《大觀本草》三十一卷。

唐慎微撰。不知何人。仁和縣尉艾晟作序，名曰《經史證類本草》。案：《本草》之名，始見《漢書・平帝紀》、《樓護傳》。舊經止一卷，藥三百六十五種。陶隱居增《名醫別録》，亦三百六十五種，因注釋爲七卷。唐顯慶又增一百十四種，廣爲二十卷，謂之《唐本草》。開寶中又益一百三十三種。蜀孟昶又嘗增益，謂之《蜀本草》。及嘉祐中掌禹錫、林億等重加校正，更爲補注，以朱墨書爲之别，凡新舊藥一千八十二種，蓋亦備矣。今慎微頗復有所增益，而以墨蓋其名物之上，然亦殊不多也。

殷仲春《醫藏書目・普醒函目》《證類大觀本草》。三十一卷。宋唐慎微。

馬端臨《文獻通考・經籍考・醫家》《大觀本草》三十一卷。

陳氏曰：唐慎微撰，不知何人。仁和縣尉艾晟作序，名曰《經史證類本草》。按《本草》之名始見《漢書・平帝紀》、《樓護傳》。舊經止一卷，藥三百六十五種。陶隱居增《名醫別録》，亦三百六十五種，因注釋爲七卷。唐顯慶又增一百十四種，廣爲二十卷，謂之《唐本草》。開寶中又益一百三十三種。蜀孟昶又嘗增益，謂之

《蜀本草》。及嘉祐中，掌禹錫、林億等重加校正，更爲補注，以朱墨書爲之别，凡新舊藥一千八十二種，蓋亦備矣。今慎微頗復有所增益，而以墨蓋其名物之上，然亦殊不多也。

石林葉氏曰：《神農本草》初但三卷，所載甚略，議者考其記出産郡名，以爲東漢人所作。梁陶隱居始增修爲七卷，然陶氏不至東北，其論證多謬語。唐顯慶中，蘇恭請重修，於是命長孫無忌等廣定，遂爲二十卷，亦未盡也。自是僞蜀韓保昇與術家各自補緝辯證者不一。開寶中，别加詳定。嘉祐初，復詔掌祕監禹錫、蘇魏公諸人再論次，遂大備。蓋《神農本草》外，雜取他書，凡十六家云。

錢謙益等《絳雲樓書目・醫書類》 《宣郡大觀本草》十册三十一卷。唐慎微。

孫星衍《平津館鑒藏書籍記・元版》 《經史證類大觀本草》三十一卷。題唐慎微纂，前有大觀二年十月朔通仕郎行杭州仁和縣尉管句學事艾晟序，即陳氏《書録解題》所見本也。然惟序文、目録、卷一、題作經史證類《大觀本草》卷二以下，大觀改大全，據艾序。又本名《經史證類備急本草》艾序後本有大德壬寅孟春宗文書院刊行木印，爲書賈剜去，以充宋刻。又闕三十三十一兩卷，黑口板，每葉廿四行，行廿字，收藏有全之朱文方印、狀元裔朱文方印、文璧印白文方印、徵明朱方印、明榮禄大夫少保兵部尚書□□□□節愍公書畫子。孫保黌及借人爲不孝□□□□□□□册八字朱文大方印。

經史證類本草

范邦甸等《天一閣書目・醫家類》 《經史證類本草》三十卷。刊本。宋唐慎微撰，政和六年曹孝忠編。

證類備用本草

高儒《百川書志・醫家》 政和經史《證類備用本草》三十卷。

蜀成都唐慎微續證類，凡十類。總載圖形，並陳藏器餘諸藥譜一千七百四十六種。譜字原脱，從瞿校鈔本改。益以諸家方書，及經子傳記，佛書道藏二百四十七家。凡該明乎物理功用者，各附於本草之左。

各有盈縮異同也。況宇文虚中所作書後，明言慎微字審元，成都華陽人，治病百，不失一，不取一錢。但以名方祕録。爲請。以此，士人喜之得一藥名，一方論，必録以告云，云而《文獻通考》所引書録解題乃云慎微不知何人考，《宋史》虚中字叔通，成都華陽人，大觀三年進士建炎二年應詔爲祈請使，使金不歸。受官至翰林學士。知制誥兼太常卿，封河内郡開國公，金人號爲「國師」。據此則虚中本與慎微同鄉，故能詳其始末，又知其書復經，政和間奉敕校刊，在大觀時者尚非定本，故又題爲《政和》而分卷則三十耳，虚中使金與宋隔絶，所作書後，金人刻之，而宋人初未之見，故謂慎微不知何人也，此書與後一部篇目雖同而版刻較工者，按後一部爲明萬曆間，蜀府承奉正陳瑛刊本。其所載序文有成化間山東巡撫，原傑刊本序又有，嘉靖間山東臬使周珫刊本序，則是書在明時固有三刻。此或爲，成化嘉靖間所刊。而闕其序文也考《宋史》掌禹錫，字唐卿，郾城人，登進士第累官尚書，工部侍郎，劉祁無考。

明内府藏本有廣運之寶。

卷一之卷三十。［廣運之寶］朱文　木記首目録。

彭元瑞等《天禄琳琅書目後編・金版子部》 重修政和殿經史《證類備用本草》四函。三十二册

宋唐慎微撰，寇宗奭衍義，金張存惠編，前有己酉麻革序，稱「神農氏」而下名「本草」者，非一家有。所謂唐本蜀本者宋政和間詮定諸家之説爲之圖繪行於中州者，有解人龐氏本，兵燹罕存。今平陽張存惠，字魏卿，因龐氏本附以寇氏，衍義比舊益備云。又政和六年，曹孝忠序，又重修本草之記，畧云此書世行久矣，今取尤善本爲窠模，增以寇氏衍義别本，中方論多者，悉爲補入。又本經别録先附，分條之類舊，多差互，今亦考正。凡藥異名，俗稱注各條下，字畫謬誤，悉爲釐正，故目之曰「重修」云。泰和甲子下，己酉冬日南至晦明軒，謹記蓋存惠自記金章宗，泰和四年，爲甲子。其下己酉則金亡已十五年矣。麻革序但書己酉存惠記。上溯泰和蓋皆金源遺民所爲也，革，字信之，號貽溪，臨晉人。兵部侍郎秉彝、孫。金末在太學有聲與，元好問、劉祁齊名後隱居不仕見歸潛志書三十卷卷一嘉祐補注。總敘，蘇頌《本草圖經序》。開寶重定序方，本孔志約序，梁隱居序，例林希重廣《本草圖

經序》、《雷公炮炙論序》卷二，寇宗奭衍義序、例，卷三至三十《圖繪藥品詳注藥性道》、《地炮製方劑目録》末標嘉祐《補注本草》新增藥品一千一百十八種，《證類本草》新增藥品六百二十八種，總一千七百四十六種，趙與時《賓退録》稱：「唐慎微，蜀州晉原人。世爲醫，深於經方，嘗著《證類備急本草》三十二卷，考是書明成化間，曾翻刻書，末有金皇統三年，翰林學士宇文虚中跋敘其出處，及證驗甚詳，蓋此書軼之耳。

證類大全本草

彭元瑞等《天禄琳琅書目後編・元版子部》 經史《證類大全本草》四函。三十二册。

篇目見前。金版子部前多。大觀二年艾晟序，又政和六年劄付寇宗奭，又嘉祐二年《補注本草》奏敕三年《圖經本草》奏敕，其本書《正同序末刻》、《大德壬寅宗文書院刊行卷》。二標題下刻春穀王秋損貲命男大獻大成同校録。

于敏中等《天禄琳琅書目・明版子部》 重修政和經史《證類備用本草》二函二十四册。

宋唐慎微編輯。三十卷。後宋嘉祐閒掌禹錫等補注。本草奏敕并圖經本草奏敕，次政和閒校刊《證類本草》各官銜名，次宋宇文虚中、元劉祁書後二篇。

此書卷首有《金泰和甲子刊書》木記別無序文，其自嘉祐以前，所有本草諸序皆載於卷一中。名爲序例而嘉祐閒禹錫等進書奏敕，又列於書末不入卷中。其體例殊不畫一。蓋，因宋金、元、明展轉重刊互有改易，故也。按馬端臨《文獻通考》載《證類本草》三十二卷述晁公武《讀書志》云云慎微合兩本草爲一書，且集書傳所記單方附之，於本條之下。所謂兩本草者，一名《補註神農本草》，一名《圖經本草》，皆掌禹錫等先後奉敕所編。《補註》進於嘉祐之初，《圖經》進於嘉祐之末，此書猶載兩次奏敕於後，則慎微藍本於此可見。第考慎微此書前後稱名亦復不一。陳氏《書録解題》載《大觀本草》三十一卷，稱爲唐慎微撰，又稱仁和縣尉艾晟作序，名曰《經史證類本草》是合《大觀本草》與《證類本草》爲一也。馬端臨《文獻通考》則載《大觀本草》三十一卷於前，又載《證類本草》三十二卷於後，而於大觀本下即引陳振孫所稱艾晟作序，名曰證類之言，則名雖分列而實復混同。惟《宋史・藝文志》直載《大觀經史證類備急本草》三十二卷，兩名始併爲一名矣。然諸書但及《大觀》之名，而總無「政和之號」，且皆稱三十二卷，或稱三十一卷，而此本獨三十卷，并以《重修政和》標題，又《備用》之稱與《宋史》備急之名互異。以卷首「金泰和甲子」刊書木記證之，是明時別據泰和刊本，重刻行世，不以宋槧爲準，故卷數標題。

于敏中等《天禄琳琅書目・明版子部》 重修政和經史《證類備用本草》二函十二册。

篇目同前。前有明周俶、王積、項廷吉、馬三才、商輅序五篇。

按商輅序爲原傑刊本作，王積、項廷吉、馬三才三序爲周琉刊本作，周俶序，則萬曆五年爲蜀府承奉正陳瑛校梓此書而作也，慎微本蜀人，蜀府爲刻其書，足稱盛事，獨惜槧印不精較之，前部相去不啻倍蓰矣。原傑，字子英，陽城人。正統十年進士，歷官山東、湖廣巡撫。贈太子太保，周琉應城人。累官右僉都御史巡撫，蘇松俱見《明史》本傳。周俶，字初卿，成都人。嘉靖辛丑進士，歷應天府尹，見淩迪知《萬姓統譜》。馬三才，德清人，嘉靖丁丑進士，見太學題名碑。商輅，見前。陳瑛、王積、項廷吉俱未詳考。《明史》諸王表，太祖子椿，於洪武十一年封蜀王，二十三年就藩成都，其承奉正官《明史》中所載王府官屬并無此稱，或係當時暫置者。

《四庫全書總目提要・醫家類》 《證類本草》三十卷。兩淮江廣達家藏本。

宋唐慎微撰。案陳振孫《書録解題》載此書三十卷，名大觀本草。晁公武《讀書志》則作《證類本草》三十二卷，亦題唐慎微撰。是宋時已有兩本矣。《玉海》載紹興二十七年八月十五日，王繼先上校定大觀本草三十二卷，釋音一卷。詔祕書省修潤付胄監鏤版行之。則南宋且有官本。然皆未見其原刊。今行於世者亦有兩本。一爲明萬曆丁丑翻刻元大德壬寅宗文書院本。前有大觀二年仁和縣尉艾晟序，稱其書三十一卷，目録一卷。集賢孫公得其本而善之，命官校正鏤版，以廣其傳。慎微不知何許人。傳其書者失其邑里族氏，故不載焉。陳氏所見蓋此本。故題曰大觀本草。一爲明成化戊子翻刻金泰和甲子晦明軒本。前有宋政和六年提舉醫學曹孝忠序，稱欽奉玉音使臣楊戩總工刊寫，繼又命孝忠校正潤色之。其改稱《政和本草》，蓋由於此，實一書也。書末又有金皇統三年翰林學士宇文虚中跋，稱慎微字審元，成都華陽人。治病百不失一。爲士人療病，不取一錢。但以名方祕籙爲請，以此士人尤喜之。每於經史諸書中得一藥名，一方論，必録以告，遂集爲此書。尚書左丞蒲傳正欲以執政恩例奏與一官，拒而不受。又稱元祐間虚中爲兒童時，見愼微治其父風毒，預期某年月日再發。緘方以俟，臨期服之神驗。則愼微始末，虚中述之甚明。蓋靖康以後，内府圖籍悉入於金，故陳振孫未見此本，不知愼微何許人。而晁公武所云三十二卷者，殆合目録計之，亦未見政和所刻也。然考趙與旹《賓退録》，則稱唐愼微，蜀州晉原人。世爲醫，深於經方。元祐間蜀帥李端伯招之，居成都。嘗著《證類備急本草》三十一卷，艾晟序其書，謂愼微不知何許人，故爲表出。蜀州今爲崇慶府云云。所序履貫小異，豈虚中兒時見之，但知其寄籍歟。大德中所刻大觀本作三十一卷，與艾晟所言合。泰和中所刻政和本，則以第三十一卷移於三十卷之前，合爲一卷，已非大觀之舊。又有大定己酉麻革序及劉祁跋，竝稱平陽張存惠增入寇宗奭《本草衍義》，則益非愼微之舊。然考大德所刻大觀本，亦增入宗奭《衍義》，與泰和本同。蓋元代重刻，又從金本録入也。今以二本互校，大德本於朱書墨蓋案原本每條稱墨蓋以下爲愼微所續、其式如今刻工所稱之魚尾較爲分明。泰和本則多與條例不相應。然刊刻清整，首末序跋完具，則泰和本爲勝。今以泰和本著録，大德本則附見其名於此，不別存目焉。

新編證類圖註本草

彭元瑞等《天禄琳琅書目後編・宋版子部》《新編證類圖註本草》四函。二十四册。

書四十二卷，揭銜通直郎添差，充收買藥材所辨驗藥材寇宗奭編撰，敕授太醫助教差充行在，和劑辨驗藥材官許洪校正，前有《補註總序》，《本草圖經》序，開寶重定序，唐本序，陶隱居序，又序例《重廣補註神農本草並圖經》序，《雷公炮灸論》序，又序例上中下，又序例目録，其正文分部繪圖詳註藥性，道地炮製方劑，引據雖極博而編纂無例，標註不明，蓋當時局醫所撰，未經祕省儒臣釐定也。

《玉海》載：「紹興二十七年八月十五日，王繼先進校定大觀本草，詔祕書省修潤付胄監鏤版，是南宋有官本，此本銜内有行在字様，亦南渡後刻。

重修政和經史證類備用本草

孫星衍《平津館鑒藏書籍記・明版》《重修政和經史證類備用本草》卅卷。題成都唐愼微續證類，中衛大夫、康州防禦使、勾當龍德宫、總轄修建明堂所醫藥提舉、入内醫官編類，聖濟經提舉大醫學臣曹孝忠奉敕校勘。每卷題下，有己酉新增衍義六字，前有政和六年御製重刻證類本草序，政和六年曹孝忠新修經史證類備用本草序，所出經史方書三葉，目録一卷。本草今世所傳有兩本，一大觀本，一政和本，其實皆一書，唯前序異耳。别本有大定己酉麻革序及劉祁跋，並稱平陽張存惠，增入寇宗奭《本草衍義》，元大德所刻，大觀本亦有之。黑口大字板，每葉廿四行，行廿三字。

孫星衍《平津館鑒藏書籍記續編・明版》《重修政和經史證類備用本草》三十卷。標題及每卷題下注字，所出經史方書目録，俱同前大字本，前有商輅序，稱《經史證類本草》舊有龐氏得其善本，後平陽張存惠因龐氏本，附以宗奭《衍義》，爲之板行，今山東按察僉事茂君彪購求得之，副都御史原君傑命工重鋟諸梓，末年月姓名已爲書賈剜去，末卷後有龍飛萬曆己卯春□□□新梓木長印。每葉廿行，行廿一字，板心上有大觀本草四字。

孫星衍《平津館鑒藏書籍記續編・明版》《重修政和經史證類備用本草》卅卷。題成都唐愼微續證類，中衛大夫、康州防禦使，句當龍德宫總轄修建明堂所醫藥提舉、入内醫官編類，聖濟經提舉大醫學臣曹孝忠，奉敕校勘。每卷題下，有己酉新增衍義六字，前有政和六年曹孝忠序，所出經史方書三葉，目録一卷，又有金泰和甲子晦明軒刊書碑式木記一葉。末有嘉祐間掌禹錫等補注本草奏敕，并圖經本草奏敕，次政和間校刊《證類本草》各官銜名，宇文虛中、劉祁二跋，此本又從泰和本翻雕，《天禄琳琅》有此書。唯失曹孝忠序一篇，大版，每葉廿四行，行廿三字，收藏有陸□之印朱文方印。

孫星衍《平津館鑒藏書籍記續編・明版》《重刊經史證類大全本草》卅一卷。題春穀王秋捐貲命男大獻大成仝校録，目録一卷，題唐愼微纂。前有大觀二年艾晟經史《證類大觀本草》序，下有大德壬寅孟春宗文書院刊行木印。又有政和六年寇宗奭劄付嘉祐間《補注本草奏敕》、《圖經本草奏敕》，末有王大獻《重刊本草後》序。年月銜名已佚，此本亦附寇宗奭《衍義》，每卷題下，無己酉新增衍義六字，第卅一卷爲本經外草類，亦政和本所無，據後序，此在成化原傑刊本之後，大版，每葉廿四行，行廿三字，收藏有高淳孔氏耕餘堂，印朱文長印。孔繼先次歐氏原，字體祖朱文方長印。

本草拾遺

鄭樵《通志・藝文略・醫方》 四明人《本草拾遺》二十卷。

大觀經史證類備急本草

《宋史・藝文志・醫書類》 唐慎微《大觀經史證類備急本草》三十二卷。

本草括要

鄭樵《通志・藝文略・醫方》 《本草括要》三卷。張文懿撰。

本草要訣

鄭樵《通志・藝文略・醫方》 《本草要訣》一卷。梁嘉慶撰。

海藥本草

鄭樵《通志・藝文略・醫方》 《海藥本草》六卷。李珣撰。

胡本草

鄭樵《通志・藝文略・醫方》 《胡本草》七卷。鄭虔撰。

南海藥譜

鄭樵《通志・藝文略・醫方》 《南海藥譜》七卷。

本草辨誤

鄭樵《通志・藝文略・醫方》 《本草辨誤》二卷。崔源撰。

本草衍義

鄭樵《通志・藝文略・醫方》 《本草衍義》二十卷。寇宗奭撰。

陳振孫《直齋書録解題・醫書類》 《本草衍義》十卷。案：《文獻通攷》作《本草廣義》二十卷。通直郎寇宗奭撰。援引辨證，頗可觀采。

楊士奇等《文淵閣書目・醫書》 《本草衍義》一部三册完全。

殷仲春《醫藏書目・普醍函目》 《本草衍義》。二十卷。宋寇宗奭。

孫星衍《平津館鑒藏書籍記・宋版》 《本草衍義》二十卷。題通直郎添差充收買藥材所辨驗藥材寇宗奭編撰。前有政和六年十二月二十八日付寇宗奭劄。後題宣和元年月本宅鏤板印造，姪宣教郎知解州解縣丞寇約校勘。書本二十卷，目録作十七卷，未知其故。黑口版，每葉廿四行，行廿一字。

吴壽暘《拜經樓藏書題跋記》 《本草衍義》二十卷。每葉二十四行，行二十一字，首行題《本草衍義》卷之一，次題通直郎添差充收買藥材所辨驗藥材寇宗奭編輯。首張缺前半頁、後半頁第一行。聖旨寇宗奭特與轉壹官，依條施行添差，充收買藥材所辨驗藥材，二行，右劄付。寇宗奭三行，政和六年十二月二十八日，五行宣和元年月本宅鏤版印造。六行姪宣教郎知解州，解縣巫寇約校勘。紙墨古雅有汪文柏、柯庭、休甯、汪季青《家藏書籍圖記》面頁題擒藻堂藏。

藥準

鄭樵《通志・藝文略・醫方》 文潞公《藥準》一卷。

陳振孫《直齋書録解題・醫書類》 《藥準》一卷。

潞公文彦博寬夫撰。所集方纔四十首。以爲依《本草》而用藥則有準，故以此四十方爲處方用藥之準也。

馬端臨《文獻通考・經籍考・醫家》 《藥準》一卷。

陳氏曰：潞公文彦博寬夫撰。所集方才四十首，以爲依《本草》而用藥則有準，故以此四十方爲處方用藥之準也。

鄭樵《通志・藝文略・醫方》 《藥證》一卷。

鄭樵《通志・藝文略・醫方》 《藥證病源歌》五卷。蔣淮撰。

藥證病源歌

《宋史・藝文志・醫書類》 蔣淮《藥證病源歌》五卷。

象法語論

鄭樵《通志・藝文略・醫方》 《象法語論》一卷。

刪繁藥詠

鄭樵《通志・藝文略・醫方》 《刪繁藥詠》三卷。江承宗撰。

太清本草木方集要

鄭樵《通志・藝文略・醫方》 《太清草木方集要》三卷。陶隱居撰。

本草病源合藥要鈔

鄭樵《通志・藝文略・醫方》 《本草病源合藥要鈔》五卷。徐叔嚮撰。

體療雜病本草要鈔

鄭樵《通志・藝文略・醫方》 《體療雜病本草要鈔》十卷。徐叔嚮等四家撰。

小兒用藥本草

鄭樵《通志・藝文略・醫方》 《小兒用藥本草》二卷。王永撰。

四時採藥及合和

鄭樵《通志・藝文略・醫方》 《四時採藥及合和》四卷。

伏草石論

鄭樵《通志・藝文略・醫方》 乾寧晏先生《制伏草石論》六卷。晏封撰。

本草廣義

晁公武《郡齋讀書志・醫書類》 《本草廣義》二十卷。袁本前志卷三下醫家類第八。

右皇朝寇宗奭編。以《本草》二部著撰之人，或執用已私，失於商榷。并考諸家之説，參之事實，覈其情理，證其脱誤，以成此書。

本草單方

趙希弁《讀書附志・醫家類》 《本草單方》十五卷，右龍溪林能千編。集列三十六門，疏二百七十三目。自爲之序。

類證圖經本草

尤袤《遂初堂書目・醫書類》 《類證圖經本草》。

紹興校定本草

陳振孫《直齋書録解題・醫書類》 《紹興校定本草》二十二卷。

醫官王繼先等奉詔撰。紹興二十九年上之，刻板修内司。每藥爲數語辨説，淺俚無高論。

馬端臨《文獻通考・經籍考・醫家》 《紹興校定本草》二十二卷。

陳氏曰：醫官王繼先等奉詔撰。紹興二十九年上之，刻板修内司。每藥爲數語，辨説淺俚，無高論。

本草節要

陳振孫《直齋書録解題・醫書類》 《本草節要》三卷，《明堂鍼灸經》二卷、《膏肓灸法》二卷。

清源莊綽季裕集。

盧校本此目分立爲三條，前兩條後各空一行。《明堂鍼灸經》二卷條，盧校注：《宋志》有吴復珪《小兒明堂鍼灸經》二卷，未知即此否？

本草廣義

馬端臨《文獻通考・經籍考・醫家》 《本草廣義》二十卷。

晁氏曰：皇朝寇宗奭編。以《本草》二部著撰之人，或執用已私，失於商確，併考諸家之説，參之事實，覈其情理，證其脱誤，以成此書。

陳氏曰：其書引援辯證，頗可觀采。

食療本草

《宋史・藝文志・醫書類》 孟詵《食療本草》六卷。

本草辨誤

《宋史・藝文志・醫書類》 崔源《本草辨誤》一卷。

寶慶本草折衷

張萱等《内閣藏書目録・技藝部》《寶慶本草折衷》五册。不全。宋紹定間陳衍著。

潔古本草

錢大昕《補元史藝文志・醫書類》張元素《潔古本草》二卷。

龔顯曾《金藝文志補録・醫家類》《潔古本草》二卷。張元素。

新編本草

錢大昕《補元史藝文志・醫書類》太醫院《新編本草》。至元。

潔古珍珠囊

黄虞稷《千頃堂書目・醫家類・補金》張元素《潔古珍珠囊》一卷。元素字潔古，金易州名醫，後人易其書爲韻語，以便誦習，謂之東垣珍珠囊，非原書也。

龔顯曾《金藝文志補録・醫家類》《潔古珍珠囊》一卷，張元素。倪志云，潔古金易州名醫，後人易其書爲韻語，以便誦習，謂之《東垣珍珠囊》，非原書也。

珍珠囊指掌補遺藥性賦

《四庫全書總目提要・醫家類》《珍珠囊指掌補遺藥性賦》四卷。侍郎金簡購進本。

舊本題金李杲撰。考《珍珠囊》爲潔古老人張元素著，其書久已散佚。世傳《東垣珍珠囊》乃後人所僞託，李時珍《本草綱目》辨之甚詳。是編首載寒熱温平四賦，次及用藥歌訣，俱淺俚不足觀。蓋庸醫至陋之本，而亦託名於杲妄矣。

至元增修本草

王圻《續文獻通考經籍考・醫家》《至元增修本草》世祖至元二十一年命翰林承旨撤里蠻、翰林集賢大學士許國禎集諸路醫學教授增修。

本草原命苞

楊士奇等《文淵閣書目・醫書》《本草原命苞》一部五册完全。

黄虞稷《千頃堂書目・醫家類・補元》尚從善《本草元命苞》七卷。字仲光，崇仁人，吴草盧、程雪樓皆稱其書。

錢謙益等《絳雲樓書目・醫書類》《本草元命苞》七卷。元尚從善。

錢曾《讀書敏求記・醫家》《本草元命苞》九卷。

元朝崇尚醫學，設立醫官，考試出題以「難」「素」爲經疑，「仲景」爲治法，「本草」而又苦其繁冗，尚仲善集此書，求簡易于慎微「本草」之中，總四百六十八種。蓋便于時人之采摭也。爲前序者，至正三年平江路常熟州知州班惟志。未知邑乘中列其人否？附識以俟參考。

錢大昕《補元史藝文志・醫書類》尚從善《本草元命苞》九卷。

東垣藥性賦

高儒《百川書志・醫家》《東垣藥性賦》一卷。

元東垣老人李杲撰。分寒熱温涼四賦，載二百四十八種。

范邦甸等《天一閣書目・醫家類》《東垣藥性賦》一卷刊本宏治己未,徐鐸序。

東垣方指掌珍珠囊

高儒《百川書志・醫家》《東垣方指掌珍珠囊》二卷。

元李杲撰。前著藥性治例,後論諸品藥性主治指掌,共九十味。

食物本草

徐𤊹《徐氏家藏書目・醫類》《食物本草》七卷。元李東垣著。

新刻東垣食物本草

殷仲春《醫藏書目・普醒函目》《新刻東垣食物本草》。七卷。附《日用本草》三卷。

本草衍義

黃虞稷《千頃堂書目・醫家類・補元》朱震亨《本草衍義補遺》□卷。

倪燦等《補遼金元藝文志・醫方》朱震亨《本草衍義補遺》。

錢大昕《補元史藝文志・醫書類》朱震亨《本草衍義補遺》。

日用本草

高儒《百川書志・醫家》《日用本草》八卷。

元天曆中新安海寧醫學吴瑞編輯飲食切于日用者五百四十餘品。考據神農本草。名醫著述,道藏方書,以致其詳云。

徐𤊹《徐氏家藏書目・醫類》《日用本草》三卷。元吴瑞著。

殷仲春《醫藏書目・普醒函目》《日用本草》。八卷。吴瑞。

黃虞稷《千頃堂書目・醫家類・補元》吴瑞《日用本草》八卷。字瑞卿,海寧醫士,文宗時人,吴校云,瑞卿海寧縣志作元瑞。

倪燦等《補遼金元藝文志・醫方》吴瑞《日用本草》八卷。字瑞卿海寧醫士。

錢大昕《補元史藝文志・醫書類》吴瑞一作湍《日用本草》八卷。字瑞卿,海寧人。文宗時人。

伊尹湯液仲景廣爲大法

黃虞稷《千頃堂書目・醫家類》《伊尹湯液仲景廣爲大法》十卷。

湯液大法

黃虞稷《千頃堂書目・醫家類・補元》王好古《湯液大法》四卷。

倪燦等《補遼金元藝文志・醫方》王好古《湯液大法》四卷。

錢曾《讀書敏求記・醫家》《伊尹湯液仲景廣爲大法》一卷。

「伊尹湯液」散見諸書,醫家未覩,其全仲景獨能廣而行之。古趙王好古,復纂成此書,又爲仲景之功臣矣。

錢大昕《補元史藝文志・醫書類》王好古《湯液大法》四卷。

湯液本草

楊士奇等《文淵閣書目・醫書》《湯液本草》一部一册。

高儒《百川書志・醫家》《湯液本草》二卷。

海藏王好古類集。

殷仲春《醫藏書目・普醒函目》《湯液本草》。二卷。王好古。

黄虞稷《千頃堂書目・醫家類・補元》 王好古《湯液本草》二卷。字近之。別號海藏老人，李杲弟子。官醫教授。別本官醫教授作元醫學教授。字近之。

倪燦等《補遼金元藝文志・醫方》 王好古《湯液本草》三卷。

《四庫全書總目提要・醫家類》《湯液本草》三卷。江蘇巡撫採進本。

元王好古撰。曰湯液者，取漢志湯液經方義也。上卷載東垣藥類法象用藥心法，附以五宜五傷七方十劑。中、下二卷以本草諸藥配合三陽三陰十二經絡，仍以主病者爲首，臣佐使應次之。每藥之下，先氣次味，次入某經。所謂象云者，藥類法象也。心云者，用藥心法也。珍云者，潔古珍珠囊也。其餘各家雖有採輯，然好古受業於潔古，而講肄於東垣，故於二家用藥尤多徵引焉。考本草藥味不過三品，三百六十五名。陶宏景別録以下，遞有增加，往往有名未用。即本經所云主治，亦或古今性異，不盡可從。如黄連今惟用以清火解毒，而經云厚腸胃，醫家有敢遵之者哉。好古此書所列，皆從名醫試驗而來。雖爲數無多，而條例分明，簡而有要。亦可云適乎實用之書矣。

錢大昕《補元史藝文志・醫書類》 王好古《湯液本草》三卷。

十藥神書

倪燦等《補遼金元藝文志・醫方》 葛乾孫《十藥神書》一卷。

本草歌括

楊士奇等《文淵閣書目・醫書》《本草歌括》一部一册完全。

殷仲春《醫藏書目・普醒函目》《本草歌括》。二卷。胡仕可。

本草歌括

黄虞稷《千頃堂書目・醫家類・補元》 胡仕可《本草歌括》八卷。

倪燦等《補遼金元藝文志・醫方》 胡仕可《本草歌括》八卷。瑞州路醫學教授。

錢大昕《補元史藝文志・醫書類》 胡仕可《本草歌括》八卷，瑞州路醫學教授。

重修經史證類本草

錢大昕《補元史藝文志・醫書類》 張存惠《重修經史證類本草》三十卷。字魏卿，平陽人。

玉楸藥解

《四庫全書總目提要・醫家類》《玉楸藥解》四卷。編修周永年家藏本。

國朝黄元卿撰。玉楸者，元卿別號也。是書謂諸家本草，其議論有可用者，有不可用者。乃別擇而爲此書。大抵高自位置，欲駕千古而上之。故於舊説多故立異同，以矜獨解。

食用本草

楊士奇等《文淵閣書目・醫書》《食用本草》一部一册。

本草類要

楊士奇等《文淵閣書目·醫書》《本草類要》一部五册。

張萱等《内閣藏書目録·技藝部》《本草類要》五册。全詹端方編次。

本草源流

楊士奇等《文淵閣書目·醫書》《本草源流》一部一册。

本草經注

楊士奇等《文淵閣書目·醫書》《本草經注》一部四册。

丹溪本草

楊士奇等《文淵閣書目·醫書》《丹溪本草》一部一册。

寶慶本草

楊士奇等《文淵閣書目·醫書》《寶慶本草》一部一册完全。

類集本草

楊士奇等《文淵閣書目·醫書》《類集本草》一部一册完全。

孫真人藥性賦

高儒《百川書志·醫家》《孫真人藥性賦》一卷。

本草衍義補遺

高儒《百川書志·醫家》《本草衍義補遺》一卷。

楊珣類集。凡一百六門，增補本草一百九十四種，外附四事。

食物本草

高儒《百川書志·醫家》《食物本草》二卷。

無名氏著。載水穀菜果禽獸魚味八類，皆食品不可缺者，種種備其説云。

黄虞稷《千頃堂書目·醫家類》 汪穎《食物本草》二卷。江陵人，正德中官九江知府，本盧和所爲，書而成之。

救荒本草

高儒《百川書志·醫家》《救荒本草》四卷。

皇明永樂間周藩購植草木野菜四百一十四種于圃。俟其滋長成熟，圖輯此書，圖以肖其形，説以著其用，俾切于救荒政者。

仲景大法

范邦甸等《天一閣書目·醫家類》《仲景大法》二卷。刊本。

本草綱目

范邦甸等《天一閣書目・醫家類》《本草綱目》五十二卷。刊本。明李時珍輯，張鼎志序。

殷仲春《醫藏書目・普醒函目》《本草綱目》。五十二卷。李時珍。

錢謙益等《絳雲樓書目・醫書類》《本草綱目》五十二卷。李時珍。

黄虞稷《千頃堂書目・醫家類》李時珍《本草綱目》五十二卷。字東璧，蘄州人，楚府奉祠，時珍辨疑訂誤，肆力者四十年，始成其書，分一十六部，部各有類，增藥三百七十四種，萬曆二十四年子諸生李建元進于朝，命宣付史館。

《四庫全書總目提要・醫家類》《本草綱目》五十二卷。大學士于敏中家藏本。

明李時珍撰。時珍字東璧，蘄州人。官楚王府奉祠正。事蹟具《明史・方技傳》。是編取神農以下諸家本草，薈稡成書。複者芟之，闕者補之，譌者糾之。凡一十六部，六十二類，一千八百八十二種。每藥標正名爲綱，附釋名爲目。次以集解辨疑正誤。次以氣味主治附方。其分部之例。首水火、次土、次金石、次草穀菜果木，次服器，次蟲鱗介禽獸，終之以人。前有圖三卷，又序例二卷，《百病主治藥》二卷。於陰陽標本君臣佐使之論，最爲詳析。考諸家本草，舊有者一千五百一十八種。時珍所補者，又三百七十四種。搜羅羣籍，貫串百氏。自謂歲歷三十，書採八百餘家，稾凡三易，然後告成者。非虛語也。其書初刻於萬曆閒，王世貞爲之序。其子建元又獻之於朝，有進疏一篇冠於卷首。至國朝順治閒，錢塘吳毓昌重訂付梓，於是業醫者無不家有一編。《明史・方技傳》極稱之。蓋集本草之大成者無過於此矣。

神農本草經疏

范邦甸等《天一閣書目・醫家類》《神農本草經疏》五册鈔本明繆希雍撰。

本草集要

范邦甸等《天一閣書目・醫家類》《本草集要》三卷。刊本。慈谿王綸撰。

本草權度

范邦甸等《天一閣書目・醫家類》《本草權度》三卷。刊本。不著撰人姓名。

黄虞稷《千頃堂書目・醫家類》徐東齊《本草權度》三卷。別本有眉注云，杭補，又按別本徐東齊上有黄濟之三字，又三卷下有附録一卷四字。

本草摘要

范邦甸等《天一閣書目・醫家類》《本草摘要》一卷。刊本。姚江邵訥輯，晉陵龔道立序。

藥性麤評

范邦甸等《天一閣書目・醫家類》《藥性麤評》四卷。刊本。明許希周編，并序。

殷仲春《醫藏書目・普醒函目》《藥性粗評》。四卷。許希周。

黄虞稷《千頃堂書目・醫家類》許希周《藥性粗評》四卷。

范邦甸等《天一閣書目・醫家類》《本草集要》八卷。刊本。明王孚撰，王綸序。

本草集要

殷仲春《醫藏書目·普醒函目》《本草集要》。八卷。王綸。

黄虞稷《千頃堂書目·醫家類》王綸《本草集要》八卷。

雷公炮製

徐𤊹《徐氏家藏書目·醫類》《雷公炮製》八卷。

神農本經會通

徐𤊹《徐氏家藏書目·醫類》《神農本經會通》十卷。西甌滕宏輯。

證類本草

徐𤊹《徐氏家藏書目·醫類》《證類本草》三十卷。

食鑑本草

徐𤊹《徐氏家藏書目·醫類》《食鑑本草》二卷。

殷仲春《醫藏書目·普醒函目》《食鑑本草》。二卷。寧原。

草藥性

徐𤊹《徐氏家藏書目·醫類》《草藥性》一卷。

藥性歌括

徐𤊹《徐氏家藏書目·醫類》《藥性歌括》一卷。

神農本草

殷仲春《醫藏書目·無上函目》《神農本草》。

本草病因

殷仲春《醫藏書目·普醒函目》《本草病因》。一卷。馮淑沙。

本草單方

殷仲春《醫藏書目·普醒函目》《本草單方》。八卷。王鏊。

黄虞稷《千頃堂書目·醫家類》王鏊《本草單方》八卷。

《明史·藝文志·藝術·醫書》王鏊《本草單方》八卷。

救荒本草

殷仲春《醫藏書目·普醒函目》《救荒本草》。四卷。周憲王。

食物輯要

殷仲春《醫藏書目・普醒函目》《食物輯要》。八卷。穆世錫。

本草蒙筌撮要

殷仲春《醫藏書目・普醒函目》《本草蒙筌撮要》。一卷。蔡承植。

本草定衡

殷仲春《醫藏書目・普醒函目》《本草定衡》。十三卷。龔雲林。

本草原始

殷仲春《醫藏書目・普醒函目》《本草原始》。八卷。李中立。

本草發明

殷仲春《醫藏書目・普醒函目》《本草發明》。六卷。皇甫嵩。

藥性賦大全

殷仲春《醫藏書目・普醒函目》《藥性賦大全》。十二卷。吴惟貞。

本草元命包

殷仲春《醫藏書目・普醒函目》《本草元命包》。八卷。尚從善。

東垣珍珠囊

殷仲春《醫藏書目・普醒函目》《東垣珍珠囊》。一卷。勿聽子。

本草蒙筌

殷仲春《醫藏書目・普醒函目》《本草蒙筌》。十二卷。陳嘉謨。

黄虞稷《千頃堂書目・醫家類》陳嘉謨《本草蒙筌》十二卷。

本草發揮

殷仲春《醫藏書目・普醒函目》《本草發揮》。四卷。徐用誠。

黄虞稷《千頃堂書目・醫家類》徐彦純《本草發揮》四卷。

本草補遺

殷仲春《醫藏書目・普醒函目》《本草補遺》。龐安常。

本草經疏

殷仲春《醫藏書目・普醒函目》 《本草經疏》。十二卷。繆仲淳。

神農本經會通

黃虞稷《千頃堂書目・醫家類》 滕弘《神農本經會通》十卷。甌寧人。

食品集

黃虞稷《千頃堂書目・醫家類》 吴源《食品集》二卷，附録一卷。吴江人。

本草備要

黃虞稷《千頃堂書目・醫家類》 汪昂《本草備要》。杭補。

本草經疏

黃虞稷《千頃堂書目・醫家類》 繆希雍《本草經疏》三十卷，又《方藥宜忌考》十二卷。別本作二十卷，別本有注文云，常熟人。

《明史・藝文志・藝術・醫書》 繆希雍《本草經疏》二十卷。

《四庫全書總目提要・醫家類》 《神農本草經疏》三十卷。浙江巡撫採進本。

明繆希雍撰。《明史・方技傳》載，希雍嘗謂本草出於神農，譬之五經。其後又復增補別録，譬之注疏。惜朱墨錯互，乃沈研剖析，以本草爲經，別録爲緯。第本草單方一書行於世，而不及此書。未審即是書否也。其書分本草爲十部。首玉石，次草，次木，次人，次獸，次禽，次蟲，次魚，次果，次米穀，次菜。皆以神農本經爲主，而發明之，附以名家主治藥味禁忌。次序悉依宋大觀證類本草。部分混雜者，爲之移正。首爲序例二卷，論三十餘首，備列九方十劑，及古人用藥之要。自序云，據經以疏義，緣義以致用，參互以盡其長，簡誤以防其失，是也。考王懋竑白田雜著《有用石膏辨》一篇，篇末附記，極論是書多用石膏之非。其說良是。至云繆仲醇以醫名於近世，而其爲經疏，議論甚多紕繆，前輩云經疏出而本草亡，非過論也。是則已甚之詞矣。

本草髓論

殷仲春《醫藏書目・聲聞函目》 《本草髓論》。以上九種，見《玄臺脉訣正義》。

珍珠囊藥性

殷仲春《醫藏書目・指歸函目》 《珍珠囊藥性》。以上俱見前。

用藥玄機

《明史・藝文志・藝術・醫書》 吴球《用藥玄機》二卷。

本草乘雅半偈

《四庫全書總目提要・醫家類》 《本草乘雅半偈》十卷。浙江巡撫採進本。

明盧之頤撰。其説謂《神農本經》三百六十五種。應周天之數，無容去取。但古有今無者居三之一，因於本經取二百二十二種。又於歷代名家所纂自陶宏景《別録》至李時珍《綱目》諸書内採取一百四十三種，以合三百六十五之數。未免拘牽附會。然考據該洽，辨論亦頗明晰。於諸家藥品，甄録頗嚴。雖辭稍枝蔓，而於本草究爲有功。其曰乘雅者，四數爲乘。此書初例，有覈，有參，有衍，有斷，每藥之下，其目有四，故曰乘也。又曰半偈者，明末兵燹，佚其舊稾，之頤追憶重修，乃以覈參該衍斷，已非原書之全，故曰半也。立名亦可謂僻澀矣。案杭世駿所撰之頤傳，稱其父復，精於醫理，嘗著《本草綱目》博議，有椒菊雙美之疑，不能決。得之頤私評而決，因令面判匕藥，皆有至理。病亟，趣令之頤成之。歷十八年而本草乘雅始出。中冠以先人字者，即博議也。則此書實繼其父書而作。惟此本十卷，而世駿傳作十二卷，則不知其何故矣。

雷公炮製藥性解

《四庫全書總目提要・醫家類》《雷公炮製藥性解》六卷。通行本。

舊本題明李中梓撰。凡金石部三十三種，果部十八種，穀部十一種，草部九十六種，木部五十七種，人部十種，禽獸部十八種，蟲魚部二十六種。每味之下各有論案。其稱雷公云者，蓋採炮炙論之文，別附於末。考《宋雷斅炮炙論》三卷，自元以來，久無專行之本。惟李時珍《本草綱目》載之差詳。是篇所採猶未全備，不得冒雷公之名。又江南《通志》載中梓所著書有《傷寒括要》、《內經知要》、《本草通原醫宗》、《必讀頤生微論》凡五種，獨無是書。卷首有太醫院訂正姑蘇文喜堂鐫補字，亦坊刻炫俗之陋習。殆庸妄書賈隨意裒集，因中梓有醫名，故託之耳。

錢謙益等《絳雲樓書目・醫書類》《本草經疏》。繆仲淳著，仲淳名希雍，又有《本草單方》一書傳世。

本草序例

殷仲春《醫藏書目・普醒函目》《本草序例》。十二卷。繆仲仁。

本草會編

殷仲春《醫藏書目・普醒函目》《本草會編》。汪機。

黃虞稷《千頃堂書目・醫家類》汪機《本草會編》二十卷。

黃氏本草權度

殷仲春《醫藏書目・印證函目》《黃氏本草權度》。三卷。黃子濟。

藥性賦

殷仲春《醫藏書目・誦法函目》《藥性賦》。見前。

黃虞稷《千頃堂書目・醫家類》馮鸞《藥性賦》一卷。

食鑒本草

錢謙益等《絳雲樓書目・醫書類》《食鑒本草》。一卷。甯源。

黃虞稷《千頃堂書目・醫家類》甯源《食鑑本草》一卷。鎮江人。

證類本草

錢謙益等《絳雲樓書目・醫書類》《證類本草》十卷。

藥性輯要

錢謙益等《絳雲樓書目・醫書類》 《藥性輯要》。

類證本草

黃虞稷《千頃堂書目・醫家類》 孝宗皇帝《類證本草》三十一卷。

《明史・藝文志・藝術・醫書》 孝宗《類證本草》三十一卷。

本草發揮精華

黃虞稷《千頃堂書目・醫家類》 沈宗學《本草發揮精華》。

用藥珍珠囊詩括

黃虞稷《千頃堂書目・醫家類》 楊溥《用藥珍珠囊詩括》二卷。溥繫獄時，括爲韻語，以便誦讀撿藥。

原醫圖藥性賦

黃虞稷《千頃堂書目・醫家類》 熊宗立《原醫圖藥性賦》八卷。

本草集略

黃虞稷《千頃堂書目・醫家類》 解延年《本草集略》。

本草集要

黃虞稷《千頃堂書目・醫家類》 方穀《本草集要》十二卷。

《明史・藝文志・藝術・醫書》 方穀《本草集要》十二卷。

本草證治辨明

黃虞稷《千頃堂書目・醫家類》 徐彪《本草證治辨明》十卷。字文蔚，華亭人。正德中太醫院判。

《明史・藝文志・藝術・醫書》 徐彪《本草證治辨明》十卷。

藥性會元

黃虞稷《千頃堂書目・醫家類》 梅得春《藥性會元》三卷。

藥性解

黃虞稷《千頃堂書目・醫家類》 李中梓《藥性解》二卷。

藥性辨疑

黃虞稷《千頃堂書目・醫家類》 姚能《藥性辨疑》。海鹽人。

釋　藥

黃虞稷《千頃堂書目・醫家類》 程伊《釋藥》二卷。

本草正譌補遺

黃虞稷《千頃堂書目・醫家類》 徐昇泰《本草正譌補遺》。

人參傳

黃虞稷《千頃堂書目・醫家類》 李言聞《人參傳》一卷，又《艾葉傳》一卷。

本草乘雅

黃虞稷《千頃堂書目・醫家類》 盧之頤《本草乘雅》十二卷。錢塘人。

藥類證明

黃虞稷《千頃堂書目・醫家類》 《藥類證明》二卷。

本草類要

黃虞稷《千頃堂書目・醫家類》 詹瑞方《本草類要》十卷。

神農本草經百種録

《四庫全書總目提要・醫家類》 《神農本草經百種録》一卷。江蘇巡撫採進本。

國朝徐大椿撰。大椿字靈胎，號洄溪，吴江人。世傳《神農本草經》三卷載藥三百六十五味，分上中下三品。今單行之本不傳。惟見於唐慎微《本草》所載，其刊本以陰文書者，皆其原文也。大椿以舊註但言其當然，不言其所以然，因於三品之中採掇一百種，備列經文，而推闡主治之義。有常用之藥而反不收入者。其凡例謂辨明藥性，使人不致誤用，非備品以便查閲也。凡所箋釋，多有精意，較李時珍《本草綱目》所載發明諸條，頗爲簡要。然本草雖稱神農，而所云出産之地乃時有後漢之郡縣，則後人附益者多。如所稱久服輕身延年之類，率方士之説，不足盡信。大椿尊崇太過，亦一一究其所以然，殊爲附會。又大椿所作藥性專長論曰：藥之治病，有可解者，有不可解者，其説最爲圓通。則是書所論猶屬筌蹄之末，要於諸家本草中爲有啓發之功者矣。

長沙藥解

《四庫全書總目提要・醫家類》 《長沙藥解》四卷。編修周永年家藏本。

國朝黃元御撰。張機《傷寒論》共一百十三方，《金匱玉函經》共一百七十五方，合二書所用之藥共一百六十種。元御各爲分析排纂，以藥名藥性爲綱，而以某方用此藥爲目。各推其因證主療之意，頗爲詳悉。然藥有藥之性味，此不易者也。用藥有用藥之經緯，此無定者也。故有以相輔而用者，有以相制而用者，竝有以相反相激而用者。此當論方，不當論藥。但云某方有此藥，爲某證而用。某方有此藥，又爲某證而用。是猶求之於筌蹄也。

本經逢原

《四庫全書總目提要・醫家類》《本經逢原》四卷。浙江巡撫採進本。

國朝張璐撰。其書以《神農本經》爲主，而加以發明，兼及諸家治法。部分次第，悉依李氏《本草綱目》而疏通大義，較爲明顯。自序云：瀕湖博洽今古，尚爾舍本逐末。僅以本經主治，冠列於首，以爲存羊之意。繆氏仲醇，開鑿經義，迥出諸家之上。而於委曲難明之處，則旁引別録等説，疏作經言，未免朱紫之混。蓋時珍書多主考訂。希雍書頗喜博辨。璐書則惟取發明性味，辨別功過，使制方者易明云。

方書分部

五藏六府痺十二病方

《漢書・藝文志・方技略・經方》《五藏六府痺十二病方》三十卷。

姚振宗撰《漢書藝文志・條理》《五藏六府痹十二病方》三十卷。《顔氏集注》曰：「痹風溼之病音必二反。」《素問》痹論篇，黄帝問曰痹之安生，岐伯對曰：「風寒溼三氣雜至，合而爲痹也。其風氣勝者爲行痹，寒氣勝者爲痛痹，溼氣勝者爲著痹也。」著痹者著而不去也。帝曰：「其有五者何也？」岐伯曰：「以冬遇此者爲骨痹，春爲筋痹，夏爲脈痹至陰爲肌痹，秋爲皮痹。」帝曰：「内舍五藏六府何氣使然？」岐伯曰：「五藏皆有合病久，而不去者，内舍于其合也。故骨痹不已，復感于邪内舍于腎筋痹内，舍于肝脈痹，内舍于心肌痹内舍于脾皮痹，内舍于肺所，謂痹者。各以其時重感于風寒，溼之氣也。」帝曰：「其客于六府者，何也？」岐伯曰：「此亦其食飲居處爲其病本也。六府亦各有俞風寒溼氣中，其俞而食飲應之循俞而入，各舍其府也。注曰六府，俞謂背俞也。」曰：「膽愈胃愈三焦愈大腸愈小腸、愈膀胱、愈。」《史記・扁鵲傳》扁鵲，過雒陽聞周人。愛老人即爲耳目痹醫。説文痹溼病也，曲阜桂馥義證曰：「倉頡篇痹手足不仁也，一切經音義十八，説文痹溼病也。今言風痹、冷痹皆是也，《漢・藝文志》：《五藏六府痹十二病方》三十六卷。」按桂氏引作三十六卷者非也。

五藏六府疝十六病方

《漢書・藝文志・方技略・經方》《五藏六府疝十六病方》四十卷。

姚振宗撰《漢書藝文志・條理》《五藏六府疝十六病方》四十卷。

《顔氏集注》曰：「疝心腹氣病音山諫反」，又音刪，《素問・大奇論》曰：「腎脈肝脈大急沈，皆爲疝心脈搏滑急爲心疝肺脈沈，搏爲肺疝三陽，急爲瘕三陰急爲疝注疝者，寒氣結聚之所爲也。太陽受寒血凝，爲瘕太陰受寒氣聚，爲疝方書云三陽急爲瘕，三陰急爲疝，男子有七疝：寒疝、水疝筋疝、血疝、氣疝、狐疝、㿗疝。」《説文》：疝腹痛也。桂氏義證曰：《史記・倉公傳》，齊北宮司空命婦出于病臣意診其脈曰：氣疝客于膀胱，難于前後溲而溺赤病。見寒氣則遺溺使人腹腫，又云齊郎中令循病臣意診之曰湧疝也，令人不得前後溲。《漢書・藝文志》：《五藏六府疝十六病方》四十卷。

五藏六府癉十二病方

《漢書・藝文志・方技略・經方》《五藏六府癉十二病方》四十卷。

姚振宗撰《漢書藝文志・條理》《五藏六府癉十二病方》四十卷。《顔氏集注》曰：癉黄病音丁，韓反。《史記・倉公傳》齊王太后病，召臣意入診脈曰風癉，客脬難于大小溲溺赤正義曰「癉」音「單」旱也。脬亦作胞膀胱也，言風癉之病，客居在膀胱。《説文》：癉勞病也。桂氏義證曰：詩板下民卒癉傳云癉病也，馥案釋詁作癉禮記緇衣章善癉惡。鄭云癉病也。書畢命作癉通，作憚詩云：漢我心憚暑傳云，憚勞也，《漢書・藝文志》：《五藏六府癉十二病方》四十卷顔注癉黄病。

風寒熱十六病方

《漢書·藝文志·方技略·經方》 《風寒熱十六病方》二十六卷。

姚振宗撰《漢書藝文志·條理》 《風寒熱十六病方》二十六卷。《素問》、《風論篇》黄帝問曰：風之傷人也，或爲寒熱，或爲熱中，或爲寒中，或爲癘風，或爲偏枯，或爲風也，其病各異，其名不同，或内至五藏六府不知其解，願聞其説，岐伯對曰：風氣藏于皮膚之間，内不得通，外不得泄，風者，善行而數變腠理。開則洒然，寒閉則熱，而悶其寒也，則衰食飲其熱也，則消肌肉故使人怢慄而不能食名曰寒熱。按《帝王世紀》云：黄帝使岐伯造《醫方》以療衆疾，以上四家大抵多本之岐伯歟。

泰始黄帝扁鵲俞拊方

《漢書·藝文志·方技略·經方》 《泰始黄帝扁鵲俞拊方》二十三卷。

姚振宗撰《漢書藝文志·條理》 《泰始黄帝扁鵲俞拊方》二十三卷。黄帝扁鵲見前《醫經》家《素問》新校正，案乾鑿度云：夫有形者，生于無形。故有太易，有太初，有太始，有太素。太易者，未見氣也。太初者，氣之始也。太始者，形之始也。太素者，質之始也。《史記·扁鵲傳》上古之時，醫有俞跗，治病不以湯液，醴灑鑱石撟引，案杌毒熨一撥見病之應因。五藏之輪乃割皮、解肌、訣脈、結筋、搦髓、腦揲荒爪、幕湔、浣腸、胃漱滌、五藏練精易形。《説苑辯物》篇，扁鵲過趙中，庶子難之曰：吾聞中古之爲醫者，曰俞柎，俞柎之爲醫也。搦腦髓束盲莫炊灼，九竅而定經絡，死人復爲生，人故曰俞柎。周禮疾醫掌養萬民之疾病，以五味、五穀、五藥養其病，以五氣、五聲、五色、眡其死生兩之以九竅之變，參之以九藏之動鄭氏注曰：能專是者，其唯秦和乎？岐伯揄柎則兼彼數術者，陸氏釋文岐伯揄柎皆黄帝時醫人。

五藏傷中十一病方

《漢書·藝文志·方技略·經方》 《五藏傷中十一病方》三十一卷。

姚振宗撰《漢書藝文志·條理》 《五藏傷中十一病方》三十一卷。《素問》診要經絡論，凡刺胸腹者，必避五藏中心者環死，氣行如環之周則死也。中脾者，五日死中腎者，七日死中肺者，五日死中鬲者，皆爲傷中，其病雖愈，不過一歲，必死。注心肺在鬲上腎肝在鬲下脾居中，故刺胸腹必避之五藏者所以藏精神魂魄意志損之則五神去神去則死至故不可不慎也，又曰：五藏之氣同主一年鬲傷，則五藏之氣互相剋伐，故不過一歲必死。《後漢書·方術傳》郭玉曰醫之爲言意也，腠理至微隨意用巧針石之間毫芒，即乖神存于心手之際，可得解而不可得言也。

客疾五藏狂顛病方

《漢書·藝文志·方技略·經方》 《客疾五藏狂顛病方》十七卷。

姚振宗撰《漢書藝文志·條理》 《客疾五藏狂顛病方》十七卷。《素問生氣通天論》岐伯曰：陰不勝，其陽則脈流薄疾并乃狂注薄疾謂極虚而急數也。并謂盛實也。狂謂、狂走、或妄攀登也，陽并于四支則狂陽明脈解篇，病甚則棄衣而走，登高而歌，或至不食，數日踰垣上屋，岐伯曰：四支者諸陽之本也。陽盛則四支實，則能登高而歌熱盛于身，故棄衣欲走，或妄言罵詈不避，親疏脈解篇曰：所謂狂巔疾者，陽盡在上，而陰氣從下，下虚上實故狂巔疾也。《説文》瘨病也，桂氏《義證》曰：聲類瘨風病也，廣雅瘨狂也，俗作癲八十一難經，癲病始發意不樂直視僵仆，其脈三部陰陽俱盛是也。祕方邪入。于陽轉則爲癲，又通作顛。《漢藝文志》、《客疾五藏狂顛病方》十七卷。

金創瘛方

《漢書·藝文志·方技略·經方》 《金創瘲瘛方》三十卷。

姚振宗撰《漢書藝文志・條理》《金創瘲瘛方》三十卷。顔氏集注服虔曰：音瘳師引之瘳師古曰：小兒病也，瘛音充制反，瘲音子用反。《説文》瘲病也，瘛小兒瘛瘲病也，桂氏《義證》曰《玉篇》瘛瘲小兒病，戴侗曰謂小兒風驚乍掣乍縱也。馥案《潛夫論忠貴篇》，嬰兒常病傷飽也，哺乳太多則必掣縱而生。癇，顔注《急就篇》，瘛瘲小兒之疾即今癎病也，《漢書・藝文志》、《金創瘛瘲方》三十卷字或作「瘈」。按《隋志醫方家》梁有甘濬之甘伯齊療癰疽金創要方各若干卷，徐氏范氏療少小百病雜方《療小兒藥方》，皆取資于是書爲多。

婦人嬰兒方

《漢書・藝文志・方技略・經方》《婦人嬰兒方》十九卷。

姚振宗撰《漢書藝文志・條理》《婦人嬰兒方》十九卷。《史記・扁鵲傳》扁鵲名聞天下，過邯鄲聞貴婦人即爲帶下醫入咸陽，聞秦人愛小兒即爲小兒醫。按《隋志》醫方家有張仲景《療婦人方》二卷、俞氏《療小兒方》四卷，當亦取資于是書。

鄭玄漢宮香方注

姚振宗《後漢藝文志・醫家類》《鄭玄漢宮香方注》。玄始末具經部易類。宋張邦基《墨莊漫録》、《漢宮香方》鄭康成注，沈水香二十四銖，著《石蜜複湯鬻》，銅，鐵輩皆病香。以指嘗試飲甲則已，南海賈胡貴一種香木末如蜜房色澤正黄河減甲。以寒水炭四焙之青木香十二之一，可酌，省之雞舌香，以其子勿以其母，青木香用二錢。合擣如泥，沈水得鑾蜜烟黄而氣鬱。投初鬻蜜中媒使相悦閟以黄亝蜜隙塯不律。地埋之一月中，許出之投龍腦六銖，麝損半，一鑪注如芡子薰鬱鬱略聞百步中人也。今大官加蜜鬻紅螺加麝外家効之以珠牘。此方魏道甫，按魏泰字道輔也。强記面疏以示洪炎玉父，意其失古語，其後相國寺庭中買得古葉子書，雜鈔有此注。改正十餘字。四庫雜家，雜説類提要曰：《墨莊漫録》十卷，宋張邦基撰，南北宋間人也，其書多記雜事，亦頗及考證。如《鄭玄注漢宮香方》之類，亦頗資博識宋人説部之可觀者也。鄭珍鄭學録曰：按方與注文，詞簡奥，墨莊得之《洪氏復買古鈔》中有之，則非道輔僞造可知。觀此不獨見康成有許多精力，益足信其無一物不知也。右醫家類凡八家二十四部。

郭玉經方頌説

姚振宗《後漢藝文志・醫家類》《郭玉經方頌説》范書《方術傳》郭玉者，廣漢雒人也。少師事涪翁，弟子程高，學方診六微之技，陰陽隱側之術。和帝時爲太醫，丞多有效應。帝奇之，玉仁愛不矜，雖貧賤厮養必盡其心力，年老卒官。常璩廣漢人，士贊郭玉，字通直，新都人也。明方術伎妙用，針作經方頌，説官至太醫丞校尉。

李助經方頌説

姚振宗《後漢藝文志・醫家類》《李助經方頌説》。常璩梓潼人士，李助，字翁君，涪人也。通方名校，醫術作《經方頌説》名齊郭玉。

李譡之藥方

姚振宗《三國藝文志・醫家類》《李譡之藥方》一卷。《隋書・經籍志》梁有《李譡之藥方》一卷，亡。

阮炳藥方

姚振宗《三國藝文志・醫家類》《阮炳藥方》十六卷。《魏志・杜恕傳》注《杜氏新書》曰：阮武弟炳，字叔文，河南尹。精意醫術，撰藥方一部。《隋書・經籍志》梁又有《阮河南藥方》十六卷，阮文叔撰，亡。《唐・經籍志》阮河南方十六卷，阮炳撰，《藝文志》同。右醫家類凡五家七部。

華佗方

《隋書・經籍志・醫方》《華佗方》十卷。吴普撰。佗，後漢人。梁有《華佗内事》五卷，又《耿奉方》六卷，亡。

鄭樵《通志・藝文略・醫方》《華佗方》十卷。華佗弟子吴普撰。

姚振宗《後漢藝文志・醫家類》《華佗方》十卷。

華氏藥方

《舊唐書・經籍志・醫術》《華氏藥方》十卷。華佗方，吴普集。

華氏藥方

《新唐書・藝文志・醫術類》吴普集《華氏藥方》十卷。華佗。

華佗方

文廷式《補晉書藝文志・醫家類》吴普《華佗方》十卷。

張仲景藥方

《舊唐書・經籍志・醫術》《張仲景藥方》十五卷。王叔和撰。

張仲景藥方

《新唐書・藝文志・醫術類》王叔和《張仲景藥方》十五卷。

張仲景藥方

文廷式《補晉書藝文志・醫家類》王叔和《張仲景藥方》十五卷。見《舊唐志》。

金匱要略方

《宋史・藝文志・醫書類》《金匱要略方》三卷。張仲景撰，王叔和集。

杏仁煎方

《宋史・藝文志・醫書類》葛仙公《杏仁煎方》一卷。

錢東垣等輯《崇文總目・醫書類》葛仙翁《杏仁煎方》一卷。葛洪撰。

玉函煎方

《隋書・經籍志・醫方》《玉函煎方》五卷。葛洪撰。

玉函煎方

文廷式《補晉書藝文志·醫家類》 葛洪《玉函煎方》五卷。《金匱藥方》一百卷。《晉中興書》曰：「洪撰《經用救驗方》三卷，號曰『肘後方』，又撰《玉函方》一百卷，於今行用。」《御覽》七百二十二。

杏仁煎方

文廷式《補晉書藝文志·醫家類》 葛仙翁《杏仁煎方》一卷。《崇文總目》葛洪撰。《宋志》仙翁作仙公，按《東觀餘論》以葛仙公爲葛元，此亦當是，今姑録之。

肘後方

《隋書·經籍志·醫方》 《肘後方》六卷。葛洪撰。梁二卷。《陶弘景補闕肘後百一方》九卷，亡。

肘後救卒方

《舊唐書·經籍志·醫術》 《肘後救卒方》四卷。葛洪撰。

肘後救卒方

《新唐書·藝文志·醫術類》 葛洪《肘後救卒方》六卷。

鄭樵《通志·藝文略·醫方》 葛洪《肘後救卒方》六卷。

易簡方

陳振孫《直齋書録解題·醫書類》 《易簡方》一卷。永嘉王碩德膚撰。增損方三十首，㕮咀藥三十品，市肆常貨圓子藥十種，以爲倉卒應用之備。其書盛行於世。

補肘後救卒備急方

鄭樵《通志·藝文略·醫方》 《補肘後救卒備急方》六卷。陶隱居撰。

《舊唐書·經籍志·醫術》 《補肘後救卒備急方》六卷。陶弘景撰。

《新唐書·藝文志·醫術類》 《補肘後救卒備急方》六卷。

肘後百一方

陳振孫《直齋書録解題·醫書類》 《肘後百一方》三卷。晉葛洪撰。梁陶隱居增補。本名《肘後救卒方》，率多易得之藥，凡八十六首，陶併七首，加二十二首，共爲一百一首。取佛書「人有四大，一大輒有一百一病」之義名之。

馬端臨《文獻通考·經籍考·醫家》 《肘後百一方》三卷。陳氏曰：晉葛洪撰，梁陶隱居增補。本名《肘後救卒方》，率多易得之藥，凡八十六首。陶併七首，加二十二首，共爲一百一首，取佛書「人有四大，一大輒有一百一病之義」名之。

肘後神方

殷仲春《醫藏書目·印證函目》 《肘後神方》。八卷。葛仙翁。

肘後備急百一方

《宋史·藝文志·醫書類》 葛洪《肘後備急百一方》三卷。

葛氏肘後方

楊士奇等《文淵閣書目·醫書》 《葛氏肘後方》一部一册。闕。

肘後方

文廷式《補晉書藝文志·醫家類》 葛洪《肘後方》六卷。《舊唐志》作《肘後救卒方》四卷，本傳作《肘後要急》四卷，今存《藝文類聚》七十五，引陶弘景《肘後百一方》序。《類聚》八十二，引葛洪《治金創方》。

黑髮酒方

文廷式《補晉書藝文志·醫家類》 葛洪《黑髮酒方》一卷。見《崇文總目》。

四時治要方

陳振孫《直齋書録解題·醫書類》 《四時治要方》一卷。永嘉屠鵬時舉撰。專爲時疾瘧痢、吐瀉、傷寒之類，雜病不與焉。

馬端臨《文獻通考·經籍考·醫家》 《四時治要方》一卷。陳氏曰：永嘉屠鵬時舉撰。專爲時疾瘧痢吐瀉傷寒之類，雜病不與焉。

效驗方

《舊唐書·經籍志·醫術》 《效驗方》十卷。陶弘景撰。

《新唐書·藝文志·醫術類》 又《効驗方》十卷。

鄭樵《通志·藝文略·醫方》 陶隱居《効驗方》十卷。

名醫别録

《隋書·經籍志·醫方》 《名醫别録》三卷。陶氏撰。

鄭樵《通志·藝文略·醫方》 《名醫别録》三卷。陶隱居集。

鬼遺方

《隋書·經籍志·醫方》 《劉涓子鬼遺方》十卷。龔慶宣撰。

鄭樵《通志·藝文略·醫方》 劉涓子《鬼遺方》十卷。宋龔慶宣撰。

錢東垣等輯《崇文總目·醫書類》 《劉涓子鬼遺方》十卷。原釋宋龔慶宣撰。劉涓子者，晉末人，於丹陽縣得《鬼遺方》一卷，皆治癰疽之法。慶宣得而次第之。《中興書目》引，見《直齋書録解題》。

文廷式《補晉書藝文志·醫家類》 劉涓子《鬼遺方》十卷。龔慶宣傳。《崇文總目》云：涓子晉末人，於丹陽縣得《鬼遺方》一卷，皆治癰疽之法，慶宣得而次第之。《中興書目》引見《直齋書録解題》，《唐志》作《劉涓子男方》，誤。

鬼論

錢東垣等輯《崇文總目·醫書類》 《劉涓子鬼論》一卷。原釋闕。見天一閣鈔本。

文廷式《補晉書藝文志・醫家類》 劉涓子《鬼論》一卷。《崇文總目》著録錢侗云天一閣有鈔本。

皇甫謐曹歙論寒食散方

文廷式《補晉書藝文志・醫家類》 《皇甫謐曹歙論寒食散方》二卷。歙當依《魏志》作翕。《魏志・東平王徽傳》注：「臣松之，案翕入晉封廩邱公，魏宗室之中，名次鄄城公。撰《解寒食散方》，與皇甫謐所撰並行於世。」按《隋志》又有皇甫士安依諸方撰一卷，文義未備，蓋承上宋尚寒食散而言，即此書也。

范東陽方

文廷式《補晉書藝文志・醫家類》 范汪《范東陽方》一百七十六卷，録一卷。《舊唐志・雜藥方》一百七十卷。范汪方，尹穆撰。案《御覽》七百三十九引范汪祕方，七百四十三、九百四十六並引范汪方，九百二十五引范汪《治咽方》，九百四十八引范汪《治不得小便方》，卷一千引范汪《治淋方》，餘各家所引尚多，明徐氏古今醫統引用書目，尚有范汪方五卷，《晉書》范汪撰方五百餘卷，又一百七卷。後人詳用，多獲其效。《御覽》七百二十二，范汪《竇臮述書賦》注作范汪字玄平。

范氏療婦人藥方

文廷式《補晉書藝文志・醫家類》 《范氏療婦人藥方》十一卷。

范氏解散方

文廷式《補晉書藝文志・醫家類》 《范氏解散方》七卷。

阮河南藥方

文廷式《補晉書藝文志・醫家類》 阮文叔《阮河南藥方》十六卷。《新唐志》題阮炳。《隋志》避唐諱，稱字。《魏志・杜畿傳》注引《杜氏新書》云阮武弟炳，字叔文，河南尹。精意醫術，撰《藥方》一部。按《唐志》又有《阮河南藥方》十七卷，當是重出。

議論備豫方

文廷式《補晉書藝文志・醫家類》 于法開《議論備豫方》一卷。《翻譯名義集》卷十七：法開晉升平中，孝宗有疾，開視脉，知不起，不肯進藥。獻后怒，收付廷尉，俄而帝崩，獲免。或問法師曰：「高明剛簡，何以醫術經懷？」開曰：「明六度，以除四魔之疾；調九候，以療風寒之病。自利利他，不亦可乎？」孫綽曰：「才辯縱横以數術通，教其在開公焉。」

宮泰三逆散方

文廷式《補晉書藝文志・醫家類》 《宮泰三逆散方》。徐春甫《古今醫統》：晉宮泰不知何郡人，製三逆散方，治喘咳氣逆最效，世所貴云。

五石散礜石散方

文廷式《補晉書藝文志・醫家類》 鄞邵《五石散礜石散方》。《古今醫統》：鄞邵不知何郡人，製五石散礜石散等方，晉朝士大夫無不敬服。

殷浩方書

文廷式《補晉書藝文志・醫家類》《殷浩方書》。《圖書集成・藝術典》醫部《名醫列傳》引《醫學入門》云：「殷浩精通經脈，著方書。」《初學記》卷四《養生要集》曰：「朮味苦，小温生，漢中南郊山谷五月五日採之。」《御覽》八百三十九、八百四十一均引《養生要集》。《文選》卷五十三引《養生要集》曰：「大蒜勿食，葷辛害目。」《御覽》三百九十一《養生要訣》曰：「人語笑欲令至少，不欲令聲高，若過誤笑，損肺腸，精神不足。」

養生要集

文廷式《補晉書藝文志・醫家類》張湛《養生要集》十卷。《養性傳》二卷。見《新唐志》。《文選》二十一注引《養生要論》曰：「龜鶴壽有千歲之數，性壽之物也，道家之言鶴曲頸而息，龜潛匿而噎，此其所以爲壽也。服氣養性者，法焉。」疑出此書也。《新唐志》入神仙家。《御覽》卷九引《養性經》曰：「治身之道，春避青風，夏避赤風，秋避白風，冬避黑風。」此彭祖養性經也，《醫心方》屢引之。

延年祕録

文廷式《補晉書藝文志・醫家類》張湛《延年祕録》十二卷。見《唐志》。宋《藝文志・延年祕録》十二卷，不著撰人。葉石林《避暑録話》卷下引張湛授范寧目痛方，蓋出此書。

支法存申蘇方

文廷式《補晉書藝文志・醫家類》《支法存申蘇方》五卷。《千金》序曰：「支法存，嶺表人，性敦方藥，自永嘉南度，士大夫不襲水土，多犯脚弱。惟法存能拯濟之。」《御覽》七百二十四又曰：「僧深善療脚弱氣之疾，撰《録法存》等諸家醫方三十餘卷。」

玉房祕訣

文廷式《補晉書藝文志・醫家類》《玉房祕訣》十卷。《隋志》八卷不題撰人，《新唐志》題《沖和子玉房祕訣》十卷，注云：「張鼎。鼎不詳何時人，俟考。」

遼東備急方

文廷式《補晉書藝文志・醫家類》《遼東備急方》三卷。《隋志》云都尉臣廣上。

療癰經

文廷式《補晉書藝文志・醫家類》《療癰經》一卷。《隋志》列《鬼遺方》，下不著撰人，錢氏《讀書敏求記》卷三云：「予別有劉涓子《治癰疽神仙》一卷，是家鈔本蓋即此書。」

殷荊州要方

文廷式《補晉書藝文志・醫家類》殷仲堪《殷荊州要方》一卷。《顔氏家訓・雜藝篇》云：「醫方之事，微解藥性，小小和合，居家得以救急，皇甫謐、殷仲堪則其人也。」

藥方

《隋書·經籍志·醫方》《藥方》五十七卷。後魏李思祖撰。本百一十卷。

集驗方

《隋書·經籍志·醫方》《集驗方》十卷。姚僧垣撰。

《舊唐書·經籍志·醫術》《集驗方》十卷。姚僧垣撰。

《新唐書·藝文志·醫術類》姚僧垣《集驗方》十卷。

鄭樵《通志·藝文略·醫方》姚僧垣《集驗方》十卷。

寒食散對療

《隋書·經籍志·醫方》《寒食散對療》一卷。釋道洪撰。

鄭樵《通志·藝文略·醫方》《寒食散對療》一卷。釋道洪撰。

文廷式《補晉書藝文志·醫家類》釋道洪《寒食散對療》一卷。《釋道洪方》一卷。

釋道洪方

《隋書·經籍志·醫方》《釋道洪方》一卷。

鄭樵《通志·藝文略·醫方》《釋道洪方》一卷。

解寒食散方

《隋書·經籍志·醫方》《解寒食散方》二卷。釋智斌撰。梁《解散論》二卷。

鄭樵《通志·藝文略·醫方》《解寒食散方》二卷。釋智斌撰。

坐右方

《新唐書·藝文志·醫術類》梁武帝《坐右方》十卷。

鄭樵《通志·藝文略·醫方》梁武帝《坐右方》十卷。

胡洽百病方

《隋書·經籍志·醫方》《胡洽百病方》二卷。梁有《治卒病方》一卷；《徐奘要方》一卷，無錫令徐奘撰；《遼東備急方》三卷，都尉臣廣上；《殷荊州要方》一卷，殷仲堪撰。亡。

胡居士方

《舊唐書·經籍志·醫術》《胡居士方》三卷。胡洽撰。

胡道洽方

《新唐書·藝文志·醫術類》《胡居士治百病要方》三卷。胡洽。

鄭樵《通志·藝文略·醫方》胡居士《治百病要方》三卷。胡洽。

錢東垣等輯《崇文總目・醫書類》《胡道洽方》三卷。原釋闕。見天一閣鈔本。

胡道洽方

《宋史・藝文志・醫書類》《胡道洽方》一卷。

范東陽方

《隋書・經籍志・醫方》《范東陽方》一百五卷。録一卷。范汪撰。梁一百七十六卷。梁又有《阮河南藥方》十六卷，阮文叔撰；《釋僧深藥方》三十卷，《孔中郎雜藥方》二十九卷，《宋建平王典術》一百二十卷；《羊中散藥方》三十卷，羊欣撰；《褚澄雜藥方》二十卷，齊吴郡太守褚澄撰。亡。

劉涓子男方

《舊唐書・經籍志・醫術》《劉涓子男方》十卷。龔慶宣撰。

《新唐書・藝文志・醫術類》龔慶宣《劉涓子男方》十卷。

治百病要方

文廷式《補晉書藝文志・醫家類》胡洽胡居士《治百病要方》三卷。見《新唐志》。

集方

《新唐書・藝文志・醫術類》僧僧深《集方》三十卷。

鄭樵《通志・藝文略・醫方》《釋僧深集方》三十卷。

類編南北經驗醫方大成

《四庫全書總目提要・醫家類》《類編南北經驗醫方大成》十卷。兩淮鹽政採進本。舊本題元文江孫允賢撰。本名《醫方集成》。此本爲錢曾也是園所藏，猶元時舊刻。目録末題至正癸未菊節進德書堂刊行。前有題識曰：《醫方集成》一書，四方尚之久矣。本堂今得名醫選取奇方，增入孫氏方中，俾得貫通，名曰《醫方大成》云云。則坊賈所爲，非允賢之舊矣。

妝臺方

《新唐書・藝文志・醫家類》《粧臺方》一卷。隋宇文士及撰，士及之妻則南陽公主所傳之方。

錢東垣等輯《崇文總目・醫書類》《妝臺方》一卷。宇文士及撰。

粧臺記

《宋史・藝文志・醫書類》宇文士及《粧臺記》六卷。

四海類聚方

《隋書・經籍志・醫方》《四海類聚方》二千六百卷。

《舊唐書・經籍志・醫術》《類聚方》二千六百卷。

《新唐書・藝文志・醫術類》《類聚方》二千六百卷。

鄭樵《通志・藝文略・醫方》隋朝《四海類聚方》二千六百卷。

四海類聚單要方

《隋書·經籍志·醫方》《四海類聚單要方》三百卷。

鄭樵《通志·藝文略·醫方》 隋煬帝敕撰《四海類聚單方》三百卷。唐只存十六卷。

姚大夫集驗方

《隋書·經籍志·醫方》《姚大夫集驗方》十二卷。

鄭樵《通志·藝文略·醫方》 姚大夫《集驗方》十二卷。

陶氏效驗方

《隋書·經籍志·醫方》《陶氏效驗方》六卷。梁五卷。梁又有《療目方》五卷,《甘濬之療耳眼方》十四卷,《神枕方》一卷;《雜戎狄方》一卷,宋武帝撰;《摩訶出胡國方》十卷,摩訶胡沙門撰;又《范曄上香方》一卷,《雜香膏方》一卷。亡。

吴山居方

《隋書·經籍志·醫方》《吴山居方》三卷。

鄭樵《通志·藝文略·醫方》《吴山居方》三卷。

療癰疽諸瘡方

《隋書·經籍志·醫方》《療癰疽諸瘡方》二卷。秦政應撰。

鄭樵《通志·藝文略·醫方》《療癰疽諸瘡方》二卷。秦政應撰。

單複要驗方

《隋書·經籍志·醫方》《單複要驗方》二卷。釋莫滿撰。

鄭樵《通志·藝文略·醫方》《單複要驗方》三卷。釋莫滿撰。

删繁方

《隋書·經籍志·醫方》《删繁方》十三卷。謝士秦撰。

秦承祖藥方

《隋書·經籍志·醫方》《秦承祖藥方》四十卷。見三卷。梁有《陽眄藥方》二十八卷,《夏侯氏藥方》七卷,《王季琰藥方》一卷,《徐叔嚮雜療方》二十二卷,《徐叔嚮雜病方》六卷,《李譡之藥方》一卷,《徐文伯藥方》二卷,亡。

《新唐書·藝文志·醫術類》 秦承祖《藥方》四十卷。

鄭樵《通志·藝文略·醫方》《秦承祖方》四十卷。

藥　方

《舊唐書·經籍志·醫術》《藥方》十七卷。秦承祖撰。

雜藥方

《舊唐書·經籍志·醫術》《雜藥方》一百七十卷。范汪方,尹穆撰。

《新唐書・藝文志・醫術類》 尹穆纂《范東陽雜藥方》一百七十卷。范汪。

鄭樵《通志・藝文略・醫方》 《范東陽雜藥方》百七十卷。尹穆纂。

醫方論

《隋書・經籍志・醫方》 《醫方論》七卷。梁有《張仲景辨傷寒》十卷，《療傷寒身驗方》。

鄭樵《通志・藝文略・醫方》 《醫方論》七卷。見《隋志》。

王世榮單方

《隋書・經籍志・醫方》 《王世榮單方》一卷。

皇甫士安依諸方撰

《隋書・經籍志・醫方》 《皇甫士安依諸方撰》一卷。

千金方

《隋書・經籍志・醫方》 《千金方》三卷。范世英撰。

《新唐書・藝文志・醫術類》 范世英《千金方》三卷。

鄭樵《通志・藝文略・醫方》 《千金方》三卷。范世英撰。

療消渴衆方

《隋書・經籍志・醫方》 《療消渴衆方》一卷。謝南郡撰。

議論備豫方

《隋書・經籍志・醫方》 《議論備豫方》一卷。于法開撰。

趙婆療瘰方

《隋書・經籍志・醫方》 《趙婆療瘰方》一卷。

名醫集驗方

《隋書・經籍志・醫方》 《名醫集驗方》六卷。

小品方

《隋書・經籍志・醫方》 《小品方》十二卷。陳延之撰。

《舊唐書・經籍志・醫術》 《小品方》十二卷。陳延之撰。

《新唐書・藝文志・醫術類》 陳延之《小品方》十二卷。

鄭樵《通志・藝文略・醫方》 《小品方》十二卷。陳延之撰。

徐嗣伯落年方

《隋書・經籍志・醫方》 《徐嗣伯落年方》三卷。梁有《徐叔嚮療脚弱雜方》八卷，《徐文伯辨脚弱方》一卷，《甘濬之療癰疽金創要方》十四卷，《甘濬之療癰疽毒惋雜病方》三卷，《甘伯齊療癰疽金創方》十五卷，亡。

徐氏落年方

《舊唐書・經籍志・醫術》《徐氏落年方》三卷。徐嗣伯撰。
《新唐書・藝文志・醫術類》又《徐氏落年方》三卷。
鄭樵《通志・藝文略・醫方》徐嗣伯《落年方》三卷。

徐氏雜方

《隋書・經籍志・醫方》《徐氏雜方》一卷。

雜病論

《舊唐書・經籍志・醫術》《雜病論》一卷。徐嗣伯撰。

墮年方

《隋書・經籍志・醫方》《墮年方》二卷。徐太山撰。
鄭樵《通志・藝文略・醫方》徐大山《墮年方》二卷。

徐太山巾箱中方

《隋書・經籍志・醫方》《徐太山巾箱中方》三卷。
鄭樵《通志・藝文略・醫方》徐大山《巾箱中方》三卷。

徐王方

《隋書・經籍志・醫方》《徐王方》五卷。

徐氏家傳祕方

《隋書・經籍志・醫方》《徐氏家傳祕方》二卷。

徐氏家祕方

《舊唐書・經籍志・醫術》《徐氏家祕方》二卷。徐之才撰。

徐王八世家傳効驗方

《隋書・經籍志・醫方》《徐王八世家傳効驗方》十卷。
鄭樵《通志・藝文略・醫方》徐王《八世家傳効驗方》十卷。徐之才撰。
《舊唐書・經籍志・醫術》《徐王八代效驗方》十卷。徐之才撰。
《新唐書・藝文志・醫術類》徐之才《徐王八代効驗方》十卷。

効驗方

《隋書・經籍志・醫方》《効驗方》三卷。徐氏撰。
鄭樵《通志・藝文略・醫方》徐氏《効驗方》三卷。

藥方

《隋書・經籍志・醫方》《藥方》五卷。徐嗣伯撰。

藥方

《隋書·經籍志·醫方》《藥方》二十一卷。徐辨卿撰。

藥方

《隋書·經籍志·醫方》《藥方》二卷。徐文伯撰。

鄭樵《通志·藝文略·醫方》徐文伯《藥方》二卷。

寒食散論

《隋書·經籍志·醫方》《寒食散論》二卷。梁有《寒食散湯方》二十卷，《寒食散方》一十卷，《皇甫謐曹翕論寒食散方》二卷，亡。

《新唐書·藝文志·醫術類》《寒食散論》二卷。

鄭樵《通志·藝文略·醫方》《寒食散論》二卷。

解寒食散論

《隋書·經籍志·醫方》《解寒食散論》二卷。梁有《徐叔嚮解寒食散方》六卷，《釋慧義寒食解雜論》七卷，亡。

鄭樵《通志·藝文略·醫方》《解寒食散論》二卷。

雜散方

《隋書·經籍志·醫方》《雜散方》八卷。梁有《解散方》、《解散論》各十三卷，《徐叔嚮解散消息節度》八卷，《范氏解散方》七卷，《解釋慧義解散方》一卷，亡。

雜散方

《隋書·經籍志·醫方》《雜散方》八卷。

鄭樵《通志·藝文略·醫方》《雜散方》八卷。

石論

《隋書·經籍志·醫方》《石論》一卷。

散方

《隋書·經籍志·醫方》《散方》二卷。

服玉方法

《隋書·經籍志·醫方》《服玉方法》一卷。

序服石方

《隋書·經籍志·醫方》《序服石方》一卷。

徐文伯辨傷寒

《隋書·經籍志·醫方》《徐文伯辨傷寒》各一卷，《傷寒總要》二卷，《支法存申蘇方》五卷，《王叔和論病》六卷，《張仲景評病要方》一卷，《徐叔嚮談道述徐悅體療雜病疾源》三卷，《甘濬之癰疽部黨雜病疾源》三卷，《府藏要》三卷，亡。

解散經論并增損寒食節度

《隋書・經籍志・醫方》《解散經論并增損寒食節度》一卷。

雜藥方

《舊唐書・經籍志・醫術》《雜藥方》十卷。陳山提撰。

《新唐書・藝文志・醫術類》陳山提《雜藥方》十卷。

鄭樵《通志・藝文略・醫方》陳山提《雜藥方》十卷。

雜藥酒方

《隋書・經籍志・醫方》《雜藥酒方》十五卷。

雜療方

《隋書・經籍志・醫方》《雜療方》十三卷。

梁武帝所服雜藥方

《隋書・經籍志・醫方》《梁武帝所服雜藥方》一卷。

經心録方

《隋書・經籍志・醫方》《經心録方》八卷。宋俠撰。

《舊唐書・經籍志・醫術》《經心方》八卷。宋俠撰。

鄭樵《通志・藝文略・醫方》《經心録方》八卷。宋俠撰。

雜藥方

《隋書・經籍志・醫方》《雜藥方》十卷。

雜藥方

《隋書・經籍志・醫方》《雜藥方》一卷。梁有《雜藥方》四十六卷。

錢東垣等輯《崇文總目・醫書類》《裸藥方》一卷。

療百病散

《隋書・經籍志・醫方》《療百病散》三卷。

集略雜方

《隋書・經籍志・醫方》《集略雜方》十卷。

鄭樵《通志・藝文略・醫方》《集略雜方》十卷。

少小方

《隋書·經籍志·醫方》《少小方》一卷。

鄭樵《通志·藝文略·醫方》《少小方》一卷。

張仲景療婦人方

《隋書·經籍志·醫方》《張仲景療婦人方》二卷。

鄭樵《通志·藝文略·醫方》《張仲景療婦人方》二卷。

姚振宗《後漢藝文志·醫家類》《張仲景療婦人方》二卷。

療婦人産後雜方

《隋書·經籍志·醫方》《療婦人産後雜方》三卷。

小兒經

《隋書·經籍志·醫方》《小兒經》一卷。

鄭樵《通志·藝文略·醫方》《小兒經》一卷。見《隋志》。

俞氏療小兒方

《隋書·經籍志·醫方》《俞氏療小兒方》四卷。梁有《范氏療婦人藥方》十一卷，《徐叔嚮療少小百病雜方》三十七卷，《療少小雜方》二十卷，《療少小雜方》二十九卷，《范氏療小兒藥方》一卷，《王末療小兒雜方》十七卷，亡。

療百病雜丸方

《隋書·經籍志·醫方》《療百病雜丸方》三卷。釋曇鸞撰。

鄭樵《通志·藝文略·醫方》《療百病雜丸方》三卷。釋曇鸞撰。

論氣治療方

《隋書·經籍志·醫方》《論氣治療方》一卷。釋曇鸞撰。

雜丸方

《隋書·經籍志·醫方》《雜丸方》十卷。梁有《百病膏方》十卷，《雜湯丸散酒煎薄帖膏湯婦人少小方》九卷，《羊中散雜湯丸散酒方》一卷，《療下湯丸散方》十卷。

鄭樵《通志·藝文略·醫方》《雜丸方》十卷。

雜湯方

《隋書·經籍志·醫方》《雜湯方》十卷。成毅撰。

湯丸方

《隋書·經籍志·醫方》《湯丸方》十卷。

鄭樵《通志·藝文略·醫方》《湯丸方》十卷。

雜要方

《隋書・經籍志・醫方》《雜要方》一卷。

靈壽方

《隋書・經籍志・醫方》《靈壽雜方》二卷。

大略丸

《隋書・經籍志・醫方》《大略丸》五卷。

鄭樵《通志・藝文略・醫方》《大略丸》五卷。

扁鵲陷冰丸方

《隋書・經籍志・醫方》《扁鵲陷冰丸方》一卷。

西域諸仙所説藥方

《隋書・經籍志・醫方》《西域諸仙所説藥方》二十三卷。目一卷。

鄭樵《通志・藝文略・醫方》 西域《諸仙所説藥方》二十三卷。

龍樹菩薩藥方

《隋書・經籍志・醫方》《龍樹菩薩藥方》四卷。

鄭樵《通志・藝文略・醫方》《龍樹菩薩藥方》四卷。

香山仙人藥方

《隋書・經籍志・醫方》《香山仙人藥方》十卷。

西域波羅仙人方

《隋書・經籍志・醫方》《西域波羅仙人方》三卷。

鄭樵《通志・藝文略・醫方》 西域《波羅仙人方》三卷。

西域名醫所集要方

《隋書・經籍志・醫方》《西域名醫所集要方》四卷。本十二卷。

鄭樵《通志・藝文略・醫方》《西域名醫所集要方》四卷。

婆羅門諸仙藥方

《隋書・經籍志・醫方》《婆羅門諸仙藥方》二十卷。

鄭樵《通志・藝文略・醫方》 婆羅門《諸仙藥方》二十卷。

耆婆所述仙人命論方

《隋書・經籍志・醫方》《耆婆所述仙人命論方》二卷。目一卷。本三卷。

鄭樵《通志・藝文略・醫方》耆婆所述《仙人命論方》二卷。

乾陀利治鬼方

《隋書・經籍志・醫方》《乾陀利治鬼方》十卷。

新録乾陀利治鬼方

《隋書・經籍志・醫方》《新録乾陀利治鬼方》四卷。本五卷，闕。

鄭樵《通志・藝文略・醫方》《新録乾陀利治鬼方》四卷。

婆羅門藥方

《隋書・經籍志・醫方》《婆羅門藥方》五卷。

鄭樵《通志・藝文略・醫方》《婆羅門藥方》五卷。

新撰藥方

《隋書・經籍志・醫方》《新撰藥方》五卷。

療三十六瘻方

《隋書・經籍志・醫方》《療三十六瘻方》一卷。

鄭樵《通志・藝文略・醫方》《療三十六瘻方》一卷。

集驗方

《隋書・經籍志・醫方》《集驗方》十二卷。

扁鵲肘後方

《隋書・經籍志・醫方》《扁鵲肘後方》三卷。

鄭樵《通志・藝文略・醫方》扁鵲《肘後方》三卷。

備急單要方

《隋書・經籍志・醫方》《備急單要方》三卷。許澄撰。

僧深集方

《舊唐書・經籍志・醫術》《僧深集方》三十卷。釋僧深撰。

黄帝養胎經

《隋書・經籍志・醫方》《黄帝養胎經》一卷。

千金方

錢東垣等輯《崇文總目・醫書類》《千金方》三十卷。孫思邈撰。

鄭樵《通志・藝文略・醫方》《千金方》三十卷。孫思邈撰。

晁公武《郡齋讀書志・醫書類》《千金方》三十卷。袁本《後志》卷二《醫家類第十九》。右唐孫思邈撰。思邈博通經傳，洞明醫術，著用藥之方、診脈之訣、針灸之穴、禁忌之法，以至導引養生之要，無不周悉。後世或能窺其一二，未有不爲名醫者。然議者頗恨其獨不及傷寒之數云。

尤袤《遂初堂書目・醫書類》《千金方》。

陳振孫《直齋書録解題・醫書類》《千金方》三十卷。唐處士京兆孫思邈撰。自爲之序，名曰《千金備急要方》。以爲人命至重，有貴千金，一方濟之，德踰於此。其前類例數十條，林億等新纂。

馬端臨《文獻通考・經籍考・醫家》《千金方》三十卷。晁氏曰：唐孫思邈撰。思邈博通經傳，洞明醫術，著用藥之方、診脈之訣、鍼灸之穴、禁架之法，以至導引養生之要，無不周悉。後世或能窺其一二，未有不爲名醫者，然議者頗恨其獨不知傷寒之數云。陳氏曰：自爲之序，名曰《千金備急要方》，以爲人命至重，有貴千金，一方濟之，德踰於此。其前類例數十條，林億等新纂。

《宋史・藝文志・醫書類》孫思邈《千金方》三十卷。

范邦甸等《天一閣書目・醫家類》《孫真人千金要方》二册。刊本。唐孫思邈撰，宋林億校正。

徐𤊹《徐氏家藏書目・醫類》《千金方》九十三卷。孫思邈。

殷仲春《醫藏書目・正法函目》《千金方》。三十五卷。孫思邈。

錢謙益等《絳雲樓書目・醫書類》《千金要方》三十卷，孫思邈。

錢曾《讀書敏求記・醫家》《千金要方》三十卷。孫思邈，雍州華原人，救昆明池龍，得仙方三十首，散入此書中，逐卷一方，後人無從辨之。新刻本攙改僞謬，不可是正。此猶是原書也。

黄丕烈《蕘圃藏書題識・子類》《孫真人千金方》三十卷。宋刊配元明刊本。

新雕孫真人千金方

黄丕烈《百宋一廛書録》《新雕孫真人千金方》。余家舊藏錢述古鈔本《千金備急要方》云：「是從宋閣本鈔出，今得宋本勘之，鮮有一處符合者，初不解其故，後檢《通考》，知晁所見者爲《千金方》三十卷，陳所見者爲《千金備急要方》三十卷，其前類例數條，林億等新纂。」則知鈔本即從宋閣本出，是經後人增損，故與宋刻原本不同，二本非特文義增減，即藥名分兩法製，亦多不合前人之方，忽經後人以意改削，可信不可信乎？矧錢本所据，今以補入。宋本之明本，參攷同出一原於明本爛板，鈔本皆缺，宋閣本所出，蓋未可信矣！唯此宋刻實爲祖本。雖闕六卷至十卷，十六卷至二十卷，已自侈爲奇祕。至於配入之明板，斷不可用。

千金髓方

鄭樵《通志・藝文略・醫方》《千金髓方》二十卷。孫思邈撰。

《宋史・藝文志・醫書類》《千金髓方》二十卷。

錢東垣等輯《崇文總目・醫書類》《千金髓方》二十卷。孫思邈撰。原釋闕。見天一閣鈔本。

千金翼方

錢東垣等輯《崇文總目・醫書類》《千金翼方》三十卷。孫思邈撰。原釋闕。見天一閣鈔本。

鄭樵《通志・藝文略・醫方》《千金翼方》三十卷。孫思邈撰。宗撰。

晁公武《郡齋讀書志・醫書類》《千金翼方》三十卷。袁本《後志》卷二《醫家類第二十》。右唐孫思邈撰。思邈著《千金方》，復掇集遺軼以羽翼其書，成一家之學。林億等謂首之以《藥録》，次之以《婦人》、《傷寒》、《小兒》、《養性》、《辟穀》、《退居》、《補益》、《雜病》、《瘡癰》、《色脈》、《針灸》，而《禁經》終焉者，皆有指意云。

尤袤《遂初堂書目・醫書類》《千金翼方》。

陳振孫《直齋書録解題・醫書類》《千金翼方》三十卷。孫思邈撰《千金方》既成，恐其或遺也，又爲此以翼之。亦自爲序。其末兼及禁術，用之亦多驗。

馬端臨《文獻通考・經籍考・醫家》《千金翼方》三十卷。晁氏曰：思邈著《千金方》，復掇集遺軼以羽翼其書，成一家之言。林億等謂首之以《藥録》，次之以《婦人》、《傷寒》、《小兒》、《養性》、《辟穀》、《退居》、《補益》、《雜病》、《瘡癰》、《色脈》、《鍼灸》，而《禁經》終焉者，皆有指意云。陳氏曰：其末兼及禁術，用之多驗。

《宋史・藝文志・醫書類》《千金翼方》三十卷。

殷仲春《醫藏書目・正法函目》《千金翼方》。三十卷。孫思邈。

錢謙益等《絳雲樓書目・醫書類》《千金翼方》三十卷。孫思邈。

錢曾《讀書敏求記・醫家》《千金翼方》三十卷。孫真人既撰《千金方》，猶慮或有缺遺，更撰《翼方》以輔之。宋仁宗命高保衡、孫奇、林億等校正刊行。後列《禁經》二卷，凡二十二篇。今之俗醫有知其法者否？真人之爲神仙無疑，然以用蝨蟲水蛭之類生命，不得冲舉。天之惡殺若此，活人者可不有戒心哉。

千金方

楊士奇等《文淵閣書目・醫書》《千金方》一部一册闕。

醫家要妙

鄭樵《通志・藝文略・醫方》《醫家要妙》五卷。孫思邈撰。

錢東垣等輯《崇文總目・醫書類》《醫家要妙》五卷。孫思邈撰。原釋闕。見天一閣鈔本。

海上方

殷仲春《醫藏書目・楊肘浸假函目》《海上方》。孫真人。

外臺祕要方

《新唐書・藝文志・醫家類》王燾《外臺祕要方》四十卷。

陳振孫《直齋書録解題・醫書類》《外臺祕要方》四十卷。唐鄴郡太守王燾撰。案：原本誤作「壽」，今據《文獻通攷》改正。自爲序，天寶十一載也。其書博采諸家方論，如《肘後》、《千金》，世尚多有之；至於《小品》，深師崔氏、許仁則、張文仲之類，今無傳者，猶間見於此書。大凡醫書之行於世，皆仁廟朝所校定也。

錢東垣等輯《崇文總目・醫書類》《外臺秘要》四十卷。王燾撰。

鄭樵《通志・藝文略・醫方》《外臺祕要》四十卷。王燾撰。

晁公武《郡齋讀書志・醫書類》《外臺祕要方》四十卷。袁本《前志》卷三下《醫家類第七》。右唐王燾撰。燾在臺閣二十年，久知弘文館，得古方書數千百卷，因述諸病證候，附以方藥、符禁、灼灸之法，凡一千一百四門。天寶中，出守房陵及大寧郡，故以「外臺」名其書。孫兆以燾謂「鍼能殺生人，不能起死人，取灸而不取針」，譏其爲醫之蔽。予獨以其言爲然。

尤袤《遂初堂書目・醫書類》《外臺祕要》。

《宋史・藝文志・醫書類》王燾《外臺祕方》四十卷。

馬端臨《文獻通考・經籍考・醫家》《外臺祕要方》四十卷。晁氏曰：唐王燾撰。燾在臺閣二十年，久知弘文館，得古方書數千百卷，因述諸病證候，附以方藥、符禁、灼灸之法，凡一千一百四門。天寶中，出守房陵及太寧郡，故以「外臺」名其書。孫兆以燾謂「鍼能殺生人，不能起死人，取灸而不取鍼」，譏其爲醫之蔽，予獨以其言爲然。

殷仲春《醫藏書目・聲聞函目》《外臺秘要》。四十卷。

《四庫全書總目提要・醫家類》《外臺祕要》四十卷。通行本。唐王燾撰。燾，郿人。王珪孫也。《唐書》附見珪傳。稱其性至孝，爲徐州司馬，母有疾，彌年不廢帶，視絮湯劑。案「視絮」二字未詳，然《玉海》所引亦同，是宋本已然，姑仍其舊。數從高醫游，遂窮其術。因以所學作《外臺祕要》，討繹精明。世寶焉。歷給事中鄴郡太守。《藝文志》載《外臺祕要》四十卷，又《外臺要略》十卷。今《要略》久佚，惟《祕要》尚傳。此本爲宋治平四年孫兆等所校，明程衍道所重刻。前有天寶十一載燾自序，又有皇祐二年內降劄子及兆《校上序》。

孫星衍《平津館鑒藏書籍記・舊影寫本》《外臺祕要方》四十卷。題朝散大夫守光禄卿直祕閣判登聞檢院上護軍臣林億等上進，前有天寶十一載王燾自序，宋孫兆校正《外臺祕要方》序，注解以著其詳。然則燾書孫兆已有更改，此從宋刊本影寫，明程衍道重刊本。删内降劄并後銜名，細注按語，亦多不同，收藏有王文鐸印白文方印，伯振字朱文方印。

黄丕烈《百宋一廛書録》《外臺祕要》。此《外臺祕要方》四十卷，今所存者，目録及第二十二卷耳。其序文及表俱鈔補。卷首標題朝散大夫守光禄卿直祕閣判登聞檢院上護軍臣林億等上進。卷末題右迪功郎充兩浙東路提舉茶鹽司幹辦公事張寔校正。書雖殘闕，歷經名家收藏。目録一册，有曹溶之印。第二十二卷，有武林高瑞南家藏書畫印，則此書固有自來矣。

外臺要略

《新唐書・藝文志・醫家類》王燾又《外臺要略》十卷。

鄭樵《通志・藝文略・醫方》《外臺祕要略》十卷。王燾撰。

《宋史・藝文志・醫書類》《外臺要略》十卷。

錢東垣等輯《崇文總目・醫書類》《外臺要略》十卷。王燾撰。原釋闕。見天一閣鈔本。

千金纂録

鄭樵《通志・藝文略・醫方》《千金纂録》一卷。

外臺祕要方

顧廣圻《思適齋書跋・子部》《外臺祕要方》二十二卷。宋刻殘本。《外臺祕要方》四十卷，此殘宋本所存者，第一至六，又九、十，又十三至十八，又廿一，又廿五至卅，又卅二，凡廿二卷。

阮河南方

《舊唐書・經籍志・醫術》《阮河南方》十六卷。阮炳撰。

《新唐書・藝文志・醫術類》《阮河南方》十六卷。阮炳。

鄭樵《通志・藝文略・醫方》《阮河南方》十六卷。阮炳撰。

阮河南藥方

《新唐書・藝文志・醫術類》《阮河南藥方》十七卷。

删繁方

《舊唐書・經籍志・醫術》《删繁方》十二卷。謝士太撰。

鄭樵《通志・藝文略・醫方》《删繁方》十卷。謝士泰撰。

《新唐書・藝文志・醫術類》謝士太《删繁方》十二卷。

古今録驗方

《舊唐書・經籍志・醫術》《古今録驗方》五十卷。甄權撰。

鄭樵《通志・藝文略・醫方》《古今録驗方》五十卷。

崔氏纂要方

《舊唐書・經籍志・醫術》《崔氏纂要方》十卷。崔知悌撰。

鄭樵《通志・藝文略・醫方》崔氏《纂要方》十卷。唐崔行功撰。

骨蒸病灸方

《舊唐書・經籍志・醫術》《骨蒸病灸方》一卷。崔知悌撰。

療癰疽金瘡要方

《舊唐書・經籍志・醫術》《療癰疽金瘡要方》十四卷。甘濬之撰。

療癰金瘡要方

《舊唐書・經籍志・醫術》《療癰疽金瘡要方》十二卷。甘伯齊撰。

脚弱方

《舊唐書・經籍志・醫術》《脚弱方》八卷。徐叔向撰。

《新唐書・藝文志・醫術類》《脚弱方》八卷。

鄭樵《通志・藝文略・醫方》《脚弱方》八卷。徐叔嚮撰。

調氣方

《舊唐書・經籍志・醫術》《調氣方》一卷。釋鸞撰。

開元廣濟方

鄭樵《通志・藝文略・醫方》明皇《開元廣濟方》五卷。

《新唐書・藝文志・醫家》玄宗《開元廣濟方》五卷。

尤袤《遂初堂書目・醫書類》《廣濟方》。

正元集要廣利方

《新唐書・藝文志・醫家類》德宗《貞元集要廣利方》五卷。

鄭樵《通志・藝文略・醫方》《貞元集要廣利方》五卷。

《宋史・藝文志・醫書類》《貞元集要廣利方》五卷。

錢東垣等輯《崇文總目・醫書類》《正元集要廣利方》五卷。唐德宗撰。原釋闕。見天一閣鈔本。

孟氏必效方

《舊唐書・經籍志・醫術》《孟氏必效方》十卷。孟詵撰。

玄感傳屍方

《舊唐書・經籍志・醫術》《玄感傳屍方》一卷。蘇遊撰。

《新唐書・藝文志・醫術類》蘇游《玄感傳屍方》一卷。

《宋史・藝文志・醫書類》又《玄感傳尸方》一卷。

玄感傳屍論
鄭樵《通志·藝文略·醫方》《玄感傳屍論》一卷。唐蘇遊撰。

狐子方金訣
《舊唐書·經籍志·醫術》《狐子方金訣》二卷。葛仙公撰。
《新唐書·藝文志·醫術類》葛仙公《録狐子方金訣》二卷。

陵陽子祕訣
《舊唐書·經籍志·醫術》《陵陽子祕訣》一卷。明月公撰。
《新唐書·藝文志·醫術類》明月公《陵陽子祕訣》一卷。

神臨藥祕經
《舊唐書·經籍志·醫術》《神臨藥祕經》一卷。黄公撰。
《新唐書·藝文志·醫術類》黄公《神臨藥祕經》一卷。

玉房祕術
《舊唐書·經籍志·醫術》《玉房祕術》一卷。葛氏撰。

玉房祕録訣
《舊唐書·經籍志·醫術》《玉房祕録訣》八卷。沖和子撰。

黄素方
《新唐書·藝文志·醫術類》謝泰《黄素方》二十五卷。
鄭樵《通志·藝文略·醫方》《黄素方》二十五卷。謝泰撰。

黄素方
《舊唐書·經籍志·醫術》《黄素方》十五卷。

調氣方
《新唐書·藝文志·醫術類》僧鸞《調氣方》一卷。

療癰疽金瘡要方
《新唐書·藝文志·醫術類》甘濬之《療癰疽金瘡要方》十四卷。

療癰疽金瘡要方
《新唐書·藝文志·醫術類》甘伯齊《療癰疽金瘡要方》十二卷。

太和濟要方

錢東垣等輯《崇文總目·醫書類》《太和濟要方》五卷。原釋闕。見天一閣鈔本。

太和濟要方

鄭樵《通志·藝文略·醫方》《太和濟要方》五卷。唐宣成公撰。

楊太僕醫方

鄭樵《通志·藝文略·醫方》 楊太僕《醫方》一卷。唐天授二年進。

錢東垣等輯《崇文總目·醫書類》《楊太僕醫方》一卷。

北京要術

鄭樵《通志·藝文略·醫方》《北京要術》一卷。唐陳元撰。

《新唐書·藝文志·醫家類》 陳元《北京要術》一卷。元爲太原少尹。

《宋史·藝文志·醫書類》 陳玄《北京要術》一卷。

錢東垣等輯《崇文總目·醫書類》《北京要術》二卷。陳元撰。

傳信方

鄭樵《通志·藝文略·醫方》 劉禹錫《傳信方》二卷。

《宋史·藝文志·醫書類》 劉禹錫《傳信方》二卷。

錢東垣等輯《崇文總目·醫書類》 劉禹錫《傳信方》二卷。

續傳信方

鄭樵《通志·藝文略·醫方》《續傳信方》十卷。僞唐王顔撰。

《宋史·藝文志·醫書類》 王顔《續傳信方》十卷。

錢東垣等輯《崇文總目·醫書類》《續傳信方》十卷。王顔撰。原釋闕。見天一閣鈔本。

延年秘録

錢東垣等輯《崇文總目·醫書類》《延年秘録》十卷。原釋闕。見天一閣鈔本。

延齡至寶方

鄭樵《通志·藝文略·醫方》《延齡至寶方》十卷。唐姚和撰。

錢東垣等輯《崇文總目·醫書類》《延齡至寶方》十卷。姚和撰。

南行方

《新唐書·藝文志·醫家類》 李繼皐《南行方》三卷。

鄭樵《通志·藝文略·醫方》《南行方》三卷。唐李繼皐撰。

《宋史·藝文志·醫書類》 李繼皐《南行方》三卷。

錢東垣等輯《崇文總目·醫書類》《南行方》十卷。李繼皐撰。原釋闕。見天一閣鈔本。

吞字帖腫方

鄭樵《通志・藝文略・醫方》《吞字帖腫方》一卷。唐波馳波利奉詔譯。

《宋史・藝文志・醫書類》波馳波利譯《吞字帖腫方》一卷。

錢東垣等輯《崇文總目・醫書類》《吞字帖腫方》一卷。釋波利譯。

陸氏集驗方

《新唐書・藝文志・醫家類》《陸氏集驗方》十五卷。陸贄。

鄭樵《通志・藝文略・醫方》《陸氏集驗方》十五卷。陸贄。

備急單方

《新唐書・藝文志・醫家類》賈躭《備急單方》一卷。

趙希弁《讀書附志・醫家類》《陸宣公經驗方》二卷。右唐陸宣公贄在忠州時所集，而山陰陸游所跋也。或問朱文公曰：「陸宣公既貶避謗，闔門不著書，祇爲《古今集驗方》？」曰：「此亦未見陸宣公是處。豈無聖賢經傳可以玩索，可以討論？」

鄭樵《通志・藝文略・醫方》賈耽《備急單方》一卷。

《宋史・藝文志・醫書類》賈耽《備急單方》一卷。

古今集驗方

《新唐書・藝文志・醫家類》薛景晦《古今集驗方》十卷。元和刑部郎中，貶道州刺史。

鄭樵《通志・藝文略・醫方》薛景晦《古今集驗方》十卷。

楊氏産乳集驗方

《新唐書・藝文志・醫家類》《楊氏産乳集驗方》三卷。楊歸厚，元和中，自左拾遺貶鳳州司馬、虢州刺史。方九百一十一。

鄭樵《通志・藝文略・醫方》楊氏《産乳集驗方》三卷。唐楊歸厚撰。

藥　方

《新唐書・藝文志・醫家類》鄭注《藥方》一卷。

鄭樵《通志・藝文略・醫方》鄭注《藥方》一卷。

韋氏集驗獨行方

《新唐書・藝文志・醫家類》《韋氏集驗獨行方》十二卷。韋宙。

鄭樵《通志・藝文略・醫方》韋氏《獨行方》十二卷。唐韋宙撰。

隨身備急方

《新唐書・藝文志・醫家類》張文仲《隨身備急方》三卷。

鄭樵《通志・藝文略・醫方》張文仲《隨身備急方》三卷。

耿奉方

鄭樵《通志・藝文略・醫方》《耿奉方》六卷。

試驗方

鄭樵《通志・藝文略・醫方》 徐大山《試驗方》二卷。

備急草要方

鄭樵《通志・藝文略・醫方》 許證《備急草要方》三卷。

徐辨卿方

鄭樵《通志・藝文略・醫方》 《徐辨卿方》二十卷。

真人時後方

《新唐書・藝文志・醫家類》 劉晲《真人肘後方》三卷。

鄭樵《通志・藝文略・醫方》 劉晲《真人肘後方》三卷。

羣方祕要

鄭樵《通志・藝文略・醫方》 《羣方祕要》三卷。唐蘇越撰。

包會應驗方

《新唐書・藝文志・醫家類》 包會《應驗方》一卷。

鄭樵《通志・藝文略・醫方》 《包會應驗方》一卷。

《宋史・藝文志・醫書類》 包會《應驗方》三卷。

昇元廣濟方

鄭樵《通志・藝文略・醫方》 《昇元廣濟方》三卷。僞唐華宗壽撰。

新集應病通神方

鄭樵《通志・藝文略・醫方》 《新集應病通神方》三卷。裴孝封撰。

產寶

晁公武《郡齋讀書志・醫書類》 《產寶》二卷。袁本《前志》卷三下《醫家類第十》。右唐昝殷撰。殷，蜀人。大中初，白敏中守成都，其家有因免乳死者，訪問名醫，或以殷對。敏中迎之，殷集備驗方藥三百七十八首以獻。其後周頲又作三論，附於前。

寒食散方并消息節度

《舊唐書・經籍志・醫術》 《寒食散方并消息節度》二卷。

《新唐書・藝文志・醫術類》 《寒食散方并消息節度》二卷。

解散消息節度

鄭樵《通志・藝文略・醫方》 徐叔嚮《解散消息節度》八卷。

解寒食散方

鄭樵《通志·藝文略·醫方》《解寒食散方》六卷。徐叔嚮撰。

解寒食散方

《舊唐書·經籍志·醫術》《解寒食散方》十三卷。徐叔和撰。

解寒食方

《新唐書·藝文志·醫術類》《解寒食方》十五卷。

鄭樵《通志·藝文略·醫方》《解寒食方》十五卷。見《唐志》。

解散方

鄭樵《通志·藝文略·醫方》《解散方》十三卷。

解散方

鄭樵《通志·藝文略·醫方》范氏《解散方》七卷。

解散方

鄭樵《通志·藝文略·醫方》釋慧義《解散方》一卷。

婦人方

《舊唐書·經籍志·醫術》《婦人方》十卷。

少小方

《舊唐書·經籍志·醫術》《少小方》十卷。

少小雜方

《舊唐書·經籍志·醫術》《少小雜方》二十卷。

少小節療方

《舊唐書·經籍志·醫術》《少小節療方》一卷。俞寶撰。

俞氏治小兒方

《新唐書·藝文志·醫術類》《俞氏治小兒方》四卷。

小女節療方

《新唐書·藝文志·醫術類》俞寶《小女節療方》一卷。

少女方

《新唐書・藝文志・醫術類》《少女方》十卷。

鄭樵《通志・藝文略・醫方》《少女方》十卷。見《唐志》。

少女雜方

《新唐書・藝文志・醫術類》《少女雜方》二十卷。

鄭樵《通志・藝文略・醫方》《少女雜方》二十卷。見《唐志》。

雜療方

《舊唐書・經籍志・醫術》《雜療方》二十卷。徐叔和撰。

體療雜病方

《舊唐書・經籍志・醫術》《體療雜病方》六卷。徐叔和撰。

雜藥方

《舊唐書・經籍志・醫術》《雜藥方》十二卷。褚澄撰。

《新唐書・藝文志・醫術類》褚澄《雜藥方》十二卷。

鄭樵《通志・藝文略・醫方》褚澄《雜藥方》十二卷。

雜湯方

《舊唐書・經籍志・醫術》《雜湯方》八卷。

雜丸方

《舊唐書・經籍志・醫術》《雜丸方》一卷。

雜湯丸散方

《舊唐書・經籍志・醫術》《雜湯丸散方》五十七卷。孝思撰。

《新唐書・藝文志・醫術類》孝思《雜湯丸散方》五十七卷。

名醫集驗方

《舊唐書・經籍志・醫術》《名醫集驗方》三卷。

《新唐書・藝文志・醫術類》《名醫集驗方》三卷。

鄭樵《通志・藝文略・醫方》《名醫集驗方》三卷。

家祕方

《新唐書・藝文志・醫術類》又《家祕方》三卷。

備急方

錢東垣等輯《崇文總目・醫書類》《備急方》一卷。

鄭樵《通志・藝文略・醫方》《備急方》一卷。

刪繁要略方

錢東垣等輯《崇文總目・醫書類》《刪繁要略方》一卷。原釋闕。見天一閣鈔本。

鄭樵《通志・藝文略・醫方》《刪繁要略方》一卷。

《宋史・藝文志・醫書類》《刪繁要略方》一卷。

備要簡急方

錢東垣等輯《崇文總目・醫書類》《備要簡急方》一卷。

鄭氏纂秘要藥方

錢東垣等輯《崇文總目・醫書類》《鄭氏纂秘要藥方》二卷。原釋闕。見天一閣鈔本。

如意方

《新唐書・藝文志・醫術類》《如意方》十卷。

鄭樵《通志・藝文略・醫方》《如意方》十卷。

雜湯方

《新唐書・藝文志・醫術類》《雜湯方》八卷。

鄭樵《通志・藝文略・醫方》《雜湯方》八卷。

黃白祕法

《舊唐書・經籍志・醫術》《黃白祕法》一卷。

百病膏方

《舊唐書・經籍志・醫術》《百病膏方》十卷。

《新唐書・藝文志・醫術類》《百病膏方》十卷。

鄭樵《通志・藝文略・醫方》《百病膏方》十卷。

療目方

《舊唐書・經籍志・醫術》《療目方》五卷。

陷冰丸方

鄭樵《通志・藝文略・醫方》扁鵲《陷冰丸方》一卷。

必効方

鄭樵《通志·藝文略·醫方》《必効方》十卷。

袖中備急要方

鄭樵《通志·藝文略·醫方》《袖中備急要方》三卷。

神枕方

鄭樵《通志·藝文略·醫方》《神枕方》一卷。

《宋史·藝文志·醫書類》《神枕方》一卷。

惠心方

錢東垣等輯《崇文總目·醫書類》《鄭氏惠心方》三卷。原釋闕。見天一閣鈔本。

鄭樵《通志·藝文略·醫方》鄭氏《惠心方》三卷。

惠民方

鄭樵《通志·藝文略·醫方》鄭氏《惠民方》三卷。

祕要方

鄭樵《通志·藝文略·醫方》鄭氏纂《祕要方》二卷。

諸集纂驗方

鄭樵《通志·藝文略·醫方》《諸集纂驗方》一卷。

雜療方

《新唐書·藝文志·醫術類》徐叔嚮《雜療方》二十卷。

體療雜病方

《新唐書·藝文志·醫術類》又《體療雜病方》六卷。

鄭樵《通志·藝文略·醫方》徐叔嚮《體療雜病方》六卷。

雜療方

鄭樵《通志·藝文略·醫方》徐叔嚮《雜療方》十二卷。

狐子雜訣

《舊唐書·經籍志·醫術》《狐子雜訣》三卷。

《新唐書·藝文志·醫術類》《狐子雜訣》三卷。

療目方

《新唐書·藝文志·醫術類》《療目方》五卷。

鄭樵《通志・藝文略・醫方》《療目方》五卷。陶氏撰。

婦人方

《新唐書・藝文志・醫術類》《婦人方》十卷。

婦人方

鄭樵《通志・藝文略・醫方》《婦人方》二十卷。見《唐志》。

雜藥方

《新唐書・藝文志・醫術類》《雜藥方》六卷。

雜丸方

《新唐書・藝文志・醫術類》《雜丸方》一卷。

篋中方

《新唐書・藝文志・醫家類》許孝宗《篋中方》三卷。

鄭樵《通志・藝文略・醫方》《篋中方》三卷。唐許孝宗撰。

錢東垣等輯《崇文總目・醫書類》《篋中方》三卷。許孝宗撰。原釋闕。見天一閣鈔本。

賈相公備急單方

錢東垣等輯《崇文總目・醫書類》《賈相公備急單方》一卷。賈耽撰。

産保方

顧櫰三《補五代史藝文志・技術類》《産保方》三卷。周挺撰。

博濟安衆方

鄭樵《通志・藝文略・醫方》《博濟安衆方》二卷。

《宋史・藝文志・醫書類》《博濟安衆方》三卷。

錢東垣等輯《崇文總目・醫書類》《博濟安衆方》二卷。原釋闕。見天一閣鈔本。

雞峰備急方

尤袤《遂初堂書目・醫書類》《雞峰備急方》。

陳振孫《直齋書録解題・醫書類》《雞峯備急方》一卷。太醫局教授張鋭撰。紹興三年爲序。太抵皆單方也。

馬端臨《文獻通考・經籍考・醫家》《鷄峰備急方》一卷。陳氏曰：太醫教授張鋭撰。紹興三年爲序。大抵皆單方也。

《宋史・藝文志・醫書類》張鋭《鷄峯備急方》一卷。

海上方

陳振孫《直齋書録解題・醫書類》《海上方》一卷。不著名氏。括蒼刻本。《館閣書目》有此方，云乾道中知處州錢竽編。

馬端臨《文獻通考・經籍考・醫家》《海上方》一卷。陳氏曰：不著姓名。括蒼刻本。《館閣書目》有此方，云乾道中知處州錢竽編。

廣正集靈寶方

鄭樵《通志・藝文略・醫方》《廣正集靈寶方》一百卷。僞蜀羅普宣撰。

顧櫰三《補五代史藝文志・技術類》《廣政集靈寶方》一百卷，羅普宣撰。

錢東垣等輯《崇文總目・醫書類》《廣正集靈寶方》一百卷。羅普宣撰。原釋闕。見天一閣鈔本。

金鑑方

鄭樵《通志・藝文略・醫方》《金鑑方》三卷。孫兼撰。

《宋史・藝文志・醫書類》孫廉《金鑑方》三卷。

錢東垣等輯《崇文總目・醫書類》《金鑑方》三卷。原釋闕。見天一閣鈔本。

劉涓子神仙方

尤袤《遂初堂書目・醫書類》《劉涓子神仙方》。

劉涓子神仙遺論

陳振孫《直齋書録解題・醫書類》《劉涓子神仙遺論》十卷。東蜀刺史李頔録。按《中興書目》引《崇文總目》云宋龔慶宣撰。劉涓子者，晉末人，於丹陽縣得《鬼遺方》一卷，皆治癰疽之法，慶宣得而次第之。今按：《唐志》有龔慶宣《劉涓子男方》十卷，未知即此書否？卷或一板，或止數行。名爲十卷，實不多也。

《宋史・藝文志・醫書類》劉涓子《神仙遺論》十卷。東蜀李頔録。

醫方大成

楊士奇等《文淵閣書目・醫書》《醫方大成》一部一册闕。

錢謙益等《絳雲樓書目・醫書類》《醫方大成》。

黄虞稷《千頃堂書目・醫家類・補元》孫允賢《醫方大成》十卷。

倪燦等《補遼金元藝文志・醫方》孫允賢《醫方大成》十卷。

錢大昕《補元史藝文志・醫書類》孫允賢《醫方大成》十卷。

醫　方

《宋史・藝文志・醫書類》楊太僕《醫方》一卷。

海上集驗方

《新唐書・藝文志・醫家類》崔玄亮《海上集驗方》十卷。

鄭樵《通志・藝文略・醫方》《海上集驗方》十卷。崔玄亮撰。

《宋史・藝文志・醫書類》崔元亮《海上集驗方》十卷。

錢東垣等輯《崇文總目・醫書類》《海上集驗方》十卷。崔元亮撰。

崔氏方

錢東垣等輯《崇文總目・醫書類》《崔氏方》三卷。

梅崇獻方

《新唐書・藝文志・醫家類》梅崇《獻方》五卷。

鄭樵《通志・藝文略・醫方》《梅崇獻方》五卷。道士梅崇獻撰。

錢東垣等輯《崇文總目・醫書類》《梅崇獻方》五卷。原釋闕。見天一閣鈔本。

塞上方

《宋史・藝文志・醫書類》《塞上方》三卷。

鄭樵《通志・藝文略・醫方》《塞上方》三卷。

錢東垣等輯《崇文總目・醫書類》《塞上方》三卷。原釋闕。見天一閣鈔本。

千金秘要備急方

鄭樵《通志・藝文略・醫方》《千金祕要備急方》一卷。

《宋史・藝文志・醫書類》《千金祕要備急方》一卷。

錢東垣等輯《崇文總目・醫書類》《千金秘要備急方》一卷。原釋闕。見天一閣鈔本。

應驗方

錢東垣等輯《崇文總目・醫書類》《應驗方》一卷。原釋闕。見天一閣鈔本。

新集應病通神方

錢東垣等輯《崇文總目・醫書類》《新集應病通神方》一卷。原釋闕。見天一閣鈔本。

崔氏應驗方

錢東垣等輯《崇文總目・醫書類》《崔氏應驗方》三卷。原釋闕。見天一閣鈔本。

鄭氏惠民方

錢東垣等輯《崇文總目・醫書類》《鄭氏惠民方》一卷。原釋闕。見天一閣鈔本。

病源丸經

錢東垣等輯《崇文總目・醫書類》《病源丸經》一卷。原釋闕。見天一閣鈔本。

醫明要略

錢東垣等輯《崇文總目・醫書類》《醫明要略》一卷。原釋闕。見天一閣鈔本。

鄭樵《通志・藝文略・醫方》《醫明要略》一卷。

《宋史・藝文志・醫書類》《醫明要略》一卷。

通元經

錢東垣等輯《崇文總目・醫書類》《通元經》十卷。支義方撰。

醫門金寶鑑

錢東垣等輯《崇文總目・醫書類》《醫門金寶鑑》三卷。衛嵩撰。原釋闕。見天一閣鈔本。

耆婆八十四問

錢東垣等輯《崇文總目・醫書類》《耆婆八十四問》一卷。原釋闕。見天一閣鈔本。

六十四問

錢東垣等輯《崇文總目・醫書類》《六十四問》一卷。許詠撰。原釋闕。見天一閣鈔本。

六十四問祕要方

《宋史・藝文志・醫書類》許詠一作「泳」《六十四問祕要方》一卷。

問答病狀

錢東垣等輯《崇文總目・醫書類》《問答病狀》一卷。原釋闕。見天一閣鈔本。

問病録

錢東垣等輯《崇文總目・醫書類》《問病録》一卷。原釋闕。見天一閣鈔本。

百一問答方

鄭樵《通志・藝文略・醫方》《百一問答方》三卷。蕭存禮撰。

《宋史・藝文志・醫書類》蕭存禮《百一問答方》三卷。

錢東垣等輯《崇文總目・醫書類》《百一問荅方》三卷。蕭存禮撰。原釋闕。見天一閣鈔本。

別集玉壺備急大方

鄭樵《通志・藝文略・醫方》《別集玉壺備急大方》一卷。

錢東垣等輯《崇文總目・醫書類》《別集玉壺備急大方》一卷。

集諸纂驗方

錢東垣等輯《崇文總目・醫書類》《集諸纂驗方》一卷。

行要備急方

鄭樵《通志・藝文略・醫方》《行要備急方》一卷。元希聲集。
錢東垣等輯《崇文總目・醫書類》《行要備急方》一卷。元希聲撰。

録驗備急諸方

錢東垣等輯《崇文總目・醫書類》《録驗備急諸方》一卷。

諸家明方

錢東垣等輯《崇文總目・醫書類》《諸家明方》一卷。

走馬備要方

鄭樵《通志・藝文略・醫方》《走馬備要方》一卷。段詠撰。
錢東垣等輯《崇文總目・醫書類》《走馬備要方》一卷。段詠撰。

秘要藥方

錢東垣等輯《崇文總目・醫書類》《秘要藥方》一卷。原釋闕。見天一閣鈔本。

秘要方

錢東垣等輯《崇文總目・醫書類》《秘要方》一卷。

千金纂録

《宋史・藝文志・醫書類》《千金纂録》二卷。
錢東垣等輯《崇文總目・醫書類》《千金纂録》二卷。

還元丹方

錢東垣等輯《崇文總目・醫書類》《還元丹方》一卷。

養性益壽備急方

《宋史・藝文志・醫書類》《養性益壽備急方》一卷。
錢東垣等輯《崇文總目・醫書類》《養性益壽備急方》一卷。

仙人養性治身經

錢東垣等輯《崇文總目・醫書類》《仙人養性治身經》三卷。

巾箱集

鄭樵《通志·藝文略·醫方》《巾箱集》一卷。

錢東垣等輯《崇文總目·醫書類》《巾箱集》一卷。

王氏秘方

鄭樵《通志·藝文略·醫方》《王氏秘方》五卷。

錢東垣等輯《崇文總目·醫書類》《王氏秘方》五卷。

集妙方

鄭樵《通志·藝文略·醫方》《集妙方》三卷。沈承澤撰。

《宋史·藝文志·醫書類》沈承澤《集妙方》三卷。

錢東垣等輯《崇文總目·醫書類》《集妙方》三卷。

川玉集

《宋史·藝文志·醫書類》《川玉集》一卷。

錢東垣等輯《崇文總目·醫書類》《川玉集》一卷。醫書類四共六十五部，計一百三十九卷。

穿玉集

《宋史·藝文志·醫書類》《穿玉集》一卷。

脚氣方

錢東垣等輯《崇文總目·醫書類》《脚氣方》一卷。李暄撰。

奏聞單方

《宋史·藝文志·醫書類》《奏聞單方》一卷。

鄭樵《通志·藝文略·醫方》《單方》一卷。《崇文總目》。

錢東垣等輯《崇文總目·醫書類》《奏聞單方》一卷。宋志不著撰人。又《單方》一卷。

眼方

鄭樵《通志·藝文略·醫方》穆昌敍《眼方》一卷。

錢東垣等輯《崇文總目·醫書類》穆昌敍《眼方》一卷。

神杭方

錢東垣等輯《崇文總目·醫書類》《神杭方》一卷。

修纂療癰疽要訣

錢東垣等輯《崇文總目·醫書類》《修纂療癰疽要訣》一卷。喻義撰。

瘰癧方

鄭樵《通志・藝文略・醫方》《瘰癧方》一卷。
《宋史・藝文志・醫書類》《瘰癧方》一卷。
殷仲春《醫藏書目・楊肘浸假函目》《瘰癧方》。一卷。
錢東垣等輯《崇文總目・醫書類》《瘰癧方》一卷。

徒都子膜子外氣方

錢東垣等輯《崇文總目・醫書類》《徒都子膜子外氣方》一卷。

千金一致方

鄭樵《通志・藝文略・醫方》《千金一致方》一卷。錢象中集。

備急管見良方

殷仲春《醫藏書目・旁通函目》《備急管見良方》。十卷。宋陳自明。

普濟本事方

《宋史・藝文志・醫書類》許叔微《普濟本事方》十二卷。

經驗方

《宋史・藝文志・醫書類》胡氏《經驗方》五卷。不著名。

補瀉内景方

《宋史・藝文志・醫書類》胡愔《補瀉内景方》三卷。

温舍人方

《宋史・藝文志・醫書類》《温舍人方》一卷。不知名。

集驗方

《宋史・藝文志・醫書類》吴得夫《集驗方》七卷。

馬氏録驗方

《宋史・藝文志・醫書類》馬延之《馬氏録驗方》一卷。

三因病源方

《宋史・藝文志・醫書類》陳言《三因病源方》六卷。

備用方

《宋史・藝文志・醫書類》 《備用方》二卷。岳州守臣編，不著名氏。

備急効驗方

《宋史・藝文志・醫書類》 丘哲《備急効驗方》三卷。

丹毒備急方

《宋史・藝文志・醫書類》 宋霖《丹毒備急方》三卷。

備問方

《宋史・藝文志・醫書類》 黄環《備問方》二卷。

方氏集要方

《宋史・藝文志・醫書類》 方導《方氏集要方》二卷。

濟世萬全方

《宋史・藝文志・醫書類》 王世明《濟世萬全方》一卷。

究源方

《宋史・藝文志・醫書類》 張松《究源方》五卷。

五痔方

《宋史・藝文志・醫書類》 定齋居士《五痔方》一卷。

中興備急方

《宋史・藝文志・醫書類》 《中興備急方》二卷。

紹聖重集醫馬方

《宋史・藝文志・醫書類》 《紹聖重集醫馬方》一卷。

治未病方

《宋史・藝文志・醫書類》 《治未病方》一卷。

癰疽方

《宋史・藝文志・醫書類》 《癰疽方》一卷。

治發背惡瘡内補方

《宋史·藝文志·醫書類》《治發背惡瘡内補方》一卷。

祕寶方

《宋史·藝文志·醫書類》《祕寶方》二卷。

古今祕傳必驗方

《宋史·藝文志·醫書類》《古今祕傳必驗方》一卷。

太醫西局濟世方

《宋史·藝文志·醫書類》《太醫西局濟世方》八卷。

經驗方

《宋史·藝文志·醫書類》王素《經驗方》三卷。

癰疽方

《宋史·藝文志·醫書類》李氏《癰疽方》一卷。不知名。

十全博救方

《宋史·藝文志·醫書類》劉甫《十全博救方》一卷。

簡要濟衆方

《宋史·藝文志·醫書類》周應《簡要濟衆方》五卷。

贛州正俗方

《宋史·藝文志·醫書類》劉彝《贛州正俗方》二卷。

簡驗方

《宋史·藝文志·醫書類》李端愿《簡驗方》一卷。

重廣保生信効方

《宋史·藝文志·醫書類》閻孝忠《重廣保生信効方》一卷。

明効方

《宋史·藝文志·醫書類》晏傅正《明効方》五卷。

神效備急單方

《宋史・藝文志・醫書類》 葛懷敏《神效備急單方》一卷。

古今録驗養生必用方

《宋史・藝文志・醫書類》 初虞世《古今録驗養生必用方》三卷。

驗方書

《宋史・藝文志・醫書類》 龐安《驗方書》一卷。

王趙選秘方

《宋史・藝文志・醫書類》 《王趙選祕方》二卷。

孟氏詵詵方

楊士奇等《文淵閣書目・醫書》 《孟氏詵詵方》一部一册闕。

昇元廣濟方

錢東垣等輯《崇文總目・醫書類》 《昇元廣濟方》三卷。華宗壽撰。原釋闕。見天一閣鈔本。

韋氏集驗獨行方

錢東垣等輯《崇文總目・醫書類》 《韋氏集驗獨行方》三卷。韋宙撰。原釋闕。見天一閣鈔本。

羣方秘要

《新唐書・藝文志・醫家類》 蘇越《羣方祕要》三卷。

《宋史・藝文志・醫書類》 蘇越《羣方祕要》三卷。

錢東垣等輯《崇文總目・醫書類》 《羣方秘要》三卷。蘇越撰。

集諸要妙方

《宋史・藝文志・醫書類》 《集諸要妙方》一卷。

錢東垣等輯《崇文總目・醫書類》 《集諸要妙方》一卷。原釋闕。見天一閣鈔本。

纂集韓待詔肘後方

鄭樵《通志・藝文略・醫方》 纂集韓待詔《肘後方》一卷。

錢東垣等輯《崇文總目・醫書類》 《纂集韓待詔肘後方》一卷。原釋闕。見天一閣鈔本。

兵部手集方

《新唐書・藝文志》 薛弘慶《兵部手集方》三卷。兵部尚書李絳所傳方。弘慶，大和河中少尹。

鄭樵《通志・藝文略・醫方》 《兵部手集方》三卷。李絳方，薛弘慶集。

《宋史・藝文志・醫書類》 李絳《兵部手集方》三卷。

錢東垣等輯《崇文總目・醫書類》 《兵部手集方》三卷。李絳方，薛宏慶撰。

嵩臺集

《新唐書・藝文志・醫家類》 李昭明《嵩臺集》三卷。

《宋史・藝文志・醫書類》 李昭明《嵩臺論》三卷。

錢東垣等輯《崇文總目・醫書類》 《嵩臺集》三卷。李昭明撰。原釋闕。見天一閣鈔本。

唐興集驗方

《新唐書・藝文志・醫家類》 白仁敘《唐興集驗方》五卷。

鄭樵《通志・藝文略・醫方》 《唐興集驗方》五卷。白仁敘撰。

錢東垣等輯《崇文總目・醫書類》 《唐興集驗方》五卷。白仁敘撰。

衛生十全方

《宋史・藝文志・醫書類》 夏德懋《衛生十全方》十三卷。

妙濟方

《宋史・藝文志・醫書類》 卓伯融《妙濟方》一卷。

總効方

《宋史・藝文志・醫書類》 胡元質《總効方》十卷。

三因方

楊士奇等《文淵閣書目・醫書》 《三因方》一部一册闕。

食鑑

《宋史・藝文志・醫書類》 《食鑑》四卷。

摭醫新説

《宋史・藝文志・醫書類》 黨永年《摭醫新説》三卷。

小兒方

《宋史・藝文志・醫書類》 王伯順《小兒方》三卷。

手集備急經効方

《宋史・藝文志・醫書類》 陳抃《手集備急經効方》一卷。

外科保安要用方

《宋史・藝文志・醫書類》 張允蹈《外科保安要用方》五卷。

司牧安驥集

《宋史・藝文志・醫書類》 李石《司牧安驥集》三卷。

《宋史・藝文志・醫書類》 又《司牧安驥方》一卷。

編類本草單方

《宋史・藝文志・醫書類》 王俁《編類本草單方》三十五卷。

瘴瘧備急方

《宋史・藝文志・醫書類》 趙鑄《瘴瘧備急方》一卷。

經効癰疽方

《宋史・藝文志・醫書類》 王蘧《經効癰疽方》一卷。

治癰疽膿毒方

《宋史・藝文志・醫書類》 胡權《治癰疽膿毒方》一卷。

海上名方

《宋史・藝文志・醫書類》 錢竿《海上名方》一卷。

經驗藥方

《宋史・藝文志・醫書類》 何偁《經驗藥方》二卷。

神巧萬全方

《宋史・藝文志・醫書類》 《劉元賓神巧萬全方》十二卷。

治背瘡方

《宋史・藝文志・醫書類》 史源《治背瘡方》一卷。

簡要濟衆方

鄭樵《通志・藝文略・醫方》 《簡要濟衆方》五卷。周應等撰。

明効方

鄭樵《通志・藝文略・醫方》 晏相《明効方》五卷。

仙人水鏡

《宋史・藝文志・醫書類》 王起《仙人水鏡》一卷。

千金手鑑

《宋史・藝文志・醫書類》 《千金手鑑》二十卷。

應驗方

《宋史・藝文志・醫書類》 《應驗方》三卷。

應病神通方

《宋史・藝文志・醫書類》 《應病神通方》三卷。

玉壺備急方

《宋史・藝文志・醫書類》 《玉壺備急方》一卷。

纂要祕要方

《宋史・藝文志・醫書類》 《纂要祕要方》三卷。

服食導養方

《宋史・藝文志・醫書類》 《服食導養方》三卷。

補養方

《宋史・藝文志・醫書類》 孟氏《補養方》三卷。

晨昏寧待方

《宋史・藝文志・醫書類》 《晨昏寧待方》二卷。

傳道適用方

馬端臨《文獻通考・經籍考・醫家》 《傳道適用方》二卷。陳氏曰：稱拙菴吳彥夔，淳熙庚子。

藥　方

《宋史・藝文志・醫書類》 華佗《藥方》一卷。

顱顖經

《宋史・藝文志・醫書類》 師巫《顱顖經》二卷。

玉函方

《宋史・藝文志・醫書類》《玉函方》三卷。

玉臺備急方

鄭樵《通志・藝文略・醫方》《玉臺備急方》一卷。

彭祖養性備急方

鄭樵《通志・藝文略・醫方》《彭祖養性備急方》一卷。

金鍊神妙方

鄭樵《通志・藝文略・醫方》《金鍊神妙方》一卷。

太清經藥方

鄭樵《通志・藝文略・醫方》《太清經藥方》一卷。

胡愔方

鄭樵《通志・藝文略・醫方》《胡愔方》二卷。

聖惠選方

鄭樵《通志・藝文略・醫方》《聖惠選方》六十卷。

聖苑方

鄭樵《通志・藝文略・醫方》《聖苑方》三卷。

醫門集

鄭樵《通志・藝文略・醫方》 王氏《醫門集》二十卷。

華佗中藏經

尤袤《遂初堂書目・醫書類》《華佗中藏經》。

楊士奇等《文淵閣書目・醫書》《華佗中藏經方》一部一册闕。

資生方

尤袤《遂初堂書目・醫書類》《資生方》。

活人名方

尤袤《遂初堂書目·醫書類》《活人名方》。

孫尚藥方

鄭樵《通志·藝文略·醫方》《孫尚藥方》三卷。

陳太醫方

鄭樵《通志·藝文略·醫方》《陳太醫方》一卷。

張處環方

鄭樵《通志·藝文略·醫方》《張處環方》三卷。

必用方

鄭樵《通志·藝文略·醫方》初虞世《必用方》三卷。

續必用方

鄭樵《通志·藝文略·醫方》《續必用方》一卷。

意外方

鄭樵《通志·藝文略·醫方》《意外方》三卷。

二十八宿治病鬼鑑圖

鄭樵《通志·藝文略·醫方》《二十八宿治病鬼鑑圖》一卷。

月録方

鄭樵《通志·藝文略·醫方》韋氏《月録方》一卷。

聖惠經用方

鄭樵《通志·藝文略·醫方》《聖惠經用方》一卷。

王趙選祕方

鄭樵《通志·藝文略·醫方》《王趙選祕方》一卷。

千金方

鄭樵《通志·藝文略·醫方》宋氏《千金方》三卷。

十全博救方

鄭樵《通志・藝文略・醫方》 劉氏《十全博救方》一卷。劉甫集。

葉氏方

陳振孫《直齋書録解題・醫書類》 《葉氏方》三卷。太社令延平葉大廉撰。

馬端臨《文獻通考・經籍考・醫家》 《葉氏方》三卷。陳氏曰：太社令延平葉大廉撰。

胡氏方

陳振孫《直齋書録解題・醫書類》 《胡氏方》一卷。不著名。

馬端臨《文獻通考・經籍考・醫家》 《胡氏方》一卷。陳氏曰：不著名。

陳氏手集方

陳振孫《直齋書録解題・醫書類》 《陳氏手集方》一卷。建安陳抃。

馬端臨《文獻通考・經籍考・醫家》 《陳氏手集方》一卷。陳氏曰：建安陳抃。

選奇方

陳振孫《直齋書録解題・醫書類》 《選奇方》十卷、《後集》十卷。青田余綱堯舉撰。

馬端臨《文獻通考・經籍考・醫家》 《選奇方》十卷。《後集》十卷。陳氏曰：青田余綱堯舉撰。

傷寒瀉痢要方

陳振孫《直齋書録解題・醫書類》 《傷寒瀉痢要方》一卷。直龍圖閣長樂陳孔碩膚仲撰。

馬端臨《文獻通考・經籍考・醫家》 《傷寒瀉痢要方》一卷。陳氏曰：直龍圖閣長樂陳孔碩膚仲撰。

勝金方

鄭樵《通志・藝文略・醫方》 《勝金方》一卷。

《宋史・藝文志・醫書類》 《勝金方》一卷。

胎産經驗方

陳振孫《直齋書録解題・醫書類》 《胎産經驗方》一卷。陸子正撰集。

馬端臨《文獻通考・經籍考・醫家》 《胎産經驗方》一卷。陳氏曰：陸子正撰集。

集效方

陳振孫《直齋書録解題・醫書類》 《集效方》一卷。南康守李觀民集。

馬端臨《文獻通考・經籍考・醫家》 《集效方》一卷。陳氏曰：泉江李迅嗣立撰。凡五十二條，其論義詳盡曲當。

《宋史・藝文志・醫書類》《集効方》一卷。

大衍方

陳振孫《直齋書録解題・醫書類》《大衍方》十二卷。朝散大夫孫紹遠稽仲撰。凡藥當豫備者四十九種，故名「大衍」。所在易得者不與焉。諸方附於後。

馬端臨《文獻通考・經籍考・醫家》《大衍方》十二卷。陳氏曰：朝散大夫孫紹遠稽仲撰。凡藥當預備者四十九種，故名「大衍」。所在易得者不與焉。諸方附於後。

三因極一方

陳振孫《直齋書録解題・醫書類》《三因極一方》六卷。括蒼陳言無擇撰。「三因」者，内因、外因、不内外因。其説出《金匱要略》。其所述方論，往往皆古書也。

馬端臨《文獻通考・經籍考・醫家》《三因極一方》六卷。陳氏曰：括蒼陳言無擇撰。「三因」者，内因、外因、不内外因。其説出《金匱要略》，其所述方論，往往皆古書也。

指南方

陳振孫《直齋書録解題・醫書類》《指南方》二卷。蜀人史堪載之撰。凡三十一門，各有論。

馬端臨《文獻通考・經籍考・醫家》《指南方》二卷。陳氏曰：蜀人史堪載之撰。凡三十一門，各有論。

楊士奇等《文淵閣書目・醫書》《指南方》一部一册闕。

本草單方

陳振孫《直齋書録解題・醫書類》《本草單方》三十五卷。工部侍郎宛丘王俣碩父撰。取《本草》諸藥條下所載單方，以門類編之，凡四千二百有六方。

馬端臨《文獻通考・經籍考・醫家》《本草單方》三十五卷。陳氏曰：工部侍郎宛邱王俣碩父撰。取《本草》諸藥條下所載單方，以門類編之，凡四千二百有六方。

何氏方

陳振孫《直齋書録解題・醫書類》《何氏方》二卷。太常博士括蒼何偁德揚撰。

洪氏方

陳振孫《直齋書録解題・醫書類》《洪氏方》一卷。鄱陽洪氏。

馬端臨《文獻通考・經籍考・醫家》《洪氏方》一卷。陳氏曰：鄱陽洪氏。

莫氏方

陳振孫《直齋書録解題・醫書類》《莫氏方》一卷。刑部郎中吴興莫伯虚致道刻《博濟方》於永嘉，而以其家藏《經驗方》附於後。

馬端臨《文獻通考・經籍考・醫家》《莫氏方》一卷。陳氏曰：刑部郎中吴興莫伯虚致道刻《博濟方》於永嘉，而以其家藏《經驗方》附於後。

傷寒歌

陳振孫《直齋書録解題・醫書類》《傷寒歌》三卷。許叔微撰。凡百篇，皆本仲景法。又有《治法》八十一篇，及《仲景脉法三十六圖》、《翼傷寒論》二卷、《辨類》五卷，皆未見。

楊氏方

陳振孫《直齋書録解題・醫書類》《楊氏方》二十卷。樞密楊倓子靖以家藏方一千一百十有一首刻之當塗，世多用之。盧校本「楊倓」作「楊炎」。校注曰：館本「楊倓」，《通攷》同。

龐氏家藏秘寶方

陳振孫《直齋書録解題・醫書類》《龐氏家藏秘寶方》五卷。蘄水龐安時安常撰。安時以醫名世，所著書傳於世者，惟《傷寒論》而已。此書南城吴炎晦父録以見遺。

陳氏經驗

趙希弁《讀書附志・醫家類》《陳氏經驗方》五卷。右書林陳先生集。李文懿公壁爲之序。

贛上證俗方

尤袤《遂初堂書目・醫書類》《贛上證俗方》。

保生十全方

尤袤《遂初堂書目・醫書類》《保生十全方》。

丁晉公服食方

尤袤《遂初堂書目・醫書類》《丁晉公服食方》。

李深之手集方

尤袤《遂初堂書目・醫書類》《李深之手集方》。

衛濟寶書

尤袤《遂初堂書目・醫書類》《衛濟寶書》。

許本知可事方

尤袤《遂初堂書目・醫書類》《許本知可事方》。

錢乙小兒方

尤袤《遂初堂書目・醫書類》《錢乙小兒方》。

曹王普惠方

尤袤《遂初堂書目・醫書類》《曹王普惠方》。

傷寒百問方

尤袤《遂初堂書目・醫書類》《傷寒百問方》。

海上名方

尤袤《遂初堂書目・醫書類》《海上名方》。

孫兆方

尤袤《遂初堂書目・醫書類》《孫兆方》。

古今必效

尤袤《遂初堂書目・醫書類》《古今必效》。

旅舍備要方

尤袤《遂初堂書目・醫書類》《旅舍備要方》。

單方

鄭樵《通志・藝文略・醫方》王世榮《單方》一卷。

單方

鄭樵《通志・藝文略・醫方》秦聞《單方》一卷。

單方

鄭樵《通志・藝文略・醫方》葛懷敏《單方》一卷。

單方

鄭樵《通志・藝文略・醫方》葛氏《單方》三卷。

單方

鄭樵《通志・藝文略・醫方》姚大夫《單方》一卷。

傳家祕寶方

鄭樵《通志・藝文略・醫方》孫用和《傳家祕寶方》三卷。
《宋史・藝文志・醫書類》孫用和《傳家祕寶方》五卷。

瀉内景方

鄭樵《通志・藝文略・醫方》《瀉内景方》一卷。

篋中方

《宋史・藝文志・醫書類》《篋中方》一卷。

太和濟安方

《宋史・藝文志・醫書類》《太和濟安方》一卷。

昇天廣濟方

《宋史・藝文志・醫書類》華宗壽《昇天一作「元」廣濟方》三卷。

諸家名方

陳振孫《直齋書録解題・醫書類》《諸家名方》二卷。福建提舉司所刊市肆常貨而局方所未收者。

馬端臨《文獻通考・經籍考・醫家》《諸家名方》二卷。

肘後方

《宋史・藝文志・醫書類》韓待詔《肘後方》一卷。

集驗方

《宋史・藝文志・醫書類》杜氏《集驗方》一卷。

祕　方

《宋史・藝文志・醫書類》王氏《祕方》五卷。

必効方

《宋史・藝文志・醫書類》僧文宥《必効方》三卷。

經驗方

《宋史・藝文志・醫書類》陳氏《經驗方》五卷。不知名。

仁齋直指附遺方

倪燦等《宋史・藝文志補・醫方》楊士瀛又《仁齋直指附遺方》二十六卷。字登父，景定間三山人。

天寶神驗藥方

《宋史・藝文志・醫書類》《天寶神驗藥方》一卷。

靈寶方

《宋史・藝文志・醫書類》羅普宣《靈寶方》一百卷。

安神養性方

《宋史·藝文志·醫書類》悟玄子《安神養性方》一卷。

惠心方

《宋史·藝文志·醫書類》《惠心方》三卷。

纂要方

《宋史·藝文志·醫書類》崔行功《纂要方》十卷。

行要備急方

《宋史·藝文志·醫書類》元希聲《行要備急方》二卷。

骨蒸方

《宋史·藝文志·醫書類》崔氏《骨蒸方》三卷。

五藏旁通遵養方

《宋史·藝文志·醫書類》劉氏《五藏旁通遵一作「導」養方》一卷。

集驗方

《宋史·藝文志·醫書類》白仁敍《集驗方》五卷。

通玄方

《宋史·藝文志·醫書類》支觀《通玄方》十卷。

惠民方

《宋史·藝文志·醫書類》鄭氏《惠民方》三卷。

圃田通玄方

《宋史·藝文志·醫書類》鄭氏《圃田通玄方》三卷。

萬全方

《宋史·藝文志·醫書類》安文恢《萬全一作「金」方》三卷。

金匱方

《宋史·藝文志·醫書類》《金匱方》三卷。

育駿方

馬端臨《文獻通考・經籍考・醫家》《育駿方》三卷。晁氏曰：未詳撰人。相馬術及醫治畜牧之方。

何氏方

馬端臨《文獻通考・經籍考・醫家》《何氏方》六卷。陳氏曰：太常博士括蒼何偁德揚撰。

治奇疾方

馬端臨《文獻通考・經籍考・醫家》《治奇疾方》一卷。陳氏曰：夏子益撰。凡三十八道，皆奇形怪證，世間所未見者。

纂要備急諸方

陳振孫《直齋書録解題・醫書類》《纂要備急諸方》一卷。不知何人集。皆倉卒危急所須藥及雜術也。

馬端臨《文獻通考・經籍考・醫家》《纂要備急諸方》一卷。陳氏曰：不知何人集。皆倉卒危急所須藥及雜術也。

摘要方

陳振孫《直齋書録解題・醫書類》《摘要方》一卷。《傷寒十勸》及《危證十病》，末載《托裏十補散方》。

馬端臨《文獻通考・經籍考・醫家》《摘要方》一卷。陳氏曰：《傷寒十勸》及《危證十病》，末載《托裏十補散方》。

衛濟寶書

陳振孫《直齋書録解題・醫書類》《衛濟寶書》一卷。稱東軒居士，不著名氏。治癰疽方也。

外科保安方

陳振孫《直齋書録解題・醫書類》《外科保安方》三卷。知興化軍亳社張允蹈家藏方。龔參政茂良、劉太史夙爲之序、跋。

馬端臨《文獻通考・經籍考・醫家》《外科保安方》三卷。陳氏曰：知興化軍亳社張允蹈家藏方。龔參政茂良、劉太史夙爲之序、跋。

五發方論

陳振孫《直齋書録解題・醫書類》《五發方論》一卷。不知名氏。亦吴晦父所録。

馬端臨《文獻通考・經籍考・醫家》《五發方論》一卷。陳氏曰：不知名氏。亦吴晦父所録。

李氏集驗背疽方

陳振孫《直齋書録解題・醫書類》《李氏集驗背疽方》一卷。

馬端臨《文獻通考・經籍考・醫家》《李氏集驗背疽方》一卷。

走馬備急方

《宋史・藝文志・醫書類》 段詠一作「泳」《走馬備急方》一卷。

獨行方

《宋史・藝文志・醫書類》 韋宙《獨行方》十二卷。

旅舍備要方

《宋史・藝文志・醫書類》 董汲《旅舍備要方》一卷。

《四庫全書總目提要・醫家類》 《旅舍備要方》一卷。《永樂大典》本。宋董汲撰。陳振孫《書録解題》載有董汲《小兒斑疹論》、《脚氣治法》，不及此書。然《宋史・藝文志》載之，卷帙亦同。蓋陳氏偶未見也。汲因客途猝病，醫藥尤難，特集經效之方百有餘道。內如蚰蜒入耳及中藥毒，最爲險急，而所用之藥，至爲簡易。其雜傷五方，古書中不少概見。今亦罕傳，尤見奇特。蓋古所謂專門禁方，用之則神驗。至求其理，則和扁有所不能解，即此類也。至於小半夏湯、五苓散兩方，本於漢之張機。今以半夏湯治濕痰，仍其本法。至五苓散本治傷寒汗後不解及有水氣之病，今書中引爲通行利水之劑，殆亦變通用之。如河間益元散本雙解半表半裏之傷寒，而後人取以醫暑欬。其治中暑一方，似即李杲清暑益氣湯之藍本。其無比香薷散，與後來局方稍有出入。蓋亦本古方爲加減。然云治兩脚轉筋疼痛，而反去主治之木瓜，則不解其故矣。小兒一門，大概與同時錢乙《藥證直訣》相出入。第以柔脆之腸胃而多用膩粉硃砂諸峻藥，古人氣厚，服之無妨，在後來亦未可概施也。原本久佚，今從《永樂大典》收掇排纂，得方尚幾五十，仍舊目分爲一十有二類。其觸寒心痛、厥風《涎潮等證》，有録無書，無從校補，則亦闕焉。

嶺南衛生方

殷仲春《醫藏書目・旁通函目》 《嶺南衛生方》。四卷。李璆。

和劑局方

晁公武《郡齋讀書志・醫書類》 《和劑局方》十卷。袁本後志卷二醫家類第二十四。右大觀中，詔通醫刊正藥局方書。閲歲書成，校正七百八字，增損七十餘方。

陳振孫《直齋書録解題・醫書類》 《太平惠民和劑局方》六卷。案：《文獻通攷》作十卷，《宋史藝文志》作五卷。庫部郎中陳師文等校正。凡二十一門、二百九十七方，其後時有增補。

馬端臨《文獻通考・經籍考・醫家》 《和劑局方》十卷。晁氏曰：大觀中，詔通醫刊正藥局方書。閲歲書成，校正七百八字，增損七十餘方。陳氏曰：庫部郎中陳師文等校正。凡二十一門，二百九十七方，其後時有增補。

《宋史・藝文志・醫書類》 陳師文《校正太平惠民和劑局方》五卷。

楊士奇等《文淵閣書目・醫書》 《太平和劑局方》一部三册闕。

楊士奇等《文淵閣書目・醫書》 《太平和劑方》一部三册完全。

殷仲春《醫藏書目・散聖函目》 《和劑局方》。九卷。附《指南總論》。

錢謙益等《絳雲樓書目・醫書類》 《和劑局方》十卷。宋大觀中詔名醫刊正方書，越歲乃成。

《四庫全書總目提要・醫家類》 《太平惠民和劑局方》十卷。《指南總論》三卷。兩淮鹽政採進本。舊本題宋庫部郎中提轄措置藥局陳師文等奉敕編。

太醫局方

晁公武《郡齋讀書志・醫書類》 《太醫局方》三卷。袁本前志卷三下醫家類第十一。右元豐中，詔天下高手醫，各以得效祕方進，下太醫局驗試，依方製藥鬻之。仍模本傳於世。

馬端臨《文獻通考・經籍考・醫家》《太醫局方》十卷。晁氏曰：元豐中，詔天下高手醫，各以得效祕方進，下太醫局驗試，依方製藥鬻之。仍模本傳於世。

太醫局程文

《四庫全書總目提要・醫家類》《太醫局程文》九卷。永樂大典本。宋時考試醫學之制也。其命題有六。一曰墨義，試以記問之博。二曰脈義，試以察脈之精。三曰大義，試以天地之奧與臟腑之源。四曰論方，試以古人製方佐輔之法。五曰假令，試以證候方治之宜。六曰運氣，試以一歲陰陽客主與人身感應之理。

太平聖惠方

鄭樵《通志・藝文略・醫方》《太平聖惠方》一百卷。

晁公武《郡齋讀書志・醫書類》《太平聖惠方》一百卷。袁本後志卷二醫家類第二十三。右太宗皇帝在潛邸日，多蓄名方異術。太平興國中，內出親驗者千餘首，乃詔醫局各上家傳方書，命王懷隱、王祐、鄭彥、陳昭遇校正編類，各於篇首著其疾證。淳化初，書成，御製序引。

尤袤《遂初堂書目・醫書類》《太平聖惠方》。

陳振孫《直齋書録解題・醫書類》《太平聖惠方》一百卷。太平興國七年，詔醫官使尚藥奉御王懷隱。案：《宋史・藝文志》作「王懷德」等編集。御製序文。淳化三年書成。

馬端臨《文獻通考・經籍考・醫家》《太平聖惠方》一百卷。晁氏曰：太宗皇帝在潛邸日，多蓄名方異術。太平興國中，內出親驗者千餘首，乃詔醫局各上家傳方書，命王懷隱、王祐、鄭彥、陳昭遇校正編類，各篇首著其疾證。淳化初，書成，御製序引。

《宋史・藝文志・醫書類》王懷隱《太平聖惠方》一百卷。

錢東垣等輯《崇文總目・醫書類》《太平聖惠方》一百卷。王懷隱等撰。

張金吾《愛日精廬藏書志・醫家類》《太平聖惠方殘本》三卷。宋刊本。宋王懷隱等奉勅撰。原本一百卷，今存「眼」、「齒」兩類三卷。卷數經書賈刓改，妄填「一」、「二」等字，原書卷第不可考矣。《郡齋讀書志》曰：《太平聖惠方》一百卷。右太宗皇帝在潛邸日，多蓄名方異術，太平興國中，內出親驗者千餘首，乃詔醫局各上家傳方書，命王懷隱、王祐、鄭彥、陳昭遇校正編類，各於篇首著其疾證。淳化初書成，御製序引。

《直齋書録解題》曰：《太平聖惠方》一百卷。太平興國七年詔醫官使尚藥奉御王懷隱等編集，御製序文，淳化三年書成。

惠民局濟世方

鄭樵《通志・藝文略・醫方》《惠民局濟世方》十卷。

和濟局方

鄭樵《通志・藝文略・醫方》《和劑局方》五卷。

太平聖惠單方

鄭樵《通志・藝文略・醫方》《太平聖惠單方》十五卷。

慶曆善救方

鄭樵《通志・藝文略・醫方》《慶曆善救方》一卷。

馬端臨《文獻通考・經籍考・醫家》《慶曆善救方》一卷。《兩朝藝文志》：詔以福州奏獄醫林士元藥下蠱毒，人以獲全，録其方，令國醫類集附益，八年頒行。

《宋史・藝文志・醫書類》《慶曆善救方》一卷。

洪氏集驗方

殷仲春《醫藏書目・散聖函目》《洪氏集驗方》。五卷。洪遵。

《宋史・藝文志・醫書類》《洪氏集驗方》五卷。不知名。

黄丕烈《蕘圃藏書題識續録・子類》《洪氏集驗方》五卷。宋刻本。余素不諳醫，而喜蓄醫書，非真好醫書也，好醫書之爲宋元舊刻者。今兹六月中，有揚州書友來告余云：有宋板《太醫集業》四册欲售。余屬其攜來，久而未至，聞已售與他姓，亦不甚惜之。因向來各家書目未載，即舊藏書家亦俱不知，或是書未必真宋板。後閲陸其清《佳趣堂書目》載是書，云文淵閣藏本，有楊南峯、鄒臣虎二跋，方悔前此不之買而已弗可追矣。適余友陶琅軒從都中寄此宋板《洪氏集驗方》二本至，乃欣然，以爲聊饜我欲。蓋此宋板醫書，亦所罕有，見有季氏圖書，隨檢《延令宋板書目》，知即係是書。卷後八行墨蹟，季氏云鮮于樞詩跋，諒必有本而云然。「百世行之」已下，定有脱文。想滄葦收藏時未必遺失，故知之詳也。至於板刻年月，載之甚詳，宋刻固無疑義。而余舊藏《傷寒要旨》與此同出一手，黄憲、毛用刻工姓名可考而證，刊刻之地同是姑孰，刊刻之時同是乾道，惟辛卯差後一年爾。二書之分不知幾時，二書之合又在一地，豈非奇之又奇耶？餘言詳彼書跋語中，兹特誌得書之由，并誌余所以考證是書者，如此。甲子十一月蕘翁黄丕烈識。頃在揚州郡齋借到《太醫集業》，尋覽之餘，見板口有「三因」字，遂取《三因極一病證方論》互勘，知即割裂其殘本爲之耳。太醫集業者，第二卷之一條，並非別有此書也。《佳趣堂書目》所云誤。歸晤蕘翁，出示是跋，舉以語之，屬記於後，他年儻仍收得，必拊掌一笑。嘉慶乙丑八月澗蕢顧廣圻書。

顧廣圻《思適齋書跋・子部》《洪氏集驗方》五卷。宋刻本。頃在揚州郡齋借到《太醫集業》，尋覽之餘，見板口有「三因」字，遂取《三因極一病證方論》互勘，知即割裂其殘本爲之耳。太醫集業者，第二卷之一條，並非別有此書也。《佳趣堂書目》所云誤。歸晤蕘翁，出示是跋，舉以語之，屬記於後，他年儻仍收得，必拊掌一笑。嘉慶乙丑八月澗蕢顧廣圻書。

顧廣圻《思適齋集外書跋輯存・子類》《洪氏集驗方》五卷。宋刊本。頃在揚州郡齋借到《太醫集業》，尋覽之餘，見板口有「三因」字，遂取《三因極一病證方論》互勘，知即割裂其殘本爲之耳。太醫集業者，第二卷之一條，並非別有此書也。《佳趣堂書目》所云誤。歸晤蕘翁，出示是跋，舉以語之，囑記於後，他年倘仍收得，必拊掌一笑。嘉慶乙丑八月澗蕢顧廣圻書。

蘇沈良方

鄭樵《通志・藝文略・醫方》《蘇沈良方》十五卷。

《宋史・藝文志・醫書類》《蘇沈良方》十五卷。沈括、蘇軾所著。

陳振孫《直齋書録解題・醫書類》《蘇沈良方》十卷。蘇者東坡，沈即存中也。不知何人所録。其間辨雞舌香一段，言《靈苑》所辨，猶有未盡者。《館閣書目》別有《沈氏良方》十卷，《蘇沈良方》十五卷，而無《靈苑方》。

殷仲春《醫藏書目・散聖函目》《蘇沈良方》。十卷。蘇東坡、沈存中。

尤袤《遂初堂書目・醫書類》《蘇沈良方》。

楊士奇等《文淵閣書目・醫書》《蘇沈良方》一部一册闕。

《四庫全書總目提要・醫家類》《蘇沈良方》八卷。《永樂大典》本。宋沈括所集方書，而後人又以蘇軾之説附之者也。考《宋史・藝文志》有括《靈苑方》二十卷，《良方》十卷，而別出《蘇沈良方》十五卷，註云「沈括、蘇軾所著」。陳振孫《書録解題》有《蘇沈良方》十卷，而無《沈存中良方》，尤袤《遂初堂書目》亦同。晁公武《讀書志》則二書竝列，而於《沈存中良方》下云：「或以蘇子瞻論醫藥雜説附之。」《蘇沈良方》下亦云：「括集得效方成一書，後人附益以蘇軾醫學雜説。」蓋晁氏所載《良方》，即括之原本。其云「或以蘇子瞻論醫藥雜説附之」者，即指《蘇沈良方》。由其書初尚竝行，故晁氏兩載。其後附蘇説者盛行，原本遂微，故尤氏、陳氏遂不載其原本。今《永樂大典》載有《蘇沈良方》原序一篇，亦括一人所作，且自言「予所作《良方》」云云，無一字及軾。是亦後人增附之後，併其標題追改也。案明晁瑮《寶文堂書目》有《蘇沈二内翰良方》一部。是正嘉以前，傳本未絶，其後不知何時散佚。今據《永樂大典》所載，掇拾編次，釐爲八卷。史稱括於醫藥卜算無所不通，皆有所論著。今所傳括《夢溪筆談》，末爲《藥議》一卷，於形狀性味，真僞同異，辨別尤精。軾雜著時言醫理，於是事亦頗究心。蓋方藥之事，術家能習其技而不能知其所以然，儒者能明其理而又往往未經試驗。此書以經效之方而集於博通物理者之手，固宜非他方所能及矣。

沈存中良方

晁公武《郡齋讀書志・醫書類》《沈存中良方》十卷。袁本前志卷三下醫家類第十三。右皇朝沈括存中撰。存中博學通醫術，類其經驗方成此書。用者多驗。或以蘇子瞻論醫藥雜説附之。

馬端臨《文獻通考・經籍考・醫家》《沈存中良方》十卷。晁氏曰：皇朝沈括存中撰。存中博學通醫術，類其經驗方成此書。用者多驗。或以蘇子瞻論醫藥雜説附之。陳氏曰：不知何人所録。其間辯雞舌香一段，言《靈苑》所辯，猶有未盡者。《館閣書目》别有《沈氏良方》十卷，《蘇沈良方》十五卷，而無《靈苑方》。

《宋史・藝文志・醫書類》沈括《良方》十卷。

宣明論方

楊士奇等《文淵閣書目・醫書》《宣明論方》一部一册闕。

錢謙益等《絳雲樓書目・醫書類》《宣明論方》。金劉完素。

黄虞稷《千頃堂書目・醫家類・補金》劉完素《宣明論方》十五卷。

《四庫全書總目提要・醫家類》《宣明論方》十五卷。通行本。金劉完素撰。是書皆對病處方之法。首諸證門，自煎厥、薄厥、飧泄、䐜脹以及諸痹、心疝，凡六十一證，皆採用《内經》諸篇，每證各有主治之方，一宗仲景。次諸風，次熱，次傷寒，次積聚，次水溼，次痰飲，次勞，次洩痢，次婦人，次補養，次諸痛，次痔瘻，次眼目，次小兒，次雜病，共十七門。每門各有總論，亦發明運氣之理，兼及諸家方論。於軒岐奥旨，實多闡發。而多用涼劑，偏主其説者，不無流弊，在善用者消息之耳。考《原病式》自序云，作《醫方精要宣明論》一部，三卷十萬餘言，今刊入《河間六書》者乃有十五卷。其二卷之菊葉法、薄荷白檀湯，四卷之妙功藏用丸，十二卷之華澄茄丸、補中丸、楮實子丸，皆註新增字。而七卷之信香十方、青金膏，不註新增字者，據其方下小序，稱灌頂法王子所傳，併有偈呪。金時安有灌頂法王，顯爲元明以後之方，則竄入而不註者，不知其幾矣。卷增於舊，殆以是歟。

吴壽暘《拜經樓藏書題跋記》《宣明論方》。《宣明論方》七卷。每葉二十八行，行二十五字。有大定十二年守真自序，大定乙亥古唐馬□□序。紙墨古雅，當是明以前刻本。首列分門科類，總一十八門，次列諸藥炮爁炙煿例。先君子書《河間三書》前云：《河間宣明論方》原刻七卷，後人翻刻，妄分爲十五卷，而行款亦多改换。余家舊本有大定己亥古唐馬□□序。暘按《四庫目録》亦十五卷，云大旨本《素問》，及《金匱要略》而用藥多主寒涼。蓋因北方地氣而施，泥之者非，廢之者亦非也。自序稱三卷，此本乃十五卷。其作十五卷，蓋亦據近時刻本。其方下小序，有稱灌頂王子所傳者，金時安有是名，知傳刻有所竄入也。且按守真自序云：僕今詳《内經》，編集運氣要妙之説七萬餘言，九篇分爲三卷，謹成一部，目之曰《内經運氣要旨論》，備聖經之用也。對病論證，處方之法。本草性味，猶恐後學難爲驅用，復宗長沙太守仲景之書，迺爲一帙，計十萬餘言，目曰《素問藥證精要宣明論方》云云。是三卷者，乃《内經運氣要旨論》，非此書也。此本前題校正《素問精要宣明論方》，蓋亦經後人點勘矣。

孫德謙《金史藝文略・醫家》《宣明方論》十五卷。劉宗素撰。

龔顯曾《金藝文志補録・醫家類》《宣明方論》十五卷。劉完素。《世善堂書目》題《宣明論》，《絳雲樓書目》、《倪志》俱作《宣明論方》，倪《志》云：此下六種名《河間六書》。

錢大昕《補元史藝文志・醫書類》劉完素《宣明方論》十五卷。

風科集驗名方

錢曾《讀書敏求記・醫家》《風科集驗名方》二十八卷。此書乃趙大中編脩。值金亂，遁于吴山。覃懷趙子中傳習之，虚白處士趙素才卿獲原本于湖湘，訂譌補缺。元方六百二十二，續添一千三百四十七，通計一千九百七十九方，釐爲二十八卷，得成全書。才卿被召賜還，處于皇極道院，元遺山爲之作銘。是書傳世極少，醫家尠有知虚白處士者，予故著其詳于此。

錢大昕《補元史藝文志・醫書類》趙大中《風科集驗名方》二十八卷。趙素訂補。

龔顯曾《金藝文志補録・醫家類》《風科集驗名方》二十八卷。趙大中。趙素訂補。

孫德謙《金史藝文略・醫家》《風科集驗名方》二十八卷。北京太醫趙大中撰。《讀書敏求記》：此書乃趙大中編修。值金亂，遁于吴山。覃懷趙子中傳習之，虚白處士趙素才卿獲原本于湖湘，訂譌補缺，釐爲二十八卷，得成全書。據《儀顧堂題跋》有元槧本。

河間劉先生十八劑

黄虞稷《千頃堂書目・醫家類・補金》 劉完素又《河間劉先生十八劑》一卷。

倪燦等《補遼金元藝文志・醫方》 劉完素《河間劉先生十八劑》一卷。

錢大昕《補元史藝文志・醫書類》 劉完素《河間劉先生十八劑》一卷。

龔顯曾《金藝文志補録・醫家類》 《河間劉先生十八劑》一卷。劉完素。

張氏經驗方

黄虞稷《千頃堂書目・醫家類・補金》 張從政《張氏經驗方》二卷。

倪燦等《補遼金元藝文志・醫方》 張從政《張氏經驗方》二卷。

錢大昕《補元史藝文志・醫書類》 張從正《張氏經驗方》二卷。

黄丕烈《蕘圃藏書題識・子類》 《張氏經驗方》二卷，《直言治病百法》二卷，《十形三療》三卷附雜記一卷。取證目驗金張從正之書，多所脗合，唯《儒門事親》十五卷，尚襲傳訛之多耳。幸有原書可正其誤也。書之可貴者在此。後取嘉靖刊本對勘，知尚有扁鵲、華佗察聲色，定死生訣要病機兩門，此偶失之。忽憶舊藏《醫家圖説》一册，周香嚴以爲張從正《儒門事親》殘本，内有所云扁、華訣病機者，必此是矣。急取證之，果是新收本所缺者。版刻行款多同，唯四圍雙綫筆畫較精緻。向毛汲古以爲宋板《醫家圖説》，諒重刊于宋，而不及初刊于金之古拙，抑此刊在後，印又在後，故不如彼之工。皆未暇深論，第預蓄此二種，以待今日之補全，則余之書福何其大耶！遂不惜命工重裝，費倍所獲之直，亦弗計也已。裝成爲嘉慶丙子中春，越日展觀，是爲上巳前二日。蕘翁識。

龔顯曾《金藝文志補録・醫家類》 《張氏經驗方》二卷。張從正。

孫德謙《金史藝文略・醫家》 《張氏經驗方》二卷。張從正撰，見《國史經籍志》。

試效方

倪燦等《補遼金元藝文志・醫方》 羅天益又《試效方》九卷。

祕傳奇方

黄虞稷《千頃堂書目・醫家類・補金》 張從政又《祕傳奇方》二卷。

倪燦等《補遼金元藝文志・醫方》 張從政又《祕傳奇方》二卷。字子和，睢州考城人。

孫德謙《金史藝文略・醫家》 《祕録奇方》二卷。張從正撰。案此當即世傳《神效名方》，見《士禮居題跋》，但彼止一卷耳。

龔顯曾《金藝文志補録・醫家類》 《祕録奇方》二卷。張從正。倪《志》作《祕傳奇方》。

錢大昕《補元史藝文志・醫書類》 張從正《祕録奇方》二卷。

雲庵妙選方

孫德謙《金史藝文略・醫家》 《雲庵妙選方》。袁從義撰，見元遺山《藏雲先生袁君墓表》。表云：雅好醫術，病者來，以藥請，賴以全濟者甚衆，則從義固長于醫者也。

小兒痘疹方論

孫德謙《金史藝文略・醫家》 《小兒痘疹方論》一卷。和安郎判太醫局兼翰林良醫陳文中撰。自《序》曰：嘗謂小兒病證雖多，而瘡疹最爲重病。何則？瘡疹之病，蓋初起疑似難辨，投以他藥，不惟無益，抑又害之，況不言受病之狀，孰知畏惡之由。父母愛子，急于救療，醫者不察，用藥差舛，鮮有不致夭横者。文中每思及此，惻然于心，因取家藏已驗之方，集爲一卷，名曰《小兒痘疹方論》，刻梓流布，以廣古人活幼之意，顧不韙歟？

精要宣明論

龔顯曾《金藝文志補録・醫家類》《精要宣明論》五卷。劉完素。

錢大昕《補元史藝文志・醫書類》劉完素《精要宣明論》五卷。

元氏集驗方

孫德謙《金史藝文略・醫家》《元氏集驗方》一卷。元好問撰。有自《敘》曰：予家舊所藏多醫書，往往出于先世手澤，喪亂以來，寶惜固護，與身存亡，故卷帙獨存。壬寅冬，閒居州里，因録予所親驗者爲一編，目之曰《集驗方》。付搏拊輩，使傳之。且告之曰：吾元氏由靖康迄今，父祖昆弟仕宦南北者，又且百年，官無一麾之寄，而室乏百金之業，其所得者，此數十方而已，可不貴哉！文見《遺山集》。

論方

龔顯曾《金藝文志補録・醫家類》《論方》一卷。成無已。

錢大昕《補元史藝文志・醫書類》成無已《論方》一卷。

世醫得效方

楊士奇等《文淵閣書目・醫書》《世醫得效方》一部十册闕。

錢大昕《補元史藝文志・醫書類》危亦林《世醫得效方》二十卷。南豐人。

黄虞稷《千頃堂書目・醫家類・補元》危亦林《得效方》二十卷。

倪燦等《補遼金元藝文志・醫方》危亦林《得效方》二十卷。

《四庫全書總目提要・醫家類》《世醫得效方》二十卷。兩淮鹽政採進本。元危亦林撰。亦林字達齋，南豐人。官本州醫學教授。是編積其高祖以下五世所集醫方，合而成書。一曰大方脈科，分子目九十有一。二曰小方脈科，分子目七十有一。三曰風科，分子目十。四曰產科兼婦人雜病科，分子目三十有三。五曰眼科，分子目十二。六曰口齒兼咽喉科，分子目六。七曰正骨兼金鏃科，分子目二十九。八曰瘡腫科，分子目二十四。共十九卷，附以《孫真人養生法》節文一卷。其總目鍼灸一科，有録無書。校檢其文，皆散附各科之中。蓋標題疎舛，實非闕佚。自序稱剏始於天曆元年，迄功於後至元三年，其用力亦云勤篤。前有至元五年太醫院題識，備列院使十一人，同知院事二人，僉院事二人，同僉院事二人，判官二人，經歷二人，都事二人，掾史一人銜名。蓋江西官醫提舉司以是書牒醫院，下諸路提舉司重校，覆白於醫院，而後刊行，亦頗矜慎。序中稱其高祖遇仙人董奉二十五世孫，傳其祕方。雖技術家依託之言，不足深詰。而所載古方至多，皆可以資考據，未可以罕所發明廢之也。

御藥院方

楊士奇等《文淵閣書目・醫書》《御藥院方》一部三册闕。

如宜方

楊士奇等《文淵閣書目・醫書》《如宜方》一部一册闕。

《四庫全書總目提要・醫家部》《如宜方》二卷。浙江巡撫採進本。元艾元英撰。元英，東平人。始末無考。此本爲三山張士寧所刊。前有二序，一爲至正乙未林興祖作，一爲至治癸亥吴德昭作。其書首列藥石炮製總論，不過數十味，未免簡略。第一卷述證，自中風至雜病凡三十類。第二卷載方，凡三百有餘。其曰如宜者，如某證宜用某湯，某證宜用某圓散是也。其説一定不移，未免執而不化。焦氏《經籍志》，高氏《百川書志》俱不著録。然相其版式，猶元代閩中所刊，非依託也。

錢大昕《補元史藝文志・醫書類》 艾元英《如宜方》二卷。東平人。

瑞竹堂方

楊士奇等《文淵閣書目・醫書》《瑞竹堂方》一部一册闕。

殷仲春《醫藏書目・旁通函目》《瑞竹堂方》。十四卷。元普謙齋。

東垣效驗方

殷仲春《醫藏書目・正法函目》《東垣效驗方》。九卷。

黄虞稷《千頃堂書目・醫家類・補元》《東垣試驗方》九卷。

倪燦等《補遼金元藝文志・醫方》 張完素《東垣試效方》九卷。後人所輯。

錢大昕《補元史藝文志・醫書類》 李杲《東垣試效方》九卷。

龔顯曾《金藝文志補録・醫家類》《東垣試效方》九卷。李杲。倪《志》云後人所輯。

孫德謙《金史藝文略・醫家》《東垣試效方》九卷。李杲撰。

永類鈐方

殷仲春《醫藏書目・結集函目》《永類鈐方》。廿二卷。李仲南。

錢曾《讀書敏求記・醫家》《永類鈐方》二十三卷。棲碧山中人李仲南，校檢古今醫書，并以脈病因證治增爲五事，鈐而爲圖，貫串彼此，發明成書，使人一覽了然。其初名曰《錫類》，後改爲《永類》者，仲南以書成于親歿之後，銜哀茹痛，所以著其永感耳。

黄虞稷《千頃堂書目・醫家類・補元》 李中南《錫類鈐方》二十二卷。

倪燦等《補遼金元藝文志・醫方》 李中南《錫類鈐方》二十二卷。

錢大昕《補元史藝文志・醫書類》 李中南《錫類鈐方》二十二卷。

錢謙益等《絳雲樓書目・醫書類》《永類鈐方》六册。

錢謙益等《絳雲樓書目・醫書類》《永類鈐方》。

風科集驗方

錢謙益等《絳雲樓書目・醫書類》《風科集驗方》。元朱震亨。

四時燮理方

錢大昕《補元史藝文志・醫書類》 呂復《四時燮理方》。

校訂東垣試效方

錢大昕《補元史藝文志・醫書類》 倪維德《校訂東垣試效方》。吴人。

平治薈萃方

黄虞稷《千頃堂書目・醫家類・補元》 朱震亨《平治薈萃方》三卷。

倪燦等《補遼金元藝文志・醫方》 朱震亨《平治薈萃方》三卷。

錢大昕《補元史藝文志・醫書類》 朱震亨《平治薈萃方》三卷。

致遠集驗方

黃虞稷《千頃堂書目・醫家類・補元》 申屠《致遠集驗方》十二卷。

倪燦等《補遼金元藝文志・醫方》 申屠《致遠集驗方》十二卷。

錢大昕《補元史藝文志・醫書類》 申屠《致遠集驗方》十二卷。

瑞竹堂經驗方

黃虞稷《千頃堂書目・醫家類・補元》 薩德彌實《瑞竹堂經驗方》十五卷。號謙齋。

倪燦等《補遼金元藝文志・醫方》 薩德彌實《瑞竹堂經驗方》十五卷。

錢大昕《補元史藝文志・醫書類》 薩德彌實《瑞竹堂經驗方》十五卷。

張金吾《愛日精廬藏書志・醫家類》 《瑞竹堂經驗方》十五卷。明刊本。薩里彌實撰。前有王都中序，從文瀾閣傳抄本補録。後有重刊經驗方序，缺末頁，撰人及刊刻年月俱缺。序云：侍御尚賢田公按蜀，重其神驗，出示鄭方伯志道，方伯刻留藩省云云。按《四川通志》，天順時有巡按御史田斌，景泰時有布政使鄭甯，當即序所稱田鄭二公，則是本殆天順時所刊歟？分十五門，曰諸風，曰心氣痛，曰小腸疝氣，曰積滯，曰痰飲，曰喘嗽，曰羨補，曰瀉痢，曰頭面口眼耳鼻，曰髮齒，曰咽喉，曰雜治，曰瘡腫，曰婦人，曰小兒，凡十五門，門一卷。《四庫全書》著録五卷，蓋從《永樂大典》録出重編者，此則原書足本也。

《四庫全書總目提要・醫家類》 《瑞竹堂經驗方》五卷。《永樂大典》本。元沙圖穆蘇原作薩理彌實，今改正。撰。沙圖穆蘇，《元史》無傳，其事蹟不可考。以吴澂、王都中二序核之，則其字爲謙齋，嘗以御史出爲建昌太守。是書即其在郡時所撰集也。原書本十五卷。楊士奇等《文淵閣書目》載有一部一册。而晁瑮《寶文堂書目》内亦列其名。則是明中葉以前，原帙尚存，其後遂尠傳本。今據《永樂大典》所載，搜採編輯，計亡闕已十之五六，而所存者尚多。謹依方詮次，分立二十四門，釐爲五卷。中間如調補一門，不輕用金石之藥，其處方最爲醇正。又女科之八珍散，即四君子湯、四物湯之併方，其用尤廣。明《薛己醫案》已詳著之。至瘡科所載返魂丹，與今世瘍醫所用梅花點舌丹、奪命丹相類。内托千金散以治癰毒，亦見殊功。是皆可資利濟之用。惟幼科之褐丸子與《蘇沈良方》中所列褐丸，名目相類，治療亦同。特彼用烏頭、桂、香附、乾薑、陳皮配合，攻補兼行，頗爲周密。此乃用黑牽牛、京三棱、蓬莪朮諸品，殊病其過於峻利。蓋金元方劑往往如斯，由北人氣稟壯實，與南人異治故也。此在於隨宜消息，不可以成法拘矣。

張金吾《愛日精廬藏書志・醫家類》 《瑞竹堂經驗方殘本》五卷。元刊本。薩里彌實撰。原十五卷，今存卷四至卷八五卷。

張金吾《愛日精廬藏書志・醫家類》 《重刊經驗方序》。殘闕。吴澄序曰：「人有恒言：看方三年，無病可治；治病三年，無藥可療。斯言何謂也？謂病之有方不難，而方之有驗爲難也。盱江郡侯歷仕風憲民社，愛人一念隨寓而見。有仁心，有仁聞，人之被其惠澤者奚翅百千萬。而涖官餘暇，猶注意於醫藥方書之事，每思究病之所由起，審藥之所宜用。或王公貴人之家，或隱逸高人之手，所授異方率和劑三，因《易簡》等書之所未載，遇有得，必謹藏之；遇有疾，必謹試之。屢試屢驗，積久彌富。守盱之日，進一二醫流相與訂正，題曰《瑞竹堂經驗方》，爰鋟諸木，以博其施。一皆愛人之仁所寓也。既仁之以善政，復仁之以善藥，孰有能如侯之仁者哉？噫！世之醫方甚繁，用之輒效者蓋鮮。今之所輯悉已經驗，則非其他方書所可同也。侯名薩德彌實。瑞竹堂者，往時侯插竹爲樊，竹再生根，遂生枝葉，人以爲瑞，而侯以扁其堂云。《吴文正公集》。

千金聖惠方

黃虞稷《千頃堂書目・醫家類・補元》 陸仲達《千金聖惠方》。青陽人。

倪燦等《補遼金元藝文志・醫方》 陸仲達《千金聖惠方》。青陽人。

錢大昕《補元史藝文志・醫書類》 陸仲達《千金聖惠方》。青陽人。

德安堂方

黃虞稷《千頃堂書目・醫家類・補元》 堯允恭《德安堂方》一百卷。京口人。

倪燦等《補遼金元藝文志・醫方》 堯允恭《德安堂方》一百卷。京口人。

錢大昕《補元史藝文志・醫書類》 堯允恭《德安堂方》一百卷。京口人。

簡驗方

黃虞稷《千頃堂書目・醫家類・補元》 道士殷震《簡驗方》。

倪燦等《補遼金元藝文志・醫方》 殷震《簡驗方》。道士。

錢大昕《補元史藝文志・醫書類》 道士殷震《簡驗方》。

全嬰簡易方

黃虞稷《千頃堂書目・醫家類・補元》 馮道玄《全嬰簡易方》十卷。

濟生拔萃方

楊士奇等《文淵閣書目・醫書》 《濟生拔萃方》一部四册闕。

錢謙益等《絳雲樓書目・醫書類》 《濟生拔萃方》四册。

嚴氏濟生續方

楊士奇等《文淵閣書目・醫書》 《嚴氏濟生續方》一部一册闕。

許學士本事方

楊士奇等《文淵閣書目・醫書》 《許學士本事方》一部一册闕。

十便良方

楊士奇等《文淵閣書目・醫書》 《十便良方》一部十册闕。

奇效良方

孫星衍《平津館鑒藏書籍記・元版》 《奇效良方》六十五卷。卷二「方」下有「論」字。題奉政大夫太醫院使吴興方賢纂集，修職郎太醫院御醫臨江楊文翰較正。前後無序跋。《明史・藝文志》：方賢《奇效良方》六十九卷。此本尚缺四卷。書中稱中書右丞相合剌合孫至元癸未季春一日奉勑治之。賢乃元人，書中詔勅上命等字俱提行寫，當爲元時所刊。黑口版，每葉廿二行，行廿四字。

范邦甸等《天一閣書目・醫家類》 《奇效良方》二十册。刊本。明方賢纂并序。

殷仲春《醫藏書目・旁通函目》 《奇效良方》。六十九卷。方賢。

黃虞稷《千頃堂書目・醫家類》 方賢《奇效良方》六十九卷。

《明史・藝文志・藝術・醫書》 方賢《奇效良方》六十九卷。

海上方

錢大昕《補元史藝文志・醫書類》 錢全衮《海上方》。

自試方

錢大昕《補元史藝文志・醫書類》 吳海《自試方》。

博愛堂家藏方論

錢大昕《補元史藝文志・醫書類》 汪從善《博愛堂家藏方論》。

承天仁惠局藥方

錢大昕《補元史藝文志・醫書類》 《承天仁惠局藥方》。太醫院使耿□集。二十六門，二百七十五方。

集驗良方

錢大昕《補元史藝文志・醫書類》 黄大明《集驗良方》六卷。亦姓游，字東之，臨川人。

濟生拔萃方

錢大昕《補元史藝文志・醫書類》 杜思敬《濟生拔萃方》十九卷，一作六卷。

殷仲春《醫藏書目・結集函目》 《濟生拔萃》。十九卷。杜思敬。

内經類編試效方

錢大昕《補元史藝文志・醫書類》 羅天益《内經類編試效方》九卷。字謙甫，槀城人，東垣弟子。

神醫普救方

鄭樵《通志・藝文略・醫方》 《神醫普救方》一千卷。宋朝翰林學士賈黄中等撰。

《宋史・藝文志・醫書類》 賈黄中《神醫普救方》一千卷。《目》十卷。

易簡方

《宋史・藝文志・醫書類》 王碩《易簡方》一卷。

楊士奇等《文淵閣書目・醫書》 《易簡方》一部二册闕。

《明史・藝文志・藝術・醫書》 世宗《易簡方》一卷。

黄虞稷《千頃堂書目・醫家類》 世宗皇帝《易簡方》一卷，又《袖珍方》□卷。嘉靖中命太醫院官編輯。

馬端臨《文獻通考・經籍考・醫家》 《易簡方》一卷。陳氏曰：永嘉王碩德膚撰。增損方三十首，㕮咀藥三十品，市肆常貨圓子藥十種，以爲倉卒應用之備。其書盛行於世。

孫氏傳家秘寶方

陳振孫《直齋書録解題・醫書類》 《孫氏傳家秘寶方》三卷。尚藥奉御太醫令孫用和集。其子殿中丞兆，父子皆以醫名，自昭陵時迄於熙豐，無能出其右者。元豐八年，兆弟宰爲河東漕，屬吕惠卿帥并，從宰得其書，序而刻之。兆自言爲思邈之後。晁氏《讀書志》作《孫尚秘寶方》，凡十卷。盧校本無「晁氏《讀書志》作《孫尚秘寶方》，凡十卷」句。

馬端臨《文獻通考·經籍考·醫家》《孫氏傳家祕寶方》三卷。陳氏曰：尚藥奉御太醫令孫用和集。其子殿中丞兆，父子皆以醫名，自昭陵時迄於熙、豐，無能出其右者。元豐八年，兆弟宰爲河東漕，屬呂惠卿帥并，從宰得其書，序而刻之。自言爲思邈之後。晁氏《讀書志》作《孫尚祕寶方》，凡十卷。

靈苑方

晁公武《郡齋讀書志·醫書類》《靈苑方》二十卷。袁本前志卷三下醫家類第十四。右皇朝沈括存中編。本朝士人如高若訥、林億、孫奇、龐安常，皆以善醫名於世，而存中尤喜方書。此書所載多可用。

尤袤《遂初堂書目·醫書類》《靈苑方》。

陳振孫《直齋書録解題·醫書類》《靈苑方》二十卷。沈括存中撰。

《宋史·藝文志·醫書類》《靈苑方》二十卷。

備急總效方

陳振孫《直齋書録解題·醫書類》《備急總效方》四十卷。知平江府溧陽李朝正撰。大抵皆單方也。

馬端臨《文獻通考·經籍考·醫家》《備急總效方》四十卷。陳氏曰：知平江府溧陽李朝正撰。大抵皆單方也。

《宋史·藝文志·醫書類》李朝正《備急總効方》四十卷。

黄虞稷《千頃堂書目·醫家類·補宋》李朝正《備急總效方》四十卷。

倪燦等《補遼金元藝文志·醫方》李朝正《備急總效方》四十卷。

本事方

陳振孫《直齋書録解題·醫書類》《本事方》十卷。維揚許叔微知可撰。紹興三年，進士第六人。以藥餌陰功見於夢寐，事載《夷堅志》。晚歲取平生已試驗之方，併記其事實，以爲此書，取《本事詩詞》之例以名之。

馬端臨《文獻通考·經籍考·醫家》《本事方》十卷。陳氏曰：維揚許叔微知可撰。紹興三年，進士第六人。以藥餌陰功見於夢寐，事載《夷堅志》。晚歲取平生已試驗之方，併記其事實，以爲此書，取《本事詩詞》之例以名之。

正俗方

陳振孫《直齋書録解題·醫書類》《正俗方》一卷。知虔州長樂劉彝執中撰。以虔俗信巫，無醫藥，集此方以教之。

馬端臨《文獻通考·經籍考·醫家》《正俗方》一卷。陳氏曰：知虔州長樂劉彝執中撰。以虔俗信巫，無醫藥，集此方以教人。

王氏博濟方

晁公武《郡齋讀書志·醫書類》《王氏博濟方》五卷。袁本前志卷三下醫家類第十五。右皇朝王衮撰。衮，慶曆間官滑臺，因暇日出家藏七十餘方，擇其善者，爲此書。名醫云：其方用之無不效，如「艸還丹」治中風，「太一丹」治鬼胎，尤奇驗。

鄭樵《通志·藝文略·醫方》《王氏博濟方》三卷。王衮撰。

陳振孫《直齋書録解題·醫書類》《王氏博濟方》三卷。案：《文獻通攷》作五卷。太原王衮撰。慶曆七年序。

馬端臨《文獻通考·經籍考·醫家》《王氏博濟方》五卷。晁氏曰：皇朝太原王衮撰。慶曆間，因官滑臺，暇日出家藏七十餘方，擇其善者爲此書。名醫云：其方用之無不效，如「草還丹」治大風，「太乙丹」治鬼胎，尤奇驗。

《宋史·藝文志·醫書類》王衮《王氏博濟方》三卷。

楊士奇等《文淵閣書目·醫書》《王氏博濟方》一部三册闕。

《四庫全書總目提要·醫家類》《博濟方》五卷。《永樂大典》本。宋王衮撰。衮，太原人。其仕履未詳，惟郎簡原序稱其嘗爲錢塘酒官而已。此書諸家書目皆著録，惟《宋史·藝文志》、陳振孫《書録解題》俱作三卷，晁公武《讀書志》作五卷，稍有不同。蓋三五字形相近，傳寫者有一譌也。公武又稱「衮於慶曆間因官滑臺，暇日出家藏七十餘方，擇其善者爲此書。名醫云其方用之無不效。如草還丹治大風，太乙丹治鬼胎，尤奇驗。」今案衮自序有云：「鼐侍家君之任滑臺，道次得疾，遇醫之庸者，誤投湯劑，疾竟不瘳。」據此，則官滑臺者乃衮之父，而公武即以爲衮，殊爲失考。衮又言：「博採禁方逾二十載，所得方論凡七千餘道，因於中擇其尤精要者得五百餘首。」而公武乃云「家藏七十餘方」，則又傳寫之誤也。原書久無傳本，惟《永樂大典》内載有其文。裒輯編次，共得三百五十餘方。視衮序所稱五百首者，尚存十之七。謹分立三十五類，依次排比，從《讀書志》之目，釐爲五卷。其中方藥，多他書所未備。今雖不盡可施用，而當時實著有奇效，足爲醫家觸類旁通之助。惟頗好奇異，往往雜以方術家言。如論服杏仁，則云：「彭祖、夏姬、商山四皓煉杏仁爲丹，王子晉服四十年而騰空，丁令威服二十年而身飛。」此類殊誕妄不足信。今故取服食諸法，編附卷末，以著其謬，俾讀者知所持擇焉。

濟世全生指迷方

《宋史・藝文志・醫書類》 王貺《濟世全生指迷方》三卷。

《四庫全書總目提要・醫家類》 《全生指迷方》四卷。《永樂大典》本。宋王貺撰。案《書録解題》，貺字子亨，考城人，名醫宋毅叔之壻。宣和中以醫得幸，官至朝請大夫。是書《宋史・藝文志》作三卷，而傳本久絶。故醫家罕所徵引，或至不知其名。今檢《永樂大典》所收，案條掇拾，雖未必盡符原本，然大要已略具矣。方書所載，大都皆標某湯某丸，主治某病，詳其藥品銖兩而止。獨貺此書，於每證之前，非惟詳其病狀，且一一論其病源，使讀者有所據依，易於運用。其脈論及辨脈法諸條，皆明白曉暢。凡三部九候之形，病證變化之象，及脈與病相應不相應之故，無不辨其疑似，剖析微茫，亦可爲診家之樞要。謹詳加訂正，分爲二十一門。依類編次，而以論脈諸篇冠之於首。因篇頁稍繁，釐爲四卷，不復如其原數焉。

趙希弁《讀書附志・醫家類》 《濟世全生方指迷集》三卷。右考城王貺字子亨所著也。吳丞相敏序之曰：「子亨當官不苟，遇世變，嘗慨然再請出疆使萬里云。」

百一選方

《宋史・藝文志・醫書類》 王璆《百一選方》二十八卷。

孫星衍《平津館鑒藏書籍記・影寫本》 《王氏百一選方》八卷。題宋王璆著，前有皇統四年楊用道序。陳氏《書録解題》有晉葛洪《肘後百一方》三卷，宋王璆增修至卅卷，卷帙繁重。金楊用道乃復録其方，分以類例，而附於百一隨證之下，目之曰《百一方》。余別有明李栻所刻，題作《葛仙翁肘後備急方》，其實同一書也。

陳振孫《直齋書録解題・醫書類》 《是齋百一選方》三十卷。山陰王璆孟玉撰。「百一」，言其選之精也。

楊士奇等《文淵閣書目・醫書》 《是齋百一選方》一部一册闕。

馬端臨《文獻通考・經籍考・醫家》 《是齋百一選方》三十卷。陳氏曰：山陰王璆孟玉撰。「百一」，言其選之精也。

殷仲春《醫藏書目・散聖函目》 《百一選方》。二十卷。是齋。

楊氏家藏方

《宋史・藝文志・醫書類》 楊倓《楊氏家藏方》二十卷。

魏氏家藏方

楊士奇等《文淵閣書目・醫書》 《魏氏家藏方》一部五册完全。

張萱等《内閣藏書目録・技藝部》 《魏氏家藏方》二册。不全。編集古今藥方。

衛生家寶方

《宋史・藝文志・醫書類》 朱端章《衛生家寶方》六卷。

類編朱氏集驗醫方

孫星衍《平津館鑒藏書籍記續編・宋版》 《類編朱氏集驗醫方》十五卷。題湘麓朱佐君輔集，前有咸淳元年朱景行序。此書諸家皆不著録。分十五門，餘皆依類附之。其類集藥方，皆出於近時人所製，古方皆不入録。黑口板，每葉廿二行，行廿二字。收藏有「武林高瑞南家藏書畫印」朱文長印，「妙賞樓藏」朱文長印，「高氏鑑定宋刻版書」朱文長印，「閩中陳開仲芸榭藏書」朱文方印，「張氏秋月字香修一字幼憐」朱文方印，「石谿嚴氏芳椒堂藏書」白文印。

阮元《四庫未收書目提要・醫家類》 《類編朱氏集驗醫方》十五卷。宋朱佐撰。佐字君輔，湘麓人。前有咸淳二年眉山蘇景行序。是編分風寒諸門，采掇議論，詳盡曲當。凡所載宋氏醫書，多不傳之祕笈，又皆從當時善本録出，如《小兒病源方論》長生丸、塌氣丸，較影鈔本爲詳。

千金寶要

孫星衍《平津館鑒藏書籍記・明版》 《千金寶要》六卷。前有隆慶六年秦王守中序，云：《千金寶要》者，宋徽猷閣直學士郭思，按唐孫真人先生所集《千金方》中纂要者也。自婦人至痔，凡十七篇。第六卷《千金論》、《千金須知》題小有居士河陽郭思纂。此書宋宣和六年，刻石於華州，明景泰六年，復易刊木板。秦王既刻諸梓，復石刊於耀州真人洞。此即耀州石刻本，末有跋，後題委官李海立、生員謝沾書，役祤鄒鳳皐刻。

阮元《四庫未收書目提要・醫家類》 《千金寶要》十七卷。《平津館叢書》本作六卷。唐孫思邈原本，宋郭思采録刻石。案《舊唐書》思邈本傳止載《千金方》三十卷，葉夢得《避暑録話》稱其作《千金方》時，已百歲餘。後三十年，又作《千金翼方》。《郡齋讀書志》、《書録解題》並載兩書，云各三十卷。今俗間傳本《千金要(原本「要」作「翼」，據《四庫全書總目》校)方》九十三卷。兩書淆溷，不復可別，不知何人所定也。郭思刻石，在宋宣和間，其所依據當是思邈原本，刻石在華州公署，明正統、景泰間，又重刻石本，又有木刻本。至隆慶時，耀州真人祠復有石刻。案《西陽雜俎》，謂昆明池龍宫，有仙方三十首，思邈以療龍疾得之，乃著《千金方》三十卷，每卷置一仙方，信爲方書中之最可寶貴者。書中稱痘瘡爲小兒丹毒，即元人《奇効良方》所謂痘疹也。或謂此疾出自近代者，殆不可從。今從石本録副，以備唐人方書之庋略云。

張之洞《書目答問・醫家》 《千金寶要》六卷。唐孫思邈。平津館本。

陳氏小兒病源方論

孫星衍《平津館鑒藏書籍記補遺・舊寫本》 《陳氏小兒病源方論》四卷。題太醫陳文中述。第二卷又題鼇峯熊宗立類正。前有寶祐甲寅鄭全序，稱文中字文秀，宿之符離人，金亡，歸宋。處漣水十五年，漣人無小大、識與不識皆稱之。第四卷有《痘瘡引證》十四條。每葉廿二行，行廿一字。

阮元《四庫未收書目提要・醫家類》 《陳氏小兒病源方論》四卷。金陳文中撰。文中，字文秀，宿州符離人，官太常。明大小方脈，于小兒瘡疹尤造其妙。金亡歸宋，處漣水十五年，詳鄭全序。案醫科一十有三，小兒爲啞科，其治尤難。是編分養子真訣，小兒變蒸候，又形證門及面部形圖，皆先論後方。鄭全云：是書圖其形狀，別其證候，跡其方論，釐爲一卷。今作四卷，疑後人所分，故書中有稱陳氏云者。考諸家目録所載宋代小兒方症各書，今多不傳，此本依宋刻影寫，亦僅存之祕笈也。

普濟方

錢東垣等輯《崇文總目・醫書類》 《普濟方》五卷。王守愚撰。原釋闕。見天一閣鈔本。

《宋史・藝文志・醫書類》《普濟方》五卷。

錢謙益等《絳雲樓書目・醫書類》《普濟方》五卷。王守愚。

普濟方

黄丕烈《蕘圃藏書題識・子類》《普濟方》殘宋本，存第一至六。戊辰季冬，校時刻本一過，誠如余所云，藥名分兩多有差池也。惟此六卷中，時刻多方幾許，未知何所據而增添，抑別有舊本。彼雲間王某序以爲鈔本相傳，亥豕良多，用是取坊賈鈔本，於家藏善本校訂釐正，鏤版以廣其傳，是未可據矣。此宋刻六卷真本，豈不可寶耶？己巳立春後一日，復翁。初，書坊某云書船有殘宋本《普濟本事方》，余屬其取閱，久之以書來，勵存三册，序全目失，六卷後已遭剜改也。六卷尚完好，第一卷首多治藥制度總例。擬購之，無如索直六十金，既而持物主之札索還，并云中人須酬十金。余未及還價而罷。仲冬以來，爲亡兒營葬，爲長女遣嫁，兼之度歲辦糧，所入不償所出。自朝至夕，雖身逸而心勞，幾幾乎坐卧不甯矣。然可以解憂者，惟書。余自甲寅後連丁大故，天災、人事，困苦身心。若論處境，不知生人之樂，而好書一事，從未住手，謂聊樂我員者，此也。昨書船之友攜來各書，俱無愜意者。因詢前書，云尚在某坊。問其直，元易爲洋矣。今日遂與議易，給以番餅二十枚，以他書貼之，合四十兩青蚨。百忙之中出見銀一斤，置此殘帙。旁人見之，得勿笑其癡耶獃耶？余曰此養生藥，思之幾廢寢食。余又不知蠹魚之性，何以固結若是？書存六卷，細點葉數，序二葉，目録存九葉，治藥制度總例四葉，卷一十九葉，卷二二十四葉，卷三二十六葉，卷四二十四葉，卷五十九葉，卷六十七葉，共計一百四十四番，以葉論價，合每葉青蚨一百九十五文。近日書直昂貴，聞有無錫浦姓書賈，即浦二田之後，持殘宋本《孟東野集》索直每葉元銀二兩，故余戲以葉論價，此書猶賤之至者也。此書亦即出浦姓手，書有錫山浦氏珍藏印，又有浦氏蕡菽賞鑒印，當亦二田家藏者。二田故多宋本書，後人不知，盡皆散失。余向年曾得楊倞注《荀子》、錢佃本《二程遺書》，俱由浦姓賤售於某坊，某坊以之歸余者。此書浦姓賤售於某家，某家又售於書船，獲此厚直。幸余次第得之，俾宋刻勿致失墜。此區區之苦心，雖無錢而必勉强致之者，職是故耳。至於宋刻之可寶，序及治藥制度總例，時刻所無，其餘卷中錯誤，不可枚舉。莫謂方書雜伎，無足重輕，儻藥品缺少，分兩差池，致病罔效，猶諸經典缺誤處，足以妨事，所係豈□淺鮮哉？書船友姓邵，名寶墉，云其書得諸江陰，即浦姓賤售者，並記。復翁。

普濟本事方

黄丕烈《蕘圃藏書題識・子類》《普濟本事方》十卷。鈔本。余去年得殘宋本《許學士本事方》六卷，而止取時本核之，通體不符，未可鈔補。適與老醫周蘊石談及渠有舊鈔本，因借以補鈔，雖未必與宋刻全合，然迥勝俗本矣。鈔畢并識。己巳四月二日復翁。

《四庫全書總目提要・醫家類》《類證普濟本事方》十卷。浙江巡撫採進本。宋許叔微撰。叔微字知可，或曰揚州人，或曰毘陵人。惟曾敏行《獨醒雜志》作真州人。二人同時，當不誤也。紹興二年進士。醫家謂之許學士。宋代詞臣率以學士爲通稱，不知所歷何官也。是書載經驗諸方，兼記醫案，故以「本事」爲名。朱國楨《湧幢小品》載：「叔微嘗獲鄉薦，春闈不利而歸，舟次平望，夢白衣人勸學醫，遂得盧扁之妙。凡有病者，診候與藥，不取其直。晚歲取平生已試之方，併記其事實，以爲《本事方》，取《本事詩》之例以名之」云云。即指此書。然考《獨醒雜志》，叔微雖有夢見神人事，而學醫則在其前，不知國楨何本也。叔微於診治之術，最爲精詣。故姚寬《西溪叢語》稱「許叔微精於醫」，載其「論肺蟲上行」一條，以爲微論。其書屬詞簡雅，不諧於俗，故明以來不甚傳布。此本從宋槧鈔出，其中凡「丸」字皆作「圓」，猶是漢張機《傷寒論》、《金匱要略》舊例也。國楨又記叔微所著尚有《擬傷寒歌》三卷，凡百篇。又有《治法》八十一篇，又《仲景脈法三十六圖》、《翼傷寒論》二卷，《辨類》五卷。今皆未見傳本，疑其散佚矣。

普濟本事方釋義序

黄丕烈《蕘圃刻書題識補遺》《普濟本事方釋義序》。余嘗謂天下事有不爲，未有爲之而效不至者。世人自幼習舉子業，殫心於經書文藝。不幾年輒登上第，居顯官，人皆以爲此積學所致，余曰此特爲之，而效至耳。夫天下事，爲之而效至者，豈徒科舉之業哉？古語云：不爲良相，即爲良醫。醫之活人，其效見於當時者，在其術，其效見於後世者，在其書。昔宋儒許學士著《普濟本事方》十卷，迄今醫家奉爲圭臬，國朝葉香巖先生爲之釋義。許創於前，葉述於後，爲之而有其效者，前後一揆矣。香巖之書，向未刊行，家無藏本，而傳鈔之帙流落人間，故西疇顧君奉爲枕中祕。葉氏子孫訪求數十載，渺不可得。西疇身後，葉氏始訪而得之。將繕本付梓，因元本與坊本多有異同，恐無以信今傳後，遂從余家借得宋刻殘本前六卷及老醫周蘊石家鈔本後四卷，并無名氏舊鈔本十卷，逐一勘對，始知釋義本實係許氏元書，非坊間新刻可及。刊成之日，屬序於余。余曰：「予不知醫理也。但有醫書耳。有醫書而可爲醫理之助者，予所願也。許書宋刻世所罕見，余幸有之，以待今日校勘釋義之用。此亦非余爲之，而效自至者乎？究心醫理之效，通於醫者得之；究心醫書之效，藏其書者得之，豈不相得益彰乎？余嘉是書之刊成，而并感葉氏與余商榷之盛意，遂不辭而贅數語，以見事之爲之而效自至者，凡事皆然也。然則世之讀書者，又安可不稽古求是乎哉？嘉慶歲在甲戌六月立秋前五日黄丕烈序。」跋新得《普濟本事方》後，尚有餘意，詩以盡之。

性嗜奇書及古方，飃零殘帙亦收藏。當時事實觀能得，詩曲由來起孟楊。孟棨有《本事詩》，楊元素有《本事曲》，並詳序文中。十存其六卷猶全，制度先教治藥先。版係宋雕何處認，真珠丸已諱爲圓。宋刻方書，都諱丸爲圓。此書開卷真珠圓，是其證。祕笈沈淪孰與求，人亡人得理周流。墨林清玩叢殘甚，萬卷堂章卷尾留。書經檇李項藥師藏，六卷尾有萬卷堂藏書記，是在項氏已失四卷。

重裝手澤記偎春，逆數前朝歲戊辰。三百年來五甲子，一書閲過幾家人。正德戊辰至嘉慶戊辰，甲子五周矣，書之授受不知其幾家。嘉慶戊辰季冬九日，復翁識于百宋一廛。

鄭樵《通志・藝文略・醫方》 《普濟方》五卷。宋朝王守愚撰。

史載之方

《宋史・藝文志・醫書類》 《史載之方》二卷。

孫星衍《平津館鑒藏書籍記補遺・舊寫本》 《史載之方》二卷。上卷末有跋云：載之治病用藥，初不求異，審證精切，不過三四服立痛，此皆親試而得之，非敢夸大其説，云云。《宋史・藝文志》：《史載之方》二卷，不詳何時人。施彦清《北窗炙輠録》稱，史載之曾以紫苑治蔡元長大腸祕固得名，則北宋年人也。每葉廿二行，行十七字。

阮元《四庫未收書目提要・醫家類》 《史載之方》二卷。北宋刊本，《十萬卷樓叢書》本。宋史載之撰。載之，字里未詳。是編傳本甚希，此從北宋刊本依樣過録，上卷之末，附載跋語，其文不全。《宋史新論》作史戰之方，乃形近之譌。施彦執《北窗炙輠録》，稱其治蔡元長疾，以此得名。案所作爲醫總論，闡發甚明，各推其因證主治之法，精核無遺，較諸空談醫理者，固有別焉。按史載之名堪，蜀人，見《直齋書録解題》。嘗知邛州，見畢仲游《西臺集》。《書録解題》有《堪指南方》二卷，凡三十一門，各有論，卷第與此正同，當即此書也。

黄丕烈《蕘圃藏書題識・子類》 《史載之方》二卷。宋本。向聞白隄錢聽默云，北宋時有名醫，因治蔡京腸祕之症，只用紫苑一味，其病遂愈，醫者由是知名。其人蓋史載之也。後余友顧千里游杭州，遇石冢嚴久能于湖上，出各種古書相質，歸爲余言：「中有《史載之方》二卷，真北宋精槧。」余心向往之久矣。客歲錢唐何夢華從嚴氏買得，今夏轉歸於余。余檢其方，果有大府秘一門用紫苑者。始信錢丈之言爲不謬。特未知用而見效之説，出何書耳。至於板刻之爲北宋，確然可信，字畫斬方，神氣肅穆，在宋槧中不多覯。其避諱若「[illegible]」字，尤他刻所罕。千里豔稱於前，夢華作合於後，余於此書可云奇遇。余喜讀未見書，若此書各家書目所未收，惟《宋史新編》有云「《史戰之方》二卷」，「戰」者以「載」字形近而譌，無可疑者。余重其書之祕，出白金三十兩易得，重加裝潢，遇上方切去原紙處，悉以宋紙補之；尾葉原填闕字，亦以宋紙易去，命工仍録其文，想前人必非無知妄作者也。上下卷通計一百單七翻，合裝潢費核之，幾幾乎白金三星一葉矣。余之惜書而不惜錢，其真佞宋耶！誠不失爲書魔云爾。嘉慶丙寅立冬後一日，蕘翁黄丕烈識於百宋一廛。

朱師古，眉州人，年三十時得異疾不能食，聞葷腥氣輒嘔。惟用一鐺旋煮湯，沃淡飯數匕食之。每用鐺亦須滌十餘次，不然更覺腥穢不可近也。食已，鼻中必滴血一點，懨懨瘦削，醫莫能愈。乃趨郡謁史載之，史曰：「俗醫不讀醫經，而妄欲療人。君之疾在《素問》中經，其名曰：食挂。凡人肺六葉，舒張如蓋，覆於脾則子母氣和，飲食甘美。一或有戾則肺不能舒，脾爲之蔽，故不嗜食。《素問》曰：肺葉焦熱，名曰食挂。吴曉鉦釗森曰：《素問》無此二語。余藏有明刊覆宋本，亦無之，疑史君杜撰也。蓋食不下，脾瘀而成疾耳。」遂製藥服之，三日覺肉香，啖之無所苦，自此嗜食，宿恙頓除。此見《宋裨類鈔》卷七方伎門。書友胡君立羣檢及告余，録之以備參攷。

陸氏續集驗方

《宋史・藝文志・醫書類》 陸游《陸氏續集驗方》二卷。

王圻《續文獻通考・經籍考・醫家》 《陸氏續集驗方》。陸游集。

鶴頂方

《宋史・藝文志・醫書類》 鄭樵《鶴頂方》二十四卷。

十便良方

黄丕烈《百宋一廛書録》 《十便良方》。此《十便良方》四册，序鈔目刻，全書共四十卷。今存者，十一至十七、廿一至廿三耳，厪得四分之一，然已罕祕之至。考鈔補之序文，爲時慶元乙卯十月二十四日，汾陽博濟堂書，並未著作書者姓名。序中稱紹熙辛亥，東南漕使孫公稽仲有所集方書一編，名曰《大衍》，第惜其太略，於是因仍其法，徧搜方論，覃思累年，摘其簡而至切、迅而不暴，與時運相宜者，以附益公之不足，果得其便，凡十焉。今檢《書録解題》但有《大衍方》，而《十便良方》不傳，可知此書之罕祕矣。

重校證活人書

張金吾《愛日精廬藏書志・醫家類》 《重校證活人書》十八卷。影寫宋刊本。

宋朱肱撰。《直齋書録解題》著録十八卷，與此本合。《郡齋讀書志》及《進表》皆云二十卷，未詳孰是。

僕乙未秋以罪去國，明年就領宫祠以歸。過方城，見同年范内翰云：「《活人書》詳矣！比《百問》十倍，然證與方分爲兩卷，倉卒難檢耳。」及至灉陽，又見王先生云：「《活人書》，京師、成都、湖南、福建、兩淛凡五處印行。惜其不曾校勘，錯誤頗多。」遂取繕本重爲參詳，改一百餘處，及并證與方爲一卷。因命工于杭州大隱坊鏤板，作中字印行，庶幾緩急易以撿閲。然方術之士，能以此本游諸聚落，悉爲改證，使人讀誦，廣説流布，不爲俗醫妄投藥餌，其爲功德，獲福無量。政和八年季夏朔朝奉郎提點洞霄宫朱肱重校。

《進活人書表》曰：臣聞鍾山非矯，幽人躡屩於深林；衡岳雖遥，志士獻書於北闕。蓋行藏之有數，非狂狷所能知。中謝。伏念臣出自蔀屋之微，嘗奉大廷之對。昔爲冗吏，今作閒人。乃因三餘，著成《百問》上稽《伊尹湯液》之論，下述《長沙經絡》之文，詮次無差，搜羅殆盡，從微至著，蓋不可加，亘古及今，實未曾有，載在簡册，圖之丹青。思欲膠口而不傳，大懼利己而無益。恐先朝露，虚棄寸陰。學古入官，既無裨於國論；博施濟衆，庶或廣於仁風。伏惟皇帝陛下經緯之文，出自天縱；紀綱之治，成於日躋。疆宇開拓於版圖，弦歌洋溢乎天下。棲神内景，屬意生民。收拾人材，凡片善寸長，皆有所用；勤卹民隱，雖沉痾垂老，各安其居。玉燭亘天以流離，朱草填廷而委積。湛恩滂沛，温詔丁寧。致兹丘園一介之愚，亦効涓埃萬分之助。藏明大道，敷奏彌文。楊雄所懷以既章，蔡澤没齒而無憾。重惟道途修阻，巾笈護持，未免客嘲，焉令鬼泣。顧因果之有在，兹俯仰而不慙。儻合宸衷，自讋輿議。特羈縻於丹竈，徒景仰乎公車。謹遣男遺直賚臣所撰書一函八策共二十卷，躬詣檢院投進以聞，委有觀采，伏乞宣付國子監印造頒行。如臣學植淺陋，違戾於經，即乞委官參詳，然後布之天下，以福羣生。臣無任干天冒聖，激切屏營之至。政和元年正月一日奉議郎致仕臣朱肱謹上。

謝表。

謹啓。

《郡齋讀書志》曰：《南陽活人書》二十卷。右皇朝朱肱撰。序謂張長沙《傷寒論》，其言奥雅，非精於經絡，不能曉會。頃因投閒，設其對問，補苴綴輯，僅成卷軸。作於己巳，成於戊子，計九萬一千三百六十六字。

《直齋書録解題》曰：《南陽活人書》十八卷。朝奉郎直祕閣吴興朱肱翼中撰。

以張仲景《傷寒方論》各以類聚，爲之問答。本號《無求子傷寒百問方》，有武夷張藏作序，易此名。仲景，南陽人。而「活人」者，本華陀語也。肱，秘丞臨之子，中書舍人服之弟，亦登進士科。

晁公武《郡齋讀書志・醫書類》《南陽活人書》二十卷。袁本前志卷三下醫家類第十八。

右皇朝朱肱撰。序謂：「張長沙《傷寒論》，其言雅奥，非精於經絡，不能曉會。頃因投閒，設爲對問，補苴綴輯，僅成卷軸。作於己巳，成於戊子，計九萬一千三百六十八字。」

陳振孫《直齋書録解題・醫書類》《南陽活人書》十八卷。案：《文獻通攷》作二十卷。

朝奉郎直秘閣吴興朱肱翼中撰。以張仲景《傷寒方論》，各以類聚，爲之問答。本號《無求子傷寒百問方》，有武夷張藏作序，易此名。仲景，南陽人，而「活人」者，本華陀語也。肱，秘丞臨之子，中書舍人服之弟，亦登進士科。

尤袤《遂初堂書目・醫書類》朱肱《活人書》。

馬端臨《文獻通考・經籍考・醫家》《南陽活人書》二十卷。

《宋史・藝文志・醫書類》《南陽活人書》二十卷。

黄丕烈《百宋一廛書録》《重校正活人書》。

《直齋書録解題》云：《南陽活人書》十八卷，朝奉郎直祕閣吴興朱肱翼中撰。以張仲景《傷寒方論》名以類聚，爲之問答。今此宋刻題曰：重校正活人書。書中問答正與直齋所云合。止存十、十一、十二三卷，紙潔墨瑩，印本亦在宋時。卷首有「鳴篪」一印，卷末有「子子孫孫其永保用」一印，雖未知其人，亦久以此書爲珍祕矣。

傳信適用方

陳振孫《直齋書録解題・醫書類》《傳信適用方》二卷。稱拙庵吴彦夔。淳熙庚子。

《宋史・藝文志・醫書類》《傳信適用方》一卷。

《四庫全書總目提要・醫家類》《傳信適用方》二卷。兩淮鹽政採進本。不著撰人名氏。《宋史・藝文志》載此書，亦不云誰作。而別有劉禹錫《傳信方》二卷。考此書每方之下皆注傳自某人，中有引及《和劑局方》者，必非禹錫書也。《書録解題》有《傳道適用方》二卷，稱拙菴吴彦夔淳熙庚子撰，與此本卷帙正同。知此即彦夔之書，傳寫譌「信」爲「道」也。此本由宋槧影寫，前後無序跋，所録皆經驗之方。中有「八味圓問難」一條，尤深得製方之旨。其餘各方，雖經後人選用，而採擇未盡者尚多。末附夏子益《治奇疾方》三十八道，其書罕見單行之本。明李時珍《本草綱目》所載，疑或從此鈔出也。

楊子護命方

晁公武《郡齋讀書志・醫書類》《楊子護命方》五卷，《通神論》十四卷。袁本後志卷二醫家類第三十一。右皇朝楊退修撰。退修以岐伯論五運六氣以治百病，後世通之者，惟王砅一人而已，然猶於變遷行度，莫知其始終次序，故著此《方》、《論》云。

馬端臨《文獻通考・經籍考・醫家》《楊子護命方》五卷。晁氏曰：皇朝楊退修撰。以岐伯論五運六氣以治百病，後世通之者，惟王砅一人而已，然猶於遷變行度，莫知其始終次序，故著此方、論云。

治奇疾方

陳振孫《直齋書録解題・醫書類》《治奇疾方》一卷。夏子益撰。凡三十八道，皆奇形怪證，世間所未見者。

皇祐簡要濟衆方

馬端臨《文獻通考・經籍考・醫家》《皇祐簡要濟衆方》五卷。《兩朝藝文志》：皇祐中，仁宗謂輔臣曰：外無善醫，民有疾疫，或不能救療。其令太醫簡《聖惠方》之要者，頒下諸道，仍勑長史按方劑以時拯濟。令醫官使周應編以爲此方，三年頒行。

龐氏家藏祕寶方

馬端臨《文獻通考·經籍考·醫家》 《龐氏家藏祕寶方》五卷。陳氏曰：蘄水龐安時安常撰。安時以醫名世，所著書傳於世者惟《傷寒》而已。此書南城吴炎晦父録以見遺。山谷黄氏《龐安常傷寒論後序》：安常自少時善醫方，爲人治病，處其生死多驗，名傾江、淮諸醫。然爲氣任俠，鬭雞走狗，蹴踘擊毬，少年豪縱事無所不爲，博奕音技，一工所難，而兼能之。家富，多後房，不出户而所欲得。人之以醫聘之也，皆多陳其所好，以順適其意。其來也，病家如市，其疾已也，君脱然不受謝而去之。中年乃屏絶戲弄，閉門讀書，自《神農》、《黄帝經方》、《扁鵲八十一難經》、《靈樞》、《甲乙》、葛洪所綜緝百家之言，無不貫穿。其簡策紛錯，黄素朽蠹，先師或失其讀；學術淺陋，私智穿鑿，曲士或竄其文，安常悉能辯論發揮，每用以視病，如是而生，如是而不治，幾乎十全矣。然人以病造之，不擇貴賤貧富，便齋曲房，調護以寒暑之宜；珍膳羹饘，時節其饑飽之度，愛其老而慈其幼，如痛在己也。未嘗輕用人之疾，常試其所不知之方。蓋其輕財如糞土而樂義，耐事如慈母而有常，似秦、漢間游俠而不害人，似戰國四公子而不争利，所以能動而得意。起人之疾，不可縷數，他日過之，未嘗有德色。其所論著《傷寒論》，多得古人不言之意，其所師用，而得意於病家之陰陽虚實。今世所謂良醫，十不得其五也。余始欲掇其大要，論其精微，使士大夫稍知之，適有心腹之疾，未能卒業。然未嘗游其庭者，雖得吾言而不解。若有意於斯者，讀其書自足攬其精微。故特著其行事，以爲後序云。其前序海上道人諾爲之，故虚右以待。宛邱張氏跋《傷寒論》曰：張仲景《傷寒論》論病處方，纖悉必具，又爲之增損進退之法，以預告人。嗟夫！仁人之用心哉！且非通神造妙，不能爲也。安常又竊憂其有病證而無方者，續著爲論數卷，用心爲術，追儷古人。淮南謂安常能與傷寒説話，豈不信哉！

傷寒歌

馬端臨《文獻通考·經籍考·醫家》 《傷寒歌》三卷。陳氏曰：許叔微撰。凡百篇，皆本仲景法。又有《治法》八十一篇及《仲景脈法三十六圖》、《翼傷寒論》二卷、《辯類》五卷，皆未見。

衛生十全方

《四庫全書總目提要·醫家類》 《衛生十全方》三卷。《奇疾方》一卷。《永樂大典》本。宋夏德撰。德字子益，其里貫始末未詳。是書有唐仲友原序云：友人夏子益，哀其師傅之方，經常簡易，用輒得效者爲十卷。并取舊所家藏他方，掇其佳者爲二卷。附以自著《奇疾方》一卷。共十三卷。則此書非一人之所著。觀其治腰腎疼方，即唐鄭相國方，其明證也。今從《永樂大典》録出，輯爲上中下三卷。雖與原書卷數十不逮其三四，然諸證方藥論説，亦已略具其中。如肝脹、離魂、眼見禽蟲飛走及眼赤、渾身生斑、毛髮起如銅鐵、鼻中毛長五尺口、鼻腥臭水流有鐵色鰕魚等證，皆罕見之變怪，而治法甚爲平近。蓋本於相傳禁方，不主尋常之軌轍。他如奏功散之治翻胃，交加散之治産後中風，率皆平正簡當，則固非徒矜新異者矣。《書録解題》僅載《奇疾方》一卷。《宋史·藝文志》所載則書名卷數與仲友序竝合。其奇疾三十八方，已附見《傳信適用方》中，又散見《本草綱目》中。然不可以他書所引，轉廢其本書。故今仍輯爲一卷，附之於後。至其孰爲師傳之十卷，孰爲家藏舊方之二卷，則已不可辨别，故亦合而編之焉。

三因極一病證方論

《四庫全書總目提要·醫家類》 《三因極一病證方論》十八卷。大學士英廉家藏本。宋陳言撰。言字無擇，莆田人。是書分别三因，歸於一治，其説出《金匱要略》。三因者，一曰内因，爲七情，發自臟腑，形於肢體。一曰外因，爲六淫，起自經絡，舍於臟腑。一曰不内外因，爲飲食飢飽，叫呼傷氣，以及虎狼毒蟲，金瘡壓溺之類。每類有論有方，文詞典雅而理致簡該，非他家鄙俚冗雜之比。蘇軾《傳聖散子方》，葉夢得《避暑録話》極論其謬，而不能明其所以然。言亦指其通治傷寒諸證之非，而獨謂其方爲寒疫所不廢。可謂持平。《吴澄集》有《易簡歸一序》，稱「近代醫方惟陳無擇議論最有根柢，而其藥多不驗。嚴子禮剽取其論，而附以平日所用經驗之藥，則兼美矣」。是嚴氏《濟生方》其源出於此書也。《宋志》著録六卷，陳振孫《書録解題》亦同。此本分爲十八卷，蓋何鉅所分。第二卷中「太醫習業」一條，有「五經二十一史」之語，非南宋人所應見。然證以諸家所引，實爲原書。其詞氣亦非近人所及。疑明代傳録此書者不學無術，但聞有廿一史之説，遂妄改古書，不及核其時代也。

集驗背疽方

《四庫全書總目提要・醫家類》 《集驗背疽方》一卷。《永樂大典》本。宋李迅撰。迅字嗣立，泉州人。官大理評事，以醫著名。此書見於陳振孫《書録解題》，稱所集凡五十三條，其議論詳盡曲當。馬端臨《經籍考》亦著於録，而題作李逸撰，與《書録解題》不合。今案此書前有郭應祥序，亦云嗣立名迅，則《通考》誤也。背疽爲患至鉅。俗醫剽竊一二丹方，或妄施刀鍼，而於受病之源，發病之形，及夫用藥次第，節宣禁忌之所宜，俱置不講。故夭閼者十恒八九。今迅所撰，於集方之前俱系以論説。凡診候之虚實，治療之節度，無不斟酌輕重，辨析毫芒，使讀者瞭如指掌。中如五香連翹湯、内補十宣散、加料十全湯、加減八味丸、立效散之類，皆醇粹無疵，足稱良劑。至忍冬丸與治乳癰發背神方，皆衹金銀花一味，用藥易而收功多。於窮鄉僻壤難以覓醫，或貧家無力服藥者，尤爲有益。洵瘍科中之善本矣。謹從《永樂大典》中採掇裒訂，仍爲一卷。其麥飯石膏及神異膏二方，乃諸方中最神妙者，而《永樂大典》乃偶佚之。今據《蘇沈良方》及危亦林《得效方》補入。又《赤水元珠》亦載有神異膏方，與《得效方》稍有不同。今竝列之，以備參考焉。

濟生方

《四庫全書總目提要・醫家類》 《濟生方》八卷。《永樂大典》本。宋嚴用和撰。用和始末未詳。《吴澄集》有《易簡歸一序》，稱嚴子禮剽陳氏《三因方》之論，而附以經驗之藥。以其名推之，子禮似即用和字，其人蓋在陳言後矣。澄又有《古今通變仁壽方序》，曰：「世之醫科不一，惟有所傳授，得之嘗試者多驗。予最嘉嚴氏《濟生方》之藥，不泛不繁，用之輒有功。蓋嚴師於劉，其方乃平日所嘗試而驗者也。」則澄蓋甚重此書矣。其書分門別類，條列甚備。皆立論於前，而以所處諸方次列於後。自序稱論治凡八十，製方凡四百，總爲十卷。用之十五年，收效甚多。因鋟梓以傳。明以來傳本頗稀，又大抵脱佚錯謬，失其本旨。故醫家亦罕相研究。今據《永樂大典》所載，補闕訂譌，釐爲八卷。書中議論平正，條分縷析，往往深中肯綮，如《論補益》云：藥惟平補，柔而不僭，專而不雜。間有藥用羣隊，必使剛柔相濟，佐使合宜。又云：用藥在乎穩重。《論欬嗽》云：今人治嗽，喜用傷脾之劑，服之未見其效，穀氣先有所損。《論吐衄》云：寒涼之劑不宜過進。諸方備列，參而用之，蓋其用藥主於小心畏慎。雖不善學之，亦可以模棱貽誤。然用意謹嚴，固可與張從正、劉完素諸家互相調劑云。

仁齋直指

《四庫全書總目提要・醫家類》 《仁齋直指》二十六卷，附《傷寒類書活人總括》七卷。浙江巡撫採進本。宋楊士瀛撰。士瀛字登父，仁齋其號也，福州人。始末無考。前有自序，題景定甲子。甲子爲景定五年，次年即度宗咸淳元年，則宋末人矣。此本爲明嘉靖庚戌所刻。前有余鋟序，稱《直指》列爲二十八卷，析七十九條。今考七十九條之數，與序相符，而其書實止二十六卷。焦竑《國史經籍志》載有此書，亦作二十六卷。蓋序文偶誤。然士瀛所撰本名《仁齋直指》。其每條之後題曰「附遺」者，則明嘉靖中朱崇正所續加。崇正字宗儒，號惠齋，徽州人。即刊此本者也。焦《志》既題曰《仁齋直指附遺方》乃惟註楊士瀛撰，則併附遺屬之士瀛，亦未免小誤也。其《傷寒類書活人總括》七卷，焦《志》不著録。據《仁齋直指》自序：其成書尚在《直指》前。此本以卷帙較少，故附刻於後。卷首標題，亦稱「朱崇正附遺」。然核其全編，每條皆文義相屬，絶無所謂附遺者。惟卷一《活人證治賦》後有《司天在泉圖》、《五運六氣圖》、《傷寒脈法指掌圖》，目録中註一「附」字耳。或因此一卷有附遺，而牽連題及七卷。或因《直指》有附遺，而牽連題及此書。均未可定。宋槧舊本既已不存，無從證其虚實，疑以傳疑可矣。

楊士奇等《文淵閣書目・醫書》 《仁齋直指方脈論》一部一册闕。

楊士奇等《文淵閣書目・醫書》 《仁齋直指方》一部五册闕。

黄虞稷《千頃堂書目・醫家類・補宋》 楊士瀛《仁齋直指附遺方》二十六卷。

殷仲春《醫藏書目・法流函目》 《仁齋直指》。二十六卷。

錢謙益等《絳雲樓書目・醫書類》 《仁齋直指》二十六卷。楊士瀛。字登父，號仁齋。宋三山名醫也。

徐𤊹《徐氏家藏書目・醫類》 《仁齋直指》二十四卷。景定甲子，三山楊士瀛著。

黄丕烈《蕘圃藏書題識續録・子類》 《楊仁齋直指方論》十三卷。舊鈔本。

郡中有外科醫生高某，家多祕本醫學書，相傳有《仁齋直指》，外間皆未之見。及去歲，某故，所遺少妾幼子，家中書半皆散佚，而此書亦出，余得寓目。因徧檢藏書家目，皆云《仁齋直指方論》附遺二十六卷，與此十三卷不合。雖曰明人附遺，其二十六卷與十三卷所以異同之故，未經剖析，故目録家但知有二十六卷，曾不知有十三卷也。及十三卷之書出，而人反疑其卷帙之少，未敢信爲善本，不之重也。今兹歲初偶於坊間獲明刻本二十六卷者，乃又追蹤十三卷之鈔本，始悉改十三卷爲二十六卷者，出於明人。其目録之大小字，或照原，或更改，盡出臆斷，而本書面目盡失。因歎目録之學爲甚難，苟非博聞廣見，難以置喙。書必原本，方爲可貴也。余既收得刻本矣，不得不復置鈔本之原書爲如此。丙子二月廿有四日坐雨百宋一廛中書，廿止醒人識。

産乳集驗方

《宋史・藝文志・醫書類》 楊歸一作「師」厚《産乳集驗方》三卷。

錢東垣等輯《崇文總目・醫書類》 《楊氏産乳集》三卷。楊歸厚撰。

嬰孩方

《宋史・藝文志・醫書類》 《嬰孩方》十卷。

孩孺雜病方

《宋史・藝文志・醫書類》 《孩孺一作「嬰孩」雜病方》五卷。

小兒祕録集要方

《宋史・藝文志・醫書類》 《小兒祕録集要方》一卷。

膜外氣方

《宋史・藝文志・醫書類》 徒都子《膜外氣方》一卷。

鄭樵《通志・藝文略・醫方》 徒都子《膜外氣方》一卷。即水氣也。

纂驗方

《宋史・藝文志・醫書類》 《纂驗方》一卷。

備急簡要方

《宋史・藝文志・醫書類》 《備急簡要方》一卷。

雜用藥方

《宋史・藝文志・醫書類》 《雜用藥方》五十五卷。

針眼鉤方

《宋史・藝文志・醫書類》《針眼一作「眼針」鉤方》一卷。

療眼諸方

《宋史・藝文志・醫書類》穆昌緒一作「叔」《療眼諸方》一卷。

漢東王氏小兒方

馬端臨《文獻通考・經籍考・醫家》《漢東王氏小兒方》二卷。陳氏曰：不著名。

陳振孫《直齋書録解題・醫書類》《漢東王氏小兒方》三卷。案：《文獻通攷》作二卷。不著名。

小兒醫方妙選

馬端臨《文獻通考・經籍考・醫家》《小兒醫方妙選》三卷。陳氏曰：成安大夫、惠州團練使張渙撰。凡四百二十方。渙五世爲小兒醫，未嘗改科。靖康元年，自爲之序。

《宋史・藝文志・醫書類》張渙《小兒醫方妙選》三卷。

陳振孫《直齋書録解題・醫書類》《小兒醫方妙選》三卷。成安大夫惠州團練使張渙撰。凡四百二十方。渙五世爲小兒醫，未嘗改科。靖康元年，自爲之序。

小兒形證方

《宋史・藝文志・醫書類》漢東王先生《小兒形證方》三卷。

楊士奇等《文淵閣書目・醫書》《小兒形證方》一部一册闕。

嬰孩寶鑑方

《宋史・藝文志・醫書類》栖真子《嬰孩寶鑑方》十卷。

衛生產科方

《宋史・藝文志・醫書類》沈虞卿《衛生產科方》一卷。

婦人良方

倪燦等《宋史・藝文志補・醫方》陳自明《婦人良方》二十四卷。

《四庫全書總目提要・醫家類》《婦人大全良方》二十四卷。大學士英廉家藏本。宋陳自明撰。自明字良父，臨川人。官建府醫學教授。是編凡分八門。首調經，次衆疾，次求嗣，次胎教，次妊娠，次坐月，次產難，次產後。每門數十證，總二百六十餘論，論後附方。案：婦人專科始唐昝殷《產寶》，其後有李師聖之《產育寶慶集》，陸子正之《胎產經驗方》。大抵卷帙簡略，流傳亦尠。自明採摭諸家，提綱挈領，於婦科證治，詳悉無遺。明《薛己醫案》曾以己意刪訂，附入治驗，自爲一書。是編刻於勤有書堂，猶爲自明原本。前有嘉熙元年自序，稱「三世學醫，家藏醫書若干卷，又徧行東南，所至必索方書以觀」。其用心亦可云勤矣。

殷仲春《醫藏書目・化生函目》《婦人良方》。二十四卷。陳自明。

黃虞稷《千頃堂書目・醫家類・補宋》 陳自明《婦人良方》二十四卷。

小兒靈祕方

晁公武《郡齋讀書志・醫書類》 《小兒靈祕方》十三卷。袁本後志卷二醫家類第二十七。右不題撰人。辨小兒疾證及諸療治之方，多爲歌訣。

馬端臨《文獻通考・經籍考・醫家》 《小兒靈祕方》十三卷。晁氏曰：不題撰人。辯小兒疾證及治療之方，多爲歌訣。

錢氏小兒方

晁公武《郡齋讀書志・醫書類》 《錢氏小兒方》八卷。袁本前志卷三下醫家類第十六。右皇朝錢乙仲陽撰。神宗時，擢太醫丞。於書無所不窺，他人靳靳守古，獨乙度越縱舍，卒與法合。尤邃《本草》，多識物理，辨正闕誤。最工療嬰孺病。年八十二而終。閻季忠方附於後。

鄭樵《通志・藝文略・醫方》 錢氏《小兒方》八卷。錢乙撰。

馬端臨《文獻通考・經籍考・醫家》 錢氏《小兒方》八卷。晁氏曰：皇朝錢乙仲陽撰。神宗時，擢太醫丞。於書無所不窺，他人勤勤守古，獨度越縱舍，卒與法合。尤邃《本草》，多識物理，辯正闕誤。最工療嬰孺病。年八十二而終。閻季忠方附其後。

婦人大全良方

楊士奇等《文淵閣書目・醫書》 《婦人大全良方》一部四册闕。

楊士奇等《文淵閣書目・醫書》 《婦人大全良方》一部四册闕。

楊士奇等《文淵閣書目・醫書》 《婦人大全良方》一部八册闕。

產育寶慶方

《四庫全書總目提要・醫家類》 《產育寶慶方》二卷。《永樂大典》本。不著撰人名氏。《宋史・藝文志》以爲郭稽中撰。考陳振孫《書録解題》，稱「濮陽李師聖得《產論》二十一篇，有説無方。醫學教授郭稽中爲時良醫，以方附諸論末，遂爲完書」。則稽中特因師聖所得舊本，增以新方，非所自撰。《宋史》所載，似未見陳氏説也。然稽中所增，合原論共爲一卷，與此本不合。以卷首諸序考之，蓋括蒼陳言撰《三因方》，嘗取其方論各評得失。婺醫杜荍因採所評，附入各條之下，後趙瑩得《產乳備要》，增以楊子建七説，合於《產論》爲一集。有冀致君者，又掇《御藥院雜病方論》及《八月產圖・體元子借地法》、《安產藏衣方位》綴於其末。是輾轉增益，已非郭氏之舊，特沿其舊名耳。其書世罕傳本。今載於《永樂大典》者得論二十一，陳言評十六，方三十四爲一卷。《產乳備要》暨經氣妊娠等證方六十二爲一卷。其《體元子借地法》、《永樂大典》佚不載，今亦闕焉。案胎教之法，古人所重。賈誼《新書》所引青史氏之説，劉向《列女傳》所記太任育文王之事，尚可見其崖略。惟產育方藥則罕專書，《唐書・藝文志》有昝殷《產寶》一卷，始别立一門。今其書不傳，則講妊育者當以是書爲最古矣。卷中惟陳言之評標識姓名，餘皆不標爲誰説。今以原本體例推之，上卷之方皆出郭氏，下卷娩乳、安產、經氣三條外，殆即楊氏之説。所附方藥，殆即冀致君所採御藥院方也。陳言即撰《三因方》者。楊子建名倓，有《楊氏家藏方》，今未見。李師聖等皆南宋人。冀致君序稱諸人爲宋儒，又稱近在燕趙間，蓋元人云。

陳振孫《直齋書録解題・醫書類》 《產育保慶集》一卷。濮陽李師聖得《產論》二十一篇，有其説而無其書。醫學教授郭稽中以方附論諸之末，遂爲全書。近時括蒼陳言嘗評其得失於《三因方》，婺醫杜荍者又附益之，頗爲詳備。

馬端臨《文獻通考・經籍考・醫家》 《產育保慶集》一卷。陳氏曰：濮陽李師聖得《產論》二十一篇，有其説而無其書。醫學教授郭稽中以方附諸論之末，遂爲全書。近時括蒼陳言嘗評其得失於《三因方》，婺醫杜荍者又附益之，頗爲詳備。

楊士奇等《文淵閣書目・醫書》 《產育寶慶集》一部一册闕。

楊士奇等《文淵閣書目・醫書》 《產育寶慶集》一部一册闕。

《宋史·藝文志·醫書類》郭稽中《婦人産育保慶集》一卷。

小兒保生方

尤袤《遂初堂書目·醫書類》《小兒保生方》。

陳振孫《直齋書録解題·醫書類》《小兒保生方》三卷。左司郎姑孰李檉與幾撰。

馬端臨《文獻通考·經籍考·醫家》《小兒保生方》三卷。陳氏曰：左司郎姑孰李檉與幾撰。

治風方

陳振孫《直齋書録解題·醫書類》《治風方》一卷。張耒文潛所傳。凡三十二方。

馬端臨《文獻通考·經籍考·醫家》《治風》一卷。陳氏曰：張耒文潛所傳，凡三十二方。

衛生家寶産科方

《宋史·藝文志·醫書類》《衛生家寶産科方》八卷。

衛生家寶小兒方

《宋史·藝文志·醫書類》《衛生家寶小兒方》二卷。

衛生家寶湯方

《宋史·藝文志·醫書類》《衛生家寶湯方》三卷。

服朮方

《宋史·藝文志·醫書類》《服朮方》一卷。

神仙雲母粉方

《宋史·藝文志·醫書類》《神仙雲母粉方》一卷。

録古今服食導養方

《宋史·藝文志·醫書類》《録古今服食導養方》三卷。

延齡祕寶方集

《宋史·藝文志·醫書類》《延齡祕寶方集》五卷。

祕要合煉方

《宋史·藝文志·醫書類》黄漢忠《祕要合煉方》五卷。

婆羅門僧服仙茅方

《宋史·藝文志·醫書類》《婆羅門僧服仙茅方》一卷。

耆婆要用方

《宋史·藝文志·醫書類》《耆婆要用方》一卷。

香山仙人藥方

鄭樵《通志·藝文略·醫方》《香山仙人藥方》二十卷。

乾陀利治鬼方

鄭樵《通志·藝文略·醫方》《乾陀利治鬼方》十卷。

摩訶出胡國方

鄭樵《通志·藝文略·醫方》《摩訶出胡國方》十卷。

寒食散湯方

鄭樵《通志·藝文略·醫方》《寒食散湯方》二十卷。

雜香方

《新唐書·藝文志·醫家類》《雜香方》五卷。

和香法

《新唐書·藝文志·醫家類》龍樹菩薩《和香法》二卷。

雜香膏方

《新唐書·藝文志·醫家類》《雜香膏方》一卷。見《隋志》。

香方

《新唐書·藝文志·醫家類》《香方》一卷。宋明帝撰。

大智禪師必效方

尤袤《遂初堂書目·醫書類》《大智禪師必效方》。

外臺祕要乳石方

《宋史·藝文志·醫書類》王道《外臺祕要乳石方》二卷。

旅舍備急方

楊士奇等《文淵閣書目·醫書》《旅舍備急方》一部一册闕。

經驗良方

楊士奇等《文淵閣書目·醫書》《經驗良方》一部四册闕。

經驗方

楊士奇等《文淵閣書目·醫書》《經驗方》一部二册闕。

經驗方

楊士奇等《文淵閣書目·醫書》《經驗方》一部一册闕。

德生堂經驗方

楊士奇等《文淵閣書目·醫書》《德生堂經驗方》一部十册闕。

仙傳集驗方

楊士奇等《文淵閣書目·醫書》《仙傳集驗方》一部三册闕。

易簡方

楊士奇等《文淵閣書目·醫書》《易簡方》一部一册闕。
楊士奇等《文淵閣書目·醫書》《易簡方》一部二册闕。

續易簡方

楊士奇等《文淵閣書目·醫書》《續易簡方》一部一册完全。
楊士奇等《文淵閣書目·醫書》《續易簡方》一部一册闕。

孫氏仁存方

楊士奇等《文淵閣書目·醫書》《孫氏仁存方》一部四册闕。

錢氏補遺方

楊士奇等《文淵閣書目·醫書》《錢氏補遺方》一部一册闕。

澹寮集驗方

楊士奇等《文淵閣書目·醫書》《澹寮集驗方》一部二册闕。

黎居士簡易方

楊士奇等《文淵閣書目·醫書》《黎居士簡易方》一部一册闕。

世傳神效方

楊士奇等《文淵閣書目·醫書》《世傳神效方》一部一册闕。

耕菴集效方

楊士奇等《文淵閣書目·醫書》《耕菴集效方》一部二册闕。

瀋陽坡加減方

楊士奇等《文淵閣書目·醫書》《瀋陽坡加減方》一部一册闕。

管見良方

楊士奇等《文淵閣書目·醫書》《管見良方》一部一册闕。

原證治方

楊士奇等《文淵閣書目·醫書》《原證治方》一部一册闕。

神異諸方

楊士奇等《文淵閣書目·醫書》《神異諸方》一部一册闕。

余居士選奇方

楊士奇等《文淵閣書目·醫書》《余居士選奇方》一部二册闕。

野夫多效良方

楊士奇等《文淵閣書目·醫書》《野夫多效良方》一部一册闕。

濟急單方

楊士奇等《文淵閣書目·醫書》《濟急單方》一部一册闕。

端效方

楊士奇等《文淵閣書目·醫書》《端效方》一部一册闕。

活人祕要方

楊士奇等《文淵閣書目·醫書》《活人祕要方》一部一册闕。

金匱方論

楊士奇等《文淵閣書目·醫書》《金匱方論》一部一册闕。

拾遺妙方

楊士奇等《文淵閣書目·醫書》《拾遺妙方》一部一册闕。

諸方撮要

楊士奇等《文淵閣書目·醫書》《諸方撮要》一部一册闕。

萬全護命方

楊士奇等《文淵閣書目·醫書》《萬全護命方》一部二册闕。

全嬰方

楊士奇等《文淵閣書目·醫書》《全嬰方》一部四册闕。

醫方妙選

楊士奇等《文淵閣書目·醫書》《醫方妙選》一部三册闕。

保幼方

楊士奇等《文淵閣書目·醫書》《保幼方》一部一册闕。

保嬰瘡疹方

楊士奇等《文淵閣書目·醫書》《保嬰瘡疹方》一部一册闕。

小兒痘疹方

楊士奇等《文淵閣書目·醫書》《小兒痘疹方》一部一册闕。

秘傳外科方

楊士奇等《文淵閣書目·醫書》《祕傳外科方》一部一册。

高儒《百川書志·醫家》《秘傳外科方》一卷。

醫科程文

楊士奇等《文淵閣書目·醫書》《醫科程文》一部四册。

六十六雜病方

楊士奇等《文淵閣書目·醫書》《六十六雜病方》一部一册。

許孫瘡科方論

楊士奇等《文淵閣書目・醫書》《許孫瘡科方論》一部一册。

續斷方

楊士奇等《文淵閣書目・醫書》《續斷方》一部一册。

博濟神應方

楊士奇等《文淵閣書目・醫書》《博濟神應方》一部一册。

通濟方

高儒《百川書志・醫家》《通濟方》一卷。《續方》一卷。

加減十三方

高儒《百川書志・醫家》《加減十三方》一卷。「十三方」原作「十三卷」，從瞿校鈔本改。三方俱漢中知府南平山人劉淳家藏。

急救易方

高儒《百川書志・醫家》《急救易方》一卷。凡二百六十條。

仙傳外科集驗方

高儒《百川書志・醫家》《仙傳外科集驗方》一卷。

濟陰方

高儒《百川書志・醫家》《濟陰方》一卷。

李尚書濟陰方

高儒《百川書志・醫家》《李尚書濟陰方》一卷。

胡氏小兒方

高儒《百川書志・醫家》《胡氏小兒方》一卷。

小兒疹痘方

高儒《百川書志・醫家》《小兒疹痘方》一卷。鄱陽魏君用編述。

濟急仙方

高儒《百川書志・醫家》《濟急仙方》一卷。

理傷續斷方

高儒《百川書志・醫家》《理傷續斷方》一卷。

上清紫庭追癆仙方

高儒《百川書志・醫家》《上清紫庭追癆仙方》一卷。

秘傳經驗方

高儒《百川書志・醫家》《秘傳經驗方》一卷。

海上仙方

高儒《百川書志・醫家》《海上仙方》一卷。或稱孫思邈備急所著。未詳。約爲五七言小歌一百二十三首。

徐𤊹《徐氏家藏書目・醫類》《海上仙方》一卷。

韓林醫眼方

高儒《百川書志・醫家》《韓林醫眼方》一卷。皇朝崐山顧鼎臣著。

軍中備急方

高儒《百川書志・醫家》《軍中備急方》一卷。何孟春傳。

保嬰集驗方

高儒《百川書志・醫家》《保嬰集驗方》一卷。不著姓氏。載保嬰諸證論訣方圖也。「諸證論訣方圖」，瞿校鈔本作「諸症方論圖訣」。

杏林摘要方

黄虞稷《千頃堂書目・醫家類》王英《杏林摘要方》一卷。裕州人。

濟生産寶諸方

高儒《百川書志・醫家》《濟生産寶諸方》一卷。

損菴經驗方

殷仲春《醫藏書目・印證函目》《損菴經驗方》。一卷。王肯堂。

危氏得効方

殷仲春《醫藏書目・結集函目》《危氏得効方》。二十卷。危亦林。

櫻寧生要方

殷仲春《醫藏書目·結集函目》《櫻寧生要方》。一卷。

萬氏集驗良方

殷仲春《醫藏書目·結集函目》《萬氏集驗良方》。一卷。

簡選袖珍良方

殷仲春《醫藏書目·結集函目》《簡選袖珍良方》。八卷。王永輔。

醫指如宜方

殷仲春《醫藏書目·結集函目》《醫指如宜方》。四卷。閔道揚。

濟世良方

殷仲春《醫藏書目·旁通函目》《濟世良方》。十一卷。徐希齋。

萬氏良方

殷仲春《醫藏書目·旁通函目》《萬氏良方》。五卷。萬表。

行囊備用方

殷仲春《醫藏書目·旁通函目》《行囊備用方》。一卷。盛後湖。

家寶醫方

殷仲春《醫藏書目·旁通函目》《家寶醫方》。二卷。蔡玄谷。

王氏簡易方

殷仲春《醫藏書目·旁通函目》《王氏簡易方》。一卷。王碩。

本事方

殷仲春《醫藏書目·散聖函目》《本事方》。十卷。許學士。

衛生易簡方

殷仲春《醫藏書目·散聖函目》《衛生易簡方》。四卷。胡濙。

醫林總要

殷仲春《醫藏書目·散聖函目》《醫林總要》。二卷。

乾坤生意

殷仲春《醫藏書目·玄通函目》《乾坤生意》。二卷。太乙。

居家必用

殷仲春《醫藏書目·散聖函目》《居家必用》。

萬氏家抄良方

殷仲春《醫藏書目·散聖函目》《萬氏家抄良方》。六卷。萬表。

《四庫全書總目提要·醫家類》《萬氏家鈔濟世良方》六卷。浙江巡撫採進本。明萬表編。其孫邦孚增輯。表有《海寇議》，已著録。邦孚字汝永，官都督僉事。是編原本鈔集古方，分門別類，凡五卷。邦孚又益以經驗諸方及脈訣藥性，共爲六卷。亦頗有可用之方。至首載吕仙降乩贈詩五首，以美是書，則語怪而不可訓矣。

黄虞稷《千頃堂書目·醫家類》萬表《萬氏家鈔濟世良方》五卷，又《積善堂活人滋補方》一卷，又《積善堂活人經驗方》一卷。一作萬孚，六卷。

徐𤊹《徐氏家藏書目·醫類》《萬氏家抄》五卷。

簡明醫方

殷仲春《醫藏書目·散聖函目》《簡明醫方》。五卷。附《雜方》。顧儒。

大成醫方

殷仲春《醫藏書目·散聖函目》《大成醫方》。正十卷，附八卷。

急救良方

殷仲春《醫藏書目·旁通函目》《急救良方》。

二神方

范邦甸等《天一閣書目·醫家類》《二神方》一卷。鈔本。

海藏抽奇

范邦甸等《天一閣書目·醫家類》《海藏抽奇》一卷。鈔本。不著撰人名氏。

急救仙方

范邦甸等《天一閣書目·醫家類》《急救仙方》十一卷。緜紙藍絲闌鈔本。不著撰人名氏，金川徐守真編并序。

諸風類方

楊士奇等《文淵閣書目・醫書》《諸風類方》一部一册。

乾坤生意

《明史・藝文志・藝術・醫書》寧獻王權《乾坤生意》四卷、《壽域神方》四卷。

普濟方

《明史・藝文志・藝術・醫書》周定王《普濟方》六十八卷。

黄虞稷《千頃堂書目・醫家類》周定王《普濟方》一百六十八卷。《明史・藝文志》無「一百」二字。

《四庫全書總目提要・醫家類》《普濟方》四百二十六卷。浙江范懋柱家天一閣藏本。明周定王橚撰。橚有《救荒本草》，已著録。是書取古今方劑，彙輯成編，橚自訂定。又命教授滕碩、長史劉醇等同考論之。李時珍《本草綱目》所附方，採於是書者至多。然時珍稱爲周憲王，則以爲橚子有燉所作，誤矣。元本一百六十八卷，《明史・藝文志》作六十八卷，蓋脱「一百」二字也。凡一千九百六十論，二千一百七十五類，七百七十八法，六萬一千七百三十九方，二百三十九圖。採摭繁富，編次詳析，自古經方，無更賅備於是者。

經驗良方

《明史・藝文志・藝術・醫書》鄒福《經驗良方》十卷。

黄虞稷《千頃堂書目・醫家類》鄒福《經驗良方》十卷。

方藥宜忌考

《明史・藝文志・藝術・醫書》繆希雍《方藥宜忌考》十二卷。

袖珍方

楊士奇等《文淵閣書目・醫書》《袖珍方》一部四册闕。

楊士奇等《文淵閣書目・醫書》《袖珍方》一部四册闕。

范邦甸等《天一閣書目・醫家類》《袖珍方》四卷。刊本。不著撰人姓名。

殷仲春《醫藏書目・旁通函目》《袖珍方》。四卷。滇陽王府集。

黄虞稷《千頃堂書目・醫家類》李恒《袖珍方》四卷。

《明史・藝文志・藝術・醫書》李恒《袖珍方》四卷。

小兒袖珍方

殷仲春《醫藏書目・慈保函目》《小兒袖珍方》。

活幼名方

殷仲春《醫藏書目・慈保函目》《活幼名方》。

羣書鈔方

高儒《百川書志・醫家》《羣書鈔方》一卷。皇明國子祭酒邱濬博極群書，檢遇諸方，隨皆輯録，所鈔書凡三十六家。

醫說妙方

高儒《百川書志·醫家》《醫説妙方》十卷。皇明巡撫保定副都御史勾餘張琳删定。

黃虞稷《千頃堂書目·醫家類》 史琳《醫説妙方》十卷。一作張琳。巡撫保定都御史。

經驗良方

高儒《百川書志·醫家》《經驗良方》二卷。皇明鳳陽同知石首張維國特集。

黃虞稷《千頃堂書目·醫家類》《經驗良方》三卷。鳳陽府同知石首張維國持集二卷，襄陽知縣虞城李高集一卷。

經驗良方

高儒《百川書志·醫家》《經驗良方》一卷。皇明襄陵知縣虞城李高集。

徐氏胎産方

高儒《百川書志·醫家》《徐氏胎産方》一卷。

神妙秘方

高儒《百川書志·醫家》《神妙秘方》。大明唐府王集。

黃虞稷《千頃堂書目·醫家類》 唐王《神妙秘方》。

精選良方

高儒《百川書志·醫家》《精選良方》二卷。《續方》一卷。皇明武進陳謹集。

黃虞稷《千頃堂書目·醫家類》 陳謹《精選良方》二卷，又《續方》一卷。武進人。

杏林摘要方

高儒《百川書志·醫家》《杏林摘要方》一卷。皇明裕州義官王英集。

醫方選要

范邦甸等《天一閣書目·醫家類》《醫方選要》十卷。刊本。明周文采編輯并序。

徐𤊹《徐氏家藏書目·醫類》《醫方選要》。

黃虞稷《千頃堂書目·醫家類》《醫方選要》十卷，又《外科驗方》二卷。興獻王命本府良醫周文寀輯。

《四庫全書總目提要·醫家類》《醫方選要》十卷，兩淮鹽政採進本。明周文采編。李時珍《本草綱目》引作周良采，字之譌也。其里貫未詳。是書乃其爲蜀獻王椿侍醫時，承獻王之命所作，則洪武中人也。每門皆鈔録古方，而各冠以論。嘉靖二十三年，通政使顧可學奏進，詔禮部重録付梓，仍行兩京各省翻刻。前有獻王序及文采自序，併載禮部尚書費寀題覆疏二篇。蓋亦翻刻本也。

體仁彙編試效要方

范邦甸等《天一閣書目・醫家類》《體仁彙編試效要方》六卷。刊本。明廬陵彭用先編，按察使蕭晚校刻，翰林南平游居敬序後。

簡易便覽眼目方

殷仲春《醫藏書目・機在函目》《簡易便覽眼目方》。四卷。彭用光。

簡易普濟良方

殷仲春《醫藏書目・印證函目》《簡易普濟良方》。六卷。彭用光。

醫方考

范邦甸等《天一閣書目・醫家類》《醫方考》八卷。刊本。明吴崐著并序。

殷仲春《醫藏書目・旁通函目》《醫方考》。六卷。吴崐。

急救易方

范邦甸等《天一閣書目・醫家類》《急救易方》四卷。刊本。吴郡趙季敷編集，成化己亥高崇本序。

易簡經驗方

范邦甸等《天一閣書目・醫家類》《易簡經驗方》二册。刊本。明邵訥輯，李汝華序。

瘧痢神治方

范邦甸等《天一閣書目・醫家類》《瘧痢神治方》一卷。刊本。萬曆己酉沈泰鴻序。

傳信方

王圻《續文獻通考・經籍考・醫家》《傳信方》一百卷。卞大亨著。大亨字嘉甫。其先秦州人。靖康中調懷寧簿，隱居象山，自號松隱居士。

古簡方

王圻《續文獻通考・經籍考・醫家》《古簡方》集諸方四十餘卷。蘭谿吴奂德著。

醫方捷徑

徐𤊹《徐氏家藏書目・醫類》《醫方捷徑》二卷。

殷仲春《醫藏書目・旁通函目》《醫方捷徑》。二卷。王宗顯。

黃虞稷《千頃堂書目・醫家類》王宗顯《醫方捷徑》四卷。一作二卷。

錢謙益等《絳雲樓書目・醫書類》《醫方捷徑》。

急濟良方

徐𤊹《徐氏家藏書目・醫類》《急濟良方》。

攝生衆妙方

范邦甸等《天一閣書目・醫家類》《攝生衆妙方》十一卷。刊本。明四明張時徹編。

殷仲春《醫藏書目・散聖函目》《攝生衆妙方》。十一卷。附《急救良方》二卷。

黃虞稷《千頃堂書目・醫家類》張時徹《攝生衆妙方》四卷,又《急救良方》二卷。

《四庫全書總目提要・醫家類》《攝生衆妙方》十一卷。兩淮鹽政採進本。明張時徹編。時徹字維靜,鄞縣人。嘉靖癸未進士。官至南京兵部尚書。事蹟附見《明史・張邦奇傳》。是編分四十七門,標目繁碎。自序云:每見愈病之方,輒録而藏之。蓋隨時鈔集而成,未爲賅備。

急救良方

徐𤊹《徐氏家藏書目・醫類》《急救良方》二卷。張時徹。

《四庫總目提要》《急救良方》二卷。兩淮鹽政採進本。明張時徹編。分三十九門,專爲荒村僻壤之中不諳醫術者而設。故藥取易求,方皆簡易,不甚推究脈證也。

虺後方

徐𤊹《徐氏家藏書目・醫類》《虺後方》一卷。喻政。

袖珍小兒方

徐𤊹《徐氏家藏書目・醫類》《袖珍小兒方》十卷。永樂中,三衢徐用宣著。

《四庫總目提要》《袖珍小兒方》十卷。浙江范懋柱家天一閣藏本。明徐用宣撰。用宣,衢州人。《藝文志稾》作徽州人,蓋字形相近而譌。其書以《脈訣》爲首,《方論鍼灸圖形》次之。總七十二門六百二十四方,蒐採頗備。惟論斷多襲舊文,無所發明耳。是書作於永樂中。嘉靖十一年贛撫錢宏重刊。以是書原本宋錢乙也。

金嬰簡易方

徐𤊹《徐氏家藏書目・醫類》《金嬰簡易方》十卷。泰定中,馮道元著。

倪燦等《補遼金元藝文志・醫方》馮道玄《全嬰簡易方》十卷。

錢大昕《補元史藝文志・醫書類》馮道元《全嬰簡易方》十卷。

宦邸便方

徐𤊹《徐氏家藏書目・醫類》《宦邸便方》。

經驗良方

徐𤊹《徐氏家藏書目・醫類》《經驗良方》一卷。

經驗良方

徐𤊹《徐氏家藏書目·醫類》《經驗良方》十卷。陳仕賢刻。

黄虞稷《千頃堂書目·醫家類》陳仕賢《經驗良方》十卷。字邦憲，福清人，嘉靖壬辰進士，官副都御史。吴校云：《遺書目》作十一卷。

殷仲春《醫藏書目·旁通函目》《經驗良方》。四卷。陳士賢。

《四庫全書總目提要·醫家類》《經驗良方》十一卷。通行本。明陳仕賢編。仕賢字邦憲，福清人。嘉靖壬戌進士。官至副都御史。其書首載醫旨脈訣藥性，別爲一卷。次爲通治諸病門，如太乙紫金丹、牛黄清心丸之類。次分雜證五十二門，皆鈔録舊方，無所論説。自序稱「與通州醫官孫宇考定而成」云。

百代醫宗

殷仲春《醫藏書目·旁通函目》《百代醫宗》。十卷。龔雲林。

醫方摘要

殷仲春《醫藏書目·散聖函目》《醫方摘要》。楊拱。

避水集驗要方

殷仲春《醫藏書目·散聖函目》《避水集驗要方》。四卷。董炳。

《四庫全書總目提要·醫家類》《避水集驗要方》四卷。浙江巡撫採進本。明董炳撰。炳字文化，泗州人。是編以常用有驗之方，分類裒輯，無所闡發。其所用之藥有積雪草者，《本草》所未詳。特爲具其圖形，述其功效。然藥類至多，惟在善用，正無取乎搜羅新異，自詡祕授也。其以「避水」名者，蓋隆慶丙寅淮水決，炳避居樓上以成是書。末附柳應聘撰《玉鶴翁傳》一篇，備載炳父相治醫事。玉鶴，相之自號，故炳又號懷鶴云。

黄虞稷《千頃堂書目·醫家類》董炳《避水集驗方》四卷。鳳陽人。

魯府禁方

殷仲春《醫藏書目·散聖函目》《魯府禁方》。四卷。龔廷賢。

黄虞稷《千頃堂書目·醫家類》《魯府秘方》四卷。萬曆甲午魯王命良醫正劉應泰編輯。杭補。

《四庫全書總目提要·醫家類》《魯府祕方》四卷。兩淮鹽政採進本。明劉應泰編。應泰嘗爲魯王府侍醫。其里貫未詳。是書分福、壽、康、寧四集。首載五言贊一首，以頌魯王。其餘皆分類隸方，亦罕奇秘。末載延生勸世等箴，尤與醫藥無關。前有萬曆甲午魯王序。考《明史》諸王傳，魯荒王檀八世至敬王壽鏳，於萬曆二十二年嗣封，是年歲在甲午。蓋即壽鏳。故其序自稱魯王八代孫也。

種杏仙方

殷仲春《醫藏書目·印證函目》《種杏仙方》。四卷。

慈濟方

殷仲春《醫藏書目·印證函目》《慈濟方》。四卷。僧景隆。

簡便單方

殷仲春《醫藏書目・印證函目》《簡便單方》。二卷。楊起。

仁術便覽

黃虞稷《千頃堂書目・醫家類》張浩《仁術便覽》四卷。萬曆初人。乙酉王再聘序。

衛生易簡方

黃虞稷《千頃堂書目・醫家類》胡濙《衛生易簡方》四卷。永樂中，濙爲禮部侍郎，出使四方，集所得醫方進於朝。一作十二卷。盧校云：十二卷，分元，亨，利，貞四册。別本「集」作「輯」。

《明史・藝文志・藝術・醫書》胡濙《衛生易簡方》四卷。永樂中，濙爲禮部侍郎，出使四方，輯所得醫方進於朝。一作十二卷。

千金寶鑑

黃虞稷《千頃堂書目・醫家類》雷伯宗《千金寶鑑》。建安人，名勳，以字行，洪武中醫學正科。

拔萃類方

黃虞稷《千頃堂書目・醫家類》劉均美《拔萃類方》二十卷。

《明史・藝文志・藝術・醫書》劉均美《拔萃類方》二十卷。一作四十卷。

宦邸便方

黃虞稷《千頃堂書目・醫家類》陳鍾盛《宦邸便方》四卷。

釋　方

黃虞稷《千頃堂書目・醫家類》程伊《釋方》四卷。

壽世保元

黃虞稷《千頃堂書目・醫家類》龔廷賢《壽世保元》十卷。（盧補）

袖珍方大全

彭元瑞等《天祿琳琅書目後編・明版子部》《袖珍方大全》二函。八册。不著撰人名氏。惟序稱周王纂輯，命序梗槩。作序者自署名佑，而無姓。考明周定王棣有《普濟方》四百二十八卷，或其所刪節別行者。書四卷，薈萃古方，分證類載，極爲精密。序後有識，盛稱是書之善，而遠方難覯，里人劉文英，於京師求得之，宗立校讐付梓云云。熊宗立，字遊軒，建陽人。此本爲建陽麻沙版式。而宗立有《素問運氣圖括定局立成》。是其人素講醫術，且永樂末人，與周王橚同時，或即宗立以《普濟方》摘爲是書也。

大成醫方

黄虞稷《千頃堂書目·醫家類》《大成醫方》八卷。

無倦齋衛生良方

殷仲春《醫藏書目·散聖函目》《無倦齋衛生良方》。四卷。卞石帆。

眼目神驗方

殷仲春《醫藏書目·機在函目》《眼目神驗方》。一卷。

殷仲春《醫藏書目·機在函目》《眼目神驗方》。

兩浙世醫祕方

殷仲春《醫藏書目·祕密函目》《兩浙世醫秘方》。

陶氏遺方家秘

殷仲春《醫藏書目·祕密函目》《陶氏遺方家秘》。一卷。

脈症方要

殷仲春《醫藏書目·祕密函目》《脈症方要》。十二卷。俞子容。

曠南已試便方

殷仲春《醫藏書目·印證函目》《曠南已試便方》。四卷。

萬氏續驗方

殷仲春《醫藏書目·印證函目》《萬氏續驗方》。一卷。

疫癘指南

殷仲春《醫藏書目·印證函目》《疫癘指南》。一卷。

救民易方

殷仲春《醫藏書目·印證函目》《救民易方》。一卷。袁静庵。

親驗簡便方

殷仲春《醫藏書目·印證函目》《親驗簡便方》。一卷。徐陟。

醫方摘要

殷仲春《醫藏書目·印證函目》《醫方摘要》。一卷。

畢氏良方

殷仲春《醫藏書目·印證函目》《畢氏良方》。一卷。畢似范。

急篤怪疑試效奇方

殷仲春《醫藏書目·印證函目》《急篤怪疑試效奇方》。六卷。吕祥。

壽域仁方

殷仲春《醫藏書目·聲聞函目》《壽域仁方》。

經驗簡易良方

殷仲春《醫藏書目·聲聞函目》《經驗簡易良方》。

萬愈方

殷仲春《醫藏書目·聲聞函目》《萬愈方》。一卷。李東垣。

孤峰捷驗方

殷仲春《醫藏書目·聲聞函目》《孤峰捷驗方》。

婦人良方

殷仲春《醫藏書目·化生函目》《婦人良方》。二十四卷。熊宗立。

婦人良方

殷仲春《醫藏書目·化生函目》《婦人良方》。二十四卷。薛立齋。

保室方

殷仲春《醫藏書目·化生函目》《保室方》。三卷。

濟生婦人方

殷仲春《醫藏書目·化生函目》《濟生婦人方》。一卷。卿均。

外科方論

殷仲春《醫藏書目·楊肘浸假函目》《外科方論》。

外科集驗方

殷仲春《醫藏書目·楊肘浸假函目》《外科集驗方》。二卷。周文采。

外科秘方

殷仲春《醫藏書目・楊肘浸假函目》《外科秘方》。十一卷。趙宜真。

小兒方脈

殷仲春《醫藏書目・慈保函目》錢仲陽《小兒方脈》。附陳文仲《痘疹》、陳文中《經驗痘症方》、《蘭氏經驗方》。

仁存祕方

錢謙益等《絳雲樓書目・醫書類》《仁存祕方》。

經驗方

黄虞稷《千頃堂書目・醫家類》顧鼎臣《經驗方》一卷。

醫方摘玄

黄虞稷《千頃堂書目・醫家類》張用謙《醫方摘玄》。

方外奇方

黄虞稷《千頃堂書目・醫家類》白飛霞《方外奇方》。

經驗方

黄虞稷《千頃堂書目・醫家類》許紳《經驗方》。

集古奇方

黄虞稷《千頃堂書目・醫家類》周正《集古奇方》。淮安人，大河衛指揮僉事。

宦邸便方

黄虞稷《千頃堂書目・醫家類》李齊芳《宦邸便方》二卷。

途中備用方

黄虞稷《千頃堂書目・醫家類》徐師曾《途中備用方》二卷。

仁文書院集驗方

黄虞稷《千頃堂書目・醫家類》鄒元標、馮嘉會《仁文書院集驗方》七卷。別本云：歙邑人。盧校云：第七卷脈注下學篇，第八卷脈注上達篇。

證治類方

黄虞稷《千頃堂書目・醫家類》王肯堂《證治類方》八卷。

經驗良方

黃虞稷《千頃堂書目・醫家類》 費傑《經驗良方》。

劉氏經驗方

黃虞稷《千頃堂書目・醫家類》 《松篁閣劉氏經驗方》二卷。

簡便驗方

黃虞稷《千頃堂書目・醫家類》 王象晉《簡便驗方》一卷。

經驗良方

黃虞稷《千頃堂書目・醫家類》 段成冕《經驗良方》一卷。

墨寶齋集驗方

黃虞稷《千頃堂書目・醫家類》 鄭夢圃《墨寶齋集驗方》二卷。新安人。

上清紫庭追勞方

黃虞稷《千頃堂書目・醫家類》 趙源陽《上清紫庭追勞方》一卷。一作九卷。

加減十八方

黃虞稷《千頃堂書目・醫家類》 胡嗣廉《加減十八方》一卷。

《四庫全書總目提要・醫家類》 《靈祕十八方加減》一卷。浙江巡撫採進本。

舊本題德府良醫所良醫濟南胡嗣廉校編。前有嘉靖十七年可泉子序，云不知何人所輯。則嗣廉但校正編次耳，非所撰也。其書以世人多用《和劑局方》，不知加減之用。因以此十八方各詳其因證加減之法，以便於用。然病機萬變，相似者多。但據證以加減藥味，似非必中之道，仍與執局方者等也。十八方後又附補中益氣湯等四方，共爲二十二方，亦不知何人所加。或即嗣廉續入歟。

本草單方

黃虞稷《千頃堂書目・醫家類》 《本草單方》六卷。不知撰人。

急救仙方

黃虞稷《千頃堂書目・醫家類》 《急救仙方》十一卷，又《急救仙方》一卷。

孫星衍《平津館鑒藏書籍記續編・寫本》 《急救仙方》十一卷。前有徐守真《序》云：分以三類，末附雜病。三類者，婦科，折損，疔瘡也。在《道藏》惻字號。《宋志》及諸家書目，俱未載此書，唯焦氏《經籍志》有之。《四庫全書》所收，止六卷本，無守真姓名。

《四庫全書總目提要・醫家類》 《急救仙方》六卷。《永樂大典》本。不著撰人名氏。其書《宋志》及諸家書目均未著録，惟焦竑《國史經籍志》載有《救急仙方》十一卷，註云：見《道藏》，亦不言作者爲誰。考白雲霽《道藏目録》太元部惻字號中有《急救仙方》，與《永樂大典》所載合。則焦氏誤倒其文爲「救急」也。瘍醫自《周禮》即自爲一科，然傳習其術者多不能通古人之意。是編於背瘡、疔瘡、眼科、痔證四者，所載證治尤詳。蓋作者所擅長在此。中間如論背瘡條內所載蓮子蜂窠散走流注腎俞諸發，名目猥衆，乃能一一討論，各詳其證之形狀與得病之因，療治之法，條分縷析，爲自來瘍科所未及。其疔瘡門內所立追疔奪命湯一方，備詳加減之法，學者苟能觸類旁通，亦足以資博濟之用。非精於是術者不能作也。雖雜瘡雜證諸門稍有闕佚，然綱要具存，正不以不完爲病矣。

良方集要

黄虞稷《千頃堂書目・醫家類》 許相卿《良方集要》十卷。

蘭閣祕方

黄虞稷《千頃堂書目・醫家類》 丁毅《蘭閣祕方》□卷。

益後全方

黄虞稷《千頃堂書目・醫家類》 趙繼宗《益後全方》二卷。一作江陰高賓。別本「方」作「書」。

校注婦人良方

黄虞稷《千頃堂書目・醫家類》 薛己《校注婦人良方》二十四卷。別本題臨川陳自明良輔編，吴郡後學薛己校正。

保生餘録

黄虞稷《千頃堂書目・醫家類》 《保生餘録》五卷。

太乙紫金丹方

黄虞稷《千頃堂書目・醫家類》 《太乙紫金丹方》十卷。

風科集論名方

黄虞稷《千頃堂書目・醫家類》 《風科集論名方》二十八卷。

李氏集祕方

黄虞稷《千頃堂書目・醫家類》 李允恭《李氏集祕方》一卷。

傳信方

黄虞稷《千頃堂書目・醫家類》 鄭鸞《傳信方》八卷。

緊要二十四方

黄虞稷《千頃堂書目・醫家類》 劉党《緊要二十四方》一卷，又《不自祕方》一卷，又《方外奇方》。盧校云：《方外奇方》白飛霞著，已見前。

傳信尤易方

黄虞稷《千頃堂書目・醫家類》 曹金《傳信尤易方》八卷。

奇效單方

黄虞稷《千頃堂書目·醫家類》 劉國翰《奇效單方》二卷。

怪證方

黄虞稷《千頃堂書目·醫家類》 李樓《怪證方》二卷。

萬應方

黄虞稷《千頃堂書目·醫家類》 孫天仁《萬應方》四卷。

用藥指掌

黄虞稷《千頃堂書目·醫家類》 潘思敬《用藥指掌》一卷。

接骨仙方

黄虞稷《千頃堂書目·醫家類》 藺道《接骨仙方》二卷。

外科集驗方

黄虞稷《千頃堂書目·醫家類》 楊清叟《外科集驗方》一卷。

千金寶要

錢曾《讀書敏求記·醫家》 郭思《千金寶要》八卷。宣和六年，河陽郭思取《千金方》中諸論，逐件條而出之，使人知防于未病之前。又取諸單方，逐件列而出之，使人知治于已病之後，并附經用神驗者，各别稱説，推行孫真人妙法之本意，仍以《千金寶要》名篇，買巨石鐫之，立于華州公廨。吾家墨刻舊本，字畫完整，古香襲人。暇日當取以校對，始知是本之佳否也。

聖散子方

錢曾《讀書敏求記·醫家》 《聖散子方》一卷。此方不過二十二味，諸病可治。東坡得之于眉山人巢穀。謫居黄州，時疫盛行，合此藥散之，所活不可勝數，因製序以傳不朽。惜其方世罕之見，郭五常得之于都憲袁公，即爲梓行于鄖陽。附録華佗《危病十方》及《經驗三方》，繼得者復刊爲續録。坡序稱「濟世之具，衛家之寶」。真此書之謂也。

三補驗方

王士禛《漁洋書跋》 《三補驗方》。先大父平生著書最夥，其大旨在於惇倫厚俗，利生濟物。中間《羣芳譜》原板貯琴川毛氏汲古閣，版已散在質庫。康熙辛巳，予既曲贖以歸，告于祖廟。兹《驗方》寫本，則癸未冬十一月長至得之京師慈仁寺市，几杖琴瑟，音容如在，吾世世子孫其永寶之。大父洎先大夫，皆以今年三月十八日覃恩累贈經筵講官刑部尚書云。

古簡方

黄虞稷《千頃堂書目·醫家類》 吴奂《古簡方》十二卷。

山居便宜方

黄虞稷《千頃堂書目·醫家類》 熊宗立《山居便宜方》十六卷，又温隱君《海上方》一卷，又《備急海上方》二卷。

廣惠集方

黄虞稷《千頃堂書目·醫家類》 金忠《廣惠集方》一卷。

試驗小方

黄虞稷《千頃堂書目·醫家類》 談倫《試驗小方》一卷。附《加減十三方》、《味齋經驗眼論方》、《必鑑撮要》各一卷。

羣書日鈔

黄虞稷《千頃堂書目·醫家類》 丘濬《羣書日鈔》一卷。

羣書續鈔

黄虞稷《千頃堂書目·醫家類》 何孟春《羣書續鈔》一卷，又《軍中備急方》一卷，又《羣方樞要》一卷。

集善方

黄虞稷《千頃堂書目·醫家類》 錢原濬《集善方》三十六卷。

《明史·藝文志·藝術·醫書》 錢原濬《集善方》三十六卷。

金氏集效方

黄虞稷《千頃堂書目·醫家類》 金弘《金氏集效方》三十六卷。集父橘隱翁驗方。

試效集成

黄虞稷《千頃堂書目·醫家類》 孫鈍《試效集成》。

道濟方

黄虞稷《千頃堂書目·醫家類》 劉淳《道濟方》一卷，又《續方》一卷。

醫方集宜

黄虞稷《千頃堂書目·醫家類》 丁毅《醫方集宜》十卷。

救急易方

黄虞稷《千頃堂書目・醫家類》 趙叔文《救急易方》八卷。

保命集得効方

錢謙益等《絳雲樓書目・醫書類》 《保命集得効方》。

吴文定公手抄東坡藥方

錢謙益等《絳雲樓書目・醫書類》 《吴文定公手抄東坡藥方》。

仲景廣伊尹湯液

錢謙益等《絳雲樓書目・醫書類》 《仲景廣伊尹湯液》。

壽域神方

黄虞稷《千頃堂書目・醫家類》 寧獻王權《壽域神方》四卷。

四時變理方

黄虞稷《千頃堂書目・醫家類》 吕復《四時變理方》。

考定東垣試驗方

黄虞稷《千頃堂書目・醫家類》 倪維德《考定東垣試驗方》。

醫方集要

黄虞稷《千頃堂書目・醫家類》 沈繹《醫方集要》。

杏林肘後方

黄虞稷《千頃堂書目・醫家類》 方炯《杏林肘後方》。

證治類方

黄虞稷《千頃堂書目・醫家類》 戴思恭《證治類方》四卷。

驗方集録

范邦甸等《天一閣書目・醫家類》 《驗方集録》一册。鈔本。不著撰人姓名。

簡便良方

徐𤊹《徐氏家藏書目・醫類》 《簡便良方》二卷。

婦人良方

徐𤍲《徐氏家藏書目·醫類》《婦人良方》一卷。

易簡奇方

徐𤍲《徐氏家藏書目·醫類》《易簡奇方》二卷。

諸方捷錦

徐𤍲《徐氏家藏書目·醫類》《諸方捷錦》二卷。

諸方選要

黄虞稷《千頃堂書目·醫家類》楊廉《諸方選要》二卷。

保嬰奇方

徐𤍲《徐氏家藏書目·醫類》《保嬰奇方》五卷。
黄虞稷《千頃堂書目·醫家類》《保嬰奇方》五卷。

周華松傳方

徐𤍲《徐氏家藏書目·醫類》周華松《傳方》一卷。

醫方雜抄

徐𤍲《徐氏家藏書目·醫類》《醫方雜抄》一卷。

樂方選抄

徐𤍲《徐氏家藏書目·醫類》《樂方選抄》一卷。

抄藥方

徐𤍲《徐氏家藏書目·醫類》《抄藥方》一卷。

抄驗醫方

徐𤍲《徐氏家藏書目·醫類》《抄驗醫方》一卷。

難産諸方

徐𤍲《徐氏家藏書目·醫類》《難産諸方》一卷。

瑞竹經驗方

張萱等《内閣藏書目録·技藝部》《瑞竹經驗方》三册。不全。莫詳姓氏。

醫方集解

黃虞稷《千頃堂書目・醫家類》 汪昂《醫方集解》。杭補。

成方切用

《四庫全書總目提要・醫家類》 《成方切用》十四卷。浙江巡撫採進本。國朝吳儀洛撰。儀洛字遵程，海鹽人。此書爲其《醫學述》之第四種。取古今成方一千三百餘首，本經按證，加以論斷。卷首載《内經》一十二方。第一卷至第十二卷每卷各有上下，分治氣、理血、補養、濇固、表散、涌吐、攻下、消導、和解、表裏、祛風、祛寒、消暑、燥濕、潤燥、瀉火、除痰、殺蟲、經帶、胎産、嬰孩、癰瘍、眼目、救急凡二十四門。卷末載《勿藥元詮》七十四條。大旨謂古方不宜今用，故所録皆切於時用之方。凡例於汪桓《醫方集解》頗有微詞。然桓書淺略，亦可無庸掊擊也。

李氏醫鑑

《四庫全書總目提要・醫家類》 《李氏醫鑑》十卷，續補二卷。内府藏本。國朝李文來编。文來字昌期，婺源人。初，休寧汪桓作《醫方集解》、《本草備要》二書，淺顯易明，頗行於世。康熙丙子，文來撮合兩書，條分縷析，分類排纂，以成是書。名曰《李氏醫鑑》，實則汪氏書也。又以雜證及傷寒有未備者，更輯爲續補二卷。末附桓所作《三焦命門辨》一篇。稱醫鑑成，請正於桓，詳校差譌，玉成完璧。更授以是篇，附刻卷末。則文來輯是書時，桓尚無恙，與所手定無異矣。

馬師津梁

《四庫全書總目提要・醫家類》 《馬師津梁》八卷。浙江巡撫採進本。國朝馬元儀撰。元儀，蘇州人。是編前有雍正壬子汪濂夫序，稱元儀受學於雲間李士材、西昌喻嘉言。士材，李中梓之字。嘉言，喻昌之字。二人皆國初人，則元儀著書當在康熙初矣。其曰「馬師津梁」者，蓋元儀門人姜思吾傳其鈔本，濂夫追題此名，非其本目也。所論多原本舊文，大抵謹守繩尺，不敢放言高論，亦不能有所發明。所載諸方，或與所論不甚符。如中風一門，既知病由内虛，不屬外邪，而附方仍多驅風滌痰，一切峻利之藥。知其亦見寒醫寒，見熱醫熱，隨時補救之技，非神明其意，運用自如者矣。

黃虞稷《千頃堂書目・醫家類》 馬元儀《津梁》八卷。門人姜思吾校，稱馬師津梁。別本「梁」下有「元儀，蘇州人」。

絳雪園古方選註

《四庫全書總目提要・醫家類》 《絳雪園古方選註》三卷，附《得宜本草》一卷。浙江巡撫採進本。國朝王子接撰。子接字晉三，長洲人。自古集經方者，不過註某圓某散主治某證而已，其兼論病源脈候者已不多見，至於製方之意，則未有發明之者。近始有《醫方集解》。然所見較淺，亦未盡窺運用之本旨。是書所選之方，雖非秘異，而其中加減之道，銖兩之宜，君臣佐使之義，皆能推闡其所以然。前有自序，稱釐爲三卷。上卷獨明仲景一百一十三方三百九十七法，中、下二卷發明内科、女科、外科、幼科、眼科及各科之方。末附雜方藥性。以書按之，則和、寒、温、汗、吐、下六劑及内科以下諸科上、中、下三品本草俱各自爲帙，不題卷數。蓋其門人葉桂、吴蒙等所分，非子接之舊也。今仍定爲三卷，以還其舊。而《得宜本草》則附於末焉。

小兒衛生總微論方

《四庫全書總目提要・醫家類》 《小兒衛生總微論方》二十卷。大學士英廉家藏本。不著撰人名氏。凡論一百條，自初生以至成童，無不悉備。論後各附以方。前有嘉定丙午和安大夫特差判太醫局何大任序，稱：「家藏是書六十餘載，不知作者爲誰。博加搜訪，亦未嘗聞此書之流播。因録於行在太醫院，案南宋雖定都臨安，而當時猶稱行在，以示恢復之意。《咸淳臨安志》所載甚明。以廣其傳。」案北宋錢乙，始以治小兒得名，其《藥證直訣》一書，僅有傳本，亦不免闕略。其他如晁陳二氏所著録者，有《嬰童寶鏡》、《小兒靈祕方》、《小兒至訣》、《小兒醫方妙選》、《小兒瘢疹論》諸書，皆不可得見。是書詳載各證，如梗舌、鱗瘡之類，悉近時醫書所未備。其議論亦篤實明晰，無明以來諸醫家黨同伐異，自立門户之習。誠保嬰之要書也。此本爲明宏治己酉濟南朱臣刻於寧國府者，改名《保幼大全》。今考嘉定本原序，復題本名。臣序又稱得之醫者鄭和，和稱得之古冢中，其説迂怪。蓋方技家自神其授受，亦無取焉。

倪燦等《宋史・藝文志補・醫方》 何大任《保幼大全》二十卷。一名《小兒衛生總微論方》。

黄虞稷《千頃堂書目・醫家類・補宋》 何大任《保幼大全》二十卷。一名《小兒衛生總微論方》。

備急海上仙方

孫星衍《平津館鑒藏書籍記續編・明版》 温隱居《備急海上仙方》一卷。次行題「病源新括」，鼇峯熊宗立重編。前有保義郎差充殿前司提點諸班醫藥飯食□□劑局監收買藥材官温大明序，又題《用藥須知》。《宋藝文志》有無名氏《用藥須知》一卷，未知即此書否。書分七十七證，前爲詩括，後爲解釋。題宗立重編，則已非温氏之舊也。宗立，字道軒，建陽人，永樂中劉剡之門人，有《傷寒運氣全書》十卷、《傷寒活人指掌圖論》十卷，見《明史・藝文志》。黑口版，每葉十八行，行十七字，收藏有「朱彝尊」白文方印、「五湖風月」白文方印。

新刊惠民御藥院方

張金吾《愛日精廬藏書志・醫家類》 《新刊惠民御藥院方》二十卷。元至元刊本。

肘後備急方

張之洞《書目答問・醫家》 《肘後備急方》八卷。晉葛洪。程永培刻《六醴齋醫書》本。

臨癥各科分部

扁鵲療黄經

鄭樵《通志・藝文略・醫方》 《扁鵲療黄經》一卷。

療黄經

姚振宗《後漢藝文志・醫家類》 張仲景《療黄經》一卷。

評病要方

鄭樵《通志・藝文略・醫方》 張仲景《評病要方》一卷。

姚振宗《後漢藝文志・醫家類》 張仲景《評病要方》一卷。《隋書・經籍志》：張仲景《療婦人方》二卷，又曰梁有張仲景《評病要方》一卷。

口齒論

錢東垣等輯《崇文總目・醫書類》 張仲景《口齒論》一卷。

鄭樵《通志・藝文略・醫方》 張仲景《口齒論》一卷。

姚振宗《後漢藝文志・醫家類》 張仲景《口齒論》一卷。

五臟榮衛論

錢東垣等輯《崇文總目・醫書類》 《五臟榮衛論》一卷。原釋闕。見天一閣鈔本。

鄭樵《通志・藝文略・醫方》 《五藏榮衛論》一卷。

五臟論

鄭樵《通志・藝文略・醫方》 張仲景《五藏論》一卷。

錢東垣等輯《崇文總目・醫書類》 《五臟論》一卷。原釋張仲景撰。見天一閣鈔本。

姚振宗《後漢藝文志・醫家類》 張仲景《五藏論》一卷。

伊尹湯液仲景廣爲大法

孫星衍《平津館鑒藏書籍記續編・寫本》 《伊尹湯液仲景廣爲大法》四卷。

前有甲午古趙王好古題辭，稱「《伊尹湯液》人莫之知，仲景所廣之書十卷，世又未聞，予故纂此一書」。則此本爲好古撰。錢氏《讀書敏求記》有此書。

中藏經

鄭樵《通志・藝文略・醫方》 華氏《中藏經》一卷。

錢謙益等《絳雲樓書目・醫書類》 華陀《中藏論》四册。

張之洞《書目答問・醫家》 華氏《中藏經》一卷。平津館本。

姚振宗《後漢藝文志・醫家類》 華氏《中藏經》一卷。

陳振孫《書録解題》曰：《中藏經》一卷，漢譙郡華佗元化撰。其序稱應靈洞主少室山鄧處中，自言爲華先生外孫，莫可考也。

孫星衍刻書序曰：華氏《中藏經》，見鄭樵《通志・藝文略》，爲一卷。《書録解題》同云「譙郡華佗元化撰」。今世傳本，有八卷。吴勉學刊在《古今醫統》中。余在都，見趙文敏手寫本卷上、卷下，失其中卷。後在吴門，見周氏所藏元人寫本，亦稱趙書，具有上、中、下三卷。合前後二本校勘明本，每篇脱落舛誤，有數百字，其方藥名件次序分量，俱經後人改易，或有删去其方者，今以趙寫兩本爲定。此書文義古奥，似是六朝人所撰，非後世所能假托。鄧處中之名，不見書傳，其序疑僞作。

華佗内事

姚振宗《後漢藝文志・醫家類》 《華佗内事》五卷。

《范書・方術傳》：華佗，字元化，沛國譙人也。一名旉。游學徐土，兼通數經，曉養性之法，年且百歲而猶有壯容，時人以爲仙。沛相陳珪舉孝廉，太尉黄琬辟，皆不就。精于方藥，處劑不過數種，心識分銖，不假稱量，鍼灸不過數處。若疾發結于内，鍼藥所不能及者，乃令先以酒服麻沸散，既醉無所覺，因刳破腹背，抽割積聚。若在腸胃，則斷截湔洗，除去疾穢，既而縫合，傅以神膏，四五日創愈，一月之間皆平復。曹操聞而召佗，常在左右，操積苦頭風眩，佗鍼，隨手而差。爲人性惡，難得意，且耻以醫見業，又去家思歸，乃就操求還取方，因託妻疾，數期不反。操累書呼之，又敕郡縣發遣，佗恃能厭事，猶不肯至。操大怒，使人廉之，知妻詐疾，乃收付獄訊，考驗首服。荀彧請曰：「佗方術實工，人命所懸，宜加全宥。」操不從，竟殺之。佗臨死，出一卷書與獄吏曰：「此可以活人。」吏畏法不敢受，佗不强與，索火燒之。廣陵吴普、彭城樊阿皆從佗學。

華佗五禽訣

姚振宗《後漢藝文志・醫家類》 《華佗五禽訣》一卷。

《范書・方術傳》：廣陵吴普，從佗學。佗語普曰：「人體欲得勞動，但不當使極耳。動摇則穀氣得銷，血脉流通，病不能生。譬猶户樞，終不朽也。是以古之仙者爲導引之事，熊經鴟顧，引挽腰體，動諸關節，以求難老。吾有一術名『五禽之戲』，一曰虎，二曰鹿，三曰熊，四曰猨，五曰鳥。亦以除疾，兼利蹏足，以當導引。體有不快，起作一禽之戲，怡而汗出，因以著粉，身體輕便而欲食。」普施行之，年九十餘，耳目聰明，齒牙完堅。

四逆三部厥經

姚振宗《後漢藝文志・醫家類》 衛汎《四逆三部厥經》一部。

婦人胎藏經

姚振宗《後漢藝文志・醫家類》 衛汎《婦人胎藏經》一卷。

小兒顱顖經方

姚振宗《後漢藝文志・醫家類》 衛汎《小兒顱顖經方》一卷。

《太平御覽》七百二十二引《張仲景方》序曰：衛汎好醫術，少師仲景，有才識，撰《四逆三部厥經》及《婦人胎藏經》《小兒顱顖方》三卷，皆行于世。

龍樹眼論

鄭樵《通志・藝文略・醫方》 《龍樹眼論》一卷。

馬端臨《文獻通考・經籍考・醫家》 《龍樹眼論》三卷。

晁氏曰：佛經龍樹大士者，能治眼疾。假其説，集治七十二種目病之方。

《宋史・藝文志・醫書類》 《龍樹眼論》一卷。

錢東垣等輯《崇文總目・醫書類》 《龍樹眼論》一卷。

晁公武《郡齋讀書志・醫書類》 《龍樹眼論》三卷。 袁本後志卷二醫家類第二十一。右佛經龍樹大士者，能治眼疾。或假其説，集治七十二種目病之方。

龍樹呪法

鄭樵《通志・藝文略・醫方》 《龍樹呪法》一卷。

論病

鄭樵《通志・藝文略・醫方》 王叔和《論病》六卷。

五藏决

《隋書・經籍志・醫方》 《五藏决》一卷。

《舊唐書・經籍志・醫術》 《五藏訣》一卷。

《新唐書・藝文志・醫術類》 《五藏訣》一卷。

鄭樵《通志・藝文略・醫方》 《五藏訣》一卷。

劉涓子鬼遺方

錢曾《讀書敏求記・醫家》 《劉涓子鬼遺方》五卷。

劉涓子不知何許人，晉末于丹陽郊外，射中一物，夜不敢迫。明日率門人隣巷數十人，蹤跡至山下，見一小兒云：「主人昨夜爲劉涓子所射，取水洗瘡。」因問：「主人是誰？」曰：「黄父鬼。」乃共至其處，遥見三人，一人卧，一人開書，一人擣藥。即齊聲叫突而前。三人並走，遺一帙「癰疽方」并一臼藥，涓子得之。後從宋武帝北征，被創以藥塗之隨愈。用方爲治，千無一失，故名「鬼遺方」。是書極爲奇秘，收藏家罕見之。予別有《劉涓子治癰疽神仙遺論》一卷，與此同是宋鈔，皆宜別録副本傳之。

論病源候論

《隋書・經籍志・醫方》《論病源候論》五卷。目一卷，吴景賢撰。

《新唐書・藝文志・醫術類》吴景《諸病源候論》五十卷。

鄭樵《通志・藝文略・醫方》吴景賢《諸病源候論》五十卷。

服石論

《隋書・經籍志・醫方》《服石論》一卷。

寒食解雜論

鄭樵《通志・藝文略・醫方》《寒食解雜論》七卷。釋慧義撰。

藥對

鄭樵《通志・藝文略・醫方》《藥對》二卷。北齊徐之才撰。

《宋史・藝文志・醫書類》徐玉《藥對》二卷。

錢東垣等輯《崇文總目・醫書類》《藥對》二卷。徐之才撰。原釋闕。見天一閣鈔本。

癰疽論方

《隋書・經籍志・醫方》《癰疽論方》一卷。

鄭樵《通志・藝文略・醫方》《癰疽論方》一卷。

癰疽論

《宋史・藝文志・醫書類》邢一作「郉」元朴《癰疽論》一卷。

鄭樵《通志・藝文略・醫方》《癰疽論》三卷。

《宋史・藝文志・醫書類》《癰疽論》三卷。

錢東垣等輯《崇文總目・醫書類》《癰疽論》一卷。

又《癰疽論》三卷。《通志略》、《宋志》並不著撰人。

癰疽論

《新唐書・藝文志・醫家類》沈泰之《癰疽論》二卷。

鄭樵《通志・藝文略・醫方》沈泰之《癰疽論》一卷。

《宋史・藝文志・醫書類》沈泰之《癰疽論》二卷。

五藏論

《隋書・經籍志・醫方》《五藏論》五卷。

鄭樵《通志・藝文略・醫方》《五藏論》五卷。見《隋志》。

瘧論并方

《隋書·經籍志·醫方》《瘧論并方》一卷。

療小兒丹法

《隋書·經籍志·醫方》《療小兒丹法》一卷。

鄭樵《通志·藝文略·醫方》《療小兒丹法》一卷。

試驗方

《隋書·經籍志·醫方》徐太山《試驗方》二卷。

療婦人瘕

《隋書·經籍志·醫方》徐文伯《療婦人瘕》一卷。

鄭樵《通志·藝文略·醫方》徐文伯《療婦人瘕》一卷。

療癰經

《隋書·經籍志·醫方》《療癰經》一卷。

鄭樵《通志·藝文略·醫方》《療癰經》一卷。

妝臺寶鑑集

《新唐書·藝文志·醫家類》《粧臺寶鑑集》三卷。楊氏撰。

錢東垣等輯《崇文總目·醫書類》《妝臺寶鑑集》三卷。

要術

顧懷三《補五代史藝文志·技術類》《要術》一卷，陳元京撰。案：元京家世爲醫，長興中集平生所驗方七十件，修合藥法百件，號曰《要術》，刊石置太原府之左。

太常分藥格

《宋史·藝文志·醫書類》《太常分藥格》一卷。

錢東垣等輯《崇文總目·醫書類》《太常分藥格》一卷。孫思邈撰。原釋闕。見天一閣鈔本。

醫門秘録

鄭樵《通志·藝文略·醫方》《醫門秘録》五卷。道士梅崇獻撰。

錢東垣等輯《崇文總目·醫書類》《醫門秘録》五卷。梅崇獻撰。原釋闕。見天一閣鈔本。

新書病總要略

錢東垣等輯《崇文總目・醫書類》《新書病總要略》一卷。張叔和撰。

醫書類二共六十部，計二百八十八卷。

金體治世集

錢東垣等輯《崇文總目・醫書類》《金體治世集》三卷。劉翰撰。原釋闕。見天一閣鈔本。

五臟旁通明鑑圖

鄭樵《通志・藝文略・醫方》《五藏傍通明鑑圖》一卷。唐道士裴元靈撰。

錢東垣等輯《崇文總目・醫書類》《五臟旁通明鑑圖》一卷。原釋闕。見天一閣鈔本。

删繁藥脉

《新唐書・藝文志・醫家類》江承宗《删繁藥詠》三卷。鳳翔節度要籍。

《宋史・藝文志・醫書類》江承宗《删繁藥脉》三卷。

錢東垣等輯《崇文總目・醫書類》《删繁藥脉》三卷。江承宗撰。原釋闕。見天一閣鈔本。

醫　苑

鄭樵《通志・藝文略・醫方》《伏氏醫苑》一卷。唐伏適撰。

《宋史・藝文志・醫書類》《伏氏醫苑》一卷。

錢東垣等輯《崇文總目・醫書類》《伏氏醫苑》一卷。伏適撰。原釋闕。見天一閣鈔本。

禁　經

鄭樵《通志・藝文略・醫方》孫思邈《禁經》二卷。

五藏傍通導養圖

鄭樵《通志・藝文略・醫方》《五藏傍通導養圖》一卷。孫思邈撰。

新撰脚氣論

鄭樵《通志・藝文略・醫方》《新撰脚氣論》三卷。唐李暄撰，以三家之説不論風土，述江淮、嶺南、秦川之異。

錢東垣等輯《崇文總目・醫書類》《新撰脚氣論》三卷。李暄撰。

消渴論

錢東垣等輯《崇文總目・醫書類》青溪子《消渴論》一卷。

《新唐書·藝文志·醫家類》 青溪子《消渴論》一卷。
鄭樵《通志·藝文略·醫方》 青溪子《消渴論》一卷。唐李暄撰。
《宋史·藝文志·醫書類》 清溪子《消渴論》一卷。

五藏論

鄭樵《通志·藝文略·醫方》 裴璡《五藏論》七卷。唐裴璡撰。
錢東垣等輯《崇文總目·醫書類》 《五臟論》一卷。原釋裴進撰。見天一閣鈔本。

大五臟論

鄭樵《通志·藝文略·醫方》 《大五藏論》一卷。張尚容撰。
《宋史·藝文志·醫書類》 張向容《大五藏論》一卷。
錢東垣等輯《崇文總目·醫書類》 《大五臟論》一卷。張尚客撰。原釋闕。見天一閣鈔本。

小五臟論　五臟論應象

鄭樵《通志·藝文略·醫方》 《小五藏論》一卷。張尚容撰。
《宋史·藝文志·醫書類》 《小五藏論》一卷。
錢東垣等輯《崇文總目·醫書類》 《小五臟論》一卷。張尚客撰。原釋闕。見天一閣鈔本。
《五臟論應象》一卷。吴競撰。

五色旁通五臟圖

鄭樵《通志·藝文略·醫方》 《五色傍通五藏圖》一卷。唐裴光庭撰。
《宋史·藝文志·醫書類》 裴王庭《五色旁通五藏圖》一卷。
錢東垣等輯《崇文總目·醫書類》 《五色旁通五臟圖》一卷。裴王廷撰。原釋闕。見天一閣鈔本。

萬病拾遺

《新唐書·藝文志·醫家類》 青溪子《萬病拾遺》三卷。
鄭樵《通志·藝文略·醫方》 青溪子《萬病拾遺》三卷。
錢東垣等輯《崇文總目·醫書類》 《萬病拾遺》三卷。原釋闕。見天一閣鈔本。

醫門簡要

鄭樵《通志·藝文略·醫方》 《醫門簡要》十卷。華顒集。
《宋史·藝文志·醫書類》 華顒《醫門簡要》十卷。
錢東垣等輯《崇文總目·醫書類》 《醫門簡要》十卷。華氏撰。

藥性論

《宋史·藝文志·醫書類》 《藥性論》四卷。
錢東垣等輯《崇文總目·醫書類》 《藥性論》四卷。原釋闕。見天一閣鈔本。

脚氣論

《新唐書・藝文志・醫家類》《脚氣論》一卷。蘇鑒、徐玉等編集。

鄭樵《通志・藝文略・醫方》《脚氣論》一卷。唐蘇鑒、徐玉、唐侍中三家之説。

錢東垣等輯《崇文總目・醫書類》《三家脚氣論》一卷。

《宋史・藝文志・醫書類》蘇敬、徐玉、唐侍中《三家脚氣論》一卷。

《宋史・藝文志・醫書類》《脚氣論》一卷。

錢東垣等輯《崇文總目・醫書類》《脚氣論》一卷。蘇鑒、徐玉等撰。

新修鍾乳論

《宋史・藝文志・醫書類》吴昇、宋處《新修鍾乳論》一卷。

錢東垣等輯《崇文總目・醫書類》《新修鍾乳論》一卷。

鍾乳論

《宋史・藝文志・醫書類》褚知義《鍾乳論》一卷。

錢東垣等輯《崇文總目・醫書類》《鍾乳論》一卷。

採藥論

鄭樵《通志・藝文略・醫方》《採藥論》一卷。

《宋史・藝文志・醫書類》《採藥論》一卷。

錢東垣等輯《崇文總目・醫書類》《採藥論》一卷。原釋闕。見天一閣鈔本。

製藥法論

鄭樵《通志・藝文略・醫方》《制藥法論》一卷。

《宋史・藝文志・醫書類》《制藥論法》一卷。

錢東垣等輯《崇文總目・醫書類》《製藥法論》一卷。原釋闕。見天一閣鈔本。

芝草圖

《宋史・藝文志・醫書類》孫思邈《芝草圖》三十卷。

制伏艸石論

《新唐書・藝文志・醫家類》乾寧晏先生《制伏草石論》六卷。晏封。

錢東垣等輯《崇文總目・醫書類》乾寧晏先生《製伏艸石論》六卷。晏封撰。原釋闕。見天一閣鈔本。

嶺南脚氣論

《新唐書・藝文志・醫家類》李暄《嶺南脚氣論》一卷。

《新唐書・藝文志・醫家類》李暄《嶺南脚氣論》。

鄭樵《通志・藝文略・醫方》李暄《嶺南脚氣論》一卷。

《宋史・藝文志・醫書類》李暄《嶺南脚氣論》二卷。

錢東垣等輯《崇文總目・醫書類》《嶺南脚氣論》一卷。李暄撰。

脚氣論

《新唐書·藝文志·醫家類》 青溪子《脚氣論》三卷。

鄭樵《通志·藝文略·醫方》 《脚氣論》三卷。見《唐志》。

方書藥類

鄭樵《通志·藝文略·醫方》 《方書藥類》三卷。

《宋史·藝文志·醫書類》 《方書藥類》三卷。

錢東垣等輯《崇文總目·醫書類》 《方書藥類》三卷。

發焰録

《新唐書·藝文志》 司空輿《發焰録》一卷。圖父，大中時商州刺史。

鄭樵《通志·藝文略·醫方》 《發焰録》一卷。唐司空輿述治風方。

《宋史·藝文志·醫書類》 司空輿《發焰録》一卷。

錢東垣等輯《崇文總目·醫書類》 《發焰録》一卷。司空輿撰。

藥　圖

《新唐書·藝文志·醫術類》 《藥圖》二十卷。

鄭樵《通志·圖譜略·記無》 《藥圖》。

鄭樵《通志·藝文略·醫方》 《藥圖》二十卷。

圖　經

《新唐書·藝文志·醫術類》 《圖經》七卷。顯慶四年，英國公李勣、太尉長孫無忌、兼侍中辛茂將、太子賓客弘文館學士許敬宗、禮部郎中兼太子洗馬弘文館大學士孔志約、尚藥奉御許孝崇胡子彖蔣季璋、尚藥局直長藺復珪許弘直、侍御醫巢孝儉、太子藥藏監蔣季瑜吴嗣宗、丞蔣義方、太醫令蔣季琬許弘、丞蔣茂昌、太常丞吕才賈文通、太史令李淳風、潞王府參軍吴師哲、禮部主事顏仁楚、右監門府長史蘇敬等撰。

鄭樵《通志·藝文略·醫方》 《圖經》七卷。並李勣等撰。

療癰疽要訣

《新唐書·藝文志·醫家類》 喻義纂《療癰疽要訣》一卷。

鄭樵《通志·藝文略·醫方》 《療癰疽要訣》一卷。唐喻義纂。

《宋史·藝文志·醫書類》 《療癰疽要訣》一卷。

新廣藥對

鄭樵《通志·藝文略·醫方》 《新廣藥對》三卷。宗令祺撰。

錢東垣等輯《崇文總目·醫書類》 《新廣藥對》三卷。宗令祺撰。原釋闕。見天一閣鈔本。

石藥異名要訣

《宋史·藝文志·醫書類》 王道中《石藥異名要訣》一卷。

錢東垣等輯《崇文總目・醫書類》《石藥異名要訣》一卷。王道沖撰。原釋闕。見天一閣鈔本。

藥總訣

鄭樵《通志・藝文略・醫方》《藥總訣》一卷。

錢東垣等輯《崇文總目・醫書類》《藥總訣》一卷。原釋闕。見天一閣鈔本。

醫門指要用藥立成訣

鄭樵《通志・藝文略・醫方》《醫門指要用藥立成訣》。葉傳古撰。

錢東垣等輯《崇文總目・醫書類》《醫門指要用藥立成訣》一卷。葉傳古撰。原釋闕。見天一閣鈔本。

南海藥譜

《宋史・藝文志・醫書類》《南海藥譜》一卷。

錢東垣等輯《崇文總目・醫書類》《南海藥譜》一卷。原釋闕。見天一閣鈔本。

排玉集

錢東垣等輯《崇文總目・醫書類》《排玉集》三卷。邵英俊撰。

鄭樵《通志・藝文略・醫方》又《排玉集》二卷。口齒方。

鄭樵《通志・藝文略・醫方》《排玉集》二卷。唐邵英俊撰。

相色金妙訣

錢東垣等輯《崇文總目・醫書類》《相色金妙訣》一卷。華氏撰。

孩子脉訣論

錢東垣等輯《崇文總目・醫書類》《孩子脉訣論》一卷。

靈奇壁奥

錢東垣等輯《崇文總目・醫書類》《靈奇壁奥》三卷。

醫眼鍼方論

錢東垣等輯《崇文總目・醫書類》《醫眼鍼方論》一卷。

療一兒論

錢東垣等輯《崇文總目・醫書類》《療一兒論》一卷。

嬰孩論

錢東垣等輯《崇文總目・醫書類》《嬰孩論》二卷。

元感傳屍論

錢東垣等輯《崇文總目・醫書類》《元感傳屍論》一卷。藊遊撰。

名醫傳

錢東垣等輯《崇文總目・醫書類》《名醫傳》一卷。甘伯宗撰。

名醫別録

《新唐書・藝文志・醫術類》《名醫別録》三卷。

道光通元秘要術

《新唐書・藝文志・醫家類》青羅子《道光通元祕要術》三卷。失姓，咸通人。

玉房秘訣

《新唐書・藝文志・醫術類》沖和子《玉房祕訣》十卷。張鼎。

房中秘術

《新唐書・藝文志・醫術類》葛氏《房中祕術》一卷。

目録

《新唐書・藝文志・醫術類》《目録》一卷。

鈐和子

《新唐書・藝文志・醫術類》賈和光《鈐和子》十卷。

安濟圖

鄭樵《通志・圖譜略・記無》《安濟圖》。

五藏鑑元

鄭樵《通志・藝文略・醫方》《五藏鑑元》四卷。唐段元亮撰。

《宋史・藝文志・醫書類》段元一作「允」亮《五藏鑑元一作「原」》四卷。

錢東垣等輯《崇文總目・醫書類》《五臟鑑元》四卷。段元亮撰。原釋闕。見天一閣鈔本。

五藏要訣

鄭樵《通志・藝文略・醫方》《五藏要訣》一卷。

《宋史・藝文志・醫書類》《五藏要訣》一卷。

錢東垣等輯《崇文總目・醫書類》《五臟要訣》一卷。

太元心論

鄭樵《通志・藝文略・醫方》《太元心論》一卷。

《宋史・藝文志・醫書類》《太元心論》一卷。

黃帝五臟論

鄭樵《通志・藝文略・醫方》《黃帝五藏論》一卷。

《宋史・藝文志・醫書類》《黃帝五藏論》一卷。

錢東垣等輯《崇文總目・醫書類》《黃帝五臟論》一卷。原釋闕。見天一閣鈔本。

神農五臟論

鄭樵《通志・藝文略・醫方》《神農五藏論》一卷。

《宋史・藝文志・醫書類》《神農五藏論》一卷。

錢東垣等輯《崇文總目・醫書類》《神農五臟論》一卷。原釋闕。見天一閣鈔本。

黃庭五臟論

《宋史・藝文志・醫書類》趙業《黃庭五藏論》七卷。

錢東垣等輯《崇文總目・醫書類》《黃庭五臟論》七卷。趙業撰。原釋闕。見天一閣鈔本。

五臟含鑑論

錢東垣等輯《崇文總目・醫書類》《五臟含鑑論》一卷。原釋闕。見天一閣鈔本。

五臟類合賦

鄭樵《通志・藝文略・醫方》《五藏類合賦》五卷。唐劉清海撰。

錢東垣等輯《崇文總目・醫書類》《五臟類合賦》五卷。劉清海撰。原釋闕。見天一閣鈔本。

連方五臟論

鄭樵《通志・藝文略・醫方》連方《五藏論》一卷。

《宋史・藝文志・醫書類》連方《五藏論》一卷。

錢東垣等輯《崇文總目・醫書類》連方《五臟論》一卷。原釋闕。見天一閣鈔本。

黃庭内景五臟六腑圖

錢東垣等輯《崇文總目・醫書類》《黃庭内景五臟六腑圖》一卷。女子胡愔撰。原釋闕。見天一閣鈔本。

臓府通元賦

鄭樵《通志·藝文略·醫方》《藏府通元賦》一卷。唐張文懿撰。

《宋史·藝文志·醫書類》張文懿《藏府通玄賦》一卷。

錢東垣等輯《崇文總目·醫書類》《臓府通元賦》一卷。張文懿撰。原釋闕。見天一閣鈔本。

耆婆五臓論

鄭樵《通志·藝文略·醫方》《耆婆五藏論》一卷。

《宋史·藝文志·醫書類》《耆婆五藏論》一卷。

錢東垣等輯《崇文總目·醫書類》《耆婁五臓論》一卷。

五藏論應象

鄭樵《通志·藝文略·醫方》《五藏論應象》一卷。唐吴兢撰。

《宋史·藝文志·醫書類》吴兢《五藏論應象》一卷。

萬全方

鄭樵《通志·藝文略·醫方》《萬全方》三卷。安堰撰。

錢東垣等輯《崇文總目·醫書類》《萬全方》三卷。

夭壽性術論

鄭樵《通志·藝文略·醫方》《夭壽性術論》一卷。

《宋史·藝文志·醫書類》《夭壽性術論》一卷。

錢東垣等輯《崇文總目·醫書類》《夭壽性術論》一卷。

五藏攝養明鑑圖

鄭樵《通志·藝文略·醫方》《五藏攝養明鑑圖》一卷。

鄭樵《通志·圖譜略·記無》《五藏攝養明鑑圖》。

《宋史·藝文志·醫書類》《五藏攝養明鑑圖》一卷。

五鑑論

鄭樵《通志·藝文略·醫方》《五鑑論》五卷。

諸家五藏論

鄭樵《通志·藝文略·醫方》《諸家五藏論》五卷。

五藏論

鄭樵《通志·藝文略·醫方》吴兢《五藏論》五卷。

天元玉策

晁公武《郡齋讀書志・醫書類》　《天元玉策》二十卷。袁本前志卷三下醫家類第九。

右啟玄子撰，即唐王砯也。書推五運六氣之變。唐《人物志》云：「砯仕至太僕令，年八十餘，以壽終。」

金寶鑑

晁公武《郡齋讀書志・醫書類》　《金寶鑑》三卷。袁本後志卷二醫家類第九。

右衛嵩撰。嵩仕至翰林博士。《崇文總目》云：「不詳何代人，述脈候徵驗要妙之理。」

嬰兒雜方

鄭樵《通志・藝文略・醫方》　《嬰孩雜方》五卷。

錢東垣等輯《崇文總目・醫書類》　《嬰兒雜方》五卷。

仙人水鑑圖訣

鄭樵《通志・藝文略・醫方》　《仙人水鑑圖訣》一卷。唐王超撰。

錢東垣等輯《崇文總目・醫書類》　《仙人水鑑圖訣》一卷。王超撰。

雜病論

《新唐書・藝文志・醫術類》　徐嗣伯《雜病論》一卷。

鄭樵《通志・藝文略・醫方》　徐嗣伯《雜病論》一卷。

五藏論

《新唐書・藝文志・醫術類》　《五藏論》一卷。

《宋史・藝文志・醫書類》　《五藏論》一卷。

靈方志

鄭樵《通志・藝文略・醫方》　《靈方志》一卷。孔周南述。

《宋史・藝文志・醫書類》　孔周南《靈方志》一卷。

錢東垣等輯《崇文總目・醫書類》　《靈方志》一卷。孔周南撰。

意醫紀歷

鄭樵《通志・藝文略・醫方》　《意醫紀歷》一卷。僞蜀吳羣撰。

《宋史・藝文志・醫書類》　吳羣《意醫紀曆》一卷。

顧櫰三《補五代史藝文志・技術類》　《意醫紀歷》一卷。吳羣撰。

錢東垣等輯《崇文總目・醫書類》　《意醫紀歷》一卷。吳群撰。

保童方

鄭樵《通志・藝文略・醫方》《保童方》一卷。僞蜀周挺撰。

《宋史・藝文志・醫書類》《保童方》一卷。

顧櫰三《補五代史藝文志・技術類》《保童方》一卷，同上。

錢東垣等輯《崇文總目・醫書類》《保童方》一卷。

嬰孩病源論

鄭樵《通志・藝文略・醫方》《嬰孩病源論》一卷。

錢東垣等輯《崇文總目・醫書類》《嬰孩病源論》一卷。

小兒五府二十四候論

鄭樵《通志・藝文略・醫方》《小兒五疳二十四候論》一卷。

《宋史・藝文志・醫書類》《小兒五疳二十四候論》一卷。

錢東垣等輯《崇文總目・醫書類》《小兒五府二十四候論》一卷。《通志畧》、《宋志》並不著撰人。

小兒方術論

鄭樵《通志・藝文略・醫方》《小兒方術論》一卷。

《宋史・藝文志・醫書類》《小兒方術論》一卷。

錢東垣等輯《崇文總目・醫書類》《小兒方術論》一卷。《通志畧》、《宋志》並不著撰人。

小兒祕録

鄭樵《通志・藝文略・醫方》《小兒祕録》一卷。

錢東垣等輯《崇文總目・醫書類》《小兒秘録》一卷。《通志畧》不著撰人。

素問醫療訣

鄭樵《通志・藝文略・醫方》《素問醫療訣》一卷。

《宋史・藝文志・醫書類》《素問醫療訣》一卷。

食　法

鄭樵《通志・藝文略・醫方》王易簡《食法》十卷。

《宋史・藝文志・醫書類》王氏《食法》五卷。

尊生要訣

陳振孫《直齋書録解題・醫書類》《尊生要訣》二卷。即初虞世《四時常用要方》。有廬山陳准者，復附益焉。

馬端臨《文獻通考・經籍考・醫家》《尊生要訣》二卷。

陳氏曰：即初虞世《四時常用要方》。有廬山陳准者，復附益焉。

混俗頤生録

《宋史・藝文志・醫書類》《混俗頤生録》二卷。

治風經心録

《宋史・藝文志・醫書類》《治風經心録》五卷。

延齡至寶抄

《宋史・藝文志・醫書類》張尚容《延齡至寶抄》一卷。

攝生月令圖

《宋史・藝文志・醫書類》《攝生月令圖》一卷。

攝養禁忌法

《宋史・藝文志・醫書類》《攝養禁忌法》一卷。

攝生要録

《宋史・藝文志・醫書類》高福《攝生要録》三卷。

藥　準

《宋史・藝文志・醫書類》文彦博《藥準》一卷。

醫門括源方

鄭樵《通志・藝文略・醫方》《醫門括源方》一卷。吴希言撰。

《宋史・藝文志・醫書類》吴希言《醫門括源方》一卷。

明醫顯微論

鄭樵《通志・藝文略・醫方》《明醫顯微論》一卷。石昌璉撰。

《宋史・藝文志・醫書類》石昌璉《明醫顯微論》一卷。

醫鑑後傳

鄭樵《通志・藝文略・醫方》《醫鑑後傳》一卷。

《宋史・藝文志・醫書類》陳玕《醫鑑後傳》一卷。

全體治世集

鄭樵《通志・藝文略・醫方》《全體治世集》三十卷。五代劉翰撰。

《宋史・藝文志・醫書類》劉翰《今體治世集》三十卷。

萬病拾遺

鄭樵《通志・藝文略・醫方》《萬病拾遺》三卷。

《宋史・藝文志・醫書類》李温《萬病拾遺》三卷。

新集病總要略

鄭樵《通志・藝文略・醫方》《新集病總要略》一卷。張叔和撰。

《宋史・藝文志・醫書類》張叔和《新集病總要略》一卷。

耆婆八十四問

鄭樵《通志・藝文略・醫方》《耆婆八十四問》一卷。

《宋史・藝文志・醫書類》《耆婆六十四問》一卷。

瘡腫論

《新唐書・藝文志・醫家類》喻義纂《瘡腫論》一卷。

鄭樵《通志・藝文略・醫方》《瘡腫論》一卷。唐西州節度要藉喻義撰。

《宋史・藝文志・醫書類》喻義《瘡腫論》一卷。

錢東垣等輯《崇文總目・醫書類》《瘡腫論》一卷。喻義撰。

嬰孺方

《新唐書・藝文志・醫家類》孫會《嬰孺方》十卷。

錢東垣等輯《崇文總目・醫書類》《嬰孺方》十卷。孫會撰。

鄭樵《通志・藝文略・醫方》孫會《嬰孺方》十卷。

小兒藥証

鄭樵《通志・藝文略・醫方》《小兒藥證》一卷。劉景裕撰。

《宋史・藝文志・醫書類》《小兒藥證》一卷。

錢東垣等輯《崇文總目・醫書類》《小兒藥証》一卷。劉景裕撰。

孩孺明珠變蒸七府方論

《宋史・藝文志・醫書類》朱傅《孩孺明珠變蒸七疳方》一卷。

鄭樵《通志・藝文略・醫方》《孩孺明珠變蒸七疳方論》一卷。朱篆撰。

錢東垣等輯《崇文總目・醫書類》《孩孺明珠變蒸七府方論》一卷。

審的眼藥歌

鄭樵《通志・藝文略・醫方》《審的眼藥歌》三卷。

錢東垣等輯《崇文總目・醫書類》《審的眼藥歌》三卷。《通志略》不著撰人。

童子秘訣

《新唐書・藝文志・醫家類》姚和《衆童子祕訣》三卷。

鄭樵《通志・藝文略・醫方》《衆童子祕訣》三卷。唐姚和撰。

錢東垣等輯《崇文總目・醫書類》《童子秘訣》三卷。姚和撰。

《宋史・藝文志・醫書類》姚和《衆童子祕要論》三卷。

西京巢家水氣論

鄭樵《通志・藝文略・醫方》《西京巢家水氣論》一卷。

錢東垣等輯《崇文總目・醫書類》《西京巢家水氣論》一卷。

《宋史・藝文志・醫書類》《西京巢氏水氣論》一卷。

風論

錢東垣等輯《崇文總目・醫書類》青烏子《風論》一卷。

鄭樵《通志・藝文略・醫方》青烏子《風論》一卷。

論三十六種風

鄭樵《通志・藝文略・醫方》《論三十六種風》一卷。楊天業撰。

《宋史・藝文志・醫書類》楊太業《三十六種風論》一卷。

錢東垣等輯《崇文總目・醫書類》《論三十六種風》一卷。揚天業撰。

發背論

鄭樵《通志・藝文略・醫方》《發背論》一卷。白岑撰。

《宋史・藝文志・醫書類》白岑《發背論》一卷。

錢東垣等輯《崇文總目・醫書類》《發背論》十卷。原釋白岑。見天一閣鈔本。

發背論

鄭樵《通志・藝文略・醫方》《發背論》一卷。僧智宣撰。

《宋史・藝文志・醫書類》僧智宣《發背論》一卷。

《宋史・藝文志・醫書類》《發背論》二卷。

錢東垣等輯《崇文總目・醫書類》《發背論》一卷。原釋僧智宣。見天一閣鈔本。

風論仙眺經

鄭樵《通志・藝文略・醫方》《風論山眺經》二卷。吴希言撰。

錢東垣等輯《崇文總目・醫書類》《風論仙眺經》二卷。吴希言撰。

五癆論

鄭樵《通志・藝文略・醫方》《五勞論》一卷。

《宋史・藝文志・醫書類》《五勞論》一卷。

錢東垣等輯《崇文總目・醫書類》《五癆論》一卷。

水氣論

鄭樵《通志・藝文略・醫方》《水氣論》三卷。藺宗簡撰。

《宋史・藝文志・醫書類》蕭一作「藺」宗簡《水氣論》三卷。

錢東垣等輯《崇文總目・醫書類》《水氣論》三卷。

風疾論

鄭樵《通志・藝文略・醫方》《風疾論》一卷。朱元朴撰。

《宋史・藝文志・醫書類》《風疾論》一卷。

錢東垣等輯《崇文總目・醫書類》《風疾論》一卷。朱元朴撰。

骨蒸論

鄭樵《通志・藝文略・醫方》《骨蒸論》一卷。

《宋史・藝文志・醫書類》《骨蒸論》一卷。

錢東垣等輯《崇文總目・醫書類》《骨蒸論》一卷。

口齒論

《宋史・藝文志・醫書類》唐一作「廣」陵正師《口齒論》一卷。

錢東垣等輯《崇文總目・醫書類》廣陵正師《口齒論》一卷。

鄭樵《通志・藝文略・醫方》唐陵正師《口齒論》一卷。唐供奉僧普濟集。

口齒論

《宋史・藝文志・醫書類》沖和先生《口齒論》一卷。

錢東垣等輯《崇文總目・醫書類》《口齒論》三卷。原釋中和先生撰。見天一閣鈔本。

鄭樵《通志・藝文略・醫方》《口齒論》三卷。沖和先生撰。

口齒玉池論

鄭樵《通志・藝文略・醫方》《口齒玉地論》一卷。唐供奉僧普濟撰。

錢東垣等輯《崇文總目・醫書類》《口齒玉池論》一卷。釋普濟撰。

子母秘録

鄭樵《通志・藝文略・醫方》《子母祕録》十卷。許仁則撰。

錢東垣等輯《崇文總目・醫書類》《子母秘録》十卷。許仁則撰。

子母祕録

《宋史・藝文志・醫書類》張傑《子母祕録》十卷。

何首烏傳

《宋史・藝文志・醫書類》李翱《何首烏傳》一卷。

錢東垣等輯《崇文總目・醫書類》《何首烏傳》一卷。李翱撰。

産　寶

《宋史・藝文志・醫書類》昝殷《産寶》三卷。

錢東垣等輯《崇文總目・醫書類》《産寶》三卷。

鄭樵《通志・藝文略・醫方》昝氏《産寶》三卷。

馬端臨《文獻通考・經籍考・醫家》《産寶》二卷。

産後論

鄭樵《通志・藝文略・醫方》《産後論》一卷。楊全迪、李壽集。

《宋史・藝文志・醫書類》《産後論》一卷。

錢東垣等輯《崇文總目・醫書類》《産後論》一卷。

鐵粉論

《新唐書・藝文志・醫家類》蘇游《鐵粉論》一卷。

《宋史・藝文志・醫書類》蘇游《鐵粉論》一卷。

錢東垣等輯《崇文總目・醫書類》《鐵粉論》一卷。蘇遊撰。

咽喉口齒方論

《新唐書・藝文志・醫家》《咽喉口齒方論》五卷。

鄭樵《通志・藝文略・醫方》《咽喉口齒方論》五卷。

錢東垣等輯《崇文總目・醫書類》《咽喉口齒方論》一卷。

眼　論

鄭樵《通志・藝文略・醫方》《眼論》三卷。

鄭樵《通志・藝文略・醫方》楚人劉豹子《眼論》一卷。

《宋史・藝文志・醫書類》劉豹子《眼論》一卷。

眼論準的歌

鄭樵《通志・藝文略・醫方》《眼論準的歌》一卷。劉皓撰。

《宋史・藝文志・醫書類》劉皓《眼論審的歌》一卷。

小兒官氣集

鄭樵《通志・藝文略・醫方》《小兒官氣集》三卷。

錢東垣等輯《崇文總目・醫書類》《小兒官氣集》三卷。

審的選要歌

鄭樵《通志・藝文略・醫方》《審的選要歌》一卷。

錢東垣等輯《崇文總目・醫書類》《審的選要歌》一卷。《通志畧》不著撰人。

崔氏小兒論

鄭樵《通志・藝文略・醫方》《崔氏小兒論》一卷。

《宋史・藝文志・醫書類》楊全迪《崔氏小兒論》一卷。

錢東垣等輯《崇文總目・醫書類》《崔氏小兒論》一卷。《通志畧》不著名。

口齒論

《新唐書・藝文志・醫家類》邵英俊《口齒論》一卷。

鄭樵《通志・藝文略・醫方》 邵英俊《口齒論》一卷。唐人。

《宋史・藝文志・醫書類》 邵英俊《口齒論》一卷。

錢東垣等輯《崇文總目・醫書類》 《口齒論》一卷。原釋邵英俊撰。見天一閣鈔本。

療口齒雜方

鄭樵《通志・藝文略・醫方》 《療口齒雜方》一卷。

錢東垣等輯《崇文總目・醫書類》 《療口齒雜方》一卷。《通志畧》不著撰人。

産　寶

鄭樵《通志・藝文略・醫方》 《産寶》三卷。僞蜀周挺撰。

産前後論

鄭樵《通志・藝文略・醫方》 《産前後論》一卷。王守忠撰。

《宋史・藝文志・醫書類》 王守愚《産前産後論》一卷。

錢東垣等輯《崇文總目・醫書類》 《産前後論》一卷。王守愚撰。

集産後十九論

鄭樵《通志・藝文略・醫方》 《集産後十九論》一卷。

錢東垣等輯《崇文總目・醫書類》 《集産後十九論》一卷。諸家書目並不著撰人。

《宋史・藝文志・醫家類》 《産後十九論》一卷。

家寶義囊

鄭樵《通志・藝文略・醫方》 《家寶義囊》一卷。

《宋史・藝文志・醫書類》 《家寶義囊》一卷。

錢東垣等輯《崇文總目・醫書類》 《家寶義囊》一卷。《通志畧》不著撰人。

崔氏産鑑圖

鄭樵《通志・藝文略・醫方》 《崔氏産鑑圖》一卷。

《宋史・藝文志・醫書類》 《崔氏産鑑圖》一卷。

錢東垣等輯《崇文總目・醫書類》 《崔氏産鑑圖》一卷。《通志畧》、《宋志》並不著名。

嬰兒論

鄭樵《通志・藝文略・醫方》 《嬰兒論》二卷。

《宋史・藝文志・醫書類》 楊大鄴《嬰兒論》二卷。

錢氏小兒直訣

范邦甸等《天一閣書目・醫家類》 《錢氏小兒直訣》三卷。刊本。○北宋錢乙撰，閻孝忠集，薛鎧校注。

陳振孫《直齋書録解題・醫書類》 《錢氏小兒藥證真訣》三卷。

太醫丞東平錢乙仲陽撰。宣教郎大梁閻季忠集。上卷言證，中卷叙嘗所治病，下卷爲方。季忠亦頗附以己説，且以劉斯立所作《仲陽傳》附於末，宣和元年也。

馬端臨《文獻通考・經籍考・醫家》 《錢氏小兒藥證真訣》三卷。

陳氏曰：錢仲陽撰，閻季忠集。上卷言證，中卷敘嘗所治病，下卷爲方。季忠亦頗附以己説，且以劉斯立所作《仲陽傳》附於末。宣和元年也。

《宋史・藝文志・醫書類》 錢乙《小兒藥證直訣》八卷。

錢氏小兒藥證

錢謙益等《絳雲樓書目・醫書類》 《錢氏小兒藥證》。

孫星衍《平津館鑒藏書籍記續編・寫本》 《錢氏小兒真訣》四卷。題門人閻季忠集，後學薛鎧校注。陳氏《書録解題》：《錢氏小兒藥證真訣》三卷，太醫丞東平錢乙仲陽撰，宣教郎大梁閻季忠集。上卷言證，中卷敘嘗所治病，下卷爲方。季忠亦頗附以己説，且以劉斯立所作《仲陽傳》附於末。此本分作四卷，又無《仲陽傳》，已非閻氏舊本。明薛己《薛氏醫案》稱：訂定舊本，附以己説者，有錢乙《小兒真訣》四卷。然則此本注中稱薛按者，是其父薛鎧所注；稱愚治者，又薛己所補；前有序，不題年月姓名，繹其文義，亦己作也。鎧，弘治時官太醫。此本余從天一閣寫得之。

嬰童寶鑑

鄭樵《通志・藝文略・醫方》 《嬰童寶鑑》三卷。

晁公武《郡齋讀書志・醫書類》 《嬰童寶鏡》十卷。袁本後志卷二醫家類第二十六。

右題曰栖真子，不著姓名。録世行應驗方成此書。

馬端臨《文獻通考・經籍考・醫家》 《嬰童寶鏡》十卷。

晁氏曰：題曰栖真子，不著姓名。録世行應驗方成此書。

蘭室寶鑑

尤袤《遂初堂書目・醫書類》 《蘭室寶鑑》。

《宋史・藝文志・醫書類》 《蘭室寶鑑》二十卷。

小兒方

鄭樵《通志・藝文略・醫方》 張涣《小兒方》三卷。

小兒方

鄭樵《通志・藝文略・醫方》 潘氏《小兒方》一卷。

小兒方

鄭樵《通志・藝文略・醫方》 陳氏《小兒方》一卷。陳宗望撰。

小兒方

鄭樵《通志・藝文略・醫方》 陳琥《小兒方》一卷。

楊士奇等《文淵閣書目・醫書》 陳氏《小兒方》一部一册闕。

小兒方

鄭樵《通志·藝文略·醫方》 王氏《小兒方》一卷。

幼幼方

鄭樵《通志·藝文略·醫方》《幼幼方》一卷。

《宋史·藝文志·醫書類》 張田《幼幼方》一卷。

療小兒方

鄭樵《通志·藝文略·醫方》 俞氏《療小兒方》三卷。

療小兒方

鄭樵《通志·藝文略·醫方》 范氏《療小兒方》一卷。

療小兒方

鄭樵《通志·藝文略·醫方》 王末《療小兒方》十七卷。

醫門玉髓

陳振孫《直齋書録解題·醫書類》《醫門玉髓》一卷。

不知作者。皆爲歌訣，論五藏六腑相傳之理。

馬端臨《文獻通考·經籍考·醫家》《醫門玉髓》一卷。

陳氏曰：不知作者。皆爲歌訣，論五臟六腑相傳之理。

食治通説

陳振孫《直齋書録解題·醫書類》《食治通説》一卷。

東號婁居中撰。臨安藥肆「金藥臼」者，有子登第，以恩得初品官。趙忠定丞相跋其後。書凡六篇。案：《文獻通攷》作十六篇。大要以爲食治則身治，此上工醫未病之一術也。

馬端臨《文獻通考·經籍考·醫家》《食治通説》一卷。

《宋史·藝文志·醫書類》 婁居中《食治通説》一卷。

治病須知

陳振孫《直齋書録解題·醫書類》《治病須知》一卷。

不知名氏。事論外證，以用藥之次第，爲不能脈者設也。

馬端臨《文獻通考·經籍考·醫家》《治病須知》一卷。

陳氏曰：不知名氏。專論外證，以用藥之次第，爲不能脉者設也。

五運指掌賦圖

陳振孫《直齋書録解題·醫書類》《五運指掌賦圖》一卷。葉玠撰。

馬端臨《文獻通考·經籍考·醫家》《五運指掌賦圖》一卷。

陳氏曰：葉玠撰。

黄虞稷《千頃堂書目·醫家類》 葉玠《五運指掌賦圖》一卷。以下不知時代。

嵇璜等《續通志·圖譜略·記無·醫藥》 葉玠《五運指掌圖》。

小兒班疹論

陳振孫《直齋書録解題·醫書類》《小兒班疹論》一卷。

東平董汲及之撰。錢乙元祐癸酉題其末。

馬端臨《文獻通考·經籍考·醫家》《小兒班疹論》一卷。

陳氏曰：東平董汲及之撰。錢乙元祐癸酉題其末。

脚氣治法

陳振孫《直齋書録解題·醫書類》《脚氣治法》一卷。

董汲撰。

馬端臨《文獻通考·經籍考·醫家》《脚氣治法》一卷。

陳氏曰：董汲撰。

指迷方

陳振孫《直齋書録解題·醫書類》《指迷方》三卷。

考城王貺子亨撰。吴丞相敏爲之序。貺爲南京名醫宋毅叔之壻。宣和中，以醫得幸，至朝請大夫。

馬端臨《文獻通考·經籍考·醫家》《指迷方》三卷。

陳氏曰：考城子王貺子亨撰。吴丞相敏爲之序。貺爲南京名醫宋毅叔之壻。宣和中，以醫得幸，至朝請大夫。

幼幼新書

陳振孫《直齋書録解題·醫書類》《幼幼新書》五十卷。

直龍圖閣知潭州劉昉方明撰。集刊未畢而死，徐璹壽卿以漕攝郡，趣成之。

馬端臨《文獻通考·經籍考·醫家》《幼幼新書》五十卷。

陳氏曰：直龍圖閣、知潭州劉昉方明撰集刊。未畢而死，徐璹壽卿以漕攝郡，趣成之。

《宋史·藝文志·醫書類》 劉方明《幼幼新書》四十卷。

殷仲春《醫藏書目·慈保函目》《幼幼新書》。四十卷。陳履端。

楊士奇等《文淵閣書目·醫書》《幼幼新書》一部十三册闕。

錢謙益等《絳雲樓書目·醫書類》《幼幼新書》五十卷，宋劉昉集。

湯氏嬰孩妙訣

陳振孫《直齋書録解題·醫書類》《湯氏嬰孩妙訣》二卷。

東陽湯衡撰。衡之祖民望，精小兒醫。有子曰麟，登科。衡，麟之子，尤邃祖業，爲此書九十九篇。

馬端臨《文獻通考·經籍考·醫家》《湯氏嬰孩妙訣》二卷。

陳氏曰：東陽湯衡撰。衡之祖民望，精小兒醫。有子曰麟，登科。衡，麟之子，尤邃於祖業，爲此書也十九篇。

瘡疹證治

陳振孫《直齋書録解題·醫書類》《瘡疹證治》一卷。

金華謝天錫撰。

馬端臨《文獻通考·經籍考·醫家》《瘡疹證治》一卷。

陳氏曰：金華謝天錫撰。

産寶諸方

陳振孫《直齋書録解題·醫書類》《産寶諸方》一卷。

不著名氏。集諸家方，而以《十二月産圖》冠之。

馬端臨《文獻通考・經籍考・醫家》《産寶諸方》一卷。

陳氏曰：不著名氏。集諸家方，而以《十二月産圖》冠之。

《四庫全書總目提要・醫家類》《産寶諸方》一卷。《永樂大典》本。不著撰人名氏。《宋史・藝文志》不載。惟陳振孫《書録解題》有之。自明以來諸家書目，亦罕有著録者。今檢《永樂大典》所載，尚得七十餘方。又有《十二月産圖》一篇，與振孫所記竝合。蓋即宋時之原本。又別有序論一首，王卿月序一首，文皆殘闕，當亦原書之佚簡也。其方於保産之法頗爲賅備，而原第爲《永樂大典》所亂，已不可復考。謹詳加釐訂，以類分排。首調經養血，次安胎，次胎中諸病，次催生，次産後，次雜病，仍爲一卷。其中所引各方，多爲後人所承用。如人參飲子一方，與朱震亨所製達生散，雖品味多寡不同，而以大腹皮爲君，人參爲輔，命意無異。知震亨實本此而增損之。又如張元素以枳殼、白术爲束胎丸。後人以爲不宜於藜藿之軀，易以白术、黄芩。相沿至今，爲便産良方。而不知亦本是書所載之枳殼湯。又今時治産後血風，有所謂舉卿古拜者，核其所用，惟荆芥一味。即此書之青金散。蓋荆芥主治風，《素問》東方主風，而肝屬於木，平肝木即所以助肺金，故以青金爲名。後人竊用其方，而又翻切荆芥字音，詭名以炫俗耳。凡此之類，皆可以證古今傳授之由。惟所用多降氣破血之品，辛熱震動之劑，則古人稟厚，可受攻伐，有未可槩施於後來者。此則神而明之，存乎其人矣。

通神論

馬端臨《文獻通考・經籍考・醫家》《通神論》十四卷。

楊士奇等《文淵閣書目・醫書》《通神論》一部一册闕。

黄虞稷《千頃堂書目・醫家類》楊退修《通神論》十四卷。

衛濟寶書

馬端臨《文獻通考・經籍考・醫家》《衛濟寶書》一卷。

陳氏曰：稱東軒居士，不著名氏。治癰疽方也。

《宋史・藝文志・醫書類》東軒居士《衛濟寶書》一卷。

小兒保生要方

《宋史・藝文志・醫書類》《小兒保生要方》三卷。

楊士奇等《文淵閣書目・醫書》《小兒保生要方》一部一册闕。

脚氣治法總要

《宋史・藝文志・醫書類》董汲《脚氣治法總要》一卷。

《四庫全書總目提要・醫家類》《脚氣治法總要》二卷。《永樂大典》本。

宋董汲撰。汲字及之，東平人。始末未詳。錢乙嘗序其《癍疹論》，則其著書在元豐、元祐之間。是書《書録解題》作一卷，《宋史・藝文志》亦同。久無傳本。今從《永樂大典》所載排纂成帙。以篇頁稍繁，分爲二卷。上卷論十二篇，大旨謂脚氣必由於風溼，風溼兼有冷熱皆原本腎虚。陰陽虚實，病之别也。春夏秋冬，治之異也。高燥卑溼，地之辨也。老壯男女，人之殊也。説賅備矣。下卷方四十六，獨活湯、木香散、傳信方、防風粥、桑枝煎專治風，天麻丸、茴香丸、烏蛇丸、趁痛丸專治溼，薏苡仁湯、海桐皮散、木瓜丸治風溼相兼，獨活寄生湯、石楠丸、牛膝丸治風溼挾虚，金牙酒治風溼瘴癘，八味丸、腎瀝湯、地黄粥治虚，神功丸、麻仁丸、三脘散、大黄湯治實。屬陰者兼冷，木香飲子治其偏於陰也。屬陽者兼熱，紅雪治其偏於陽也。絳宫丸、白皮小豆散、木通散治其屬於陰陽而兼淋閉者也。松節散、食前丸、食後丸、橘皮丸治尋常法也。三仁丸、潤腸丸、五柔丸治老人血枯法也。天門冬大煎，則爲總治法。淋熼蒸熨五方，則爲外治法。而以鍼灸法爲始。原序方有一十九門，大約不出於此。即闕佚亦厪矣。考脚氣即《素問》所謂厥疾，至唐始有此名，治法亦漸以詳備。然李暄及蘇敬、徐玉、唐侍中諸家之書，今多不傳。獨汲此帙尚存，頗爲周密醇正。觀其自述，稱嘗患此疾至劇，因深思其源，遂得祕要。殆所謂三折肱而爲良醫者歟。今特録而存之，以備專門之一種焉。

四時治要

趙希弁《讀書附志・醫家類》《四時治要》一卷。

右永嘉屠鵬字時舉所著。戴文端公溪爲之跋。

楊士奇等《文淵閣書目・醫書》《四時治要》一部一册闕。

小兒玉訣

晁公武《郡齋讀書志・醫書類》《小兒玉訣》一卷。袁本後志卷二醫家類第二十九。

右未詳撰人名氏。爲韻語以記小兒疾證治法，凡二十三。

馬端臨《文獻通考・經籍考・醫家》《小兒玉訣》一卷。

晁氏曰：未詳撰人名氏。爲韻語，以記小兒疾證治法二十三。

孫尚祕寶

晁公武《郡齋讀書志・醫書類》《孫尚祕寶》十卷。袁本後志卷二醫家類第三十。

右皇朝孫尚撰。呂惠卿帥邊日，尚之子在屬郡，因取此書刻板傳於世。

存真圖

晁公武《郡齋讀書志・醫書類》《存真圖》一卷。袁本後志卷二醫家類第十四。

運氣論奥

晁公武《郡齋讀書志・醫書類》《運氣論奥》三卷。袁本後志卷二醫家類第十二。

馬端臨《文獻通考・經籍考・醫家》《運氣論奥》三卷。

嵇璜等《續通志・圖譜略・記無・醫藥》宋劉温舒《運氣論奥二十七圖》。

傷寒救俗方

陳振孫《直齋書録解題・醫書類》《傷寒救俗方》一卷。

寧海羅適正之尉桐城，民俗惑巫，不信藥。羅以藥施人，多愈，遂以方書召醫參校刻石，以救迷俗。紹興中有王世臣彦輔者，序之以傳。

九籥衛生方

陳振孫《直齋書録解題・醫書類》《九籥衛生方》三卷。

宣和宗室忠州防禦使士紆撰。

馬端臨《文獻通考・經籍考・醫家》《九籥衛生方》三卷。

陳氏曰：宣和宗室、忠州防禦使士紆撰。

内外景圖

尤袤《遂初堂書目・醫書類》《内外景圖》。

氣運鈔

尤袤《遂初堂書目・醫書類》《氣運鈔》。

藥　準

尤袤《遂初堂書目・醫書類》文潞公《藥準》。

啓元子

尤袤《遂初堂書目・醫書類》唐王冰《啓元子》。

產　圖

鄭樵《通志・圖譜略・記無》崔知悌《產圖》。

產　書

鄭樵《通志・藝文略・醫方》王嶽《產書》一卷。

小兒病源

鄭樵《通志・藝文略・醫方》《小兒病源》六卷。

小兒論

鄭樵《通志・藝文略・醫方》《小兒論》三卷。錢汶撰。

小兒訣

鄭樵《通志・藝文略・醫方》《小兒訣》三卷。

童子要訣

鄭樵《通志・藝文略・醫方》《童子要訣》三卷。

小兒水鑑論

鄭樵《通志・藝文略・醫方》《小兒水鑑論》三卷。

小兒玉匱金鎖訣

鄭樵《通志・藝文略・醫方》《小兒玉匱金鎖訣》一卷。

小兒葱臺訣

鄭樵《通志・藝文略・醫方》《小兒葱臺訣》一卷。

小兒備急方

鄭樵《通志・藝文略・醫方》《小兒備急方》一卷。

童子元感祕訣

鄭樵《通志・藝文略・醫方》《童子元感祕訣》三卷。

病源兆經

鄭樵《通志・藝文略・醫方》《病源兆經》一卷。

醫門金鑑

鄭樵《通志・藝文略・醫方》《醫門金鑑》三卷。衛嵩撰。

五藏金鑑論

鄭樵《通志・藝文略・醫方》《五藏金鑑論》一卷。

問答疾狀

鄭樵《通志・藝文略・醫方》《問答疾狀》一卷。

問病録

鄭樵《通志・藝文略・醫方》《問病録》一卷。

摭醫新説

鄭樵《通志・藝文略・醫方》《摭醫新説》二卷。

醫語序

鄭樵《通志・藝文略・醫方》王勃《醫語序》一卷。

醫語纂要論

鄭樵《通志・藝文略・醫方》《醫語纂要論》一卷。

療小兒眼論

鄭樵《通志・藝文略・醫方》《療小兒眼論》一卷。劉皓集。

療少小百病方

鄭樵《通志・藝文略・醫方》徐叔嚮《療少小百病方》三十七卷。

療少小雜方

鄭樵《通志·藝文略·醫方》 《療少小雜方》二十卷。

小女節療方

鄭樵《通志·藝文略·醫方》 俞寶《小女節療方》一卷。

衆童延齡至寶方

鄭樵《通志·藝文略·醫方》 《衆童延齡至寶方》十卷。姚和撰。

《新唐書·藝文志·醫術類》 又《衆童延齡至寶方》十卷。

《宋史·藝文志·醫書類》 姚和《衆童延齡至寶方》十卷。

范氏療婦人方

鄭樵《通志·藝文略·醫方》 《范氏療婦人方》十一卷。

六十四問

鄭樵《通志·藝文略·醫方》 許詠《六十四問》一卷。唐許詠撰。

體療雜病疾源

鄭樵《通志·藝文略·醫方》 《體療雜病疾源》三卷。徐悦撰。

寒食散方

鄭樵《通志·藝文略·醫方》 《寒食散方》。

消息節度

鄭樵《通志·藝文略·醫方》 《消息節度》二卷。

太一護命石寒食散

鄭樵《通志·藝文略·醫方》 《太一護命石寒食散》二卷。宋尚撰。

《隋書·經籍志·醫方》 《太一護命石寒食散》二卷。宋尚撰。

通元經

鄭樵《通志·藝文略·醫方》 《通元經》十卷。周支義方撰。

秘訣

鄭樵《通志·藝文略·醫方》 扁鵲《祕訣》一卷。

經驗眼藥方

鄭樵《通志・藝文略・醫方》《經驗眼藥方》十卷。

五藏類纂

鄭樵《通志・藝文略・醫方》《五藏類纂》十二卷。

燕臺要術

鄭樵《通志・藝文略・醫方》《燕臺要術》五卷。沙門應元。

岐伯精藏論

鄭樵《通志・藝文略・醫方》《岐伯精藏論》一卷。

玄女五藏論

鄭樵《通志・藝文略・醫方》《玄女五藏論》一卷。

辨脚弱方

鄭樵《通志・藝文略・醫方》《辨脚弱方》一卷。徐文伯撰。

脚病論

鄭樵《通志・藝文略・醫方》《脚病論》三卷。

脚氣方

鄭樵《通志・藝文略・醫方》李暄《脚氣方》一卷。

三家脚氣

鄭樵《通志・藝文略・醫方》《三家脚氣》一卷。集蘇、徐、唐三家之説稍異者。

嶺南急要方

鄭樵《通志・藝文略・醫方》《嶺南急要方》三卷。見《唐志》。

治嶺南衆疾經効方

鄭樵《通志・藝文略・醫方》《治嶺南衆疾經効方》一卷。

生風論

鄭樵《通志・藝文略・醫方》《生風論》一卷。

療消渴方

鄭樵《通志·藝文略·醫方》《療消渴方》一卷。謝南郡撰。

治勞神祕方

鄭樵《通志·藝文略·醫方》《治勞神祕方》二卷。

療黄經歌

鄭樵《通志·藝文略·醫方》《療黄經歌》一卷。

烙三十六黄法并明堂

鄭樵《通志·藝文略·醫方》《烙三十六黄法并明堂》一卷。

療癰疽金創要方

鄭樵《通志·藝文略·醫方》甘濬之《療癰疽金創要方》十四卷。

療癰疽毒惋

鄭樵《通志·藝文略·醫方》甘濬之《療癰疽毒惋雜病方》三卷。

療耳眼方

鄭樵《通志·藝文略·醫方》《療耳眼方》十四卷。甘濬之撰。

醫眼鍼鉤方論

鄭樵《通志·藝文略·醫方》《醫眼鍼鉤方論》一卷。

天元玉策

馬端臨《文獻通考·經籍考·醫家》《天元玉策》三十卷。

靈　苑

馬端臨《文獻通考·經籍考·醫家》《靈苑》二十卷。

金寶鑑

《宋史·藝文志·醫書類》衛嵩《金寶鑑》三卷。

皇帝醫相馬經

馬端臨《文獻通考·經籍考·醫家》《皇帝醫相馬經》三卷。

晁氏曰：唐穆蠡集伯樂、王良等六家書成此編。皇帝斥神農也。

相馬經

馬端臨《文獻通考・經籍考・醫家》《相馬經》一卷。

晁氏曰：未詳撰人。相馬法式，并著馬之疾狀及治療之術。《李氏書目》有之。

三教保光纂要

《宋史・藝文志・醫書類》古詵《三教保光纂要》三卷。

醫問

《宋史・藝文志・醫書類》司馬光《醫問》七卷。

靈芝記

《宋史・藝文志・醫書類》穆脩靖《靈芝記》五卷。羅公遠注。

金石靈臺記

《宋史・藝文志・醫書類》張隱居《金石靈臺記》一卷。

菖蒲傳

《宋史・藝文志・醫書類》《菖蒲傳》一卷。

醫家要抄

《宋史・藝文志・醫書類》《醫家要抄》五卷。

靈奇祕奧

《宋史・藝文志・醫書類》陶隱居《靈奇祕奧》一卷。

青烏子論

《宋史・藝文志・醫書類》《青烏子論》一卷。

嬰孺病論

《宋史・藝文志・醫書類》李言少《嬰孺病論》一卷。

神仙玉芝圖

《宋史・藝文志・醫書類》《神仙玉芝圖》二卷。

六氣導引圖

《宋史・藝文志・醫書類》《六氣導引圖》一卷。

廣藥對

《宋史・藝文志・醫書類》宗令祺《廣藥對》三卷。

玄感論

《宋史・藝文志・醫書類》蘇嵬一作「游」《玄感論》一卷。

療小兒疳病論

《宋史・藝文志・醫書類》《療小兒疳病論》一卷。

玉鑑論

《宋史・藝文志・醫書類》《玉鑑論》五卷。

小兒眼論

《宋史・藝文志・醫書類》《小兒眼論》一卷。

醫門指要訣

《宋史・藝文志・醫書類》葉傳古《醫門指要訣》一卷。

制藥總訣

《宋史・藝文志・醫書類》《制藥總訣》一卷。

伏火丹砂訣

《宋史・藝文志・醫書類》《伏火丹砂訣》序一卷。

金石制藥法

《宋史・藝文志・醫書類》張機《金石制藥法》一卷。

醫門集

《宋史・藝文志・醫書類》王氏《醫門集》二十卷。

燕臺集

《宋史・藝文志・醫書類》李宗慶《燕臺集》五卷。

神聖集

《宋史·藝文志·醫書類》雷繼暉《神聖集》三卷。

華氏集

《宋史·藝文志·醫書類》《華氏集》十卷。

楊氏粧臺寶鑑集

《宋史·藝文志·醫書類》《楊氏粧臺寶鑑集》三卷。南陽公主。

藥詮總辨

《宋史·藝文志·醫書類》裴宗元《藥詮總辨》三卷。

瘴論

《宋史·藝文志·醫書類》李璆、張致遠《瘴論》二卷。

産乳十八論

《宋史·藝文志·醫書類》沈柄《産乳十八論》。卷亡。

活幼悟神集

《宋史·藝文志·醫書類》董大英《活幼悟神集》二十卷。

安慶集

《宋史·藝文志·醫書類》《安慶集》十卷。

保生護命集

《宋史·藝文志·醫書類》曾孚先《保生護命集》一卷。

尊生要訣

《宋史·藝文志·醫書類》戴衍《尊生要訣》一卷。

小兒祕要論

《宋史·藝文志·醫書類》《小兒祕要論》一卷。

用藥須知

《宋史·藝文志·醫書類》《用藥須知》一卷。

博濟嬰孩寶書

《宋史・藝文志・醫書類》《博濟嬰孩寶書》二十卷。

南來保生回車論

《宋史・藝文志・醫書類》董常《南來保生回車論》一卷。

醫家妙語

《宋史・藝文志・醫書類》《醫家妙語》一卷。

嬰孩妙訣論

《宋史・藝文志・醫書類》湯民望《嬰孩妙訣論》三卷。

外科新書

《宋史・藝文志・醫書類》伍起予《外科新書》一卷。

産科經真環中圖

《宋史・藝文志・醫書類》《産科經真環中圖》一卷。

天元祕演

《宋史・藝文志・醫書類》陳蓬《天元祕演》十卷。

醫學真詮

黄虞稷《千頃堂書目・醫家類・補宋》楊士瀛《醫學真詮》二十卷。

活人總括

黄虞稷《千頃堂書目・醫家類・補宋》楊士瀛又《活人總括》十卷。

倪燦等《宋史・藝文志補・醫方》楊士瀛又《活人總括》十卷。

王圻《續文獻通考・經籍考・醫家》《活人總括醫學真經》。楊士瀛著。士瀛字登父，懷安人。精通醫學，所著又有《直指方》行於世。

産保百問

錢謙益等《絳雲樓書目・醫書類》《産保百問》。宋齊仲甫著。

崇寧看詳太醫局醫生赴試問答

倪燦等《宋史・藝文志補・醫方》《崇寧看詳太醫局醫生赴試問答》一卷。

太醫局諸科程文格

倪燦等《宋史・藝文志補・醫方》 何大任《太醫局諸科程文格》一卷。

外科精要

倪燦等《宋史・藝文志補・醫方》 陳自明又《外科精要》三卷。

楊士奇等《文淵閣書目・醫書》 《外科精要》一部一册。以下幾不注全缺者，俱塾本所無。

范邦甸等《天一閣書目・醫家類》 《外科精要》三卷，附録一卷。刊本。明陳自明編，薛己校註，王詢序。

黃虞稷《千頃堂書目・醫家類》 《外科精要》三卷。不知撰人。

黃虞稷《千頃堂書目・醫家類・補宋》 陳自明《外科精要》三卷。

名醫蒙求

黃虞稷《千頃堂書目・醫家類・補宋》 周守忠《名醫蒙求》一卷。

倪燦等《宋史・藝文志補・醫方》 周守忠《名醫蒙求》一卷。

五龍甘卧法

錢曾《讀書敏求記・醫家》 《五龍甘卧法》一卷。

五龍以卧法授之希夷，爲千古獨得之秘。予生坎壈，兩眉外未知有安樂窩否？將從希夷高枕，圓人間未了之夢，五龍其許我耶？

端必瓦成就同生要

錢曾《讀書敏求記・醫家》 《端必瓦成就同生要》一卷。

外臺秘要

錢曾《讀書敏求記・醫家》 《外臺秘要》四十卷。

心印紺珠

錢曾《讀書敏求記・醫家》 羅知悌《心印紺珠》一卷。

楊士奇等《文淵閣書目・醫書》 《心印紺珠》一部一册闕。

錢謙益等《絳雲樓書目・醫書類》 《心印紺珠》。

錢大昕《補元史藝文志・醫書類》 羅知悌《心印紺珠》一卷。字子敬，號太無。

顱顖經

《四庫全書總目提要・醫家類》 《顱顖經》二卷。《永樂大典》本。

不著撰人名氏。世亦别無傳本。獨《永樂大典》内載有其書。考歷代史志，自唐《藝文志》以上皆無此名。至宋《藝文志》始有師巫《顱顖經》二卷。今檢此書，前有序文一篇，稱「王母金文，黄帝得之昇天，祕藏金匱，名曰《内經》，百姓莫可見之。後穆王賢士師巫於崆峒山得而釋之」云云。其所謂師巫，與《宋志》相合。當即此本。疑是唐末宋初人所爲，以王冰《素問註》第七卷内有「師氏藏之」一語，遂託名師巫以自神其説耳。其名「顱顖」者，案首骨曰顱，腦蓋曰顖，殆因小兒初生，顱顖未合，證治各别，故取以名其書。首論脈候至數之法，小兒與大人不同。次論受病之本與治療之術，皆極中肯綮，要言不煩。次論火丹證治，分别十五名目。皆他書所未嘗見。其論雜證，亦多祕方，非後世俗醫所可及。蓋必别有師承，故能精晰如此。《宋史・方技傳》載：錢乙始以《顱顖經》著名，召至京師，視長公主女疾，授翰林醫學。錢乙幼科冠絶一代，而其源實出於此書。亦可知其術之精矣。謹據《永樂大典》所載，裒而輯之。依《宋志》舊目釐爲二卷，俾不至無傳於後焉。

聖濟總録纂要

《四庫全書總目提要・醫家類》《聖濟總録纂要》二十六卷。浙江巡撫採進本。

宋政和中奉敕編。國朝程林删定。林字雲來，休寧人。初，徽宗御製《聖濟經》十卷四十二章，又詔集海内名醫，出御府所藏禁方祕論纂輯成編，凡二百卷。其書久而佚脱。林購求殘帙，凡得三本，互相補苴，尚闕一百七十三卷至一百七十七卷，不可復見。以其繁重難行，乃撮其旨要，重爲纂輯。門類悉依其舊。所闕《小兒方》五卷，則倩其友項睿補之。仍冠以徽宗原序，大德四年集賢學士焦惠校上序，及校刊諸臣銜名。考晁陳二氏書目，但有徽宗《聖濟經》，不載是書。觀焦惠序，稱始成於政和，重刊於大定。殆汴京破後，隨内府圖籍北行，南渡諸人，未睹其本歟。今未見其原書。然宋代崇尚醫學，搜羅至富，就所採録古來專門授受之方，尚可以見其大略。其每類冠論一篇，亦皆詞簡而理明，均足以資考訂。原本之末有《神仙服餌》三卷，或言烹砂煉石，或言嚼柏咀松，或言吐納清和，或言斬除三尸。蓋是時道教方興，故有是妄語。林病其荒誕，一概汰除，惟約取其尋常頤養之藥三十餘方。其别擇具有條理，故所録諸方多可行用，與膠執古法者異焉。

衛生家寶産科備要

黄丕烈《蕘圃藏書題識・子類》《衛生家寶産科備要》八卷。宋刻本。

頃從陳仲魚處借得《敏求記》，檢醫家有《産科備要》八卷，所載長樂云云，與後跋同，特少「十二月初十日」六字，而「淳熙甲辰歲」五字，在「刻板南康郡齋」六字上，殆少易原文，入於記中爾。曾云楮墨精好可愛，與余所收正同，想亦是宋板也。爰重誌數語，以見述古堂中，不乏奇祕如此。蕘圃。

大本瓊瑤發明神書

《四庫全書總目提要・醫家類》《大本瓊瑤發明神書》二卷。浙江鄭大節家藏本。

舊本題賜太師劉真人撰，不著其名。前有崇寧元年序，則當爲宋徽宗時人。然序稱「許昌滑君伯仁嘗看經絡專專案：「專專」二字疑誤，姑仍原本録之。手足三陰三陽及任督也。觀其圖彰訓釋，案：「圖彰」二字未詳，今亦姑仍舊本。綱舉目張」云云。伯仁，滑壽字也，元人入明，《明史》載之《方技傳》。崇寧中人何自見之？其僞可知矣。書中所言皆鍼灸之法及方藥，蓋庸妄者所託名也。

潔古家珍

楊士奇等《文淵閣書目・醫書》《潔古家珍》一部一册闕。

蘭室祕藏

《四庫全書總目提要・醫家類》《蘭室祕藏》三卷。江蘇巡撫採進本。

金李杲撰。其曰「蘭室祕藏」者，蓋取黄帝《素問》「藏諸靈蘭之室」語。前有至元丙子羅天益序，在杲殁後二十五年。疑即硯堅所謂臨終以付天益者也。其治病分二十一門，以飲食勞倦居首。他如中滿腹脹，如心腹痞，如胃脘痛諸門，皆諄諄於脾胃。蓋其所獨重也。東垣發明内傷之類外感，實有至理。而以土爲萬物之母，脾胃爲生化之源。《脾虚損論》一篇，極言寒凉峻利之害，尤深切著明。蓋預睹劉張兩家末流攻伐之弊，而早防其漸也。至於前代醫方，自《金匱要略》以下，大抵藥味無多。故《唐書·許允宗傳》紀允宗之言曰：「病之於藥有正相當，惟須單用一味，直攻彼病。藥方既專，病即立愈。今人不能别脈，莫識病證，以情臆度，多安藥味。譬之於獵，未知兔所，多發人馬，空地遮圍，或冀一人偶然逢也。如此療病，不亦疎乎。」其言歷代醫家傳爲名論。惟杲此書載所自製諸方，動至一二十味，而君臣佐使相制相用，條理井然。他人罕能效之者。斯則事由神解，不涉言詮。讀是書者能喻法外之意則善矣。

錢大昕《補元史藝文志·醫書類》 李杲《蘭室祕藏》六卷，一作五卷。

孫星衍《平津館鑒藏書籍記·元版》 《新刊東垣先生中下兩卷作《東垣十書》。蘭室祕藏》三卷。題東垣老人李杲撰。目録一卷。《四庫全書》本前有至元丙子羅天益序，此本無之。巾箱本，黑口板，每葉廿行，行十七字。

徐𤊹《徐氏家藏書目·醫類》 《東垣祕藏》□卷。

高儒《百川書志·醫家》 《蘭室祕藏》三卷。

脾胃論

高儒《百川書志·醫家》 《脾胃論》三卷。

元東垣老人李杲著三書。

范邦甸等《天一閣書目·醫家類》 《脾胃論》三卷。刊本。金東垣老人李杲撰，遺山元好問序殘。

徐𤊹《徐氏家藏書目·醫類》 《東垣脾胃論》三卷。李杲。

黄虞稷《千頃堂書目·醫家類·補元》 李杲《脾胃論》三卷。

倪燦等《補遼金元藝文志·醫方》 李杲《脾胃論》三卷。

《四庫全書總目提要·醫家類》 《脾胃論》三卷。江蘇巡撫採進本。

金李杲撰。杲既著《辨惑論》，恐世俗不悟，復爲此書。其説以土爲萬物之母，故獨重脾胃。引經立論，精鑿不磨。明孫一奎《醫旨緒餘》云：「東垣生當金元之交，中原擾攘，士失其所，人疲奔命。或以勞倦傷脾，或以憂思傷脾，或以饑飽傷脾。病有緩急，不得不以急者爲先務。」此真知杲者也。前有元好問序。考《遺山文集》有杲所著《傷寒會要引》一篇，備載其所治驗。《元史·方技傳》全取之，而此序獨不見集中。意其偶有散佚歟。又有羅天益後序一篇。天益字謙父，杲晚年弟子，盡得其傳。元硯堅《東垣老人傳》稱「杲臨終，取平日所著書，檢勘卷帙，以次相從列於几前，囑謙父曰：此書付汝」者，即其人也。

錢大昕《補元史藝文志·醫書類》 李杲《脾胃論》三卷。

龔顯曾《金藝文志補録·醫家類》 《脾胃論》三卷。李杲。

東垣心要

楊士奇等《文淵閣書目·醫書》 《東垣心要》一部一册闕。

李東垣内外傷辨

楊士奇等《文淵閣書目·醫書》 《李東垣内外傷辨》一部一册。

醫學發明

倪燦等《補遼金元藝文志·醫方》 李杲《醫學發明》九卷。推明《本草》、《素》、《難》、脈理。

錢大昕《補元史藝文志·醫書類》 李杲《醫學發明》九卷。

龔顯曾《金藝文志補録·醫家類》 《醫學發明》九卷。李杲推明《本草》、《素》、《難》、脈理。按歷考諸書，李杲俱作金人，惟錢《志》、倪《志》系之元人。

楊士奇等《文淵閣書目·醫書》 《醫學發明》一部一册闕。

黄虞稷《千頃堂書目·醫家類·補元》 李杲《醫學發明》九卷。

東垣此事難知

徐𤊹《徐氏家藏書目·醫類》 《東垣此事難知》一卷。

醫壘元戎

黄虞稷《千頃堂書目・醫家類・補元》 王好古又《醫壘元戎》十二卷。

倪燦等《補遼金元藝文志・醫方》 王好古又《醫壘元戎》十二卷。

《四庫全書總目提要・醫家類》 《醫壘元戎》十二卷。兵部侍郎紀昀家藏本。

元王好古撰。好古字進之，趙州人。官本州教授。據好古所作《此事難知》序，蓋其學出於李杲。然此書「海藏黄耆湯」條下，稱杲爲東垣李明之先生，而「易老大羌活湯」條下，稱先師潔古老人。則好古實受業張元素，殆如趙匡、陸淳同受《春秋》於啖助，而淳又從匡講問歟。自跋稱：「是書已成於辛卯。金哀宗正大八年。至丁酉春，元滅金之第四年。爲人陰取之。元槀已絶，更無餘本。予職州庠，杜門養拙。虀鹽之暇，無可用心。想像始終，十得七八。試書首尾，僅得復完。」前有自序亦題丁酉歲。蓋初成於金末，而重輯於元初也。其書以十二經爲綱，皆首以傷寒，附以雜證。大旨祖長沙緒論，而參以東垣易水之法。亦頗採用《和劑局方》，與丹溪門徑小異。然如「半硫丸」條下註云：「此丸古時用，今時氣薄不用。」則斟酌變通，亦未始不詳且慎矣。其曰「醫壘元戎」者，自序謂：「良醫之用藥，若臨陣之用兵也。」此本爲嘉靖癸卯遼東巡撫右都御史餘姚顧遂所刻。萬曆癸巳，兩淮鹽運使鄞縣屠本畯又重刻之。體例頗爲參差。蓋書帕之本，往往移易其舊式。今無原本可校，亦姑仍屠本録之焉。

錢大昕《補元史藝文志・醫書類》 王好古《醫壘元戎》十二卷。

癍論萃英

黄虞稷《千頃堂書目・醫家類・補元》 王好古又《癍論萃英》一卷。

倪燦等《補遼金元藝文志・醫方》 王好古又《癍論萃英》一卷。

錢大昕《補元史藝文志・醫書類》 王好古《癍論萃英》一卷。

錢氏補遺

黄虞稷《千頃堂書目・醫家類・補元》 王好古《錢氏補遺》一卷。

倪燦等《補遼金元藝文志・醫方》 王好古又《錢氏補遺》一卷。字近之，趙人。

錢大昕《補元史藝文志・醫書類》 《錢氏補遺》一卷。字進之，號汝莊。東垣弟子，醫學教授。

此事難知

錢大昕《補元史藝文志・醫書類》 王好古《此事難知》二卷。

醫學啓源

錢曾《讀書敏求記・醫家》 潔古老人《醫學啓源》三卷。金易水張元素著。潔古治病，不用古方，剋期見效。劉守真嘗病傷寒，潔古診其脉，而知其用某藥之差，守真大服，自是名滿天下。是書採輯《素問》「五運六氣」、《内經》「治要」、《本草》「藥性」而成。其門下高弟李明之，請蘭泉張建吉甫序于卷首。

錢大昕《補元史藝文志・醫書類》 元素潔古老人《醫學啓源》三卷。

標幽賦

錢謙益等《絳雲樓書目・醫書類》 《標幽賦》。金太師竇漢卿著。

黄虞稷《千頃堂書目・醫家類・補元》 竇默又《標幽賦》。王鏡澤注。

錢曾《讀書敏求記・醫家》 《竇太師注標幽賦》一〇一卷。

蘭江鏡潭王仁整集。鈔寫樸陋，墨敝紙渝，惜無善本是正之爲憾耳。

倪燦等《補遼金元藝文志・醫方》 竇默《標幽賦》。王鏡澤注。

錢大昕《補元史藝文志・醫書類》 竇默《標幽賦》二卷。王鏡潭注。

龔顯曾《金藝文志補録・醫家類》 《標幽賦》二卷。金太師竇漢卿著，見《絳雲樓書目》。

指迷賦

黄虞稷《千頃堂書目・醫家類・補元》 竇默《指迷賦》。

倪燦等《補遼金元藝文志・醫方》 竇默又《指迷賦》。

錢大昕《補元史藝文志・醫書類》 竇默《指迷賦》。

龔顯曾《金藝文志補録・醫家類》 《指迷賦》。竇默。

政正活人書

黄虞稷《千頃堂書目・醫家類・補金》 李慶嗣又《政正活人書》二卷。

倪燦等《補遼金元藝文志・醫方》 李慶嗣又《政正活人書》二卷。

錢大昕《補元史藝文志・醫書類》 李慶嗣《改證活人書》二卷。

龔顯曾《金藝文志補録・醫家類》 《改證活人書》二卷。李慶嗣。一作《李氏活人書正》，金《志》作「政」。

瘡瘍經驗全書

殷仲春《醫藏書目・楊肘浸假函目》 《瘡瘍經驗全書》。十二卷。竇太師。

黄虞稷《千頃堂書目・醫家類・補元》 竇默《瘡瘍經驗全書》十二卷。別本「書」作「集」。

黄虞稷《千頃堂書目・醫家類・補元》 竇漢卿竇太史《瘡瘍經驗全書》十二卷。

倪燦等《補遼金元藝文志・醫方》 竇默《瘡瘍經驗全書》十二卷。

倪燦等《補遼金元藝文志・醫方》 竇漢卿《瘡瘍經驗全書》十二卷。

《四庫全書總目提要・醫家類》 《瘡瘍經驗全書》十三卷。浙江巡撫採進本。

舊本題宋竇漢卿撰。卷首署燕山竇漢卿。而申時行序乃稱「漢卿，合肥人，以瘍醫行於宋慶曆祥符間。曾治太子疾愈，封爲太師。所著有《竇太師全書》。其裔孫夢麟，亦工是術，因增訂付梓」云云。考《宋史・藝文志》不載此書，僅有《竇太師子午流注》一卷，亦不詳竇爲何名。疑其説出於附會。且其中治驗皆夢麟所自述，或即夢麟私撰，託之乃祖也。

國朝康熙丁酉，歙人洪瞻巖重刊，乃云得宋刻祕本校之，殆亦虚詞。

錢大昕《補元史藝文志・醫書類》 竇默《瘡瘍經驗全書》十二卷。

龔顯曾《金藝文志補録・醫家類》 《瘡瘍經驗全書》十二卷。竇默。按以上四種，錢《志》、倪《志》俱系之元人，惟默即漢卿爲金太師，自宜歸之金人。

紀玄妙用

張萱等《内閣藏書目録・技藝部》 《紀玄妙用》六册。全。元至元間，惠民司提點尚從善編。古今傷寒方書後一卷附注張仲景藥賦。

儒門事親書

楊士奇等《文淵閣書目・醫書》 《儒門事親書》一部二册闕。

楊士奇等《文淵閣書目・醫書》 《儒門事親書》一部三册闕。

《四庫全書總目提要・醫家類》 《儒門事親》十五卷。大學士英廉家藏本。

金張從正撰。從正字子和，號戴人，睢州考城人。興定中召補太醫，尋辭去。事蹟具《金史・方技傳》。從正與麻知幾、常仲明輩講求醫理，輯爲此書。劉祁《歸潛志》稱：「麻知幾九疇與之善，使子和論説其術，因爲文之。」則此書實知幾所記也。其例有説有辨，有記有解，有誡有箴，有詮有式，有斷有論，有疏有述，有衍有訣，有十形三療，有六門三法。名目頗煩碎，而大旨主於用攻。其曰《儒門事親》者，以爲惟儒者能明其理，而事親者當知醫也。從正宗河間劉守真，用藥多寒涼，其汗、吐、下三法當時已多異議。故書中辨謗之處爲多。丹溪朱震亨亦譏其偏，後人遂并其書置之。然病情萬狀，各有所宜。當攻不攻與當補不補，厥弊維均。偏執其法固非，竟斥其法亦非也。惟中間負氣求勝，不免過激。欲矯庸醫恃補之失，或至於過直。又傳其學者不知察脈虛實，論病久暫，概以峻利施治，遂致爲世所藉口。要之未明從正本意耳。

黄丕烈《百宋一廛書録》 《儒門事親》。

此宋刻醫書零種，不知其何總名，兹所存者，每葉板心俱可辨識，曰撮要者一葉至四葉，曰撮要圖者五葉至八葉，爲一種。曰五泄者一葉，曰五泄圖者二葉，曰五泄論者三葉至四葉，爲一種。曰病機者一葉至四葉，爲一種。曰扁華訣者一葉至五葉，爲一種。雖所存不過二十一葉，而命名有四種，亦足以備醫家采擇矣。卷中有毛子晉圖書，知爲汲古舊藏，偶檢其《祕本書目》，有《宋板醫家圖説》一本，其即此歟？爰重裝之，以藏諸讀未見書齋。後爲周香巖借去，還書之日，爲題其籤曰「張從正《儒門事親》中殘本」，則此册固有全本矣。

劉河間保命集

徐𤊹《徐氏家藏書目·醫類》 《劉河間保命集》三卷。劉完素著。

倪燦等《補遼金元藝文志·醫方》 元素又《病機氣宜保命集》四卷。一名《治法機要》。後人誤以爲劉完素作，潔古諸書多附託，惟二書爲元素所著。

《四庫全書總目提要·醫家類》 《病機氣宜保命集》三卷。兩淮鹽政採進本。

金張元素撰。元素字潔古，易州人。八歲應童子舉，二十七試進士，以犯廟諱下第，乃去而學醫，精通其術。因抒所心得，述爲此書。凡分三十二門。首原道、原脈、攝生、陰陽諸論。次及處方用藥，次第加減君臣佐使之法，於醫理精蘊，闡發極爲深至。其書初罕傳播，金末楊威始得其本刊行，而題爲河間劉完素所著。明初寧王權重刊，亦沿其誤。并僞撰完素序文詞調於卷首，以附會之。至李時珍作《本草綱目》，始糾其謬，而定爲出於元素之手，於序例中辨之甚明。考李濂《醫史》，稱完素嘗病傷寒八日，頭痛脈緊，嘔逆不食。元素往候，令服某藥。完素大服，如其言遂愈。元素自此顯名。是其造詣深邃，足以自成一家，原不必託完素以爲重。今特爲改正。其僞託之序亦竝從删削焉。

錢大昕《補元史藝文志·醫書類》 元素《病機氣宜保命集》三卷。一名《活法機要》。

龔顯曾《金藝文志補録·醫家類》 《素問元機氣宜保命集》三卷。劉完素。

龔顯曾《金藝文志補録·醫家類》 《病機氣宜保命集》三卷。張元素《世善堂書目》作劉完素，非也。倪《志》云：一名《治法機要》。後人誤以爲劉完素作，潔古諸書多附託，惟二書爲元素所著，題作四卷。

運氣要旨論

錢大昕《補元史藝文志·醫書類》 劉完素又《運氣要旨論》一卷。

活幼口義

楊士奇等《文淵閣書目·醫書》 《活幼口義》一部四册闕。

黄虞稷《千頃堂書目·醫家類》 省翁《活幼口義》二十卷。

活幼心書

楊士奇等《文淵閣書目·醫書》 《活幼心書》一部二册闕。

殷仲春《醫藏書目·慈保函目》 《活幼心書》。二卷。曾世榮。

張金吾《愛日精廬藏書志·醫家類》 《活幼心書決證詩賦》三卷。元至元刊本。

黄虞稷《千頃堂書目·醫家類·補元》 曾世榮《活幼新書》二卷。衡州人。

倪燦等《補遼金元藝文志·醫方》 曾世榮《活幼心書》二卷。衡州人。

錢大昕《補元史藝文志·醫書類》 曾世榮《活幼心書》二卷。衡州人。

黃丕烈《蕘圃藏書題識・子類》《活幼新書》三卷。元刊本。

魯世榮《活幼新書》上、中、下三卷。上卷爲決證詩賦，中卷爲明本論並拾遺，下卷爲信效方并拾遺。余向曾見此刻本，多闕失，故未收。後又收得一本，非此刻矣。適從五硯樓以醫書一橱歸海寧友人，余爲之介，遂檢得是書中多缺葉，影鈔別本補全，即所收之又一本，而非原刻也。重付裝池，而識其緣起如此。嘉慶辛未中秋前二日復翁丕烈識。

活幼便覽

黃虞稷《千頃堂書目・醫家類・補元》 朱震亨《活幼便覽》二卷。

倪燦等《補遼金元藝文志・醫方》 朱震亨《活幼便覽》二卷。

錢大昕《補元史藝文志・醫書類》 朱震亨《活幼便覽》二卷。

丹溪心法

范邦甸等《天一閣書目・醫家類》《丹溪心法》三卷。刊本。元朱震亨撰，楊楚玉類集，程敏政等有序。

高儒《百川書志・醫家》《丹溪心法》四卷。

徐㶿《徐氏家藏書目・醫類》《丹溪心法》六卷。

丹溪纂要

高儒《百川書志・醫家》《丹溪纂要》二卷。

元丹溪朱震亨彥修著，東陽盧和纂註。

范邦甸等《天一閣書目・醫家類》《丹溪纂要》四卷。刊本。元朱震亨撰。

王圻《續文獻通考・經籍考・醫家》《丹溪纂要》、《丹溪心法》、《格致餘論》、《傷寒發揮》、《丹溪醫按》、《滑澁經絡發揮》，朱震亨著。

殷仲春《醫藏書目・指歸函目》《丹溪纂要》。

黃虞稷《千頃堂書目・醫家類》 盧和《丹溪纂要》八卷。字廉夫，東陽人。成化甲辰序。

錢大昕《補元史藝文志・醫書類》《丹溪纂要》八卷。朱震亨。

殷仲春《醫藏書目・結集函目》《丹溪纂要》。四卷。盧和。

外科精要新論

錢大昕《補元史藝文志・醫書類》 朱震亨《外科精要新論》。

脈因證治

錢謙益等《絳雲樓書目・醫書類》《脈因證治》。

外科精義

高儒《百川書志・醫家》《外科精義》二卷。

充御藥院外科太醫齊德之纂集。

范邦甸等《天一閣書目・醫家類》《外科精義》二卷。刊本。元齊德之纂，馬雲卿校。

錢謙益等《絳雲樓書目・醫書類》《外科精義》二卷。齊德之。

黃虞稷《千頃堂書目・醫家類・補元》 齊德之《外科精義》二卷。充御藥院外科太醫。

倪燦等《補遼金元藝文志・醫方》 齊德之《外科精義》二卷。充御藥院外科太醫。

《四庫全書總目提要・醫家類》《外科精義》二卷。江蘇巡撫採進本。

元齊德之撰。德之始末未詳。惟其結銜稱醫學博士充御藥院外科太醫。是編先論後方，於瘡腫診候淺深虛實最爲詳盡。考《周禮・天官》，瘍醫掌腫瘍、潰瘍、金瘍、折瘍之祝藥劀殺之齊。註曰：劀謂刮去膿血。殺謂以藥食其惡肉。又曰：凡療瘍以五毒攻之。註曰：今醫方有五毒之藥，合黃堥置石膽、丹砂、雄黃、礜石、慈石其中燒之，三日三夜，其烟上著，以鷄羽埽取之，以注創惡，肉破，骨則盡出。又曰：以五氣養之，以五藥療之，以五味節之。註曰：既劀殺而攻盡其宿肉，乃養之也。「五氣」當作「五穀」，字之誤也。節，節成其藥之力云云。是則古者瘍醫攻補兼施之明證。後之瘍醫，惟持攻毒之方。治其外而不治內，治其末而不治本，故所失恒多。德之此書，務審病之所以然，而量其陰陽强弱以施療，故於瘍科之中，最爲善本。書中無一字及李杲，李杲平生亦不以外科著。原本附《東垣十書》之末。蓋坊刻雜合之本，取以備十書之數，與所載朱震亨書均爲濫入。孫一奎《赤水元珠》引之，竟稱《東垣外科精義》，不考甚矣。

錢大昕《補元史藝文志・醫書類》 齊得之《外科精義》二卷。御藥院外科太醫。

張子和汗下吐法

龔顯曾《金藝文志補録・醫家類》 《張子和汗下吐法》。張從正。錢《志》注云：有六門二法之目。金《志》別題一種六門二法。

丹溪手鏡

錢謙益等《絳雲樓書目・醫書類》 《丹溪手鏡》。元末名醫，名彦脩，金華人。少嘗游許文懿之門。

錢曾《讀書敏求記・醫家》 《丹溪手鏡》二卷。

此爲清常手校本。序稱丹溪著醫書數帙，皆行于世。此乃耄年所作，故傳之獨秘獨遲。未知清常從何本是正，其校書可謂專勤矣。

錢大昕《補元史藝文志・醫書類》 朱震亨《丹溪手鏡》二卷。

丹溪集

錢謙益等《絳雲樓書目・醫書類》 《丹溪集》。

局方發揮

錢謙益等《絳雲樓書目・醫書類》 《局方發揮》。朱震亨。

丹溪治痘要法

黃虞稷《千頃堂書目・醫家類》 熊宗立《丹溪治痘要法》一卷。

倪燦等《補遼金元藝文志・醫方》 朱震亨《丹溪治痘要法》一卷。

錢大昕《補元史藝文志・醫書類》 朱震亨《丹溪治痘要法》一卷。

黃虞稷《千頃堂書目・醫家類・補元》 朱震亨又《丹溪治痘要法》一卷。

又 《治痘要法》一卷。

外科精要發揮

黃虞稷《千頃堂書目・醫家類・補元》 朱震亨《外科精要發揮》□卷。

倪燦等《補遼金元藝文志・醫方》 朱震亨《外科精要發揮》。

藥方并論

范邦甸等《天一閣書目・醫家類》 《藥方并論》四卷。刊本。元王隱君撰。

醫學引彀

殷仲春《醫藏書目·散聖函目》《醫學引彀》。一卷。滑伯仁。

活人指掌

范邦甸等《天一閣書目·醫家類》《活人指掌》四卷。刊本。元吳恕輯，吳文炳增補。

錢謙益等《絳雲樓書目·醫書類》《活人指掌圖》。十卷。元錢唐吳恕編。

海藏斑疹論

錢謙益等《絳雲樓書目·醫書類》《海藏斑疹論》。元王好古，字進之，號海藏。師事李東垣，書傳其學。

蘭臺祕藏

錢謙益等《絳雲樓書目·醫書類》《蘭臺祕藏》。元王好古。

活法機要

錢謙益等《絳雲樓書目·醫書類》《活法機要》。元朱震亨。

醫便

徐𤊹《徐氏家藏書目·醫類》《醫便》五卷。海陽張受孔著。

黃虞稷《千頃堂書目·醫家類》張受孔《醫便》五卷。休寧人。

十藥神書

錢謙益等《絳雲樓書目·醫書類》《十藥神書》。元葛乾孫字可久著。平江人也。應雷子。

錢大昕《補元史藝文志·醫書類》葛乾孫《十藥神書》一卷。字可久，吳人。

田氏保嬰集

錢謙益等《絳雲樓書目·醫書類》《田氏保嬰集》。《田氏保嬰集》。著者佚名。見《濟生拔粹》。

便産須知

錢謙益等《絳雲樓書目·醫書類》《便産須知》三卷。高懋齊。

便産須知

黃虞稷《千頃堂書目·醫家類》趙輝《便産須知》三卷。

痔瘻論

倪燦等《補遼金元藝文志・醫方》 滑壽又《痔瘻論》。

錢大昕《補元史藝文志・醫書類》 滑壽《痔瘻篇》。字伯仁。

注通元指要二賦

黄虞稷《千頃堂書目・醫家類・補元》 鮑同仁《注通元指要二賦》。

錢大昕《補元史藝文志・醫書類》 鮑同仁《通玄指要賦注》二卷。

運氣新書

黄虞稷《千頃堂書目・醫家類・補元》 鄧焱《運氣新書》。

倪燦等《補遼金元藝文志・醫方》 鄧焱《運氣新書》。

錢大昕《補元史藝文志・醫書類》 鄭焱《運氣新書》。

醫學會同

黄虞稷《千頃堂書目・醫家類・補元》 萬應雷《醫學會同》二十卷。

倪燦等《補遼金元藝文志・醫方》 萬應雷《醫學會同》二十卷。

錢大昕《補元史藝文志・醫書類》 葛應雷《醫學會同》二十卷。

去病簡要

黄虞稷《千頃堂書目・醫家類・補元》 吴以寧《去病簡要》二十七卷。歙縣人。

倪燦等《補遼金元藝文志・醫方》 吴以寧《去病簡要》二十七卷。歙縣人。

錢大昕《補元史藝文志・醫書類》 吴以寧《去病簡要》二十七卷。字寧之，歙人。

攖寧生五藏補瀉心要

黄虞稷《千頃堂書目・醫家類・補元》 滑壽《攖寧生五藏補瀉心要》一卷。

倪燦等《補遼金元藝文志・醫方》 滑壽又《攖寧生五藏補瀉心要》一卷。

徐𤊹《徐氏家藏書目・醫類》 《攖寧生五臟補瀉心要》一卷。

醫韻

倪燦等《補遼金元藝文志・醫方》 滑壽又《醫韻》四卷。字伯仁，許昌人，後家儀真。

産科備要

錢曾《讀書敏求記・醫家》 《産科備要》八卷。

長樂朱端章以所藏諸家産科經驗方，編成八卷。淳熙甲辰歲刻版南康郡齋，楮墨精好可愛。首列借地、禁草、禁水三法。古人于産婦入月慎重若此，今罕有行之者，亦罕有知之者矣。

黄丕烈《百宋一廛書録》 《産科備要》。

此書載於《讀書敏求記》，以爲紙墨精好可愛。

王氏小兒形證方

錢曾《讀書敏求記・醫家》　《王氏小兒形證方》二卷。醫之科有十三，惟小兒爲啞科，察色觀形，最爲難治。漢東王氏，秘其方爲家寶，良有以也。此書刻于元貞新元。序之者爲古梅野逸，不知何人。後附録《秘傳小兒方》三十二及秣陵《牛黄鎮驚錠子方》，皆庸醫所不知者，宜珍視之。

錢大昕《補元史藝文志・醫書類》　《王氏小兒形證方》二卷。元貞初刻。

流注指微賦

《四庫全書總目提要・醫家類》　《流注指微賦》一卷。《永樂大典》本。元何若愚撰。若愚爵里未詳。原註有云：《指微論》三卷，亦是何公所作。探經絡之賾，原鍼刺之理，明榮衛之清濁，别孔穴之部分，然未廣傳於世。於内自取義以成此賦。則若愚先著《指微論》，又自約其義爲此賦，便記誦也。今《指微論》不傳，惟此賦載《永樂大典》中。

錢大昕《補元史藝文志・醫書類》　何若愚《指微賦》一卷。

流注指微論

錢大昕《補元史藝文志・醫書類》　何若愚《流注指微論》三卷。

端必瓦成就同生要

錢大昕《補元史藝文志・醫書類》　《端必瓦成就同生要》一卷。

保嬰玉鑑

錢大昕《補元史藝文志・醫書類》　黄大明《保嬰玉鑑》四卷。

百病鉤玄

錢大昕《補元史藝文志・醫書類》　王履《百病鉤玄》二十卷。

五臟補瀉心要

錢大昕《補元史藝文志・醫書類》　滑壽《五臟補瀉心要》一卷。

因得囉菩提手印道要

錢大昕《補元史藝文志・醫書類》　《因得囉菩提手印道要》一卷。

大手印無字要

錢大昕《補元史藝文志・醫書類》　《大手印無字要》一卷。順帝所習演揲兒法也。

外科新録

錢謙益等《絳雲樓書目・醫書類》　《外科新録》四册。

黄虞稷《千頃堂書目·醫家類》 沈宗學《外科新録》。

保生備録

高儒《百川書志·醫家》 《保生備録》四卷。

凡六十九門，擇取諸家方書中之經驗者凡若干方，輯成一書，立爲論斷。以原夫致癥之由，次隨癥具方，以詳其治療之序，門分類析，登載靡遺，故曰《保生備録》。

黄虞稷《千頃堂書目·醫家類》 《保生備録》四卷。

雜病治例

高儒《百川書志·醫家》 《雜病治例》一卷。

殷仲春《醫藏書目·法流函目》 《雜病治例》。一卷。劉宗厚。

丹溪心法類集

殷仲春《醫藏書目·旁通函目》 《丹溪心法類集》四卷。楊珣。

黄虞稷《千頃堂書目·醫家類》 楊珣《丹溪心法》四卷。

醫學先知

楊士奇等《文淵閣書目·醫書》 《醫學先知》一部一册闕。

天元玉册

楊士奇等《文淵閣書目·醫書》 《天元玉册》一部六册闕。

楊士奇等《文淵閣書目·醫書》 《天元玉册誥》一部一册闕。

龍木論

楊士奇等《文淵閣書目·醫書》 《龍木論》一部一册闕。

殷仲春《醫藏書目·機在函目》 《龍木論》。

仙傳濟陰方

楊士奇等《文淵閣書目·醫書》 《仙傳濟陰方》一部一册闕。

保嬰集

楊士奇等《文淵閣書目·醫書》 《保嬰集》一部一册闕。

黄虞稷《千頃堂書目·醫家類》 葛哲《保嬰集》。字明仲，崑山人，官趙府良醫輯進，宣宗賜宴獎勞。

小兒方

楊士奇等《文淵閣書目·醫書》 《小兒方》一部一册闕。

群書續鈔

高儒《百川書志・醫家》《群書續鈔》一卷。
皇明巡撫雲南都御史何孟春續鈔群書有方者二十六家。皆載邱濬所遺。

活人心

高儒《百川書志・醫家》《活人心》二卷。
皇明玄洲道人涵虛子編。

范邦甸等《天一閣書目・醫家類》《活人心法》二卷。刊本。明元洲道人涵虛子編。嘉靖二十九年，陝西布政司葛守禮重刊。

殷仲春《醫藏書目・印證函目》《活人心》。二卷。臞仙。

明醫雜著

高儒《百川書志・醫家》《明醫雜著》一卷。
皇明廣東左參政慈谿節齋王綸汝言著。

殷仲春《醫藏書目・法流函目》《明醫雜著》。六卷。王節齋。

黃虞稷《千頃堂書目・醫家類》王綸《明醫雜著》八卷，又《節齋醫論》一卷，又《醫論問答》一卷。字汝言，慈谿人，成化甲辰進士，巡撫湖廣都御史。

内科摘要

范邦甸等《天一閣書目・醫家類》《内科摘要》二卷。刊本。明吳郡薛己撰，無序。

内外摘要

范邦甸等《天一閣書目・醫家類》《内外摘要》二卷。刊本。明薛己編集。

外科發揮

范邦甸等《天一閣書目・醫家類》《外科發揮》五卷。刊本。明薛己撰，張淮等序。

正體類要

范邦甸等《天一閣書目・醫家類》《正體類要》二卷。刊本。明吳郡薛己著，陸師道序。

口齒類要

范邦甸等《天一閣書目・醫家類》《口齒類要》一卷。刊本明吳郡薛己著。

程齋醫鈔撮要

范邦甸等《天一閣書目・醫家類》《程齋醫鈔撮要》五卷。刊本明盛端明編纂并序。

殷仲春《醫藏書目・化生函目》《程齋醫抄撮要》五卷。玉華子。

黃虞稷《千頃堂書目・醫家類》盛端明《程齋醫鈔撮要》五卷。

廣嗣全訣

范邦甸等《天一閣書目·醫家類》《廣嗣全訣》二十卷。刊本。秀水陳文治輯。

錢謙益等《絳雲樓書目·醫書類》《廣嗣全訣》。

殷仲春《醫藏書目·慈保函目》《廣嗣全訣》。十二卷。陳霍溪。

醫經小學

楊士奇等《文淵閣書目·醫書》《醫經小學》一部一册闕。

范邦甸等《天一閣書目·醫家類》《醫經小學》六卷。刊本。明劉純撰。

殷仲春《醫藏書目·誦法函目》《醫經小學》。見前。

完　訣

范邦甸等《天一閣書目·醫家類》《完訣》一册。刊本。明丁從堯撰，并序。

原機啟微集

范邦甸等《天一閣書目·醫家類》《原機啟微集》一册。刊本。明倪維德撰。

徐𤊹《徐氏家藏書目·醫類》《原機啓微》二卷。

殷仲春《醫藏書目·機在函目》《原機啓微》。二卷。《附録》一卷。倪維德。

玉機微義

范邦甸等《天一閣書目·醫家類》《玉機微義》十册。刊本明徐用誠撰，延平黄焯重刊。

體仁彙編

范邦甸等《天一閣書目·醫家類》《體仁彙編》四卷。鈔本。廬陵彭用光撰，明蔡經序。

錢謙益等《絳雲樓書目·醫書類》《體仁彙編》。明彭用光。

殷仲春《醫藏書目·誦法函目》《體仁彙編》。六卷。彭用光。

黄虞稷《千頃堂書目·醫家類》彭用先《體仁彙編》十卷。盧校云，趙銓亦有此書。

殷仲春《醫藏書目·旁通函目》《體仁量編》。六卷。彭用光。

國醫宗旨

范邦甸等《天一閣書目·醫家類》《國醫宗旨》四卷。刊本。明梁學孟著，并序。

八道始終

范邦甸等《天一閣書目·醫家類》《八道始終》一卷，《醫印》三卷，《醫騐》一卷。刊本。祝茹穹著，順治庚子金之俊等序。

醫學指南

范邦甸等《天一閣書目·醫家類》《醫學指南》四卷。刊本。不著撰人名氏。

習醫鈐法

范邦甸等《天一閣書目·醫家類》《習醫鈐法》五卷。刊本。明陸嶽著，并序。費兆元序。

增刻醫便

范邦甸等《天一閣書目·醫家類》《增刻醫便》二卷。刊本。不著撰人名氏，明沈一中序。

諸癥辨疑

范邦甸等《天一閣書目·醫家類》《諸癥辨疑》四卷。鈔本。不著撰人名氏。

痰火點雪

范邦甸等《天一閣書目·醫家類》《痰火點雪》二卷。刊本。明龔居中著并序。

外科集驗

范邦甸等《天一閣書目·醫家類》《外科集驗》十一卷。藍絲闌鈔本。浚儀、趙宜直集，吴有壬序。

瘍科選粹

范邦甸等《天一閣書目·醫家類》《瘍科選粹》一册。鈔本。不著撰人姓名。

殷仲春《醫藏書目·楊肘浸假函目》《瘍科選粹》。八卷。陳雀溪。

殷仲春《醫藏書目·聲聞函目》《瘍科選粹》。以上出陳雀溪。

癘瘍機要

范邦甸等《天一閣書目·醫家類》《癘瘍機要》二卷。刊本。明薛己著，沈啟原序。

治瘰癧癥

范邦甸等《天一閣書目·醫家類》《治瘰癧癥》一卷。鈔本。卷首載胡來庭家藏。

保幼大全

范邦甸等《天一閣書目·醫家類》《保幼大全》二十卷。刊本。明朱臣編，并序。

保赤全書

范邦甸等《天一閣書目・醫家類》《保赤全書》二卷。刊本。萬曆丁酉管橓序。

徐𤊹《徐氏家藏書目・醫類》《保赤全書》二卷。

黄虞稷《千頃堂書目・醫家類》沈堯中《保赤全書》二卷。

嬰童百問

范邦甸等《天一閣書目・醫家類》《嬰童百問》五卷。刊本。魯百嗣學。嘉靖壬寅嚴嵩序。許讚有進書表。

育嬰編

范邦甸等《天一閣書目・醫家類》《育嬰編》一卷。刊本。國朝陳卓編，胡文學序。

活幼便覽

范邦甸等《天一閣書目・醫家類》《活幼便覽》二卷。刊本。明劉廷爵輯，吴漳序。

殷仲春《醫藏書目・慈保函目》《活幼便覽》。二卷。

秘傳經驗痘疹治法

范邦甸等《天一閣書目・醫家類》《秘傳經驗痘疹治法》一册。烏絲闌鈔本。卷首有羲皇上人之印黄廉述。

痘疹全書

范邦甸等《天一閣書目・醫家類》《痘疹全書》十卷。刊本。明黄廉編并序。

痘疹方論

范邦甸等《天一閣書目・醫家類》《痘診方論》二卷。刊本。明四明萬邦孚選集。

允産全書

范邦甸等《天一閣書目・醫家類》《允産全書》六卷。刊本。明雲間陳繼儒輯。

幼科類萃

徐𤊹《徐氏家藏書目・醫類》《幼科類萃》二十八卷。

殷仲春《醫藏書目・慈保函目》《幼科類萃》。二十八卷。

黄虞稷《千頃堂書目・醫家類》《幼科類萃》二十八卷。

《明史·藝文志·藝術·醫書》 王鑾《幼科類萃》二十八卷。

醫家大法

徐𤊹《徐氏家藏書目·醫類》 《醫家大法》四卷。

殷仲春《醫藏書目·印證函目》 《醫家大法》。四卷。王好古。

中流一壺

徐𤊹《徐氏家藏書目·醫類》 《中流一壺》一卷。

黄虞稷《千頃堂書目·醫家類》 白士偉《中流一壺》一卷。

中流一壺

黄虞稷《千頃堂書目·醫家類》 李先芳《中流一壺》。急救方。

厚生訓纂

徐𤊹《徐氏家藏書目·醫類》 《厚生訓纂》二卷。

黄虞稷《千頃堂書目·醫家類》 周臣《厚生訓纂》二卷。嘉靖己酉序。

痰火耑門

徐𤊹《徐氏家藏書目·醫類》 《痰火耑門》四卷。郢中梁學孟。

黄虞稷《千頃堂書目·醫家類》 梁學孟《痰火耑門》四卷。武昌人。

殷仲春《醫藏書目·散聖函目》 《痰火顓門》。四卷。梁學孟。

活幼心法

徐𤊹《徐氏家藏書目·醫類》 《活幼心法》一卷。聶尚宏。

殷仲春《醫藏書目·慈保函目》 《活幼心法》。一卷。聶尚恒。

痘疹會編

徐𤊹《徐氏家藏書目·醫類》 《痘疹會編》十卷。吴洪著。

黄虞稷《千頃堂書目·醫家類》 吴洪《痘疹會編》十卷。

《明史·藝文志·藝術·醫書》 吴洪《痘疹會編》十卷。

陰虚瘵理篇

徐𤊹《徐氏家藏書目·醫類》 《陰虚瘵理篇》一卷。新安邵懋臣著。

黄虞稷《千頃堂書目·醫家類》 邵懋臣《陰虚變理篇》一卷。新安人。

丹溪心法附餘

徐𤊹《徐氏家藏書目·醫類》 《丹溪心法附餘》。

《明史·藝文志·藝術·醫書》 方廣《丹溪心法附餘》二十四卷。

《四庫全書總目提要·醫家類》 《丹溪心法附餘》二十四卷。内府藏本。

明方廣撰。廣字約之，號古齋，休寧人。是書成於嘉靖丙申。

錢大昕《補元史藝文志·醫書類》 朱震亨《丹溪心法附餘》二十四卷。

明目良方

徐𤊹《徐氏家藏書目・醫類》《明目良方》。

續醫説

殷仲春《醫藏書目・結集函目》《續醫説》。十卷。
錢謙益等《絳雲樓書目・醫書類》《續醫説》。十卷。俞子容。
黄虞稷《千頃堂書目・醫家類》俞子容《續醫説》十卷。
《明史・藝文志・藝術・醫書》俞子容《續醫説》十卷。

續醫説會編

殷仲春《醫藏書目・結集函目》《續醫説會編》。十八卷。周恭。

丹溪摘玄

殷仲春《醫藏書目・結集函目》《丹溪摘玄》。三十卷。

丹溪醫要

殷仲春《醫藏書目・結集函目》《丹溪醫要》。趙應春。

萬病回春

殷仲春《醫藏書目・旁通函目》《萬病回春》。八卷。龔雲林。
黄虞稷《千頃堂書目・醫家類》龔廷賢《萬病回春》八卷。又《種杏仙方》四卷。
錢謙益等《絳雲樓書目・醫書類》《萬病回春》。明龔廷賢。

醫　鏡

殷仲春《醫藏書目・旁通函目》《醫鏡》。二卷。許兆楨。

醫宗粹言

殷仲春《醫藏書目・散聖函目》《醫宗粹言》。十四卷。羅周彦。
錢謙益等《絳雲樓書目・醫書類》《醫宗粹言》。明羅周彦編。
黄虞稷《千頃堂書目・醫家類》羅周彦《醫宗粹言》十四卷。

原病集

殷仲春《醫藏書目・秘密函目》《原病集》。四卷。唐恕。
錢謙益等《絳雲樓書目・醫書類》《原病集》。明唐椿編。成化間人。

脾胃後論

殷仲春《醫藏書目・聲聞函目》《脾胃後論》。

黄虞稷《千頃堂書目·醫家類》項昕《脾胃後論》。明初名醫。

便産須知

殷仲春《醫藏書目·化生函目》《便産須知》。二卷。高賓。

醫學鈎玄

殷仲春《醫藏書目·聲聞函目》《醫學鈎玄》。

胤産全書

殷仲春《醫藏書目·化生函目》《胤産全書》。四卷。王肯堂。張受孔定。

螽斯集

殷仲春《醫藏書目·化生函目》《螽斯集》。一卷。蔡龍陽。

保産育嬰

殷仲春《醫藏書目·化生函目》《保産育嬰》。二卷。

黄虞稷《千頃堂書目·醫家類》《保産育嬰録》二卷。

祈嗣真詮

殷仲春《醫藏書目·化生函目》《祈嗣真詮》。一卷。袁黄。

外科心法

殷仲春《醫藏書目·楊肘浸假函目》《外科心法》。見前。

外科樞要

殷仲春《醫藏書目·楊肘浸假函目》《外科樞要》。四卷。薛己。

黄虞稷《千頃堂書目·醫家類》《外科樞要》四卷。

痘疹一斑

殷仲春《醫藏書目·慈保函目》《痘疹一斑》。

博集稀痘方

殷仲春《醫藏書目·慈保函目》《博集稀痘方》。二卷。郭子章。

痘疹秘傳

殷仲春《醫藏書目·慈保函目》《痘疹秘傳》。一卷。

痘疹解疑
殷仲春《醫藏書目·慈保函目》《痘疹解疑》。倪有美。

小兒痘疹要訣
殷仲春《醫藏書目·慈保函目》《小兒痘疹要訣》。四卷。吴子揚。

普慈秘要
殷仲春《醫藏書目·慈保函目》《普慈秘要》。二卷。天台釋如惺。

痘疹心印
殷仲春《醫藏書目·慈保函目》《痘疹心印》。二卷。孫一奎。

痘　疹
殷仲春《醫藏書目·慈保函目》《痘疹》。汪秋隺。

痘疹心法
殷仲春《醫藏書目·慈保函目》《痘疹心法》。萬全。

徐𤇆《徐氏家藏書目·醫類》《痘疹心法》二十三卷。

全幼心鑑
殷仲春《醫藏書目·慈保函目》《全幼心鑑》。四卷。嵩易寇平。
徐𤇆《徐氏家藏書目·醫類》《金幼心鑑》八卷。嵩陽寇平著。
黄虞稷《千頃堂書目·醫家類》寇衡《全幼心鑑》四卷。

嬰童百問
殷仲春《醫藏書目·慈保函目》《嬰童百問》。十卷。魯伯嗣。

證治要訣
錢謙益等《絳雲樓書目·醫書類》《證治要訣》。明戴元禮，號復庵，浦江人。傳丹溪之學，永樂召爲太醫院使。

證治準繩
錢謙益等《絳雲樓書目·醫書類》《證治準繩》。明王肯堂。
殷仲春《醫藏書目·結集函目》《証治準繩》。八卷。王宇泰。

明醫指掌
錢謙益等《絳雲樓書目·醫書類》《明醫指掌》。

眼科捷

錢謙益等《絳雲樓書目・醫書類》《眼科捷》。

錢曾《讀書敏求記・醫家》《眼科捷》一卷。

趙清常得此書于洪州李念襄。李傳寫于道士藍田玉。藍幸于世廟，名位顯隆，旋以不循道，庚死。此蓋録内府秘藏本也。

運化元樞

錢謙益等《絳雲樓書目・醫書類》《運化元樞》。一卷。寧獻王。

注解病機賦

錢謙益等《絳雲樓書目・醫書類》《注解病機賦》。

錢曾《讀書敏求記・醫家》《注解病機賦》一卷。

柯城劉全備克用撰。舊人抄本，後附《去病延壽六字法》、《四季養生歌》。

黄虞稷《千頃堂書目・醫家類》 劉全修《注解病機賦》二卷。浙江西安人。

諸病論

錢謙益等《絳雲樓書目・醫書類》《諸病論》。

致和樞要

黄虞稷《千頃堂書目・醫家類》 徐子宇《致和樞要》九卷。金陵人，與趙友同、吴訥友善。崑山鄭文康序其書。

《明史・藝文志・藝術・醫書》 徐子宇《致和樞要》九卷。

重定丹溪心法

黄虞稷《千頃堂書目・醫家類》 程用光《重定丹溪心法》□卷。

醫　讀

黄虞稷《千頃堂書目・醫家類》 汪機《醫讀》七卷。

醫家便覽

黄虞稷《千頃堂書目・醫家類》 談綸《醫家便覽》一卷。號野翁，上海人，天順丁丑進士，總督易州山廠，工部侍郎。

醫學碎金

黄虞稷《千頃堂書目・醫家類》 周禮《醫學碎金》四卷。

《明史・藝文志・藝術・醫書》 周禮《醫學碎金》四卷。

諸證辨疑

黄虞稷《千頃堂書目・醫家類》 吴球《諸證辨疑》四卷，又《用藥玄機》一卷，又《活人心統》一卷。

《明史・藝文志・藝術・醫書》吴球《諸證辨疑》四卷。

事親須知

黄虞稷《千頃堂書目・醫家類》 周恭《事親須知》五十卷，又《醫説續編》五十卷。字寅之，崑山人。

醫約

黄虞稷《千頃堂書目・醫家類》 沈應文《醫約》四卷。字守静，浦城人，自號句曲山人。

蓋齋醫要

黄虞稷《千頃堂書目・醫家類》 陳諫《蓋齋醫要》十五卷。字直之，錢塘人。

《明史・藝文志・藝術・醫書》 陳諫《蓋齋醫要》十五卷。

醫家纂要

黄虞稷《千頃堂書目・醫家類》 符觀《醫家纂要》。新喻人。

醫學舉要

黄虞稷《千頃堂書目・醫家類》 楊廉《醫學舉要》一卷，又《明醫録》一卷。

杏莊集

黄虞稷《千頃堂書目・醫家類》 濮鏞《杏莊集》。字景明，太平府人，官良醫副。

紺珠經

黄虞稷《千頃堂書目・醫家類》 趙瀛《紺珠經》四卷。嘉興知府。

松巖

黄虞稷《千頃堂書目・醫家類》 程玠《松巖醫經》二卷。字文玉，歙人。别本「巖」作「崖」。

醫學原理

黄虞稷《千頃堂書目・醫家類》 汪機《醫學原理》□卷，又《推求師意》二卷，又《石山醫案》二卷。

杏隖秘訣

黄虞稷《千頃堂書目・醫家類》 葛林《杏隖秘訣》一卷。字茂林，錢塘人，正德中太醫院判。

醫學百問辨

黃虞稷《千頃堂書目・醫家類》 盧志《醫學百問辨》，又增定《醫學綱目》。字宗尹，崑山人，正德中官太醫院判。武宗南巡不豫，志言於大臣曰：帝冬得夏脈，法在不治，願定國儲，安社稷。宫車晏駕，例應逮治，因是得免，以原官致仕。

醫略正誤

黃虞稷《千頃堂書目・醫家類》 石泉子《醫略正誤》一篇。正德中人。敖英爲序。

醫學質疑

黃虞稷《千頃堂書目・醫家類》 汪宦《醫學質疑》□卷。祁門人。

古今醫統

黃虞稷《千頃堂書目・醫家類》 徐春甫《古今醫統》一百卷，又《醫學捷徑》□卷。字汝元，祁門人，從汪宦學，後官太醫院。

醫學統旨

黃虞稷《千頃堂書目・醫家類》 葉文齡《醫學統旨》。

丹溪心法大全

黃虞稷《千頃堂書目・醫家類》 夏行之《丹溪心法大全》四卷。別本有眉注云，杭補。

丹溪心法附録

黃虞稷《千頃堂書目・醫家類》 方廣《丹溪心法附録》二十四卷。

體仁彙編

黃虞稷《千頃堂書目・醫家類》 趙銓《體仁彙編》，又《岐黃奧旨》，又《諸家醫斷》。

明醫會要

黃虞稷《千頃堂書目・醫家類》 賀岳《明醫會要》二卷，又《醫經大旨》。字汝瞻，嘉興人。

醫學集成

黃虞稷《千頃堂書目・醫家類》 溥滋《醫學集成》十二卷，又《醫學權輿》四卷。《明史・藝文志》「溥」作「傅」。

《明史・藝文志・藝術・醫書》 傅滋《醫學集成》十二卷。

聖諭對録

黄虞稷《千頃堂書目・醫家類》 許紳《聖諭對録》。録嘉靖中頒降御札。别本「札」下有「南京人。仕至工部尚書。掌太醫院事」。

家居醫録

黄虞稷《千頃堂書目・醫家類》 薛己《家居醫録》十六卷。字新甫，號立齋，吴人。鎧子。正德間選爲御醫，擢南京太醫院判，進院使。别本「判」上有「院」字。

《明史・藝文志・藝術・醫書》 薛己《家居醫録》十六卷。

范邦甸等《天一閣書目・醫家類》 《家居醫録》二卷。刊本。明薛己著，范慶等序。

醫録原旨

黄虞稷《千頃堂書目・醫家類》 徐魯源《醫録原旨》□卷。無錫人。

軒岐新意

黄虞稷《千頃堂書目・醫家類》 何繼高《軒岐新意》一卷。

徐𤊹《徐氏家藏書目・醫類》 《軒岐新意》一卷。何繼高。

名醫鈔

黄虞稷《千頃堂書目・醫家類》 費傑《名醫鈔》。字世彦，浙江山陰人。

醫林繩墨

黄虞稷《千頃堂書目・醫家類》 方隅《醫林繩墨》八卷。

醫學便覽

黄虞稷《千頃堂書目・醫家類》 解禎《醫學便覽》四卷。

醫四書

黄虞稷《千頃堂書目・醫家類》 朱儒《醫四書》□卷。秀水人，萬曆初太醫院使。嘗諫神宗戒暴怒以平氣，寡嗜欲以養精，神宗納之，令中官陸敬書其語于屏。

醫林統要

黄虞稷《千頃堂書目・醫家類》 黄維亮《醫林統要》四卷。

醫學經略

黄虞稷《千頃堂書目・醫家類》 趙金《醫學經略》。烏程人。

名醫三要

黄虞稷《千頃堂書目・醫家類》 劉起宗《名醫三要》三卷。

扶生堂醫書

黄虞稷《千頃堂書目·醫家類》 陳朝璋《扶生堂醫書》。臨川人。萬曆中選貢。常州府通判。

廣筆記

黄虞稷《千頃堂書目·醫家類》 繆希雍《廣筆記》二卷。字仲淳。盧校云,凡十五門,逐門分卷,末附炮製大法。天啓二年自序。别本「淳」作「醇」。

醫宗正脈

黄虞稷《千頃堂書目·醫家類》 傅懋先《醫宗正脈》五卷。

醫　略

黄虞稷《千頃堂書目·醫家類》 周倫《醫略》四卷。

保命活訣

黄虞稷《千頃堂書目·醫家類》 萬全《保命活訣》三十五卷。羅田人。

《明史·藝文志·藝術·醫書》 萬全《保命活訣》三十五卷。

醫門法律

黄虞稷《千頃堂書目·醫家類》 喻昌《醫門法律》。字嘉言。

頤生微論

黄虞稷《千頃堂書目·醫家類》 李中梓《頤生微論》十卷。别本有注文云,字士材,上海人,諸生。

《明史·藝文志·藝術·醫書》 李中梓《頤生微論》十卷。

《四庫全書總目提要·醫家類》 《删補頤生微論》四卷。浙江巡撫採進本。明李中梓撰。中梓字士材,華亭人。是編初稿定於萬曆戊午,已刊版行世。崇禎壬午又因舊本自訂之,勒爲此編。凡二十四篇。

醫　薈

黄虞稷《千頃堂書目·醫家類》 畢懋襄《醫薈》十八卷。字君平,歙人。

簡明醫彀

黄虞稷《千頃堂書目·醫家類》 孫志宏《簡明醫彀》八卷。

玄機保命書

黄虞稷《千頃堂書目·醫家類》 黄圖《玄機保命書》四卷。

醫開

黃虞稷《千頃堂書目・醫家類》 王世相《醫開》七卷。別本有注文云，字季隣，蒲州人。

《四庫全書總目提要・醫家類》 《醫開》七卷。浙江范懋柱家天一閣藏本。

明王世相撰。世相字季隣，號清溪，蒲州人。吕柟之門人也。官延川縣知縣。是書凡分二十四類。首載或問數條，謂醫學至丹溪而集大成。

雜證治例

黃虞稷《千頃堂書目・醫家類》 樓英《雜證治例》一卷。

平治大法

黃虞稷《千頃堂書目・醫家類》 吴球《平治大法》一卷。

雜病正傳

黃虞稷《千頃堂書目・醫家類》 彭浩《雜病正傳》。

論咳嗽條

黃虞稷《千頃堂書目・醫家類》 徐彪《論咳嗽條》二卷。

痰火膚見

黃虞稷《千頃堂書目・醫家類》 吴洪《痰火膚見》三卷。芝城人。

徐𤊹《徐氏家藏書目・醫類》 《痰火膚見》三卷。芝城吴洪著。

流注辯惑

黃虞稷《千頃堂書目・醫家類》 淩漢章《流注辯惑》一册。

癰疽神效祕方

黃虞稷《千頃堂書目・醫家類》 陶華《癰疽神效祕方》一卷。

外科序論

黃虞稷《千頃堂書目・醫家類》 趙原陽《外科序論》一卷，又《仙傳外科祕方》十一卷。

《明史・藝文志・藝術・醫書》 趙原陽《外科序論》一卷。

外科理例

黃虞稷《千頃堂書目・醫家類》 汪機《外科理例》八卷。

《明史・藝文志・藝術・醫書》 汪機《外科理例》八卷。

《四庫全書總目提要・醫家類》 《外科理例》七卷，附方一卷。兩淮鹽政採進本。

明汪機撰。是書成於嘉靖辛卯。凡分一百四十七類，又補遺七類，其爲一百五十四門。後附方一卷，凡一百五十六通。

外科心法

黃虞稷《千頃堂書目·醫家類》 薛己《外科心法》七卷，又《外科經驗方》一卷，又《癘瘍機要》三卷，又《正體驗要》二卷。

《明史·藝文志·藝術·醫書》 《外科心法》七卷。

外科正方

黃虞稷《千頃堂書目·醫家類》 陳實功《外科正方》四卷。

女科證治準繩

黃虞稷《千頃堂書目·醫家類》 王肯堂《女科證治準繩》五卷，又《胤產全書》四卷。

殷仲春《醫藏書目·生化函目》 《女科証治要訣》。五卷。王肯堂。

保嬰撮要

黃虞稷《千頃堂書目·醫家類》 薛鎧《保嬰撮要》二十卷。

《明史·藝文志·藝術·醫書》 薛鎧《保嬰撮要》二十卷。

《四庫全書總目提要·醫家類》 《保嬰撮要》八卷。浙江巡撫採進本。

明薛鎧撰。鎧字良武，吴縣人。弘治中官太醫院醫士。是編分門纂輯，於幼科證治最爲詳悉。

幼科證治準繩

黃虞稷《千頃堂書目·醫家類》 王肯堂《幼科證治準繩》九卷。

廣嗣紀要

黃虞稷《千頃堂書目·醫家類》 萬全《廣嗣紀要》十六卷，又《幼科發揮》二卷，又《痘疹心法》十四卷，又《萬氏痘疹全書》十二卷。一名《痘疹格致要論》。

銀海精微

黃虞稷《千頃堂書目·醫家類》 《銀海精微》二卷。

《四庫全書總目提要·醫家類》 《銀海精微》二卷。內府藏本。

舊本題唐孫思邈撰。唐宋《藝文志》皆不著録。思邈本傳亦不言有是書。

原幼心法

黃虞稷《千頃堂書目·醫家類》 《原幼心法》三卷。

活幼全書

黃虞稷《千頃堂書目·醫家類》 錢大用《活幼全書》八卷。

醫方集宜

《明史・藝文志・藝術・醫書》 丁毅《醫方集宜》十卷。

痎瘧論疏

《四庫全書總目提要・醫家類》 《痎瘧論疏》一卷。浙江巡撫採進本。

明盧之頤撰。之頤字子繇，錢塘人。

雜病治例

《四庫全書總目提要・醫家類》 《雜病治例》一卷。浙江范懋柱家天一閣藏本。

明劉純撰。純有《玉機微義》，已著録。是書成於永樂戊子。

神應經

《四庫全書總目提要・醫家類》 《神應經》一卷。浙江朱彝尊家曝書亭藏本。

明陳會撰。劉瑾補輯。會字善同，稱宏綱先生。瑾字永懷，號恒菴。均不知何許人。

運氣易覽

《四庫全書總目提要・醫家類》 《運氣易覽》三卷。兩淮鹽政採進本。

明汪機撰。機有《鍼灸問對》，已著録。

痘證理辨

《四庫全書總目提要・醫家類》 《痘證理辨》一卷，附方一卷。兩淮鹽政採進本。

明汪機撰。

經歷奇證

吴壽暘《拜經樓藏書題跋記》。 《經歷奇證》。不分卷。明錢唐錢君穎著。

治法彙

吴壽暘《拜經樓藏書題跋記》 《治法彙》。右七卷。舊人批本。

已任編

吴壽暘《拜經樓藏書題跋記》 《已任編》。右八卷。内墨筆、硃筆、藍筆三種評點。

痘疹仁端録

吴壽暘《拜經樓藏書題跋記》 《痘疹仁端録》。右鈔本，六卷。明檇李徐謙仲光著。

備急纂要

楊士奇等《文淵閣書目·醫書》《備急纂要》一部一册闕。

子和心法

楊士奇等《文淵閣書目·醫書》《子和心法》一部一册闕。

元門内照

楊士奇等《文淵閣書目·醫書》《元門内照》一部一册闕。

全生指迷集

楊士奇等《文淵閣書目·醫書》《全生指迷集》一部一册闕。

活人書百問

楊士奇等《文淵閣書目·醫書》《活人書百問》一部一册闕。

活人書括

楊士奇等《文淵閣書目·醫書》《活人書括》一部一册闕。

無求子活人書

楊士奇等《文淵閣書目·醫書》《無求子活人書》一部一册闕。

紀元妙用集

楊士奇等《文淵閣書目·醫書》《紀元妙用集》一部六册闕。

通神明鑑論

楊士奇等《文淵閣書目·醫書》《通神明鑑論》一部一册闕。

内經運氣

楊士奇等《文淵閣書目·醫書》《内經運氣》一部一册闕。

産　經

楊士奇等《文淵閣書目·醫書》《産經》一部一册闕。

産育百問

楊士奇等《文淵閣書目·醫書》《産育百問》一部一册闕。

全嬰總訣

楊士奇等《文淵閣書目·醫書》《全嬰總訣》一部一册闕。

嬰孩寶書

楊士奇等《文淵閣書目·醫書》《嬰孩寶書》一部一册闕。

養子直訣

楊士奇等《文淵閣書目·醫書》《養子直訣》一部一册闕。

養子要言

楊士奇等《文淵閣書目·醫書》《養子要言》一部一册闕。

嬰孩妙訣

楊士奇等《文淵閣書目·醫書》《嬰孩妙訣》一部一册闕。

三十六弔書

楊士奇等《文淵閣書目·醫書》《三十六弔書》一部一册闕。

七十二證眼論

楊士奇等《文淵閣書目·醫書》《七十二證眼論》一部一册。

七十二證眼科歌訣

楊士奇等《文淵閣書目·醫書》《七十二證眼科歌訣》一部一册闕。

眼科口訣

楊士奇等《文淵閣書目·醫書》《眼科口訣》一部一册。

乾坤生意秘韫

高儒《百川書志·醫家》《乾坤生意秘韫》一卷。遐齡洞天太乙丹房編。三十五類二百七十九方。

便産須知

高儒《百川書志·醫家》《便産須知》一卷。

痘疹元機

徐𤊹《徐氏家藏書目·醫類》《痘疹元機》四卷。

痘法指南

徐𤊹《徐氏家藏書目·醫類》《痘法指南》二卷。吴宗洙。

萬氏保命歌括

徐𤊹《徐氏家藏書目·醫類》《萬氏保命歌括》三十五卷。

廣　嗣

徐𤊹《徐氏家藏書目·醫類》《廣嗣》十六卷。

小兒手紋形癥

徐𤊹《徐氏家藏書目·醫類》《小兒手紋形癥》一卷。

婦人産癥

徐𤊹《徐氏家藏書目·醫類》《婦人産癥》一卷。

三書集要

徐𤊹《徐氏家藏書目·醫類》《三書集要》。

婦人十四問

徐𤊹《徐氏家藏書目·醫類》《婦人十四問》一卷。

秘傳小兒科

徐𤊹《徐氏家藏書目·醫類》《秘傳小兒科》一卷，《婦人科》一卷。

滯下活法

徐𤊹《徐氏家藏書目·醫類》《滯下活法》一卷。

喉風總論

徐𤊹《徐氏家藏書目·醫類》《喉風總論》一卷。朱建峯著。

眼　科

徐𤊹《徐氏家藏書目·醫類》《眼科》一卷。朱建峯著。

出像眼科

徐𤊹《徐氏家藏書目·醫類》《出像眼科》一卷。

小兒家寶集

徐𤊹《徐氏家藏書目·醫類》《小兒家寶集》二卷。

醫學全經

徐𤊹《徐氏家藏書目·醫類》《醫學全經》。

治痘博愛心鑑

徐𤊹《徐氏家藏書目·醫類》《治痘博愛心鑑》二卷。

恠痾單

徐𤊹《徐氏家藏書目·醫類》《恠痾單》一卷。周履靖。

病鑑

徐𤊹《徐氏家藏書目·醫類》《病鑑》一卷。

醫印

徐𤊹《徐氏家藏書目·醫類》張寄一《醫印》一卷。

坐功引法

徐𤊹《徐氏家藏書目·醫類》《坐功引法》一卷。

痘疹活幼心法

徐𤊹《徐氏家藏書目·醫類》《痘疹活幼心法》一卷。聶尚桓。

嗣養真書

徐𤊹《徐氏家藏書目·醫類》《嗣養真書》一卷。蔡時宜。

明目神驗方

徐𤊹《徐氏家藏書目·醫類》《明目神驗方》二卷。

潤經信法

徐𤊹《徐氏家藏書目·醫類》《潤經信法》一卷。唐李筌。

六部一品

徐𤊹《徐氏家藏書目·醫類》《六部一品》一卷。張雲山。

體仁類編

徐𤊹《徐氏家藏書目·醫類》《體仁類編》卷。

類編錢氏小兒

殷仲春《醫藏書目·慈保函目》《類編錢氏小兒》。熊宗立。

痘科異治

殷仲春《醫藏書目·慈保函目》《痘科異治》。一卷。九江宋氏。

痘疹全書

殷仲春《醫藏書目·慈保函目》《痘疹全書》。一卷。趙繼宗。

小兒脉辯方論

殷仲春《醫藏書目·慈保函目》《小兒脉辯方論》。一卷。李捷。

痘疹欄局

殷仲春《醫藏書目·慈保函目》《痘疹欄局》。二卷。

何氏醫機心鑑

殷仲春《醫藏書目·慈保函目》何氏《醫機心鑑》。二卷。何繼宗。

痧疹辯疑

殷仲春《醫藏書目·慈保函目》《痧疹辯疑》。一卷。穆世錫。

保嬰要覽

殷仲春《醫藏書目·慈保函目》《保嬰要覽》。二卷。閔道揚。

痘疹正宗

殷仲春《醫藏書目·慈保函目》《痘疹正宗》。五卷。高武。

保嬰全書

殷仲春《醫藏書目·慈保函目》《保嬰全書》。四卷。賈一元。

慈幼痘疹説問

殷仲春《醫藏書目·慈保函目》《慈幼痘疹説問》。十八卷。吳應湯。

稀痘方

殷仲春《醫藏書目·慈保函目》《稀痘方》。一卷。陰有瀾。

痘疹一覽

殷仲春《醫藏書目·慈保函目》《痘疹一覽》。五卷。

葆元一鑑

殷仲春《醫藏書目·慈保函目》《葆元一鑑》。許養沖。

餘毒治法條例

殷仲春《醫藏書目·慈保函目》《餘毒治法條例》。一卷。

痘疹正覺草

殷仲春《醫藏書目·慈保函目》《痘疹正覺草》。一卷。

保幼全書

殷仲春《醫藏書目·慈保函目》《保幼全書》。二十卷。

活幼濟世全書

殷仲春《醫藏書目·慈保函目》《活幼濟世全書》。

活幼口議

殷仲春《醫藏書目·慈保函目》《活幼口議》。十卷。演山翁。

聞人氏痘疹

殷仲春《醫藏書目·慈保函目》《聞人氏痘疹》。八十一論。

胡氏痘疹

殷仲春《醫藏書目·慈保函目》《胡氏痘疹》。一卷。

痘疹玉髓

殷仲春《醫藏書目·慈保函目》《痘疹玉髓》。一卷。溝漳懶文子。

丹溪活幼心方

殷仲春《醫藏書目·慈保函目》《丹溪活幼心方》。抄本。

暘谷痘疹

殷仲春《醫藏書目・慈保函目》《暘谷痘疹》。一卷。

博愛心鑑

殷仲春《醫藏書目・慈保函目》《博愛心鑑》。三卷。魏直。

黄虞稷《千頃堂書目・醫家類》魏直《博愛心鑑》二卷。

保赤全書

殷仲春《醫藏書目・慈保函目》袁氏《保赤全書》。

痘疹全書

殷仲春《醫藏書目・慈保函目》《痘疹全書》。十一卷。萬全。

金鏡録抄

殷仲春《醫藏書目・慈保函目》《金鏡録抄》。

汪氏痘疹

殷仲春《醫藏書目・慈保函目》《汪氏痘疹》。

蔡氏痘疹袖金

殷仲春《醫藏書目・慈保函目》《蔡氏痘疹袖金》。蔡維蕃。

格致要論

殷仲春《醫藏書目・慈保函目》《格致要論》。萬全。

丹溪幼科全書

殷仲春《醫藏書目・慈保函目》《丹溪幼科全書》。四卷。

秘傳幼科纂要

殷仲春《醫藏書目・慈保函目》《秘傳幼科纂要》。

經驗痘疹治法

殷仲春《醫藏書目・慈保函目》《經驗痘疹治法》。程晨峯。

金鏡録

殷仲春《醫藏書目・慈保函目》《金鏡録》。附《楚山集》。翁仲仁。

痘疹二癥全書

殷仲春《醫藏書目・慈保函目》《痘疹二癥全書》。四卷。吴子揚。

支氏痘疹

殷仲春《醫藏書目・慈保函目》《支氏痘疹》。三卷。支秉中。

外科正宗

殷仲春《醫藏書目・楊肘浸假函目》《外科正宗》。四卷。陳實功。

儒醫選要

殷仲春《醫藏書目・楊肘浸假函目》《儒醫選要》。一卷。白士偉。

鄭氏問荅

殷仲春《醫藏書目・生化函目》《鄭氏問荅》。十四門。一卷。

種子類纂

殷仲春《醫藏書目・生化函目》《種子類纂》。一卷。胡孝。

瘍醫會要

殷仲春《醫藏書目・楊肘浸假函目》《瘍醫會要》。二卷。

外科鈔録

殷仲春《醫藏書目・楊肘浸假函目》《外科鈔録》。

外科精義

殷仲春《醫藏書目・楊肘浸假函目》《外科精義》一卷。《精要》一卷。陳自明。

外科發揮

殷仲春《醫藏書目・楊肘浸假函目》《外科發揮》。見前。

華陀外科

殷仲春《醫藏書目・楊肘浸假函目》《華陀外科》。

十叚關

殷仲春《醫藏書目・楊肘浸假函目》《十叚關》。一卷。陶節庵。

求嗣秘書

殷仲春《醫藏書目·生化函目》《求嗣秘書》。四卷。附《導引》。錢大義。

徐氏胎産

殷仲春《醫藏書目·生化函目》《徐氏胎産》。一卷。

集驗廣嗣珍奇

殷仲春《醫藏書目·生化函目》《集驗廣嗣珍奇》。

仙丹辯癥

殷仲春《醫藏書目·機在函目》李氏《心授鴻飛仙丹辯癥》。一卷。

神機著略

殷仲春《醫藏書目·機在函目》《神機著略》。

病機治要

殷仲春《醫藏書目·秘密函目》《病機治要》。

紅爐點雪

殷仲春《醫藏書目·秘密函目》《紅爐點雪》。一百三十二論。

醫經户庭

殷仲春《醫藏書目·秘密函目》《醫經户庭》。

保生餘録

殷仲春《醫藏書目·秘密函目》《保生餘録》。二卷。

濟世全書

殷仲春《醫藏書目·印證函目》《濟世全書》。八卷。龔雲林。

醫靈捷要

殷仲春《醫藏書目·印證函目》《醫靈捷要》。一卷。葉南山。

藥籃春意

殷仲春《醫藏書目·印證函目》《藥籃春意》。六卷。

百問歌

殷仲春《醫藏書目·誦法函目》《百問歌》。三卷。錢聞禮。

醫藥權輿

殷仲春《醫藏書目·誦法函目》《醫藥權輿》。見前。

明醫指掌圖

殷仲春《醫藏書目·誦法函目》《明醫指掌圖》。十卷。又《補》十卷。邵從臯、皇甫中。

醫指

殷仲春《醫藏書目·誦法函目》《醫指》。一卷。陳仕賢。

聖濟總録

殷仲春《醫藏書目·聲聞函目》《聖濟總録》。

小兒麻疹新書

殷仲春《醫藏書目·聲聞函目》《小兒麻疹新書》。一卷。陳漸。

産科大全

殷仲春《醫藏書目·聲聞函目》《産科大全》。

醫門觀海集

殷仲春《醫藏書目·聲聞函目》《醫門觀海集》。

疑證輙效録

殷仲春《醫藏書目·聲聞函目》《疑證輙效録》。

春田一覽

殷仲春《醫藏書目·聲聞函目》《春田一覽》。

諸癥提綱

殷仲春《醫藏書目·聲聞函目》《諸癥提綱》。

濟陰舉要

殷仲春《醫藏書目·聲聞函目》《濟陰舉要》。

重光要訣

殷仲春《醫藏書目・聲聞函目》《重光要訣》。

習醫軌範

殷仲春《醫藏書目・聲聞函目》《習醫軌範》。

竹齋小稿

殷仲春《醫藏書目・聲聞函目》《竹齋小稿》。

胎前産後

殷仲春《醫藏書目・化生函目》《胎前産後》。郭稽中、楊子建。

産寶百問

殷仲春《醫藏書目・化生函目》《産寶百問》。二卷。附《産寶雜録》。齊仲甫。

赤水玄珠

殷仲春《醫藏書目・散聖函目》《赤水玄珠》。二十二卷。孫一奎。

《四庫全書總目提要・醫家類》《赤水玄珠》三十卷。浙江巡撫採進本。

明孫一奎撰。一奎字文垣，號東宿，又號生生子，休寧人。是編分門七十，每門又各條分縷析。如風門則有傷風、真中風、類中風、痞痱之別。寒門則有中寒、惡寒之殊。大旨專以明證爲主，故於寒、熱、虚、實、表、裏、氣、血八者，諄諄致意。其辨古今病證名稱相混之處，尤爲明晰。惟第十卷怯損勞瘵門附《方外還丹》，專講以人補人採煉之法，殊非正道。蓋一奎以醫術遊公卿間，不免以是投其所好，遂爲全書之大瑕，是足惜耳。原本卷末附《醫旨緒餘》二卷、《醫案》五卷，今别自爲帙。焦氏《經籍志》載孫一奎《赤水玄珠》十卷、《醫旨緒餘》二卷，而不及《醫案》。或所見非全本歟。

醫　彀

殷仲春《醫藏書目・散聖函目》《醫彀》。十六卷。程式。

鴻飛集

殷仲春《醫藏書目・機在函目》《鴻飛集》。七十二問。田日華。

醫學正傳

殷仲春《醫藏書目・散聖函目》《醫學正傳》。四十五卷。婁全善。

士林餘業

殷仲春《醫藏書目・散聖函目》《士林餘業》。六卷。葉雲龍。

心髓

殷仲春《醫藏書目・散聖函目》　陶節菴《心髓》。一卷。

醫學六要

殷仲春《醫藏書目・結集函目》　《醫學六要》。二十卷。張錫。

醫學集

殷仲春《醫藏書目・結集函目》　《醫學集》。十二卷。傅滋。

醫經會元

殷仲春《醫藏書目・法流函目》　《醫經會元》。十卷。吴梅坡。

立命元龜

殷仲春《醫藏書目・法流函目》　《立命元龜》。朱東山。七卷。

諸科程文格

張萱等《内閣藏書目録・技藝部》　《諸科程文格》三册。全。醫院試策也。

活人書

殷仲春《醫藏書目・正法函目》　《活人書》。二十一卷。朱奉議。

王氏家寶

殷仲春《醫藏書目・正法函目》　《王氏家寶》。九卷。王震。

簡書醫要

錢謙益等《絳雲樓書目・醫書類》　《簡書醫要》八册。

粤西新板續衛生方

錢謙益等《絳雲樓書目・醫書類》　《粤西新板續衛生方》。

通玄録

黄虞稷《千頃堂書目・醫家類》　許宏《通玄録》。字宗道，建安人。

醫性

黄虞稷《千頃堂書目・醫家類》　彭浩《醫性》。

資生總類

錢謙益等《絳雲樓書目·醫書類》《資生總類》。

保産育嬰養生録

錢謙益等《絳雲樓書目·醫書類》《保産育嬰養生録》。

延生正寶

錢謙益等《絳雲樓書目·醫書類》《延生正寶》。

醫學啓源

錢謙益等《絳雲樓書目·醫書類》《醫學啓源》。

戴復庵方書

錢謙益等《絳雲樓書目·醫書類》《戴復庵方書》。

流注指要論

錢謙益等《絳雲樓書目·醫書類》《流注指要論》。

小兒形證方

錢謙益等《絳雲樓書目·醫書類》《小兒形證方》。

古導引法

錢謙益等《絳雲樓書目·醫書類》《古導引法》。

自愛集

錢謙益等《絳雲樓書目·醫書類》《自愛集》。

濟生總録

錢謙益等《絳雲樓書目·醫書類》《濟生總録》。

祝由科

錢謙益等《絳雲樓書目·醫書類》《祝由科》。《聖濟總録》中備列諸科，祝由其一也，疑此書即是《總録》中之一種。

淩漢章流注辨惑

錢謙益等《絳雲樓書目·醫書類》《淩漢章流注辨惑》。

臞仙救命索

錢謙益等《絳雲樓書目・醫書類》《臞仙救命索》。

醫源

錢謙益等《絳雲樓書目・醫書類》紫虚真人《醫源》。

大法醫書

錢謙益等《絳雲樓書目・醫書類》《大法醫書》。

趙氏醫貫

黄虞稷《千頃堂書目・醫家類》趙獻可《趙氏醫貫》六卷。字養葵。寧波人。

産寶

黄虞稷《千頃堂書目・醫家類》皇甫泰《産寶》。

外科證治準繩

黄虞稷《千頃堂書目・醫家類》王肯堂《外科證治準繩》六卷。

外科正宗

黄虞稷《千頃堂書目・醫家類》王□□《外科正宗》四卷。

醫眼方論

黄虞稷《千頃堂書目・醫家類》顧鼎臣《醫眼方論》一卷。

眼科對證經驗方

黄虞稷《千頃堂書目・醫家類》顧可學《眼科對證經驗方》一卷。

原機啓微集附録

黄虞稷《千頃堂書目・醫家類》薛己《原機啓微集附録》一卷。

二難寶鑑

黄虞稷《千頃堂書目・醫家類》魏直《二難寶鑑》二卷。字廷豹，蕭山人，能詩，以醫名著吴越間。

胎産須知

黄虞稷《千頃堂書目・醫家類》高茂齊《胎産須知》二卷，又《胎産育嬰録》一卷。

胎産須知

黄虞稷《千頃堂書目·醫家類》 蔡毅中《胎産須知》□卷。

袖珍小兒方

黄虞稷《千頃堂書目·醫家類》 徐用宣《袖珍小兒方》十卷。

節齋小兒醫書

黄虞稷《千頃堂書目·醫家類》 王綸《節齋小兒醫書》。

痘疹全書

黄虞稷《千頃堂書目·醫家類》 袁顥《痘疹全書》。

幼幼類集

黄虞稷《千頃堂書目·醫家類》 徐春甫《幼幼類集》二卷。

痘疹玉函集

黄虞稷《千頃堂書目·醫家類》 丁毅《痘疹玉函集》。

痘疹理解

黄虞稷《千頃堂書目·醫家類》 汪機《痘疹理解》。盧校改《痘疹理解》爲《痘治理辨》二卷。附《痘圖》、《痘方》。

痘疹證治

黄虞稷《千頃堂書目·醫家類》 李言聞《痘疹證治》。

小兒正蒙

黄虞稷《千頃堂書目·醫家類》 姚熊《小兒正蒙》。别本「熊」作「能」。

痘疹論

黄虞稷《千頃堂書目·醫家類》 孫禎《痘疹論》三卷。丹陽人，别本「禎」作「楨」。

原幼心法

黄虞稷《千頃堂書目·醫家類》 彭用先《原幼心法》二卷。

幼科新書

黄虞稷《千頃堂書目·醫家類》 陳履端《幼科新書》。吴人。

痘疹方論

黄虞稷《千頃堂書目・醫家類》 萬邦孚《痘疹方論》六卷。

小兒推拏祕訣

黄虞稷《千頃堂書目・醫家類》 周子蕃《小兒推拏祕訣》一卷。

祕傳經驗痘疹方

黄虞稷《千頃堂書目・醫家類》 黄廉《祕傳經驗痘疹方》四卷。

廣嗣全書

黄虞稷《千頃堂書目・醫家類》 趙金《廣嗣全書》。

全嬰寶鑑

黄虞稷《千頃堂書目・醫家類》 齊德成《全嬰寶鑑》。

治痘詳説

黄虞稷《千頃堂書目・醫家類》 孟孔《治痘詳説》三卷。别本「孟孔」作「孟繼孔」。

眼科龍木論

黄虞稷《千頃堂書目・醫家類》《眼科龍木論》一卷。

石光明家傳方

黄虞稷《千頃堂書目・醫家類》《石光明家傳方》一卷。

明目至寶

黄虞稷《千頃堂書目・醫家類》《明目至寶》四卷。

眼科撥雲圖集

黄虞稷《千頃堂書目・醫家類》《眼科撥雲圖集》二卷。

女科樞要

黄虞稷《千頃堂書目・醫家類》《女科樞要》四卷。

辨疑集

黄虞稷《千頃堂書目・醫家類》《辨疑集》三卷。

産證須知

黄虞稷《千頃堂書目·醫家類》《産證須知》一卷。

婦科心鏡

黄虞稷《千頃堂書目·醫家類》《婦科心鏡》二卷。

保嬰直指

黄虞稷《千頃堂書目·醫家類》《保嬰直指》五卷。

治痘三法

黄虞稷《千頃堂書目·醫家類》《治痘三法》一卷。

增定痘疹彙書

黄虞稷《千頃堂書目·醫家類》《增定痘疹彙書》。

保嬰金鏡録

黄虞稷《千頃堂書目·醫家類》《保嬰金鏡録》一卷。

敬齋醫賦

黄虞稷《千頃堂書目·醫家類》張繼宗《敬齋醫賦》一卷。

家塾事親

黄虞稷《千頃堂書目·醫家類》尹覺《家塾事親》九卷。

玄微祕要

黄虞稷《千頃堂書目·醫家類》劉奇舉《玄微祕要》八卷。

扺金集

黄虞稷《千頃堂書目·醫家類》樊駟《扺金集》一卷。

痔漏論

黄虞稷《千頃堂書目·醫家類》王伯學《痔漏論》一卷。

瘡瘇證治

黄虞稷《千頃堂書目·醫家類》謝天錫《瘡瘇證治》一卷。

瘡科通神論

黄虞稷《千頃堂書目・醫家類》 楊得春《瘡科通神論》三卷。

明目方

黄虞稷《千頃堂書目・醫家類》 胡永平《明目方》一卷。

産科大通玄論

黄虞稷《千頃堂書目・醫家類》 張聲道《産科大通玄論》一卷。

痔瘻論

黄虞稷《千頃堂書目・醫家類・補元》 《痔瘻論》□卷；又《醫韻》四卷。別本十二作三。

還睛秘論

錢曾《讀書敏求記・醫家》 《還睛秘論》一卷。

舊鈔本。不著撰人。詳論目病之所由起，而續之以治之之法，深心于眼科者也。

濟陰綱目

《四庫全書總目提要・醫家類》 《濟陰綱目》十四卷。大學士英廉家藏本。

國朝武之望撰。汪淇箋釋。之望字叔卿，自署關中人。淇字瞻漪，一字右子，錢塘人。

保生碎事

《四庫全書總目提要・醫家類》 《保生碎事》一卷。大學士英廉家藏本。

國朝汪淇撰。是書又名《濟陰慈幼外編》。録小兒墮地時至七日内醫療之事。

石室祕籙

《四庫全書總目提要・醫家類》 《石室祕籙》六卷。大學士英廉購進本。

國朝陳士鐸撰。士鐸字遠公，山陰人。是書託名岐伯所傳，張機、華佗等所發明，雷公所增補。凡分一百二十八法，議論詭異。所列之方，多不經見。

養生分部

三家内房有子方

《漢書・藝文志・方技略・房中》 《三家内房有子方》十七卷。

姚振宗撰《漢書藝文志條理》 《三家内房有子方》十七卷。

黄帝三王養陽方

《漢書·藝文志·方技略·房中》《黄帝三王養陽方》二十卷。

姚振宗撰《漢書藝文志條理》《黄帝三王養陽方》二十卷。

天一陰道

《漢書·藝文志·方技略·房中》《天一陰道》二十四卷。

姚振宗撰《漢書藝文志條理》《天一陰道》二十四卷。

天老雜子陰道

《漢書·藝文志·方技略·房中》《天老雜子陰道》二十五卷。

姚振宗撰《漢書藝文志條理》《天老雜子陰道》二十五卷。

湯盤庚陰道

《漢書·藝文志·方技略·房中》《湯盤庚陰道》二十卷。

姚振宗撰《漢書藝文志條理》《湯盤庚陰道》二十卷。

堯舜陰道

《漢書·藝文志·方技略·房中》《堯舜陰道》二十三卷。

姚振宗撰《漢書藝文志條理》《堯舜陰道》二十三卷。

務成子陰道

《漢書·藝文志·方技略·房中》《務成子陰道》三十六卷。

姚振宗撰《漢書藝文志條理》《務成子陰道》三十六卷。

容成陰道

《漢書·藝文志·方技略·房中》《容成陰道》二十六卷。

姚振宗撰《漢書藝文志條理》《容成陰道》二十六卷。

容成子有書十四篇，見諸子陰陽家。

神農黄帝食禁

《漢書·藝文志·方技略·經方》《神農黄帝食禁》七卷。

姚振宗撰《漢書藝文志條理》《神農黄帝食禁》七卷。

太清神仙服食經

《舊唐書·經籍志·醫術》《太清神仙服食經》五卷。

《新唐書·藝文志·醫術類》《太清神仙服食經》五卷。

《新唐書·藝文志·醫術類》抱朴子《太清神仙服食經》五卷。

太清玉石丹藥要集

《舊唐書·經籍志·醫術》《太清玉石丹藥要集》三卷。陶弘景撰。

《新唐書・藝文志・醫術類》《太清玉石丹藥要集》三卷。

魏武四時食制

姚振宗《三國藝文志・醫家類》《魏武四時食制》。

新撰玉房祕決

《隋書・經籍志・醫方》《新撰玉房祕決》九卷。

徐太山房内秘要

《隋書・經籍志・醫方》《徐太山房内祕要》一卷。

玉房秘決

《隋書・經籍志・醫方》《玉房祕決》八卷。

序房内秘術

《隋書・經籍志・醫方》《序房内祕術》一卷。葛氏撰。

食　經

鄭樵《通志・藝文略・醫方》淮南王《食經》百六十五卷。大業中撰。

《舊唐書・經籍志・醫術》《淮南王食經》一百二十卷。諸葛潁撰。

《新唐書・藝文志・醫術類》諸葛潁《淮南王食經》一百三十卷。

彭祖養性

《隋書・經籍志・醫方》《彭祖養性》一卷。

郯子説陰陽經

《隋書・經籍志・醫方》《郯子説陰陽經》一卷。

素女方

《隋書・經籍志・醫方》《素女方》一卷。

素女祕道經

《隋書・經籍志・醫方》《素女祕道經》一卷。并《玄女經》。

帝王養生要方

《隋書・經籍志・醫方》《帝王養生要方》二卷。蕭吉撰。

養生傳

《隋書·經籍志·醫方》《養生傳》二卷。

養生服食禁忌

《隋書·經籍志·醫方》《養生服食禁忌》一卷。

養生要術

《隋書·經籍志·醫方》《養生要術》一卷。

養身經

《隋書·經籍志·醫方》《養身經》一卷。

道引圖

《隋書·經籍志·醫方》《道引圖》三卷。立一，坐一，卧一。

引氣圖

《隋書·經籍志·醫方》《引氣圖》一卷。

龍樹菩薩養性方

《隋書·經籍志·醫方》《龍樹菩薩養性方》一卷。

養生術

《隋書·經籍志·醫方》《養生術》一卷。翟平撰。

養生注

《隋書·經籍志·醫方》《養生注》十一卷。目一卷。

玉房祕決

《隋書·經籍志·醫方》《玉房祕決》十卷。

養生要集

《隋書·經籍志·醫方》《養生要集》十卷。張湛撰。

《舊唐書·經籍志·醫術》《養生要集》十卷。張湛撰。

《新唐書·藝文志·醫術類》張湛《養生要集》十卷。

彭祖養性經

《隋書・經籍志・醫方》《彭祖養性經》一卷。

《新唐書・藝文志・醫術類》《彭祖養性經》一卷。

四海類聚單方

《舊唐書・經籍志・醫術》《四海類聚單方》十六卷。隋煬帝撰。

《新唐書・藝文志・醫術類》隋煬帝敕撰《四海類聚單方》十六卷。

太清璿璣文

《舊唐書・經籍志・醫術》《太清璿璣文》七卷。沖和子撰。

《新唐書・藝文志・醫術類》沖和子《太清璿璣文》七卷。

太清神丹中經

《舊唐書・經籍志・醫術》《太清神丹中經》三卷。

《新唐書・藝文志・醫術類》《太清神丹中經》三卷。

神仙服食經

《舊唐書・經籍志・醫術》《神仙服食經》十二卷。京里先生撰。

《新唐書・藝文志・醫術類》《神仙服食經》十二卷。

金匱仙藥録

《舊唐書・經籍志・醫術》《金匱仙藥録》三卷。京里先生撰。

《新唐書・藝文志・醫術類》京里先生《金匱仙藥録》三卷。

神仙藥食經

《舊唐書・經籍志・醫術》《神仙藥食經》一卷。

《新唐書・藝文志・醫術類》《神仙藥食經》一卷。

神仙服食方

《舊唐書・經籍志・醫術》《神仙服食方》十卷。

《新唐書・藝文志・醫術類》《神仙服食方》十卷。

神仙服食藥方

《舊唐書・經籍志・醫術》《神仙服食藥方》十卷。

《新唐書・藝文志・醫術類》《神仙服食藥方》十卷。

服玉法并禁忌

《舊唐書・經籍志・醫術》《服玉法并禁忌》一卷。

《新唐書・藝文志・醫術類》《服玉法并禁忌》一卷。

太清諸草木方集要

《舊唐書・經籍志・醫術》《太清諸草木方集要》三卷。
《新唐書・藝文志・醫術類》《太清諸草木方集要》三卷。

太一鐵胤神丹方

《舊唐書・經籍志・醫術》《太一鐵胤神丹方》三卷。蘇遊撰。
《新唐書・藝文志・醫術類》又《太一鐵胤神丹方》三卷。

補養方

《舊唐書・經籍志・醫術》《補養方》三卷。孟詵撰。
錢東垣等輯《崇文總目・醫書類》《孟氏補養方》三卷。《宋志》不著名。

諸病源候論

《舊唐書・經籍志・醫術》《諸病源候論》五十卷。吴景撰。

太官食法

《舊唐書・經籍志・醫術》《太官食法》一卷。
《新唐書・藝文志・醫術類》《太官食法》一卷。

太官食方

《舊唐書・經籍志・醫術》《太官食方》十九卷。
《新唐書・藝文志・醫術類》《太官食方》十九卷。
鄭樵《通志・藝文略・醫方》《太官食方》十九卷。

食經

《舊唐書・經籍志・醫術》《食經》九卷。崔浩撰。
鄭樵《通志・藝文略・醫方》崔氏《食經》四卷。崔浩。
《新唐書・藝文志・醫術類》崔浩《食經》九卷。

四時食法

《舊唐書・經籍志・醫術》《四時食法》一卷。趙氏撰。
《新唐書・藝文志・醫術類》趙武《四時食法》一卷。又十卷。
《新唐書・藝文志・醫術類》《四時御食經》一卷。
鄭樵《通志・藝文略・醫方》《四時御食經》一卷。
鄭樵《通志・藝文略・醫方》趙武《四時食法》一卷。

淮南王食目

《舊唐書・經籍志・醫術》《淮南王食目》十卷。
《新唐書・藝文志・醫術類》《食目》十卷。
鄭樵《通志・藝文略・醫方》《食目》十卷。

淮南王食經音

《舊唐書・經籍志・醫術》《淮南王食經音》十三卷。諸葛穎撰。

《新唐書・藝文志・醫術類》《音》十三卷。

食經

《舊唐書・經籍志・醫術》《食經》三卷。盧仁宗撰。

《新唐書・藝文志・醫術類》盧仁宗《食經》三卷。

鄭樵《通志・藝文略・醫方》盧仁宗《食經》五卷。

延年祕録

《舊唐書・經籍志・醫術》《延年祕録》十二卷。

《新唐書・藝文志・醫術類》《延年祕録》十二卷。

《宋史・藝文志・醫書類》《延年祕録》十一卷。

食性本草

鄭樵《通志・藝文略・醫方》《食性本草》十卷。僞唐陳士良撰。

《宋史・藝文志・醫書類》陳士良《食性本草》十卷。

通玄祕術

《宋史・藝文志・醫書類》沈知言《通玄祕術》三卷。

丹房鑒源

錢東垣等輯《崇文總目・醫書類》《丹房鑒源》三卷。獨孤滔撰。

神農食忌

錢東垣等輯《崇文總目・醫書類》《神農食忌》一卷。原釋闕。見天一閣鈔本。

《宋史・藝文志・醫書類》《神農食忌》一卷。

新修榮衛養生用藥補瀉論

錢東垣等輯《崇文總目・醫書類》《新修榮衛養生用藥補瀉論》十卷。李鉞撰。原釋闕。見天一閣鈔本。

鄭樵《通志・藝文略・醫方》《新修榮衛養生用藥補瀉論》十卷。翰林待詔李鉞撰。

《宋史・藝文志・醫書類》李越一作「鉞」《新脩榮衛養生用藥補瀉論》十卷。

膳夫經手論

錢東垣等輯《崇文總目・醫書類》《膳夫經手論》四卷。楊氏撰。

《新唐書・藝文志・醫家類》陽曅《膳夫經手録》四卷。

《宋史・藝文志・醫書類》楊曅《膳夫經手録》四卷。

鄭樵《通志・藝文略・醫方》《膳夫經手録》四卷。唐楊曅撰。

南中四時攝養論

錢東垣等輯《崇文總目·醫書類》《南中四時攝養論》一卷。鄭景岫撰。

《新唐書·醫家類》 鄭景岫《南中四時攝生論》一卷。

鄭樵《通志·藝文略·醫方》《南中四時攝生論》一卷。唐鄭景岫撰。

《宋史·藝文志·醫書類》 鄭景岫《廣南四時攝生論》一卷。

黃虞稷《千頃堂書目·醫家類》 鄭景岫《廣東四時攝生論》一卷。

食　法

錢東垣等輯《崇文總目·醫書類》 嚴龜《食法》十卷。

《宋史·藝文志·醫書類》 嚴龜《食法》十卷。震之後，鎮西軍節度使譔子也。昭宗時宣慰汴寨。

鄭樵《通志·藝文略·醫方》 嚴龜《食法》十卷。唐嚴龜撰。

《宋史·藝文志·醫書類》 嚴龜《食法》十卷。

養身食法

錢東垣等輯《崇文總目·醫書類》《養身食法》三卷。《宋志》不著撰人。

《宋史·藝文志·醫書類》《養身食法》三卷。

食醫心鑑

錢東垣等輯《崇文總目·醫書類》《食醫心鑑》三卷。昝殷撰。

鄭樵《通志·藝文略·醫方》《食醫心鑑》三卷。成都醫博士昝殷撰。

《宋史·藝文志·醫書類》《食醫心鑑》二卷。

蕭家法饌

錢東垣等輯《崇文總目·醫書類》《蕭家法饌》三卷。《通志畧》、《宋志》並不著撰人。

鄭樵《通志·藝文略·醫方》《蕭家法饌》三卷。

《宋史·藝文志·醫書類》《蕭家法饌》三卷。

侍膳圖

錢東垣等輯《崇文總目·醫書類》《侍膳圖》一卷。《通志畧》、《宋志》並不著撰人。

鄭樵《通志·藝文略·醫方》《侍膳圖》一卷。

鄭樵《通志·圖譜略·記無》《侍膳圖》。

《宋史·藝文志·醫書類》《侍膳圖》一卷。

江餐饌要

錢東垣等輯《崇文總目·醫書類》《江餐饌要》一卷。黃克明撰。

鄭樵《通志·藝文略·醫方》《江飧饌要》一卷。宋朝黃克明撰。

饌　林

錢東垣等輯《崇文總目·醫書類》《饌林》五卷。諸家書目並不著撰人。

鄭樵《通志·藝文略·醫方》《饌林》五卷。

《宋史・藝文志・醫書類》《饌林》四卷。

經食艸木法

錢東垣等輯《崇文總目・醫書類》《經食艸木法》一卷。《宋志》不著撰人。

《宋史・藝文志・醫書類》《經食草木法》一卷。

服食神秘方

錢東垣等輯《崇文總目・醫書類》《服食神秘方》一卷。諸家書目並不著撰人。

《宋史・藝文志・醫書類》《服食神祕方》一卷。

神仙金匱服食方

錢東垣等輯《崇文總目・醫書類》《神仙金匱服食方》二卷。潛真子撰。

《宋史・藝文志・醫書類》潛真子《神仙金匱服食方》二卷。

新集方

錢東垣等輯《崇文總目・醫書類》《新集方》二卷。王朝昌撰。

《宋史・藝文志・醫書類》王朝昌《新集方》一卷。

李八百方

錢東垣等輯《崇文總目・醫書類》《李八百方》一卷。

《宋史・藝文志・醫書類》《李八百方》一卷。

老子服食方

錢東垣等輯《崇文總目・醫書類》《老子服食方》一卷。

《宋史・藝文志・醫書類》《老子服食方》一卷。

集録古今服食導養方

錢東垣等輯《崇文總目・醫書類》《集録古今服食導養方》三卷。

纂集秘要合煉神妙方

錢東垣等輯《崇文總目・醫書類》《纂集秘要合煉神妙方》五卷。

通元秘要術

錢東垣等輯《崇文總目・醫書類》《通元秘要術》三卷。

圃田通元秘術方

錢東垣等輯《崇文總目・醫書類》《圃田通元秘術方》三卷。鄭氏失名撰。

返魂丹方

錢東垣等輯《崇文總目・醫書類》《返魂丹方》一卷。《通志畧》、《宋志》並不著撰人。

《宋史・藝文志・醫書類》《反魂丹方》一卷。

通元秘録

錢東垣等輯《崇文總目・醫書類》《通元秘録》三卷。

修玉丹粉口訣

錢東垣等輯《崇文總目・醫書類》《修玉丹粉口訣》一卷。《宋志》不著撰人。

《宋史・藝文志・醫書類》《修玉粉丹口訣》一卷。

服雲母訣

錢東垣等輯《崇文總目・醫書類》《服雲母訣》一卷。

《宋史・藝文志・醫書類》《服雲母粉訣》一卷。

服火丹砂訣

錢東垣等輯《崇文總目・醫書類》《服火丹砂訣》一卷。

元明粉方

錢東垣等輯《崇文總目・醫書類》《元明粉方》一卷。《宋志》不著撰人。

《宋史・藝文志・醫書類》《玄明粉方》一卷。

神仙口丹粉方

錢東垣等輯《崇文總目・醫書類》《神仙口丹粉方》一卷。

種芝經

《新唐書・藝文志・醫術類》《種芝經》九卷。

食經

《新唐書・藝文志・醫術類》竺暄《食經》四卷。

鄭樵《通志・藝文略・醫方》竺暄《食經》四卷。

太清諸丹藥要録

《新唐書・藝文志・醫術類》《太清諸丹藥要録》四卷。

《舊唐書・經籍志・醫術》《太清諸丹要録集》四卷。

黄白秘法

《新唐書・藝文志・醫術類》《黄白祕法》一卷。

諸家法饌

《新唐書·藝文志·醫術類》《諸家法饌》一卷。

珍庖備録

《新唐書·藝文志·醫術類》《珍庖備録》一卷。

酒　譜

《新唐書·藝文志·醫術類》《酒譜》一卷。

白酒方

《新唐書·藝文志·醫術類》《白酒方》一卷。

續法饌

《新唐書·藝文志·醫術類》《續法饌》五卷。曹子休撰。

老子禁食經

《新唐書·藝文志·醫術類》《老子禁食經》一卷。

黄帝雜飲食忌

《新唐書·藝文志·醫術類》《黄帝雜飲食忌》二卷。

奉親養老書

陳振孫《直齋書録解題·醫書類》《奉親養老書》一卷。泰州興化令陳直撰。案:《文獻通攷》「直」作「真」。元豐中人。

馬端臨《文獻通考·經籍考·醫家》《奉親養老書》一卷。陳氏曰:泰州興化令陳真撰。元豐中人。

《宋史·藝文志·醫書類》陳直《奉親養老書》一卷。

范邦甸等《天一閣書目·醫家類》《壽親養老書》四册。刊本。第一卷爲宋陳直撰,第二卷以後乃元大德中泰寧鄒鉉續增,與直書合爲一編。

錢謙益等《絳雲樓書目·醫書類》《壽親養老書》宋陳君直。

高儒《百川書志·醫家》《養老奉親書》一卷。宋咸淳間興化令尹陳君直編。凡十五門。

食　經

鄭樵《通志·藝文略·醫方》《食經》十四卷。見《隋志》。

食　經

鄭樵《通志·藝文略·醫方》馬琬《食經》三卷。

食　經

鄭樵《通志·藝文略·醫方》　劉休《食經》一卷。齊冠軍將軍劉休撰。

食饌次第法

鄭樵《通志·藝文略·醫方》　《食饌次第法》一卷。

太官食經

鄭樵《通志·藝文略·醫方》　梁《太官食經》五卷。

太官食法

鄭樵《通志·藝文略·醫方》　梁《太官食法》二十卷。

家政方

鄭樵《通志·藝文略·醫方》　《家政方》十二卷。

羹臛法

鄭樵《通志·藝文略·醫方》　《羹臛法》一卷。

食圖四時酒要方

鄭樵《通志·藝文略·醫方》　《食圖四時酒要方》一卷。

藏釀法

鄭樵《通志·藝文略·醫方》　《藏釀法》一卷。

膢朐法

鄭樵《通志·藝文略·醫方》　《膢朐法》一卷。

北方生醬法

鄭樵《通志·藝文略·醫方》　《北方生醬法》一卷。

會稽郡造海味法

鄭樵《通志·藝文略·醫方》　《會稽郡造海味法》一卷。

膳羞養療

鄭樵《通志·藝文略·醫方》　《膳羞養療》二十卷。

食療本草

鄭樵《通志・藝文略・醫方》《食療本草》三卷。唐孟詵撰。

古今食譜

鄭樵《通志・藝文略・醫方》《古今食譜》三卷。

衛生家寶

楊士奇等《文淵閣書目・醫書》《衛生家寶》一部七册闕。

高儒《百川書志・醫家》《衛生寶鑑》二十四卷。《補遺》一卷。元東垣老人門人羅謙甫著。分藥悞永鑑，名方類集，藥象類集三門。

殷仲春《醫藏書目・正法函目》《衛生寶鑑》。二十四卷。羅謙甫。

黄虞稷《千頃堂書目・醫家類・補元》 羅天益《衛生寶鑑》二十四卷。字謙甫，藁城人。東垣弟子。

倪燦等《補遼金元藝文志・醫方》 羅天益《衛生寶鑑》二十四卷。

錢大昕《補元史藝文志・醫書類》 羅天益《衛生寶鑑》二十四卷。一作十五卷。

張金吾《愛日精廬藏書志・醫家類》《衛生寶鑑》二十四卷，補遺一卷。明永樂刊本。

安老懷幼書

高儒《百川書志・醫家》《安老懷幼書》四卷。皇明山西副使河南穎川劉宇編。

錢謙益等《絳雲樓書目・醫書類》《安老懷幼書》五册。

黄虞稷《千頃堂書目・醫家類》 劉宇《安老懷幼書》四卷。

《四庫全書總目提要・醫家類存目》《安老懷幼書》四卷。浙江朱彝尊家曝書亭藏本。

明劉宇編。宇字志大，河南人。成化壬辰進士。官至山西按察司副使。

類纂諸家養生至寶

黄虞稷《千頃堂書目・醫家類・補宋》 周守忠又《類纂諸家養生至寶》二十二卷。

養生月覽

黄虞稷《千頃堂書目・醫家類・補宋》 周守忠又《養生月覽》二十五卷。

倪燦等《宋史・藝文志補・醫方》 周守忠又《養生月覽》二十五卷。

古今嘉言善行

高儒《百川書志・醫家》《古今嘉言善行》一卷。宋敬直老人詠壑鄒鉉編。「鉉」原作「鉉」，瞿校鈔本則作「鉉」。凡七十二事。

司牧馬經痊驥通玄論

高儒《百川書志・醫家》《司牧馬經痊驥通玄論》六卷。東原獸醫卞管勾集註。「註」，瞿校鈔本作「論」。內有三十九論，四十六說，方術畢備，馬之病源痊治，無餘蘊矣。

《四庫全書總目提要・醫家類》《司牧馬經痊驥通元論》六卷。浙江范懋柱家天一閣藏本。

飲膳正要

高儒《百川書志・醫家》《飲膳正要》三卷。元飲膳太醫忽思慧撰。二十三類，紀載食物調合避忌之説，並圖像及出産性味諸事爲詳。

殷仲春《醫藏書目・普醍函目》《飲膳正要》。三卷。忽思慧。

三元參贊延壽書

高儒《百川書志・醫家》《三元參贊延壽書》五卷。元九華澄心老人李鵬飛編集諸書所載精炁，謀爲飲食宜忌之説録之。凡四十一類，前有説。「説」上原衍「人」字，從瞿校鈔本删。

黄虞稷《千頃堂書目・醫家類・補元》李鵬飛《三元參贊延壽書》五卷。自號九華澄心老人。

倪燦等《補遼金元藝文志・醫方》李鵬飛《三元參贊延壽書》五卷。

錢大昕《補元史藝文志・醫書類》李鵬飛《三元參贊延壽書》五卷。自號澄心老人，至元九江儒醫。

錢謙益等《絳雲樓書目・醫書類》《元延素秘書》。重出。見前農家。

殷仲春《醫藏書目・印證函目》《三元延壽書》。五卷。李廷贊。

殷仲春《醫藏書目・法真函目》《三元延壽書》。

養生雜纂

高儒《百川書志・醫家》《養生雜纂》二十二卷。宋窠菴周守忠編集諸書養生之事。前輯通説，後分十四部三百一十九類。

衛生治寶

楊士奇等《文淵閣書目・醫書》《衛生治寶》一部四册闕。

廣南攝生論

楊士奇等《文淵閣書目・醫書》《廣南攝生論》一部一册闕。

鄭樵《通志・藝文略・醫方》《廣南攝生方》一卷。

衛生寶鑑

楊士奇等《文淵閣書目・醫書》《衛生寶鑑》一部三册闕。

養生雜類

楊士奇等《文淵閣書目・醫書》《養生雜類》一部二册。

延壽書

楊士奇等《文淵閣書目・醫書》《延壽書》一部一册。

壽親養老新書

楊士奇等《文淵閣書目・醫書》《壽親養老新書》一部四册。

《四庫全書總目提要・醫家類》《壽親養老新書》四卷。浙江汪啟淑家藏本。

第一卷爲宋陳直撰，本名《養老奉親書》。第二卷以後則元大德中泰寧鄒鉉所續增，與直書合爲一編，更題今名。直於元豐時爲泰州興化令。《文獻通考》載有直所著《奉親養老書》一卷，而此本則題曰《養老奉親書》，其文互異。然此本爲至正中浙江刊本，猶據舊帙翻雕，不應標題有誤。蓋《通考》傳寫倒置也。鉉號冰壑，又號敬直老人。書中稱其曾祖曰南谷，叔祖曰樸菴。以《福建通志》考之，南谷爲宋參知政事應龍，樸菴爲宋江西提刑應博，皆有名於時。據周應紫序，稱爲總管鄒君，又稱其官中都時，則鉉亦曾登仕版者。特《通志》不載其仕履，不可詳考矣。直書自飲食調治至簡妙老人備急方，分爲十五篇，二百三十三條，節宣之法甚備。明高濂作《尊生八牋》，其《四時調攝牋》所録諸藥品，大抵本於是書。鉉所續者，前一卷爲古今嘉言善行七十二事，後兩卷則凡寢興器服饘粥飲膳藥石之宜，更爲賅具。而附以婦人小兒食治諸方，凡二百五十六條。其中如祝壽詩詞，連篇載入，不免失於冗雜。又叙述閒適之趣，往往詞意纖仄，採掇瑣碎。明季清言小品，實亦濫觴於此。然徵引方藥，類多奇祕。於高年頤養之法，不無小補，固爲人子所宜究心也。

黄虞稷《千頃堂書目・醫家類・補元》 鄒鉉《壽親養老新書》四卷。

倪燦等《補遼金元藝文志・醫方》 鄒鉉《壽親養老新書》四卷。

錢大昕《補元史藝文志・醫書類》 鄒鉉《壽親養老新書》四卷。

高儒《百川書志・醫家》 《壽親養老新書》二卷。宋敬直老人鄒鉉編次。

「鉉」，瞿校鈔本作「鉉」。

聖濟經

楊士奇等《文淵閣書目・醫書》 《聖濟經》一部二册。

養生類要

《四庫全書總目提要・醫家類》 《養生類要》二卷。兩淮鹽政採進本。

明吴正倫撰。正倫字子叙，自號春巖子，歙縣人。

食品集

高儒《百川書志・醫家》 《食品集》二卷。《附録》一卷。

皇明松陵賓竹吴録輯七部三百四十七品。附録宜避之目十八條。

范邦甸等《天一閣書目・醫家類》 《食品集》二卷。刊本。明吴禄輯，嘉靖丁酉沈察序。

殷仲春《醫藏書目・普醒函目》 《食品集》。二卷。吴禄。

泰定養生主論

范邦甸等《天一閣書目・醫家類》 《泰定養生主論》十六卷。刊本。元洞虚子王中陽撰，徐繁等有序。

《四庫全書總目提要・醫家類存目》 《泰定養生主論》十六卷。兩淮鹽政採進本。

舊本題元洞虚子王中陽撰。

錢大昕《補元史藝文志・醫書類》 王珪《泰定養生主論》十六卷。

黄虞稷《千頃堂書目・醫家類・補元》 王珪《參定養生主論》十六卷。

倪燦等《補遼金元藝文志・醫方》 王珪《參定養生主論》十六卷。字均章，常熟人。

錢大昕《補元史藝文志・醫書類》 王珪《泰定養生主論》十六卷。

殷仲春《醫藏書目・旁通函目》 《泰定養生》。十六卷。王隱君。

錢謙益等《絳雲樓書目・醫書類》 《泰定養生主》。

養生主論痰癧方法

范邦甸等《天一閣書目・醫家類》 《養生主論痰癧方法》一卷。刊本。元洞虛子王中陽著。

養生大要

范邦甸等《天一閣書目・醫家類》《養生大要》一卷。刊本。吳某撰，羅賢序云：「諸物之性，或養生，或傷生，或暖而寒，毒而溼，燥而甘，固皆原於醫祖神農之所嘗，制以傳諸後世。但雜記于百家醫書，雖于便覽。錦衣千帥吳君嘗緣其切要，分爲十門，凡可食之物，與相反之性，罔不急備。予經穎川，君于客邸出是帙，因贊諸末簡。」

四時養頤録

王圻《續文獻通考・經籍考・醫家》《四時養頤録》。趙自化，平原人。父和嘗集經方名藥之術以授自化，自化遂以醫鳴，診治有奇效，累遷至正使。

醫先

徐𤊹《徐氏家藏書目・醫類》《醫先》一卷。王文禄。

羣仙靈壽丹方

徐𤊹《徐氏家藏書目・醫類》《羣仙靈壽丹方》一卷。陳楚良。

備藥籠中

徐𤊹《徐氏家藏書目・醫類》《備藥籠中》一卷。林材。

扶壽精方

殷仲春《醫藏書目・印證函目》《扶壽精方》。二卷。吳旻。

黃虞稷《千頃堂書目・醫家類》吳旻《扶壽精方》二卷。

壽親養老新書

殷仲春《醫藏書目・印證函目》《壽親養老新書》。一卷。洪楩。

安老方

殷仲春《醫藏書目・印證函目》《安老方》。一卷。陳君直。

山居四要

殷仲春《醫藏書目・印證函目》《山居四要》。四卷。汪汝懋。

延壽奇方

殷仲春《醫藏書目・印證函目》《延壽奇方》。一卷。胡悟玄。

神隱書

殷仲春《醫藏書目・印證函目》《神隱書》。三卷。臞仙。

壽養叢書

殷仲春《醫藏書目・印證函目》《壽養叢書》。十卷。元人。

衛生集

殷仲春《醫藏書目・印證函目》《衛生集》。四卷。周宏。

黄虞稷《千頃堂書目・醫家類》周弘《衛生集》四卷。

《四庫全書總目提要・醫家類》《衛生集》四卷。兩淮鹽政採進本。明周宏撰。

養生延壽書

殷仲春《醫藏書目・法真函目》《養生延壽書》。二十二卷。周守忠。

養生延命録

殷仲春《醫藏書目・法真函目》《養生延命録》。三卷。陶弘景。

延壽仙方

殷仲春《醫藏書目・法真函目》《延壽仙方》。四卷。臞仙。

長生丹訣

殷仲春《醫藏書目・法真函目》《長生丹訣》。中峯禪師、紫霞道人輯。

尊生要旨

殷仲春《醫藏書目・法真函目》《尊生要旨》。一卷。蔣學成。

金丹大全

殷仲春《醫藏書目・法真函目》《金丹大全》。四十二卷。明素蟾天琮。

種子類纂

殷仲春《醫藏書目・法真函目》《種子類纂》。一卷。木石子。

五龍蟄法

殷仲春《醫藏書目・法真函目》《五龍蟄法》。龍圖帖木真。

山居簡要便方

殷仲春《醫藏書目・法真函目》《山居簡要便方》。十二卷。

養生導引法

殷仲春《醫藏書目・法真函目》《養生導引法》。一卷。

保生心鑑

殷仲春《醫藏書目・法真函目》《保生心鑑》。一卷。鉄南峰。

黄虞稷《千頃堂書目・醫家類》《保生心鑑》一卷。

度生筏

殷仲春《醫藏書目・法真函目》《度生筏》。一卷。胡孝。

修真秘要

殷仲春《醫藏書目・法真函目》《修真秘要》。一卷。

錦身機要

殷仲春《醫藏書目・法真函目》《錦身機要》。三卷。混沌子。

養生必用要略方

錢謙益等《絳雲樓書目・醫書類》《養生必用要略方》。十六卷。宋虞世南撰。

馬端臨《文獻通考・經籍考・醫家》《養生必用方》十六卷。晁氏曰：皇朝初虞世撰。序謂：「古人醫經行於世者多矣。所以別著者，古方分劑與今銖兩不侔，用者頗難。此方其證易詳，其法易用，苟尋文爲治，雖不習之人，亦可無求於醫也。」虞世，本朝士，一旦削髮爲僧。在襄陽，與十父遊從甚密。

晁公武《郡齋讀書志・醫書類》《養生必用方》十六卷。袁本後志第二醫家類第二十五。

右皇朝初虞世撰。序謂：「古人醫經行於世者多矣。所以別著者，古方分劑與今銖兩不侔，用者頗難。此方其證易詳，其法易用，苟尋文爲治，雖不習之人，亦可無求於醫也。」虞世，本朝士，一旦削髮爲僧。在襄陽，與十父遊從甚密。

尤袤《遂初堂書目・醫書類》《養生必用方》。

陳振孫《直齋書録解題・醫書類》《養生必用書》三卷。案：《文獻通攷》作十六卷。靈泉山初虞世和甫撰。紹聖丁丑序。

養生主論

錢謙益等《絳雲樓書目・醫書類》《養生主論》。

養生秘訣辨疑

錢謙益等《絳雲樓書目・醫書類》《養生祕訣辨疑》。

養生雜言

黄虞稷《千頃堂書目・醫家類》呂復《養生雜言》。

錢大昕《補元史藝文志・醫書類》呂復《養生雜言》。

壽親養老補遺

黄虞稷《千頃堂書目·醫家類》 劉醇《壽親養老補遺》。

家塾事親

黄虞稷《千頃堂書目·醫家類》 郭晟《家塾事親》五卷。鳳陽人，武定侯郭英裔孫。天順庚辰李賢序。

尊生録

黄虞稷《千頃堂書目·醫家類》 鄭達《尊生録》十卷。

《明史·藝文志·藝術·醫書》 鄭達《遵生録》十卷。

江滸迂談

黄虞稷《千頃堂書目·醫家類》 孫禎石雲先生《江滸迂談》一卷。

養生四要

黄虞稷《千頃堂書目·醫家類》 萬全《養生四要》五卷。

尊生彙言

黄虞稷《千頃堂書目·醫家類》 馮《尊生彙言》一卷。

養生類要

黄虞稷《千頃堂書目·醫家類》 吴倫《養生類要》二卷。

《明史·藝文志·藝術·醫書》 吴倫《養生類要》二卷。

調理四時切要

黄虞稷《千頃堂書目·醫家類》 邵之翰《調理四時切要》□卷。

保身節録

黄虞稷《千頃堂書目·醫家類》 《保身節録》一卷。

壺天玉鏡

黄虞稷《千頃堂書目·醫家類》 李先芳《壺天玉鏡》。

飲食集

黄虞稷《千頃堂書目·醫家類》 于彰《飲食集》十卷。字闇之，錢塘人。

醫案・醫話・醫論分部

稟丘公論

《隋書・經籍志・醫方》《稟丘公論》一卷。

巢氏諸病源候總論

范邦甸等《天一閣書目・醫家類》《巢氏諸病源候總論》五十卷。刊本。隋大業中，太醫巢元方等奉詔撰。宋綬序云：「是書會粹羣説，沈研精理，形脈之證，罔不該集。翰林醫官副使趙拱等參校既終，繕録以獻。

《新唐書・藝文志・醫術類》《巢氏諸病源候論》五十卷。巢元方。

晁公武《郡齋讀書志・醫書類》《巢氏病源候論》五卷。袁本前志卷三下醫家類第六。

右隋巢元方等撰。元方，大業中被命與諸醫共論衆病所起之源。皇朝舊制，監局用此書課試醫生。昭陵時，詔校正刊刻頒行，宋綬爲序。

陳振孫《直齋書録解題・醫書類》《巢氏病源論》五十卷。案：《文獻通攷》作《巢氏病源候論》五卷。

隋太醫博士巢元方等撰。大業六年也。惟論病證，不載方藥。今案《千金方》諸論，多本此書，業醫者可以參考。

尤袤《遂初堂書目・醫書類》《巢氏病源》。

馬端臨《文獻通考・經籍考・醫家》《巢氏病源候論》五卷。

晁氏曰：隋巢元方等撰。元方，大業中被命與諸醫共論衆病所起之源。皇朝舊制，監局用此書課試醫生。昭陵時，詔校本刻牘頒行，宋綬爲序。

陳氏曰：元方，隋太醫博士。其書惟論病證，不載方藥。今按《千金方》諸論多本此書，業醫者可以參考。

楊士奇等《文淵閣書目・醫書》《巢氏病源》一部四册闕。

楊士奇等《文淵閣書目・醫書》《巢氏病源》一部四册闕。

范邦甸等《天一閣書目・醫家類》《諸病源候論》五十卷。刊本。隋巢元方撰，明汪濟川校。

孫星衍《平津館鑒藏書籍記・明版》《重刊巢氏諸病源候總論》五十卷。題隋太醫博士巢元方撰。前有翰林學士宋綬序。晁氏《讀書志》稱：元方大業中，被命與諸醫共論衆病所起之源。皇朝昭陵時，校本刻牘頒行。宋綬爲序，目録後有歙巖鎮汪氏主一亝校刊木印。《四庫全書》所録，爲明汪濟川方鑛刊本。此本卷一巢元方銜名後，當有汪、方二人名，已爲書賈剜去。每葉廿行，行十九字。

醫門秘録

《隋書・經籍志・醫方》梅崇獻《醫門祕録》五卷。

論病

文廷式《補晉書藝文志・醫家類》王叔和《論病》六卷。高湛《養生論》曰：「王叔和，高平人，博好經方，洞識攝生之道，嘗謂人曰：『食不欲雜，雜則或有所犯。當時或無災患，積久爲人作疾。尋常飲食，每令得所，多餐令人彭亨短氣，或致暴疾。夏至、秋分少食肥膩餅臛之屬，此物與酒食瓜果相妨，當時不必即病，入秋節變，陽消陰息，寒氣總至，多至暴卒。良由涉夏取冷太過，飲食不節故也。』而不達者，皆以病至之日便謂是受病之始，而不知其所由來者，漸矣。豈不惑哉？」《御覽》七百二十。

藥林

錢東垣等輯《崇文總目・醫書類》《藥林》一卷。

鄭樵《通志・藝文略・醫方》《藥林》一卷。

《宋史・藝文志・醫書類》《藥林》一卷。

劉涓子神仙遺論

馬端臨《文獻通考・經籍考・醫家》《劉涓子神仙遺論》十卷。陳氏曰：東蜀刺史李頔録。按《中興書目》引《崇文總目》云宋龔慶宣撰。劉涓子者，晉末人，於丹陽縣得《鬼遺方》一卷，皆治癰疽之法。慶宣得而次第之。今按《唐志》有慶宣《劉涓子男方》十卷，未知即此書否。卷或一板，或止數行，名爲十卷，實不多也。

醫經正本書

陳振孫《直齋書録解題・醫書類》《醫經正本書》一卷。知進賢縣沙隨程迥可久撰。專論傷寒無傳染，以救薄俗骨肉相棄絶之敝。

馬端臨《文獻通考・經籍考・醫家》《醫經正本書》一卷。陳氏曰：知進賢縣沙隨程迥可久撰。專論傷寒無傳染，以救薄俗骨肉相棄絶之敝。

《宋史・藝文志・醫書類》程迥《醫經正本書》一卷。

寶臟暢微論

馬端臨《文獻通考・經籍考・醫家》《寶臟暢微論》三卷。晁氏曰：五代軒轅述撰。青霞君作《寶臟論》三篇，著變煉金石之訣，既詳其未善，因刊其謬誤，增其闕漏，以成是書，故曰《暢微》。時年九十，實乾亨二年也。

晁公武《郡齋讀書志・醫書類》《寶藏暢微論》三卷。袁本後志卷二醫家類第二十二。

右五代軒轅述撰。青霞君作《寶藏論》三篇，著變煉金石之訣既詳，其未善，復刊其謬誤，增其闕漏，以成是書，故曰「暢微」。時年九十，實乾亨二年也。

醫說

馬端臨《文獻通考・經籍考・醫家》《醫說》十卷。陳氏曰：新安張景季明撰。

黄丕烈《蕘圃藏書題識續録・子類》《醫說》十卷。宋刻本。

余向觀書華陽顧氏，見有殘宋本《醫說》，曾借歸手校一過。彼時周丈香嚴有覆宋本，復借余校本傳録一本，蓋悉照余所校也。去冬顧氏原本歸余，中多缺失，板心有莫辨處，又從香嚴借傳校本勘之，知余校本之多譌謬，而香嚴承之也。謹就宋刻存者，一字一句細校之，方可謝余前此謬誤之過，而益信書之不可不藏宋本也。此時覆本不多見，故用以校宋者，乃明刻本。明刻本亦有二，而用爲校宋者，取明刻之差勝者。然中多謬誤，校時不及檢點，故承之也。此書則一字一句，但存宋刻。其鈔補之處，皆不可信。即有覆本，得原本校之，已不可信，況明刻之不佳者乎？萬一再有全宋刻出，始可補此殘缺耳。不則，此殘宋刻本不已爲希世寶物耶？余故樂得而收之，又樂得而裝潢之。丙子仲春二十有九日，復翁。

大隆案：繆輯本誤脱七十六字，今據盋山圖書館藏本補。

陳振孫《直齋書録解題・醫書類》《醫說》十卷。新安張杲季明撰。案《文獻通攷》「杲」作「景」。

楊士奇等《文淵閣書目・醫書》《醫說》一部五册闕。

徐𤊹《徐氏家藏書目・醫類》《醫說》十卷。宋張景季明。

殷仲春《醫藏書目・結集函目》《醫說》。十卷。宋張季明。

錢謙益等《絳雲樓書目・醫書類》《醫說》十卷。張景撰。柳仲塗門人也。有集二十卷。又鄭鎰《醫說》十卷。

黄虞稷《千頃堂書目・醫家類・補宋》張景《醫說》十卷。

黄丕烈《蕘圃藏書題識・子類》《醫說》十卷。宋刊本。

余向觀書華陽顧氏，見有殘宋本，復借余校本，傳録一本。去冬顧氏原本歸余，中多缺失，板心有莫辨處，又從香嚴借傳校本勘之，知余校本多譌，而香嚴承之。謹就宋刻存者，一字一句細校，方可謝余前過，而益信書之不可不藏宋本也。

此書覆本不多見，故用校宋者，乃明刻本。明刻亦有二，向用爲校宋者，取明刻之差勝本。然中多謬誤，校時不及檢點，故承之也。此書鈔補之處，皆不可信。萬一再有全刻出，始可補此殘缺，不則，此殘宋刻本不已爲希世寶物耶？余故樂得而收之，又樂得而裝潢之。丙子仲春，復翁。

醫語纂要

《宋史·藝文志·醫書類》 王勃《醫語纂要》一卷。

格致餘論

黃虞稷《千頃堂書目·醫家類·補元》 朱震亨《格致餘論》一卷。

倪燦等《補遼金元藝文志·醫方》 朱震亨《格致餘論》一卷。

錢大昕《補元史藝文志·醫書類》 朱震亨《格致餘論》一卷。

《四庫全書總目提要·醫家類》 《格致餘論》一卷。江蘇巡撫採進本。

元朱震亨撰。震亨字彦修，金華人。受業於羅知悌，得劉守真之傳。其説謂陽易動，陰易虧，獨重滋陰降火，創爲陽常有餘，陰常不足之論。張介賓等攻之不遺餘力。然震亨意主補益，故諄諄以飲食色欲爲箴。所立補陰諸丸，亦多奇效。孫一奎《醫旨緒餘》云：丹溪生當承平，見人多酗酒縱欲，精竭火熾，復用剛劑，以至於斃，因爲此救時之説。後人不察，遂以寒涼殺人。此不善學丹溪者也。其説可謂平允矣。是編前有自序云：古人以醫爲吾儒格物致知之一事，故特以是名書。蓋震亨本儒者，受業於許謙之門。學醫特其餘事，乃性之所近，竟不以儒名而以醫名。然究較方技者流爲能明其理，故其言如是。戴良《九靈山房集》有《丹溪翁傳》，叙其始末甚詳云。

高儒《百川書志·醫家》 《朱彦修格致餘論》一卷。

丹溪醫案

黃虞稷《千頃堂書目·醫家類·補元》 朱震亨又《丹溪醫案》一卷。

倪燦等《補遼金元藝文志·醫方》 朱震亨又《丹溪醫案》一卷。

錢大昕《補元史藝文志·醫書類》 朱震亨《丹溪醫案》一卷。

徐𤊹《徐氏家藏書目·醫類》 《丹溪醫案》一卷。

范邦甸等《天一閣書目·醫家類》 《丹溪朱先生醫案》一册。刊本。元朱震亨撰。

丹溪治法語録

黃虞稷《千頃堂書目·醫家類·補元》 朱震亨《丹溪治法語録》三卷。

倪燦等《補遼金元藝文志·醫方》 朱震亨又《丹溪治法語録》三卷。

錢大昕《補元史藝文志·醫書類》 朱震亨《丹溪治法語録》三卷。

醫　説

錢大昕《補元史藝文志·醫書類》 危永吉《醫説》一卷。字德祥，金溪人。素之父也。

倪燦等《宋史·藝文志補·醫方》 張杲《醫説》十卷。

《四庫全書總目提要·醫家類》 《醫説》十卷。浙江巡撫採進本。

宋張杲撰。杲字季明，新安人。其伯祖張擴，嘗受業於龐安時，以醫名京洛間。羅願《鄂州小集》有擴傳，叙其治驗甚詳。此書前有淳熙己酉羅頊序，亦稱擴授其弟子發，子發授其子彦仁。杲，彦仁子也，承其家學，亦喜談醫。嘗欲集古來醫案勒爲一書。初期滿一千事，猝不易足。因先採掇諸書，據其見聞所及爲是編，凡分四十七門。前七門總叙古來名醫醫書及鍼灸診視之類。次分雜證二十八門。

次雜論六門。次婦人、小兒二門。次瘡及五絶、痹疝三門。而以醫功報應終焉。其間雜採説部，頗涉神怪。又既載天靈蓋不可用，乃復收陳藏器《本草》人肉一條，亦爲駁雜。然取材既富，奇疾險證，頗足以資觸發。而古之專門禁方，亦往往在焉。蓋三世之醫，淵源有自，固與道聽塗説者殊矣。

醫學真詮

倪燦等《宋史・藝文志補・醫方》 楊士瀛《醫學真詮》二十卷。

增注醫鏡密語

倪燦等《補遼金元藝文志・醫方》 王鏡澤《增注醫鏡密語》一卷。失其名，蘭溪人。

錢大昕《補元史藝文志・醫書類》 王鏡潭一作澤《增注醫鏡密語》一卷。名仁整，蘭溪人。

黄虞稷《千頃堂書目・醫家類・補元》 王鏡澤《增注醫鏡密語》一卷。蘭谿人，不知名。從竇默學鍼灸，能盡其術。至元初，領揚州教授。別本「初」下有「徵」字。

醫學繩墨

錢大昕《補元史藝文志・醫書類》 潘濤《醫學繩墨》。其目有十。

醫書十事

錢大昕《補元史藝文志・醫書類》 高彭《醫書十事》。字一清道士。

松風齋雜著

錢大昕《補元史藝文志・醫書類》 吕復《松風齋雜著》。

名醫類案

黄虞稷《千頃堂書目・醫家類》 《名醫類案》三十卷。

徐𤊹《徐氏家藏書目・醫類》 《名醫類案》三十卷。

局方發揮

高儒《百川書志・醫家》 《局方發揮》一卷。元金華朱彦修撰。

黄虞稷《千頃堂書目・醫家類・補元》 朱震亨又《局方發揮》一卷。

倪燦等《補遼金元藝文志・醫方》 朱震亨又《局方發揮》一卷。

錢大昕《補元史藝文志・醫書類》 朱震亨《局方發揮》一卷。

《四庫全書總目提要・醫家類》 《局方發揮》一卷。江蘇巡撫採進本。元朱震亨撰。以《和劑局方》不載病源，止於各方下條列證候，立法簡便，而未能變通。因一一爲之辨論。大旨專爲闢温補，戒燥熱而作。張介賓《景岳全書》云：《局方》一書，宋神宗案此方成於徽宗之時，介賓以爲神宗，殊爲舛誤。謹附訂於此。詔天下高醫，奏進而成。雖其中或有過於粉飾者，神效之方亦必不少，豈可輕議。其意頗不以震亨爲然。考震亨之學出於宋内官羅知悌，知悌之學距河間劉完素僅隔一傳。完素主於瀉火，震亨則主於滋陰。雖一攻其有餘，其劑峻利；一補其不足，其劑和平，而大旨不離其淵源，故於《局方》香竄燥烈諸藥，諄諄致辨。明以來沿其波者，往往以黄蘗、知母戕傷元氣。介賓鑒其末流，故惟以益火爲宗，掊擊劉朱不遺餘力。其以冰雪凛冽爲不和，以天晴日暖爲和，取譬固是。然清風涼雨亦不能謂之不和，鑠石流金亦不能强謂之和。各明一義而忘其各執一偏，其病實相等也。故介賓之説不可不知，而震亨是編亦未可竟廢焉。

醫經溯洄集

高儒《百川書志・醫家》《醫經溯洄集》一卷。魏博王履著。

倪燦等《補遼金元藝文志・醫方》王履《醫經溯洄集》一卷。

錢大昕《補元史藝文志・醫書類》王履《醫經泝洄集》一卷。

丹溪醫論

楊士奇等《文淵閣書目・醫書》《丹溪醫論》一部二册闕。

楊士奇等《文淵閣書目・醫書》《丹溪醫論》一部四册。

朱彦修傳

楊士奇等《文淵閣書目・醫書》《朱彦修傳》一部一册。

明理續論

高儒《百川書志・醫家》《明理續論》五卷。皇朝節菴餘杭陶華著。總六書。

薛氏醫案

范邦甸等《天一閣書目・醫家類》《薛氏醫案》四十册。刊本。明薛己撰，薛鎧校刊。

范邦甸等《天一閣書目・醫家類》《薛氏醫案》二卷。刊本。明薛己著，萬曆甲辰李汝華序。

殷仲春《醫藏書目・結集函目》《薛氏醫録》。內科二卷。女科二卷。

《四庫全書總目提要・醫家類》《薛氏醫案》七十八卷。薛己撰。

恕齋原病集

范邦甸等《天一閣書目・醫家類》《恕齋原病集》一册。鈔本。嘉定唐椿著，并序。

原病集

范邦甸等《天一閣書目・醫家類》《原病集》八册。刊本。明吳良稾纂。

裴子言醫

范邦甸等《天一閣書目・醫家類》《裴子言醫》三卷。刊本。明裴一中著，并序。

醫學統旨

范邦甸等《天一閣書目・醫家類》《醫學統旨》十四卷。刊本。不著撰人姓名，嘉靖乙未王朝用序。

醫學各種子

范邦甸等《天一閣書目・醫家類》《醫學各種子》十卷。刊本。明錢塘盧復正。

集醫録

王圻《續文獻通考・經籍考・醫家》《集醫録》。徐夢莘著。

醫學舉要名醫録

王圻《續文獻通考・經籍考・醫家》《醫學舉要》、《名醫録》二十餘種。楊文恪著。

奇效醫述

徐𤊹《徐氏家藏書目・醫類》《奇效醫述》一卷。聶尚宏。

醫學約説

徐𤊹《徐氏家藏書目・醫類》《醫學約説》。

古方詩話

徐𤊹《徐氏家藏書目・醫類》《古方詩話》一卷。

明醫類案

殷仲春《醫藏書目・結集函目》《明醫類案》。十二卷。江瓘。

黃虞稷《千頃堂書目・醫家類》江瓘《名醫類案》十二卷。

《四庫全書總目提要・醫家類》《名醫類案》十二卷。通行本。

明江瓘編。其子應宿增補。瓘字民瑩，歙縣諸生。因病棄而學醫，應宿遂世其業。其書成於嘉靖己酉。所採治驗，自《史記》、《三國志》所載秦越人、淳于意、華佗諸人，下迄元明諸名醫，捃摭殆徧。分二百五門，各詳其病情方藥。瓘所隨事評論者，亦夾注於下。如傷寒門中許叔微治祕結而汗出一案，衆醫謂陽明自汗，津液已漏，法當用蜜兑。而叔微用大柴胡湯取效，瓘則謂終以蜜兑爲穩。又如轉胞門中朱震亨治胎壓膀胱一案，稱令產媼托起其胎。瓘則謂無此治法，其言不確。凡斯之類，亦多所駁正發明，頗爲精審。第尸蹷門中附載《鍼驗》引及《酉陽雜俎》所載高句驪人言髪中虛事，與治病毫無所涉。難產門中引焦氏《類林》載于法開令孕婦食肥羊十餘臠，鍼之即下事，既不明食羊何義，又不明所鍼何穴，亦徒廣異聞，無裨醫療。皆未免騖博嗜奇。然可爲法式者固十之八九，亦醫家之法律矣。

醫學拾遺

殷仲春《醫藏書目・旁通函目》《醫學拾遺》。劉名。

褚澄遺書

殷仲春《醫藏書目・散聖函目》《褚澄遺書》。一卷。

錢謙益等《絳雲樓書目・醫書類》《褚氏遺書》。褚澄。

世醫通變

殷仲春《醫藏書目・印證函目》《世醫通變》。上、下卷。葉廷器。

蓋齋醫要

殷仲春《醫藏書目・印證函目》《蓋齋醫要》。十五卷。陳諫。

先醒齋筆記

殷仲春《醫藏書目・印證函目》《先醒齋筆記》。一卷。繆仲仁。

醫原

殷仲春《醫藏書目・聲聞函目》《醫原》。項昕，字彦章。以上見《醫林史傳》。

程星海醫案

錢謙益等《絳雲樓書目・醫書類》《程星海醫案》。程嵩曾爲孫高陽闕門從事，後官通判。

韓氏醫通

錢謙益等《絳雲樓書目・醫書類》《韓氏醫通》。二卷。明韓懋著。弘治間人。

醫鏡

黄虞稷《千頃堂書目・醫家類》蔣達善《醫鏡》二十卷。常州人。

古今醫家經論彙編

黄虞稷《千頃堂書目・醫家類》徐常吉《古今醫家經論彙編》五卷。

石山醫案

黄虞稷《千頃堂書目・醫家類》陳桷注《石山醫案》三卷。一作許忠注，九卷。

《四庫全書總目提要・醫家類》《石山醫案》三卷。《附案》一卷。兩淮鹽政採進本。

明陳桷編。桷字惟宜，祁門人。學醫於同邑汪機，因取機諸弟子所記機治療效驗裒爲一集。每卷之中，略分門類爲次。自宋金以來，《太平惠民和劑局方》行於南，《河間原病式宣明論方》行於北。《局方》多温燥之藥，《河間》主瀉火之説。其流弊亦適相等。元朱震亨始矯《局方》之偏，通《河間》之變，而補陰之説出焉。機所校《推求師意》一書，實由戴原禮以溯震亨，故其持論多主丹溪之法。然王氏《明醫雜著》株守丹溪，至於過用寒苦，機復爲論以辨之。其文今附《醫案》之末。則機亦因證處方，非拘泥一格者矣。其隨試輒效，固有由也。舊本又有機門人陳鑰所作《病用參耆論》一篇，又有機所作其父行狀及李汛所作機小傳。今亦併録之，備參考焉。

石亭醫案

黄虞稷《千頃堂書目・醫家類》 趙銓《石亭醫案》。

蘭谷醫案

黄虞稷《千頃堂書目・醫家類》 周普《蘭谷醫案》□卷，又《蘭谷用藥歌訣》一卷。

醫　案

黄虞稷《千頃堂書目・醫家類》 錢寶《醫案》四卷。

醫學發蒙

黄虞稷《千頃堂書目・醫家類》 《醫學發蒙》二十三卷。

老老餘編

黄虞稷《千頃堂書目・醫家類》 《老老餘編》二卷。

雲嶠醫説

黄虞稷《千頃堂書目・醫家類》 鄭鎰《雲嶠醫説》十卷。

普門醫品

《四庫全書總目提要・醫家類》 《普門醫品》四十八卷，附《醫品補遺》四卷。浙江巡撫採進本。

明王化貞撰。化貞字肖乾，諸城人。萬曆癸丑進士。官至僉都御史，巡撫遼東。以僨事伏誅。事蹟附見《明史・熊廷弼傳》。是編摘録《本草綱目》諸方，參以諸家論述，詳列病證，分類彙編。每門冠以總論，但有證候而不載診法。其凡例謂是書爲不知醫者設。然望聞問切，猶或審證未真，用藥多舛。況舍脈而論方，則虚實寒熱之相似者，其誤必多。執影響之見而苟冀一效，其貽誤封疆，亦此學問矣。

孫氏醫案

《四庫全書總目提要・醫家類》 《孫氏醫案》五卷。浙江巡撫採進本。

明孫泰來、孫明來同編。二人皆休寧孫一奎之子。是編即所輯一奎醫案也。凡《三吳治驗》二卷，《新都治驗》二卷，《宜興治驗》一卷。不分證而分地，蓋以治之先後爲次。一奎深究醫理，其議論多見於《赤水玄珠》、《醫旨緒餘》，皆已著録。是編宗旨具載二書之中，且旁文多於正論，亦爲冗漫。蓋大意主於標榜醫名，而不主於發揮醫理也。

折肱漫録

《四庫全書總目提要・醫家類》 《折肱漫録》六卷。兩淮鹽政採進本。

明黄承昊撰。承昊字履素，號闇齋，秀水人。黄洪憲之子也。萬曆丙辰進士。官至福建按察使。承昊體羸善病，因參究醫理，疏其所得以著是書。分養神養氣醫藥三門。其論專主於補益，未免一偏。

黄虞稷《千頃堂書目・醫家類》 黄承昊《折肱漫録》六卷，又《評注薛氏内科醫案》三卷。附《方》一卷。字闇齋，秀水人。洪憲子。萬曆丙辰進士，工科左給事中，歷福建按察使。

《明史・藝文志・藝術・醫書》 黄承昊《折肱漫録》六卷。

徐𤊹《徐氏家藏書目・醫類》 《折肱》。黄承昊刻。

運氣定論

《四庫全書總目提要・醫家類》 《運氣定論》一卷。浙江巡撫採進本。

明董説撰。説有《易發》，已著録。是編凡四論八圖。辨《素問》所論運氣當在六元正紀大論，原文久佚。故晉皇甫謐作《甲乙經》，隋全元起註《素問》，皆云亡失。唐王冰始私採《陰陽大論》七篇補之，詭云祕藏舊本。劉守真、楊子建遞變其説，亦皆乖謬。因著此書以闢之。定以六氣爲經，五運爲緯。氣静運動，上下周流。天始於甲，地始於子。數窮六十，循環無端。其説甚辨。然運氣之主病，猶之分野之占天。以爲不驗，亦有時而中。以爲必驗，又有時不然。天道遠，人事邇，治病者求之望聞問切，參以天時地氣，亦足得其槩矣。正不必辨無證無形之事也。

簡明醫彀

《四庫全書總目提要・醫家類》 《簡明醫彀》八卷。内府藏本。

明孫志宏撰。志宏字台石，杭州人。是書卷首冠要言一十六則，議論亦平正。其餘案門列方，淺顯易解。然未能盡醫道之變化也。

醫學管見

《四庫全書總目提要・醫家類》 《醫學管見》一卷。通行本。

明何瑭撰。瑭號柏齋，懷慶人。弘治壬戌進士。官至南京右副都御史。謚文定。事蹟具《明史・儒林傳》。是書凡二十二篇。自記謂因讀《素問》及《玉機微義》二書而作。其説皆主於大補大攻，非中和之道。其第十九篇論久病元氣太虚，病氣太盛，當以毒藥攻之，尤不可訓。其論金石藥一條，則名言也。

志齋醫論

《四庫全書總目提要・醫家類》 《志齋醫論》二卷。浙江范懋柱家天一閣藏本。

明高士撰。士字志齋，鄞縣人。是書作於嘉靖中。上卷專論痘疹。下卷雜論陰陽六氣、血脈虚實。其説云：今之醫者多非丹溪，而偏門方書盛行。則亦以朱氏爲宗者矣。

上池雜説

《四庫全書總目提要・醫家類》 《上池雜説》一卷。編修程晉芳家藏本。

明馮時可撰。時可有《左氏釋》，已著録。此乃其雜論醫學之書。大意主於温補，伸東垣而抑丹溪，亦偏於一隅之見者也。

醫旨緒餘

《四庫全書總目提要・醫家類》 《醫旨緒餘》二卷。浙江巡撫採進本。

明孫一奎撰。大旨發明太極陰陽五行之理，備於心身，分別臟腑形質手足經上下宗氣衛氣榮氣三焦包絡命門相火及各經絡配合之義。又引《黄庭經》以證丹溪「相火屬右腎」之非。引《脈訣刊誤》以駁《三因方》「三焦有形如脂膜」之謬。分噎膈翻胃爲二證。辨癲狂癇之異治。皆卓然有特識。其議論諸家長短，謂仲景不徒以傷寒擅名，守真不獨以治火要譽，戴人不當以攻擊蒙譏，東垣不專以内傷奏績，陽有餘陰不足之論不可以訾丹溪，而攖寧生之技亦可竝垂不朽。尤千古持平之論云。

先醒齋廣筆記

《四庫全書總目提要・醫家類》《先醒齋廣筆記》四卷。户部尚書王際華家藏本。

明繆希雍撰。希雍字仲醇，常熟人。《明史・方技傳》附見《李時珍傳》中。天啟中，王紹徽作《占將録》以東林諸人分配《水滸傳》一百八人姓名，稱希雍爲神醫安道全，以精於醫理故也。是編初名《先醒齋筆記》，乃長興丁元薦取希雍所用之方裒爲一編。希雍又增益羣方，兼採《本草》常用之藥，增至四百餘品，又增入傷寒温病時疫治法，故曰「廣筆記」。希雍與張介賓同時，介賓守法度而希雍頗能變化。介賓尚温補而希雍頗用寒涼。亦若易水、河間各爲門徑，然實各有所得力。朱國禎《湧幢小品》，記天啟辛酉，國禎患膈病，上下如分兩截，中痛甚不能支。希雍至，用蘇子五錢即止。是亦足見其技之工矣。

仁端録

《四庫全書總目提要・醫家類》《仁端録》十六卷。浙江巡撫採進本。

明徐謙撰。其門人陳葵删定。謙字仲光，嘉興人。葵字蓋夫，武水人。是書專論治痘諸法，分别五臟所主及經絡傳變，觀形察色，條例方論。末卷附治疹之法。案痘瘡之證，古所不詳。惟《書録解題》載董汲《小兒瘢疹論》一卷，作於宋元祐中。然其書不傳，未知所謂瘢者即痘否。錢乙《藥證真訣》於小兒諸病皆條列至詳，亦不及於是事。惟周密《齊東野語》曰：小兒痘瘡，固是危事，然要不可擾之。大趙賓暘曰：或多以酒麪等物發之，非也。或以消毒飲升麻湯等解之，亦非也。大約在固臟氣之外，任其自然耳。然或有變證，則不得不資於藥云云。所列本事方、撚金散、四君子湯加黄耆及狗蠅七枚擂細酒服，治倒靨。天花粉、蛇蜕同煮羊肝，治目翳。證藥乃皆與今同。蓋人情之嗜慾日深，故其毒根於先天，而其發感於時氣。自元明以來，遂爲人生之通病。而著方立論者亦自元明以後始詳。其閒以固元氣爲主者，謂元氣既盛，自能驅毒氣使出。以攻毒氣爲主者，謂毒氣既解，始可保元氣無恙。於是攻補異途，寒温殊用，痘家遂分爲兩岐，齗齗執門户之見。是編獨審證施療，無所偏主，推原本始，備載治驗，頗能持兩家之平。較之先立成法，至於膠柱而鼓瑟者，殆不可以道里計矣。

推求師意

《四庫全書總目提要・醫家類》《推求師意》二卷。浙江巡撫採進本。

明戴原禮撰。原禮即校補朱震亨《金匱鉤玄》者也。是編本震亨未竟之意，推求闡發，筆之於書。世無傳本。嘉靖中，祁門汪機得其本於歙縣，始録之以歸。機門人陳桷校而刊之，其名亦機所題也。考李濂《醫史》有原禮補傳，稱平生著述不多見，僅有訂正丹溪先生《金匱鉤玄》三卷，間以己意附於後。又有《證治要訣》、《證治類方》、《類證用藥》總若干卷。皆檃括丹溪之書而爲之。然則此二卷者，其三書中之一歟。原禮本震亨高弟，能得師傳，故所録皆祕旨微言，非耳剽目竊者可比。震亨以補陰爲主，世言直補真水者，實由此開其端。書中議論，大率皆本此意。然俗醫不善學震亨者，往往矯枉過直，反致以寒涼殺人。此書獨能委曲圓融，俾學者得其意而不滋流弊，亦可謂有功震亨者矣。

醫論

《明史・藝文志・藝術・醫書》王肯堂《醫論》四卷。肯堂著《證治準繩全書》，博通醫學，見《王樵傳》。

金鎞祕論

《四庫全書總目提要・醫家類》《金鎞祕論》十二卷。兩淮鹽政採進本。

舊本題梁谿流寓李藥師撰。不知何許人。自序稱唐李靖以三等法教士，故亦以三等法治病。藥師之稱，適符靖字，殆亦寓名歟。其書分十二門，皆論醫目之法，故曰「金鎞」。蓋取佛書「金鎞刮眼」之義也。

衛濟寶書

《四庫全書總目提要・醫家類》 《衛濟寶書》二卷。《永樂大典》本。

舊本題東軒居士撰，不著名氏。陳振孫《書録解題》、《宋史・藝文志》皆列其目爲一卷。世間久無傳本。惟《永樂大典》内尚有其文，並原序一篇，稱「予家藏《癰疽方論》二十二篇，圖證悉具，可傳無窮，故記之曰《家傳衛濟寶書》」。序中具述方論之所自來而復言「憑文註解，片言隻字，皆不妄發」云云。然則是書所載，本以經驗舊方裒輯成帙，惟中間註語乃東軒居士所增入耳。又別有董璉序一篇，紀其得此書於妻家汪氏始末。中有乾道紀年，知東軒居士尚當爲孝宗以前人，特其姓名終不可考。至徐文禮不過校正刊行，而所作後序，亦有「舉諸家治法集成一書」之語。乃當時坊本售名欺世之陋習，不足信也。其書首列論治諸條，皆設爲問答之詞。原序以爲傳之不老山高先生，其説頗荒誕不可稽。而剖晰精微，深中奧妙，實非有所師授者不能。其後臚列諸方，附以圖説，於藥物之修製，鍼灸之利害，抉摘無遺，多後來醫流所未見。謹因其舊文，掇拾排比，析爲上下二卷，著之於録，以備醫家之一種。其乳癰、軟癤二門，則別系之卷末，俾各從其類焉。

尚論篇

《四庫全書總目提要・醫家類》 《尚論篇》八卷。通行本。

國朝喻昌撰。昌字嘉言，南昌人。崇禎中以選貢入都，卒無所就。往來靖安間，後又寓常熟，所至皆以醫術著名。是書本名《尚論張仲景傷寒論重編三百九十七法》，其文過繁難舉。世稱《尚論篇》者，省文也。首爲《尚論大意》一篇，謂張仲景著《卒病傷寒論》十六卷。其《卒病論》六卷已不可復睹。即《傷寒論》十卷亦刼火之餘，僅得之口授。其篇目先後差錯，賴有三百九十七法一百一十三方之名目，可爲校正，晉太醫令王叔和附以己意，編集成書，共二十二篇。今世所傳乃宋直祕閣林億所校正，宋人成無己所詮註。案成無己乃金人，此言宋人，誤。謹附訂於此。二家過於尊信叔和，往往先傳後經，以叔和緯翼之詞混編爲仲景之書。如一卷之平脉法，二卷之序例，其文原不雅馴，反首列之。則所爲校正詮註，乃仲景之不幸也。程德齋因之作《傷寒鈐》，既多不經。王履又以傷寒例居前，六經病次之，類傷寒病又次之，至若雜病雜脉與傷寒無預者皆略去，定爲二百八十三法，亦無足取。惟方有執作《傷寒條辨》削去叔和序例，大得尊經之旨。太陽三篇，改叔和之舊，以風寒之傷榮衛者分屬，尤爲卓識，而不達立言之旨者尚多。於是重定此書，以冬傷於寒，春傷於温，夏秋傷於暑爲主病之大綱。四序之中，以冬月傷寒爲大綱。傷寒六經之中以太陽爲大綱。太陽經中又以風傷衛，寒傷榮，風寒兩傷榮衛爲大綱。蓋諸家所註，至昌而始變其例矣。次爲《辨叔和編次之失》一篇，次爲《辨林億成無己校注之失》一篇。次爲《駁正王叔和序例》一篇，皆不入卷數。其於《傷寒論》原文則六經各自爲篇，而以合病、併病、壞病、痰病四類附《三陽經》末。以過經不解、差後勞復病、陰陽易病三類附《三陰經》末。每經文各冠以大意，綱舉目析，頗有條理，故醫家稱善本。原書自爲八卷。乾隆癸未，建昌陳氏併爲四卷，而別刻昌《尚論後篇》四卷。首論温證，次合論，次真中，次小兒，次會講，次問荅，次六經諸方，共成八卷，爲喻氏完書焉。考康熙甲寅順天林起龍重刻方有執之書，以昌此書附後，各施評點。極論昌之所註，全出於剽竊方氏，醜詞毒詈，無所不加。夫儒者著書，尚相祖述。醫家融會舊論，何可遽非。況起龍所評，方氏則有言皆是，喻氏則落筆即非，亦未免先存成見，有意吹毛。殆門户之見，別有所取，未可據爲定論。故今仍與方氏之書並著録焉。

醫門法律

《四庫全書總目提要・醫家類》 《醫門法律》十二卷，附《寓意草》四卷。江西巡撫採進本。

國朝喻昌撰。昌既著《尚論篇》，發明傷寒之理，又取風寒暑濕燥火六氣及諸雜證，分門別類，以成是編。每門先冠以論，次爲法，次爲律。法者治療之術，運用之機。律者明著醫之所以失，而判定其罪，如折獄然。蓋古來醫書，惟著病源治法，而多不及施治之失。即有辨明舛誤者，亦僅偶然附論，而不能條條備摘其咎。

昌此書乃專爲庸醫誤人而作，其分別疑似，既深明毫釐千里之謬，使臨證者不敢輕嘗。其抉摘瑕疵，併使執不寒、不熱、不補、不瀉之方，苟且依違，遷延致變者，皆無所遁其情狀。亦可謂思患預防，深得利人之術者矣。後附《寓意草》四卷，皆其所治醫案。首冠論二篇。一曰先議病，後用藥。一曰與門人定議病證。次爲治驗六十二條，皆反復推論，務闡明審證用藥之所以然。較各家醫案但泛言某病用某藥愈者，亦極有發明，足資開悟焉。

續名醫類案

《四庫全書總目提要・醫方類》《續名醫類案》六十卷。編修邵晉涵家藏本。

國朝魏之琇撰。之琇既校刊江瓘《名醫類案》，病其尚有未備，因續撰此編。雜取近代醫書及史傳、地志、文集、説部之類，分門排纂。大抵明以來事爲多，而古事爲瓘書所遺者亦間爲補苴。故網羅繁富，細大不捐。如疫門載神人教用香蘇散一條，猶曰存其方也。至脚門載張文定患脚疾，道人與緑豆兩粒而愈一條，是斷非常食之緑豆，豈可録以爲案。又如金瘡門載薛衣道人接已斷之首，使人回生一條，無藥無方，徒以語怪，更與醫學無關。如斯之類，往往而是，殊不免蕪雜。又蟲獸傷門於薛立齋蟲入耳中一條注曰：此案耳門亦收之，非重出也。恐患此者不知是蟲，便檢閲耳云云。而腹疾門中載金臺男子誤服乾薑理中丸發狂入井一條，隔五六頁而重出，又是何義例乎。編次尤未免潦草。然採摭既博，變證咸備，實足與江瓘之書互資參考。又所附案語尤多所發明辨駁，較諸空談醫理，固有實徵虛揣之別焉。

蘭臺軌範

《四庫全書總目提要・醫家類》《蘭臺軌範》八卷。江蘇巡撫採進本。

國朝徐大椿撰。大椿字靈胎，號洄溪，吴江人。大椿持論，以張機所傳爲主，謂爲古之經方。唐人所傳，已有合有不合。宋元以後則彌失古法。故是編所録病論，惟取《靈樞》、《素問》、《難經》、《金匱要略》、《傷寒論》、隋巢元方《病源》、唐孫思邈《千金方》、王燾《外臺祕要》而止。所録諸方，亦多取於諸書。而宋以後方則採其義有可推，試多獲效者。其去取最爲謹嚴。每方之下，多有附註，論配合之旨與施用之宜。於疑似出入之間，辨別尤悉。較諸家方書但云主治某證而不言其所以然者，特爲精密。獨其天性好奇，頗信服食之説。故所注《本草》，於久服延年之論，皆無所駁正。而此書所列通治方中，於《千金方》鍾乳粉、《和劑局方》玉霜圓之類，金石燥烈之藥，往往取之。是其過中之一弊，觀是書者亦不可不知其所短焉。

張氏醫通

《四庫全書總目提要・醫家類》《張氏醫通》十六卷。浙江巡撫採進本。

國朝張璐撰。璐字路玉，號石頑，吴江人。是編取歷代名家方論，彙次成編。門類先後，悉依王肯堂《證治準繩》。方藥主治多本薛己《醫案》、張介賓《景岳全書》，而以已意參定之。凡古來相傳之説，稍有晦滯者，皆削不録。其辭氣未暢者，皆潤色發揮，務闡其意。康熙乙酉，聖祖仁皇帝南巡，璐子以柔，以璐所著《本經逢原》、《診宗三昧》、《傷寒纘緒論》及此書彙輯恭進。得旨留覽。考璐自序，是書初名《醫歸》，未及刊行，佚其目科、痘疹二册。晚年命其子以倬重輯《目科治例》，以柔重輯《痘疹心傳》，補成完帙，改題此名。時韓氏《醫通》已久行於世，璐書名與相複。自序謂：「元氏集名長慶，白氏集亦名長慶，未嘗混也。」今刊本題《張氏醫通》，蓋亦以別於韓氏云。

醫學求真録總論

《四庫全書總目提要・醫家類》《醫學求真録總論》五卷。江西巡撫採進本。

國朝黄宫繡撰。宫繡，宜黄人。是書成於乾隆庚午。據其凡例，稱嘗著《醫學求真録》十六卷，別鈔其篇首總論，勒爲五卷，以標明其宗旨。議論亦明白易解，然不無臆説。如論風土不齊，而云西北人不可温補，則未免膠柱而鼓瑟矣。

醫貫砭

《四庫全書總目提要・醫家類》 《醫貫砭》二卷。江蘇巡撫採進本。

國朝徐大椿撰。大椿有《神農本草百種録》，已著録。初，明趙獻可作《醫貫》，發明薛氏《醫案》之説，以命門真水真火爲主，以八味丸、六味丸二方通治各病。大椿以其偏駁，作此書闢之。考八味丸即《金匱要略》之腎氣丸，本後漢張機之方。後北宋錢乙以小兒純陽，乃去其肉桂、附子，以爲幼科補劑，名六味丸。至明太醫院使薛己，始專用二方，爲補陽補陰要藥，每加減以治諸病。其於調補虚損，未嘗無效。獻可傳其緒論，而過於主持，遂盡廢古人之經方。殆如執誠意正心以折衝禦侮，理雖相貫，事有不行。大椿攻擊其書，不爲無理。惟詞氣過激，肆言辱詈，一字一句，索垢求瘢，亦未免有傷雅道。且獻可説不能多驗，今其書已不甚行，亦不必如是之詬争也。

臨證指南醫案

《四庫全書總目提要・醫家類》 《臨證指南醫案》十卷。江蘇巡撫採進本。

國朝葉桂撰。桂字天士，吴縣人。以醫術名於近時。然生平無所著述。是編乃門人取其方藥治驗，分門别類，集爲一書。附以論斷，未必盡桂本意也。

得心録

《四庫全書總目提要・醫家類》 《得心録》一卷。兵部侍郎紀昀家藏本。

國朝李文淵撰。文淵有《左傳評》，已著録。是編皆所製新方。前有自題云：古方不能盡中後人之病，後人不得盡泥古人之法，故名曰《得心録》。凡十九方。其敵參膏四方，案應補之證，委曲調劑，以他藥代之，爲貧不能具參者計。雖未必果能相代，然其用志可尚也。

醫史分部

醫通

殷仲春《醫藏書目・旁通函目》 《醫通》。一卷。韓飛霞。

黄虞稷《千頃堂書目・醫家類》 白飛霞《韓氏醫通》一卷。

醫史

殷仲春《醫藏書目・散聖函目》 《醫史》。四卷。李濂。

黄虞稷《千頃堂書目・醫家類》 李濂《醫史》十卷。

《明史・藝文志・藝術・醫書》 李濂《醫史》十卷。

《四庫全書總目提要・醫家類》 《醫史》十卷。浙江范懋柱家天一閣藏本。

明李濂撰。濂有《祥符人物志》，已著録。是編採録古來名醫，自《左傳》醫和以下，迄元李杲，見於史傳者五十五人。又采諸家文集所載，自宋張擴以下，迄於張養正，凡十人。其張機、王叔和、王冰、王履、戴原禮、葛應雷六人，則濂爲之補傳。每傳之後，濂亦各附論斷。然如醫和診晉侯而知趙孟之死，據和所稱主不能禦，吾是以云，蓋以人事天道斷之，而濂以爲太素脈之祖。《扁鵲傳》中趙簡子、齊桓公、虢君，各不同時，自爲《史記》好奇之誤，而濂不訂正。葛洪自屬道家，但偶集方書，不聞治驗，乃一概收入。則陶宏景之撰《名醫别録》，有功本草，何以見遺？《褚澄遺書》，僞託顯然，乃不能辨别，反證爲真本。至於宋僧智緣，本傳但有善醫二字，别無治驗，特以太素脈知名，與張擴之具有醫案者迥别。載之醫家，尤爲濫及。遼濟魯古案「濟魯古」原作「直魯古」，今改正。亦更無一事可述，但以長亦能醫，專事鍼灸二語，遽爲立傳。則當立傳者又何限乎？濂他書頗可觀，而此書乃冗雜特甚，殊不可解。惟其論倉公神醫乃生五女而不生男，其師公乘陽慶亦年七十餘無子，以證醫家無種子之術。其理爲千古所未發，有足取焉。

增校醫史

黄虞稷《千頃堂書目・醫家類》 周恭《增校醫史》四卷，又《醫效日鈔》四卷。

醫林史傳

黄虞稷《千頃堂書目・醫家類》 程伊《醫林史傳》四卷，又《史傳拾遺》一卷，又《醫林外傳》四卷。

醫學正傳

《明史・藝文志・藝術・醫書》 虞摶《醫學正傳》八卷。

《四庫全書總目提要・醫家類》 《醫學正傳》八卷。浙江范懋柱家天一閣藏本。明虞摶撰。摶字天民，自號花溪恒德老人，義烏人。是書成於正德乙亥。

古今醫統

《明史・藝文志・藝術・醫書》 徐春甫《古今醫統》一百卷。

醫學源流論

《四庫全書總目提要・醫家類》 《醫學源流論》二卷。江蘇巡撫採進本。國朝徐大椿撰。其大綱凡七。曰經絡臟腑，曰脈，曰病，曰藥，曰治法，曰書論，曰古今。分子目九十有三。持論多精鑒有據。如謂病之名有萬，而脈之象不過數十種。是必以望聞問三者參之。又如病同人異之辨，兼證兼病之别，亡陰亡陽之分。病有不愈不死，有雖愈必死，又有藥誤不即死，藥性有今古變遷，《内經》司天運氣之説不可泥，鍼灸之法失傳。其説皆可取。而人參論一篇，涉獵醫書論一篇，尤深切著明。至於有欲救俗醫之弊而矯枉過直者，有求勝古人之心而大言失實者，故其論病則自岐黄以外，秦越人亦不免詆排。其論方則自張機《金匱要略》、《傷寒論》之外，孫思邈、劉守真、李杲、朱震亨皆遭駁詰。於醫學中殆同毛奇齡之説《經》。然其切中庸醫之弊者，不可廢也。

綜合分部

建平王典術

聶崇岐《補宋書藝文志・醫方家類》 《建平王典術》一百二十卷。徐悦。

歷代名醫録

《宋史・藝文志・醫書類》 甘伯宗《歷代名醫録》七卷。

醫林闡微

倪燦等《宋史・藝文志補・醫方》 劉開復又《醫林闡微》一卷。

心印紺珠經

徐𤊹《徐氏家藏書目・醫類》 《心印紺珠經》二卷。

黄虞稷《千頃堂書目・醫家類・補元》 朱撝《心印紺珠經》二卷。字好謙，傳醫道于李湯卿。湯卿，劉河間弟子。

倪燦等《補遼金元藝文志・醫方》 朱撝《心印紺珠經》二卷。字好謙。

《四庫全書總目提要・醫家類》 《心印紺珠經》二卷。兩淮鹽政採進本。明李湯卿撰。湯卿不知何許人。是書爲嘉靖丁未嘉興府知府趙瀛所校刊。

錢大昕《補元史藝文志・醫書類》 朱撝《心印紺珠經》二卷。

吳壽暘《拜經樓藏書題跋記》 《心印紺珠經》。右二卷。明刻本。前有江州陳守義序，嘉靖己酉歸德府儒學教授浙東葉良玉書後。

醫書集成

錢大昕《補元史藝文志・醫書類》 鄧文彪《醫書集成》三十餘卷。字謙伯，金溪人。

醫林集要

高儒《百川書志・醫家》 《醫林集要》八十八卷。皇明甘肅總兵平羌將軍都督孤竹王璽集。即八十八門。

黃虞稷《千頃堂書目・醫家類》 王璽《醫林集要》八十八卷。永平人，鎮守甘肅，平羌將軍總兵官。

《明史・藝文志・藝術・醫書》 王璽《醫林集要》八十八卷。

殷仲春《醫藏書目・結集函目》 《醫林集要》。十卷。王璽。

醫學綱目

范邦甸等《天一閣書目・醫家類》 《醫學綱目》三十八卷。刊本。存卷一至卷七。

醫學集成

范邦甸等《天一閣書目・醫家類》 《醫學集成》十二卷。刊本。不著撰人名氏。

醫學入門

范邦甸等《天一閣書目・醫家類》 《醫學入門》七卷。刊本。明李梴纂，并序。

黃虞稷《千頃堂書目・醫家類》 李梴《醫學入門》七卷。

勿藥諸集

王圻《續文獻通考・經籍考・醫家》 《勿藥諸集》。邵文莊著。

醫學綱目

殷仲春《醫藏書目・結集函目》 《醫學綱目》。四十卷。婁全善。

黃虞稷《千頃堂書目・醫家類》 樓英《醫學綱目》四十卷。

《明史・藝文志・藝術・醫書》 樓英《醫學綱目》四十卷。

殷仲春《醫藏書目・指歸函目》 《醫學綱目》。

錢謙益等《絳雲樓書目・醫書類》 《醫學綱目》四十册。明樓英輯。

醫統

殷仲春《醫藏書目・結集函目》《醫統》。九十七卷。徐春甫。

醫學指南

殷仲春《醫藏書目・結集函目》《醫學指南》。十卷。薛立齋。

醫家彙論

殷仲春《醫藏書目・結集函目》《醫家彙論》。二卷。徐敬弦。

醫學統旨

殷仲春《醫藏書目・結集函目》《醫學統旨》。八卷。葉氏。

明醫雜著

殷仲春《醫藏書目・結集函目》《明醫雜著》。薛氏校正。

杏苑生春

殷仲春《醫藏書目・旁通函目》《杏苑生春》。八卷。芮經。

醫學準繩

殷仲春《醫藏書目・旁通函目》《醫學準繩》。四卷。龔雲林。

青囊至秘

殷仲春《醫藏書目・旁通函目》《青囊至秘》。十二卷。胡一龍。

醫學統宗

殷仲春《醫藏書目・散聖函目》《醫學統宗》。八卷。何柬父。

醫學集要

殷仲春《醫藏書目・散聖函目》《醫學集要》。五卷。閔道揚。

醫學大原

殷仲春《醫藏書目・散聖函目》《醫學大原》。二卷。俞橋。

黄虞稷《千頃堂書目・醫家類》俞橋《醫學大原》。

醫林會海

《明史・藝文志・藝術・醫書》錢萼《醫林會海》四十卷。

黄虞稷《千頃堂書目・醫家類》 錢萼《醫林會海》四十卷。嘉善人。

藥鏡

《四庫全書總目提要・醫家類》《藥鏡》四卷。浙江巡撫採進本。

醫學六要

《四庫全書總目提要・醫家類》《醫學六要》十九卷。浙江巡撫採進本。

明張三錫撰。三錫字叔承，應天人。是編成於萬曆乙酉。以醫學大端有六，分別論列。

醫學指南

黄虞稷《千頃堂書目・醫家類》 陳嘉謨《醫學指南》。祁門人。

古今醫鑑

黄虞稷《千頃堂書目・醫家類》 龔信《古今醫鑑》八卷。

醫學大成

黄虞稷《千頃堂書目・醫家類》 馮鸞《醫學大成》七卷，又《醫説補遺》一卷。

醫學類纂

黄虞稷《千頃堂書目・醫家類》 閔守泉《醫學類纂》。俱直隸太平府人。

醫學綱目

黄虞稷《千頃堂書目・醫家類》 邵弁《醫學綱目》四十卷，又《十二經絡發揮》。

醫學彙纂指南

《四庫全書總目提要・醫家類》《醫學彙纂指南》八卷。安徽巡撫採進本。

國朝端木縉撰。縉字儀標，當塗人。是書成於康熙丁亥。摘取古今醫書，薈萃成帙。

藝術部

論述

晁公武《郡齋讀書志・藝術類》 夫秋之弈，延壽之畫，伯樂之相馬，甯戚之飯牛，以至於曹丕之彈棊，袁彦之摴蒱，皆足以擅名天下。昔齊侯禮九九，而仲尼賢博弈，良有以哉。或曰：「藝成而下，奈何？」曰：「經著大射、投壺之禮，蓋正己養心之道存焉，顧用之何如耳。安可直謂之藝，而一切廢之？」故予取射訣、畫評、弈經、算術、博戲、投壺、相牛馬等書，同次之爲一類。

陳振孫《直齋書録解題・音樂類序》 劉歆、班固雖以《禮》、《樂》著之《六藝略》，要皆非孔氏之舊也。然《三禮》至今行於世，猶是先秦舊傳。而所謂《樂》六家者，影響不復存矣。竇公之《大司樂章》既已見於《周禮》，河間獻王之《樂記》亦已録於《小戴》，則古樂已不復有書。而前志相承，迺取樂府、教坊、琵琶、羯鼓之類以充樂類，與聖經並列，不亦悖乎！晚得鄭子敬氏《書目》獨不然，其爲説曰「儀注、編年，各自爲類，不得附於《禮》、《春秋》，則後之樂書，固不得列於六藝」。今從之，而著於《子録・雜藝》之前。

馬端臨《文獻通考・經籍考・雜藝術》 按：晁、陳二家書録，以醫、相牛馬及茶經、酒譜之屬，俱入雜藝術門，蓋仍前史之舊。今以醫、相牛馬之書名，附醫方、相術門，茶酒經譜附種植，入農家門。其餘藝技則自爲此一類云。

焦竑《國史經籍志・藝術家類序》 《易》曰：「言天下之至賾，而不可惡也。」昔曾子論道，貴其大而歸籩豆於有司，以反本也。然語於道器之際則離莊子，至以稊稗瓦礫，悉名之道。其説靡矣。君子顧有取焉。故至人獨稟全懿，而偏長小藝，足以當緩急而狎世機，亦取而折衷之，未嘗惡其賾也。史有藝術篇，今甄列如前。儻所稱猶賢乎已者乎！

《四庫全書總目提要・藝術類序》 古言六書，後明八法，於是字學、書品爲二事。左圖右史，畫亦古義，丹青金碧，漸別爲賞鑑一途。衣裳製而纂組巧，飲食造而陸海陳，踵事增華，勢有馴致。然均與文史相出入，要爲藝事之首也。琴本雅音，舊列樂部。後世俗工撥捩，率造新聲，非復清廟生民之奏，是特一技耳。摹印本六體之一，自漢白元朱，務矜鐫刻，與小學遠矣。射義投壺，載於《戴記》。諸家所述，亦事異禮經，均退列藝術，於義差允。至於譜博弈，論歌舞，名品紛繁，事皆瑣屑，亦併爲一類，統曰雜技焉。

又《藝術類二》 案考論書畫之書，著録最夥。有記載姓名如傳記體者，有叙述名品如目録體者，有講説筆法者，有書、畫各爲一書者，又有共爲一書者。其中彼此鉤貫，難以類分。今通以時代爲次。其兼説賞鑒古器者，則別入雜家雜品中。

又 案以上所録，皆山人墨客之技，識曲賞音之事也。若熊朋來《瑟譜後録注》、浩然《琴瑟譜》之類，則全爲雅奏，仍隸經部樂類中，不與此爲伍矣。

又 案揚雄稱雕蟲篆刻，壯夫不爲。故鍾繇、李邕之屬，或自鐫碑，而無一自製印者，亦無鑒別其工拙者。漢印字畫，往往譌異。蓋由工匠所作，不解六書。或效爲之，斯好古之過也。自王俅《嘯堂集古録》始稍收古印，自晁克一《印格》始集古印爲譜，自吾邱衍《學古編》始詳論印之體例，遂爲賞鑑家之一種。文彭、何震以後，法益密，巧益生焉。然印譜一經傳寫，必失其真。今所録者，惟諸家品題之書耳。

又 案《羯鼓録》、《樂府雜録》、《新唐書志》皆入經部樂類，雅鄭不分，殊無條理。今以類入之於藝術，庶各得其倫。

又《藝術類存目》 案射法《漢志》入兵家，《文獻通考》則入雜技藝，今從之。象經弈品，《隋志》亦入兵家，謂智角勝負，古兵法之遺也。然相去遠矣，今亦歸之雜技，不從其例。

耿文光《萬卷精華樓藏書記・藝術類序》 道成而上，藝成而下，苟有取焉，君子不棄。謹案《四庫書目》藝術類以書畫爲首，琴譜次之，篆刻又次之，而雜技終焉。今所録者，凡六十九家。書畫之屬五十七，琴譜之屬六，篆刻之屬三，雜技之屬三。古者左圖右史，圖即畫也。而今爲賞鑑一途，踵事增華，品題日富，故所録最爲賅備，而名品筆法展卷可攷。爲雅音清廟明堂之奏，仍入經部，茲所録者，山人墨客之技也。鐫刻印章，古無其書。自王俅《嘯堂集古》始收古印，自晁克一《印格》始集古印爲譜，自吾邱衍《學古編》始詳論印之體例，而文彭、何震以後，此術愈精。印譜傳寫失真，殊難依據，所録則篆刻之法也。射義、投壺，載於《戴記》，而諸家所述，事異禮經，故與博弈歌舞，統爲雜技，瑣屑甚矣。今亦姑存一二，未暇備録也。

黄逢元《補晉書藝文志・雜藝術類序》 摴蒲投江，蓋陶侃之精勤；圍碁卻敵，又謝安之静鎮。故器可寓道，上下以之。晉好清談，陶寫性真，狎玩世機，尤資助焉。此類《隋志》本劉《略》，故入兵書。《舊唐志》別立一門，今用其例。

雜録

《舊唐書・經籍志・雜藝術》 右雜藝術一十八部，凡四十四卷。

《新唐書・藝文志・雜藝術類》 右雜藝術類十一家，二十部，一百四十二卷。失姓名八家，張彦遠以下不著録一十六家，一百一十七卷。

《宋史・藝文志・雜藝術類》 右雜藝術類一百十六部，二百二十七卷。

《明史・藝文志・藝術類》 右藝術類，一百十六部，一千五百六十四卷。

《四庫全書總目提要・藝術類二》 右藝術類書畫之屬，七十一部，一千七十三卷，皆文淵閣著録。

又《藝術類存目》 右藝術類書畫之屬，五十二部，二百一十一卷，皆附存目。

又《藝術類二》 右藝術類琴譜之屬，四部，二十九卷，皆文淵閣著録。

又《藝術類存目》 右藝術類琴譜之屬，十二部，四十九卷，內一部無卷數。皆附存目。

又《藝術類二》 右藝術類篆刻之屬，二部，九卷，皆文淵閣著録。

又《藝術類存目》 右藝術類篆刻之屬，五部，二十四卷，皆附存目。

又《藝術類二》 右藝術類雜技之屬，四部，四卷，竝文淵閣著録。

又《藝術類存目》 右藝術類雜技之屬，十一部，四十八卷，皆附存目。

又《譜録類序》 劉向《七略》，門目孔多，後併爲四部，大綱定矣。中間子目，遞有增減，亦不甚相遠。然古人學問，各守專門，其著述具有源流，易於配隸。六朝以後，作者漸出新裁，體例多由創造。古來舊目，遂不能該。附贅懸疣，往往牽強。《隋志》譜系，本陳族姓，而末載《竹譜》、《錢圖》；《唐志》農家，本言種植，而雜列《錢譜》、《相鶴經》、《相馬經》、《鷙擊録》、《相貝經》。《文獻通考》亦以《香譜》入農家。是皆明知其不安，而限於無類可歸，又復窮而不變，故支離顛舛，遂至於斯。惟尤袤《遂初堂書目》創立「譜録」一門，於是別類殊名，咸歸統攝。此亦變而能通矣。今用其例，以收諸雜書之無可繫屬者。門目既繁，檢尋亦病於瑣碎，故諸物以類相從，不更以時代次焉。

又《譜録類・器物》 案陶宏景《刀劍録》，《文獻通考》一入之類書，一入之雜技藝。虞荔《鼎録》亦入雜技藝。夫宏景所録刀劍，皆古來故實，非講擊刺之巧，明鑄造之法，入類書猶可；入雜技藝，於理爲謬。此由無所附麗，著之此而不安，移之彼而又不安，遷移不定，卒至失於刊削而兩存。故譜録一門，不可不立也。

又《譜録類・食譜》 案《齊民要術》備載飲食烹飪之法，故後之類於是者，悉入農家。其實賈思勰所言，閭閻日用之常耳。至於天厨珍膳，方州貢品，連而入之，則非農家所有事矣。故諸書有可連類及者，《書儀》可附禮之類是也。有不可連類及者，《曲韻》不可附小學之類是也。今於近似農家者，竝改隸譜録，俾均不失其實焉。

錢東垣等輯《崇文總目・藝術類》 共五十四部，計九十八卷。

張之洞《書目答問・藝術第九》 舉其典要可資考證者，空談賞鑒不録。

書畫分部

急就篇

楊士奇等《文淵閣書目・法帖》 《急就篇》。一部，一册。闕。

徐𤊹《徐氏家藏書目・書類》 《急救篇》四卷。顔師古。

新莽權銘

楊士奇等《文淵閣書目・法帖》 《新莽權銘》。一部，一册。闕。

曹娥碑

楊士奇等《文淵閣書目・法帖》 《曹娥碑》。一部，一册。闕。

殿閣畫贊

姚振宗《後漢藝文志・雜藝術》 《殿閣畫贊》五十卷。《隋志》集部總集篇：《畫讚》五卷。漢明帝殿閣畫，魏陳思王讚。梁五十卷。《唐經籍志》史部雜傳類：《畫讚》五十卷。漢明帝撰。《藝文志》雜傳記類：漢明帝《畫讚》五十卷。

草書尺牘

姚振宗《後漢藝文志・雜藝術》 北海敬王睦《草書尺牘》十首。睦始末具經部春秋類。范書《宗室四王列傳》：睦又善史書，當世以爲楷則。及寢疾，帝驛馬令作《草書尺牘》十首。章懷太子曰：《說文》云：牘，書版也。蓋長一尺，因取名焉。《東觀記》曰：睦善草書。臨病，明帝驛馬令作《草書尺牘》十首焉。

章草書

姚振宗《後漢藝文志・雜藝術》 杜度《章草書》。《晉書・衛恒傳》：恒作《四體書勢》曰：漢興而有草書，不知作者姓名。至章帝時，齊相杜度，號善作篇。《書畫譜》引文云：號稱善作。蓋有所改易也。

唐張懷瓘《書斷》曰：後漢杜度，或作杜操。字伯度，京兆杜陵人。御史大夫延年曾孫。章帝時爲齊相，善章草。雖史游始草書，傳不紀其能，又絶其迹。創其神妙，其唯杜公。蔡邕《勸學篇》云：齊相杜度，美守名篇。

南宮雲臺功臣列將圖

姚振宗《後漢藝文志・雜藝術》 《南宮雲臺功臣列將圖》。范書列傳第十二論曰：中興二十八將，前世以爲上應列宿，未之詳也。永平中，顯宗追感前世功臣，乃圖畫二十八將于南宮雲臺。其外有王常、李通、竇融、卓茂，合三十二人。故依其本第，係之篇末，以志功臣之次云爾。

范書《馬援傳》：永平初，援女立爲皇后。顯宗圖畫建武中名臣列將于雲臺，以椒房故，獨不及援。東平王蒼觀圖，言于帝曰：「何故不畫伏波將軍像？」帝笑而不言。

篆書勢　草書勢

姚振宗《後漢藝文志・雜藝術》 崔瑗《篆書勢》。瑗始末具經部小學類。崔瑗《草書勢》。范書《崔駰附傳》：瑗所著有《草書勢》。

《唐經籍志》經部小學類：《飛龍篇》、《篆草勢》合三卷。崔瑗撰。《藝文志》小學類：崔瑗《飛龍篇》、《篆草勢》合三卷。

天竺釋迦立像

姚振宗《後漢藝文志・雜藝術》 《天竺釋迦立像》。《隋書・經籍志》：後漢明帝夜夢金人飛行殿庭，以問于朝，而傅毅以佛對。帝遣郎中蔡愔及秦景使天竺，得佛經及釋迦立像，并與沙門攝摩騰、竺法蘭東還。愔之來也，以白馬負經，因立白馬寺于洛陽雍門西，以處之。其經緘于蘭臺石室，而又畫像于清源臺及顯節陵上。

梁釋慧皎《高僧傳》：蔡愔又于西域得畫釋迦像，是優填王栴檀像師第四作也。既至洛陽，明帝即令畫工圖寫，置清涼臺中及顯節陵上。舊像今不復存焉。

篆　勢

姚振宗《後漢藝文志・雜藝術》 蔡邕《篆勢》。蔡邕《隸勢》。范書本傳：邕所著有《篆勢》。

嚴可均《全後漢文編》曰：蔡邕《篆勢》，《晉書・衛恒傳》、《藝文類聚》七十四、《初學記》二十一、《御覽》七百四十九，並引之。今見本集。又曰：《隸勢》或是衛恒作，本集有之，姑不刪。

鴻都門學圖

姚振宗《後漢藝文志・雜藝術》《鴻都門學圖》。范書《靈帝本紀》：光和元年二月，始置鴻都門學生。章懷太子曰：其中諸生，皆敕州郡三公舉召能爲尺牘辭賦及工書鳥篆者相課試，至千人焉。又《蔡邕傳》云：光和元年，遂置鴻都門學，畫孔子及七十二弟子像。

鴻都文學圖贊

姚振宗《後漢藝文志・雜藝術》《鴻都文學圖贊》。范書《酷吏・陽球傳》：球拜尚書令，奏罷鴻都文學曰：「伏承有勑中尚方爲鴻都文學樂松、江覽等三十二人圖象立贊，以勸學者。案松、覽等皆出于微蔑斗筲小人。臣聞圖象之設，以昭勸戒，欲令人君動鑒得失。未聞豎子小人詐作文頌，而可妄竊天官，垂象圖素者也。今太學、東觀足以宣明聖化。願罷鴻都之選，以消天下之謗。」書奏不省。

益州禮殿圖

姚振宗《後漢藝文志・雜藝術》《益州禮殿圖》。宋沈作喆《寓簡》曰：王逸少帖云：成都學有文翁、高眹石室及漢太守張收畫三皇五帝、三代君臣與仲尼、七十弟子畫，皆精妙可觀。任預《益州記》：文翁學堂經火災，眹修復繕立，圖畫聖賢古人像及禮器瑞物。

《玉海》五十七引《益州記》云：成都學有《周公禮殿舊記》，云漢獻帝時立。又曰：《益州太守高眹修周公禮殿記》，初平五年九月。

洪适《隸釋》曰：《益州太守高眹修周公殿禮記》，今在成都。眹再作石室，在文翁石室之東，又東，即周公禮殿。規模古質，井斗異制，柱皆削方，上狹下廣。刻記于東南之一柱，亦木爾。歐陽氏以爲《文翁石柱記》者，誤也。自興平甲戌至于乾道丁亥，千有三年，殿宇巋然如故。由唐顯慶以來，以孔子爲先聖，今禮殿無周公像矣。政和中，郡守席貢有請詔封文翁爲盧江伯，高眹爲陳留伯，在從祀之列云。

宋祁《文翁祠碑》云：公爲禮殿，以舍孔子及七十二子之像。殿右廡作石室，舍公像其中。後人又作高眹像，進偶公室。

按《隋志》史部雜傳篇有《蜀文翁學堂像題記》二卷，舊新《唐志》有《益州文翁學堂圖》一卷，並不著撰人，皆此類之書。張彥遠《名畫記》敍畫之源流曰：蜀郡學堂，義存勸戒之道。亦即謂此圖也。

筆心論

姚振宗《後漢藝文志・雜藝術》張芝《筆心論》五篇。范書《張奐傳》：奐長子芝，字伯英，最知名。芝及弟昶字文舒，並善草書，至今稱傳之。

張懷瓘《書斷》曰：張芝字伯英，燉煌人。父奐爲太常，徙居弘農華陰。

筆論

姚振宗《後漢藝文志・雜藝術》曹喜《筆論》一卷。北魏江式《論書表》曰：後漢郎中扶風曹喜，號曰工篆，小異斯法，而甚精巧。自是後學，皆其法也。張懷瓘《書斷》曰：曹喜字仲則，扶風平陵人。建初中，爲祕書郎。篆隸之工，收名天下。

雲漢圖　北風圖

姚振宗《後漢藝文志・雜藝術》劉褒《雲漢圖》。劉褒《北風圖》。張彥遠

《名畫記》：劉褒，漢桓帝時人。曾畫《雲漢圖》，人見之覺熱。又畫《北風圖》，人見之覺涼。官至蜀郡太守。見孫暢之《述畫記》及張華《博物志》。

按《雲漢》、《北風》，皆取詩人之意而爲圖，猶世之有《豳風圖》也。故《經義考》列之詩類中。張氏澍《蜀典・故事篇》謂楊由《兵雲氣圖》即劉褒《雲漢圖》，非也。

赤泉侯畫贊　講學圖　小列女圖

姚振宗《後漢藝文志・雜藝術》　蔡邕《赤泉侯畫贊》。邕始末見經部禮類。蔡邕《講學圖》。蔡邕《小列女圖》。張彦遠《歷代名畫記》曰：邕工書畫，靈帝詔邕畫赤泉侯五代將相于省，注云喜、震、叔節、賜、彪。按叔節，楊秉字。謂楊喜、楊震、楊秉、楊賜、楊彪五人也。兼命爲贊及書。邕書、畫及贊皆擅名于代，時稱三美。見《東觀漢記》及孫暢之《述畫記》。又曰：有《講學圖》、《小列女圖》傳于代。

壽藏畫贊

姚振宗《後漢藝文志・雜藝術》　趙岐《壽藏書贊》。岐始末具史部雜傳記類。張彦遠《歷代名畫記》曰：岐，京兆長陵人。多才藝，善畫，自爲壽藏，于郢城畫季札、子産、晏嬰、叔向四人居賓位，自居主位，各爲贊頌。獻帝建安六年，官至太常卿。見范曄《東漢書》。

西京圖　嚴君平像　吴季札像

姚振宗《後漢藝文志・雜藝術》　楊修《西京圖》。楊修《嚴君平像》。楊修《吴季札像》。范書《楊震傳》：震，弘農華陰人也。中子秉，秉子賜，賜子彪，彪子修，字德祖。好學有俊才，爲丞相曹操主簿。操忌修，且以袁術之甥，慮爲後患，遂因事殺之。

麒麟鳳皇圖像

姚振宗《後漢藝文志・雜藝術》　《麒麟鳳皇圖像》。洪适《隸釋》曰：《麒麟鳳皇碑》凡二石，其像高二尺餘，圖寫甚有深意，所題四字頗大。漢代鳳皇集郡國，頻有之，惟麒麟不多見耳。此刻亦猶李翕《黄龍白鹿碑》之類也。又有《山陽麟鳳碑》，二物共一石，其像小于此碑。像下有贊云：天有奇鳥，名曰鳳皇。時下有德，民富國昌。黄龍嘉禾，皆不隱藏。漢德巍巍，分布宣揚。又云：天有奇獸，名曰麒麟。時下有德，安國富民。忠臣竭節，義以修身。闕忩采善，明明我君。碑陰有記云：永建元年山陽太守河内孫君新刻瑞像。最後有銘辭，皆篆文也。

洪适《隸續》曰：《麒麟鳳皇碑》，各以二字題其上。漢人所圖二瑞，獨此最爲奇偉。

孝堂山石室畫像

姚振宗《後漢藝文志・雜藝術》　《孝堂山石室畫像》。青浦王昶《金石萃編》曰：石室三間，在肥城縣。畫象共十幅，石高廣尺寸不一。

武梁祠堂畫像

姚振宗《後漢藝文志・雜藝術》　故從事掾《武梁祠堂畫像》。趙明誠《金石録》：《武氏石室畫象》五卷。武氏有數墓，在今濟州任城。墓前有石室，四壁刻古聖賢畫象，小字八分書題記姓名，往往爲贊于其上。文詞古雅，字畫遒勁可喜，故盡録之，以資博覽。

武氏祠左石室畫象

姚振宗《後漢藝文志·雜藝術》《武氏祠左石室畫象》。王昶《金石萃編》：畫象共十石，惟第一石有題字。今在嘉祥武宅山。

阮元《山左金石志》：武氏左石室畫象，乾隆己酉秋李鐵橋等平治祠基時所得。

武氏祠前石室畫象　武氏祠後石室畫象　武氏祠南道旁畫象　武氏祠東北墓間畫象

姚振宗《後漢藝文志·雜藝術》《武氏祠前石室畫象》。《武氏祠後石室畫象》。《武氏祠南道旁畫象》。《武氏祠東北墓間畫象》。王昶《金石萃編》：武氏前石室畫象共十五石，三石無字，今在嘉祥縣武宅山。尚有後石室畫象九石，祠南道旁、祠東北墓間畫象各一石，皆無題字。

阮元《山左金石志》：武氏前石室畫象，刻古帝王忠孝烈士奇跡，皆同武梁畫象，亦用分書題識其名，惟不作韻語耳。

武氏祠石室祥瑞圖

姚振宗《後漢藝文志·雜藝術》《武氏祠石室祥瑞圖》。王昶《金石萃編》：武氏石室祥瑞圖畫象共二石，今在嘉祥武宅山。第一石畫三層，題字共十六榜。第二石畫三層，題字者二層，共二十三榜。

故武都太守李翕黽池五瑞圖

姚振宗《後漢藝文志·雜藝術》《故武都太守李翕黽池五瑞圖》。曾鞏《南豐集》：《漢武都太守漢陽阿陽李翕伯都西狹頌》，建寧四年立也。稱翕嘗令澠池，治崤嶔之道，有黃龍、白鹿之瑞。其後治武都，又有嘉禾、甘露、木連理之祥，皆圖畫其像，刻石在側。錢大昕《金石文跋尾》曰：李翕在武都，吏民立碑頌德，不一而足。而《後漢書·皇甫規傳》稱屬國都尉李翕多殺降羌，倚恃權貴，不尊法度。規到官，條奏其罪。蓋後來治行或減于前，而石刻亦容有溢美也。

故荊州刺史李剛石室畫象

姚振宗《後漢藝文志·雜藝術》《故荊州刺史李剛石室畫象》。酈道元《水經注》：鉅野黃水南有荊州刺史李剛墓。剛字叔毅，山陽高平人。熹平元年卒。有祠堂石室三間，四壁隱起，雕刻君臣官屬、龜龍麐鳳之文，飛禽走獸之象。作制工麗，不甚傷毀。

洪适《隸續》曰：酈氏所載古碑百餘，惟李剛、魯峻二墓有圖畫。

故司隸校尉魯峻石室畫像

姚振宗《後漢藝文志·雜藝術》《故司隸校尉魯峻石室畫像》。趙明誠《金石録》曰：碑云君諱峻，字仲巖，山陽昌邑人。

劉村洪福院畫像

姚振宗《後漢藝文志·雜藝術》《劉村洪福院畫像》。王昶《金石萃編》：

周公輔成王畫象共三石，畫三層，下層題字共三榜。今在嘉祥縣劉村。

偃師武億《授堂金石跋》：《漢隸字源》載成王、周公畫象，多齊、魯間漢公卿墓中物。近黄小松得之汶上兩城山，足徵婁氏説非誣。

焦城村畫象

姚振宗《後漢藝文志・雜藝術》 《焦城村畫象》。王昶《金石萃編》：周王齊王畫象共二石，今在嘉祥縣焦城村。第一石畫三層，惟上層有題字一榜。第二石畫三層，惟中層有題字一榜。

射陽石門畫像

姚振宗《後漢藝文志・雜藝術》 《射陽石門畫象》。王昶《金石萃編》：孔子見老子畫像共二石，畫三層，上層題字共三榜。今在寶應縣射陽聚。又曰：門人汪中來書云：寶應東七十里射陽聚爲漢射陽古城，多古墓。曰雙敦者，有石門畫像。

出師表

楊士奇等《文淵閣書目・法帖》 《出師表》。一部，一册。闕。

三段石

楊士奇等《文淵閣書目・法帖》 《三段石》。一部，一册。闕。

祖二疏圖　盜跖圖　黄河流勢圖　新豐放雞犬圖　於陵子黔婁夫妻圖　卞莊子刺虎圖

姚振宗《三國藝文志・雜藝術》 高貴鄉公《祖二疏圖》。高貴鄉公《盜跖圖》。高貴鄉公《黄河流勢圖》。高貴鄉公《新豐放雞犬圖》。高貴鄉公《於陵子黔婁夫妻圖》。高貴鄉公《卞莊子刺虎圖》。張彦遠《歷代名畫記》：魏少帝曹髦字士彦，東海定王霖之子。幼好學，善書畫。初封高貴鄉公，後即帝位。甘露三年卒，年二十。《魏志》有傳。曹髦之迹，獨高魏代。有《祖二疏圖》、《盜跖圖》、《黄河流勢》、《新豐放雞犬圖》傳于代，又有《於陵子黔婁夫妻圖》。

宋郭若虚《圖畫見聞志》：古之祕畫珍圖，雖不能盡見其蹟，前人載之甚詳。典範則後漢蔡邕有《講學圖》，壯氣則魏曹髦有《卞莊刺虎圖》。

案《名畫記》載魏帝所撰《雜畫圖》一卷，不云魏之何帝，疑即此諸畫圖裝爲一卷者。又有《魏順應圖》四十卷，《大駕鹵簿圖》三卷，《明帝太學圖》三卷，似皆魏代人作。

獅子擊象圖　巢父許由圖

姚振宗《三國藝文志・雜藝術》 嵇康《獅子擊象圖》。康始末具經部易類。嵇康《巢父許由圖》。

張彦遠《歷代名畫記》：嵇康字叔夜，譙國銍人。工書畫，有《獅子擊象圖》、《巢父許由圖》傳于代。

赤龍圖　兵符圖

姚振宗《三國藝文志・雜藝術》 曹不興《赤龍圖》。又《雜紙畫》四種。曹不興《兵符圖》。《吴志·趙達傳》注：《吴録》曰：曹不興善畫，孫權使畫屏風，誤落筆點素，因就以作蠅。既進御，權以爲生蠅，舉手彈之。

唐朱景玄《名畫録》：吴赤烏元年冬十月，帝游青谿，見一赤龍自天而下，淩波而行，遂命弗興圖之，帝爲之贊。

張彦遠《歷代名畫記》：曹不興，吴興人。謝赫云：不興之迹，代不復見，祕閣内一龍頭而已。觀其風骨，擅名不虚，在第一品。又曰：不興有雜紙畫龍虎圖，紙畫青谿龍、赤盤龍、南海監牧十種馬、夷子蠻獸樣、龍頭樣，四並傳于前代。

《宣和畫譜》曰：曹弗興嘗畫《兵府圖》極工，然不見諸傳記者，豈非一時祕而不出，故得以傳遠，不坐豐狐文豹之厄也。今御府所藏。

筆勢論

姚振宗《三國藝文志·雜藝類》 鍾繇《筆勢論》。繇始末具經部易類。 張彦遠《法書要録》：王右軍《題衛夫人〈筆陳圖〉後》曰：宋翼是鍾繇弟子，翼先來書惡。晉太康中，有人于許下破鍾繇墓，遂得《筆勢論》。翼乃讀之，依此法學，名遂大振。欲真書及行書，皆依此法。

飛白序勢

姚振宗《三國藝文志·雜藝類》 張宏《飛白序勢》。張懷瓘《書斷》：吴處士張宏字敬禮，吴郡人。篤學不仕，恒著烏巾，時號張烏巾。并善篆隸，其飛白妙絶當時，飄若雲游，激如驚電，飛仙舞鶴之態，有類焉。自作《飛白序勢》，備説其美也。歐陽詢曰：飛白，張烏巾冠世。

筆墨法

姚振宗《三國藝文志·雜藝類》 韋誕《筆墨法》一卷。《魏志·劉邵附傳》注：《文章敘録》曰：韋誕字仲將，京兆杜陵人。建安中，爲郡上計吏，特拜郎中，稍遷侍中、中書監。以光禄大夫遜位，年七十五卒于家。

宋本《意林》：韋仲將《筆墨法》一卷。引一條。

嚴可均《全三國文編》曰：《齊民要術》九引韋誕《筆方》，《初學記》二十一引《墨方》。

案舊新《唐志》經部小學類並有《筆墨法》一卷，不著撰人，似即此書。《御覽》六百五亦引韋仲將《筆墨法》二條。

筆心論

文廷式《補晉書藝文志·雜藝家》 王曠《筆心論》。羲之父。見唐韋《續九品書人論》。

筆經　筆勢論

文廷式《補晉書藝文志·雜藝家》 王羲之《筆經》、《筆勢論》一卷。《初學記》、《太平御覽》並引《筆經》。孫過庭《書譜》：代傳羲之《與子敬筆勢論》十章，文鄙理疎，意乖言拙。詳其旨趣，殊非右軍。且右軍位重才高，調清詞雅，聲塵未泯，翰櫝仍存。觀夫致一書，陳一事，造次之際，稽古斯在。豈有貽謀令嗣，道叶義方，章則頓虧，一至於此？又云：與張伯英同學，斯乃更彰虚誕。若指漢末伯英，時代全不相接，必有晉人同號，史傳何其寂寥。非訓非經，宜從棄擇。《日本見在書目》有王羲之《筆勢論》一卷。

筆陣圖

鄭樵《通志·圖譜略·記有》 《筆陣圖》。

楊士奇等《文淵閣書目·法帖》 羲之《筆陣圖》。一部，一册。

羲之帖

楊士奇等《文淵閣書目·法帖》《羲之帖》。一部，一册。闕。

羲之法帖

楊士奇等《文淵閣書目·法帖》《羲之法帖》。一部，三册。闕。

蘭亭帖

楊士奇等《文淵閣書目·法帖》《蘭亭帖》。一部，一册。闕。

蘭亭行書

楊士奇等《文淵閣書目·法帖》《蘭亭行書》。一部，一册。闕。

十七帖

楊士奇等《文淵閣書目·法帖》《十七帖》。一部，一册。闕。

獻之法帖

楊士奇等《文淵閣書目·法帖》《獻之法帖》。一部，二册。闕。

獻之帖

楊士奇等《文淵閣書目·法帖》《獻之帖》。一部，一册。闕。

二王法帖

楊士奇等《文淵閣書目·法帖》《二王法帖》。一部，一册。闕。

古來能書人録

文廷式《補晉書藝文志·雜藝家》 衛恒《古來能書人録》一卷。《南史·虞龢傳》曰：臣見衛恒《古來能書人録》一卷，時有不通。

四體書勢

文廷式《補晉書藝文志·雜藝家》 衛恒《四體書勢》一卷。長水校尉。見本傳。嚴可均《全晉文集》得四條。唐張懷瓘《書斷上》引衛恒《古文贊》。

隸書體

文廷式《補晉書藝文志·雜藝家》 成公綏《隸書體》。《初學記》二十一引之。

書　勢

文廷式《補晉書藝文志・雜藝家》 索靖《書勢》。《類聚》七十四引之。《書斷上》又引索靖《草書狀》。

行書狀

文廷式《補晉書藝文志・雜藝家》 王珉《行書狀》。張懷瓘《書斷上》引之。

飛白書勢

文廷式《補晉書藝文志・雜藝家》 劉邵《飛白書勢》。《藝文類聚》卷七十四引之。《書斷上》引劉彦祖《飛白贊》，《書斷下》曰：劉紹字彦祖，官至御史中丞，遷侍中。永和八年卒。又《能品中》亦作「紹」，與《類聚》及《隋志》異。

論　畫

文廷式《補晉書藝文志・雜藝家》 顧愷之《論畫》一篇。《歷代名畫記》曰：愷之《論畫》一篇，皆模寫要法。

畫　贊

文廷式《補晉書藝文志・雜藝家》 顧愷之《畫贊》。《世説・賞譽門》注引《贊山濤》，又引愷之《夷甫畫贊》。又《巧藝門》注云：愷之歷畫古賢，皆爲之贊。《歷代名畫記》曰：著魏晉名賢畫，評最甚多。《王衍傳》已引之。《歷代名畫記》卷五引顧愷之《論》及愷《魏晉勝流畫贊》。

書　贊

文廷式《補晉書藝文志・雜藝家》 顧愷之《書贊》。《世説・雅量門》：夏侯太初倚柱作書，霹靂破柱，神色無變。注云：見顧愷之《書贊》。按此條疑亦《畫贊》之誤。

書　品

陳振孫《直齋書録解題・雜藝類》 《書品》七卷。梁度支尚書庾肩吾撰。

徐𤊹《徐氏家藏書目・書類》 庾肩吾《書品》一卷。

錢謙益等《絳雲樓書目・雜藝類》 庾肩吾《書品》。一卷，分九列。

《四庫全書總目提要・藝術類一》 《書品》一卷。浙江鮑士恭家藏本。梁庾肩吾撰。肩吾字子慎，新野人。起家晉安王國常侍，元帝時官至度支尚書。事蹟具《梁書・文學傳》。是書載漢至齊梁能真草者一百二十八人，分爲九品。每品各繫以論，而以總序冠於前。

書　評

陳振孫《直齋書録解題・雜藝類》 《書評》一卷。梁侍中袁昂撰。

徐𤊹《徐氏家藏書目・書類》 《袁氏書評》一卷。宋袁昂。

列女圖

鄭樵《通志・圖譜略・記有》 顧凱之《列女圖》。

古今藝術

《隋書・經籍志・小説類》《古今藝術》二十卷。

鄭樵《通志・藝文略・藝術類》《古今藝術》二十卷。見《隋志》。

座右方

《隋書・經籍志・工藝》《座右方》八卷。庾元威撰。

座右法

《隋書・經籍志・工藝》《座右法》一卷。

歷代名畫記

《新唐書・藝文志・雜藝術》張彦遠《歷代名畫記》十卷。

鄭樵《通志・藝文略・藝術類》《歷代名畫記》十卷。張彦遠撰。

晁公武《郡齋讀書志・藝術類》《名畫獵精》六卷。右唐張彦遠纂。彦遠，字愛賓。記歷代畫工名姓，自史皇以降至唐朝，及論畫法并裝背褫軸之式，鑒別閱玩之方。

尤袤《遂初堂書目・雜藝類》《歷代名畫記》。又《名畫獵精録》。

陳振孫《直齋書録解題・雜藝類》《歷代名畫記》十卷。唐張彦遠撰。彦遠家世藏法書名畫，收藏鑒識，自謂有一日之長。既作《法書要録》，又爲此《記》，且曰：「有好事者傳余二書，書畫之事畢矣。」

馬端臨《文獻通考・經籍考・雜藝術》《歷代名畫記》十卷。

《宋史・藝文志・雜藝術類》張彦遠《歷代名畫記》十卷。

楊士奇等《文淵閣書目・畫譜》《歷代名畫記》。一部，一册。闕。

范邦甸等《天一閣書目・藝術類》《歷代名畫記》十卷。鈔本。唐河東張彦遠撰。無序跋。

徐𤊹《徐氏家藏書目・畫類》《歷代名畫記》十卷。唐張彦遠撰。

《四庫全書總目提要・藝術類一》《歷代名畫記》十卷。兩江總督採進本。唐張彦遠撰。前三卷皆畫論。一敘畫之源流，二敘畫之興廢，三、四叙古畫人姓名，五論畫六法，六論畫山水樹石，七論傳授南北時代，八論顧、陸、張、吴用筆，九論畫體工用搨寫，十論名價品第，十一論鑒識收藏閱玩，十二敘自古跋尾押署，十三敘自古公私印記，十四論裝褙褾軸，十五記兩京外州寺觀畫壁，十六論古今之秘畫珍圖。自第四卷以下，皆畫家小傳。然即第一卷内所録之三百七十人，既俱列其傳於後，則第一卷内所出姓名一篇，殊爲繁複。疑其書初爲三卷，但録畫人姓名。後裒輯其事蹟評論，續之於後，而未删其前之姓名一篇，故重出也。書中徵引繁富，佚文舊事，往往而存。晁公武《讀書志》別載彦遠《名畫獵精》六卷，記歷代畫工名姓，自始皇以降，至唐朝，及論畫法并裝褙褾軸之式，鑒別閱玩之方。毛晉刻是書跋，謂：彦遠自序止云《歷代名畫記》，不及此書，意其大略相似。考郭若虚《圖畫見聞志》敘諸家文字，列有是書，註曰：無名氏撰。其次序在張懷瓘《畫斷》之後，李嗣真《後畫品録》之前，則必非張彦遠之作，晁氏誤也。

錢東垣等輯《崇文總目・藝術類》《歷代名畫記》十卷。張彦遠撰。

張之洞《書目答問・藝術家》《歷代名畫記》十卷。唐張彦遠。津逮本。學津本。續百川本。上古至唐會昌。

今古術藝

《舊唐書・經籍志・雜藝術》《今古術藝》十五卷。

《新唐書・藝文志・雜藝術》《今古術藝》十五卷。

鄭樵《通志・藝文略・藝術類》《今古藝術》十五卷。見《唐志》。

八駿圖

鄭樵《通志・圖譜略・記無》《八駿圖》。

錢東垣等輯《崇文總目・小説類》《八駿圖》一卷。史道規畫。

畫品録

《新唐書・藝文志・雜藝術》裴孝源《畫品録》一卷。中書舍人，記貞觀、顯慶年事。

鄭樵《通志・藝文略・藝術類》《畫品録》一卷。唐裴孝源撰。

錢謙益等《絳雲樓書目・雜藝類》《畫品》。一卷。唐裴孝源。

錢東垣等輯《崇文總目・小説類》《畫品録》一卷。裴孝源撰。原釋闕。見天一閣鈔本。

唐畫斷

《新唐書・藝文志・雜藝術》朱景玄《唐畫斷》三卷。會昌人。

鄭樵《通志・藝文略・藝術類》《唐畫斷》三卷。朱景元撰。

陳振孫《直齋書録解題・雜藝類》《唐朝名畫録》一卷。即《畫斷》也。前有目録，後有天聖三年商宗儒後序，與前本大同小異。

陳振孫《直齋書録解題・雜藝類》《唐朝畫斷》一卷。唐翰林學士朱景玄撰。一名《唐朝名畫録》。前有目録，後有天聖三年商宗儒後序，與《畫斷》大同小異。案：「一名《唐朝名畫録》」以下原本删去，今據《文獻通攷》補入。

馬端臨《文獻通考・經籍考・雜藝術》《唐朝畫斷》一卷。

《宋史・藝文志・雜藝術類》《唐畫斷》一卷。

楊士奇等《文淵閣書目・畫譜》《唐名畫録》。一部，一册。闕。

楊士奇等《文淵閣書目・畫譜》《畫斷》。一部，一册。闕。

高儒《百川書志・雜藝類》《唐朝名畫録》一卷，《畫品目録》一卷。唐翰林學士吳郡朱景玄撰。《通考》作《唐朝畫斷》。定神、妙、能三品，各以上、中、下別之，並親王合八十九人。逸品並未見真迹，空有其名。品格不可定者二十八人。校其自序，尚闕七人。

錢謙益等《絳雲樓書目・雜藝類》朱景元《唐朝名畫録》。一卷。此書與《畫斷》大同小異。

又《畫斷》。三卷。唐朱景元。

《四庫全書總目提要・藝術類一》《唐朝名畫録》一卷。浙江范懋柱家天一閣藏本。唐朱景元撰。景元，吳郡人，官翰林學士。《圖畫見聞志》作朱景真，避宋諱也。是書《唐藝文志》題曰《唐畫斷》，故《通考》稱《畫斷》，一名《唐朝名畫録》。今考景元自序，實稱《畫録》，則《畫斷》之名非也。《通志略》、《通考》均稱三卷，此本不分卷，蓋後人合併。《通考》又稱前有天聖三年商宗儒序，此本亦傳寫佚之。所分凡神、妙、能、逸四品，神、妙、能又各別上、中、下三等。而逸品則無等次，蓋尊之也。

錢東垣等輯《崇文總目・小説類》《唐畫斷》三卷。朱景元撰。

書後品

陳振孫《直齋書録解題・雜藝類》《書後品》一卷。唐御史中丞李嗣真撰。

錢東垣等輯《崇文總目・小説類》《書後品》一卷。李嗣真撰。

畫山水録

《新唐書・藝文志・雜藝類》吳恬《畫山水録》。卷亡。恬一名玢，字建康，青州人。

鄭樵《通志・藝文略・藝術類》吳恬《畫山水録》一卷。

相馬圖

《新唐書・藝文志・雜藝術》《相馬圖》。

鄭樵《通志・藝文略・藝術類》《相馬圖》。

凌煙圖

《新唐書・藝文志・雜藝術》《凌煙圖》。武后左尚方令。

鞦韆圖

《新唐書・藝文志・雜藝術》《鞦韆圖》。並開元館畫直。

鄭樵《通志・藝文略・藝術類》《鞦韆圖》。

盤車圖

《新唐書・藝文志・雜藝術》董萼畫《盤車圖》。開元人，字重照。

鄭樵《通志・藝文略・藝術類》《盤車圖》。董萼畫。

風俗圖

《新唐書・藝文志・雜藝術》范長壽畫《風俗圖》。

鄭樵《通志・藝文略・藝術類》《風俗圖》。范長壽畫。

少女圖

《新唐書・藝文志・雜藝術》張萱畫《少女圖》。

鹵簿圖

《新唐書・藝文志・雜藝術》王象畫《鹵簿圖》。

鄭樵《通志・藝文略・藝術類》《鹵簿圖》。王象畫。

鄭樵《通志・圖譜略・記無》王象畫《鹵簿圖》。

凌煙閣功臣二十四人圖

《新唐書・藝文志・雜藝術》《凌煙閣功臣二十四人圖》。

鄭樵《通志・藝文略・藝術類》《凌煙功臣二十四人圖》。

文成公主降蕃圖

《新唐書・藝文志・雜藝術》閻立德畫《文成公主降蕃圖》。

鄭樵《通志・藝文略・藝術類》《文成公主降蕃圖》。閻立德畫。

佳麗伎樂圖

《新唐書・藝文志・雜藝術》《佳麗伎樂圖》。

鄭樵《通志・藝文略・藝術類》《佳麗伎樂圖》。

漢賢王圖

《新唐書・藝文志・雜藝術》漢王元昌畫《漢賢王圖》。

鄭樵《通志・藝文略・藝術類》《漢賢王圖》。漢王元昌畫。

高祖太宗諸子圖

《新唐書・藝文志・雜藝術》《高祖太宗諸子圖》。

鄭樵《通志・藝文略・藝術類》《高祖太宗諸子圖》。

高祖及諸王圖

《新唐書・藝文志・雜藝術》《高祖及諸王圖》。

鄭樵《通志・藝文略・藝術類》《唐高祖及諸王圖》。

天竺胡僧渡水放牧圖

《新唐書・藝文志・雜藝術》韋鶠畫《天竺胡僧渡水放牧圖》。鑾子。

鄭樵《通志・藝文略・藝術類》《天竺胡僧渡水放牧圖》。韋鶠畫。

玉華宮圖

《新唐書・藝文志・雜藝術》《玉華宮圖》。

鄭樵《通志・藝文略・藝術類》《玉華宮圖》。

太宗自定輦上圖

《新唐書・藝文志・雜藝術》《太宗自定輦上圖》。

鄭樵《通志・藝文略・藝術類》《太宗自定輦上圖》。

洪崖子橘木圖

《新唐書・藝文志・雜藝術》田琦畫《洪崖子橘木圖》。德平子，汝南太守。

本草訓誡圖

《新唐書・藝文志・雜藝術》王定畫《本草訓誡圖》。貞觀尚方令。

鄭樵《通志・藝文略・藝術類》《本草訓誡圖》。王定畫。

安禄山真

《新唐書・藝文志・雜藝術》《安禄山真》。

秦府學士圖

《新唐書・藝文志・雜藝術》《秦府學士圖》。

安禄山圖

《新唐書・藝文志・雜藝術》 陳宏畫《安禄山圖》。

按羯鼓圖

《新唐書・藝文志・雜藝術》《按羯鼓圖》。

鄭樵《通志・藝文略・藝術類》《按羯皷圖》。張萱畫。

佳麗寒食圖

《新唐書・藝文志・雜藝術》《佳麗寒食圖》。

鄭樵《通志・藝文略・藝術類》《佳麗寒食圖》。

開元十八學士圖

《新唐書・藝文志・雜藝術》《開元十八學士圖》。開元人。

鄭樵《通志・藝文略・藝術類》《開元十八學士圖》。

禮圖等雜畫

《新唐書・藝文志・雜藝術》《禮圖等雜畫》五十六卷。

鄭樵《通志・圖譜略・記無》《禮圖等雜畫》。

内庫瑞錦對雉鬬羊翔鳳游麟圖

《新唐書・藝文志・雜藝術》 竇師綸畫《内庫瑞錦對雉鬬羊翔鳳游麟圖》。字希言，太宗秦王府諮議、相國録事參軍，封陵陽公。

鄭樵《通志・藝文略・藝術類》《内庫瑞錦對雉鬬羊翔鳳游麟圖》。竇師綸畫。

鄭樵《通志・圖譜略・記無》 竇師綸畫《内庫瑞錦對雉鬬羊翔鳳游麟圖》。

秦府十八學士圖

《新唐書・藝文志・雜藝術》 閻立本畫《秦府十八學士圖》。

鄭樵《通志・藝文略・藝術類》《秦府十八學士圖》一卷。閻立本畫。

鄭樵《通志・圖譜略・記有》《秦府十八學士圖》。

玄宗試馬圖

《新唐書・藝文志・雜藝術》《玄宗試馬圖》。

鄭樵《通志・藝文略・藝術類》《明皇試馬圖》。

鄭樵《通志・圖譜略・記有》《明皇試馬圖》。

後周北齊梁陳隋武德貞觀永徽等朝臣圖

《新唐書・藝文志・雜藝術》 曹元廓畫《後周北齊梁陳隋武德貞觀永徽等朝臣圖》。

鄭樵《通志・藝文略・藝術類》《後周北齊梁陳隋武德貞觀永徽朝臣圖》。

曹元廓畫。

鄭樵《通志・圖譜略・記無》 曹元廓畫《後周北齊梁陳隋武德貞觀永徽等朝臣圖》。

上黨十九瑞圖

《新唐書・藝文志・雜藝術》《上黨十九瑞圖》。永王府長史。

鄭樵《通志・藝文略・藝術類》《上黨十九瑞圖》。

寧王調馬打毬圖

《新唐書・藝文志・雜藝術》《寧王調馬打毬圖》。大梁人，太守寺丞。

鄭樵《通志・藝文略・藝術類》《寧王調馬打毬圖》。

名手畫録

《新唐書・藝文志・雜藝術》《名手畫録》一卷。

鄭樵《通志・藝文略・藝術類》《名手畫録》一卷。

玄宗馬射圖

《新唐書・藝文志・雜藝術》《玄宗馬射圖》。

鄭樵《通志・藝文略・藝術類》《明皇馬射圖》。

望賢宮圖

《新唐書・藝文志・雜藝術》 楊昇畫《望賢宮圖》。

鄭樵《通志・藝文略・藝術類》《望賢宮圖》。楊升畫。

姚宋及安禄山圖

《新唐書・藝文志・雜藝術》《姚宋及安禄山圖》。

鄭樵《通志・藝文略・藝術類》《姚宋及安禄山圖》。

乳母將嬰兒圖

《新唐書・藝文志・雜藝術》《乳母將嬰兒圖》。

鄭樵《通志・藝文略・藝術類》《乳母將嬰兒圖》。

武惠妃舞圖

《新唐書・藝文志・雜藝術》 談皎畫《武惠妃舞圖》。

鄭樵《通志・藝文略・藝術類》《武惠妃舞圖》。譚皎畫。

龍朔功臣圖

《新唐書・藝文志・雜藝術》 韓幹畫《龍朔功臣圖》。

鄭樵《通志・藝文略・藝術類》《龍朔功臣圖》。韓幹畫。

鄭樵《通志・圖譜略・記無》 韓幹畫《龍朔功臣圖》。

皇朝九聖圖

《新唐書・藝文志・雜藝術》 殷鼘、韋無忝畫《皇朝九聖圖》。

鄭樵《通志・藝文略・藝術類》 《唐朝九聖圖》。殷鼘、韋無忝畫。

游春戲藝圖

《新唐書・藝文志・雜藝術》 檀智敏畫《游春戲藝圖》。振武校尉。

鄭樵《通志・藝文略・藝術類》 《游春戲藝圖》。檀智敏畫。

醉道士圖

《新唐書・藝文志・雜藝術》 《醉道士圖》。

鄭樵《通志・藝文略・藝術類》 《醉道士圖》。

畫後品

《新唐書・藝文志・雜藝術》 李嗣真《畫後品》一卷。

鄭樵《通志・藝文略・藝術類》 《畫後品》一卷。唐李嗣真撰。以姚、謝二家多失，故始普通至上元三年，凡三十人。

《宋史・藝文志・雜藝術類》 李嗣真《畫後品》一卷。

畫拾遺

《新唐書・藝文志・雜藝術》 竇蒙《畫拾遺》。卷亡。

鄭樵《通志・藝文略・藝術類》 《畫拾遺》一卷。唐竇蒙撰。

《宋史・藝文志・雜藝術類》 竇蒙《畫録拾遺》一卷。

撲蝶　按筝　楊真人降真　五星

《新唐書・藝文志・雜藝術》 周昉畫《撲蝶》、《按筝》、《楊真人降真》、《五星》等圖，各一卷。字景玄。

鄭樵《通志・藝文略・藝術類》 《撲蝶》、《按筝》、《楊真人降真》、《五星》等四圖。周昉畫。

續畫品

《新唐書・藝文志・雜藝術》 姚最《續畫品》一卷。

鄭樵《通志・藝文略・藝術類》 《續畫品》一卷。唐姚最撰。採謝赫所遺以及梁朝，凡十七人。

《宋史・藝文志・雜藝術類》 姚最《續畫品》一卷。

范邦甸等《天一閣書目・藝術類》 《續畫品》一卷。吴興姚最撰。

徐𤊹《徐氏家藏書目・畫類》 《續畫品》一卷。陳姚最撰。

《四庫全書總目提要・藝術類一》 《續畫品》一卷。浙江巡撫採進本。舊本題陳吴興姚最撰。今考書中稱梁元帝爲湘東殿下，則作是書時，猶在江陵即位之前，蓋梁人而入陳者。猶《玉臺新詠》作於梁簡文在東宫時，而今本皆題陳徐陵耳。其書繼謝赫《古畫品録》而作，而以赫所品高下多失其實，故但叙時代，不分品目。所録始於梁元帝，終於解蒨，凡二十人，各爲論斷。中嵇寶鈞、聶松合一論，釋僧珍、僧覺合一論，釋迦佛陀、吉底俱、摩羅菩提合一論，凡爲論十六則。名下間有附註，如「湘東殿下」條註曰：梁元帝初封湘東王，嘗畫《芙蓉圖》、《醮鼎圖》。「毛稜」條下註曰：惠秀姪。似尚是最之本文。至「張僧繇」條下註曰：五代梁時吴興人。則決不出最手，蓋皆後人所益也。凡所論斷，多不過五六行，少或止於三四句。而出以儷詞，氣體雅儁。確爲唐以前語，非後人所能依託也。

續畫後品

鄭樵《通志・藝文略・藝術類》《續畫後品》一卷。

伎女圖

鄭樵《通志・藝文略・藝術類》《伎女圖》。張萱畫。

翰林畫録

鄭樵《通志・藝文略・藝術類》《翰林畫録》一卷。

貞觀公私畫録

鄭樵《通志・藝文略・藝術類》《貞觀公私畫録》一卷。裴孝源撰。

《宋史・藝文志・雜藝術類》 裴孝源《貞觀公私畫録》一卷。

楊士奇等《文淵閣書目・畫譜》《公私畫録》。一部，一册。闕。

徐𤊹《徐氏家藏書目・畫類》《貞觀公私畫史》一卷。唐裴孝源撰。

《四庫全書總目提要・藝術類一》《貞觀公私畫史》一卷。浙江鮑士恭家藏本。唐裴孝源撰。孝源里貫未詳。卷首有貞觀十三年八月自序，結銜題中書舍人。

張之洞《書目答問・藝術家》《貞觀公私畫史》一卷。唐裴孝源。續百川本。唐宋叢書本。

名畫獵精録

鄭樵《通志・藝文略・藝術類》《名畫獵精録》二卷。張彦遠撰。

馬端臨《文獻通考・經籍考・雜藝術》《名畫獵精》六卷。

毛晉《汲古閣書跋》《歷代名畫記》。馬氏《經籍志》云：《名畫獵精》六卷，唐張彦遠纂記史皇以降至唐畫工名姓及論畫法，並裝背褫軸之式，鑒別閱玩之方。今此書罕傳，即彦遠自敍，亦止云《歷代名畫記》而不及其名，意大略相似耳。既讀兹集，敍述畫之興廢，自董卓幃囊而外，侯景煨燼之餘，其載入江陵者，又投後閣舍人之一炬，能無雲煙過眼之歎耶？然三百七十餘人，垂不朽於天壤間，即謂張氏千箱萬軸至今存，可也。

古畫品録

鄭樵《通志・藝文略・藝術類》《古今畫品》一卷。後魏謝赫撰。起曹魏，訖後魏中興年，凡二十八人。

晁公武《郡齋讀書志・類書類》《古畫品録》一卷。右南齊謝赫撰。言畫有六法，分四品。

馬端臨《文獻通考・經籍考・雜藝術》《古畫品録》一卷。

《宋史・藝文志・雜藝術類》 謝赫《古今畫品》一卷。

范邦甸等《天一閣書目・藝術類》《古畫品》一卷。藍絲闌鈔本。《古畫品》，南齊謝赫撰。

徐𤊹《徐氏家藏書目・畫類》《古畫品録》一卷。南齊謝赫撰。

《四庫全書總目提要・藝術類一》《古畫品録》一卷。兩淮鹽政採進本。南齊謝赫撰。赫，不知何許人。

春社圖

鄭樵《通志・圖譜略・記有》王維《春社圖》。

明皇擊桐圖

鄭樵《通志・圖譜略・記有》《明皇擊桐圖》。

輞川圖

鄭樵《通志・圖譜略・記有》王維《輞川圖》。

歷代帝王圖

鄭樵《通志・圖譜略・記有》閻立本《歷代帝王圖》。

後畫録

晁公武《郡齋讀書志・類書類》《後畫録》一卷。右唐僧彦悰撰。品長安名畫，凡二十七人。

馬端臨《文獻通考・經籍考・雜藝術》《後畫録》一卷。

徐𤊹《徐氏家藏書目・畫類》《後畫品録》一卷。唐沙門彦悰集。

《四庫全書總目提要・藝術類存目》《後畫録》一卷。兩江總督採進本。唐釋彦悰撰。前有彦悰自序，稱爲《帝京寺録》，就所見長安名畫，系以品題，凡三十七人。蓋以續姚最之書者。序題貞觀九年，故稱閻立本猶爲司平太常伯。然末一人爲廣陵郡倉曹參軍李湊。考張彦遠《名畫記》，李湊，林甫之姪也。初爲廣陵倉曹，天寶中貶明州象山尉。尤工綺羅人物，爲時驚絶。則湊爲明皇時人。彦悰遠在太宗之世，何以能預録之乎？張彦遠《歷代名畫記》曰：僧悰之評，最爲謬誤，傳寫又復脱錯，殊不足看也。是真本尚不足重，無論僞本矣。

書斷

陳振孫《直齋書録解題・雜藝類》《書斷》三卷。

高儒《百川書志・翰墨志》《書斷》四卷。不著述人。間採諸書而集《列傳》三卷五十五則，《雜編》一卷。

錢謙益等《絳雲樓書目・雜藝類》《書斷》。三卷。張懷瓘，唐開元時人。

《四庫全書總目提要・藝術類一》《書斷》三卷。浙江鮑士恭家藏本。唐張懷瓘撰。是書《唐書・藝文志》著録，稱懷瓘爲開元中翰林院供奉。竇蒙《述書賦註》則云懷瓘，海陵人，鄂州司馬。與《志》不同。然《述書賦》張懷瓌條下又註云：懷瓌，懷瓘弟，盛王府司馬。兄弟竝翰林待詔。則與《志》相合。蓋嘗爲鄂州司馬，終於翰林供奉，二書各舉其一官爾。所録皆古今書體及能書人名。上卷列古文、大篆、籀文、小篆、八分、隸書、章草、行書、飛白、草書十體，各述其源流，系之以贊。末爲總論一篇。中卷、下卷分神、妙、能三品，每品各以體分。凡神品二十五人，除各體重複，得十二人。妙品九十八人，除各體重複，得三十九人。能品一百七人，除各體重複，得三十五人。前列姓名，後爲小傳。傳中附録，又三十八人。其記述頗詳，評論亦允。張彦遠《法書要録》全載其文，蓋當代以爲精鑒矣。

齊梁畫目録

陳振孫《直齋書録解題・雜藝類》《齊梁畫目録》一卷。唐竇蒙子泉録。

案：此條原本脱去，今據《文獻通攷》補入。

翰林禁書

陳振孫《直齋書録解題・雜藝類》《翰林禁書》三卷。無名氏。案：《文獻通攷》有《翰林禁經》八卷，引晁公武《讀書志》曰：唐李陽冰撰。論書勢、筆法所禁，故以名書。疑即此書也。

山水受筆法

陳振孫《直齋書録解題・雜藝術》《山水受筆法》一卷。唐沁水荆浩浩然撰。

馬端臨《文獻通考・經籍考・雜藝術》《山水受筆法》一卷。

論書

陳振孫《直齋書録解題・雜藝類》《論書》一卷。以上四種，亦皆張懷瓘撰。

書估

陳振孫《直齋書録解題・雜藝類》《書估》一卷。

六體論

陳振孫《直齋書録解題・雜藝類》《六體論》一卷。

法帖要録

陳振孫《直齋書録解題・雜藝類》《法帖要録》十卷。唐大理卿河東張彦遠愛賓撰。彦遠，宏靖之孫。三世相門。其父文規，嘗刺湖州，著《吴興雜録》。

楊士奇等《文淵閣書目・法帖》《法書要録》。一部，三册。闕。

徐𤊹《徐氏家藏書目・書類》《法書要録》十卷。唐張彦(雲)〔遠〕集。

毛晉《汲古閣書跋》《法書要録》。予讀其《法書要録》十卷，載漢魏以來名文百篇，不下一註脚，不參一評跋，豈其鑒識未精耶？蓋謂昔賢垂不朽之藝，後人睹妙絶之蹟，自有袁昂、二庾及竇臮諸人月旦在。

錢謙益等《絳雲樓書目・雜藝類》《法書要録》。十卷。張彦遠，唐宰相宏靖孫也，字愛賓。

又 張彦遠《法書要録》。重出。

《四庫全書總目提要・藝術類》《法書要録》十卷。浙江巡撫採進本。唐張彦遠撰。書首有彦遠自序，但署河東郡望。郭若虚《圖畫見聞志》、晁公武《讀書志》亦但稱其字曰愛賓，而仕履時代皆不及詳。今以《新唐書》、世系表、藝文志、列傳與彦遠自序叅考，知彦遠乃明皇時宰相嘉貞之元孫。是編集古人論書之語，起於東漢，迄於元和，皆具録原文。如王愔《文字志》之未見其書者，亦特存其目。惟一卷中王羲之《教子敬筆論》一篇，三卷中蔡惲《書無定體論》一篇，四卷中顔師古註《急就章》一篇，張懷瓘《六體書》一篇，有録無書。然目録下俱註「不録」字，蓋彦遠所删，非由闕佚。

張之洞《書目答問・藝術家》《法書要録》十卷。唐張彦遠。津逮本，學津本。梁庾肩吾《書品》、唐張懷瓘《書斷》，已收入此書內。

古今畫人名

陳振孫《直齋書録解題・雜藝類》《古今畫人名》一卷。唐李嗣真録。

雲麾將軍碑

楊士奇等《文淵閣書目・法帖》《雲麾將軍碑》。一部，一册。闕。

唐徐府君碑

楊士奇等《文淵閣書目・法帖》《唐徐府君碑》。一部，一册。闕。

唐茅山元静先生碑

楊士奇等《文淵閣書目・法帖》《唐茅山元静先生碑》。一部，一册。闕。

臨書玄祕塔碑

楊士奇等《文淵閣書目・法帖》《臨書玄祕塔碑》。一部，一册。闕。

玄祕塔銘

楊士奇等《文淵閣書目・法帖》《玄祕塔銘》。一部，一册。闕。
楊士奇等《文淵閣書目・法帖》《玄祕塔碑》。一部，一册。完全。

懷素藏真帖

楊士奇等《文淵閣書目・法帖》《懷素藏真帖》。一部，一册。闕。

張旭法帖

楊士奇等《文淵閣書目・法帖》《張旭法帖》。一部，一册。闕。

李邕碑帖

楊士奇等《文淵閣書目・法帖》《李邕碑帖》。一部，一册。闕。

顔　帖

楊士奇等《文淵閣書目・法帖》《顔帖》。一部，一册。闕。
楊士奇等《文淵閣書目・法帖》《顔帖》。一部，一册。闕。

唐朱府君碑

楊士奇等《文淵閣書目・法帖》《唐朱府君碑》。一部，二册。闕。

醴泉銘

楊士奇等《文淵閣書目・法帖》歐陽詢《醴泉銘》。一部，一册。闕。

多寶佛塔

楊士奇等《文淵閣書目・法帖》《多寶佛塔》。一部，一册。闕。

顔公廟碑

楊士奇等《文淵閣書目・法帖》《顔公廟碑》。一部，一册。闕。

廟堂碑帖

楊士奇等《文淵閣書目・法帖》《廟堂碑帖》。一部，一册。闕。

過庭書譜

楊士奇等《文淵閣書目・法帖》《過庭書譜》。一部，二册。闕。

錢謙益等《絳雲樓書目・雜藝類》孫過庭《書譜》。虔禮，唐胄曹參軍。草書憲章二王，《書斷》中列之新品。

高儒《百川書志・翰墨志》《書譜》二卷。宋吴郡孫過庭撰。

徐𤊹《徐氏家藏書目・書類》孫過庭《書譜》一卷。唐。

《四庫全書總目提要・藝術類一》《書譜》一卷。浙江鮑士恭家藏本。唐孫過庭撰。竇蒙《述書賦註》曰：孫過庭字虔禮，富陽人，右衛胄曹叅軍。張懷瓘《書斷》則云：孫虔禮字過庭，陳留人，官至率府録事參軍。二人俱相距不遠，而所記名字爵里不同。殆與《舊唐書》稱房喬字玄齡，《新唐書》稱房玄齡字喬者，同一譌異。疑唐人多以字行，故各據所聞，不能畫一也。是書篇末自題垂拱三年，蓋武后時作《書斷》，謂之《筆意論》。然世傳石刻，乃其手迹，篇中自稱名曰《書譜》，則作《書譜》爲是矣。過庭之書，頗爲竇臮《述書賦》所詆。然自宋以來，皆推能品，不以臮言爲然。張懷瓘推奬是書，亦稱其深得旨趣，故操翰者奉爲指南。然過庭自稱撰爲六篇，分爲兩卷。此本乃止一篇，疑全書已佚，流傳真蹟，僅存其總序之文。以前賢緒論，姑存以見一斑，而仍題其全書之名耳。然微言奥義，已足見其大凡矣。

張之洞《書目答問・藝術家》《書譜》一卷。唐孫虔禮。百川本。安氏石刻附釋文本。

懷素法帖

楊士奇等《文淵閣書目・法帖》《懷素法帖》。一部，一册。闕。

顔真卿帖

楊士奇等《文淵閣書目・法帖》《顔真卿帖》。一部，一册。闕。

蘭亭續帖

楊士奇等《文淵閣書目・法帖》《蘭亭續帖》。一部，一册。闕。

聖教序

楊士奇等《文淵閣書目・法帖》《聖教序》。一部，一册。闕。

楊士奇等《文淵閣書目・法帖》《聖教序》。一部，一册。闕。

楊士奇等《文淵閣書目・法帖》《聖教序》。一部，一册。闕。

楊士奇等《文淵閣書目・法帖》《聖教序》。一部，一册。闕。

顔魯公書

楊士奇等《文淵閣書目・法帖》《顔魯公書》。一部，一册。闕。

虞世南書

楊士奇等《文淵閣書目・法帖》《虞世南書》。一部，一册。闕。

東方朔贊

楊士奇等《文淵閣書目・法帖》《東方朔贊》。一部，一册。闕。

懷素千文

楊士奇等《文淵閣書目・法帖》《懷素千文》。一部，一册。闕。

顔魯公帖

楊士奇等《文淵閣書目・法帖》《顔魯公帖》。一部，一册。闕。

楊士奇等《文淵閣書目・法帖》《顔魯公帖》。一部，一册。闕。

高儒《百川書志・翰墨志》《顔魯公帖》一册。唐天寶十三年平原太守瑯琊顔真卿書漢東方朔碑文頌贊。字徑三寸。

陰符經

楊士奇等《文淵閣書目・法帖》《陰符經》。一部，一册。闕。

歐陽通書

楊士奇等《文淵閣書目・法帖》《歐陽通書》。一部，一册。闕。

歐陽通法帖

楊士奇等《文淵閣書目・法帖》《歐陽通法帖》。一部，一册。闕。

九成宮記

楊士奇等《文淵閣書目・法帖》《九成宮記》。一部，一册。闕。

智永千文

楊士奇等《文淵閣書目・法帖》《智永千文》。一部，一册。闕。

楊士奇等《文淵閣書目・法帖》《智永千文》。一部，一册。闕。

楊士奇等《文淵閣書目・法帖》《智永千文》。一部，一册。闕。

都穆《南濠居士文跋》《智永真草千文》。隋釋智永《真草千文》，舊有石刻。今閣老長沙公所藏，乃其真跡。較之石本，字大而肥，氣韻飛動，優入神品，爲天下法書第一。穆辱遊公門，公嘗示穆《清明上河圖》，繼復出此。一日之間，獲觀二妙，何其幸與，何其幸與！

高儒《百川書志・翰墨志》《真草千字文》一册。智永禪師書勅員外散騎常侍周興嗣之文爲法帖，刻石行世。

女仙圖

都穆《南濠居士文跋》 錢舜舉《女仙圖》。古人善畫者多圖人物，至唐而山水始盛，趙宋因之。玉潭翁以宋貢士而妙于繪事。今觀劉氏温甫所藏《女仙圖》，有以知其遠宗乎古，而非後人之所及也。聞道家書女仙多遨遊太清，次則居于洞府，或塵緣未斷，復謫降人間，數滿乃去。第未知玉翁之所圖者，其天仙歟？地仙歟？抑降謫而來者歟？九原可作，吾將叩之玉翁。

大唐西京千佛寺多寶佛塔感應碑文

高儒《百川書志・翰墨志》 《大唐西京千佛寺多寶佛塔感應碑文》一册。唐朝議郎判尚書武部員外郎瑯琊顔真卿書石刻。

述書賦

范邦甸等《天一閣書目・藝術類》 《述書賦》二卷。烏絲闌鈔本。唐竇臮撰，其兄蒙注。嘉靖乙酉楊士雲序云：竇員外《述書賦》自周史籀，迄唐乾元之初，評品輿喻，猶衛、王也。書評而下，亦咸有議。厥兄司業稱其「精窮要旨，詳辯秘義」，信矣。而唐史不載，時川先生得寫本於升菴先生，梓之。蓋欲與衛、王之論並傳於世云爾。

山水訣

徐𤊹《徐氏家藏書目・畫類》 李成《山水訣》一卷。

《四庫全書總目提要・藝術類存目》 《山水訣》一卷。浙江鮑士恭家藏本。舊本題唐李成撰。案《宋史・李覺傳》載李成字咸熙，本京兆長安人，唐末徙家青州。工畫山水，周樞密王朴將薦其能，會朴卒，鬱鬱不得志。乾德中，司農卿衛融知陳州，召之。成因挈族而往。劉道醇《宋朝名畫評》又載其開寶中舉進士，集於春官。邵博《聞見後録》亦稱「國初營邱李成畫山水」。然則成爲宋人，題唐者誤矣。是書《宋志》及晁、陳書目皆不著録，宋人諸家畫録亦不言成有是書。殆後人依託其文，與《王氏畫苑》所載嘉定中李澄叟《山水訣》大同小異。大抵庸俗畫工有是口訣，輾轉相傳，互有損益，隨意僞題古人耳。

山水賦

徐𤊹《徐氏家藏書目・書類》 荆浩《山水賦》一卷。

《四庫全書總目提要・藝術類一》 《畫山水賦》一卷。附《筆法記》一卷。浙江鮑士恭家藏本。舊本題唐荆浩撰。

山水論

徐𤊹《徐氏家藏書目・畫類》 王維《山水論》一卷。

續畫品録

徐𤊹《徐氏家藏書目・畫類》 《續畫品録》一卷。唐李嗣真撰。

《四庫全書總目提要・藝術類存目》 《續畫品録》一卷。江蘇巡撫採進本。舊本題唐李嗣真撰。案《舊唐書》：李嗣真，滑州匡城人。永昌中拜御史中丞、知大夫事，爲來俊臣所陷，配流嶺南。萬歲通天中徵還，行至桂陽卒。

書藪

錢謙益等《絳雲樓書目・雜藝類》 《書藪》。

人倫風鑑

顧櫰三《補五代史藝文志・技術類》《人倫風鑑》一卷。陳希夷撰。

筆訣

顧櫰三《補五代史藝文志・技術類》《筆訣》三卷。姜道隱撰。

梁朝畫目

鄭樵《通志・藝文略・藝術類》《梁朝畫目》三卷。宋朝胡嶠撰。

《宋史・藝文志・雜藝術類》胡嶠《廣梁朝畫目》三卷。

顧櫰三《補五代史藝文志・技術類》《梁朝畫目》三卷。胡嶠撰。

錢東垣等輯《崇文總目・小説類》《梁朝畫目》三卷。胡嶠撰。

筆法記

鄭樵《通志・藝文略・藝術類》《荆浩筆法》一卷。唐洪谷子荆浩撰。

《宋史・藝文志・雜藝類》荆浩《筆法記》一卷。

范邦甸等《天一閣書目・藝術類》《筆法記》一卷。唐荆浩撰。

徐𤊹《徐氏家藏書目・畫類》《筆法記》一卷。唐荆浩撰。

錢東垣等輯《崇文總目・小説類》荆浩《筆法記》一卷。荆浩子谷洪撰。

益州名畫録

鄭樵《通志・藝文略・藝術類》《益州名畫録》三卷。宋朝黄休復撰。

晁公武《郡齋讀書志・類書類》《益州名畫録》三卷。右皇朝黄休復纂。唐乾符初至宋乾德歲。休復在蜀中，目擊圖畫之精者五十八人，品以四格云。

陳振孫《直齋書録解題・雜藝類》《益州名畫録》三卷。黄休復撰。《中興書目》以爲李略撰，而謂休復書，今亡。案：此書有景祐三年序，不著名氏，其爲休復所録明甚。又有休復自爲後序，則固未嘗亡也。未知題李略者，與此同異？

案：《文獻通攷》有《益州名畫録》三卷，載陳氏之言。此本脱去，今補入。

馬端臨《文獻通考・經籍考・雜藝術》《益州名畫録》三卷。

《宋史・藝文志・雜藝術類》李畋《益州名畫録》三卷。

范邦甸等《天一閣書目・藝術類》《益州名畫録》三卷。刊本。宋江夏黄休復纂。景德三年虞曹員外郎李佃序曰：益都多名畫，富視他郡。謂唐二帝播越及諸侯作鎮之秋，是時畫藝之傑者無處不有。迫淳化甲子，盜發二川，焚劫畧盡。黄氏心鬱久之，故自唐乾元初至皇宋乾德歲，其間圖畫之尤精，取其目所擊者五十八人，品以四格，離爲三卷，命曰《益州名畫録》。

徐𤊹《徐氏家藏書目・畫類》《益州名畫録》四卷。黄休復撰。

錢謙益等《絳雲樓書目・雜藝類》《益州名畫録》三卷。宋黄休復，蜀人。

《四庫全書總目提要・藝術類一》《益州名畫録》三卷。安徽巡撫採進本。宋黄休復撰。前有景德三年李畋序，稱江夏黄氏休復，字歸本。通《春秋》學，校左氏、公、穀書。鬻丹養親。游心顧、陸之藝，深得厥趣。

錢東垣等輯《崇文總目・小説類》《益州名畫録》三卷。

不絶筆畫圖

鄭樵《通志・藝文略・藝術類》《不絶筆畫圖》一卷。王叡撰。

《宋史・藝文志・雜藝術類》王叡《不絶筆畫圖》一卷。

錢東垣等輯《崇文總目・小説類》《不絶筆畫圖》一卷。王叡撰。原釋闕。見天一閣鈔本。

畫評

《新唐書・藝文志・雜藝術》顧況《畫評》一卷。

鄭樵《通志・藝文略・藝術類》《畫評》一卷。顧況撰。

錢東垣等輯《崇文總目・小説類》《畫評》一卷。顧況撰。

釣鼇圖

鄭樵《通志・藝文略・藝術類》《釣鼇圖》一卷。

晁公武《郡齋讀書志・類書類》《釣鼇圖》一卷。右不題撰人。凡四十類，各有一詩。

陳振孫《直齋書録解題・雜藝類》《釣鼇圖》一卷。

馬端臨《文獻通考・經籍考・雜藝術》《釣鼇圖》一卷。

《宋史・藝文志・雜藝術類》《釣鰲圖》一卷。

歷代畫斷

鄭樵《通志・藝文略・藝術類》《歷代畫斷》一卷。

歷代畫評

鄭樵《通志・藝文略・藝術類》《歷代畫評》八卷。唐竇蒙撰。

五代名畫評

鄭樵《通志・藝文略・藝術類》《五代名畫評》一卷。劉道醇撰。

陳振孫《直齋書録解題・雜藝類》《五代名畫記》。大梁劉道醇撰。嘉祐四年陳洵直序。案：「洵」，《文獻通攷》作「詢」。

馬端臨《文獻通考・經籍考・雜藝術》《五代名畫記》一卷。

晁公武《郡齋讀書志・類書類》《五代名畫補遺》一卷。右皇朝劉道醇纂。符嘉應撰序云：「胡嶠嘗有《梁朝名畫目》，因廣之，故曰《補遺》。」

馬端臨《文獻通考・經籍考・雜藝術》《五代名畫補遺》一卷。劉道成纂。符嘉應撰序云：「胡嶠嘗有《梁朝名畫録》，因廣之，故曰《補遺》。」

徐𤊹《徐氏家藏書目・畫類》《五代名畫補遺》一卷。宋劉道醇撰。

《四庫全書總目提要・藝術類一》《五代名畫補遺》一卷。兩江總督採進本。宋劉道醇撰。考晁公武《讀書志》曰：「《五代名畫補遺》一卷，皇朝劉道醇纂。符嘉應撰序云：胡嶠嘗作《梁朝名畫録》，因廣之，故曰《補遺》。」又別載《宋朝名畫評》三卷，亦註劉道成纂，符嘉應序。則劉道醇當作道成。又陳振孫《書録解題》曰：「《五代名畫記》一卷，大梁劉道醇撰。嘉祐四年陳詢直序。」則「補遺」字又當作「記」。然此本爲毛晉汲古閣影摹宋刻，楮墨精好，纖毫無闕，不應卷首題名乃作譌字。蓋本此一書，振孫誤題書名，公武誤題人名。馬端臨作《文獻通考》，又偶未見其書，但據兩家之目，遂重載之。觀卷首陳詢直序，與振孫所言合。而公武所載符嘉應序，又即詢直序中語。知公武併以《宋朝名畫評》序誤註此條，不但「成」字之譌也。胡嶠，名見《五代史・契丹傳》。郭若虚《圖畫見聞志》稱其爲《廣梁朝畫目》，註曰「皇朝胡嶠撰」。則已入宋。其書今不傳。道醇不知其仕履。此書所録，凡二十四人。蓋已見於胡嶠《録》者不載，故五十年中寥寥僅此云。

聖朝名畫評

鄭樵《通志・藝文略・藝術類》《聖朝名畫評》一卷。劉道醇撰。

晁公武《郡齋讀書志・雜藝術類》《聖朝名畫評》三卷。右皇朝劉道成纂。符嘉應撰序。集本朝畫工之名世者，第其品，以王瓘爲神品，云在吴生上。

陳振孫《直齋書録解題・雜藝類》《聖朝名畫評》一卷。案：《文獻通攷》作三卷。劉道醇撰。

馬端臨《文獻通考・經籍考・雜藝術》《宋朝名畫評》三卷。

《四庫全書總目提要・藝術類一》《宋朝名畫評》三卷。浙江范懋柱家天一閣藏本。宋劉道醇撰。書分六門：一曰人物，二曰山水林木，三曰畜獸，四曰花草翎毛，五曰鬼神，六曰屋木。每門之中，分神、妙、能三品，每品又各分上、中、下。所録凡九十餘人。首有叙文，不著名氏。其詞亦不類序體，疑爲書前發凡，後人以原書無序，析出别爲一篇也。案朱景元《名畫録》分神、妙、能、逸四品，而此仍從張懷瓘例，僅分三品。殆謂神品足以該逸品，故不再加分析。抑或無其人以當之，姑虚其等也。又黄休復《益州名畫録》列黄筌及其子居宷於妙格下，而此書於人物門則筌、居宷竝列入妙品，花木翎毛門則筌、居宷又列入神品。蓋即一人，亦必隨其技之高下而品隲之。其評論較爲平允。其所敘諸人事實，詞雖簡略，亦多有足資考核者焉。

徐𤊹《徐氏家藏書目・畫類》《聖朝名畫記》三卷。宋劉道醇撰。

畫史

鄭樵《通志・藝文略・藝術類》《畫史》一卷。米芾撰。

徐𤊹《徐氏家藏書目・畫類》米海岳《畫史》一卷。

錢謙益等《絳雲樓書目・雜藝類》米元章《畫史》一卷。

《宋史・藝文志・雜藝術類》米芾《畫史》一卷。

楊士奇等《文淵閣書目・畫譜》米家《畫史》。一部，一册。闕。

范邦甸等《天一閣書目・藝術類》米海嶽《畫史》。宋米芾撰并自序。

《四庫全書總目提要・藝術類一》《畫史》一卷。兩江總督採進本。宋米芾撰。芾字元章。史浩《兩鈔摘腴》曰：芾自號鹿門居士。黄溍《筆記》曰：元章自署姓名，「米」或爲「芉」，「芾」或爲「黻」。又稱海岳外史，又稱襄陽漫士。周必大《平園集》有《章友直畫蟲跋》曰：後題無礙居士，即米元章。蓋芾性好奇，故屢變其稱如是。《宋史》本傳作吴人。都穆《寓意編》曰：米氏父子本襄陽人，而寓居京口。嘗觀海岳翁表吾郡朱樂圃先生墓曰：余昔居郡，與先生游。則海岳又嘗寓蘇。修《宋史》者直云吴人，而後之論撰者遂以爲吴縣人，失之遠矣。據其所考，則史稱吴人，誤也。芾初以其母侍宣仁后藩邸舊恩，補浛洭尉。官至禮部員外郎、知淮南軍。史稱其妙於翰墨繪圖，自名一家，尤精鑒裁。此書皆舉其平生所見名畫，品題真僞，或間及裝褙收藏及考訂譌謬。歷代賞鑒之家，奉爲圭臬。中亦有未見其畫而載者，如王球所藏兩漢至隋帝王像及李公麟所説王獻之畫之類。蓋芾作《書史》皆所親見。作《寶章待訪録》，别以目覩的聞，分類編次。此則已見未見相雜而書，其體例各異也。他如《渾天圖》及《五聲六律十二宫旋相爲君圖》，自爲圖譜之學，不在丹青之列，芾亦附載。殆張彦遠《歷代名畫記》兼收《日月交會九道》諸圖之例歟？芾不以天文名，而其論天，以古今百家星歷盡爲妄説，欲以所作《晝夜六十圖》上之御府，藏之名山，已爲誇誕。又不以韻學名，而其論韻，謂沈約只知四聲，求其宫聲而不得，乃分平聲爲上下，以欺後世。考約《集》載《荅陸厥書》，雖稱宫商之音有五，而《梁書》約本傳及《南史》厥本傳竝云四聲。《隋志》亦作沈約《四聲》一卷。芾所謂求其宫聲不得者，不知何據。殆誤記唐徐景安《樂書》以上下平分宫商歟。案景安書今不傳，其説見王應麟《玉海》。卷首題詞，謂唐代五王之功業不如薛稷之二鶴，尤爲誕肆。是亦以顛得名之一端，存而不論可矣。

陳振孫《直齋書録解題・雜藝類》《畫史》一卷。米芾撰。

圖畫見聞志

鄭樵《通志・藝文略・藝術類》《圖畫見聞志》六卷。

晁公武《郡齋讀書志・雜藝術類》《名畫見聞志》六卷。右皇朝郭若虚撰。若虚以張愛賓之《畫記》絶筆永昌元年，因續之，歷五代，止國朝熙寧七年。分敘論、紀藝、故事、近事四門。

陳振孫《直齋書録解題・雜藝類》《圖畫見聞志》六卷。太原郭若虚撰。元豐中自序，稱大父司徒公，未知何人。郭氏在國初無顯人，但有郭承祐耳。其書欲繼張彦遠之後。

馬端臨《文獻通考・經籍考・雜藝術》《名畫見聞志》六卷。乃看畫之綱領也。

《宋史・藝文志・雜藝術類》 郭若虛《圖畫見聞志》六卷。

楊士奇等《文淵閣書目・畫譜》 《圖畫見聞誌》。一部，一册。闕。

范邦甸等《天一閣書目・藝術類》 《圖畫見聞志》六卷。

毛晉《汲古閣書跋》 《圖畫見聞誌》。張彦遠紀歷代名畫，絶筆於唐之會昌元年，得三百七十餘人。又别撰《法書要録》。

錢謙益等《絳雲樓書目・雜藝類》 《圖畫見聞志》。六卷。郭若虛。篇首自序，元豐六年也。

《四庫全書總目提要・藝術類一》 《圖畫見聞志》六卷。内府藏本。宋郭若虛撰。若虛不知何許人。書中有「熙寧辛亥冬，被命接勞北使，爲輔行」語。則嘗爲朝官，故得預接伴。陳振孫《書録解題》云：自序在元豐中，稱大父司徒公，未知何人。郭氏在國初無顯人，但有郭承祐耳。然今考史傳，并郭承祐亦不載，莫之詳也。是書馬端臨《文獻通考》作《名畫見聞志》，而《宋史・藝文志》、鄭樵《通志略》則所載與今本竝同。蓋《通考》乃傳寫之誤。若虛以張彦遠《歷代名畫記》絶筆唐末，因續爲裒輯，自五代至熙寧七年而止。分叙論、紀藝、故事拾遺、近事四門。

黄丕烈《蕘圃藏書題識》 《蕘圃藏書題識》卷五子類二《圖畫見聞志》六卷。前三卷元鈔，後三卷宋刊。此元人鈔本《圖畫見聞志》三卷。

黄丕烈《百宋一廛書録》 《圖畫見聞志》。予初蓄《圖畫見聞志》有一至三三卷，爲元人手鈔。後得翻宋本，質諸周香嚴。香嚴云：「余亦有一刻本，未知即是此本否？」及出以相示，而楮墨俱饒古氣，細辨字畫，遇宋諱皆闕筆，翻本不如是也。爰揭去舊時背紙，皆羅紋闊連而横印者，始知爲宋刻宋印。以翻本行款證之，此即所謂臨安府陳道人書籍鋪刊行本也。爰從香嚴乞得，與元鈔合裝，可稱雙璧矣。

張之洞《書目答問・藝術家》 《圖畫見聞志》六卷。宋郭若虛。津逮本。學津本。唐會昌至宋熙甯。

四時設色

鄭樵《通志・藝文略・藝術類》 《四時設色》一卷。陸探微撰。

丁巳畫録

鄭樵《通志・藝文略・藝術類》 《丁巳畫録》一卷。劉道醇撰。

合畫筆訣

鄭樵《通志・藝文略・藝術類》 《合畫筆訣》一卷。

廣畫録

鄭樵《通志・藝文略・藝術類》 《廣畫録》一卷。僧仁顯撰。

唐采畫録

鄭樵《通志・藝文略・藝術類》 《唐采畫録》一卷。

畫　品

鄭樵《通志・藝文略・藝術類》 《畫品》一卷。僧彦保撰。

畫品録

鄭樵《通志・藝文略・藝術類》 《畫品録》一卷。集唐世善畫人姓名。

古今名畫記

鄭樵《通志・藝文略・藝術類》《古今名畫記》三卷。

琴式尚象圖

鄭樵《通志・圖譜略・記有》《琴式尚象圖》。

北齊六學士勘書圖

鄭樵《通志・圖譜略・記有》《北齊六學士勘書圖》。

歷代聖賢圖

鄭樵《通志・圖譜略・記有》《歷代聖賢圖》。

蓮社圖

鄭樵《通志・圖譜略・記有》《蓮社圖》。

郭子儀宴魚朝恩圖

鄭樵《通志・圖譜略・記有》《郭子儀宴魚朝恩圖》。

書　譜

鄭樵《通志・圖譜略・記有》徐浩《書譜》。

舞鑑圖

鄭樵《通志・圖譜略・記有》《舞鑑圖》。

書畫史

晁公武《郡齋讀書志・類書類》《書畫史》二卷。右皇朝米芾元章撰。輯本朝公卿士庶家藏法書、名畫，論其優劣真僞。

續畫記

晁公武《郡齋讀書志・類書類》《續畫記》一卷。右唐李嗣真撰。補謝赫之闕。

馬端臨《文獻通考・經籍考・雜藝術》《續畫記》一卷。

楊士奇等《文淵閣書目・畫譜》《續畫記》。一部，一册。闕。

御臨法帖

趙希弁《讀書附志・拾遺》《御臨法帖》十卷。右高宗皇帝臨晉、唐諸人之帖也。秦檜跋。

甲秀堂帖

趙希弁《讀書附志・拾遺》《甲秀堂帖》。右廬山陳氏所刻也。

楊士奇等《文淵閣書目・法帖》《甲秀堂帖》。一部，三册。闕。

二王帖

趙希弁《讀書附志・拾遺》《二王帖》三卷。右清江所刻羲之、獻之帖也。二像冠于篇端，引周子中之言曰：「心慕二王之人品，則瞻之在前；手追二王之墨妙，則忽然在後。」目録、註譯具于卷末。

淳熙祕閣續法帖

趙希弁《讀書附志・拾遺》《淳熙祕閣續法帖》十卷。右淳熙十二年三月十九日奉聖旨摸勒鍾繇諸人帖。

星鳳樓帖

趙希弁《讀書附志・拾遺》《星鳳樓帖》。右曹文簡公彦約家所刻也。

楊士奇等《文淵閣書目・法帖》《曹氏星鳳樓帖》。一部，一册。闕。

趙延康帖

趙希弁《讀書附志・拾遺》《趙延康帖》。右高宗皇帝賜趙子崧書一幅，後用御名圖書。其次則子崧與張邦昌一書、與王時雍諸人一書，親筆也。

東坡先生帖

趙希弁《讀書附志・拾遺》《東坡先生帖》三十卷。右玉山汪應辰聖錫所刻也。

鳳墅帖

趙希弁《讀書附志・拾遺》《鳳墅帖》二十卷，《畫帖》二卷，《續帖》四卷。右廬陵曾宏父刻國朝聖賢帖也。

張魏公帖

趙希弁《讀書附志・拾遺》《張魏公帖》一卷。右忠獻公帖。篇端《紫巖碁圖》，乃忠獻及陳逍遥之老畫像。南軒先生跋其下。

張宣公帖

晁公武《郡齋讀書志》《張宣公帖》四卷。

朱文公帖

趙希弁《讀書附志・拾遺》《朱文公帖》六卷。右南康黄西坡所藏先生之帖，而郡守錢明德并項平庵跋語刻之，於中可以補《晦翁大全集》之闕者爲多。

篆書千字文

趙希弁《讀書附志·拾遺》《篆書千字文》一卷。右徐鉉篆周興嗣之韻也。希弁嘗攷《徽宗皇帝實録》，政和三年四月辛卯，詔避廟諱，改「曰嚴與敬」爲「曰嚴與謹」，「勞謙謹勑」爲「勞謙兢勑」，「籍甚無竟」爲「籍甚無罄」，「璇璣懸斡」爲「璇璣還斡」云。

張紫微帖

趙希弁《讀書附志·拾遺》《張紫微帖》一卷。右歷陽張孝祥帖，尋陽陶思贊所刻。

御書真草孝經

趙希弁《讀書附志·拾遺》《御書真草孝經》一卷。右高宗皇帝御書，賜尚書右僕射兼樞密使秦檜。時紹興九年六月辛酉，檜請刻之石。上曰：「十八章，世人以爲童蒙之書，不知聖人精微之學，不出乎此。朕宫中無事，因學草聖，遂以賜卿，豈足傳後？」檜請再三，乃從之。十四年七月，從左宣教郎、守殿中侍御史汪勃所請，詔令諸州刊石，賜見任官并係學籍諸生云。

群玉堂帖

趙希弁《讀書附志·拾遺》《羣玉堂帖》十卷。右嘉定元年四月二十四日省劄下祕書收省藏。蓋韓平原家本也，故卷尾有印曰：「閱古審定法書之印」、「永興軍節度使印」，篇首則三朝宸翰，有璽文，曰：「吴娃之章」、「吴氏書印」、「吴娃翰墨」、「寶章妙墨宜爾子孫世世寶之康壽珍玩」，皆憲聖慈烈皇后之記也。

山谷先生帖

趙希弁《讀書附志·拾遺》《山谷先生帖》五卷。右張孝祥跋山谷之姪彪所藏。卷後引徽宗皇帝評公之書，謂「如抱道足學之士，坐高車駟馬之上，横斜高下，無不如意」云。

御製聖安壽仁太上皇帝聖政序

趙希弁《讀書附志·拾遺》《御製聖安壽仁太上皇帝聖政序》一卷。右寧宗皇帝御製《光宗皇帝聖政序》也。謝深甫跋其下。

御製太清樓閱書歌

趙希弁《讀書附志·拾遺》《御製太清樓閲書歌》一卷。右真宗皇帝御製，賜張耆以下。徽宗皇帝、高宗皇帝跋其後。

御製唐十八學士圖贊

趙希弁《讀書附志·拾遺》《御製唐十八學士圖贊》一卷。右欽宗皇帝御書，賜張叔夜。

續書譜

陳振孫《直齋書録解題·雜藝類》《續書譜》一卷。鄱陽姜夔堯章撰。

高儒《百川書志・翰墨志》《續書譜》一卷。宋番陽布衣白石姜夔堯章著。凡十二則。

錢謙益等《絳雲樓書目・雜藝類》姜堯章《續書譜》。番陽人，最爲楊誠齋所知。

嵇璜等《續通志・圖譜略・記有》宋姜夔《續書譜》。

《四庫全書總目提要・藝術類一》《續書譜》一卷。浙江鮑士恭家藏本。宋姜夔撰。夔有《絳帖平》，已著録。是編其論書之語。曰《續書譜》者，唐孫過庭先有《書譜》故也。

張之洞《書目答問・藝術家》《續書譜》一卷。宋姜夔。《三續百川》本。以上二種，刻戈守智《漢溪書法通解》内，通行本。

武岡法帖釋文

陳振孫《直齋書録解題・雜藝類》《武岡法帖釋文》二十卷。案：《文獻通攷》作十卷。劉次莊元祐中爲《官帖釋文》，刻石於臨江。而武岡又嘗傳刻絳州民潘氏帖。嘉定中，汪立中取劉本分入二十卷中。《官帖》所無者，增附之。

楊士奇等《文淵閣書目・法帖》《武岡法帖釋文》。一部，一册。闕。

絳帖評

陳振孫《直齋書録解題・雜藝類》《絳帖評》一卷。姜夔撰。

楊士奇等《文淵閣書目・法帖》《絳帖平》。一部，一册。闕。

飛白敍録

陳振孫《直齋書録解題・雜藝類》《飛白敍録》一卷。錢惟演希聖撰。天聖四年序進。

書　史

陳振孫《直齋書録解題・雜藝類》《書史》一卷。禮部員外郎米芾元章撰。

高儒《百川書志・翰墨志》《書史》一卷。宋米芾著。

徐𤊹《徐氏家藏書目・書類》米海岳《書史》二卷。宋米芾。

《四庫全書總目提要・藝術類一》《書史》一卷。浙江鮑士恭家藏本。宋米芾撰。是編評論前人真蹟，皆以目歷者爲斷。故始自西晉，迄於五代，凡印章跋尾，紙絹裝褙，俱詳載之。

蘭亭博議

陳振孫《直齋書録解題・雜藝類》《蘭亭博議》十五卷。淮海桑世昌澤卿撰。世昌居天台，放翁陸氏諸甥也，博雅能詩。又嘗爲《西湖紀逸》，考林逋遺事甚詳。

陳振孫《直齋書録解題・雜藝類》《蘭亭考》十二卷。即前書。浙東庾司所刻，視初本頗有删改。初十五篇，今存十三篇，去其《集字篇》後人集《蘭亭》字作書帖、詩銘之類者，又《附見篇》兼及右軍他書蹟，於《樂毅論》尤詳。其書始成，本名《博議》，高内翰文虎炳如爲之序。及其刊也，其子似孫，主爲删改，去此二篇固當，而其他務從省文，多失事實，或戾本意。其最甚者，序文本亦條達可觀，亦竄改無完篇，首末闕漏，文理斷續，於其父猶然，深可怪也。此書累十餘卷，不過爲晉人一遺帖，自是作無益，玩物喪志，本無足云。其中所録諸家跋語，有昭然僞妄而不能辨者，未暇疏舉。

徐𤊹《徐氏家藏書目・書類》《蘭亭博議》一卷。宋桑世昌。

書苑精華

陳振孫《直齋書録解題・雜藝類》《書苑菁華》二十卷。臨安書肆陳思者集。

楊士奇等《文淵閣書目・法帖》 《書苑精華》。一部，七册。闕。

高儒《百川書志・翰墨志》 《書苑菁華》二十卷。宋錢塘陳思纂。次秦漢而下載籍文字關涉翰墨者，分三十二體，凡百七十一篇。類書之一家，書苑之奇觀也。

錢謙益等《絳雲樓書目・雜藝類》 《書苑菁華》。二十卷。陳思，南宋臨安鬻書人也。撰《書苑菁華》一編，皆集漢晉以後論書之語。此書之前，有周越《書苑》十五卷，陳思蓋踵子發而爲之者也。後王世貞亦有《書苑》。

范邦甸等《天一閣書目・藝術類》 《書苑菁華》二十卷。鈔本。宋錢塘陳思纂次。

《四庫全書總目提要・藝術類一》 《書苑菁華》二十卷。浙江汪汝瑮家藏本。宋陳思撰。是編集古人論書之語，與《書小史》相輔竝行。卷一、卷二曰法。卷三曰勢，曰狀，曰體，曰旨。卷四曰品。卷五曰評，曰議，曰估。卷六曰斷。卷七曰録。卷八曰譜，曰名。卷九、卷十曰賦。卷十一、卷十二曰論。卷十三曰記。卷十四曰表，曰啟。卷十五曰箋，曰判。卷十六曰書，曰序。卷十七曰歌，曰詩。卷十八曰銘，曰贊，曰敘，曰傳。卷十九曰訣，曰意，曰志。卷二十曰雜著。所收凡一百六十餘篇。以意主閎博，故編次叢雜，不免疎舛。

彭元瑞《天禄琳琅書目後編・宋版子部》 《書苑菁華》一函六册。宋陳思撰。思，臨安人。著《小字録》前自署成忠郎，緝熙殿、國史實録院、秘書省蒐訪，蓋坊肆書賈系銜散局者。其子起，刊《江湖集》，事見前。書二十卷，分書法、書勢、書狀、書體、書旨、書品、書評、書議、書估、書斷、書録、書譜、書名、書賦、書論、書記、書表、書啓、書牋、書判、書書、書序、書歌、書詩、書銘、書贊、書敘、書傳、書訣、書意、書志、雜著二十門。前有魏了翁序，稱爲臨安鬻書人陳思，故不署名，但稱鶴灘翁題也。了翁，字華父，浦江人。慶元進士，官簽書樞密院事，謚文靖。《宋史》有傳。序見所著《鶴山集》。

張金吾《愛日精廬藏書續志・藝術》 《書苑菁華》二十卷。舊抄本。宋錢塘陳思纂次。

古以書爲名，如《周官》「掌達書名于四方」；《儀禮》「百名書于策」，則今所謂字也。是故欲知學者，必先識字；不識字，則無以名物。雖張顛草聖，阿買八分，猶爲不識字也。臨安粥書人陳思，乃能集漢魏以後論書者爲一編，曰《書苑菁華》，豈不可尚？雖然，是猶後世詅工鬭妍，非吾所謂識字者。若好學者又於此遡流尋源，以及於秦漢而上，求古人所以名之意，則讀書爲文也其庶乎！鶴山翁題。

翰墨志

陳振孫《直齋書録解題・雜藝類》 《翰墨志》一卷。高宗皇帝御製。

徐𤊹《徐氏家藏書目・書類》 高宗《翰墨志》一卷。

《四庫全書總目提要・藝術類一》 《翰墨志》一卷。浙江鮑士恭家藏本。宋高宗皇帝御撰。《宋史・藝文志》載《高宗評書》一卷，亦名《翰墨志》。高似孫《硯箋》引作《高宗翰墨志》，岳珂《法書贊》引作《思陵翰墨志》，後人所追題也。

法書撮要

陳振孫《直齋書録解題・雜藝類》 《法書撮要》十卷。吴興蔡耑山父撰。以書家事實，分門條類，亦無所發明。淳熙中人，云紹聖御史之孫，吾鄉不聞有此人也，當攷。然其名耑而字山父，「耑」者，物之初生，從「屮」，不從「山」也。案：「屮」原本作「而」，誤。《文獻通攷》自「紹聖御史」以下俱删去，今據文義改正。偏旁之未審，何取其爲法書？余於小學家黜書法於雜藝，有以也。

秘閣法帖跋

陳振孫《直齋書録解題・雜藝類》 《秘閣法帖跋》一卷。米芾撰。

法帖刊誤

陳振孫《直齋書録解題・雜藝類》 《法帖刊誤》二卷。黄伯思長睿撰。《淳化法帖》出於待詔王著去取。時秘府墨跡真贋雜居，著不能辨也，但欲備晉、宋間名跡，遂至以江南人一手僞帖，竄入其間，鄙惡之甚。米南宮辨之，十已得七八，至長睿，益精詳矣。

楊士奇等《文淵閣書目・法帖》《法帖刊誤》。一部，一册。闕。

高儒《百川書志・翰墨志》《法帖刊誤》二卷。宋秘書郎黄伯思撰。凡十篇。

徐𤊹《徐氏家藏書目・書類》《法帖刊誤》二卷。宋黄伯思。

廣川畫跋

陳振孫《直齋書録解題・雜藝類》《廣川畫跋》五卷。董逌撰。

馬端臨《文獻通考・經籍考・雜藝術》《廣川畫跋》五卷。

高儒《百川書志・雜藝類》《廣川畫跋》六卷。宋董逌撰。凡一百三十六跋。

徐𤊹《徐氏家藏書目・書類》《廣川畫跋》十卷。宋董逌著。

錢謙益等《絳雲樓書目・雜藝類》董逌《廣川畫跋》。六卷。

《四庫全書總目提要・藝術類一》《廣川畫跋》六卷。兩江總督採進本。

宋董逌撰。逌在宣和中與黄伯思均以考據賞鑒擅名。毛晉嘗刊其《書跋》十卷，而《畫跋》則世罕傳本。此本爲元至正乙巳華亭孫道明所鈔，云從宋末書生寫本録出，則爾時已無録本矣。紙墨歲久剥蝕，然僅第六卷末有闕字，餘尚完整也。古圖畫多作故事及物象，故逌所跋皆考證之文。其論山水者，惟王維一條，范寬二條，李成三條，燕肅二條，時記室所收一條而已。其中如辨正《武皇望仙圖》、《東丹王千角鹿圖》、《七夕圖》、《兵車圖》、《九主圖》、《陸羽點茶圖》、《送窮圖》、《乞巧圖》、《勘書圖》、《擊壤圖》、《没骨花圖》、《舞馬圖》、《戴嵩牛圖》、《秦王進餅圖》、《留瓜圖》、《王波利獻馬圖》，引據皆極精核。其《封禪圖》一條，立義未確。《姬魚圖》一條，附會太甚。《分鏡圖》一條，拘滯無理。《地獄變相圖》誤以盧棱伽爲在吴道元前。皆偶然小疵，不足以爲是書累也。

張金吾《愛日精廬藏書續志・藝術》《廣川畫跋》六卷。舊抄本。宋董逌撰。

琴六夫子據楊升菴刊本校補闕文。

《文獻通考》云：《廣川書畫跋》五卷，陳直齋：下闕。逌撰。今所録之本，迺宋末書生傳寫。誤，下闕。「於」作「相」，「德」作「浙」，不可枚舉。自一陽節日，下缺。午日輟卷。華亭孫道明明叔謹識。年六十。下缺。至正乙巳十一月二十三日書于泗北村居。

黄琴六先生手跋曰：《廣川畫跋》一書，世鮮傳本。愛日廬中藏有舊抄本，是從元人孫道明本録出者。余曾借抄一帙，惜卷中多空格，而末卷後四葉歲久紙敝，每行末有脱去三四字者，及傳寫訛繆，間有不可讀處，惜無別本可校。今秋月霄又得明嘉靖間升菴楊氏刊本，屬余校勘。前有劉大謨序，後有升菴自叙。苐楊本訛繆亦多，中脱文有連失一二篇者，及此文錯入他文之尾者二處。惟六卷中脱字尚全，而舊抄亦有脱去全行者四五處。皆據以補完，亦快事也。至兩本字句异同處頗多，而得失亦互見，並録之，以俟善讀者之自擇焉。黄廷鑑校訖識。

金壺記

陳振孫《直齋書録解題・雜藝類》《金壺記》一卷。僧適之撰。集書家故事。以二字爲題，而注所出於其下。凡三百餘條。

楊士奇等《文淵閣書目・法帖》《金壺記》。一部，一册。闕。

于敏中等《天禄琳琅書目・影宋鈔子部》《金壺記》。一函，二册。宋僧適之撰。上、中、下三卷。馬端臨《文獻通考》載：《金壺記》，僧適之集書家故事，以二字爲題，在注所出於其下，凡三百餘條。適之始末無考。書後稱：浮提之國獻神通善書二人，乍老乍少，隱形則出影，聞聲則藏形。出肘間金壺四寸，上有五龍之檢，封以青泥。壺中有墨汁如淳漆，灑地及石，皆成篆隸科斗之字。記造化人倫之始，佐老子撰《道德經》，垂十萬言。寫以玉牒，編以金繩，貯以玉函。晝夜精勤，形勞神倦。及金壺墨盡，二人刳心瀝血以代墨焉。遞鑽腦骨取髓，代爲膏燭。及髓血皆竭，探懷中玉管，中有丹藥之屑，以塗其身，骨乃如故。老子曰：更除其繁紊，存五千言。及至經成工畢，二人亦不知所往。係録晉隴西王嘉《拾遺記》中語，以記「金壺」二字所從出也。影鈔紙白如雪，墨色不尚濃厚，取其匀淨，幾與刊本摹印無異。琴川毛氏鈔本。

《四庫全書總目提要・藝術類存目》《金壺記》三卷。兩淮鹽政採進本。宋僧適之撰。適之始末未詳。案《拾遺記》載周時浮提國獻書生二人，有金壺，壺中墨汁灑水石，皆成篆籀或科斗文字。《記》之取名，蓋出於此。適之原有《金壺字考》一卷，取書之異音者，以類相從，標題二字而音其下。其書具有條理。是書雜述書體及能書人名，乃頗爲蕪雜。如項籍記姓名、揚雄心畫之類，雜敘於五十六種書體内，殊爲不類。又皆不著出處，亦乖傳信之道也。

林泉高致集

陳振孫《直齋書録解題・雜藝類》《林泉高致集》一卷。直徽猷閣待制河陽郭思撰。其父熙，字淳夫，善畫。思，元豐五年進士。既貴，追述其父遺迹、事實。待制許光疑爲之序。曰畫訓、畫意、畫題、畫訣。案：《文獻通考》「畫訓」上多「畫記」二字。而序又稱詩歌、贊記、詔誥、銘誌，今本闕。

馬端臨《文獻通考・經籍考・雜藝術》《林泉高致集》一卷。

楊士奇等《文淵閣書目・畫譜》《林泉高致》。一部，一册。闕。

徐𤊹《徐氏家藏書目・畫類》郭熙《林泉高致》一卷。

錢曾《讀書敏求記・藝術》《林泉高致》一卷。河陽郭思纂其父淳夫所得名人畫註及受眷神宗事實，勒成一書。政和七年，許光凝書其後云：覽之令人起物外煙霞之想，真可謂林泉之高致矣。

《四庫全書總目提要・藝術類一》《林泉高致集》一卷。浙江范懋柱家天一閣藏本。舊本題宋郭思撰。思父熙，字淳夫，温縣人。官翰林待詔直長，以善畫名於時。思字得之，登元豐五年進士，官至徽猷閣待制、秦鳳路經略安撫使。書首有思所作序，謂丱角侍先子，每聞一説，旋即筆記，收拾纂集，用貽同好。故陳振孫《書録解題》以此書爲思追述其父遺蹟事實而作。今案書凡六篇，曰山水訓，曰畫意，曰畫訣，曰畫題，曰畫格拾遺，曰畫記。其篇首實題贈正議大夫郭熙撰。

德隅堂畫品

陳振孫《直齋書録解題・雜藝類》《德隅堂畫品》一卷。李廌方叔撰。趙令時德麟官襄陽，行橐中諸畫，方叔皆爲評品之。元符元年也。

馬端臨《文獻通考・經籍考・雜藝術》《德隅堂畫品》一卷。

《宋史・藝文志・雜藝術類》李廌《德隅堂畫品》一卷。

高儒《百川書志・雜藝》《德隅齋畫品》一卷。濟北李廌方叔評。二十二則。

《四庫全書總目提要・藝術類一》《德隅齋畫品》一卷。兩江總督採進本。宋李廌撰。廌字方叔，陽翟人。事蹟具《宋史・文苑傳》。廌少以文字見知於蘇軾，後軾知舉，廌乃不第，竟偃蹇而卒。軾所謂「平生浪説古戰場，到眼空迷日五色」，至今傳爲故實者，即爲廌作也。是編所記名畫凡二十有二人，各爲序述品題。

畫繼

陳振孫《直齋書録解題・雜藝類》《畫繼》十卷。鄧椿公壽撰。以繼郭若虛之後。張彦遠《記》止會昌元年，若虛《志》止熙寧七年，今書止乾道三年。

馬端臨《文獻通考・經籍考・雜藝術》《畫繼》十卷。

楊士奇等《文淵閣書目・畫譜》《畫繼》。一部，二册。闕。

范邦甸等《天一閣書目・藝術類》《畫繼》十卷。刊本，缺前四卷。宋鄧椿撰。

徐𤊹《徐氏家藏書目・畫類》《畫繼》十卷。

毛晉《汲古閣書跋》《畫繼》。郭若虛論畫，專重軒冕、巖穴二途，極中肯綮，惜尚未截然分疏。鄧公壽作《畫繼》，更擴其旨，不獨敘列九十餘禩之事而續之也。大凡廊廟之士，留心翰墨，識力便迥出雞羣，況内府之祕玩，巨室之名蹟，一一恣其雌黄，率爾揮毫，無非天趣。至若隱逸者，春秋佳日，山水清音，探奇討幽，神境都韻，而以手筆出之，豈復尋常丘壑耶？舍此二者，則無畫矣。朱景真撰《唐賢名畫録》，於三品之外，更增逸格，政此意也。是編既與張、郭二書首尾相銜，成數千年繪事一大公案。乾道而後，其或繼之者，當拭眼望之。

錢謙益等《絳雲樓書目・雜藝類》《畫繼》。

錢曾《讀書敏求記・藝術》《畫繼》十卷。宋朝能畫諸名家，此書無不網羅畢載。八卷《銘心絶品》。九、十兩卷《雜説》，論遠、近。

《四庫全書總目提要・藝術類一》《畫繼》十卷。兩江總督採進本。宋鄧椿撰。椿，雙流人。祖洵武，政和中知樞密院。其時最重畫學，椿以家世聞見，綴成此書。其曰「畫繼」者，唐張彦遠作《歷代名畫記》，起軒轅，止唐會昌元年。宋郭若虚作《圖畫見聞志》，起會昌元年，止宋熙寧七年。椿作此書，起熙寧七年，止乾道三年，用續二家之書，故曰「繼」也。所録上而帝王，下而工技，九十四年之中，凡得二百一十九人。一卷至五卷以人分，曰聖藝，曰侯王貴戚，曰軒冕材賢，曰縉紳韋布，曰道人衲子，曰世冑婦女及宦者。各爲區分類别，以總括一代之技能。六卷、七卷以畫分，曰仙佛鬼神，曰人物傳寫，曰山水林石，曰花竹翎毛，曰畜獸蟲魚，曰屋木舟車，曰蔬果藥草，曰小景雜畫。各爲標舉短長，以分闡諸家之工巧。蓋互相經緯，欲俾一善不遺。八卷曰《銘心絶品》，記所見奇跡愛不能忘者，爲書中之特筆。九卷、十卷皆曰《雜説》，分「論遠」、「論近」二子目，則書中之總斷也。「論遠」多品畫之詞，「論近」則多説雜事。「論近」之末，附綴「雜事」一條，或傳寫失次歟。椿以當代之人，記當代之藝。又頗議郭若虚之遺漏，故所收未免稍寬。然網羅賅備，俾後來得以考核。其持論以高雅爲宗，不滿徽宗之尚法度，亦不滿石恪等之放佚，亦爲平允。固賞鑒家所據爲左驗者矣。

彭元瑞《天禄琳琅書目後編・藝術》《畫繼》一函二册。宋鄧椿撰。椿字公壽，雙流人，洵武之孫。書五卷，分聖藝，侯王貴戚、軒冕才賢、巖穴上士、縉紳韋布、道人衲子、世冑婦女，宦者附。皆以人分，得二百十九人。又仙佛鬼神、人物傳寫、山水林石、花竹翎毛、畜獸蟲魚、屋木舟車、蔬果藥草、小景雜畫，皆以畫分。又銘心絶品，雜説論遠、雜説論近。共二十門。前有乾道三年椿自序。附《五代名畫補遺》二卷，分人物、山水、走獸、花竹翎毛、屋木、塑作、彫木七門。前有嘉祐四年陳洵直序。據陳振孫《書録解題》，乃大梁劉道醇撰也。

張之洞《書目答問・藝術》《畫繼》十卷。宋鄧椿。津逮本。學津本。宋熙甯至乾道。

新集木書

《宋史・藝文志・雜藝術類》李誡《新集木書》一卷。

唐賢名畫録

《宋史・藝文志・雜藝術類》宋景真《唐賢名畫録》一卷。

玉溪圖

《宋史・藝文志・雜藝術類》《玉溪圖》一卷。

四聲角圖　雙泉圖

《宋史・藝文志・雜藝術類》楊希璨一作「璨」《四聲角圖》一卷。又《雙泉圖》一卷。

點頭文

《宋史・藝文志・雜藝術類》李永德《點頭文》一卷。

新編五代名畫記

《宋史・藝文志・雜藝術類》劉道醇《新編五代名畫記》一卷。

畫總録

《宋史・藝文志・雜藝術類》《畫總録》五卷。

草書洪範無逸中庸韻譜

《宋史・藝文志・雜藝術類》鍾離景伯《草書洪範無逸中庸韻譜》十卷。

宋朝畫評

《宋史・藝文志・雜藝術類》《宋朝畫評》四卷。

畫　品

《宋史・藝文志・雜藝術類》徐浩《畫品》一卷。

畫　評

《宋史・藝文志・雜藝術類》曹仲連《畫評》一卷。

汝　帖

楊士奇等《文淵閣書目・法帖》《汝帖》。一部，一册。闕。

楊士奇等《文淵閣書目・法帖》《汝帖》。一部，四册。完全。

荔支譜

楊士奇等《文淵閣書目・諸譜》《荔支譜》。一部，一册。闕。

橘　録

楊士奇等《文淵閣書目・諸譜》《橘録》。一部，一册。闕。

草木疏

楊士奇等《文淵閣書目・諸譜》《草木疏》。一部，一册。闕。

名畫評

楊士奇等《文淵閣書目・畫譜》《名畫評》。一部，一册。闕。

范邦甸等《天一閣書目・藝術類》《名畫評》三卷。明大梁劉道醇纂并自序。

法帖譜系

楊士奇等《文淵閣書目・法帖》《法帖譜系》。一部，一册。闕。

倪燦《宋史・藝文志補・藝術》曹士冕《法帖譜系》二卷。都昌人。

張之洞《書目答問・藝術》《法帖譜系》二卷。宋曹士冕。百川本。青照堂本。

慶豐牐碑

楊士奇等《文淵閣書目·法帖》《慶豐牐碑》。共三幅。闕。

瘞鶴銘

楊士奇等《文淵閣書目·法帖》《瘞鶴銘》。一部，一冊。闕。

山谷諸帖

楊士奇等《文淵閣書目·法帖》《山谷諸帖》。一部，一冊。闕。

御　書

楊士奇等《文淵閣書目·國朝》《御書》。一部，一冊。完全。

續書譜

楊士奇等《文淵閣書目·法帖》《續書譜》。一部，一冊。闕。

張即之行書蘭亭

楊士奇等《文淵閣書目·法帖》《張即之行書蘭亭》。一部，一冊。完全。

孫氏字説

楊士奇等《文淵閣書目·法帖》孫氏《字説》。一部，一冊。闕。塾本《書説》。

知足翁題詠

楊士奇等《文淵閣書目·法帖》《知足翁題詠》。一部，一冊。闕。

大字千文

楊士奇等《文淵閣書目·法帖》《大字千文》。一部，五冊。闕。

四體千文

楊士奇等《文淵閣書目·法帖》《四體千文》。一部，一冊。闕。

三續千文

楊士奇等《文淵閣書目·法帖》《三續千文》。一部，一冊。闕。

廟堂記

楊士奇等《文淵閣書目·法帖》《廟堂記》。一部，一冊。闕。

存古正字

楊士奇等《文淵閣書目・法帖》《存古正字》。一部，一册。闕。

許真君誡訓

楊士奇等《文淵閣書目・法帖》《許真君誡訓》。一部，一册。闕。

宣和畫譜節要

楊士奇等《文淵閣書目・畫譜》《宣和畫譜節要》。一部，一册。闕。

宣和書譜

楊士奇等《文淵閣書目・法帖》《宣和書譜》。一部，二册。闕。

《宣和書譜》。一部，四册。闕。

于敏中等《天祿琳琅書目・明版子部》《宣和書譜》。一函，二册。宋徽宗御撰。二十卷。按晁氏、陳氏、馬氏諸書目，皆不載是書，則在宋時僅爲内府祕籍，並未流行，見之者少。當時有書、畫兩《譜》，刻梓者似應合版，而此獨單行，猶之米芾《書畫史》二卷，載於《書録解題》者，即爲分列，且《宋史・藝文志》止存《畫史》而不及《書史》。可知古人書、畫分載之書，原可析卷單行也。此本槧印雖清，而字畫不能工整，其爲明代坊間所刻無疑。收藏印記無考。

《四庫全書總目提要・藝術類一》《宣和書譜》二十卷。兩江總督採進本。不著撰人名氏。記宋徽宗時内府所藏諸帖，蓋與《畫譜》同時作也。首列帝王諸書爲一卷，次列篆隸爲一卷，次列正書四卷，次列行書六卷，次列草書七卷，末列分書一卷，而制誥附焉。宋人之書，終於蔡京、蔡卞、米芾，殆即三人所定歟。芾、京、卞書法皆工，芾尤善於辨别，均爲用其所長。故宣和之政無一可觀，而賞鑒則爲獨絶。蔡絛《鐵圍山叢談》稱：所見《内府書目》，唐人硬黄臨二王至三千八百餘幅，顔魯公墨迹至八百餘幅。大凡歐、虞、褚、薛及唐名臣李太白、白樂天等書字，不可勝記。獨兩晉人則有數矣。至二王《破羌》、《洛神》諸帖，真迹殆絶。蓋亦僞多焉云云。今書所載王羲之帖僅二百四十有二，王獻之帖僅八十有九，顔真卿帖僅二十有八。蓋其著於録者，亦精爲汰簡，魚目之混罕矣。

孫星衍《平津館鑒藏書籍記・藝術》《宣和書譜》廿卷。前有嘉靖庚子楊慎序，稱：《博古圖》，南國監有刻本，而此書雖中祕亦缺。余得之於亡友許吉士稚仁，轉寫一帙，冀傳播無絶云。每葉十八行，行十九字。

宣和畫譜

楊士奇等《文淵閣書目・畫譜》《宣和畫譜》。一部，六册。完全。

《宣和畫譜》一部，三册，闕。

《宣和畫譜》一部，四册，闕。

《宣和畫譜》一部，一册，闕。

《四庫全書總目提要・藝術類一》《宣和畫譜》二十卷。兩江總督採進本。不著撰人名氏。記宋徽宗朝内府所藏諸畫。前有宣和庚子御製序，然序中稱「今天子」云云，乃類臣子之頌詞，疑標題誤也。所載共二百三十一人，計六千三百九十六軸。分爲十門，一道釋，二人物，三宮室，四蕃族，五龍魚，六山水，七鳥獸，八花木，九墨竹，十蔬果。考趙彦衛《雲麓漫鈔》載宣和畫學分六科，一曰佛道，二曰人物，三曰山川，四曰鳥獸，五曰竹花，六曰屋木。與此大同小異，蓋後又更定其條目也。蔡絛《鐵圍山叢談》曰：崇寧初，命宋喬年值御前書畫所。喬年後罷去，繼以米芾輩。迨至末年，上方所藏率至千計。吾以宣和癸卯歲嘗得見其目云云。癸卯在庚子後三年，當時書畫二《譜》蓋即就其目排比成書歟？徽宗繪事本工，米芾又稱精鑒，故其所録，收藏家據以爲徵，非王黼等所輯《博古圖》動輒舛謬者比。絛又稱御府所祕古來丹青，其最高遠者，以曹不興《元女授黃帝兵符圖》爲第一，曹髦《卞莊子刺虎圖》第二，謝稚《烈女貞節圖》第三，自餘始數顧、陸、僧、繇而下。與今本次第不同，蓋作《譜》之時乃分類排纂，其收藏之目則以時代先後爲差也。又《卞莊子刺虎圖》，今本作衛協，不作曹髦，則併標題名氏亦有所考正更易矣。王冐堂《筆塵》曰：《畫譜》採薈諸家記録，或臣下撰述，不出一手，故有自相矛盾者。【略】案冐堂以是書爲徽宗御撰，蓋亦未詳繹序文。然所指牴牾之處，則固切中其失也。

高儒《百川書志・雜藝》 《宣和畫譜》二十卷。宣和二年集中秘所藏魏晉以來名畫。凡二百三十一人，計六千三百九十六軸，析爲十門。

范邦甸等《天一閣書目・藝術類》 《宣和畫譜》二十卷。藍絲闌鈔本。宋徽宗御撰。大德壬寅延陵吴文貴識云：《宣和書畫譜》乃當時祕録，未嘗行世。近好古雅德之士始出以資證，往往更相傳寫，訛舛滋甚。余竊病之。暇日博求衆本，與雅士參校，十得八九，遂鋟諸梓，以廣其傳。

孫能傳、張萱等《内閣藏書目録・技藝》 《宋宣和畫譜》六册。全。宋徽宗編次，有御製序。自孫吴以至趙宋，共二百三十一人，人爲一傳。總十家：工道釋者四十九人，人物三十三人，宫室四人，番族五人，龍魚八人，山水四十一人，畜獸二十七人，花鳥四十六人，墨竹十二人，蔬果六人。凡二十卷。鈔本。

毛晉《汲古閣書跋》 《宣和畫譜》。古來帝王家好尚翰墨者，真米顛所云奇絶陛下也。如唐太宗篤嗜字蹟，宋徽宗專心繪事，可稱同調。按貞觀初，整理御府古今工書真蹟，已得一千五百餘卷，命舍人崔融爲《寶章集》紀其事，而王方慶所進不與焉。裴孝源則撰《公私畫史》，一時珍玩大備。數百年來，惟宣和二《譜》足以當之。即多寡未必侔，或時代損益之不同耳。徽宗一日幸祕書省，發篋出御書畫，凡公宰親王使相從官各賜御畫一軸，兼行書草書一紙，上顧蔡攸分之。是時既恩許分賜，羣臣皆斷佩折巾以爭先，帝爲之笑。此與唐太宗宴三品已上於玄武門，親操筆作飛白書，衆臣乘醉競取，常侍劉洎登御牀引帝手，然後得之，千古同一佳話也。

錢謙益等《絳雲樓書目・雜藝類》 《宣和畫譜》。二十卷。

又 《宣和畫譜》。二十卷。有宋徽宗序。

宋高宗御札

楊士奇等《文淵閣書目・法帖》 《宋高宗御札》。一部，一册。闕。

赤壁賦

楊士奇等《文淵閣書目・法帖》 《赤壁賦》。一部，一册。闕。

米芾書

楊士奇等《文淵閣書目・法帖》 《米芾書》。一部，四册。闕。

宋太宗御書

楊士奇等《文淵閣書目・法帖》 《宋太宗御書》。一部，一册。闕。

東坡松醪賦

楊士奇等《文淵閣書目・法帖》 《東坡松醪賦》。一部，二册。闕。

米芾真蹟

楊士奇等《文淵閣書目・法帖》 《米芾真蹟》。一部，一册。闕。

洛神賦

楊士奇等《文淵閣書目・法帖》 《洛神賦》。一部，一册。闕。

山谷法帖

楊士奇等《文淵閣書目·法帖》《山谷法帖》。一部，一册。闕。

祕閣續帖

楊士奇等《文淵閣書目·法帖》《祕閣續帖》。一部，九册。闕。

淳化帖

楊士奇等《文淵閣書目·法帖》《淳化帖》。一部，十册。殘缺。

又《淳化帖》。一部，九册。殘缺。

又《淳化帖》。一部，二册。闕。

又《淳化帖》。一部，一册。闕。

淳熙祕閣續法帖

楊士奇等《文淵閣書目·法帖》《淳熙祕閣續法帖》。一部，十册。闕。

米海岳草書九帖

都穆《南濠居士文跋》《米海岳草書九帖》。海岳翁此卷，嘗入紹興秘府，後有其子元暉題識，蓋海岳平生得意書也。其中有《登海岳樓詩》一首，下小字注云：三四次寫，間有一兩字好，信書亦一難事。夫海岳書可謂入晉人之室，而其自言乃爾。後之作字者，當何如耶？

朱文公城南詩

都穆《南濠居士文跋》《朱文公城南詩》朱子與南軒先生友善，此《城南二十咏》，和南軒而作者。穆聞之先工部君言：在元，吾鄉尚書干公文傳嘗尹婺源，朱子闕里也。公得此于其五世孫光，後秩滿歸，常熟錢伯廣者愛之，公輙以贈。伯廣乃構城南齋，因以城南自號。金華黄文獻公爲記。伯廣没，卷爲鄉友虞子賢所得。子賢復構軒二十楹，各顔其詩於上。兵變後，卷流落不知所在。穆近于致政侍郎陽羨沈公家見之，不覺大喜。卷後有干公跋，楊廉夫復爲子賢補書南軒原唱，最後干淵一跋，與先君之語正合。淵字資深，尚書公孫也。

張先生書金剛經

都穆《南濠居士文跋》《張先生書金剛經》。嘉定張先生翰宸在洪武中以母夫人生日手書是經，用以資福。此可以見其孝，而字畫之勁健清美，則又可以頡頏古人而不多讓。嗚呼！若先生者，可謂有德有文之士矣。惜乎甫官訓導而遽罹非辜，故百餘年來，其名罕傳。雖以穆爲鄉後進，而所閲墨蹟，亦維此而已。穆嘗謂天之生才甚艱，宜其愛護寶惜。而先生乃獨不然，其亦可悲也夫，其亦可感也夫！

法帖釋文

高儒《百川書志·翰墨志》《法帖釋文》十卷。宋承議郎劉次莊取法帖中草書世所病讀者釋文。十卷，凡一百四家。

法帖譜系雜説

高儒《百川書志·翰墨志》《法帖譜系雜説》二卷。宋陶齋曹元冕著。

徐𤊹《徐氏家藏書目・書類》《法帖譜系》二卷。曹世冕。

思陵翰墨志

高儒《百川書志・翰墨志》宋襄陽米芾元章著。《思陵翰墨志》一卷。宋高宗皇帝御製。

文房職官圖贊

高儒《百川書志・格物家》《文房職官圖贊》一卷。宋和靖七世孫可山林洪龍發，以文房十八物，各擬官職名姓字號，圖贊之。

阿房宮賦

高儒《百川書志・翰墨志》《阿房宮賦》一冊。宋太史山谷黄庭堅草聖之妙也。石刻。

歐陽公試筆

高儒《百川書志・翰墨志》《歐陽公試筆》一卷。宋廬陵歐陽修。凡三十一則。此文忠衝口而得，信手而成，初不加意者。

徐𤊹《徐氏家藏書目・書類》歐陽公《試筆》一卷。

海岳名言

高儒《百川書志・翰墨志》《海岳名言》一卷。

徐𤊹《徐氏家藏書目・書類》《海岳名言》一卷。宋米芾。

《四庫全書總目提要・藝術類一》《海岳名言》一卷。浙江鮑士恭家藏本。宋米芾撰。皆其平日論書之語，於古人多所譏貶。如謂歐、柳爲醜怪惡札之祖。徐浩肥俗，更無氣骨。薛稷大字，用筆如蒸餅。顔魯公真字，便入俗品。皆深致不滿。其所記對徽宗之語，於蔡襄、沈遼、黄庭堅、蘇軾、蔡京、蔡卞，尤極意詆訶。史稱芾翰墨得王獻之筆意，而書中於子敬書顧不置議論。但云吾書取諸長處，總而成之，人見之不知以何爲祖。殆亦不免放言矜肆之習。然其心得既深，所言運筆布格之法，實能脱落蹊徑，獨湊單微，爲書家之圭臬，信臨池者所宜探索也。其書原載入左圭《百川學海》中，篇頁太少。今以類相從，附諸《書》、《畫史》、《寶章待訪録》之末，都爲一帙焉。

寶章待訪録

高儒《百川書志・翰墨志》《寶章待訪録》一卷。宋米芾著。明註親見的聞，以資清玩。

徐𤊹《徐氏家藏書目・書類》《寶章待訪録》一卷。宋米芾撰。

《四庫全書總目提要・藝術類一》《寶章待訪録》一卷。浙江鮑士恭家藏本。宋米芾撰。皆紀同時士大夫所藏晉唐墨跡，成於元祐元年丙寅。《書録解題》作《寶墨待訪録》二卷，與此互異，疑陳振孫誤也。自序謂太宗混一天下，圖書皆聚，而士民之閒尚有藏者。懼久廢忘，故作此以俟訪。分目睹、的聞二類。目睹者，王羲之《雪晴帖》以下凡五十四條。內張芝、王翼二帖，註云非真，蓋與張直清所藏他帖連類全載之。的聞者，唐僧懷素自序以下凡二十九條。大概與所撰《書史》相出入，然《書史》詳而此較略。中如王右軍《來戲帖》，此書謂丁氏以一萬質於鄆州梁子志處，而《書史》則謂質於其鄰大姓賈氏，得二十千。今十五年，猶在賈氏。又懷素三帖，此書謂見於安師文家，而《書史》則謂元祐戊辰安公攜至，留吾家月餘，今歸章公惇云云。驗其歲月，皆當在此書既成之後。知《書史》晚出，故視此更爲詳備也。然其閒如晉謝奕、謝安、桓温三帖，《書史》祇載寶蒙審定印，而此書又載有鍾紹京書印。陳僧智永《歸田賦跋》，《書史》作開成某年，而此書實作開成五年。亦有可以互相考證者。今故備著於録，備參訂焉。

廣川書跋

范邦甸等《天一閣書目・藝術類》《廣川書跋》十卷。鈔本。宋董逌著。紹興丁丑子弁序。

毛晉《汲古閣書跋》《廣川書跋》。鄭康成漢世碩儒，弗識犧牛之鼎；歐陽修宋朝宗匠，誤辨靈臺之碑。甚矣，博古之不易也。董子在政和間，鑒定祕閣所藏，悉三代法物名器，一一詳論精核，若故有之物而素所習玩者。此豈天欲顯神寶於世，必生畸人爲之發揚宣暢耶！同朝惟校書郎黄長睿相與商確，爲千古知己。長睿著《古器説》四百餘篇，載在圖經。董子則有《書跋》十卷，雜入金石字蹟之類。《岐陽鼓文》，從來盡謂宣王獵碣耳，獨反覆辨其非。何故鄭漁仲便居之不疑？是以讀書貴具隻眼也。

錢謙益等《絳雲樓書目・雜藝類》《廣川書跋》。十卷。董逌，政和間人，官徽猷閣待制。見陳氏目録。

《四庫全書總目提要・藝術類一》《廣川書跋》十卷。兩江總督採進本。宋董逌撰。逌字彦遠，東平人。題曰廣川，從郡望也。政和中官徽猷閣待制。王明清《玉照新志》載宋齊愈獄牘，稱司業董逌在坐，則靖康末尚官司業。曾敏行《獨醒雜志》稱建炎己酉逌從駕，則南渡時尚存。丁特起《孤臣泣血録》並記其受張邦昌僞命，爲之撫慰太學諸生事，則其人蓋不足道。然其賞鑒書畫，則至今推之。是編皆古器款識及漢唐以來碑帖，末亦附宋人數帖。論斷考證，皆極精當。其據《左傳》成有岐陽之蒐，定《石鼓文》爲成王作，雖未必確，而説亦甚辨。然能知《孫叔敖碑》不可信，而《滕公石槨銘》乃信《博物志》、《西京雜記》之語。又如以紀爲裂繻之國，不知其是卿非侯。以「窗中列遠岫」爲謝靈運詩，不知其爲謝朓，亦多疎舛。要不害其鑒別之精也。

張之洞《書目答問・藝術》《廣川書跋》十卷。宋董逌。津逮本。

古今書繪寶鑑

范邦甸等《天一閣書目・藝術類》《古今書繪寶鑑》六卷《補遺》一卷。刊本。宋吴興夏文彦士良撰并自序。石村李志遠訂正，夾峯王守中校刊，會稽楊惟楨、長山王雄序首。

圖書譜

王圻《續文獻通考・經籍考・藝術》《圖書譜》一卷。楊克一著。又名《集古印格》。

宣和譜

王圻《續文獻通考・經籍考・藝術》《宣和譜》四卷。未詳所撰。

畫品

徐𤊹《徐氏家藏書目・畫類》李廌《畫品》一卷。

錢謙益等《絳雲樓書目・雜藝類》李方叔《畫品》。一卷。

唐朝名畫記

徐𤊹《徐氏家藏書目・畫類》《唐朝名畫記》一卷。宋朱景元撰。

畫山水訣

徐𤊹《徐氏家藏書目・畫類》李澄叟《畫山水訣》一卷。

《四庫全書總目提要・藝術類存目》《畫山水訣》一卷。浙江鮑士恭家藏本。

舊本題宋李澄叟撰。澄叟始末不可考。惟序末自稱湘中人，序題嘉定辛巳六月，而中稱盤礴乎其間者六十餘年。則高宗末年人，至寧宗時猶存矣。其論畫謂南渡以後，有李、蕭二君。考南渡後畫手，李姓者不下數十人，蕭姓者則無所考，莫詳所指。又澄叟僅及紹興之末，而「泛説」一條中乃稱紹興中有一晚進，亦殊矛盾。考《畫史會要》載元有李澄叟，湘中人。自幼觀湘中山水，長遊三峽夔門。或水或陸，盡得其態。寫之水墨，甚有妙悟。作《山水訣》一卷。人名、書名與此皆合，惟時代與書中違異。今勘驗書中所載，皆世傳李成《畫山水訣》之文，而小變其字句。殆原本散佚，妄人勦李成之書，僞撰此本，又誤以爲宋人，故全然牴牾。《王氏畫苑》乃與成書竝收之，亦失於互勘矣。

山水純全集

徐𤊹《徐氏家藏書目・畫類》《山水純全集》一卷。

《四庫全書總目提要・藝術類一》《山水純全集》一卷。浙江鮑士恭家藏本。宋韓拙撰。拙字純全，號琴堂，南陽人。《畫史會要》稱其善畫山水窠石，著《山水純全集》即指此書。別本或作《山水純全論》，傳寫譌也。拙始末不可考。惟集末有宣和辛丑夷門張懷後序，稱自紹聖間，擔簦至都下進藝，爲都尉王晉卿所愜，薦於今聖藩邸。繼而上登寶位，授翰林書藝局祗候，累遷爲直長、祕書待詔，今已授忠訓郎云云。蓋徽宗時畫院中人也。是編首論山，次論水，次論林木，次論石，次論雲霧、煙靄、嵐光、風雨、雪霜，次論人物、橋彴、關城、寺觀、山居、舟車四時之景，次論用墨格法、氣韻之病，次論觀畫別識，次論古今學者，凡九篇。而序中自稱曰十篇，豈佚其一歟。其持論多主規矩，所謂逸情遠致，超然於筆墨之外者，殊未之及。蓋院畫之體如是，然未始非畫家之格律也。考鄧椿《畫繼》載有洛人韓若拙，工畫翎毛，又善寫真，宣和末應募使高麗，寫國王真，會用兵不果行。二人同時，同鄉里，同善畫，而姓名祗差一字，殆一人而譌傳歟？不可考矣。

讀書譜

徐𤊹《徐氏家藏書目・書類》姜夔《讀書譜》一卷。

蘭亭奇本題跋

徐𤊹《徐氏家藏書目・書類》《蘭亭奇本題跋》一卷。朱謀城。

宣和雜評

徐𤊹《徐氏家藏書目・畫類》《宣和雜評》一卷。

《四庫全書總目提要・藝術類存目》《宣和論畫雜評》一卷。浙江鮑士恭家藏本。此本爲《王氏畫苑》所載，題宋徽宗皇帝御撰。勘驗其文，即《宣和畫譜》中諸論也。明人叢書，往往如是，亦拙於作僞矣。

書斷列傳

徐𤊹《徐氏家藏書目・書類》《書斷列傳》四卷。宋張懷瓘。

瘞鶴銘攷

錢謙益等《絳雲樓書目・雜藝類》《瘞鶴銘攷》。陶宗儀《輟耕録》中已著其説。

聖朝名畫録

錢謙益等《絳雲樓書目・雜藝類》 劉道醇《聖朝名畫録》。三卷。

維揚芍藥譜

錢謙益等《絳雲樓書目・雜藝類》 劉攽《維揚芍藥譜》。一卷。

畫鑒

錢謙益等《絳雲樓書目・雜藝類》 周密《畫鑒》。又元湯垕《畫鑒》一卷，陶九成稱其議論有依據。

述書賦

錢謙益等《絳雲樓書目・雜藝類》 竇臮《述書賦》。二卷。唐人。

《四庫全書總目提要・藝術類一》 《述書賦》二卷。浙江鮑士恭家藏本。唐竇臮撰。竇蒙註。臮字靈長，扶風人。官至檢校户部員外郎，宋汴節度叅謀。蒙字子全，臮之兄。官至試國子司業兼太原縣令。竝見徐浩《古蹟記》。案張彦遠《法書要録》稱臮作《述書賦》，精窮旨要，詳辨祕義。今觀其賦，上篇所述，自上古至南北朝。下篇所述，自唐代高祖、太宗、武后、睿宗、明皇以下，而終於其兄蒙及劉秦之妹。蓋其文成於天寶中也。首尾凡一十三代，一百九十八人。篇末系以徐僧權等署證八人，太平公主等印記十一家，徵求寶玩韋述等二十六人，利通貨易穆韋等八人。文與上篇相屬，蓋以卷帙稍重，故分而爲二耳。其品題叙述，皆極精核。其印記一章，兼畫印模於句下，遂爲朱存理《鐵網珊瑚》、張丑《清河書畫舫》、《真蹟日録》之祖。註文尤典要不支，舊以爲出其兄蒙。考賦中蒙條下註曰：家兄蒙，字子全，司議郎安南都護。又似乎臮所自註。且所叙仕履，與卷首結銜亦不同，均爲疑竇。然張彦遠《法書要録》所題，已同今本。單文孤證，未敢遽易舊文，姑仍原本録之焉。

二王帖目録評釋

錢謙益等《絳雲樓書目・雜藝類》 《二王帖目録評釋》。陶九成言汪達著《淳化閣帖辨記》十卷，極詳備。

書小史

錢謙益等《絳雲樓書目・雜藝類》 《書小史》。

《四庫全書總目提要・藝術類一》 《書小史》十卷。浙江巡撫採進本。宋陳思撰。思有《寶刻叢編》，已著録。是書以歷代書家小傳纂次成帙。前有咸淳丁卯天台謝愈修序。書中所載，自庖犧迄五季。凡紀一卷，載帝王爲五十一人。傳九卷，首后妃十人，附以諸女十三人。次諸王二十七人，次蒼頡至郭忠恕共四百三十人。如中閒閨秀一門，自宜依史例退置史末，乃以厠於后妃、諸王之閒，殊爲乖舛。又如北齊彭城王浟，本無能書之名，惟史載其以歲時書迹未工爲博士韓毅所戲，思因此一節，遂一概採入書家中，尤屬泛濫，迥不及《書苑菁華》之詳密。特其排比薈稡，用力亦勤。自張彦遠名畫、法書各有記録，嗣後品録畫家者多，品録書家者少。思蒐羅編輯，彙爲斯編，亦足以爲考古者檢閲之助也。

書畫補遺

黄虞稷《千頃堂書目・藝術類》 補宋張雯《書畫補遺》。雯，元人，田父。

倪燦《宋史・藝文志補・藝術》 張雯《書畫補遺》。

書畫補逸

錢大昕《補元史藝文志・雜藝術類》 張雯《書畫補逸》。

寶晉齋法書贊

倪燦《宋史・藝文志補・藝術》 岳珂《寶晉齋法書贊》六十卷。

寶真齋法書贊

《四庫全書總目提要・藝術類一》 《寶真齋法書贊》二十八卷。永樂大典本。

宋岳珂撰。珂有《刊正九經三傳例》，已著録。是書以其家所藏墨蹟，自晉唐迄於南宋，各系以跋而爲之贊。珂處南渡積弱之餘，又承家難流離之後，故其閒關涉時事者，多發憤激烈，情見乎詞。至於諸家古帖，尤徵人論世，考核精審。其文亦能兼備衆體，新穎百變，層出不窮。可謂以賞鑒而兼文章者矣。珂所著《桯史》、《金陀粹編》、《愧郯録》諸書，世多傳本。獨是編諸家皆未論及，惟《米芾外紀》所引《英光堂帖》載其一條，即珂所刻《米芾墨跡》。其文視此稍略，蓋彼爲帖後跋尾，此則編輯以成書，猶歐陽修《集古録》有真跡、集本之異也。文徵明停雲館所刻《萬歲通天帖》亦有一條，而此本無之，意偶佚歟。原本爲《永樂大典》割裂分系，其卷目已不可考。今就其僅存者排比推求，大抵以類分編，首以歷代帝王，次晉真蹟，次唐摹，次唐五代至宋真蹟。而唐摹又自分二王及雜蹟，五代又先以吴越三王，宋則終以鄂國傳家。每類之首有總標，如吴越三王判牘，鄂國傳家帖，可以考也。總標之下，先系以總贊，如唐摹二王之貞觀焆興云云，無名氏帖之非紀録不概云云，可以考也。其總贊無可專屬，《永樂大典》皆棄不録。惟此二首連前後帖尾，幸而得存，猶可尋當日體例耳。所類諸帖，晉唐以前，簡幅省少，帖各爲贊。南北宋人篇翰繁多，則連類爲贊。而每帖之或真或草，幾幅幾行，題記塗乙，又附注於分標之下。約略編次，尚可二十八卷。其閒遺聞佚事，可訂史傳之是非。短什長篇，可補文集之譌闕。如朱子《儲議》一帖，辨論幾及萬言。許渾《烏闌》百篇，文異殆逾千字。於考證頗爲有功。且所載諸帖，石刻流傳者十僅二三，墨迹僅存者百尠一二，皆因珂之彙集以傳。其書泯没零落逾數百年，遭遇聖代右文，得邀裒輯，復見於世。可謂珂之大幸，亦可謂歷代書家之大幸矣。至於前賢法帖，釋者聚訟，珂所載亦閒有異同。其已經欽定重刻《閣帖》釐正者，竝敬遵駁正。閒有參差岐出，數説皆通者，亦竝用參存，不没其實焉。

書録　外篇

《四庫全書總目提要・藝術類一》 《書録》三卷《外篇》一卷。浙江吴玉墀家藏本。

宋董史撰。史字更良，不詳其里貫。自稱閒中老叟，蓋未登仕版者也。其書皆紀宋代書家姓氏，分上、中、下三篇。上篇載藝祖至高宗，中篇載北宋書家一百十人，下篇載南宋書家四十五人。有所見輒鈔於帙，故不復以人品高下爲銓次。凡諸書所有評論書法者，悉加採摭，彙次每人之後。更加《外篇》，附於卷末，所載女子六人，蓋倣《華陽國志》寠儒貧女有可紀者，莫不咸具例也。録中所紀，雖未爲賅備，而徵引典核，考據精審，亦殊有體裁，非泛濫撦撏者可比。其書成於理宗淳祐壬寅，後景定元年庚申，燬於火。度宗咸淳元年乙丑，從章氏得其舊本，乃重加修校，復成此編。原本書末有「至正丁未三月録辨」云云一行，蓋元時華亭孫氏所鈔存者。後輾轉傳録，譌脱益甚。自序亦已殘闕不可讀，檢勘諸本竝同，無可校補，今姑仍其舊焉。

華光梅譜

《四庫全書總目提要・藝術類存目》 《華光梅譜》一卷。浙江鮑士恭家藏本。

舊本題宋僧仲仁撰。考鄧椿《畫繼》曰：仲仁，會稽人，住衡州華光山。陶宗儀《書史會要》曰：華光長老，酷好梅花，方丈植梅數本。每花放時，移牀其下，吟咏終日。偶月夜見窗閒疎影横斜，蕭然可愛，遂以筆規其狀。因此好寫，得其三昧。

黄庭堅詩曰：「雅聞華光能墨梅，更乞一枝洗煩惱」，此華光畫梅所以傳也。然庭堅又嘗題其《平沙遠水》，則不止能畫梅矣。此書蓋後人因仲仁之名，依託爲之。其口訣一則，詞旨凡鄙。其取象一則，附會於太極陰陽奇偶，旁涉講學家門徑，尤乖畫家蕭散之趣。末有補之總論一則，華光指迷一則。補之即揚無咎字，南宋高宗時始以畫梅著。曾敏行《獨醒雜志》載紹興初，有華光寺僧來居清江慧力寺。士人楊補之、譚逢原與之往來，乃得仲仁之傳。仲仁在元祐間，不應先引其説。至華光著書，乃又自引華光之書，其謬尤不待辨矣。

梅譜

楊士奇等《文淵閣書目・畫譜》 《梅譜》。一部，一册。闕。

錢大昕《補元史藝文志・雜藝術類》 華光和尚《梅譜》一卷。

閣帖釋文考正

張之洞《書目答問・藝術》 《閣帖釋文考正》十二卷。王澍。原刻本。

蘭亭博議

孫星衍《平津館鑒藏書籍記・藝術》 《蘭亭博議》一卷。前有開禧元年高文虎序，後有陸槱跋，俱不言卷數。陳氏《書録解題》：《蘭亭博議》十五卷，淮海桑世昌澤卿撰。《蘭亭考》十二卷，即前書。浙東庾司所刻，視初本頗有删改。初十五篇，今存十三篇，去其《集字篇》、附《見篇》。其書始成，本名《博議》。高内翰文虎爲之序，葉適《水心集》亦有《蘭亭博議跋》。此本僅一卷，共卅五葉。分本序、詩、睿賞、紀原、八法、臨摹、審定、推評、習法、詠贊、傳刻、集字、釋禊十三類，首尾尚爲完具。桑氏先成《博議》，後改作《蘭亭考》。此本或出於初定，或後人節鈔。今十五卷之本已亡，無可考證矣。

蘭亭續考

孫星衍《平津館鑒藏書籍記・藝術》 《蘭亭續考》二卷。題吴山俞松。末有淳祐中辰自跋，嘉靖乙卯姚若跋，康熙丁亥金風亭長跋，稱俞氏《續考》刊本未之見，蓋求之廿載，始得傳鈔。收藏有「安麓邨藏書印」朱文長印。

唐紀功頌

楊士奇等《文淵閣書目・法帖》 《唐紀功頌》。一部，一册。闕。

書史會要

楊士奇等《文淵閣書目・法帖》 《書史會要》。一部，一册。闕。

高儒《百川書志・格物家》 《書史會要》九卷，《補遺》一卷。元南邨處士陶宗儀九成撰。

錢謙益等《絳雲樓書目・雜藝類》 《書史會要》。九卷。陶九成。此書乃廣《海岳名言》及《待訪録》所未備。此書甚爲楊文貞公所不取，見《水東日記》。

《四庫全書總目提要・藝術類二》 《書史會要》九卷《補遺》一卷《續編》一卷。浙江鮑士恭家藏本。《書史會要》九卷《補遺》一卷，明陶宗儀撰。《續編》一卷，朱謀垔撰。宗儀有《國風尊經》，已著録。謀垔字隱之，號厭原山人，寧藩支裔也。是編載古來能書人，上起三皇，下至元代，凡八卷。末爲《書法》一卷，又《補遺》一卷。據孫作《滄螺集》所載《宗儀小傳》稱《書史會要》凡九卷。此本目録，亦以《書法》、《補遺》共爲一卷。而刊本乃以《補遺》别爲卷，又以朱謀垔所作《續編》一卷題爲卷十，移其次於《補遺》前。殆謀垔之子統鉷重刊是書，分析移易，遂使宗儀原書中斷爲二。今仍退謀垔所補自爲一卷題曰《續編》，以别宗儀之書。而其《書法》、《補遺》如仍合爲一卷，則篇頁稍繁，姑仍統鉷所編，别爲一卷，以便省覽。宗儀舊本，以元繼宋，而列遼金於後，與所作《輟耕録》中載楊維楨《正統論》以元繼宋者所見相同。維楨論已仰稟睿裁，特存其說。宗儀是編，亦謹仍其舊文焉。

錢大昕《補元史藝文志・雜藝術類》 陶宗儀《書史會要》九卷，《補遺》一卷。

潘祖蔭《滂喜齋藏書記》 明刻《書史會要》九卷《補遺》一卷。六册。元陶宗儀撰。曹睿序，前附孫作所撰《南村先生傳》。每卷後有助刻姓氏，如宋人刻經之例。卷一後云，後山居士張氏瑞卿琂命工鋟梓。卷二後云：三味軒主者張氏國祥麒助刊。亦有數人合刻一卷者。自明入國朝，累經名人藏弆。其中朱記曰「文彭之印」，曰「壽承氏」者，文氏三橋也。曰「文休承氏」，彭之兄嘉也。曰「沈與文印」，曰「姑餘山人」，曰「野竹家藏書」，明沈氏辨之也，其所居在今杉瀆橋。曰「道復」，當爲陳道復，即《畫苑》所稱白陽山人也。曰「孫印從沾」，曰「慶增氏」，即著《藏書紀要》者也。雖明刊，可不寶諸！

張之洞《書目答問・藝術》 《書史會要》九卷，《補遺》一卷。明陶宗儀。《續編》一卷。明朱謀垔。三續百川本。錢坫《篆人録》八卷，未刊。

學古編

楊士奇等《文淵閣書目・法帖》 《學古編》。一部，一册。闕。

高儒《百川書志・翰墨志》 《學古編》一卷。元錢塘吾衍子行著。考論古文篆體，鐘鼎印章。

徐𤊹《徐氏家藏書目・書類》 《學古篇》二卷。吾衍著。

錢謙益等《絳雲樓書目・雜藝類》 《學古編》。見前小學類。

《四庫全書總目提要・藝術類二》 《學古編》一卷。浙江巡撫採進本。元吾邱衍撰。衍有《周秦刻石釋音》，已著録。是書專爲篆刻印章而作。首列三十五舉，詳論書體正變及篆寫摹刻之法。次合用文籍品目、一小篆品，二鍾鼎品，三古文品，四碑刻品，五器品，六辨謬品，七隸書品，八字源，九辨源，凡四十六條。又以洗印法、印油法附於後。摹刻私印，雖稱小技，而非精於六書之法者，必不能工。宋代若晁克一、王俅、顔叔夏、姜夔、王厚之，各有譜録。衍因復踵而爲之，其閒辨論譌謬，徐官《印史》謂其多採他家之說，而附以己意，剖析頗精。所列小學諸書，各爲評斷，亦殊有考核。其論漢隸條下，稱寫法載前卷十七舉下，此不再數。是原本當爲上下二卷。今合爲一卷，蓋後人所併也。

張之洞《書目答問・藝術》 《學古編》一卷。元吾邱衍。學津本，廣百川本，祕笈本，唐宋叢書本。

元崇正真人杜君碑

楊士奇等《文淵閣書目・法帖》 《元崇正真人杜君碑》。一部，一册。闕。

趙魏公書

楊士奇等《文淵閣書目・法帖》 《趙魏公書》。一部，一册。闕。

紫芝生千文

楊士奇等《文淵閣書目・法帖》 《紫芝生千文》。一部，一册。闕。

竹　譜

楊士奇等《文淵閣書目・畫譜》 《竹譜》。一部，一册。闕。
《竹譜》一部，四册，闕。

錢謙益等《絳雲樓書目・雜藝類》 李衎《竹譜》。

《四庫全書總目提要・藝術類一》 《竹譜》十卷。永樂大典本。元李衎撰。衎字仲賓，號息齋，薊邱人。皇慶元年爲吏部尚書，拜集賢殿大學士。謚文簡。蘇天爵《滋溪集》有衎墓志，稱其翰墨餘暇，善圖古木竹石，有王維、文同之高致。《續宏簡録》曰：李衎少時見人畫竹，從旁窺其筆法，始若可喜，旋覺不類，輒嘆息舍去。

後從黃華子澹游學。案黃華老人，金王庭筠之別號。澹游，庭筠子曼慶之別號。《畫史會要録》稱庭筠善古木竹石，曼慶亦工墨竹。已觀黃華所畫墨竹，又迥然不同，乃復棄去。至元初來錢塘，得文同一幅，欣然願慰。自後一意師之，兼善畫竹，法加青緑設色。後使交趾，深入竹鄉，於竹之形色情狀，辨析精到，作《畫竹》、《墨竹》二《譜》，凡黏幀礬絹之法悉備。又鄧文原《履素齋集》有哭衎詩二首，詩末注曰：仲賓近刊《竹譜》二十卷，其書世罕傳本。浙江鮑氏所傳抄者，僅有一卷，疎略殊甚。惟《永樂大典》載其完書，實分四門。曰畫竹譜、墨竹譜，與《宏簡録》所言合。又有竹態譜、竹品譜，其竹品譜中又分全德品、異形品、異色品、神異品、似是而非竹品、有名而非竹品六子目，共爲十卷。卷各有圖，蓋每二卷併一卷矣。其書廣引繁徵，頗稱淹雅。録而存之，非惟游藝之一端，抑亦博物之一助矣。中有有説而無圖者，自序謂與常竹同者則不復圖，非闕佚也。

錢大昕《補元史藝文志・雜藝術類》 李衎《竹譜》十卷。字仲賓。

竹譜詳録

楊士奇等《文淵閣書目・畫譜》 《竹譜詳録》。一部，十册。闕。

徐𤊹《徐氏家藏書目・畫類》 李衎《竹譜詳録》一卷。

錢曾《讀書敏求記・藝術》 《竹譜詳録》一卷。薊丘李衎字仲賓，以息名其齋，畫竹得文湖州不傳之秘。此録論墨竹之法與其病。凡竹之別族殊名，奇形詭狀，莫不譜其所自出。相傳墨竹于古無傳，自沙門元靄及唐希雅、董羽輩，始爲之倡。或云五代時郭崇韜夫人李氏，月夜摹窗竹影，後往往有效之者。考《廣畫集》載孫位松石擅名墨竹，又成都大慈寺權頂院有張立墨竹畫壁。孫、張皆晚唐人，乃知非元靄輩倡始，并不起于李夫人也。山谷老人云：近代墨竹，不知其所師承。初，吳道子畫竹，加之以色，已極形似。墨竹之師，或出于此。息齋得王右丞開元石刻妙蹟，又得蕭協律《筍竹圖》、南唐李頗《叢竹圖》，備載于録，真此君之美談矣。

《四庫全書總目提要・藝術類存目》 《竹譜詳録》一卷。浙江鮑士恭家藏本。舊本題元李衎撰。衎《竹譜》十卷，已於《永樂大典》中採輯著録。此鈔其百分之一，乃改題曰《詳録》，傎亦甚矣。

竹譜詳輯

黃虞稷《千頃堂書目・藝術類》 李衎《竹譜詳輯》一卷。號息齋道人，薊丘人。官至江浙行省平章政事。

倪燦《補遼金元藝文志・雜藝術》 李衎《竹譜詳輯》一卷。薊邱人。

圖繪寶鑑

楊士奇等《文淵閣書目・畫譜》 《圖繪寶鑑》。一部，一册。闕。

高儒《百川書志・雜藝》 《圖繪寶鑑》五卷《補遺》一卷。元吳興夏文彥士良纂。

徐𤊹《徐氏家藏書目・畫類》 《圖繪寶鑑》四卷。夏文彥。

錢謙益等《絳雲樓書目・雜藝類》 《圖繪寶鑒》。五卷。夏文彥，字士良，號蘭渚生，吳興人。陶南村與之爲友，極稱其賞鑑之精。見《輟耕録》十八卷。明韓昂有《續圖繪寶鑒》。

黃虞稷《千頃堂書目・藝術類》 夏彥文《圖繪寶鑑》五卷。

倪燦《補遼金元藝文志・雜藝術》 夏彥文《圖繪寶鑑》五卷。

錢曾《讀書敏求記・藝術》 夏文彥《圖繪寶鑑》五卷。文彥字士良，吳興人。書成于至正乙巳。自吳晉至宋元歷代畫家氏名，網羅搜討殆遍。序云：他無所好，獨于畫，遇所適，諦玩輒忘寢食。其留心畫史，蓋終身以之者矣。

于敏中等《天禄琳琅書目・明版子部》 《圖繪寶鑑》。一函，四册。元夏文彥著。五卷，補遺一卷。前元楊維楨序，文彥自序。考栗祁《湖州志》云：夏文彥，吳興人，後居雲間。精圖畫，著有《圖繪寶鑑》五卷行世。但稱五卷，不云其補遺一卷。今按文彥自序作於至正乙巳，自謂彙而成編，分爲五卷。其補遺後別行，又標至正丙午新刊，則補遺之作，在文彥自序中且未之及，故栗祁作志，亦從其略。不知乙巳、丙午僅越一年，自是一時並刊，非爲後出。栗志之疏，固不足辨。又按楊維楨序中稱雲間義門夏氏士良，又稱士良名文彥云云。栗志僅詳其名而不及其字，則其未經深考可知也。士良本至明時，版已漫漶。正德中有錦衣衛都指揮苗增字益之，取家藏本繕寫重刊，又彙次當代善畫者，續編爲六卷，刻於正德己卯，司經局洗馬滕霄爲序。是本仍止五卷及補遺，并無重刊序跋，係欲僞充原槧者。然選紙堅緻，古香黝然，亦佳本也。楊維楨字廉夫，浙江會稽人。元泰定中進士。

《四庫全書總目提要・藝術類一》 《圖繪寶鑑》五卷《續編》一卷。衍聖公孔昭煥家藏本。元夏文彦撰。文彦字士良，其先吳興人，居於松江。陶宗儀《輟耕録》曰：友人吳興夏文彦，號蘭渚生。其家世藏名跡，罕有比者。朝夕玩索，心領神會，加以游於畫藝，悟入厥趣。是故賞鑒品藻，百不失一。因取《名畫記》、《圖畫見聞志》、《畫繼》、《續畫記》爲本，加以《宣和畫譜》，南渡七朝畫史，齊梁魏陳唐宋以來諸家畫録，及傳記雜説百氏之書，蒐潛剔祕，網羅無遺。自軒轅至宋德祐乙亥，得能畫者一千二百八十餘人，又金元三十人，本朝至元丙子案宗儀此書作於至正中，故稱元爲本朝。至今九十餘年間二百餘人，共一千五百餘人。其考核誠至，其用心良勤。其論畫之三品，蓋擴前人所未發云云，即指此書也。中間如封膜之類，尚沿舊譌，未能糾正。又每代所列，不以先後爲次，往往倒置，體例亦未爲善。然蒐羅廣博，在畫史之中，最爲詳贍。《續編》一卷，明欽天監副韓昂所纂。起明初，迄正德，一百五十年間，採輯得一百七人，而冠以宣宗、憲宗、孝宗三朝御筆。成於正德十四年。然核其書中如文彭、陸治、錢榖等以下，皆嘉靖時人。殆後來有所增補，非昂之舊歟。

錢大昕《補元史藝文志・雜藝術類》 夏文彦《圖繪寶鑑》五卷。字士良，湖州人。

孫星衍《平津館鑒藏書籍記・藝術》 《圖繪寶鑑》五卷《補遺》一卷。題吳興夏文彦士良纂。前有至正乙巳夏文彦序。據汲古閣刊本，尚有抱遺老人楊維楨序，此本失之。汲古閣本第一卷「謝共」譌作「謝恭」，第二卷「李祝」譌作「李枳」。又《補遺》。與明《芮巽齋續補》并爲一卷，又脱「寒溝漁人」一條。皆不及此本。黑口巾箱本，每葉廿二行，行廿字。收藏有「沈錬之印」白文方印，「夢山」朱文方印，「王履約」白文方印。

黄丕烈《蕘圃藏書題識》 《圖繪寶鑑》五卷。元至正刻本。夏文彦《圖繪寶鑑》五卷，載於《讀書敏求記》者，爲得其真。他如《津逮》所刻，已合明欽天監玉泉韓昂續纂者而并爲六卷，又何論近刻之八卷者乎？

吳壽暘《拜經樓藏書題跋記》 《圖繪寶鑑》右五卷，元刻本。每葉二十二行，行二十字。先君子跋，刻《愚谷文存》。【略】簡莊徵君跋云：《圖繪寶鑑》五卷，元吳興夏文彦撰。是本雖墨色漫壞，然猶是元版而明印者，遠勝今本之竄亂混淆矣。卷首抱遺老人敘，艸書，極佳。蓋係鐵厓手書付梓。敘稱雲間義門夏氏，則文彦又爲雲間人。是書每册有「廬江王」圖記。王藏書甚富，就余所見凡數種，皆善本云。陳鱣記。

潘祖蔭《滂喜齋藏書記・子部》 元刻《圖繪寶鑑》五卷《補遺》一卷。一函六册。元夏文彦士良纂。前有楊鐵厓序及至正乙巳自序，卷末有一行云「至正丙午新刊」，是既成書之明年即上木也。士良與陶南邨友，南邨《輟耕録》極稱其賞鑑之精。此書與《書史會要》亦各樹一幟者也。王西莊、韓小亭皆有藏印。附藏印：善甫、龔大年印；真適齋藏、真適；王鳴盛印、西莊居士；韓氏藏書、玉雨堂印。

張之洞《書目答問・藝術》 《圖繪寶鑑》五卷。元夏文彦。上古至元。《續編》一卷。明韓昂。津逮本。明初至嘉靖。

書學纂要

楊士奇等《文淵閣書目・法帖》 《書學纂要》。一部，一册。闕。

錢大昕《補元史藝文志・雜藝術類》 袁裒《書學纂要》。字德平。

巙巙子山書

楊士奇等《文淵閣書目・法帖》 《巙巙子山書》。一部，一册。闕。

鮮于太常墨蹟

楊士奇等《文淵閣書目・法帖》 《鮮于太常墨蹟》。一部，一册。闕。

七觀帖

楊士奇等《文淵閣書目・法帖》《七觀帖》。一部，一册。闕。

白鶴山房詩

都穆《南濠居士文跋》《白鶴山房詩》。《白鶴山房詩》一卷，皆先進名公爲虞公輔氏而作。始唱者王立中彦強，繼之者陳朴子莊、陳汝秩惟寅、馬治孝常、周南老正道、朱先生文奎、周衡士平、錢允升仲益，以至王璉汝器、王璲汝玉、王璡汝嘉，則皆彦強之子。凡十一人。彦強在元，以大父恩由開化尉歷任松江府知府致仕。孝常，洪武初知内丘縣，終建昌府同知。正道，元末爲吴縣主簿，終江浙行省照磨。朱先生名應宸，予之外高祖，嘗爲江陰縣學訓導。士平，洪武中右正言，仕終禮部侍郎。仲益，以字行，少在元，嘗領鄉薦，永樂中入翰林，爲修撰，陞王府長史，終於家。王氏昆季，汝器，洪武吏部主事。汝玉，中元鄉試乙榜，洪武壬午爲翰林五經博士，後以字行，至春坊左贊善，歿謚文靖。汝嘉，永樂中更名進，由五經博士卒官侍講。其弗仕者，惟子莊、惟寅。子莊元季與其弟子經居吴之陽山。子經有史才，嘗續編《通鑑》，洪武初官起居注。十一公孝嘗，宜興人。士平、仲益與公務皆無錫人。子莊四明人，惟寅南康人，與子莊同寓于吴。其餘數公，則皆出吾郡。而子莊、彦強，其居又皆與公務密邇，朝夕杖屨往來者也。公務名本，讀書善詩，洪武中謫戍五開衛没。觀乎諸詩，而其人可知矣。公務之玄孫隆，持卷需言于余，因畧疏諸公之生平，俾讀者得有攷焉。

建康路三茅山崇禧萬壽宮記

高儒《百川書志・翰墨志》《建康路三茅山崇禧萬壽宮記》一册。元前翰林學士承旨榮禄大夫知制誥兼修國史趙孟頫書石並篆。

畫鑒

王圻《續文獻通考・經籍考・藝術》《畫鑒》一卷。東楚湯垕著。論歷代名畫，悉有依據。

徐𤊹《徐氏家藏書目・畫類》《畫鑒》一卷。元湯垕。

錢謙益等《絳雲樓書目・雜藝類》《畫鑒》。

黄虞稷《千頃堂書目・藝術類》湯垕《畫鑒》一卷。

倪燦《宋史・藝文志補・藝術》湯垢《畫鑒》一卷。

《四庫全書總目提要・藝術類一》《畫鑒》一卷。兩江總督採進本。舊本題宋東楚湯垕君載撰。案卷首有題詞曰：采真子妙於考古，在京師時，與今鑒畫博士柯君敬仲論畫，遂著此書用意精到，悉有據依云云則垕與柯九思同時。九思爲鑒畫博士在元文宗天歷元年，則作此書時，上距宋亡已五十三年，下距元亡僅三十九年，垕安得復稱宋人？且書中稱元曰本朝稱宋曰宋朝，内元外宋，尤不得以遺民藉口，舊本蓋相沿誤題也。又題詞稱：惜乎尚多疏略，乃爲删補，編次成帙，名曰《畫鑒》。後有高識，賞其知言。采真子，東楚湯垕君載之自號也云云。則此書乃因垕舊稾，重爲潤色，不但非垕之原本，并《畫鑒》之名，亦非垕所自命矣。惟題詞不著名氏，遂不能詳考其人耳。所論歷代之畫，始於吴曹不興，次晉衛協、顧愷之，次六朝陸探微諸家，案吴、晉皆在六朝之數，不應别探微以下爲六朝。原本標目如是，姑仍其舊，而附訂其誤於此。次唐及五代諸家，次宋金元諸家。然元惟龔開、陳琳二人，蓋趙孟頫諸人並出同時，故不録也。次爲外國畫，次爲雜論。大致似米芾《畫史》，以鑒别真僞爲主。所辨論皆在筆墨氣韻間，不似董逌諸家以考證見長也。

錢大昕《補元史藝文志・雜藝術類》湯垕《畫鑒》一卷。字君載。

黄丕烈《蕘圃藏書題識》《畫鑒》一卷。校舊鈔本。

九歌圖

王圻《續文獻通考・經籍考・藝術》《九歌圖》一卷。李伯時所作。吴澄序云：伯時妙絶一世，而或傳此畫若有神助，蓋其尤得意者。

書畫史

徐𤇍《徐氏家藏書目·畫類》《書畫史》一卷。陳眉公。

黄虞稷《千頃堂書目·藝術類》 陳繼儒《書畫史》一卷又《書畫金湯》一卷又《妮古録》四卷。

《四庫全書總目提要·藝術類存目》《書畫史》一卷。浙江孫仰曾家藏本。明陳繼儒撰。繼儒有《邵康節外紀》，已著録。此編雜録書畫家瑣碎之事，閒及名蹟。所戴闕略不備，無裨考證。如載岐陽石鼓、王祥臥冰處、劉蜕文冢之類，亦多傷於氾濫。末附以《書畫金湯》四則，一善趣，一惡魔，一莊嚴，一落劫。各舉十數事以爲品隲，尤不脱小品陋習。蓋一時風尚使然也。

字學新書

徐𤇍《徐氏家藏書目·書類》《字學新書》一卷。蘇子啓。

倪燦《補遼金元藝文志·雜藝術》 劉惟忠《字學新書》七卷。又《摘抄》一卷。崇安人。

錢大昕《補元史藝文志·雜藝術類》 劉惟志《字學新書》七卷。

字學新書摘抄

徐𤇍《徐氏家藏書目·書類》《字學新書摘抄》一卷。武夷劉惟忠。

《四庫全書總目提要·藝術類存目》《字學新書摘鈔》一卷。浙江鄭大節家藏本。元劉惟志撰。惟志，達州人。仕履未詳。是編摘録古人論書之語，分四目，曰六書，曰六體，曰書法，曰書評。簡略殊甚。詳其書名，似先有《字學新書》。而惟志摘鈔之也。

梅品

徐𤇍《徐氏家藏書目·畫類》 華光和尚《梅品》一卷。

黄虞稷《千頃堂書目·藝術類》 華光和尚《梅品》一卷。

倪燦《補遼金元藝文志·雜藝術》 華光和尚《梅品》一卷。

蜀錦譜

徐𤇍《徐氏家藏書目·器用類》《蜀錦譜》一卷。元費著。

錢謙益等《絳雲樓書目·雜藝類》《蜀錦譜》。一卷。費著。

嵇璜等《續通志·圖譜略·記有·器用》 又《蜀錦譜》。

錢大昕《補元史藝文志·雜藝術類》 費著《蜀錦譜》一卷。

書法鉤元

徐𤇍《徐氏家藏書目·書類》《書法鉤元》四卷。

錢謙益等《絳雲樓書目·雜藝類》《書法鉤元》。

倪燦《補遼金元藝文志·雜藝術》 蘇霖《書法鉤元》四卷。

《四庫全書總目提要·藝術類存目》《書法鉤元》四卷。兩淮鹽政採進本。元蘇霖撰。霖字子啟，鎮江人。是書取前人論書之語，始漢揚雄，終宋劉辰翁，凡六十五條。略具梗概，未爲該備。其去取亦未精審。

錢大昕《補元史藝文志·雜藝術類》 蘇霖《書法鉤玄》四卷。

黄丕烈《蕘圃藏書題識》《書法鉤玄》四卷。舊刻本。癸亥夏，從醋坊橋書攤得此《書法鉤玄》殘刻本。初不知爲何書，因首尾俱有「毛氏父子圖書」，且屬舊刻，故以百餘錢易之。後翻至第五十三葉，見有「書法鉤玄卷之三」、「書法鉤玄卷之四」排卷結起二行，乃知是書之名，并悟第三十葉首行題朱方「蘇霖子啟」編纂者，其標卷亦連在上卷尾也。余所藏有《書法鉤玄》舊鈔本，爲徐氏鐵硯齋鈔本與《字學新書》合裝者。檢序目，差得子啟時代并分卷之全，惜原文多摘録，不能得全書之面目。而此三、四卷卻是全文，則此本之可寶，勿以得半而輕視之也可。夏至前一日，坐士禮居中飯畢閱此。黄丕烈題。

書經補遺

阮元《四庫未收書目提要・藝術》《書經補遺》五卷。元吕宗傑輯。事蹟未詳。其自序云：在錢唐購得唐太宗御製《王右軍執筆圖》，乃東陽陳及時父希元先生授同里趙文淑之家藏者，遂輯成此書。卷中有陳及時跋，稱其先人諱夢魁，字希元，登咸淳甲戌進士科。大德末，典教嵊庠。則希元亦元時人矣。第一卷爲《執筆圖》，第二卷《法書本象》，國子助教汶上陳繹曾著。第三卷《書法總論》，第四、第五卷《博古體篆釋》，乃宗傑自著之書。采輯張懷瓘《書斷》諸書中如「大梵玉字」各體書，頗爲詳贍，亦臨池家之一助也。

黄丕烈《蕘圃藏書題識》《書經補遺》五卷。元鈔本。

書苑菁華撮要

范邦甸等《天一閣書目・藝術類》《書苑菁華撮要》一冊。藍絲闌鈔本。不著撰人名氏。

黄丕烈《蕘圃藏書題識》《書苑菁華》二十卷。影宋鈔本。《書苑菁華》其原本迺先君文敏公所遺宋朝佳刻也。仲兄珍藏篋笥，宦游攜行，已經三十年餘。近兄物故，猶子不暇檢閱，逕失去第十六卷至終一冊，余甚惜之。復恐他日并其所有而亡，遂取過摹寫，藏於齋閣。後聞五芝龔君亦有是書，且不吝假人，又得請歸，續録完之。

是書於秋間得之湖估，初不知其所自來，中有「欽遠猷印」，則吳中故物也。末有神廟時人徐玄佐跋，謂其先文敏公所遺宋朝佳刻，從失去末冊後摹寫，復賴別本續録完之，可謂勤矣。按徐文敏者諱縉，位至少宰，王文恪公之壻，西洞庭人。今子孫不知若何，而公之謚號猶藉後人珍重遺書，留于楮墨，不亦幸哉！己卯十月廿有六日雨窗長梧子識。

山水家法

錢謙益等《絳雲樓書目・雜藝類》《山水家法》。

錢曾《讀書敏求記・藝術》饒自然《山水家法》一卷。至元庚辰，玉笥山人饒太白自然選唐王維及元商德符等二十人，注其筆意染法以爲式，後附畫家十二忌。柯丹丘稱自然以詩畫名世，惜無從見其詩耳。

錢大昕《補元史藝文志・雜藝術類》饒自然《山水家法》一卷。字太虛，自號玉笥山人。

雪菴字要

錢謙益等《絳雲樓書目・雜藝類》《雪菴字要》。

錢大昕《補元史藝文志・雜藝術類》李溥光《雪庵字要》一卷。大同人。昭文館大學士領頭陀教。

黄丕烈《蕘圃藏書題識》《雪庵字要》一卷。舊鈔本。此書之名，見於《讀書敏求記》。頃琴川書賈攜來，余以緡錢一千易之。見有「毛氏父子圖書」，爰檢《汲古閣珍藏祕本書目》，有云《雪庵字要》一本，綿紙舊鈔本。與此恰合，當即其原書也。相傳《書目》爲斧季手寫，與潘稼堂底本，而近日書籍往往散出，悉可考其源流。玆册又從琴川得來，則稼堂當日，或未盡收矣。書此以志顛末。己未中元後二日黄丕烈。

學古全編

錢謙益等《絳雲樓書目・雜藝類》《學古全編》。

集古草韻

錢謙益等《絳雲樓書目・雜藝類》 元人脩黄長睿《集古草韻》。

衍　極

錢謙益等《絳雲樓書目・雜藝類》 鄭氏《衍極》。元鄭杓，字子經，興化人。書凡五篇。明季沈文叔重刊，婁子栗作序。《輟耕録》十四卷中曾引此書。

倪燦《補遼金元藝文志・雜藝術》 〔元〕鄭杓《衍極》五卷。

又《衍極紀載》三篇。字子經，兴化人。泰定中南安教諭。

《四庫全書總目提要・藝術類一》 《衍極》二卷。永樂大典本。元鄭杓撰。案何喬遠《閩書》曰：杓字子經，羅源人。泰定中官南安縣教諭，與陳旅爲文字友。著《衍極》五篇，《衍極記載》三篇。其書自蒼頡迄元代，凡古人篆籀以極書法之變，皆在所論。宣撫使齊伯亨採而上之，作衍極堂以藏其書。陶宗儀《書史會要》又稱其能大字，兼工八分。蓋究心斯藝，故能析其源流如是也。其書載《永樂大典》中，而闕其《記載》三篇。别本又載有《學書次第》、《書法源流》二圖，《永樂大典》亦闕。然别本字句譌脱，文註混淆，不及《永樂大典》之精善。謹合兩本參校，補遺正誤，復還舊觀。其註爲劉有定所作。有定字能靜，號原範，莆田人。其名載林承霖《莆陽詩編》，亦見《書史會要》，蓋亦文雅之士云。

黄丕烈《蕘圃藏書題識》 《衍極》五卷。明刻本。此《衍極》五卷雖明刻本，然分卷尚是舊第，未經硬分二卷也。余得諸閶門横街留耕堂書坊，用白金六星。蓋書不甚緊要，而《敏求記》載之，當亦不恒有之書也。癸亥夏至日黄丕烈識。

又《衍極》五卷。校舊鈔本。至正二十六年歲在丙午八月庚戌朔寫起，至十有八日丁卯鈔畢於泗北村居映雪齋。華亭孫道明叔識。時年七十歲。弘治丙辰十月十二日，吳山盧雍謹録於長洲烏鵲橋寓所。

《衍極》以五卷者爲佳，明神廟時刻猶如此。近傳二卷，非其舊矣。

山水訣

黄虞稷《千頃堂書目・藝術類》 黄公望《山水訣》一卷。字子久，别號大癡道人。

倪燦《補遼金元藝文志・雜藝術》 黄公望《山水訣》一卷。字子久，别號大癡道人。

錢大昕《補元史藝文志・雜藝術類》 黄公望《寫山水訣》一卷。字子久，常熟人。

名蹟録

黄虞稷《千頃堂書目・藝術類》 朱珪《名蹟録》六卷又《印文集考》。字伯益，崑山人。

倪燦《補遼金元藝文志・雜藝術》 朱珪《名蹟録》六卷。

錢大昕《補元史藝文志・雜藝類》 朱珪《名蹟録》六卷。

書學集要

倪燦《補遼金元藝文志・雜藝術》 袁裒《書學集要》。字德平，鄞縣人。宋太學生，入元不仕。

書學指南

倪燦《補遼金元藝文志・雜藝術》 唐懷德《書學指南》。

錢大昕《補元史藝文志・雜藝術類》 唐懷德《書學指南》。

翰林要訣

楊士奇等《文淵閣書目・法帖》《翰林要訣》。一部，一册。闕。

倪燦《補遼金元藝文志・雜藝術》 陳繹曾《翰林要訣》。

錢大昕《補元史藝文志・雜藝術類》 陳繹曾《翰林要訣》。

大字書法

倪燦《補遼金元藝文志・雜藝術》 李溥光《大字書法》。號雪菴，大同人。初爲僧，工詩善書，元宫殿扁額皆出其手，後官昭文館大學士。

法書類要

倪燦《補遼金元藝文志・雜藝術》 吴失名《法書類要》二十五卷。錢塘人。

錢大昕《補元史藝文志・雜藝術類》 吴氏《法書類要》二十五卷。錢唐人，不詳其名。

西溪法帖

錢大昕《補元史藝文志・雜藝術類》 李肯堂《西溪法帖》。

寫像秘訣采繪法

錢大昕《補元史藝文志・雜藝術類》 王繹《寫像祕訣采繪法》一卷。字思善，錢唐人。

雲煙過眼續録

錢大昕《補元史藝文志・雜藝術類》 湯允謨《雲煙過眼續録》一卷。

書學明辨

錢大昕《補元史藝文志・雜藝術類》 繆貞《書學明辨》。字仲素，常熟人。

蜀牋譜

錢大昕《補元史藝文志・雜藝術類》 又《蜀牋譜》一卷。

續竹譜

錢大昕《補元史藝文志・雜藝術類》 劉美之《續竹譜》一卷。

法書考

《四庫全書總目提要・藝術類一》《法書考》八卷。浙江巡撫採進本。元盛熙明撰。案陶九成《書史會要》曰：盛熙明，其先曲鮮人，後居豫章。清修謹飭，篤學多材。工翰墨，亦能通六國書。則色目人也。是書前有虞集、揭傒斯、歐陽元三序。集序稱其備宿衛，傒斯序則稱爲夏官屬，其始末則不可考矣。傒斯序又稱：熙明作是書，稾未竟，已有言之文皇之前者，有旨趣上進。以修《皇朝經世大典》事嚴，末及録上。四年四月五日，今在上延春閣，遂因奎章學士實喇巴勒，原作沙剌班，今改正。以書進。上方留神書法，覽之終卷，親問八法旨要，命藏之禁中，以備親覽。《書史會要》亦稱：至正甲申，嘗以《法書考》八卷進上。與序相合。則是書實當時奏御本也。其書首爲書譜，分子目四。次爲字源，次爲筆法，次爲圖訣，次爲形勢，各分子目二。次爲風神，次爲工用，各分子目二。次爲附録印章、題署、跋尾。雖雜取諸家之説，而採擇特精。其字源一門所列梵書十六聲三十四母，蒙古書四十二母，亦與陶九成「通六國書」之説合。皆頗足以資考證也。

錢大昕《補元史藝文志·雜藝術類》 盛熙明《法書考》八卷。龜兹人。

品第法書名畫記

錢大昕《補元史藝文志·雜藝術類》 《品第法書名畫記》五百五十卷。金翰林應奉王庭筠、祕書郎張汝芳修。

龔顯曾《金藝文志補録·雜藝術類》 《品第法書名畫記》五百五十卷。翰林應奉王庭筠、祕書郎張汝芳脩。汝芳一作汝方。

孫德謙《金史藝文略·藝術》 《品第法書名畫記》五百五十卷。王庭筠、張汝芳撰。

畫繼餘譜

錢大昕《補元史藝文志·雜藝術類》 莊肅《畫繼餘譜》。字公肅，上海人。

衍慶宮功臣圖像

龔顯曾《金藝文志補録·雜藝術類》 《衍慶宮功臣圖像》。畫問相韓企先等像。

徒單克寧圖像

龔顯曾《金藝文志補録·雜藝術類》 《徒單克寧圖像》。世宗二十八年詔畫克寧像，藏内府。

千角鹿圖　鵝雁圖　契丹國志

王仁俊《遼史藝文志補證·藝術類》 興宗《千角鹿圖》、《鵝雁圖》。按《圖畫見聞志》：興宗以五幅縑畫《千角鹿圖》獻於宋，旁題年月日御畫。又畫《鵝雁圖》，見《續通鑑長編》、《契丹國志》。

耶律倍圖畫

黄任恒《補遼史藝文志·書畫》 藝術類《耶律倍圖畫》。《宗室傳》曰：義宗倍善畫本國人物，如《射騎》、《獵雪騎》、《千鹿圖》，皆入宋秘府。

《宣和畫譜》曰：李贊華好畫，今御府所藏十有五：《雙騎圖》一，《獵騎圖》一，《雪騎圖》一，《番騎圖》六，《人騎圖》二，《千角鹿圖》一，《吉首並驅圖》一，《射騎圖》一，《女真獵騎圖》一。《遼史拾遺》十九。周密《志雅堂雜鈔下》曰：王介石有東丹王贊華所畫《番部行程圖》，前有道君御題，後復有題云：世所謂東丹王者也，所畫絶妙，與王子慶西域圖相伯仲。

黄溍跋李贊華《獵騎圖》曰：贊華，契丹國主之子。宋宣和内府藏其畫凡十有五。《畫譜》稱其多寫貴人酋長，袖戈挾彈，牽黄臂蒼，服緌胡之纓，不作中國衣冠，亦安於所習者。然馬尚豐肥，筆乏壯氣。今以其驗之此圖，爲贊華所作無疑也。《金華文集》二十一。

南征得勝圖

王仁俊《遼史藝文志補證·藝術類》 陳升《南征得勝圖》。按《聖宗紀》：翰林待詔陳升寫《南征得勝圖》於上京五鸞殿。

射騎圖　獵雪圖　千鹿圖　繪事備考

王仁俊《遼史藝文志補證·藝術類》 義宗《射騎圖》、《獵雪圖》、《千鹿圖》。金有。按《宗室傳》：善畫本國人物，如《射騎》、《獵雪》、《千鹿圖》，入宋秘府。《繪事備考》：道宗清寧中以義宗《千鹿圖》賜蕭灕。李廌《畫品》：秘閣有李贊華畫鹿。

射雕圖　啗鷹圖

王仁俊《遼史藝文志補證·藝術類》 胡瓌《射雕圖》、《啗鷹圖》。按《五代名畫補遺》：胡瓌善畫蕃馬，有《射雕》、《啗鷹》等圖傳於世。子虔，畫有父風。

招諫圖

黄任恒《補遼史藝文志·書書》 《招諫圖》。《太祖紀下》曰：神册六年五月，詔畫前代直臣像爲《招諫圖》。

雪溪堂帖

孫德謙《金史藝文略·藝術》 《雪溪堂帖》十卷。王庭筠撰。遺山《王黄華碑》：嘗被旨與舅氏宣徽公汝霖品第秘府書畫，因集所見及士大夫家藏前賢墨跡，古法帖所無者摹刻之，號《雪溪堂帖》，一十卷。

故物譜

孫德謙《金史藝文略·藝術》 《故物譜》。元好問撰。自敘云：予家所藏書，宋元祐以前物也。法書則唐人筆跡及五代寫本爲多，畫有李、范、許、郭諸人高品。就中薛稷《六鶴》，最爲超絶。先大父銅山府君官汲縣時，官賣宣和内府物也。銅淥兩小山，以酒沃之，青翠可摘，府君部役時物也。風字大硯，先東巖君教授鄉里時物也。銅雀研，背有大錢一，天祿一，堅重緻密，與石無異，先隴城府君官冀州時物也。貞祐丙子之兵，藏書壁間得存，兵退，予將奉先大人南渡河，舉而付之太原親舊家。自餘雜書及先人手寫《春秋》、三史、《莊子》、《文選》等，尚千餘册，并畫百軸，載二鹿車自隨。三研則瘞之鄭村别墅。是歲寓居三鄉，其十月，北兵破潼關，避于女几之三潭。比下山，則焚蕩之餘，蓋無幾矣。今此數物，多予南州所得，或向時之遺也。往在鄉里，常侍諸父及兩兄燕談。每及家所有書，則必枚舉而問之，如曰某書買于某處所，傳之何人，藏之者幾何年，則欣然志之。今雖散亡，其綴緝裝褙，籤題印識，猶夢寐見之。《詩有之》：「維桑與梓，必恭敬止。」以予心忖度之，知我子孫却後當以不知吾今日之爲恨也。或曰物之閲人多矣，世之人玩於物而反爲物所玩，貪多務取，巧偷豪奪，遺簪敗履，惻然興懷者皆是也。李文饒志平泉草木，有「後世毁一樹一石，非吾子孫」之語，歐陽公至以庸愚處之。至于法書名畫，若桓玄之愛玩，王涯之固護，非不爲數百年計，然不旋踵已爲大有力者負之而趨。我躬之不可必，奚我後之卹哉！予以爲不然。三代鼎鐘，其初出于聖人之制，今其欵識故在，不曰永用享，則曰子子孫孫永寶用，豈爲聖人者超然遐覽，而不能忘情于一物耶？抑知其不能必爲我有，而固欲必之也。蓋自莊周、列禦寇之説盛，世之誕者遂以天地爲逆旅，形骸爲外物。蓋聖哲之能事，有不滿一笑者，况外物之外者乎？雖然，彼固有方内外之辯矣。道不同不相爲謀，使渠果能寒而忘衣，飢而忘食，以游于方之外，雖眇萬物而空之，猶有託焉爾。如曰不然，則備物以致用，守器以爲智，惟得之有道，傳之無媿，斯可矣。亦何必即空以遺累，矯情以趨達，以取異于世耶？乃作《故物譜》。

石鼓辨

孫德謙《金史藝文略·藝術》《石鼓辨》。馬定國撰。《中州集》云：石鼓自唐以來無定論，子卿以字畫考之，云是宇文周時所造作，辯餘萬言。出入傳記，引據甚明，學者以比蔡正甫《燕王墓辯》。

名畫記

楊士奇等《文淵閣書目·畫譜》《名畫記》。一部，一册。闕。

畫　史

楊士奇等《文淵閣書目·畫譜》南宮《畫史》。一部，一册。闕。

宋七朝畫史

楊士奇等《文淵閣書目·畫譜》《宋七朝畫史》。一部，一册。闕。

行草法帖

楊士奇等《文淵閣書目·法帖》《行草法帖》。一部，一册。闕。

祕閣法帖

楊士奇等《文淵閣書目·法帖》《祕閣法帖》。一部，一册。闕。

岳麓寺碑

楊士奇等《文淵閣書目·法帖》《岳麓寺碑》。一部，一册。完全。

《岳麓寺碑》。一部，一册。闕。

韓國公北岳碑

楊士奇等《文淵閣書目·法帖》《韓國公北岳碑》。一部，一册。闕。

真草法帖

楊士奇等《文淵閣書目·法帖》《真草法帖》。一部，一册。闕。

井椿碑

楊士奇等《文淵閣書目·法帖》《井椿碑》。一部，一册。闕。

皇甫君碑

楊士奇等《文淵閣書目·法帖》《皇甫君碑》。一部，一册。完全。

茅山崇禧萬壽宮碑

楊士奇等《文淵閣書目・法帖》《茅山崇禧萬壽宮碑》。一部，一册。闕。

王清獻神道碑

楊士奇等《文淵閣書目・法帖》《王清獻神道碑》。一部，一册。完全。

廟堂碑

楊士奇等《文淵閣書目・法帖》《廟堂碑》。一部，一册。闕。

夏承碑

楊士奇等《文淵閣書目・法帖》《夏承碑》。一部，一册。闕。

隸書漢唐邑令碑

楊士奇等《文淵閣書目・法帖》《隸書漢唐邑令碑》。一部，一册。闕。

譜系雜説

楊士奇等《文淵閣書目・法帖》《譜系雜説》。一部，一册。闕。

經進法書考

楊士奇等《文淵閣書目・法帖》《經進法書考》。一部，一册。闕。

古法帖

楊士奇等《文淵閣書目・法帖》《古法帖》。一部，一册。闕。

法書考

楊士奇等《文淵閣書目・法帖》《法書考》。一部，一册。闕。

倪燦《補遼金元藝文志・雜藝術》盛昭《法書考》八卷。

法書贊

楊士奇等《文淵閣書目・法帖》《法書贊》。一部，十五册。殘缺。

中山王碑帖

楊士奇等《文淵閣書目・法帖》《中山王碑帖》。一部，一册。闕。

隸書春申君廟碑

楊士奇等《文淵閣書目・法帖》《隸書春申君廟碑》。一部，一册。完全。

篆繹山斷碑

楊士奇等《文淵閣書目·法帖》《篆繹山斷碑》。一部，二册。闕。

大觀法帖釋文

楊士奇等《文淵閣書目·法帖》《大觀法帖釋文》。一部，二册。完全。

行書法帖

楊士奇等《文淵閣書目·法帖》《行書法帖》。一部，一册。闕。

張循王神道碑

楊士奇等《文淵閣書目·法帖》《張循王神道碑》。一部，一册。闕。

隆闡大師碑銘

楊士奇等《文淵閣書目·法帖》《隆闡大師碑銘》。一部，一册。闕。

南岳魏夫人碑

楊士奇等《文淵閣書目·法帖》《南岳魏夫人碑》。一部，一册。闕。

舊館壇碑

楊士奇等《文淵閣書目·法帖》《舊館壇碑》。一部，一册。闕。

南岳司天王碑

楊士奇等《文淵閣書目·法帖》《南岳司天王碑》。一部，一册。闕。

隸書房公韓公碑

楊士奇等《文淵閣書目·法帖》《隸書房公韓公碑》。一部，一册。闕。

神樂觀碑

楊士奇等《文淵閣書目·法帖》《神樂觀碑》。一部，一册。闕。

隸書華岳碑

楊士奇等《文淵閣書目·法帖》《隸書華岳碑》。一部，一册。完全。

隸書淳于長君碑

楊士奇等《文淵閣書目·法帖》《隸書淳于長君碑》。一部，一册。闕。

禪師十元譚帖

楊士奇等《文淵閣書目・法帖》《禪師十元譚帖》。一部，一册。闕。

柳　帖

楊士奇等《文淵閣書目・法帖》《柳帖》。一部，一册。闕。

寶晉帖

楊士奇等《文淵閣書目・法帖》《寶晉帖》。一部，一册。闕。

紫陽觀碑

楊士奇等《文淵閣書目・法帖》《紫陽觀碑》。一部，一册。闕。

李府君神道碑

楊士奇等《文淵閣書目・法帖》《李府君神道碑》。一部，一册。完全。

晉　帖

楊士奇等《文淵閣書目・法帖》《晉帖》。一部，一册。

海市詩帖

楊士奇等《文淵閣書目・法帖》《海市詩帖》。一部，一册。完全。

歷代法帖

楊士奇等《文淵閣書目・法帖》《歷代法帖》。一部，一册。闕。

又《歷代法帖》。一部，三册。闕。

又《歷代法帖》。一部，三册。闕。

又《歷代法帖》。一部，六册。闕。

潁峰遺墨

楊士奇等《文淵閣書目・法帖》《潁峯遺墨》。一部，一册。闕。

梅　譜

楊士奇等《文淵閣書目・畫譜》《梅譜》。一部，二册。闕。

君臣畫像

楊士奇等《文淵閣書目・畫譜》《君臣畫像》。一部，一册。闕。

續宋畫評

楊士奇等《文淵閣書目·畫譜》《續宋畫評》。一部，一册。闕。

帖韻一聲

楊士奇等《文淵閣書目·法帖》《帖韻一聲》。一部，一册。闕。

詹孟舉千文

楊士奇等《文淵閣書目·法帖》《詹孟舉千文》。一部，一册。闕。

六駿圖

楊士奇等《文淵閣書目·畫譜》《六駿圖》。一部，一册。闕。

寶公像

楊士奇等《文淵閣書目·畫譜》《寶公像》。五幅。闕。

聖賢圖像

楊士奇等《文淵閣書目·畫譜》《聖賢圖像》。一部，一册。闕。

玄元像傳

楊士奇等《文淵閣書目·畫譜》《玄元像傳》。一部，一册。闕。

聖賢畫像

楊士奇等《文淵閣書目·畫譜》《聖賢畫像》。一部，一册。闕。

唐宋御書

楊士奇等《文淵閣書目·法帖》《唐宋御書》。一部，一册。闕。

古今名畫録

楊士奇等《文淵閣書目·畫譜》《古今名畫録》。一部，五册。闕。

書　範

楊士奇等《文淵閣書目·法帖》《書範》。一部，一册。闕。

真草法帖

楊士奇等《文淵閣書目·法帖》《真草法帖》。一部，一册。闕。

行草晉唐法帖

楊士奇等《文淵閣書目・法帖》《行草晉唐法帖》。一部，一册。闕。

古今能書優劣評

楊士奇等《文淵閣書目・法帖》《古今能書優劣評》。一部，一册。闕。

韓蘇石鼓歌

高儒《百川書志・翰墨志》《韓蘇石鼓歌》一册。皇明鴻臚卿金雲鴻鳴遠之書也。體學魯公。

宋名賢墨蹟

楊士奇等《文淵閣書目・法帖》《宋名賢墨蹟》。一部，一册。闕。

唐宋名臣真蹟

楊士奇等《文淵閣書目・法帖》《唐宋名臣真蹟》。一部，一册。闕。

題署法書記

楊士奇等《文淵閣書目・法帖》《題署法書記》。一部，一册。闕。

字帖緒餘

楊士奇等《文淵閣書目・法帖》《字帖緒餘》。一部，一册。完全。

書字經

楊士奇等《文淵閣書目・法帖》《書字經》。一部，一册。闕。

晉宋法帖

楊士奇等《文淵閣書目・法帖》《晉宋法帖》。一部，一册。闕。

篆李白酒樓記

楊士奇等《文淵閣書目・法帖》《篆李白酒樓記》。一部，一册。闕。

歷代帝王帖

楊士奇等《文淵閣書目・法帖》《歷代帝王帖》。一部，一册。闕。

蘭亭續帖

楊士奇等《文淵閣書目・法帖》《蘭亭續帖》。一部，六册。闕。

蘭亭序

高儒《百川書志・翰墨志》《蘭亭序》一卷。國朝永樂丁酉東書堂集刻王右軍《修祓禊帖》定武本三，褚遂良本一，唐模賜本一於石，復書諸賢詩，放李伯時之圖，兼禊帖諸家之説，共爲一卷。

蘭亭考

楊士奇等《文淵閣書目・法帖》《蘭亭考》。一部，一册。闕。

蘭亭考

楊士奇等《文淵閣書目・法帖》《蘭亭考》。一部，三册。闕。

歷代款識法帖

楊士奇等《文淵閣書目・法帖》《歷代款識法帖》。一部，三册。闕。

歷代真草法帖

楊士奇等《文淵閣書目・法帖》《歷代真草法帖》。一部，二册。闕。

歷代帝王名臣法帖釋文

楊士奇等《文淵閣書目・法帖》《歷代帝王名臣法帖釋文》。一部，一册。闕。

真草法帖

楊士奇等《文淵閣書目・法帖》《真草法帖》。一部，一册。闕。

歷代真草法帖

楊士奇等《文淵閣書目・法帖》《歷代真草法帖》。一部，一册。闕。

古隸法帖

楊士奇等《文淵閣書目・法帖》《古隸法帖》。一部，一册。闕。

歷代帝王名臣法帖

楊士奇等《文淵閣書目・法帖》《歷代帝王名臣法帖》。一部，十册。闕。

太清樓法帖

楊士奇等《文淵閣書目・法帖》《太清樓法帖》。一部，五册。闕。

歷代名賢法帖

楊士奇等《文淵閣書目・法帖》《歷代名賢法帖》。一部，一册。闕。

歷代行書法帖

楊士奇等《文淵閣書目・法帖》《歷代行書法帖》。一部，十九册。闕。

歷代名臣法帖

楊士奇等《文淵閣書目・法帖》《歷代名臣法帖》。一部，十册。闕。

又《歷代名臣法帖》。一部，七册。闕。

又《歷代名臣法帖》。一部，十册。闕。

錢謙益等《絳雲樓書目・雜藝類》《歷代名臣法帖》。

太清樓法帖釋文

楊士奇等《文淵閣書目・法帖》《太清樓法帖釋文》。一部，二册。闕。

真書千文

楊士奇等《文淵閣書目・法帖》《真書千文》。一部，一册。闕。

草書千文

楊士奇等《文淵閣書目・法帖》《草書千文》。一部，一册。闕。

真草千文

楊士奇等《文淵閣書目・法帖》《真草千文》。一部，一册。闕。

宋徽宗草書千文

楊士奇等《文淵閣書目・法帖》《宋徽宗草書千文》。一部，一册。

許氏説文

楊士奇等《文淵閣書目・法帖》許氏《説文》。一部，七册。闕。

又許氏《説文》。一部，五册。闕。

篆書文字

楊士奇等《文淵閣書目・法帖》《篆書文字》。一部，一册。闕。

華陰令篆書

楊士奇等《文淵閣書目・法帖》《華陰令篆書》。一部，一册。闕。

集古篆字

楊士奇等《文淵閣書目·法帖》《集古篆字》。一部，一册。闕。

篆字泰山秦刻

楊士奇等《文淵閣書目·法帖》《篆字泰山秦刻》。一部，一册。闕。

篆書偏傍

楊士奇等《文淵閣書目·法帖》《篆書偏傍》。一部，一册。闕。

東坡真行書

楊士奇等《文淵閣書目·法帖》《東坡真行書》。一部，一册。闕。

篆韻

楊士奇等《文淵閣書目·法帖》《篆韻》。一部，一册。闕。

石刻草書

楊士奇等《文淵閣書目·法帖》《石刻草書》。一束，一百六十幅。闕。

黄華老人草書

楊士奇等《文淵閣書目·法帖》《黄華老人草書》。一部，一册。闕。

篆隸真草千文

楊士奇等《文淵閣書目·法帖》《篆隸真草千文》。一部，一册。闕。

隸書鍾繇上尊號帖

楊士奇等《文淵閣書目·法帖》《隸書鍾繇上尊號帖》。一部，一册。闕。

隸字孝經

楊士奇等《文淵閣書目·法帖》《隸字孝經》。一部，六册。完全。

又《隸字孝經》。一部，二册。完全。

隸書受禪表

楊士奇等《文淵閣書目·法帖》《隸書受禪表》。一部，一册。闕。

隸書大智禪師碑

楊士奇等《文淵閣書目·法帖》《隸書大智禪師碑》。一部，一册。闕。

梁鵠隸書

楊士奇等《文淵閣書目·法帖》《梁鵠隸書》。一部，一册。闕。

祕閣書畫目

楊士奇等《文淵閣書目·畫譜》《祕閣書畫目》。一部，一册。闕。

篆書二十體

楊士奇等《文淵閣書目·法帖》《篆書二十體》。一部，一册。闕。

篆吴紀功碑

楊士奇等《文淵閣書目·法帖》《篆吴紀功碑》。一部，一册。闕。

篆王清獻碑陰記

楊士奇等《文淵閣書目·法帖》《篆王清獻碑陰記》。一部，一册。闕。

篆謙卦

楊士奇等《文淵閣書目·法帖》《篆謙卦》。一部，一册。闕。

賜書篆帖

楊士奇等《文淵閣書目·法帖》《賜書篆帖》。一部，一帖。闕。

篆書稽古篇

楊士奇等《文淵閣書目·法帖》《篆書稽古篇》。一部，三册。闕。

篆隸

楊士奇等《文淵閣書目·法帖》《篆隸》。一部，一册。闕。

篆書千文

楊士奇等《文淵閣書目·法帖》《篆書千文》。一部，一册。闕。

篆法釋訓

楊士奇等《文淵閣書目·法帖》《篆法釋訓》。一部，一册。闕。

壽星

楊士奇等《文淵閣書目·畫譜》《壽星》。一幅。闕。

龍虎山圖

楊士奇等《文淵閣書目・畫譜》《龍虎山圖》。六幅。殘缺。

蘭亭觴咏圖

楊士奇等《文淵閣書目・畫譜》《蘭亭觴咏圖》。一部，一册。闕。

篆書大風歌

楊士奇等《文淵閣書目・法帖》《篆書大風歌》。一部，一册。完全。

篆書德政頌

楊士奇等《文淵閣書目・法帖》《篆書德政頌》。一部，一册。闕。

菊　譜

楊士奇等《文淵閣書目・畫譜》《菊譜》。一部，一册。闕。

又《菊譜》一部，二册，闕。

牡丹譜

楊士奇等《文淵閣書目・畫譜》《牡丹譜》。一部，一册。闕。

蘭　譜

楊士奇等《文淵閣書目・畫譜》《蘭譜》。一部，一册。闕。

松石格

楊士奇等《文淵閣書目・畫譜》《松石格》。一部，一册。闕。

臨江戲魚臺帖并釋文

楊士奇等《文淵閣書目・法帖》《臨江戲魚臺帖并釋文》。一部，十二册。闕。

案「臺」當作「堂」。

字　帖

楊士奇等《文淵閣書目・法帖》《字帖》。一部，一册。闕。

隸字孝經

楊士奇等《文淵閣書目・法帖》《隸字孝經》。一部，二册。闕。

古文草書

楊士奇等《文淵閣書目・法帖》《古文草書》。一部，一册。闕。

愛蓮帖

楊士奇等《文淵閣書目·法帖》《愛蓮帖》。一部，一册。闕。

諸家碑帖

楊士奇等《文淵閣書目·法帖》《諸家碑帖》。一部，十九幅。闕。

宋賢十四帖

都穆《南濠居士文跋》《宋賢十四帖》。右宋賢遺墨。首文潞公、歐陽少師，次蘇文忠、文定、黄太史、米海岳，又次之張諫議芸叟、孫尚書仲益、李參政泰發、張直閣即之。凡十人，十有四帖，爲嘉定劉氏所藏。夫書者，文學之一，與政事相爲流通，然人鮮兼之。路公、少師、二蘇、太史，其政事、文學，蓋卓乎不可及也。若海岳、即之，則以書名家。其餘三公之書，世不多見而韻復高勝。嗚呼！此可以見古人之能事矣。

陸翰林藏鄉先生諸帖

都穆《南濠居士文跋》《陸翰林藏鄉先生諸帖》。翰林編修雲間陸君子淵藏其鄉先生姜司諫、敫惟中、夏叔正、沈少卿、陸潤玉、錢文通、張南安諸公遺墨，聯爲一卷，俾余識之。余觀諸公雖或仕或否，知名于時者惟少卿、文通、南安，其餘四公之翰，人不多見。向非陸君之藏，幾乎泯而無聞。陸君可謂厚于其鄉者矣。世有受其先人之遺者，往往不旋踵而失之。陸君于一鄉而猶若是，則其厚所當厚又不于是，而可見耶。

宋思陵宸翰及元人諸帖

都穆《南濠居士文跋》《宋思陵宸翰及元人諸帖》。嘉定劉圭父嘗萃宋思陵以下宸翰及宋元以來諸儒遺墨，聯爲一册，但有以識之。按思陵之詩曰《賜王倫》。倫字正道，文正公旦弟。其在當時，官至端明殿學士、簽書樞密院事。嘗使金不屈而死。《竹詩》一聯，其印文曰「善雅」，蓋宋景獻太子書而「善雅」其堂名也。其後若虞文靖、趙松雪、袁文靖、貫酸齋、馮梅粟、揭文安、周伯温、危太朴、楊廉夫，皆元之鉅公，最有時名。其他曰山村老人仇遠者，字仁近，仕元杭州知事，山村其自號也。曰珽者，白氏，字廷玉，仕元江浙儒學提舉。珽與遠，皆錢唐人。曰陸柱者，今不可考。其詩序云：子微，子封諸同志。子微，陳氏，名深，吾郡人。子封，鄭氏，名國，嚴州人，而寓于吴。曰公望者，黄氏，字子久，與子微同郡，世所謂大痴翁是也。曰樞者，東陽張子長，仕元國史院編修官。曰淵者，張氏，字清夫，吾郡人，仕元儒學提舉。曰植者，字叔方，號慎獨痴叟，子微之子也。曰恕齋者，大梁班惟志彦功，仕元江浙儒學提舉。曰梧溪老人者，江陰王逢，字元吉。曰主一者，吴志淳之字，志淳曹南人。曰紫芝老人者，錢唐俞和，字子中。曰莫昌者，字景行，家于錢唐，號兩山道人。曰馬兼善者，會稽人，元季寓於松江，洪武初爲其學訓導。曰陳文東者，名璧，松江人，洪武中解州判官。曰谷陽生者，文東之號也。曰宋堯者，字仲温，吾郡人，洪武中鳳翔府同知。書紈素生傳者，視其印文曰虚室，乃吾鄉張翰宸，洪武中嘉定縣學訓導。曰求海漁者，爲宋廣昌裔，宋又號桐柏山人。曰宋璲者，字仲珩，學士潛溪先生之子，洪武中中書舍人。曰顧禄者，字謹中，松江人，洪武中太常典簿。曰端木智者，字孝思，南昌人。圭父性嗜書畫，所蓄甚富，嘗自號清癖生。此皆其鑒定者也。

管夫人竹

都穆《南濠居士文跋》《管夫人竹》。魏國夫人墨竹世所罕見，而況待制之筆聯爲一卷，豈不尤可寶哉！

宋人畫花竹翎毛

都穆《南濠居士文跋》《宋人畫花竹翎毛》。宋畫院人皆極天下之選，而朝廷復優遇之，故其藝精絶，非後世所及。此卷蓋當時院中人作，而不著氏名，故題者誤以爲黄荃。予嘗謂畫當觀其神韻，而不必究其誰何。後之人見畫牛必曰戴嵩，見畫馬必曰韓幹。孰知世之畫牛馬者，固不止於嵩、幹。噫！此未易爲庸俗道也。

陶氏畫册

都穆《南濠居士文跋》《陶氏畫册》。淮陰陶氏孟學，善畫山水花鳥，尤工雪兔。予見其所作多矣，然未有如此册之妙者。豈孟學之筆宜于小景而不宜于大邪？抑其興之所寄，有深淺耶？予不得而知也。嘗訛弘治已未秋，予以進士寫大興隆寺，孟學嘗一顧，我時爲客留飲他僧之室，孟學候之久，意予歸遲，遂拂衣去。蓋其爲人放縱，頗負奇氣，賦詩作字，皆清美可觀，不特畫也。

宋元人畫册

都穆《南濠居士文跋》《宋元人畫册》。郡人劉圭父以所藏墨册，求題於予。予觀之，宋趙千里、李嵩、馬逵暨其弟遠、李確各一幅，謝昇二幅，而無名氏者六幅。元趙子昂、任月山、王若水、倪雲林、張子政、姚彦卿、張以文、方君瑞、王立本、錢君用、南宫子中各一幅，梅花道人、盛子昭、李通各二幅，而無名氏者六幅。共爲幅四十，蓋積之餘二十年而册始成。考之千里，名伯駒，爲宋宗室，仕浙東兵馬鈐轄。嵩，錢唐人，畫院待詔。逵，河中人，宣和待詔賁之曾孫。遠字後甫，畫院待詔，光寧朝嘗賜以金帶。確，不知何許人。《畫譜》謂其畫師梁楷白描，而册中乃猿，此可見古人之能事。昇，嵩之郡人，景定間待詔。子昂名滿天下，不俟予贅。月山名仁發，字子明，松江人，元都水庸田副使。若水名淵，與嵩、昇同郡。雲林名瓚，字元鎮，與君瑞皆毗陵人。子政名中，立本名同子政，二君與以文亦松江人，視月山後差。彦卿名廷美，吴興人。梅花道人吴氏，名鎮，字仲圭。子昭名懋。皆嘉禾人。子中名文信，與君用、李通鄉里莫攷。册中之畫，最有名者千里、嵩、遠、子昂、月山、若水、雲林、仲圭、子昭數公，其餘亦皆瀟灑清潤，超乎凡俗，而況其富若是，豈易得哉？

沈大理草書千文

都穆《南濠居士文跋》《沈大理草書千文》。大理少卿華亭沈公粲與其兄學士度，皆以能書擅名天下，稱我朝羲、獻，然學士特妙于楷，少卿特妙于草。今片楮隻字，流落人間者，爭寶愛之，不啻金玉。此卷藏于練川劉氏，爲少卿行草，蓋其晚年得意筆也。

瘞鶴銘考

高儒《百川書志・翰墨志》《瘞鶴銘考》一卷。姑蘇顧元慶考古今論辨之書，十八家，凡二十條。

徐𤊹《徐氏家藏書目・書類》《瘞鶴銘考》一卷。顧元慶。

東書堂集古法帖

高儒《百川書志・翰墨志》《東書堂集古法帖》十卷。大明周世子集。自晉武帝至吴越王錢俶，帝王二十七人。自東漢杜度至元臣歐陽玄，歷代名臣一百十八人。亦臨石刻。

書法百韻

高儒《百川書志・翰墨志》 《書法百韻》一册。國朝德平盤許郭諶草書晉王右軍之草訣也。右軍古今名筆，以草書點畫形體相近，未易識别，因作此訣。世傳殘訛，郭子從而正之耳。楊升庵辨非右軍之作也。

圖繪寶鑑續編

高儒《百川書志・雜藝》 《圖繪寶鑑續編》一卷。明玉泉韓昂孟頫續編。

赤牘清裁

高儒《百川書志・翰墨志》 《赤牘清裁》四卷。述人未詳。釋文，古人赤牘。先秦兩漢三國六朝五十五人，赤牘六十七首。二王雜牘，三十八首。拾遺九人，雜牘二十二首。恐多殘缺，唐宋不取。

圖書要略

高儒《百川書志・雜藝》 《圖書要略》二卷。明吴郡朱凱編。九篇。

黄虞稷《千頃堂書目・藝術類》 朱凱《圖書要略》一卷。字堯民，吴人。爲諸生，能詩。

書法三昧

高儒《百川書志・翰墨志》 《書法三昧》一卷。不知作者。凡八篇。

宋克真草法帖

高儒《百川書志・翰墨志》 《宋克真草法帖》一册。皇朝吴人宋克仲温草書杜詩《前出塞》九首，及真書一札二通。

憩菴字法

高儒《百川書志・翰墨志》 《憩菴字法》一卷。皇朝西崖父李淳著。

諸篆中庸

高儒《百川書志・翰墨志》 《諸篆中庸》一册。永壽王守一道人正陽子。三十三章，各成一篆，雖兼三體，獨擅篆名。二書舊名《諸家真草隸篆》，意殊不然，故更名額。

宋人真跡

高儒《百川書志・翰墨志》 《宋人真跡》一册。不知何人所集。載宋葉夢得、張商英、葉清臣、劉燾、林攄、林希、章衡，並名氏欠詳書札詩帖十八幅。間有考識，足資清玩。

千文四通

高儒《百川書志・翰墨志》 《千文四通》四卷。四朝太常少卿馬紹榮、宗勉前後作楷書《千文》四本，字有大小，法無少異，刻梓行世。

歸去來辭

高儒《百川書志・翰墨志》《歸去來辭》一册。皇明禮部郎中蔣廷暉書梓，又入《萬竹帖》。

寶賢堂集古法帖

高儒《百川書志・翰墨志》《寶賢堂集古法帖》十二卷。大明晉世子集。自倉頡至大明，所載三代秦漢古法帖十二家，帝王十七家，諸名公一百一家。皆臨諸石刻，摹印以傳。有序。

諸篆太學

高儒《百川書志・翰墨志》《諸篆太學》一册。皇明永壽王書一經十傳，共成十一體梓傳。其註説又兼真草隸篆之妙。

萬竹山房集帖續帖

高儒《百川書志・翰墨志》《萬竹山房集帖》二卷《續帖》一卷。吴興唐氏集，廣東布政使王瑜續。王羲之、蘇、黄而下，宋元明三代二十七人書法。

畫史十三則

范邦甸等《天一閣書目・藝術類》《畫史十三則》。不著撰人名氏。凡例十二則。

訪古録

范邦甸等《天一閣書目・藝術類》《訪古録》一册。烏絲闌鈔本。不著撰人名氏。其書論法帖書畫之説居多。

畫　鑑

《宋史・藝文志・雜藝術類》温子融《畫鑑》三卷。

范邦甸等《天一閣書目・藝術類》《畫鑑》一卷。紅絲闌鈔本。明東楚湯載著。序云：采真子妙于考古，在京師時與鑒書博士柯君敬仲論畫，遂著此書。用意精到，悉有據依。惜乎尚多疏畧，乃爲删補，編次成帙，名曰《畫鑑》。采真子，載之自號也。

錢曾《讀書敏求記・藝術》《畫鑒》一卷。采真子與柯敬仲論畫，遂著此書。當時賞其知言。采真子，東楚湯垕君載之自號也。後附荆浩《山水筆法記》一卷。

山水論

徐𤊹《徐氏家藏書目・畫類》郭思《山水論》一卷。

論畫山水歌

徐𤊹《徐氏家藏書目・畫類》《論畫山水歌》一卷。

畫評會海

徐𤊹《徐氏家藏書目・畫類》《畫評會海》二卷。周。

閩畫記

徐𤊹《徐氏家藏書目・畫類》《閩畫記》十卷。徐渤。

黃虞稷《千頃堂書目・藝術類》徐𤊹《閩畫記》一卷。

《明史・藝文志・雜藝》徐𤊹《閩畫記》一卷。

畫塵

徐𤊹《徐氏家藏書目・畫類》《畫塵》一卷。沈顥。附集内。

書法雅言

徐𤊹《徐氏家藏書目・書類》《書法雅言》一卷。周應愿。

《四庫全書總目提要・藝術類二》《書法雅言》一卷。浙江巡撫採進本。明項穆撰。王穉登所作穆小傳，稱其初名德枝，郡大夫徐公易爲純。後乃更名穆，字德純，號曰貞元，亦號曰無稱子。秀水項元汴之子也。元汴鑒藏書畫，甲於一時，至今論真迹者，尚以墨林印記別真僞。穆承其家學，耳濡目染，故於書法特工。因抒其心得，作爲是書。凡十七篇，曰書統，曰古今，曰辨體，曰形質，曰品格，曰資學，曰規矩，曰常變，曰正奇，曰中和，曰老少，曰神化，曰心相，曰取舍，曰功序，曰器用，曰知識。大旨以晉人爲宗，而排蘇軾、米芾書爲稜角怒張，倪瓚書寒儉。軾、芾加以工力，可至古人，瓚則終不可到。雖持論稍爲過高，而終身一藝，研求至深，煙楮之外，實多獨契。衡以取法乎上之義，未始非書家之圭臬也。

書史紀原

徐𤊹《徐氏家藏書目・書類》《書史紀原》一卷。夏浸之。

淳化帖釋文

徐𤊹《徐氏家藏書目・書類》《淳化帖釋文》十卷。劉次莊。

畫説

徐𤊹《徐氏家藏書目・畫類》《畫説》一卷。莫是龍。

黃虞稷《千頃堂書目・藝術類》莫是龍《畫説》一卷。

《明史・藝文志・雜藝》莫是龍《畫説》一卷。

《四庫全書總目提要・藝術類存目》《畫説》一卷。浙江鮑士恭家藏本。明莫是龍撰。是龍字雲卿，以字行，更字廷韓，華亭人，莫如忠之子也。萬曆中，以貢入國學。《明史・文苑傳》附見《董其昌傳》中。其論畫以李成爲北宗，王維爲南宗，而於維尤無閒然。又謂有輪廓而無皴法，謂之無筆。有皴法而無輕重、向背、明晦，謂之無墨。頗合畫家宗旨。特所録僅十五條，不爲詳盡。其末一條謂師趙大年、江貫道、北苑、子昂、大李將軍、郭忠恕、李成，集其大成，自出機軸。再四五年，文、沈二君不能獨步吾吳矣云云。不知其所指何人也。

禹碑

徐𤊹《徐氏家藏書目・書類》《禹碑》一卷。湛若水譯。

僮學書程

徐𤊹《徐氏家藏書目・書類》 《僮學書程》一卷。

吴郡丹青志

徐𤊹《徐氏家藏書目・畫類》 《吴郡丹青志》一卷。王穉登。

黄虞稷《千頃堂書目・藝術類》 王穉登《吴郡丹青志》一卷。

《明史・藝文志・雜藝》 王穉登《吴郡丹青志》一卷。

《四庫全書總目提要・藝術類存目》 《吴郡丹青志》一卷。江蘇巡撫採進本。明王穉登撰。穉登字百穀，吴縣人。嘉靖中布衣。事蹟具《明史・文苑傳》。是編所載，神品一人，曰沈周。附三人，曰周之父恒，伯貞，恒之師杜瓊。妙品四人，曰宋克、唐寅、文徵明、張靈。附四人，曰徵明之子嘉，姪伯仁，曰朱生、周官。能品四人，曰夏昶、夏昺、周臣、仇英。逸品三人，曰劉珏、陳淳、陳栝。遺耆三人，曰黄公望、趙原、陳惟允。棲旅二人，曰徐賁、張羽。閨秀一人，曰仇氏。各爲傳贊，詞皆纖佻。至以仇氏善畫爲牝雞之晨，亦可謂不善數典矣。

寓意編

徐𤊹《徐氏家藏書目・畫類》 《寓意編》一卷。都穆。

錢謙益等《絳雲樓書目・雜藝類》 都穆《寓意編》。

黄虞稷《千頃堂書目・藝術類》 都穆《寓意編》一卷。

《四庫全書總目提要・藝術類二》 《寓意編》一卷。兵部侍郎紀昀家藏本。明都穆撰。穆有《壬午功臣爵賞録》，已著録。此書記所見書畫名蹟，載陳繼儒《祕笈》中僅有一卷，而世所刻本，別有穆《鐵網珊瑚》二十卷。其第五、第六兩卷，題曰《寓意上》、《寓意下》，乃多一卷。考其上卷所載書畫，每條各系以收藏之家，而下卷則否。上卷之末云：余家高祖以來，好蓄名畫，皆往往爲好事者所得，亦不留意也云云。詳其語意，已爲終篇之詞，不應更有下卷。況下卷之末，併載何良俊《書畫銘心録》，中有嘉靖丁巳正月人日記所觀書畫事。考王寵所作穆墓誌，穆卒於嘉靖四年乙酉，而何良俊之撰《銘心録》則在嘉靖三十六年，穆何從而載其事。又其下卷以下，每卷皆標太僕寺少卿都穆之名，而中間載文徵明山水二軸，一作於嘉靖乙未，一作於嘉靖戊午。乙未爲嘉靖十四年，戊午爲嘉靖三十七年，皆在穆卒以後。是即《鐵網珊瑚》一書出於僞託之明證。然則其下一卷爲妄人附益，審矣。今仍以陳繼儒所刻一卷著録，以存其舊。所載如顔真卿《爭坐位帖》、薛尚功《鐘鼎款識帖》，亦足資考核。惟成化戊申一段，成化實無戊申，殊爲牴牾當由誤記，抑或刻本偶譌歟。

書旨

徐𤊹《徐氏家藏書目・書類》 湯堯文《書旨》一卷。墨刻本。

墨妙纂

徐𤊹《徐氏家藏書目・書類》 《墨妙纂》六卷。鄢茂才。

帖凡

徐𤊹《徐氏家藏書目・書類》 邢子願《帖凡》一卷。

畫法權輿

徐𤊹《徐氏家藏書目・畫類》 《畫法權輿》二卷。

黄虞稷《千頃堂書目·藝術類》 鎮國中尉觀熘《畫法權輿》二卷。

《明史·藝文志·雜藝》 朱觀熘《畫法權輿》二卷。

圖畫歌

徐𤊹《徐氏家藏書目·畫類》 沈在中《圖畫歌》一卷。

墨竹記

徐𤊹《徐氏家藏書目·畫類》 張退公《墨竹記》一卷。

畫家要訣

徐𤊹《徐氏家藏書目·畫類》 《畫家要訣》四卷。竹蘭梅島。

黄虞稷《千頃堂書目·藝術類》 《畫家要訣》八卷。

蜀中畫苑

徐𤊹《徐氏家藏書目·畫類》 《蜀中畫苑》四卷。曹學佺。

黄虞稷《千頃堂書目·藝術類》 曹學佺《蜀中畫苑》四卷。一作《蜀中名畫記》。

《明史·藝文志·雜藝》 曹學佺《蜀畫苑》四卷。

繪林題識

徐𤊹《徐氏家藏書目·畫類》 《繪林題識》一卷。

《四庫全書總目提要·藝術類存目》 《繪林題識》一卷。兩淮鹽政採進本。明汪顯節編。顯節始末未詳。萬曆中，秀水周履靖鉤摹古今名畫勒於石，題曰《繪林》。一時文士，多有題識。顯節彙次成帙，凡四十二人。顯節亦在其中。

繪妙

徐𤊹《徐氏家藏書目·畫類》 茅氏《繪妙》一卷。《欣賞》。茅一相。

淳化帖書評

徐𤊹《徐氏家藏書目·書類》 《淳化帖書評》一卷。豐坊。

書畫金湯

徐𤊹《徐氏家藏書目·畫類》 《書畫金湯》一卷。陳繼儒。

書畫銘心録

黄虞稷《千頃堂書目·藝術類》 何良俊《書畫銘心録》一卷。

天形道貌

徐𤊹《徐氏家藏書目·畫類》 《天形道貌》一卷。

淇園肖影

徐𤊹《徐氏家藏書目・畫類》《淇園肖影》二卷。

春谷嚶翔

徐𤊹《徐氏家藏書目・畫類》《春谷嚶翔》一卷。

九畹遺客

徐𤊹《徐氏家藏書目・畫類》《九畹遺客》一卷。

羅浮幼質

徐𤊹《徐氏家藏書目・畫類》《羅浮幼質》一卷。

書輯

徐𤊹《徐氏家藏書目・書類》《書輯》三卷。陸深。

錢謙益等《絳雲樓書目・雜藝類》《書輯》。

《四庫全書總目提要・藝術類存目》《書輯》三卷。兩江總督採進本。明陸深撰。深有《南巡日録》，已著録。是書分爲六篇，一曰述通，二曰典通，三曰釋通，四曰筆論，五曰體位，六曰古今訓。凡所採用諸書，皆臚列於首，而復以《法帖源流》一篇附於後。嘗自書勒石。

畫圖説

徐𤊹《徐氏家藏書目・畫類》《畫圖説》一卷。莫是龍。

雪湖梅譜

徐𤊹《徐氏家藏書目・畫類》《雪湖梅譜》四卷。劉世儒。

黄虞稷《千頃堂書目・藝術類》劉世儒《雪湖梅譜》四卷。

畫譜

徐𤊹《徐氏家藏書目・畫類》唐寅《畫譜》三卷。附集内。

錢謙益等《絳雲樓書目・雜藝類》唐六如《畫譜》。六如有《書畫手鏡》一卷。

黄虞稷《千頃堂書目・藝術類》唐寅《畫譜》三卷。

《明史・藝文志・雜藝》唐寅《畫譜》三卷。

嵇璜等《續通志・圖譜略・記元》雜技　明唐寅《畫譜》。

姜東溪書法

徐𤊹《徐氏家藏書目・書類》《姜東溪書法》一卷。姜立綱。

紀藝

徐𤊹《徐氏家藏書目・畫類》《紀藝》一卷。

梅品

錢謙益等《絳雲樓書目·雜藝類》 張功甫《梅品》一卷。功甫名鎡，號約齋，循王諸孫。撰《玉照堂梅品》一編，時紹興甲寅也。功甫將家子，性豪邁。平生奉養，窮極奢侈。《梅品》之作，意必是假手他人門下寒窶書生爲之，非本色也。

畫藪

錢謙益等《絳雲樓書目·雜藝類》 《畫藪》。

黄虞稷《千頃堂書目·藝術類》 《畫藪》七種，九卷。

鐵網珊瑚

錢謙益等《絳雲樓書目·雜藝類》 朱存理《鐵網珊瑚》。朱處士所纂。又有《野航漫録》、《經子鉤元》、《吴郡獻徵志》、《名物寓言》、《鶴岑隨筆》。

黄虞稷《千頃堂書目·藝術類》 《鐵網珊瑚》。

黄虞稷《千頃堂書目·藝術類》 朱存理《鐵網珊瑚》二十卷。

錢曾《讀書敏求記·藝術》 朱存理《鐵網珊瑚》十四卷。存理字性甫，别號野航，吴之長洲人。採輯唐宋元名人書畫跋語，裒成一集，名曰《鐵網珊瑚》。分《雜識》五卷，《名畫》五卷，《法書》四卷。其留心蒐討，真不遺餘力矣。余舊藏子昂《重江叠嶂圖》，經營慘淡，虞伯生、柳道傳嘆其絶佳。間考卷中諸跋，咸載於此集。其卷後爲有力者攫去，至往來余心未能忘也。近購得所南《老子推篷竹》卷，徐禹功倣楊補之《梅花》卷，吴瑩之、吴仲圭續畫兩梅于後，中間雜綴趙子固諸公題跋。又得張伯雨楷書《玄史》等篇，及陸友仁八分書《世説語》數十則，共成一卷，乃清閟閣最所寶愛者。野航採此三卷，俱録入《法書》、《名畫》中，定爲上品，可見吴下名蹟登此書者多矣。趙清常《脉望館書目》更有《續鐵網珊瑚》，未知誰氏所集。吾不得而見之矣。

《明史·藝文志·雜藝》 朱存理《鐵網珊瑚》二十卷。

《四庫全書總目提要·藝術類二》 《趙氏鐵網珊瑚》十六卷。兩淮馬裕家藏本。舊本題明朱存理撰。末有萬曆中常熟趙琦美跋，稱原從秦四麟家得《書品》、《畫品》各四卷，後從焦竑得一本，卷帙較多。用兩本互校，增爲《書品》十卷，《畫品》六卷。其先後次序，則琦美所隲定，而又以所見真蹟續於後。稱秦氏原本，無撰人姓名。别有跋，記作者姓名。後佚去，不復記，然非朱存理也。據此，則是書乃趙琦美得無名氏殘稾所編。其稾既不出於一家，且琦美又有所增補，題朱存理撰爲誤矣。雍正六年，年希堯嘗刻此書。其跋稱别有一本十四卷者，傳爲存理原本。今亦未見。又世傳有存理所作《珊瑚木難》八卷，所載名蹟，末皆有自跋語，與此本體例迥異。則此書非出存理手，愈可知也。然所載書畫諸跋，頗足以辨析異同，考究真僞。至今賞鑒家多引據之。其書既爲可採，則亦不必問其定出誰氏矣。

珊瑚木難

錢謙益等《絳雲樓書目·雜藝類》 《珊瑚木難》。六卷。

黄虞稷《千頃堂書目·藝術類》 《珊瑚木難》。

《四庫全書總目提要·藝術類二》 《珊瑚木難》八卷。兩淮鹽政採進本。明朱存理撰。存理有《旌孝録》，已著録。朱彝尊《静志居詩話》曰：存理自少至老，未嘗一日忘學問。人有異書，必從訪求，以必得爲志。所纂集，凡數百卷，既老不厭。坐貧無以自資，其書旋亦散去。《江南通志》亦曰：元季明初，中吴南園何氏、笠澤虞氏、廬山陳氏，書籍金石之富，甲於海内。繼其後者，存理其尤也。兹編悉載所見字畫題跋，其卷中前人詩文世所罕覩者，亦附録焉。前有文徵明、文嘉、王穉登、王騰程四人名氏，蓋出於四家收藏者爲多。徵明等皆以賞鑒相高，故所貯竝多名蹟。存理又工於考證，凡所題品，具有根據，與真贋雜糅者不同。惟其書從無刊本，轉相傳寫，譌脱頗多。今詳加釐正，而闕其所不可知者，著之於録。

古今圖籍考

錢謙益等《絳雲樓書目・雜藝類》 項德芬《古今圖籍考》。

圖繪要略

錢謙益等《絳雲樓書目・雜藝類》《圖繪要略》。二卷。朱凱。

《明史・藝文志・雜藝》 朱凱《圖畫要略》一卷。

集古書畫妙訣

錢謙益等《絳雲樓書目・雜藝類》《集古書畫妙訣》。

法帖釋文攷異

錢謙益等《絳雲樓書目・雜藝類》《法帖釋文攷異》。十二卷。顧從義編。

孫星衍《平津館鑒藏書籍記・藝術》《歷代帝王法帖釋文考異》十卷。此據第一卷，餘卷俱依閣帖原題。題武陵顧從義編并書，太原王常校。前有太原王穉登序，新都王常書。此書專釋《淳化閣本法帖》，裒集諸家所刻，辨其同異，毫髮必審，模刻精工。初印本流傳甚少。大字，每葉十八行，十九字。收藏有「嚴氏公奕」朱文方印，「松陵朱柳塘珍藏」白文方印。

繪事指蒙

錢謙益等《絳雲樓書目・雜藝類》《繪事指蒙》。

黃虞稷《千頃堂書目・藝術類》 鄭德中《繪事指蒙》一卷。

書法通釋

錢謙益等《絳雲樓書目・雜藝類》《書法通釋》。明初張布政紳，嘗著《書法通釋》一卷，爲朱竹垞先生所稱。

草書集韻

錢謙益等《絳雲樓書目・雜藝類》《草書集韻》。曾見好元板。

法帖名畫神品目

錢謙益等《絳雲樓書目・雜藝類》《法帖名畫神品目》。

山茶花譜

錢謙益等《絳雲樓書目・雜藝類》《山茶花譜》。

古今書史會要

錢謙益等《絳雲樓書目・雜藝類》《古今書史會要》。

畫史會要

黄虞稷《千頃堂書目・藝術類》 朱謀垔《畫史會要》五卷。

《四庫全書總目提要・藝術類二》 《畫史會要》五卷。浙江鮑士恭家藏本。明朱謀垔撰。謀垔既續陶宗儀《書史會要》，因推廣其類，採上古迄明能畫人姓名事蹟，輯爲此編，亦附以《畫法》一卷。成於崇禎辛未。全用宗儀之體例，故書名亦復相因。然宗儀之書，止於元代，故謀垔所續，明人别爲一卷，列之外域之後可也。此書爲謀垔所自編，既以金列元前，稍移其次，而所列明人，雖太祖、宣宗，亦次於外域之後。則拘於舊目，顛倒乖剌之甚矣。至目録以宋爲第二卷，金元及外域爲第三卷，而其書乃以北宋爲第二卷，南宋金元及外域爲第三卷，又削去南宋之號，但以都錢塘三字爲卷端標目，舛迕尤甚。蓋明之末年，士大夫多喜著書，而競尚狂禪，以潦草脱略爲高尚，不復以精審爲事。故顧炎武《日知録》謂萬曆後所著之書，皆以「流賊劉七」爲「賊七」之類；所刻之書，皆以「壯月朔」爲「牡丹朔」之類。雖詆之稍過，亦未可謂全無因也。今爲改正其文，而附註原目之謬如右。其書雖採摭未富，疎漏頗多，而宋金元明諸畫家，頗賴以考見始末。故《御定佩文齋書畫譜・畫家傳》中，多引以爲據，亦談丹青者所不可遽廢也。

畫　史

黄虞稷《千頃堂書目・藝術類》 王勣《畫史》二十卷。南直隸通州人。

《明史・藝文志・藝術》 王勣《畫史》二十卷。

中麓畫品

黄虞稷《千頃堂書目・藝術類》 李開先《中麓畫品》一卷。章丘人。

王士禛《漁洋書跋》 中麓《畫品》。章丘李中麓太常開先藏書畫極富，自負賞鑒，嘗作《畫品》，次第明人。以戴進、吴偉、陶成、杜堇爲第一等，倪瓚、莊麟爲次等，而沈周、唐寅居四等。持論與吴人頗異。王弇州與之善，嘗言過中麓草堂，盡觀所藏畫，無一佳者。而中麓謂文進畫。高過元人，不及宋人。亦未可爲定論也。《畫品》略云：戴文進如玉斗，精理佳妙，復是巨器。吴小仙如楚人戰鉅鹿下，猛氣横發，加于一時。陶雲湖如富春先生，雲白山青，悠然野逸。杜古狂如羅浮早梅，巫山朝雲，仙姿靚潔，不同凡品。莊麟如山色早秋，微雨初沫。倪雲林如几上石菖蒲，其物雖微，以玉盤盛之可也。唐六如如賈浪仙，身則詩人，猶有僧骨，宛在黄葉長廊之下。石田而下，無譏焉。

《明史・藝文志・雜藝》 李開先《中麓畫品》一卷。

《四庫全書總目提要・藝術類存目》 《中麓畫品》一卷。浙江范懋柱家天一閣藏本。明李開先撰。開先字伯華，中麓其號也，章邱人。嘉靖己丑進士，官至太常寺卿。《明史・文苑傳》附載《陳束傳》中，稱其性好蓄書，藏書之名聞天下。今其書目不傳，乃傳其《畫品》。大致仿謝赫、姚最之例，品明一代之畫，分爲五品。每品之中，優劣兼陳。王士禎《香祖筆記》曰：章邱李中麓太常，藏書畫極富，自負賞鑒，嘗作《畫品》，次第明人。以戴文進、吴偉、陶成、杜堇爲第一等，倪瓚、莊麟爲次等，而沈周、唐寅居四等。持論與吴人頗異。王弇州與之善，嘗言過中麓草堂，盡觀所藏畫，無一佳者。而中麓謂文進畫高過元人，不及宋人，亦未足爲定論也云云。則是編之持論偏僻，可知矣。

畫　志

黄虞稷《千頃堂書目・藝術類》 沈與文《畫志》一卷。自號姑餘山人。

《四庫全書總目提要・藝術類存目》 《畫志》一卷。浙江范懋柱家天一閣藏本。明沈與文撰。與文自稱姑餘山人。是編所載畫家，起唐王維，迄元商琦，僅十九人。後附宋葉夢得《評畫行》一篇，與文爲之註。

古今畫鑑

黄虞稷《千頃堂書目・藝術類》 羅周旦《古今畫鑑》五卷。

《明史・藝文志・雜藝》 羅周旦《古今畫鑑》五卷。

續欣賞編

黃虞稷《千頃堂書目・藝術類》 茅一相《續欣賞編》十卷。吴案,《遺書目》:茅瑞徵《續欣賞編》八卷。

《明史・藝文志・雜藝》 茅一相《續欣賞編》十卷。

珊瑚網古今名畫題跋

黃虞稷《千頃堂書目・藝術類》 汪砢玉《珊瑚網古今名畫題跋》二十四卷,《附録》一卷。

欣賞編

黃虞稷《千頃堂書目・藝術類》 沈津《欣賞編》十卷。字潤卿。

《明史・藝文志・雜藝》 沈津《欣賞編》十卷。

畫媵　續畫媵　書畫想像録　墨君題語

黃虞稷《千頃堂書目・藝術類》 李日華《畫媵》一卷,又《續畫媵》一卷。又《書畫想像録》四十卷,又《墨君題語》三卷。

《明史・藝文志・雜藝》 李日華《畫媵》二卷、《書畫想像録》四十卷。

《四庫全書總目提要・藝術類存目》 《竹嬾畫媵》一卷,《續畫媵》一卷。禮部尚書曹秀先家藏本。 明李日華撰。日華有《梅墟先生別録》,已著録。是書皆裒録其題畫之作。謂之「媵」者,作畫而附以詩文,如送女而媵以娣姪也。所載諸詩有云: 霜落蒹葭水國寒,浪花雲影上漁竿。畫成未擬人將去,茶熟香温且自看。又云: 夢壓春寒睡起遲,一林疎雨褪臙脂。詩翁艇子無人見,只有飛來白鷺鷥。又云: 江鄉風物正秋初,山影沈沈樹影疎。野老慣遊渾不覺,有人天上憶鱸魚。又云: 樹影苔痕濕不分,栗留聲隔幾重雲。沙彌詩夢渾無定,又在滄江野水濱。如此之類,雖風骨未高,而亦瀟洒有韻。惟數首以外,語意略同。七律尤頹唐傷格。且有以偶題五字,亦登梨棗,如「晚山無限好」句,恐未足當「楓落吴江冷」矣。

江左周郎藝苑

黃虞稷《千頃堂書目・藝術類》 周履靖《江左周郎藝苑》一百卷。

《明史・藝文志・雜藝》 周履靖《藝苑》一百卷、《繪林》十六卷、《畫藪》九卷。

周氏繪林

黃虞稷《千頃堂書目・藝術類》 周履靖《周氏繪林》十六卷。

圖繪宗彝

黃虞稷《千頃堂書目・藝術類》 《圖繪宗彝》八卷。

繪事微言

黃虞稷《千頃堂書目・藝術類》 唐志契《繪事微言》四卷。泰州人。

畫繼補遺

黄虞稷《千頃堂書目・藝術類》 吴景長《畫繼補遺》二卷。嘉興人。

畫鑑直指

黄虞稷《千頃堂書目・藝術類》 吴金陵《畫鑑直指》。字邦畿，龍泉人。生于金陵，故名。善畫鷹。

明畫譜

黄虞稷《千頃堂書目・藝術類》 韓昂《明畫譜》一卷。

《明史・藝文志・雜藝》 韓昂《明畫譜》一卷。

嵇璜等《續通志・圖譜圖・記元》 韓昂明《畫譜》。

寶繪録

黄虞稷《千頃堂書目・藝術類》 張泰階《寶繪録》二十卷。華亭人。

《四庫全書總目提要・藝術類存目》 《寶繪録》二十卷。江西巡撫採進本。 明張泰階撰。泰階字爰平，上海人。萬曆己未進士。其家有寶繪樓，自言多得名畫真迹，操論甚高。然如曹不興畫，據南齊謝赫《古畫品録》，已僅見其一龍首，不知泰階何緣得其《海戍圖》。又顧愷之、陸探微、展子虔、張僧繇，卷軸纍纍，皆前古之所未睹。其閻立本、吴道元、王維、李思訓、鄭虔諸人，以朝代相次，僅厠名第六、七卷中，幾以多而見輕矣。揆以事理，似乎不近。且所列歷代諸家跋語，如出一手，亦復可疑也。

畫苑

黄虞稷《千頃堂書目・藝術類》 宋懋晉《畫苑》。字明之，華亭人。

畫苑補遺

黄虞稷《千頃堂書目・藝術類》 王世貞《畫苑》十卷，又《畫苑補遺》二卷。

《明史・藝文志・雜藝》 王世貞《畫苑》十卷，《補遺》二卷。

《四庫全書總目提要・藝術類存目》 《畫苑》十卷，《畫苑補益》四卷。浙江鮑士恭家藏本。 《畫苑》十卷，明王世貞編。《畫苑補益》四卷，詹景鳳編。世貞有《弇山堂別集》，已著録。景鳳字東圖，休寧人。由舉人官至平樂府通判。世貞所録，凡謝赫《古畫品録》一卷，李嗣真《續畫品録》一卷，沙門彦悰《後畫録》一卷，姚最《續畫品》一卷，裴孝源《貞觀公私畫史》一卷，沈括《圖畫歌》一篇，荆浩《筆法記》一篇，王維《山水論》一篇，張彦遠《歷代名畫記》十卷，劉道醇《宋朝名畫評》三卷，朱景元《唐朝名畫録》一卷，陳洵直《五代名畫補遺》一卷，案：此書劉道醇作，陳洵直，乃沿《文獻通考》之誤，語詳本條下。鄧椿《畫繼》十卷，黄休復《益州名畫録》三卷，米芾《海嶽畫史》一卷，計十五篇。景鳳所補，凡梁元帝《山水松石格》一篇，王維《畫山水祕訣》一篇，荆浩《論畫山水賦》一篇，李成《山水訣》一篇，郭熙《林泉高致》一卷，淳思《畫論》一卷，《紀藝》一卷，《宣和論畫雜評》一卷，韓純全《山水純全集》一卷，李澄叟《畫山水訣》一卷，無名氏《論畫山水歌》一篇，李廌《畫品》一卷，華光和尚《梅譜》一卷，李衎《竹譜詳録》一卷，張退公《墨竹記》一篇，董逌《廣川畫跋》六卷，計十六種。

珊瑚林

黄虞稷《千頃堂書目・藝術類》 《珊瑚林》二卷。

南隅書畫録

黄虞稷《千頃堂書目・藝術類》 茅維《南隅書畫録》一卷。

明書畫史

黄虞稷《千頃堂書目・藝術類》 劉璋《明書畫史》三卷。字圭甫，嘉定人。末一卷同邑童時補正，時字尚中。

《明史・藝文志・雜藝》 劉璋《明書畫史》三卷。

《四庫全書總目提要・藝術類存目》 《明書畫史》三卷，《元朝遺佚附録》一卷。浙江范懋柱家天一閣藏本。明劉璋撰。璋字圭甫，嘉定人。是書成於正德乙亥。載洪武以來善書畫者，得三百七十餘人，而釋子六人併綴於末。又附元代名家及五季宋金之姓氏隱僻者九人，别爲一卷。每人寥寥數言，不備本末，粗具梗概而已。

松齋梅譜

黄虞稷《千頃堂書目・藝術類》 《松齋梅譜》十五卷。

梅花譜

黄虞稷《千頃堂書目・藝術類》 沈襄《梅花譜》二卷。

清河書畫舫

《明史・藝文志・雜藝》 張丑《清河書畫舫》十二卷。

黄虞稷《千頃堂書目・藝術類》 張丑《清河書畫舫》十二卷，又《真蹟日録》。字青父，吴郡人。

《四庫全書總目提要・藝術類二》 《清河書畫舫》十二卷。浙江巡撫採進本。明張丑撰。丑，崑山人，原名謙德，字叔益。後改今名，字青父，號米庵。蓋丑於萬曆乙卯得米芾《寶章待訪録》墨蹟，名其書室曰寶米軒，故以自號。越歲丙辰，是書乃成。其以《書畫舫》爲名，亦即取之黄庭堅詩「米家書畫船」句也。明代賞鑒之家，考證多疎，是編獨多所訂正。惟是所取書畫題跋，不盡出於手迹，多從諸家文集録入。且亦有未見其物，但據傳聞編入者。如文嘉《嚴氏書畫記》内稱枝山翁卷一，又稱文徵明詞翰二是亦非盡出原蹟之一驗。其中第三卷之顧野王，第五卷之杜牧之、李陽冰、蘇靈芝諸人，皆無標目。輾轉傳寫，亦多失於校讐。然丑家四世收藏，於前代卷軸所見特廣。其書用張彦遠《法書要録》例，於題識印記，所載亦詳。故百餘年來收藏之家，多資以辨驗真僞。末一卷曰《鑒古百一詩》，則丑所自爲。米菴詩二十首，《銘心小集》八十一首，以類相從，附於集後。第九卷末附刻米芾《寶章待訪録》，十二卷末附刻文天祥手札，皆非原本所有。蓋鮑氏刊本所增附也。鮑氏所刊，不分卷數，但以「鶯嘴啄花紅溜、燕尾點波緑皺」十二字標爲次第。蓋用謝枋得《文章軌範》以「王侯將相有種乎」七字編爲七册之例。然麻沙坊本，不可據爲典要。今削去舊題，以十二卷著録焉。

書纂

《明史・藝文志・雜藝》 周英《書纂》五卷。

《四庫全書總目提要・藝術類存目》 《書纂》五卷。浙江巡撫採進本。不著撰人名氏。惟卷首有翠渠病叟自序。考《明史・儒林傳》載周瑛字梁石，莆田人。成化己丑進士，官至四川右布政使。學者稱翠渠先生。其號與自序合。又《明史藝文志》載周瑛《書纂》五卷，與此本書名卷數竝合。蓋即瑛書也。分原始、辨體、考法、會通、擇佐使五篇。《原始》篇論六書。《辨體》篇論古籀、篆、隸、草、八分、飛白諸體及歷代沿革。《考法》篇論手法、筆法、書法。《會通》篇論諸家書。《擇佐使》篇論筆墨紙硯。大抵掇拾舊文，故名曰纂。自序稱其長孫南鳳年十有一，作書以授之，故所録多淺近易明云。

梅譜

《明史・藝文志・雜藝》 劉世儒《梅譜》四卷。

南陽法書表

《四庫全書總目提要・藝術類二》 《南陽法書表》一卷、《南陽名畫表》一卷。浙江鮑士恭家藏本。明張丑撰。所列皆韓世能家收藏真蹟。《法書表》凡作者二十七人，計七十二件。分五格：上爲時代，下以正書、行押、草聖、石刻四等，各爲一格。《名畫表》凡作者四十七人，計九十五圖。亦分五格。上爲時代，而下以道釋人物爲一格，山水界畫爲一格，花果鳥獸爲一格，蟲魚墨戲爲一格，例又小別。二表前皆有丑自序。蓋先表法書，既而世能之子朝延併屬兼表名畫也。世能字存良，長洲人。隆慶戊辰進士，官至禮部尚書。喜收名蹟，董其昌《洛神賦跋》所稱館師韓宗伯者是也。其稱南陽者，韓氏郡望南陽，猶韓維之稱《南陽集》耳。

法書名畫見聞表

《四庫全書總目提要・藝術類二》 《法書名畫見聞表》一卷。浙江鮑士恭家藏本。明張丑撰。蓋仿米芾《寶章待訪録》例，變而爲表。凡分四格：第一格爲時代，第二格爲目覩，第三格爲的聞，第四格則每一朝代總計其數，題曰會計。凡一百五十五人，一百八十八帖，三百五十六圖。末附顧凱之《夏禹治水圖》、王羲之《行穰帖》，皆註曰見。虞世南臨《張芝平復帖》、顏真卿《鹿脯帖》，皆注曰聞。蓋表成以後所續載也。丑別有《南陽書畫表》，故表首附記已見彼者不録。又云：凡影響附會者不録。然所列目睹諸名，與所作《書畫舫》、《真蹟日録》多不相應。意此數表，成於二書之前耶。

法書通釋

《四庫全書總目提要・藝術類存目》 《法書通釋》二卷。衍聖公孔昭煥家藏本。明張紳撰。紳字士行，一曰字仲紳，《書史會要》但稱爲山東人，洪武中官浙江布政使。不詳爲山東何地之人，亦不詳其出身。考《明史・吴伯宗傳》附載鮑恂事，稱洪武十五年，吉安余詮、高郵張長年、登州張紳竝以明經老成爲禮部主事所薦，召至京。恂、長年皆以老病辭歸，惟紳授鄠縣教諭，尋召爲右僉都御史，終浙江左布政使。則紳乃登州人，以薦舉起家也。是書分十篇，曰八法，曰結構，曰執使，曰篇段，曰從古，曰立式，曰辨體，曰名稱，曰利器，曰總論。皆彙集晉唐以來名論，亦閒及蘇軾、黄庭堅、姜夔、吾衍之説。所取古人碑帖，祇及唐而止。然皆習見之文。《立式篇》辨古無真書之名，鍾、王楷書皆是隸法一條，足正近代俗劄之陋。其所引法書《瘞鶴銘》前後兩見，一列之小楷，一列之大楷，殆校録偶疎耶。案《靜志居詩話》曰：張紳工大小篆，精於賞鑒。法書名畫，多所品題。撰《法書通釋》一卷。今檢此本，實爲兩卷，蓋朱彝尊偶誤記也。

湖州竹派

《四庫全書總目提要・藝術類存目》 《湖州竹派》一卷。兩江總督採進本。舊本題明釋蓮儒撰。記文同畫竹之派凡二十人。蓮儒在明中葉以後，而書中稱山谷爲余作詩云云，又稱余問子瞻云云，而後乃及金元諸人，時代殊相剌謬。今以所載考之，其李公擇妹、蘇軾二條，乃米芾《畫史》之文。黄斌老、黄彝、張昌嗣、文氏、楊吉老、程堂六條，乃鄧椿《畫繼》之文。劉仲懷、王士英、蔡珪、李衎、李士行、喬達、李倜、周堯敏、姚雪心、盛昭十條，乃夏文彥《圖繪寶鑑》之文。吴璜、虞仲文、柯九思、僧溥光四條，乃陶宗儀《畫史會要》之文。皆剽竊原書，不遺一字。惟趙令庇、俞澄、蘇大年三條，未知其剽自何書耳。可謂拙於作僞。陳繼儒收之《彙祕笈》中，亦失考甚矣。

唐詩畫譜

《四庫全書總目提要・藝術類存目》《唐詩畫譜》五卷。内府藏本。明黄鳳池撰。鳳池，徽州人。是書刊於天啟中。取唐人五六七言絶句詩各五十首，繪爲圖譜，而以原詩書於左方。凡三卷。末二卷爲花鳥譜，但有圖而無詩，則鳳池自集其畫，附詩譜以行也。

畫禪

《四庫全書總目提要・藝術類存目》《畫禪》一卷。浙江鮑士恭家藏本。舊本題明釋蓮儒撰。蓮儒自稱白石山衲子，其始末未詳。自跋謂古尊宿六十餘家，見於《王氏畫苑》及夏士良《圖繪寶鑑》則嘉、隆以後人矣。所紀自惠覺以下迄智海，凡緇流之能畫者皆列焉。然元僧中如絶照之見於《俟菴集》，天然之見於《林屋漫稾》，枯林之見於《桂隱集》，南岳雲及蓮公之見於《梧溪集》，鏡塘之見於《玩齋集》者，悉佚不載。則其挂漏尚多矣。

珊瑚網

《四庫全書總目提要・藝術類二》《珊瑚網》四十八卷。浙江孫仰曾家藏本。明汪砢玉撰。砢玉有《古今鹺略》，已著録。是書成於崇禎癸未，凡法書題跋二十四卷，名畫題跋二十四卷。朱彝尊《静志居詩話》稱砢玉留心著述，所輯《珊瑚網》一編，與張丑《清河書畫舫》、《真蹟日録》竝駕。蓋丑自其高祖以下四世鑒藏，砢玉亦以其父愛荆與嘉興項元汴交好，築凝霞閣以貯書畫。收藏之富，甲於一時。其有所憑藉，約略相等。故皆能搜羅薈萃，勒爲巨編。然丑之二書，前後編次歲月皆未明析。砢玉是書，則前列題跋，後附論説，較丑書綱領節目，秩然有條。惟其所載法書，頗有目睹耳聞，據以著録，不盡其所自藏。乃一例登載，皆不註明，未免稍無區别。中閒原蹟全文，或載或否，亦絶無義例。又如謂唐刻《定武蘭亭》有二石，焦山《瘞鶴銘》有三石，則真贋不别。以李邕書《雲麾將軍李秀碑》誤爲《李思訓碑》，以宋人所刻《臨江帖》誤爲唐搨，則考據亦未盡精審。其所載名畫，則宋元諸家銘心絶品，收録極詳。贉素之富，誠爲罕有。後來卞永譽《式古堂書畫考》、厲鶚《南宋院畫録》，皆藉是書以成，較在書跋之上。至於書跋之後，附以書旨、書品之類；畫跋之後，附以畫繼、畫評之類，皆雜録舊文，挂一漏萬。枝指駢拇，兩集相同。以原本所有，姑竝録之云爾。

畫學祕訣

《四庫全書總目提要・藝術類存目》《畫學祕訣》一卷。浙江鮑士恭家藏本。舊本題唐王維撰。詞作駢體，而句格皆似南宋人語。王縉編維《集》，亦不載此篇。明焦竑《國史經籍志》始著於録，蓋近代依託也。明人收入維《集》，失考甚矣。

海内名家工畫能事

《四庫全書總目提要・藝術類存目》《海内名家工畫能事》二卷。兩淮鹽政採進本。明張鳳翼撰。鳳翼有《夢占類考》，已著録。是編採輯前人論畫緒言，然語多淺近，僅可以教俗工。中有戴逵、王維論畫之辭，尤出於依託，鳳翼不能辨也。

真蹟日録

《四庫全書總目提要・藝術類二》《真蹟日録》五卷、二集一卷、三集一卷。浙江鮑士恭家藏本。明張丑撰。凡三集。前有丑自題，稱《書畫舫》成，鑒家謂其粗可觀覽，多以名品卷軸見示就正。因信手筆其一二，命曰《真蹟日録》。隨見隨書，不復差次時代。其二集、三集，則皆無序跋。蓋以漸續增，各自爲卷，實可通作一編也。此本爲鮑士恭家知不足齋所刊。凡原本所載與《書畫舫》重複者，如初集之虞永興破邪論、王右軍鶻不佳帖、破羌帖、此事帖、謝司馬帖、思想帖，又別本思想帖、大道帖，又別本大道帖、鍾太傅孔廟鼎銘、曹不興兵符圖、桃源圖、李成寒林平野圖、顔魯公書告及與蔡明遠帖、陸機平復帖、李西臺千文卷、趙幹江行初雪圖、錢舜舉臨陸探微金粟如來像卷、懷素夢遊天姥吟真蹟、倪雲林溪山仙館小幅、王齊翰挑耳圖、展子虔春游圖、鮮于伯機題董北苑山水、題趙模本搨蘭亭後王朋梅金明池圖；二集之劉原父墨蹟秋水篇、黄子久山水、郭熙溪山秋霽卷、李泰和梅熟帖、褚河南小楷西昇經、王叔明惠麓小隱卷、倪雲林跋黄子久畫卷、顧清臣書李成讀碑窠石圖、右軍鶻等帖、孫知微十一曜圖、巨然賺蘭亭圖；三集之吴道子八部天龍卷、李龍眠郭子儀單騎見回紇圖、唐子畏獨樂園、江山行旅圖二卷。凡四十一條，皆删去而存其目。其詞有詳略異同者，則仍竝載之，以資參考焉。

筆道通會

《四庫全書總目提要・藝術類存目》《筆道通會》一卷。兩淮鹽政採進本。明朱象衡編。象衡字朗初，秀水人。是編推廣徐渭《筆元要旨》而作，中多述豐坊之語。華亭唐文獻爲之序。末有象衡自跋云：余性稍慧，於法書名蹟辨之不爽毫髮。其言頗近於夸。米芾、黄伯思精鑒入神，論者尚有同異，此事談何容易乎。

筆元要旨

《四庫全書總目提要・藝術類存目》《筆元要旨》一卷。浙江汪啟淑家藏本。明徐渭撰。渭字文清，後更字文長，山陰人。事蹟具《明史・文苑傳》。是編論書，專以運筆爲主，大概昉諸米氏。

草書集韻

《四庫全書總目提要・藝術類存目》《草書集韻》五卷。内府藏本。不著編輯者名氏。取漢章帝以下至於元人草法，依韻編次。每字之下，各註其人。其編次用《洪武正韻》，蓋明人作也。

書訣

《四庫全書總目提要・藝術類二》《書訣》一卷。浙江范懋柱家天一閣藏本。不著撰人姓名。《明史・藝文志》亦未著録。案書中稱其十世祖名稷，曾祖名慶，祖名耘，考名熙，則當爲嘉靖間鄞人豐坊所作也。坊有《古易世學》，已著録。其平生好作僞書，妄謬萬端，至今爲世詬厲。然於書法，則有所心得。故《詹氏小辨》曰：坊爲人逸出法紀外，而書學極博，五體竝能。諸家自魏晉以及國朝，靡不兼通規矩，盡從手出。蓋工於執筆者也。以故其書大有腕力，特神韻稍不足。朱謀垔《書史會要》亦曰：坊草書，自晉唐而來無今人一筆態度。惟喜用枯筆，乏風韻耳。是編皆論學書之法，而尤注意於篆籀。又排比古今能書之家，評其次第。其論顔真卿，獨推其擘窠題署第一，而詆《東方朔贊》、《多寶塔頌》爲俗筆。又貶蘇軾以肉襯紙，甚有俗氣。於楷法僅取其《上清》、《儲祥宫碑》等三種。務爲高論，蓋猶其狂易之餘態。要亦各抒所見，固與無實大言者異矣。

書法離鉤

《四庫全書總目提要・藝術類二》《書法離鉤》十卷。浙江鮑士恭家藏本。明潘之淙撰。之淙字無聲，號達齋，錢塘人。是書薈萃舊説，各以類從。大旨謂書家筆筆有法，必深於法而後可與離法，又必超於法而後可與進法。俗學株守規繩，高明盡滅紀律，俱非作者。書中《知道》、《從性》諸篇，皆言不法而法，法而不法之意。

其名《離鉤》者，取禪家「垂絲千尺，意在深潭離鉤三寸」語也。其中考論六書，如籀文與古文、大篆皆小異，故《説文序》云：新莽謂之奇字。徐浩云：史籀造籀文，李斯作篆。江式、唐元度則謂史籀著大篆十五篇。又如隸書在八分之前，行書在草書之後，故蔡琰云：吾父割隸字八分而取二分。蕭子良云：靈帝時王次仲飾隸爲八分。《説文》：漢興有草書。張懷瓘則謂八分小篆之捷，隸亦八分之捷。郭忠恕則謂小篆散而八分生，八分破而隸書出，隸書悖而行書作，行書狂而草書聖。之淙率雜録舊文，不能訂其舛異。至楊慎改《嶽麓禹碑》中「南暴昌言」四字爲「南瀆衍亨」，僞云得之夢中。之淙亦信之，尤爲寡識。然大旨在論八法，不在論六書。學問各有門徑，不必以考證之學責諸藝術也。前有自著《凡例》，稱此書本與《淳化帖釋文》合刻。此本無之，或藏弆者殘闕歟。

王氏書苑　書苑補益

《四庫全書總目提要・藝術類存目》《王氏書苑》十卷，《書苑補益》八卷。浙江鮑士恭家藏本。是書亦明王世貞編，詹景鳳續編。初，世貞纂古書家言多至八十餘卷。撫鄖陽時，擇取十數種付梓，版藏襄陽郡齋。因水漲漂失，尋復以刻本五種畀王元貞，翻刻於金陵，題曰《王氏書苑》。萬曆辛卯，元貞與詹景鳳續刻八種，題曰《書苑補益》。世貞《書苑》五種：曰張彦遠《法書要録》十卷，米芾《海嶽書史》一卷，蘇霖《書法鉤元》四卷，黄伯思《東觀餘論》二卷，黄訒《東觀餘論附録》一卷。景鳳《補益》八種：曰孫過庭《書譜》一卷，姜夔《續書譜》一卷、米芾《寶章待訪録》一卷，歐陽修《試筆》一卷，宋高宗《翰墨志》一卷，曹士冕《法帖譜系雜説》二卷，吾邱衍《學古編》二卷，劉惟志《字學新書摘鈔》一卷。諸書皆有別本單行，世貞特裒合刻版，遂自立名目。是則明人錮習，雖賢者不免矣。朱國楨《湧幢小品》曰：王弇州不善書，好談書法。其言曰：吾腕有鬼，吾眼有神。此説一倡，於是不善畫者好談畫，不善詩文者好談詩文，極於禪元，莫不皆然。古語云：知者不言，言者不知。吾友董思白於書畫一時獨步，然對人絶不齒及也。其詆諆世貞至矣，然世貞品題書畫，賞鑒家實不以爲謬。殆以好談致謗歟！如此書及《畫苑》，皆其好談之一徵也。

書學會編

《四庫全書總目提要・藝術類存目》《書學會編》四卷。兩淮鹽政採進本。明黄瑜編。瑜字廷美，華亭人。案：明有兩黄瑜，皆字廷美，皆景泰、天順間人。其一爲黄佐之祖，有《雙槐歲鈔》，別著録。此黄瑜則天順六年官肇慶府知府，此書即其在肇慶所刻也。凡四種，一爲劉次莊《法帖釋文》，一爲米芾《書史》，一爲黄伯思《法帖刊誤》，一爲曹士冕《法帖譜系》。無一字之考證，而譌脱至不可讀，蓋書帕本耳。

書學彙編

《四庫全書總目提要・藝術類存目》《書學彙編》十卷。浙江巡撫採進本。國朝萬斯同撰。斯同有《讀禮質疑》，已著録。是編録歷代善書之人。上自蒼頡，下迄明季，共一千五十四人。其中如皇甫規妻，舊云不知何氏，此據張懷瓘《書斷》，知其姓馬。後魏江式《請定正文字疏》稱漢講學大夫秦近，小學元士爰禮，此據《漢書》以爲王莽時官。董羽謂劉德昇即劉表，爲書家之祖，此據《三國志》云表字景升，非德昇。《宣和書譜》稱詹思遠史亡其系，此據《晉書》知爲應璩之孫，詹字曰思遠。《譜》又稱王邃行書有羲、獻法，此據《晉書》知邃爲元帝時人，在羲、獻之前。又稱陳逵爲陳人，劉珉爲北齊人，此據史知逵爲晉人，珉爲南齊人。又稱唐有盧革、楊郊書，此據史言革、郊皆不知學，未必真蹟。又稱南唐有李霄遠，此據《十國春秋》知爲李蕭遠。《宋史》鮑由，此以爲即鮑慎由，避孝宗諱。以及模搨《蘭亭》之説，斷從褚遂良。昇元祖帖之説，斷爲南唐元宗，皆頗有考證。然此書作於國初，迨康熙中《御定佩文齋書畫譜》出，則此爲滄海之一粟矣。

平泉題跋

《四庫全書總目提要・藝術類存目》《平泉題跋》二卷。兩淮鹽政採進本。明陸樹聲撰。樹聲字與吉，平泉其别號也，南直隸華亭人。嘉靖辛丑進士，官至禮部尚書。事蹟具《明史》本傳。此編皆其題跋書畫之文。萬曆庚寅，其門人黄秾、包林芳等别輯刊行。後附以雜著四則。

弇州山人題跋

《四庫全書總目提要・藝術類存目》《弇州山人題跋》七卷。安徽巡撫採進本。明王世貞撰。考《弇州四部稾》有雜文跋、墨蹟跋、墨刻跋、畫跋、佛經跋諸類，此本惟《墨蹟跋》三卷，《墨刻跋》四卷。其文與稾中所載，又頗詳略不同。疑當時鈔撮以成帙，其後又經删定入集。如《集古録》有真蹟、集本之殊也。

寒山帚談

《四庫全書總目提要・藝術類二》《寒山帚談》二卷《拾遺》一卷《附録》一卷。直隸總督採進本。明趙宧光撰，宧光有《説文長箋》，已著録。是編本在所撰《説文長箋》中，亦析出别行。《長箋》穿鑿附會，且引據疎舛，頗爲小學家所譏。而篆文筆法，則差有偏長，故此編猶爲後人所重。上卷四目：曰權輿，論一十五種書也；曰格調，論筆法結構也；曰力學，論字功書法也；曰臨仿，則力學之餘緒，析而爲篇者也。下卷四目，曰用材，論筆墨紙硯及運用法也；曰評鑒，論辨識之淺深也；曰法書，論古帖也；曰了義，論書家祕諦也。其《拾遺》一卷，闡發未盡之意，各註某條補某篇某字。其《附録》則金石林、甲乙表及諸論也。曰《帚談》者，取家有敝帚，享之千金意耳。

畫譜

《四庫全書總目提要・藝術類存目》《畫譜》六卷。内府藏本。不著撰人名氏。首《唐六如畫譜》一卷，次《五言唐詩畫譜》一卷，次《六言唐詩畫譜》一卷，次《七言唐詩畫譜》一卷，次《木本花譜》一卷，次《草本花譜》一卷，次《扇譜》一卷。譜首各有小序，蓋明季坊本也。

四皓圖

王圻《續文獻通考・經籍考・藝術》《四皓圖》一卷。宋景濂曰：所謂四皓者，昉見《史記》，則東園公、綺里季、夏黄公、甪里先生是也。初不知其姓名。按《陳留志》，東園公姓唐，名秉，字宣明，居園中，因以爲號。夏黄公姓崔，名廣，字少通，齊人，隱居夏里修道。甪里姓周，名術，字元道，河内軹人，《孔父秘記》又作禄里。綺里季，或曰姓氏書云，綺里姓，季其字也。畢士安則謂綺里季夏爲一人，黄公别是一人，其説尤異。據漢惠帝時所刻四皓神座，一曰園公，二曰綺里季，三曰夏黄公，四曰甪里先生。惠帝去四皓不遠，足以證士安之謬矣。偶題此圖，遂牽連而書之。畫之工拙，未暇論也。

雲烟過眼録

徐𤊹《徐氏家藏書目・畫類》《雲烟過眼録》四卷。周密。

錢謙益等《絳雲樓書目・雜藝類》周密《雲煙過眼録》。

黄虞稷《千頃堂書目・藝術類》周密《雲煙過眼録》四卷。

倪燦《補遼金元藝文志・雜藝術》周密《雲煙過眼録》四卷。

錢大昕《補元史藝文志・雜藝術類》周密《雲煙過眼録》四卷。

古今聖賢像

孫能傳、張萱等《内閣藏書目録・圖經部》《古今聖賢像》三册。畫木。天順四年，上遣太監裴當送貯閣中者，皆孔廟從祀諸賢也。末有殘闕。

蘭　譜

錢謙益等《絳雲樓書目・雜藝類》　王氏《蘭譜》。

桂　譜

錢謙益等《絳雲樓書目・雜藝類》　朱鳳翔《桂譜》。

無聲詩史

黃虞稷《千頃堂書目・藝術類》　姜紹書《無聲詩史》七卷。丹陽人。

《四庫全書總目提要・藝術類存目》　《無聲詩史》七卷。編修勵守謙家藏本。

國朝姜紹書撰。紹書字二酉，丹陽人。所著《韻石齋筆談》自稱前明嘗爲南京工部郎，其階則不可考矣。是編蒐輯前明畫家，自洪武以至崇禎，爲四卷，附以《女史》一卷。自卷六以下，則或真迹不存，或品格未高，偶然點染，不以畫名者，亦附著焉。後有嘉興李光暎跋，謂鄉人李芳與同時褚勛均未載入，頗以挂漏爲憾。然是書採摭博而敘述無法。如倪瓚以明初尚存，故列之明代矣。王鐸已歸命國朝，官至禮部尚書，亦列之明代。是何例乎？劉基之傳，即曰公鼎彝之迹，載在國史，兹不復贅矣。岳正一傳，乃全述直諫之事。張靈一傳，亦備述狂誕之行。連篇累牘，於繪事了無關涉，又何例也？至於末附其子彦初一傳，稱其寫山水小景，頗具倪、黄邱壑。蓋不學而能，尤爲創見。童烏不秀，是以附載《法言》。以十七歲之少年，方學渲染，即列傳於古人之中，抑又異矣。

金薤琳瑯

《明史・藝文志・雜藝》　都穆《金薤琳瑯》二十卷、《寓意編》一卷。

佩文齋書畫譜

嵇璜等《清通志・圖譜略・藝事》　《佩文齋書畫譜》。謹按：康熙四十七年，奉詔發中祕之藏，搜輯歷代書畫。我聖祖仁皇帝觀文游藝，親爲審定，勒成是編。分門列目，引據詳賅，非特殫藝事之精微，而實爲考證之資糧也。

《四庫全書總目提要・藝術類二》　《御定佩文齋書畫譜》一百卷。康熙四十七年聖祖仁皇帝御定。書畫皆興於上古，而無考辨工拙之文。考辨工拙蓋自東漢以後。其初惟論筆法，其後有名姓品第，有收藏著録，有題跋古迹，有辨證真僞。其書或傳或不傳。其兼登衆説，彙爲一編，則自張彦遠《法書要録》、《歷代名畫記》始。唐以後沿波繼作，記載日繁。然大抵各據見聞，弗能賅備。我聖祖仁皇帝久道化成，游心翰墨。御製書畫題跋，輝煌奎藻册府垂光。復詔發中祕之藏，蒐羅編輯，一一親爲裁定，勒爲是編。凡論書十卷，論畫八卷，歷代帝王書二卷，畫一卷，書家傳二十三卷，畫家傳十四卷，無名氏書六卷，畫二卷，御製書畫跋一卷，歷代帝王書跋一卷，畫跋一卷，歷代名人書跋十一卷，畫跋七卷，書辨證二卷，畫辨證一卷，歷代鑒藏十卷。分門列目，徵事考言。所引書凡一千八百四十四種，每條之下各註所出。用張鳴鳳《桂故》、《桂勝》，董斯張《吴興備志》之例，使一字一句，必有所徵。而前後條貫，無所重複，亦無所牴牾，又似吕祖謙《家塾讀詩記》裒合衆説，各别姓名，而鎔貫翦裁，如出一手。非惟尋源竟委，殫藝事之精微。即引據詳賅，義例精密，抑亦考證之資糧，著作之軌範也。

張之洞《書目答問・藝術》　《佩文齋書畫譜》一百卷。康熙四十七年敕撰。内府本。

愛烏罕四駿圖

嵇璜等《清通志・圖譜略・物類》　《愛烏罕四駿圖》。謹按：是圖乃臣金廷標奉敕恭繪，以補郎世寧畫所未到。

白鷹圖

嵇璜等《清通志・圖譜略・物類》《白鷹圖》。謹按：此鳥爲喀爾喀貝勒阿約爾所進，較越裳獻雉向化更遠矣。

避暑山莊三十六景圖

嵇璜等《清通志・圖譜略・御定・地理》《避暑山莊三十六景圖》。謹按：熱河乃近塞名區，聖祖仁皇帝肇建避暑山莊，爲秋獮駐蹕之地。天開勝境，繪圖三十六幅，悉經實翰親題。每歲我皇上翠華臨幸，掞揚奎藻，寄興知仁，復增三十六景，地靈日闢，屹爲都會。敬附誌於此。

職貢圖

嵇璜等《清通志・圖譜略・政典》《職貢圖》。謹按：我朝車書一統，遐陬景附，凡遇元辰萬壽，慶賀典禮，如外藩蒙古諸屬國及朝鮮、交趾、南掌之類，莫不歲時納貢，抃舞殿廷。特命畫院諸臣，詳繪成圖。玉帛冠裳之盛，豈僅如《王會》侈陳已哉！

鶩鷲爾圖

嵇璜等《清通志・圖譜略・物類》《鶩鷲爾圖》。謹按：是鳥乃尚書臣阿桂還自伊犁所獻，郎世寧奉敕恭繪。時西域既屯且城，實綏遠之徵、殊方瑞應也。

平定準噶爾回部五十功臣像贊

嵇璜等《清通志・圖譜略・御定》《平定準噶爾回部五十功臣像贊》。謹按：西陲底定，圖大學士將軍以下五十功於紫光閣。皇上親御丹鉛，各系以贊。其後五十功臣則儒臣奉命綴辭。仰見國家心膂之臣，宣力策勳，後先疏附，以視著績雲臺，淩煙者，不更偉乎！

萬壽圖

嵇璜等《清通志・圖譜略・御定・政典》《萬壽圖》。謹按：康熙五十二年，恭逢聖祖六旬萬壽，自畿輔各省以至遐陬百官耆庶，輻輳京師，迎鑾呼嵩，填衢溢巷。畫院諸臣奉敕，依輦路經行之處，繪爲全國。禂嘏之盛，誠曠古所未有也。

歷朝賢后故事圖

嵇璜等《清通志・圖譜略・御定》《歷朝賢后故事圖》。謹按：是圖自孝事周姜、葛覃親採，麟趾貽休，濯龍蠶織、身衣練服並約束外家、戒飭宗族、教訓諸王、含飴弄孫、禁苑種穀、女中堯舜、親掖鸞輿共十二事，爲圖有二：一係畫院臣冷枚恭繪，一係臣焦秉貞恭繪，藏諸御府，永爲千古極則。

小山畫譜

嵇璜等《清通志・圖譜略・藝事》鄒一桂《小山畫譜》。謹按：是編皆論畫花卉法，多心得之語。

《四庫全書總目提要・藝術類二》《小山畫譜》二卷。兵部侍郎紀昀家藏本。

國朝鄒一桂撰。一桂字小山，號讓鄉，無錫人。雍正丁未進士，官至禮部侍郎。是編皆論畫花卉法。上卷首列八法、四知。八法者，一曰章法，二曰筆法，三曰墨法，四曰設色法，五曰點染法，六曰烘暈法，七曰樹石法，八曰苔襯法，皆酌取前人微論。四知者，一曰知天，二曰知地，三曰知人，四曰知物，則前人所未及也。次爲各花分別，凡一百十五種，各詳花葉形色。次取用顔色，凡十一條，各詳其製煉之法。下卷首摘録古人畫説，參以己意，凡四十三條，附以膠礬、紙絹、畫鍱、畫筆、用水諸法，而終之以洋菊譜。蓋一桂於乾隆丙子閏九月承詔畫内廷洋菊三十六種，蒙皇上賜題。因恭紀花之名品形狀，撰爲兹譜，以誌榮遇。時畫譜已刊成，因附於末。一桂爲惲氏之壻，所畫花卉，得惲壽平之傳。是編篇帙雖簡，然多其心得之語也。

毛詩全圖

稽璜等《清通志・圖譜略・經學》《毛詩全圖》。謹按：宋馬和之工於繪事，供奉高、孝兩朝，嘗取《毛詩》三百篇爲一圖以進。流傳零落，内府所藏僅十分之三。我皇上幾餘染翰，指授梗槩，命畫院諸臣撫舊補新，獲成完璧。是圖重繪至再，上備乙覽。伏讀御製圖後題跋及序文，闡發經旨，洞見比興之原，誠覺三代朝章，列邦民俗，犁然在目，不徒爲文苑風雅揚扢已也。

何爾其圖

稽璜等《清通志・圖譜略・物類》《何爾其圖》。謹按：是鳥出於黑龍江，康熙年間命蔣廷錫所繪。

十駿圖

稽璜等《清通志・圖譜略・物類》《十駿圖》。謹按：十駿皆外藩所進，爲天閑上駟。臣郎世寧奉敕恭繪。

圖學瑞槐圖

稽璜等《清通志・圖譜略・物類》《圖學瑞槐圖》。謹按：國學古槐於乾隆辛未歲重榮，大學士臣蔣溥繪圖以進，復荷睿題，蔚爲人文嘉瑞。

南巡圖

稽璜等《清通志・圖譜略・政典》《南巡圖》。謹按：江浙兩省，濱於河海，一切隄防，實關民生之計。聖祖仁皇帝翠華南幸，親示機宜，凡鑾輅所經，無不普被恩膏。臣宗業駿恭繪事實，以紀省方盛典。我皇上法祖觀民，六舉時巡之典。賜復蠲租，涵濡周洽，於海塘河工，不惜億萬帑金，永期鞏固。臣民禺禺望幸之心，方諸夏諺，更誠且切。敬誌於此。

平定兩金川五十功臣像贊

稽璜等《清通志・圖譜略・御定》《平定兩金川五十功臣像贊》。謹按：兩金川平定，命倣西師藏績之例，畫五十功臣像於紫光閣。上親灑宸翰，就其事實，各爲之贊。併繪其次五十功臣敕儒臣撰擬贊辭，以示賞功惟重之至意。

研山齋圖繪集覽

稽璜等《清通志・圖譜略・藝事》孫承澤《研山齋圖繪集覽》。謹按：孫承澤深於賞鑒，其書於古來畫家先敘本末，後述所見真蹟，附以跋語，足資攷證。

《四庫全書總目提要・藝術類存目》《研山齋圖繪集覽》三卷。編修勵守謙家藏本。不著撰人名氏。卷首有退翁小序。退翁，孫承澤别號也。然集中多稱先宫保公評云云，疑承澤採掇舊文，爲古來畫家作傳，草創未竟。其後人鈔録成帙，因以所作畫跋附綴於後，成此編也。其書於古來畫家，先敘本末，後述所見真蹟，附以跋語。上卷起顧愷之，訖包鼎，共四十二家。末附不知姓名《洛神圖》一則。下卷起蘇軾，訖鄒之麟，亦四十二家。末附總題《明四家畫册》一則，及題《冬日賞菊卷》二則。自序稱八十二老人，則又在《庚子銷夏記》之後，爲其晚年所記矣。原本目録以王宰、衛賢、邊鸞三人連名，而以《石榴猴鼠圖》、《花竹禽石圖》、《高士圖》三畫并列。勘驗書中所載，則宰蹟不傳，《石榴》、《猴鼠》二圖屬鸞，《高士圖》屬賢，與目互異。又目録終於明四家，而書末《冬日賞菊卷》乃軼不載。當時草草編輯，此亦明驗。且其文已多具《庚子銷夏記》中，此特其隨筆記録之初稾。其中同異之處，皆以《庚子銷夏記》爲長。故附存其目，不複録焉。

聖帝明王圖

嵇璜等《清通志・圖譜略・御定》 《聖帝明王圖》。謹按：是圖乃畫院臣冷枚奉敕恭繪，並載各書傳事實。

如意驄圖

嵇璜等《清通志・圖譜略・物類》 《如意驄圖》。謹按：準噶爾進大宛馬，臣郎世寧奉敕恭繪。並錫嘉名，用示招徠。

盤山十六景圖

嵇璜等《清通志・圖譜略・御定・地理》 《盤山十六景圖》。謹按：盤山爲畿甸名區，慎郡王允禧恭繪成圖，皆經御題，爲幅共十有六。

讀畫録

張之洞《書目答問・藝術》 《讀畫録》四卷。周亮工。自刻本，海山仙館本。明末國初。

書法正傳

《四庫全書總目提要・藝術類二》 《書法正傳》十卷。兩淮鹽政採進本。國朝馮武撰。武號簡緣，常熟人。馮班之從子。班以書法名一時，武受其學。年八十一時，館於蘇州繆曰芑家，爲述此書，專論正書之法。首陳繹曾翰林《要訣》一卷，次周伯琦所傳《書法三昧》一卷，次李溥光《永字八法》一卷，以三家論書獨得微旨故也。其語意有未顯者，則武爲補註以明之。次明李淳所進《大字結構八十四法》一卷，次《纂言》三卷，則歷代書家之微論。次《書家小傳》、《名蹟源流》各一卷，而以班所著《鈍吟書要》一卷終焉。每卷之中，武亦各爲附論，時有精語。蓋武於書學，頗有淵源故也。

書畫跋跋

《四庫全書總目提要・藝術類二》 《書畫跋跋》三卷《續》三卷。浙江孫仰曾家藏本。明孫鑛撰。鑛有《月峰評經》，已著録。是書名《書畫跋跋》者，王世貞先有《書畫跋》，鑛又跋其所跋，故重文見義，猶《非非國語》、《反反離騷》例也。明以來未有刊本，僅有鈔本，在仁和毛先舒家，後歸其邑人趙信。信爲孫氏之壻，故鑛六世孫宗溥、宗濂又從趙氏得之。乾隆庚申，始刊板印行，任蘭枝爲之序。初，宗溥等以鑛書本因世貞而作，如不載世貞原跋，則鑛之所云，有不知爲何語者，乃取世貞諸跋，散附於各題之下。其明人書札，可與鑛參證及爲鑛語所緣起者，亦附載焉。凡墨迹一卷，碑刻一卷，畫一卷。《續》亦如之。惟《續跋》「碑刻」作「墨刻」，蓋偶爾駁文，非宏旨所在也。《詹氏小辨》曰：王元美雖不以字名，顧吴中諸家，惟元美一人知法古人。又《書史會要》曰：王世貞書學雖非當家，而議論翩翩，筆法古雅，蓋拙於揮毫而工於別古者也。鑛以制義名一時，亦不以書畫傳。然所論則時有精理，與世貞長短正同，亦賞鑒家所當取證者矣。

清河書畫表

《四庫全書總目提要·藝術類二》《清河書畫表》一卷。浙江鮑士恭家藏本。

明張丑記其家累世所藏書畫也。丑自序稱其始祖號真闕處士者，即收藏書畫，有黄庭堅、劉松年諸蹟，已散佚無存。是表所列，以書畫時代爲經，以世系爲緯。第一格爲其高祖元素所藏，第二格爲其曾伯祖維慶、曾祖子和所藏，第三格爲其祖約之、叔祖誠之所藏，第四格爲其父茂實所藏，第五格爲其兄以繩所藏，第六格爲丑所自藏，第七格爲其姪誕嘉所藏。上迄晉，下迄明，計作者八十一人，四十九帖，一百一十五圖。中多名蹟。蓋自其高祖，即出沈度、沈粲之門。其曾祖，亦與沈周游。其祖、父，皆與文徵明父子爲姻婭世好。淵源有自，故丑特以賞鑒聞。然據其自序，則作表之時，家事中落，已斥賣盡矣。此特追録其名耳。

郁氏書畫題跋記

《四庫全書總目提要·藝術類二》《郁氏書畫題跋記》十二卷《續題跋記》十二卷。兩淮鹽政採進本。明郁逢慶撰。逢慶字叔遇，別號水西道人，嘉興人。是書分前後二集。前集末有自識云：所見法書名畫，録其題詠，積成卷帙，時崇禎七年冬也。後集無跋，則不知其成於何歲矣。其書隨其所見書畫，録其題跋，初不以辨別真贋爲事。故如趙孟堅所藏定武蘭亭本天聖丙寅一條，范仲淹、王堯臣、米黻、劉涇四條，年月位置，皆與海寧陳氏《渤海藏真帖》所刻褚模本同。蓋以趙孟堅落水本原亦有范仲淹題，而褚模本原亦有孟堅印，傳寫舛誤，遂致混二本題跋爲一本。又如五字損本文徵明跋，既載於前集第十卷，作嘉靖九年八月二日，下註云，詳見《續集》，而續集第二卷載此跋，則作嘉靖十一年六月二十又七日。同一帖，同一跋，一字不易，而年月迥乎不同。又前集高克恭仿米芾青緑雲山，云詳見續集，而前集所載克恭名款及至正戊子吴鎮題一段，續集乃反無之。沈周有竹居卷，亦云詳續集，而徐有貞、文林、吴寬、錢仁夫、秦巙數詩，與前集所載乃前後倒互。諸如此類，皆漫無考訂。至於前集所載宋高宗畫册、梁楷畫《右軍書扇圖》，皆有水西道人題記，當即逢慶所藏。而第一至第四卷每卷之尾，皆有崇禎甲戌冬日收藏題記。核其歲月，亦即逢慶所自識，而皆未註某爲所藏，某爲所見。體例尤不分明。特以採摭繁富，多可互資參考者，故併録存之，備檢閱焉。

石渠寶笈

《四庫全書總目提要·藝術類二》《石渠寶笈》四十四卷。乾隆十九年奉敕撰。書評畫品，肇自六朝，張彦遠始彙其總，依據舊文，粗陳名目而已，不能盡見真蹟也。唐宋以來，記載日夥。或精於賞鑒而限於見聞，或長於蒐羅而短於識別。迄未能兼收衆美，定著一編，爲藝林之鴻寶。我國家承平景運一百餘年，内府所收，既多人間所未睹。我皇上幾餘游藝，妙契天工。又睿鑒所臨，物無匿狀。是以品評甲乙，既博且精。特命儒臣録爲斯帙，以貯藏殿閣。依次提綱，以書册、畫册、書畫合册、書卷、畫卷、書畫合卷、書軸、畫軸、書畫合軸分條列目。其籤素尺寸，印記姓名，賦詠跋識與奉有御題御璽者，皆一一臚載，纖悉必詳。

歷代畫家姓氏韻編

《四庫全書總目提要·藝術類存目》《歷代畫家姓氏韻編》七卷。浙江巡撫採進本。國朝顧仲清撰。仲清字咸三，號松壑，嘉興人。工繪事，尤長於畫蝶。有《咏蝶詩》三百首。此書首卷爲帝王藩封之善書者，末爲釋道、閨秀、外國。其中則取畫家姓氏依韻編次，取便尋檢，無所考證也。

畫紀補遺

《四庫全書總目提要・藝術類存目》《畫紀補遺》二卷，《元畫紀》一卷。浙江范懋柱家天一閣藏本。不著撰人名氏。載宋高宗以後，元至正以前諸畫家，頗多舛錯。如馬遠之父名公顯，兄名逵，乃以逵爲遠之弟，以公顯爲遠之孫。并云傳家學不逮厥祖。顛倒甚矣。其他脱漏，更指不勝屈也。

畫法年紀

《四庫全書總目提要・藝術類存目》《畫法年紀》一卷。兩淮鹽政採進本。國朝郭礎撰。礎字石公，江都人。順治壬辰進士，官至順德府知府。是編紀歷代善畫人名，自晉以迄於國朝，附載古畫品目。卷帙太狹，未免挂漏。

石村畫訣

《四庫全書總目提要・藝術類存目》《石村畫訣》一卷。衍聖公孔昭焕家藏本。國朝孔衍栻撰。衍栻字石村，曲阜人。是書皆自記其作畫之法。

繪事備考

《四庫全書總目提要・藝術類二》《繪事備考》八卷。内府藏本。國朝王毓賢撰。毓賢字星聚，鑲紅旗漢軍。官至湖廣按察使。陳鼎《留溪外傳》記獄吏汪金章事，稱毓賢勤於吏治，案無留牘。則其人本以吏才見。然是編即康熙辛未官按察使時所作，乃又能留心於賞鑒。第一卷爲總論，皆撮録諸家畫法。二卷至八卷，則取古來畫家姓名事迹，以時代分序。自軒轅至隋共爲一卷，遼金元共爲一卷，唐、五代、南宋、明俱各爲一卷，惟北宋家數繁多，析爲三子卷。故總目雖分八卷，其實乃十卷也。其例每人各立小傳，而以諸書所載傳世名蹟附於其人之後。大抵以張彦遠《歷代名畫記》、夏文彦《圖繪寶鑑》爲藍本，增廣其所未備，蒐輯頗爲詳贍。諸書竝佚其名，此亦闕載。至於明之畫家，僅據韓昂《圖繪寶鑑續編》所載，迄正德而止，嘉靖以後，竟不爲採摭續添，亦殊傷闕略。然前代如李嗣真、釋彦悰、劉道醇之流，往往分别品第，時代混淆，難於檢核。是書仿張、夏二家舊例，因時類叙，一覽可知。又芟汰繁冗，易於尋討。雖多用舊文，固不以遞相祖述爲病矣。

月湖讀畫録

《四庫全書總目提要・藝術類存目》《月湖讀畫録》一卷。江西巡撫採進本。國朝王棵撰。棵，震澤人。是編以所見名畫各爲品評。其中宋元人畫，僅寥寥數軸。餘皆明代及近時人也。其筆墨蹊徑，則全仿李日華《六研齋筆記》、《紫桃軒雜綴》諸書云。

國朝畫徵録　續録

《四庫全書總目提要・藝術類存目》《國朝畫徵録》三卷，《續録》二卷。浙江巡撫採進本。國朝張庚撰。庚有《通鑑綱目釋地糾繆》，已著録。是編記國朝畫家，每人各爲小傳。然時代太近，其人多未經論定，不盡足徵。

吴壽暘《拜經樓藏書題跋記》《畫徵録》。《增訂畫徵録》三卷，後附《圖畫精意識》。先君子親筆評點，並補畫家數人。

張之洞《書目答問・藝術》《畫徵録》三卷《續》二卷。張庚。通行本。國初至乾隆初。以上七書，皆考證歷代畫家，大略相續而成。近人有《畫史彙傳》，上古至道光，人數不少，考證無多。

南宋院畫録

《四庫全書總目提要・藝術類二》 《南宋院畫録》八卷。浙江吴玉墀家藏本。國朝厲鶚撰。鶚有《遼史拾遺》已著録。南宋自和議既成以後，湖山歌舞，務在粉飾太平。於是仍仿宣和故事，置御前畫院，有待詔、祇候諸官品。其所作，即名爲院畫。當時如李唐、劉松年、馬遠、夏珪等，有四大家之稱。説者或謂其工巧太過，視北宋門徑有殊。然其初尚多宣和舊人，流派相傳，各臻工妙。專門之藝，實非後人所及。故雖斷素殘縑，收藏者尚以爲寶。鶚嘗撰《宋詩紀事》、《南宋雜事詩》，於宋事最爲博洽。因臚考院畫本末，作爲此書。首總述一卷。次自李唐以下凡九十六人，每人詳其事蹟，而以諸書所藏真蹟題咏之類，附於其下。敘次頗爲賅贍。其閒如楊妹子題趙清獻《琴鶴圖》絶句，一以爲馬和之畫，一以爲劉松年畫，諸書參錯不同。此類亦未悉加考證。然其徵引淵博，於遺聞佚事，殆已採摭無遺矣。

列代帝后圖像 南薰殿奉藏《列代帝后圖像》。謹按：《列代帝后圖像》舊藏内府，歲久渝足，奉命重加裝潢。自太皥、伏羲氏而下，帝后圖像爲軸者六十有八，爲册者七，爲卷者三，先聖名賢圖册五，詳定位置，次第秩然，藏之紫禁。伏見我朝所以尊崇帝統、敬紹道源者，俱于是乎在。列代賢明妃后垂稱奕世者，取繪十二。謹按：取繪十二賢明妃后，如西陵教蠶，太姒誨子，姜后脱簪，樊姬諫獵，燕姞夢蘭，許后奉案，以及婕妤當熊，班姬辭輦，馬后練衣，徐妃直諫，昭容評詩，曹后重農，皆宸翰親系以贊，永爲後式焉。

草韻彙編

《四庫全書總目提要・藝術類存目》 《草韻彙編》二十六卷。江蘇巡撫採進本。國朝陶南望编。南望字遜亭，上海人。是書成於康熙中。輯録秦程邈迄明朱克誠，共三百四十一家。草法分韻編次。其平、上、去三韻，乃南望手輯。入聲一類，則其友人侯昌言等續訂。蓋本辨疑、彙辨諸書，稍加釐正。然傳刻失真，恐未足據爲模範也。

庚子銷夏紀

《四庫全書總目提要・藝術類二》 《庚子銷夏記》八卷。浙江巡撫採進本。國朝孫承澤撰。承澤有《尚書集解》，已著録。承澤晚年思以講學自見，論者多未之許。然至於鑒賞書畫，則別有專長。是編乃順治十六年承澤退居後所作。始自四月，迄於六月，故以《銷夏》爲名。自一卷至三卷，皆所藏晉唐至明書畫真蹟。四卷至七卷，皆古石刻，每條先標其名，而各評隲於其下。八卷爲寓目記，則皆他人所藏而曾爲承澤所見者，故別爲一卷附之。大抵議論之中，閒有考據。如宋之錢時，嘗爲祕閣校勘、史館檢閱，終於江東帥屬。本傳所載甚明，而承澤以爲隱居不仕。此類亦頗失於檢點。然其鑒裁精審，敘次雅潔，猶有米芾、黄長睿之遺風。視董逌之文筆晦澀者，實爲勝之。其人可薄，其書未可薄也。

豔雪齋書品

《四庫全書總目提要・藝術類存目》 《豔雪齋書品》二卷，《畫苑》二卷，《筆墨紙硯譜》一卷。編修勵守謙家藏本。不著撰人名氏。與所作《詩評》、《詞曲評》合爲一帙，猶爲未竟之稾。皆鈔撮舊文，以備觀覽，無一字之發明。

江村銷夏録

《四庫全書總目提要・藝術類二》 《江村銷夏録》三卷。安徽巡撫採進本。國朝高士奇撰。士奇有《春秋地名考略》，已著録。是編乃其告歸平湖之日，以所見法書名畫，考其源流，記其絹素長短廣狹，後人題跋圖記，一一誌載，彙爲一書。其體例頗與《鐵網珊瑚》、《清河書畫舫》相似。惟閒加評定之語，又以己所作題跋一槩附入，稍有不同。然所録皆出於親見，則視二家更詳審矣。録中書畫，卞永譽《式古堂彙考》已竝載無遺，蓋即從士奇此本録人。其鑑賞之精，爲收藏家所取重，亦槩可見也。所記自晉王羲之及明人文、沈諸家皆具，惟董其昌舊蹟悉不登載。其《凡例》云，董文敏畫另爲一卷。此本無之，殆當時未及刊行歟。

漢溪書法通解

《四庫全書總目提要・藝術類存目》《漢溪書法通解》八卷。安徽巡撫採進本。國朝戈守智撰。守智字達夫，平湖人。是集成於乾隆庚午。採録古人論書之語，分述古、執筆、運筆、結字、訣法、譜序六門。冠以《述古篇》，則守智之所自撰。大致欲仿竇泉《述書賦》，而淹貫宏通終不逮古也。

祕殿珠林

《四庫全書總目提要・藝術類二》《祕殿珠林》二十四卷。乾隆九年奉敕撰。凡内府所藏書畫關於釋典、道教者，竝别爲編録，彙爲此書。首載三朝宸翰，皇上御筆。次爲歷代名人書畫，而附以印本、繡錦、刻絲之屬。次爲臣工書畫。次爲石刻木刻經典、語録科儀及供奉經像。其次序先釋後道，用阮孝緒《七録》例。案《七録》今不傳，其分類總目載道宣《廣宏明集》中。其記載先書後畫，先册，次卷，次軸，用賞鑒家著録之通例。而於絹本、紙本、金書、墨書、水墨畫、著色畫一一分别。以及標題款識，印記題跋，高廣尺寸，亦一一詳列。較之《鐵網珊瑚》之類，體例更詳焉。考宣和畫學分六科，以佛道爲第一科。案事見趙彦衛《雲麓漫鈔》《宣和畫譜》分十類，以道釋爲第一類。案畫學稱佛道，蓋唐以來相沿舊語。《畫譜》作於林靈素用事以後，方改僧爲德士，故易其次爲道、釋。鄧椿《畫繼》分八目，亦以仙佛鬼神爲第一目。然均不别爲一書。至書家著録，則晉唐人所書經典，均雜列古法帖真蹟之内，無所區分。其以書畫涉二氏者别爲一書，實是編創始。蓋記載日衍而日多，體例亦益分而益密。《七略》列《史記》於春秋家，列《離騷》於賦家。後《史記》别爲正史，《離騷》别爲楚詞。文章流别，以漸而增。初附見而後特書，往往如此。故諸家所録似諸史《藝文志》，以釋、道爲子部之一類。是編所録，則似釋家之列三藏、道家之紀七籤，於四部之外各自别行。古略今詳，義各有當。聖人制作，或創或因，無非隨事而協其宜爾。

傳神祕要

《四庫全書總目提要・藝術類二》《傳神祕要》一卷。兵部尚書蔡新家藏本。國朝蔣驥撰。驥字赤霄。號勉齋，金壇人。其父衡，字湘帆，後改名振生。以書法名一時，嘗寫十三經，於乾隆五年呈進，特賜國子監學正銜。驥書不逮父，而特以寫真名。是編凡二十七目，於一切布局取勢，運筆設色，皆抒所心得，言之最詳。考古人畫法，多重寫貌人物，故顧愷之妙絶當代，特以是名。然相傳畫論，則人物、花鳥、山水爲多。其以寫真之法勒爲一書者，自陶宗儀《輟耕録》所載王繹《寫像祕訣》外，不少槩見。丹青之家，多以口訣相傳，幾以爲非士大夫之藝。驥是編研析精微，標舉格例，實可補古人所未備。正未可貴遠賤近，視爲工匠之技也。

式古堂書畫彙考

《四庫全書總目提要・藝術類二》《式古堂書畫彙考》六十卷。兩淮馬裕家藏本。國朝卞永譽撰。永譽字令之，鑲紅旗漢軍。官至刑部左侍郎。王士禎《居易録》云：卞中丞永譽貽《書畫彙考》六十卷，凡詩文題跋悉載。上溯魏晉，下迄元明，所收最爲詳博。朱彝尊《論畫詩》亦有「妙鑒誰能别苗髮，一時難得兩中丞」之句。蓋永譽及宋犖皆精於賞鑒，犖時爲江西巡撫，永譽時爲福建巡撫，故云「兩中丞」也。是書書、畫各三十卷。先綱後目，先總後分，先本文而後題跋，先本卷題跋而後引據他書，條理秩然，且視從來著録家徵引特詳。惟所載書畫不盡屬所藏，亦非盡得之目見。大抵多從汪砢玉《珊瑚網》、張丑《清河書畫舫》諸家採摭裒輯，故不能如《寶章待訪録》以目見的聞，灼然分别。又所載本文，如褚遂良書陸機《文賦》，吴通微書《陰符經》，劉敞書南華《秋水篇》，趙孟頫書《過秦論》等，皆與今本無大異同。而具載全篇，殊爲疣贅。至於陸機《平復帖》，虞世南《枕卧帖》，其文爲世所未睹者，乃略而不書。至如趙孟堅《水仙圖》卷，《珊瑚網》載有二本，不能無前後錯出之疑。然登載既繁，引述又富，足資談藝家檢閲者，無過是編。固不以一二小疵，累其全體之宏博焉。

梅花喜神譜

阮元《四庫未收書目提要・藝術》 藝術類 《梅花喜神譜》二卷。知不足齋叢書本。宋宋伯仁撰。伯仁字器之，湖州人。所著有《西塍集》一卷，《四庫全書》已著録。此書《宋史・藝文志》及諸家書目皆不載，惟錢曾《述古堂書目》中有之。寫梅花百圖。上卷分五類，一蓓蕾四枝，二小蕊十六枝，三大蕊八枝，四欲開八枝，五大開十四枝。下卷分三類，一爛漫十八枝，二欲謝十六枝，三就實六枝。每圖各綴五言絶句。曰「喜神」者，殆寫生之意。攷伯仁於嘉熙中曾爲鹽運司屬官，故末首云《商鼎催羹》。其平日多與高九萬、孫季蕃倡和，自號雪巖耕田夫。所吟亦見於陳起《江湖小集》。《千頃堂書目》并載其《烟波圖》一卷。蓋江湖派中人也。玆從宋板影鈔，前有伯仁自序，後有向士璧、葉紹翁序跋。書初刻於嘉熙戊戌，此其景定辛酉金華雙桂堂重刻之本也。

黄丕烈《蕘圃藏書題識》 《梅花喜神譜》二卷。宋本。宋伯仁，字器之，號雪巖，苕川人。舉宏詞科，歷監淮揚鹽課。器之鋭意功名，有擊檝之概，而禄位不顯。事已難爲，語多慷慨，然能出之以和易，自然流邁，而無叫囂之氣。自謂隨口應聲，如敗葉翻風，枯荷鬧雨，疾徐因勢而出。蓋實録云。

黄丕烈《蕘圃藏書題識續録・子類》 《梅花喜神譜》二卷。宋刻本。是譜之副本有二，皆余姻袁壽階從此影鈔者。一贈浙江阮雲臺中丞，一藏五硯樓。壽階作古，余向其孤取付雲閒古倪園沈氏翻行。非特慶是譜之流傳，且壽階手迹亦藉以不朽也。癸酉歲初三日知非子黄丕烈識。

黄丕烈《百宋一廛書録》 《梅花喜神譜》。此《梅花喜神譜》爲宋伯仁器之編。自「蓓蕾」以至「就實」圖形百，各系以五言斷句。

南薰殿圖象考

張之洞《書目答問・藝術》 《南薰殿圖象考》一卷。胡敬。自刻四種之一。

續三十五舉

張之洞《書目答問・藝術》 《續三十五舉》一卷。桂馥。乾隆己巳重定自刻本，海山仙館本，借月山房本。

蘇齋題跋

張之洞《書目答問・藝術》 《蘇齋題跋》二卷。翁方綱。得月簃本。多考訂。

虛舟題跋

張之洞《書目答問・藝術》 《虛舟題跋》十卷《補原》三卷。王澍。乾隆間刻本，海山仙館本四卷。

藝舟雙楫

張之洞《書目答問・藝術》 《藝舟雙楫》六卷《附録》三卷。包世臣。安吴四種之一。活字版本，又單行本。此編實是雜文，因内有論書二卷，附此。

法帖題跋

張之洞《書目答問・藝術》 《法帖題跋》三卷。姚鼐。惜抱軒集本。

篆刻分部

相笏經

姚振宗《後漢藝文志・雜藝術》 《相笏經》。《魏志・夏侯玄傳注・魏氏春秋》引《相印書》曰：相印法本出陳長文，長文以語韋仲將，仲將問長文從誰得法，長文曰本出漢世有《相印》、《相笏經》，又有《鷹經》、《牛經》、《馬經》。陳羣字長文，韋誕字仲將。

按《相牛經》、《相馬經》並出前漢，已録入《漢志拾補》。此三書，或當出後漢，故録于此。

相印經

姚振宗《後漢藝文志・雜藝術》 《相印經》。

程氏相印法

姚振宗《三國藝文志・雜藝類》 《程氏相印法》一卷。程喜撰。

嚴可均《全三國文編》曰：程喜字申伯，青龍中青州刺史，齊王時爲征北將軍。《魏志・夏侯玄傳注・魏氏春秋》云：相印書曰《相印法》，本出陳長文。長文以語韋仲將，印工楊利從仲將受法，以語許士宗。利以法術占吉凶，十可中八九。仲將又問長文從誰得法，長文曰本出漢世有《相印》、《相笏經》，又有《鷹經》、《牛經》、《馬經》。印工宗養以法語程申伯，故有一十二家相法。

《隋書・經籍志》：梁有《韋氏相板印法指略抄》，魏征東將軍程申伯《相印法》各一卷，亡。《通志・藝文略》五行相印家《韋氏相板印法》一卷，魏程申伯《相印法》一卷。

案《魏氏春秋》引相印書云云，似其序文。陳羣字長文，韋誕字仲將，許允字士宗。《魏氏春秋》言允善相印。程喜字申伯，《魏志・杜恕傳》言喜爲征北將軍，《七録》作征東，或其轉官歟？陳長文、許士宗、楊利、宗養四家，亦當有《相印法》，今不可考。《七録》稱《韋氏相板印法指略鈔》，則其書兼言相手版者。

韋氏相印法

姚振宗《三國藝文志・雜藝類》 《韋氏相印法》一卷。韋誕撰。誕始末見前。

印格

晁公武《郡齋讀書志・類書類》 《印格》一卷。右皇朝晁克一撰。克一，張文潛甥也。文潛嘗爲之序。其畧曰：「克一既好古印章，其父補之愛之尤篤。悉録古今印璽之法，謂之《圖書譜》，自秦以來變制異狀，皆能言其故。余頗愛其用心不移，致精於末務，使有傳焉。」

馬端臨《文獻通考・經籍考・雜藝術》 《印格》一卷。

古今法書苑

陳振孫《直齋書録解題・雜藝類》 《古今法書苑》十卷。主客郎中臨淄周越撰。越與兄起皆有書名。起書未見，越書間有之，俗甚。案：「越書」二句原本脱去，今據《文獻通攷》補入。

楊士奇等《文淵閣書目・法帖》 《古今法書苑》。一部，一册。闕。

于敏中等《天禄琳琅書目・明版子部》 《古今法書苑》。三函，十八册。明王世貞著。七十六卷。前世貞二序，次王乾昌序。

印　史

錢大昕《補元史藝文志・雜藝術類》　陸友《印史》。

古印史

錢大昕《補元史藝文志・雜藝術類》　吴福孫《古印史》一卷。

畫總載

鄭樵《通志・藝文略・藝術類》《畫總載》一卷。張又新撰。

《宋史・藝文志・雜藝術類》　張又新《畫總載》一卷。

集古印章

錢大昕《補元史藝文志・雜藝類》　申屠致遠《集古印章》二卷。

漢晉印章圖譜

高儒《百川書志・格物家》《漢晉印章圖譜》一卷。臨川王厚之順伯撰，古村李宗召迂叟編。

印　史

王圻《續文獻通考・經籍考・藝術》《印史》二卷。趙孟頫著。又著《琴原》、《樂原》，得律吕不傳之妙。

錢大昕《補元史藝文志・雜藝術類》　趙孟頫《印史》二卷。

復齋印譜

王圻《續文獻通考・經籍考・藝術》《復齋印譜》。元王厚之集。

嵇璜等《續通志・圖譜略・記无器用》　元王厚之《復齋印譜》。

古印譜

王圻《續文獻通考・經籍考・藝術》《古印譜》一卷。顔叔夜集。

嵇璜等《續通志・圖譜略・記无器用》　顔叔夜《古印譜》。

集古印譜

王圻《續文獻通考・經籍考・藝術》《集古印譜》一卷。姜夔集。

嵇璜等《續通志・圖譜略・記无器用》　宋姜夔《集古印譜》。

集古印譜

王圻《續文獻通考・經籍考・藝術》《集古印譜》。濮陽吴孟思著。

錢大昕《補元史藝文志・雜藝術》類　吴叡《集古印譜》。

柿葉齋印林

徐㶿《徐氏家藏書目・器用類》《柿葉齋印林》一卷。鄭履祥。

《明史・藝文志・雜藝》 鄭履祥《印林》二卷。

印談

徐㶿《徐氏家藏書目・器用類》 《印談》二卷。

印章問字編

徐㶿《徐氏家藏書目・器用類》 《印章問字編》二卷。黄起穀。

印正

徐㶿《徐氏家藏書目・器用類》 《印正》五卷。甘旭。

印説

徐㶿《徐氏家藏書目・器用類》 《印説》一卷。周應愿。

錢謙益等《絳雲樓書目・雜藝類》 周應愿《印説》。

《明史・藝文志・雜藝》 周應愿《印説》一卷。

欣賞印譜

徐㶿《徐氏家藏書目・器用類》 《欣賞印譜》一卷。沈津。

古今印史

徐㶿《徐氏家藏書目・器用類》 《古今印史》一卷。吴徐官。

錢謙益等《絳雲樓書目・雜藝類》 徐官《古今印史》。趙魏公有《印史》二卷，見《輟耕録》。

《四庫全書總目提要・藝術類存目》 《古今印史》一卷。内府藏本。明徐官撰。官字元懋，吴縣人。魏校之門人也。

印藪

徐㶿《徐氏家藏書目・器用類》 顧氏《印藪》六卷。

《四庫全書總目提要・藝術類存目》 《印藪》六卷。編修汪如藻家藏本。明顧從德撰。從德字汝修，上海人。是編搜羅古印，摹刻成譜。首尚方諸璽，次官印，次私印，以四聲部分爲次，檢閲頗便。凡所收録，自其家以及好事者所藏曾經寓目者，咸以硃摹其文，而詳載其釋文形製於下。

醉茗軒印品

徐㶿《徐氏家藏書目・器用類》 《醉茗軒印品》二卷。

玉璽博聞

錢謙益等《絳雲樓書目・雜藝類》 《玉璽博聞》。

璽史

錢謙益等《絳雲樓書目・雜藝類》 王損仲《璽史》。

秦傳璽譜

錢謙益等《絳雲樓書目・雜藝類》 《秦傳國璽譜》。一卷。唐崔逢修。

印史

黄虞稷《千頃堂書目・藝術類》 徐令《印史》。號榆庵，吴縣人。工書。爲魏校所輯。

印文集考

黄虞稷《千頃堂書目・藝術類》 朱珪《印文集考》字伯益，崑山人。

倪燦《補遼金元藝文志・雜藝術》 朱珪《印文集考》。字伯益，崑山人。

印譜

王士禛《漁洋書跋》 閻左汾《印譜》。秦八體書，三曰刻符，五曰摹印。齊竟陵王子良合而一之，非古也。漢之繆篆，即秦之摹印。雖刻符尚不可混，況其他乎！今人以古文奇字槩入印章，嗜奇者往往好之，而不知其悖於古。左汾文章妙一世，游藝篆刻，不肯屈曲以趨時好，而唯古是師。其於文章亦猶是矣，藝云乎哉？

印譜

王士禛《漁洋書跋》 周櫟園侍郎《印譜》。古人耽一物，率多成癖。如嵇中散之鍜，阮遥集之屐，王武子之馬，謝康樂之山水，皆是也。若和嶠好錢而亦以癖名，則辱矣。故户部侍郎櫟下周先生故多癖，癖畫，癖墨，癖古印章。自憂患以來，大半售爲饘粥之費。此《印譜》幾卷，其門人渠丘張待詔杞園得之，以轉贈兒子涑者。當日風流好事，猶可想見。而櫟老物化，倏已三十年矣。玩物喪志，雖古之賢達者流，往往不免。披攬之餘，爲之三歎。

印人傳

張之洞《書目答問・藝術家》 《印人傳》三卷。周亮工。自刻本。

印典

《四庫全書總目提要・藝術類二》 《印典》八卷。浙江巡撫採進本。國朝朱象賢撰。象賢號清溪，吴縣人。是編採録印璽故實及諸家論説，分原始、制度、賓予、流傳、故實、綜紀、集説、雜録、評論、鐫製、器用、詩文十二類。

印史

《四庫全書總目提要・藝術類存目》 《印史》五卷。兩淮鹽政採進本。明何通撰。通字不違，松江人。是書成於萬歷中。取歷代名人各爲刻一私印，而略附小傳於下。秦十九人，西漢二百二十一人，東漢二百六人，蜀十八人，吴七人，魏二十八人，晉八十一人，宋七人，齊二人，梁九人，北魏六人，周二人，隋十三人，唐一百七十八人，五代十一人，宋一百二十人，元十四人。其去取頗不可解。

印存初集　印存元覽

《四庫全書總目提要・藝術類存目》《印存初集》二卷，《印存元覽》二卷。內府藏本。國朝胡正言篆。正言字曰從，海陽人。前明嘗官武英殿中書舍人。以摹印名一時。是編其印譜也。《初集》以朱印之。別名《元覽》者，則以墨印之。大抵名字印十之八，齋閣印十之一，鐫成語者十之一。自明中葉，篆刻分文彭、何震二家。文以秀鴉爲宗，其末流傷於娬媚，無復古意。何以蒼勁爲宗，其末流破碎楂枒，備諸惡狀。正言欲矯兩家之失，獨以端重爲主，頗合古人摹印之法。而學之者失於板滯，又爲土偶之衣冠矣。

宣和集古印史

《四庫全書總目提要・藝術類存目》《宣和集古印史》八卷。兩淮鹽政採進本。明來行學刊。行學字顏叔，杭州人。自序稱耕於石箐山畔，桐棺裂，得朱筩一函。內蜀錦重封《宣和印史》一卷，素絲玉軸，硃印墨書。蓋南渡以來好事家所寶以自殉者。考輯録古印，始於宋晁克一之《集古印格》。其書一卷，見於《郡齋讀書志》。此書則自宋以來諸家書目所不載。惟吾衍《學古編》末有明隆慶二年羅浮山樵附録五條，其「世存古今圖印譜式」條內，載有《宣和印譜》四卷。計其年月，適在此書初出之時。然則即據此本以載入，非古有是書矣。況桐棺易朽，何以南宋至明猶存，其爲依託，顯然明白。末二行附題所製印色之價，某種若干，尤爲猥鄙。屠隆作序極稱之，殊非定論也。

秦漢印統

孫星衍《平津館鑒藏書籍記藝術》《秦漢印統》八卷。題鄣郡羅王常延年編，新都吳元維伯張校。或題武陵顧晉亨伯明校。前有萬曆戊申臧懋循序，乙亥王穉登序，隆慶辛未黃姬水序。臧序稱：自雲間顧氏《印藪》行於世，一時摹印者咸自侈其法古，於是太原王常氏遍購諸博古家，積若干稔，增廣若干册，以授新安吳元維氏合刻之，命曰《印統》。凡例三葉，舊序一卷。印文皆用硃搨。卷一後有「萬曆丙午春王正月望日新都吳氏樹滋堂繡梓，新安程利見元龍、新安潘最茂卿同校」四行字。板心下有「吳氏樹滋堂」五字。

音樂分部

大唐正聲琴譜

顧櫰三《補五代史藝文志・聲樂類》《大唐正聲琴譜》十卷。

聲韻譜

顧櫰三《補五代史藝文志・聲樂類》《聲韻譜》一卷。句中正撰。

國風總類

顧櫰三《補五代史藝文志・聲樂類》《國風總類》五十卷。王仁裕撰。

陽春詞

顧櫰三《補五代史藝文志・聲樂類》《陽春詞》一卷。馮延已撰。右聲樂類共二百四卷

補新徵音

顧懷三《補五代史藝文志・聲樂類》《補新徵音》一卷。陳用拙撰。

霓裳譜

顧懷三《補五代史藝文志・聲樂類》《霓裳譜》一卷。李後主周后撰。

南唐二主詞

顧懷三《補五代史藝文志・聲樂類》《南唐二主詞》一卷。

宮詞

顧懷三《補五代史藝文志・聲樂類》《宮詞》一卷。花蕊夫人撰。

周優人曲辭

顧懷三《補五代史藝文志・聲樂類》《周優人曲辭》二卷。

花間集

顧懷三《補五代史藝文志・聲樂類》《花間集》十卷。裴説集唐人詞。案《孫氏書目》題作蜀人趙崇祚編。

豔詞

顧懷三《補五代史藝文志・聲樂類》《豔詞》一卷。蜀後主王衍集。

大周正樂譜

顧懷三《補五代史藝文志・聲樂類》《大周正樂譜》八十八卷。竇儼撰。

歷代樂歌

顧懷三《補五代史藝文志・聲樂類》《歷代樂歌》六卷。并趙上交撰。

蜀疋樂

顧懷三《補五代史藝文志・聲樂類》《蜀疋樂》三十卷。

樂賦

顧懷三《補五代史藝文志・聲樂類》《樂賦》一卷。王樸撰。

嘯真

《宋史・藝文志・雜藝術類》《嘯真》一卷。

琴操譜

陳振孫《直齋書録解題·音樂類》《琴操譜》十五卷《調譜》四卷。參政歷陽張嚴肖翁以善鼓琴聞一時，余從其子佖得此譜。

琴三訣

陳振孫《直齋書録解題·音樂類》《琴三訣》一卷。稱天台白雲先生。

大胡笳十九拍

陳振孫《直齋書録解題·音樂類》《大胡笳十九拍》一卷。題隴西董庭蘭撰，連劉商辭。又云祝家聲、沈家譜，不可曉也。

製瑟

陳振孫《直齋書録解題·音樂類》《製瑟法》一卷。不知何人撰。

琵琶故事

陳振孫《直齋書録解題·音樂類》《琵琶故事》一卷。段安節撰。案：以上三條，《文獻通攷》引陳氏之言。原本脱漏，今補入。

隆韶導和集

陳振孫《直齋書録解題·音樂類》《隆韶導和集》一卷。

琴義

陳振孫《直齋書録解題·音樂類》《琴義》一卷。稱野人劉籍撰。

琴曲詞

陳振孫《直齋書録解題·音樂類》《琴曲詞》一卷。

琴經

陳振孫《直齋書録解題·音樂類》《琴經》一卷。託名諸葛亮。淺俚之甚。

景祐大樂圖

鄭樵《通志·圖譜略·記有》《景祐大樂圖》。

琴史

陳振孫《直齋書録解題·音樂類》《琴史》六卷。吴郡朱長文伯原撰。唐虞以來迄于本朝，琴之人與事備矣。

楊士奇等《文淵閣書目·諸譜》 《琴史》。一部，一册。闕。

都穆《南濠居士文跋》 《琴史》。右《琴史》六卷宋秘書正字鄉先生朱長文伯原撰。先生嘗謂書畫之事，古人猶多編述，而琴獨未備，乃上自唐虞，下迄于宋，凡其事之載于史傳班班可述者，裒次成書。觀其自序有曰：方朝廷成太平之功，制禮作樂，比隆三代。則是書也，豈虛文哉？論者謂先生慨然有用世之志，觀此亦可概見。紹定間，先生姪孫正夫嘗爲刻梓，世遠不傳。余近得録本于友人朱叔英家，而缺其後《志言》、《叙史》二篇，俟博訪補之。

錢謙益等《絳雲樓書目·雜藝類》 朱長文《琴史》。六卷。

《四庫全書總目提要·藝術類二》 《琴史》六卷。浙江范懋柱家天一閣藏本。宋朱長文撰。長文有《吴郡圖經續記》，已著録。是書專述琴典。前五卷紀自古通琴理者一百四十六人，附見者九人，各臚舉其事蹟。後一卷分十一篇，一曰瑩律，二曰釋弦，三曰明度，四曰擬象，五曰論音，六曰審調，七曰聲歌，八曰廣制，九曰盡美，十曰志言，十一曰敘史。凡操弄沿起，制度損益，無不咸具。採摭詳博，文詞雅贍，視所作《墨池編》更爲勝之。錢曾《讀書敏求記》但録其載「太宗九弦琴」條以爲異聞。其實可資博識者，不止是也。紹定癸巳，其從孫正大始刊版，併爲後序。又其五世孫夢炎所作長文《事略》一首，舊本併附於後。今仍録之，以見是書之緣起與長文始末焉。

彭元瑞《天禄琳琅書目後編·藝術》 《琴史》。一函二册。宋朱長文撰。書六卷。前五卷爲唐虞至宋能琴人小傳，末一卷爲《瑩律》、《釋位》、《明度》、《排象》、《論音》、《審調》、《聲歌》、《廣制》、《盡美》、《志言》、《敘史》十一篇。前有長文自序，後有五世孫夢炎誌。其紹定癸巳姪孫正大一序，則刻書時作也。影紹定本鈔，極細而爽朗。

孫星衍《平津館鑒藏書籍記藝術》 《琴史》六卷。題朱長文伯原。前有元豐七年朱長文序，末有紹定癸巳姪孫正大跋。巾箱本，每葉廿二行。行十七字。凡從宋板影寫者，俱載行數字數。余又以吴山尊侍講所藏至正八年俞和手鈔本校正之。收藏有「南梧沈氏家藏」朱文長方印，「春草閑房手定」朱文方印，「璜川吴氏收藏圖書」朱文方印，「惠棟之印」白文方印，「定宇」朱文方印，「紅豆書屋」朱文方印，「士英」上圓下方朱文小印，「吴氏珍翫」白文長印。

張之洞《書目答問·藝術家》 《琴史》六卷。宋朱長文。曹寅刻楝亭十二種本。

大晟樂書

陳振孫《直齋書録解題·音樂類》 《大晟樂書》二十卷。大中大夫開封劉昞子蒙撰。「大晟」者，本方士魏漢津妄出新意，以祐陵指節定尺律，傅會身爲度之説。昞爲大司樂，精爲緣飾。又有《圖譜》一卷。

皇祐新樂圖記

陳振孫《直齋書録解題·音樂類》 《皇祐新樂圖記》三卷。屯田員外郎阮逸、光禄寺丞胡瑗撰。

景祐廣樂記

陳振孫《直齋書録解題·音樂類》 《景祐廣樂記》八十卷。翰林院侍講學士馮元等撰。闕八卷。

三聖樂書

陳振孫《直齋書録解題·音樂類》 《三聖樂書》一卷。宋祁子京撰。

大樂演義

陳振孫《直齋書録解題·音樂類》 《大樂演義》三卷。案：《文獻通攷》：《大樂演義》上有《補亡樂書》三卷。

樂書

陳振孫《直齋書録解題·音樂類》《樂書》二百卷。

景祐樂府奏議

陳振孫《直齋書録解題·音樂類》《景祐樂府奏議》一卷。殿中丞致仕胡瑗翼之撰。

皇祐樂府奏議

陳振孫《直齋書録解題·音樂類》《皇祐樂府奏議》一卷。胡瑗撰。

琴操

陳振孫《直齋書録解題·音樂類》《琴操》一卷。不著名氏。《中興書目》云：晉廣陵守孔衍以琴調《周詩》五篇、古操、引共五十篇，述所以命題之意。今《周詩》篇同而操、引財二十一篇，似非全書也。

琴譜

鄭樵《通志·圖譜略·記無》陳康士《琴譜》。

琴譜

陳振孫《直齋書録解題·音樂類》《琴譜》十六卷。新昌石孝隆君大所録。

琴譜

陳振孫《直齋書録解題·音樂類》《琴譜》八卷。鄞學魏邸舊書有之，已卯分教傳録，亦益以他所得譜。

羯鼓録

陳振孫《直齋書録解題·音樂類》《羯鼓録》一卷。唐婺州刺史南卓撰。

《四庫全書總目提要·藝術類二》《羯鼓録》一卷。江蘇巡撫採進本。

指訣

陳振孫《直齋書録解題·音樂類》《指訣》一卷。唐道士趙邪利撰。一名《彈琴古手法》。

琴説

陳振孫《直齋書録解題·音樂類》《琴説》一卷。唐工部尚書李勉撰。

琴説

陳振孫《直齋書録解題・音樂類》《琴説》一卷。唐待詔薛易簡撰。衡州耒陽尉。

樂府雜録

陳振孫《直齋書録解題・音樂類》《樂府雜録》一卷。唐國子司業段安節撰。

琴書

陳振孫《直齋書録解題・音樂類》《琴書》三卷。唐待詔趙惟暕撰。稱前進士滁州全椒尉。

紹興内府琴譜

楊士奇等《文淵閣書目・諸譜》《紹興内府琴譜》。一部，十册。闕。

幽人對竹引

楊士奇等《文淵閣書目・諸譜》《幽人對竹引》。一部，一册。闕。

曲譜

楊士奇等《文淵閣書目・諸譜》《曲譜》。一部，一册。闕。

琴苑集

楊士奇等《文淵閣書目・諸譜》《琴苑集》。一部，一册。闕。

振古琴苑

楊士奇等《文淵閣書目・諸譜》《振古琴苑》。一部，四册。闕。

琴苑

楊士奇等《文淵閣書目・諸譜》《琴苑須知》。一部，一册。闕。

琴苑雜鈔

楊士奇等《文淵閣書目・諸譜》《琴苑雜鈔》。一部，一册。闕。

琴律發微

楊士奇等《文淵閣書目・諸譜》《琴律發微》。一部，二册。闕。

霞外音

楊士奇等《文淵閣書目・諸譜》《霞外音》。一部，一册。闕。

正　音

楊士奇等《文淵閣書目・諸譜》《正音》。一部，一册。闕。

大雅遺音

楊士奇等《文淵閣書目・諸譜》《大雅遺音》。一部，一册。闕。

太古正音

楊士奇等《文淵閣書目・諸譜》《太古正音》。一部，一册。闕。

太古遺音精微論

楊士奇等《文淵閣書目・諸譜》《太古遺音精微論》。一部，二册。闕。

太古遺音

楊士奇等《文淵閣書目・諸譜》《太古遺音》。一部，一册。闕。

《明史・藝文志・雜藝》袁均哲《太古遺音》二卷。

《四庫全書總目提要・藝術類存目》《太古遺音》。無卷數，浙江巡撫採進本。

明揚掄撰。

新編琴書集成

楊士奇等《文淵閣書目・國朝》《新編琴書集成》。一部，三十二册。殘缺。

琴　論

楊士奇等《文淵閣書目・諸譜》《琴論》。一部，一册。闕。

琴聲韻圖

楊士奇等《文淵閣書目・諸譜》《琴聲韻圖》。一部，一册。闕。

燕樂原辨

楊士奇等《文淵閣書目・諸譜》《燕樂原辨》。一部，一册。闕。

神奇秘譜

范邦甸等《天一閣書目・藝術類》《神奇秘譜》二卷。刊本。明藩臞仙撰。

序云：琴譜數家所載者，千有餘曲，而傳於世者，不過數十曲耳。不經指授者，恐有訛謬。予昔親受者三十四曲，刊之以傳後學。其一字一句，一點一畫，無有隱諱。名鄙俗者，悉更之，以光琴道。

《明史・藝文志・雜藝》 寧獻王權《神奇祕譜》三卷。

嵇璜等《續通志・圖譜略・記元》 明寧獻王權《神奇祕譜》。

嘯旨

高儒《百川書志・隱家類》《嘯旨》一卷。凡十五章。

范邦甸等《天一閣書目・藝術類》《嘯旨》。刊本。不著撰人名氏。序云：

夫氣激于喉中而濁，謂之言；激于舌而清，謂之嘯。言之濁，可以通人事，達性情；嘯之清，可以感鬼神，致不死。蓋出其言善，千里應之；出其嘯善，萬靈受職。斯古之學道者哉！君授王母，母授南極真人，真人授廣成子，廣成子授風后，風后授嘯父，嘯父授務光，務光授堯，堯授舜，舜演之爲琴，與禹。自后迺廢，續有晉大行山仙君孫公獲之，迺得道而去，無所授焉。阮嗣宗得少分，其后湮没無聞矣。嘯有十五章句，權輿正畢有十二法，外激内激，含藏散越，大沉小沉，疋叱五大五少，皆在十五章之内，則嘯之妙音盡矣。

徐𤊹《徐氏家藏書目・藝術類》《嘯旨》。

三教同聲

范邦甸等《天一閣書目・藝術類》《三教同聲》一卷。刊本。明新安張新嘉甫纂集。萬曆壬辰鐵耕道者鄭邦福序曰：新安張賓桐氏，素精琴理。凡可持誦諷詠之者，悉能被之于絃，以清人耳。余爲比部，時見其釋談章譜，按而習之，如八梵宫聞衆僧咒，既心異之。越二年，余以八賀抵都，又見其以《大學》、《清静聖經》，譜而按之，與前配，吁亦奇矣。夫賓桐氏欲聯三教以同聲，何其所志之宏也！乃忽獻疑於予曰：吾儒與道家者流，其習于琴久矣。乃佛氏以音聲色相爲邪道，則談章之譜，得無悖于本旨乎？予曰：不然。琴之設，無非禁人之不正，以歸于正。此其意旨，原不謬于聖人，況道流乎！人患不達先王作樂之本耳。達其本，則解處泠然，無往非正。性之具，即佛氏之風水樹鳥，皆能説法。梵音潮音，皆是妙音，於琴理又何碍也？賓桐氏遂釋然領悟，乞此語弁之簡端。

九宫譜

范邦甸等《天一閣書目・藝術類》《九宫譜》二册。刊本。明蔣孝編并序。

琴統譜

錢謙益等《絳雲樓書目・雜藝類》 徐理《琴統譜》。趙松雪著《琴原》，見《元史》本傳。

琴阮補

錢謙益等《絳雲樓書目・雜藝類》 臞仙《琴阮補》。一卷。一名《琴阮啓蒙》。

緑綺新聲

錢謙益等《絳雲樓書目・雜藝類》 徐時琪《緑綺新聲》。

古琴疏

錢謙益等《絳雲樓書目・雜藝類》《古琴疏》。

琴阮啓蒙

《明史・藝文志・雜藝》《琴阮啓蒙》一卷。

琴譜

《明史・藝文志・雜藝》楊表正《琴譜》六卷。

琴譜

《明史・藝文志・雜藝》嚴澂《琴譜》十卷。

琴譜大全

嵇璜等《續通志・圖譜略・記有》楊表正《琴譜大全》。

《四庫全書總目提要・藝術類存目》《琴譜大全》十卷。通行本。明楊表正撰。表正字西峯，延平人。是書彙録琴譜諸調，考正音文，註明指法，搜採視他本頗廣。初刊於萬曆元年。此本又其後增以新曲，校正重刊者也。

松風館琴譜

嵇璜等《續通志・圖譜略・記有》明嚴澂《松風館琴譜》。

《四庫全書總目提要・藝術類二》《松絃館琴譜》二卷。江蘇巡撫採進本。

琴瑟譜

嵇璜等《續通志・圖譜略・記有》汪浩然《琴瑟譜》。

琴譜後録

嵇璜等《續通志・圖譜略・記有》元熊朋來《琴譜後録》。

文會堂琴譜

嵇璜等《續通志・圖譜略・記有》何文焕《文會堂琴譜》。

紫霞洞琴譜

嵇璜等《續通志・圖譜略・記元》宋楊纘《紫霞洞琴譜》。

松風閣琴譜

嵇璜等《續通志・圖譜略・藝事》程雄《松風閣琴譜》。謹按：是編輯諸家遺譜而參以己意，指法亦較他譜倍增。

《四庫全書總目提要・藝術類二》《松風閣琴譜》二卷。抒懷操。一卷。浙江巡撫採進本。國朝程雄撰。

琴指圖

鄭樵《通志·圖譜略·記無》《琴指圖》。

樂律圖

鄭樵《通志·圖譜略·記無》沈括《樂律圖》。

琴式譜

鄭樵《通志·圖譜略·記無》《琴式譜》。

琴　譜

楊士奇等《文淵閣書目·諸譜》《琴譜》。一部，一册。闕。
楊士奇等《文淵閣書目·諸譜》《琴譜》。一部，一册。闕。

三樂圖

鄭樵《通志·圖譜略·記有》《三樂圖》。

廣陵止息譜

鄭樵《通志·圖譜略·記無》吕渭《廣陵止息譜》。

離騷譜

鄭樵《通志·圖譜略·記無》《離騷譜》。

廣陵止息譜

鄭樵《通志·圖譜略·記無》李良輔《廣陵止息譜》。

杓引譜

鄭樵《通志·圖譜略·記無》李約東《杓引譜》。

阮咸譜

鄭樵《通志·圖譜略·記無》《阮咸譜》。

觱栗格

鄭樵《通志·圖譜略·記無》《觱栗格》。

琴聲律譜

鄭樵《通志·圖譜略·記無》王大力《琴聲律譜》。

琴譜合璧

《四庫全書總目提要・藝術類二》《琴譜合璧》十八卷。大學士英廉購進本。

琴譜正傳

《四庫全書總目提要・藝術類存目》《琴譜正傳》六卷。浙江巡撫採進本。

文會堂琴譜

《四庫全書總目提要・藝術類存目》《文會堂琴譜》六卷。通行本。

伯牙心法

《四庫全書總目提要・藝術類存目》《伯牙心法》一卷。浙江巡撫採進本。

理性元雅

《四庫全書總目提要・藝術類存目》《理性元雅》六卷。内府藏本。

琴學内篇外篇

《四庫全書總目提要・藝術類存目》《琴學内篇》一卷。《外篇》一卷。浙江巡撫採進本。

琴學心聲

《四庫全書總目提要・藝術類存目》《琴學心聲》一卷。浙江巡撫採進本。國朝莊臻鳳撰。臻鳳號蜨菴，江寧人。其書專論琴聲。先考律吕之源，次辨指法之誤。又自製新譜十二曲，增入舊調之中。竝以同時贈詩附焉。

溪山琴況

《四庫全書總目提要・藝類存目》《溪山琴況》一卷。内府藏本。國朝徐谼撰。谼，太倉人。是書共二十四則，專論琴聲。

青蓮舫琴雅

《四庫全書總目提要・藝術類存目》《青蓮舫琴雅》四卷。浙江汪啓淑家藏本。

樂府雜録

《四庫全書總目提要・藝術類二》《樂府雜録》一卷。編修程晉芳家藏本。唐段安節撰。

張之洞《書目答問・藝術家》《樂府雜録》一卷。唐段安節。續百川本。

琴談

《四庫全書總目提要・藝術類存目》《琴談》二卷。浙江鮑士恭家藏本。

操縵録

《四庫全書總目提要・藝術類存目》《操縵録》十卷。內府藏本。

游藝分部

弈旨

姚振宗《後漢藝文志・雜藝術》班固《弈旨》一篇。固始末見經部小學類。

弈勢

姚振宗《後漢藝文志・雜藝術》應瑒《弈勢》一篇。

銅馬相法

姚振宗《後漢藝文志・雜藝術》馬援《銅馬相法》。援始末具史部故事類。

藝經

姚振宗《三國藝文志・雜藝術》邯鄲淳《藝經》。淳始末具小說家。

相書

姚振宗《三國藝文志・雜藝類》朱建平《相書》。

古博經

文廷式《補晉書藝文志・雜藝家》《古博經》。

太一博法

《隋書・經籍志・工藝》梁東宮撰《太一博法》一卷。

鄭樵《通志・藝文略・藝術類》《太一博法》一卷。梁東宮撰。

投壺經

《隋書・經籍志・工藝》《投壺經》一卷。梁有《投壺經》四卷。晉左光禄大夫虞潭撰。亡。

投壺經

《舊唐書・經籍志・雜藝術》《投壺經》一卷。郝沖、虞譚法撰。

《新唐書・藝文志・雜藝類》郝沖、虞譚法《投壺經》一卷。

鄭樵《通志・藝文略・藝術類》《投壺經》一卷。郝沖、虞譚撰。

錢東垣等輯《崇文總目・藝術類》《投壺經》一卷。

文廷式《補晉書藝文志・雜藝家》虞潭《投壺經》四卷。《投壺變》一卷。《舊唐志》郝沖、虞譚注《投壺經》一卷，疑誤。臧玉琳《經義雜記》曰：虞、郝書皆不傳，惟《太平御覽》載虞潭《投壺變》，文頗譌闕難解。余案：見《太平御覽》七百五十三。

雜書鈔

《隋書・經籍志・書畫類》《雜書鈔》十三卷。

馬槊譜　騎馬都格　騎馬變圖　馬射譜

《隋書・經籍志・工藝類》《馬槊譜》一卷。梁二卷。梁有《騎馬都格》一卷，《騎馬變圖》一卷，《馬射譜》一卷，亡。

鄭樵《通志・藝文略・藝術類》《馬槊譜》一卷。見《隋志》。

鄭樵《通志・藝文略・藝術類》《騎馬變圖》一卷。見《隋志》。

鄭樵《通志・藝文略・藝術類》《騎馬都格》一卷。梁朝書籍。

鄭樵《通志・藝文略・藝術類》《馬射譜》一卷。見《隋志》。

象經

《隋書・經籍志・雜技》《象經》三卷。王裕注。

《舊唐書・經籍志・雜藝術》《象經》一卷。王裕撰。

《新唐書・藝文志・雜藝術》王裕注《象經》一卷。

鄭樵《通志・藝文略・藝術類》《象經》三卷。王裕注。

象經

《隋書・經籍志・雜技》《象經》一卷。何妥注。

《舊唐書・經籍志・雜藝術》《象經》一卷。何妥撰。

《新唐書・藝文志・雜藝術》何妥《象經》一卷。

鄭樵《通志・藝文略・藝術類》《象經》一卷。何妥注。

象經發題義

《隋書・經籍志・雜技》《象經發題義》一卷。

鄭樵《通志・藝文略・藝術類》《象經發題義》一卷。見《隋志》。

象經

《隋書・經籍志・雜技》《象經》一卷。王褒注。

《新唐書・藝文志・雜藝術》王褒《象經》一卷。

鄭樵《通志・藝文略・藝術類》《象經》一卷。王褒注。

象經

《隋書・經籍志・工藝》《象經》一卷。周武帝撰。

《舊唐書・經籍志・雜藝術》《象經》一卷。周武帝撰。

《新唐書・藝文志・雜藝術》周武帝《象經》一卷。

鄭樵《通志・藝文略・藝術類》《象經》一卷。周武帝撰。

博塞經

《隋書・經籍志・工藝》《博塞經》一卷。邵綱撰。

鄭樵《通志・藝文略・藝術類》《博塞經》一卷。邵綱撰。

皇博法

《隋書・經籍志・工藝》《皇博法》一卷。

大小博法

《隋書・經籍志・工藝》梁有《大小博法》一卷。亡。

《舊唐書・經籍志・雜藝術》《大小博法》二卷。

《新唐書・藝文志・雜藝術》《大小博法》二卷。

鄭樵《通志・藝文略・藝術類》《大小博法》二卷。

文廷式《補晉書藝文志・雜藝家》虞潭《大小博法》一卷。左光禄大夫。

二儀十博經

《隋書・經籍志・游藝》《二儀十博經》一卷。

鄭樵《通志・藝文略・藝術類》《二儀十博經》一卷。

雜博戲

《隋書・經籍志・工藝》《雜博戲》五卷。

《新唐書・藝文志・雜藝術》《雜博戲》五卷。

鄭樵《通志・藝文略・藝術類》《雜博戲》五卷。

雙博法

《隋書・經籍志・工藝》《雙博法》一卷。

鄭樵《通志・藝文略・藝術類》《雙博法》一卷。見《隋志》。

擊壤經

《隋書・經籍志・工藝》梁有《擊壤經》一卷。亡。

碁九品序録

《隋書・經籍志・游藝》《碁九品序録》一卷。范汪等注。

碁後九品序

《隋書・經籍志・游藝》《碁後九品序》一卷。袁遵撰。

鄭樵《通志・藝文略・藝術類》《碁後九品序》一卷。袁遵撰。

棋品序

《隋書・經籍志・游藝》《碁品序》一卷。陸雲公撰。

文廷式《補晉書藝文志・雜藝家》陸雲《碁品序》一卷。

彈碁譜

《隋書・經籍志・游藝》《彈碁譜》一卷。徐廣撰。

鄭樵《通志・藝文略・藝術類》《彈碁譜》一卷。徐廣撰。

文廷式《補晉書藝文志・雜藝家》徐廣《彈棋譜》一卷。

棋勢

《隋書・經籍志・工藝》《碁勢》十卷。王子冲撰。

碁勢

《隋書・經籍志・工藝》《碁勢》四卷。梁有《術藝略序》五卷，孫暢之撰；《圍碁勢》七卷，湘東太守徐泓撰；《齊高碁圖》二卷；《圍碁九品序録》五卷，范汪等撰；《圍碁勢》二十九卷，晉趙王倫舍人馬朗等撰；《碁品叙略》三卷；《建元永明碁品》二卷，宋員外殿中將軍褚思莊撰；《天監碁品》一卷，梁尚書僕射柳惲撰。亡。

鄭樵《通志・藝文略・藝術類》《碁勢》四卷。見《隋志》。又七卷。湘東太守徐泓撰。又十卷。王子冲撰。又十卷。沈敞撰。

碁勢

《隋書・經籍志・工藝》《碁勢》八卷。

棋勢

《隋書・經籍志・工藝》《碁勢》十卷。沈敞撰。

碁圖勢

《隋書・經籍志・工藝》《碁圖勢》十卷。

碁勢

《隋書・經籍志・工藝》《碁勢》十卷。二卷，成。

圍碁品

《隋書・經籍志・游藝》《圍碁品》一卷。梁武帝撰。

鄭樵《通志・藝文略・藝術類》《圍碁品》一卷。梁武撰。

圍碁後九品序録

《舊唐書・經籍志・雜藝術》《圍碁後九品序録》一卷。

《新唐書・藝文志・雜藝術》《圍碁後九品序録》一卷。

棋品

《舊唐書・經籍志・雜藝術》《碁品》五卷。范汪等注。

《新唐書・藝文志・雜藝術》范汪等注《碁品》五卷。

棋法

《隋書・經籍志・游藝》《碁法》一卷。梁武帝撰。

碁評

《舊唐書・經籍志・雜藝術》《碁評》一卷。梁武帝撰。

《新唐書・藝文志・雜藝術》梁武帝《碁評》一卷。

鄭樵《通志・藝文略・藝術類》《梁武碁評》一卷。

碁勢

《舊唐書・經籍志・雜藝術》《碁勢》六卷。

《新唐書・藝文志・雜藝術》《碁勢》六卷。

博塞經

《舊唐書・經籍志・雜藝術》《博塞經》一卷。鮑宏撰。

《新唐書・藝文志・雜藝術》《博塞經》一卷。

皇博經

《舊唐書・經籍志・雜藝術》《皇博經》一卷。魏文帝撰。

《新唐書・藝文志・雜藝術》魏文帝《皇博經》一卷。

鄭樵《通志・藝文略・藝術類》《皇博經》一卷。魏文帝撰。

姚振宗《三國藝文志・雜藝術》魏文帝《皇博經》一卷。《魏志・文紀注・典論自敍》曰：余于他戲弄之事少所喜，唯彈棊略盡其巧，少爲之賦。昔京師先工有馬合鄉侯、東方安世、張公子，常恨不得與彼數子者對。《博物志》曰：帝善彈棊，能用手巾角。《唐書經籍志》：《皇博經》一卷。魏文帝撰。《藝文志》：魏文帝《皇博經》一卷。

案《隋志》兵家有《皇博法》一卷，不著撰人，似即此書。

大博經

《舊唐書・經籍志・雜藝術》《大博經》二卷。呂才撰。

《新唐書・藝文志・雜藝術》呂才《大博經》二卷。

鄭樵《通志・藝文略・藝術類》《大博經》二卷。呂才撰。

二儀簿經

《舊唐書・經籍志・雜藝術》《二儀簿經》一卷。隋煬帝撰。

《新唐書・藝文志・雜藝術》隋煬帝《二儀簿經》一卷。

鄭樵《通志・藝文略・藝術類》《二儀博經》一卷。隋煬帝撰。

大博經行碁戲法

《舊唐書・經籍志・雜藝術》《大博經行碁戲法》二卷。

《新唐書・藝文志・雜藝術》《大博經行碁戲法》二卷。

鄭樵《通志・藝文略・藝術類》《大博經行碁戲法》二卷。

小博經

《舊唐書・經籍志・雜藝術》《小博經》一卷。鮑宏撰。

《新唐書・藝文志・雜藝術》鮑宏《小博經》一卷。

鄭樵《通志・藝文略・藝術類》《小博經》一卷。鮑宏撰。

竹苑仙碁圖

《舊唐書・經籍志・雜藝術》《竹苑仙碁圖》一卷。

《新唐書・藝文志・雜藝術》《竹苑仙碁圖》一卷。

鄭樵《通志・藝文略・藝術類》《竹苑仙碁圖》一卷。

繫蒙小葉子格

鄭樵《通志・藝文略・藝術類》《繫蒙小葉子格》一卷。僞唐李煜妃周氏撰。

《宋史・藝文志・雜藝術類》李煜妻周氏《繫蒙小葉子格》一卷。

錢東垣等輯《崇文總目・藝術類》《繫蒙小葉子格》一卷。僞唐後主妃周氏撰。原釋闕。見天一閣鈔本。

顧櫰三《補五代史藝文志・技術類》《繫蒙小葉子格》一卷。李後主周后撰。

九章射術

錢東垣等輯《崇文總目・藝術類》《九章射術》三卷。張商撰。

九鑑射經

錢東垣等輯《崇文總目・藝術類》《九鑑射經》一卷。諸家書目並不著撰人。原釋闕。見天一閣鈔本。

鄭樵《通志・藝文略・藝術類》《九鑑射經》一卷。

陳振孫《直齋書録解題・雜藝類》《九鏡射經》一卷。案：《文獻通攷》「九鏡」作「几鏡」。唐檢校太子詹事韋韞撰。《制弓矢法》三篇，《射法》九篇。

《宋史・藝文志・雜藝術類》韋蘊《九鏡射經》一卷。

骰子選格

錢東垣等輯《崇文總目・藝術類》《骰子選格》三卷。李歛撰。

《新唐書・藝文志・雜藝類》李郃《骰子選格》三卷。字中玄，賀州刺史。

鄭樵《通志・藝文略・藝術類》《骰子選格》三卷。唐李郃撰。

《宋史・藝文志・雜藝術類》李郃《骰子彩選格》三卷。

樗蒲經采選

錢東垣等輯《崇文總目・藝術類》《樗蒲經采選》七卷。原釋闕。見天一閣鈔本。

奕棊經

錢東垣等輯《崇文總目・小説類》《奕棊經》一卷。《通志略》、《宋志》並不著撰人。原釋闕。見天一閣鈔本。

《宋史・藝文志・雜藝術類》《奕棊經》一卷。

棊圖義例

錢東垣等輯《崇文總目・藝術類》《棊圖義例》一卷。徐鉉撰。

《宋史・藝文志・雜藝術類》徐鉉《棊圖義例》一卷。

顧櫰三《補五代史藝文志・技術類》《棊經圖義例》一卷。徐鉉撰。

射書

錢東垣等輯《崇文總目・藝術類》《射書》十五卷。徐鍇、歐陽陌撰。原釋闕。見天一閣鈔本。

鄭樵《通志・藝文略・藝術類》《射書》十五卷。僞唐徐鍇、歐陽陌撰。

《宋史・藝文志・雜藝術類》徐鍇《射書》十五卷。

射鑑九圖

錢東垣等輯《崇文總目・藝術類》《射鑑九圖》一卷。《通志略》不著撰人。原釋闕。見天一閣鈔本。

鄭樵《通志・藝文略・藝術類》《射鑒九圖》一卷。《九章射術》三卷。張商撰。

鄭樵《通志・圖譜略・記無》《射鑑九圖》。

射口訣

錢東垣等輯《崇文總目・藝術類》《射口訣》一卷。張商撰。

鄭樵《通志・藝文略・藝術類》《射口訣》一卷。張商撰。

射法

錢東垣等輯《崇文總目・藝術類》《射法》一卷。黃損撰。

鄭樵《通志・藝文略・藝術類》《射法》一卷。黃損撰。又一卷。劉懷德撰。

《宋史・藝文志・雜藝術類》黃損《射法》一卷。

顧櫰三《補五代史藝文志・技術類》《射法》一卷。黃損撰。

弓訣

錢東垣等輯《崇文總目・藝術類》《弓訣》一卷。《通志略》不著撰人。原釋闕。見天一閣鈔本。

鄭樵《通志・藝文略・藝術類》《弓訣》一卷。

《宋史・藝文志・雜藝術類》《弓訣》一卷。

射法指訣

錢東垣等輯《崇文總目・藝術類》《射法指訣》一卷。嚴悟撰。原釋闕。見天一閣鈔本。

鄭樵《通志・藝文略・藝術類》《射法指訣》一卷。嚴悟撰。

《宋史・藝文志・雜藝術類》《法射指訣》一卷。

弓箭論

錢東垣等輯《崇文總目・藝術類》任權《弓箭論》一卷。原釋闕。見天一閣鈔本。

《新唐書・藝文志・雜藝術》任權《弓箭論》一卷。

射經

錢東垣等輯《崇文總目・藝術類》《射經》四卷。原釋不著姓氏。闕。見天一閣鈔本。

鄭樵《通志・藝文略・藝術類》《射經》又四卷。

《宋史・藝文志・雜藝術類》田逸《射經》四卷。

射經

錢東垣等輯《崇文總目・藝術類》《射經》一卷。原釋王琚注。見《玉海・禮儀類》及天一閣鈔本。

《新唐書・藝文志・雜藝術》王琚《射經》一卷。

鄭樵《通志・藝文略・藝術類》《射經》一卷。唐王琚撰。又一卷。田逸撰。又四卷。

《宋史・藝文志・雜藝術類》王琚《射經》二卷。

又　王琚《射經》一卷。

新定編金葉子格

錢東垣等輯《崇文總目・藝術類》《新定編金葉子格》一卷。《通志略》不著撰人。原釋闕。見天一閣鈔本。

鄭樵《通志・藝文略・藝術類》《新定偏金葉子格》一卷。

編金葉子格

錢東垣等輯《崇文總目・藝術類》《編金葉子格》一卷。

鄭樵《通志・藝文略・藝術類》《偏金葉子格》一卷。

《宋史・藝文志・雜藝術類》《偏金葉子格》一卷。

顧櫰三《補五代史藝文志・技術類》《偏金葉子格》一卷。

金谷園九局圖

錢東垣等輯《崇文總目・藝術類》《金谷園九局圖》一卷。王積薪撰。原釋闕。見天一閣鈔本。

《新唐書・藝文志・雜藝術》王積薪《金谷園九局圖》一卷。開元待詔。

鄭樵《通志・藝文略・藝術類》《金谷園九局圖》一卷。唐開元中，王積薪、馮汪二人於太原尉陳九言金谷第弈碁，爲《金谷園圖》。

金谷園九局譜

錢東垣等輯《崇文總目・藝術類》《金谷園九局譜》一卷。原釋闕。見天一閣鈔本。

鄭樵《通志・藝文略・藝術類》《金谷園九局譜》一卷。僞唐徐鉉撰。

《宋史・藝文志・雜藝術類》《金谷園九局譜》一卷。

棊　訣

錢東垣等輯《崇文總目・小説類》《棊訣》一卷。《通志略》不著撰人。葛法棊經一卷。原釋闕見天一閣鈔本。

鄭樵《通志・藝文略・藝術類》《碁訣》一卷。

《宋史・藝文志・雜藝術類》王積薪等《棊訣》三卷。

棊術要訣

錢東垣等輯《崇文總目・小説類》《棊術要訣》一卷。原釋闕。見天一閣鈔本。

棊　勢

錢東垣等輯《崇文總目・藝術類》《棊勢》一卷。

棊勢圖

錢東垣等輯《崇文總目・藝術類》《棊勢圖》一卷。

碁　圖

錢東垣等輯《崇文總目・藝術類》《碁圖》一卷。

《新唐書・藝文志・雜藝術》韋珽《碁圖》一卷。

鄭樵《通志・藝文略・藝術類》《碁圖》一卷。韋珽撰。

《宋史・藝文志・雜藝術類》韋珽《棊圖》一卷。

尋仙采選

錢東垣等輯《崇文總目・藝術類》《尋仙采選》七卷。《通志略》、《宋志》並不著撰人。原釋闕。見天一閣鈔本。

鄭樵《通志・藝文略・藝術類》《尋仙彩選》七卷。

《宋史・藝文志・雜藝術類》《尋仙彩選》七卷。

新修採選格

錢東垣等輯《崇文總目・藝術類》《新修採選格》一卷。劉蒙叟撰。

鄭樵《通志・藝文略・藝術類》《新修彩選》一卷。宋朝劉蒙叟撰。

《宋史・藝文志・雜藝術類》劉蒙叟《彩選格》一卷。

醉鄉小畧

錢東垣等輯《崇文總目・小説類》《醉鄉小畧》五卷。胡節還撰。原釋闕。見天一閣鈔本。

鬬鷄圖

《新唐書・藝文志・雜藝術》《鬬雞圖》。

鄭樵《通志・藝文略・藝術類》《鬬鷄圖》。

投壺經

《新唐書·藝文志·雜藝術》 上官儀《投壺經》一卷。

鄭樵《通志·藝文略·藝術類》 《投壺經》一卷。唐上官儀撰。

晁公武《郡齋讀書志·類書類》 《投壺經》一卷。右唐上官儀奉勑删定，史玄道續注。采周顒、郝同、梁簡文數家書爲之。《唐志》有其目。

馬端臨《文獻通考·經籍考·雜藝術》 《投壺經》一卷。奉勑删定，史玄道續註。采周顒、郝同、梁簡文數家書爲之，《唐志》有其目。

《宋史·藝文志·雜藝術類》 上官儀《投壺經》一卷。

博經

《新唐書·藝文志·雜藝術》 董叔經《博經》一卷。貞元中上。

鄭樵《通志·藝文略·藝術類》 《博經》一卷。董叔經撰。

角力記

鄭樵《通志·藝文略·藝術類》 《角力記》一卷。

范邦甸等《天一閣書目·藝術類》 《角力記》一卷。烏絲闌鈔本。不著撰人名氏。卷首序曰：頃于市貨故紙束中得古之雜説，于中一段説角力之戲，且多猥俗。愚居閒，遂加潤之以故事，演成斯記。

權衡記

鄭樵《通志·藝文略·食貨》 《權衡記》一卷。祖晅之撰。

採珠局格

鄭樵《通志·藝文略·藝術類》 《採珠局格》一卷。

陳振孫《直齋書録解題·雜藝類》 《採珠格局》一卷。

角局圖

鄭樵《通志·藝文略·藝術類》 《角局圖》一卷。

圍碁九品序録

鄭樵《通志·藝文略·藝術類》 《圍碁九品序録》五卷。范汪等撰。

文廷式《補晉書藝文志·雜藝家》 范汪等《圍碁九品序録》五卷。《舊唐志》作《碁品注》。《世説·方正門》注引范汪《碁品》曰：江虨與王恬等棋第一品，王導第五品。《世説·政事門》注范汪《碁品》曰：虞謇字道真，仕至郡功曹。

九品序録

鄭樵《通志·藝文略·藝術類》 《九品序録》一卷。范汪撰。

彈碁經

鄭樵《通志·藝文略·藝術類》 《彈碁經》一卷。張柬之撰。又一卷。

晁公武《郡齋讀書志·類書類》 《彈棋經》一卷。右未詳撰人。序稱《世説》

曰：魏武帝好彈棊，宮中皆效之，難得其局，以粧奩之蓋，形狀相類，就蓋而彈之，俗中因謂魏宮粧奩之戲。案《西京雜記》云：劉向作彈棊。《典論》云：前代馬合卿、張公子皆工彈棊。然則起於漢朝，非自魏始，《世説》誤矣。

陳振孫《直齋書録解題·雜藝類》《彈棊經》一卷。題張柬之撰。

馬端臨《文獻通考·經籍考·雜藝術》《彈棊經》一卷。

圍棊勢

鄭樵《通志·藝文略·藝術類》《圍棊勢》二十九卷。晉趙王倫舍人馬朗等撰。

文廷式《補晉書藝文志·雜藝家》馬朗等《圍棊勢》二十九卷。趙王倫舍人。

《抱朴子·辨問篇》云：謝子卿、馬綏明於今有棋聖之名。綏明蓋朗字也。

棊本

鄭樵《通志·藝文略·藝術類》《棊本》一卷。

棊勢重元圖

鄭樵《通志·藝文略·藝術類》應機子《棊勢重元圖》一卷。

忘憂集

鄭樵《通志·藝文略·藝術類》劉仲甫《忘憂集》一卷。

晁公武《郡齋讀書志·類書類》《忘憂集》三卷。右皇朝劉仲甫編。載唐韋延祐《棊訣》并古今棊圖。

馬端臨《文獻通考·經籍考·雜藝術》《忘憂集》三卷。

錢大昕《補元史藝文志·雜藝術類》《忘憂集》。

慶曆彩選圖

鄭樵《通志·藝文略·藝術類》《慶曆彩選圖》一卷。

鄭樵《通志·圖譜略·記有》《慶曆彩選圖》。

諸家精選新勢

鄭樵《通志·藝文略·藝術類》《諸家精選新勢》一卷。

選仙格

鄭樵《通志·藝文略·藝術類》《選仙格》一卷。洪濛子撰。

選佛圖

鄭樵《通志·藝文略·藝術類》《選佛圖》一卷。

打毬儀注

鄭樵《通志·藝文略·藝術類》《打毬儀注》一卷。張直佐撰。

打毬要略

鄭樵《通志・藝文略・藝術類》《打毬要略》一卷。查同章撰。

藝術略序

鄭樵《通志・藝文略・藝術類》《藝術略序》五卷。孫暢之撰。

盡歡格

鄭樵《通志・藝文略・藝術類》《盡歡格》一卷。

改令式

鄭樵《通志・藝文略・藝術類》《改令式》一卷。

小酒令

鄭樵《通志・藝文略・食貨》《小酒令》一卷。

捉卧甕人格

鄭樵《通志・藝文略・藝術類》《捉卧甕人格》一卷。趙昌言撰。

馬端臨《文獻通考・經籍考・雜藝術》《捉卧甕人事數》一卷。

款飲集

鄭樵《通志・藝文略・藝術類》《款飲集》一卷。

五善正鵠格

鄭樵《通志・藝文略・藝術類》《五善正鵠格》一卷。

玉燭詩

鄭樵《通志・藝文略・藝術類》《玉燭詩》一卷。

陳振孫《直齋書録解題・雜藝類》《勸酒玉燭詩》一卷。無名氏。

射訓

鄭樵《通志・藝文略・藝術類》《射訓》一卷。

陳振孫《直齋書録解題・雜藝類》《射訓》一卷。監察御史張仲殷撰。《中興書目》云本朝人，果也，不應名犯廟諱。

馬端臨《文獻通考・經籍考・雜藝術》《射訓》一卷。《中興書目》云本朝人。果也，不當名犯廟諱。

《宋史・藝文志・雜藝術類》張仲商《射訓》一卷。

摴蒱經

鄭樵《通志・藝文略・藝術類》《摴蒱經》三卷。盧還京撰。又一卷。

晁公武《郡齋讀書志・類書類》《摴蒱經》一卷《摴蒱格》一卷。右不題撰人。序云：「摴蒱，古之戲也。劉毅、李安民、慕容寶之徒，皆擲盧不聞餘采，今以盧、梟爲上，雉、犢次之。」

馬端臨《文獻通考・經籍考・雜藝術》《樗蒲經》一卷，《樗蒲格》一卷。

大雙陸格

鄭樵《通志・藝文略・藝術類》《大雙陸格》一卷。

雙陸格

鄭樵《通志・藝文略・藝術類》《雙陸格》一卷。

晁公武《郡齋讀書志・類書類》《雙陸格》一卷。右不題撰人。其法：左右十二梁，設二朋，朋各十五子，一白一黑，用明瓊二，各以其采，由右歸左，子單，則他子得擊，兩子則曰「成梁」，他子雖相當，不得擊。故武后夢雙六不勝，狄仁傑所以云無子也。

馬端臨《文獻通考・經籍考・雜藝術》《雙六格》一卷。

《宋史・藝文志・雜藝術類》《雙陸格》一卷。

摴蒱滿席歡

鄭樵《通志・藝文略・藝術類》《摴蒱滿席歡》一卷。曹氏撰。

摴蒱經采名

鄭樵《通志・藝文略・藝術類》《摴蒱經采名》一卷。

金龍戲格

鄭樵《通志・藝文略・藝術類》《金龍戲格》一卷。

謀戲格

鄭樵《通志・藝文略・藝術類》《謀戲格》一卷。

廣象戲格

鄭樵《通志・藝文略・藝術類》《廣象戲格》一卷。晁補之撰。

馬端臨《文獻通考・經籍考・雜藝術》《廣象戲圖》一卷。

象戲格

鄭樵《通志・藝文略・藝術類》《象戲格》一卷。尹洙撰。

鄭樵《通志・圖譜略・記有》《象戲格》。

摴蒱格

鄭樵《通志・藝文略・藝術類》《摴蒱格》一卷。

鄭樵《通志・圖譜略・記有》《摴蒱格》。

《宋史・藝文志・雜藝術類》《樗蒲經》一卷。

摴蒱象戲格

鄭樵《通志・藝文略・藝術類》《摴蒱象戲格》三卷。

天監碁品

鄭樵《通志・藝文略・藝術類》《天監碁品》一卷。梁柳惲撰。

齊高碁圖

鄭樵《通志・藝文略・藝術類》《齊高碁圖》二卷。

旋碁格

鄭樵《通志・藝文略・藝術類》《旋碁格》一卷。

文班彩選格

鄭樵《通志・藝文略・藝術類》《文班彩選格》三卷。楊億撰。

元豐官制彩選

鄭樵《通志・藝文略・藝術類》《元豐官制彩選》一卷。

漢官儀彩選

鄭樵《通志・藝文略・藝術類》《漢官儀彩選》三卷。

晁公武《郡齋讀書志・類書類》《漢官儀采選》一卷。右皇朝劉敞撰。刪取西漢之官，而附其列傳黜陟可戲笑者雜編之，以爲博弈之一物。

馬端臨《文獻通考・經籍考・雜藝術》《漢官儀新選》一卷。

《宋史・藝文志・雜藝術類》劉敞《漢官儀》三卷。亦投子選也。

彭元瑞《天禄琳琅書目後編・藝術》《漢官儀》。一函一册。

阮元《四庫未收書目提要・藝術》《漢官儀》三卷。

醉鄉小略

鄭樵《通志・藝文略・食貨》《醉鄉小略》五卷。胡節還撰。

庭萱譜

鄭樵《通志・藝文略・食貨》《庭萱譜》一卷。同塵先生修飲酒令譜，謂之

《庭萱》。

棋論

鄭樵《通志·藝文略·藝術類》 王延昭《棋論》一卷。

投壺圖

鄭樵《通志·藝文略·藝術類》 《投壺圖》一卷。張承斌撰。

傾壺集

鄭樵《通志·藝文略·藝術類》 《傾壺集》三卷。劉仁敏撰。

投壺道

《隋書·經籍志·工藝》 梁有《投壺道》一卷。郝沖撰。亡。

鄭樵《通志·藝文略·藝術類》 《投壺道》一卷。郝沖撰。

文廷式《補晉書藝文志·雜藝家》 郝沖《投壺道》一卷。

投壺變

《隋書·經籍志·工藝》 梁有《投壺變》一卷。晉左光禄大夫虞潭撰。亡。

鄭樵《通志·藝文略·藝術類》 《投壺變》一卷。晉虞潭撰。

射訣

鄭樵《通志·藝文略·藝術類》 《射訣》一卷。魏氏撰。

神射式

鄭樵《通志·藝文略·藝術類》 《神射式》一卷。王德甫撰。

《宋史·藝文志·雜藝術類》 王德用《神射式》一卷。

棋要訣

鄭樵《通志·藝文略·藝術類》 《棋要訣》一卷。

棋圖

鄭樵《通志·藝文略·藝術類》 太宗皇帝《棋圖》一卷。

《宋史·藝文志·雜藝術類》 太宗《棊圖》一卷。

述伎藝

鄭樵《通志·藝文略·藝術類》 《述伎藝》一卷。見《隋志》。

伎術録

鄭樵《通志・藝文略・藝術類》《伎術録》一卷。孫暢之撰。

五木經

鄭樵《通志・藝文略・藝術類》《五木經》一卷。

陳振孫《直齋書録解題・雜藝類》《五木經》一卷并《圖例》。唐李翺撰，元革注。蓋古樗蒱之戲也。

馬端臨《文獻通考・經籍考・雜藝術》《五木經》一卷并《圖例》。

徐𤏲《徐氏家藏書目・藝術類》《五木經》一卷。

錢謙益等《絳雲樓書目・雜藝類》《五木經》。一篇。李翺。

《四庫全書總目提要・藝術類存目》《五木經》一卷。直隸總督採進本。

打馬格

鄭樵《通志・藝文略・藝術類》宋迪《打馬格》一卷。

晁公武《郡齋讀書志・類書類》《打馬格》一卷。

馬端臨《文獻通考・經籍考・雜藝術》《打馬格》一卷。

打馬格

鄭樵《通志・藝文略・藝術類》謝景初《打馬格》一卷。

射評

鄭樵《通志・藝文略・藝術類》《射評》一卷。李廣撰。

五善射序

鄭樵《通志・藝文略・藝術類》《五善射序》一卷。程正柔撰。

金吾射法

鄭樵《通志・藝文略・藝術類》《金吾射法》一卷。

射格

鄭樵《通志・藝文略・藝術類》《射格》一卷。

集古今射法

鄭樵《通志・藝文略・藝術類》《集古今射法》一卷。

劉氏射法

鄭樵《通志・藝文略・藝術類》《劉氏射法》一卷。

《宋史・藝文志・雜藝術類》 劉懷德《射法》一卷。

射訣要略

鄭樵《通志・藝文略・藝術類》《射訣要略》一卷。李廣撰。

陳振孫《直齋書録解題・雜藝類》《射評要略》一卷。稱李廣撰。固依託也，而亦鄙淺亡奇。

馬端臨《文獻通考・經籍考・雜藝術》《射評要略》一卷。

奕碁

鄭樵《通志・藝文略・藝術類》《奕碁經》一卷。

射議

鄭樵《通志・藝文略・藝術類》《射議》一卷。王越石撰。

陳振孫《直齋書録解題・雜藝類》《射議》一卷。元城王越石仲寶撰。凡七條。

馬端臨《文獻通考・經籍考・雜藝術》《射議》一卷。

《宋史・藝文志・雜藝術類》 王越石《射議》一卷。

射記

錢東垣等輯《崇文總目・藝術類》《射記》一卷。張守忠撰。原釋闕。見天一閣鈔本。

《新唐書・藝文志・雜藝術》 張守忠《射記》一卷。

鄭樵《通志・藝文略・藝術類》《射記》一卷。唐張守忠撰。

《宋史・藝文志・雜藝術類》 張守忠《射記》一卷。

神射訣

鄭樵《通志・藝文略・藝術類》《神射訣》一卷。

《宋史・藝文志・雜藝術類》 張子霄《神射訣》一卷。

廣弓經

鄭樵《通志・藝文略・藝術類》《廣弓經》一卷。

《宋史・藝文志・雜藝術類》 紀亶《廣弓經》一卷。

删繁彩選

鄭樵《通志・藝文略・藝術類》《删繁彩選》一卷。

春秋彩選

鄭樵《通志・藝文略・藝術類》《春秋彩選》一卷。

宋朝文武彩選

鄭樵《通志・藝文略・藝術類》《宋朝文武彩選》三卷。尹洙撰。又二卷。張訪撰。

宣和彩選

《宋史·藝文志·雜藝術類》 王慎修《宣和彩選》一卷。

新定彩選

鄭樵《通志·藝文略·藝術類》《新定彩選》一卷。趙明遠撰。

《宋史·藝文志·雜藝術類》 趙明遠《皇宋進士彩選》一卷。

圍棊故事

鄭樵《通志·藝文略·藝術類》《圍棊故事》一卷。

國手綱格

鄭樵《通志·藝文略·藝術類》《國手綱格》一卷。

梁武棊法

鄭樵《通志·藝文略·藝術類》《梁武棊法》一卷。

廢弈解

黄虞稷《千頃堂書目·藝術類》 顧憲成《廢弈解》。案《志》亦作「成憲」。

葉子格

《宋史·藝文志·雜藝術類》《葉子格》三卷。

建元永明棋品

鄭樵《通志·藝文略·藝術類》《建元永明碁品》二卷。宋褚思莊撰。

小葉子例

錢東垣等輯《崇文總目·藝術類》《小葉子例》一卷。《通志略》、《宋志》並不著撰人。原釋闕。見天一閣鈔本。

鄭樵《通志·藝文略·藝術類》《小葉子例》一卷。

《宋史·藝文志·雜藝術類》《小葉子例》一卷。

顧櫰三《補五代史藝文志·技術類》《小葉子例》一卷。同上。

投壺格

鄭樵《通志·圖譜略·記有》《投壺格》。

衙鼓格

鄭樵《通志·圖譜略·記有》《衙鼓格》。

辨馬圖

鄭樵《通志・圖譜略・記無》《辨馬圖》。

《宋史・藝文志・雜藝術類》《辨馬圖》一卷。

射　訣

鄭樵《通志・藝文略・藝術類》《射訣》一卷。王堅道撰。

《宋史・藝文志・雜藝術類》王堅道《射訣》一卷。

射　訣

鄭樵《通志・藝文略・藝術類》《射訣》一卷。馬思永撰。

《宋史・藝文志・雜藝術類》馬思永《射訣》一卷。

弓箭啓蒙

鄭樵《通志・藝文略・藝術類》《弓箭啓蒙論》一卷。任權撰。

《宋史・藝文志・雜藝術類》任權《弓箭啓蒙》一卷。

射評要略

晁公武《郡齋讀書志・類書類》《射評要略》一卷。右題曰李廣撰。凡十五篇。

《宋史・藝文志・雜藝術類》李廣《射評要録》一卷。

温公投壺新格

晁公武《郡齋讀書志・類書類》《温公投壺新格》一卷。右皇朝司馬光君實撰。舊有《投壺格》，君實惡其多取奇中者以爲僥倖，因盡改之。

馬端臨《文獻通考・經籍考・雜藝術》《温公投壺新格》一卷。《投壺格》，君實惡其多，取奇中者以爲僥倖，因盡改之。

《宋史・藝文志・雜藝術類》司馬光《投壺新格》一卷。

錢謙益等《絳雲樓書目・雜藝類》《投壺新格》。

益津射格

晁公武《郡齋讀書志・類書類》《益津射格》一卷。右皇朝錢師益序。以《五善圖》及《武陵格》疎密不同，參酌爲之。

馬端臨《文獻通考・經籍考・雜藝術》《益津射格》一卷。錢師益序，以《五善圖》及武陵格疎密不同，參酌爲之。

采珠局

晁公武《郡齋讀書志・類書類》《采珠局》一卷。右不題撰人。序云「王公」而不知其名。凡三十餘類，亦各有一詩。

馬端臨《文獻通考・經籍考・雜藝術》《採珠局》一卷。

三國圖格　金龍戲格　旋棋格

晁公武《郡齋讀書志・類書類》《三國圖格》一卷，《金龍戲格》一卷，《旋棋格》一卷。右不題撰人。

馬端臨《文獻通考・經籍考・雜藝術》《三國圖格》一卷,《金龍戲格》一卷,《打馬格》一卷,《旋棊格》一卷。

木射圖

晁公武《郡齋讀書志・類書類》《木射圖》一卷。右唐陸乘撰。爲十五筍以代侯,擊地毬以觸之,筍飾以朱墨字,以貴賤之。朱者,仁、義、禮、智、信、温、良、恭、儉、讓;墨者,慢、傲、佞、貪、濫。仁者勝,濫者負,而行一賞罰焉。

馬端臨《文獻通考・經籍考・雜藝術》《木射圖》一卷。

嚴悟射訣

晁公武《郡齋讀書志・類書類》《嚴悟射訣》一卷。右唐王思永撰。思永射學於成都工曹嚴悟,因取悟法著書十篇,故每篇首必稱「師曰」。

馬端臨《文獻通考・經籍考・雜藝術》《嚴悟射訣》一卷。思永學射法於成都工曹嚴悟,成書十篇,每篇首必稱「師曰」。

葉子戲格

晁公武《郡齋讀書志・類書類》《葉子戲格》一卷。右不著撰人。世傳葉子,婦人名也,撰此戲,晚唐之時也。

馬端臨《文獻通考・經籍考・雜藝術》《葉子格戲》一卷。

捉卧甕人事數

晁公武《郡齋讀書志・類書類》《捉卧甕人事數》一卷。右皇朝李庭中撰。

陳振孫《直齋書録解題・雜藝類》《捉卧甕人事數》一卷。

象　棋

晁公武《郡齋讀書志・類書類》《象棋》一卷。右皇朝尹洙撰。凡五圖,今世所行者不與焉。

馬端臨《文獻通考・經籍考・雜藝術》《象棊》一卷又《棊勢》二卷。

温公七國象棋

晁公武《郡齋讀書志・類書類》《温公七國象棋》一卷。右皇朝司馬光君實撰。周、秦、韓、魏、趙、楚、齊、燕實八國,而云七者,周室不與焉。

馬端臨《文獻通考・經籍考・雜藝術》《温公七國象棊》一卷。

錢曾《讀書敏求記・藝術》《温公七國象戲局》一卷。七國者,秦、韓、趙、魏、楚、齊、燕也。周居中而不與,尊周室也。

采選集

趙希弁《讀書附志・拾遺》《采選集》四卷。

打馬圖式

陳振孫《直齋書録解題・雜藝類》《打馬圖式》一卷。鄭寅子敬撰。用五十馬。

馬端臨《文獻通考・經籍考・雜藝術》《打馬圖式》一卷。

三象戲圖

陳振孫《直齋書録解題・雜藝類》《三象戲圖》一卷。汲陽成師仲編。

馬端臨《文獻通考・經籍考・雜藝術》《三象戲圖》一卷。

增廣射譜

陳振孫《直齋書録解題・雜藝類》《增廣射譜》七卷。淳熙中詔進士習射，書坊爲此以射利。末二卷爲盧宗邁《射法》，亦簡要可觀。

馬端臨《文獻通考・經籍考・雜藝術》《增廣射譜》七卷。進士習射，書坊爲此以射利。末二卷爲《盧宗邁射法》，亦簡。

射訣

鄭樵《通志・藝文略・藝術類》《射訣》一卷。韋韞撰。

陳振孫《直齋書録解題・雜藝類》《射訣》一卷。韋韞撰。敍其學射之初，有張宗者授之訣，遂著於篇。

《宋史・藝文志・雜藝術類》韋蘊《射訣》一卷。

打馬賦

陳振孫《直齋書録解題・雜藝類》《打馬賦》一卷。易安李氏撰。用二十馬。以上三者，各不同。今世打馬，大約與古之樗蒱相類。

馬端臨《文獻通考・經籍考・雜藝術》《打馬賦》一卷。

打馬格局

陳振孫《直齋書録解題・雜藝類》《打馬格局》一卷。無名氏。

譜雙

陳振孫《直齋書録解題・雜藝類》《譜雙》十卷。洪遵集。此戲今人不復爲。

馬端臨《文獻通考・經籍考・雜藝術》《譜雙》一卷。

高儒《百川書志・雜藝》《譜雙》五卷。宋鄱陽洪遵集。六類二十六則。

希古集

陳振孫《直齋書録解題・雜藝類》《希古集》一卷。

馬端臨《文獻通考・經籍考・雜藝術》《希古集》一卷。

象棊神機集

陳振孫《直齋書録解題・雜藝類》《象棊神機集》一卷。稱於陽葉茂卿撰。

案：《文獻通攷》「於陽」作「杉陽」。

馬端臨《文獻通考・經籍考・雜藝術》《象棊神機集》一卷。

忘憂清樂集

陳振孫《直齋書録解題・雜藝類》《忘憂清樂集》一卷。棊待詔李逸民撰集。

馬端臨《文獻通考・經籍考・雜藝術》《忘憂清樂集》一卷。

黄虞稷《千頃堂書目・藝術類》《忘憂清樂集》二卷。

黄丕烈《蕘圃藏書題識續録・子類》《忘憂清樂集》不分卷。宋刻殘本。

黄丕烈《百宋一廛書録》《忘憂清樂集》。

進士采選

陳振孫《直齋書録解題・雜藝類》《進士采選》一卷。趙明遠景昭撰。此元豐未改官制時遷轉格例也。

馬端臨《文獻通考・經籍考・雜藝術》《進士采選》一卷。

几鏡射經

馬端臨《文獻通考・經籍考・雜藝術》《几鏡射經》一卷《射訣》一卷。韋韞撰。制弓矢法三篇，射法九篇。又敘其學射之初，有張宗者授之訣。

通遠集

陳振孫《直齋書録解題・雜藝類》《通遠集》一卷。無名氏。視《清樂》爲略。

馬端臨《文獻通考・經籍考・雜藝術》《通遠集》一卷。

投壺新律

《宋史・藝文志・雜藝術類》卜恕《投壺新律》一卷。

投壺禮格

《宋史・藝文志・雜藝術類》王趯《投壺禮格》二卷。

射經

《宋史・藝文志・雜藝術類》《射經》三卷。

弓試

《宋史・藝文志・雜藝術類》吕惠卿《弓試》一部。卷亡。

射義提要

《宋史・藝文志・雜藝術類》何珪《射義提要》一卷。

射訣

《宋史・藝文志・雜藝術類》李章《射訣》三卷。

九鑑射圖

《宋史・藝文志・雜藝術類》《九鑑射圖》一卷。

弓訣

《宋史・藝文志・雜藝術類》 李靖《弓訣》一卷。

射經

《宋史・藝文志・雜藝術類》 張仲素《射經》三卷。

局譜

《宋史・藝文志・雜藝術類》 《局譜》一卷。

金淵利術

《宋史・藝文志・雜藝術類》 陳日華《金淵利術》八卷。

棊經要略

《宋史・藝文志・雜藝術類》 《棊經要略》一卷。

棊圖

《宋史・藝文志・雜藝術類》 唐績《棊圖》五卷。

樗蒲圖

《宋史・藝文志・雜藝術類》 《樗蒲圖》一卷。並不知作者。

飲戲助歡

《宋史・藝文志・雜藝術類》 竇諷《飲戲助歡》三卷。

玉籤詩

《宋史・藝文志・雜藝術類》 黃鑄《玉籤詩》一卷。

彈棊經

《宋史・藝文志・雜藝術類》 梁冀《彈棊經》一卷。

彈棊圖

《宋史・藝文志・雜藝術類》 王子京《彈棊圖》一卷。

棊勢論并圖

《宋史・藝文志・雜藝術類》 《棊勢論并圖》一卷。

棊勢

《宋史・藝文志・雜藝術類》《棊勢》三卷。

顧櫰三《補五代史藝文志・技術類》《棊勢》三卷。同上。

棊勢

《宋史・藝文志・雜藝術類》蔣元吉等《棊勢》三卷。

棊經

《宋史・藝文志・雜藝術類》《張學士棊經》一卷。

高儒《百川書志・雜藝》《棋經》一卷。宋皇祐中學士張靖撰。十三篇。

醉鄉日月

《宋史・藝文志・雜藝術類》皇甫松《醉鄉日月》三卷。

投壺考正

楊士奇等《文淵閣書目・諸譜》《投壺考正》。一部，一册。闕。

捶丸集

楊士奇等《文淵閣書目・諸譜》《捶丸集》。一部，一册。闕。

錢謙益等《絳雲樓書目・雜藝類》《捶丸集》。

棋書

楊士奇等《文淵閣書目・諸譜》《棋書》。一部，十二册。完全。

孫能傳、張萱等《内閣藏書目録・技藝部》《棊書》十二册。全。

棋經清樂集

楊士奇等《文淵閣書目・諸譜》《棋經清樂集》。一部，二册。闕。

多能鄙事

高儒《百川書志・雜藝》《多能鄙事》十二卷。大明括蒼誠意伯劉基類編。
十類四十五門。

打馬圖

高儒《百川書志・雜藝》《打馬圖》一卷。宋易安居士李清照著。

徐𤊹《徐氏家藏書目・藝術類》《打馬圖》一卷。李易安序。

錢謙益等《絳雲樓書目・雜藝類》《打馬圖》。一卷。宋鄭寅撰。

宣和牌譜

高儒《百川書志・雜藝》《宣和牌譜》一卷。世傳宋徽宗製牌，此譜即宣和時所爲者。諸本參異。

象棋勢譜爛柯經

高儒《百川書志・雜藝》《象棋勢譜爛柯經》一卷。明南極遐齡老人臞仙編。

奕　悟

范邦甸等《天一閣書目・藝術類》《奕悟》一册。刊本。周勲編并序。

奕會吟

范邦甸等《天一閣書目・藝術類》《奕會吟》四卷。刊本。明鄭銘著，鄭棠序。

秋僊遺譜

范邦甸等《天一閣書目・藝術類》《秋僊遺譜》十二卷。刊本。

徐𤊹《徐氏家藏書目・藝術類》《秋僊遺譜》。

黄虞稷《千頃堂書目・藝術類》《秋僊遺譜》。

嵇璜等《續通志・圖譜略・記有》《秋僊遺譜》。

《四庫全書總目提要・藝術類存目》《秋僊遺譜》十二卷。内府藏本。不著撰人名氏。皆弈圖也。前冠以馬融《圍棋賦》、班固《弈旨》、張擬《棋經》、劉仲甫《棋法》及《圍棋十訣》。前集八卷，後集四卷。驗其版式，蓋明刊本也。

藝　贊

范邦甸等《天一閣書目・譜録類》《藝贊》三卷。刊本。明鄺灝編輯，嘉靖壬辰自序。

牌　譜

徐𤊹《徐氏家藏書目・藝術類》《牌譜》一卷。顧應祥。

詩牌譜

徐𤊹《徐氏家藏書目・器用類》《詩牌譜》一卷。

徐𤊹《徐氏家藏書目・藝術類》《詩牌譜》一卷。

投壺節

徐𤊹《徐氏家藏書目・藝術類》《投壺節》一卷。汪禔。

投壺儀節

徐𤊹《徐氏家藏書目・器用類》《投壺儀節》一卷。

錢謙益等《絳雲樓書目・雜藝類》《投壺儀節》。司馬温公有《投壺新格》一卷。

兼三

徐𤊹《徐氏家藏書目・藝術類》《兼三》。

黄虞稷《千頃堂書目・藝術類》屠本畯《兼三圖》一卷。

奕律

徐𤊹《徐氏家藏書目・藝術類》《奕律》一卷。王思任。

黄虞稷《千頃堂書目・藝術類》王思任《弈律》一卷。

《四庫全書總目提要・藝術類存目》《弈律》一卷。安徽巡撫採進本。

奕選

徐𤊹《徐氏家藏書目・藝術類》《奕選》一卷。乘逢春序，岑生著。

黄虞稷《千頃堂書目・藝術類》《文會堂弈選》一卷。以下不知撰人。

奕家捷徑

徐𤊹《徐氏家藏書目・藝術類》《奕家捷徑》一卷。吕三説。

奕旦評

徐𤊹《徐氏家藏書目・藝術類》《奕旦評》一卷。句章馮元仲。

黄虞稷《千頃堂書目・藝術類》馮元仲《弈旦評》一卷。

骰譜

徐𤊹《徐氏家藏書目・藝術類》《骰譜》一卷。張大命。

黄虞稷《千頃堂書目・藝術類》張大命《骰譜》一卷。

六博碎金

徐𤊹《徐氏家藏書目・藝術類》《六博碎金》四卷。臧懋循。

黄虞稷《千頃堂書目・藝術類》臧懋循《六博碎金》八卷。

《明史・藝文志・雜藝》臧懋循《六博碎金》八卷。

丸經

徐𤊹《徐氏家藏書目・藝術類》《丸經》一卷。

錢謙益等《絳雲樓書目・雜藝類》《丸經》。二卷，三十二章。

錢謙益等《絳雲樓書目・雜藝類》《丸經集》。

《四庫全書總目提要・藝術類存目》《丸經》二卷。江西巡撫採進本。

拇陣篇

徐𤊹《徐氏家藏書目・藝術類》《拇陣篇》一卷。袁福徵。

黃虞稷《千頃堂書目・藝術類》袁福徵《拇陣篇》一卷。

雙陸譜

徐𤊹《徐氏家藏書目・藝術類》《雙陸譜》五卷。洪邁序。

錢謙益等《絳雲樓書目・雜藝類》《雙陸譜》。

嵇璜等《續通志・圖譜略・記有》《雙陸譜》。

《四庫全書總目提要・藝術類存目》《雙陸譜》一卷。永樂大典本。

金鵬十八變棋勢

高儒《百川書志・雜藝》《象棋金鵬十八變》二卷。不著姓氏。起行變勝之勢也。譜前述洪邁丞相論，及行子指明。

徐𤊹《徐氏家藏書目・藝術類》《金鵬十八變棋勢》一卷。

黃虞稷《千頃堂書目・藝術類》《象棊金鵬十八變》二卷。

古局象棋譜

高儒《百川書志・雜藝》《古局象棋圖》一卷。宋司馬温公述。

徐𤊹《徐氏家藏書目・藝術類》《古局象棋圖》一卷。宋司馬光。

大石山房十友譜

徐𤊹《徐氏家藏書目・器用類》《大石山房十友譜》一卷。顧元慶。

十處士傳

徐𤊹《徐氏家藏書目・器用類》《十處士傳》一卷。文中天。

觴政

徐𤊹《徐氏家藏書目・藝術類》《觴政》一卷。袁宏道。

《四庫全書總目提要・譜録類存目》《觴政》一卷。內府藏本。

梅花令譜

徐𤊹《徐氏家藏書目・藝術類》《梅花令譜》。

黃虞稷《千頃堂書目・藝術類》《梅花令譜》一卷。

鳳池圖

鄭樵《通志・藝文略・藝術類》《鳳池圖》一卷。王積薪撰。

麯部觥述

徐𤊹《徐氏家藏書目・藝術類》《麯部觥述》一卷。屠本畯。

六藝類要

孫能傳、張萱等《内閣藏書目録・技藝部》《六藝類要》二册。全。鈔本。莫詳編次姓氏，皆古今禮、樂、射、御、書、數議論制度。

嘉藝録

錢謙益等《絳雲樓書目・雜藝類》《嘉藝録》。

漢宫骰子選格

錢謙益等《絳雲樓書目・雜藝類》 房千里《漢宫骰子選格》。三卷。《唐文粹》有房千里自序。又宋時有《彩選》一書，蓋仿唐人《選格》爲之。

詩牌譜

錢謙益等《絳雲樓書目・雜藝類》《詩牌譜》。

金鵬訣祕

錢謙益等《絳雲樓書目・雜藝類》《金鵬訣祕》。

玉局鉤元

錢謙益等《絳雲樓書目・雜藝類》 項世芬《玉局鉤元》。

黄虞稷《千頃堂書目・藝術類》 項世芬《玉局鉤玄》一卷。

自出洞來無敵手

錢謙益等《絳雲樓書目・雜藝類》《自出洞來無敵手》。棋譜。此句本一善弈道人詩也，見《西溪叢語》。

十友譜

錢謙益等《絳雲樓書目・雜藝類》《十友譜》。

黄虞稷《千頃堂書目・藝術類》《十友譜》一卷。

異魚圖贊

錢謙益等《絳雲樓書目・雜藝類》 楊升菴《異魚圖贊》。四卷，《補》三卷。

小名録

錢謙益等《絳雲樓書目·雜藝類》《小名録》。五卷。陸龜蒙。

侍兒小名録

錢謙益等《絳雲樓書目·雜藝類》《侍兒小名録》。一卷。

洞天清録

錢謙益等《絳雲樓書目·雜藝類》臞仙《洞天清録》。又《遐齡洞天志》二卷。

蹴踘譜

錢謙益等《絳雲樓書目·雜藝類》《蹴踘譜》。

黄虞稷《千頃堂書目·藝術類》《徽州校刻蹴鞠譜》二卷。

安雅堂酒令

錢謙益等《絳雲樓書目·雜藝類》《安雅堂酒令》。元人曹紹著。《初學集》詩注中曾引之。

醉譜

錢謙益等《絳雲樓書目·雜藝類》《醉譜》。

葉子譜

黄虞稷《千頃堂書目·藝術類》潘之炬《葉子譜》一卷，又《續譜》一卷。

玉局先生訂補李易安馬戲圖譜

黄虞稷《千頃堂書目·藝術類》《玉局先生訂補李易安馬戲圖譜》一卷。

游藝録

黄虞稷《千頃堂書目·藝術類》瞿佑《游藝録》。

弈微

黄虞稷《千頃堂書目·藝術類》《弈微》。疑即方子振書。

弈萃搜元

黄虞稷《千頃堂書目·藝術類》《弈萃搜元》。

弈正

黄虞稷《千頃堂書目·藝術類》《弈正》二卷。

弈林

黄虞稷《千頃堂書目·藝術類》王萬禩《弈林》。

弈志

黄虞稷《千頃堂書目·藝術類》汪貞度《弈志》二卷。「度」一作「友」。

石室祕傳

黄虞稷《千頃堂書目·藝術類》《石室祕傳》。

夢入神機

黄虞稷《千頃堂書目·藝術類》《夢入神機》十卷。

坎離牌譜

黄虞稷《千頃堂書目·藝術類》《坎離牌譜》一卷。

象棊祕訣

黄虞稷《千頃堂書目·藝術類》《象棊祕訣》九卷。

坐隱先生訂棊譜

黄虞稷《千頃堂書目·藝術類》汪廷訥《坐隱先生訂棊譜》八卷。

手談萃要

黄虞稷《千頃堂書目·藝術類》《手談萃要》一卷。

棋史

黄虞稷《千頃堂書目·藝術類》林應龍《棋史》二卷。

《明史·藝文志·雜藝》林應龍《棋史》二卷。

橘叟元談

黄虞稷《千頃堂書目·藝術類》《橘叟元談》。

玉局藏機

黃虞稷《千頃堂書目·藝術類》 邵棣《玉局藏機》二卷。方《弈微》□卷。字子振。

陳情五行弈藪

黃虞稷《千頃堂書目·藝術類》《陳情五行弈藪》二卷。

適情録

黃虞稷《千頃堂書目·藝術類》 林應龍《適情録》二十卷。永嘉人。精篆籀，爲鑄印局大使。

《明史·藝文志·雜藝》 林應龍《適情録》二十卷、《棋史》二卷。

《四庫全書總目提要·藝術類存目》《適情録》二十卷。浙江范懋柱家天一閣藏本。

南城消遣小碁譜

黃虞稷《千頃堂書目·藝術類》《南城消遣小碁譜》。

爛柯經

黃虞稷《千頃堂書目·藝術類》 寧獻王權《爛柯經》一卷。

《明史·藝文志·雜藝》 寧獻王權《爛柯經》一卷。

詩牌譜

黃虞稷《千頃堂書目·藝術類》 王良樞《詩牌譜》一卷。

牌譜

黃虞稷《千頃堂書目·藝術類》 顧應祥《牌譜》一卷。

投壺譜

錢曾《讀書敏求記·藝術》《投壺譜》一卷。

嵇璜等《續通志·圖譜略·記有》 李孝元《投壺譜》。

《四庫全書總目提要·藝術類存目》《壺譜》一卷。兩淮鹽政採進本。

貫經

錢曾《讀書敏求記·藝術》《貫經》一卷。

射譜

嵇璜等《續通志·圖譜略·記無》 宋人《射譜》。

通玄集 清遠集 清樂集 幽玄集 機深集 增廣通遠集 玄玄集

錢大昕《補元史藝文志·雜藝術類》《通玄集》。《清遠集》。《清樂集》。《幽玄集》。《機深集》。《增廣通遠集》。《玄玄集》。以上皆圍碁譜。《玄玄集》，廬陵嚴德甫撰，晏天章録。餘不知作者。

壺史

《四庫全書總目提要·藝術類存目》《壺史》三卷。内府藏本。明郭元鴻撰。元鴻，泰和人。是書成於萬曆丁丑。以投壺爲射禮之遺，爲之考訂。首引羣書，次載司馬光譜，次列所創新名。

射書

《四庫全書總目提要·藝術類存目》《射書》四卷。兩江總督採進本。

射義新書

《四庫全書總目提要·藝術類存目》《射義新書》二卷。浙江巡撫採進本。

六藝之一録

《四庫全書總目提要·藝術類二》《六藝之一録》四百六卷《續編》十二卷。禮部侍郎金甡家藏本。

棋訣

《四庫全書總目提要·藝術類二》《棋訣》一卷。永樂大典本。

弈史

《四庫全書總目提要·藝術類存目》《弈史》一卷。浙江巡撫採進本。

元元棋經

《四庫全書總目提要·藝術類二》《元元棋經》一卷。永樂大典本。

射書

顧懷三《補五代史藝文志·技術類》《射書》五卷。徐鉉撰。

張金吾《愛日精廬藏書續志·藝術》《漢官儀》三卷。抄本。

工藝分部

酒籌

高儒《百川書志・雜藝》《酒籌》一卷。明遼左張昇取昔人詩涉於飲晏者五十首，各撮大意，爲四言疏，又申約以明之。

黄虞稷《千頃堂書目・藝術類》張昇《酒籌》一卷。遼東人。

醉鄉日月

錢東垣等輯《崇文總目・小説類》《醉鄉日月》三卷。皇甫松撰。

鄭樵《通志・藝文略・食貨》《醉鄉日月》三卷。皇甫松撰。

錢謙益等《絳雲樓書目・雜藝類》《醉鄉日月》。三卷。唐皇甫松。其書皆記當時酒令。

魯史欹器圖

《隋書・經籍志・工藝》《魯史欹器圖》一卷。儀同劉徽注。

鄭樵《通志・藝文略・食貨》《魯史欹器圖》一卷。隋儀同劉徽注。

器準圖

《隋書・經籍志・工藝》《器準圖》三卷。後魏丞相士曹行參軍信都芳撰。

鄭樵《通志・藝文略・食貨》《器準圖》一卷。後魏信都芳撰。

水飾

《隋書・經籍志・工藝》《水飾》一卷。

鄭樵《通志・藝文略・食貨》《水飾》一卷。

欹器圖

錢東垣等輯《崇文總目・小説類》《欹器圖》一卷。《通志略》、《宋志》並不著撰人。

鄭樵《通志・藝文略・食貨》《欹器銘》一卷。

鄭樵《通志・圖譜略・記無》《欹器圖》。

令圃芝蘭集

錢東垣等輯《崇文總目・小説類》《令圃芝蘭集》一卷。楊魯龜撰。原釋闕。見天一閣鈔本。

鄭樵《通志・藝文略・食貨》《令圃芝蘭集》一卷。陽曾龜撰。

墨苑

鄭樵《通志・藝文略・食貨》《墨苑》一卷。

陳振孫《直齋書録解題・雜藝類》《墨苑》三卷。趙郡李孝美伯揚撰。曰圖，曰式，曰法。元符中馬涓、李元膺爲之序。

馬端臨《文獻通考・經籍考・雜藝術》《墨苑》三卷。

《宋史・藝文志・雜藝術類》李孝美《墨苑》三卷。

墨苑

徐𤊹《徐氏家藏書目・器用類》 程君房《墨苑》十卷。

《明史・藝文志・雜藝》 程君房《墨苑》十卷。

《四庫全書總目提要・譜録類存目》 《程氏墨苑》十二卷。浙江巡撫採進本。

彭元瑞《天禄琳琅書目後編・藝術》 程幼博《墨苑》。二函十二册。

墨圖

鄭樵《通志・藝文略・食貨》 《墨圖》一卷。

《宋史・藝文志・雜藝術類》 《墨圖》一卷。

顧櫰三《補五代史藝文志・技術類》 《墨圖》一卷。同上。

墨譜

鄭樵《通志・藝文略・食貨》 《墨譜》一卷。蔡襄撰。

《宋史・藝文志・雜藝術類》 蔡襄《墨譜》一卷。

硯録

鄭樵《通志・藝文略・食貨》 《硯録》二卷。唐詢撰。

文房四譜

鄭樵《通志・藝文略・食貨》 《文房四譜》四卷。蘇易簡撰。

《宋史・藝文志・雜藝術類》 蘇易簡《文房四譜》五卷。

楊士奇等《文淵閣書目・法帖》 《文房四譜》。一部，三册。殘缺。

《四庫全書總目提要・譜録類》 《文房四譜》五卷。浙江吴玉墀家藏本。

晁公武《郡齋讀書志・類書類》 《文房四譜》五卷。右皇朝蘇易簡撰。集古今筆、硯、紙、墨本原故實，繼以賦頌述作，有徐鉉序。

陳振孫《直齋書録解題・雜藝類》 《文房四譜》五卷。參政梓潼蘇易簡太簡撰。

馬端臨《文獻通考・經籍考・雜藝術》 《文房四譜》五卷。

墨譜

晁公武《郡齋讀書志・類書類》 《墨譜》一卷。右皇朝黄秉撰。熙寧間人。秉患世人徒知祖、李之名，而不知形模之異同，製作之精觕，故作圖以著其源流，用補蘇易簡之闕文云。

馬端臨《文獻通考・經籍考・雜藝術》 《墨譜》一卷。

文房圖贊

趙希弁《讀書附志・拾遺》 《文房圖贊》一卷。右和靖後人林可山撰。自筆硯而下皆爲之官稱，圖其像於前，而列其贊於後。序謂：「唐韓愈舉穎爲中書，他竟無所聞。今圖贊一十八人，擬以官酬之，竢異日請于朝，罔俾昌黎顓美有唐。」

楊士奇等《文淵閣書目・法帖》 《文房圖贊》。

范邦甸等《天一閣書目・譜録類》 《文房圖贊集》宋嘉熙初元和靖七世孫可山林洪龍撰。序曰：士之仕皆繇文房始，惟唐韓愈舉穎爲中書，他竟無所聞。今《圖贊》一十八卷，擬以官酬之，俟異日請於朝，罔俾昌黎專美。

徐𤊹《徐氏家藏書目・器用類》 《文房圖贊》一卷。宋林洪。

續文房四譜

趙希弁《讀書附志·拾遺》 《續文房四譜》五卷。右題柯田山樵編。蓋續蘇易簡之書也。《祕書省闕書目》云李洪編。

陳振孫《直齋書録解題·雜藝類》 《續文房四譜》五卷。司農卿李洪秀穎撰。案：《文獻通攷》馬端臨曰：晁、陳二家書録以醫、相牛馬、茶經、酒譜之屬俱入雜藝術門，蓋仍諸史之舊。原本自論畫以下至博戲、酒令皆附音樂之末，與馬氏所言互異，蓋係誤編。今以評畫及文房之類次於書法，而《香譜》以下俱附算學之後，庶有次第。

馬端臨《文獻通考·經籍考·雜藝術》 《續文房四譜》五卷。

《宋史·藝文志·雜藝術類》 李洪《續文房四譜》五卷。

嵇璜等《續通志·圖譜略·記無器用》 宋人《續文房四譜》。

藥石論

陳振孫《直齋書録解題·雜藝類》 《藥石論》一卷。唐昇州司馬張懷瓘撰。

硯　箋

陳振孫《直齋書録解題·雜藝類》 《硯箋》一卷。高似孫撰。

馬端臨《文獻通考·經籍考·雜藝術》 《硯箋》一卷。

范邦甸等《天一閣書目·譜録類》 《硯箋》三卷。鈔本。宋嘉定高似孫脩撰并序。

徐𤊹《徐氏家藏書目·器用類》 《硯箋》三卷。高嗣孫著，高元濬刻。

錢謙益等《絳雲樓書目·雜藝類》 高似孫《硯箋》。四卷。

《四庫全書總目提要·譜録類》 《硯箋》四卷。浙江巡撫採進本。

黃丕烈《蕘圃藏書題識》 《硯箋》四卷。校宋本。余於古書，每見必收，故一書竟有重複至三四本者。旁人笑之，謂書足以備觀覽而已，何誇多鬬靡若是？余曰：「取其書之盡美又盡善也。」即如此《硯箋》，大概置揚州近刻而已矣。余卻未之蓄，爲無舊本也。見有海寧陳録吴本矣，擬鈔之，未果也。見有陸收鈔本矣，因借陳本勘之，又借近本勘之，知陳善矣，又知陸善矣，而近本無取焉。此陸本，即校陳本者。因陸本善，未敢污之，僅録校語于副紙。適又遇顧本，乃知更善於陳、陸兩家本。今後得宋本，乃真善耳。可見余之重複收書者無他，期于盡美又盡善也。旁觀者幸勿以爲笑。復翁。

顧氏試飲堂本，仍復歸余。余謂顧本同陳傳鈔吴本，惟卷一多一葉爲勝。此陸收舊鈔本，亦謂書係宋版對本精繕，則未可全非矣。前因無舊本，故未敢輕污；後因有舊本，遂重經校改。今顧本歸余，自應各存兩本面目。況世無宋本，未容過爲軒輊。顧本居甲，陸本居乙，斯可耳。癸酉元夕重裝記。知非子又識。

黃丕烈《蕘圃藏書題識》 《硯箋》四卷。舊鈔本。

歙硯圖譜

陳振孫《直齋書録解題·雜藝類》 《歙硯圖譜》一卷。太子中舍知婺源縣唐積撰。治平丙午歲。案：《歙硯圖譜》以下三種俱係洪适撰，其弟邁有跋可證。此以《歙硯圖譜》爲唐積撰，而下二種俱不知名氏。《文獻通攷》、《宋史藝文志》及《説郛》遂因之。然适本有譜無圖，或圖係唐積所補邪？

馬端臨《文獻通考·經籍考·雜藝術》 《歙硯圖譜》一卷。

《宋史·藝文志·雜藝術類》 唐績《硯圖譜》一卷。

辨歙石説　歙硯説

陳振孫《直齋書録解題·雜藝類》 《歙硯説》一卷，又《辨歙石説》一卷。皆不著名氏。

馬端臨《文獻通考·經籍考·雜藝術》 《歙硯説》一卷又《辯歙硯説》一卷。

《四庫全書總目提要·譜録類》 《歙硯説》一卷《辨歙石説》一卷。浙江鮑士恭家藏本。

硯史

陳振孫《直齋書録解題・雜藝類》《硯史》一卷。米芾撰。

馬端臨《文獻通考・經籍考・雜藝術》《硯史》一卷。

楊士奇等《文淵閣書目・諸譜》米芾《硯史》。一部，一册。闕。

高儒《百川書志・格物家》米元章《硯史》一卷。宋襄陽米芾元章著。凡二十七則。

《四庫全書總目提要・譜録類》《硯史》一卷。浙江鮑士恭家藏本。

錢大昕《補元史藝文志・雜藝術類》又《硯史》。

黄丕烈《百宋一廛書録》《硯史》。《硯史》一册，爲文氏徵仲所藏宋刻之精者。余初未識爲何書中之一種，既晤白隄錢聽默，持示此本。錢云此《山林拾遺集》中之一種也。余向聞錢有《山林拾遺集》，揚州吴氏以一百二十金購去。惜余未及借讀，不能記《集》中各種耳。

閑堂雜記

陳振孫《直齋書録解題・雜藝類》《閑堂雜記》四卷。不著名氏。述《文房四譜》，而首載唐氏《硯録》。

馬端臨《文獻通考・經籍考・雜藝術》《閑堂雜記》四卷。

墨藪

陳振孫《直齋書録解題・雜藝類》《墨藪》一卷。案：《文獻通攷》作十卷。不知何人所集。凡十八篇。又一本二十一篇。

范邦甸等《天一閣書目・藝術類》《墨藪》一册。藍絲闌鈔本。唐韋績纂，宋周必大題。

錢謙益等《絳雲樓書目・雜藝類》《墨藪》。十卷。許歸與編。先儒皆未詳其爲何代人也。

《四庫全書總目提要・藝術類一》《墨藪》二卷，附《法帖釋文刊誤》一卷。浙江巡撫採進本。舊本題唐韋續撰續不知何許人。是書《唐志》亦不著録。惟《文獻通考》載《墨藪》十卷，引晁公武《讀書志》曰：高陽許歸與編，未詳何代人。李氏《書目》祗五卷。又引陳振孫《書録解題》曰：不知何代所集，凡十八篇。又一本二十一篇。此本爲明程榮所刻校，其門目：上卷五十六種書第一，九品書人第二，書品優劣第三，續書品第四，梁武帝評第五，書論第六，論篆第七，用筆法并口訣第八，筆陣圖第九，又筆陣圖第十。下卷張長史十二意法第十一，王逸少筆勢傳第十二，指意筆髓第十三，王逸少筆勢圖第十四，筆意第十五，晉衛恒等書勢第十六，勸學第十七，貞觀論第十八，書訣第十九，徐氏書記第二十，唐朝書法第二十一。與振孫所言又一本合。蓋即所見，書中所記止於唐文宗柳公權事，當出於開成後人。然題爲韋續，則不知其何所據也。末載宋參知政事陳與義《法帖釋文刊誤》一卷，蓋榮之所附。後有淳熙七年周必大跋，其書僅七紙。然糾劉次莊《釋文》之誤，頗爲精核。必大跋稱與義爲侍從時奉敕所撰。篇頁太少，難以單行，今仍綴之末簡焉。

古鼎記

馬端臨《文獻通考・經籍考・雜藝術》《古鼎記》一卷。

將作營造法式　看詳

馬端臨《文獻通考・經籍考・雜藝術》《將作營造法式》三十四卷。《看詳》一卷。

歷監天元主物簿

《宋史・藝文志・雜藝術類》李淳風《歷監天元主物簿》三卷。

李氏墨經

《宋史・藝文志・雜藝術類》《李氏墨經》一卷。

顧櫰三《補五代史藝文志・技術類》《墨經》一卷。李廷珪撰。

端硯圖

《宋史・藝文志・雜藝術類》《端硯圖》一卷。

漆　經

《宋史・藝文志・雜藝術類》朱遵度《漆經》三卷。

顧櫰三《補五代史藝文志・技術類》《桼經》一卷。朱遵度撰。

墨池編

楊士奇等《文淵閣書目・法帖》《墨池編》。一部，四册。闕。

錢謙益等《絳雲樓書目・雜藝類》《墨池編》。六卷。朱長文，字伯原，吳縣人。北宋。

《四庫全書總目提要・藝術類一》《墨池編》六卷。浙江鮑士恭家藏本。

張之洞《書目答問・藝術家》《墨池編》二十卷。宋朱長文。明青州李氏刻本，雍正癸卯朱氏刻本。

彭元瑞《天禄琳琅書目後編・藝術》《墨池編》二函十二册。

東觀餘論

楊士奇等《文淵閣書目・法帖》《東觀餘論》。一部，一册。闕。

徐𤊹《徐氏家藏書目・書類》《東觀餘論》十卷。《法帖刊誤》在內。宋黄伯思著。

毛晉《汲古閣書跋》《東觀餘論》。

錢謙益等《絳雲樓書目・雜藝類》《東觀餘論》。三卷。黄伯思，字長睿，邵武人。大觀戊子。

于敏中等《天禄琳琅書目・明版子部》《東觀餘論》。一函，二册。宋黄伯思著。二卷。前總目後有伯思自序，後宋樓鑰序。

于敏中等《天禄琳琅書目・明版子部》《東觀餘論》。一函，六册。

孫星衍《平津館鑒藏書籍記・藝術類》《東觀餘論》二卷。上卷題《法帖刊誤》，左朝奉郎行祕書省祕書郎黄伯思撰。大題下俱題秀水項篤壽重校。總目前有嘉定年樓鑰序，末有紹興丁卯黄訒跋序，與每卷後有「建安漕司刻梓」六字。又前有序，稱川本去卅一篇云云。後有跋，稱是書刊於庚午之秋。俱不題年月名氏。核以書中，皆建安本所有，此本又明項篤壽從建安本翻雕。序、跋、卷尾，有「嘉禾項氏萬卷堂梓」三長方木印，一圓木印，一方木印，一長圓木印。字畫精工，流傳絶少。內府天禄琳琅亦珍藏之。每葉十八行，行約十七字。

張之洞《書目答問・藝術家》《東觀餘論》三卷。宋黄伯思。明項氏萬卷樓仿宋本，津逮本，學津本。

潘祖蔭《滂喜齋藏書記・子部》宋刻《東觀餘論》二卷。一函四册。

稽古編

楊士奇等《文淵閣書目・法帖》《稽古編》。一部，三册。闕。

覽古編

楊士奇等《文淵閣書目・法帖》《覽古編》。一部，一册。闕。

山家清供

楊士奇等《文淵閣書目・諸譜》《山家清供》。一部，一册。闕。

鼎硯譜

楊士奇等《文淵閣書目・諸譜》《鼎硯譜》。一部，一册。闕。

雲林石譜

楊士奇等《文淵閣書目・諸譜》《雲林石譜》。一部，一册。闕。

范邦甸等《天一閣書目・譜録類》《雲林石譜》三卷。監絲闌鈔本。宋杜綰撰。綰字季揚，號雲林居士，山陰人。是書采石之瑰異，第其流品，載都邑之所出。

徐𤊹《徐氏家藏書目・器用類》《雲林石譜》三卷。宋杜綰。

嵇璜等《續通志・圖譜略・記有・器用》宋杜綰《雪林石譜》。

錢謙益等《絳雲樓書目・雜藝類》《雲林石譜》。三卷。宋杜綰。

《四庫全書總目提要・譜録類》附録《雲林石譜》三卷。浙江巡撫採進本。

燕几圖

高儒《百川書志・雜藝》《燕几圖》一卷。宋雲林居士黄長睿伯思著。

徐𤊹《徐氏家藏書目・器用類》《燕几圖》一卷。宋黄伯思。

《四庫全書總目提要・譜録類存目》《燕几圖》一卷。兩江總督採進本。

繡　法

高儒《百川書志・雜藝》《繡法》一卷。出處無考。鍼刺之功，粧彩之法，一覽無餘，誠書籍之奇觀也。爲門二十有六，爲法二百五十有奇。

黄虞稷《千頃堂書目・藝術類》《繡法》一卷。

端溪硯譜

高儒《百川書志・格物家》《端溪觀譜》一卷。紹興初人著。名氏失詳。

徐𤊹《徐氏家藏書目・器用類》《端溪觀譜》一卷。宋無名氏。

嵇璜等《續通志・圖譜略・記有・器用》《端溪硯譜》。

《四庫全書總目提要・譜録類》《端溪硯譜》一卷。浙江鮑士恭家藏本。

歙州硯譜

高儒《百川書志・格物家》《歙州硯譜》一卷。宋洪景伯著。凡九篇。景伯《歙硯説》一卷。洪邁《辨歙石説》一卷。

徐𤊹《徐氏家藏書目・器用類》《歙州硯譜》一卷。宋無名氏。

《四庫全書總目提要・譜録類》《歙州硯譜》一卷。浙江鮑士恭家藏本。

擬彈駁四友除授集

高儒《百川書志・格物家》《擬彈駁四友除授集》一卷。宋胡謙厚撰。凡四篇。

續文房職官圖贊

高儒《百川書志・格物家》《續文房職官圖贊》一卷。宋秋浦雪江子羅先登瑞卿追補可山未收録十八物，亦假以字號，擬職官，續圖贊之。可謂愈出愈奇矣。

徐𤊹《徐氏家藏書目・器用類》《續文房圖贊》一卷。宋羅先登。

文房四友除授集

高儒《百川書志・格物家》《文房四友除授集》四卷。宋安晚、竹谿、後邨三先生，以文房四友，設爲制誥詔表，凡十六篇。

徐𤊹《徐氏家藏書目・器用類》《文房四友除授制》一卷。安晚先生。

墨譜法式

范邦甸等《天一閣書目・譜録類》《墨譜法式》三卷。鈔本。宋趙郡李孝美編次，馬允序。

錢謙益等《絳雲樓書目・雜藝類》《墨譜法式》。

硯纂

王圻《續文獻通考・經籍考・藝術》《硯纂》。楊奂集。

玉局

徐𤊹《徐氏家藏書目・藝術類》《玉局》一卷。項世芳。

古今刀劍録

徐𤊹《徐氏家藏書目・器用類》《古今刀劍録》一卷。

馬端臨《文獻通考・經籍考・雜藝術》《古今刀劍録》一卷。

劍記

徐𤊹《徐氏家藏書目・器用類》《劍記》一卷。郭子章。

清宛堂石譜

徐𤊹《徐氏家藏書目・器用類》《清宛堂石譜》一卷。范明泰。

玉史

徐𤊹《徐氏家藏書目・器用類》《玉史》一卷。趙世顯。

嬴詘令譜

徐𤊹《徐氏家藏書目・藝術類》《嬴詘令譜》。汪道昆。

十影君傳

徐𤊹《徐氏家藏書目・器用類》《十影君傳》一卷。嘉善支廷訓。

古奇器録

徐𤊹《徐氏家藏書目·器用類》《古奇器録》一卷。陸深。

錢謙益等《絳雲樓書目·雜藝類》陸文裕《古奇器録》。文裕有《金臺紀聞》、《春風堂隨筆》、《停驂録》并《續録》。文裕品隲古今，賞鑑書畫，博雅爲一時詞林之冠。遺文百卷，外有《河汾燕間録》、《玉堂漫筆》諸書傳於世。牧翁云。

墨法集要

黄虞稷《千頃堂書目·藝術類》沈宗學《墨法集要》。字起宗，吴人。隱而市墨。

嵇璜等《續通志·圖譜略·記有·器用》明沈繼孫《墨法集要》。

《四庫全書總目提要·譜録類》《墨法集要》一卷。永樂大典本。

百官鐸

黄虞稷《千頃堂書目·藝術類》倪元璐《百官鐸》一卷。

邯鄲枕

黄虞稷《千頃堂書目·藝術類》孫作《邯鄲枕》一卷。

贏詘令名譜

黄虞稷《千頃堂書目·藝術類》汪道昆《贏詘令名譜》一卷。

考槃餘事

黄虞稷《千頃堂書目·藝術類》屠隆《考槃餘事》四卷。

博古圖録

《明史·藝文志·雜藝》程士莊《博古圖録》三十卷。

歙硯志

《明史·藝文志·雜藝》葉良貴《歙硯志》四卷。

素闕石譜

嵇璜等《續通志·圖譜略·記有·器用》明林有麟《素闕石譜》。

諸器圖説

嵇璜等《續通志·圖譜略·記有·器用》明王徵《諸器圖説》。

冠譜

嵇璜等《續通志·圖譜略·記有·器用》明顧孟容《冠譜》。

《四庫全書總目提要・譜録類存目》《冠譜》一卷。兩淮鹽政採進本。

糖霜譜

嵇璜等《續通志・圖譜略・記有・器用・飲食》宋王灼《糖霜譜》。

冠圖

嵇璜等《續通志・圖譜略・記有・器用》《冠圖》。

《四庫全書總目提要・譜録類存目》《冠圖》一卷。浙江范懋柱家天一閣藏本。不著撰人名氏。前後亦無序跋。以其書考之，即顧孟容之《冠譜》。作僞者別立新名，而故隱作者之姓字也。

蝶几譜

嵇璜等《續通志・圖譜略・記有・器用》嚴澂《蝶几譜》。

奇器圖説

嵇璜等《續通志・圖譜略・記有・器用》西洋人鄧玉函《奇器圖説》。

張之洞《書目答問・譜録類》《奇器圖説》一卷。明鄧玉函。

汝水巾譜

嵇璜等《續通志・圖譜略・記有・器用》朱術垧《汝水巾譜》。

《四庫全書總目提要・譜録類存目》《汝水巾譜》一卷。浙江巡撫採進本。

箋紙譜

嵇璜等《續通志・圖譜略・記無・器用》元鮮于樞《箋紙譜》。

硯譜

嵇璜等《續通志・圖譜略・記有・器用》宋人《硯譜》。

《四庫全書總目提要・譜録類》《硯譜》一卷。浙江吴玉墀家藏本。

陶冶圖

嵇璜等《清通志・圖譜略・藝事》《陶冶圖》。謹按：是圖畫院臣孫祐、周鯤、丁觀鵬所繪，督理九江鈔關内務府員外郎臣唐英恭編成帙。藏諸御府，備見考工摶埴之遺意。

西清硯譜

嵇璜等《清通志・圖譜略・物類》《西清硯譜》。謹按：前代舊硯，御府儲藏最富，特命内廷諸臣甄覈品次，詳繪規制，薈綜成編，永爲文房至寶。

《四庫全書總目提要・譜録類》《欽定西清硯譜》二十五卷。乾隆四十三年奉。

雪堂墨品

《四庫全書總目提要・譜録類存目》《雪堂墨品》一卷。内府藏本。國朝張仁熙撰。仁熙字長人，號藕灣，廣濟人。是編乃宋犖爲黄州通判時，仁熙品其所藏之墨。以《漫堂墨品》所紀年月推之，蓋作於康熙辛亥。自方中正牛舌墨以下，凡三十六種，意以配蘇軾雪堂試墨三十六丸也。

研山齋墨蹟集覽

《四庫全書總目提要・藝術類存目》《研山齋墨蹟集覽》一卷，《法書集覽》三卷。編修勵守謙家藏本。

石　品

《四庫全書總目提要・譜録類存目》《石品》二卷。兩淮鹽政採進本。

曹氏墨林

《四庫全書總目提要・譜録類存目》《曹氏墨林》二卷。通行本。

漫堂墨品

《四庫全書總目提要・譜録類存目》《漫堂墨品》一卷。内府藏本。

墨　譜

《四庫全書總目提要・譜録類》《墨譜》三卷。浙江范懋柱家天一閣藏本。

游鶴堂墨藪

《四庫全書總目提要・藝術類存目》《游鶴堂墨藪》二卷。兩淮鹽政採進本。

墨君題語

《四庫全書總目提要・藝術類存目》《墨君題語》二卷。禮部尚書曹秀先家藏本。

百寶總珍集

《四庫全書總目提要・譜録類存目》《百寶總珍集》十卷。兩淮鹽政採進本。

素園石譜

《四庫全書總目提要・譜録類存目》《素園石譜》四卷。浙江汪啟淑家藏本。

錢　譜

徐𤊹《徐氏家藏書目・器用類》《錢譜》十五卷。宋洪遵。一名《泉志》。

錢謙益等《絳雲樓書目・雜藝類》洪遵《泉志》。十五卷。考正古今泉貨之制。卷首有自序，紹興十九年也。

除紅譜

徐𤊹《徐氏家藏書目・藝術類》《除紅譜》一卷。元朱河。

錢謙益等《絳雲樓書目・雜藝類》《除紅譜》。

銅劍贊

徐𤊹《徐氏家藏書目・器用類》《銅劍贊》一卷。梁江淹。

博古圖

徐𤊹《徐氏家藏書目・器用類》《博古圖》三十卷。

錢謙益等《絳雲樓書目・雜藝類》《至正重修宣和博古圖》。三十卷。宣政間，王楚編集三代秦漢彝器，繪其形範，辨其款識，增多於吕氏《考古》十倍。蓋皆宣和殿所藏之物也。

格古要論

徐𤊹《徐氏家藏書目・器用類》《格古要論》五卷。

錢謙益等《絳雲樓書目・雜藝類》曹昭《宣和格古要論》。又有王佐《格古要論補》。

黃虞稷《千頃堂書目・藝術類》曹昭《格古要論》十四卷。字仲昭，松江人。洪武初爲此書，至天順間吉水王均增輯十三卷。

《明史・藝文志・雜藝》《格古要論》十四卷。洪武中，曹昭撰。天順間，王均增輯。

宣和石譜

徐𤊹《徐氏家藏書目・器用類》《宣和石譜》一卷。

群物奇制

徐𤊹《徐氏家藏書目・器用類》《羣物奇制》一卷。

錢謙益等《絳雲樓書目・雜藝類》《羣物奇制》。

黃虞稷《千頃堂書目・藝術類》《羣物奇制》一卷。

營造正式

黃虞稷《千頃堂書目・藝術類》《營造正式》六卷。

古玉考

徐𤊹《徐氏家藏書目・器用類》《古玉考》一卷。朱德潤。

清秘藏

徐𤊹《徐氏家藏書目・器用類》《清秘藏》二卷。張應文。

大禹九鼎圖述

徐𤊹《徐氏家藏書目・器用類》《大禹九鼎圖述》一卷。王希旦。

墨譜

徐𤊹《徐氏家藏書目・器用類》 方于魯《墨譜》六卷。

《明史・藝文志・雜藝》 方于魯《墨譜》六卷。

嵇璜等《續通志・圖譜略・記有・器用》 方于魯《墨譜》。

《四庫全書總目提要・譜録類存目》《方氏墨譜》六卷。浙江汪啟淑家藏本。

主紅譜

徐𤊹《徐氏家藏書目・藝術類》《主紅譜》一卷。

歙硯説

徐𤊹《徐氏家藏書目・器用類》《歙硯説》一卷。曹繼善訂。

硯石

徐𤊹《徐氏家藏書目・器用類》 米襄陽《硯石》一卷。

牋紙譜

徐𤊹《徐氏家藏書目・器用類》《牋紙譜》一卷。元費著。

錢謙益等《絳雲樓書目・雜藝類》《箋紙譜》。一卷。費著。

嵇璜等《續通志・圖譜略・記有・器用》 元費著《箋紙譜》。

墨經

徐𤊹《徐氏家藏書目・器用類》《墨經》一卷。

錢謙益等《絳雲樓書目・雜藝類》《墨經》。一卷。晁氏。

《四庫全書總目提要・譜録類》《墨經》一卷。兩江總督採進本。

漁陽石譜

徐𤊹《徐氏家藏書目・器用類》《漁陽石譜》一卷。

文苑四史

徐𤊹《徐氏家藏書目・器用類》《文苑四史》一卷。鍾泰華。

筆墨紙硯譜

《四庫全書總目提要・藝術類存目》《筆墨紙硯譜》一卷。

墨池瑣録

徐𤊹《徐氏家藏書目・書類》《墨池瑣録》一卷。楊慎。

《明史・藝文志・雜藝》 楊慎《墨池瑣録》一卷、《書品》一卷、《繼碑集》四卷。

《四庫全書總目提要・藝術類二》《墨池瑣録》四卷。浙江汪啟淑家藏本。

文苑四先生集

徐𤊹《徐氏家藏書目・器用類》《文苑四先生集》。

《四庫全書總目提要・譜録類存目》《文苑四先生集》四卷。浙江巡撫採進本。

泉　志

錢謙益等《絳雲樓書目・雜藝類》 徐象梅《泉志》。胡孝轅之友。

劍　經

錢謙益等《絳雲樓書目・雜藝類》《劍經》。

墨娥小品

錢謙益等《絳雲樓書目・雜藝類》《墨娥小品》。

《明史・藝文志・雜藝》 吴繼《墨娥小録》四卷。

黃虞稷《千頃堂書目・藝術類》 吴繼《墨娥小録》四卷。

金薤琳瑯

錢謙益等《絳雲樓書目・雜藝類》 都穆《金薤琳瑯》。二十卷。

歲華紀麗譜

錢謙益等《絳雲樓書目・雜藝類》 費著《歲華紀麗譜》。

斗　經

錢謙益等《絳雲樓書目・雜藝類》 臞仙《斗經》。

銅劍讚

錢謙益等《絳雲樓書目・雜藝類》 江淹《銅劍讚》。

續錢法攷

錢謙益等《絳雲樓書目・雜藝類》《續錢法攷》。

歷代冠譜

錢謙益等《絳雲樓書目・雜藝類》　《歷代冠譜》。

弧矢譜

錢謙益等《絳雲樓書目・雜藝類》　《弧矢譜》。

古賢小字録

錢謙益等《絳雲樓書目・雜藝類》　《古賢小字録》。陳思。

瀛洲令譜

錢謙益等《絳雲樓書目・雜藝類》　《瀛洲令譜》。

女紅餘志

錢謙益等《絳雲樓書目・雜藝類》　《女紅餘志》。見後僞書類。

長物志

錢謙益等《絳雲樓書目・雜藝類》　《長物志》。

黃虞稷《千頃堂書目・藝術類》　文震亨《長物志》十二卷。字啓美，吴人。崇禎中官中書舍人。

《明史・藝文志・雜藝》　文震亨《長物志》十二卷。

糖霜攷

錢謙益等《絳雲樓書目・雜藝類》　王灼《糖霜攷》。一卷，凡七篇。灼號頤堂，遂寧人。洪文敏曾採其説，見《容齋五筆》。

錢　譜

錢謙益等《絳雲樓書目・雜藝類》　元人《錢譜》。

青隱元微

錢謙益等《絳雲樓書目・雜藝類》　《青隱元微》。

諧　傳

錢謙益等《絳雲樓書目・雜藝類》　《諧傳》。

清賞録

錢謙益等《絳雲樓書目・雜藝類》　《清賞録》。四卷。

禁　扁

錢謙益等《絳雲樓書目·雜藝類》《禁扁》。元王士點輯。

古遺象攷

錢謙益等《絳雲樓書目·雜藝類》《古遺象攷》。

籟　記

錢謙益等《絳雲樓書目·雜藝類》《籟記》。

古事鈔

錢謙益等《絳雲樓書目·雜藝類》《古事鈔》。

紹興内府古器評

毛晉《汲古閣書跋》《紹興内府古器評》。

錢謙益等《絳雲樓書目·雜藝類》《紹興内府古器評》。二卷。南宋張掄，字材甫。

紹興内府古器評

黄丕烈《蕘圃藏書題識》《紹興内府古器評》二卷。舊鈔本。

泊如齋重修攷古圖

錢謙益等《絳雲樓書目·雜藝類》《泊如齋重修攷古圖》。十卷。吕大臨。元祐七年。

文房四寶

錢謙益等《絳雲樓書目·雜藝類》蘇易簡《文房四寶》。五卷。徐鼎臣序。

墨池瑣録

錢謙益等《絳雲樓書目·雜藝類》《墨池瑣録》。吴人王涣著。涣字涣文，少與文待詔齊名。

醉鄉律令

錢謙益等《絳雲樓書目·雜藝類》《醉鄉律令》。

墨史

錢謙益等《絳雲樓書目・雜藝類》 陸友仁《墨史》。友仁名友。《墨史》外，又著《研史》、《印史》。嘗至都下，虞集、柯九思薦之朝，未及用歸。見《姑蘇志》。

《四庫全書總目提要・譜録類》 《墨史》二卷。兩江總督採進本。

錢大昕《補元史藝文志・雜藝術類》 又《墨史》二卷。

紙説

錢謙益等《絳雲樓書目・雜藝類》 《紙説》。

墨林快事

黄虞稷《千頃堂書目・藝術類》 安□《墨林快事》□卷。

除紅譜

黄虞稷《千頃堂書目・藝術類》 楊維楨《除紅譜》一卷。一作朱河。

錢大昕《補元史藝文志・雜藝術類》 楊維禎《除紅譜》一卷。

長物編

黄虞稷《千頃堂書目・藝術類》 王穉登《長物編》一卷。

梓人遺制

黄虞稷《千頃堂書目・藝術類》 《梓人遺制》八卷。

倪燦《補遼金元藝文志・雜藝術》 《梓人遺制》八卷。失名。

錢大昕《補元史藝文志・雜藝術類》 《梓人遺制》八卷。不知作者。

分宜清玩籍

黄虞稷《千頃堂書目・藝術類》 《分宜清玩籍》一册。乃籍没嚴嵩時所録官簿，並書畫琴研之屬。

博古

黄虞稷《千頃堂書目・藝術類》 楊惟休《博古》一卷。

元牘紀

黄虞稷《千頃堂書目・藝術類》 盛時泰《元牘紀》一卷。

槎居譜

《四庫全書總目提要・譜録類存目》 《槎居譜》一卷。兩淮鹽政採進本。明黄鶴撰。鶴字修翎，宜興人。嘉靖己未進士。所居宅名槎居，有仰陶亭、空中閣諸勝，皆自出意匠爲之。此譜乃敘其宫室器服構造之製，而各系以銘。語意纖仄，體近俳諧。其《一點園銘》，尤爲鄙俚。

怪石贊

《四庫全書總目提要・譜録類存目》《怪石贊》一卷。内府藏本。國朝宋犖撰。昔蘇軾作《怪石供》，而齊安之石遂名天下。犖官黄州通判時，得其佳者十有六，各爲製名。一曰宜春勝，一曰達摩影，一曰紫鴛覆卵，一曰寒潭秋藻，一曰紅蜀錦，一曰朱霞籠月，一曰鬼面石，一曰玉貝葉，一曰三台象，一曰雙白眼，一曰紅蝦蟆，一曰鸜鵒眼，一曰玉蟾蜍，一曰楊妃癖，一曰賽貓睛，一曰冰天月。各紀其狀而係以贊，成於康熙四年。

觀石後録

《四庫全書總目提要・譜録類存目》《觀石後録》一卷。浙江巡撫採進本。

蝶几譜

《四庫全書總目提要・譜録類存目》《蝶几譜》一卷。江西巡撫採進本。

歙硯志

《四庫全書總目提要・譜録類存目》《歙硯志》三卷。兩淮鹽政採進本。

古玉圖

錢大昕《補元史藝文志・雜藝術類》朱德潤《古玉圖》一卷。

重修考石圖

錢大昕《補元史藝文志・雜藝術類》陳翼子《重修考石圖》十卷。茶陵人。

文房四譜

黄丕烈《蕘圃藏書題識》《文房四譜》五卷。鈔校本。郡中有吴枚菴先生者，余向年就試玉峰，曾有半面，未及把臂也。及余知購書而坊間有善本送閲者，往往出枚菴手鈔及家藏者，方知枚菴好聚書。其書之散遺者，大半出其親友家。蓋枚菴遊楚中，書多寄諸他人所，久而不歸，家屬亦尋蹤訪之，故親友亦無忌憚而爲此也。此書卻帶諸行篋，越三十餘年始歸，故余與訂交，并請觀其書。是書在借校諸書中爲最精，所據有錢東澗、趙清常兩家本。余校畢還之，繼思兩家本皆出朱文游舊藏。朱氏書，余友周香嚴得之最多，遂往問之。錢本固在，趙本無有也。覆取對勘，吴校有不盡據錢本與錢校趙本者，疑惑滋甚。復借吴本覆之，而枚菴所校異于錢、趙，具可剖析。是錢、趙之外，又成一吴本矣。往告之故，欲一證其所以異處。枚菴又取一清本相示，錢、趙異字，分注于下，似以前本爲筌蹏也。翌日，枚菴過訪，竟懇割愛，欣然諾之，此書遂爲余有。爰記顛末于卷尾，以誌良友之賜。癸酉三月晦日復翁。

黄丕烈《蕘圃藏書題識》《文房四譜》五卷。校舊鈔本。癸酉二月，從吴枚菴借本校。吴本初命門生搨濟陽生所録朱本，朱本者，朱文游所藏拂水蒙叟本也。蒙叟本從趙清常本對校者，徐序。是叟手録，蓋即《敏求記》中所載本也。趙清常本借録孫唐卿本。當枚菴録是書後，復從李氏借得錢蒙叟原本及趙清常原本，親爲校勘，以朱筆注錢，黄筆注趙，并録趙、錢兩人之跋於後。今余臨校，但注錢、趙而已。此本得諸海鹽家，椒升所云筆之詞賦，又每譜詞賦及易簡後序，皆有之，是爲善本。然筆之雜説，脱四十五條，硯之敘事，脱九條，則又不知何以異也，幸賴吴本足之。吴本有不及此本者，詞句間當，再爲斟酌耳。復翁校畢識。

余既借吴枚菴校本手校此本矣，因吴校得知吴本所從校者有錢蒙叟本，又有趙清常本，蒙叟所取以對校者。兩本皆出同郡朱文游家。余識朱文時，其書大半散去，且余亦未及搜訪至此等書籍，故是書亦無從問訊。及見吴跋云云，乃思文筆惟郡中周文香嚴收之最多，因往訪之，果有錢蒙叟本。序係蒙叟手録，通體朱墨兩筆校勘，亦出蒙叟手跡，洵奇遇也，顧有疑焉。枚菴前借諸朱文者，的係真本。吴云錢對校趙清常本并有跋，今周本無蒙叟跋，亦不見及趙本一語。豈所謂錢以趙本對校者，其詳載趙本上。前枚菴借時，錢、趙兩本都見，故得知其詳耶！惜趙本未爲香嚴所收，而其詳不可得聞矣。最有異者，枚菴云錢作某，今證諸錢本不合者，亦甚夥，抑又何耶？俟持周藏錢本，還質諸枚菴，想必有以核其實也。錢本究係鈔本，不無疑誤。余此時專校錢本，故無論是否之字，錢本合於此鈔原本，合於吴校本者，皆以墨筆圈之，或識其字於上下方，所以徵信也。若斟酌是非，旁引曲證，或即就本書他處引用及別書所藏者，祛其誤而存其疑，是在讀者用心可爾。癸酉暮春廿有五日復翁。

廿又六日，續借吴枚菴本，知錢跋果在趙本，此錢原本，本無跋也。

《書史會要》云：蘇易簡字太簡，梓州桐山人。官至知陳州，贈禮部尚書。風度奇秀，善筆札。

馬端臨《文獻通攷》作《文房四寶》五卷。今人俗諺，尚有此稱，理或然歟？

宋文游所藏拂水蒙叟本，甚爲精審，予六七年前嘗見之濟陽生從朱本録出，奈胸無點墨，浪作鈔胥，遂致齟齬不可卒讀。丁酉春日，命門生搨之。惜文游養疴閉關，末由借其原本一校讐也。明年仲冬九月枚菴漫士識於東城寓舍。

又明年初夏，文游出示拂水原本，云蒙叟從趙清常本對校者。卷首徐常侍一序。是叟手録，閱之訛脱依然，殊失所望，略正數字，再識於此。漫士又書。

是夏六月，文游文復以清常元本見借，校正數字。廿五日枚菴記。

《文房四譜》四卷，戊申八月中，友人孫唐卿氏自家山來奚，囊中持此書，因借録并校其譌者無慮數十。續檢得《徐騎省集》中有是書之序，不知何年失去，今録如前，可謂洛浦之遺矣。時萬曆三十六年九月十三日，海虞清常道人書於柏臺公署。

《文房四譜》五卷。此本闕二卷筆之辭賦，又每譜辭賦俱闕，又脱易簡後序，非完書也。丙寅五月牧翁記。

廿五日校畢錢本，殊多疑誤之處，因重向枚菴借伊校本覆勘，始悉枚菴所校有不盡出錢、趙兩本者。蓋伊亦以錢本爲訛脱依然，殊失所望，略正數字也，則余所臨校之吴本，非特錢與趙不可分辨，且吴之校出於兩本外者，亦不甚區別。故重以吴本續校，卷中云「續案」；又云「吴本」者，吴鈔之本；「吴校」者，吴校之本，皆非出於錢、趙兩本也。并補録諸跋，以備參攷。時癸酉三月廿又六日。復翁。

黄丕烈《蕘圃藏書題識再續録·子類》《文房四譜》五卷。校舊鈔本。癸酉三月二十又四日，借周香嚴藏錢原本校，用墨筆。燒燭至更餘，始盡一卷。復翁。二十六日又借吴枚菴校本覆校勘。

張金吾《愛日精廬藏書續志·藝術》《文房四譜》五卷。抄本。宋武功蘇易簡太簡輯。卷一「列仙傳」條下脱四十二條，卷二「毛穎傳」下脱魏傳公選《筆銘》，卷三「張彭祖」條下脱九條。其餘闕文譌字，約有二百八十餘處。琴六夫子從何君夢華假寉夢山房振綺堂兩抄本校補。

聖人之道，天下之務，充格上下，綿亘古今。究之無倪，酌之不竭，是以君子學然後知不足也。然則士之處世，名既成身既泰，猶復孜孜于討論者，蓋亦鮮矣。昔魏武帝獨嘆於袁伯業，今復見折武功蘇君矣。君始以世家文行，貢名春官。天子臨軒考第，首冠羣彦。出入數載，翺翔青雲，綵衣朱絰，光腴里閈。其美至矣，而其學益勤。不矜老成，以此爲樂。退食之室，圖書在焉，筆硯紙墨，餘無長物。以爲此四者爲學所資，不可斯須而闕者也。由是討其根源，紀其故實，參以古今之變，繼之賦頌之作，各從其類，次而譜之，有條不紊，既精且博。士有能精此四者，載籍其焉往哉！愚亦好學者也，覽此書而珍之，故爲文冠篇，以示來者。東海徐鉉。

《班志》有言曰：小説家流，千三百八十篇，蓋出于稗官，道途之説也。孔子曰：「雖小道，亦有可觀者焉。苟致遠而不泥，庶亦幾於道也。」矧善其事者，必利其器；尋其波者，必討其源。吾見其決洩古先之道，發揚翰墨之精，莫不由是四者，方傳之無窮乎！苟闕其一，雖敏妙之士如廉頗，不能將楚人也。嘗觀《茶經》、《竹譜》尚言始末，成一家之説，況世爲儒者，焉能無述哉？因閲書祕府，遂檢尋前志，并耳目所及，交知所載者，集成此《譜》，聞之通識者。識者亦曰可，故不能棄。其冠序則有騎省徐公述焉。敢以胸臆之志，復書于卷末云。時皇宋龍集丙戌雍熙紀號之三載九月日，翰林學士蘇易簡書。

黄琴六先生手跋曰：此書向無善本，照曠閣刊《學津》時，出其家藏抄本，屬校譌誤。殆不可讀，讐勘再三，粗成句讀。而中如文嵩《四侯傳》及《墨譜》中段、温贈答書狀十二首，不見于他類書徵引者，槩從闕如。緣是録副未梓，己卯冬晤錢塘夢華何君，云近得寉夢山房舊抄完本，從之借校。今春夢華携書來，知又新從振綺堂汪氏本校過者，狂喜欲絶。鑒遂從兩本合挍一過，補卷一筆之雜説脱文四十二條，卷二筆之詞賦一條，卷三硯之叙事九條。其餘闕文錯字，約計二百八十餘字。其异同處兩通及存疑者，不計焉。是書至是，可稱完善矣。特未知視《敏求記》所云絳雲勘對疑似之本，相去又何如也。拙經老人黄廷鑑識。

墨表

黄丕烈《蕘圃刻書題識》《墨表》四卷。嘉慶丁丑初冬，仿松門於吴涇橋出萬年少《墨表》托付剞劂，曰：此鮑丈渌飲遺書也。余梓之，以竟彼未竟之志，遂攜歸付刊。因思向年曾於張白華家見萬所畫《祭硯圖》，筆墨古雅，令人愛絶。今又讀其所著《墨表》，余於翰墨因緣，抑何深耶！惜老友云逝，賞析維艱，止此一二素心如松門者，又在異地，不能時常晤語，益知商榷此事爲不易矣。戊寅春分後四日蕘翁記。

墨志

吴壽暘《拜經樓藏書題跋記》《墨志》。宣城麻三衡著。金壽門先生手寫本。内載元時造墨宜興潘材仲。

三器圖義

吴壽暘《拜經樓藏書題跋記》《三器圖義》。右録《説郛》本。先君子手校。

硯譜

晁公武《郡齋讀書志・類書類》《硯譜》二卷。右皇朝唐詢撰。記硯之故事及其優劣，以紅絲石爲第一，端石次之。

陳振孫《直齋書録解題・雜藝類》《北海公硯録》一卷。唐詢彦猷撰。專以青州紅絲石爲貴。

馬端臨《文獻通考・經籍考・雜藝術》《硯譜》二卷。又名《北海公硯録》。

高儒《百川書志・格物家》《硯譜》一卷。無名氏。凡三十二則。

硯譜

徐𤊹《徐氏家藏書目・器用類》《硯譜》一卷。茅康伯。

硯譜

嵇璜等《續通志・圖譜略・記無・器用》 明温博《硯譜》。

硯譜

高儒《百川書志・格物家》 高似孫《硯譜》一卷。宋高似孫修。譜硯之出處、銘詩、石色、硯名，爲圖二十有三。

雜家部

論述

《漢書・藝文志・雜家類序》 雜家者流，蓋出於議官。兼儒、墨，合名、法，知國體之有此，見王治之無不貫，此其所長也。及盪者爲之，則漫羡而無所歸心。

《隋書・經籍志・雜家類序》 雜者，兼儒、墨之道，通衆家之意，以見王者之化，無所不冠者也。古者，司史歷記前言往行，禍福存亡之道。然則雜者，蓋出史官之職也。放者爲之，不求其本，材少而多學，言非而博，是以雜錯漫羡，而無所指歸。

錢東垣等輯《崇文總目・雜家類序》 原敘襍家者流，取儒墨名法合而兼之。其言貫穿衆説，無所不通。然亦有補於治理，不可廢焉。見《歐陽文忠公集》。

《國史經籍志・雜家類序》 《説文》「五采合曰『襍』，從衣，從集。」隹聚木上，亦其義也。人情美繡而惡襍，顧繪事必兼五色。然巨細奇正，典常俶詭并苞，兼總而王治貫焉矣。五采具而繡成，若之何其惡之。微獨諸子而有之。《易》之興也，蓋非其襍物，撰德不備，皆是物也。第明天地之性，則神怪不能惑。知萬物之情，則非類不能罔。雖昆蟲、水草、樝梨、橘柚，縮脣澁齒，日陳於其前。恃以養生，則不能勝五穀也。在學者精擇之而已。

《四庫全書總目提要・雜家類序》 衰周之季，百氏爭鳴。立説著書，各爲流品。《漢志》所列備矣。或其學不傳，後無所述。或其名不美，人不肎居。故絶續不同，不能一概著録。後人株守舊文，於是墨家僅《墨子》、《晏子》二書，名家僅《公孫龍子》、《尹文子》、《人物志》三書，縱横家僅《鬼谷子》一書，亦别立標題，自爲支派。此拘泥門目之過也。

耿文光《萬卷精華樓藏書記・雜家類序》 百氏著書各立一説，《漢志》所著最爲賅備。其後或學術不傳，或書闕有間。如墨家、名家、縱横家，寥寥數種，不能成類。黄俞邰《千頃堂書目》遂合併爲雜家，《四庫》因之分爲六類。以立説者謂之雜學，如《墨子》、《淮南》、《顔氏家訓》之類是也。以辨證者謂之雜考，如《白虎通》、《古今注》、《日知録》之類是也。以議論而兼叙述者謂之雜説，如《論衡》、《風俗通》、《池北偶談》之類是也。以旁究物理、臚陳瑣屑者謂之雜品，如《洞天清禄》、《格古要論》、《七頌堂識小録》之類是也。以類輯舊文、塗兼衆軌者謂之雜纂，如《意林》、《説郛》、《玉芝堂談薈》之類是也。以合刻諸書不名一體者謂之雜編，如《古今説海》、《少室山房筆叢》之類是也。今通行《彙刻書目》、《續彙刻書目》此類，即俗所謂彙刻也。《説海》與《説郛》同合刻諸種，各自爲書。《筆叢》乃一人所著，只是一種，與《説海》不同。《書目答問》以周秦諸子爲雜家考證之文入儒家。雜記事實、有關國政者入雜史，蓋又别出手眼也。今所録者凡九十七家，所收無多不能立類，一以時代爲次。總之不出於雜者近是。

黄逢元《補晉書藝文志・雜家類序》 兼儒墨、合名法，斯爲雜家。其道在綜而能貫，博而能通。張華《雜記》、《抱朴外篇》故次於此。若傅玄之書傳稱九流三史，評斷得失，各爲區别。準之流派，尤爲符合。

雜録

《七略别録佚文・雜家類》 右《諸子畧・襍家佚文》五條，附録一條。

《漢書・藝文志・雜家類》 右雜二十家，四百三篇。入兵法。

《隋書・經籍志・雜家類》 右九十七部，合二千七百二十卷。

《舊唐書・經籍志・雜家類》 右雜家七十一部，凡九百八十二卷。

《新唐書・藝文志・雜家類》 右雜家類六十四家，七十五部，一千一百三十卷。失姓名六家，虞世南以下不著録三十四家，八百一十六卷。

錢東垣等輯《崇文總目・雜家類》 共三十九部，計四百二十二卷。

鄭樵《通志・藝文略・雜家》 凡《雜家》一種，九十二部，九百六卷。

《宋史・藝文志・雜家類》 右雜家類一百六十八部，一千五百二十三卷、篇。

《宋史藝文志補・雜家類》 右雜家類十八家三百五十九卷。

倪燦《補遼金元藝文志・雜家類》 右雜家類十九家二百六卷。

《明史・藝文志・雜家類》 右雜家類，六十七部，二千二百八十四卷。

顧櫰三《補五代史藝文志・雜家類》 右雜家類共一百六十六卷。

《四庫全書總目提要・雜家類》

右雜家類雜學之屬，二十二部，一百七十八卷，皆文淵閣著録。案古者庠序之教，胥天下而從事六德、六行、六藝，無異學也。周衰而後百氏興。名家稱出於禮官，然堅石、白馬之辨，無所謂禮。縱横家稱出於行人，然傾危變詐，古行人無是詞命。墨家稱出於清廟之守，併不解其爲何語。以上某家出某，皆班固之説。實皆儒之失其本原者，各以私智變爲雜學而已。其傳者寥寥無幾，不足自名一家，今均以雜學之。其他談理而有出入，論事而參利害，不純爲儒家言者，亦均附此類。

右雜家類雜考之屬，五十七部七百七卷，皆文淵閣著録。案考證經義之書，始於《白虎通義》，蔡邕《獨斷》之類，皆沿其支流。至唐而《資暇集》、《刊誤》之類爲數漸繁，至宋而《容齋隨筆》之類動成巨帙。其説大抵兼論經史子集，不可限以一類。是真出於議官之雜家也。班固謂雜家者流出於議官，今彙而編之，命曰雜考。

右雜家類雜説之屬，八十六部六百三十六卷，皆文淵閣著録。案雜説之源，出於《論衡》。其説或抒己意，或訂俗譌，或述近聞，或綜古義。後人沿波，筆記，作焉。大抵隨意録載，不限卷帙之多寡，不分次第之先後，興之所至即可成編。故自宋以來作者至夥，今總彙之爲一類。

右雜家類雜品之屬，十一部八十三卷，俱文淵閣著録。案古人質朴，不涉雜事。其著爲書者，至射法、劍道、手搏、蹴踘止矣。至《隋志》而欹器圖猶附小説，象經、棊勢猶附兵家。不能自爲門目也。宋以後則一切賞心娱目之具，無不勒有成編，圖籍於是始衆焉。今於其專明一事一物者，皆别爲譜録。其雜陳衆品者，自《洞天清録》以下，並類聚於此門。蓋既爲古所未有之書，不得不立古所未有之例矣。

右雜家類雜纂之屬，十一部五百三十六卷，俱文淵閣著録。案以上諸書，皆採摭衆説以成編者。以其源不一，故悉列之雜家，《吕覽》、《淮南子》、《韓詩外傳》、《説苑》、《新序》亦皆綴合群言，然不得其所出矣。故不入此類焉。

右雜家類雜編之屬，三部九十二卷，皆文淵閣著録。案古無以數人之書合爲一編而别題以總名者，惟《隋志》載《地理書》一百四十九卷、録一卷。註曰陸澄合《山海經》以來一百六十家以爲此書。澄本之外，其舊書並多零失，見存别部自行者，惟四十二家。又載《地記》二百五十二卷，註曰梁任昉增陸澄之書八十四家以爲此記。其所增舊書亦多零失，見存别部行者惟十二家，是爲叢書之祖，然猶一家言也。左圭《百川學海》出，始兼裒諸家雜記，至明而卷帙益繁。《明史・藝文志》無類可歸，附之類書。究非其宜，當入之雜家，於義爲允。今雖離析其書，各著於録而附存其目。以不没蒐輯之功者，悉别爲一門謂之雜編。其一人之書合爲總帙而不可名以一類者，既無所附麗，亦列之此門。

嵇璜《續文獻通考・經籍考・雜家》 臣等謹案：馬端臨因班史之例立雜家一門。其説則班固所稱，雜家者流出於議官，兼儒墨、合名法。知國體之有在，見王治之無不貫，此雜家所長也。要之漢以後名家、墨家之屬絶少專書，其有出入經史，泛濫百家旁及乎名物、象數之細者，俱得以雜家目之。馬氏所載不敵小説家之半。南宋以來厥類滋多，今從《四庫全書》例析而爲六，曰雜學、曰雜攷、曰雜説、曰雜品、曰雜纂、曰雜編，以次採輯如左。

《宋史・藝文志》雜家類，一百六十八部一千五百二十三卷。

遼、金、元三史不立藝文志，散見各紀傳中。

《明史・藝文志》雜家類，六十七部二千二百八十四卷。

嵇璜等《續通志・藝文略・雜家》 臣等謹案：《鄭志》雜家一門，不分細目。自宋以來，簡帙繁多。謹從《四庫全書》例分雜學、雜考、雜説、雜品、雜纂、雜編，爲目凡六。

官修《清文獻通考・經籍考・雜家》 臣等謹按：雜家一門，昉於班史。雜之義廣，無所不包。《隋志》所謂兼儒墨之道，通衆家之意，見王化之無不貫也。顧名、墨、縱横之屬，今已無書。黄虞稷《千頃堂書目》雖併入雜家，亦寥寥無。□至於兼綜六籍，泛濫百家，旁及名物、象數之細者，要皆雜氏之流品也。指歸攸别，爲類綦繁。《四庫全書》酌劑其宜，析子目凡六。首雜學、次雜考、次雜説、次雜品、次雜纂、次雜編。今從其例，以補馬氏之未備焉。

官修《清通志・藝文略・雜家》 臣等謹按：雜家之稱，所包甚廣。《欽定續通志》於雜家類凡分雜學、雜考、雜説、雜品、雜纂、雜編六門，最爲賅備。謹從其例，分門編次。惟雜學著録無書，僅登存目。至雜考以下並詳列焉。

劉錦藻《清續文獻通考・經籍考・雜家》 臣謹案：《漢藝文志》謂雜家者流出於議官，兼儒墨、合名法，知國體之有此，見王治之無不貫。此其所長也。及盪者爲之，則漫羨而無所歸心。《皇朝通考》以馬考之於雜家，未爲該備。用依《四庫全書》例，析子目爲六：曰雜學、曰雜考、曰雜説、曰雜品、曰雜纂、曰雜編，以廣厥類。今仍其舊，殆所謂通衆家之意於古有徵者與。

張之洞《書目答問・子部》 雜家第十。學術不純宗一家者入此。其雜記事實者入雜史，雜考經史者入儒家。

晁公武《昭德先生郡齋讀書志》 子部其類十六【略】七曰雜家類【略】

《宋史・藝文志・雜家類》 子類十七【略】八曰雜家類【略】

萬斯同《明史稿・藝文志》 子之類十有三。【略】二曰雜家類。前代藝文志列名、法諸家，後代沿之。然寥寥無幾，備數而已。今削之總附雜家。

《明史・藝文志》 子類十二。一曰儒家類，二曰雜家類。前代藝文志列名、法諸家，然寥寥無幾，備數而已。今總附雜家。

姚振宗《漢書藝文志拾補》 按《藝文志》曰：「雜家者流蓋出於議官，兼儒墨、合名法。」《隋經籍志》云：「雜者通衆家之意，蓋史官之職。」此兩書實史官、議官所有事，通衆家之意者也。則列之雜家於義爲允。然舉其重而言，亦可入之儒家。

右雜家者流，凡二十家二十部。程本《子華子》二卷，宋人僞託。《於陵子》一卷，明人僞託，不録。

雜學分部

大帟

《漢書・藝文志・雜家類》 《大帟》三十七篇。傳言禹所作，其文似後世語。

《漢書藝文志條理・雜家類》 《大帟》三十七篇。傳言禹所作，其文似後世語。顏氏《集注》：「帟」古「禹」字。宋祁曰「一作『帟』」。

由余

《漢書・藝文志・雜家類》 《由余》三篇。戎人，秦穆公聘以爲大夫。

姚振宗《漢書藝文志條理・雜家類》 《由余》三篇。戎人，秦穆公聘以爲大夫。

盤盂

《漢書・藝文志・雜家》 孔甲《盤盂》二十六篇。黄帝之史，或曰夏帝孔甲，似皆非。

姚振宇《漢書藝文志條理・雜家》 孔甲《盤盂》二十六篇。黄帝之史或曰夏帝孔甲，似皆非。

雜家言

《漢書・藝文志・雜家類》 《雜家言》一篇。王伯，不知作者。

姚振宇《漢書藝文志條理・雜家類》 《雜家言》一篇。王伯，不知作者。

博士臣賢對

《漢書・藝文志・雜家類》 《博士臣賢對》一篇。漢世，難韓子、商君。

姚振宇《漢書藝文志條理・雜家類》 《博士臣賢對》一篇。漢世，難韓子、商君。

臣説

《漢書・藝文志・雜家類》 《臣説》三篇。武帝時（所）作賦。

《漢書藝文志條理・雜家》 《臣説》三篇。武帝時作賦。臣賢《世説》並未詳。

按舊本連續而書，《詩賦略》之《臣説》，次《郎中嬰齊》之後。此次于《博士臣賢》之後，似《臣説》者由郎中爲博士志，各蒙上省文，亦各從其奏對、奏賦時所署官秩。蓋猶《博士臣説對》三篇也。

解子簿書

《漢書・藝文志・雜家類》《解子簿書》三十五篇。

姚振宇《漢書藝文志條理・雜家類》《解子簿書》三十五篇。

《解子簿書》，未詳。

或曰其人姓解，所簿雜書凡三十五篇。或又曰簿録諸子書而雜解之，前人無説，莫能詳也。

推雜書

《漢書・藝文志・雜家類》《推雜書》八十七篇。

姚振宇《漢書藝文志條理・雜家類》《推雜書》八十七篇。

《推雜書》，未詳。

或曰，劉中壘類推諸雜書之無書名、撰人者，哀爲此編，亦莫能詳也。

伯象先生

《漢書・藝文志・雜家類》《伯象先生》一篇。

姚振宇《漢書藝文志條理・雜家類》《伯象先生》一篇

應劭《漢書集解》曰：「伯象先生，蓋隱者也。故公孫敖難以無益世主之治。」又《風俗通・姓氏篇》白象先生，古賢人，隱者。張澍《輯注》曰：「伯」與「白」同。

王氏考證：《新序》公孫敖問伯象先生曰：「今先生收天下之術，博觀四方之事，久矣。未能裨世主之治，明君臣之義。」

公孫尼

《漢書・藝文志・雜家類》《公孫尼》一篇。

《漢書藝文志條理・雜家》《公孫尼》一篇。

按公孫尼似即公孫尼子，別有書二十八篇，見前儒家。

吴子

《漢書・藝文志・雜家類》《吴子》一篇。

《漢書藝文志條理・雜家類》《吴子》一篇。

《吴子》未詳。

按此吴子列在公孫尼之前，則頗似吴起。同爲七十子之弟子，別見兵權謀家。

荆軻論

《七略別録佚文・雜家類》《荆軻論》五篇。軻爲燕刺秦王，不成而死。司馬相如是等論之。

丹，燕王熹之太子。

督亢，膏腴之地。並嚴本馬本。

《漢書・藝文志・雜家類》《荆軻論》五篇。軻爲燕刺秦王，不成而死，司馬相如等論之。

《漢書藝文志條理・雜家類》《荆軻論》五篇，軻爲燕刺秦王，不成而死。司馬相如等論之。

劉向《別録》曰：「丹，燕王喜之太子。」又曰：「督亢，膏腴之地。」按《別録佚文》有此二語，似即爲此書發也，不可詳考，今姑繫之此。

王氏考證：《文章緣起》司馬相如作荆軻贊。《文心雕龍》相如屬辭始贊荆軻。

章學誠《校讎通義》曰「雜家《荆軻論》五篇，大抵史贊之類也。」

尉繚子

《七略别録佚文・雜家類》《尉繚子》二十九篇。嚴本馬本。

繚爲商君學。嚴本馬本。

《漢書・藝文志・雜家類》《尉繚》（子）二十九篇。六國時。

《隋書・經籍志・雜家類》《尉繚子》五卷。梁并録六卷。尉繚，梁惠王時人。

《舊唐書・經籍志・雜家類》《尉繚子》六卷。尉繚子撰。

太平御覽引書目 《尉繚子》。

《新唐書・藝文志・雜家類》《尉繚子》六卷。

《漢書藝文志條理・雜家類》《尉繚子》二十九篇，六國時。

劉向《别録》曰「繚爲商君學」。

《隋書・經籍志》、《尉繚子》五卷，《梁并録》六卷。尉繚，梁惠王時人。《唐經籍志》「尉繚子六卷，尉繚子撰。」《唐藝文志》：「《尉繚子》六卷。」

《四庫兵家提要》曰「其人當六國時，不知其本末。或曰魏人，以《天官篇》有梁惠王問知之。或又曰齊人，鬼谷子之弟子。劉向《别録》又云「繚爲南君學。」未詳孰是也。按南君實商君之譌。漢志雜家有尉繚二十九篇，兵形勢家别有《尉繚》三十一篇，今雜家亡云云。

子晚子

《漢書・藝文志・雜家類》《子晚子》三十五篇。齊人，好議兵，與《司馬法》相似。

《漢書藝文志條理・雜家類》《子晚子》三十五篇。齊人，好議兵，與《司馬法》相似。

鄧名世《古今姓氏書辯證・英賢傳》云「《子僞子》，齊人，著書五篇。論兵法與穰苴同。」按此謂五篇或敓三十字。

伍子胥

《漢書・藝文志・雜家類》《五子胥》八篇。名員，春秋時爲吴將，忠直遇讒死。

《漢書藝文志條理・雜家類》《伍子胥》八篇。名員，春秋時爲吴將，忠直遇讒死。

東方朔

《七略别録佚文・雜家類》《東方朔》二十篇。

《漢書・藝文志・雜家類》《東方朔》二十篇。

《漢書藝文志條理・雜家類》《東方朔》二十篇。

尸子

《七略别録佚文・雜家類》《尸子》二十篇。

《漢書・藝文志・雜家類》《尸子》二十篇。名佼，魯人，秦相商君師之。鞅死，佼逃入蜀。

《隋書・經籍志・雜家類》《尸子》二十卷、目一卷。梁十九卷。秦相衛鞅上客尸佼撰。其九篇亡，魏黄初中續。

《舊唐書・經籍志・雜家類》《尸子》二十卷。尸佼撰。

《新唐書・藝文志・雜家類》《尸子》二十卷。尸佼。

鄭樵《通志・藝文略・雜家類》《尸子》二十卷。秦相衛鞅上客尸佼撰。

尤袤《遂初堂書目・雜家》《尸子》

周中孚《鄭堂讀書記・雜家類》尸子二卷。問經堂叢書本。

周尸佼撰。國朝孫星衍輯佼，晉人。秦相商鞅上客。鞅死，佼逃入蜀。《漢志》誤作魯人。星衍仕履見《禮類》。前有淵如師序及《尸子考證》。按劉向《別録》謂尸子造此二十篇，書凡六萬餘言。《史記孟荀列傳集解》引。

姚振宇《漢書藝文志條理・雜家類》 《尸子》二十篇。名佼，魯人。秦相商君師之。鞅死，佼逃入蜀。

《史孟荀列傳》楚有尸子長盧，世多有其書，故不論其傳云。

馬國翰《玉函山房藏書簿録・雜家類》 《尸子》三卷附《録補逸》一卷。任氏忠敏家塾本。

周魯國尸佼撰。漢志《尸子》二十篇，名佼，魯人。秦相商君師，之鞅死，佼逃入蜀。《史記集解》引劉向《別録》曰「楚有尸子」《漢書》云晉人。按佼本魯人，後入蜀。故劉向以爲楚人。漢書注言晉人，傳聞誤也。

《尸子》二卷。平津館本。

國朝孫星衍輯。嘉慶四年與其從子輯《尸子》一卷已刊於《問經叢書》。後從許民部宗彦處得魏徵《羣書治要》中所載《勸學》等十三篇，復屬門人洪頤煊重編，而此書乃搜括無遺矣。

張之洞《書目答問・周秦諸子》 《尸子》二卷。章宗源輯。湖海樓注本，問經堂本，平津館本。

《尸子》三卷附録一卷。任兆麟輯。心齋十種本。

耿文光《萬卷精華樓藏書記・雜家類》 《尸子集本》二卷。

國朝孫星衍校集。

平津館本。嘉慶四年刊，有序並記。書内有案語，並所採書目。

黄虞稷《千頃堂書目・子部・雜家類》 徐元大《尸子彙逸》二卷。尸子久亡，元太彙輯散見諸書者。

祁承㸁《澹生堂藏書目・雜家》 《尸子匯逸》一册。二卷。尸佼著，徐太元。

續尸子

姚振宗《三國藝文志・雜家》 《續尸子》九篇。

《隋書・經籍志》：《尸子》二十卷，目一卷。秦相衛鞅上客尸佼撰。其九篇亡，魏黄初中續。

孫星衍《尸子輯本序》曰「《尸子》著書于週末，凡二十篇。《藝文志》列之雜家，後亡九篇。魏黄初中續之，至南宋而全書散佚。」

案《尸子》二十篇，亡其九篇，則所存止十一篇。今見于《羣書治要》所録者，尚十三篇。其必有魏人所續者，在其中矣。特無以別之。

吕氏春秋

《漢書・藝文志・雜家類》 《吕氏春秋》二十六篇。秦相吕不韋輯，智略士作。

《隋書・經籍志・雜家類》 《吕氏春秋》二十六卷。秦相吕不韋撰，高誘注。

《舊唐書・經籍志・雜家類》 《吕氏春秋》二十六卷。吕不韋撰。

錢東垣等輯《崇文總目・雜家》 《吕氏春秋》二十六卷。吕不韋撰，高誘注。

侗按：諸家書目及今本並二十六卷。

《新唐書・藝文志・雜家》 《吕氏春秋》二十六卷。吕不韋撰，高誘注。

鄭樵《通志・藝文略・雜家》 《吕氏春秋》二十六卷。秦相吕不韋撰，高誘注。

晁公武《郡齋讀書志・雜家》 《吕氏春秋》二十六卷。右秦吕不韋撰，後漢高誘注。

尤袤《遂初堂書目・雜家》 《吕氏春秋》。

淮南王尚奇謀，募奇士。廬館一開，天下隽絶馳騁之流，無不雷奮雲集。蜂議横起，瓌詭作新，可謂一時傑出之作矣。及觀《吕氏春秋》，則淮南王書殆出於此者乎。不韋相秦，蓋始皇之政也。始皇不好士，不韋則徠英茂，聚畯豪，簪履充庭，至以千計。始皇甚惡書也，不韋乃極簡册。攻筆墨，采精録異，成一家言。吁，不韋何爲若此者也，不亦異乎。《春秋》之言曰「十里之間，耳不能聞。帷墻之外，目不能見。三畝之間，心不能知。而欲東至開悟，南撫多鷃，西服壽靡，北懷靡耳，何以得哉。」四極國名。此所以譏始皇也，始皇顧不察哉。不韋以此書暴之咸陽門曰「有能損益一字者，與千金。人卒無一敢易者。」是亦愚黔之甚矣。秦之士其賤若此，可不哀哉。雖然，是不特人可愚也，雖始皇亦爲之愚矣。異時亡秦者，文皆屠沽負販，不一知書之人。嗚呼。

陳振孫《直齋書録解題・雜家類》 《吕氏春秋》二十六卷。案：《唐》、《宋藝文志》俱作二十六卷，原本作三十六卷，誤。今改正。

秦相吕不韋撰。後漢高誘注。其書有十二紀、八覽、六論。十二紀者，即今《禮記》之《月令》也。

馬端臨《文獻通考・經籍考・雜家》《吕氏春秋》二十卷。

晁氏曰：秦吕不韋撰，後漢高誘註。按《史記・不韋傳》云，不韋相秦，致辯士，厚遇之，使人人著所聞，集論以爲八覽、六論、十二記，二十餘萬言，以爲備天地萬物古今之事，號曰《吕氏春秋》，暴之咸陽市門，懸千金其上，有能增損一字者予之，時人無增損者。高誘以爲非不能也，畏其勢耳。

《宋史・藝文志・雜家》吕不韋《吕氏春秋》二十六卷。高誘注。

楊士奇等《文淵閣書目・雜家》《吕氏春秋》一部三册，完全。

《吕氏春秋》一部十册，完全。

《吕氏春秋》一部四册，完全。

高儒《百川書志・雜家》《吕氏春秋》二十六卷。

秦吕不韋撰，後漢高誘訓註。凡一百六十篇。

范邦甸等《天一閣書目・雜家》《吕氏春秋》二十六卷。刊本。〇秦吕不韋撰，漢高誘訓解并序。

趙琦美《脈望館書目・雜家》校過宋板《吕氏春秋》四本。甲《吕氏春秋》六本。乙又四本。丙

徐𤊹《徐氏家藏書目・子類》《吕氏春秋》二十卷。

孫能傳、張萱等《内閣藏書目録・子部》《吕氏春秋》五册，全。

秦吕不韋著。

又三册，全。

錢謙益等《絳雲樓書目・子類家》《吕氏春秋》二十六卷。高誘注，漢末人。

于敏中《天禄琳琅書目・子部》《吕氏春秋》。一函，四册。

秦吕不韋著，漢高誘訓解，二十六卷。前誘序，目録後有鏡湖遺老識語，明張登雲跋。

考是書卷目，各家著録互異。《唐》、《宋藝文志》及晁氏《讀書志》並作二十六卷。惟馬氏《文獻通考》作二十卷，陳氏《書録解題》又作三十六卷，與此本亦異。按《鏡湖遺老識語》稱「餘杭鏤本亡三十篇，又有脱字漏句。此本得於東牟王氏。四明使君於元豐初奉詔修書，與資善堂取太清樓藏本爲之校定元祐壬由。余喜得此書，校讐始就，爲一客挾去，後三年見歸。因募筆工録之」云云。據此則鏡湖遺老爲宋人。其時所校定者原未嘗刊刻。此本有陳世寶訂正、朱東光補參、張登雲繙校諸名目，刊列於標題之下。是其書爲登雲所手校而遵用鏡湖遺老校定舊本，概可見也。陳世寶、朱東光，爵里俱無考。張登雲，山東兖州府寧陽縣人。登隆慶辛未進士，見《太學題名碑》。

《四庫全書總目提要・雜家類》《吕氏春秋》二十六卷。兩江總督採進本。

舊本題秦吕不韋撰。考《史記・文信侯列傳》，實其賓客之所集也。《太史公自序》又稱不韋遷蜀，世傳吕覽。考《序意篇》稱維秦八年，歲在涒灘。是時不韋未遷蜀，故自高誘以下，皆不用後説，蓋史駁文耳。《漢書・藝文志》載《吕氏春秋》二十六篇。

孫星衍《平津館鑒藏書籍記》《吕氏春秋》二十六卷。前有遂昌鄭元祐序，後有嘉興路儒學教授陳華至正下有闕字。吴興謝盛之刊一行，即所謂元嘉本學宫本也。目録後有鏡湖遺老記，稱此本從太清樓本校定，故視他本爲善。每葉廿行，行廿字。

《吕氏春秋》廿六卷。題高氏訓解。明雲間宋邦乂、張邦瑩、徐益孫、何三畏校。前有王世貞序，方孝孺《讀吕氏春秋》一篇，又高誘原序。每葉廿行，行廿字。

彭元瑞《天禄琳琅書目後編・明版子部》《吕氏春秋》二函，十六册。

秦吕不韋撰，漢高誘訓解。書二十六卷，凡百六十篇。曰十二紀，子目六十一。曰八覽，子目六十三。曰六論，子目三十六。前有誘序，每卷標題下刻明雲間宋邦人、張邦瑩、徐益孫、何三畏校。三畏，字士柳，華亭人。萬曆壬午舉人，官紹興府推官。餘無考。

吴壽暘《拜經樓藏書題跋記》《吕氏春秋》。

《吕覽》二十六卷。元刻本。卷首有遂昌鄭元祐序。

李慈銘《越縵堂讀書記・雜家》《吕氏春秋》。秦吕不韋。

張之洞《書目答問・周秦諸子》《吕氏春秋高誘注》二十六卷。經訓堂校本。雜。

《吕子校補》二卷。梁玉繩。清白十集本。《吕子校補獻疑》一卷。蔡雲。自刻本。

耿文光《萬卷精華樓藏書記・雜家類》《吕氏春秋》二十六卷。

舊題秦吕不韋撰，漢高誘注。

經訓堂本。畢沅新校正。參訂十一人，皆一時名宿。前有新校正序，次高誘序，次附攷。首吕氏十二紀。原序其言近道，以下諸家論説。次舊本，次參訂姓氏，次

目、十二紀、八覽、六論似非本書次序。《史記》云著八覽、六論、十二紀，以覽居首，故世稱《呂覽》。梁曜北云以十二紀居首，此春秋之所由名也。自漢以來皆以《呂氏春秋》爲正名。後跋一。

《呂子校補》二卷。

國朝梁玉繩撰。

清白士集本。前有自序，梁伯子其自號也。

姚振宇《後漢藝文志・雜家》 《高誘呂氏春秋注》二十六卷。誘始末具經部禮類。

誘自序曰：「誘正《孟子章句》，作《淮南》、《孝經》解畢訖。家有此書，尋繹案省，大出諸子之右。既有脱誤，小儒又以私意改定。猶慮傳義失其本真，少能詳之。故復依先師舊訓，輒乃爲之解焉。以述古儒之旨，凡十七萬三千五十四言。」

姚振宇《漢書藝文志條理・雜家》 《呂氏春秋》二十六篇。秦相呂不韋輯，智略士作。

《呂子校補》二卷。

清梁玉繩撰。玉繩有《史記志疑》，已著録。初畢沅校刻《呂氏春秋》時，玉繩亦與校讎之列，故頗采其説。刊成之後，續得剩義二百六十餘條，因纂成二卷。其間有正前説之誤者。

《呂子續補》一卷。槐廬叢書本。

清梁玉繩撰。玉繩既成《呂子校補》二卷，續有所獲，分見於其所著《瞥記》及其子學昌所輯《庭立紀聞》中。光緒時嘉興陳其榮從二書録出，依次擺列，名曰《呂子校續補》，共三十節。其榮未能分別詳注，今細覈之。《瞥記》六節，《庭立紀聞》卷一《呂子校補》二十一節，卷二《雜記中》一節，實僅二十八節。而其榮復附入宋翔鳳《過庭録》二節，其實宋説不必附録，未免自亂其例。二十八節之中，玉繩之説，僅十六節。餘皆轉引嚴九能諸薌堂蔡鐵耕諸家之説也。

《呂子校補獻疑》一卷。刻本。

清蔡雲撰。雲輯有《月令章句》，已著録。此讀《呂子校補》有所補正，函達梁玉繩者也。其間有補正其説者，有改訂校補誤字者，僅有十條。後有致諫庵函，附《續呂子校補獻疑》一條，合前共十一條。

《呂氏春秋高注補正》一卷。武進李氏排印本。

清李寶洤撰。寶洤有《三國志平議》，已著録。是編補正高誘《呂覽》注者。其例每節補注者，則首書「補曰」二字。正注者，則首書「正曰」二字。以畢沅校本爲主。

《呂氏春秋高注補正》一卷。抄本。

清孫鏘鳴撰。鏘鳴字韶甫，號蕖田，瑞安人。道光辛丑進士。選庶吉士，授編修。咸豐時，遞遷侍講、侍讀、左右庶子、侍講學士。同治壬戌，轉侍讀學士。光緒庚子，賜侍郎銜，年八十有四。是書乃同治戊辰校讀畢刻《呂氏春秋》時隨筆寫記，得百六十餘條。今但見抄本，惟國故月刊曾分期印畢。其自述謂王懷祖《雜志》未見，俞蔭甫《平議》未出，管見所及必有一二與之暗合者云云。

《呂氏春秋補校》一卷。

清茆泮林撰。泮林有《毛詩注疏校勘記校字補》，已著録。此因《呂氏春秋》十二紀正文及注，多經後人改易。畢沅所校，但據《禮・月令》，而朱子《經傳通解》附注呂本，與今本多異。畢未取校正，乃據朱所援引補校之，後有紀外所校，僅得三節。蓋隨筆札記，以附録也。前後異其名者，以前校十二紀，故用《呂氏春秋》之名，後三節在《八覽》中，故用《呂覽》之名也。以朱子附注，推呂原文，大體精整。

《呂氏春秋正誤》一卷。

清陳昌齊撰。昌齊有《楚辭辨韻》，已著録。王念孫《賜書堂集鈔序》曰：「先生爲余詞館先輩，後又同值諫垣。公事之暇，屢以古義相告語。其學旁推交通之中，加以正譌糾謬。每發一論，皆得古人之意義。而動合自然」云云。

《呂氏春秋平議》三卷。春在堂全書本。

清俞樾撰。此《諸子平議》之第十種也。

《讀〈呂氏春秋〉札記》二卷。抄本

清陶鴻慶撰。此讀諸子札記之第五種也。畢校《呂覽》，闕陷甚多。鴻慶所校，訂正不少。其所參證，除畢書所引諸家外，有王念孫《讀書志餘》及俞樾《平議》二書。

姚振宗《後漢藝文志》 高誘《呂氏春秋注》二十六卷。誘始末，具經部禮類。

誘自序曰：「誘正《孟子》章句，作《淮南》、《孝經》解畢。訖家有此書，尋繹案省，大出諸子之右。既有脱誤，小儒又以私意改定。猶慮傳義失其本真，少能詳之。故複依先師舊訓，輒乃爲之解焉。以述古儒之旨，凡十七萬三千五十四言。《隋書・經籍志》、《呂氏春秋》二十六卷。秦相呂不韋撰，高誘注。《唐藝文志》：《呂氏春秋》二十六卷，呂不韋撰，高誘注。《宋志》：呂不韋《呂氏春秋》二十六卷，高誘注。

錢東垣等輯《崇文總目・雜家類》《呂氏春秋》三十六卷。

王應麟《漢藝文志考證》《呂氏春秋》。

王應麟《玉海・藝文》《呂氏春秋》、《呂覽》。

晁瑮《晁氏寶文堂書目》《呂氏春秋》。

《呂氏春秋》元刻。

陳第《世善堂藏書目録》《呂子》二十六卷。即《呂氏春秋》。

朱睦㮮《萬卷堂書目》《呂氏春秋》二十六卷。呂不韋。

祁承㸁《澹生堂藏書目》《呂氏春秋》正文廿六卷，五册，呂不韋。

《呂氏春秋注》廿五卷，六册，高誘。

焦竑《國史經籍志》《呂氏春秋》二十六卷，高誘注。

錢曾《錢遵王述古堂藏書目録》雜家《呂氏春秋高誘注》二十卷，二本。

徐乾學《傳是樓書目》《呂氏春秋》二十六。周呂不韋，漢高誘注，十本。又一部四本。

《呂氏春秋、關尹、淮南合鈔三》。一本。

季振宜《季滄葦藏書目》《呂氏春秋》二十六卷。照宋板校。

瞿鏞《鐵琴銅劍樓藏書目録》《呂氏春秋》二十六卷，元刊本。

題秦呂不韋撰，高氏訓解。此元至正間嘉興路總管劉貞得東牟王氏校本所刊。每半葉十行，行二十字。序後有「嘉興路儒學教授陳泰校、吴興謝盛之刊」一行。有鄭元佑序。

劉錦藻《清續文獻通考・經籍考・雜家》《呂子校補》二卷。梁玉繩撰。玉繩見史部正史類。

《呂氏春秋辨誤》一卷。陳昌齊撰。

呂齊字賓臣，號觀樓。廣東海康人。乾隆辛卯進士，官至浙江温處道。

鬻　子

《宋史・藝文志・雜家》《鬻熊子》一卷。

徐𤊹《徐氏家藏書目・子部・諸子類》《鬻子》一卷，熊。

將閭子

姚振宗《漢書藝文志拾補・雜家》《將閭子》

《廣韻》九魚閭字注，閭又複姓。《藝文志》云古有將閭子。

戚　子

姚振宗《漢書藝文志拾補・雜家》《戚子》。

林寶《元和姓纂》曰：「戚氏，衛大夫。食采於戚，因氏焉。先賢戚子著書」。

鄭樵《氏族略》曰：「戚氏，衛大夫。食采於戚，因氏焉。其地在衛州頓邱。昔賢有戚子著書。」

按《古今人表》戚子列第六等。與根牟子、申子、慎子、嚴周、惠施、公孫龍、魏公子牟相類從，皆著書傳世者。

坤年子

姚振宗《漢書藝文志拾補・雜家》《坤年子》。

《風俗通・姓氏篇》坤年子，六國時著書。《元和姓纂》引文同。

立如子

姚振宗《漢書藝文志拾補・雜家》《立如子》。

《風俗通・姓氏篇》「立如氏」，魯有賢人立如子，著書。《氏族略》引文同。

《廣韻》二十六緝「立」字注：「立」又複姓，魯有賢人立如子。

宋邵思《姓解》引《姓苑》云：「古有賢人立如子」按《姓苑》，劉宋何承天撰。

公行子

姚振宗《漢書藝文志拾補·雜家》《公行子》。

趙岐《孟子注》曰：「公行子，齊大夫也。」

《廣韻》一東公字注「公」又複姓，《孟子》有公行子著書。《左傳》晉成公以卿之庶子爲公行大夫，其後氏焉。

時子

姚振宗《漢書藝文志拾補·雜家》《時子》。

趙岐《孟子注》曰：「時子，齊臣也。」

宋鄧名世《古今姓氏書辨證》曰：「齊大夫時子與孟子同時，王嘗使留孟子。」

林寶《元和姓纂》曰：「齊有賢人時子，著書見《孟子》。《通志·氏族略》同又云《新論》有《時農》。

尤袤《遂初堂書目·雜家》《尹子》。

《宋史·藝文志·雜家》《尹子》五卷。

室孫子

姚振宗《漢書藝文志拾補·雜家》《室孫子》。

邵思，姓解曰室孫氏，出《姓苑》。古有室孫子著書。

鄭樵《氏族略》曰：「室孫氏，王室之孫也。古有室孫子著書。」《姓纂》云，今棣州有室孫氏。

按室孫子著書，出宋何承天《姓苑》。鄧名世《古今姓氏書辨證》云：《漢·藝文志》有《宮孫子著書》。或云室孫氏，「宮」訛爲「室」。據此則室孫子即《漢志》道家之宮孫子。然《氏族略》引《元和姓纂》云棣州有室孫氏，則室孫子其先也與宮孫子別爲一人。《姓苑》之言必有所自來，疑亦本之。

淮南子

《漢書·藝文志·雜家類》《淮南内》二十一篇。王安。《淮南外》三十三篇。

《隋書·經籍志·雜家類》《淮南子》二十一卷。漢淮南王劉安撰，許慎注。《淮南子》二十一卷。高誘注。

《舊唐書·經籍志·雜家類》《淮南商詁》二十一卷。劉安撰。《淮南子注解》二十一卷。高誘撰。

錢東垣等輯《崇文總目·雜家類》《淮南子》二十一卷。原釋許慎注。見天一閣鈔本。

《淮南子》二十一卷。原釋高誘注。見天一閣鈔本。

侗按：「《舊唐志》作《淮南子注解》。《宋志》十三卷。」

《新唐書·藝文志·雜家類》許慎注《淮南子》二十一卷淮南王劉安。

高誘注《淮南子》二十一卷。

又《淮南鴻烈音》二卷。

鄭樵《通志·藝文略·雜家類》《淮南子》二十一卷。漢淮南王劉安撰，許慎注。又，二十一卷。高誘注。《淮南鴻烈音》二卷。

晁公武《郡齋讀書志·雜家類》《淮南子》二十一卷。袁本《前志》卷三上雜家類第二。

右漢劉安撰。淮南厲王長子也。襲封，招致諸儒方士講論道德，總統仁義，著内書二十一篇，號曰鴻烈。

尤袤《遂初堂書目·雜家類》《淮南子》。

高似孫《子略》《淮南子》。

陳振孫《直齋書録解題·雜家類》《淮南鴻烈解》二十一卷。

漢淮南王安與賓客撰。後漢太尉許慎叔重注。案《唐志》又有高誘注。今本既題許慎記上，而詳序文則是高誘，不可曉也。序言自誘之少，從同縣盧君受其句讀。盧君者，植也。與之同縣，則誘乃涿郡人。又言是建安十年辟司空掾，東郡濮陽令，十七年遷監河東。

馬端臨《文獻通考・經籍考・雜家類》《淮南子》二十一卷。

《宋史・藝文志・雜家類》《淮南子鴻烈解》二十一卷淮南王安撰。

許慎注《淮南子》二十一卷。

高誘注《淮南子》十三卷。

楊士奇等《文淵閣書目・雜家類》《淮南子》一部四册闕。

《淮南子》一部五册完全。

《淮南子》一部五册闕。

徐𤊹《徐氏家藏書目・子部・諸子類》《淮南子》二十八卷。劉績。

張萱等《内閣藏書目録・子部》《淮南子》，八册全。

漢淮南王安輯，又三册全。

王世貞《讀書後・雜志》卷二　讀《淮南子》。史稱《淮南子》撰《内書》二十一篇，《外書》甚衆。又有《中篇》八卷，言神僊黄白之術，亦二十餘萬言。今其存者内篇而已，而又亡其三篇。讀之知其非一手一事也。其理出於《文子》、《莊子》、《列子》，其辭出於《吕氏春秋》、《玉杯》、《繁露》、《慎子》、《鄧析》、《山海圖經》、《爾雅》。其人則左吴、蘇飛、李尚、田雷被、伍被之徒，各取其長而未及衷。以故多錯綜重複，不受整束。而淮南王之材甚高，其筆甚勁，是以能成一家言。

又《思適齋書跋》　《淮南子》二十一卷校本

此《淮南王書》，武進刊本，校則嘉定錢坫獻之也。錢實未見《道藏》所見校道藏本耳。故其稱説全無一是。今悉用《道藏》改正，弃之篋中。儻後有好事重付剞劂，則《道藏》之真面目，可從此而識矣。顧廣圻記。王懷祖先生以所著《讀書雜志》内淮南一種見贈，於藏本劉績本，及此本是非，洞若觀火矣。己卯小除記。松厓先生有手校本，向在朱奂文游家。今歸黄蕘圃。蕘圃有惜書癖，以故重借之。家兄抱沖曾得朱族子傳校本，略一展讀，則由傳校而字誤者，殆不勝其多。因姑略革其一二於下方，異日尚當向蕘圃作懷餅請也。乾隆甲寅三月又記。庚申春杪再閲一過，思適居士記。是歲七月，借得宋槧細勘一過。校《道藏》爲勝。劉績本以下，無論也。後世得此者，尚知而寶之，千里又記。十月七日覆校畢。又宋本諱字亦添記於此，以備參考。頗思得好事人重刊，未知緣法如何耳。九日又記。

黄丕烈《百宋一廛書録》　《淮南子》。

《淮南鴻烈解》二十一卷，見於《讀書敏求記》記云：「《淮南子》善本極少，此從宋刻影摹者。」今余所得乃宋刻也，得於揚州。卷端有「楝亭曹氏藏書」一印，故此書出自揚州。近時莊刻《淮南》謂出於《道藏》本。取《道藏》本對之，已不合，何論宋刻。余初得惠松崖校本，謂出於宋本，高注已較明刻諸本獨多。然出於臨校宋本並非親見宋刻。香嚴書屋藏六藝本謂親見宋刻，今取以勘之，亦多不同。蓋校時脱誤也。近高郵王編修伯申校此書，與余札云：「窮搜力索，不過劉績本而已。」蓋劉績翻道藏本不如宋刻，尚未可以道里計，何論其他。此書字小行密，兼之墨敝紙渝，幾思傳校，殊苦倦怠。故是刻外卻無副本書之。可稱祕笈者，無逾於此。原裝十二册，籤題皆藏經紙。題曰「《淮南子》許慎注。」北宋本其云「許慎注」者因卷中題「太尉祭酒臣許慎記上」而誤爾。古香可愛，未敢輕去，爰附辨於此。

姚振宗《漢書藝文志條理・雜家》《淮南》内二十一篇王安。《淮南》外三十三篇。顔氏《集注》曰：「内篇論道，外篇雜説。」

司馬彪淮南子注

文廷式《補晉書藝文志・道家類》　司馬彪《淮南子注》。《文選》卷四十五《歸去來辭》注《淮南要略》曰：山谷之人，輕天下細萬物而獨往者也。司馬彪曰：獨往任自然，不復顧世。《莊子・胠篋篇》、《釋文》、《淮南子》云：萇弘鈹裂而死。司馬云：胣裂也；萇弘，周靈王賢臣也。

淮南鴻烈音

姚振宗《後漢藝文志・雜家》　高誘《淮南鴻烈音》二卷。

誘注書序曰：「然其大較歸之于道，號曰《鴻烈》。鴻，大也。烈，明也。以爲大明道之言也。光禄大夫劉向校定，撰具名之《淮南》。」

淮南鴻烈間詁

姚振宗《後漢藝文志・雜家》　許慎《淮南鴻烈間詁》二十一卷。慎始末，具經部孝經類。

《隋書・經籍志》：《淮南子》二十一卷，漢淮南王劉安撰，許慎注。唐《日本國人見在書目》：《淮南子》廿一卷，許慎注。《唐・經籍志》：《淮南商詁》二十一卷，劉安撰。失著注人「商詁」即「間詁」之譌，此即許慎注。《藝文志》：許慎注《淮南子》二十一卷，淮南王劉安。《宋志》：許慎注《淮南子》二十一卷。

淮南子注

姚振宗《後漢藝文志・雜家》 馬融《淮南子注》融始末具經部易類。

范書本傳注《孝經》、《論語》、《詩》、《易》、《三禮》、《尚書》、《列女傳》、《老子》、《淮南子》。

陶方琦《淮南許注異同詁序》曰：「考《淮南》之注傳者，唯許高二家。惟《後漢馬融傳》言融曾爲淮南子注。隋志不録。書已早逸。然高誘之師爲盧植，植之師爲馬融。即誘自序云『從故待中同縣盧君受其句讀，誦舉大義』，是高誘當親見馬氏注本。所云『深思先師之訓』即指馬本故音訓之詳，碻非魏晉以後可逮。」

淮南子鴻烈解

鄭樵《通志・藝文略・道家類》 《淮南鴻烈解》二十卷。許慎注。

白雲霽等《道藏目録詳注・太清部》 動字號計十二卷。《淮南鴻烈解》。卷一之十四。《淮南鴻烈解》。卷十五之二十三。《淮南鴻烈解》。卷二十四之二十八。漢淮南王，名安，厲王長子。

顧懷三《補後漢書藝文志・諸子類》 高誘《淮南子注》。

《魏魏叢書》有刊本，武進莊逵吉有校本刊行。

高儒《百川書志・雜家》 《淮南子鴻烈解》二十八卷。

漢淮南王劉安著，太尉祭酒許慎記上。

范邦甸等《天一閣書目・雜家》 《淮南子鴻烈解》二十八卷，刊本。漢太尉祭酒許慎記上。明弘治辛酉劉績補註并跋。

徐𤊹《徐氏家藏書目・子部・諸子類》 《淮南鴻烈解》二十卷。

錢曾《讀書敏求記・子部》 《淮南子鴻烈解》二十一卷。

《淮南子》善本極少，此從宋刻影摹者。流俗刊作二十卷。踳駁尤甚，讀者宜辨之。

錢謙益等《絳雲樓書目・雜記》 《淮南子》二十一卷，高誘注。

《淮南子》二十一卷。內府藏本。

《四庫全書總目提要・子部・雜家類一》 漢淮南王劉安撰，高誘註。安事蹟具《漢書》本傳。《漢書・藝文志・雜家》、《淮南內》二十一篇，外三十三篇。顔師古註曰：「內篇論道，外篇雜説。」今所存者二十一篇，蓋內篇也。

顧廣圻《思適齋集・外書跋輯存》 《淮南鴻烈解》二十一卷。宋刊本。

汪君閬源收藏宋槧《淮南子》。予借讀一過而書其後曰：「此於今日洵爲最善之本矣。」

黄丕烈《蕘圃藏書題識》 《淮南子》二十八卷。校宋舊鈔本。

此《淮南鴻烈解》二十八卷，舊鈔本余得諸顔家巷張秋塘處。云是其先世青父公所藏。卷中有校增字如高誘撰文云云，皆其筆也。《淮南子》世有二本。一爲二十一卷，出於宋本。一爲二十八卷，出於道藏本。至二十卷者，錢述古所謂流俗本也。

孫星衍《平津館鑒藏書籍記》 《淮南鴻烈解》二十八卷。題漢太尉祭酒許慎記上，後學劉績補注，後學王溥校刊，即高誘注本。前有高誘序，亦不署名。末有宏治辛酉劉績識語，稱據他書補數千字，改正數百字，删去百字。據各家《淮南》俱廿一卷，唯金陵朝天宮道藏本、黄蕘圃孝廉所藏宋本，俱作廿八卷，與此本同。注文亦無删落，黑口板。

補注淮南子

黄虞稷《千頃堂書目・子部・雜家類》 劉績補注《淮南子》二十八卷。江夏人。

淮南天文訓補注

張之洞《書目答問・周秦諸子》《淮南天文訓補注》二卷。錢塘，指海本。

顧廣圻《思適齋書跋》《淮南天文訓補注》二卷。鈔本。

壬申十月借平津館藏本，鈔工費白金一兩，藏之篋中。暇日當細爲勘定，以俟好事鐫諸木。云澗薲居士記，時寓江寧孫忠愍祠。

淮南萬畢術

張之洞《書目答問・周秦諸子》《淮南萬畢術》一卷。孫馮翼輯，問經堂本，又茆輯十種本。

淮南子注

張之洞《書目答問・周秦諸子》許叔重《淮南子注》一卷。孫馮翼輯，問經堂本。

淮南子高誘注

張之洞《書目答問・周秦諸子》《淮南子高誘注》二十一卷。莊逵吉校本，《十子》本即此本，兼道家。

子華子

姚振宗《漢書藝文志拾補・雜家》《子華子》。

《玉海・藝文》曰：「《莊子・讓王篇》稱子華子見韓昭侯，陸德明以爲魏人。」《呂氏春秋》引《子華子》曰，注子華子體道人也。《通志・氏族略》曰：「以諸國人字爲氏者，有子華氏。韓有子華子，因以爲氏焉。」

晁公武《郡齋讀書志・雜家類》《子華子》十卷。

右其傳曰：「子華子，程氏，名本，晉人也。」劉向校定其書。

尤袤《遂初堂書目・雜家》《子華子》。

陳振孫《直齋書録解題・雜家類》《子華子》十卷。稱晉人程本，字子華，與孔子同時。考前世史志及諸家書目，並無此書，蓋假託也。《館閣書目》辨之當矣。《家語》有孔子遇程子，傾蓋贈束帛之事。而《莊子》亦載子華子見昭僖侯一則，此其姓字之所從出。昭僖與孔子不同時也。《莊子》固寓言，而《家語》亦未可考信。班固《古今人表》亦無之。使果有其人，遇合於夫子，班固豈應見遺也？其文不古，然亦有可觀者，當出於近世能言之流，爲此以玩世爾。

馬端臨《文獻通考・經籍考・子部・雜家》《子華子》十卷。

晁氏曰：其傳曰：「子華子，程氏，名本，晉人也。劉向校定其書。」按莊子稱子華子見韓昭侯，陸德明以爲魏人，既不合，又《藝文志》不録子華子書。觀其文辭，近世依託爲之者也。其書有子華子爲趙簡子不悅，又有秦襄公方啓西戎，子華子觀政於秦。夫秦襄之卒在春秋前，而趙簡子與孔子同時，相去幾二百年，其牴牾類如此。且多用《字説》，謬誤淺陋，殆元豐以後舉子所爲耳。

楊士奇等《文淵閣書目・洪字》《子華子》，一部一册，闕。

高儒《百川書志・雜家》《子華子》二卷，晉人程本著。

王世貞《讀書後・雜家》讀《子華子》。

《子華子》十卷。自孔子遇諸剡而贈之以束帛，於是著焉。

徐𤊹《徐氏家藏書目・子部・諸子類》《子華子》二卷。程本。

徐𤊹《徐氏家藏書目・諸子類》《子華子》二卷。程本。

白雲霽等《道藏目録詳注・太清部》顛字號計十二卷。《子華子》。卷一之十共五卷。子華，晉人也。著書二十四篇。

接子

姚振宗《漢書藝文志拾補・雜家》《接子》十篇。

趙岐《三輔決録》曰：「按子名昕，著書十卷。」張澍輯注曰：按《廣韻》引「按昕子」二字。《氏族略》引《卷作篇》。又按按子，武帝時人。與齊按子是二人。

忠經

尤袤《遂初堂書目・雜家》 《忠經》。

楊士奇等《文淵閣書目・荒字》 馬融《忠經》，一部一册，闕。

唐子

姚振宗《後漢藝文志・雜家》 《唐子》，二十八篇。唐檀撰。

范書《方術列傳》，唐檀，字子産，豫章南昌人也。少游太學，習《京氏易》、《韓詩》、《顔氏春秋》，尤好災異、星占。後還鄉里，教授常百餘人。永建五年舉孝廉除郎中，是時白虹貫日，檀因上便宜三事，陳其咎徵。書奏，棄官去。著書二十八篇，名爲《唐子》。卒于家。

昌言

《隋書・經籍志・雜家》 仲長子《昌言》十二卷，録一卷。漢尚書郎仲長統撰。

《舊唐書・經籍志・雜家》 仲長子《昌言》十卷。仲長統撰。

馬端臨《文獻通考・經籍考・子部・雜家》 仲長子《昌言》二卷。

《崇文總目》：後漢仲長統撰。按本傳，統論説古今及時俗行事，著論名《昌言》，凡三十四篇，十餘萬言。《隋》、《唐》書目十卷，今所存十五篇，分爲三卷，餘皆亡。

《宋史・藝文志・子部・雜家》 仲長統《昌言》二卷。

錢東垣等輯《崇文總目》 仲長子《昌言》二卷。原釋漢仲長統撰。按《本傳》統論説古今及時俗、行事，著論名《昌言》，凡三十四篇，十餘萬言。《隋》、《唐》書目十卷。今所存十五篇，分爲二卷，餘皆亡。見《文獻通攷》。

侗按《玉海》引《崇文目》同，今《隋志》十二卷。

姚振宗《後漢藝文志・雜家》 仲長統《昌言》，三十四篇。統始末，具史部雜傳記類。

玉禄閣外史

《四庫全書總目提要・子部・雜家類存目一》 《玉禄閣外史》八卷。内府藏本。

舊本題漢黄憲撰。

矯非論

姚振宗《三國藝文志・雜家》 范慎《矯非論》二十篇。慎始末，具經部書類。

《吴志・孫登傳》注《吴録》曰：「慎著論二十篇，名曰《矯非》。」

天機子

范邦甸等《天一閣書目・雜家》 《天機子》一卷。蜀漢諸葛武侯撰，并序。

諸葛子

姚振宗《三國藝文志・雜家》 《諸葛子》五卷。諸葛恪撰。恪始末具史部，傳記類。

《隋書・經籍志》梁有《諸葛子》五卷。吴太傅諸葛恪撰，亡。

夏侯子

姚振宗《三國藝文志・雜家》《夏侯子》，夏侯玄撰。玄始末具道家類。

嚴可均《全三國文編》曰：「夏侯玄有《夏侯子》。」《太平御覽》八百九十七又九百四十五引，凡三條。

□名三篇

姚振宗《漢書藝文志・雜家》《□名三篇》，汲冢竹書。

束皙竹書篇目曰《□名三篇》似《禮記》又似《爾雅》、《論語》。

按是書初以爲名家言，及觀謝氏《小學考》乃以「楚晉事名」標目。今按《晉書・束皙傳》「楚晉事」三字指上國語三篇而言，非屬下文。又無錫浦起龍《史通通釋》引束皙傳云：「《國語》三篇，言楚晉事。《□名三篇》似《禮記》又似《爾雅》、《論語》見《申左篇》後。蓋所見晉書名上敚一字，今本去「□」，遂不知上有敚文，以其名書曰名。故始以爲名家之書。然則是書大抵言名物如《釋名》、《事始》、《物始》之流，今入雜家而從浦氏所見，標其目。

秦子

《隋書・經籍志・雜家》《秦子》三卷，吴秦菁撰。

《舊唐書・經籍志・雜家》《秦子》三卷，秦菁撰。

《新唐書・藝文志・子部・雜家》《秦子》三卷，秦菁。

姚振宗《三國藝文志・雜家》《秦子》三卷。秦菁撰。

《隋書・經籍志》：梁有《秦子》三卷，吴秦菁撰，亡。《唐・經籍志》：《秦子》三卷，秦菁撰。《藝文志》：《秦子》三卷，注曰秦菁。

《侯志》曰：《意林》載《秦子》二卷，所引數條中有顧彦先《難語》。彦先者，顧榮之字。榮仕吴爲黄門郎，後及事晉元帝。秦菁與之同時，亦吴末人也。《藝文》、《御覽》屢引此書，多《意林》所無。

文廷式《補晉書藝文志・雜家類》秦菁《秦子》三卷。

《隋志》題吴人。今案《意林》及《北堂書鈔》卷一百四十五所引有與顔彦先問難語，蓋晉人也。

篤論

姚振宗《三國藝文志・雜家》杜恕《篤論》四卷。恕始末，具儒家類。

《魏志・杜畿附傳》恕在章武徙所，又著《興性論》一篇。蓋興于爲己也。又曰：「恕奏議、論駁皆可觀。」

《隋書・經籍志》：梁有《篤論》四卷，杜恕撰，亡。《唐經籍志》：《篤論》四卷，張儼撰。案此作「張儼」誤。《藝文志》：杜恕《篤論》四卷。

芻蕘論

《隋書・經籍志・雜家》《芻蕘論》五卷，鍾會撰。梁有《諸葛子》五卷，吴太傅諸葛恪撰。亡。

《舊唐書・經籍志・雜家》《芻蕘論》五卷。鍾會撰。

《新唐書・藝文志・子部・雜家》鍾會《芻蕘論》五卷。

《宋史・藝文志・雜家》劉巖《芻蕘論》三卷。

姚振宗《三國藝文志・雜家》鍾會《芻蕘論》五卷。會始末，具經部易類。

《隋書・經籍志》：梁有《芻蕘論》五卷，鍾會撰，亡。《唐經籍志》：《芻蕘論》五卷，鍾會撰。《藝文志》：鍾會《芻蕘論》五卷。《通志・藝文略》諸子儒術類《芻蕘語論》五卷，鍾會撰。

《侯志》曰：《文選・魏都賦》注、《御覽》一百九十一、又四百二、又四百六、又八百十三、八百七十一，俱引之。中載東方朔《與公孫弘書》，後人編入朔集者，即從此采出。

鄒子

文廷式《補晉書藝文志·雜家類》 《鄒子》一卷。

《馬國翰輯佚書》云：《鄒子》一卷，撰人闕。《隋唐志》皆不著目。《意林》有《鄒子》一卷，在《化清經》、《成敗志》之間。蔡洪、孫毓皆晉人。《鄒子》當亦晉人所撰。考《晉書·文苑傳》，鄒湛字潤甫，南陽新野人。所著詩及論事議二十五首，爲時所重，此湛有著作之證。以時考之又與蔡洪、孫毓皆在西晉之初，故書中敘邢高、吕安飲仰天泣，目覩其事而論之也。

孫子

陳振孫《直齋書録解題·雜家》 《孫子》十卷。

題晉孫綽興公撰，恐依託。《唐志》及《中興書目》並無之，余從程文簡家借録。

馬端臨《文獻通考·經籍考·子部·雜家》 《孫子》十卷。

《宋史·藝文志·雜家》 《孫綽子》十卷。

世務論

姚振宗《後漢藝文志·雜家》 何汶《世務論》，三十篇。

常璩《蜀都士女贊》：何英，郫人也。學通經緯，著《漢德春秋》。孫汶，字景由，亦深于學。初徵上，日食。盜賊起，有効，爲謁者。京師旱，請雨即澍，遷犍爲屬國。著《世務論》三十篇，卒。

又《三州士女目録》曰：「經治犍爲屬國。何汶字景由，英孫也。」

時務論

《隋書·經籍志·雜家》 《時務論》十二卷。楊偉撰。

《舊唐書·經籍志·雜家》 《時務論》十二卷。楊偉撰。

《新唐書·藝文志·子部·雜家》 楊偉《時務論》十二卷。

文廷氏《補晉書藝文志·雜家類》 楊偉《時務論》十二卷。

《三國志·曹爽傳》注引郭頒《魏晉世語》云：「偉，字世英。馮翊人。」《御覽》三百五十八引之。

新義

《隋書·經籍志·雜家》 梁有《新義》十八卷，吴太子中庶子劉廞撰。

《舊唐書·經籍志·雜家》 《新義》十八卷，劉欽撰。

《新唐書·藝文志·子部·雜家》 劉欽《新義》十八卷。

姚振宗《三國藝文志·雜家》 劉廞《新義》，十八篇。

《隋書·經籍志》：梁有《新義》十八卷，吴太子中庶子劉廞撰。亡。《唐經籍志》：《新義》十八卷，劉欽撰。《藝文志》：《劉欽新義》十八卷。

嚴可均《全三國文編》曰：「『劉廞』一作『欽』，爲太子中庶子。有《新義》十八卷。」又曰：「《御覽》四百六引《新議》凡三條。」

《馬國翰輯本序》曰：「《七録·雜家》有《劉廞新義》十八卷，《吴志》無廞傳，字里皆無考。據《隋志》知爲吴太子中庶子而已。《唐志》復著録，題作劉欣。案此所見《唐志》不知何本。今其書佚。從《書鈔》、《類聚》、《御覽》所引，得四節，或作劉歆，或作劉欽，或同《唐志》作劉欣，皆誤也。

新議

姚振宗《三國藝文志·雜家》 薛瑩《新議》八篇，瑩始末具史部正史類。

文廷式《補晉書藝文志・雜家類》 薛瑩《新議》，八篇。見《吴志》。

索子

文廷式《補晉書藝文志》 索靖《索子》二十卷。

萬機論

《隋書・經籍志・雜家》 《蔣子萬機論》八卷。蔣濟撰。梁有《篤論》四卷，杜恕撰。

《舊唐書・經籍志・雜家》 《萬機論》八卷。蔣濟撰。

《新唐書・藝文志・子部・雜家》 《蔣子萬機論》十卷。蔣濟。

陳振孫《直齋書録解題・雜家類》 《蔣子萬機論》二卷。

魏太尉平河蔣濟子通撰。案《館閣書目》卷五十五篇。今惟十五篇，恐非全書也。

馬端臨《文獻通考・經籍考・子部・雜家》 《蔣子萬機論》二卷。

《宋史・藝文志・雜家》 《蔣子萬機論》十卷。魏蔣濟撰。

姚振宗《三國藝文志・雜家》 蔣濟《萬機論》十卷。濟始末，具史部儀制類。

《魏志本傳》： 文帝踐阼，出爲東中郎將。濟上《萬機論》，帝善之。

《隋書・經籍志》：《蔣子萬機論》八卷，蔣濟撰。《唐經籍志》：《萬機論》八卷，蔣濟注。案「注」當爲「撰」。《藝文志》：《蔣子萬機論》十卷，注云蔣濟。《宋史・藝文志》：《蔣子萬機論》十卷，魏蔣濟撰。

《玉海》六十二引《館閣書目》曰：「《蔣子萬機論》十卷，凡五十五篇。雜論立政、用人、兵家之説，及考論前賢故事、雜問。案「問」當爲「聞」。

新言

《隋書・經籍志・雜家》 《新言》四卷。裴立撰。

《舊唐書・經籍志・雜家》 《新言》五卷。裴玄撰。

《新唐書・藝文志・子部・雜家》 裴玄《新言》五卷。

《隋書・經籍志・雜家》 《裴氏新言》五卷，吴大鴻臚裴玄撰。

姚振宗《三國藝文志・雜家》 裴玄《新言》五卷。

《吴志・嚴畯傳》： 畯又與裴玄、張承論、管仲、季路，皆傳于世。玄字彦黄，下邳人也。亦有學行，官至太中大夫。問子欽齊桓、晉文、夷、惠四人優劣。欽答所見，與玄相反覆，各有文理。欽與太子登游處，登稱其翰采。案《孫登傳》登遺表云：裴欽博記翰采，足用。

《隋書・經籍志》裴氏《新言》五卷。吴大鴻臚裴玄撰。案此下始云梁有某書。此書與《嘿記》似皆大字，隋時所有轉寫，誤入注文。《唐經籍志》：《新言》五卷，裴玄撰。《藝文志》：裴玄《新言》五卷。

誓論

《舊唐書・經籍志・雜家》 《誓論》三十卷。張儼撰。

《新唐書・藝文志・子部・雜家》 又《誓論》三十卷。

姚振宗《三國藝文志・雜家》 張儼《誓論》三十卷

《唐書・經籍志》：《誓論》三十卷，張儼撰。《藝文志》：張儼《默記》三卷，又《誓論》三十卷。

析言論

《隋書・經籍志・雜家》 《析言論》二十卷，晉議郎張顯撰。

文廷式《補晉書藝文志・雜家類》 張顯《析言論》二十卷。議郎。

馬國翰輯張顯書，凡得四條。案《御覽》三百四十八引張顯《哲》曰：「古諺云『堯舜至聖，身如脯腊。桀紂無道，肥膚三尺。』」張顯《哲》，他書未見。疑「哲」字乃「析言」二字之誤也。《書鈔》六十二，張顯《析言》云：「謁者僕射季明，清達有高才，多識前代格言，以爲揚雄、司馬遷儔也。」《類聚》九十二引張顯《析言》。《新唐書志》張明《誓(「析言」二字誤合)論》二十卷，古訓十卷。

折言論

《新唐書・藝文志・子部・雜家》 張明《折言論》二十卷。

抱朴子

《隋書・經籍志・雜家》 《抱朴子外篇》三十卷。葛洪撰。梁有五十一卷。

《舊唐書・經籍志・雜家》 《抱朴子外篇》五十卷。葛洪撰。

《新唐書・藝文志・子部・雜家》 《抱朴子外篇》二十卷。葛洪。

鄭樵《通志・藝文略・雜家》 《抱朴子外篇》三十卷。

晁公武《郡齋讀書志・雜家類》 《抱朴子外篇》十卷。

右晉葛洪稚川撰。自號抱朴子，博聞深洽，江左絶倫，著書甚富。言黄白之事者，名曰《内篇》，其餘《外篇》。《晉書》：内外通有一百一十六篇，今世所傳者，四十篇而已。《外篇》頗言君臣理國用刑之道，故附於雜家云。

馬端臨《文獻通考・經籍考・子部・雜家》 《抱朴子外篇》十卷。

《宋史・藝文志・子部・雜家》 葛洪《抱朴子内篇》二十卷。

又《抱朴子外篇》五十卷。

錢東垣等輯《崇文總目》 《抱朴子外篇》二十卷。葛洪撰。

侗按《隋志》，《通志略》並三十卷。《舊唐志》及《書録解題》引《館閣書目》並五十卷。《讀書志》、《、《通攷》並十卷。

徐𤊹《徐氏家藏書目・子部・諸子類》 《抱朴子》葛洪。

張之洞《書目答問・周秦諸子》 《抱朴子・内外篇》八卷。晉葛洪平津館本。兼道家。

《抱朴子》内篇校勘記一卷，佚文一卷。嚴可均。四録堂類集本。外篇校勘記一卷，佚文一卷。

文廷式《補晉書藝文志・雜家》 葛洪《抱朴子外篇》五十一卷。

今存。按《抱朴子》自敍云外篇言人間得失，世間臧否，屬儒家。今以其兼採道術，故仍入雜家。

傅　子

《隋書・經籍志・雜家》 《傅子》百二十卷，晉司隸校尉傅玄撰。

《舊唐書・經籍志・雜家》 《傅子》一百二十卷，傅玄撰。

《新唐書・藝文志・子部・雜家》 《傅子》一百二十卷，傅玄。

尤袤《遂初堂書目・雜家類》 《傅子》。

馬端臨《文獻通考・經籍考・子部・雜家》 《傅子》五卷。

《崇文總目》：晉傅休奕撰。集經史治國之説，評斷得失，各爲區例。本傳載内、外、中篇，凡四篇，亡録，合一百四十篇，今亡一百一十七。

《宋史・藝文志・雜家》 《傅子》五卷，晉傅玄撰。

錢東垣等輯《崇文總目・雜家》 《傅子》五卷。(原釋)：晉傅休奕撰。集經史治國之説評斷得失，各爲區例。本傳載：内、外、中篇，凡四篇，亡録，合一百四十篇，今亡一百一十七。見《文獻通攷》。

侗按《玉海》引《崇文目》同。陳詩庭云：《舊唐志》、《唐志》尚存一百二十卷。今本十二篇，又佚十一。

文廷式《補晉書藝文志・雜家類》 傅玄《傅子》百四十卷。

本傳云：爲内，外、中篇，凡有四部六録，合百四十首。近人嚴可均、方濬師均有輯本。

劉子

《隋書・經籍志・雜家》《劉子》十卷。

《舊唐書・經籍志・雜家》《劉子》十卷劉勰撰。

《新唐書・藝文志・子部・雜部》《劉子》十卷劉勰。

晁公武《郡齋讀書志・雜家類》《劉子》三卷。

右齊劉晝孔昭撰，唐袁政注。凡五十五篇，言修心治身之道，而辭頗俗薄。或以爲劉勰，或以爲劉孝標，未知孰是。

趙希弁《讀書附志・諸子類》《劉子》五卷。

右劉晝字孔昭之書也。或云劉勰所撰，或曰劉歆之制，或謂劉孝標之作，袁孝政爲序之際已不能明辨之矣。《唐藝文志》列于雜家。

尤袤《遂初堂書目・雜家類》《劉子》。

陳振孫《直齋書録解題・雜家類》《劉子》五卷。

劉晝孔昭撰。播州録事參軍袁孝政爲序。案：《劉子》序係袁孝政作，原本脱姓，今補入。凡五十五篇。案《唐志》十卷，劉勰撰。今序云晝傷己不遇，天下陵遲，播遷江表，故作此書。時人莫知，謂爲劉勰，或曰劉歆、劉孝標作，孝政之言云爾。終不知晝爲何代人。其書近出，傳記無稱，莫詳其始末，不知何以知其名晝而字孔昭也。

馬端臨《文獻通考・經籍考・子部・雜家》《劉子》五卷。

《宋史・藝文志・雜家》《劉子》三卷，題劉晝撰。

高儒《百川書志・雜家》《劉子》十卷。

一曰劉晝，一曰劉勰，未詳孰是。播州録事參軍袁孝政註，凡五十五篇。

王世貞《讀書後・雜家》《讀劉子》。

劉晝。孔昭所作五十五篇。其詞雖骫骳爽健，而不悖理道，識是非有布帛、菽粟之致。《清神》、《防欲》、《知情》、《韜光》諸篇苦李蒙莊之藩。隱然若窺見者，當六季之末而不墮月露煙華，亦足貴矣。鄙名以後小露學問，無關本真。兹則多生之餘習矣。

徐𤊹《徐氏家藏書目・子部・諸子類》《劉子》二卷，晝。

錢東垣等輯《崇文總目・雜家》《劉子》三卷。

侗按《舊唐志》、《唐志》並十卷，劉勰撰。《書録解題》五卷，劉晝撰。《讀書附志》云劉晝之書，或云劉勰所撰，或曰劉歆之制，或謂劉孝標之作。袁孝政爲敘之際，已不能明辨之矣。

彭元瑞等《天禄琳琅書目後編・子部》《劉子》二函，十册。

劉晝撰。考《北史・儒林傳》有劉晝，字孔昭，渤海人。然僅列所著有《帝道》、《金箱壁言》二書，不云有此著述。故陳振孫《書録解題》云：「終不知爲何代人也。」書十卷五十五篇，標播州録事參軍袁孝政註。據晁公武《郡齋讀書志》載爲唐人，有孝政序。此書近坊間傳本無註。此獨有之，其序則已佚矣。

黄丕烈《蕘圃藏書題識》《劉子》十卷。舊刻本。

《劉子》有宋刊本，係小字，向爲五柳居物。後以贈陽湖孫伯淵者。又有舊鈔本向爲五硯樓物，後以歸余者。有舊刻□本，向爲香巖書屋物，今以售余者，三本各不同。余曾借伯淵臧本校五硯本，又曾借香巖本參校於五硯本上，故知之詳如此。此皆昔年事也。春初香巖主人殁，遺書分貯各房。有目録傳觀於外，余遂檢向所見過者，稍留一二種。惜年來力絀，宋元舊刻散失殆盡，而區區舊刻又復思置之。且賣書、買書牽補殊艱，自笑兼自媿也。己卯季冬望後一日，復翁。

張之洞《書目答問・周秦諸子》《劉子》十卷。梁劉晝。漢魏叢書本。兼道家。

劉子新論

范邦甸等《天一閣書目・雜家》《劉子新論》十卷。藍絲闌鈔本。〇梁通事舍人劉勰著序，殘。

徐𤊹《徐氏家藏書目・子部・諸子類》《劉子新論》十卷。梁劉晝。

錢謙益等《絳雲樓書目・雜論》《劉晝新論》五卷。晝字孔昭，其時代昔人皆未詳也。《北史》中有劉晝，未知即此人否，當更考之。

黄丕烈《蕘圃藏書題識》《劉子新論》十卷。校宋本。

殘宋《劉子新論》有注本，臧孫伯淵家。余從之借校於舊鈔道藏本。上缺首二卷，以明刻本補之。明刻與道藏本殊異，反與此程榮本同。而三卷以後此又不同於宋本。是未知所據云何也。兹復用宋本專校正文於程榮本上，俾知宋本佳處。

至宋本之注，因與此不同，未暇校也。且有正文小注，校本、舊鈔、道藏本上，故此從略焉。壬申端午後一日，西賓陸拙生以書歸進，復翁記。均在卷末。

又《劉子新論》十卷。明本。

余於《劉子》所見本子多矣。故手校亦屢，其詳在舊鈔《道臧》本上。此本係明覆宋刻，因余曾見殘宋本，又見殘宋本之首配明覆本。余校刊時因舊鈔無目，寫影補之。此本適缺，復影寫。向影寫者補之。餘所缺者，又依校出行款，補寫之。一本之書，倩工影摹。倩工裝潢，不知又費多少錢矣。是書於臬轅西中有堂偶得之，時爲道光癸未八月十二日也。越九月十八盡裝成并記今日月，大可於明日五更觀日月同升。因天未老晴，故未赴山僧之約。蕘夫記。

金樓子

《隋書·經籍志·雜家》《金樓子》十卷。梁元帝撰。

《舊唐書·經籍志·雜家》《金樓子》十卷，梁元帝撰。

錢東垣等輯《崇文總目·雜家》《金樓子》十卷。梁湘東王繹撰。

侗按《隋志》：二十卷。今本六卷。元帝爲湘東王時，自號金樓子。是書成於其時，故以命名。諸家書目竟題爲元帝撰，失其實矣。《宋志》題湘東王繹，是也。今從之。

《新唐書·藝文志·子部·雜家》梁元帝《金樓子》十卷。

鄭樵《通志·藝文畧·雜家》《金樓子》十卷。梁元帝撰。

晁公武《郡齋讀書志·子部·雜家類》《金樓子》十卷。袁本前志卷三上雜家類第五。

右梁元帝繹撰。書十篇，論歷代興亡之迹、《箴戒》、《立言》、《志怪》、《雜説》、《自敍》、《著書》、《聚書》，通曰「金樓子」者，在藩時自號。

尤袤《遂初堂書目·雜家》《金樓子》。

陳振孫《直齋書録解題·子部·雜家類》《金樓子》十卷。

梁元帝繹世誠爲湘東王時所述也。雜記古今聞見，末一卷爲自序。

馬端臨《文獻通考·經籍考·子部·雜家》《金樓子》十卷。

《宋史·藝文志·雜家》《金樓子》六卷。永樂大典本。

《四庫全書總目提要·子部·雜家類一》湘東王繹《金樓子》十卷。

張之洞《書目答問·子目》《金樓子》六卷。梁元帝，知不足齋本兼釋老。

典　言

《隋書·經籍志·雜家》《典言》四卷。後魏人李穆叔撰。

又《典言》四卷。後齊中書郎荀士遜等撰。

張鵬一《隋書經籍志補·雜家》《典言》十卷。北齊趙郡李公緒。本傳云著《典言》、《質疑》、《古今略記》、《玄子》、《趙語》俱行于世。

按《隋志》已録《玄子》五卷，入道家類。不著撰人姓名，即公緒書也。又雜家類録後魏人李穆叔《典言》四卷。

道　言

《隋書·經籍志·雜家》《道言》六卷。叱羅羡撰。

鄭樵《通志·藝文略·雜家》《道言》六卷。叱囉羡撰。

何　子

《隋書·經籍志·雜家》《何子》五卷。亡。

《舊唐書·經籍志·雜家》《何子》五卷。何楷撰。

《新唐書·藝文志·子部·雜家》《何子》五卷。何楷。

鴻　寶

《隋書·經籍志·雜家》《鴻寶》十卷。

鄭樵《通志・藝文略・雜家》《鴻寶》十卷。

桓子

《隋書・經籍志・雜家》《桓子》一卷。

述正論

《舊唐書・經籍志・雜家》《述正論》十三卷。陸澄撰。

《新唐書・藝文志・子部・雜家》陸澄《述正論》十三卷。

政論

《隋書・經籍志・雜家》《政論》十三卷，陸澄撰。

長短要術

《新唐書・藝文志・子部雜家》趙蕤《長短要術》十卷字太賓，梓州人。開元，召之，不赴。

晁公武《郡齋讀書志・雜家類》《長短經十卷》袁本前志卷三上雜家類第六

右唐趙蕤撰。《北夢瑣言》云蕤，梓州鹽亭人。博學韜鈐，長於經世。夫婦俱有隱操，不應辟召。論王伯機權正變之術。第十卷載陰謀，家本闕，今存者六十四篇。

鄭樵《通志・藝文略・雜家》《長短要術》十卷。唐趙蕤撰。

馬端臨《文獻通考・經籍考・子部・雜家》《長短經》十卷。

尤袤《遂初堂書目・雜家》《長短要術》。

《宋史・藝文志・雜家》趙蕤《長短要術》九卷。

張之洞《書目答問・周秦諸子》《長短經》九卷唐趙蕤。讀畫齋本兼縱横家。

顧廣圻《思適齋書跋》《長短經》九卷。鈔本。

省齋黄君收得鈔本《長短經》見示，因取讀畫齋叢書本互勘一過。彼用海寧周廣業校吴槎客家本，開雕所更改處大有失當，非見鈔本末由知之也。至於鈔刻同誤，沿而未覺者，又往往尚多，安得熟於羣籍之人細校而重刻之。余老矣，未能辦此，況好刊古書如鮑以翁者，今日竟罕其人。吾恐海内欲見是書定本，正未有日耳。省齋其善藏鈔本，或可冀異時一遇也。道光九年七月既望。

《長短經》九卷刻本

校此書當搜其所出而參互以定是非，然使倉卒限以時日，非所可辦也。余老矣，獲見鈔本校讀一過，爲之憮然。惜不及起鮑以翁於九原重論之。趙蕤在開元中，而吴任臣以爲前蜀乾德時，恐非。

炙轂子

陳振孫《直齋書録解題・雜家類》《炙轂子》三卷。

唐王睿撰。以《古今注》、《二儀實録》、《樂府解題》等書，删併爲一編。

炙轂子雜録注解

晁公武《郡齋讀書志・雜家類》《炙轂子雜録注解》五卷袁本前志卷三上雜家類第十一。

右唐王叡撰。《二儀實録》、《古今注》載事物之始，《樂府題解》載樂府所由起。叡輯纂數家之言，正誤補遺，削冗併歸一篇。

尤袤《遂初堂書目・雜家》炙轂子

馬端臨《文獻通考・經籍考・子部・雜家》《炙轂子雜録注解》五卷。

霧居子

顧櫰三《補五代史藝文志・雜家類》《霧居子》五卷，不著作者。

伸蒙子

陳振孫《直齋書録解題・雜家類》《伸蒙子》三卷案《宋史・藝文志》作《伸蒙子》，原本作「仲蒙」，誤。今改正。唐校書郎長樂林慎思虔中撰。

馬端臨《文獻通考・經籍考・子部・雜家》《伸蒙子》三卷。陳氏曰：唐校書郎長樂林慎思虔中撰。

《宋史・藝文志・雜家》林慎思《伸蒙子》三卷

楊士奇等《文淵閣書目・荒字》《伸蒙子書》，一部，一册闕。

徐𤊹《徐氏家藏書目・子部・諸子類》《伸蒙子》二卷，林慎思。

理道要訣

《新唐書・藝文志・子部・雜家》杜佑《理道要訣》十卷。

陳振孫《直齋書録解題・雜家類》《理道要訣》十卷。唐宰相杜佑撰。凡三十三篇，皆設問答之辭。末二卷記古今異制，蓋於《通典》中撮要，以便人主觀覽。

馬端臨《文獻通考・經籍考・子部・雜家》《理道要訣》十卷。

《宋史・藝文志・雜家》杜佑《理道要訣》十卷。

錢東垣等輯《崇文總目・雜家》《理道要訣》十卷。杜佑撰。

化書

張之洞《書目答問・周秦諸子》譚子《化書》六卷。南唐譚峭。明吴刻二十子本，明單行仿宋本，珠叢别録本，兼道家。

樊子

《新唐書・藝文志・子部・雜家》又《樊子》三十卷。

黄虞稷《千頃堂書目・子部・雜家類》樊鵬《樊子》二卷。

治亂集

《新唐書・藝文志・子部・雜家》蘇源《治亂集》三卷。唐末人。

錢東垣輯《宋文總目・雜家》《治亂集》三卷。蘇源撰。原釋闕。見天一閣鈔本。侗按《通志略》作蘇源明。

化統

《新唐書・藝文志・子部・雜家》熊執易《化統》五百卷執易類九經爲書，三十年乃成，未及上，卒於西川，武元衡將爲寫進，妻薛藏之不許。

坐忘論

《宋史・藝文志・雜家》《坐忘論》一卷。

子談論

鄭樵《通志·藝文略·雜家》 《子談論》三卷。

諸子談論

尤袤《遂初堂書目·雜家》 《諸子談論》。

治本論

《宋史·藝文志·雜家》 劉長源《治本論》一卷。

正性論

《宋史·藝文志·雜家》 李直方《正性論》一卷。

錢東垣等輯《崇文總目·雜家》 《正性論》一卷。李直方撰。原釋闕。見天一閣鈔本。

侗按舊本題作《正性論》一書，疑字之誤。今據《宋志》校改。

因論

錢謙益等《絳雲樓書目·雜記》 劉禹錫《因論》。

理源

《宋文·藝文志·雜家》 牛希濟《理源》二卷。

商子逸　商子新書

《宋史·藝文志·雜家》 《商子逸》、《商子新書》三卷。

日行辯　明德辯

王圻《續文獻通考·經籍考·雜家》 《日行辯》、《明德辯》，劉濟著。濟字應徐，崇安人有詩名。

中說

《宋史·藝文志·雜家》 陳瓘《中說》一卷。

徐𤊹《徐氏家藏書目·子部·雜家》 《中說考》七卷。崔銑著。

几上語　枕上語

《四庫全書總目提要·雜家類存目一》 《几上語》一卷。《枕上語》一卷。兩淮鹽政採進本。

宋施清臣撰。清臣號東洲，淳祐閒人。自稱赤城散吏。是書皆宗二氏之旨，而以儒理附會之。詞多儷偶，明人小品濫觴於斯。其謂《易》可通修煉之旨，亦魏伯陽等之緒餘，無足採録也。

樵　談

《四庫全書總目提要・雜家類存目一》《樵談》一卷。編修程晉芳家藏本。

舊本題宋許棐撰。棐字忱父，海鹽人。嘉熙中居秦溪，於水南種梅數千樹，自號梅屋。是編皆勸戒之言。然核其詞氣，如出屠隆陳繼儒一輩人口，殊不類宋人之作。

別釋常談

楊士奇等《文淵閣書目・荒字》施君美《別釋常談》一部一册，闕。

《四庫全書總目提要・雜家・存目一》《別釋常談》三卷。浙江巡撫採進本。

不著撰人名氏。其中引《中庸》冠以《禮記》，知爲宋人。稱齊桓公爲威公，知爲南宋人。故所徵引如蘇軾《東坡集》、蘇轍《欒城集》、魏泰《臨漢隱居詩話》之類，皆至北宋而止也。以先有《釋常談》、《續釋常談》，故以「別釋」爲名。其淺陋鄙俚，亦與二書相等。摘之不可勝摘也。

徽　言

陳振孫《直齋書録解題・雜家類》《徽言》三卷。

司馬光手鈔諸子書，題其末曰：「余此書類舉人所鈔書，然舉人所鈔獵其辭，余所鈔覈其意；舉人志科名，余志道德。」其書「迂叟年六十八」，蓋公在相位時也。方機務填委，且將屬疾，而好學不厭，克勤小物如此。所鈔自《國語》而下六書，其目三百一十有二，小楷端重，無一筆不謹，百世之下，使人肅然起敬。真蹟藏邵康節家，其諸孫遵守。漢嘉從邵氏借刻，攜其板歸越，今在其羣從述尊古家。

馬端臨《文獻通考・經籍考・子部・雜家》《徽言》三卷。

高儒《百川書志・子鈔》《司馬徽言》一卷。

宋司馬光録載書二十二種。

西疇常言

徐𤊹《徐氏家藏書目・子部・諸子類》《西疇常言》一卷。宋何坦。

《四庫全書總目提要・雜家類存目(一)》《西疇常言》一卷。内府藏本。

宋何坦撰。坦，盱江人。是編分《講學》、《律己》、《應世》、《明道》、《莅官》、《原治》、《評古》、《用人》、《正弊》九門。大抵因舊説而衍之。

黄虞稷《千頃堂書目・子部・雜家類》何坦《西疇常言》一卷。

芻　言

《四庫全書總目提要・子部・雜家類一》《芻言三卷》永樂大典本。

宋崔敦禮撰。敦禮家本河北，南渡後與弟敦詩同登紹興進士，官至諸王宫大小學教授。愛溧陽山水，買田築室居焉。是編凡分三卷。上卷言政，中卷言行，下卷言學。其造文皆規撫揚雄，主通，無語録鄙俚之習。然首卷以道德仁義分析差等，中又以諸經傳註爲蠹道之書。其旨頗雜於黄老，未爲粹然儒者之言。至其閒指切事理，於人情物態，抉摘隱微，多中窾要，則亦不可盡廢者。雜家者流，《七略》著録，固不妨竝存其説，備採擇焉。

習學紀言序目

張金吾《愛日精廬藏書續志・雜家類》《習學紀言序目》五十卷。舊抄本。

宋葉適撰。

《習學記言序目》者，龍泉葉先生所述也。初先生輯録經史百氏條目，名《習學記言》。未有論述。自金陵歸閒，研玩羣書更十六寒暑迺成序目五十卷。子寀既以先志編次，諗今越帥新安汪公鋟木。郡齋又囑之宏，揭其大指於書首。竊聞學必待習而成，因所習而記焉。

習學記言

陳振孫《直齋書録解題・雜家類》 《習學記言》五十卷。

寶文閣學士龍泉葉適正則撰。自《六經》、諸史、子以及文鑑皆有論説，大抵務爲新奇，無所蹈襲。其文刻削精工，而義理未得爲純明正大也。自孔子之外，古今百家隨其淺深，咸有遺論，無得免者。而獨於近世所傳《子華子》篤信推崇之，以爲真與孔子同時，可與《六經》並考，而不悟其爲僞也。且既曰其書甚古，而文與今人相近，則亦知之矣。遠自《七略》，下及《隋》、《唐》、《國史》諸志、李邯鄲諸家書目皆未之有，豈不足以驗其非古，出於近世好事能文者之所爲，而反謂孟、荀以來無道之者，蓋望而棄之也。不亦惑乎！

馬端臨《文獻通考・經籍考・子部・雜家》 《習學記言》五十卷。

《宋史・藝文志・雜家》 葉適《習學記言》四十五卷。

張之洞《書目答問・儒家》 《習學記言》五十卷。宋葉適。四庫傳鈔本、温州新刻本。

三教辨道論

《宋史・藝文志・雜家》 周朴《三教辨道論》一卷。

史玄機論

《宋史・藝文志・雜家》 臧嘉猷《史玄機論》十卷

天保正名論

陳振孫《直齋書録解題・雜家類》 《天保正名論》八卷。

龍昌期撰。其學迂僻，專非周公，妄人也。

馬端臨《文獻通考・經籍考・子部・雜家》 《天保正名論》八卷。

《宋史・藝文志・雜家》 龍昌期《天保正名論》八卷。

省心録

徐𤊹《徐氏家藏書目・子部・諸子類》 《省心録》一卷。林逋，有跋辯。

巵言

王圻《續文獻通考・經籍考・雜家》 張子《巵言》盧陵張汝明著。汝明、元祐中進士，劾蔡京，知岳州卒。

《叢語》姚寬註。

錢謙益等《絳雲樓書目・雜記》 楊子《巵言》。

樂善録

《宋史・藝文志・雜家》 李石《樂善録》十卷。

楊士奇等《文淵閣書目・荒字》 李伯崇《樂善録》，一部，一册。闕。

厚德録

《四庫全書總目提要・雜家類存目一》《厚德録》四卷。藏本。

宋李元綱撰。元綱有《聖門事業圖》，已著録。此書盛陳果報兼以神怪。如言張孝基以還産爲山神，及福州張生捐資救縊遇鍾離權得道事，不一而足。殊非儒者立言之道，與《聖門事業圖》如出兩手，不可解也。

道言録

《宋史・藝文志・雜家》 鄭瑋《道言録》三卷。

化　書

晁公武《郡齋讀書志・雜家類》 宋齊丘《化書》六卷。

右僞唐宋齊丘子嵩撰。張耒文潛嘗題其後，云：「齊丘之智，特犬鼠之雄耳，蓋不足道。其爲《化書》，雖皆淺機小數，亦微有以見於黄老之所謂道德，其能成功，有以也。文章頗高簡，有可喜者。其言曰：『君子有奇智，天下不親。』雖聖人出，斯言不廢。」

陳振孫《直齋書録解題・雜家類》《化書》六卷。

南唐宰相廬陵宋齊邱子嵩撰。

馬端臨《文獻通考・經籍考・子部・雜家》 宋齊邱《化書》六卷。

《宋史・藝文志・雜家》 宋齊丘《化書》六卷。

化書新聲

《四庫全書總目提要・雜家類存目》《化書新聲》。無卷數，浙江巡撫採進本。

明王清一撰。前有序自稱先天風雷侍者。且言萬曆壬辰，自京師奏太后，請武當山《道藏經》回。止三公巖，大衆推充都管，蓋道士也。是編取譚峭《化書》，案節分章，各爲註釋。中如釋《大同章》思火生暖，思水生涼諸語，亦時有理解。然大致摭採道家之言，氾濫恣肆，無所歸宿。

樂菴遺書

《四庫全書總目提要・子部・雜家類一》《樂菴遺書》四卷。浙江巡撫採進本。

舊本題宋李衡撰。其門人龔昱編。衡有《周易義海撮要》，已著録。昱字立道，崑山人。據隆慶元年沈珠序，稱舊本五卷，今定爲四卷。舊曰《語録》，今更曰《遺書》，然珠但稱初得《語録》一册，不言其所自來。又言隨失去，復得郡守曹紫峰鈔本。所謂初得一本，當即指天順癸未成廷珪所刻者。而卷末天順己卯鄭文康跋，在刻前四年，亦稱僅得鈔本。是終莫詳此書授受之的也。

致理書

《新唐書・藝文志・子部・雜家》 朱朴《致理書》十卷。

晁公武《郡齋讀書志・雜家類》《致理書》十卷。

右唐朱朴撰。乾寧中，爲國子《毛詩》博士，論述時務五十篇上之。辭如近時策斷之類，迂緩不切，與馬周所建明不啻霄壤矣。昭宗善其言，用太宗擢周故事拔爲相，徒以益亂，可歎也。

馬端臨《文獻通考・經籍考・子部・雜家》《致理書》十卷。

《宋史・藝文志・雜家》 朱朴《致理書》十卷。

錢東垣等輯《崇文總目・雜家》《致理書》十卷。朱朴撰。

忘筌書

陳振孫《直齋書録解題・雜家類》《忘筌書》二卷。

潘植子醇撰。新安所刻本凡八十二篇，與《館閣書目》、《諸儒鳴道集》及余家寫本篇數皆不同。本已見儒家，而《館目》寘之雜家者，以其多用釋、老之説故也。今亦別録於此。

馬端臨《文獻通考・經籍考・子部・雜家》　《忘筌書》二卷。

《宋史・藝文志・雜家》　潘植《忘筌書》二卷。

理道集

《宋史・藝文志・雜家》　李文博《治道集》十卷。

錢東垣等輯《崇文總目・雜家》　《理道集》十卷。李文博撰。原釋闕。見天一閣鈔本。

侗按：《宋志》「理」作「治」，疑本作「治」道。唐人避高宗諱改爾。

昭德新編

陳振孫《直齋書録解題・雜家類》　《昭德新編》一卷。

晁迥撰。「昭德」者，京師居第坊名也。晁氏子孫皆比爲稱。

馬端臨《文獻通考・經籍考・子部・雜家》　《昭德新編》一卷。

讀書雜記

高儒《百川書志・雜家》　《讀書雜記》四卷。

宋東萊呂祖謙著，五類。

張萱《内閣藏書目録・諸子類》　東萊呂太史《讀書記》二册，全。宋呂祖謙著。

儒　志

張萱等《内閣藏書目録・諸子類》　王賢良《儒志》一册。全。

宋哲宗朝永嘉王開祖雜著，經史議論。

聱隅子

陳振孫《直齋書録解題・雜家類》　《聱隅子》二卷。

蜀人黄晞撰。聱隅，其自號也。本朝仁宗時人。書名《歔欷瑣微論》，凡十篇。

《宋史・藝文志・雜家類》　黄晞《聱隅書》十卷。

東莞子

《宋史・藝文志・雜家》　《東莞子》十卷。

敷陽子

尤袤《遂初堂書目・雜家》　《敷陽子》。

《宋史・藝文志・雜家》　王韶《敷陽子》七卷。

天鬻子

《宋史・藝文志・雜家》　《天鬻子》一卷。不知姓名。

欹歔子

《宋史・藝文志・雜家》《欹歔子》一卷。

嬾真子

范邦甸等《天一閣書目・雜家》《嬾真子》五卷。藍絲闌鈔本。○宋廣陵馬永卿撰。

玉泉子

《宋史・藝文志・雜家》《玉泉子》一卷。

史傳辨志

《宋史・藝文志・雜家》李格非《史傳辨志》五卷。

經史摭微

《宋史・藝文志・雜家》葛澧《經史摭微》四卷。

倪燦《補遼金元藝文志・雜家》葛澧《經史摭微》四卷。

李子正辨

《宋史・藝文志・雜家》《李子正辨》十卷。

繩子

王圻《續文獻通考・經籍考・雜家》《繩子》三卷，蔡蒙叟，閩縣人。博通古今，養高不仕，號貞白子。著《繩子》三卷，凡五十七卷。

元子

《宋史・藝文志・雜家》《元子》十卷元結撰。

策府

王圻《續文獻通考・經籍考・雜家》《策府》五十卷 孫調著。調字和卿，長溪人。其學得朱文公之傳，以排擯佛、老，推明聖經爲本。學者稱龍坡先生。

經史管窺

王圻《續文獻通考・經籍考・雜家》《經史管窺》。陳模著，模字中行，永春人。

經史辨惑

錢大昕《補元史藝文志・雜家》王若虛《經史辨惑》四十卷。

千古功名鏡

《四庫全書總目提要・雜家類存目一》　《千古功名鏡》十二卷，拾遺一卷。浙江范懋柱家天一閣藏本。

宋吴大有撰。大有字勉道，號松壑，嵊縣人。寶祐閒遊太學，率諸生上書言賈似道姦狀。不報，遂退處林泉。與林昉、仇遠、白珽等以詩酒相娱。元初辟爲國子檢閲，不赴。是書分十五類，皆闡揚因果之説，以警世勸善。然有所爲而爲之，假以誘掖愚蒙則可。若士君子之學，爲所當爲，則固無取於是焉。

史子辨義

錢大昕《補元史藝文志・雜家》　雷光霆《史子辨義》三十卷。

善誘文

《四庫全書總目提要・雜家類存目一》　《卷誘文》一卷。内府藏本。宋陳録撰。録不知何許人，自稱丹穴老人。其書皆通俗勸善之言，蓋明袁黄等之所祖。前有嘉定辛巳其弟錬序，末有木石居士虞舜徒跋，皆以閻羅王爲説，詞旨頗鄙。

鳴道集説

孫德謙《金史藝略・雜家》　《鳴道集説》一卷。李純甫撰。

《四庫全書總目提要・雜家類存目一》　鳴道集説一卷永樂大典本。舊本題金李之純撰。案元好問《中州集》、劉祁《歸潛志》竝云「李純甫，字之純」，則此書當爲李純甫作。

鳴道集解

龔顯曾《金藝文志補録・雜家類》　《鳴道集解》李純甫字之純。襄陽人。承安二年經義進士。號《中國心學西方文教》。《四庫存目》作《鳴道集説》一卷。倪《志》作《中國心學》。又釋家類收《鳴道集説》五卷。

陶朱新録

楊士奇等《文淵閣書目・荒字》　馬純《陶朱新録》一部一册，闕。

倪燦《補遼金元藝文志・雜家》　馬純《陶朱新録》一卷。

易外別傳

錢大昕《補元史藝文志・雜家類》　俞玉吾《易外別傳》一卷。

董子雜言

錢大昕《補元史藝文志・雜家》　淩緯《董子雜言》。

倪燦《補遼金元藝文志・雜家》　淩緯《董子雜言》，字景文。大德中書院，山長。

諸子纂言

倪燦《補遼金元藝文志・雜家》　包希魯《諸子纂言》，字魯伯，進賢人。

錢大昕《補元史藝文志・雜家》 包希魯《諸子纂言》。

學問要編

《四庫全書總目提要・藝家類・存目一》 《學問要編》六卷。浙江巡撫採進本。

元劉君賢撰。君賢字文定，本泰和人。元末兵亂，依母族袁氏於雩昌，遂冒姓袁。故《左修品序》稱劉文定，而《鄭應桂序》則稱袁文定。然修《品序》又謂今其子孫爲袁氏，而鄉賢祠則仍稱劉。此本題劉君賢，蓋從祀典也。是書初名《雩昌集》，《應桂序》稱自元及明，僅有寫本，藏其後裔家。康熙庚辰雩都縣知縣盧某始爲刊行。其分天地、理學、經濟、倫紀、論古、雜説六類，及八十六子目，亦盧所編定。《修品重刊序》則稱據《袁氏家譜》知《雩昌集》乃其詩文，而是書乃所著《學問要編》，考古人雜著、筆記，往往編入詩文集。是書必原在集中，卷帙標題相屬，故詩文雖佚，而是書仍冒《雩昌集》名。今既別行，則修品所改是也。編中所論，雖以洛學爲宗，而諸所援據，乃盡屬小説家言。實以雜學佐雄辯，又其好還類中第二條。稱金俘宋於青城，元人俘金亦在青城。果爲君賢所作，斷無當元之世，自稱元人之理。相其文格，亦全類明萬曆以後清言小品之蹊徑。元人敦篤，無此體裁，毋乃後人僞託，抑或有所竄亂歟。

泛説

孫德謙《金史藝文略・雜家》 《泛説》四十卷。李治撰。

慮得集

《四庫全書總目提要・雜家類存目一》 《慮得集》四卷。附録二卷。浙江巡撫採進本。

元華悰韡撰。悰韡字公愷，自號貞固處士，無錫人。入明之後，不仕而終。是編乃其貽訓子孫之書。一曰《家勸》、二曰《祭禮習目》、三曰《冠婚儀略》、四曰《治喪紀要》。又輯其詩文雜著爲二卷，附録於後。其曰：「慮得集者，取千慮一得之義也。」後其八世孫繼祥校刊，卷首增以趙友同所作《貞固處士傳》一首，陳鑑所作《墓表》一首。

省己録

黄虞稷《千頃堂書目雜家》 史弼《省己録》一卷。字君佐。

錢大昕《補元史藝文志・雜家類》 史弼《省己録》一卷。字君佐。

倪燦《補遼金元藝文志・雜家》 史弼《省己録》一卷。字君佐。

廣莫子

黄虞稷《千頃堂書目・子部・雜家類》 莫惟賢《廣莫子》，字景行，錢塘人。

倪燦《補遼金元藝文志・雜家》 莫惟賢《廣莫子》，字景行，錢塘人。

錢大昕《補元史藝文志》 莫惟賢《廣莫子》，字景行，錢唐人。

虚舟子

黄虞稷《千頃堂書目・子部・雜家類》 陳堯《虚舟子》一卷，又《東園日録》□卷。

庭幃雜録

《四庫全書總目提要・雜家・存目二》 《庭幃雜録》二卷。編修程晉芳家藏本。

明嘉善袁衷等録其父母之訓，而錢曉所訂定者也。衷父参坡生五子，長即衷。次曰襄，曰裳，曰表，曰袞。表嘗舉於鄉，袞遊文徵明之門，能以文學世其家。曉婚於袁氏，故删定而爲之跋云。

西原遺書

《四庫全書總目提要・雜家類存目一》《西原遺書》二卷。浙江巡撫採進本。明薛蕙撰。蕙字君采，亳州人。宏治甲戌進士，官至吏部考功司郎中。事蹟具《明史》本傳。此編爲嘉靖癸亥南充王廷所刊，皆其晚年與朋友往還講學之書，附以語録。大旨尊陸九淵、楊簡之説，毅然不諱其入禪。至謂釋氏於六度萬行，未嘗偏廢，殊爲駁雜。蕙本詩人，足以自傳於後。乃畫蛇添足，兼欲博道學之名。又務立新奇，遁入異教。其謂《中庸》根本在未發之中，六經皆不出此旨。借李侗之説而廣之，實非侗之本意。雖辭辨蠭起，終不免於臧三耳也。

濮陽子

黄虞稷《千頃堂書目・子部・雜家類》　蔡毅中《濮陽子》四卷。

祝子雜

黄虞稷《千頃堂書目・子部・雜家類》　《祝子雜》。

祝子通

黄虞稷《千頃堂書目・子部・雜家類》　《祝子通》。

獨醒子

黄虞稷《千頃堂書目・子部・雜家類》　賈應璧《獨醒子》二卷。

經濟録

《四庫全書總目提要・雜家類存目一》《經濟録》二卷。陝西巡撫採進本。明張鍊撰。鍊字伯純，武功人。嘉靖甲辰進士，官至湖廣按察司僉事。是編上卷論捍禦西北之計，皆紙上陳言。其《遠計》一篇，以堅壁清野爲上策，而我之强弱，敵之進退可勿論，世有此安邊之法乎。下卷一論鹽法，一論錢法，一論徒夫宜以充役。末附以史論四條。一論趙盾，一論秦坑儒，一論漢高祖斬丁公，一論王導負周顗。益與經濟無關矣。

雲巢子

黄虞稷《千頃堂書目・子部・雜家類》　李時行《雲巢子》。

海沂子

《四庫全書總目提要・雜家類存目一》《海沂子》五卷。編修程晉芳家藏本。明王文禄撰。是編分《真才》、《作聖》、《稽閫》、《儀曜》、《敦原》五篇。篇各爲卷，持論往往偏駁。如《真才》篇以于謙、石亨、石彪之不令終，同歸之天命。《作聖篇》混儒釋而一之。《稽閫篇》謂《大學》，孔門之元理。《中庸》，孔門之元神。《儀曜篇》純舉釋氏四大部洲之説。《敦原篇》謂古人父重母輕，以制禮者乃男子，故爲己謀，不免於偏私。其言皆不可訓也。

含玄子

《明史・藝文志・子部・雜家類》 趙樞生《含玄子》十六卷。《別編》十卷。

黃虞稷《千頃堂書目・子部・雜家類》 趙樞生《含玄子》十六卷。又《含玄子別編》十卷。吳人，趙宧光父。

沆瀣子

黃虞稷《千頃堂書目・子部・雜家類》 蔣璜《沆瀣子》二卷。

蘧肰子

黃虞稷《千頃堂書目・子部・雜家類》 黃卷《蘧肰子》三卷。

渾然子

《四庫全書總目提要・雜家類存目二》 《渾然子》一卷。浙江鮑士恭家藏本。

明張翀撰。案《明史》有兩張翀，一在列傳第八十者，字習之，潼川人。正德辛未進士，官户科給事中。以疏争大禮謫戍。此張翀在列傳九十八，字子儀，柳州衛籍，馬平人。嘉靖癸丑進士，授刑部主事，以疏劾嚴嵩下詔獄，謫戍都勻。隆慶初起爲吏部主事，官至刑部右侍郎。是書凡十八篇，曰《神遊論》、曰《田説》、曰《樵問》、曰《將》、曰《明心》、曰《士貴》、曰《體用論》、曰《興廢》、曰《禍福》、曰《忠孝》、曰《變化》、曰《窮理》、曰《求知》、曰《弭盜》、曰《用材》、曰《强弱》、曰《臣道》、曰《高潔》。皆設爲主客問荅。旁引曲證，以推明事物之理。大抵規仿劉基《郁離子》也。

金罍子

《明史・藝文志・子部・雜家類》 陳絳《金罍子》四十四卷。

黃虞稷《千頃堂書目・子部・雜家類》 陳絳《金罍子》四十四卷。上虞人，嘉靖進士，應天府尹。

錢謙益等《絳雲樓書目・雜記》 《金罍子》，十册。

黎子雜釋

《四庫全書總目提要・雜家類・存目一》 《黎子雜釋》一卷。浙江鄭大節家藏本。

明黎久之撰。久之字未齋，臨川人。官高要縣知縣。書中有永樂、宣德年號，則宣宗後人也。其書雜舉奇幻之事，推求其理。詞極辨博，而大旨仍歸于神怪。如鍊銅爲銀，點石成金，以及器之能聚寶者，皆以爲有理可推，其言頗謬。末綴論文二條，一謂詩即文，文即詩。杜計即其文，韓文即其詩。一綴魯兩生禮樂百年後興語，董仲舒道之大原出于天語，韓愈堯以是傳之舜數語，爲漢唐人精於講學之證。舉《太極圖説》、《通書》、《東西銘》等數篇，爲宋元人工於文章之證。皆務反舊説，未爲確證。

義命三編

倪燦《補遼金元藝文志・雜家》 張穎《義命三編》三卷。不知時代。

黃虞稷《千頃堂書目・子部・雜家類》 張穎《義命三編》三卷，不知時代。

義命彙編

范邦甸等《天一閣書目・雜家》 《義命彙編》十二卷，刊本。○明汀州府同知，李仲撰輯，長汀縣知縣李應科校正。

錢謙益等《絳雲樓書目・雜記》 《義命彙編》。

讀書一得

黄虞稷《千頃堂書目・子部・雜家類》 黄訓《讀書一得》四卷。新都人。

酬物難

《四庫全書總目提要・雜家類存目一》 《酬物難》一卷。浙江巡撫採進本。

明唐樞撰。其立名本之《韓非・説難》，皆以闡明心學，首篇末云：「蹟其意之所來，道其往之所止。明通而通，力極而極。勢駐以駐，詳於參伍之變，因於性情之宜。」以此七語，别爲七篇，附於後。樞有引辭曰：「予之難於酬物也，有所懲而苦之於思。於思鬼神有庇焉。蓋任心太過，故堅僻至此。」即其所言，可以知其所蔽矣。

唐集輯要

《四庫全書總目提要・雜家類存目一》 《唐集輯要》四卷。浙江巡撫採進本。

明唐樞撰，國朝王表正删輯。分講學、論治、證道、闡性四篇。樞之學純出于禪，所言大抵空虚幻杳。此集雖刊除其太甚，而根本如斯，徒剪其枝葉無益也。

灌園子

黄虞稷《千頃堂書目・子部・雜家類》 張時宜《灌園子》，字仲衡，鶴慶人。嘉靖中貢士，建昌府學教授。

管涔子

黄虞稷《千頃堂書目・子部・雜家類》 周循《管涔子》九卷。

管子権

黄虞稷《千頃堂書目・子部・雜家類》 朱長春《管子権》二十四卷。

瞿塘日録

《四庫全書總目提要・子部・雜録類存目》 《瞿塘日録》十二卷。

明來知德撰。

鶡林子　古今原始

黄虞稷《千頃堂書目・子部・雜家類》 趙釴《鶡林子》五卷，又《古今原始》二十卷。桐城人，太僕卿。

錢謙益等《絳雲樓書目・雜記》 《鶡林子》。

王氏二書選要

《四庫全書總目提要・雜家・存目二》《王氏二書選要》十一卷。江西巡撫採進本。

明王貞善撰。貞善字如性，泰和人。是編爲鄒元標所選定。凡《静談》五卷，前四卷皆其語録。分十篇，各摘篇首二字爲名。第五卷附雜文五篇，其《象山學辨辨》則爲霍韜象山學辨而作。蓋貞善爲陸九淵鄉人，故持論以陸氏爲宗也。又《讀史法戒》六卷，前三卷爲法言，三卷爲戒言，皆紀古人言行之有關勸懲者。前有元標序。其名爲王氏二書選要，亦元標所題也。

林子

范邦甸等《天一閣書目・雜家》《林子》一卷，刊本。〇林兆恩撰。門人黄大本序云，是書乃諸生各紀所聞，共爲一帙。而先生筆削之，遂編成。集聖道殊途，原無二致。故先之。以三教道外無聖，性外無道，故次之以心性。本立道生，居安資深，故次之以人倫。北辰立樞，聖人合德，故次之以同天。聖人之道或出或處，故次之以仕道。身隱道晦，爲時所怪，故次之以顛義。離羣索居，佩服不忘，若自叛去。先生之棄，故終之以互鄉諸生，與斯集者，標其名氏。紀其名而不繫以姓者，皆先生之諸季也。爰刻於清源洞之虚白室。

《四庫全書總目提要・子部・雜家類存目二》《林全子集》四十卷。安徽巡撫採進本。

明林兆恩撰。兆恩字懋勛，號龍江，又號子谷子，又稱三教先生，莆田人。生平立説，欲合三教爲一，悠謬殆不足與辨。至稱夢中見孔子，授以魯論微旨，尤爲誕妄。是編乃其門人涂元輔彙刻，分元、亨、利、貞四集。每集十册，皆猖狂無忌之談。謝肇淛《文海披沙》曰：「吾閩莆陽林兆恩，亦自博學能文，能以艮背之法治病。其門人傳之者不得其學，徒以上章降魔捉鬼爲事，儼然巫矣。縱日捉百鬼何益，況從其教者日盛，姦僞詐盗，無所不有，恐他日一方之患，不下黄巾白蓮也。」肇淛爲兆恩鄉人，其言如此。而顧大韶《炳燭齋集》有林三教集序，乃盛推之謬矣。

權子雜俎

黄虞稷《千頃堂書目・子部・雜家類》羅鈫《權子雜俎》二卷。

何之子

黄虞稷《千頃堂書目・子部・雜家類》周弘鑰《何之子》一卷。

秕言

《四庫全書總目提要・雜家・存目(二)》《秕言》四卷。浙江鮑士恭家藏本。

明鄭明選撰。明選字侯升，歸安人。萬曆己丑進士，官至南京刑科給事中。是編皆考證之文，而舛陋特甚。如辨西王母但引《山海經》是併《爾雅》及《穆天子傳》均未考也。辨《飲馬長城窟行》謂見《蔡邕集》，是併《玉臺新詠》未考也。辨接離引《世説》曰：「接離，今之襴衫。」《世説》實無此文，是併《世説》未考也。辨望羊但引《釋名》，是併《家語》未考也。辨羽化引柳公權語。是併《晉書》未考也。辨諱「丙」爲「景」始於六朝，是併《唐書》未考也。其他舛誤、顛倒者，不可以殫數。觀所徵引者，不過《韻會》、《事物紀原》之類。而遽欲攻詰古人，宜其動輒自敗矣。

千東子

黄虞稷《千頃堂書目・子部・雜家類》奚昊《千東子》。字時亨，華亭人。成化己丑進士，刑部郎中。

一貫編

《四庫全書總目提要・子部・雜家類》 《一貫編》四卷。江西巡撫採進本。

明羅汝芳撰。汝芳有《孝經宗旨》已著録。王守仁之學一傳而爲王艮，再傳而爲徐樾，三傳而爲顔鈞，鈞即所謂顔山農。凡弟子投謁，必先毆三拳以爲贄禮者也。汝芳習其師説，故持論洸洋恣肆，純涉禪宗，併失守仁之本旨。是編爲其門人熊濱所輯，冠以一貫説。次爲講論五經四書之説，次爲心性之説。前有濱序，又有楊起元序。起元亦汝芳之門人也。案《明史・楊時喬傳》曰：「時喬受業永豐呂懷，最不喜王守仁之學。闢之甚力，尤惡羅汝芳。官通政時，具疏斥之曰『佛氏之學初不溷於儒。乃汝芳假聖賢仁義心性之言，倡爲見性成佛之教。謂吾學直捷，不假修爲。於是以傳註爲支離，以經書爲糟粕，以躬行實踐爲迂腐，以綱紀法度爲桎梏。踰閑蕩檢，反道亂德，莫此爲甚。請敕所司明禁，用彰風教』，詔從其言」云云。是當時持正之士已糾其謬，朝廷且懸爲禁令。然運當末造，風氣澆漓，好異者終不絶也。所以世道人心日加佻薄，相率而趨於亂亡歟。

寧鳩子

黄虞稷《千頃堂書目・子部・雜家類》 賈三近《寧鳩子》。

劉子雜俎

《明史・藝文志・子部・雜家類》 劉鳳《劉子雜俎》十卷。

黄虞稷《千頃堂書目・子部・雜家類》 劉鳳《劉子雜俎》十卷。

經子鉤玄

黄虞稷《千頃堂書目・子部・雜家類》 朱存理《經子鉤玄》。

經史典奥

《四庫全書總目提要・子部・雜家類》 《經史典奥》六十七卷。浙江巡撫採進本。

明來斯行編。斯行，蕭山人。萬曆丁未進士。官至福建右布政使。是編於經取《易》、《詩》、《書》、《春秋左傳》、《禮記》、《周禮》。於史取《史記》、《前後漢書》，各摘其字句，標題於前，而以經史原文及註詳列於後。蓋以備詞章採擇之用，不爲考證設也。斯行自序云「昉跡於漢雋諸篇」。然考林鉞《漢雋》隨事輯類，此則不分門目，逐卷鈔撮，專採字句之可用者。蓋近司馬光《徽語》之例，非《漢雋》例也。書凡六十七卷，而序云八十六卷。豈其後有所歸併，未及追改前序歟。

經子臆解

《四庫全書總目提要・雜家類存目二》 《經子臆解》一卷。兩淮鹽政採進本。

明王世懋撰。世懋有《郤金傳》已著録。是編凡解《易》二條，解《論語》二條，解《孟子》三條，解《老子》一條。大抵自以己意推衍，無所考證發明。不脱明人語録之習。

案陸德明《經典釋文》兼及《老子》、《莊子》而古來著録皆入經解。以其考訂音訓，始末兼該。漢以來諸儒舊學，藉是以傳。二子附録其中，存而不論可也。世懋是編，雖亦解《周易》、《四書》，然不過偶拈數則，特筆記之流，不足以言經義。又參以道家之言，是有德明之過而無其功，不能與之竝論矣。今入之雜家類中，從其實也。

擬詩外傳

《四庫全書總目提要・雜家類存目一》《擬詩外傳》一卷。浙江巡撫採進本。

明黄省曾撰。省曾有《西洋朝貢典録》已著録。是書雜論治亂之理，凡三十條。每條引詩二句爲證，全仿韓嬰《詩外傳》之例。故謂之擬，然感時發議，何妨自著一書。乃學步邯鄲，規規形似，此亦明人贋古之一端矣。

畸人十篇

《四庫全書總目提要・雜家・存目二》《畸人十篇》二卷。附《西琴曲意》一卷。兩江總督採進本。

明利瑪竇撰。是書成於萬曆戊申。凡十篇，皆設爲問荅以申彼教之説。一謂人壽既過，誤猶爲有。二謂人於今世，惟僑寓耳。三謂常念死候，利行爲祥。四謂常念死候，備死後審。五謂君子希言而欲無言。六謂齋素正旨，非由戒殺。七謂自省自責，無爲爲尤。八謂善惡之報，在身之後。九謂妄詢未來，自速身凶。十謂富而貪吝，苦於貧窶。其言宏肆博辨，頗足動聽。大抵掇釋氏生死無常，罪福不爽之説，而不取其輪迴、戒殺、不娶之説。以附會於儒理，使人猝不可攻。較所作《天主實義》純涉支離荒誕者，立説較巧。以佛書比之，《天主實義》猶其禮懺，此則猶其談禪也。末附《西琴曲義》八章，乃萬曆庚子利瑪竇覲京師所獻。皆譯以華言，非其本旨。惟曲意僅存，以其旨與十論相發明，故附録書末焉。

從先維俗議

《四庫全書總目提要・雜家・存目二》《從先維俗議》五卷。江蘇巡撫採進本。

明管志道撰。是書多論往來交接之禮，其四五卷皆講學之語，理雜二氏。且明立三教主賓之説，竝謂敎化通於性海，川流通於行海。經世之中有出世，是孔子與佛同道。又云「達摩安心，了不可得之宗。孔門七十二賢，靡不得其大意。至遵此實際，則惟顔子一人。而曾子啓手足時曾及之。」其附會尤甚。蓋心學盛行而儒墨混而爲一，是亦明季之通病矣。

迂議

《四庫全書總目提要・雜家・存目二》《迂議》一卷。江西巡撫採進本。

明賀應保撰。是編多評論古事，蓋隨筆劄記之文。持論頗篤實，而别無新意。

本語

《四庫全書總目提要・子部・雜家類》《本語》六卷。副都御史黄登賢家藏本。

明高拱撰。拱有《春秋正旨》已著録。是書成於萬曆丙子，距拱罷歸之日已十三年。故開卷即以否泰兩卦，君子小人消長爲言。其中論裴度、論劉晏皆陰以自比。論李林甫、論哈嗎爾，原作「哈麻」今改正皆以陰比徐階。論盧懷慎，則陰比殷士儋輩。亦發憤而著書者也。其閒如隆慶六年宿良鄉，夢見孔子之類，頗爲夸誕。如謂無意之妙，非意所能爲。故聖人貴忘之類，亦頗涉虚無。至駁伊川説春秋災異一條，欲破董仲舒、劉向、劉歆之説。遂謂天道不關於人事，尤爲紕繆。其他辨詰先儒之失，抉摘傳註之誤，詞氣縱横，亦其剛很之餘習。然頗有剖析精當之處，亦不可磨。五卷以下，皆論時事。率切中明季之弊，故《明史》稱其練習政體，有經濟才。一書之中，蓋瑕瑜互見云。

文園漫語

《四庫全書總目提要・雜家・存目二》《文園漫語》一卷。浙江吳玉墀家藏本。

舊本題程希堯撰。不著時代，亦不詳其始末。書中詩韻更定一條，稱我朝《洪武正韻》則明人也。其大旨合儒禪而一之。謂佛法皆從儒出，較明末尊佛抑儒者其説更巧。然朝三暮四，朝四暮三，同一變幻伎倆也。所考論天文諸條，純以臆斷。如謂地形之大，去天不遠，其謬可知。至於龜、鴞諸解，更爲鄙俚矣。

蔬齋厞語

《四庫全書總目提要・子部・雜家類存目二》《蔬齋厞語》四卷。浙江巡撫採進本。

明沈大洽撰。大洽號愚公，又號雪樵，杭州人。是書卷首吴之鯨序，稱「武林高士坊有梅花屋，明聖湖有讀書舫，表忠觀右有蔬齋，法華山有萬竹廬，愚公隨意偃息」云云。蓋亦越宧光、陳繼儒之類。前二卷皆隨筆小品，不儒不釋，强作清言，不出明季山人之窠臼。後二卷爲詩，末爲自作小傳，亦當時纖佻之體。其曰「厞語」者，「厞」訓爲「隱」，蓋故取僻字以竊附觚書、極書之例耳。

尚絅小語

《四庫全書總目提要・子部・雜家類存目二》《尚絅小語》三卷。浙江巡撫採進本。

明姚張斌撰。張斌號尚絅，亦號絅生，金谿人。天啓乙丑進士。是編皆其雜著筆記。多論人情世事，所見頗粗。而自序乃上援孔子，亦云妄矣。

蕺　語

《四庫全書總目提要・子部・雜家類存目二》《蕺語》十二卷。浙江巡撫採進本。

明吴炯撰。炯字晉明，華亭人。萬曆己丑進士，官杭州府推官。是書成於萬曆癸巳。初無門目，故李時英序但稱上編、下編。此本乃其門人孫汝學重爲排次，刻於南京。始分爲十七類。其學亦出於姚江而不甚取其末流之狂肆。至於論處世之道，謂相安於無事爲上。又云爲善亦須顧慮。雖激於時事而言，然已參入黄老矣。

垂訓樸語

《四庫全書總目提要・子部・雜家類存目二》《垂訓樸語》一卷。浙江巡撫採進本。

明陳其德撰。其德字太華，桐鄉人。據卷中《災荒紀事》，稱生於萬曆初年，而作記於崇禎十四、十五兩年，則明末之人。自序稱苜蓿多年，則嘗爲學官也。是書皆勸善格言，附以遺詩十首。卷首題同里後學編校。而剗去其名，未喻何故。

睿養圖説

《四庫全書總目提要・子部・雜家類存目二》《睿養圖説》。無卷數，浙江巡撫採進本。

明楊觀光撰。觀光，招遠人。崇禎戊辰進士，官至少詹事。是書乃其爲贊善時所進。以《唐六典》載東宮官制，贊善掌侍從翼養之事。故以睿養之道演爲三圖。一曰《養性圖》，二曰《養氣圖》，三曰《養體圖》，每圖各係一説，末附凡例數條，以明奇耦方圓不同之故。其説養性則首重良知，養氣則專言夜氣，養體則推闡太極。反復演説，皆舍實踐而談微妙，非啓迪引翼之道也。

支　談

《四庫全書總目提要・子部・雜家類存目二》《支談》三卷。兩江總督採進本。

明焦竑撰。竑有《易筌》已著録。是書主於三教歸一，而併欲陰駕佛、老於孔子之上。此姚江末流之極弊，併其本旨失之者。雖亦講學之言，不復以儒家論之。亦不復以儒理責之矣。

推篷寤語

《四庫全書總目提要・子部・雜家類存目一》《推篷寤語》九卷。《餘録》一卷。浙江范懋柱家天一閣藏本。

明李豫亨撰。豫亨字元薦，松江人。自序謂「舟之亡所見者，篷蔽之。人之懵所知者，寤障之」。此書欲啓昔之寐，爲今之覺。故曰推《篷寤語》。分《測微》、《原教》、《本術》、《還真》、《訂疑》、《毗政》六篇。共三十類，五百五十章。黄虞稷《千頃堂書目》作十二卷，今原刻實止九卷。蓋虞稷誤也。其書參掇前聞，附以己見。多涉釋道二家言。《原教》、《還真》兩篇，尤爲駁雜。《餘録》一卷，則豫亨裒其友人周思兼，往返書翰。附綴於後。所談皆修真鍊性之説，益不足道矣。

汲古叢語

錢謙益等《絳雲樓書目・雜記》《汲古叢語》。

《四庫全書總目提要・子部・雜家類存目一》《汲古叢語》一卷。兩江總督採進本。

明陸樹聲撰。樹聲有《平泉題跋》，已著録。是書論陰陽五行之理，多以《周易》爲言。然皆參以術數之説，與老莊之旨，非《易》之精義也。已彙入陸學士雜著中。此本乃陳繼儒摘入《廣祕笈》者。《明史・藝文志》載樹聲所著小説，無是書之目，或偶遺歟。

閒適劇談

《四庫全書總目提要・子部・雜家類存目一》《閒適劇談》五卷。浙江汪汝瑮家藏本。

明鄧球撰。球自號三吾寄漫子，祁陽人。嘉靖乙未進士，官至銅仁府知府。是編前四卷題《元集》、《亨集》、《集集》、《貞集》。後一卷題《起元集》。蓋取貞下起元之義。末載自跋，託言萬曆癸未遇隱君子，悟忘言之意，蓋書止於是矣。其書雜論象理，兼涉三教，設爲客問己答。所註《太極圖説》、《西銘》、《老子》諸書，皆全部收入。亦設爲問答。尋其體例似乎先隸諸書，條分件繫。而後各命一意以融貫之。故每徵一事，輒連録舊文，多擁腫不能運化。亦有僅徵其事而未及排比者。如問人不問位，受弔不受慶諸條，皆痕迹宛然也。

經世要談

《四庫全書總目提要・子部・雜家類存目一》《經世要談》一卷。編修程晉芳家藏本。

明鄭善夫撰。善夫字繼之，閩縣人。宏治乙丑進士。官至南京吏部驗封司郎中，事蹟具《明史・文苑傳》。此書泛論立身爲治之理，多老生之常談。

常談考誤

黄虞稷《千頃堂書目・子部・雜家類》周夢暘《常談考誤》十二卷。字啓明，南漳人。萬曆甲戌進士，布政司參政。

《四庫全書總目提要・子部・雜家類存目三》《常談考誤》四卷。浙江鮑士恭家藏本。

明周夢暘撰。夢暘有《水部備考》，已著録。是書卷首諸序皆稱《常談考誤》，而其書題曰《青谿山人文集》，以《常談考誤》爲子目。蓋其初別行，後又編入文集也。其言皆辨世俗引用典故之譌，而援據頗爲寒窘，亦多舛誤。又有不必辨而辨者。如辨「青雲」非聖賢元語，即仙隱蹤蹟。今乃謂登科入仕爲青雲者誤。是不知《史記・范雎蔡澤傳》須賈有致身青雲之上語也。謂程子表章《大學》、《中庸》，朱子合以《論語》、《孟子》謂之四子。宋時尚未有四書名。是併真德秀《四書集義》未見也。又謂明太祖以五經四書取士，四書之名自此起。是併《元史・選舉志》未見也。至辨太學石鼓非落星所化，道士所居，不可稱方丈，尤嫌猥陋。如爲讀書人辨，則讀書人無謬至此者。如爲不讀書人辨，里巷譌傳觸耳皆是。如劉克莊所謂「滿村聽唱蔡中郎」者，可勝與辨乎。

錢子測語

《四庫全書總目提要・子部・雜家類存目一》 《錢子測語》二卷。浙江巡撫採進本。

明錢琦撰。琦字公良，海鹽人。正德戊辰進士，官至思南府知府。是書乃其劄記之語。分《象元》、《繇庚》、《浮風》、《治本》、《檢精》、《鑿遠》、《規世》、《導儒》八門。不出明人小品之習。然正嘉時人，猶淳實無此佻薄體裁。末有其孫孺穀跋，稱「昔眉公陳先生手牘索覽」云云。疑隆萬間僞體盛行，琦之子孫趨當時風氣，依託爲之也。

爨下語

《四庫全書總目提要・子部・雜家類存目二》 《爨下語》二卷。浙江巡撫採進本。

明張復撰。復字子遠，休寧人。其書黄虞稷《千頃堂書目》作四卷。此本止分上下二卷，每條俱以偶語聯比成文。頗似格言而多雜以委巷之語。前有天啓壬戌陳繼儒序，知爲繼儒一流人矣。

江子新言　江子初言

徐𤊹《徐氏家藏書目・子部・諸子類》 《江子新言》十卷。江于修。

黄虞稷《千頃堂書目・子部・雜家類》 江于修《江子新言》十卷。又《江子初言》七卷。

論學緒言

《四庫全書總目提要・子部・雜家類存目二》 《論學緒言》六卷。江西巡撫採進本。

明鄒士元撰。士元字志尹，吉水人。是書首載鄒元標序，萬曆時人也。其論學大抵以陳獻章、王守仁爲宗，而立論多墮於虛無。如《與歐南野書》云：「未發已發分不得先後，時時用吾靈明照察，則私欲客氣纖毫容他住脚不得。」又《與劉一齋書》云：「吾性之靈，乃先天太極未生之時，無始之真也。吾氣之靈乃後天陰陽交合，有生之初，賦畀之精也。」又《與鄒東廓書》云：「真機不息，莫非物也。人情物理，莫非虛也。」其大旨略可見矣。

二十五言

《四庫全書總目提要・子部・雜家類存目二》 《二十五言》一卷。浙江巡撫採進本。

明利瑪竇撰。西洋人之入中國自利瑪竇始。西洋教法傳中國亦自此二十五條始。大旨多剽竊釋氏，而文詞尤拙。蓋西方之教惟有佛書，歐邏巴人取其意而變幻之，猶未能甚離其本。厥後既入中國，習見儒書，則因緣假借以文其説。乃漸至蔓衍支離，不可究詰。自以爲超出三教上矣。附存其目，庶可知彼教之初，所見不過如是也。

狂夫之言　續狂夫之言

《四庫全書總目提要・子部・雜家類存目二》《狂夫之言》三卷。《續狂夫之言》二卷。浙江孫仰曾家藏本。

明陳繼儒撰。繼儒有《邵康節外紀》，已著録。此書曰《狂夫之言》者，用《漢鼂錯傳》語也。書中雜論古今得失，才辨亦頗縱横，而見地多失之偏矯。如謂佛家能養鰥寡孤獨，殊不免故爲異論。至於指顔子端居不動爲以身諷孔子，左丘明《春秋内傳》非有意於發明孔子，則尤爲臆見矣。

安得長者言

《四庫全書總目提要・子部・雜家類存目二》《安得長者言》一卷。浙江孫仰曾家藏本。

明陳繼儒撰。「安得長者之言」句，本《漢書・龔遂傳》語。繼儒取以名其書，自序云：「少從四方名賢遊，有聞輒録。使異日子孫躬耕之暇，粗識數行字者，讀之了了。」蓋亦語録之類。然聖賢以言立訓，本出自然。有意雕鐫，便非心得。張昞跋謂其於熱鬧中下一冷語，冷淡中下一熱語，宗尚如此。宜其於布帛菽粟之旨，去之益遠也。

宋學商求

《四庫全書總目提要・子部・雜家類存目一》《宋學商求》一卷附録一卷。浙江巡撫採進本。

明唐樞撰。樞有《易修墨守》已著録。其學援儒入墨，純涉狂禪。所刻《木鍾臺集》，無非恣肆之論。此編皆評論宋儒，大抵近於禪者則譽，不近於禪者則毁。不足與辨是非。附録一卷，則其與人論學之語，以發明此書之意者也。

青巖叢録

《四庫全書總目提要・子部・雜家類存目一》《青巖叢録》一卷。編修程晉芳家藏本。

明王禕撰。禕有《大事記續編》，已著録。此書論緯書及釋道兩家源流，堪輿、醫書同異，凡五篇。已見禕本集。曹溶《學海類編》摘出别行，併别立此名。

冥寥子　鴻苞

《明史・藝文志・子部・雜家類》屠隆《冥寥子》二卷，《鴻苞》四十八卷。

黄虞稷《千頃堂書目・子部・雜家類》屠隆《鴻苞》四十八卷鄞縣人，禮部主事。

閑賴子

黄虞稷《千頃堂書目・子部・雜家類》王朝璽《閑賴子》一卷。卺子，太學生。

惜陰録

《四庫全書總目提要・子部・雜家類存目一》《惜陰録》十二卷。浙江朱彝尊家曝書亭藏本。

明顧應祥撰。應祥有《人代記要》，已著録。此書乃其致仕以後所作，時年八十有二矣。自序謂古今人物之賢否，政治之得失，筆之於册。前數卷論理、論學諸篇，皆主良知之説。首附録禮論一篇，蓋嘉靖初議大禮時所作。其説欲但尊以天子之號，而别立一廟，與桂萼初議相同。其論曾爲王守仁所取，故弁於首卷。蓋守仁於大禮亦以張、桂爲是也。《明史・藝文志》列之儒家。然其中頗及雜説，不專講學，今改入雜家類焉。

因明子

黄虞稷《千頃堂書目・子部・雜家類》 張恒撰《因明子》一卷。

《四庫全書總目提要・子部・雜家類存目二》 《因明子》無卷數。浙江巡撫採進本。

明張恒撰。恒字伯常，嘉定人。萬曆庚辰進士，官至太常寺少卿。是書於儒釋之辨言之甚力，屬提幽明二義。以佛法爲幽教，聖道爲明教。書名因明，當取於此書中。多借古人之言爲作轉語，筆墨閒有輕儁自喜之意。故其理多參語録，其格則頗近清談。

望崖録

《四庫全書總目提要・雜家類存目》 《望崖録》二卷。兩淮鹽政採進本。

明王世懋撰。是書内篇一卷，皆談佛理。自稱以三教歸一，與林兆恩、屠隆所見相同。蓋明中葉以後士大夫之所見，大抵如斯。外篇一卷，記師事曇陽子事，尤爲怪謬。

聽心齋客問

《四庫全書總目提要・子部・雜家類存目二》 《聽心齋客問》一卷。浙江鮑士恭家藏本。

舊題廬山山人萬尚父撰。不詳其履貫。書中大旨皆宗尚二氏之學。謂一切聲色，弗以耳聽而以心聽。設爲客問，亦弗以言答而以心答也。大抵近俞琬《席上腐談》，而所言荒渺，尤多紕繆之詞。

存愚録

《四庫全書總目提要・子部・雜家類存目一》 《存愚録》一卷。浙江范懋柱家天一閣藏本。

明張純撰。純永嘉人，嘉靖戊子舉人。官至南康府知府。是編雖自稱尊崇道學，然實無所發明。至以王制五祀爲金木水火土。又以鬼怪不經之事雜入卷中，以解經傳亦殊失醇正也。

先正由醇録

黄虞稷《千頃堂書目・子部・雜家類》 沈節甫《先正由醇録》。

一菴雜問録

《四庫全書總目提要・子部・雜家類存目一》 《一菴雜問録》一卷。兩江總督採進本。

明唐樞撰。是書自心性知覺至進德修業，旁及於詩學、韻學、字學、樂律，皆設爲問答。其論學以禪爲宗，而附會以儒理。如問千手觀音何義。曰：「一箇身有千百箇化身，一雙手化出千百雙手。」這便與一至而百慮意思相似，殊不免援儒入墨之譏。又謂「作字必求工，便是玩物喪志」。又謂「《太平御覽》、《册府元龜》、《説郛》、《玉海》、《通典》、《通考・藝文》、《事文類聚》諸書，必非有道者所爲」。大抵皆佛家掃除語言文字之見。其餘雜論，則多因襲恒談，罕所考證。

宏山集

《四庫全書總目提要・子部・雜家類存目二》 《宏山集》四卷。山東巡撫採進本。

明張後覺撰。後覺字志人，號宏山，茌平人。官華陰縣訓導。嘗受業於尤時熙。《明史・儒林傳》附載時熙傳末。其學源出姚江，推闡彌深，而彌墮禪趣。是集凡《教言》一卷，《語録》一卷，皆其門人趙維新所編。第三卷爲後覺所作誌銘一篇，詩三篇，書五篇。第四卷附録傳誌之類。教言、語録皆窅冥恍惚之談，動稱顔山農，其宗旨可見。詩文皆不入格，尤不諳體例。如爲其父作誌，題曰明故先考府君墓誌銘。夫明者，當時帝王國號也。明故先考是誰之先考乎。

空同子

徐𤊹《徐氏家藏書目・諸子類》《空同子》一卷。

范邦甸等《天一閣書目・雜家》《空同子》一卷。首帙有堯氏圖章。明北郡李夢陽撰。嘉靖辛卯門人聶豹序。云：「予讀《空同子》八卷，而嘆其爲文之至也。或曰：『空同子文跨一代，隻字流落，輒爲人所傳頌。而子獨以八篇，何哉？』予曰：『文以見道，道以經世，斯其至矣。若空同子者，天假之年，起而究厥施焉，則其所以名世者，文不足道矣。』或曰：『空同子嘗仕也，乃落落爲世所擯，何耶？』予曰：『前乎此者疑于道，猶未也。蓋其英氣太露，常有凌軼古今之意，其不爲世所容有以也。五十以後，則盡悔平生，而并其所謂詞章者，若將爲而不屑矣。是故懲艾深而真見定。八篇之作而豈徒哉！』予故讀而嘆之曰：『此《空同子》文之至也。』迺刻之郡齋。」

徐𤊹《徐氏家藏書目・子部・諸子類》《空同子》一卷。

空同子纂

《四庫全書總目提要・子部・雜家類存目一》《空同子纂》一卷。編修程晉芳家藏本。

不著編輯者名氏。載曹溶《學海類編》中。取李夢陽《空同子》每篇摘鈔十之三四，故題曰「纂」。其去取殊無義例，大抵庸劣坊賈所爲。以紿藏弆之家者也。

激　書

《四庫全書總目提要・子部・雜家類存目二》《激書》無卷數，江西巡撫採進本。

明賀貽孫撰。貽孫有《詩觸》，已著録。是書凡三十三篇，以《激書》名者，自云「深感夫激我者成我之德，故記而述之。」所述皆憤世嫉俗之談，多證以近事。或舉古事，易其姓名，借以立議。若《太平廣記》貴公子鍊炭之類。或因古語而推闡之，如蘇軾書孟德事之類。其文稱心而談，有縱橫曼衍之意。而句或傷於冗贅，字或傷於纖麗。蓋學《莊子》而不成者，其大旨則黄老家言也。

張之洞《書目答問・周秦諸子》《激書》無卷數，五十七篇。賀貽孫，江西刻本兼道家。

真如子醒言

黄虞稷《千頃堂書目・子部・雜家類》《真如子醒言》九卷。

《四庫全書總目提要・子部・雜家類存目二》《真如子醒言》九卷。兩江總督採進本。

明王化隆撰。化隆自號真如子，廣漢人。由貢生官主簿。其書分《天道》、《地道》、《人道》、《懋修》、《訂學》、《鈞元》、《彝典》、《齊治》、《均平》九篇。篇各分章，皆設爲問答。其文頗博麗宏肆，規仿《淮南》、《鶡冠》諸子。然理不足而軋茁，其辭又多用奇字，如亢倉子之例。則亦金玉其外而已。

枕流日劄

《四庫全書總目提要・子部・雜家類存目二》《枕流日劄》一卷，浙江巡撫採進本。

不著撰人名氏。觀其中引明薛瑄、蔡清、吴與弼事，則明中葉以後人矣。前有自題，稱偶有會心，即述諸楮。不倫不次，或佛或儒。今觀所録諸條，大抵格言之類。至於説志字之義，以爲從士從心，不知志字上本從㞢，知爲不學人矣。

韋弦佩

《四庫全書總目提要・子部・雜家類存目二》《韋弦佩》無卷數，浙江巡撫採進本。

明屠本畯撰。本畯有《閩中海錯疏》已著録。是書凡四篇。一曰《處方》、二曰《艾觀》、三曰《藥鏡》、四曰《卻病》。大旨以情性嗜慾之偏爲疾病，以清浄忍耐之法爲醫藥。後視履一篇，亦謹身寡過之意。然語多近鄙。

祈嗣真詮

《四庫全書總目提要・子部・雜家類存目二》《祈嗣真詮》無卷數，浙江鮑士恭家藏本。

明袁黄撰。黄有《皇都水利》，已著録。黄持功過格甚謹，鄉里稱爲愿人。是書分改過、積善、聚精、養氣、存神、和室、知時、成胎、治病、祈禱十門。雜引常言俚語及醫方果報之事，頗爲蕪雜。

宵練匣

《四庫全書總目提要・子部・雜家類存目二》《宵練匣》十卷。浙江巡撫採進本。

明朱得之撰。得之自號參元子，烏程人。一云靖江人。是書凡分三編。曰《稽山承語》，紀其聞於師者也。曰《烹芹漫語》，紀其聞於友者也。曰《印古心語》，紀其驗於經典而有得於心者也。皆提倡心學，陽儒陰釋。其曰「宵練匣」者，案《列子》宵練，劍名。書則見影不見光，夜則見光不見形。觸物而不覺，喻其析理之入微，不在名象閒也。曰「匣」者，理寓於書，如劍藏於匣也。即其名之不衷，而書可想見矣。

脈望

《四庫全書總目提要・子部・雜家類存目二》《脈望》八卷。内府藏本。

明趙台鼎撰。台鼎字長元，自號丹華洞主。内江人。大學士貞吉之子也。其書雜論三教，於《道藏》尤爲詳悉。故名以《脈望》，自比於書内蠹魚三食神仙之字。然陳因相襲，未能獨抽奇祕也。

學圃萱蘇　學林就正

《明史・藝文志・雜録》陳耀文《學圃萱蘇》六卷、《學林就正》四卷。

黄虞稷《千頃堂書目・雜編》陳耀文《學圃萱蘇》六卷又《學林就正》四卷又《正楊》四卷。確山人，嘉靖庚戌進士。使西行，太僕寺卿。

錢謙益等《絳雲樓書目・雜家》《學圃藼蘇》。學圃，文元發游息之所也。

甘露園長書　短書

《四庫全書總目提要・子部・雜家類存目二》《甘露園長書》六卷，《短書》十一卷。江西巡撫採進本。

明陳汝錡撰。

盡心編　證語　海鷗居日識

《四庫全書總目提要・子部・雜家類存目二》《盡心編》一卷，《證語》二卷，

《海鷗居日識》二卷。山東巡撫採進本。

明陳伯友撰。伯友字中怡，濟寧州人。萬曆辛丑進士，官至太常寺卿。是書取孟子盡心之義，其説爲心統性仁。其要在悟。悟由於耻與憤，加以操存涵養擴充，則心無不盡矣。故前列爲總圖、分圖，後各爲之論。大抵沿良知之學而參入禪機。其證語二卷則牽引宋儒之言，以附會其説。《海鷗居日識》上卷多論世事，反稍切實。然謂佛生堯舜之時，則所就不在孔子下。佛生孔子之時，則所就不在顔曾下。又謂吾儒心性透悟，則肢節皆靈。又謂一貫知水迸荷葉，散爲萬珠。蓋即晦堂和尚以聞木樨香證聖人無隱之義。下卷或爲駢句，或如偈語，或如詩話，在彼法頗具聰明。而於聖賢本旨，則愈失愈遠矣。

會語續録

《四庫全書總目提要・子部・雜家類存目一》 《會語續録》二卷。浙江巡撫採進本。

明羅汝芳撰。是編乃萬曆丙戌，汝芳游南京時講學之語。其門人楊起元加以評語。國子監祭酒趙志皋爲之付梓。以先有會語，故名《續録》。前有自題稱與年友周君到白下，聲聞大老，絡繹往來。時周君以小恙先歸，余未得去。時諸大老於興善方丈鷄鳴憑虚，久亦聯有講會。拉余偕往，乃裒成兹帙。既而大司成瀫陽趙老先生貽音促付梓氏。且云諸老先生意固均此云云。蓋以誇講席之盛，其開章第一條云：「今日吾儕聚講憑虚，是天下文明一大機會。大宗師諸僚及諸俊彦不下千人，皆應期而集，以昌明昭代聖化。於道脈固當光顯，即文字精英亦於此須發露妙義」云云。其詞氣亦似禪僧登座語也。

進修録

《四庫全書總目提要・子部・雜家類存目二》 《進修録》三卷。江西巡撫採進本。

明馮渠撰。渠字謙川，江西新城人。萬曆癸未進士。是書全規仿《論語》之文，復仿《論語》分爲二十篇。蓋又王通《中説》之重儓也。

原子

黄虞稷《千頃堂書目・子部・雜家類》 羅虞臣《原子》八卷。字熙載，廣東順德人。嘉靖己丑進士，官吏部主事。坐列東山獄，杖黜。葉春及稱其文上追兩漢，下揖六朝，方駕作者。其於禮樂，援據古今，擬議尤確。

《明史・藝文志・子部・雜家類》 羅虞臣《原子》八卷。

積承録

《四庫全書總目提要・子部・雜家類存目二》 《積承録》一卷。浙江巡撫採進本。

明唐樞撰。其門人吴思誠編。以其承受於師門者積爲一書。故曰《積承録》。卷首即拈「真心」二字立義。蓋其宗旨如此。録中闡發，較《因領録》尚稍純正。然引《圓覺經》及支道林、劉静春之言，以詮釋性命之旨，究屬援儒入墨。許孚遠序所謂假借援引以示性學之真者，究不免曲爲回護也。

頤菴心言

《四庫全書總目提要・子部・雜家類存目二》 《頤菴心言》一卷。山東巡撫採進本。

國朝喬大凱撰。大凱有《周易觀瀾》，已著録。是編乃其筆記之文，多所論辨，而頗近拘迂。

靈言蠡勺

《四庫全書總目提要・子部・雜家類存目二》 《靈言蠡勺》二卷。兩江總督采進本。

明西洋人畢方濟撰。而徐光啓編録之。書成於天啓甲子，皆論亞尼瑪之學。亞尼瑪者，華言靈性也。凡四篇。一論亞尼瑪之體，二論亞尼瑪之能，三論亞尼瑪之尊，四論亞尼瑪所同美好之情。而總總於敬事天主以求福。其實即釋氏覺性之説，而巧爲敷衍耳。明之季年，心學盛行，西士慧黠，因摭佛經而變幻之，以投時好。其説驟行，蓋由於此。所謂物必先腐而後蟲生，非盡持論之巧也。

迂　億

《四庫全書總目提要・子部・雜家類存目二》《迂億》四卷。江西巡撫採進本。

明賀應保撰。是編與所作《迂議》體例相近，蓋隨得一編，即各立一名，實則正續集爾。第一卷皆解四書。其説以心學爲主，故多與朱子齟齬。餘三卷多考證史事及經史文句。如《五代史・韓通無傳》、《孟浩然集》有送孟郊詩之類，頗襲舊説，亦有失於詳檢者。如論大事不須卜一條曰「又如卜郊，苟三卜不吉，可不郊耶」，不知春秋固有三卜郊不從，猶三望也。又謂宇文虚中偶迂金人被殺，不知虚中以謀刼金主而死。元好問《中州集》載之甚詳，非偶迂也。

傳家迂言

《四庫全書總目提要・子部・雜家類存目二》《傳家迂言》一卷。江西巡撫採進本。

明賀應保撰。應保字宏任，號正予，永新人。是編凡十四篇，皆其家訓。多參引古事以示勸戒，然頗談果報之説。

環碧齋小言

《四庫全書總目提要・子部・雜家類存目二》《環碧齋小言》一卷。兩江總督採進本。

明祝世禄撰。世禄字無功，江西德興人。萬曆己丑進士，官至尚寶司卿。是書純以禪門之説，附合儒理。如云「中本無物，執亦非我」。又云「聖人空空，鄙夫亦空空，故虚而能受」。又云「賢者之學，從意立根。聖人之學從無意立根」。又云「許行、白圭、陳仲子、楊朱、墨翟，皆有意於聖人之學而不悟幾希」。又云：「有善之善與惡對，無善之善善不足以名之」。又云：「或問所存者神。曰神識不生，如空如水。問所過者化，曰雁過長空、影落寒水。又云「禪那纔下一語，便恐下語爲塵。連忙又下一語掃之。又恐掃塵一語，復爲塵，連忙又下一語掃掃塵語。宗門尤爲陡絶。弩之機，劍之鋒，無容擬議。六經原自無塵，而自爲掃塵語亦不少。既已曰識曰知，又曰不識不知。既已曰再思，曰九思，曰千慮，曰百憂，又曰何思何慮。至吾有知乎哉。無知也。應口即掃，何其迅速。自訓詁之學興，引葫蘆之纏，鑿混沌之竅，起人種種見解，而聖人當下指趣反爲晦蝕。快句以鈍，空句以填，於是高明者爲之攢眉扼腕。不難叛孔氏而皈依佛氏矣」云云。觀其所言，蓋姚江、龍溪之末流也。

微　言

《四庫全書總目提要・子部・雜家類存目二》《微言》四卷。附《説書隨筆》一卷。浙江巡撫採進本。

明詹在泮編。在泮字定齋，衢州人。萬曆癸未進士。是編採輯明代講學語録，王守仁、王畿、羅汝芳三家合爲一卷，良知家之宗主也。又雜録諸儒之言爲一卷，良知家之支派也。其非良知家言而亦割裂勦綴者，援儒入墨之術也。末爲《説書隨筆》一卷，則在泮所自著。要其宗旨，總借儒言以闡禪理耳。

百感録

《四庫全書總目提要・子部・雜家類存目一》《百感録》一卷。浙江范懋柱家天一閣藏本。

明陳相撰。相字汝弼，號古埜道人，懷寧人。前有正德庚午曾漢序。稱其年四十貢成均，歷司封。明制吏部必甲科，不知相何以得入。其始末莫能詳也。是書仿《莊子》夔蚿罔兩，《戰國策》桃梗土偶之意，取蟲魚鳥獸作爲寓言，以寄其不平之感。託意淺近，亦多未雅馴。

近溪子明道録

《四庫全書總目提要・子部・雜家類存目一》《近溪子明道録》八卷。江蘇巡撫採進本。

明羅汝芳撰。前有昆明郭斗序。稱汝芳以家居富美堂及雲南五華書院所集講義二卷，合而刻之。一題曰《五華會語》，一題曰《雙玉會語》。其門人杜應奎又附以所記汝芳《論學編》爲三卷，題曰《近溪先生會語》。此本題曰《明道録》，作八卷。又每卷但題會語，不標其地。卷端題門人樂安詹事講校梓。蓋應奎編於前，事講又編於後。故書名、卷帙，各不同也。

濯舊稾

《四庫全書總目提要・雜家類存目一》《濯舊稾》一卷。江西巡撫採進本。

明王俊撰。俊字機翁，弋陽人。宏治癸丑進士，官至禮部尚書，謚文莊。是書多以周子、程子、邵子、張子之言擊排朱子，亦頗攻陸九淵。而其説仍多墮於虚渺。後附諸詩，尤多同禪偈。

楚府樊山王戴埒茹蠅子

黄虞稷《千頃堂書目・雜家部》《楚府樊山王戴埒茹蠅子》一卷。一作茹蠟子。

學殖解

錢謙益等《絳雲樓書目・雜記》《學殖解》。

雅　述

《四庫全書總目提要・子部・雜家類存目一》《雅述》二卷。陝西巡撫採進本。

明王廷相撰。廷相有《慎言》已著録。慎言雖多偏執，猶不大悖於聖賢。此書則頗多乖戾。自序謂宋儒才情有限，沾帶泥苴，使人不得清澄宣朗，以睹孔門之景。余於讀書之暇，時置一論，求合道真。積久成卷，分爲上下二篇，名曰《雅述》。謂述其中正經常，足以治世者云爾。今觀其書，標舉中庸修道之謂教爲本，而多斥枯禪寂坐之非，未爲無見。而過於擺落前人，未免轉成臆斷。如謂人性有善有惡，儒者亦不計與孔子言性背馳與否，而曰孟子言性善。是棄仲尼而尊孟子矣。況孟子亦自有言不善之性者，何獨以性善爲名云云。是其所見與告子殆無以異。又謂人生而静，天之性也。感於物而動，性之欲也。此非聖人語。然則聖人之動，亦皆欲而非天耶。是又不以情言欲，直以私言欲。無怪其竝性善而疑之矣。至謂雷搏擊成聲乃物之所爲，但非人間可得而見，尤涉於小説家神怪之言。廷相以詩名一時，而持論偏駁乃爾。蓋宏、正以前之學者惟以篤實爲宗。至正、嘉之間，乃始師心求異。然求異之初，其弊已至於如此。是不待隆、萬之後始知其決裂四出矣。

華川巵辭

《四庫全書總目提要・子部・雜家類存目一》《華川巵辭》一卷。編修程晉芳家藏本。

明王禕撰。此書雜論處世爲治之理，閒用喻語。取《卮言》日出之義，名曰《卮詞》。亦載禕本集中。曹溶摘出別行，「華川」二字，亦溶所加也。

空際格致

《四庫全書總目提要・子部・雜家類存目二》《空際格致》二卷。直隸總督採進本。

明西洋人高一志撰。西法以火、氣、水、土爲四大元行，而以中國五行兼用金、木爲非。一志因作此書以暢其説。然其窺測天文，不能廢五星也。天地自然之氣，而欲以强詞奪之，烏可得乎。適成其妄而已矣。

寰有詮

《四庫全書總目提要・子部・雜家類存目二》《寰有詮》六卷。浙江汪啓淑家藏本。

明西洋人溥汎際撰。書亦成於天啓中。其論皆宗天主。又有圜滿純體不壞等十五篇，總以闡明彼法。

案歐邏巴人天文推算之密，工匠製作之巧，實逾前古。其議論夸詐迂怪，亦爲異端之尤。國朝節取其技能，而禁傳其學術，具存深意。其書本不足登册府之編。然如《寰有詮》之類，《明史・藝文志》中已列其名。削而不論，轉慮惑誣。故著於録而闢斥之。又《明史》載其書於道家。今考所言兼剽三教之理，而又舉三教全排之。變幻支離，莫可究詰，真雜學也。故存其目於雜家焉。

一菴語録

《四庫全書總目提要・子部・雜家類存目一》《一菴語録》一卷。浙江巡撫採進本。

明唐樞撰。其壻陸稃編。樞初號朋垣子，後改一菴，故以爲名。樞嘗言良知一拈萬到，本末具舉，今日只欠躬行。編中所録，大抵不離此意。然其所謂躬行者，亦祇師心自用而已。

問辨牘　續問辨牘

《四庫全書總目提要・子部・雜家類存目二》《問辨牘》四卷。《續問辨牘》四卷。浙江巡撫採進本。

明管志道撰。志道有《孟義訂測》，已著録。是書萃其平日與人講學之書，合爲一編。曰《問辨牘》，取問以辨之之義也。志道之學，出於羅汝芳。原本先乖，末流彌甚。放蕩恣肆，顯唱禪宗。較泰州龍谿爲尤甚。其《答王塘南書》，謂孔顔真是即心是佛，即經世是出世，與文殊之智，普賢之行，兩不相違。其宗旨可見矣。雖爲儒言，實則佛教。今附之雜家類焉。

三一子

《四庫全書總目提要・子部・雜家類存目二》《三一子》。無卷數，檢討蕭芝家藏本。

明程德良撰。德良字凝之，號雲連，雲夢人。萬曆癸未進士，官崇信縣知縣。《雲夢縣志》載所著有《不波館正續集》、《白蓮汭代豆日鈔》、《明文覽》諸書，今皆不傳。傳者惟此書。前有自序謂是書作於宰崇信時，若三才一人焉，則吾豈敢。若三不朽而居一焉，則亦不敢。第次三篇而名曰《三一子》。三篇以立德、立功、立言爲序，其大旨亦欲合儒釋而一之。

警時新録

《四庫全書總目提要・子部・雜家類存目一》《警時新録》一卷。浙江巡撫採進本。

明胡澄撰。澄字景高，臨川人。是書末附《澄墓誌》，稱生于永樂丙申，卒於宏治乙卯。是書則作於天順庚辰。凡五十篇，篇有標題，皆警戒下愚之語。故其詞不文，各證以見聞實事，亦多蕪雜。

天倪子

黃虞稷《千頃堂書目・子部・雜家類》 蕭騰鳳《天倪子》。晉江人。隆慶戊辰進士，兩浙鹽運使。

太微經

黃虞稷《千頃堂書目・子部・雜家類》 文翔鳳《太微經》十卷。

蒼崖子

《四庫全書總目提要・子部・雜家類存目二》 《蒼崖子》。無卷數。浙江巡撫採進本。

明朱健撰。健字子强，進賢人。天啓辛酉舉人。是書凡十篇。曰《大氣》、曰《廣化》、曰《達命》、曰《質情》、曰《裁理》、曰《挈真》、曰《善學》、曰《習境》、曰《簡制》、曰《鏡治》，皆題曰内篇。前有其弟徽序，云外篇專於商訂今古，雜考物類。而内篇則自天地造化性命之精微，陰陽律曆之廣博，閒及於古今成敗、人事得喪，蓋略以備矣。然則尚有外篇也。其文滉漾自恣，而時時參以排偶，僅仿佛僞《子華子》。明魯重民輯《子史類語》收入是書，乃稱其文沈鬱古奥，絶似魏晉，未免標榜之詞矣。

黃虞稷《千頃堂書目・子部・雜家類》 朱健《蒼崖子》一卷。

槖籥子

范邦甸等《天一閣書目・雜家》 《槖籥子》一卷。

客問

《四庫全書總目提要・子部・雜家類存目一》 《客問》一卷。浙江巡撫採進本。

明黃省曾撰。其書凡十五則。前四則論陰陽象緯，後十一則論人事。皆設爲客問而答之。其論解州鹽池殊附會，論月星不借日光，亦不知推步之法。所論人事則大抵憤時嫉俗之言。

焦弱侯問答

錢謙益等《絳雲樓書目・雜記》 《焦若侯答問》。

《四庫全書總目提要・子部・雜家類存目二》 《焦弱侯問答》一卷。浙江巡撫採進本。

明焦竑撰。潘曾紘編。竑師耿定向而友李贄，於贄之習氣沾染尤深。二人相率而爲狂禪。贄至於詆孔子，而竑亦至尊崇楊墨，與孟子爲難。雖天地之大無所不有，然不應妄誕至此也。曾紘乃綴拾刻之，以教新鄭之士子，可以見明季風氣矣。

海蠡編

《四庫全書總目提要・子部・雜家類存目二》 《海蠡編》二卷。浙江巡撫採進本。

明袁士瑜撰。士瑜號七澤，公安人。即宗道、宏道、中道之父也。其書大旨以儒釋二家同源異派。或援釋疏孔，或證孔於釋。謂濂洛諸儒於聖人書詮釋妙暢，如樽注海。是編如蠡注海，故名海蠡編。開卷釋明德。謂明德即是良知，德即是明。不可以明更求於明。《朱子註》爲虚靈不昧最妙。又謂善何以曰至，住於惡固非至善，住於善亦非至善。善惡兩邊俱不倚，是何境界。所謂至善也。但起心動念，便不是止。起心動念，不屬善邊，便屬惡邊，便不是至善。息機忘見，便是止於至善。皆本釋氏之虚寂，與無善無惡之説而曼衍之。蓋沿姚江末流而變本加厲者耳。

感述録　續録

《四庫全書總目提要・子部・雜家類存目二》《感述録》六卷。《續録》四卷。山東巡撫採進本。

明趙維新撰。維新字素衷，在平人。官長山縣教諭。《明史・儒林傳》附載尤時熙傳末。以維新師張後覺源出時熙故也。此二録即維新感其師之言而述之。故曰《感述》。《前録》皆記後覺講授四書之義。《續録》前二卷皆有述講學之旨，第三卷爲詩文，第四卷則附録維新行略及張元忭、孫鑛諸人評語也。師弟所述，無非禪機。而轉相神聖，以爲不傳之祕。蓋姚江立説之初，亦不料其末流至此矣。

意　見

《四庫全書總目提要・子部・雜家類存目二》《意見》一卷。浙江巡撫採進本。

明陳于陛撰。案明嘉隆時有兩陳于陛。一爲曲周人，嘉靖己未進士，官至南京户部尚書。一爲南充人，大學士以勤之子。隆慶戊辰進士，官至文淵閣大學士。此書自署曰《玉壘》。玉壘在蜀，則南充陳于陛也。事蹟具《明史》本傳。是書乃其劄記。每段各立標題。其《立教》、《立物》諸條，極駁王守仁之説，蓋以篤實爲本者。而《出處》一條，《天意》一條，《造物所福》一條，《天道》一條，則純爲黄老之談。至於《老莊》一條，更直露出本旨矣。《用人》一條，頗涉於植黨樹援。《元史》一條尤偏駁。《孝宗世廟》一條，稱成化之濁亂，武宗之放縱，非當時臣子所宜言。且憲宗謂之濁亂，似亦稍過當也。

韜圜窩雜著

《四庫全書總目提要・子部・雜家類存目一》《韜圜窩雜著》一卷。浙江巡撫採進本。

明唐樞撰。亦所著講學雜文。其以「韜圜」名窩者，杭州《唐禹序》云「天非圜無以職覆，人非心無以韜圜」。蓋專言心學者也。其大旨宗王守仁而實未嘗及其門。觀所作《元菴訪誼》一篇，知其學實得之穆孔暉。中閒如《海上十三參》、《梅花屋夢語》諸條，純以禪機立論。蓋沿姚江之末派而失其本原，宜其惝怳天歸矣。

虞精集

《四庫全書總目提要・子部・雜家類存目二》《虞精集》八卷。江西巡撫採進本。

明周伯耕撰。伯耕字更生，莆田人。是書蓋雜家者流。其曰「虞精」，蓋取虞人獵百禽之精意也。前有李維禎序，稱原書正續其百餘篇。莆田知縣郭如闇爲刻其四十七篇。此本實五十三篇，殆刻版時續入四篇，序則未改也。基書篇各立名，鎔鑄故事以成文。欲以博麗見長，而襞積之痕不化。蓋借文以隸事，而非用事以成文。故往往堆砌擁腫，不能運掉。維禎序稱其文格與陸賈《新語》，主符《潛夫論》、荀悦《申鑒》、徐幹《中論》、劉劭《人物志》相似。今考其文，實與數書不類。晉宋以後，以儷偶爲子書者，惟葛洪《抱朴子・外篇》、劉晝《新論》有是體裁。伯耕此書，蓋規橅二家而不成耳。

類博雜言

《四庫全書總目提要・子部・雜家類存目一》《類博雜言》一卷。編修程晉芳家藏本。

明岳正撰。正字季方，號蒙泉，漷縣人。正統戊辰進士第一。由編修改修撰。天順中入閣預機事，以謀去石亨、曹吉祥不成，謫欽州同知。後逮繫，杖戍肅州。憲宗立，復本官，留侍經筵。又以忤大學士李賢，出爲興化府知府。嘉靖初追贈太常寺卿，謚文肅。事蹟具《明史》本傳。此書雖論陰陽、五行及醫卜星算之説。中間論大衍之數及皇極經世之數，亦頗有發明。《明史·藝文志》作二卷，今已編入正類博稾中。此本乃曹溶《學海類編》所收，僅存六頁。非其全也。

桑子庸言

《四庫全書總目提要·子部·雜家類存目一》《桑子庸言》一卷。編修程晉芳家藏本。

明桑悦撰。悦字民懌，常熟人。成化乙酉舉人，官至柳州府通判。《明史文苑傳》附載徐禎卿傳中。稱其怪妄狂誕，考悦《思元集》中有《道統論》曰：「夫子傳之我，又學以至聖人」論曰「我去而夫子來」，可謂肆無忌憚，史所詆者不虛。史又稱悦在長沙著此書，自以爲窮究天人之際。今觀所論，實無其精奥也。

學道記言　事行紀略

《四庫全書總目提要·子部·雜家類存目一》《學道記言》五卷。《事行紀略》一卷。浙江巡撫採進本。

明周思兼撰，思兼字叔夜，華亭人。嘉靖丁未進士，官至湖廣按察司僉事，遷廣西提學副使，未上而卒。事蹟具《明史》本傳。是編乃其隨時札記，始嘉靖壬戌七月二十八日，訖甲子五月二十二日。逐日記載，取前言往行及所睹聞爲之論辨。蓋語録之類，末附補遺家訓、遺語各數則。又彙録碑版、傳志等文爲《事行記略》一卷。皆其子紹元、紹節所增輯也。

古　言

《四庫全書總目提要·子部·雜家類存目一》《古言》二卷。浙江范懋柱家天一閣藏本。

明鄭曉撰。曉有《禹貢圖説》，已著録。曉清直端諒，號爲名臣。其人足以自傳。此編則隨筆成文，議論時有偏僻，引據亦不免疎舛。如謂公孫宏勝司馬光，謂王安石遠過韓、范、富、歐。謂王通勝董仲舒，謂柳宗元勝韓愈，謂張子勝程子。甚至謂堯舜非生知安行。皆務爲高論而不近理。又謂佛言空，道家言虛，儒言太極，只一個空圈，爲學只要還此本體，謂吾儒格致誠正工夫與佛、老無甚異，但二家不歸於修身。謂老佛莫可繫絆，天理完固。又欲以老子、周子、文中子别爲三子。其他如前劫、後劫無不毁之天地。豈有不亡之國，不敗之家，不死之身云云。提唱二氏之説，不一而足。尤不可爲訓。至於以《竹書》紀伊尹事誤爲《逸周書》，以《大禹謨》爲《今文尚書》之類，小小筆誤。又不足言矣。

拘虚晤言

《四庫全書總目提要·子部·雜家類存目一》《拘虚晤言》一卷。浙江范懋柱家天一閣藏本。

明陳沂撰。沂有《維楨録》，已著録。此書皆所著雜説，共三十四條。大旨用兩事，比類取譬，申明其義於下。頗近連珠之體，而不用韻。然意主修詞，不必盡名言至理也。

竹下寤言

《四庫全書總目提要·子部·雜家類存目一》《竹下寤言》二卷。浙江范懋柱家天一閣藏本。

明王文禄撰。文禄有《廉矩》，已著録。是編凡分十四篇，中稱「廉子」者皆自謂也。其中如詆韓愈之學不如柳宗元，張子西銘可不必作之類，皆失之舛駁。又君子貴無心，古今天地如在大夢中。參雜佛老，亦不可訓。至《惡戒篇》解説輪迴，尤非儒者立言之道矣。

辨學遺牘

《四庫全書總目提要・子部・雜家類存目二》《辨學遺牘》一卷。兩江總督採進本。

明利瑪竇撰。利瑪竇有《乾坤體義》，已著録。是編乃其與虞淳熙論釋氏書，及辨蓮池和尚《竹窗三筆》攻擊天主之説也。利瑪竇力排釋氏，故學佛者起而相争。利瑪竇又反脣相詰，各持一悠謬荒唐之説，以較勝負於不可究詰之地。不知佛教可闢，非天主教所可辟。天主教可辟，又非佛教所可辟，均同浴而譏裸裎耳。

嘉禾問録

《四庫全書總目提要・子部・雜家類存目一》《嘉禾問録》一卷。浙江巡撫採進本。

明唐樞撰。樞於嘉靖壬辰癸巳間講學嘉興，其門人録爲此編。初名《四書雜問》，邑令周顯宗改題今名。其言格致心性諸説，率宗王守仁之緒論。原本二卷，後其門人王愛翻刻，併爲一卷。末附數十條，乃雜論經史傳註，不專主於四書。疑爲愛所增入也。

東水質疑

《四庫全書總目提要・子部・雜家類存目二》《東水質疑》六卷。兩江總督採進本。

明胡衮撰。衮字補之，自號味菜山人，鄱陽人。嘉靖中官台州教授。東水者，其所居也。前四卷皆史論，起周訖宋。後二卷皆讀書題記，有《左傳》、《國語》以暨諸子諸集，起周訖明。前有小引，自謂於諸生講論之暇，筆之以備考訂。然持論疏淺，不免爲餖飣之學也。

劉子通論

《明史・藝文志・子部・雜家類》劉繪《劉子通論》十卷。

黄虞稷《千頃堂書目・子部・雜家類》劉繪《劉子通論》十卷。

宗一聖論

《四庫全書總目提要・子部・雜家類存目二》《宗一聖論》二卷。安徽巡撫採進本。

明吴應賓撰。應賓字尚之，桐城人。萬曆丙戌進士，官翰林院編修。以目眚告歸。《江南通志》稱其著《宗一聖論》十篇。今考上卷爲《性善篇》、《致知上篇》、《致知下篇》、《養氣篇》、《孝慈篇》。下卷爲《知人篇》、《樂善篇》、《述志篇》凡八篇。則《通志》之言誤也。其書闡發《性命》，多入禪宗。

無甚高論

《四庫全書總目提要・子部・雜家類存目二》《無甚高論》七卷。編修勵守謙家藏本。

明趙鴻賜撰。鴻賜字承元，桐城人。嘉靖中副都御史釴之子也。此書雜引佛經及釋子語録，而以聖賢之經傳互相辨證。大旨以援墨入儒爲主。

交友論

《四庫全書總目提要·子部·雜家類存目二》 《交友論》一卷。兩江總督採進本。

明利瑪竇撰。萬曆己亥利瑪竇游南昌。與建安王論友道，因著是編以獻。其言不甚荒悖，然多爲利害而言，醇駁參半。如云「友者過譽之害，大於仇者過訾之害」。此中理者也。又云「多有密友，便無密友」，此洞悉物情者也。至云「視其人之友如林，則知其德之盛。視其人之友落落如晨星，則知其德之薄」，是導天下以濫交矣。又云：「二人爲友，不應一富一貧」，是止知有通財之義，而不知古禮惟小功同財，不概諸朋友。一相友而即同財，是使富者愛無差等，而貧者且以利合，又豈中庸之道乎。王肎堂《鬱岡齋筆麈》曰：「利君遺余《交友論》一編，有味哉，其言之也。使其素熟於中土語言文字，當不止是。乃稍删潤著於篇。」則此書爲肯堂所點竄矣。

景行館論

《四庫全書總目提要·子部·雜家類存目一》 《景行館論》一卷。浙江巡撫採進本。

明唐樞撰。嘉靖十七年，浙人闢景行館延樞講學，樞因作論三十一篇。其門人錢鎮敘而梓之。樞平日專以討真心爲教，故論中首及此旨。是時尚在樞罷官講學之初。其説未盡流於禪，故持論尚不甚詭於正云。

寅陽十二論

《四庫全書總目提要·子部·雜家類存目二》 《寅陽十二論》二卷。浙江巡撫採進本。

明葉秉敬撰。秉敬有《字學》，已著録。是編分十二篇，曰《太極》，曰《仁孝》，曰《性善》，曰《工夫》，曰《勉强》，曰《學問》，曰《資質》，曰《知行》，曰《理欲》，曰《好惡》，曰《零總》，曰《獨立》。其説喜爲新奇，而理多不愜。

養生弗佛二論

《四庫全書總目提要·子部·雜家類存目二》 《養生弗佛二論》一卷。兩江總督採進本。

明魏大成撰。大成字時大，柏鄉人。其《養生論》以平情爲祛病之本，而深明醫之不足恃。其《弗佛論》則明儒理以闢釋也。持論頗不詭於正。然《養生論》稱聖有心而無爲，無爲則能平情。情平總歸無情，所以長生久視。則闢佛而轉入黄老矣。故退而列之雜家類焉。

通論

《宋史·藝文志·雜家》 又《通論》五卷。

約言

《四庫全書總目提要·子部·雜家類存目一》 《約言》無卷數，浙江巡撫採進本。

明薛蕙撰。是編乃其退居西原時學養生家言。後讀《中庸》喜怒哀樂之未發句。自謂有得，因作此書。分爲九篇，曰《天道》、《性情》、《潛龍》、《時習》、《君道》、《學問》、《君子》、《立言》、《春秋》。其學以復性爲宗，故《性情》篇云：「静者，性之本。主静者復，性之學也。」又云「静者，自然之本體。動者，後來之客感。夫自有陰陽，即不能有静而無動。以動爲客感，是二氏元寂之旨也」。又曰：「理即此心，此心即理。」夫理具於吾心，不可謂心之虚靈不昧者即理也。即心即理，是姚江良知之宗也。其去濂洛關閩之學，固已遠矣。

證學編

《四庫全書總目提要・子部・雜家類存目二》《證學編》四卷。附《證學論策》一卷。兩江總督採進本。

明楊起元撰。起元字貞復，廣東歸善人。萬曆丁丑進士，官至吏部左侍郎，謚文懿。《明史・儒林傳》附載王畿傳末。稱其清修姱節，而其學不諱禪。是編載尺牘語録及雜文，附論策數首。大抵講學之語，故以「證學」爲名。觀其論佛仙云：「秦漢以還，不復知道爲何物，而佛之教能守其心性之法。及至達摩西來單傳直指。儒生學士從此悟入，然後稍接孔脈」云云。其援儒入墨，誣誕實甚，艾南英嘗作《文待序》曰：「蓋自摘取良知之説，而士稍異學矣。然予觀其書不過師友講論，立教明宗而已。未嘗以入制舉業也。其徒龍谿緒山，闡明其師之説，而又過焉，亦未嘗以入制舉業也。然則誰爲之始歟，吾姑爲隱其姓名，而又詳乙注其文，使學者知以宗門之糟粕爲舉業之俑者」。自斯人始云云。顧炎武《日知録》嘗考南英所乙注者即起元文也。然則起元變亂先儒，其流毒且及於經義矣。

紀聞類編

《四庫全書總目提要・子部・雜家類存目二》《紀聞類編》四卷。浙江鮑士恭家藏本。

明竇文照撰。文照字子明，秀水人。萬曆中官光禄寺典簿。其書每卷分六類，亦格言之流。《朱國祚跋》甚稱其孝行。蓋以其人重之，其言則未能免俗也。

識仁編

《四庫全書總目提要・子部・雜家類存目二》《識仁編》二卷。兩江總督採進本。

明羅汝芳撰，其門人楊起元編。名以識仁者，蓋取程子爲學須先識仁之語也。然是書皆提唱禪宗，恣爲幻杳之論。然假借程子以爲名耳。

尋樂編

《四庫全書總目提要・子部・雜家類存目二》《尋樂編》一卷。浙江巡撫採進本。

明毛元淳撰。元淳字還樸，一字嬰中，松陽人。崇禎癸酉歲貢生。是編乃其所撰語録。序稱慕周茂叔尋孔顔樂處，遇會心輒便記録，故以尋樂名編。然意旨頗爲淺近。自稱素性讀陳眉公書則躍然喜，讀李卓吾書則怫然不悦。非有意愛憎，乃氣味自有同異。蓋所見與繼儒相近，故著作亦復似之云。

經世環應編

《四庫全書總目提要・子部・雜家類存目二》《經世環應編》八卷。内府藏本。

明錢繼登撰。繼登字爾先，又字龍門，嘉善人。萬曆丙辰進士，官至僉都御史。是書所採皆史籍權變之術，亦省括編之流也。

澹思子

黄虞稷《千頃堂書目・子部・雜家類》王世懋《澹思子》一卷。

耄餘雜識

《四庫全書總目提要・子部・雜家類存目一》《耄餘雜識》一卷。浙江鮑士恭家藏本。

明陸樹聲撰。其書成於萬曆甲寅。雜抒所見，頗有足以警世厲俗者。而多雜二氏之學，不爲純粹。蓋著是書時，樹聲年已八十二。喜與方外遊，故其言如此。至若論許衡吴澄不當仕元一條，全本邱濬之語，則偏謬尤甚矣。

癡醒子

黄虞稷《千頃堂書目・子部・雜家類》 南企仲《癡醒子》三十卷。渭南人，萬曆庚辰進士。南京吏部尚書，死闖難。

補注管子

黄虞稷《千頃堂書目・子部・雜家類》 劉績《補注管子》二十四卷。又《補注淮南子》二十八卷。江夏人。

迂論

《明史・藝文志・子部・雜家類》 王廉《迂論》十卷。

楊士奇等《文淵閣書目・荒字》 王廉《迂論》，一部一册，闕。

黄虞稷《千頃堂書目・子部・雜家類》 王廉《迂論》十卷。

共發編

《四庫全書總目提要・子部・雜家類存目二》 《共發編》四卷。山西巡撫採進本。

明曹于汴撰。于汴字自梁，安邑人。萬曆壬辰進士，官至左都御史。事蹟具《明史》本傳。是編乃爲淮安推官時講學安定祠内，與門人問答之語。其持論多涉元妙。如譚大禮問無我相之語，儒與禪宗將無同。于汴答云：「若天地萬物一一聯屬於我，斯無我相矣。然天地萬物亦無相也。以相觀天地，則如彼其大矣。以相觀萬物，則如彼其衆矣。安能聯屬於我，故幻相非真，真相亦非真，而無相者爲真。夫墮禪者非也，避禪者亦非也。無真而未嘗無真，無幻而未嘗變幻，無天地萬物而未嘗無天地萬物，裁成輔相，種種現成，烏在其禪與不禪」云云。是坐儒者之皋比，而演釋迦之經咒，則何不披緇而開方丈也。

補計然子

《四庫全書總目提要・子部・雜家類存目二》 《補計然子》一卷。江蘇周厚堉家藏本。

明董漢策撰。漢策字帷儒，烏程人。是書成於崇禎壬午。雜取《左》、《國》、《吴越春秋》諸書爲之，凡四十篇。又敘略一篇。大旨以句踐之復伯，起衰激怠事在人自爲之，蓋借以爲晏安之戒。自云是書爲寓言，又云釋憤之作是也。考《文獻通考》載《范子計然》十五卷，今其書不傳，故漢策補之。然不僞託於古書，賢於姚士粦於《陵子》，主逢年《天禄閣外史》以贋售欺者多矣。

臆説集

徐𤊹《徐氏家藏書目・子部・諸子類》 《臆説集》一卷。張大基。

東岑子

《明史・藝文志・子部・雜家類》 謝理《東岑子》四卷。

黄虞稷《千頃堂書目・子部・雜家類》 謝理《東岑子》四卷。字一卿，成化間人。

茹蠟子

張萱等《内閣藏書目録・雜家》《茹蠟子》，一册。

萬曆間楚宗室載圴著。

七克

《四庫全書總目提要・子部・雜家類存目二》《七克》七卷。兩江總督採進本。

明西洋人龐迪我撰。書成於萬曆甲辰。其説以天主所禁，罪宗凡七。一謂驕傲，二謂嫉妬，三謂慳吝，四謂忿怒，五謂迷飲食，六謂迷色，七謂懈惰於善。迪我因作此書，發明其義。一曰伏傲，二曰平妬，三曰解貪，四曰熄忿，五曰塞饕，六曰坊淫，七曰策怠。其言出於儒墨之閒，就所論之一事言之，不爲無理。而皆歸本敬事天主以求福，則其謬在宗旨，不在詞説也。其論保守童身一條，載或人難以人俱守貞不婚，人類將滅。乃答以儻世人俱守貞，人類將滅，天主必有以處之，何煩過慮。其詞已遁。又謂生人之類有生必有滅，亦始終成毁之常。若得以此終，以此毁，幸甚大願。則又詞窮理屈，不覺遁於釋氏矣。尚可闢佛之云乎。

西學

《四庫全書總目提要・子部・雜家類存目二》《西學》，凡一卷，附録《唐大秦寺碑》一篇。兩江總督採進本。

明西洋人艾儒略撰。

方齋補莊

《四庫全書總目提要・子部・雜家類存目二》《方齋補莊》無卷數，江蘇巡撫採進本。

國朝方正瑗撰。正瑗字引除，號方齋，桐城人。康熙庚子舉人，官至陝西潼商道。是書以《莊子》背馳聖道，故即其内篇之目而補其所未及論者。蓋欲明孔之全，正莊之偏，反莊之肆，以規學莊者於醇也。然《莊子》之書，汪洋恣肆，本不附託聖人以立言。此乃一一與之辨難，殊爲贅設。至反《南華經》之名而別名《西華經》，尤爲不必矣。

天方典禮擇要解

《四庫全書總目提要・子部・雜家類存目二》《天方典禮擇要解》二十卷。兩江總督採進本。

國朝劉智撰。智字介濂，江寧人。回回裔也。嘗搜取彼國經典七十種，譯爲《天方禮經》。後以卷帙浩繁，復撮其要爲此書。首爲《原教》、《真宰》、《識認》、《諦言》四卷。次爲五功四卷。五功者，念真、禮真、齋戒、捐課、朝覲也。次爲禋祀一卷。次爲五典四卷，言五倫之事。次爲民常四卷，次爲娶禮、婚禮、喪禮而附以歸正儀。每事詳爲解釋，以自尊其教。回回教本僻謬，而智頗習儒書。乃雜援經義以文其説，其文亦頗雅贍。然根柢先非，巧爲文飾無益也。

圖書祕典一隅解

《四庫全書總目提要・子部・雜家類存目二》《圖書祕典一隅解》一卷。河南巡撫採進本。

國朝張沐撰。其子焠註。《祕典》者，沐之書。一隅解者，焠之註也。沐有《周易疏略》,已著録。端仕履未詳。是書前有序文,而列湯斌、毛甡、案毛甡,即毛奇齡之原名。書二首。其説以天下事物之數起於一,而其要在集神明。如云「聞見之知,月也。神明之知,日也。毛髮寒變之知,星也。肌膚痛癢之知,辰也。其知皆神明也,而不可謂即神明。」其説實本姚江之良知,而變化其語。至端之註,則守其父説而元虛彌甚。如云「一旦躍起,正容端坐,息心以集神明」。又云「聖人在上,蔽目塞耳,斂手竝足。端居深宮,而家國天下治,神明而已。」堯舜周孔以來,有是枯寂之學乎?至典之爲訓,《説文》謂從册,在几上,尊閣之也。五帝之書,乃有是稱。沐以自名,不免於僭。至靈蘭祕典,乃黄帝素問篇名。方技家依託之文,更不應以名儒書矣。

衡　書

《四庫全書總目提要・子部・雜家類存目二》《衡書》三卷。浙江巡撫採進本。

國朝唐大陶撰。大陶字鑄采,夔州人。書中自稱官長子時事,蓋嘗爲長子縣知縣也。是書凡《核儒》、《仁師》、《五行》、《審知》、《利才》、《釋孟》、《受任》、《抑尊權實》、《賤隸貞隱》、《明悌富國》十三篇,大抵學莊列之寓言。如《核儒篇》稱冉有爲魯將,與齊兵戰敗,季孫欲誅之,懼而奔楚。子貢遊説吴越,反爲魯召兵,國幾亡。朱子進正心誠意之説,金人聞風而遁,遂恢復中原,并削平西夏。皆故繆其事實,以資嘲戲。蓋大陶生於明末,故其書多有激之談也。

懿言録　續録　別録　七規

《四庫全書總目提要・子部・雜家類存目二》《懿言日録》一卷。《二録》一卷。《續録》一卷。《別録》一卷。附《禮闈分校日記》一卷。《七規》一卷。江蘇巡撫採進本。

國朝王喆生撰。喆生字素巖,崑山人。康熙壬戌進士,官翰林院編修。是書編年成帙,《日録》始康熙庚申終丁丑。《二録》始戊寅,終壬寅。《續録》始雍正癸卯,終丁未。多講學之語,亦兼及雜事。大旨尊程朱,攻陸王。謂孫奇逢初守程朱甚篤,自鹿善繼誘以文成,講習遂復異趣。所遇非人,固其不幸云云。案鹿善繼之在明季,力赴楊左之難,觸璫焰而不辭。洎大兵攻定興,死守孤城,力竭授命。爲人如是,亦可無愧於聖賢。而喆生不論人品之醇疵,但論學術之同異,至以非人詆之。程朱所傳,恐不如是。至《別録》一卷,純言修煉之術,稱爲真仙所傳。又稱佛言應生無所住心,是無上妙義。能見得無住之心,便可超凡云云。純爲二氏之學,其《禮闈分校日記》一卷,乃康熙乙丑爲同考官時所作。《七規》一卷,則其邀講學諸人結會,每一會静坐七晝夜,以驗心學者也。

新婦譜

《四庫全書總目提要・子部・雜家類存目二》《新婦譜》一卷。江西巡撫採進本。

國朝陸圻撰。圻字麗京,號講山,錢塘人。順治中貢生。其書皆詳論爲婦承順之道,凡五十九條。乃其嫁女之時,作以授之者,故多通俗之語。自序謂傅氏有《理縣譜》,今世無其書。所見惟時人《治譜》一帙,京邸授官者,率不可闕。故仿其例,亦名之爲譜云。

潛齋處語

《四庫全書總目提要・子部・雜家類存目二》《潛齋處語》一卷。陝西巡撫採進本。

國朝楊慶撰。慶有《古韻叶音》,已著録。是書分二十四門。大旨欲仿宋儒語録而所見頗淺。其駁陳淳《論鬼神》一條,以曾於夢中親見抱朴子葛洪,具有靈驗爲證。夫淳以爲必無鬼神,固宋儒主持過甚之論。然慶所云祈禱感應之説,亦非知鬼神之理者也。

螺峯説録

《四庫全書總目提要・子部・雜家類存目二》《螺峯説録》一卷。浙江巡撫採進本。

國朝毛先舒撰。大旨調停於儒禪之閒。謂聖人之學深入於無生死。故其説曰「格物欲者完性命，完性命者了生死。曰盡倫常者完性命，完性命者了生死。格物欲語與考亭異，盡倫常語與佛氏異」。云云。蓋欲以佛立教，而恐儒者以蔑倫政之，故巧立是説以彌縫其闕也。

柏鄉魏氏傳家録

《四庫全書總目提要・子部・雜家類存目二》《柏鄉魏氏傳家録》二卷。附家約一卷。直隸總督採進本。

國朝魏裔介撰。裔介有《孝經註義》，已著録。是編皆訓導子孫之詞，多講舉業。後附家約一卷，凡十事。大旨主於謹身守法，保全富貴。蓋其爲大學士時作也。

國朝王表正删輯

《四庫全書總目提要・子部・雜家類存目一》《國朝王表正删輯》分《講學》、《論治》、《澄道》、《闡性》爲四篇。樞之學純出於禪，所言大抵空虚幻杳。此集雖刊除其太甚，而根本如斯。徒翦其枝葉無益也。

救文格論

《四庫全書總目提要・子部・雜家類存目三》《救文格論》一卷、《雜録》一卷。大學士英廉購進本。

國朝顧炎武撰。載吳震方《説鈴》中。然皆炎武《日知録》之文。潘耒作《日知録》序，題康熙乙亥。徐倬作《説鈴序》，題康熙乙酉。是《日知録》已刻十年，乃有《説鈴》。不應剽剟割裂，別立書名。考毛先舒《潠書》有與炎武札，稱承示《救文格論》、《考古》、《日知》二録云云。則炎武原有此書別行於世，後乃編入《日知録》中。此猶據初本刻之耳。

韓門綴學　續編

張之洞《書目答問・儒家》《韓門綴學》五卷。續編，一卷。汪師韓。上湖文編附刻本，叢睦汪氏遺書本，又《談書録》一卷。《詩學纂聞》一卷。

聖學大成

《四庫全書總目提要・子部・雜家類存目二》《聖學大成》無卷數，浙江范懋柱家天一閣藏本。

國朝孫鍾瑞編。鍾瑞字子麟，嘉興人。是編雜鈔明人語録。始自曹端，終於金鉉，其八十五人。大旨以朱、陸、羅、主各分黨與，釀爲門户之争。欲以調停之説解兩派之紛，其意本善。然兩派判如水火，言人人殊。詬争固爲私心，竟合而一之，莫明誰是，後學將何所適從。此所謂子莫執中者也。所引皆講學之語，當列於儒家。以其中楊起元輩儼然自號比丘者亦厠簡牘，則其流不一矣。故改録之於雜家，從其實焉。

勸世恒言

《四庫全書總目提要・子部・雜家類存目二》《勸世恒言》一卷。直隸總督採進本。

題曰時人近本。崑林删訂。崑林者，魏裔介之别號也。凡四十八條，意主化導下愚，是以多陳因果。然綿雜用駢偶之詞，以文論則不工。以示俚俗又不能解，未免兩無所取矣。

苕西問答

《四庫全書總目提要・子部・雜家類存目二》　《苕西問答》一卷。浙江巡撫採進本。

國朝吳學孔録其師羅爲賡講學語也。爲賡號西溪，南充人。康熙中官烏程縣知縣。嘗顔其書室曰「古小學」與門人講論其中。學孔録其問答而附以與人論學之書。其大旨出於陸王，而體例則全如禪宗機鋒。

格物問答

《四庫全書總目提要・子部・雜家類存目二》　《格物問答》三卷。浙江巡撫採進本。

國朝毛先舒撰。先舒有《聲韻叢説》已著録。此書爲《思古堂全集》十四種之一。大旨主王守仁之説，以格物爲格去物欲，力斥朱子窮理之非。然王守仁初爲是説，特高明之過，流入釋氏耳。先舒乃毅然謂三教本一，二氏爲儒之根本。且稱此論既確，決定無疑。恪欲專一守此以爲自修自證之學。蓋明季心學之流弊，深中乎人心如此。此固非王守仁所及料者矣。

龍巖子集

《四庫全書總目提要・子部・雜家類存目二》　《龍巖子集》十二卷。兩江總督採進本。

國朝李丕則撰。丕則自號龍巖山人，曲沃人。順治乙未進士，官金溪縣知縣。是書乃其自編語録。首列《天地萬物一體圖》，爲其講學宗旨。書中議論，務爲奇拗。如云鵞湖之會，紫陽亳未有悟。直詆朱子爲强項。又云「余每不樂與天地合其德」等語，加一「與」字，是天地與己爲二，遂欲竄改經文。可謂果於自用。乃亟稱《明一統志》、《月令廣義》爲無所不備尤不可解也。

息齋藏書

《四庫全書總目提要・子部・雜家類存目二》　《息齋藏書》十二卷。山西巡撫採進本。

國朝裴希度撰。希度字晉卿，號中菴，陽曲人。崇禎甲戌進士，官監察御史。國朝，官至太常寺少卿。是書第一卷曰《儒經撮要》，第二卷曰《道統中一經》，第三、四、五卷曰《四子丹元》，第六卷曰《學鏡約》，第七卷曰《心聖直指》，第八、九十卷曰《嘉言存略》，第十一卷曰《公餘證可》，第十二卷曰《塵譚摘》，皆講學之言。中閒多與蔚州魏象樞《書問辨論》卷首凡例謂自一卷至十卷皆古先聖賢之前言。往行，閒出臆見，以發攄其底蘊。十一卷之《證可》、十二卷之《塵譚摘》，則同人之書札往來，與夫座譚有涉名教者。今核是編，其中《四子丹元》舉濂溪、明道、象山、陽明而不及朱子。其生平宗主，已可概見。至《道統中一經》，多以二氏之言互證，亦未免於雜也。

唾居隨録

《四庫全書總目提要・子部・雜家類存目二》　《唾居隨録》四卷。江西巡撫採進本。

國朝張貞生撰。貞生有《玉山遺響》已著録。是編乃其家居之時，於玉山下葺頹垣爲唾居，隨意會所至。或披閱有得，陸續筆記成帙。故名曰《隨録》。凡九百八十三則，皆講學之語。持論頗爲平正，多切近人情，而失之太繁。遂枝葉多於根柢，又多爲對偶長聯，猶沿明季陳繼儒等小品之習。

晚聞篇

《四庫全書總目提要·子部·雜家類存目二》《晚聞篇》一卷。江西巡撫採進本。

國朝李衷燦撰。是書摘録宋周、程五子以下至國朝孫奇逢、魏裔介、成性諸人之語。大旨在抑朱而尊陸。末附祖乩二條，南華十二條，更顯然入二氏之談矣。

顔巷録

《四庫全書總目提要·子部·雜家類存目二》《顔巷録》一卷。江西巡撫採進本。

國朝李衷燦撰。是書多記前言往行，其大旨歸於淡泊。蓋成於衷燦罷言之後，故以顔巷名編。然往往雜於二氏之學。如載九宫隱呪寢魂之法。又云真儒始能徹佛之巔，真禪始能窺儒之岸。其宗旨可見矣。

拳拳録

《四庫全書總目提要·子部·雜家類存目二》《拳拳録》二卷。江西巡撫採進本。

國朝李衷燦撰。衷燦號梅村，含山人。官荆門州知州。其學出鹿善繼孫奇逢。是書分内外二篇。内篇講學，以見性爲宗。外篇以陰符爲衛道、衛仁之書。謂朱子晚歲自悔早年訓詁章句之非，皆沿襲姚江宗旨，去其師説猶不甚遠。云不爲俗情所染，方能説法度人。光明藏中，孰非游戲，淫坊酒肆、徧歷道場。絲竹管絃，皆談般若，則定興容城之學均無此論矣。

公餘筆記

《四庫全書總目提要·子部·雜家類存目二》《公餘筆記》二卷。江西巡撫採進本。

國朝張文炳撰。文炳有《易象數鉤深圖》已著録。此書乃其講學之語。凡八十一篇，各立篇名。其大意欲仿《通書》，故其自序謂官浙江安吉州判時，嘗奉檄校刊。

畏壘筆記

《四庫全書總目提要·子部·雜家類存目二》《畏壘筆記》四卷。浙江巡撫採進本。

國朝徐昂發撰。昂發字大臨，長洲人。康熙庚辰進士，官翰林院編修。是書成於康熙戊戌。前有昂發題詞，稱自庚寅己丑間始隨筆劄記。雖古人成説，有裨見聞，增長智識者，咸掇録焉，間參以意見云云。其書皆考證之文。大抵皆採掇舊聞，斷以己意。中間如《匡鼎説詩》一條，知《西京雜記》之僞。而楊王孫名貴之類，又引《西京雜記》爲憑。《孔叢子》一條，既灼知其書爲依託，而子思生無須眉之類，又引以爲證。蓋愛博嗜奇，隨文生義，未能本末賅貫。至於以泰山碧霞元君爲周武王女，太姬之神，陳敬仲奔齊奉之以來。以西洋天主教爲秦始皇所遣求仙之人，飃流海島奉之以去。尤屬牽合臆斷。核其所學，自不及。

國初顧炎武、朱彝尊等之淹通，然持擇矜慎，敘述簡潔，正舛訂譌，頗資聞見。在近時説部之中，猶爲秩然有條理者。究非明人雜録轉相裨販，宂瑣無緒者比也。

聖學真語

《四庫全書總目提要·子部·雜家類存目二》《聖學真語》二卷。浙江汪汝璩家藏本。

國朝毛先舒撰。先舒既著《匡林問答》諸書，復約其指歸以爲是編。其學雖出劉宗周，然宗周傳良知之説而主於慎獨，故持論篤實。先舒傳良知之説乃流於幻窅支離，無語非禪。而又自以爲非禪。所謂姚江末流，愈失愈遠，彌巧而彌離其宗者也。

理學就正言

《四庫全書總目提要・子部・雜家類存目二》《理學就正言》十卷。浙江巡撫採進本。

國朝祝文彦撰。文彦字方文，海寧人。自稱受學於劉宗周。然所論主於儒道同源。合孔老而一之。似非宗周慎獨之旨也。

無事編

《四庫全書總目提要・子部・雜家類存目二》《無事編》二卷。兩淮鹽政採進本。

國朝項真撰。真字不損，秀水人。前明諸生，入國朝官景陵縣知縣。是書摭拾成文，漫無風旨。雜引故實皆仍其原文。今古不辨，甚至以喬知之爲晉人，疎陋可知矣。

五倫懿範

《四庫全書總目提要・子部・雜家類存目二》《五倫懿範》八卷。兩淮馬裕家藏本。

舊本題曰天台鹿門子撰，不著名氏。前有康熙五年自序一篇。又有康熙十年四明山人鶴控子序一篇，亦不知何許人。其書以五倫爲綱，而各分子目。一目爲論一篇，反覆申勸戒之旨。詞多淺易，蓋意求通俗也。

續箋山房集略

《四庫全書總目提要・子部・雜家類存目二》《續箋山房集略》十八卷。兵部員外郎丁田樹家藏本。

國朝鄭道明撰。道明字希濂，號松岡，懷寧人。乾隆丙辰副榜貢生。是編皆其讀書劄記之文。卷一曰《理氣解略》，卷二至卷四曰《四書解略》，卷五曰《四書徵略》，卷六至卷八曰《四書疏略》，卷九曰《洪範解略》，卷十曰《春秋解略》，卷十一至十四曰《經史解略》，卷十五曰《明史論略》，卷十六十七曰《明史綱目述略》，卷十八曰《葬儀記略》、《節烈記略》。其學尺尺寸寸，摹仿宋儒。惟恐有一毫不似。在鄉塾老儒之中，亦可謂篤志者矣。

資塵新聞

《四庫全書總目提要・子部・雜家類存目二》《資塵新聞》七卷。直隸總督採進本。

舊本題

國朝魏裔介撰。其書亦鈔撮雜説而成卷。一曰《鬼神類》，皆記幽冥因果，還魂託生之事。遇仙佛名號必跳行出格書之，已決非裔介所爲。至附冒襄《鐫經靈驗》四則。其中先大夫字乃襄自稱其父，亦空一字書之。裔介亦未必如此之憒憒。卷二曰《陰陽類》皆方術家言。云出《神樞經》、《洞元經》、《人元祕樞經》。次以楊光先《陽宅闢謬》，次以《星野諸圖》。卷三曰《詞賦類》，皆鈔録優伶戲文小曲。卷四曰《韻學類》，全鈔顧炎武《唐宋韻譜》舊文、卷五無門目。其子目一曰《南中遺事》，記福王時軼聞。所記黄道周用兵必繫其兩手以防肆掠，殆非事實。一曰《都門三子傳》，乃王崇簡作。卷六曰《盜賊類記》，李自成始末。頗稱楊嗣昌之功，而以蔡懋德與李建泰同稱，皆斥爲庸鄙，亦非公論。卷七曰《方域類》，前爲琉球圖。後全録張學禮使琉球記。全書皆體例猥雜，謬陋百出，與裔介他書如出一手。又裔介以講學爲事，而此書推尊二氏如恐不及，亦與其生平言行如出兩人。疑或妄人所託名歟。

進善集

《四庫全書總目提要・子部・雜家類存目二》 《進善集》無卷數，江西巡撫採進本。

國朝張天柱撰。天柱字孟高，號擎菴，秀水人。康熙丙申天柱寄跡南京，見風俗奢汰，因爲是書。共三十篇，總題爲《持身要則》。惟編末《略覽古昔》、《近觀天地》二篇別署《進善寶書》。其中如保身、禁忌、功過格之類皆附入焉。大意在箴砭世俗侈靡之失，而歸之於三教清浄。謂清浄者，儒之髓，佛之原，道之宗。又謂佛繼三王、周、孔，有功於後世。三王、周、孔爲盛世之佛。其立意未始不善，而立言則悖謬甚矣。

潛書

《四庫全書總目提要・子部・雜家類存目二》 《潛書》四卷。浙江巡撫採進本。

國朝唐甄撰。甄字鑄萬，達州人，僑寓蘇州。順治庚子舉人，官長子縣知縣。宋李覯先有《潛書》，今見《盱江集》中。甄此書偶同其名。凡分上下二篇，而上篇下篇又各析爲二，凡九十七目。大略仿《論衡》之體，自心性、治術以至處世淑身之理，無不具列。甄與魏禧友善，故其文格頗相類。然所載多據當時見聞，乃友朋酬對之語。其《尊孟篇》頗詆伊川，《法王》、《虚受》、《知行》三篇，又力崇良知之學，皆未爲醇粹。

萬世太平書

《四庫全書總目提要・子部・雜家類存目二》 《萬世太平書》十卷。内府藏本。

國朝勞大輿撰。大輿有《甌江逸志》已著録。是書皆雜綴先儒緒論。其曰：「《萬世太平書》者，考周密《癸辛雜識續集》載，道學諸儒，自稱爲生民立極，爲天地立心，爲萬世開太平，爲前聖繼絶學。」命名之義，當取是語云。

蒙訓

《四庫全書總目提要・子部・雜家類存目二》 《蒙訓》一卷。陝西巡撫採進本。

國朝楊慶撰。是編凡十九門，皆採摭古人之言而大旨出袁黄《功過格》。雜以二氏福田之説，動輒稱引鬼神。所謂有爲而爲，非儒者之本旨也。

容膝居集雜録

《四庫全書總目提要・子部・雜家類存目二》 《容膝居集雜録》六卷。浙江巡撫採進本。

國朝葛芝撰。芝字龍仙，崑山人。是書所載，類多格言。若所云：心本無欲，欲者非心之類。其學蓋頗雜於禪。卷首有芝自序，不著年月。而中引魏禧、徐枋語，知爲近時人作矣。

雜考分部

獨斷

楊士奇等《文淵閣書目・荒字》 蔡邕《獨斷》一部一册，闕。

張金吾《愛日精廬藏書志・雜家類》 《獨斷》二卷。間宏治刊本，葉石君藏書。

漢左中郎將陳留蔡邕撰。吕宗孟刊板跋。淳熙庚子。劉遜重刊序。宏治癸亥。

張之洞《書目答問·子目·儒家》《獨斷》二卷。漢蔡邕。抱經堂校本，又百川本、《漢魏叢書》本、聊城楊氏刻附《蔡中郎集》本、揚州局刻坿疏證。

釋問

姚振宗《三國藝文志·雜家》陳術《釋問》七卷。術始末具《史部·傳記類》。

《蜀志·李譔附傳》漢中陳術亦博學多聞，著《釋問》七篇。

衆書事對

《隋書·經籍志·雜家》《衆書事對》三卷。

鄭樵《通志·藝文略·雜家》《衆書事對》三卷。《廊》

真注要録

《隋書·經籍志·雜家》《真注要録》一卷。

鄭樵《通志·藝文略·雜家》《真注要録》一卷。

博物志

《隋書·經籍志·雜家》《博物志》十卷。張華撰。

鄭樵《通志·藝文畧》《博物志》十卷。張華撰。

陳振孫《直齋書録解題·雜家類》《博物志》十卷。案：此書別有注本，互見「小説家」。

晉司空范陽張華茂先撰。多奇聞異事。華能辨龍鮓，識劍氣，其學固然也。

《宋史·藝文志·子部·雜家》張華《博物志》十卷。

都穆《南濠居士文跋》《博物志》。

張茂先嘗采歷代四方奇物異事，著《博物志》四百卷。晉武帝以其太繁，俾刪爲十卷。今所傳本豈誠是耶。茂先讀書三十車，其辨龍鮓、識劍氣，人以爲博學所致。是書固君子之不可廢與第。未知武帝之俾刪者何説，而所存止于此也。夫覆載之間，何所不有。人以耳目之所不接，一切疑之而不信，非也。《論語》記子不語怪，怪固未嘗無也。聖人特不語以示人耳。

高儒《百川書志·子部·格物家》《博物志》十卷。

晉司空張華茂先撰。汝南周日用等註。

黄丕烈《蕘圃讀書題識》《刻連江葉氏本〈博物志〉序》

予家有汲古閣影鈔宋本《博物志》，末題云連江葉氏。與今世所行本夐然不同。嘗取而讀之，乃知茂先此書大略撮取載籍所爲，故自來目録皆入之雜家。其體例之獨剏者，則隨所撮取之書分別部居，不相雜厠。

續博物志

高儒《百川書志·雜家》《續博物志》十卷。

前都官員外郎隴西李石撰。

博物志補

黄虞稷《千頃堂書目·子部·雜家類》游潛《博物志補》。字用之，豐城人。弘治辛酉舉，賓州知州。

錢謙益等《絳雲樓書目·雜記》《博物志補》。

廣博物志

《明史·藝文志·子部·雜家類》董斯張《廣博物志》五十卷。

古今注

《隋書・經籍志・雜家》《古今注》三卷。崔豹撰。

《舊唐書・經籍志・雜家》《古今注》五卷。崔豹撰。

《新唐書・藝文志・子部・雜家》崔豹《古今注》三卷。

鄭樵《通志藝文畧・雜家》崔豹《古今注》。

陳振孫《直齋書録解題・子部・雜家類》《古今注》三卷。晉太傅丞崔豹正熊撰。

《宋史・藝文志・子部・雜家》崔豹《古今注》三卷。

范邦甸等《天一閣書目・子部・雜家》《古今注》三卷。刊本。晉崔豹著。

《四庫全書總目提要・子部・雜家類一》《古今注》三卷。附《中華古今注》三卷。江蘇巡撫採進本。

《古今注》三卷，舊本題晉崔豹撰。《中華古今注》三卷，舊本題後唐太學博士馬縞撰。豹書無序跋。縞書前有自序，稱「晉崔豹《古今注》博識雖廣，殆有闕文。洎乎黄初，莫之聞見。今添其注，以釋其義。」

錢東垣等輯《崇文總目・雜家》《古今注》三卷。崔豹撰。

張金吾《愛日精廬藏書續志・子部・雜家類》崔豹《古今注》三卷。明嘉靖刊本。晉崔豹正熊撰。

張之洞《書目答問・子目》《古今注》三卷。晉崔豹。

高儒《百川書志・雜家》崔豹《古今注》三卷。崔豹正熙著，凡八門。

黄丕烈《蕘圃藏書題識》《崔豹古今注》三卷。明刊本。

宋版崔豹《古今注》見諸《絳雲樓書目》。近時傳本第得之，彙刻書中未知其本之何從出也。昨於坊間獲一舊刻。末有宋人題識，當從宋版出。特未知與絳雲所云某本同否耳。偶取彙刻書中如吴琯逸史本勘之，實爲此勝于彼，殆從宋本出，當不謬也。越歲辛未四月二日，偶檢及此，因記。百宋一廛主人黄丕烈識。

黄丕烈《蕘圃藏書題識》《獨斷・中華古今注・九經補韻三種》舊鈔本。

此《九經補韻・中華古今注・獨斷》三種合裝一册。錢述古舊藏也。余取吴琯《逸史》攷之，《九經補韻》多同《獨斷》，不如此作二卷，猶舊第也。且多宋人跋語，謂刻之舒頫，與《陳録》舒、台二郡皆有刻本之説合，是舒本也。程榮本《漢魏叢書》中卻作二卷，然未知有此跋否。以上三書雖非未見之，書若此古色古香，其鈔必非俗本也。《中華古今注》專刻本，約略相同。其餘彙刻中未經相勘也。余嗜古書，於所從來本尤留意購訪，矧此爲也。是翁藏書手不忍釋，因出高價置之。癸酉四月朔日，時宿雨初霽。餘寒未消，塗中泥滑。滑，恐所期之友人行不得也。爲書此跋破寂。復翁。

中華古今注

鄭樵《通志・藝文畧・雜家》《中華古今注》三卷。馬縞撰。

陳振孫《直齋書録解題・雜家類》《中華古今注》三卷。後唐太學博士馬縞撰。蓋推廣崔豹之書也。

馬端臨《文獻通考・經籍考・子部・雜家》《中華古今注》三卷。

《宋史・藝文志・雜家》馬縞《中華古今注》三卷。

高儒《百川書志・雜家》《中華古今注》三卷。晉太學博士馬縞集，凡一百九十門。

范邦甸等《天一閣書目・雜家》《中華古今注》三卷。刊本。明國子博士馬縞撰并序。云：「昔崔豹《古今注》博識雖廣，迨有闕文。洎乎廣初，莫之聞見。」今添其注以釋其義。

顧櫰三《補五代史藝文志・雜家類》《中華古今注》三卷。馬縞撰。

張之洞《書目答問・儒家》《中華古今注》三卷。五代馬縞。古今逸史本、漢魏叢書本。

孫星衍《平津館鑒藏書籍記》《中華古今注》三卷。題國子監太學博士馬縞集。目録前有小序，此乃宋左圭《百川學海》中之一種。《百川學海》據左圭自序，宋時有刊本。此本驗其板樣，當是明人所刊，余別有《百川學海》不完本。紙色、字畫，皆不及此本之善。每葉廿四行，行廿字。收藏有元美白文方印，又有文氏天祥白文方印，是書賈僞作。

古今注

《新唐書・藝文志・子部・雜家》 伏侯《古今注》三卷。

鄭樵《通志・藝文畧・雜家》 伏侯《古今注》三卷。

續古今注

鄭樵《通志・藝文略・雜家》 《續古今注》三卷。唐周蒙撰。

《新唐書・藝文志・子部・雜家》 周蒙《續古今注》三卷。

《宋史・藝文志・雜家》 周蒙《續古今注》三卷。

錢東垣等輯《崇文總目・雜家》 《續古今注》三卷。周蒙撰。

侗按《玉海》云：周蒙《續古今注》三卷，《崇文目》有之。

釋俗語

《隋書・經籍志・雜家》 《釋俗語》八卷。劉霽撰。

釋文

《新唐書・藝文志・子部・雜家》 江邃《釋文》十卷。

稱謂

《隋書・經籍志・雜家》 《稱謂》五卷。後周大將軍盧辯撰。

《新唐書・藝文志・子部・雜家》 盧辯《稱謂》五卷。

物始

《隋書・經籍志・雜家》 《物始》十卷。謝昊撰。

《舊唐書・經籍志・雜家》 《物始》十卷。謝昊撰。

《新唐書・藝文志・子部・雜家》 謝昊《物始》十卷。

鄭樵《通志・藝文略・雜家》 《物始》十卷。謝昊撰。

事始

《舊唐書・經籍志・雜家》 《事始》三卷。劉孝孫撰。

鄭樵《通志・藝文略・雜家》 《事始》三卷。唐劉孝孫、房德懋撰，皆爲王府官，以教諸王始學。

晁公武《郡齋讀書志・雜家類》 《事始》三卷。袁本前志卷三上雜家類第八

右唐劉孝孫等撰。太宗命諸王府官以事名類，推原本始，凡二十六門，以教始學諸王。《易大傳》自始作八卦，至網罟、耒耜、臼杵之微，皆記其本起。《檀弓》所述，亦皆物之初也。然則《事始》之書，當繫之儒。今以其所取不一，故附於雜家。

陳振孫《直齋書録解題・雜家類》 《事始》三卷。

唐吳王諮議弘文館學士南陽劉存撰。案：《唐書・藝文志》劉孝孫、房德懋撰。鄭樵《通志》云皆爲王府官，以教諸王始學。

馬端臨《文獻通考・經籍考・子部・雜家》 《事始》三卷。

《四庫全書總目提要・子部・雜家類存目三》 《事始》一卷。浙江范懋柱家天一閣藏本。

不著撰人名氏。其書皆推原事物之始，雜引經史。

續事始

鄭樵《通志・藝文略・雜家》《續事始》三卷。唐劉睿撰。《續事始》五卷。僞蜀馮鑑撰。

晁公武《郡齋讀書志・雜家類》《續事始》五卷。袁本前志卷三上雜家類第九右僞蜀馮鑑廣孝孫所著。

馬端臨《文獻通考・經籍考・子部・雜家》《續事始》五卷。

續事始

顧櫰三《補五代史藝文志・雜家類》《續事始》五卷。馮鑑。

文章始

《舊唐書・經籍志・雜家》《文章始》一卷。任昉撰，張績補。

《新唐書・藝文志・子部・雜家》任昉《文章始》一卷。張績補。

鄭樵《通志・藝文略・雜家》《文章始》一卷。任昉撰。

續文章始

《舊唐書・經籍志・雜家》《續文章始》一卷。姚察撰。

《新唐書・藝文志・子部・雜家》姚察《續文章始》一卷。

鄭樵《通志・藝文略・雜家》《續文章始》一卷。姚察撰。

廊廟五格

《隋書・經籍志・雜家》《廊廟五格》二卷。王彬撰。

鄭樵《通志・藝文略・雜家》《廟五格》二卷。王彬撰。

古今辯作録

《舊唐書・經籍志・雜家》《古今辯作録》三卷。

《新唐書・藝文志・子部・雜家》《古今辨作録》三卷。

鄭樵《通志・藝文略・雜家》《古今辨作録》三卷。

古今精義

《新唐書・藝文志・子部・雜家》薛洪《古今精義》十五卷。

鄭樵《通志・藝文略・雜家》《古今精義》十五卷。薛洪撰。

錢東垣等輯《崇文總目・雜家》《古今精義》十五卷。薛洪撰。原釋闕。見天一閣鈔本。

博聞奇要

《新唐書・藝文志・子部・雜家》《博聞奇要》二十卷。開元武功縣人，徐闉上。詔試文章，留集賢院校理。

鄭樵《通志・藝文略・雜家》《博聞奇要》二十卷。

蘇氏演義

尤袤《遂初堂書目・雜家》 《蘇氏演義》。

陳振孫《直齋書録解題・雜家類》 《蘇氏演義》十卷。

唐光啓進士武功蘇鶚德祥撰。此數書者皆考究書傳,訂正名物,辨證訛謬,有益見聞。尤梁谿以家藏本刻之當塗。

馬端臨《文獻通考・經籍考・子部・雜家》 《蘇氏演義》十卷。

《宋史・藝文志・雜家》 蘇鶚《演義》十卷。

楊士奇等《文淵閣書目・荒字》 蘇鶚《演義》。一部一册,闕。

張之洞《書目答問・儒家》 《蘇氏演義》二卷。唐蘇鶚。珠塵本、函海本。

資暇集

尤袤《遂初堂書目・雜家》 《資暇集》。

陳振孫《直齋書録解題・雜家類》 《資暇集》二卷。

唐李匡文濟翁撰。

馬端臨《文獻通考・經籍考・子部・雜家》 《資暇集》三卷。

楊士奇等《文淵閣書目・荒字》 李濟翁《資暇集》。一部一册,闕。

范邦甸等《天一閣書目・雜家》 《資暇集》二卷。紅絲闌鈔本。唐李匡乂撰。

張之洞《書目答問・儒家》 《資暇集》三卷。唐李匡乂。續百川本。

學齋佔畢

錢曾《讀書敏求記・雜家》 《學齋佔畢》四卷。

唐末進士張曙,宴巴州郡樓。坐中作擊甌賦,極精工,樓以此顯名。後人遂命之曰「擊甌」,而此賦獨不傳。《英華》、《文粹》俱失載。今全録于此,警句如董「雙成青瑱鸞,飢啄開蛛網。穆天子紅韁馬,解踏破瓊田。非唐後人所能道。曙又有《鄂郊賦》,叙長安亂離,亦哀江南,悲甘陵之比。今不可得見矣。郭囦曰學齋先生學紫陽者,紫陽之誨人曰:『學、問、思、辨,四者皆所以窮理。』先生此書蓋庶幾近之矣。」

顧廣圻《思適齋集外書跋輯存》 《學齋佔畢》四卷。舊鈔本。

序及第一卷首半葉,蕘翁以香巖書屋所藏殘宋本屬補足。時方小病,腕力孱弱,未能求工也。越十日裝成□觀,因記。乙丑九月澗薲居士書。

顧廣圻《思適齋書跋》 《學齋佔畢》四卷。舊鈔本。

序及第一卷首半葉,蕘翁以香嚴書屋所藏殘宋本屬補足。時方小病,腕力孱弱,未能求工也。越十日裝成重觀,因記。乙丑九月澗薲居士書。

黄丕烈《蕘圃藏書題識》 《學齋佔畢》二卷。校宋舊鈔本。

余收此叢書堂鈔本《學齋佔畢》殘本二卷。藏諸篋中久矣。苦無善本鈔足。頃友人顧子千里從揚州歸,攜得古書幾種相質。有舊鈔足本,取而互勘。行款已不同,知非同出一源。惜渠本缺序并首卷首葉之前半幅,賴此補全,可爲忻喜。翌日往訪周丈香嚴,云有不全宋刻。假歸手校,知千里本實從宋刻録出。故行款多合。此鈔本行款每葉少四行,行之字雖同是二十字,已略異矣。因取宋刻校此一卷。其二卷已屬鈔補亦就其同異校之,未敢信彼是而此非也。乙丑八月二十有六日,黄丕烈識。以下各跋均在卷末。

又 《學齋佔畢》殘本二卷。宋刊舊鈔合本。

此殘宋刻《學齋佔畢》一卷又舊鈔一卷,不過二卷,亦是香嚴書屋舊藏也。予有舊鈔四卷,是全本。向曾借此殘宋刻以補予所缺。而今香嚴本又歸余矣。予之所以必欲歸此殘宋刻一卷者,爲子又將作《續百宋一廛賦》所以備料也。乙酉秋八月二日秋,清逸士病榻記。

又 《學齋佔畢》四卷。舊鈔本。

演繁露　續演繁露

尤袤《遂初堂書目・雜家》 程氏《演繁露》。

陳振孫《直齋書録解題・雜家類》 《演蕃露》十四卷、《續》六卷。

程大昌泰之撰。初在館中見《蕃露》書，以爲非，説見春秋類。又引《古今注》「冕旒綴玉下垂如繁露」，然蓋與《玉杯》、《竹林》同爲託物名篇，可想見矣。今曰《演蕃露》，意古之《蕃露》與《爾雅》、《釋名》、《廣雅》、《刊誤・正俗》之類云爾。

馬端臨《文獻通考・經籍考・子部・雜家》 《演繁露》十四卷，《續》十卷。

陳氏曰：程大昌泰之撰。

錢謙益等《絳雲樓書目・雜記》 程大昌《演繁露》十四卷。又《續》十卷，一作六卷。

顧廣圻《思適齋集外書跋輯存》 《演繁露》十六卷，《續》五卷。明鈔本。

此書新有刻本，極其紕繆。舊鈔又苦多魯魚。長洲汪閬源告我云家藏宋槧並許借勘。惟惜祇存前十卷，尚少其半耳。道光甲申立夏後三日，顧千里記。

彭元瑞等《天禄琳琅書目後編・子部》 《演繁露》一函八册。

宋程大昌撰。大昌字泰之，休寧人。紹興中進士，官龍圖閣直學士，權吏部尚書。書十六卷，《續》六卷。前有淳熙庚子大昌自序。又所撰《祕書省書繁露後》一篇乃淳熙已未所作。大昌未見《繁露》全本，又讀《太平御覽》所引《繁露》皆附物著理，臆其爲類事之書。故作此書以《演繁露》爲名，載此以見名書之意。樓鑰《春秋繁露跋》中已闢之。後有淳熙辛丑陳應行跋。又俞成跋則敘鏤版之意，蓋應行成皆其門人也。

顧廣圻《思適齋書跋》 程氏《演繁露》十六卷，《續》五卷。校宋本。

此書新有刻本，極其紕繆。舊鈔又苦多魯魚。長洲汪閬源告我云家藏宋槧並許借勘。唯惜祇存前十卷，尚少其半耳。道光甲申立夏後三日，顧千里記。

張之洞《書目答問・儒家》 《演繁露》十六卷，《續》六卷。宋程大昌。學津本、唐宋叢書本。

兩同書

晁公武《郡齋讀書志・雜家類》 《兩同書》兩卷。

右唐羅隱撰。隱謂老子養生，孔子訓世，因本之著《内》、《外篇》各五。其曰《兩同書》者，取兩者同出而異名之意也。

尤袤《遂初堂書目・雜家》 唐羅隱《兩同書》。

陳振孫《直齋書録解題・雜家類》 《祝融子兩同書》二卷。

不著名氏。《中興書目》云唐吴筠撰。《唐藝文志》同，但入小説類。又案《崇文總目》以爲羅隱撰，未詳。其書采孔、老爲内外十篇。祝融者，謂鬻子，爲諸子之首也。

馬端臨《文獻通考・經籍考・子部・雜家》 《兩同書》二卷。

《崇文總目》：唐羅隱撰。采孔、老二書，著爲内、外十篇。以老子修身之説爲内，孔子治世之道爲《外》，會其旨而同元。

晁氏曰：唐羅隱撰。

《宋史・藝文志・雜家》 羅隱《兩同書》二卷。

《宋史・藝文志・雜家》 吴筠《兩同書》二卷。

范邦甸等《天一閣書目・雜家》 《兩同書》二卷。刊本。唐羅隱、昭諫撰。明司馬公諱欽訂。

《太平兩同書》二卷。唐吴筠撰。

錢東垣輯《崇文總目・雜家》 《兩同書》二卷。原釋唐羅隱撰。采孔老之書，著爲内外十篇。以老子修身之説爲内，孔子治世之道爲外，會其旨而同元。見《文獻通攷》。

張之洞《書目答問・周秦諸子》 《兩同書》二卷。唐羅隱。續百川本、祕笈本。兼道家。

兼明書

尤袤《遂初堂書目・雜家》 唐印光庭《兼明書》。

陳振孫《直齋書録解題・雜家類》 《兼明書》二卷。

唐國子太學博士丘光庭撰。

馬端臨《文獻通考・經籍考・子部・雜家》 《兼明書》二卷。

陳氏曰：唐國子太學博士邱光庭撰。

《宋史・藝文志・雜家》 王光庭《規書》一卷又《兼明書》十二卷。

楊士奇等《文淵閣書目・荒字》 《兼明書》一部一册，闕。

錢謙益等《絳雲樓書目・雜記》 《兼明書》二卷。唐博士邱光庭撰。

張之洞《書目答問・儒家》 《兼明書》五卷。五代邱光庭。明陳繼儒刻寶顔堂祕笈本。

物重名

《隋書・經籍志・雜家》《物重名》五卷。

鄭樵《通志・藝文略・雜家》《物重名》五卷。

潁川語小

《四庫全書總目提要・子部・雜家類二》《潁川語小》二卷。永樂大典本。

案《潁川語小》，《宋史・藝文志》及諸家書目皆不著録。其散見《永樂大典》中者，惟題爲陳叔方撰，而不著時代。

釋常談

《四庫全書總目提要・子部・雜家類存目三》《釋常談》三卷。兵部侍郎紀昀家藏本。

不著撰人名氏。考陳振孫《書録解題》曰：「《續釋常談》二卷，祕書丞龔頤正、養正撰。」案王楙《野客叢書》作二十卷，此蓋誤脱十字。

續釋常談

楊士奇等《文淵閣書目・荒字》龔頤正《續釋常談》。一部一册，闕。

刊誤

錢謙益等《絳雲樓書目・雜記》李涪《刊誤》。二卷。王行瑜作亂，涪時爲宗正卿。盛稱其忠，必悔過。及行瑜傳首京師，涪亦放死嶺南。

張之洞《書目答問・儒家》《刊誤》二卷。唐李涪。照曠閣本、青照堂本。

近事會元

鄭樵《通志・藝文略・雜家》《近事會元》五卷。

陳振孫《直齋書録解題・雜家類》《近事會元》五卷。李上友撰。自唐武德至周顯德，雜事細務皆記之。

馬端臨《文獻通考・經籍考・子部・雜家》《近事會元》五卷。陳氏曰：李上友撰。自唐武德至周顯德，雜事細務皆記之。

黃丕烈《蕘圃藏書題識》《近事會元》五卷。鈔本。

李上交《近事會元》五卷。

上交退寓鍾陵，尋近史及小説雜記之。類凡五百事，釐爲五卷，目曰《近事會元》。唐史所失記者，此多載焉。右録《讀書敏求記》一則。乙亥夏五，蕘翁。在卷首。

張金吾《愛日精廬藏書志・雜家類》《近事會元》五卷。舊抄本。宋贊皇李上交撰。

事物紀原

陳振孫《直齋書録解題・雜家》《事物紀原》二十卷。不著名氏。《中興書目》十卷，開封高承撰，元豐中人。凡二百七十事。今此書多十卷且數百事，當是後人廣之耳。

馬端臨《文獻通考・經籍考・子部・雜家》《事物紀原》二十卷。

陳氏曰：不著名氏。《中興書目》十卷，開封高承撰，元豐中人，凡二百七十事。今此書多十卷且數百事，是後人廣之耳。

《宋史・藝文志・雜家》 高承《事物紀原》十卷。

楊士奇等《文淵閣書目・荒字》 高君丞《事物紀原》。一部一册，闕。

事物紀原删定

《明史・藝文志・子部・雜家類》 趙弼《事物紀原删定》二十卷。

黄虞稷《千頃堂書目・子部・雜家類》 趙弼《事物紀原删定》二十卷。

事物紀原事類

黄丕烈《蕘圃藏書題識續録》 《事物紀原事類》二十卷。明刻本。

此爲童蒙誦習之書。自廢學健忘，開卷沾溉良多。慎毋好言博涉，略爲不足觀也。寶硯居士巖記。

己未七月偶得舊鈔本，用黄筆再參校一過。時館洞涇草堂之。竹窗寶研記。

增廣事物紀原

黄虞稷《千頃堂書目・子部・雜家類》 張楷《增廣事物紀原》。

事原録

晁公武《郡齋讀書志・雜家類》 《事原録》三十卷。袁本前志卷三上雜家類第十

右皇朝朱繪撰。其書《事始》之類也。

〔一〕事原録三十卷　袁本脱「三十卷」三字，諸衢本、《經籍考》卷四十一同原本。按《宋志》卷六類書類有朱繪《事原》三十卷。朱繪另有《歷代帝王年運銓要》十卷，《玉海》卷四十七引《中興書目》云紹興初撰，蓋南宋初人。

馬端臨《文獻通考・經籍考・子部・雜家》 《事原録》三十卷。

晁氏曰：皇朝朱繪撰。其書《事始》之類也。

緗素雜記

陳振孫《直齋書録解題・雜家類》 《緗素雜記》十卷。

建安黄朝英士俊撰。有陳與者爲之序，言甲辰六試禮部不利，蓋政、宣中士子也。其書亦辨正名物而學頗迂僻。言《詩》「芍藥」「握椒」之義，鄙褻不典。王氏之學，前輩以資戲笑，而朝英以爲得詩人深意，其識可見矣。

馬端臨《文獻通考・經籍考・子部・雜家》 《緗素雜記》十卷

晁氏曰：皇朝皇朝英撰。所記二百事。朝英，建州人，紹聖後舉子也。爲王安石之學者，以「贈之以芍藥」爲男淫女，「貽我握椒」爲女淫男，鄙褻不典，前輩嘗以是爲嗤笑，朝英特愛重之，以爲得詩人深意，其他可知矣。

范邦甸等《天一閣書目・雜家》 《靖康新雕緗素雜記》十卷。藍絲闌鈔本。宋建安黄朝英撰。

張之洞《書目答問・儒家》 《靖康緗素雜記》十卷。宋黄朝英。守山閣本、金壺本、唐宋叢書本。

搜采異聞集

《四庫全書總目提要・子部・雜家類存目三》 《搜采異聞集》五卷。江蘇巡撫採進本。

舊本題宋永亨撰。諸家書目皆不載。惟明商維濬《稗海》中刻之。今考其文，皆剽取洪邁《容齋隨筆》而顛倒其次序。

容齋隨筆

陳振孫《直齋書録解題・雜家類》 《容齋隨筆》、《續筆》、《三筆》、《四筆》各

十六卷、《五筆》十卷

翰林學士鄱陽洪邁景盧撰。每編皆有小序。《五筆》未成書。

馬端臨《文獻通考・經籍考・子部・雜家》《容齋隨筆》、《續筆》、《三筆》、《四筆》各十六卷,《五筆》十卷。

陳氏曰: 翰林學士鄱陽洪邁景盧撰。每編皆有小序。《五筆》未成書。

《朱子語録》曰: 洪景盧《隨筆》中,辯得數種僞書皆是。但首卷載歐帖事却非,實世間僞書。如《西京雜記》,顔師古已辯之矣。

楊士奇等《文淵閣書目・荒字》《容齋隨筆》一部二十册,殘缺。

《容齋隨筆》一部十四册,完全。

張萱等《内閣藏書目録・諸子類》《容齋隨筆》十四册全。

宋洪文敏公邁著。内隨筆十六卷,三册。續筆十六卷,三册。三筆十六卷,三册。四筆十六卷,三册。五筆十卷,二册。皆雜説也。

彭元瑞等《天禄琳琅書目後編・子部》《容齋隨筆》五集。二函,十四册。

宋洪邁撰。書七十四卷,隨筆十六卷,凡三百二十九則。續筆十六卷,凡二百四十九則。三筆十六卷,凡二百四十八則。四筆十六卷,凡二百五十九則。五筆十卷,凡一百三十五則。隨筆至四筆,每集有邁自序。前有嘉定壬申何異序,乃邁從孫伋知贛州鋟木郡齋時作。

張之洞《書目答問・儒家》《容齋隨筆》。隨筆十六卷,三筆十六卷,四筆宋洪邁。通行本。十六卷,五筆十卷,續筆十六卷。

吴壽暘《拜經樓藏書題跋記》《容齋五筆》。

右影鈔舊本原有硃筆評校。

緯略

楊士奇等《文淵閣書目・荒字》高似孫《緯略》一部一册,闕。

王圻《續文獻通考・經籍考・雜家》《緯略》、《騷略》高似孫著。似孫,鄞人。文虎子。官禮部尚書。

黄丕烈《蕘圃藏書題識》《緯略》十二卷。舊鈔本。

高似孫《續古集諸略》今惟《子略》刻入《百川學海》中,餘不多見。《緯略》但見鈔本,然亦希有。

黄丕烈《蕘圃藏書題識續録》《緯略》四卷。明唐子言手寫殘本。

余友嚴豹人向住縣橋巷,家多藏書。曾見其收得唐詩手録《緯略》一册,心甚羡之。後遷居甫里,豹人亦故,所藏書往往散佚。余屬書友之素與稔者,訪求是書。久無以應,時越二十餘年矣。昨歲歲除書友始以是書來,因無閒錢,未獲置之。及兹中春二日,仍與交易。積年之思一旦而慰,可謂快事。書止四卷,較原書少三分之二,然題識俱全,必所據本如是。且卷首有錢遵王圖記。考諸《述古堂書目》云:「高似孫《緯略》四卷,所藏止此。」此未可以不全少之。大概名人翰墨以真蹟爲貴,抱殘守缺吾何憾焉。道光壬午仲春三日,蕘夫。

張之洞《書目答問・儒家》《緯略》十二卷。宋高似孫。守山閣本、金壺本。

緯略類編

《四庫全書總目提要・子部・雜家類存目三》《緯略類編》三十五卷。浙江范懋柱家天一閣藏本。

不著撰人名氏。其書皆取楊慎《丹鉛》諸録,稍顛倒竄亂其舊次,鈔合成編。僞書中之最拙者。蓋姦黠書賈,苟且漁利之所爲,而收藏家不及辨也。

困學紀聞

高儒《百川書志・雜志》《困學記聞》二十卷。

宋禮部尚書浚儀厚齋王應麟著。蓋九經諸子之旨趣,史傳制度名物之詳,及詩文議論當後學者,各以類聚。考訂評論,皆出己意。發前人之未發,辭理明達,該邃淵綜。非讀書萬卷,何以能之。凡二十五門。

張萱等《内閣藏書目録・諸子類》《困學紀聞》六册全。

宋度宗朝王應麟著。凡二十卷又三册不全。

彭元瑞等《天禄琳琅書目・子部》《困學紀聞》一函六册。

宋王應麟著。二十卷。前應麟自識,元牟應龍袁桷序。後陸晉之序。

考《宋史》王應麟，字伯厚，慶元府人。九歲通六經，淳祐元年舉進士，寶祐四年又中博學宏辭科。歷官禮部侍郎，尋轉尚書兼給事中。左丞相以留夢炎用徐、囊、黄、萬、石等。遂東歸，後二十年卒。所著書甚多。《困學紀聞》其一也。

彭元瑞等《天禄琳琅書目後編·子部》 《困學紀聞》四函，十六册。

宋王應麟撰。應麟字伯厚，慶元人。淳祐元年進士，寶祐四年復中博學宏詞科。官至禮部尚書兼給事中。入《宋史·儒林傳》書二十卷首。以説經，次天道、曆數、地理、諸子、考史、評史、評詩、雜識。前有至治二年牟應龍序，泰定二年袁桷序。後有陸晉之跋。是時浙東肅政司副使馬剌忽、僉事孫緝檄刻是書。蓋桷所舉明，而晉之方爲慶元路教授也。末刻慶元路儒學學正胡禾監刊。

張金吾《愛日精廬藏書志·雜家類》 《困學紀聞》二十卷。元泰定刊本。

宋浚儀王應麟伯厚撰。卷末有孫厚孫、甯孫校正。慶元路儒學學正胡禾監刊二條。

牟應龍序。至治二年。

袁桷序。泰定二年。

自序。

陳晉之序。泰定二年。

顧廣圻《思適齋書跋》 《困學紀聞》二十卷。校本。

六、七、八三卷，元慶元路刊本。校本有薄鵠臨何義門評語，并録之。乾隆五十二年歲次丁未，時在芙蓉江館，澗薲。在卷八末。

甲寅孟冬補録義門評語。自十二卷至此，凡六卷。始爲葳事首尾八年矣。澗薲記。在卷十七末。

壬子八月重寓齊女門之順宜堂，句讀是帙。澗薲。在卷二十末。

黄丕烈《蕘圃藏書題識續録》 《困學紀聞》二十卷。校元本。

蕘圃出元板屬校此本。因粗閲一過，遇有同異，辰考弘治、萬曆時兩刻本，以審其得失。

孫星衍《平津館鑒藏書籍記》 印：東岡病叟朱文方印，石塘居士朱文方印。

《困學紀聞》二十卷。題浚儀王應麟伯厚。卷二以下下有「甫」字。前有泰定二年門人袁桷敍，至治二年牟應龍序。後有牟應龍印、牟伯成父、儒林世家、三木小方印。目録前有深寧叟識語，後有伯厚甫、深寧居士二木方印。黑口版，每葉廿行，行十八字。此書後有泰定二年十二月癸卯，廣元路儒學教授吴郡陸晉之敍。今缺。

張之洞《書目答問·儒家》 《困學紀聞》七箋附集證二十卷。閻若璩、全祖望、程瑶田、何焯、錢大昕、屠繼序箋，萬希槐集證。通行本。

又 《翁注困學紀聞》二十卷。宋王應麟。翁元圻注。家刻本、長沙重刻巾箱本。此注更勝七箋本。

蘆浦筆記

楊士奇等《文淵閣書目·荒字》 劉昌詩《蘆浦筆記》。一部一册，闕。

黄丕烈《蕘圃藏書題識》 《蘆浦筆記》十卷。穴研齋鈔本。

《蘆浦筆記》，向時但有傳録之本。近始刊入《知不足齋》叢書中。曾以此鈔本校鮑刻所正甚多。其尤可笑者，《趙清獻公充御試官日記》中，脱「考到諸科卷子」一行起至「駕幸復考所起居」一行止，共脱九行。雖以渌飲竭卅餘年心力將諸本讐勘，始得付梓。而尚脱誤如是。蓋不遇此本，亦事之無可如何者。惜鮑老已作古人，而余方校此本因知之。則善本雖遇不能公諸同好也。頃惕甫借觀還，此追記所知。如是俾共知穴研齋繕寫本精妙，真無與匹已。乙亥六月七日，復翁。

《蘆浦筆記》八卷。鈔校本。

郡中吴枚菴先生多古書善本，皆手自鈔録。或校勘者久客楚中，歸囊尚留數十種。此《蘆浦筆記》，其一也。余欲借校鮑氏新刊本，久未得閒適。張訒菴來，談及近見一舊鈔殘本内八卷，文有「起立行伍」句，上多趙字，較鮑本爲勝。因校此本乙「起立」爲「立起」，文似順矣。然初不知原文爲趙立起行伍也。遂動校勘之興，并憶所藏穴研齋鈔本，宋人説部有數種此書在焉。取勘是本所□，實多其最勝者。乃卷五《趙清獻公充御試官日記》中文多幾行也。觀趙鮑本跋，語於此書讐勘至數四而尚有脱誤。信乎，古書之難覯，而校勘之不易也。惜鮑渌飲已作古人，不能語而□之，爲一大恨事。只好與枚菴共爲賞析爾。

黄丕烈《蕘圃藏書題識》 《蘆浦筆記》、《楊公筆録》不分卷。附沈括《補筆談》二葉 校舊鈔本

此節録本《蘆浦筆記》較十卷爲勝。鮑刻知不足齋叢書本雖讐勘精審，猶遜此，矧其他乎！惟余舊藏穴硯齋鈔本，此勝處悉同。此本未可以節文輕棄也。復

翁記，甲戌九月。在册面

吴壽暘《拜經樓藏書題跋記》《蘆浦筆記》□卷。鈔本爲同邑林善長先生所藏。有其手校及按語親筆。又有漁洋山人借觀一行評語三條。末有昌詩後跋及龔蘅圃侍御田居跋。謂此帙借鈔于黄俞邰家者，與郁氏東觀軒藏本當無大異。惟少按語一條而多昌詩後跋及龔跋耳。

張金吾《愛日精廬藏書志・雜家類》《蘆浦筆記》十卷。舊抄本。

宋劉昌詩撰。

自序。嘉定癸酉。

觀《石林燕語》多故實舊聞，或古今嘉言善行，可謂博洽矣。而懷玉汪先生，每事辨其誤信乎，述作之難也。昌詩讀不多，託子墨以自試好事者間。欲得之，而筆札或不給。後二年乙亥秋，輟清俸鋟梓于六峰縣齋，非敢以傳世也，亦願聞其誤焉。爾重陽日書。

謝兆申跋。萬曆三十九年。

古今考

倪燦《補遼金元藝文志・雜家》魏了翁《古今考》二十卷。萬回補。

黄虞稷《千頃堂書目・子部・雜家類》方回《古今考》二十卷。

《四庫全書總目提要・子部・雜家類存目三》《古今考》一卷。兩江總督採進本。

宋魏了翁撰。了翁有《周易要義》，已著録。是書前有自序，稱即《漢紀》隨文辨理，作古今考。然惟有二十餘頁，摘《漢書・高帝紀》中名物稱謂字義音釋，略爲辨論，與序相應。

《四庫全書總目提要・子部・雜家類二》《古今考》一卷、《續古今考》三十七卷。副都御史黄登賢家藏本。

《古今考》一卷，宋魏了翁撰。《續古今考》三十七卷，元方回撰。回字萬里，號虚谷，歙縣人。宋景定壬戌別省登第，官提領池陽茶鹽，遷知嚴州。入元爲建德路總管。

張金吾《愛日精廬藏書志・雜家類》《古今考》三十八卷。明正德刊本。

宋鶴山魏了翁華父撰。元紫陽方回萬里續。

彭元瑞等《天禄琳琅書目・子部》《古今攷》一函二十四册。

宋魏了翁著，元方回續，三十八卷。前了翁序，序後有回識語。

按此書雖名爲了翁所撰，而經其手定者止二十則。餘皆回所續成。每條之首俱標「某某曰」以爲別。引史傳語則稱某紀某傳，故于了翁所自著者燦若列眉矣。每卷首第二行悉標「上海後學王圻校刊」，其三十八卷之末，附刊元人周文英詩一章并其子南序。序題至正二十年，稱「此書未能版行，姑與同志者鈔寫數十本」云云。是此書在宋元間並無刊本，至王圻始爲付梓也。文英父子爵里，俱無考。了翁、回並見前。

闕補卷一。二十。

續古今考

《四庫全書總目提要・子部・雜家類存目三》《續古今考》九卷兩江總督採進本。

舊本題金元好問撰。考好問著述存者有《遺山集》、《中州集》、《續夷堅志》。佚者有《壬辰雜編》。此外諸家著録，別無他書。此編莫省所自來。前有永樂四年解縉續序，詞意凡鄙，不類縉文。其論《晉書》以十六國爲載記，不若《東都事略》以遼、金、夏爲附録，決非金人之言。中閒屢引《困學紀聞》、《文獻通考》。

孫德謙《金史藝文志・雜家》《續古今考》九卷。

元好問撰。此書《金史》本傳不載。藏書家亦未著録。《提要》云：舊本題金元好問撰。考好問著述存者，有《遺山集》、《中州集》、《續夷堅志》，佚者有《壬辰雜編》，此外諸家著録，別無他書，此編莫省所自來。

雲谷雜記

楊士奇等《文淵閣書目・荒字》張淏《雲谷雜記》一部四册，闕。

張之洞《書目答問・儒家》《雲谷雜記》四卷。宋張淏。聚珍本杭本福本、海山仙館本附一卷。

朝野類要

范邦甸等《天一閣書目・雜家》 《朝野類要》一卷。刊本。宋端平丙申文昌趙升向辰著并序。

孫星衍《平津館鑒藏書籍記》 《朝野類要》五卷。題文昌趙昇集録。自班朝至餘紀凡廿類，每類又分小目。書作於理宗端平三年，收藏有開萬樓藏書印朱文長方印。

考古編　續編

陳振孫《直齋書録解題・雜家類》 《考古編》十卷，《續編》十卷。程大昌撰。上自《詩》、《書》，下及史傳，世俗雜事有可考見者，皆筆之。

馬端臨《文獻通考・經籍考・子部・雜家》 《考古編》十卷，《續編》十卷。

張之洞《書目答問・儒家》 《考古編》十卷。宋程大昌。學津本、函海本、單行明刻本。

坦齋通編

楊士奇等《文淵閣書目・荒字》 邢凱《坦齋通編》一部一册，闕。

張之洞《書目答問・儒家》 《坦齋通編》一卷。宋邢凱。守山閣本。

賓退録

范邦甸等《天一閣書目・雜家》 《賓退録》十卷。緜紙藍絲闌鈔本。○宋趙與旹撰。

顧廣圻《思適齋集外書跋輯存》 《賓退録》十卷。影宋本。

右影宋本《賓退録》，其行間疏密，殊不失舊觀。何校亦頗有發明。所惜原本後二頁有損字處耳。然較近刻自勝。顧廣圻記。

顧廣圻《思適齋書跋》 《賓退録》十卷。景宋鈔本。

右景宋本《賓退録》，其行閒疏密殊不失舊觀。何校亦頗有發明，所惜原本後二葉有損字處耳。然較近刻自勝。顧廣圻記。

黄丕烈《蕘圃藏書題識》 《賓退録》十卷。校宋鈔本。

此書向倩甫里陳生假汝南氏所藏明代刻本影寫。照原本讐校，無一字不改正。今康熙六十有一年歲壬寅夏孟，書賈王接三持宋槧五册來索價十金，無力購之。留案二日，扃户屏客，細加校勘，用朱筆塗改宋本内欠七翻。未校七翻中必有謬誤之處，心殊怏然。通二册校過者已無魚魯，可稱世閒善本矣。但宋本十行十八字，計連欠葉共二百有二番。此本行格不同，頗少古意。惟一序特於宋本上影寫，增入爲可觀也。蓮涇後學王聞遠，識於孝慈堂之東窗。

張之洞《書目答問・儒家》 《賓退録》十卷。宋趙與旹。單刻仿宋本。

肎綮録

《四庫全書總目提要・子部・雜家類存目三》 《肎綮録》一卷。編修程晉芳家藏本。宋趙叔問撰。叔問自號西隱老人，其始末未詳。以宋宗室聯名字推之，蓋魏王廷美之裔也。是書首辨俚俗字義，於陸《法言》、《唐韻註》中摘録以備考證。然《唐韻》爲孫愐作，《法言》隋時人所著。乃《切韻》非《唐韻》，開卷先誤。又謂孟子名應讀口箇切，不知韓愈《石鼓歌》正押平聲。其他辨證，亦多説部習見之文，無可採録。

通籍録異

《宋史・藝文志・雜家》 劉振《通籍録異》二十卷。

答問難疑

《宋史·藝文志·雜家》 王普《答問難疑》一卷。

經外雜鈔

《四庫全書總目提要·子部·雜家類二》 《經外雜鈔》二卷。兩江總督採進本。

宋魏了翁撰。了翁有《周易要義》，已著録。是編皆雜録諸書，而略以己意標識於下。多有不載全文而但書云云字者。又有如元子《心規》之類，一條而兩卷互見者。蓋隨手記載，以備考證之用，本無意於著書。後人得其稾本，傳寫成帙也。

讀書雜鈔

《四庫全書總目提要·子部·雜家類存目三》 《讀書雜鈔》二卷。江蘇巡撫採進本。

宋魏了翁撰。其書多辨證經義之語。

芥隱筆記

楊士奇等《文淵閣書目·荒字》 龔頤正《芥隱筆記》一部一册，闕。

毛晉《汲古閣書跋》 《芥隱筆記》。

昔人稱史論之覈，莫如容齋。音訓之精，莫如芥隱。第五筆流播海内，而筆記没没無傳。己巳春杪，購宋刻數種，得快覩斯編。雖借字母以析疑實，本意匠而傳妙。非但如吴材老某音某切某反已也。若夫龔公品望，已詳見劉跋云。

正朔考

《四庫全書總目提要·子部·雜家類存目三》 《正朔考》一卷。兩江總督採進本。

宋魏了翁撰。其書力主周行夏時之説。

明本釋

張萱等《内閣藏書目録·諸子類》 《明本釋》三册全。

宋汶上劉荀，因林放問禮之本，有子務本二義。推廣本字之類，凡三十五則，名曰《明本》，并引前人分列於下以釋之。

又明本釋三册全。

釋問

王圻《續文獻通考·經籍考·雜家》 《釋問》。朱長文著。長文，元祐中爲太學博士。

燕樂原辨

王圻《續文獻通考·經籍考·雜家》 《燕樂原辨》。西山蔡元定著。

廣學雜辯

王圻《續文獻通考·經籍考·雜家》 《廣學雜辯》。趙彥逾著。

猗覺寮雜記

楊士奇等《文淵閣書目・荒字》 朱翌《猗覺寮雜記》一部一册，闕。

范邦甸等《天一閣書目・雜家》 《猗覺寮雜記》二卷。緜紙藍絲闌鈔本。○宋紫薇舍人桐鄉朱翌撰。慶元三年四月九日，魏郡公鄱陽洪邁序。

隱居通義

《四庫全書總目提要・子部・雜家類六》 《隱居通議》三十一卷。江西巡撫採進本。

元劉壎撰。壎字起潛，南豐人。書中自稱開慶元年年二十，則宋亡之時已年三十六。故於宋多内詞。然書中又稱至大辛亥爲南劍州學官，計其年已七十二矣。日暮途窮，復食元禄。而是書乃以隱居爲名，殊不可解。考其《水雲村稾》中延祐己未重題梅氏海棠詩，有「花甲重周人八十」之句，則壎入元四十四年尚存，最爲老壽。是書當其晚歲退休時所著也。凡分十一門。理學三卷，古賦二卷，詩歌七卷，文章八卷，駢儷三卷，經史三卷，禮樂、造化、地理、鬼神、雜録各一卷。其論理學，以悟爲宗。尊陸九淵爲正傳，而援引朱子以合之。至謂朱子後與道士白玉蟾游，始知讀書爲徒勞。蓋姚江晚年定論之説源出於此。皆鄉曲門户之私，無庸深辨。其經史以下六門，考證亦未爲精核，且多餖飣。而鬼神一門，尤近於稗官小説。惟評詩論文之二十卷，則壎生於宋末，舊集多存。其所稱引之文，今多未見其篇帙。其所稱引之人，今亦多莫識其姓名。又多備録全篇，首尾完具，足以補諸家總集之遺。如宋璟梅花賦，今惟據田藝衡《留青日札》傳鮮于樞所書一篇，又據李綱《忠定集》知原賦已亡，綱爲補作。今觀壎所録，知宋、元閒行於世者乃有二本。又如陸游之從韓侂胄，以牽於愛妾幼子之故，爲他書之所未言。厲鶚《宋詩紀事》載李義山詩，不能舉其仕履。觀壎所記，乃知其嘗以江東提刑守池州。凡此之類，頗足以廣聞見。至於論詩、論文，尤多前輩緒餘，皆出於諸家説部之外。於徵文考獻，皆爲有裨，固談藝者所必録也。壎所著《水雲村稾》，世有二本。其一本別題曰《泯稾》，卷帙頗少。不知何人删取是書三分之一，附諸稾末，殊爲闕略。此爲三十一卷之足本，固罕覯之祕笈矣。書中閒有案語，蓋其後人所附，自署其名曰「凝考」。

國初有南豐劉凝，字二至。嘗撰《稽禮辨論》、《韻原表》、《石鼓文定本》三書，或即其人歟。

錢大昕《補元史藝文志・雜家類》 劉壎《隱居通義》三十一卷。字起潛，南豐人。延平教授。

經史説

錢大昕《補元史藝文志・雜家》 方宜孫《經史説》五卷。

經史補遺

倪燦《補遼金元藝文志・雜家》 蔣焱《經史補遺》。温州人。

野客叢書

范邦甸等《天一閣書目・雜家》 《野客叢書》三十卷。刊本。宋慶元改元，長洲王楙撰并自序。

楊士奇等《文淵閣書目・荒字》 王楙《野客叢書》一部一册，闕。塾本重言似誤。

黄丕烈《蕘圃藏書題識再續録》 《野客叢書》十五卷。明鈔殘本。

《野客叢書》以三十卷爲足本。明陳繼儒刻入《祕笈》者，删節多矣。此本尚是舊鈔。惜殘闕，僅有其半。余得之東城故家，重加裝池，珍舊本也，棘人黄丕烈。

愛日齋叢抄

錢大昕《補元史藝文志・雜家類》 葉氏《愛日齋叢抄》十卷。

《四庫全書總目提要・子部・雜家類二》 《愛日齋叢鈔》五卷。永樂大典本。

案《愛日齋叢鈔》散見《永樂大典》者共一百四十三條，俱不題撰人姓氏。考諸家書目亦多未著録。惟陶宗儀《説郛》第十七卷内載有此書二十二條，題爲宋葉某所撰，而不著其名。以《永樂大典》本參校，相合者十二條。其《説郛》有而《永樂大典》脱去者十條。取以參補，實得一百五十三條。雖原書卷目已佚，而裒輯排訂，尚可考見大略。

考古質疑

《四庫全書總目提要・子部・雜家類二》 《考古質疑》六卷。永樂大典本。

宋葉大慶撰。大慶，《宋史》無傳。是書亦不見於《藝文志》。惟《永樂大典》散見各韻中，又刖載入寶慶丙戌葉武子、淳祐甲辰其子釋之序各一篇。據其文考之，知大慶字榮甫，當時以詞賦知名，嘗官建州州學教授。其里貫則序文不具，莫能詳也。其書上自六經諸史，下逮宋世著述諸名家，各爲抉摘其疑義，考證詳明，類多前人所未發。

張之洞《書目答問・儒家》 《考古質疑》六卷。宋葉大慶。聚珍本、杭本、福本、海山仙館本。

覽古篇

倪燦《補遼金元藝文志・雜家》 鄭杓《覽古編》。

黃虞稷《千頃堂書目・子部・雜家類》 鄭杓《覽古編》。

錢大昕《補元史藝文志・雜家類》 鄭杓《覽古編》。

覽古評語

黃虞稷《千頃堂書目・子部・雜家類》 陳師《覽古評語》五卷，《禪寄筆談》十卷，《續》五卷。錢塘人，永昌知府。

孫德謙《金史藝文略・雜家》 《叢辨》十卷。

翰林修撰熊岳王庭筠子端撰，自號黃華山主。大定十六年甲科，《金史》入《文藝傳》。元好問作《墓碑》云：山居前後十年，得悉力經史，務爲無所不闚，旁及釋老家，尤所精詣，學益博，益節益高，而名益重，有《叢辨》十卷。

叢　辨

錢大昕《補元史藝文志・雜家》 王庭筠《叢辨》十卷。

幽明辨惑

倪燦《補遼金元藝文志・雜家》 《幽明辨惑》一卷。

錢大昕《補元史藝文志・雜家》 《幽明辨惑》一卷。

多識録

黃虞稷《千頃堂書目・子部・雜家類》 馬端臨《多識録》一百五十三卷。

王圻《續文獻通考・經籍考・雜家》 《多識録》，樂平馬端臨著。

原古録

倪燦《補遼金元藝文志・雜家》 郝經《原古録》

黃虞稷《千頃堂書目・子部・雜家類》 郝經《原古録》。

古今黈

倪燦《補遼金元藝文志・雜家》 《古今黈》四十卷。今止八卷。

錢大昕《補元史藝文志・雜家類》 李治《敬齋古今黈》四十卷。今存八卷。

孫德謙《金史藝文略・雜家》 《敬齋古今黈》十一卷。

李治撰。施國祁舊鈔本《敬齋古今黈説》云：《永樂大典》一書，顛倒篇章，割裂文句，誠淺夫之所作也。然其時舊本已亡，搜采殊富，故今人多從此伐山而拾瀋焉。梓而傳之，率世所罕覯者。即如金儒李仁卿《敬齋古今黈》一書，聚珍版刻凡八卷，先時讀之，驚其上下千古，博極羣書，欣所未見，而《名臣事略》不詳卷目，比在吳門張訒庵家，得見元書，係舊鈔足本，凡十一卷，前後序跋皆無，爲明萬曆庚子武陵書室蔣德盛梓行者。

「黈」一作「難」。

楊士奇等《文淵閣書目・荒字》 李敬齋《古今黈》一部五册，闕。

張金吾《愛日精廬藏書志・雜家類》 《敬齋先生古今黈》殘本十一卷。舊抄本。

元敬齋李治撰。原四十卷，今存卷一至十一，凡四百七十餘條。《四庫全書》著録本從《永樂大典》録出。此則原書殘本也。後有萬曆庚子春三月之吉。武林書室蔣德盛梓行兩行。

張之洞《書目答問・儒家》 《敬齋古今黈》八卷。元李治。聚珍本、杭本、福本、海山仙館本。

史子辨義

倪燦《補遼金元藝文志・雜家》 雷光霆《史子辨義》三十卷。

黃虞稷《千頃堂書目・子部・雜家類》 雷光霆《史子辨義》三十卷。

日損齋筆記

王圻《續文獻通考・經籍考・雜家》 《筆記》一卷。黃溍著。

《四庫全書總目提要・子部・雜家類二》 《日損齋筆記》一卷。浙江巡撫採進本。

元黃溍撰。溍字晉卿，金華人。延祐二年賜同進士出身。歷官翰林侍講學士，中奉大夫、知制誥、同修國史、同知經筵事，謚文獻。事蹟具《元史》本傳。是書《續通考》作一卷，危素《行狀》亦稱一卷，與今本合。書中皆考證經、史、子、集異同得失。其辨史十六則，尤精於辨經。

錢大昕《補元史藝文志・雜家類》 黃溍《日損齋筆記》一卷。

春谷讀書記

錢大昕《補元史藝文志・雜家類》 季仁壽《春谷讀書記》二百卷。婺州路儒學教授。

讀書記

錢大昕《補元史藝文志・雜家類》 熊本《讀書記》二十五卷。

錢大昕《補元史藝文志・雜家類》 《讀書記》十卷。

天原發微

錢大昕《補元史藝文志・雜家類》 鮑雲龍《天原發微》五卷。

辨惑編

楊士奇等《文淵閣書目・荒字》 謝應芳《辯惑編》一部一册，闕。

錢大昕《補元史藝文志・雜家類》 謝應芳《辨惑編》四卷。字子蘭，武進人。

羅氏識遺

吳壽暘《拜經樓藏書題跋記》 《羅氏識遺》。

舊鈔本羅子蒼《識遺》十卷，後有隆慶三年姑蘇吳岫跋。簡莊徵君從先君子借校，書後云：「嘉慶十五年十二月既望，從拜經樓借得是本。攜至吳門，以五硯樓袁氏鈔本校勘一過，補正良多。彼本亦誤者，未敢擅改。俟得善本再校也。勃海陳鱣記於石泉古舍」。

錢曾《讀書敏求記・雜家》 《羅璧識遺》四卷。

書林外稿

王圻《續文獻通考・經籍考・雜家》 《書林外稿》 袁士元著。士元，鄞人，鏞之孫。薦爲翰林國史檢閱官，不就。

復仇對

王圻《續文獻通考・經籍考・雜家》 《復仇對》 戴溪著。

簡籍遺聞

《四庫全書總目提要・子部・雜家類存目三》 《簡籍遺聞》二卷。浙江范懋柱家天一閣藏本。

明黃溥撰。溥，鄞縣人。黃潤玉之孫也。仕履未詳。是書多紀明代軼聞，亦閒考證古事。

説原　動植記原

《明史・藝文志・子部・雜家類》 穆希文《説原》十六卷，《動植記原》四卷。

黃虞稷《千頃堂書目・子部・雜家類》 穆希文《穆氏説原》十六卷，又《動植紀原》四卷。

正楊

范邦甸等《天一閣書目・雜家》 《正楊》四卷。刊本。明陳耀文撰。李蓘序云：「成都楊用脩著《丹鉛録》等書，至數十百種。朗陵陳君晦伯閒取其誤謬，分疏其下，得一百五十條。悉撮原本，無假辨說。開卷瞭然，固譚藝者之一快也。」

錢謙益等《絳雲樓書目・雜記》 《正楊》汝寧陳耀文著，皆正升菴之誤。

金石契

黃虞稷《千頃堂書目・子部・雜家類》 《金石契》一卷。

錢謙益等《絳雲樓書目・雜記》 《金石契》。

夜鐙管測

黄虞稷《千頃堂書目・子部・雜家類》 沈愷《夜鐙管測》二卷。

沈氏學弢　空空字内外篇

黄虞稷《千頃堂書目・子部・雜家類》 沈堯中《沈氏學弢》十四卷。又《空空字内外篇》四卷。

華夷花木鳥獸珍玩考

《四庫全書總目提要・子部・雜家類存目七》 《華夷花木鳥獸珍玩考》十卷。浙江巡撫採進本。

明慎懋官撰。懋官字汝學，湖州人。是書凡花木考六卷，鳥獸考一卷，珍玩考一卷，續考二卷。或剽取舊説，或參以己語，或標出典，或不標出典，真僞雜糅，餖飣無緒。

天學初函

《四庫全書總目提要・子部・雜家類存目十一》 《天學初函》五十二卷。兩江總督採進本。

明李之藻編。之藻有《頖宫禮樂疏》，已著録。初，西洋人利瑪竇入中國，士大夫喜其博辯，翕然趨附，而之藻與徐光啓信之尤篤。其書多二人所傳録，因裒爲此集。

田家儀註

徐𤊹《徐氏家藏書目・子部・諸子類》 《田家儀註》一卷。陳鳴鶴。

玉唾壺

《四庫全書總目提要・子部・雜家類存目三》 《玉唾壺》二卷。浙江范懋柱家天一閣藏本。

明王一槐撰。一槐，錢塘人。萬曆末官臨淄縣知縣。此書即其在臨淄時所作，皆辨證經史之言。

戲瑕

《四庫全書總目提要・子部・雜家類存目三》 《戲瑕》三卷。浙江鮑士恭家藏本。

明錢希言撰。希言有《劒筴》，已著録。是書皆考證之文。其名《戲瑕》者，取劉勰所云「尹敏戲其深瑕義也」。然此語出《文心雕龍・正緯篇》，「戲」字頗無義理。故朱謀㙔等校本，皆以爲詆字之誤，其説不爲無見。希言以其新異，採以名書，亦好奇而不顧其安矣。書中頗以博識自負，而所言茫昧無徵。

物理所

黄虞稷《千頃堂書目・子部・雜家類》 王化卿《物理所》一卷。金谿人。

正誤

黃虞稷《千頃堂書目・子部・雜家類》 郭孔太《正誤》二卷。江西太和人。

錢謙益等《絳雲樓書目・雜記》 《正誤》。

王氏意推

黃虞稷《千頃堂書目・子部・雜家類》 王志遠《王氏意推》四卷。

見物

黃虞稷《千頃堂書目・子部・雜家類》 李蘇《見物》二卷。

瑯琊曼衍

《四庫全書總目提要・子部・雜家類存目三》 《瑯琊曼衍》四卷。江蘇巡撫採進本。

明張鼎思撰。鼎思字慎吾，安陽人。萬曆丁丑進士。是編皆考證之文，然皆鈔撮前人之語。其第四卷專解周易，多雜録李氏《易解》及劉牧《鉤隱圖》。蘇軾、楊萬里《易傳》語，而皆不辨論其是非。蓋録以備檢之册。其後人繕寫成帙，非其本志也。

稗乘

《四庫全書總目提要・子部・雜家類存目三》 《稗乘》四卷。浙江巡撫採進本。

不著編輯者名氏。萬曆戊午，孫幼安得其本，爲校正刊行。其類凡四。曰史略，曰訓詁，曰説家，曰二氏。凡採用書四十二種，然多所删削，不載全文。

讀書考定

《四庫全書總目提要・子部・雜家類存目三》 《讀書考定》三十卷。浙江巡撫採進本。

明陳良儒撰。良儒字稺修，湖北人。崇禎中由蔭生官光禄寺典簿。

雨山墨談

《四庫全書總目提要・子部・雜家類存目三》 《雨山墨談》十八卷。兩淮鹽政採進本。

明陳霆撰。霆有《唐餘紀傳》，已著録。是書考證古籍，頗爲詳贍，而持論每涉偏駁。

灼薪劇談

《四庫全書總目提要・子部・雜家類存目三》 《灼薪劇談》一卷。浙江鄭大節家藏本。

明朱承爵撰。承爵字子儋，不知何許人。其書作於正德癸酉。因臘月大雪，與朋友擁爐夜話，録而成編，因以「灼薪」爲名。

俗語

《四庫全書總目提要・子部・雜家類存目三》 《俗語》一卷。兩淮馬裕家藏本。

不著撰人名氏。録古今諺語及方言，標其原始。凡經史小學諸書，皆見援據。其採自説部者，竝各註書名於其下。雖釋常言，而考證頗近於古。

郊外農談

《四庫全書總目提要・子部・雜家類存目三》《郊外農談》三卷。浙江范懋柱家天一閣藏本。

明張鈇撰。鈇字子威，慈谿人。嘉靖丙戌進士。

雅俗稽言

《四庫全書總目提要・子部・雜家類存目三》《雅俗稽言》四十卷。湖南巡撫採進本。

明張存紳撰。存紳字叔行，號見其，華容人。天啓中由貢生官蒲圻縣訓導。是書鈔撮雜説，凡二十門。自序謂後先借讀書，幾破萬卷。殫三十餘年之力，七易其稾。

升菴新語

《四庫全書總目提要・子部・雜家類存目三》《升菴新語》四卷。浙江巡撫採進本。

明王宇編。宇字永啓，閩縣人。萬曆庚戌進士，官至山東提學參議。是編鈔撮《丹鉛》諸録，存其什一。而所擇又不能精。原書具存，此爲蛇足矣。

拾遺録

《四庫全書總目提要・子部・雜家類存目三》《拾遺録》一卷。江西巡撫採進本。

明胡熿撰。熿有《家規輯要》，已著録。是書雜考訓詁，分爲六類。援引採輯，頗有根據。

析酲漫録

《四庫全書總目提要・子部・雜家類存目三》《析酲漫録》六卷。浙江巡撫採進本。

明陳懋仁撰。懋仁有《年號韻編》，已著録。是書成於萬曆壬子。大意欲以考證見長，而捃摭殘剩，多無根據。蓋學楊慎而不成者也。

箐齋讀書録

《四庫全書總目提要・子部・雜家類存目三》《箐齋讀書録》二卷。兩江總督採進本。

明周洪謨撰。洪謨有《羣經辨疑録》，已著録。是書卷首一行題「南皋子述」，篇中皆自稱南皋子。前有正德丁卯陳旦引詞，云是文安先生精神心術所在。羽翼經傳，闡明意義，最爲精切。惜篇帙首尾俱未載姓氏，恐歲久傳疑，敢引其大略於端。

閒中新録

楊士奇等《文淵閣書目・荒字》《閒中新録》一部一册，闕。

服膺録

楊士奇等《文淵閣書目・荒字》曾汲古《服膺録》一部一册，闕。

齊齋開卷録

楊士奇等《文淵閣書目・荒字》 《齊齋開卷録》一部一册，闕。

古穰雜録

錢謙益等《絳雲樓書目・雜記》 《古穰雜録》李賢。

同異録

《明史・藝文志・子部・雜家類》 陸深《同異録》一卷，《傳疑録》二卷。

黄虞稷《千頃堂書目・子部・雜家類》 陸深《同異録》一卷，又《傳疑録》二卷。

閒中今古録

黄虞稷《千頃堂書目・子部・雜家類》 陳頎《閒中今古録》二卷。字永之，號味芝居士，吴人。爲武陽訓導。

錢謙益等《絳雲樓書目・雜記》 《閒中古今》長洲陳頎著。陳頎，字永之，景泰中領鄉薦，以訓導致仕。卒。

徵吾録

范邦甸等《天一閣書目・雜家》 《徵吾録》二卷。刊本。海鹽鄭曉著，夏儒刻。明嘉靖丙寅進士鄭履淳序。稱曉既輯《吾學編》而事意多有未盡，則又川分條析爲《今言》三百四十餘首，又即二書撮其大要，究本窮源列《徵吾録》上下卷計三十一篇。

張萱等《内閣藏書目録・諸子類》 《徵吾録》，四册全。嘉靖間鄭端簡公曉，既輯《吾學編》及《今言》二書，又即二書撮其大目要者，爲《徵吾録》二卷，又取經史解説大意爲《古言》二卷。

知新録

《明史・藝文志・子部・雜家類》 劉仕義《知新録》二十四卷。

黄虞稷《千頃堂書目・子部・雜家類》 劉仕義《知新録》二十四卷。廬陵人。

知非録

黄虞稷《千頃堂書目・子部・雜家類》 黄時耀《知非録》六卷。

詹氏小辨

《明史・藝文志・子部・雜家類》 詹景鳳《詹氏小辨》六十四卷。

黄虞初《千頃堂書目・子部・雜家類》 詹景鳳《詹氏小辨》六十四卷。字東圖，休寧人。舉人。

張氏疑耀

黄虞稷《千頃堂書目・子部・雜家類》 張萱《張氏疑耀》七卷。

祠山雜辨

黄虞稷《千頃堂書目・子部・雜家類》 周瑛《祠山雜辨》一卷。

天對

黄虞稷《千頃堂書目・子部・雜家類》 陳雅言《天對》六篇。永豐人，洪武中領本縣教事。

讀史訂疑

《四庫全書總目提要・雜家・存目三》《讀史訂疑》一卷。兩淮鹽政採進本。

明王世懋撰。世懋有《卻金傳》已著録。是編乃其考證之文。雖以讀史訂疑爲名，而所言不必皆史事。

史綱疑辨

《四庫全書總目提要・雜家・存目三》《史綱疑辨》四卷。江蘇巡撫採進本。

明林有望撰。有望字未軒，桐城人。嘉靖癸丑進士，官至四川按察司僉事。是書裒集唐、宋至明文集説部考辨之文，與論世之作。不分門目，唐宋僅十之一二，明人居十之七八。編次標目，殊爲蕪雜。或附載詩篇，尤無體例。

千古辨疑

《四庫全書總目提要・雜家・存目三》《千古辨疑》七卷。安徽巡撫採進本。

明陳錫撰。錫字南衡，天台人。嘉靖丙辰進士，官至禮部員外郎。其書皆辨證經籍疑義。凡天文一卷，地理一卷，詩一卷，書一卷，律吕一卷，春秋一卷。大抵務博好辨，而僅憑虚臆斷。考證之處十不得一，非根柢之學也。

古今原始

《四庫全書總目提要・雜家・存目三》《古今原始》十四卷。浙江鮑士恭家藏本。

明趙釴撰，釴字子舉，一字鼎卿，桐城人。嘉靖甲辰進士，官至右僉都御史，巡撫貴州。此編皆考究事始，提綱列目。而採摭繁蕪，漫無別擇，又多不註所出。其皇古諸條，尤荒陋。

陰氏讀書鈔

黄虞稷《千頃堂書目・子部・雜家類》 陰秉暘《陰氏讀書鈔》三卷。

讀書録抄

徐𤊹《徐氏家藏書目・子部・諸子類》 薛文清《讀書録抄》二卷。凌琯。

尚論編

范邦甸等《天一閣書目・雜家》《尚論編》一卷。刊本。明王達善撰。正德十六年李昆序，云：「司長胡樾岡先生，摘本朝王學士達善先生集中所著，景仰撮書一篇見示。皆舉摭前人往事，而訂論其得失是非，以爲世訓讀之，使人警悟。其世傳筆籌亦先生所爲，其論處已待人、慮事度物、直指曲盡，蓋與此事互發。樾岡篤好此書，題之曰《尚論編》。

對問編

錢謙益等《絳雲樓書目・雜記》 《對問編》。

時習編

王圻《續文獻通考・經籍考・雜家》 《時習編》，王萬著。

求是編

徐𤊹《徐氏家藏書目・子部・諸子類》 馮子《求是編》四卷。馮柯。

焦氏筆乘

范邦甸等《天一閣書目・雜家》 《焦氏筆乘續集》八卷。刊本。明焦竑撰。

錢謙益等《絳雲樓書目・雜記》 焦氏竑《正續筆乘》

張之洞《書目答問・儒家》 《筆乘》六卷。明焦竑。粵雅堂本。《續》八卷皆談釋理無謂。

《四庫全書總目提要・雜家・存目五》 《焦氏筆乘》八卷。安徽巡撫採進本。

明焦竑撰。竑有《易筌》已著録。是書多考證舊聞，亦兼涉名理。然多勦襲説部，没其所出。如《周易舉正》一條，乃洪邁《容齋隨筆》語。《禿節》一條，乃宋祁筆記語。開塞書一條，乃晁公武《讀書志》語。一錢一條，乃師古僞蘇軾杜詩註語。花信風一條，乃王逵《蠡海集》語。玉樹菁葱一條，乃封演《聞見記》語。何遜詩一條，乃黄伯思《東觀餘論》語。烏鬼一條，乃沈括《夢溪筆談》語。倉頡一條，乃張華《博物志》語。續史記一條，乃無名氏《尊俎餘功》語。如斯之類，不可縷數。其中《周易舉正》條，末稱此書世罕見。晁公武所進易解多引用之。蓋洪邁當南宋孝宗時，故其言云爾。至明代則郭京書有刊本，而晁公武書久佚，正與邁時相反，乃仍録原文。斯非不去葛龔耶。竑在萬曆中，以博洽稱。而剽竊成書，至於如是，亦足見明之無人矣。其講學解經，尤喜雜引異説，參合附會。如以孔子所云空空及顔子之屢空爲虚無寂滅之類。皆乖迕正經，有傷聖教。蓋竑生平喜與李贄遊，故耳擩目染，流弊至於如此也。

少室山房筆叢

張之洞《書目答問・儒家》 《少室山房筆叢》正集二十二卷，續集十六卷。明胡應麟。明刻本。

錢謙益等《絳雲樓書目・雜家》 胡應麟《筆叢》。

筆精

《四庫全書總目提要・子部・雜家類三》 《筆精》八卷。福建巡撫採進本。

明徐𤊹撰。𤊹有《榕陰新檢》，已著録。是編分易通、經臆、詩談、文字、雜記五門。其曰《筆精》，取江淹別賦語也。𤊹以博洽名一時。朱彝尊《静志居詩話》謂見其遺書，大半施鉛點墨，題端跋尾。然是書踳駁之處乃復不少。其採摭既富，可資考證者頗多，亦不可盡廢。衡其品第，蓋張萱疑耀之流亞也。

學林就正

《四庫全書總目提要・雜家・存目三》 《學林就正》四卷。安徽巡撫採進本。

明陳耀文撰。耀文有《經典稽疑》，已著録。耀文在明季諸人之中，頗能考證。所作《正楊集》，攻《丹鉛》諸録之譌。雖詞氣叫囂，有乖大雅。而疏通引據，尚不失精詳。此書則聚諸駁雜異説，詆呵聖賢。

隨志

錢謙益等《絳雲樓書目·雜記》 顔木《隨志》顔許州木，字惟喬，撰《隨志》，雜用史法，體例騷駁。而顧華玉稱其有良史才，殆名過其實者。牧翁云「顧華玉撫楚時，嘗聘楚中。坎壈失職，諸名士修《承天志》，木亦與焉。」

臆見彙考

黄虞稷《千頃堂書目·子部·雜家類》 游日升《臆見彙考》五卷。

讀書日記

范邦甸等《天一閣書目·雜家》 《讀書日記》一册不著撰人名氏。

讀書筆記

黄虞稷《千頃堂書目·子部·雜家類》 《讀書筆記》一卷。

《明史·藝文志·子部·雜家類》 《讀書筆記》一卷。

錢謙益等《絳雲樓書目·雜記》 《讀書筆記》。

經濟考略

《明史·藝文志·子部·雜家類》 戴鱀《經濟考略》二十卷。

黄虞稷《千頃堂書目·子部·雜家類》 戴鱀《經濟考略》二十卷，又《策學會元》四十卷。

事物初略

《四庫全書總目提要·雜家·存目三》 《事物初略》三十四卷。浙江巡撫採進本。

明吕毖撰。毖字貞九，吴縣人。是編成於崇禎甲申。雜記事物俚俗語言之所自始。然多剽取《事物紀原》諸書，語多猥鄙，不足以言考證之學。

丹鉛餘録

范邦甸等《天一閣書目·雜家》 《丹鉛餘録》十七卷。刊本。明楊慎著，邱文舉集，李世芳、楊富春校録，無序。

錢謙益等《絳雲樓書目·雜記》 《丹鉛餘録》

丹鉛總録

范邦甸等《天一閣書目·雜家》 《丹鉛總録》二十七卷。刊本。明楊慎著，梁佐校刊并序。

彭元瑞等《天禄琳琅書目後編·子部》 《丹鉛總録》一函十册。

明楊慎撰。慎字用修，號升菴，新都人。大學士廷和子。正德辛未進士第一。以諫大禮謫戍金齒，終。《明史》有傳。書二十七卷，分二十六類。

錢謙益等《絳雲樓書目·雜記》 《丹鉛總録》楊慎。

張之洞《書目答問·儒家》 《丹鉛總録》二十七卷。明楊慎。楊氏教忠堂刻本。又升菴集本分餘録、續録、摘録、總録共六十三卷。函海編刻《丹鉛雜録》十卷。

丹鉛續録

范邦甸等《天一閣書目·雜家》 《丹鉛續録》十二卷。刊本。明楊慎著并序，周復俊校。

錢謙益等《絳雲樓書目·雜記》《丹鉛續録》。

丹鉛摘録

范邦甸等《天一閣書目·雜家》《丹鉛摘録》十七卷。刊本。明楊慎著，武昌楊儒魯序。

錢謙益等《絳雲樓書目·雜記》《丹鉛摘録》。

譚苑醍醐

范邦甸等《天一閣書目·雜家》《譚苑醍醐》九卷。刊本卷首有東明山人之印。明楊慎撰并序。

錢謙益等《絳雲樓書目·雜記》《談苑醍醐》。

張之洞《書目答問·儒家》《譚苑醍醐》九卷。明楊慎。升菴集本。

巵林

《四庫全書總目提要·子部·雜家類三》《巵林》十卷，《補遺》一卷。兩淮鹽政採進本。

明周嬰撰。嬰字方叔，莆田人。崇禎庚辰以貢入京，特授上猶知縣。是書體近類書，而考訂經史，辨證頗爲該洽。每條以兩字標目，而各引原撰書之人姓以系之。如質魚、諸杜之類，蓋用《孔叢子》詰墨及王充刺孟之例也。

張之洞《書目答問·儒家》《巵林》十卷。明周嬰。《補遺》一卷。湖海樓本。

博物策會

《明史·藝文志·子部·雜家類》戴璟《博物策會》十七卷。

黄虞稷《千頃堂書目·子部·雜家類》戴璟《博物策會》十七卷。

名義考

《明史·藝文志·子部·雜家類》周祈《名義考》十二卷。

黄虞稷《千頃堂書目·子部·雜家類》周祈《名義考》十二卷。

事物考

《明史·藝文志·子部·雜家類》王三聘《事物考》八卷。

黄虞稷《千頃堂書目·子部·雜家類》王三聘《事物考》八卷。

事類異名

黄虞稷《千頃堂書目·子部·雜家類》俞汝爲《事類異名》六卷。

事物異名

黄虞稷《千頃堂書目·子部·雜家類》余廷壁《事物異名》二卷。

鼠璞

楊士奇等《文淵閣書目·荒字》戴埴《鼠璞》。一部一册。闕。

黄虞稷《千頃堂書目·子部·雜家類》戴埴《鼠璞》一卷。桃源人。

物類集説

《明史・藝文志・子部・雜家類》 解延年《物類集説》三十四卷。

黄虞稷《千頃堂書目・子部・雜家類》 解延年《物類集説》三十四卷，又《策學指歸》□卷。字世化，山東棲霞人。正統己未進士，順慶府知府。

幽明辨惑

黄虞稷《千頃堂書目・子部・雜家類》 《幽明辨惑》一卷。

藝林彙考

《四庫全書總目提要・子部・雜家類三》 《藝林彙考》二十四卷。安徽巡撫採進本。

國朝沈自南撰。自南字留侯，吴江人。順治壬辰進士，官山東蓬萊縣知縣。是書凡五篇。曰棟宇，曰服飾，曰飲食，曰稱號，曰植物。前有秀水陳鑑題記，云此書凡二十四篇，卷帙甚多。當時所刻止此，然切於人事者略備矣。

陔餘叢考

張之洞《書目答問・儒家》 《陔餘叢考》四十三卷。趙翼。原刻本。

天禄識餘

《四庫全書總目提要・子部・雜家類存目三》 《天禄識餘》二卷。大學士英廉購進本。

國朝高士奇撰。是書雜采宋明人説部，綴輯成編。輾轉裨販，了無新解。舛誤之處尤多。

菰中隨筆

《四庫全書總目提要・子部・雜家類存目三》 《菰中隨筆》三卷。兩淮鹽政採進本。

國朝顧炎武撰。炎武本精考證之學。此編以讀書所得，隨時記載，旁及常言俗諺，及生平問答之語，亦瑣碎記入。雖亦有足資參考者，然編次不倫，餖飣無緒。當爲偶録稾本，後人以名重存之耳。

吴壽暘《拜經樓藏書題跋記》 《菰中隨筆》。

右鈔本三卷。先君子校閲有按語。復經胡維君、陳簡莊二徵君借閲。維君先生有粘簽數十條，後附詩律蒙告數葉。先君書云自稱詩律蒙告一卷。而此只寥寥數條，恐非全本。

黄丕烈《蕘圃藏書題記再續録》 《菰中隨筆》三卷，《詩律蒙告》一卷，《亭林著書目》一卷舊鈔本

右《菰中隨筆》三卷，《詩律蒙告》一卷，《亭林著書目》一卷，俱未梓行者。余於學餘書肆中見之，擬買而未許也，爰假歸倩胥鈔録此副本，略取舊鈔本校對一過。至舊鈔本之訛謬，尚多承襲而未及改正，俟暇日讀之，稍加參訂焉。乾隆甲寅三月下澣，郡後學黄丕烈識。

螺江日記

《四庫全書總目提要・子部・雜家類存目三》 《螺江日記》八卷。浙江巡撫採進本。

國朝張文檒撰。是書雜志經史疑義。如《尚書》篤信古文，《大學》遵用古本，皆守其師毛奇齡之説，持論亦甚辨博。然踈舛往往不免。

修潔齋閒筆

《四庫全書總目提要・子部・雜家類存目三》《修潔齋閒筆》四卷。浙江巡撫採進本。

國朝劉堅撰。堅字青城，無錫人。是書凡三百餘條，皆雜論典故字義，大抵從説部中録出。自序稱同邑顧宸有辟疆《園習察》一書，綴緝未竟，復刺取數十則以附益之。今書中不加標識，亦不知孰爲顧氏之語也。

潛邱劄記

《四庫全書總目提要・子部・雜家三》《潛邱劄記》六卷。編修程晉芳家藏本。

國朝閻若璩撰。若璩有《尚書古文疏證》，已著録。是編皆其考證經籍、隨筆劄記之文。曰潛邱者，若璩本太原人，寄居山陽。《爾雅》曰：「晉有潛邱。」《元和郡縣志》曰：「潛邱在太原縣南三里。」取以名書，不忘本也。此書傳本有二。一爲其孫學林所刻。

《四庫全書總目提要・子部・雜家類存目三》別本《潛邱劄記》六卷。江蘇巡撫採進本。

國朝閻若璩撰。若璩有《古文尚書疏證》，已著録。此書有吴玉搢編次之本，亦已著録。此本乃其孫學林所編。

張之洞《書目答問・儒家》《潛邱劄記》六卷。閻若璩。吴玉搢編刻本、家刻本、學海堂摘本二卷。

吴壽暘《拜經樓藏書題跋記》《潛邱劄記》。

鈔本《潛邱劄記》七卷，後附《日知録補正》一卷。先君子評閱跋云：「亭林先生于上章閹茂歲，先刻《日知録》八卷。板藏符山堂，後附《譎觚十事》者也。晚年更自序之，以爲中往往多疏漏，且書已行于世不可掩。漸次增改得二十餘卷，欲更刻之而未敢自以爲定。」云云。

管城碩記

《四庫全書總目提要・子部・雜家類三》《管城碩記》三十卷。兩江總督採進本。

國朝徐文靖撰。文靖有《禹貢會箋》，已著録。此其筆記也。自經史以至詩文，辨析考證。每條以所引原書爲綱，而各繫以論辨，略似《學林就正》之體，而考訂加詳。大致與箋疏相近。

張之洞《書目答問・儒家》《管城碩記》三十卷。徐文靖。乾隆九年刻本、半畝園本。

樵香小記

《四庫全書總目提要・子部・雜家類三》《樵香小記》二卷。兵部侍郎紀昀家藏本。

國朝何琇撰。琇字君琢，號勵菴，宛平人。雍正癸丑進士，官至宗人府主事。是編皆考證之文。凡一百二十條，論經義者居其大半。亦頗及字學、韻學。其論六書，頗與舊説異同。

義門讀書記

《四庫全書總目提要・子部・雜記類三》《義門讀書記》五十八卷。江蘇巡撫採進本。

國朝蔣維鈞編。皆其師何焯校正諸書之文也。焯字屺瞻，長洲人。康熙四十一年用直隸巡撫李光地薦，以拔貢生入直内廷。尋特賜進士出身，改庶吉士，授編修，後坐事褫職，仍校書武英殿。康熙六十一年復原官，贈侍讀學士。焯文章負盛名，而無所著作傳於世。没後其從子堂，哀其點校諸書之語爲六卷。維鈞益爲蒐輯，編爲此書。

張之洞《書目答問・儒家》《義門讀書記》五十八卷。何焯。通行本。

湛園札記

《四庫全書總目提要・子部・雜家類三》《湛園札記》四卷。副都御史黄登賢家藏本。

國朝姜宸英撰。宸英有《江防總論》，已著録。是書皆其考證經史之語，而訂正三禮者尤多。其中如堅主天地合祭之説，未免偏執。

瞥　記

張之洞《書目答問・儒家》《瞥記》七卷。梁玉繩。《庭立紀聞》四卷。玉繩子學昌輯。清白士集本。

松崖筆記

張之洞《書目答問・儒家》《松崖筆記》二卷。惠棟。道光壬午徐氏刻本。

蛾術編

張之洞《書目答問・儒家》《蛾術編》一百卷。王鳴盛。陸氏刻本未足。

識小編

《四庫全書總目提要・子部・雜家類三》《識小編》二卷。浙江巡撫採進本。

白田雜著

《四庫全書總目提要・子部・雜家類三》《白田雜著》八卷。兵部侍郎紀昀家藏本。

張之洞《書目答問・儒家》《白田雜箸》八卷。王懋竑。刻本。

經史問

《四庫全書總目提要・子部・雜家類存目三》《經史問》五卷。福建巡撫採進本。

國朝郭植撰。植字于岸，古田人。乾隆壬戌進士。是編乃其主廣東粵秀書院時，與諸生搜經史疑義，設爲問答以考訂之。大率皆註疏舊義，且與毛奇齡《經問》雷同者，亦復不少。

古今釋疑

《四庫全書總目提要・子部・雜家類存目三》《古今釋疑》十八卷。副都御史黄登賢家藏本。

國朝方中履撰。中履字素北，桐城人。方以智之子也。此書皆考證之文。一卷至三卷皆論經籍，四卷至九卷皆論禮制，十卷論氏族姓名，十一卷論樂，十二、十三卷論天文推步，十四卷論地理，十五卷論醫藥，十六至十八卷論小學、算術。各標題而爲之説。中履名父之子，學有淵源，故持論皆不弃陋。然鎔鑄舊説以成文，皆不標其所出，其體例乃如《策略》，不及其父《通雅》之精核也。

西圃叢辨

《四庫全書總目提要・子部・雜家類存目三》《西圃叢辨》三十二卷。兵部侍郎紀昀家藏本。

國朝田同之編。同之字在田，德州人。康熙庚子舉人，官國子監學録。是書雜採諸家説部，分類排比。皆因其舊文，不加論斷。故卷首題名不曰撰著，而曰纂集云。

事物考辨

《四庫全書總目提要・子部・雜家類存目三》《事物考辨》六十二卷。江蘇巡撫採進本。

國朝周象明撰。象明有《七經同異考》，已著録。是書自七經諸史至昆蟲植物，凡分四十六類。凡經傳註疏及子史者家，靡不採輯。亦閒附己説於各條之後。此本猶出其手録。旁註塗抹，多所改定。其用力頗深。中如甸師祭祀其蕭茅，鄭大夫曰「蕭」字或爲「莤」，鄭康成以爲取蕭祭脂之「蕭」。象明義主後鄭，所見頗允。至如《禮記》鄭註君陳，周公子。《孔安國傳》以爲臣名。象明宗孔而黜鄭，謂「蔡仲之命曰：『率乃祖文王之彝訓。』成王命君陳第曰：『懋昭周公之訓』，不曰『率乃父周公之訓』，其非周公子可知。則未免拘文牽義矣。其他隨筆記録，亦鮮考核。蓋勤於採摭而短於考證者也。」

掌録

《四庫全書總目提要・子部・雜家類存目三》《掌録》二卷。江蘇巡撫採進本。

國朝陳祖范撰。祖范有《經咫》已著録。是書乃其劄記之文，皆考證名義訓詁。然大抵捃摭舊文，罕逢新義。疑其輯録諸書之説以備檢閲。其門人轉相傳寫，因而刊行，本非有意著書也。

張之洞《書目答問・儒家》《掌録》二卷。陳祖范。家刻本。

訂譌雜録

《四庫全書總目提要・子部・雜家類三》《訂譌雜録》十卷。浙江巡撫採進本。

國朝胡鳴玉撰。鳴玉字廷佩，號吟鷗，青浦人。歲貢生。乾隆丙辰薦舉博學鴻詞。是編皆考訂聲音文字之譌。大抵採集諸家説部而參以己説，其中有闇合前人者。如《文選》神女賦一條，謂「玉」字「王」字顛倒互爲是矣。然始辨其誤者爲姚寛《西溪叢語》，申明其義者爲張鳳翼《文選纂註》，而鳴玉仍反覆力辨之，是未見二説也。揚子《法言》鴻飛冥冥，弋人何篡一條，鳴玉曆引《後漢書・逸民傳》注陳子昂碑。韓愈詩證今本誤「慕」是矣。然今本實作「篡」不作「慕」，其誤爲「慕」則自張九齡感遇詩「孤鴻海上來」一首押入遇韻始。以爲近人所誤則非也。龍鍾一條，不取竹名、右名之説是矣。然誤以岑參「雙袖龍鍾淚不乾」句爲常建詩。又李匡乂《資暇集》所解龍鍾之義乃誤指爲龍爪泥痕。鳴玉未及引駁，亦疎漏也。雙鯉魚一條，駁《漢・陳勝傳》、《宋書・符瑞志》魚腹藏書之説是矣。然此語始見蔡邕《飲馬長城窟行》，而但引古詩尺「素如霜雪，疊成雙鯉魚」，是蔡邕後語，非其本也。凡此偶然失檢，時亦有之。要其但引古書，互相參證，不欲多生新意，自見所長。所以言皆有據，所得反較諸家爲多。狐白之裘，固非一腋。其網羅會稡之勤，亦未可遽没也。

知新録

《四庫全書總目提要・雜家・存目三》《知新録》三十二卷。安徽巡撫採進本。

國朝王棠撰。棠字勿翦，歙縣人。是書成於康熙丁酉。每一事採集衆説，考其原始，參以論斷。各爲標目，略以類從，惟不立部分耳。採摭頗富，而多不著所出。大旨欲倣顧炎武《日知録》，然不過談薈樵書之流臣耳。

十駕齋養新録

張之洞《書目答問・儒家》 《十駕齋養新録》二十卷，《餘録》三卷。錢大昕。潛研堂本抽印單行，阮刻本無餘録。

言鯖

《四庫全書總目提要・子部・雜家類存目三》 《言鯖》二卷。大學士英廉購進本。

國朝吕種玉撰。種玉字藍衍，長洲人。是編皆訂正字義，考究事始。亦宋人《釋常談》之類，而語多習見。又往往昧其本原，或反滋顛舛。如謂今之路引本漢之長境，不知《周禮》亦有此法。謂墓志有爵者稱公，無爵者稱君，不知《隸釋》有後漢故民吴公碑。謂即時爲登時，本唐戴胄語。不知漢建安中焦仲卿妻詩已有登即相和許語。謂親家之稱始五代，不知唐大曆中盧綸詩已有人主人臣是親家語。謂排行起晉末，漢人未有。不知《水經注》載漢光武帝封諸姪，已德字聯名。謂虎林稱武林先見《晉書》及《漢地理志》註，非避唐諱。不知作《晉書》之房喬，註漢書之顔籀，正爲唐人。其尤謬者，如《漢武内傳》，王母命田四非答哥哥畢云云，乃答哥爲句，哥畢爲句。「哥」即古文「歌」字，種玉不知漢人假借通用之法，又誤讀爲一句。遂以弟呼兄爲哥哥語本於此，亦太疎舛矣。

義府

《四庫全書總目提要・子部・雜家類三》 《義府》二卷。安徽巡撫採進本。

國朝黄生撰。生有《字詁》，已著録。此書皆考證劄記之文。上卷論經，下卷論諸史、諸子、諸集。附以趙明誠《金石録》、洪適《隸釋》、酈道元《水經注》所載古碑，陶宏景、周子良《冥通記》訓詁。以别教之書，綴之卷末，示外之之意焉。生於古音古訓，皆考究淹通，引據精確，不爲無稽臆度之談。如據《說文》辨《周禮》⿺毛隹毨，正賈公彦十度之誤。引賈誼《論》、陳琳《檄》，證《尚書》「漂杵」爲「漂櫓」。引《爾雅》證《禮記》鄭注「烹魚」去乙之誤。引《吕覽》證「朱襮」非「朱領」。引《檀弓》彌牟爲木，證勃鞮爲披，引《左傳》及《詩序》證《檀弓》請庚之「庚」訓道路。引《唐書》廉訪證《周官》六計之「廉」訓察。引《吴越春秋》證鄂不即鄂跗。引《左傳》「出於其類」之「出」訓産。引《周禮》載師、閭師證夫布、里布爲二事。引《詩王風》證孟子施施。引《左傳》劉子語證司中。引《繫辭》證「信信」當讀申。引《禮記》稱説命爲兑命，解「行路兑矣」當訓説。引《漢書》證「志微噍殺」當爲「纖微憔悴」。引《周頌》、《爾雅》證鄭衆解牘應雅之譌。引《爾雅》證終軍、許慎解豹文鼠之所以異。引《後漢書・李膺傳》證師古解軒中之譌。引《孝經疏》證《後漢書》辜較、估較、辜榷、酤榷之義。引《史記・貨殖傳》證刁悍當爲雕悍。引《潛夫論》證闟龍即豢龍。引《莊子》證《列子》蕉鹿之「蕉」爲「樵」。引《世説註》證茗艼即酩酊。皆根柢訓典，鑿鑿可憑。至於引《莊子》斷在溝中解斷斷，引《王莽傳》謂青蠅、蒼蠅當作鼃。引《國策》解氓爲流民。引《易》奇偶證奇貨，間有穿鑿附會。又哉才通用，引《顔真卿碑》，不引《考古圖》。昌樂肉飛，引《世説》不引《吴越春秋》。所、許通用，引顔師古《漢書注》，不引《世説》。九德，引《三國志注》，不引《國語》。登時，引《集異記》，不引焦仲卿妻詩。亦有失之眉睫之前者。然小小疎舛，不足爲累。雖篇帙無多，其可取者要不在方以智《通雅》下也。

張之洞《書目答問・儒家》 《義府》二卷。黄生。指海本、家刻本。

聽潮居存業

《四庫全書總目提要・子部・雜家類存目六》 《聽潮居存業》十卷。江西巡撫採進本。

國朝原良撰。良字鳴喜，江西樂安人。順治中貢生，官寧都縣訓導。是書分十編，各立四字標目。一曰《明宗正學》。前多講學之語，後亦雜論經義。如謂孔子學問源於契及成湯、武丁。謂删《詩》存車鄰爲預知秦有趙高之禍，皆失之附會。二曰《身世要則》。多論世故。如陰德一條，既云陰德非惟不求人知，亦不可求天知。報應緩急一條，又稱天不急性，却有記性，吾輩於善念善事須忍耐爲之。隔半頁而自相矛盾。附以讀書作文十六則，亦殊不倫。三曰《史會大綱》，四曰《友古特評》，五曰《羣古對觀》，六曰《左國補議》，皆史論也。但大綱多論世運盛衰，特評則品藻人物，對觀則摭古之相類者論之，補議則仿吕祖謙《左氏博議》、柳宗元《非國語》而斟酌其説耳。七曰《讀餘志》略。大致如王世貞《讀書後》而彌爲膚淺。如以《考工記》爲三代以上之書，不宜附之於周。是併鄭之削，宋之斤，吴越之劒諸句亦未讀也。八曰《元圃餘珍》。剽掇舊事，略加評斷，亦史論之旁支。九曰《韻林隨筆》，皆所作詩話。如謂庾信詩爲梁之特出，唐之先鞭，而《文選》少載。又謂劉禹錫、元稹、白居易與宗楚客同賦金陵懷古詩。則其他可以槩見矣。十曰《山野寤言》，皆私撰經世之策，尤多迂闊之談。大抵好爲議論，而所學則未能淹貫者也。

雲谷臥餘

《四庫全書總目提要・子部・雜家類存目六》 《雲谷臥餘》二十卷，續八卷。浙江巡撫採進本。

國朝張習孔撰。習孔字念難，歙縣人。順治己丑進士，官至山東提學僉事。其書喜議論而不甚考證，多以私臆斷古人。又果於自信。如杜甫之詩皆爲改定，左丘明之傳亦爲删削。此自有詩文以來無人敢爲之事也。

聖學逢源録

《四庫全書總目提要・雜家・存目三》 《聖學逢源録》十八卷。安徽巡撫採進本。

國朝金維嘉撰。維嘉號潛川，休寧人。是書每卷爲一類，每類以六字標題。既以《逢源録》爲名，而每卷之首又別題深造篇第幾字，未喻其例。其書爲講學而作，然大旨參雜以佛老。

曝書雜記

張之洞《書目答問・儒家》 《曝書雜記》三卷。錢泰吉。甘泉鄉人稾本、滂喜齋本、別下齋本二卷。

秋槎札記

張之洞《書目答問・儒家》 《秋槎札記》□卷。劉履恂。學海堂摘本。

援鶉堂隨筆

張之洞《書目答問・儒家》 《援鶉堂隨筆》四十卷。姚範。家刻本。

寶甓齋札記

張之洞《書目答問・儒家》 《寶甓齋札記》□卷。趙坦。學海堂摘本。

雜説分部

論衡

《隋書・經籍志・雜家》 《論衡》二十九卷。後漢徵士王充撰。梁有《洞序》九卷、《録》一卷，應奉撰，亡。

《舊唐書・經籍志・雜家》 《論衡》三十卷。王充撰。

《新唐書・藝文志・雜家》 王充《論衡》三十卷。

晁公武《郡齋讀書志・雜家》 《論衡》三十卷。

右後漢王充仲任撰。充好論説，始如詭異，終有實理。以俗儒守文，多失其真，乃閉門潛思，户牖牆壁，各置刀筆，著《論衡》八十五篇，釋物類同異，正時俗嫌疑。後蔡邕得之，秘玩以爲談助云。世謂漢文章温厚爾雅，及其東也已衰。觀此書與《潛夫論》、《風俗通義》之類，比西京諸書驟不及遠甚，乃知世人之言不誣。

尤袤《遂初堂書目・雜家》 王充《論衡》。

高似孫《子畧》 王充《論衡》。

《論衡》者，後漢治中王充所論著也。書八十五篇，二十餘萬言。其爲言皆敍天證，敷人事，析物類，道古今。大略如仲舒《玉杯》、《繁露》。而其文詳，詳則理義莫能覈而精，辭莫能肅而括，幾於蕪且雜矣。漢承滅學之後，文景武宣以來，所以崇厲表章者，非一日之力矣。故學者嚮風承宣，日趨於大雅多聞之習。凡所譔録，日益而歲有加，至後漢盛矣。往往規度如一律，體裁如一家，是足以雋美於一時，而不足以準的於來世。何則事之鮮純，言之少擇也。劉向《新序》、《説苑》奇矣，亦復少探索之工，闕詮定之密。其敍事有與史背者不一二。《書》尚爾，况他書乎。袁崧《後漢書》云：「充作《論衡》，中土未有傳者。蔡邕入吴始見之，以爲談助。談助之言，可以了此書矣。」客有難充書繁重者，曰：「石多玉寡，寡者爲珍。龍少魚衆，少者爲神乎。」充曰：「文衆可以勝寡矣，人無一引。吾百篇，人無一字。吾萬言，爲可貴矣。」予所謂乏精覈而少肅括者，正此謂歟。

陳振孫《直齋書録解題・雜家》 《論衡》三十卷。

漢上虞王充仲任撰。肅宗時人。仕爲州從事治中。初著書八十五篇，釋物類同異，正時俗嫌疑。蔡邕、王朗初傳之時，以爲不見異人，當得異書。自今觀之，亦未見其奇也。

馬端臨《文獻通考・經籍考・子・雜家》 《論衡》三十卷。

《宋史・藝文志・雜家》 王充《論衡》三十卷。

楊士奇等《文淵閣書目・荒字・子雜家》 王充《論衡》一部七册，闕。

王充《論衡》一部十册，殘缺。

高儒《百川書志・雜家》 王氏《論衡》三十卷。

漢王充仲壬撰。凡八十五篇。按「壬」當作「任」。

范邦甸等《天一閣書目・雜家》 《論衡》三十卷。刊本。漢王充著。宋慶曆五年楊文昌後序云范氏東漢列傳云：「充字仲任，嘗受業太學，師事班彪。博覽而不守章句。家貧無書。嘗遊雒陽市肆閲所賣書，一見輒能誦憶。遂博通衆流、百家之言。著《論衡》八十五篇，二十餘萬言。既作之後，中土未有傳者。蔡氏邕入吴會始得之。常祕玩以爲談助。故時人嫌伯喈得異書，或搜求其帳中隱處，果得《論衡》，抱數卷持去。其後王郎來守會稽，又得其書及還許下。時人稱其才進，或曰不見異人，當得異書。問之果以《論衡》之益。」繇是遂見傳焉，流行四方，今殆千載。撰《六帖》者，但摘而爲備用。作《意林》者企鈔而同諸子。吾鄉好事者，往往自守書櫝爲家寶。然其篇卷脱漏，文字踳駁魯魚甚衆。亥豕益訛，或首尾顛躓而不聯，或句讀轉易而不紀。是以覽者不能通其讀焉。余幼好聚書，于《論衡》尤多購獲。自一紀中得俗本七，率二十七卷。其一程氏西齋所貯，蓋今起居舍人彭公乘曾所對正者也。又得史館本二，各三十卷。乃庫部郎中李公秉前所校者也。余嘗廢寢食討尋衆本，雖畧經脩改，尚互有缺遺意。其謄録者誤有推移，校勘者妄加删削，致條綱紊亂，旨趣乖違。倘遂傳行，必差理寔。今所覈數本之内，率以少錯者爲主。然後互質疑謬，沿造本源。僞者譯之，散者聚之，亡者追之。俾斷者仍續闕者。

徐𤊹《徐氏家藏書目・諸子類》 《論衡》三十卷。漢王充。

張萱等《内閣藏書目録・雜部》 《論衡》，九册，不全。

漢王充著，今闕第一册。

錢謙益等《絳雲樓書目・子類家》 《論衡》三十卷，王充。

于敏中等《天禄琳琅書目・宋版子部》 《論衡》二函十二册。

漢王充著，三十卷。後有宋楊文昌後序。

文昌爵里無考，其序作於慶曆五年。稱「先得俗本七，率二十七卷，其一程氏西齋所貯。又得史館本各三十卷，於是互質疑謬，沿造本源，又爲改正塗注凡一萬一千二百五十九字。募工刊印」云云。今考晁公武陳振孫馬端臨諸家著録，卷目悉符。則文昌校刻之本爲可據矣。此本版心下方有「通津草堂」四字，紙質墨光係爲明製。蓋取文昌定本而重加校刻者。

《四庫全書總目提要・子部・雜家類四》 《論衡》三十卷。江蘇巡撫採進本。

漢王充撰。充字仲任，上虞人。自紀謂在縣爲掾功曹，在都尉府位亦掾功曹。在太守爲列掾五官功曹行事。又稱永和三年徙家辟詣揚州部丹陽九江廬江。後入爲治中。章和二年罷州家居。其書凡八十五篇，而第四十四《招致篇》有録無書，實八十四篇。考其自紀曰：「書雖文重，所論百種。案古太公望，近董仲舒，傳作書篇百有餘，吾書亦纔出百而云太多。」然則原書實百餘篇。此本目録八十五篇，已非其舊矣。充書大旨詳於自紀一篇。蓋内傷時命之坎坷，外疾世俗之虚僞，故發憤著書，其言多激。《刺孟》、《問孔》二篇，至於奮其筆端，以與聖賢相軋，可謂誖矣。又露才所己，好爲物先。至於述其祖父頑很，以自表所長，傎亦甚焉。其他論辨，如日月不圓諸説，雖爲葛洪所駁，載在《晉志》。然大抵訂譌砭俗，中理者多。亦殊有裨於風教，儲泳袪疑説。謝應芳《辨惑編》不是過也。至其文反覆詰難，頗傷詞費。則充所謂宅舍多，土地不得小。户口衆，簿籍不得少。失實之事多，虚華之語衆。指實定宜，辨争之言安得約徑者。固已自言之矣。充所作别有《譏俗書》、《政務書》。晚年又作《養性書》。今皆不傳，惟此書存。儒者頗病其蕪雜，然終不能廢也。高似孫《子略》曰：「袁崧《後漢書》載充作《論衡》，中土未有傳者。蔡邕入吴，始見之。以爲談助。談助之言，可以了此書矣。」其論可云允愜。此所以攻之者衆，而好之者終不絶歟。

錢東垣等輯《崇文總目・雜家》 《論衡》三十卷。王充撰。

彭元瑞《天禄琳琅書目後編・宋版子部》 《論衡》二函，二十册。

漢王充撰。充字仲任，上虞人。《後漢書》有傳。仕履詳自記。書三十卷，八十五篇。前有慶曆五年楊文昌序，稱「幼好是書得俗本七，率止十七卷。其一程氏四齋旴彭乘校本。又得史館本二，各三十卷，乃季東前所校。爲校正塗注一萬一千二百五十九字。募工刊印，庶傳不泯。」其校刊之功可謂勤矣。

孫星衍《平津館鑑藏書籍記・元版》 《論衡》卅卷，題「王充」二字。末有慶曆五年楊文昌序。稱「先得俗本七，率廿七卷。又得史館本二，各卅卷。然後互質疑謬，又爲改正塗注凡一萬一千二百五十九字。」此本即從楊本翻雕。每葉廿行，行廿字，板心下有「通津草堂」四字。末卷後有「周慈寫陸奎刻」六小字。收藏有嘉靖己未進士夷齋沈瀚私印，朱文方印。

張金吾《愛日精廬藏書志・子部・雜家類》 《論衡》三十卷。元刊明修本。

漢王充撰。

黄丕烈《蕘圃藏書題識》 《論衡》三十卷。宋刻本

余聚書四十餘年，所見論衡無逾此本。蓋此真宋刻元修明又增補殘損版片者。故中間每葉行款，字形各異。至文字之勝於他本者，特多其最著者，卷首「至元七年仲春安陽韓性書」兩紙。第一卷多「七」，下一葉餘之。佳處不可枚舉，近始于校程榮本，知之程本實本通津草堂本。通津草堂本乃出此本，故差勝於程榮本。其最佳者斷推此爲第一本矣。通體評閲，圈點出東澗翁手跡。言里世家其即此老印記乎。俟與月霄二兄質之宋廛一翁。

姚振宗《後漢藝文志・雜家》 王充《論衡》，八十五篇。充始末具道家類。

范書《本傳》：「充好論説。始若詭異，終有理實。以爲俗儒守文多失其真，乃閉門潛思，絶慶弔之禮。户牖、牆壁各著刀筆，著《論衡》八十五篇二十餘萬言。釋物類同異，正時俗嫌疑」。

袁山松《書》曰「充所作《論衡》中土未有傳者。蔡邕入吴始得之。恒祕玩以爲談助。其後王朗爲會稽太守，又得其書。及還許下時人稱其才進，或曰不見異人當得異書。問之，果以《論衡》之益。由是遂見傳焉。」又曰充幼聰明，詣太學觀天子臨辟雍，作《六儒論》。

張金吾《愛日精廬藏書志・雜家類》 新刊王充《論衡》殘本十卷。元至元刊本。

漢王充撰。是本合兩卷爲一卷，凡十五卷，闕六至十五卷。每半頁十二行，行二十四字。垤成丘山污爲江河。下一頁不闕。

楊文昌序。

韓性序。

右王充《論衡》三十卷。王君是邦人也。帳中異書，漢儒之所争覩。轉寫既久，舛錯滋甚。殆有不可讀者。以數本俾寮屬參校，猶未能盡善也。刻之木，藏諸蓬萊閣。庸見避堂舍蓋之意。乾道丁亥五月十八日，會稽太守番陽洪适景伯書。

至元六年良月重鈔于白雲方丈。

論衡纂要

高儒《百川書志・雜家》 《論衡纂要》一卷。

國朝蓮津子纂。摘其辭理之醇，故事之實，與議論之辨博者，録之。以爲窮理之助。

續論衡

《宋史・藝文志・雜家》 邊誼《續論衡》二十卷。

風俗通義

《隋書・經籍志・雜家》 《風俗通義》三十一卷。《録》一卷。應劭撰。梁三十卷。

《舊唐書・經籍志・雜家》 《風俗通義》三十卷。應劭撰。

《新唐書・藝文志・雜家》 應劭《風俗通義》三十卷。

鄭樵《通志·藝文略·雜家》《風俗通義》三十卷。應劭撰。

晁公武《郡齋讀書志·雜家》《風俗通義》十卷。

右漢應劭撰。劭，字仲遠，奉之子。篤學，博覽多聞。靈帝時舉孝廉，仕至泰山太守。撰《風俗通》以辨物名號，釋時俗嫌疑。文雖不典，世服其洽聞。

尤袤《遂初堂書目·雜家》《風俗通義》。

陳振孫《直齋書録解題·雜家》《風俗通義》十卷。

漢泰山太守汝南應劭仲遠撰。《唐志》二十卷。今惟存十卷，餘略見庾仲容《子鈔》。

馬端臨《文獻通考·經籍考·子·雜家》《風俗通義》十卷。

《宋史·藝文志·雜家》應劭《風俗通義》十卷。

楊士奇等《文淵閣書目·荒字·子雜家》《應劭風俗通》，一部四册完全。

《應劭風俗通》，一部三册完全。

《應劭風俗通》，一部三册完全。

《應劭風俗通》，一部一册闕。

高儒《百川書志·雜家》《風俗通義》十卷。

漢太山太守應劭撰。

范邦甸等《天一閣書目·雜家》《風俗通義》十卷。刊本。漢應劭撰。太德丁未李果刻補。惟古今字有通用，稍存之。又爲改正塗注凡一萬一千二百五十九字。嘉靖乙未後學吴郡蘇獻可校刊。

徐𤊹《徐氏家藏書目·諸子類》《風俗通》十卷。漢應劭。

張萱等《内閣藏書目録·雜部》《風俗通》，四册全。

漢應劭著。

錢謙益等《絳雲樓書目·子類家》《風俗通》十卷，應劭撰，漢末人。

《四庫全書總目提要·子部·雜家》《風俗通義》十卷。《附録》一卷。江蘇巡撫採進本。

漢應劭撰。劭字仲遠，汝南人。嘗舉孝廉。中平六年拜泰山太守。事蹟具《後漢書本傳》。馬總《意林》稱爲三國時人，不知何據也，考《隋書·經籍志》：「《風俗通義》三十一卷。註云《録》一卷，應劭撰。梁三十卷。」《唐書藝文志》「應劭《風俗通義》三十卷」。《崇文總目》、《讀書志》、《書録解題》皆作十卷，與今本同。明吴琯刻《古今逸史》又删其半，則更闕略矣。各卷皆有總題、題各有散目。總題後略陳大意，而散目先詳其事，以謹案云云，辨證得失。《皇霸》爲目五，《正失》爲目十一。《愆禮》爲目九。《過譽》爲目八，《十反》爲目十，《音聲》爲目二十有八，《窮通》爲目十二，《祀典》爲目十七，《怪神》爲目十五，《山澤》爲目十九。其《自序》云：「謂之《風俗通義》，言通於流俗之過謬，而事該之於義理也。」《後漢書本傳》稱「撰《風俗通》以辨物類名號，識時俗嫌疑」。不知何以删去「義」字。或流俗省文，如《白虎通義》之稱《白虎通》，史家因之歟。其書因事立論，文辭清辨，可資博洽。大致如王充《論衡》，而敘述簡明則勝充書之冗漫。舊本屢經傳刻，失於校讐，頗有譌誤，如《十反》類中分范茂伯、郅朗伯爲二事，而佚其斷語。《窮通》類中孫卿一事，有書而無録。《怪神》類中城陽景王祠一條有録而無書，今竝釐正。又宋陳彭年等修《廣韻》，王應麟作《姓氏急就篇》，多引《風俗通·姓氏篇》，是此篇至宋末猶存。今末無之，不知何時散佚。然考元大德丁未無錫儒學刊本，前有李果序，後有宋嘉定十三年丁黼跋，稱「余在餘杭，借本於會稽陳正卿。正卿蓋得於中書徐淵子。譌舛已甚，殆不可讀。愛其近古，鈔録藏之。攜至中都，得館中本及孔復君寺丞本，互加參考，始可句讀。今刻之於夔子，好古者或得舊本，從而增改，是所望」云。則宋寧宗時之本已同今本，不知王氏何以得見是篇。或即從《廣韻》註中輾轉援引歟。《永樂大典》「通」字韻中尚載有《風俗通·姓氏》一篇，首題馬總《意林》字。所載與《廣韻》註多同。而不及《廣韻》註之詳。蓋馬總節本也。然今本《意林》無此文，當又屬佚脱。今採附《風俗通》之末，存梗概焉。

彭元瑞等《天禄琳琅書目後編·宋版子部》《風俗通義》，一函一册。

漢應劭撰。劭字仲遠，汝南人。舉孝廉，中平六年爲泰山太守。事具《後漢書本傳》書十卷，凡十篇。《皇霸第一》、《正失第二》、《衍禮第三》、《過譽第四》、《十反第五》、《聲音第六》、《窮通第七》、《祀典第八》、《怪神第九》、《山澤第十》。後有嘉定十三年丁黼跋。黼，宋成都制置使。嘉熙三年元兵自新弁趨成都，黼迎至石筍街，力戰死。見《宋史·忠義傳》

按黼跋以徐淵子本、館中本、孔寺丞本互加參考，刻之夔州，足爲善本。此本宋諱不闕筆，蓋以宋本重雕者。

吴壽暘《拜經樓藏書題跋記》《風俗通義》十卷。前有劭自序。元大德丁未大中大夫行都水監李果序。後有宋嘉定十三年東徐丁黼跋。卷首題「大德新校正風俗通義」。每葉二十行，行十六字。即抱經堂《羣書拾補》所稱大德本者是也。《拾補》載李跋作李晦，與此異。尚有謝居仁跋，此本無之。而有嘉定十三年丁黼跋。知此本從宋本出也。按謝序「予觀風西浙至無錫，有耆儒李顯翁晦來訪」云云，據此李字顯翁則當名晦，此本作果疑誤。王西莊光禄所藏大德本亦作「李果」。

張之洞《書目答問・子目》《風俗通義》十卷。漢應劭。《漢魏叢書》本　又仿宋單行本。四庫本有附録一卷，即輯《姓氏篇佚文》，詳見後。

姚振宗《後漢藝文志・雜家》　應劭《風俗通義》三十一卷，《録》一卷。劭始末，具史部正史類。

潘祖蔭《滂喜齋藏書記》　元刻《風俗通義》十卷。一函，四册。

大德丁未劉平父刻於錫山學宮。前有李果序，後有宋嘉定十三年東徐丁黼跋。從黼本出也。明爲天籟閣藏書。國朝入潛采朱氏拜經吴氏後，有吴壽暘《補録》。謝居仁跋。即以緑筆記其後云。抱經堂元刻本有此跋載。羣書拾補因據以鈔入首序。李晦此本作李果觀跋中，顯翁晦來訪云云，則作「晦」者是也。唐鶚庵辨之云：「李君名果字，顯翁或取碩果僅存之。義未可以顯晦對舉，疑之。按常熟瞿氏藏大德本亦作李果，則自以果字爲是。果序題太中大夫行都水監。而謝居仁跋謂有耆儒李顯翁，晦來訪耆儒，不當以稱顯官。且述晦之言曰劉平父世常來守吾邦某之子《元昭録吴泮則晦，實吴人士非官斯土者也。李果、李晦自二人耳。《羣書拾補》偶然刻誤。吴唐之言皆非也。

附藏印

檇李項藥師藏

秀水朱氏潛采堂圖書

拜經樓　吴兔牀書籍印

質肅公孫翰題印長壽　新豐鄉人庚申以後所聚

袖中記

《隋書・經籍志・雜家》《袖中記》二卷。沈約撰。

《舊唐書・經籍志・雜家》《袖中記》一卷。

《新唐書・藝文志・子部・雜家》　沈約《袖中記》二卷。

鄭樵《通志・藝文略・雜家》《袖中記》二卷。沈約撰。

《宋史・藝文志・雜家》　沈約《袖中記》三卷。

酉陽雜俎

楊士奇等《文淵閣書目・荒字》　段成式《酉陽雜俎》，一部三册，殘缺。

段成式《酉陽雜俎》，一部三册，殘缺。

黄丕烈《蕘圃藏書題識》《酉陽雜俎》前集二十卷。校本。

乙亥夏，吴丈枚庵於新交處借一明刻本《酉陽雜俎》，前集續集俱全。既自校矣，又轉付張訒庵校之。余即從訒庵借其手校本，校於明刻新都本上。訒庵云前集頗佳，續集與汲古本不甚異。且余所藏新都本止二十卷，故借校止前集。云張本從内鄉李雲鵠校本補趙琦美序，又補宋嘉定時人二序，又淳祐時人一序，皆未之傳録。惟趙序煞有關係。知此二十卷源流實出於宋刻，又出於校勘，故與此新都本迥異。又與汲古本亦殊。就所見本此較勝矣。趙因得續集而又得前集，蓋琦美之堂兄可庵於婦翁繆含齋可貞氏處，轉録崑山俞質夫先生宋刻《雜俎》前集。琦美又校三四過，錯誤分合，補脱正誤，不可指屈。并爲搜廣記類書及雜説，所引隨類續補。嘉禾項羣玉氏復以數條見示，續所未備。噫，此趙本之雜俎耳。姑臨校以俟宋本可乎。復翁臨張訒庵校本訖，并記。在前集第十二卷前。

《酉陽雜俎》無宋元刻及舊鈔，故所儲止明刻焉。明刻别有内鄉李雲鵠校本，雖出自宋刻而增删已經動手，其所謂趙本也。校如右。

續以五柳居每葉二十行，每行二十三字，本校趙本，異字有與同者，加墨圈識之。復翁。均在前集末卷後續集十卷未校即前集所據之李雲鵠刻本。想經復翁配入者也。

續世説新書

《新唐書・藝文志・子部・雜家》　王方慶《續世説新書》十卷。

次柳氏舊聞

楊士奇等《文淵閣書目・荒字》　李德裕《次柳氏舊聞》一部一册，闕。

龍城録

楊士奇等《文淵閣書目・荒字》 柳子《龍城録》一部一册，闕。

侯鯖録

楊士奇等《文淵閣書目・荒字》 趙德麟《侯鯖録》一部一册，闕。

王圻《續文獻通考・經籍考・雜家》 《侯鯖録》，浙人趙令畤著。

雲峯筆記

王圻《續文獻通考・經籍考・雜家》 《雲峯筆記》，胡炳文著。炳文稱雲峯先生。

古今源流至論前集

倪燦《補遼金元藝文志・雜家》 林駉《古今源流至論前集》十卷。

黄虞稷《千頃堂書目・子部・雜家類》 林駉《古今源流至論前集》十卷。又《後集》十卷。字德次，寧德人。領宋鄉薦。

錢謙益等《絳雲樓書目・雜記》 林駉《源流至論》。

鹽石新論

楊士奇等《文淵閣書目・荒字》 吴仁傑《鹽石新論》一部一册，完全。

張萱等《内閣藏書目録・諸子類》 《鹽石新論》，一册不全。

河南吴仁傑著。中皆辯論經史語。其書原有甲、乙、丙、丁十編，今止存丁編二卷。

舊訓聞説

王圻《續文獻通考・經籍考・雜家》 《舊訓聞説》十五卷。李心傳著。

準齋雜説

陳振孫《直齋書録解題・雜家類》 《準齋雜説》一卷。

錢塘吴如愚撰。

馬端臨《文獻通考・經籍考・子部・雜家》 《準齋雜説》一卷。

楊士奇等《文淵閣書目・荒字》 吴準齋雜説一部一册，闕。

王圻《續文獻通考・經籍考・雜家》 《準齋雜説》 吴如愚著。

鐘幢嘉話

王圻《續文獻通考・經籍考・雜家》 《鐘幢嘉話》 余元泰著。元泰，羅源人。景定中進士。採邑之先賢事實可裨名數者，類編以成。

賓朋宴語

王圻《續文獻通考・經籍考・雜家》 《賓朋宴語》。丘旭，宣城人。弱冠始讀書，學爲文詞，凡九舉不第，而自勵彌篤，及再試，遂第一。吕蒙正聞其名，薦授京秩。嘗纂自古賢俊遺言，爲《賓朋宴語》。

楚澤叢語

陳振孫《直齋書録解題・雜家類》 《楚澤叢語》八卷。

右迪功郎李蓍吉先撰。不知何人作，其書專闢孟子。紹興中撰進。大意以爲王氏之學出於孟氏。然王氏信有罪矣，孟氏何與焉。此論殆得於晁景迂之微意。

馬端臨《文獻通考・經籍考・子部・雜家》 《楚澤叢語》八卷。

法　語

錢東垣等輯《崇文總目・雜家》 《法語》二十卷，劉鄂撰。

《宋史・藝文志・雜家》 《劉子法語》二十卷。劉鶚撰。

石塘閒語

王圻《續文獻通考・經籍考・雜家》 《石塘閒語》，劉公遇著。公遇字養正，福州人。所著又有《心録》數卷。

蘇文定公遺言

馬端臨《文獻通考・經籍考・子部・雜家》 《蘇文定公遺言》

蘇轍子由撰。周平園序略曰：「文定公晚居許昌，造深矣。避禍謝客，縱有門人，亦罕與言。其聞緒論者，子孫而止耳。然諸子宦游，惟長孫將作監丞仲滋諱籀，年十有四，才識卓然，侍左右者九年，記遺言百餘條，未嘗增損一語。既老，以授其子郎中君詡，郎中復以授其子道州史君森。予嘗與道州同僚，故請題其後。昔人疑《黄樓賦》非出公手，東坡蓋親爲之辯，今公自謂此賦學《兩都》，晚年不復作此工夫之文。至《和陶》、《擬古》九首，則明言坡代作，識者當自得之。又云讀書須學爲文，餘事作詩，然公詩自工。謂儲光羲高處似陶淵明，平處似王摩詰，而以韓子蒼比之，子蒼由是知名。公素不作長短句，今《漁家傲》一篇，雖用禪語，而句法極高，乃知公非不能詞，直不爲耳。此皆學者所宜知也。」

要　論

《宋史・藝文志・雜家》 李易《要論》一卷。

孔氏雜説記

陳振孫《直齋書録解題・雜家類》 《孔氏雜説》一卷。

清江孔平仲毅甫撰。案：《文獻通攷》作「孔武仲」。

馬端臨《文獻通考・經籍考・子部・雜家》 《孔氏雜説記》一卷。

晁氏曰：皇朝孔武仲撰。論載籍中前言往行，及國家故實、賢哲文章，亦時記其所見聞者。

楊士奇等《文淵閣書目・荒字》 《孔平仲雜説》一部一册，闕。

《孔平仲雜説》一部一册，闕。

玉壺清話

楊士奇等《文淵閣書目・荒字》 文瑩《玉壺清話》一部二册，闕。

雲山夜話

王圻《續文獻通考・經籍考・雜家》 《雲山夜話》，新建龔碧梧著。以釋五經未發之義。

瑣窻閒話

楊士奇等《文淵閣書目・荒字》 《瑣窻閒話》一部二册，闕。

道山清話

楊士奇等《文淵閣書目・荒字》 《道山清話》一部一册，闕。

摭遺新説

楊士奇等《文淵閣書目・荒字》 《摭遺新説》一部一册，闕。

迂齋論説

楊士奇等《文淵閣書目・荒字》 《迂齋論説》一部三册，闕。

項氏家説

王圻《續文獻通考・經籍考・雜家》 《項氏家説》項安世著。

默　記

楊士奇等《文淵閣書目・荒字》 王性之《默記》一部一册，闕。

錢曾《讀書敏求記・雜家》 《默記》，一本。

默記爲王銍性之撰。其所載事多耳目未及。如玄宗腦骨爲玉髑髏，及肅宗之震死如武乙。僅見此書。此從舊本録出，較世行類書中刻者多，大半非讐勘莫知也。

吳壽暘《拜經樓藏目題跋記》 《默記》。

《默記》一册，巢飲先師手寫本。先君子校並録。朱朗齋鮑緑飲二先生校文于上，記簡端云：「朱鮑校俱用硃筆，兔牀校先用紫筆繼用緑筆。」後有葉石君跋。謂「湖賈攜舊鈔本至，先爲林宗取去。林宗本尚有《五總志》。鮑跋云：「《五總志》，南宋吳迥所撰，世多未見。予近始得之。因自歎躭書之癖，不減昔人所恨。林宗石君輩不見我耳」。乾隆甲午秋日廷博。朱跋云：「甲午九月廿五日，鮑緑飲以此本屬爲校勘。因合汪氏飛鴻堂，汪氏振綺堂藏本互勘，三本皆堂矣」。朱文藻。又鮑跋云：「朱君映漘校訖見還，予取飛鴻堂本重勘。復是正數十處。然飛鴻堂藏本不佳，尚有譌脱無從改定，亦一恨也。」九月二十七日燈下記。

尚書故實

《四庫全書總目提要・子部・雜家類四》 《尚書故實》一卷。安徽巡撫採進本。

唐李綽撰。綽仕履未詳。考《新唐書・宰相世系表》趙郡李氏南祖之後，有名綽字肩孟者，爲吏部侍郎舒之曾孫。書中自稱趙郡人，或即其人歟。是書《宋史・藝文志》凡兩載之。一見史部，傳記類。一見子部小説類。而註其下云「綽一作綽，實一作事」。今案曾慥《類説》所引，亦明標李綽之名，則作綽者誤矣。自序稱賓護尚書張公，三相盛門，博物多聞。綽避難圃田，每容侍話。凡聆徽引，必異尋常。遂纂集尤異作此書。蓋皆據張尚書之所述也。惟張尚書不著其名。《新唐書・藝文志》沿《崇文總目》之譌，以張尚書爲即延賞。晁公武、陳振孫已斥其誤。然書中稱嘉貞爲四世祖，又稱嘉祐爲高伯祖，則所謂張尚書者，當在彦遠、天保、彦修、曼容諸兄弟中。其文規、次宗乃宏靖子。於嘉貞爲曾孫，不可稱高祖。振孫乃皆以其不登八座爲疑，亦非也。觀其言「賓護移知廣陸」，又言「公除潞州旌節」，則必嘗爲揚州刺史，昭義節度使者。當以史於天保諸人下略其官位，遂致無可考耳。

唐語林

黄丕烈《蕘圃藏書題識》《唐語林》三卷。鈔本。

此舊鈔本《唐語林》三卷。一卷載德行、言語、政事，二卷載文學、方正、雅量、識鑒，三卷載賞譽、品藻、規箴、夙慧、容止、企羡、栖逸、賢媛。共十五門以陳氏《書録解題》、晁氏《郡齋讀書志》核之，蓋不全本也。陳云八卷，晁云十卷，在宋已有二本。明時《百川書志》亦云十卷。當是晁所見本。然後來藏書家罕有著録。伏讀《四庫全書總目》云：「明以來刊本久佚，故明謝肇淛《五雜俎》引楊慎語謂《語林》罕傳，人亦鮮知。」惟武英殿書庫所藏，有明嘉靖初，桐城齊之鸞所刻殘本。分爲上下二卷。自德行至賢媛止十八門。前有齊之鸞自序，稱所得非善本。其字畫漫漶，篇次錯亂，幾不可讀。審是則明所存者亦止，此德行至賢媛矣。然云十八門，又云上下兩卷，其分門或係記錯，分卷乃經竄改也。《四庫》雖以《永樂大典》所載參互考訂，總非陳氏所見八卷之舊。惟此三卷當是照宋鈔本，卷中有犯御名、廟諱處，皆缺其文，可爲確證。揚州書估攜書數十種求售，苦無當意者。此本雖缺，實爲罕祕。以白金三兩四錢易之。今日天氣乍晴礎潤，皆收垂簾北窗下。午飯後書此。蕘翁黄丕烈，時甲子六月六日。

唐摭言

楊士奇等《文淵閣書目・荒字》《唐摭言》，一部三册，完全。

黄丕烈《蕘圃藏書題識續録》《唐摭言》十五卷。舊鈔本。

蔣凝賦：「臼頭花鈿滿面，不若徐妃半妝。」今本均作「白頭」。昔人以「臼頭」本爲貴，此尚是「臼頭」本也。蕘翁。

黄丕烈《蕘圃藏書題識》《唐摭言》十五卷。舊鈔本。

此鈔本《唐摭言》，余於丙辰春得諸書肆中。取其卷末有宋人跋，或從刻本影鈔。較盧雅雨本有異同。近顧澗蘋以此參校，果多勘正處。勿以世有刻本，而薄鈔本爲不必觀，其信然哉。嘉慶丁巳秋，九月二十八日。黄丕烈書。

壬申五月二十有二日，新收得雅雨堂刻本《摭言》「臼頭」已不誤。當經補校修板故也。復翁又記其去獲此時，又隔十五年矣。

乙亥中秋前二日，五柳主人新收洞庭山上人家書一單。中有惠松崖先生藏一舊鈔本。向爲毛子晉家藏者，又恐殊不同，因併收之。是舊鈔又添一本矣。時光荏苒回，憶得此書時忽忽二十年，老之將至可慨也夫。廿止醒人記。

封氏聞見記

范邦甸等《天一閣書目・雜家》《封氏聞見記》十卷。藍絲鈔本。唐封演撰。

黄丕烈《蕘圃藏書題識》《封氏聞見記》十卷。校本。

康熙丁未仲冬念四日甲子，陰窗閲何焯。

壬辰四月借蔣氏家藏鈔本，校録一過。增補三百餘字。内何學士暨小山所閲，以雌黄墨筆爲别。秋厓朱邦衡識。

道光甲申歲初四日，校鐵如意齋藏叢書堂録本。原出汲古舊藏，中有毛斧季手校。燒尾、狂譎兩條，各本所無。因取録於本門上方。老蕘記。

初五日起覆勘畢。

張金吾《愛日精廬藏書志・雜家類》《封氏見聞記》十卷。舊抄本。

唐朝散大夫、檢校尚書、吏部郎中、兼御史中丞封演撰。

張之洞《書目答問・儒家》《封氏聞見記》十卷。唐封演。雅雨堂本，學津本。

因話録

錢曾《讀書敏求記・雜家》趙璘《因話録》六卷。

卷分宫、商、角、徵、羽。宫爲君，朝廷及宫闈事入之。商爲臣，王公至有秩以上入之。角爲民，不仕者入之。徵爲事不爲其人，其物而槩説者入之。羽爲物，瑣褉不專其人其事者入之。璘爲水部員外郎，紀載玄宗至宣宗時事甚核。

釣磯立談

楊士奇等《文淵閣書目・荒字》 南唐逸叟《釣磯立談》一部一册,闕。

戎幕閒談

楊士奇等《文淵閣書目・荒字》 李德裕《戎幕閒談》一部一册,闕。

格物麤談

《四庫全書總目提要・雜家・存目六》 《格物麤談》二卷。編修程晉芳家藏本。

舊本亦題蘇軾撰。分天時、地理等二十門,與世所傳軾《物類相感志》大略相似。後有元范椁識,斷爲後人假託。他書亦罕見著録。惟曹溶收入《學海類編》中。蓋《物類相感志》已出僞作,此更僞書之重儓也。

雞窗叢話

黄丕烈《蕘圃藏書題識續録》 《雞窗叢話》一卷。舊鈔本。

憶三四年前嘉禾友人金轡庭,有札致余,云:「近見一古銅器,其質方。而上鐫韓文四句:『《易》奇而法,《詩》正而葩。《春秋》謹嚴,《左氏》浮夸。』此器不知何用。疑是書鎮之類。」其所以問余者,知余藏有韓文古本,欲考此四語之先後互異耳。余所藏皆殘宋本。因轉求諸藏,有世綵堂本者,核之亦與覆本同。而究不知此四語之何以專刻之古銅上也。

藂談

王圻《續文獻通考・經籍考・雜家》 《藂談》十卷。金王庭筠著。庭筠字子瑞,河東人。未朞視書,識十七字。登大定十六年進士,官終翰林修撰。

脞談

王圻《續文獻通考・經籍考・雜家》 《脞談》,脞稿各若干卷。宋邵著。邵,桂子。登咸淳進士,爲斯文領袖。

王氏雜説

晁公武《郡齋讀書志・雜家類》 《王氏雜説》十卷。

右皇朝王安石介甫撰。蔡京爲《安石傳》,其畧曰:「自先王澤竭,國異家殊。由漢迄唐,源流浸深。宋興,文物盛矣,然不知道德性命之理。安石舊乎百世之下,追堯、舜、三代,能乎晝夜陰陽所不能測而入於神。初著《雜説》數萬言,世謂其言與孟軻相上下,於是天下之士,始原道德之意,窺性命之端云。」所謂《雜説》,即此書也。以京之夸至如此,且不知所謂「通乎晝夜陰陽所不能測而入於神」者,爲何等語,故著之。

馬端臨《文獻通考・經籍考・子部・雜家》 《王氏雜説》十卷。

東谷所見

楊士奇等《文淵閣書目・荒字》 李之彦《東谷所見》一部一册,闕。

黄虞稷《千頃堂書目・子部・雜家類》 李之彦《東谷所見》一卷。永嘉人。

章申公九事

《四庫全書總目提要・子部・雜家類存目四》《章申公九事》一卷。浙江范懋柱家天一閣藏本。

不著編輯者名氏。晁、陳二家書目及《宋史・藝文志》皆未著録。卷首序云：「丞相惇，性喜揮翰。在政府時，日書數幅。予嘗見雜書一卷，乃鈔録之。蓋從其墨迹録出。前七則皆論書體源流及用筆之法。惟第八則爲敘吕元圭幻異事。第九則末署曰元祐六年十一月五日，京口西齋大滌翁書。元祐六年正惇貶汝州時。按《東都事略》：惇自汝州徙揚州，提舉洞霄宫，以父老乞侍養，歸蘇州。其事《宋史》不載。今據此書所云大滌翁者，當因領洞霄宫，故以自號。而京口亦由汝赴蘇所經之路，與《東都事略》一一相合，知非僞託。然惇人不足道，併其書亦爲世所棄置矣。

中隱對

王圻《續文獻通考・經籍考・雜家》《中隱對》，劉觀德著。

萍洲可談

楊士奇等《文淵閣書目・荒字》朱無惑《萍洲可談》一部一册，闕。

苕溪漁隱叢話

楊士奇等《文淵閣書目・荒字》胡仔《苕溪漁隱》一部四册，闕。疑脱「叢話」二字。

范邦甸等《天一閣書目・雜家》《漁隱叢話》六十卷。紅絲闌鈔本。○宋苕溪吴仔撰。

東萊雜説

楊士奇等《文淵閣書目・荒字》《東萊雜説》一部一册，闕。

後山談叢

洪邁《容齋題跋》《跋後山談叢》。

後山陳無已著。《談叢》，高簡有筆力。然所載國朝事失於不考究，多爽其實。如云吕許公惡韓、富、范三公，欲廢之而不能。乃建議使行邊。及丁文簡因杜祁公一語之戲，而陷杜子美以撼祁公。丁晉公以白金賂中使尼張乖崖不召，與張乖崖聞逐萊公，而買田宅以自污。攷之諸公出處，日月皆不合前四事。所係不細，乃誕漫如此。蓋前輩不藏國史，好事者肆意飾説爲美聽。疑若可信，故誤人紀述。後山之書，必傳於後世。懼貽千載之惑，予是以辨之。

楊士奇等《文淵閣書目・荒字》《陳後山談叢》一部一册，闕。

對客燕談

黄丕烈《蕘圃藏書題識》《對客燕談》一卷。舊鈔本。

此亦東城顧氏試飲堂書也。書估於去夏買出，偏覓售主無過，而問者因示余。余以家刻書易之。約計直如本書葉數一餅金寬也。原書破損殊甚，取姚茶夢齋手鈔耳。不知者視之不值一哂，久爲字簏中物。書之遇合亦如是之奇，可爲深歎。癸未秋九月十九日，裝成。蕘夫記。

沈氏弋説

吴壽暘《拜經樓藏書題跋記》《沈氏弋説》

先子跋云：「己亥冬日，收得舊鈔沈長卿《弋説》一册。蓋龍山查堯卿上舍藏本也。長卿字幼宰，杭州人。萬曆間舉人。」按《千頃堂書目》，《沈氏弋説》十卷，《月旦》六卷。今此編不列卷數，又無序目，疑非全書也。

松窗百説

阮元《四庫未收書目提要・雜家類》《松窗百説》一卷。知不足齋叢書本。

宋李季可撰。季可，永嘉人。摭拾古今事實，而各爲論説。凡百條，王十朋極稱賞之。謂其有益風教，比於唐之杜牧。紹興年間，尹大任爲之付梓。考之志乘，及各藏書家，均未著録。書中直書所見，以采摭經史爲文，據正排異爲意。同時如葉謙、曾幾、趙居廣諸人，均有題跋。此從舊鈔影寫。

續世説

黄丕烈《蕘圃藏書題識續録》《續世説》十卷。舊鈔本。

客歲庚戌冬，孟從同郡吴氏歸，得古書數十種。內有《續世説》六册。卷首題「魯國孔平仲字毅甫撰」。余初未識是書也。適邀余友錢丈景開、陶君蘊輝至家，二人皆能識古書者。因爲余言是書可爲祕本。余由是珍之。後偶檢閲陳振孫《書録解題・小説家類》有云：「《續世説》三卷，《文獻通考》作十二卷。孔平仲毅甫撰。編唐至五代事，以續劉義慶之書也」。則其書之出自毅甫可無疑矣。惟是余所儲之書卷止有十，較諸《書録》已逾其七，《通考》尚缺其二。全與否俱不得而知。本朝《絳雲樓書目》僅載其名，未及其卷數。即錢遵王《讀書敏求記》亦附論於《世説新語》之後，而書名不入於雜家。訾以爲東家之矉然乎，不然乎。乾隆辛亥且月中澣二日，吴趨黄蕘圃書。

避暑録話

黄丕烈《蕘圃藏書題識》《避暑録話》二卷。明本。

丙子三月二日，因祭埽祖塋，自胥門歸。道經五柳居書坊分店小憩焉。店中皆時書以供馬頭生意者。惟櫃外一二插架稍有舊者，遂從架上獲此書版。僅《稗海》中刻耳。內有朱字校改處，及弁首一序。結尾一跋皆潛夫筆。卷上朱字一行云：「壬辰臘月初四日，用葉石君鈔本勘。」其次行云：「潛行是可信也。」遂攜之歸，主人在家中不及問其火之價，諒不至視爲奇貨云。蕘夫。

甕牖閒評

楊士奇等《文淵閣書目・荒字》《甕牖閒評》一部一册，闕。

張之洞《書目答問・儒家》《甕牖閒評》八卷。宋袁文。聚珍本、杭本、福本。

浩然齋雅談

楊士奇等《文淵閣書目・雜家》周密《浩然齋雅談》一部一册，闕。

蒙齋筆談

《四庫全書總目提要・子部・雜家類存目四》《蒙齋筆談》二卷。兵部侍郎紀昀家藏本。

舊本題宋鄭景望撰。商濬刻之《稗海》中。厲鶚《宋詩紀事》亦曰：「景望，湘山人。生元豊、元祐間。有《蒙齋筆談》。」今考其書，今全録葉夢得《巖下放言》之文，但删其十分之三四，而顛倒其次序。濬蓋誤刻僞本。又考景望乃永嘉鄭伯熊字，見於陳傅良《止齋集》中。其人登紹興十五年進士，累官太子侍讀，宗正少卿，謚曰文肅。《宋詩紀事》既載伯熊詩於四十七卷中，又據此書於三十七卷别出一鄭景望，亦殊疎舛也。

晁氏客語

陳振孫《直齋書録解題・雜家類》《晁氏客語》一卷。晁説之以道撰。

馬端臨《文獻通考・經籍考・子部・雜家》《晁氏客語》一卷。陳氏曰：晁説之以道撰。

《宋史・藝文志・雜家》晁説之《客語》一卷。

楊士奇等《文淵閣書目・荒字》晁説之《客語》一部一册，闕。

范邦甸等《天一閣書目・雜家》《晁氏客語》一卷。馬絲闌鈔本。〇宋晁説之撰。

灌畦暇語

陳振孫《直齋書録解題・雜家類》《灌畦暇語》一卷。不知作者，雜取史傳事，略述己意。

馬端臨《文獻通考・經籍考・子部・雜家》《灌畦暇語》一卷。陳氏曰：不知作者。雜取史傳事略述己意。

錢謙益等《絳雲樓書目・雜記》《灌畦暇語》一卷。亡名氏。其書雜取史傳事，略流己意。

類説　類説殘本

張金吾《愛日精廬藏書志・雜家類》重校《類説》五十卷。舊抄本。秦西巖藏書。

宋曾慥撰。卷首有西巖山人印記。

小道可觀聖人之訓也。余僑寓銀峯居多暇日，因集百家之説，採摭事實，編纂成書，分五十卷，名曰《類説》。可以資治體，助名教，供談笑，廣見聞。如嗜常珍，不廢異饌下筯之處，水陸具陳矣。覽者其詳擇焉。紹興六年四月望日，温陵曾慥引。

前言往行君子貴於多識。稗官小説，良史列之九流。曾公所編《類説》蓋此意也。余舊藏麻沙書市紹興庚申年所刊本，字小而刻畫不精且多舛誤，意必有續刊大字善本。分符來此，徧令搜訪咸無焉。併板亦不存矣。因取所藏舊本稍加是正，鋟板于郡齋。庶可壽此書傳士，或有志於聖門。友多聞之，訓當謂不爲無補。寶慶丙戌八月初吉，古杭葉旹書于建安堂。

《類説》殘本宋刊本。漫古閣藏書。

同上。不分卷，存《仇池筆記》、《隱齋閒覽》、《東軒筆録》三種。每頁二十行，行十六字。殆即葉旹所稱紹興小字本歟。案自序編纂成書，下直接名曰《類説》無「分五十卷」四字。則慥之原本本不分卷，此《汲古閣秘本書目》所以有真本之稱也。卷首有毛晉印記。

自序。

衍約説十三篇

《四庫全書總目提要・子部・雜家類存目四》《衍約説十三篇》。兩江總督採進本。

不著撰人名氏。諸家書目皆不著録。相其版式，由宋麻沙本翻雕，所徵引亦至南宋而止。前有小引數行，稱其祖以約自號，所以垂訓後人。爰取古人之可法戒者，分類採録一二，而衍其説於左。然不知以約爲號者，何人也。後有自跋，題上章閹茂。考宋度宗咸淳六年歲在庚午，則其人當在南宋末矣。書分十三目，曰身心、曰學業、曰幾務、曰言語、曰交際、曰田宅、曰器用、曰服飾、曰飲食、曰珍貨、曰婚姻、曰喪葬、曰奴婢。每目之下，各先衍其説，後乃雜引故實格言，亦偶加評斷。蓋《家誡》、《世範》之流也。

月下偶談

《四庫全書總目提要・子部・雜家類存目四》《月下偶談》一卷。編修程晉芳家藏本。

舊本題宋俞琬撰。今核其文，即琬所著《席上腐談》中摘録數十條，別題此名耳。曹溶《學海類編》所收，往往如此也。

螢雪叢説

《四庫全書總目提要・子部・雜家類存目四》《螢雪叢説》二卷。通行本

宋俞成撰。成字元德，東陽人。前有慶元庚申自序，稱「年四十後即不應科舉，優游黄卷。考究討論，付之書記。囊螢映雪，無所不爲。塵積日久，遂成一編，目曰《螢雪叢説》。」其書多言揣摩科舉之學，而諄諄於假對之法，以爲工巧。論皆迂鄙，所記契丹祭文之事，蓋本孫奕《示兒編》。不能糾駁其非，仍述爲美談，尤齊東之語。其解「宥過無大，刑故無小」二句，謂「過當宥而大者不在所宥，故曰無大。故當刑而小者不在所刑，故曰無小。」又訓皋陶陳謨爲射策之義，皆穿鑿附會，無可取也。

藏一話腴

《四庫全書總目提要・子部・雜家類五》《藏一話腴》四卷。兩江總督採進本。

宋陳郁撰。郁字仲文，號藏一，臨川人。理宗朝充緝熙殿應制，又充東宮講堂掌書。始末略見其子世崇《隨隱漫録》中。世崇載度宗嘗贊郁像有文窺西漢，詩到盛唐之語，寵奬甚至。岳珂序稱其閉户終日，窮討編籍，足不蹈毁譽之域，身不登權勢之門。然劉壎《隱居通議》有度宗御札跋，惜其下訪陳郁父子之卑陋。語詳《隱居通議》條下。又周密《武林舊事》載諸色伎藝人姓名，所列御前應制者八人。姜特立爲首而郁居第四，則亦特立之流。惟特立名列《宋史・佞倖傳》而郁不與焉，似乎未可同日語耳。是書分甲、乙二集，又各分上下卷。多記南北宋雜事，閒及詩話，亦或自抒議論。珂序又稱其出入經史，研究本末，具有法度。而風月夢怪，嘲戲謔誕，淫麗氣習，净洗無遺。今觀所載，如謂周子游廬山大林寺詩「水色含雲白，禽聲應谷清」一聯，前句是明，後句是誠。附會迂謬，殆可笑噱。惠洪解杜甫「老妻畫紙爲棊局，稚子敲鍼作釣鉤」一聯，以老妻比臣，以稚子比君，固爲妄誕。郁必謂上句比君子之直道事君，下句比小人之以直爲曲，亦穿鑿無理。所録諸詩，亦皆不工。其持論如謂孔子不當作世家，豫讓不當入刺客傳，斥史記不醇，頗涉庸膚。謂李虛中以年月日時推命，而不知韓愈作虛中墓誌，其推命實不用時，尤失考證。然所記遺聞，多資勸戒，亦未嘗無一節之可取焉。

愧郯録

黄丕烈《百宋一廛書録》《愧郯録》。

《愧郯録》余有兩本。一得於杭州，一得於郡城，皆宋刻而各有鈔補。郡城本，南潯友人易去，所留者乃杭州本也。宋刻缺八、九、十、十一卷，并補鈔散闕者核之，共七十五葉，空白十葉。就其行款相對所補，必非無據。所空亦屬缺疑。知不足齋所刻當即據此本目録。卷九中金年號「金」字係屬後人改補，鮑刻仍之，郡城本猶未改也。此本有楊氏夢羽印，吾郡故物而仍歸故土，書之精靈亦有聚而不散者耶。

《四庫全書總目提要・子部・雜家類五》《愧郯録》十五卷江蘇巡撫採進本。

宋岳珂撰。珂有《九經三傳沿革例》，已著録。是書多記宋代制度，參證舊典之異同。曰愧郯者，取《左傳》郯子來朝，仲尼問官之事。言通知掌故，有愧古人也。其中記魚袋頒賜及章飾之始末，公主之改稱帝姬，辨論甚確。同二品之起於五代，金帶之有六種，金塗帶之有九種，皆史志所未備。至敘尚書之名，引戰國時已有尚冠、尚衣之屬，皆杜氏《通典・職官》所未及者。其徵引可云博洽，與《石林燕語》諸書亦如驂有靳矣。其閒偶爾舛謬，如論金太祖建元始於天輔，而以收國爲遼帝年號，及通考所摘誤以九品中正爲官品之類，亦閒有之。然大致考據典贍，於史家禮家均爲有裨。不可謂非中原文獻之遺也。

黄丕烈《蕘圃藏書題識》《媿郯録》十五卷。宋刻本。

此宋刻《媿郯録》八册，計十五卷。雖其閒鈔者七十五葉，空白者十葉。然以意揣之，鈔者必非無據，空白者亦是闕疑，仍不失爲古書之舊。頃從書友處寄來，易白金一斤而去。余取知不足齋刻本相勘，行款正同，空白亦合。當是此刻所翻，則此誠祖本矣。卷中有楊夢羽圖章，知爲吴郡故物。今復得弓玉之還，不亦快哉。嘉慶己未冬十月既望，書於紅椒山館。蕘圃黄丕烈。

臥游録

黄丕烈《蕘圃藏書題識》《臥游録》□卷。刊本。

予家舊藏宋人鈔本《臥游録》一帙，前有《王深源序》二葉。此刻無之，卷中有吴郡沈文辨之印兩方，又有吴郡沈文一方印，繁露堂圖書印，長方印。末葉有「野竹居士沈與文嘗觀」九字。今以顧刻勘之，字體悉合鈔本，當即據此也。宋顧與沈同爲吴郡人，又同是嘉靖朝，二人或並時未可知也。復翁記。

黄丕烈《蕘圃藏書題識續録》《臥遊録》一卷。明刻本。

陽山顧氏刻《遊臥録》一卷，戊寅秋以宋人鈔本校。在封面。太史東萊先生，晚歲臥家深居一室。若與世相忘而其周覽山川，又拾人物之意未能已也。因有感於宗少文臥遊之語，每遇昔人記載人境之勝，輒命門人隨手筆之，而目之曰《臥遊録》。非直以爲怡神玩志之具而已。嘗遺益國周公書曰：「近書新銜，時初授亳州明道宫。譙、沛真源恍然在目。若更十年不死，則嵩州之崇，兖之太極，華之雲臺皆可臥遊也。觀此則先生故國之念，未嘗一日去心。臥遊之意又深遠矣。此書未成編而已迫夢奠。後二十餘年，先生之從子喬年既取「臥遊」二字扁先生燕寢之堂，復以是編屬東陽郭君書之。且屬深源識其顛末。深源曩侍。大愚先生見生之愛玩是書，近因請刻之祠中，以惠同志觀者。自得之庶幾遺意之尚可追乎。嘉定九年二月望日，學子王深源謹書。

霏雪録

范邦甸等《天一閣書目・雜家》《霏雪録》一册。刊本。維陽鎦績孟熙著。

戒都監宋文太師贊寧編次。分天、地、人、鬼、鳥、獸、草、木、竹石、蟲、魚、寶、器、金、玉十四類。

錢謙益等《絳雲樓書目・雜記》《霏雪録》劉績，山陰布衣。明初山長涣之子。

王圻《續文獻通考・經籍考・雜家》《霏雪録》，劉孟熙著。孟熙，浙人。

吴壽暘《拜經樓藏書題跋記》《霏雪録》。

右鈔本二册，無序目，不分卷。後有胡謐、張文昭二跋。先君子題辭見《愚谷文存》。此復録《明史本傳》于前，記云：「余既手校《霏雪録》，復從萬季野先生《明史列傳稿》見《鎦績傳》，亟録于卷首。績字世熙，別本皆作『孟熙』。唐鎦、毛蔡亦見《浙江通志・毛鉉傳》。壬申十月望槎客又志。」是本爲緑飲先生所貽，有「世守陳編之家老屋三間賜書」、「萬卷歙西長塘」「鮑氏知不足齋藏書印」三圖記。

黄丕烈《蕘圃藏書題識》《霏雪録》二卷。校舊鈔本。

《霏雪録》，明人説部之佳者。余藏篋中久矣。浙中梁眉子曾一借之，是傳録其副。抑藉爲校讐之用，皆不得而知也。頃試飲堂殘零之書，歸於坊友中。有刻本遂取校其異，板本反有脱落處皆歲久板壞，故兹鈔本卻有之。想此鈔所據本，尚非板子，既壞後所印本也。然既有後序，似當初原有刻本，已失兹刻。及所鈔皆非初刻本而重梓本矣。刻本多成化時胡謐，弘治時張文昭兩跋，命孫兒影寫足之。時壬子中秋三日寫成，越日晨起書。蕘夫。在卷末。

揮麈餘話

楊士奇等《文淵閣書目・荒字》《揮麈餘話》一部一册，闕。

揮麈前録　後録　三録　餘話

毛晉《汲古閣書跋》《揮麈前録》

余讀史至宋，每病其蕪蔓糜腐，輒爲掩卷。因搜洪容齋、姚令威諸家小説，梓而行之，以補其一二。既閲王仲言《揮麈録》多載國史中未見事。昔武夷胡氏讀温公《通鑑》，喟然歎曰：「若能喬嶽，天宇澄徹。周顧四方，悉來獻狀。」蘇文忠公見曾公亮《英宗實録》，謂劉羲仲云：「此書詞簡而事備，文古而意明。當爲國朝諸史之冠。」若王仲言，殆兼二老之長矣。兹録凡四卷，末載程可久、郭九德二跋，李賢良一簡。其自跋云：「丘明、子長、班范、陳壽之書，不經他手，故議論歸一。」真得史家三昧矣。

《揮麈後録》

雪溪公嘗著國朝史，述仲言其仲子也。其祖授學於歐陽永叔之門，仲言又授學於李仁甫之門。不惟家傳史學三世，其師友淵源，蓋有自矣。前集中多載國朝鉅典盛事，兹集十有一卷，法戒具見毫端。自稱無一事一字無所從來。俾趙甡之竊婦翁，張鑑書以爲己有者，聞之不慚惶無地耶。

《揮麈三録》

兹集凡三卷，記宋高宗東狩事甚詳。如劉希范《責鄒志全書》婁陟明《上高宗書》，秦會之《陳議狀》，王幼安草檄，曾空青《辯謗録》云云，俱可備史官采擇。其餘閒情小趣，正所謂雞肋之餘味爾。

《揮麈餘話》

兹集僅二卷，則百則，末附浚儀趙師厚跋。雖載朝野事跡，亦及詩文碑銘之類。先輩所謂麈譚之緒餘也。余讀第三録中，如湯進之封慶國公及王穎彦《錢穆記録》云云，俱補前後録所未備。傾仰前賢著述，其詳慎如此。今讀其餘話所載李元叔上《廣汴賦》，未列其文，代爲補之云。李元叔名長民。

按此跋并録李元叔上《廣汴賦》，文長不録入。

倪燦《補遼金元藝文志·雜家》 楊萬里《揮麈録》三卷。

黄丕烈《蕘圃藏書題識》 《揮麈前録》四卷《後録》六卷，《三録》三卷，《餘話》二卷。校宋本。

壬戌秋七月借試飲堂殘宋本，校此前録四卷。蕘翁丕烈。

宋本書籍難得，得宋本而又殘缺不全，以校時刻卒難完善，豈不可恨。即如此書前録、三録俱得全卷，後録僅有二卷。前、三録皆有二本而卒未完善，安得全爲之校勘耶。乙丑秋又六月十六，蕘翁記。

乙丑秋又六月，續以繁露堂藏宋本補校。在前録末卷後。

源流至論

黄虞稷《千頃堂書目·子部·雜家類》 黄公紹《源流至論續集》十卷。又《別集》十卷。字吉甫，號履翁，舉進士。

倪燦《補遼金元藝文志·雜家》 黄公紹《源流至論續集》十卷，又《別集》十卷。

後源流至論

徐𤊹《徐氏家藏書目·子部·諸子類》 《後源流至論》十卷。宋黄履翁。

珩璜新論

范邦甸等《天一閣書目·雜家》 《珩璜新論》一册。藍絲闌鈔本。宋孔平仲撰。

倪燦《補遼金元藝文志·雜家》 孔平仲《珩璜新論》一卷。

楊士奇等《文淵閣書目·荒字》 孔平仲《珩璜新編》一部一册，闕。

黄丕烈《蕘圃藏書題識》 《珩璜新論》一卷。舊鈔本。

甲戌歲暮，往候新交於西畇草堂。西畇草堂者，陳子仲遵之居也。仲遵頗亦嗜古書，故所收閒有可觀者。是編系書友攜示而未之買，因出示，余曰「此海虞楊五川鈔本也」。後大除夕書友果以是歸余。余檢《汲古閣目》云：「中夾籤立齋筆」，益足爲是書增重矣。丁丑四月十有七日，雨窗補記。復翁。

己卯秋見《含經堂書目》中多夾籤，并有校補處，與此筆跡同，知此果係立齋書。蓋含經堂集，立齋著。

得此本後，復從海甯陳仲魚借一鈔本，似不如此。故未核其異同。而祕笈本曾一記其所羨七條，夾入卷中紙腹，亦忘其爲何從借補矣。卷中有從祕笈校補一條，朱書寫於別紙記，是仲遵筆。事越五六年，模黏之至矣。昨雨中徧游胥江諸肆，略有所遇，而此書無意中獲一刻本。首有弱侯題詞云：「萬歷己酉六月得此寫本。命侍史録成，校閲一過。」余取以勘此本，殊不相遠。此本所增補及校正者，往往與刻同。即刻本後有校正增補者，亦與此鈔合。或當日曾合於一處故校補多同。惟俗所謂「平善」亦有所出也。《趙飛燕傳》成帝昏夜平善是也」一條，刻有而鈔無，爲歧異耳。己卯八月晦日，復翁識。

吴壽暘《拜經樓藏書題跋記》 《珩璜新論》

《珩璜新論》一卷。先君子從畢氏鈔本補録七條。書後云：「乾隆乙巳殘冬，有書賈攜散浦畢氏舊鈔本《珩璜新論》來。書分四卷，末後多數條。因命史補録」。按晁氏《讀書志》載孔氏《雜説》一卷或云即此書。果爾，則一卷者乃舊本也。簡莊徵君復以所得本互勘，書後云：「孔平仲所著《談苑》，説部中多有刻者。《珩璜新論》流傳絶少，近從南匯吴稷堂座師處得一舊鈔本，中有竹垞圖記，凡遇宋朝故事俱空一格。知出自宋刻。其書亦作一卷，不分爲四。但前有缺葉，後亦少數條。又多誤字，因從拜經樓借得是本，補鈔所缺，復互校一過。是本舛錯亦多，甚有脱落數行者。可見傳寫之書，非經校讐，猶之蕪田不治也。」校畢遂題其後而歸之。嘉慶十八年二月既望陳鱣書。

東觀餘論

范邦甸等《天一閣書目・雜家》《東觀餘論》二卷。烏絲闌鈔本。○宋黄伯思撰。

黄丕烈《蕘圃藏書題識》《東觀餘論》三卷。舊鈔本。

《東觀餘論》上下兩卷，今誤裝作三本。在第二本三葉分卷。此戊午冬所得也。惜《法帖刊誤》未録，不爲完璧。今得葉德榮手鈔《法帖刊誤》一册，與此可稱並美，遂并儲之。蕘圃。

湘山野録

楊士奇等《文淵閣書目・荒字》《湘山野録》一部四册，闕。

錢曾《讀書敏求記・雜家》《湘山野録》三卷，《續録》一卷。

成化間尹直等奉勅編纂《宋元通鑑》，辨宋太祖太宗傳禪之誤。蓋自李燾删潤《湘山野録》啓之。并載《野録》謂太祖、太宗對燭影，不時見太宗有不可勝之狀。而燾改「不可勝」爲「遜避」，太祖戳地好爲之，又加「大聲」二字，遂不免有畫蛇添足之病。今撿此書在《續録》上卷字句恰好符合，知蹇齋所見者亦宋刻也。

黄丕烈《蕘圃藏書題識再續録》《湘山野録》三卷，續一卷。校宋本。

丙子六月十九日毛校本覆勘一過，復翁。

毛斧季校本覆勘，渠跋云：「從宋雕本勘一過者，非别又有全宋雕本也。毛氏往往不露真言，所言諸校本大率如是。」以上在卷末。

黄丕烈《蕘圃藏書題識》《湘山野録》三卷。宋刻本。

《湘山野録》曾刻入毛氏《津逮祕書》中，外此未見有善本也。近從華陽橋顧聽玉家，得此宋刻元人補鈔本。藏經紙面，裝潢古雅，洵爲未見之書。略取津逮本相校，知毛刻尚多訛脱，想當日付梓未及見此耳。繼於混堂巷顧五癡家，見有毛斧季手校本，即在津逮本上。實見過此本，取對至卷中「時晏元獻爲翰林學士」一行，前竟脱落「備者，惟陳康肅公堯咨可焉。陳方以詞職進用」十八字。初亦不解其故，反覆展玩，乃知此十八字鈔時脱落。後復添寫於旁，斧季校時猶及見此，而後來裝潢穿綫過進，遂滅此一行。向非别見校本，何從指其脱落耶。爰重裝之，使倒折向內，覽之益爲醒目云。嘉慶丁巳冬十月初五，書於士禮居。蕘圃黄丕烈。

齊東野語

楊士奇等《文淵閣書目・荒字》周密《齊東野語》一部三册，闕。

范邦甸等《天一閣書目・雜家》《齊東野語》二十卷。刊本。宋周密著并序。云：「余世爲齊人，居歷下或居華不注之陽。五世祖同州府君而上，種學績文，代有聞人。曾大父扈蹕南來，受高皇帝特知，遍歷三院，徑躋中司。泰禧之間，大父從屬車外大父掌帝制。朝野之故，耳聞目接。歲紀日編，可信不誣。先君博極羣書，聞臺閣舊事，每對客語。音吐洪暢，纚纚不得休，坐人傾聳敬嘆，知爲故家文獻也。洊遭多故，遺編鉅帙悉皆散亡。閒居追念一二，于十百參之史傳諸書，博以近聞脞説。務事之實，不計言之野也。」

王圻《續文獻通考・經籍考・雜家》《齊東野語》，周密著。

錢大昕《補元史藝文志・雜家類》周密《齊東野語》二十卷。

孫星衍《平津館鑒藏書籍記》《齊東野語》廿卷。題齊人周密公謹父。前有密自序，提行，猶是宋本原款。後有正德十年胡文壁序，正德乙亥盛杲序。每葉廿二行，行十八字。卷四以上，每葉空二格。卷十以上，每葉空一格。收藏有日潤堂朱文長印。

捫蝨新語

楊士奇等《文淵閣書目・荒字》陳子兼《捫蝨新語》一部一册，闕。塾本新話。

錢曾《讀書敏求記・雜家》《捫虱新話》十五卷。

《捫虱新話》，吾家所藏有二。一是宋鈔本不分卷。帙末有羅源陳善子兼跋，云：「丙寅歲，余由海道將抵行在。所遇颶風舡壞，盡失平日所業文字。既而于知友處間得所著《捫虱新話》，因加刊削得一百則。時紹興己巳正月二十一日也」。此本墨敝紙渝，古香馣馥。或者疑爲子兼藁草。一是影摹宋刻本。標題云「朝溪先生捫虱新話」。釐爲十五卷，不列子兼氏名并脱跋語。二者未知孰爲定本，姑兩存之以備參考可耳。

《四庫全書總目提要・子部・雜家類存目四》 《捫蝨新話》十五卷。兩江總督採進本。

宋陳善撰。善字敬甫，號秋塘。史繩祖《學齋佔畢》稱其字子兼，蓋有兩字。善，羅源人。《學齋佔畢》稱福州，蓋舉其郡名也。其書攷論經史詩文，兼及雜事。別類分門，頗爲宂瑣，持論尤多踳駁，大旨以佛氏爲正道，以王安石爲宗主。故於宋人詆歐陽修，詆楊時，詆陳東，詆歐陽澈，而詆蘇洵、蘇軾、蘇轍尤力，甚至議轍比神宗於曹操。於古人詆韓愈，詆孟子。誤讀《論語》，甚至謂江西馬師在孔子上。而於周邦彦諛頌蔡京之詩，所謂「化行《禹貢》山川外，人在周公禮樂中」者，則無譏焉。善，南北宋間人，其始末不可考。觀其書顛倒是非，毫無忌憚，必紹述餘黨之子孫，不得志而著書者也。錢曾《讀書敏求記》載是書有二本，其一本不分卷帙，末有紹興己巳善自跋。一本分十五卷，而無自跋。此本作十五卷，當即曾所言之第二本。然實有自跋，蓋曾所見本偶佚末頁耳。

黄丕烈《蕘圃藏書題識》 潮溪先生《捫虱新話》十五卷。明刊本。

此《捫虱新話》三本，余得諸書友處。取其尚是明代舊刻，因收之。隨取津逮中本略爲對勘，亦覺此刻居前稍勝毛本。而潮溪先生小傳惟此猶存，洵善本也。余考《敏求記》所載云：「有二本，其一是影宋本。標題云：『潮溪先生《捫虱新話》』，釐爲十五卷。」今檢此標題獨多「朝溪先生」四字，而毛刻猶無，殆自宋本翻雕者乎。嘉慶二年歲在丁巳秋日，書於讀未見書齋。黄丕烈。

述古所藏向有二本，一是宋鈔本，不分卷帙。末有羅源陳善子兼跋云：「丙寅歲，余由海道將抵行在」所云。戊辰秋余觀書濂溪坊蔣氏。見所謂宋鈔者，果與述古所藏合。而子兼之跋較《敏求記》所載爲詳。此書余友秋塘張君爲余借出，因得見之。遂屬其校于此册上。陳跋及所多二則用別紙録之，附考焉。本書甚古雅，宋鈔之説茲所校者皆秋塘筆，余未及親校也。秋塘近始檢還，因記。庚午夏五月十九，坐雨書。復翁。

此宋鈔本，蔣韻濤故後已經散失，然巧爲余友蔣懷堂所收。一蔣失而一蔣得，儻容借閲仍可手自讐校一過。秋塘已于昨歲化去，後韻濤歿焉。而余年較兩君尚小，幸而獨留。藏書之家，識古之友亦漸少矣。丁丑夏張訒菴借校，因其還書而復此。復翁。

後從訒菴借其手校宋鈔本，覆勘一過。其書一百則通作一卷不分類，無子目。訒菴一一跋出，因照臨于此。丁丑秋白露前四日記。復翁。

西溪叢語

《宋史・藝文志・雜家》 姚寬《叢語》上下二卷。

楊士奇等《文淵閣書目・荒字》 姚寬《西溪叢語》一部二册，闕。

范邦甸等《天一閣書目・雜家》 《西溪叢語》二卷。刊本。宋姚寬撰并序，云：「嘗讀《新論》云，若小説家合叢殘小語，以作短書。有可觀之辭。予以生平父兄、師友相與談説，履歷見聞，疑誤、考證，積而漸富有足采者，因綴輯成編曰《叢話》。不敢誇于多聞，聊以自怡而已。」

黄丕烈《蕘圃藏書題識續録》 《西溪叢語》二卷。校本。

此余手校三本之《西溪叢語》也。始因於友人處見錢遵王手校舊鈔本，欲臨之，苦無津逮中刻本。後晤張訒庵，知有鴸鳴館刻本，而并爲吴枚庵手校書，遂借兩家本勘之，知錢校之鈔本即從鴸鳴館刻本出，而行款不盡同。其所校則別一本，不言所自出而以吴校證之。知亦出鈔本也。余謂書經校勘已失真面目。故先以鴸鳴館刻校之，再以錢校覆之，三以吴校參之，可謂精審矣。復翁記。甲戌五月十有九日。時梅雨無一點，栽秧不活，漸成亢旱矣。柰何！柰何！

黄丕烈《蕘圃藏書題識》 《西溪叢語》二卷。校明鈔本。

吴郡沈辨之野竹齋校本，紕謬尚未盡，亦當再讀一過。此本雖訛謬，殆不可讀。然刻本藉之得以補脱改正宏多，幸勿忽視之。仲老記。

《西溪叢語》最舊爲鴸鳴館刻，向爲壽松堂蔣氏得。濂溪坊顧氏書有錢曾遵王校本，因借校於津逮本上。雜諸書堆中檢而失之。適小讀書堆有舊鈔本，爲嘉靖時野竹齋沈與文所藏。較遵王本爲古，但不知異同若何。復從壽松借之。乃壽松又有一舊鈔本。止上卷鈔本亦後於沈本，而訛謬亦復不少，兹取以參沈本，就可兩存者盡於此上方。錢本可參校沈本者書於下方。至於敘次先後，壽松舊鈔本略與沈本同。錢本敘次倒置、脱落亦多，遵王悉校之。其校正略同沈本，卻非出於沈本。其跋不詳本所自出，故未可知也。錢跋別録附考。乙卯秋，復翁記。

余前校錢鈔本，曾借過張訒菴所藏。吴枚菴臨何小山校本在鵠鳴館舊刻上，久而忘之矣。今因得此舊鈔復與訒菴談及，重借訒菴本覆之。雖臨何小山本，卻與此校本又不同。因復校於下方注云刻者、何校，此本之所從出也。又校之未盡者，亦注云刻者、何校。於刻本而又不出於此鈔者，注云校所以辨異也。何校用葉石君所藏嘉魚館惡鈔本，正是此本。而末云：「七十四病叟煌記。」又與仲老記者異矣。復翁記。

附記壽松堂蔣氏兩鈔本。

黄丕烈《蕘圃藏書題識再續録》《西溪叢語》二卷。校明鈔本。

鵠鳴館本余亦有之。

錢氏即從鵠鳴館本出，別以他本校之，多所補脱。校正末，書此本云云。墨書一行，仲者記者，何小山也。

潘理齋云：「『抭』字，《説文》在臼部。即舀之或字从手，从穴。以沼切。『抌』字《説文》在手部，从手，冘聲。竹甚切。深擊也。《集韻》以『抭』爲『抌』，收入平上二音。俱以爲即『舀』字，而以『抭』字收入聲，云投也。與《説文》互異，恐誤。」案前校云「抭」字，書無之。故理齋借校時考之如此，蓋余但查字典未考古書也，今考之如右。而「抭」即「舀之」，或字《説文》引詩，或春，或舀。陸《釋文》爲杼舀也。杼，食汝反。《蒼頡篇》云：「取出也。」據此則此藍格本「抭」字正與取出合。錢本作「掠」，此本剜改作「流」，皆非矣。理齋考訂最確。蕘翁記，八月二十六日。

潘理齋云之以二字當倒轉，余初不解。後晤言及此，余云《漢書》原文如此。顔師古云「往也」即之字之訓。九月朔記。上卷成公條書眉。

己卯秋收於小讀書堆。

蕘翁覆校錢述古校本，即何小山所云葉石君藏嘉魚館鈔本。

又參校吴枚菴臨何煌校本，在鵠鳴館舊刻上。亦出葉石君藏嘉魚館鈔本，而又不同大都書經，三寫之。故蕘翁記。

又全校鵠鳴館刻本異同，并載臨校別本異字。中秋前一日記。

十八日又參校汲古津逮本，與鵠鳴館本同。

黄丕烈《蕘圃藏書題識》《西溪叢語》二卷。明本。

嘗讀《新論》云：「若小説家合叢殘小語，以作短書，有可觀之辭。」予以生平父兄、師友相與談説，履歷見聞，疑誤攷證，積而漸富有足采者。因綴緝成編，目爲叢語不敢誇於多聞，聊以自怡而已，紹興昭陽作噩仲春望日。西溪姚寬令威云。」

刻《西溪叢語》敘。

宋馬端臨紀載小説家無慮什百。近世每刻，輒彙數十家。然雅俗並陳，正靡閒出覽者，或不慊云往過。西京馬西玄氏，獲見姚寬《西溪叢語》文質而達辨。據而哲事，縱而博義則而新。往往足備攷證，有裨經史。匪直《括異紀》、《談啓顔》、《資暇》而已。余竊愛焉，久不去于心。頃過三石喬，子文復見之。問所從，即西玄鈔本也。第多脱訛，不便披省。遂相與校覆一過，屬臨溪楊子刻之武昌。敘曰：「宋姚寬無顯名。觀其自敘，蓋博聞多識之士也。又自言嘗按嶺外，出守會稽。或曰寬善天文，言時事有驗。將除郎，卒。官止六部監門。今皆不可攷見。然其書則藝苑不可廢者。別有《西溪居士集》五卷，見端臨《通攷》。獨此不列於小説，豈端臨去寬時未久，書固未盡出邪。嗟乎，寬以瑣辭綴緝，曆數百載，尚有表著之者，況大於此者乎。故君子進以功烈自顯樹，退則與道德爲徒。不得已沈冥述作，亦不失爲一家之言。要不至棼棼泯泯，草壤同敝而已。余故於寬書有感也。是刻既出又必有蒐居士集而新之者。因可並傳不朽云。

張之洞《書目答問・儒家》《西溪叢語》三卷。宋姚寬。津逮本，學津本。

茅亭客話

楊士奇等《文淵閣書目・荒字》黄休復《茅亭客話》一部二册，闕。

錢曾《讀書敏求記・雜家》《茅亭客話》十卷。

江夏黄休復集。多紀西蜀事。元祐癸酉西平清真子石京爲後序。募工鏤版，以廣其傳。此則太廟前尹家書籍鋪行本也。

黄丕烈《蕘圃藏書題識》《茅亭客話》十卷。穴研齋鈔本。

《茅亭客話》曾刊入津逮祕書中。外此皆鈔本流傳。若舊刻惟宋板耳。余所藏有二本。一宋板即《敏求記》所云：「太廟前尹家書籍鋪」刊行本也。一舊鈔爲錢磬室家藏得。此穴研齋繕寫本，共有三本矣。此册取對宋板，大段都同。中有正文、寫爲小字者，宋板如是。故仍之。古書源流明眼人自能辨之，弗可爲外人道也。乙亥夏季，復翁。

《茅亭客話》十卷。明鈔校宋本。

《茅亭客話》惟毛氏津逮中有之。舊本世不多見，鈔本則載於汲古閣珍藏祕本書目。余於去秋曾得一宋刻即《讀書敏求記》所云：「太廟前尹家書籍鋪」刊行本也。取校毛刻，多所改正。兼多石京後序一篇。信稱善本。兹又從吴枚庵家得錢罄室藏本，行款雖與宋刻不同，而字之誤者，不到十分之一。有一二衍字或以意擅改。字亦皆與宋刻舊校合。蓋宋刻已經俗人塗抹，後來傳録多本於此，故適同耳。余破兩夜力，復用宋刻真本校勘一過。因題數語於卷尾。甲子二月，蕘翁記。以下各跋均在卷末。

中和重裝，去其補蠹蝕痕紙色之不純者，斐然可觀矣。蕘翁又記。

黄丕烈《蕘圃藏書題識續録》 《茅亭客話》十卷。宋刻本。

右《茅亭客話》十卷，爲吾家休復所著。毛氏津逮嘗刻之，舊本世不多有。客歲友人顧千里遊杭州歸，爲余言有宋刻《茅亭客話》係殳姓物，索直五十金，且其書不輕示人也。余亦以一笑置之。今年千里既不爲杭州之遊，余亦未與問及是書。秋初忽以是書來畀，易白金十八兩去。卷端鈐有顧潤賓藏書印，知千里已藏之久矣。古書散落在他處，苟非有識者以爲收羅，幾何不消歸烏有乎。蓋是書之在杭州，千里爲余言之，而余不能得。余雖不能得，而千里仍爲余得之者。千里之用心亦勤，余之獲福亦隨其書之爲人播弄耶，抑人之爲書播弄耶。吾幾不得而知之。裝成之日，略述得書原委以見吾之愚於書孰甚焉。癸亥仲秋日，黄丕烈記。

雲溪友議

楊士奇等《文淵閣書目·荒字》 范攄《雲溪友議》一部一册，闕。

范攄《雲溪友議》一部一册，闕。

黄丕烈《蕘圃藏書題識》 《雲谿友議》三卷。缺中卷。刻本。

家祖星軺公性嗜卷籍，四部裒然，幸無罣漏之議矣。乃一傳而佚，殊以神物不克久聚爲恨。《雲谿友議》要是説部中之近古者，是亦當年充棟之一。而當其盛洎其衰，猶依於敝簏也。是可風已孫採讀誌。

郡中有貧士金心山，余數年前曾識之。其時不過相遇於歲科試場，中知其能文章而已。近年來相傳其善書畫。然余與心山蹤跡疏，故未嘗一求其筆墨。既而心山病且死，書賈以其書畫之遺棄敝簏者示余，余重心山人，且以未得其筆墨爲憾。故稍購之，即非其至者而亦可珍也。又一日書賈以其家所留書籍求售，余揀得二三册，是其一也。方知心山爲星軺孫，藏書之家，淵源有自。宜其殘編斷簡亦多善本矣。塾師顧澗蘋取校惠松崖勘本，知是刻即爲惠所據。而是本失去中卷，爲可惜已。惠校本今藏小讀書堆。松崖尚不悉照此刻，而澗蘋賴此勘正者猶多。然所失中卷仍賴惠校得以補完。天壤閒何其遇合之艱而又甚巧耶。爰書此數語以諗來者。嘉慶歲在戊午春三月，黄丕烈書於士禮居。

《説郛》一種，上下卷全，缺中卷。

此刻最善，當是專本。心山所題《説郛》一種特《説郛》中亦有其書耳，非説郛本也。恐誤後人，故特著之。蕘圃。

顧廣圻《思適齋書跋》 《雲溪友議》三卷。明刻本。

此書刻在《稗海》中者，錯誤特甚。家兄抱沖曾收得惠松厓先生手校者，但云舊本不知其爲何刻也。嘉慶辛酉冬日，買得此於杭郡城隍山書肆。取歸比對字句，脗合。但惠先生尚有遺落耳。鮑渌飲丈云：「此亦是稾刻書中一種，嘗見其洎宅編，亦係善本」。惜未覩其全，暇日更訪之。此本出自新安汪秀峯家，所謂開萬樓者也。後之覽者珍焉。澗蘋記。

顧廣圻《思適齋集外書跋輯存》 《雲溪友議》三卷。明刊本。

家兄抱沖曾得惠松崖手校者，但云舊本不知何刻。嘉靖辛酉買此於杭郡吴山書肆，取歸比對字句，脗合。鮑渌飲丈云：「此亦是稾刻之一種，嘗見洎宅編，亦同此板。」匡暇更訪之。

鐵圍山叢談

錢曾《讀書敏求記·雜家》 《鐵圍山叢談》六卷。

蔡絛《鐵圍山叢談》，類書中刊行者止十之二。此則嘉靖庚戌雁里草堂舊寫本也。

顧廣圻《思適齋書跋》 《鐵圍山叢談》殘本二卷。舊鈔本。

此似是寫樣。底本未知即知不足齋物否。但硃校多未妥處。偶一閱之，正其第二卷六葉「趙企企道」，抹去重「企」字之非。案頭無鮑氏叢書，未嘗勘對。寄贈復翁審定之。丁卯三月買於江寧。四卷至末盡闕。十三日鐙下記。澗蘋居士。

顧廣圻《思適齋集外書跋輯存》 《鐵圍山叢談》殘本二卷。鈔本

黄丕烈《蕘圃藏書題識》 百衲居士《鐵圍山叢談》八卷。舊鈔本。

此張充之手鈔《鐵圍山叢談》，其本甚善。余所藏此書有雁里草堂鈔本，此當從之。書惜蠹痕滿迹，余依別本補之。閒有歧異皆不及此。暇日當取雁里草堂鈔本校之。丁卯十二月廿一日，挑鐙填補竣事。時久旱得雨，檐漏點滴差快人意。復翁。

凡書必講其所傳授，即如充之爲青芝先生子。青芝爲義門門人，故書法甚工，其子充之書卻甚拙。然所鈔書出渠父子者，皆妙以有義門爲之先也。如此書出充之故後，破損不堪。書賈補綴未填寫，人視爲棄物矣。惟余知其源流，故得之而手寫其闕失，遂可卒讀。後人勿以尋常本視之。復翁又識。

此冊係顧子千里從江甯買得，寄贈予者。書止三卷，佚其半矣。余取雁里草堂鈔本勘之，似即從是本出。而原鈔訛脱及校正者，已略改之。至云知不足物，恐非也。丁卯夏四月二十又八日，復翁。

續談助

黄丕烈《蕘圃藏書題識》 《續談助》五卷。影宋本。

《續談助》五卷。宋刻本爲故友秀水令江陰徐君子寅家藏。子寅殁後，其家人售於秦汝立氏。汝立迺余門人。汝操之弟青年癖古，儲蓄甚富，亦友於余。□假而手録，閱三踰月始訖事。惜乎斷簡缺文，未敢謬補。藏之茶夢閣以俟善本云。嘉靖壬戌之秋八月二日皇山人姚咨識，時年六十有八。

此《續談助》二本爲茶夢齋主人手鈔本，真奇書也。卷首有虞山錢曾遵王藏書印，而《敏求記》未載，想亦甚祕之耳。張君子和出此相示，可謂不敢自祕矣。皇山人手鈔書近始得一貴耳。録續又得一手跋之《稽神録》，其筆跡皆與此同，可稱三絶矣。一歲之中而所見獨夥。余與姚君翰墨因緣抑何深耶。卷二目餘紙有一小印，其文云「《顔氏家訓》借人典籍皆須愛護，先有缺壞就爲補治，此亦士大夫百行之一也。」皇山人述余所藏本，皆無之。此文不可不著之者，故并志之。庚申冬季蕘圃丕烈。

張金吾《愛日精廬藏書志・雜家類》 《續談助》五卷。茶夢主人手鈔本。錢遵王藏書。

宋晁伯宇名闕編。凡《十洲記》、《洞冥記》、《琵琶録》、《北道刊誤志》、《乘軺録》、《文武兩朝獻替記》、《牛羊日曆》、《聖宋掇遺沂公筆録》、《竹譜》、《筍譜》、《硯録》、《三水小牘》、《漢武故事》、《漢武内傳》、《殷芸小説》、《大業雜記》、《營造法式》、《緑珠傳》、《膳夫經》、《手録》合二十種。每種後俱有跋。是書無撰人名氏，惟於《乘軺録》、《牛羊日曆》、《漢武内傳》、《營造法式》跋中知爲伯宇所編耳。又惟於《十洲記》跋中知伯宇爲崇甯時人，曾權陳留縣尉耳。若伯宇之爲名爲字，及其姓氏爵里則均無可考矣。所採如《北道刊誤志》、《大業雜記》、《琵琶録》、《乘軺録》等書，今皆失傳。其存於今者如《十洲記》、《洞冥記》、《漢武内傳》、《漢武故事》之類，亦多與今本不同，俱足以資考訂。《文淵閣書目》著録列之古今志中，殆以開卷係《十洲記》故，誤以爲地志歟。

寓簡

楊士奇等《文淵閣書目・荒字》 沈氏《寓簡》一部一冊，闕。

沈氏《寓簡》一部一冊，闕。

范邦甸等《天一閣書目・雜家》 《寓簡》十卷。藍絲闌鈔本。宋寓山沈作喆撰。

張金吾《愛日精廬藏書志・雜家類》 《寓簡》十卷。舊抄本。

宋寓山沈作喆明遠纂。板心有「小草齋鈔本」五字。卷首有晉陵謝氏家藏圖記。蓋明謝肇淛藏本也。

書齋夜話

倪燦《補遼金元藝文志・雜家》 俞琰《書齋夜話》四卷。

阮元《四庫未收書目提要・雜家類》 《書齋夜話》四卷。

宋俞琰（原本「琰」作「玉」，下同。）撰。琰字玉吾，吴縣人。有《周易集説》、《四庫全書》已著録。是編見《千頃堂書目》傳本殊希。書中辨字音字義，以及六經子史。莫不攷求得失，多前人所未發。如云《周禮》醢人，箈菹、雁醢，謂「箈」當作「菭」，从艸，不从竹一條。案經文當作「菭」，故鄭司農訓爲水中魚衣。即《説文》艸部云：「菭，水青衣也。」後鄭始易「菭」爲「箈」，復又誤爲「箈」字。幾不可解。又經傳之文，「耳」即「而」已，爾即如是一條。案：凡云「而已」者，急言之曰「耳」，古音在第一部。凡云「如此」者，急言之曰「爾」，古音在第十五部。如《世説》「聊復爾耳」，謂且如此而已是也。二字音義絶然不同。而唐宋人至今，每每譌錯，於古經傳，致多難讀。全書援引精確，不可殫數。固非漫無根柢，徒爲臆斷之談者，所可及也。（按俞氏名犯廟諱，曾奉諭旨敬改爲琰，無恭代之字，原本作玉非。）

鶴林玉露

楊士奇等《文淵閣書目・荒字》 羅大經《鶴林玉露》一部一册，闕。

范邦甸等《天一閣書目・雜家》 《鶴林玉露》十六卷。宋羅大經著，明商濬校。

王圻《續文獻通考・經籍考・雜家》 《鶴林玉露》，羅大經著。

彭元瑞《天禄琳琅書目後編・子部》 《鶴林玉露》一函，四册。

宋羅大經撰。大經字景綸，廬陵人。登第曾爲容州法曹掾，餘未詳。書十六卷，凡四百三十五條。雜紀時事。議論詩文多本宋時諸儒語録。無序跋，刊刻年月。

《鶴林玉露》一函四册。

篇目同前，元版。子部。

黄丕烈《蕘圃藏書題識再續録》 《鶴林玉露》十六卷。明刻本。

庚辰小春之望日，訪友至武林。因遍觀書肆于青雲街之寶書堂，見插架有舊刻《鶴林玉露》。余取閱之，主人曰此瓶花齋故物也。卷端墨書幾行及蟫華一印，即吴公手書而加以鈐記者。余雖未識其手跡，重是舊本，歸之。卷八尾偶失瓶花齋已録別紙，而俗手剜改痕跡顯然，是可歎耳。歸坐雨窗，復翁記。

卷端有印長方樣者，因紙損不可識別。錢唐何君夢華曰：「此『繡谷熏習』四字也。」蓋吴尺鳧近在杭州，故夢華以同鄉稔知之。昔賢苦心購書，雖後不無散佚。而流風餘韻，猶留於後人。齒頰間較諸良田美産，轉換他家不復溯其主名者，何啻霄壤耶。書此爲物主一吐氣耳。復翁辛巳二月裝成。原損失處以別本手補其字。卷一六葉十一行「征」字別本模糊，存「彳」旁，此本存一，底以意定爲「征」字俟。再考之其別本字有勝於此者，亦略識之。蕘夫。

青鎖高議

楊士奇等《文淵閣書目・荒字》 《青瑣高議》一部一册，闕。

黄丕烈《蕘圃藏書題識》 《青鎖高議》前集十卷，後集十卷，別集七卷。校鈔本。

此前集鈔胥至今春始完。適養疴内室，西廂手校。其誤内有原本誤，而鈔胥已據文義改正，輒用朱筆識于旁，以存其舊。甲戌閏月，復翁。

是書後集先鈔成，因手校一過，中多空白。或係原來缺文，或係剜去有字處，或係墨塗難辨處。聊存此梗概已耳。癸酉除夕前二日，校訖。復翁記。

說部舊本難得，即如《青鎖高議》世鮮傳者。客歲玄妙觀前冷攤，獲此藍格緜紙舊鈔本。卷尾有正德年間鈔録字，且爲松崖惠先生藏本。惜已歸友人處，遂借歸分手録之。此別集乃又一人鈔也。復翁。

甲戌孟夏友人收得《青鎖高議》下册，乃後集十卷完具者。先以書名告余，余曰爲何時鈔本。友人云：「楮墨古拙，是爲前明朝鈔。」因遣足取之手校于臨寫張訒庵本上，實有勝是者。且疑張藏鈔本亦出是前明朝鈔，特傳時又多一番脱誤校改耳。書以最先者爲佳，信然。復翁。

所收舊鈔本覆校至再，可云精審。向有朱墨兩筆校字，兹悉標記。其不標記者，皆舊鈔本字而非由校改也。朱墨校殊不足信，兹就其文理優者標記之。俟讀者領會之，斯可耳。原本多方格闕疑字，案文義似無闕，不知所據云何。古書無舊刻但從鈔本作證，究未可臆定也。此本雖止後集一種，然所獲良多，不僅在補闕數條也。不經見之書，見非一本，殊自幸耳。四月廿有四日，復翁覆校記。

夢溪筆談

楊士奇等《文淵閣書目・荒字》 沈括《筆談》一部五册，闕。

沈括《筆談》一部六册，闕。

沈括《筆談》一部三册，闕。

范邦甸等《天一閣書目・雜家》 《夢溪筆談》二十六卷。刊本。宋沈括撰。

楊士奇等《文淵閣書目・荒字》《補筆談》一部一册,闕。

范邦甸等《天一閣書目・雜家》《補筆談》二卷。刊本。宋沈括撰。

彭元瑞《天禄琳琅書目後編・子部》《夢溪筆談》一函,六册。

宋沈括撰。括字存中,錢塘人。嘉祐八年進士,官至翰林院學士。書二十六卷,分故事、辨證、樂律、象數、人事、官政、權智、藝文、書畫、技藝、器用、神奇、異事、謬誤、譏謔、雜誌、藥議十七門。前有括自序,後有乾道二年湯修年跋。蓋官揚州教授校刊此書時作也。按近馬氏鐫本有《補筆談》三卷,《續筆談》十一條,此舊本所無也。

黄丕烈《蕘圃藏書題識》《夢溪筆談》二十六卷,《補筆談》二卷,《續筆談》一卷。明刻本。

筆談于宋人説部中最爲賅備,故世尤珍之。然宋刻絶少,所見惟元刻小匡子本爲最古。此外則皆黑口本爲好本子矣。黑口本亦有二闊板子,世以贋宋刻。一狹板子,此其是也。矧經校勘益爲美備。余所喜蓄兼收,而又恐善本之不可獨藏也。因留闊板子之影鈔者,而與書林易此狹板子者,俾同人共覩此善本焉。元板向亦爲余有,此已歸諸他人。爰并著之。嘉慶丙子蕘翁。

潘祖蔭《滂喜齋藏書記》宋刻《夢溪筆談》二十六卷。六册。

宋沈括撰。《四庫》著録有補二卷,續一卷,此刻無之。舊本别行,非缺佚也。每葉二十四行,行十八字。後有湯修年刊書跋云:「廣陵周侯開藩之二年,慨然謂學宫禮儀之本。因其舊而新之。又斥其餘,刊沈公《筆談》爲養士亡窮之利。此書公庫舊有之,往往貿易以充郡帑,不及學校。今兹及是,益見薄於己而厚於士,賢前人遠矣。乾道二年六月日,左迪功郎充揚州州學教授湯修年跋。」據此是宋時揚州已有兩刻,一爲公庫本,一即此郡學本。宋諱「玄」、「匡」、「胤」、「貞」、「完」、「桓」、「構」、「慎」、「驚」、「鏡」、「瑋」皆缺筆。第七卷首葉板心有「泰定元年補刊」六字,蓋宋刻元修元印本也。每册之首有「九芝八柱之堂」、「整書秘閣」、「森玉樓主人印」諸朱記。

宋刻《夢溪筆談》二十六卷。一函六册。

乾道二年揚州學舍刻,與前本同。惟第七卷首葉板心無「泰定補刊」字,當是印稍前耳。成邸藏書,有其題記,云:「此書譌舛甚多,或非乾道原刊本也。嘉慶癸酉春,成親王重校記」。卷中眉端亦有王校語,多引錢竹汀説。

張之洞《書目答問・儒家》《夢溪筆談》二十六卷,補二卷,續一卷。宋沈括。津逮本、學津本。

孫星衍《平津館鑒藏書籍記》《夢谿筆談》廿六卷,題沈括存中。前有括自序,書中國家詔書等字俱空一格,知從宋版翻雕。黑口版,每葉廿四行,行十八字。每條次行又低二字,收藏有陸爰子引朱文方印,陸字朱文小方印。

宜齋野乘

楊士奇等《文淵閣書目・荒字》吴枋《宜齋野乘》一部一册,闕。

《四庫全書總目提要・雜家・存目四》《宜齋野乘》一卷。浙江范懋柱家天一閣藏本。

宋吴枋撰。枋字木方,江陰人。是書以《野乘》爲名,而多涉考證。其中如謂孟嘗君與孟子同時,謂顔子之卒不止二十九,謂呑東西周者非始皇,皆有依據。至論五帝非官天下,而舉少昊之傳位於姪,顓頊傳位於從姪,摯傳位於弟,堯傳位於五世姪孫,舜傳位於六世祖之從兄弟爲家天下之證。其説過奇,不中經訓矣。前有自序,稱其書本十卷,燬於火。後憶録其一二,此本衹十一條,與《説郛》所載相同。似又經删節,非完書也。

常譚

趙希弁《讀書附志・拾遺》《常譚》二卷。

右河南吴箕和父雜記經子史傳之事二百餘條。

楊士奇等《文淵閣書目・荒字》吴箕《常譚》,一部一册,闕。

《宋史・藝文志・雜家》吴箕《常譚》二卷。

石林燕語

范邦甸等《天一閣書目・雜家》《石林燕語》十卷。刊本每卷首有范氏圖章之記。人生一樂子、子孫孫永傳寶之三圖章。○宋吴縣葉夢得著。建炎二年褒集并序,楊武後序。

王圻《續文獻通考・經籍考・雜家》 《石林燕語》俱葉夢得著。

張萱等《内閣藏書目録・諸子類》 《石林燕語》一册，不全。宋葉夢得著。

雲仙散録　孔氏野史

洪邁《容齋題跋》 跋《雲仙散録》

俗間所傳淺妄之書，如所謂《雲仙散録》、《老杜事實》之類，皆絶可笑。然士大夫或信之。孔傳《續六帖》采摭唐事，殊有工而悉載《雲仙録》中事。自穢其書。近世南劒州學刊《散録》，可毁。

跋《孔氏野史》

世傳孔毅甫《野史》一卷，凡四十事。予得其書於清江劉靖之所。載趙清獻爲青城宰，挈散樂妓以歸。爲邑尉追還，大慟且怒。又因與妻忿争由此惑志。文潞公守太原辟司馬温公爲通判。夫人生日，温公獻小詞。爲都漕唐子房峻責。歐陽永叔、謝希深、田元鈞、尹師魯在河南攜官妓遊龍門半月不返。留守錢思公作簡招之，亦不答。范文正與京東人石曼卿、劉潛之類相結，以取名服中。上萬言書甚非言不文之義。蘇子瞻被命作儲祥宫記，大貂陳衍幹當宫事。得旨置酒與蘇高會。蘇陰使人發御史。董敦逸即有章疏，遂墮計中。又云子瞻四六表章不能文字。其他如潞公、范忠宣、吕汲公、吴冲卿、傅獻簡諸公，皆不免譏議。予謂決非毅甫所作。蓋魏泰《碧雲騢》之流耳。温公自用龐穎，公辟不與潞公子方同。時其謬妄，不待攻也。靖之原甫曾孫，佳士也。而跋是書云孔氏兄弟曾大父行也。思其人欲聞其言久矣。故録而藏之。汪聖錫亦書其後，但記上官彦衡一事，豈弗深考云。

鑑誡録

黄丕烈《蕘圃藏書題識》 《鑑誡録》十卷。宋槧本。

右宋槧《鑑誡録》，項元汴家藏。時明萬麻元年秋七月既望，重裝於天籟閣。共計二册，原價陸□。

歐陽子《五代史》較温公《通鑑》反略。表兄竹垞先生盡搜十國遺書，仿裴氏注《三國志》，《鑑誡録》，其取裁之一也。天籟閣圖書近時散軼殆盡，兹覩此本古色蒼然，於揚州書局采入《全唐詩》數十篇，因書於後。查嗣瑮，己丑夏五竹垞先生來真州持以見賜，媿不能藏。復影録一本，奉還曹寅。

鋐在維揚書局，適吾師竹垞先生亦來客於此。因得借觀，遂書一通。其紙板傷損處，皆手自補綴歸之。時康熙乙酉十月朔，汪士鋐謹記。

王士禛阮亭甫假觀手録一通，因較正訛謬數十字。朱書

康熙己巳春日，華隱徐嘉炎從竹垞十兄假觀。時因編輯《全唐詩》取資甚多。

《鑑誡録》十卷，後蜀何光遠輝夫撰。刊入叢書以公天下，即以此爲祖本。叔平其玷之懷玉億孫甫。

顧廣圻《思適齋集外書跋輯存》 《鑑誡録》十卷。宋刊本。

嘉慶甲子重見此於讀未見書齋。去予前買得，時忽忽二十載矣。鮑渌飲丈欲刻入《知不足齋叢書》，至今未果。予向謂此書頗載極有關係，文字足當鑑誡之目。不盡如朱竹垞氏所云，安得好事者傳之。蕘翁屬題數語，聊識於後，并不能無雲煙過眼之感也。正月二十五日潤賓居士顧廣圻書。

吴壽暘《拜經樓藏書題跋記》 《鑑誡録》。

《鑑誡録》十卷。影宋鈔本。先君子書後云：「右《鑑誡録》十卷，後蜀東海何光遠輝夫所撰。晁氏《讀書後志》謂其在《唐證》中。」纂輯《唐證》，未詳其義。觀所紀多唐末五季及西蜀時事。昔朱竹垞檢討嘗得宋槧本，乃項氏天籟閣舊藏，首闕劉曦度序。此本從金閶宗人伊仲借録，蓋影宋鈔也。劉序亦無，間多闕文。聞桐鄉金雲莊比部新購得宋刻本，亦有闕文，未知與此本同否。當更借校之。乾隆丙午閏七月十五日，兔牀吴某識。

顧廣圻《思適齋書跋》 《鑑誡録》十卷。宋刻本。

嘉慶甲子，重見此於讀未見書齋。去余前買得時，忽忽二十載矣。鮑渌飲丈欲刻入《知不足齋》叢書，至今未果。余向謂此書頗載極有關係文字，足當鑑誡之目。不盡如朱竹垞氏所云，安得好事者傳之。蕘翁屬題數語，聊識於後。并不能無雲煙過眼之感也。正月二十五日，潤賓居士顧廣圻書。

録異記

黄丕烈《蕘圃藏書題識》 《録異記》八卷。校明鈔本。

右録異記一集，凡八卷，十七類。乃五代人杜光庭所纂。得於友人家，假歸録出。仍鈔別本，總計七十翻。時正德己卯三月望後一日，吳門柳僉大中録畢於桐涇別墅之清遠樓中。其日細雨，閉門弄筆，强述一章以紀之。「鈔書與讀書，日日愛樓居。窗下滿地水，萍開卻餌魚。時名隨巧拙，天道已盈虛。莫信村居好，山居樂有餘」。

己卯首夏，訪大中村居承假是録。録畢用書尾原韻奉謝。生平酷好書，僻性懨城居，洗杓，嘗鴟酒焚芸，辟蠹魚荷。君函裹祕益我腹中虛，好語田園輩，辛勤廿載餘。端陽後二日，長洲守約道人俞弁志。

萬厤己丑首夏趙子玄度訪予齋居，欲得文中子《元經》。予舉以贈之。因語予近得杜光庭《録異記》，凡八卷。予請借觀，去數日録一册見贈。據前二跋，距正德己卯又七十一年矣。玄度爲今大司成定宇公。冢器翩翩好古言，論風旨綽有父風。蓋後來之俊云。是歲端陽後二日，酉巖山人謹識。

春渚記聞

《宋史・藝文志・雜家》 何薳《春渚記聞》十三卷。

楊士奇等《文淵閣書目・荒字》 何薳《春渚紀聞》一部四册，闕。

范邦甸等《天一閣書目・雜家》 《春渚紀聞》十卷。藍絲闌鈔本。○宋何薳撰。

黄丕烈《蕘圃藏書題識》 《春渚紀聞》十卷。校宋本。

《春渚紀聞》校宋本在郡中楊氏。係毛斧季手校津逮本。余經借校一本，旋爲錢唐何夢華易去。續又收得一舊鈔本。枚菴吳君復臨毛校自以爲盡美矣。頃又借得一藍格鈔本，較勝於余藏。爲手校其異讐之至。再因記至此本之善，尚容詳述。癸酉七月二十六日鐙下，復翁識。在末卷後。

游宦紀聞

楊士奇等《文淵閣書目・荒字》 張世南《游宦紀聞》一部一册，闕。

范邦甸等《天一閣書目・雜家》 《游宦紀聞》十卷。藍絲闌鈔本。○宋鄱陽張世南撰并序。云僕自丱角，隨侍宦游，便登青天萬里之蜀。及壯走江湖無寧歲。紹定改元適有令原之戚。閉門謝客，進思捉筆紀録不覺盈軸以《游宦紀聞》題之。

錢曾《讀書敏求記・雜家》 張世南《游宦紀聞》十卷。

影宋本舊鈔乃停雲館藏書，有衡山先生圖記。别一本爲秦酉岩手録，行草絶佳。宜爲書家之所重也。

黄丕烈《蕘圃藏書題識》 《游宦紀聞》十卷。影宋鈔本。

此舊鈔本張世南《游宦紀聞》。每卷有唐伯虎題字。余得諸五柳書居。蓋其友沈姓物也。沈素識古，於名公書畫購之以居奇。此書因有子畏墨跡，故亦在所蓄。且可藉以臨摹，僞爲欺世。真本祕不肯出。一日攜示五柳居主人陶蕴輝，思付裝池。陶君遂慫恿售去，卒歸於余。余嘗閱《讀書敏求記》有云張世南《游宦紀聞》十卷，影宋本舊鈔。乃停雲館藏書，有衡山先生圖記。今此册有「玉蘭堂」小方印，得無即文氏所藏乎。又閲《汲古閣珍藏祕本書目》，《游宦紀聞》有唐伯虎標題，又與此書合。則其爲舊本無疑。近時長塘鮑氏刊入《知不足齋叢書》中。係盧抱經先生以舊鈔本參校。今取證此書，大略相似。然古書面目終不類此，爰取白金六兩易得，命工重裝。人貴其有唐伯虎標題，我愛其爲影宋本舊鈔。彼此之心，固各有在爾。乾隆乙卯辜月朔日，吳郡棘人黄丕烈書。

塵史

范邦甸等《天一閣書目・雜家》 《塵史》四卷。宋絲闌鈔本。○宋王得臣撰。自序稱所紀凡二百八十四事。自朝廷至州里有可爲法戒者，無不載。分四十四門。

吳壽暘《拜經樓藏書題跋記》 《塵史》。

鈔本《塵史》三卷。先君子手校本。按《抱經堂文集》書後云「記其本朝君臣事跡，頗可以資攷鏡」。彦輔初受學于鄭介夫，又嘗執經於胡翼之。其師友多賢者，故此書在宋人説部中爲最醇。又謂「假得虞山毛黼季校本，自言得三本參校，而以何元朗所藏爲最善」。此書舊有作四卷者，雖篇葉稍均，然非其本來也。故今所鈔仍依三卷之舊。云此本亦三卷，未知視元朗本何如，當更訪之。

黄丕烈《蕘圃藏書題識》 《塵史》三卷。校舊鈔本。

此書脱誤獨多，幾不可讀。當就沈景倩是正，辛未初夏。

癸巳仲春又閲於落木菴中。景倩下世十餘年，留心書史者絶無其人。牧翁所藏數萬卷，辛卯二月四日一炬爲盡。景倩書庫，其子變化無遺，校讐路絶矣。花朝前一日顧菴記。在卷首跋均朱筆。

此《塵史》上中下三卷，係舊鈔而義門先生手校者。向與舊鈔之《碧雲騢羯鼓録》合裝。因遺蠹蝕，重爲裝池而分此種爲三册。其二種别裝又非義門校者，故分之也。暑窗無所消遣，時取舊藏古籍零種繙閲一二，頓覺心目一清云。嘉慶甲子七月二日蕘翁黄丕烈識。

是書裝成適周丈香嚴過訪，問及是書有無别本可校。香嚴云有毛斧季校本在。余聞之，以爲此必義門所云毛鈔者是也。既從香嚴假歸對勘一過，疑義門所云毛鈔未必即此。因云毛鈔作某者，不盡合耳。而斧季卻見此本，蓋周本末有斧季跋云。從舊鈔三本校。一爲何元朗所藏，一爲欽仲陽所藏，一爲舅氏仲木所藏。余本則欽仲陽藏本矣。兹復手校異同於上下，方不標毛鈔者，恐誤義門校也。斧季本與三本異，謂是别本，原作四卷，後照舊鈔校正。三本同出於一而斧季以爲何本最善。惜斧季未及細注，某本作某，兹不可辨。余謂此本有慶元五年郡守鄱陽洪邁重修一條，必是傳録宋本。毛本無此且楮墨俱古，毛鈔不逮欽仲陽本，亦可云善。義門所校與毛校亦不盡合，未知又何據矣。古書必以刻本爲善，一經校勘即失古來面目。雖屬聞人動筆，亦有一失，如卷中集賢張君房一條，儆戒會最五十事，本不誤。今最校蕞誤甚近。惠松崖有《漢事會最》一書，正與此同義而反改爲「蕞」，豈非不學無術乎。并書以示儆。中元前日，蕘翁又識。

余得見何元朗本，香嚴之歿已逾百日，惜無從再借。

毛鈔本一證爲恨。乙卯五月二十九日記。

余最喜藏書兼購重本。取其彼此可互勘也。即如此書，收是本後又覆至二本。一爲張青芝手録本，一爲馬寒中家藏本。然皆在此本後，無先是者。且是書已經義門校勘，非復原書面目。即余所校毛斧季本，亦不過與義門同時，皆非古本也。頃書友攜示一舊鈔本，行款與義門所校本同。其鈔手較舊，尚留古書面目。因即收之，記其梗概於是，尚容續校也。癸酉中元前一日復翁。

澄懷録

楊士奇等《文淵閣書目・荒字》 周密《澄懷録》一部一册，闕。

范邦甸等《天一閣書目・雜家》 《澄懷録》一卷。藍絲闌鈔本。宋周密撰。

錢大昕《補元史藝文志・雜家類》 《澄懷録》二卷。

宋景文筆録

馬端臨《文獻通考・經籍考・子部・雜家》 《宋景文筆録》三卷。

晁氏曰：皇朝宋祁撰。皆故事異聞、嘉言奥語，可爲談助。不知何人所編，每章冠以「公曰」。景文乃祁謚也。

《中興藝文志》：《筆録》三卷，皇朝紹聖中，宋肇次其祖庠遺語，凡一百七十條。

按：二《筆録》卷數同，祁、庠又兄弟也，然則一書邪？二書邪？當考。

陳振孫《直齋書録解題・雜家類》 《宋景文筆録》一卷。翰林學士安陸宋祁子京撰。

《宋史・藝文志》 宋祁《筆録》一卷。

楊士奇等《文淵閣書目・荒字》 《宋景文公筆録》一部一册，闕。

《宋景文公筆録》一部一册，闕。

張之洞《書目答問・儒家》 《宋景文筆記》三卷。宋宋祁。百川本，學津本。

邵氏聞見録

錢曾《讀書敏求記・雜家》 《邵氏聞見録》二十卷。陸其清有宋人鈔本。

黄丕烈《蕘圃藏書題識》 河南《邵氏聞見録》二十卷。校舊鈔本。

嘉靖十三年夏日，對宋本校勘一過。前本與中間一册在予家四十年，始得輳完，可見奇書則不易遇也。保之，保之。野竹居士謹記。

余向年初欲購書，時因交白隄錢聽默，聞有元人鈔本《邵氏聞見録》在其肆中，未及買并未及見也。後知售於他所，心甚念之，然無可蹤跡矣。頃檢五硯樓遺書，見有錢手校者，因傳録之。其校在毛刻上，閒有此鈔本與校本同者，始知此鈔之善。又有與校本異而勝於刻本者，當存此鈔之舊。余校時雖照錢校鉤抹，然錢校未知能悉存元鈔面目與否。且此鈔已有與元鈔合者，可知必有所據，未敢悉遵錢校爲定本也。惟是所增幾條，及字句有添補處，似錢校爲勝。則此書有野竹居士云「對宋本校勘一過」者，不知又何故脱誤矣。《敏求記》有「陸其清有宋人鈔本」云云。在精鈔本上，安能一旦遇之，一證斯鈔也乎。壬申十月十二日。是日交冬弟一寒信，復翁。以上兩跋均在末卷後。

錢聽默手校本，余臨校後即歸諸喬司空巷張訒庵處，蓋五硯樓不能蓄此也。兹鈔本有嘉靖時野竹居士跋。吴中杉瀆橋，嘉靖時有沈與文，頗蓄書。其刊刻《詩外傳》有「野竹齋」字樣，不知野竹居士即沈與文否。嘉慶癸酉正月二十有八日午後，知非子識。在卷首。

道光二年又三月十一日，欽韓重校。字改正者，以方别之。上格小注，皆鄙見也。在第十卷末。

道光二年又三月立夏前三日，沈欽韓重校。在末卷後。

邵氏聞見後録

錢曾《讀書敏求記・雜家》《邵氏聞見後録》三十卷

余既繕寫伯温《聞見録》又購得邵博後録舊鈔本。曾經前輩勘對，疑誤。惜乎前書無善本一校爲憾耳。

黄丕烈《蕘圃藏書題識》《聞見後録》十五卷。校鈔本。

日來心緒忙亂，偶有暇即校書自娱。然必得小種一校輒了。即復及他種，無暇則棄去，非以爲樂也。聊藉此破寂耳。客有攜曹秋岳家藏書鈔《邵氏聞見後録》示余者，余取向收職思居精鈔本勘之。時得佳處，然中亦多訛謬，脱落，未敢塗抹。職思居本案頭又無别本在，適張君訒庵過訪，云有津逮本在。即假之歸屬校異處于上。遂輟二三日工爲之手校一過。曹本鈔手比職思居本爲舊，故多可信。唯鈔手不一，或已有原鈔補鈔之異。而字形相近致譌，或本字寫誤即改于誤字下。其初寫誤字又未經抹去，往往有不成文理者。此時手校皆仍其誤，恐有意所未經想到處，反以誤字故失校。殊非慎重，古書之道故累篇滿幅反有不成文理者。外人視之，不且笑改是處爲不是耶。訒庵不如是，故仍用余校書之法校之，校畢記時甲戌十月七日。雨窗復翁識。在卷末

前卷及此卷所載《洛陽名園記》與毛刻《洛陽名園記》有張德和序者迥異。此邵氏所引本勝也。此記亦刻在津逮中，想又一惡本耳。獨怪陽山顧氏文房本有邵博跋者，卻非聞見後録本，反與專刻同何耶。復翁又記。

《聞見後録》三十卷。鈔本。

九月廿六日夜過五柳居，主人以此舊鈔本見示。云：「新從嘉禾得來。書中有曹秋岳家圖記信是也。」余於《聞見録》有元人鈔本，曾手校一過。若《聞見後録》亦有職思居鈔本而以爲佳。今得此校之，知此雖間有訛謬，然中多佳處，竟勝於職思居本。可見書非舊鈔不可據也。原書部面多破損，急命工裝之。取繙閲□□之異□職思居本者，悉標於職思居本上。此不復□以存廬山真面目也。小春廿有六日，復翁識。時歲在甲戌。

河南《邵氏聞見後録》三十卷。校舊鈔本。

宋人説部雖有刻本，必取其鈔本藏之。恐時刻非出自善本，故棄刻取鈔也。鈔本又必求其最善者，故一本不已又置别本也。此《邵氏聞見後録》鈔本甚精，忘其爲誰家物。卷中有職思居齋記，名之爲職思居本云，藏篋中矣。久無别本可勘。頃五柳主人以曹秋岳家藏本見示，鈔手甚舊而取對此本。卻多譌謬脱落，似但據舊鈔。即以此本爲乙，未必全是也。因參校一過而著其梗概於此。甲戌秋九月三十日，雨窗復翁書於陶陶室。

續借張訒庵藏津逮本手校一過。雖明知曹本之誤，亦一一校入，存其真也。因思案頭無别本可校，遂仍以異處校於此内。有灼然可見其誤者，不復校於此本上。而疑似之閒亦閒存之。至於脱誤彼此互有，當並參之。若彼勝於此者，確有幾條固非曹本無以糾津逮之謬也。十月初九日録曹本異處，皆從手校津逮本上寫之。尚未從曹本逐字細校，願以異日畢之。復翁又記。

道光二年閏三月立夏，前三日沈欽韓校讀。均在末卷後。

吕氏雜記

楊士奇等《文淵閣書目・荒字》吕原明《雜記》一部一册，闕。

《四庫全書總目提要・子部・雜家類四》《吕氏雜記》二卷。永樂大典本。

宋吕希哲撰。希哲字原明，先世萊州人。後家壽州，夷簡其祖，公著其父也。初以父蔭入官。公著爲相之日，不肯求進取。公著没，始爲兵部員外郎。進崇政殿説書。紹聖初，以祕閣校理出知懷州，旋分司南京，居和州。徽宗初，召爲光禄少卿，力請外補。以直祕閣知曹州。坐黨籍奪職。後復歷知相、邢二州，罷奉宫祠。羇寓淮、

泗閒以卒。事蹟具《宋史本傳》。希哲少從焦千之、孫復、石介學。又從二程子、張子及王安石父子游。故其學問亦出入於數家之中，醇疵互見。《朱子語録》稱其學於程氏，意欲直造聖人。盡其平生之力，乃反見佛與聖人合。今觀此書，喜言禪理，每混儒墨而一之。誠不免如朱子所言。又宋史載王安石欲薦希哲爲講官，希哲辭曰：「辱與公相知久，萬一從仕，將不免異同。則疇昔相與之意盡。」安石乃止。故所記安石父子事，亦無譏訶之詞。然其記顧臨使北之對，則謂爲世教者當重儒。又謂祖孔宗孟，學之正也。苟異於此，皆學之不正。又記司馬光闢佛之語，又斥老子剖斗折衡之說，而深辨孔子非師老子。又極論禮樂之不可廢，則其所見特如蘇軾、蘇轍之流。時時出入二氏，固未可盡以異學斥。至於直載劉經《太學頌》，以見過尊安石。直載程公遜賀待制詩，以見過諛王雱。則於荆舒父子亦有微詞，非竟相黨附者矣。其他所記家世舊聞，朝廷掌故，多可與史傳相參考。中如杞柳湍水一條，喜怒哀樂一條，耕莘釣渭一條，今皆誤入程氏遺書中。殆以詞旨相近，故不及辨別耶。是書《宋志》不著録。《通考》歲時類中有吕原明《歲時雜記》二卷。考陸游《渭南集》有《歲時雜記跋》，稱「太平無事之日，故都節物及中州風俗，人人知之。若不必記。自喪亂來七十餘年，遺老凋落無在者。然後知此書之不可闕，則當如《夢華録》之類。」又周必大《平園集》有《歲時雜記》序，稱上元一門，多至五十餘條。則分門輯類之書，與此不合。惟《文淵閣書目》載吕原明《雜記》一册，蓋即此本。其中所載詩話，如王逵贈蔡襄作，元絳賀王安石作，吕公弼游東園作諸篇，厲鶚《宋詩紀事》皆未採入。知近代久無傳本。今以《永樂大典》所載，裒合成帙，編爲二卷。閒有吕氏他書之文，而永樂大典誤標此書者，疑以傳疑，亦併録之。而各附案語訂正焉。

芥隱筆記

張金吾《愛日精廬藏書志・雜家類》 《芥隱筆記》一卷。舊抄本

宋龔頤正撰。

士非博學之難，能審思明辨之難。古人固有耽玩典籍，涉獵書記，窮年皓首，貪多務得者矣。然履常蹈故，誦書綴文，趣耳目前，不求甚解。疑誤相傳莫通倫類漫，無所考按也。檢討龔公以學問文章知名。當世諸公、要人争，欲令出我門下。自六藝百家諸史之籍，无所不讀。河圖洛書，山鑱冢刻，方言地志，浮屠老子，騷人墨客之家，无所不記。至於討論典故，訂正事實，辨明音訓，評論文體，雖片言隻字，必欲推原是正。俾學者知所依據。此其閒居暇日，有得於一時之誦覽者，隨而録之。一號曰筆記，若夫他日當大典册。涣大號令，則武夫感泣，癃老扶觀。當埒燕許輩，秉太史筆褒貶是非。勸善懲惡，凛然有遺直之風。回視筆記，特翰墨之游戲耳。嘉泰改元孟冬既望，汝人劉董敬用鋟木于東甯郡庠，庶侈其傳。

民獻竭來分教玉融，荒陋絶少書籍。間有闕疑无復訂正。一日使君袖出此書，相與誦詠。片言隻字，音辨義明，迺知公之該博。尤深於探討宜闡之，以不艾後學。公之學問殆不止是，俾來者窺一斑云。苕溪雍民獻謹書。

吹劍録

楊士奇等《文淵閣書目・荒字》 俞文豹《吹劍録》一部一册，闕。

范邦甸等《天一閣書目・雜家》 《吹劍録》一卷藍絲闌鈔本。宋俞文豹撰。小識云：「此編已刊行，版留書肆，不可復得。因删舊添新，再與續集並刊。」

《四庫全書總目提要・雜家・存目四》 《吹劍録》一卷。兩淮鹽政採進本。

宋俞文豹撰。文豹有《吹劍録外集》，已著録。此編作於淳祐三年癸卯。前有自序，謂取莊子吹劍首者吷而已之語，以名其書，言無謂也。然議論實多紕繆，於古人多所詆訶。如貶武王則拾蘇軾之緒論，詆孟子則循李覯之謬詞，斥諸葛亮爲不明大義，不忠漢室，亦本其兄文龍之妄說。蓋文龍以此説取解於同文館，故文豹述之也。他若韓愈、程子竝遭掊擊，又文彥博燈籠錦之事則獨信魏泰之僞書，《通鑑綱目》帝蜀之辨則力攻朱子之特筆。其妄誕無識，殊爲悖理。所謂小人好議論，不樂成人之美者歟。

張金吾《愛日精廬藏書志》 《吹劍録》一卷夏氏益虞手抄本。秦酉巖藏書。

宋括蒼俞文豹撰。板心有「元覽中區」四字。

自序淳祐三年。

秦氏手跋曰：「己丑秋予嘗手録此册，夏君虞逸借觀竟失去。虞逸雅不自安，復從周見心原本録此見寄。庚寅正月下澣日再識」。

孫氏手跋曰：「《吹劍録》前後二集，酉巖秦公藏書也。前集夏益虞先輩所書，後集爲秦公手筆。公手抄甚富而筆法流潤，莫過於是。是蓋老年筆也。寶之寶之，岷自孫江記」。

老學菴筆記

楊士奇等《文淵閣書目・荒字》 陸游《老學菴筆記》，一部二册，闕。

范邦甸等《天一閣書目・雜家》 《老學菴筆記》，一册。藍絲闌鈔本。○宋山陰陸游撰。

黄丕烈《蕘圃藏書題識》 《老學庵筆記》十卷。校宋本。

《老學庵筆記》，先太史淳熙閒所著也。紹定戊子刻之桐江郡庠。幼子奉議郎權知嚴州軍兼管内勸農事借紫子遹謹書。案影宋鈔無此跋。乙亥五月記。

是書毛子晉刊入《放翁集》行於世。予嘗見陸敕先用鈔本所校。斧季又用影宋本校後五卷，用殘宋槧本校第七後半卷及第八卷。改補諸處，每與此刻合。今以朱筆圈別識之。蓋此刻所據，乃善本也。獨是子晉跋語首稱向刻《稗海》函中，宜用此爲底本而相出入如此。敕先斧季又絶不及此刻一語，皆所未解也。乾隆六十年，歲次乙卯正月十一日，澗蘋顧廣圻校畢記。

顧廣圻《思適齋集外書跋輯存》 《老學菴筆記》十卷。校宋本。

張之洞《書目答問・儒家》 《老學菴筆記》十卷，續二卷。宋陸游、津逮本、學津本。

是書毛子晉刊入《放翁集》行於世。予嘗見陸敕先用鈔本所校，斧季又用影宋本校後五卷，用殘宋槧本校第七後半卷，及第八卷。改補諸處每與此刻合。今以朱筆圈別識之。蓋此刻所據乃善本也。獨是子晉跋語首稱向刻《稗海》函中，宜用此爲底本，而相出入如此。敕先斧季又絶不及此刻一語，皆所未解也。乾隆六十年，歲次乙卯正月十一日。澗蘋顧廣圻校畢記。

陸敕先用宋本校汲古毛氏所刊，今歸小讀書堆。取勘此刻頗多與宋本合者。實勝毛本遠甚矣。悉圈其旁爲識其他，異同仍載如右。乙卯四月澗蘋又記。

影宋本止有後五卷，毛斧季所據亦然。豈宋槧已不全耶。丁巳七月假得校一過，如右。至其本有評語，極淺陋可笑，而末題唐子畏名。茲悉削不録，恐閲者仍惑焉，爰并識之。廿八日鐙下，顧廣圻記。

東齋記事

楊士奇等《文淵閣書目・荒字》 范蜀公《東齋記事》一部一册，闕。

仇池筆記

范邦甸等《天一閣書目・雜家》 《仇池筆記》二卷。刊本。○宋蘇軾撰。

資暇録

王圻《續文獻通考・經籍考・雜家》 《資暇録》一十五卷，金趙秉文著。

錢大昕《補元史藝文志・雜家類》 趙秉文《資暇録》十五卷。

山東野録

尤袤《遂初堂書目・雜家》 賈公餗《山東野録》。

梁谿漫志

楊士奇等《文淵閣書目・荒字》 費衮《梁溪漫志》一部一册，闕。

彭元瑞等《天禄琳琅書目後編・子部》 《梁谿漫志》一函，二册。

宋費衮撰。衮字補之，無錫人。書中稱免解進士。《禮部韻略》條例中有開禧元年國子監發解進士費衮劄子一篇，仕履未詳。書十卷，前有衮自序。又開禧二年國史實録院取書牒，當時已甚重其書。後有樓鑰跋，專誌書中第八卷韓蘄王詞一事，非全書跋也。又嘉泰元年施濟跋則刻書時作。

寒山趙氏、泰興季氏藏本。

夷堅志

倪燦《補遼金元藝文志·雜家》《夷堅志》三十卷。原一百卷，今存己辛壬三集。

黄丕烈《蕘圃藏書題識再續録》《夷堅志》一百卷。舊鈔本。

《夷堅志》甲乙丙丁四集，宋刻本。由萃古齋售于石冢嚴久能。今又爲何夢華買出。其歸宿未知在何處。余所藏宋刻有《夷堅支》甲一至三三。卷七、八兩卷皆小字棉紙者。《夷堅支》壬三至十，共八卷。《夷堅支》癸一至八，共八卷。皆大字竹紙者。近又得《夷堅志》乙一至三三卷，爲大字棉紙者。此本係舊鈔支甲至支戊，五十卷。支庚、支癸二十卷。又三志己十卷，三志辛十卷，三志壬十卷。取兩集以配全，而其本皆不全本也。每見近時坊刻稱《夷堅志》者，大都發源於是，而面目又異矣。天壤甚大，未識洪公所著《夷堅》各志，其宋刻能一一完全否。癡心妄想，其有固未可必其無，亦安敢必耶。嘉慶丁卯正月六日，復翁丕烈識。在《夷堅支》甲序前。

夷堅支志

倪燦《補遼金元藝文志·雜家》 洪邁《夷堅支志》七十卷。原一百卷，今存甲乙丙丁戊庚癸七集。

東坡志林

楊士奇等《文淵閣書目·荒字》《東坡志林》一部一册，闕。

棗林外索　董令升遺事

吴壽暘《拜經樓藏書題跋記》《棗林外索》

舊鈔本《棗林外索》，三集，不分卷。每集有目録，談孺木先生著。首有甲午秋七月自序。

《董令升遺事》附《歸廬陵日記》。

右鈔本《令升遺事》，首李心傳《繫年要録》、《宋史·禮志》二篇。後列《書録解題》弁所著各種一條。先君子記云：「弁所著又有《嚴陵集》九卷，天一閣藏本。見《全書總目》第一百八十七卷。又《直齋書録解題》有《侍兒小名録》一卷，續一卷。序題朋溪居士而不著名氏。始洪炎《玉父集》爲此書。王銍性之、温豫彦幾續補。今又因三家而增益之。或云董彦遠家子弟爲之。某按彦遠爲逌之字，則此二卷亦弁所著無疑。今此書未見有專行本，惟明商濬刻《稗海》中有《侍兒小名録拾遺》一卷。題宋晉陽張邦幾撰。但陳氏又曰：「且爲分類，其中多用古字。」今稗海本不分類，亦不見有古字。以經後人竄削，非復令升之舊矣。卷末附朱翌《和令升詩》。跋云：「某按《董令升集》空傳，故原唱不可見。右數首從《灊山集》録附此。殆令升守新定時唱和之作。蓋長孺紹興中嘗僑居桐江也。令升又嘗有淵明先生集跋，惜未見。」此册後又附鈔周益公《歸廬陵日記》，起隆興癸未三月甲辰，止是年六月壬申。先君子記云：「全集第一百六十五卷摘録宜興事。」

澠水燕談録

楊士奇等《文淵閣書目·荒字》 王闢之《澠水燕談録》一部一册，闕。

黄丕烈《蕘圃藏書題識續録》《澠水燕談録》十卷。明鈔本。□寅冬挈猶子應玉峯試，□□街買得。以下缺。

己巳六月三日鮑丈至蘇，余往訪諸閶門談。良久，書籍源流言之甚晰。偶及是書，云天一閣所藏係十卷，足本未識。□補鈔之。第十卷即出天一閣否，歸、□新刊《天一閣書目》果十卷，未載□鈔。不知其本如何也。復翁記。

黄丕烈《蕘圃藏書題識》《澠水燕談録》九卷。舊鈔本。

王闢聖塗，治平四年進士。元祐閒爲邑河東。是書所紀皆建隆以後七朝事。皆有關理道，不可以稗官槩略之也。吴郡張棟伯任甫記。

此書南宋有刻，今板已亡。宜珍惜之。棟又記。

此《澠水燕談録》三册，余從玉峰得來，係舊鈔本。觀其行款及避諱處，當是宋本影寫者，卷首序文十卷之説，與《書録解題》、《讀書志》所載卷數合。其目録則又載九卷，始《帝德》終《雜録》，似完備者然。《四庫全書簡明目録》亦載《澠水燕談》十卷，云分十五類。晁公武《讀書志》稱所載三百六十餘條。此本僅二百八十五條，疑商維濬刻入《稗海》有所删節是。《四庫》所收即《稗海》所梓本也。至十卷之説何以與宋人書目同。及檢《稗海》所梓本，乃知《稗海》分鈔本四卷「高逸」一類爲五卷以後五卷至九卷爲六卷至十卷，强分之以足其數耳。至《稗海》删節殊甚，不及鈔本多矣。鈔本分十六卷，而刻本止十五類。蓋誤以《文儒》附于《貢舉》故也。鈔本所載三百餘條，而刻本止二百八十五條，則鈔本猶與《讀書志》所載條數相近也。特未知宋刻所失第十卷，何時可復舊觀，以成全璧耳。爰記之以著緣起。

此本首册及中册上半册，下册末一葉，俱柳大中鈔。卷首之序亦其筆也。目録一葉即非大中筆跡，疑後來散佚。故鈔補以移易面目耳。否則斷無通册大中書而一葉他人寫者。即此可斷爲殘本也。然殘本已勝於《稗海》，知舊鈔書最爲可寶也。世人侈言彙刻之書，而舊鈔本悉置之弗講。請以余言箴之。小千頃堂主人黄丕烈識。

吴壽暘《拜經樓藏書題跋記》《澠水燕談録》。

右十卷。明商氏《稗海》刻本。緑飲先生於乾隆甲辰，嘉慶壬戌，兩次從宋本校，均識歲月于後。丹黄排比，幾徧并於卷首。補録紹聖二年自序。先君子書云：「《稗海》中所刻書，多芟節譌謬。而《澠水燕談録》其尤也。」往嘗見吾友鮑緑飲有宋本最善，未及借校，時往來於心。頃緑飲特爲予取是本而手校數過，遂成善本。後人其珍之。倘有好事者依此重刻，則更藝林一快事矣。癸亥三月兔床吴某志，時年七十又一。原本《忠孝才識》爲四卷，依宋本卷五《高逸》一門，仍是第四卷以下，遂遞差一卷。先君子記後云：「前原序自云十卷」。今據緑飲所校，則止有九卷，豈此下尚少一卷乎。當更叩之參軍耳。

癸辛雜識前集　後集　續集　别集

毛晉《汲古閣書跋》《癸辛雜識前集》

唐宋末諸家小説，多稱某年蓋祖五柳先生但書甲子之意，以自寓其悲憤云。别有似紀年而實紀地者。如許用晦《丁卯集》，周草窗《癸辛雜識》之類是也。余向酷嗜是書，可與《芥隱筆記》、《南邨輟耕録》並傳。苦坊本舛謬，喜閔康侯緘正本見示。亟梓以公同好，載吴興園圃，不愧《洛陽名園記》。讀至趙子固《梅譜》二詩，因取余家所藏子固四香畫卷，展覽一過。筆筆寫生在阿堵間，所謂畫中有詩也。花光、逃禪二老不得專美矣。跋尾有仇遠詩云：「淡墨英英妙寫真，一花一葉一精神。繁香曾入廬山夢，遺佩如行湘水春。小白凝珠還勝雪，輕黄承襪不生塵。老僧懶作浮華想，空谷猶疑見似人。」錢良右詩云：「名卉交加迥絶塵，芳香秀色映清真。歲華相對空山晚，不羨長安桃李春。」令弁陽老人見之，當亦採入集中矣。

《癸辛雜識續集》

斯集二卷凡二百條，與後集一卷凡七十條，皆《稗海》所未刻者。字句之間，雖多卒卒飢阢之嫌，向守東坡妄改古人文字之戒，故闕疑耳。其辨論后妃馮婦，確然可據以翼經傳。如吴妓徐蘭採附《虎丘志・貞娘墓》之後，亦足資少年埸劇譚也。

淳祐間，吴妓徐蘭擅名一時。吴興烏墩鎮有沈承務者，其家巨富。慕其名，遂駕大舟往遊焉。徐知其富，初至則館之别室。開宴命樂，極其精腆。至次日，復以精縑製新衣一襲奉之，至于輿臺。各有厚犒。如此兼旬日，未嘗略有需索。沈不能自已，以白金五百星，并百疋饋之。凡留連半年，縻金錢數百萬而歸。於是徐蘭之聲，播於浙右，豪俠少年無不趍赴。其家雖不甚大，然堂館曲折華麗，亭榭園池無不具。至以錦纈爲地衣，乾紅四緊紗爲單衾。銷金帳幔，侍婢執樂十餘輩。金銀寶玉器玩，名人書畫，飲食受用之類，莫不精妙。遂爲三吴之冠。其死後葬於虎丘。太學生邊雲遇作墓銘云。

《癸辛雜識别集》

余與康侯閔先生，相去二百餘里。鱗羽往來，補亡析疑，如促膝几席間。尚論古人之外，無一旁語。余正訝《祕笈》、《稗海》諸書，甚多贋鼎，即真者十逸其五。每思拈出有關風雅者，逐一釐正流播，爲古人吐氣。何康老實獲我心也。如《稗海》渾《齊東野語》入《癸辛雜識》，辨之甚確。余更核之前集，逸去弁陽老人自序。别集誤作後集，俱未列目。兹集卷首載汴梁雜事，下卷又載汴京宫殿，可補周美成、李元叔二賦之闕。楊髡發陵，史嵩之始末，詳于正史。菊花有子一條，惜范史劉三公菊譜未及爾。

黄丕烈《蕘圃藏書題識》《癸辛雜識前集》一卷。《後集》一卷。舊鈔本。

此舊鈔本《癸辛雜識》有前後而無續别。然就所存者取與津逮本相勘，已多勝處。書以舊刻名鈔爲勝，豈不信然。勿以不全忽之。蕘翁記。

癸酉歲殘，又見一舊鈔本，前後續别俱全。後集末有吴方山題識云先。得前後，後得續别。知向來傳布本有前後孤行之本也。又檢毛刻跋，亦有後得續别之語。益信此本非不全也。甲戌正月三日，復翁。

此我大父鈔本，書頭所記及點竄字皆手跡也。周公謹名密，齊人。寓居吴興。其祖少傅住郡城天聖寺側。公謹寘業弁山，號弁陽老人。所著書《齊東野語》《癸辛雜識》及《雲煙過眼録》。此陳仲翁題于《雲煙過眼録》中語也。癸巳重九後三日，緝先人之舊業，裝於金華寓齋北窗芙蓉峰下。己亥閏三月，江涪築小齋。

右長短十行，字係馮文昌筆。文昌爲祭酒孫。書頭所記謂爲文。上方所記墨筆字。點竄字亦墨筆。書中朱藍筆字，亦文昌手書。黄筆不知。書末蕘圃兩跋，俱未及蓋印，未審筆跡故歟。

錢大昕《補元史藝文志・雜家類》 《癸辛雜志前集》一卷。《後集》一卷。《續集》二卷。《別集》二卷。

黄丕烈《蕘圃藏書題識續録》 《癸辛雜志》前後集二卷。舊鈔本

《癸辛雜識》前後二集，與汲古閣本大略相同。但互有脱誤，當彼此讎校，方完善耳。至續集、別集再鈔成附後，更成巨觀矣。

大隆案：此跋繆輯本脱，今據墨蹟補。

覺寮雜記

錢曾《讀書敏求記・雜家》 朱翌猗《覺寮雜記》二卷。

洪邁序云：「右上下兩卷，凡四百三十五則。故紫微舍人桐鄉朱先生所記也」。黄俞邰徵刻書目云「三卷謬矣」。

書可記

《宋史・藝文志・雜家》 魏泰《書可記》一卷。

臺省因話録

王圻《續文獻通考・經籍考・雜家》 《臺省因話録》，石公弼著。

語溪宗輔録

徐𤊹《徐氏家藏書目・子部・諸子類》 《語溪宗輔録》四卷。宋輔慶源注，朱文公同時。

瑣碎録

都穆《南濠居士文跋》 《瑣碎録》。

南濠居士文跋。《瑣碎録》二十卷。宋古靈陳曄日華撰。觀陳氏自序云：「尚書郎温革子皮嘗著《瑣碎録》凡四百餘事。曄每有聞見，效而筆之。約將十倍，名曰《續瑣碎録》」。子皮之書今不復見。元至大間環溪書院刻陳氏本，概以《瑣録》目之。則與序矛盾而非古人著書之意矣。予家四册，環溪刻也。

續樹萱録

洪邁《容齋題跋》 跋《續樹萱録》。

頃在祕閣抄書，得《續樹萱録》一卷。其中載隱君子元撰夜見吴王夫差與唐諸詩人吟詠事。李翰林詩曰：「芙蓉露濃紅壓枝，幽禽感秋花畔啼。玉人一去未回馬，梁間燕子三見歸。」張司業曰：「緑頭鴨兒咂萍藻，採蓮女郎笑花老。」杜舍人曰：「鼓鼙夜戰北窻風，霜葉沿階貼亂紅。」三人皆全篇。杜工部曰：「紫領寬袍漉酒巾，江頭蕭散作閒人。」白少傅曰：「不因霜葉辭林去，的當山翁未覺秋。」

能改齋漫録

《宋史・藝文志》 吴曾《漫録》十三卷。

楊士奇等《文淵閣書目・荒字》 吴曾《能改齋漫録》，一部四册，闕。

錢曾《讀書敏求記・雜家》《能改齋漫録》十八卷。
端臨《經籍志》云《漫録》十三卷，太常寺主簿臨川吴曾虎臣撰。其卷數與此刺謬何耶。
張之洞《書目答問・儒家》《能改齋漫録》十八卷。宋吴曾，聚珍本福本，守山閣本，金壺本。

藪　記

《宋史・藝文志・雜家》柳宲《藪記》十卷。

諭俗編

《宋史・藝文志・雜家》鄭至道《諭俗編》一卷。

諭俗續編

《宋史・藝文志・雜家》彭仲剛《諭俗續編》一卷。

閑窗括異志

黄丕烈《蕘圃藏書題識再續録》《閑窗括異志》一卷。舊鈔本。
《閑窗括異志》，惟《絳雲樓書目》有之。舊本不多見，因取《稗海》本勘之。雖無大異，然究勝於彼。偶有訛脱亦屬筆誤。悉分別圈點，尖角以識之。其脱文復賴《稗海》本足之。案諸目録宜有也。因用别紙録出附卷尾。戊辰八月八日，復翁。
己巳仲冬廿有八日，取《鹽邑志林》本手勘一過，載於下方。有未盡者，間附行旁。至行間有硃筆改字，乃向所有也。通體不標目。其勝於此鈔本者，惟倪生僞香條中多十五字耳。復翁，燒燭書。計三十四番，補闕二番。

括異志

黄丕烈《蕘圃藏書題識再續録》《括異志》十卷。舊鈔本。
白隄錢聽默，今之陳思也。年七十猶講求古籍不輟。往年游金陵，爲余購宋本《顔氏家訓》以歸。頃往禾中得明刻黑口本書數百種。內有鈔本《括異志》一册。識是曹倦圃藏書。聽翁告余曰：「此册頗舊，故以示君。烏程劉疏雨思得之未許也。然欲傳録一本，以廣流傳。緩日仍當歸君。」余取對正德元年江表黄氏鈔本，間有異同，未可定誰優劣，當并儲之。奈聽翁欲取歸傳録，任其攜去。議價而未及予銀。豈知不及一月，聽翁竟作古人。余一聞信即從伊族姪探聽此書，懼其家之拋擲也。九月十有四日，余赴洞庭鈕匪石招觀劇旗亭路，出金閶過萃古齋。適聽翁子在，問其書依然無恙。急攜以歸，仍許給前索二兩銀，以踐夙諾云爾。蕘翁黄丕烈識。

密齋筆記

張金吾《愛日精廬藏書志・雜家》《密齋筆記》五卷。《續筆記》一卷。文淵閣傳抄本。宋謝采伯撰。
寶祐乙卯天台謝公鼓院來守臨川，宗旦實爲贊貳。一日以《密齋筆記》授宗旦曰：「此吾先君子晚年之所著也。」宗旦受而讀之，驚喜歎賞。如游寶山，如閱海市。瑰奇詭異之物，褫然前陳。駭目洞心，應接不暇。是豈淺鮮者所能到哉。其殆貫穿百家，馳騖千載者，歟夫。士非窮愁，莫能著書一行，作吏此事，遂廢常情之通患也。矧耆耋高蹈，燕引居恬，未有肯措意於筆硯者。密齋以宰相子敭歷中外，薦更麾節。晚境倦游，乃能逍遥里第，耽玩墳索。抽毫漬墨述所得以自見於世，所謂富貴不能淫，年彌高而德彌劭者，密齋有焉。陸賈當功成名遂之餘，乞身歸田，擁車騎，負寶劍遨遊諸子間。釃酒擊鮮以自娯樂，追思向來新語殆如夢事。向子平隱居讀易，自男婚女嫁之後，斷絶家事，勿使相關。迺肆意於名山大川之觀，曩時韋編不得過眼矣。王逸少蘭亭一序，似能言者。及其守早退之節，又不過企慕子平所爲。盡山水之遊，求藥石植桑果，抱子弄孫以卒歲於著書乎。何有以密齋視三子富貴年齒，度越遠甚。謂宜屏却簡編，燕酣登眺可也。而密齋之所樂爲，有三子之所不克爲者。由是言之，士大夫晚節嗜好，有不迷其初者鮮矣。觀密齋自序，謂以此書傳示子孫，使知其老不廢學。噫，此其詒謀微意，又可與俗人言哉。越明年鋟梓郡齋，輒爲題其後。鼓院名奕楙，密齋先生次子也。寶祐丙辰夏五中澣通直郎添差通判，撫州軍州兼管内勸農營田事。王宗旦謹書。余好漁獵、書傳，時年六十有三。易班東歸天賜一閒，無以解日。書生結習未除，亦自犓有聞見，豈應以鵠弁泯没。遂著於篇，以示兒輩曰。或問者，兒輩所質問也。經史，本朝文藝雜説，幾五萬餘言。固未足追媲古作。要之無牴牾於聖人，不猶愈於裨官、小説、傳奇、志怪之流乎。庶後之子孫知余老不廢學云爾。淳祐元年辛丑，長至謝采伯元若甫引右《密齋筆記》，别經史本朝文藝雜書，釐爲五卷。續記一卷。先公易班東歸，晚年著此比鋟梓家塾。而字小不便老眼，舛誤未暇考訂。弈楙挈來臨汝，欲刻置郡齋，迺是正魯魚。其間至有脱簡者，亦復增補使備始得爲善本。一夕夢先公若有喜色，謂奕楙曰：「汝日所爲，吾從旁覘之，行又往婺女矣。」蓋大卿兄守婺故也。嗚呼，先公没六年而精爽炯然，托諸夢以詔諸。孤一舉措頃在其左右，顧不肖何以稱塞。惟戰戰兢兢是戒是懼而已。既刊此書，屬兩倅題卷末，輒復記此時。寶祐丙辰孟秋，中浣男奉議郎權知撫州軍州兼管内勸農營田事，節制軍馬奕楙百拜書。

昔歐陽公著《歸田録》，范蜀公作《東齋記事》，皆在辭蟬捨冕後。蓋前輩於文章翰墨若飢食渴飲，未嘗一日廢。非有老壯之分，仕止之間也。密齋先生年六十有三，即弭節杜門，淡然無營。惟耽玩書史，遠紹旁搜。今觀筆記一書，如武庫乍開戈矛劍戟，犀利森列，使人毛髮竦竪。非胷次千古，筆力萬鈞，疇克爾歟。其視歐范二公風流藴藉相似也，臨川使君一日出示家集，且病舊板漫漶，字有脱誤。將屬太史王公是正之。别鋟之梓。方動念間忽夢密齋如平生。是知公於斯文雖神遊八極，未能忘情。嗚呼！其精爽豈不可敬畏哉。漢韋賢父子以明經爲宰相，時爲之語曰：「遺子黄金滿籯，不如教子一經」。今密齋獨以文印傳子孫，而使君又克成先志，是亦韋氏一經之教。由此觀之，君家之福未艾也。寶祐丙辰季夏朔日，通直郎通判撫州軍州兼管内勸農營田事成公策識。

《四庫全書總目提要・子部雜家類五》 《密齋筆記》五卷。《續記》一卷。永樂大典本。宋謝采伯撰。采伯字元若，台州臨海人。宰相深甫之子。理宗后謝氏之伯叔行也。中嘉泰二年傳行簡榜進士。歷知廣德軍、湖州、監六部門、大理寺丞大理寺正。《宋史》無傳。其事蹟不甚可考。官爵名字僅見於陳耆卿《赤城志》中。是編乃其易班東歸時所撰，録以示其子者。雜論經史文義凡五萬餘言，自序以爲無牴牾於聖人。其間援據史傳，頗足以考鏡得失。雜録前賢懿言嬍行，亦多寓懲勸。雖持論間有未醇，其援引證據，亦未能如《容齋隨筆》、《夢溪筆談》之博洽。而語有本源，瑜多瑕少，要亦説部之善本也。史稱謝后父渠伯早卒，兄奕宗封郡王，姪竝節度使。端平初，頗干國政。采伯以世家貴介，敭歷中外，洊更麾節。政當謝后用事之時，獨能解組逍遥。至使史官佚其姓氏。則蕭然於榮利之外，一無所預可知。王宗旦原序謂「士大夫晚節嗜好鮮有不迷其初者。密齋獨以書籍詒謀後人，使知其老不忘學，則采伯潛心著述，殆以一生之精力爲之。宜其言多中理矣。」原本久佚，僅散見《永樂大典》中。謹採録編綴，分爲筆記五卷，續記一卷。仍所題之舊目焉。

雲麓漫鈔

《宋史・藝文志・雜家》 趙彦衛《雲麓漫鈔》二十卷。又《雲麓續鈔》二卷。

楊士奇等《文淵閣書目・荒字》 趙彦衛《雲麓漫鈔》，一部五册，闕。

趙彦衛《雲麓漫鈔》，一部五册，闕。

范邦甸等《天一閣書目・雜家》 《雲麓漫鈔》四卷，紅絲闌鈔本。○宋趙彦衛撰。

吴壽暘《拜經樓藏書題跋記》 《雲麓漫鈔》。

《雲麓漫鈔》十五卷。先君子從知不足齋借本傳録，手自校正。用硃筆並屬朱巢飲先師校，用緑筆。十卷後有緑飲先生跋云：「《雲麓漫鈔》刻於商氏《稗海》者，秖四卷。此本傳自趙氏小山堂，較商氏所刻已多過半。而《宋詩紀事》及《南宋雜事詩》所引李易安投翰林學士綦崇禮書，不在焉。然則此尚非全書耶。更當覓善本訂正之。乾隆壬午端午後一日，知不足齋識。」又云：「曹彬侯跋《清波雜志》云：『《雲麓漫鈔》二十卷，則此亦僅有其半耳。』丙戌五月廿有九日，廬渚寓舍書。」又書十五卷，末云：「乙未十二月十二日，得十一卷至十五卷于小山堂。李清照啓載十四卷中。」觀自序則此書秖十五卷。曹所云二十卷者，恐未足據耳。先君子書後云：「庚子夏日從緑飲借得《雲麓漫鈔》十五卷，因爲傳録并倩朱君允達校而藏之拜經樓。」按此書《書録解題》亦作二十卷，又《續鈔》二卷乃中庸説及漢定安公補記。然藏書家率未聞有，豈不傳耶。俟續訪之。吴某。簡莊徵君從予家借録，跋云：「嘉慶十一年夏日，從拜經樓借得是本，攜至吴中。今年春始得倩人傳録，甫竟。遂手録緑飲前後三跋，並拜經樓主人所跋、所評，細校一過。至吾師朱子，則稱師云，以别之。」適緑飲扁舟過吴見訪，相與把玩爲之一快。且謂余曰此書尚缺圖數頁，故未刻入《知不足齋叢書》。緑飲年八十矣，尚健飯行不扶杖。時攜書卷往來杭湖嘉蘇數郡，聞其好古清興，正復不異昔日也。嘉慶十二年四月望日，郭海陳鱣記。

孏窠類藁

王圻《續文獻通考・經籍考・雜家》《孏窠類藁》，晉江林外著。

耆舊續聞

黄丕烈《蕘圃藏書題識》《耆舊續聞》十卷。舊鈔本。

凡書有藏至數十年而不得一别本，參互考訂者遂箧置之而已。余始獲此本於滋蘭堂朱氏，幾二十餘年苦無善本可校。頃新知吴枚庵自楚中歸，從渠借善本書，遂出四種示余。一爲《吴越備史》，一爲《文房四譜》，一爲《耆舊續聞》，一爲《近事會元》。《備史》，五硯樓有鈔本，在余案頭。《四譜》與《續聞》，舊有之。遂次第手校之。《備史》五硯本已善。《四譜》、《續聞》兩種勝舊藏多矣。然《續聞》近刻於知不足齋，亦借吴本助校。故尚可緩。若《四譜》世既鮮傳布，吴校尤勝竟。非吴本則余本猶未盡善也。《會元》絶不見其書，託友人手録，近日校讐之。樂見聞之廣，皆我新知所賜矣。癸酉二月初八日，復翁記。癸酉二月借吴枚庵本校吴本，出余仲林本。此本出朱敬輿，爲仲林門人。其本同出一原也。枚庵于余本重閲，改正用紅筆。又别用江西亭立名鈔本校定，用雌黄筆。故多是正。今借以録校語，竭一二日而畢。近鮑丈刊入知不足齋。謂亦見枚庵本，未知有異同否也。復翁。

乙亥初夏，有姪壻施棣齋之業師某介。棣齋以舊書一單示余，多不全者。唯《老學庵筆記》、《耆舊續聞》二種獨全。詢其價曰：「無之須還。」問其可售與否。久而未得覆。《老學庵筆記》向有臨毛斧季校本，取勘之多同。蓋照宋鈔本也。《耆舊續聞》亦佳，與汪本爲近。此朱本殊不逮。因手校一過。鈔本字跡不工，驗其風氣當在康雍閒。分二卷，未識何據。此時校勘以墨筆識之，稱之曰兩卷本云。一至四爲上，五至十爲下。復翁。

曲洧舊聞

楊士奇等《文淵閣書目・荒字》朱弁《曲洧舊聞》一部二册，闕。

范邦甸等《天一閣書目・雜家》《曲洧舊聞》十卷。鈔本有「天一閣」、「東明山人之印」二圖章。宋朱弁著。卷首司馬公《筆志》云朱弁字少章，新安人。於晦菴爲從父。官直祕閣。建炎丁未使虜，留十七年。既歸而卒，又有《雜書》一。

錢曾《讀書敏求記・雜家》朱弁《曲洧舊聞》十卷。

少張拘留北庭甚久。紹興癸亥南歸，秦檜惡其直言。奏以初補官易宣教郎直祕閣而卒。

顧廣圻《思適齋集外書跋輯存》《曲洧舊聞》十卷。汪刊本。

紅豆先生手校此書。祕笈本在小讀書堆。予借臨於鮑君渌飲新刻本。蓋新刻與祕笈正同也。思適居士記。

江淮異人録

黄丕烈《蕘圃藏書題識》《江淮異人録》，不分卷。校本。

古書安能盡見。即如此書，鮑已得善本校伍氏本矣。枚庵云以文從宋刻校正，殆未可信。枚庵既有此鮑校本，復又重録一清本，想已云盡善矣。頃子僊以友人求售之秀野藏鈔本見示，予竭半日力校之，繼以二更進畢。此觸處多妙處，鮑君已作古，不及語之。吴丈朝夕見當一一告之。俾知《江淮異人録》尚有善本出鮑本外也。特古書深藏，恨不能盡見耳。今日校書竟日，不致心煩頭脹，甚快事也。乙亥元夕前一日，復翁。

《江淮異人録》一卷，傳本甚罕。余得此於吴興賈人。鮑君以文復從宋刻校正，真善本矣。辛丑二月枚庵記。在卷末。

《江淮異人録》向未見有善本。此册藏五硯樓，識是枚庵所藏而鮑君渌飲校過者，因檢出之。是册刻入《知不足齋叢書》第十二集。案叢書刻本，非渌飲手校本也。檢淥飲跋但云善本並未言宋刻校正。其源亦出於伍本，并以爲伍已有改竄，未知何據。《叢書》與此本微異。其刊成在乾隆丁未復在辛丑後，不知何以不據是本而又改易也。案此本未盡善，故鮑刻不據此。此云「伍忠光」彼作「伍光忠」，或係筆誤。枚庵藏本爲淥飲刻入叢書，往往著其緣起。而此書不及枚庵名，當非是本矣。余喜古書雖已經刻行，必藏其舊者。況疊經名手校過，尤爲可寶。淥飲筆墨不輕與人，余訂交二十年來，求其手跡率不可得。得此補闕良慰余懷。嘉慶庚午夏季六日，復翁記。

吴枚庵别有乾隆癸卯重録鮑校本，亦爲余所收。蓋原本出於鮑，故付梓不云吴本也。乙亥元夕前日又記。

續校鮑刻叢書本，非即初次所校。淥飲跋云「喜得善本特梓以存其舊」。蓋又一本矣。妙處多與顧本合，稍有異同，殊瑣屑也。元夕又記。

《江淮異人録》不分卷。校鈔本。

舊藏嘉靖間伍氏刊本，訛脱幾不成書。武林鮑淥飲以藏本校正，因重録之。馬氏《通考》、陳氏《解題》俱作二卷。然二十五人事迹具在，則爲全本無疑。乾隆癸卯霜降日，延陵吴翌鳳識。

鮑校伍氏刊本，余亦見之。所據以入叢書者，非此校本也。乙亥春從李氏獲見顧秀野草堂本，校於鮑校伍本上。茲復謄於吴枚庵手鈔本云。復翁。均在册末。

黄丕烈《蕘圃藏書題識續録》《江淮異人録》一卷。校本。

嘉慶乙亥用顧秀野藏鈔本校伍氏刊本，復重臨校於此。此與《知不足齋》叢書本相同，蓋枚庵所據鮑本。非鮑以文刻之本也。五月夏至後，復翁記。

大隆案繆輯本誤脱，今據山東圖書館藏本補。

佩韋齋輯聞

錢大昕《補元史藝文志・雜家》 俞德鄰《佩韋齋輯聞》四卷。

《四庫全書總目提要・子部・雜家類五》《佩韋齋輯聞》四卷。浙江鮑士恭家藏本。

宋俞德鄰撰。德鄰字宗大，號大迂山人，永嘉人。徙居京口。舉咸淳癸酉進士。宋亡不仕，遯迹以終。是書多考論經史，閒及於當代故實及典籍文藝。大抵皆詳核可據。不同於裨販之談。惟第四卷專説四書，頗出新意，往往傷於穿鑿。如論九合諸侯謂自莊十五年再會于鄄。齊桓始霸，至葵丘而九，故曰九合。其北杏及鄄之始會，霸業未成，皆不與焉。是猶有一説之可通。至於謂子在齊聞韶，三月不知肉味，爲憂陳氏强而齊將亂。又謂匏瓜繫而不食爲繫以濟涉，引《衛風》及《莊子》爲證。又謂子擊磬於衛，爲磬以立辨，欲其辨上下之分。則務生别解，不顧其安矣。蓋永嘉之學，自朱子時已自爲一派，故至其末流猶齗齗不合也。然其説實不足以相勝，原本所有，姑以贅疣存之可也。

麟書

《四庫全書總目提要・雜家・存目四》《麟書》一卷。通行本。

宋汪若海撰。若海號東叟，歙縣人。靖康中爲太學生，建炎中官至直祕閣，知江州。事蹟具《宋史本傳》。史稱若海豁達高亮，深沈有度。金兵至汴，若海上書樞密曹輔，請立康王爲大元帥。及京城失守，若海復述麟爲書以獻，即此本也。其書託麟爲喻，以儷詞作韻語，詭言鴟夷子投之磐固侯。大旨主用兵之是，斥和議之非。又言不當追回康王，而勸欽宗以死社稷，用意甚爲剴直。因當時金人已破京城，故不敢顯言而以廋詞寄其意。後有鄧肅吕本中及其從父藻三跋。明人嘗以此書及其圍城中《上曹輔書》、《上尼瑪哈》、原作粘没喝，今改正。《請存趙氏諸書》，合編爲《若海集》。此則别行之本，陳繼儒刻入祕笈者也。

倪燦《補遼金元藝文志・雜家》 汪若海《麟書》一卷。字東叟，歙人。

石林過庭録

陳振孫《直齋書録解題・雜家類》《石林過庭録》二十七卷。

葉夢得與諸子講説者，其中子模編輯之。

馬端臨《文獻通考・經籍考・子部・雜家》《石林過庭録》二十七卷。

《宋史・藝文志・雜家》 葉模《石林過庭録》三十七卷。

木筆雜鈔

《四庫全書總目提要・子部・雜家類存目四》《木筆雜鈔》二卷。編修程晉芳家藏本。

舊本題宋無名氏撰。前有小序，稱息軫多年，小有紀録。齋前有木筆一叢，遂以名之云云。其書載曹溶《學海類編》中。今考其書，皆宋吴子良荆溪林下偶談之文。原書本八卷，此本摘鈔二卷，別標新名。又僞撰小序弁於首。蓋姦黠書賈所爲，曹溶不辨而收之耳。

志雅堂雜鈔

《四庫全書總目提要・子部・雜家類存目四》《志雅堂雜鈔》一卷。兩淮鹽政採進本。

宋周密撰。是編分爲九類。其文與所作《雲烟過眼録》、《癸辛雜識》諸書互相出入，而詳略稍殊。疑爲初記之槀本，經後人裒綴，別成此書。其閒惟論殷玉鉞一條，知元時劈正斧亦宣和内府之物，爲他書所未載，可資考證耳。

脚氣集

倪燦《補遼金元藝文志・雜家》車若水《脚氣集》二卷。

黄虞稷《千頃堂書目・子部・雜家類》車若水《脚氣集》二卷。

貴耳集

范邦甸等《天一閣書目・雜家》張筌翁《貴耳集》三卷。藍絲闌鈔本。〇宋淳熙丙午張端義撰。

却掃編

《宋史・藝文志・雜家》徐度《崇道却掃編》十三卷。

范邦甸等《天一閣書目・雜家》《卻掃編》三卷。藍絲闌鈔本。宋徐度撰。

張金吾《愛日精廬藏書志・雜家類》《却掃編》三卷。先君子手抄本。

宋徐度撰。

子閒居吴興卞山之陽。吕家步地僻且陋，旁無士子之廬。杜門終日，莫與晤言。間思平日聞見可紀者輒書之。未幾盈編不忍棄去，則離爲三卷。時方杜門却掃，因題曰《却掃編》。雖不足繼前人之述作，補史氏之闕遺，聊以備遺忘示兒童焉。睢陽徐度。

紹興吏部侍郎徐仲立父以宰相子，自力學問踐世科登法。從而不能苟合於時，故得以家食之日。讀書山中多所論著，《國紀》一書，其子嘗上送官，今在中祕。凡中原之文獻亦既足證矣。是編特隨筆所紀，然其大者可備太史公之纂述。下至譚笑之餘，尚皆足傳於世。嘗聞習於徐氏之門者，言其襟韻蕭散，論議英發。有晉宋簡遠之趣。而考訂根據，辨析精敏不竟。不止迺若收拊晚輩，教以前言往行。窮日夜無倦色，有以知其天姿之過人也。因遂與論世考古者共之。時嘉泰壬戌立秋日，金華邵康書於桂水郡齋。

涪陵記

《宋史・藝文志・雜家》馮忠恕《涪陵記》一卷。

硯岡筆志

《宋史・藝文志・雜家》唐稷《硯岡筆志》一卷。

試筆

《四庫全書總目提要・雜家・存目四》《試筆》一卷。兵部侍郎紀昀家藏本。

舊本題宋歐陽修撰。末有蘇轍、蘇軾二跋。蓋雜集其手書墨跡，録而成編。故往往與《六一詩話》、《歸田録語》相出入。考陸游《渭南集》，有爲楊元發跋東坡所書蘭亭記曰：「明窗淨几，筆研紙墨皆極精良。是人間之至樂。六一居士嘗以是爲自得」云云。今其語正載此編中，似非贋作。惟蘇軾一跋，凡猥殊甚。決非軾語，或刊是書者所依託歟。

師友談記

《四庫全書總目提要・子部・雜家類四》《師友談記》一卷。兩淮鹽政採進本。

宋李廌撰。廌有《德隅齋畫品》，已著録。是書記蘇軾、范祖禹及黄庭堅、秦觀、晁説之、張耒所談。故曰師友。其人皆元祐勝流，而廌之學問文章，亦足與相亞，能解諸人之所談。所載多名言格論，非小説瑣録之比。其述秦觀論賦之語，反覆數條，曲盡工巧而終以爲場屋之賦不足重。可謂不阿所好。書中稱哲宗爲今上，蓋作於元祐中。末記蘇軾爲兵部尚書及帥定州事。軾到定州不久，即南遷。則是書之成又當在元祐諸人盡罹貶斥之後。知其交由神契，非以勢利相攀。且以潦倒場屋之人，於新經義盛行之時，曲附其説，即可以立致科第。而獨載排斥笑謔之語，不肎少遜。窮視其所不爲，亦可謂介然有守矣。寥寥數簡之書，而至今孤行於天地間，豈偶然哉。

五總志

《四庫全書總目提要・子部・雜家類五》《五總志》一卷。浙江巡撫採進本。

宋吴炯撰。炯仕履未詳，惟宋《中興百官題名記》載紹興十三年七月，吴炯爲樞密院編修官，八月除浙西提舉。其始末則不可考見矣。前有自序，題建炎庚戌避地無諸城，書於蕭寺之道山亭。書中有與蘇叔黨自太原至河外事。又有靖康丙午於京兆祥符寓舍被掠事。又第一條内載其大父事，仁宗爲御史，嘗言大臣未報，復上章乞斬姦臣，以謝天下。上大書「鐵御史」三字賜之。又一條稱嘉州歲貢荔枝，紅桑等物，大父爲犍爲令，作三戒詩見意，九重稱獎。又載其父嘗居李邦直幕府，及崇寧乙酉，謫居荊南諸事。蓋亦北宋舊族，隨高宗南渡者也。其書皆紀所聞見雜事，間亦考證舊説。取龜生五總，靈而知事之語。名之曰《五總志》。其論詩推重黄庭堅，以爲於詩人有開闢之功，蓋亦江西流派。其引述故事，得失互見。如謂千字文勅散騎員外郎周興嗣次韻。「勅」字當作「梁」，當時帝王命令，尚未稱勅。不知勅字漢時已有。又謂漢高據厠見大將軍，不冠不見丞相。不知乃漢武帝事。踈舛亦未能免。又《唐詩紀事》稱駱賓王從徐敬業起兵，事敗爲僧靈隱寺。爲宋之問續桂子天香之句，其説已舛駁不合。而此書乃云賓王未顯時，庸作杭州梵天寺。一老僧苦吟不已，賓王爲足成之，更不知其何據。然於北宋瑣事，紀録綦詳，猶有足資參證者。《説郛》所載僅摘録數條。此本與《永樂大典》所收者檢勘相合，蓋猶原本也。

經鉏堂雜志

楊士奇等《文淵閣書目・荒字》倪思《經鉏堂雜志》一部二册，闕。

范邦甸等《天一閣書目・雜家》《經鉏堂雜志》六卷。藍絲闌鈔本。宋霅川倪思著。

梅隱筆談

王圻《續文獻通考・經籍考・雜家》《梅隱筆談》喻南強著。南強，浙人。

牧豎閒談

楊士奇等《文淵閣書目・荒字》景渙《牧豎閒談》一部一册，闕。

鏡菴叢説

王圻《續文獻通考・經籍考・雜家》《鏡菴叢説》，史彌大著。

今賢彙説

范邦甸等《天一閣書目・雜家》 《今賢彙説》十册。刊本。不著撰人名氏。

晦翁漫説

楊士奇等《文淵閣書目・荒字》 方炳《晦翁漫説》一部一册，闕。

中州野談

錢謙益等《絳雲樓書目・雜記》 程文憲《中州野談》。

青箱雜記

楊士奇等《文淵閣書目・荒字》 黄朝英《青箱雜記》一部一册，闕。

黄丕烈《蕘圃藏書題識》 《青箱雜記》十卷。鈔本。

俞子容守約齋藏書，正德辛巳夏六月晉昌唐寅勘畢。

余向藏《青箱雜記》近爲友人易去。適小讀書堆有此種，因復收之。其鈔手似不及舊藏之精，而此亦出能書者手，非惡鈔可比，通體無一舊人圖書。然中有紅筆增附《小兒詩》知非俗筆，其爲名家儲藏决矣。末有俞子容云云，當從原本録出，非真跡也。己卯八月四日，天氣驟涼，晨起展卷及此。復翁書。

清波雜志

楊士奇等《文淵閣書目・荒字》 周煇《清波雜志》一部二册，闕。

清波別志

楊士奇等《文淵閣書目・荒字》 周煇《清波別志》一部一册，闕。

清容軒手抄

錢大昕《補元史藝文志・雜家類》 吴福孫《清容軒手抄》。字子善，杭州人。上海縣主簿。

浩然齋意抄

錢大昕《補元史藝文志・雜家類》 《浩然齋意抄》。

浩然齋視聽抄

錢大昕《補元史藝文志・雜家類》 《浩然齋視聽抄》。

芝蘭室雜抄

錢大昕《補元史藝文志》 錢全衮《芝蘭室雜抄》。

山房隨筆

錢大昕《補元史藝文志・雜家類》 蔣子《正山房隨筆》一卷。

碧湖雜記

《四庫全書總目提要·子部·雜家類存目四》《碧湖雜記》一卷。編修程晉芳家藏本。

不著撰人名氏。陶宗儀《説郛》載之，題曰「宋謝枋得撰」。然《宋志》及諸家書目皆不著録，未知確出枋得否也。書僅八條，殆亦非完本矣。第一條辨蘇軾《老饕賦》當作《老餮》，此據《説文》貪財曰饕，貪食曰餮之説。似乎有理，而實膠固。《説文》所註，特因《左傳》稱貪於飲食，冒於貨賄，天下之人謂之饕餮。因而分屬立訓耳。考《吕氏春秋》稱：「周鼎饕餮，有首無身。食人未咽，害及其身。」則饕餮本屬獸名。獸貪食有之，獸貪財則無是事。觀字竝從食，其義可推。通用爲貪食之名，於理無害，不必執也。第二條載僧思説及曾季貍，辨五臣《文選》註陶潛，但書甲子之譌。謂按其甲子，皆在宋未受禪以前，其言鑿鑿可據。此書乃云劉裕自庚子得政，淵明逆知晉必爲宋。故於二十年前先削年號以寓意，其説尤迂謬不通。餘六條亦皆勦襲舊文，罕逢新義。

黃文獻公筆記

楊士奇等《文淵閣書目·荒字》《黃文獻公筆記》一部一册，闕。

姑蘇筆記

錢大昕《補元史藝文志·雜家類》羅志仁《姑蘇筆記》，字壽可，新喻人。

清臺記

錢大昕《補元史藝文志·雜家類》張行簡《清臺記》。

皇華戒嚴記

錢大昕《補元史藝文志·雜家類》《皇華戒嚴記》。

北軒筆記

錢大昕《補元史藝文志·雜家類》陳世隆《北軒筆記》一卷。

《四庫全書總目提要·子部·雜家類六》《北軒筆記》一卷。兩淮鹽政採進本。

元陳世隆撰。是書前有小傳，不知何人所作。稱世隆字彦高，錢塘人。宋末書賈陳思之從孫。順帝至正中，館嘉興陶氏，没於兵。所著詩文皆不傳。惟《宋詩補遺》八卷與此書存於陶氏家。今《宋詩補遺》亦無傳本，惟此一卷僅存。所論史事爲多。如論西伯戡黎力辨委曲回護之説，論魯兩生不知禮樂，論胡寅譏劉晏之非，論秦王廷美生於耿氏之誣，論周以于謹爲三老有違古制，皆援據詳明，具有特見。至所載僧静如事，則體雜小説，未免爲例不純，是亦宋以來筆記之積習，不獨此書爲然，然不害其宏旨也。

履雪齋筆記

錢大昕《補元史藝文志·雜家類》郭翼《履雪齋筆記》一卷。

春風亭筆記

錢大昕《補元史藝文志·雜家類》蘇天爵《春風亭筆記》二卷。

研北雜志

錢曾《讀書敏求記・雜家》 《硯北雜志》一卷。

此書籤題云陸宅之輯，谷陽繕寫，柘湖手校。宅之名友。元統元年索居吴下，追録所欲言者，取叚柯古之語名曰《硯北雜志》。明年書成而序于卷終。谷陽不知何人，筆法蒼勁，洵爲名家。柘湖則何柘湖也。卷首有檇李項藥師圖記。項氏曾刊行是書，此乃其原本耳。

錢大昕《補元史藝文志・雜家類》 陸友《研北雜志》二卷。

王士禛《漁洋書跋》 《研北雜志》二則。

《研北雜志》上下二卷，説部之佳者。卷末有陳仲醇跋。而《正續祕笈》不載。此本在京師假之朱竹垞太史。太史以余愛之，既歸禾中，三千里外馳書相寄。開緘撫卷，重念故人。憮然者久之。

米元章稱法書曰墨王，見此書下卷。從叔祖洞庭，工懷素草書。崇禎時官光禄署正，嘗奉詔寫御屏。有別業在長白山上下滸山灤。中築一亭，榜曰墨王。向疑所出，兹乃灑然。昔人云「開卷有益」。諒哉。

戇庵暇筆

錢大昕《補元史藝文志・雜家類》 黄叔英《戇庵暇筆》三卷。字彦實，慈溪人。宋進士，元初爲書院山長。

冀越集記

錢大昕《補元史藝文志・雜家類》 熊太古《冀越集記》二卷。

黄丕烈《蕘圃藏書題識再續録》 《冀越集記前後》二卷。舊鈔本。

余初得一舊刻本《冀越集》，不分卷數。因上有「不寐道人印」，知爲金孝章所藏書。其書必非無用者。後閲錢辛楣先生《補元史藝文志》于「雜家類」載有熊太古《冀越集記》二卷，疑此非全書。後果收得吴枚庵手鈔本，又有後集并多序文一通。檢枚庵跋知無後卷者，乃伍氏刻本也。緣校刻本異同于前卷上。鈔本殊勝刻本，想鈔所自出定爲元刻矣。甲子十一月冬至前夕，新寒。昨莫得微雪，霽色映窗。蕘圃。前集末。

玉照新志

錢曾《讀書敏求記・雜家》 《玉照新志》五卷。

王明清得一玉照于永嘉。飽子正又獲米南宫書「玉照」二字揭之寓舍。因名其所著書曰《玉照新志》。李元叔長民上《廣汴都賦》于裕陵，由此進用其全篇。備載于此。他書未之見也。

黄丕烈《蕘圃藏書題識》 《玉照新志》五卷。明鈔本。上二卷秦酉巖手寫。

此書元人録本。藏顧氏小讀書堆。余亦曾藏影摹元人録本。是册又從骨董鋪劉家得之。始以爲齋中乙本。今影摹本歸諸他室。是册雖兩半部湊合而成，然經酉巖方山岷自諸公手迹所及，居然名書祕籍矣。吾友吴枚庵、張訒菴皆傳録一本。己卯花朝訒菴録畢完書。因著其原委如此。宋廛一翁。

顧廣圻《思適齋書跋》 《玉照新志》五卷。舊鈔本。

小讀書堆收得宋刻《揮麈録》在乾隆末年。今又歸於長洲汪氏矣。此《玉照新志》，余見諸揚州市上。讀石君跋爲之憮然，遂質錢買焉。道光壬午顧千里記。

顧廣圻《思適齋集外書跋輯存》 《玉照新志》五卷。鈔本。

春明退朝録

《四庫全書總目提要・子部・雜家類四》 《春明退朝録》三卷。浙江巡撫採進本。

宋宋敏求撰。敏求有《唐大詔令》，已著録。是書《文獻通考》凡兩出其名，一入於故事，一入於雜家。今觀所記，雖多述宋代典制，而雜説、雜事亦錯出其間，則究爲雜家類也。前有敏求自序稱「熙寧三年予以諫議大夫奉朝請」。考《宋史・敏求傳》熙寧元年以知制誥貶知絳州，即於是歲召還，爲諫議大夫。王安石惡吕公著，出知潁州。敏求草制忤安石，請解職未聽。會李定自秀州判官除御史，敏求封還詞頭。遂以本官奉朝請。又考《宋史・吕公著傳》公著之罷中丞，正在熙寧三年，蓋即是時。王偁《東都事略》謂敏求自絳州遷右諫議大夫，後知制誥，在職六年者，誤也。其序末但稱十一月晦，蓋蒙上熙寧三年之文。然其下卷又有熙寧七年六月十三日之註，豈先爲序而後成書，如程伊川《春秋傳》之類歟。

夢粱録

楊士奇等《文淵閣書目・荒字》 吴自牧《夢粱録》一部一册，闕。

文昌雜録

范邦甸等《天一閣書目・雜家》 《文昌雜録》六卷。藍絲闌鈔本。宋龐元英撰。自跋稱「自壬戌五月入省至乙丑八月罷」。每有所聞見，私用編録官在儀、曹矗記故事，今離爲六卷。乾道丁亥夏六月編脩官衛傳序。

張金吾《愛日精廬藏書志・雜家類》 《文昌雜録》六卷。述古堂抄本。

宋龐元英撰。每頁格闌外有虞山錢遵王述古堂藏書一條。

自跋。

衛傳跋。

驂鸞録

楊士奇等《文淵閣書目・荒字》 范石湖《驂鸞録》一部一册，闕。

東萊卧遊録

楊士奇等《文淵閣書目・荒字》 《東萊卧遊録》一部一册，闕。

高儒《百川書志・隱家》 隱家《卧游録》一卷。

宋東萊吕居仁集。

東萊辨志録

楊士奇等《文淵閣書目・荒字》 《東萊辨志録》一部一册，闕。

醉翁談録

阮元《四庫未收書目提要・雜家類》 《醉翁談録》五卷。

宋金盈之撰。案：盈之家世汴京。南渡後，官從政郎，衡州録事參軍。此書載黄虞稷《千頃堂書目》第一卷《名公佳製》載宋以來名卿大夫詩文各體。第二卷《榮貴要覽》略述唐宋中恩榮遺制。第三、四卷，則爲《京城風俗記》備載宋室全盛時，汴京風物繁華之盛。凡所見聞，案月搜記。如四時風俗好尚，無不畢載。第五卷《瑣闥記聞》載唐時遺事爲多。書中所載詩文雜事，雖屬瑣碎。然博聞洽見，足資談助，可與《夢華》、《夢粱》等録並傳也。（按此書原本八卷，莫友芝《宋元舊本書經眼録》云：相傳文達裁去後三卷，蓋如《直齋書録》斥唐人《教坊記》、《猥褻》之意。）

遂昌雜録

錢大昕《補元史藝文志・雜家類》 鄭元祐《遂昌雜録》一卷。

黄丕烈《蕘圃藏書題識》 《遂昌山人雜録》不分卷。校舊鈔本。

此鈔本《遂昌山人雜録》未知鈔自誰氏。其格邊但云歲丙子鈔畢。亦未詳其何朝之丙子也。近得一崇禎七年六月四明范廷芝異生甫校本，出此校勘頗資是正。閒有此善於彼者，當參考之。蕘翁。

《遂昌山人雜録》不分卷。校明鈔本。

崇禎七年六月四明范廷芝異生甫校，以下各跋均在卷末。商氏所刻，訛舛不復可讀。此麤愈爾。楊紹和案：當即義門所議。《遂昌山人雜録》，余所藏舊鈔本十八行，二十七字。字體較此略整齊，亦係黑格。格邊有「歲丙子鈔畢」五字，在最後一葉。然未詳其鈔自誰氏。即歲丙子亦不知其何朝也。頃揚州書友攜此册來不第，爲四明范氏所鈔可爲珍寶。且係義門先生閲本，尤足貴重。因急收之，復取余舊藏本相勘大段，此本爲勝。然有一二訛舛，亦足互爲校正。不揣惡劣，用墨筆勘之舊藏本。審是明代所鈔，所云歲丙子若在崇禎朝，當是九年。較此鈔又後也。爰並藏以此爲甲而彼爲乙云。嘉慶歲在乙丑閏六月三日，蕘翁黄丕烈識。

談　録

楊士奇等《文淵閣書目・荒字》 王洙《談録》一部一册，闕。

范邦甸等《天一閣書目・雜家》 王氏《談録綱目》一卷。藍絲闌鈔本。宋王原叔撰，約齋山人識。

避暑録

楊士奇等《文淵閣書目・荒字》 葉少藴《避暑録》一部二册，闕。

范邦甸等《天一閣書目・雜家》 《避暑録話》二卷。刊本。宋葉夢得撰。

王圻《續文獻通考・經籍考・雜家》 《玉潤雜書》。《避暑雜話》、《巖下放言》。《石林燕語》俱葉夢得著。

紫微語録

《宋史・藝文志・雜家》 吕祖謙《紫微語録》一卷。

墨莊漫録

范邦甸等《天一閣書目・雜家》 《墨莊漫録》十卷。藍絲闌鈔本。宋張邦基編。

常談脞録

楊士奇等《文淵閣書目・荒字》 《常談脞録》一部三册，闕。

東軒雜録

楊士奇等《文淵閣書目・荒字》 葉少藴《東軒雜録》一部一册，闕。

續東軒雜録

《宋史・藝文志・雜録》 又《續東軒雜録》一卷。

江左寓居録

《新唐書・藝文志・子部・雜家》 張薦《江左寓居録》，卷亡。

雪履齋筆記

《四庫全書總目提要・子部・雜家類六》 《雪履齋筆記》一卷。編修程晉芳家藏本。

元郭翼撰。翼字羲仲，崑山人。自號東郭生。因以東郭先生故事名其齋曰雪履。嘗獻策張士誠，不用。歸耕婁上。老得訓導官，偃蹇而終。蘇州知府盧熊題其墓曰：「遷善先生。」又爲撰墓誌，載翼卒於至正二十四年。其文在朱珪《名蹟録》中，則距順帝北行尚前三載。他書或謂翼至洪武初嘗徵授學官，非其實也。是編乃江行舟中所紀。隨手雜録，漫無詮次。然議論多有可採。如解商書兼弱攻昧二句，取張九成説。解論語犬馬有養，取何晏集解説。駁張九齡《金鑑録》之僞，辨蔡氏三仁之論，皆爲有見。其論謝師《直語》一條，論詩一條，亦具有義理。惟解《論語》怪力亂神一條，爲力不同科一條，過信古註，未免好奇耳。其書久無刊本，曹溶嘗收入《學海類編》。然中有近時袁了凡之語。袁黄，萬曆時人。翼在元末，何由得見。殆明人有所竄亂，非其舊本矣。

中朝紀聞

錢大昕《補元史藝文志・雜家類》 《中朝紀聞》。

東南紀聞

錢大昕《補元史藝文志・雜家類》 《東南紀聞》三卷。無撰人。

江湖紀聞

錢大昕《補元史藝文志・雜家類》 郭霄鳳《江湖紀聞》十六卷。字雲翼。

東園友聞

錢謙益等《絳雲樓書目・雜記》 《東園友聞》當是元人作。

錢大昕《補元史藝文志・雜家類》 夏頤《東園友聞》二卷。

山居新話　東園友聞

黄丕烈《蕘圃藏書題識》 《山居新話》、《東園友聞》不分卷舊鈔本。

壬申春三月，復翁手校元刻一過。在册首。

乾隆丙午五月買得此本，閲月，借松陵楊慧樓進士藏本校對，補録前後序文并卷尾脱葉，可稱完本矣。慧樓淡於功名，鈔撮元人説部甚多，又集前賢翰墨爲《昭代叢書續編》，振奇好古，近日鮮有其人矣。并書於此，亦樂吾道之不孤云。漫士記。在山居新話卷末。

楊瑀《山居新話》四卷，夏頤《東園友聞》二卷。錢少詹《補元史藝文志》曾收之，頃從坊間買得此二種，是合裝者皆舊鈔，然俱無卷數。案其文義，非不全者，當是傳本之異，至楊瑀書，《四庫》書亦收之，夏頤書則未有也。《山居新話》，錢作《新語》，恐誤。蕘翁識。在卷末。

杜陽雜編

楊士奇等《文淵閣書目・荒字》 蘇鶚《杜陽雜編》一部一册，闕。

金華新編

楊士奇等《文淵閣書目・荒字》 劉崇遠《金華新編》一部三册，闕。

雲齋廣録

楊士奇等《文淵閣書目・荒字》 李獻民《雲齋廣録》，一部一册，闕。

山居雜録

楊士奇等《文淵閣書目・荒字》 楊瑀《山居雜録》一部一册，闕。塾本《新話》一。

博聞録

倪燦《補遼金元藝文志・雜家》 陳元靚《博聞録》十卷。

黃虞稷《千頃堂書目・子部・雜家類》 陳元靚《博聞録》十卷。

清略録

錢大昕《補元史藝文志・雜家類》 《清略録》六卷。自署灌園耐得翁，不知其名。

過聞録

錢大昕《補元史藝文志・雜家類》 曾巽申《過聞録》二卷。

董子雜言

黃虞稷《千頃堂書目・子部・雜家類》 凌緯《董子雜言》字景文，大德中書院山長。

生意齋筆録

錢大昕《補元史藝文志・雜家類》 汪從善《生意齋筆録》三十五卷。

多識録

倪燦《補遼金元藝文志・雜家》 馬端臨《多識録》一百五十三卷。

齋居雜録

錢大昕《補元史藝文志・雜家類》 秦玉《齋居雜録》。

楊公筆録

倪燦《補遼金元藝文志・雜家》 楊彦齡《楊公筆録》一卷。

楊士奇等《文淵閣書目・荒字》 《楊公筆録》一部一册，闕。

學易居筆録

《四庫全書總目提要・子部・雜家類存目四》 《學易居筆録》一卷編修程晉芳家藏本。

元俞鎮撰。鎮字伯貞，崇德人。其書共四十九條，多雜舉經史成語及前哲格言。又頗斥佛老之妄，其旨頗正。而詞意庸腐，終不免鄉塾學究習氣也。

休休居士雜録

錢大昕《補元史藝文志・雜家類》 陳汝霖《休休居士雜録》，無錫人。

揞頤録

錢大昕《補元史藝文志・雜家類》 何中《揞頤録》十卷。

就日録

錢大昕《補元史藝文志・雜家類》 虞集《就日録》一卷。

上元新録

錢大昕《補元史藝文志・雜家類》 貢奎《上元新録》。

見聞録

錢大昕《補元史藝文志・雜家類》 唐元《見聞録》二十卷。

閑居録

范邦甸等《天一閣書目・雜家》《閑居録》一卷。藍絲闌鈔本。元吾邱衍撰。

錢大昕《補元史藝文志・雜家類》 吾衍《閒居録》一卷。一作《閒中編》、《山中新話》。

勤有堂隨録

《四庫全書總目提要・子部・雜家類六》《勤有堂隨録》一卷編修程晉芳家藏本。

元陳櫟撰。櫟有《書傳纂疏》，已著録。此其隨筆劄記之文也。雖多談義理，而頗兼考證。於宋末元初諸人，各舉其學問之源流，文章之得失，非泛泛託諸空言者。其謂陳安卿爲朱門第一人，黄直卿及李方子多有差處。謂楊誠齋亦間氣所生，何可輕議。謂劉辰翁父喪七年不除爲好怪釣名。尤平情之論，不規規於門户之見者矣。櫟《定宇集》前載有年表一卷，稱至治三年年七十二作《勤有堂記》，則是書當成於晚年。然其記，集中不載。而集末別有朱升記一篇，述其曾孫鑿之言曰：「辛勤三十年，始有此室廬，韓公詩也。詩書勤乃有，亦韓公詩也。觀吾家堂名者，惑而弗辨，請爲記以昭之」云云。詳其詞意，主於櫟夫婦辛勤，以有此堂。蓋宋末建陽余氏書坊亦名曰「勤有堂」，故有是辨歟。

錢大昕《補元史藝文志・雜家類》 陳櫟《勤有堂隨録》一卷。

洞天清録

黄丕烈《蕘圃藏書題識再續録》 《洞天清録》一卷。校舊鈔本。

《洞天清録集》，余友吴枚菴有手鈔本。始於乾隆之丁酉六月，借蘆區沈氏所傳焦弱侯鈔本。有何義門跋者，因依樣謄寫。閲二十年客潭州之瀏陽，復從豐城熊闓門借得校本。較前本爲詳，因依樣對度沈、熊二氏本。蓋出於一原而不免異同。蓋沈多傳鈔之誤也。枚菴之言如是，則焦本爲是書最善本。而何校焦本出於熊氏高尤勝也。余手臨一過，不即據改者，仍恐所據之未善抑所校之偶疏也。復翁。

熊氏本亦出義門所校，其跋語與沈氏本大有增損，疑熊本爲義門覆閲時所改也。以上在卷末。

訂譌雜録

張之洞《書目答問・儒家》 《訂譌雜録》十卷。胡鳴玉。湖海樓本。

郴行録

楊士奇等《文淵閣書目・荒字》 張舜民《郴行録》一部一册,闕。

南村輟耕録

潘祖蔭《滂喜齋藏書記》 元刻《南村輟耕録》三十卷。十六册。

元陶宗儀撰。前有青溪野史邵亨貞募刻疏。按亨貞字復孺,有《野處編》四卷,《四庫》著録。又著《蟻術詩選》八卷。《蟻術詞選》四卷,見《孴經室外集》。此書《沁園春》二闋即其筆也。其人與南村同時則猶爲元刻。有毛氏子晉朱記津逮刊本,當即從此本出也。亦爲士禮居藏書。

彭元瑞等《天禄琳琅書目後編・子部》 《輟耕録》一函,四册。

明陶宗儀撰。宗儀字九成,號南村,台州人。洪武中舉人材,不就。書三十卷,凡四百八十二條。於元時典章、制度、人物爲詳,蓋猶在元時所作。前有至正内午孫作序,並南村先生傳。又邵亨貞募刻是書疏。萬曆戊寅徐球補刻識,乃明初舊版重修者作。字大雅,江陰人。洪武中召爲國子助教,授司業。見《明史・文苑傳》。亨貞字復孺,嚴州人。官松江府學訓導,有《蛾術集》。

困學齋雜録

錢大昕《補元史藝文志・雜家》 鮮于樞《困學齋雜録》一卷。

范邦甸等《天一閣書目・雜家》 《困學齋雜録》一卷。藍絲闌鈔本。元鮮于樞撰。

張金吾《愛日精廬藏書志・雜家類》 《困學齋雜録》一卷。文淵閣傳抄本。

元鮮于樞撰。

續澄懷録

錢大昕《補元史藝文志・雜家類》 《續澄懷録》三卷。

楊士奇等《文淵閣書目・荒字》 《續澄懷録》一部一册,闕。

日聞録

楊士奇等《文淵閣書目・荒字》 凌翀《日聞録》一部一册,闕。

錢大昕《補元史藝文志・雜家類》 李翀《日聞録》一卷,或作凌翀,誤。

浩然齋雅談

錢大昕《補元史藝文志・雜家類》 《浩然齋雅談》。

解酲語

錢大昕《補元史藝文志・雜家類》 李林《解酲語》一卷。

廣客談

錢大昕《補元史藝文志・雜家類》 《廣客談》一卷。不著撰人。

螢雪叢説

倪燦《補遼金元藝文志・雜家》 俞成德《螢雪叢説》二卷,東陽人。

山居新語

錢大昕《補元史藝文志·雜家類》 楊瑀《山居新語》四卷。

聽雪齋記

錢大昕《補元史藝文志·雜家類》 《聽雪齋記》。宣城人。

席上腐談

倪燦《補遼金元藝文志·雜家》 《席上腐談》二卷。

錢大昕《補元史藝文志·雜家》 《席上腐談》二卷。

書齋夜話

錢大昕《補元史藝文志·雜家類》 《書齋夜話》四卷。

船窗夜話

錢大昕《補元史藝文志·雜家》 顧逢《船窗夜話》一卷。

寒齋冷語

錢大昕《補元史藝文志·雜家類》 宋无《寒齋冷語》。

弄環餘説

錢大昕《補元史藝文志·雜家類》 程龍《弄環餘説》。「環」一作「丸」。

茗谷叢説

錢大昕《補元史藝文志·雜家類》 方用《茗谷叢説》。望江人。

林下竊議

倪燦《補遼金元藝文志·雜家》 張樞《林下竊議》一卷。

錢大昕《元史藝文志·雜家類》 張樞《林下竊議》一卷。

黄虞稷《千頃堂書目·子部·雜家類》 張樞《林下竊議》一卷。

萬柳溪邊舊話

吴壽暘《拜經樓藏書題跋記》 《萬柳溪邊舊話》元尤玘君玉撰。舊鈔本末有曾孫實，七世孫晉二題跋。

錢大昕《補元史藝文志·雜家類》 尤玘《萬柳溪邊舊話》一卷。吴人。

湛囦静語

倪燦《補遼金元藝文志·雜家》 白珽《湛囦静語》二十卷。

《四庫全書總目提要·子部·雜家類六》 《湛淵静語》二卷。兩淮鹽政採進本。

元白珽撰。珽字廷玉，錢塘人，家於西湖。有泉自竺山匯於其門，珽名曰湛淵，因以爲號。是書爲其友海陵周暕所編。前有珽自序，又有暕序，題至大庚戌，稱珽是年六十三歲。以長歷推之，當生於宋理宗淳祐八年戊申。元兵破臨安時，年二十七矣。故其書於宋多内詞，與劉壎相類。然考珽入元之後，以李衎之薦，授太平路儒學正，未幾攝教授事。尋轉常州路教授，陞浙江等處副提舉。遷淮東鹽倉大使，再遷蘭谿州判官，乃致仕。則食元之禄久矣，而猶作宋遺民之詞。其進退無據，亦與壎相類也。是書乃其雜記之文。據卷末有明人跋語，稱嘉靖丙午，鈔自崑山沈玉麟家，而疑其不止此二卷，殆殘本歟。厲鶚作《宋詩紀事》，蒐採極博，而此書開卷載理宗賜林希逸詩一篇，鶚不及收，則鶚未見其本矣。其中如謂皎然銅盌爲龍吟，歌詠房琯事，詩家未有引用者，不知李賀《昌谷集》中實有假龍吟歌。謂《匡謬正俗》爲顔真卿作，不知實出顔師古。不免稍有疏舛。文中子李德林一條乃晁公武《讀書志》之語。辨常儀占月一條亦史繩祖《學齋佔畢》之説，亦未免偶相剿襲。其載倪思論司馬光疑孟一條，謂王安石援《孟子》大有爲之説，欲神宗師尊之。故光著此書，明其未可盡信。其説爲從來所未及。案晁公武《讀書志》稱王安石喜《孟子》，自爲之解。其子雱與其門人許允成皆有註釋，蓋唐以前孟子皆入儒家，至宋乃尊爲經。元豐末，遂追封鄒國公，建廟鄒縣，亦安石所爲。則謂光疑孟實由安石異議相激而成，不爲無見。必以爲但因大有爲二語，則似又出於牽合，非確論也。然其他辨析考證，可取者多。其記汴京故宫，尤爲詳備。在元人説部之中，固不失爲佳本矣。

錢大昕《補元史藝文志・雜家類》 白珽《湛淵静語》二卷。

庶齋老學叢談

《四庫全書總目提要・子部・雜家類六》 《庶齋老學叢談》三卷。安徽巡撫採進本。

元盛如梓撰。如梓，衢州人。庶齋其自號也。嘗官崇明縣判官。其書多辨論經史，評騭詩文之語。而朝野逸事，亦間及之。分爲三卷，而第二卷別析一子卷，實四卷也。大抵皆隨時掇拾而成。如載陸游、姚將軍、趙宗印二詩，惜不得姚名字，而《渭南集》實有姚平仲傳。王士禎《居易録》已摘其疎。他若引《左傳》晉景公病，如厠陷而卒。謂國君何必如厠，而以爲文勝。其實不知《國策》趙襄子，《史記》慎夫人皆載有此事。古人朴質，不以爲怪，豈可執此以證《左傳》之誣。又於賈似道有豪傑之譽，載曹東畎媟俚之詞，皆爲失當。然如駁《吹劍録》謂廣陵散不始於王淩母邱儉，以姑蔑墓證韋昭註《國語》之非，此類亦頗見考據。又各條之下，閒註出某人説。蓋如梓猶及與元初故老游，故所紀多前人緒論，頗有可採云。

錢大昕《補元史藝文志・雜家類》 盛如梓《庶齋老學叢談》三卷。揚州人。

黄丕烈《蕘圃藏書題識》 《庶齋老學叢談》三卷。鈔校本。

嘉慶庚午仲冬，用五硯樓所儲檇李曹氏舊鈔藏本，校過一過。似此較勝。然曹本亦有一二可取處，以朱筆注於上方云。凡行間朱筆所校係舊有。復翁。

黄丕烈《蕘圃藏書題識再續録》 《庶齋老學叢談》三卷。舊鈔本。

右《庶齋老學叢談》三卷，乃宋從事郎、崇明州判官、致仕盛公如梓著。其於經史、天文、地理、名物以及文章流派、儒先格言引證辨駁皆有根據，足以覘其學之有本也。觀《叢談》中語氣，知公是揚州人。其談賈平章佚事數則，似曾受賈之知者，要其晚年誤國之罪，亦未嘗爲之諱也。大抵宋末諸公流入元年者，率隱居以著述自適。如盛公輩者，何可勝道。然有傳有不傳，即如此集其存者亦幾希矣。但卷帙無多，倘有好事君子爲重刊之。介夫先生宜爲留意也。康熙己亥十月大雪前三日，鹿原林佶借觀力疾跋。

或疑開卷即頌元受命之符，以公非仕宋者。予以爲書成於元之世，安得不出此。且崇明稱州與判官，皆宋制也。惜客寓藏書，少不能博徵廣引以證。尚其俟諸他日乎。佶又跋。

庶齋，揚州人。元大德中仕爲衢州教授，崇明州判官。鹿原以爲宋人，誤也。雍正壬子，錢塘厲鶚跋。

此册雖非舊鈔，然末有厲樊榭跋，亦可珍也。爰以五百錢易得。相傳此書在賣骨董高姓鋪中。陶五柳主人與我友孫蔚堂豪奪而歸，大抵以跋語爲重耳。然則人固貴有名哉。蕘圃黄丕烈識。

義根守墨

錢大昕《補元史藝文志・雜家類》 馬端臨《義根守墨》三卷。

雪溪揮麈録

楊士奇等《文淵閣書目・荒字》 《雪溪揮麈録》一部十二册，闕。

麗澤論説

張萱等《内閣藏書目録・諸子類》 《麗澤論説》。□册，全。莫詳姓氏，凡十卷。一、二易説，三詩説拾遺，四周禮説，五禮記説，六論語説，七孟子説，八史説，九、十雜説。

經世要談

徐𤊹《徐氏家藏書目・子部・諸子類》 《經世要談》一卷。鄭善夫。

珍席放談

楊士奇等《文淵閣書目・荒字》 高晦叟《珍席放談》一部一册，闕。

白獺髓

王圻《續文獻通考・經籍考・雜家》 《白獺髓》，浙中張仲文著。按白獺髓可療箭瘡，而書以之名，蓋捄時之論也。

爲善陰隲

范邦甸等《天一閣書目・雜家》 《爲善陰隲》十卷。刊本。明永樂十七年御纂并敘。

張萱等《内閣藏書目録・諸子類》 御編《爲善陰隲詩文》永樂間刑部尚書吴中等撰進。

蟫精雋

《明史・藝文志・子部・雜家類》 徐伯齡《蟫精雋》二十卷。

范邦甸等《天一閣書目・雜家》 《蟫精雋》十六卷。藍絲闌鈔本。明徐伯齡纂。

黄虞稷《千頃堂書目・子部・雜家類》 徐伯齡《蟫精雋》二十卷。字延之，錢塘人。博學强記。

懸笥瑣探

錢謙益等《絳雲樓書目・雜記》 《懸笥瑣探》劉昌撰。皆記英宗、景帝時耳目近事。

都穆《南濠居士文跋》 《懸笥瑣探》。是書爲廣東左參政吾鄉劉先生欽謨所著。余嘗得於先生之子嘉絹。蓋未成之書也。先生平日學最博洽，著書凡十百卷，藏于家。此特其緒餘。然觀此亦足以知先生矣。

式齋邇察

黄虞稷《千頃堂書目・子部・雜家類》 陸容《式齋邇察》。

夕川愚特

黄虞稷《千頃堂書目・子部・雜家類》 陶輔《夕川愚特》二卷。鳳陽人。

榴山菑古

錢謙益等《絳雲樓書目・雜記》 《榴山菑古》。

鮒窺廥攎

黄虞稷《千頃堂書目・子部・雜家類》 余湘《鮒窺廥攎》十二卷。字毓靈，龍游人。貢生，從鄒守益學，官臨武縣知縣。

學圃藼蘇

《四庫全書總目提要・子部・雜家類八》 《學圃藼蘇》六卷。浙江朱彝尊家曝書亭藏本

明陳耀文編。耀文有《經典稽疑》，已著録。是編雜録諸書新異之語，不立門目，亦無所考訂。蓋隨閲隨鈔，自備談資而已。初耀文官陝西時，纂此書。以署後亭有雙檜，題曰《檜林雜志》歸里後補輯成帙，取藼草忘憂、皋蘇釋勞之義，改題此名云。

奚囊手鏡

《四庫全書總目提要・子部・雜家類八》 《奚囊手鏡》十三卷。安徽巡撫採進本。

明楊循吉撰。循吉有《蘇州府纂修識異》，已著録。循吉好蓄異書，聞有祕本，必購求繕寫。是編薈稡諸類書，頗稱博贍。而門目未分，茫無體例。劉鳳、王世貞曾分得其稾，後遂散佚。《明史・藝文志》作二十卷。此止十三卷，不知爲鳳家之半部，抑世貞家之半。

夷門廣牘

《四庫全書總目提要・雜家・存目十一》 《夷門廣牘》一百二十六卷。通行本。

明周履靖編。履靖字逸之，嘉興人。是編廣集歷代以來小種之書，并及其所自著。蓋亦陳繼儒祕笈之類。夷門者，自寓隱居之意也。書凡八十六種，分門有十。曰藝苑、曰博雅、曰食品、曰娱志、曰雜占、曰禽獸、曰草木、曰招隱、曰閒適、曰觴詠。觀其自序，藝苑博雅之下有尊生、書法、畫藪三牘，而皆未刊入。所收各書，真僞雜出，漫無區別。如郭橐駝種樹書之類，殆於戲劇。其中閒有一二古書，又刪削不完。如《釋名》惟存《書契》一篇，而乃題曰《釋名》全帙，尤爲乖舛。其所自著，亦皆明季山人之窠臼。卷帙雖富，實無可採録也。

留青日札

《四庫全書總目提要・雜家・存目五》 《留青日札》三十九卷。浙江巡撫採進本。

明田藝蘅撰。藝蘅有《大明同文集》，已著録。是書欲仿《容齋隨筆》、《夢溪筆談》而所學不足以逮之，故蕪雜特甚。其中詩談初編、二編各一卷，玉笑零音一卷，大統歷解三卷，始天易一卷，皆以所著別行之書編入，以足卷帙，尤可不必。

錢謙益等《絳雲樓書目・雜記》 《留青日札》田藝衡，叔禾之子。

劄記　宛委餘編

《明史・藝文志・子部・雜家類》 王世貞《劄記》二卷,《宛委餘編》十九卷。

黄虞稷《千頃堂書目・子部・雜家類》 王世貞《弇州劄記》二卷,又《短長》二卷。明史藝文志無弇州二字及又短長二卷,別有宛委餘編十九卷。

錢謙益等《絳雲樓書目・雜記》 《宛委餘編》。

夜燈管測

《四庫全書總目提要・子部・雜家類存目一》 《夜燈管測》二卷。浙江范懋柱家天一閣藏本。

明沈愷撰。愷字舜臣,號鳳峰,南直隸華亭人。嘉靖己丑進士,官至湖廣布政司右參政。是書乃其爲寧波知府防倭海上時所作。凡一百篇,篇各標題。皆借事寓言,以示勸戒。大抵規仿《郁離子》而作。然摹古有痕,亦頗涉纖佻。至如歐陽修作《五代史》而誤云韓愈,桓温不識王猛而謁爲苻堅。興之所至,不暇檢點者亦多矣。

使規

《四庫全書總目提要・子部・雜家類八》 《使規》一卷。浙江汪啓淑家藏本。

明張洪撰。永樂四年洪以行人司行人奉使往諭緬甸,著有《南夷書》,已著録。此書亦是時所作。採古人奉使事迹,勒爲一編,分十有六類。曰忠信、曰節義、曰廉介、曰謙德、曰博古、曰文學、曰識量、曰智慮、曰威儀、曰説辭、曰舉賢、曰咨訪、曰服善、曰詳慎、曰勇略、曰警戒。各列事實於前,而斷以己意。末爲《使緬附録》,紀當日往返情形,竝載所與緬酋書六篇。

時習新知

《四庫全書總目提要・子部・雜家類存目二》 《時習新知》六卷。山東巡撫採進本。

明郝敬撰。敬有《周易正解》,已著録。是書舊名《知言》。敬於萬曆壬辰官永嘉時自爲之序,後改今名。復於萬曆己未及崇禎戊辰爲自序二首。幾初篇三卷,中篇二卷,後篇一卷,閲三十年而成。自序謂早歲出入佛老,中年依傍理學,垂老途窮,乃輸心大道。書中於周子《太極圖説》張子《正蒙》邵子《皇極經世》及二程子、朱子無不肆言詆斥。謂宋儒設許多教門,主静持敬,操存省察,致知窮理,專内踈外,舉體遺用,爲浮屠之學。又謂世儒先知後行,以格物爲窮理,以聞見爲致知,皆非。是即王守仁知行合一,致知格物之説。然既借姚江之學以攻宋儒,而又斥良知爲空虛,以攻姚江。亦可謂工於變幻者矣。

春雨雜述

《四庫全書總目提要・子部・雜家類存目四》 《春雨雜述》一卷。兩江總督採進本。

舊本題明解縉撰。縉字大紳,吉水人。洪武戊辰進士。永樂中官翰林學士。出爲廣西參議,改交趾。後爲漢王高煦所譖,下獄死。事蹟具《明史》本傳。是書論作詩、學書之法。謂詩當先除五俗,後極三來。謂書家用筆,有擫、捺、鉤、抵、揭、拒、導、送,當盡其妙於毫釐鋒穎之間。又自漢、晉以迄宋、元,撮舉能書姓名,各紀其源流授受。然多從詩話書譜中鈔撮而成,罕逢新義。又逐條標題重複,漫無體例,疑或出於依託也。

讀書一得

《四庫全書總目提要・子部・雜家類存目四》 《讀書一得》四卷。兩淮馬裕家藏本。

明黄訓撰。訓有《名臣經濟録》，已著録。此編蓋每讀一書，即摘取其中一兩事，論其是非。積久編而成帙，其一百九十三條。亦有一書數見者，雖各題曰讀某書，實非如序録題跋類也。其書議論多而考證少，近乎王世貞之《讀書後》，而又不逮焉。三卷之末，附載嘉靖甲申大同兵變一事，與全書不類，亦未免爲例不純也。

窺天外乘

《四庫全書總目提要・子部・雜家類存目四》《窺天外乘》一卷。兩淮鹽政採進本。

明王世懋撰。世懋有《却金傳》，已著録。是編述明代故事，而參以論斷。其體例頗近《龍川略志》。但《略志》記所閲歷，此則泛言一代事耳。其論建文當復年號，修實録。景帝當稱宗，興獻帝不當祔廟。仁宗、宣宗不宜以興獻帝之故而早祧。又辨宣德非建文子，元順帝非合尊子。一出於建文故臣之口，一出於宋遺民之口，均未可信。持論皆正。其記佩袋官窯器之類，亦足備掌故。至於論建文勑勿加矢刃於燕王爲必無其事，未免臆斷。於李東陽曲相寬假，殊不協公評。而詆斥元代，尤爲乖謬偏駁，非定論矣。

遠壬文

《四庫全書總目提要・子部・雜家類存目四》《遠壬文》一卷。兩淮鹽政採進本。

明王世懋撰。是編乃其訓導子弟之作，縷陳親狎之害。詞雖淺近，而切中物情。後有王三錫、錢順德二跋及世懋自跋。厥後王士驌等卒以不慎交遊，幾遘大禍。幸以右之者衆，僅而得解。則世懋可謂先見矣。

文海披沙

《四庫全書總目提要・子部・雜家類存目五》《文海披沙》八卷。浙江巡撫採進本。

明謝肇淛撰。肇淛有《史觿》已著録。是編皆其筆記之文。偶拈古書，借以發議。亦有但録古語一兩句，不置一詞如黄香責髯奴文之類者。大抵詞意輕儇，不出當時小品之習。較所作《五雜俎》稍爲簡約，而疏舛時復相似。如烏老一條，謂近來村學究作。不知此唐人所録，見《太平廣記》，其人非出近代也。《曹娥碑》一條，據《三國演義》爲説，不知傳奇非史也。婦人能文一條，謂劉琬丫頭能熟魯靈光賦。花面丫頭字出劉禹錫詩，劉琬丫頭無典也。詩讖一條，謂「冰鏡不安臺」爲梁武帝詩，不知《梁書》作元帝也。不妄稱人一條，謂鮑照問惠休己與靈運優劣。不知《詩品》所載乃顔延年也。人日一條，謂虞摯不知曲水爲不學無術。不知《束晳傳》所載乃摯虞，即字仲治作《文章流別論》者也。纏足一條，引《雜事祕辛》，亦不知爲楊慎依託。蓋一時興至輒書，不暇檢閲耳。

紫桃軒雜綴

《四庫全書總目提要・子部・雜家類存目五》《紫桃軒雜綴》三卷，又綴三卷。禮部尚書曹秀先家藏本。

明李日華撰。日華有《梅墟先生別録》，已著録。是書《明史・藝文志》不載。書中惟論書畫，用其所長。餘多剽取古人説部而隱所自來，殊無足取。不及其《六研齋筆記》遠矣。

趙氏連城

《四庫全書總目提要・子部・雜家類存目五》《趙氏連城》十八卷。福建巡撫採進本。

明趙世顯撰。世顯字仁甫，侯官人。萬曆癸未進士，官梁山縣知縣。是書中分三種。一爲《客窗隨筆》六卷，前有孫昌裔序。一爲《芸圃叢談》六卷，前有謝肇淛序。一爲《松亭晤語》六卷，前有林材序。《連城》則其總名也，以世顯自序弁之。其書或引古事而稍附以己説，或自作數語，近乎語録。又或但引古事一條，無所論斷，似乎類書。蓋全無著作之體者。凡意所不合之事，無論巨細，輒云恨不縛之生飼豺虎，何其褊且躁也。林材序稱其《松亭晤語》不下於洪景盧《隨筆》。今觀所載，疏謬頗多。如稱永樂末詔學官考滿乏功績者，審已有子嗣，聽凈身入宫訓女官輩。時有十餘人，後獨王振官至太監云云。考史載太祖不許内侍讀書識字。至宣宗時設内書堂，令翰林二三員爲教習。由是此輩通曉古今，作姦爲患。不言有學官考滿凈身之事。此殆當時稗史誣傳，世顯信而筆之，殊爲失考。又如僞本沈約《竹書紀年註》，所載大舜、龍工衣鳥工衣事出自劉向《列女傳》，乃誤以爲約語而詆之。併誤沈約爲沈總。又古惟庶人稱匹夫匹婦，自士以上皆備妾媵，《禮》有明文。而此書謂孔子不當有妾，駁《孔叢子》之妄，尤爲膠固。《孔叢子》本僞書，然其僞不在此等也。其他大抵類此，以比《容齋隨筆》，談何容易乎。

湧幢小品

《四庫全書總目提要・子部・雜家類存目五》《湧幢小品》三十二卷。兵部侍郎紀昀家藏本。

明朱國楨撰。國楨有《大政記》，已著録。是書雜記見聞，亦閒有考證。其是非不甚失真，在明季説部之中，猶爲質實。而貪多務得，使蕪穢汩没其菁英，轉有沙中金屑之憾。初名曰《希洪》，蓋欲仿《容齋隨筆》也。既而自知其不類，乃改今名。其曰湧幢者，國楨嘗構木爲亭，六角如石幢。其製略如穹廬，可以擇地而移，隨意而張，忽如湧出，故以爲名云。

家　則

《四庫全書總目提要・子部・雜家類存目五》《家則》一卷，《野志》一卷。江蘇巡撫採進本。

明徐三重撰。此書皆貽訓子孫之語。《家則》爲所立規條，每條之後閒引古人嘉言善行以證明之。其言酌乎古今之閒。如喪禮不得用僧道，而得用紙錢、紙錠之類是也。《野志》分十六篇。曰端習，曰祛惑，曰營業，曰稽籍，曰本教，曰掄交，曰範内，曰居身，曰人道，曰節用，曰使令，曰狎慮，曰庖饌，曰服飾，曰燕樂，曰戲具。其詞多用駢偶，蓋與所作家則相發明。惟《野志》之名不甚可解，豈禮失求野之意歟。末爲《附志》，則偶然自述家事也。

天都載

《四庫全書總目提要・子部・雜家類存目五》《天都載》六卷。浙江巡撫採進本。

明馬大壯撰。大壯字仲復，徽州人。羅汝芳之門人也。嘗築天都館讀書，因以名其所著。大抵喜採異聞，亦閒有考證。而往往務求博引，不核虚實。如魚化爲人一條，即引《搜神記》孔子厄陳蔡時，魚妖與子路鬬事爲證，是豈可爲徵信乎。又往往採自説部，不據本書。如夜郎王事自見《後漢書・西南夷傳》，而云小説稱夜郎王云云。則亦雜録之學耳。

留留青

《四庫全書總目提要・子部・雜家類存目五》《留留青》六卷。通行本。

明徐懋升編。懋升字元舉，錢塘人。初，田藝蘅作《留青日札》，駁雜頗甚。懋升删存六卷，因以留留青爲名，標目已爲纖佻。其所選録，亦未爲精審。

玉笑零音

《四庫全書總目提要・子部・雜家類存目五》《玉笑零音》一卷。兩江總督採進本。

明田藝蘅撰。是書皆採取新奇故事，緯以儷語，凡一百二十八條。其中如以堯、舜之讓天下爲愛身，不與朱均以天下爲愛子，舜、禹之受天下爲不知害，鑄鼎爲鎮厭之術，金縢爲詛咒之媒，皆紕謬之甚者。已編入所著《留青日札》中。此乃其初出別行之本也。

真珠船

《四庫全書總目提要・子部・雜家類存目四》《真珠船》八卷。通行本。

明胡侍撰。侍字奉之，號濛溪，咸寧人。正德丁丑進士，官至鴻臚寺少卿。坐議大禮，謫潞州府同知。事蹟附見《明史・薛蕙傳》。是書雜採經史故事及小説家言。其曰《真珠船》者，陸佃《詩註》引元稹之言，謂讀書每得一義，如得一真珠船也。案佃詩註今不傳。此據胡爌《拾遺録》所引。然徵引拉雜，考證甚疎。如以北曲爲朝廟之音，信王子年《拾遺記》謂七言昉於甯封皇娥等歌。又喜談怪異果報之説，皆不免於紕繆。

多能鄙事

《四庫全書總目提要・子部・雜家類存目六》《多能鄙事》十二卷。浙江汪啓淑家藏本。

舊本題明劉基撰。基有《清類天文分野之書》，已著録。是書凡飲食、器用、方藥、農圃、牧養、陰陽、占卜之法，無不備載，頗適於用。然體近瑣碎，若小兒四季關、百日關之類，俱見臚列，殊失雅馴。立名取孔子之言，亦屬僭妄。殆託名於基者也。

范邦甸等《天一閣書目・雜家》《多能鄙事》十三卷。刊本。明誠意伯劉基撰。嘉靖十九年青田縣儒學訓導浮梁魯軒程法序。云：「孔子曰：『吾少也賤，故多能鄙事。』是則孔子之謙而茲録亦從之。大勳伯文成劉公，練達元老也。爲我朝第一流人物，百執事無能抗者。敢以賤目之矧，所編之録有曰飲食，所以衛性也，有曰服飾，所以華躬也。有曰器用，所以贍日給也。有曰百藥，所以防時虞也。有曰農圃牧養，則植材之根本。有曰陰陽、占卜與占斷神之類，則演易之支流。凡若此者，皆切于民生、日用之常，不可一闕者。事雖微而繫甚大，苟斥曰：「鄙，吾豈敢哉。」」

黄帝祠額解

《四庫全書總目提要・子部・雜家類存目五》《黄帝祠額解》一卷。兩江總督採進本。

明李維楨撰。維楨有《史通評釋》，已著録。是書乃其奉詔謁黄帝陵，見舊祠取鼎湖之事，額曰「龍髯」。乃作是書以辨其不經，謂騎龍即乘六龍之義。其實《子華子》已有是説，無庸復贅。又舉百家所言黄帝神靈諸事，一一駁詰，詞極辨博。實亦司馬遷《五帝本紀》文不雅馴，薦紳難言之緒論也。

仙愚館雜帖

《四庫全書總目提要・子部・雜家類存目五》《仙愚館雜帖》七卷。江蘇巡撫採進本。

明黄元會撰。元會字經甫，太倉人。萬曆癸丑進士。是書多剽掇佛老浮談，而於服食修鍊尤所篤信。其名館以仙愚，當由於此。其他雜説引據，亦多譌舛。如唐優宋婦一條，謂德宗爲宋主，點陳言爲佳句一條，謂宋王珪與柳宗元論詩，海棠無香一條，謂彭淵材爲劉淵材，文人顯紕一條，謂荀悦稱漢高祖字國，則其他不足詰矣。

福堂寺貝餘

《四庫全書總目提要・子部・雜家類存目五》《福堂寺貝餘》五卷。浙江巡撫採進本。

明茅元儀撰。元儀有《嘉靖大政類編》，已著録。此書首有自序云：「崇禎三年，余守大將軍，以傲罷，爲頭陀於是寺，有所感則識之。」蓋其罷官後所爲也。雜記古今，語無倫次，議論亦多偏駁。

吴中放謔

錢謙益等《絳雲樓書目·雜記》 《吴中放謔》。

楚漢餘談

《明史·藝文志·子部·雜家類》 高岱《楚漢餘談》一卷。

黄虞稷《千頃堂書目·子部·雜家類》 高岱《楚漢餘談》一卷。

孤竹賓談

范邦甸等《天一閣書目·雜家》 《孤竹賓談》四卷。刊本。明吉水陳德文撰并序。

書齋夜話

楊士奇等《文淵閣書目·荒字》 《書齋夜話》一部一册，闕。塾本《雲山夜話》。

黄虞稷《千頃堂書目·子部·雜家類》 俞琰《書齋夜話》四卷。

讕言長語

《明史·藝文志·子部·雜家類》 曹安《讕言長語》二卷。

黄虞稷《千頃堂書目·子部·雜家類》 曹安《讕言長語》二卷。字以寧，上海人。武邑縣教諭。

范邦甸等《天一閣書目·雜家》 《讕言長語》一卷。刊本。明曹安著并序。

錢謙益等《絳雲樓書目·雜記》 《讕言長語》曹以甯，名安。松江人。

震澤長語

范邦甸等《天一閣書目·雜家》 《震澤長語》二卷。刊本。明張鏊撰并序。

錢謙益等《絳雲樓書目·雜記》 《震澤長語》王鏊

灼薪劇談

黄虞稷《千頃堂書目·子部·雜家類》 朱子儋《灼薪劇談》二卷。

錢謙益等《絳雲樓書目·雜記》 《灼薪劇談》

兩山墨談

范邦甸等《天一閣書目·雜家》 《兩山墨談》十八卷。刊本。明陳霆撰并識。

錢謙益等《絳雲樓書目·雜記》 陳霆《兩山墨談》。

梅花草堂筆談

《四庫全書總目提要·子部·雜家類存目五》 《梅花草堂筆談》十四卷，《二談》六卷。兩江總督採進本。

明張大復撰。大復字元長，崑山人。是編爲其《梅花草堂集》中之一種。據《江南通志·文苑傳》乃其喪明以後追憶而作也。所記皆同社酬答之語，閒及鄉里瑣事。辭意纖佻，無關考證。第十三卷中有論孟解十二條，以釋家語詮解聖經，殊屬支離。《二談》輕佻尤甚。如云《水滸傳》何所不有，却無破老一事。案美男破老，《逸周書》之文。非關闕陷，恰是酒肉漢本色如此。以此益知作者之妙，是何言歟。

聞雁齋筆談

《四庫全書總目提要·子部·雜家類存目五》《聞雁齋筆談》六卷。浙江鮑士恭家藏本。

明張大復撰。是編大抵欲仿蘇軾《志林》，故多似古人雜帖短跋之格。然所推重者李贄，所規摹者屠隆也。

河上楮談

《四庫全書總目提要·子部·雜家類存目五》《河上楮談》三卷。江西巡撫採進本。

明朱孟震撰。孟震字秉器，新淦人。隆慶戊辰進士。官至右副都御史，巡撫山西。是書多述舊聞軼事，間或評論詩文，考證典籍，亦頗喜談神怪。其《停雲小志》一卷，記當時文士頗詳。所載詩篇，多可采録。其論文宗王世貞，推爲明代第一，則當時耳目所染，無足深怪。其辨王禕、吴雲事甚有典據，而遜國一事全沿史彬《致身録》之謬。引證愈多，舛繆愈甚。與所論元順帝出宋後事，同一誤信之失。其論《史記》謁字最確。而前輩博雅一條，不知《清江集》之現存。又誤以孔傳《六帖》爲三孔所作，疎駁亦甚矣。

汾上續談

《四庫全書總目提要·子部·雜家類存目五》《汾上續談》一卷。浙江巡撫採進本。

明朱孟震撰。其體例與《河上楮談》同，而所記多瑣事。惟安南國試録一條，敘述頗詳，足資考證。

木几冗談

《四庫全書總目提要·子部·雜家類存目五》《木几冗談》一卷。浙江巡撫採進本。

明彭汝讓撰。汝讓字欽之，青浦人。是編乃劄記清言，猥佻殊甚，蓋屠隆一派也。

浣水續談

《四庫全書總目提要·子部·雜家類存目五》《浣水續談》一卷。浙江吴玉墀家藏本。

明朱孟震撰。是編乃萬曆十三年孟震官四川按察使時所作，故以「浣水」爲名。浣水者，浣花溪也。其書雜撮而成，往往不著時代，亦不著出典。如并州士族好爲可笑詩賦一條，蓋顔氏家訓之原文，而孟震筆之於己書，儼如新事。然則所謂誂擊邢、魏諸公者，不幾爲明代之邢、魏乎。惟松柏灘觀音寺一條，考詢遺老，繪畫地圖，核其墳塔名氏，師弟世系。知所謂雪菴和尚者在有無疑似之間，特爲明確。

游宦餘談

《四庫全書總目提要·子部·雜家類存目五》《游宦餘談》一卷。江西巡撫採進本。

明朱孟震撰。自序稱生平宦轍，殆徧九州。因摭耳目所及，撰成此書。初分五卷，後乃併爲一卷。所録多瑣事，末附西南夷風土記二十六條，頗爲詳明。然孟震序中自言，未至滇雲，則惟據傳聞書之。恐亦未盡確實矣。

説頤

《四庫全書總目提要・子部・雜家類存目五》《説頤》八卷。兩淮鹽政採進本。

明余懋學撰。懋學字行之，婺源人。隆慶戊辰進士，官至南京户部右侍郎。天啓中追謚恭穆。事蹟具《明史》本傳。是書凡三百五十二則，每則徵引古事相類或相反者二條，撮爲四字標題，而以論斷數語綴其末。旁見側出，頗得連珠遺意。然引事不標出典，置論亦多庸膚。

藝林剩語

《四庫全書總目提要・子部・雜家類存目五》《藝林剩語》十二卷。浙江巡撫採進本。

明顧成憲撰。成憲字初章，松江人。是書或雜舉古事而綴以論斷，或自立議論而證以古事。其説無大新異，亦無大疵謬。卷首有萬曆甲戌陳所蘊序，稱其年未三十，而善著書。末有其門人瞿守跋，亦稱其年方比於賈傅，而著述富於董相。蓋猶其少作也。

説原

《四庫全書總目提要・子部・雜家類存目五》《説原》十六卷。浙江巡撫採進本。

明穆希文撰。希文字純文，嘉興人。是編成於萬曆丙戌，分原天、原地、原人、原物、原道術五部。雜採事蹟，閒亦論斷。其體例在類書、説部之閒。大抵剽剟之談，非根柢之學。又不著其所出，更茫無依據。

西峯字説

《四庫全書總目提要・子部・雜家類存目五》《西峯字説》三十三卷。江西巡撫採進本。

明曹學佺撰。學佺有《易經通論》，已著録。是書分天、地、人三大部，而天部止三卷。人部止三卷，地部乃居二十七卷。其中或引説文小篆之解，或又僅就楷字發義，如解「春」字以爲三畫象三陽，雖與説文不合，而義尚可通。若解「冬」字以爲反文之反，即陰變陽之義。不知反文云者，所據何典。且合計通部之中，解字者十之一二，不解字者十之七八。若天官、占驗、地理、郡國排次成卷，皆與字説無與，亦莫解其故。《明史・藝文志》不載此書。《福建通志》載此書而不載卷數。殆學佺没後，後人重其忠義，掇拾殘稾刻之。故詳略不齊，體例亦不畫一也。四庫之中，無類可附，姑存其目於雜家焉。

書肆説鈴

《四庫全書總目提要・子部・雜家類存目五》《書肆説鈴》二卷。兩淮鹽政採進本。

明葉秉敬撰。秉敬有《字孿》，已著録。是書乃其隨筆劄記，原分三卷。後烏程閔元衢爲之重編，分十一類，併爲上下二卷。而仍載原次於卷首，以存其舊，即此本也。秉敬好爲議論，而考據殊疎。如謂三代皆建寅，若周人建子則二十四氣皆錯。不知古本無二十四氣之名。謂《三都賦》改「草木甲坼」爲「甲宅」，不知《周易》古本實作「甲宅」。謂冰凝於水而寒於水，爲《翰苑新書》論文之妙，不知本荀子語。昭明太子《文選序》亦嘗引用，皆失之目睫之前。至於溺信二氏，謂盲儒之議老子，如叔孫之毁仲尼，桀犬之吠堯舜。又謂讀書不可不學禪，其言尤不可訓也。

說儲

《四庫全書總目提要·子部·雜家類存目五》《說儲》八卷。《二集》八卷。浙江鮑士恭家藏本。

明陳禹謨撰。禹謨有《經籍異同》，已著録。是編乃其劄記。皆偶拈一二古事，綴以論説，不出明人掉弄筆墨之習。中多闡揚佛教，大抵沿屠隆《鴻苞》之派。但不至如隆之放恣耳。

枕談

《四庫全書總目提要·子部·雜家類存目五》《枕談》一卷。江蘇巡撫採進本。

明陳繼儒撰。僅寥寥數條，自跋謂讀古人書，往往承襲譌謬，因取自前常用之語而考據之。然亦各有所本，非心得也。

偃曝談餘

《四庫全書總目提要·子部·雜家類存目五》《偃曝談餘》二卷。江蘇巡撫採進本。

明陳繼儒撰。取其平日與客談者鈔撮成書，無他考證。所紀歷代年號一則，遺漏尤多。前有自跋云：入冬喜負暄讀書，故以「偃曝」名之云。

說楛

《四庫全書總目提要·子部·雜家類存目五》《說楛》七卷。兩淮馬裕家藏本。

明焦周撰。周字茂叔，上元人。焦竑之子也。萬曆庚子舉人。其書皆剌取諸書中新穎之語，及聞見所及，可資談噱者，雜載成編，不分門類。如元微之謫通州，史無其事。論吴越改元，誤以歐陽修《五代史》與《十國世家》爲二書，亦時有疎舛。其稱《說楛》者，取《荀子》「說楛勿聽」之義也。

逌旃璅語

《四庫全書總目提要·子部·雜家類存目四》《逌旃璅語》一卷。浙江鮑士恭家藏本。

明蘇祐撰。祐字允吉，一字舜澤，濮州人。嘉靖丙戌進士，官至兵部尚書。是書雜記碎事，而引據多疎。如以唐昭宗紇干山頭之句謂左克明不及見。而不知克明所纂《古樂府》，止於六朝。以插箭嶺曬甲石指爲楊六郎之真迹，而不知爲委巷所託。以衡山碑爲真禹書，而不知後人所僞。以正、五、九月不上官爲元制，而不知北齊至唐均有此説。以《賀王參元失火書》爲韓愈，而不知其爲柳宗元。如斯之類，不一而足。其餘亦多鄙猥之談，不足采録。

黄谷瑣談

《四庫全書總目提要·子部·雜家類存目四》《黄谷瑣談》四卷。兩淮鹽政採進本。

明李蓘撰。蓘字于田，内鄉人。嘉靖癸丑進士，官至提學副使。其書雜綴瑣聞，間有考證。而立論多與朱子爲難，偏駁不少。如首條引宋儒心如穀種之説，以爲《祖華嚴經》。又以仲弓持敬，顔子克復爲頓漸二義。又以朱註天理人欲，同行異情之語爲自中峰和尚《山堂夜話》中來。皆所謂援儒入墨者也。

四友齋叢說

錢謙益等《絳雲樓書目·雜記》何良俊《四友齋叢説》。

《四庫全書總目提要・子部・雜家類存目四》《四友齋叢説》三十八卷。兩江總督採進本。

明何良俊撰。良俊字元朗，華亭人。嘉靖中官翰林院孔目。《明史・文苑傳》附見文徵明傳中。是書分十六類：一經、二史、三雜記、四子、五釋道、六文、七詩、八書、九畫、十求志、十一崇訓、十二尊生、十三娱老、十四正俗、十五考文、十六詞曲。又附以續史一類，雜引舊聞而論斷之，於時事亦多紀録。然往往摭拾傳聞，不能核實。朱國楨《湧幢小品》嘗辨王守仁實以宸濠付張永，而此書云責中官領肰。章懋卒於嘉靖元年，守仁征廣東在嘉靖六年，其歸而卒於南安舟中在嘉靖七年。而此書乃云守仁廣東用兵回，經蘭溪見懋，懋有所請託。又懋卒時其姪拯方爲布政使。拯爲工部尚書，忤旨歸里時，懋已卒十餘年。此書乃稱拯致仕時有俸餘四五百金，爲懋所責。所記全爲失實。又文徵明官翰林院待詔日，爲姚淶、楊維聰所侮一事，朱彝尊《静志居詩話》亦力辨之，引淶所作《送徵明序》以證其誣。則其可以徵信者良亦寡矣。

覽古評語

《四庫全書總目提要・子部・雜家類存目四》《覽古評語》五卷。浙江巡撫採進本。

明陳師撰。師字思貞，錢塘人。而自署曰「錢唐」，云考之《漢書》，不當從土旁也。嘉靖壬戌會試副榜，授華亭縣教諭。官至永昌府知府。是書師所自撰者不及十分之一，餘皆雜鈔宋、元明人説部，隱没其名。而年代及稱謂之間，往往刪除不盡。如所載文彦博一條，稱福壽康寧近世未有其比，是北宋人語也。辨楓橋一條，稱近時孫仲益尚書尤延之侍郎，是南宋人語也。江南婦一條，稱天兵下江南，虞集詩一條，稱國朝之詩推虞、楊、趙、范、揭，是元人語也。又如王安石放魚一條，乃全鈔羅大經《鶴林玉露》。其中「錯認蒼姬六典書」一詩實大經作，故曰余嘗有詩云云。乃改余字爲人字，遂攘爲已有，尤拙於剽竊。其第五卷全爲師官助教時講章，及官知府時公牘。併題爲《覽古評語》，亦乖體例。

禪寄筆談　續談

《四庫全書總目提要・子部・雜家類存目四》《禪寄筆談》十卷，《續談》五卷。浙江巡撫採進本。

明陳師撰。是書乃其自永昌罷歸，寓居僧舍時作，故以禪寄爲名。書中有稱支離生者，有稱邊吏者，又有稱更四百六十餘甲子者。案《左傳》絳縣人四百四十五甲子爲七十三年，則師之年合閏計之應亦近八十。書成於萬曆二十三年，蓋生於正德中也。其書《筆談》分三十二類，而附以雜著數篇。《續談》分二十則，而附以《歲餘隨筆》一卷。紀録頗爲龐雜。如符兆類載明太祖微時軼事數條，及成祖髮散被面現元帝像，額森以布囊盛英宗之類，多里巷無稽之談。又如謂《春秋》非盡宣尼之筆，謂司馬光作《通鑑》，私蔽盤結，繆戾乖刺，朱子作《綱目》以正之，猶不敢盡發其私意。謂司馬遷以項羽爲本紀，見漢世人才風俗之正。其持論皆近於李贄，蓋與贄友善，習氣沾染而不覺也。至謂宋徽宗屍骨鍊油則輕信《北狩日記》，謂元順帝爲瀛國公子則輕信《符臺外集》，皆失考證。他如謂《唐書》有韋應物列傳，謂蘇軾膺使遼之選，謂華山處士如容見「不覓仙方覓睡方」爲陳摶之詩，謂謝石拆字爲「李石」，疎略又不必言矣。惟論次韻倡和始於盧綸、李端，舉端《野寺病居》、盧綸見《訪詩》爲證，則前人所未言也。

厭次瑣談

《四庫全書總目提要・子部・雜家類存目四》《厭次瑣談》一卷。浙江范懋柱家天一閣藏本。

明劉世偉撰。世偉字宗周，陽信人。嘉靖中官寧州州同。其書雜取古人説部而評論之，所見頗淺。又載宋江誘柴進爲盜事，尤俚俗附會之説。末附談後二十八條。其曰厭次者，以陽信乃漢厭次縣地也。

孤竹賓談

《四庫全書總目提要・子部・雜家類存目四》《孤竹賓談》四卷。兩淮鹽政採進本。

明陳德文撰。德文號石陽山人，吉水人。嘉靖中以順天府尹行部永平，館於夷齊廟。公事餘閒，隨筆紀載。以永平爲古孤竹國，故以《孤竹賓談》名書。其中論斷，率多僻謬。如謂唐之房杜不過一文人墨士，滕文公恨不與孔子生同時，扶蘇蒙恬得矯詔，當舉兵稱王之類，皆謬悠之談，不足辨也。

文園漫語

錢謙益等《絳雲樓書目・雜記》《文園漫語》。

凝齋筆語

《四庫全書總目提要・子部・雜家類存目四》《凝齋筆語》一卷。江西巡撫採進本。

明王鴻儒撰。鴻儒字懋學，南陽人。成化丁未進士，官至南京户部尚書，謚文莊。事蹟具《明史》本傳。此書論易十三條，論詩三條，論書一條，論左傳一條，論周禮三條，論四書三條，論史三條，論子書三條，引朱子答王子合書一條。其自立論者，惟男女有别一條耳。大抵皆掇拾舊説，其解詩下武以爲天在上而武王在下，是未考庾信《三月三日華林園馬射賦序》「皇帝以上聖之資，膺下武之運」句也。

聽雨紀談

《四庫全書總目提要・子部・雜家類存目四》《聽雨紀談》一卷。通行本。

明都穆撰。穆有《壬午功臣爵賞録》，已著録。穆登宏治己未進士。而此書自題成化丁酉九月所作，距其登第時二十有一年。又考穆教授濠上幾二十年，始補博士弟子，三年而成進士，則其時竝未爲諸生矣。其書皆參考經史異同，陶珽嘗刊入《續説郛》，多所删節。此爲李蘅《瑣探》中所載，猶全本也。

山堂瑣語

《四庫全書總目提要・子部・雜家類存目四》《山堂瑣語》二卷。浙江范懋柱家天一閣藏本。

明陳霆撰。霆有《唐餘紀傳》，已著録。是書乃其自山西提學僉事歸田後所作。雜引經傳，以己意論斷。詞意儇薄，已開陳繼儒等之派。如謂盜發魏王之冢，而《竹書》出，盜發楚王之冢而《考工記》出，二盜於發冢則有罪，於詔世則有功。夫盜發古冢，志在寶器耳，非爲求書發也。可録以爲功哉。

墅談

《四庫全書總目提要・子部・雜家類存目四》《墅談》六卷。通行本。

明胡侍撰。皆辨證古籍，兼及時事。而徵採龐雜，多及怪異不根之語，未免失實。又謂宋人專以散文爲古，斥爲矇瞽之論，尤失之偏僻矣。

推篷寤語

黄虞稷《千頃堂書目・子部・雜家類》李豫亨《推篷寤語》十二卷。

祛疑説

黄虞稷《千頃堂書目・子部・雜家類》儲泳《祛疑説》一卷。字華容，雲間人。

歸有園麈談

錢謙益等《絳雲樓書目・雜論》《歸有園麈談》。

秉燭清談

錢謙益等《絳雲樓書目・雜論》《秉燭清談》周禮，宏治間人。嘗著《續綱目發明》文義鄙倍之甚。

覽勝記談

錢謙益等《絳雲樓書目・雜記》《覽勝記談》。

孤樹裒談

錢謙益等《絳雲樓書目・雜記》《孤樹裒談》趙可與一作李默。

下陴紀談

錢謙益等《絳雲樓書目・雜記》《下陴紀談》。

席上腐談

黄虞稷《千頃堂書目・子部・雜家類》《席上腐談》二卷。

聽雨紀談

錢謙益等《絳雲樓書目・雜記》《聽雨紀談》都穆。

蘇談

錢謙益等《絳雲樓書目・雜記》《蘇談》楊循古。

泉石清談

錢謙益等《絳雲樓書目・雜記》《泉石清談》吴人沈文著。

芝山野語

黄虞稷《千頃堂書目・子部・雜家類》朱麟《芝山野語》一卷。

篷底浮談

黄虞稷《千頃堂書目・子部・雜家類》張元諭《篷底浮談》五卷。字伯啓，浦江人。嘉靖丁未進士，雲南按察副使。

錢謙益等《絳雲樓書目・雜記》《篷底浮談》張元諭。

簷曝偶談

錢謙益等《絳雲樓書目・雜記》《簷曝偶談》。都穆作顧元慶。

偃曝餘談

錢謙益等《絳雲樓書目・雜記》 陳繼儒《偃曝餘談》。

玉乳閒談

錢謙益等《絳雲樓書目・雜記》 《玉乳閒談》。

友山浪談

黄虞稷《千頃堂書目・子部・雜家類》 王朝雍《友山浪談》一卷。沓子，山西按察僉事。

施氏臆説

黄虞稷《千頃堂書目・子部・雜家類》 施琮《施氏臆説》二卷。字中黄，吴興人，凡十六篇。

微言辨説

黄虞稷《千頃堂書目・子部・雜家類》 殷登瀛《微言辨説》辨經傳之誤。又《九一然犀集》闡發史傳經之幽微。字子登，宣城人。嘉靖壬戌進士，金華知府。自號九一居士。

螢雪叢説

黄虞稷《千頃堂書目・子部・雜家類》 俞成德子、俞子《螢雪叢説》二卷東陽人。

元亭閒話

錢謙益等《絳雲樓書目・雜記》 《元亭閒話》。

槎菴燕語

徐𤊹《徐氏家藏書目・子部・諸子類》 《槎菴燕語》一卷。來道之。

參元三語

黄虞稷《千頃堂書目・子部・雜家類》 朱得之《參元三語》十卷。

澹語

黄虞稷《千頃堂書目・子部・雜家類》 龔錫爵《澹語》五卷。嘉定縣人，萬曆癸酉舉人。

蒙泉雜言

《四庫全書總目提要・雜家・存目五》 《蒙泉雜言》二卷。浙江范懋柱家天一閣藏本。

不著撰人名氏。上卷采撮陰陽五行之説，率多穿鑿附會。下卷隨筆記載，如以書家永字八法爲合於太極兩儀四象八卦之類，亦多牽强。

支離漫語

黄虞稷《千頃堂書目·子部·雜家類》 張大齡《支離漫語》四卷。

墨池浪語

錢謙益等《絳雲樓書目·雜記》 《墨池浪語》。

陵陽先生室中語

楊士奇等《文淵閣書目·荒字》 《陵陽先生室中語》一部一册，闕。

南山素言

黄虞稷《千頃堂書目·子部·雜家類》 潘府《南山素言》一卷。

《明史·藝文志·子部·雜家類》 潘府《南山素言》一卷。

逌旃璅言

范邦甸等《天一閣書目·雜家》 《逌旃璅言》一卷。刊本。明蘇祐撰。

張子小言

范邦甸等《天一閣書目·雜家》 《張子小言》。明蜀都張愈光著，楊慎序。

緑雪亭雜言

范邦甸等《天一閣書目·雜家》 《緑雪亭雜言》一卷。刊本。明清江敖英撰并識。

錢謙益等《絳雲樓書目·雜家》 《緑雪亭雜記》。

《四庫全書總目提要·子部·雜家類存目四》 《緑雪亭雜言》一卷。浙江吴玉墀家藏本。

明敖英撰。其自序曰：「蜀臺清戎之西，有亭曰『緑雪』。環亭有竹百餘竿，日與此君相對，翛然有吏隱之適。因追憶見聞，竊有評論，隨筆雜記。」其書前半卷皆議論，大抵老生常談。至謂宋進士尹引轂潭州死節爲賢者之過，則偏駁過當。又如謂「富」字爲文下從田，言富自田起也。上從一口，言有田人貴食之者寡也。其説字穿鑿，又在王安石上矣。後半多記雜事，往往兼及靈怪，近小説家言。卷末頗評文章得失，至謂《昭明文選》既已載詩，即不當題曰文選。然則諸史《文苑傳》外亦當别出《詩苑傳》乎。

九沙草堂雜言

范邦甸等《天一閣書目·雜家》 《九沙草堂雜言》一卷。不著撰人名氏。

黄氏憶言

黄虞稷《千頃堂書目·子部·雜家類》 黄秉石《黄氏憶言》一卷。

鶴山雅言

楊士奇等《文淵閣書目・荒字》《鶴山雅言》一部一册，闕。

病榻答言

徐𤊹《徐氏家藏書目・子部・諸子類》《病榻答言》一卷。唐樞。

病榻寤言

《四庫全書總目提要・子部・雜家類存目二》《病榻寤言》一卷。浙江鮑士恭家藏本。

明陸樹聲撰。自序謂：「臥病初起，捉筆疾書。名《寤言》者以其得於寤寐也。」中多養生家言，至於緩步當車，晚食當肉，語出《戰國策》，而以爲《史記》，則明人讀書不求源本之故也。

邇言

《明史・藝文志・子部・雜家類》孫宜《邇言》二卷。

黄虞稷《千頃堂書目・子部・雜家類》孫宜《邇言》二卷。

錢謙益等《絳雲樓書目・雜記》孫仲可《邇言》。

《四庫全書總目提要・子部・雜家類存目四》《邇言》十卷。浙江巡撫採進本。

明孫宜撰。宜字仲可，華容人。是書原目十七類，分十七卷。此本止於十卷，蓋非完帙。論多膚淺，如以雷霆爲蛟龍之類，以朱子綱目立綱分註爲贅，以王伾、王叔文爲受誣，尤涉偏僻。

蜩笑偶言

《四庫全書總目提要・子部・雜家類存目四》《蜩笑偶言》一卷。浙江孫仰曾家藏本。

明鄭瑗撰。瑗有《井觀瑣言》，已著録。其書多論古之語，閒及考證，止二十六條。蓋隨筆記録，未經卒業之本。如謂蘇軾以程頤爲姦，猶盜跖以孔子爲僞。軾何至如盜跖，程子亦何可比孔子，殊爲儗不於倫，遠不及《井觀瑣言》也。

澹齋内言　外言

《四庫全書總目提要・子部・雜家類存目五》《澹齋内言》一卷，《外言》一卷。兩淮鹽政採進本。

明楊繼益撰。繼益字茂謙，松江人。是書内言閒有考證，外言則語録也。議論皆宗二氏。其解邵子三十六宫都是春句，誤以爲宫闈之宫，殊爲疎舛。欲删《元史》一條，尤爲悖謬。惟解孟子泄泄沓沓一條，引《說文》「呭」訓「多」言，引荀子諸諸而沸亦謂多言，證泄沓皆多言之意，足備一解耳。末有陳繼儒跋，稱「其學道有得」，蓋爲禪學言之也。

東谷贅言

黄虞稷《千頃堂書目・子部・雜家類》敖英《東谷贅言》二卷。

《四庫全書總目提要・子部・雜家類存目四》《東谷贅言》二卷。兩江總督採進本。

明敖英撰。英有《慎言集訓》，已著録。是書上卷雜論立身處世之道，多舉古事爲證。下卷亦雜論詩文，所載明初都督府軍數，太僕寺馬數有禁，不令人知。并額派、歲派、坐派之始末。尚賓館之聘士，皆足補史志所未備，亦《識小》之類也。

井觀瑣言

黄虞稷《千頃堂書目・子部・雜家類》 鄭瑗《井觀瑣言》三卷，又《蜩笑偶書》一卷。字仲璧，莆田人。成化辛丑進士，南京禮部郎中。

《四庫全書總目提要・子部・雜家類六》 《井觀瑣言》三卷。浙江鮑士恭家藏本。

舊本題宋閩南鄭瑗撰。鍾人傑《唐宋叢書》亦作宋人。而書中稱明爲國朝，所評論者多明初人物，決非宋人所爲。考宏治《八閩通志》，載有莆田人鄭瑗，字仲璧。成化辛丑進士，官至南京禮部郎中。朱彝尊《明詩綜》亦載有其人，所著有《明省齋集》。則此編當即明莆田鄭瑗所作，題宋人者妄也。其書大抵皆考辨故實，品騭古今，頗能有所發明。如論王柏改經之非，斥綱目發明書法考異之曲説，辨李匡乂《資暇集》解律令之誤，駁史伯璿《管窺外編》言天地之自相牴牾，及摘胡三省《通鑑註》所未備，皆中窾要。又引《宋書・柳元景傳》證魏崔浩因有異圖被誅，特假史事爲名，所論亦有根據。在明人説部中尚稱典核。惟不喜宋濂，謂其文多浮詞，於性命之學不甚理會，未免失之過刻。其論諸史紀年之例，尤偏駁不足爲據云。

張之洞《書目答問・儒家》 《井觀瑣言》三卷。明鄭瑗，唐宋叢書本，祕笈本。

養浩論

黄虞稷《千頃堂書目・子部・雜家類》 王㕘《養浩論》一卷，字汝器，朝邑人。和州同知。

冶城客論

錢謙益等《絳雲樓書目・雜記》 《冶城客論》。

何大復論

高儒《百川書志・雜家》 《何大復論》一卷。

皇明信陽何景明仲默著。凡十二篇。

荷亭辨論

《四庫全書總目提要・子部・雜家類存目四》 《荷亭辨論》十卷。浙江巡撫採進本。

明盧格撰。格字正夫，東陽人。成化辛丑進士，官至監察御史。嘗築荷亭，讀書其中，因以名書。大抵持論詭異，攻擊朱子之説，往往過當。至作《夢遊清都記》極爲揚雄辨冤。謂親見朱子與雄辨難，朱子詞窮屈服，稱雄爲得洙泗真源云云，尤爲誣誕。前有劉宗周序，謂「學惟大疑而後能大信，後儒不及前人，亦其果於自信之意多，而存疑者寡。若先生可爲真求自信者。」蓋亦微詞也。

聞見漫録

黄虞稷《千頃堂書目・子部・雜家類》 陳槐《聞見漫録》四卷。

聞見録

楊士奇等《文淵閣書目・荒字》 茅吉甫《聞見録》一部一册，闕。

聞見録

錢謙益等《絳雲樓書目・雜記》 《聞見録》張萱。

掌録

《四庫全書總目提要・子部・雜家類存目七》 《掌録》無卷數。安徽巡撫採進本。

舊本題繡雲居士撰。不著姓名時代。其鈔書格紙邊頁刊繡雲居士，蓋猶其手稾。卷首小序之末有私印曰「李輅」，而卷中天台陳剛中一條下有自註亦稱「輅少失岵恃」，則李輅所作。又上闌有一條云吾邑顧升伯入丁未會場，特落一人名而登所善門生李光元。考文秉《定陵註略》，載萬曆丁未湯賓尹爲同考官，有陰燬申時行子硃卷，而改中江西李光元事，非顧升伯，所記爲誤。然可知輅爲萬曆以後人也。其書雜鈔説部，漫無體例。多取之於《説郛》，亦無異聞。其曰《掌録》，意其取《拾遺記》蘇秦、張儀録書掌中事也。

祝子罪知録

范邦甸等《天一閣書目・雜家》 《祝子罪知》鈔本。〇明祝允明撰。

黃虞稷《千頃堂書目・子部・雜家類》 祝允明《祝子罪知録》十卷。

錢謙益等《絳雲樓書目・雜記》 《祝子罪知録》允明。

雨航雜録

《四庫全書總目提要・子部・雜家類六》 《雨航雜録》二卷。兩江總督採進本。

明馮時可撰。時可有《左氏釋》，已著録。是書上卷多論學、論文。下卷多記物產，而閒涉雜事。隆萬之閒，士大夫好爲高論。故語録説部往往滉瀁自恣，不軌於正。時可獨持論篤實，言多中理。如云漢人之於經，臺史之測天也。不能盡天，而觀象者不能廢。宋人之於學，規矩之畫地也。不能盡地，而經野者莫能違。又曰：子静之求心，而其徒棄經典。紫陽之窮理，而其徒泥章句。非教者之過，學者之失也。又曰：宋儒之於文也，嗜易而樂淺。於論人也，喜核而務深。於奏事也，貴直而少諷。皆平心静氣之談。其論王世貞悲歌碣石虹高下，擊築咸陽日動摇句，以爲近於造作而遠自然，正其一病。又引徐叔明語，論世貞爲人作傳誌，極力稱譽，如膠庠試最。乃至細微事，而津津數説。此非特漢以前無是，即唐宋人亦無此陋識，亦皆有見。惟其論《十三經註疏》立而西京諸儒之訓亡，未免失之過高，偶涉當時習尚耳。

採芹録

《四庫全書總目提要・子部・雜家類六》 《採芹録》四卷。江蘇巡撫採進本。

明徐三重撰。三重有《餘言》，已著録。是編第一卷論養民教民，第二卷、三卷多論學校貢舉、政事利弊，第四卷多論明代人物臧否。大抵皆考稽典故，究悉物情，而持論率皆平允，無激烈偏僻之見，亦無恩怨毁譽之私。勝明人所作諸説部，動涉危言，亦勝三重所作他語録。借周子之一言，遂太極陰陽、連篇累牘，講學於天地之外。惟力主均田、限田之議，反覆引據，持之最堅。究而論之，自阡陌既開以後，田業於民，不授於官，二千年於兹矣。雖有聖帝明王，斷不能一旦舉天下之民，奪其所有，益其所無而均之。亦斷不能舉天下之田，清釐其此在限外，此在限内，此可聽其買賣，此不可聽其買賣而限之。使黠豪反得隱蔽爲姦，猾胥反得挾持漁利。而閭里愚懦，紛紛然日受其擾。故漢董仲舒、北魏李安世，唐陸贄，牛僧孺，宋留正，謝方叔，元陳天麟皆反覆言之，而卒不能行。此猶可曰權不屬，時不可也。宋太宗承五季凋殘之後，宋高宗當南渡草刱之初，以天子之尊，決意行之，亦終無成效。則三重所言，其迂而寡當，可見矣。然如論漕粟則駁邱濬海運之非，論養兵則駁徐階塞外不可屯田之謬，皆卓然明論。其他亦多篤實近理，切於事情。猶可謂留心經世之學者也。

劇談録

黃丕烈《蕘圃藏書題識》 《劇談録》二卷。校本。

乙丑十月，以開萬樓所藏舊鈔本校。首多序一篇。卷中亦時有一二佳字。每卷撰人多官銜，皆古式也。書以舊爲佳，信然。即有訛字，可揣而知也。蕘翁。

《劇談録》二卷。明鈔本。

舊鈔本《劇談録》見諸汲古閣。《祕本書目》所藏，無有也。津逮本已耳。近書估從開萬樓收得舊書數種，内有此册。亟收之以備儲藏。取校毛刊增多序一篇，每卷多官銜一行，佳字亦時留一二。其舛訛處可揣而知，不礙其爲善本也。

續收得明代專刊細字本，雖序及題銜已具而佳字反不及此舊鈔，此本未可廢也。庚午十月，復翁又記。

南園漫録

范邦甸等《天一閣書目・雜家》《南園漫録》十卷。刊本。明張志淳撰。

自號録

錢曾《讀書敏求記・雜家》《自號録》一卷。

錢塘徐光浦輯宋時名公鉅卿，騷人墨客之號，裒爲一卷。淳祐丁未，其友譚友聞爲序。至正壬寅華亭孫道明手鈔于泗北村居之映雪齋，時年六十有六。予見道明所鈔書不下數十種，皆在崦嵫。景迫之年老而好學，直炳燭之明也。

東原録

楊士奇等《文淵閣書目・荒字》龔鼎臣《東原録》一部一册，闕。

元城語録

楊士奇等《文淵閣書目・荒字》《元城語録》一部一册，闕。

《元城語録》一部一册，闕。

《元城語録》一部一册，闕。

道餘録

黄丕烈《蕘圃藏書題識》《道餘録》，不分卷。鈔本。

禪乘、儒宗，由來水火而實則水乳。此中别之合之，正覺多著語言、文字不得得其旨者，實莫名一詞。然則少師此録不爲贅乎。曰否别之者余嫌其詞，費合之者，余亦嫌其詞。費若詞不費而令人豁然意解者，何嘗有語言文字之累耶。中吴賴歎行者書於花象山房。

心山所居亦曰滄蠡閣。俱在卷首。

《道餘録》出姚少師手。余既得《逃虚子集》、《逃虚類稾》矣。故並藏之，此書爲金心山所藏。心山，余友也。能文善畫又好酒，曾在郡中馬醫科巷。先世富饒及身貧窶然爲人高雅，筆墨俱饒天趣。惜身後蕩然，殘編斷簡以及一二畫本，俱爲賈人取出。閒有得者，余悉珍之重其人也。戊辰十一月望，後二日。復翁識。在卷末。

應菴任意録

《四庫全書總目提要・雜家・存目五》《應菴任意録》十四卷。浙江范懋柱家天一閣藏本。

明羅鶴撰。鶴字子應，號應菴，泰和人。是書計二百四十四條，大意欲仿《容齋隨筆》、《學齋佔畢》諸書，而耳目頗隘，不能盡有援據考證。多據所聞見，以意褒貶而已。其持論有最偏駁者。如赤龍合慶都生堯，修己坼背生禹，本緯書妄説，皆反覆論辨。以爲必然。又引《章氏家譜》、《宏益記聞》、《東林論易語》、尹氏之《性學指要》、趙説之《心學淵源後跋》、胡氏《大同》、《論一切瑣説》文致周程諸儒皆以僧爲師。至以鄉曲之私，謂建文遜國之時楊士奇不當死難。使務此小節則不足以爲東里，尤爲害義。其謂吕后名雉，高祖字之曰野雞之類，杜撰故實，尤其小疵矣。

牖景録

《四庫全書總目提要・子部・雜家類存目五》《牖景録》二卷。江蘇巡撫採進本。

明徐三重撰。三重有《餘言》，已著録。此書名《牖景》者，蓋取北人讀書如顯處視月，南人讀書如牖中窺日意也。中多雜論世事，故與所作《語録》別爲一書。中多篤實切近之論，而傷於拘迂者亦頗有之。如謂杜甫詩「厚禄故人書斷絶，恒饑稚子色淒涼」，不如明道程子詩「陋巷一生顏氏樂，清風千古伯夷貧」。謂宋之問案此蘇味道詩，三重誤以爲之問詩。《上元夜詩》「火樹銀花合，星橋鐵鎖開。遊妓皆穠李，行歌盡落梅。」三代盛王之時恐無此俗，國風雅頌之什亦無此言。謂杜甫《黄四孃家花滿谿》一首爲不軌於名教，皆不能謂之無理。然事事操此論以往，其勢未有不窒礙者也。

瓶花齋雜録

《四庫全書總目提要・子部・雜家類存目五》《瓶花齋雜録》一卷。編修程晉芳家藏本。

明袁宏道撰。宏道有《觴政》，已著録。此書多記聞見雜事，及經驗醫方。間及書傳，持論亦多偏駁。如孟子説性善、及儒與老莊同異諸條，第喜逞才辨，不自知其言之過也。

閲耕餘録

《四庫全書總目提要・子部・雜家類存目五》《閲耕餘録》六卷。兩江總督採進本。

明張所望撰。所望字叔翹，上海人。萬曆辛丑進士，官至廣東按察司副使。此其隨筆劄記之文，中頗有所考證。而摭拾舊文者亦多，又兼録誚謔果報諸雜事，蓋陳繼儒《珍珠船》之類也。

蓬牕目録

《四庫全書總目提要・子部・雜家類存目五》《蓬牕目録》八卷。福建巡撫採進本。

明陳全之撰。全之字粹仲，閩縣人。萬曆甲辰進士，是編分世務、寰宇、詩談、事紀四門，門各二卷。《世務》一門多可採，《寰宇》一門頗參輿記陳言，《詩談》、《事紀》則更傷猥雜矣。

歐餘漫録

《四庫全書總目提要・子部・雜家類存目五》《歐餘漫録》十二卷。浙江巡撫採進本。

明閔元衢撰。元衢字康侯，烏程人。縣有昇山，山麓有歐陽亭。故昇山一名歐餘山。元衢因以歐餘生自號，併以名其劄記。書中考證間有可採，而膚淺者居多。

古今評録

《四庫全書總目提要・子部・雜家類存目五》《古今評録》四卷。浙江巡撫採進本。

明商維濬撰。維濬字初陽，會稽人。世所傳商氏《稗海》即所輯也。是書皆借古事立論，不出明季纖巧之習。間有考證，每多疏舛。如論以船量物事，謂《苻子》所紀燕昭王稱豕事，在曹蒼舒稱象之前，不知《苻子》爲苻朗所撰。朗，秦王堅之姪也。其書今已佚，惟見類書所引。如關龍逢諫桀，齊景公好馬之類，皆假借古人爲寓言，竝無事實。維濬徒知燕昭王在蒼舒前，而不知朗在蒼舒後，殊爲失考。其膚淺率此類也。

青林雜録

《四庫全書總目提要・子部・雜家類存目四》《青林雜録》一卷。浙江巡撫採進本。

明王薫撰。薫字簡之，天台人。嘉靖中爲黄巖縣學生。是書蓋其隨筆記録之文，後人鈔而傳之者。如第五頁中一條，上書一胥字，下註「實物於器之名」六字，别無他語。可以知其非著書也。中多講學之語，亦多憤激之談。如謂越有貴人操予奪之權，寵辱進退惟其所專制。有三人謁之，一翼之行，舉爲邑，一爲供僕隸之役，舉爲郡。一爲奉溺器，遂舉爲郡邑長。小賤則小貴，大賤則大貴云云。雖寓言以鳴不平，亦失之太甚矣。

蕉窗雜録

《四庫全書總目提要・子部・雜家類存目四》《蕉窗雜録》一卷。兩淮馬裕家藏本。

舊本題曰宋稼軒居士撰。稼軒，辛棄疾號也。故凡遇「宋」字必加「皇」字於上，以明其爲真棄疾作。然書中乃引楊慎《丹鉛録》、王鏊《震澤長語》、都穆《聽雨紀談》、焦竑《類林》、王世貞《藝苑卮言》，其妄殆不足辨。其所自增數條，如謂木筆名辛夷，芍藥一名辛夷，云出《山海經》之類，更爲無稽之談。殆妄劣書賈，鈔合明人説部，詭題此名也。

鶴山筆録

《四庫全書總目提要・子部・雜家類存目四》《鶴山筆録》一卷。浙江巡撫採進本。

舊本題宋魏了翁撰。載陸烜《奇晉齋叢書》中。末有悔餘老人跋，稱「竹坨自粤游回，鈔《鶴山筆録》一卷見眎。子意必陳腐滿紙，漫不省也。近因箋註蘇詩，試取檢閲，則見辨核紀録，皆有真趣。卓乎小説名家。毛氏《津逮》既鐫其題跋而不及此，想汲古閣中亦無此藏本也」云云。悔餘老人爲查慎行别號，竹坨不知何許人，疑爲竹垞之誤也。然朱彝尊《曝書亭集》無此書跋，而慎行《補註蘇詩》亦無一字引此書。跋中辨核紀録，皆有真趣二語。文義殆不可通。恐不出慎行之筆，烜又自跋其後云。按《唐宋叢書》曾刻了翁《經外雜鈔》二卷，此纔及十分之三。大段相類，而互有異同。古人於説部，往往歷年成書。各種而後併歸一部，此當是初本也。察烜之意，殆亦隱覺其僞而巧爲之詞，其實即書賈剽經外雜鈔僞爲之，與烜所刻《平巢事迹考》鈔通鑑半卷者等也。

誠齋揮麈録

《四庫全書總目提要・子部・雜家類存目四》《誠齋揮麈録》一卷。浙江鮑士恭家藏本。

舊本題宋楊萬里撰。左圭收入《百川學海》中。今檢其文，實從王明清《揮麈録話》内摘出數十條，别題此名。凡明清自稱其名者，俱改作萬里字。蓋坊刻贋本，自宋已然。《百川學海》在叢書中最有體要，然且如此。其餘固無足責矣。

海涵萬象録

《四庫全書總目提要・子部・雜家類存目四》《海涵萬象録》四卷。浙江范懋柱家天一閣藏本。

明黄潤玉撰。潤玉有《四明文獻録》，已著録。是書乃潤玉孫溥録其平日言論，分四十類。其中閒有新意。然舛誤者多。如引《禮》公子之子孫有封爲國君，則世世祖是人。遂謂宋太祖當居始祖廟，其祖父宜另立六廟。信如此言，則周之后稷不當居始祖廟，武王不當列二世室矣。其説甚謬。又謂春官大司樂其祭祀之樂不用商聲，朱子與蔡西山俱不説出。案《周禮・太師》曰，皆文之以五聲宫、商、角、徵、羽，則周未嘗不具商聲。且《大司樂》曰：「凡樂圜鍾爲宫。」又曰：「黄鍾爲角」，乃謂黄鍾爲夷則宫之角。又曰：「太簇爲徵，姑洗爲羽」，乃謂林鍾宫之徵及羽，非謂圜鍾之宫止有角、徵、羽三聲而闕商聲也。後韓邦奇《苑洛志樂》論之甚詳，潤玉未詳考經文也。又謂《周禮》別無北郊之文，其北郊字出緯書。案《天官・内宰》文曰：「中春詔后帥外内命婦始蠶於北郊」，何嘗無「北郊」字耶。又謂《爾雅》有不律筆之文，謂蒙恬始造筆，證非周公之作。不知蒙恬造筆，事出張華《博物志》，小説雜書，不足爲據。魯語有以死奮筆之文，固在張華先也。如此之類，頗傷舛駁。至所載羅銓賂交東楊，求陞都御史諸條，尤語涉恩怨，益不足徵信矣。

古穰雜録

《四庫全書總目提要・子部・雜家類存目四》 《古穰雜録》三卷。浙江范懋柱家天一閣藏本。

明李賢撰。賢有《天順日録》，已著録。是編乃所著筆記。間抒議論，而述時事者爲多。中多不滿三楊。其謂李時勉自仁宗譴怒以後，不復直言。自王振誣搆以後，即乞歸。有明哲保身之義，亦頗著微詞。三楊固時有短長，若時勉，恐非賢所能議也。其自稱土木之役隨軍過鷄鳴山時，欲邀三五御史以一勇力之士捽王振而碎其首於帝前，即挾駕還大同，欲謀於英國公不得云云。恐亦文飾之説耳。

損齋備忘録

《四庫全書總目提要・子部・雜家類存目四》 《損齋備忘録》二卷。浙江范懋柱家天一閣藏本。

明梅純撰。純，夏邑人。成化辛丑進士，《太學題名碑》作南京衛人。蓋純爲洪武中駙馬都尉梅殷之元孫，世隸勳籍故也。書中自稱初以應襲指揮使登進士，後復讀《近思録》中張子論世禄、子孫不應工聲病售有司一條，遂請於朝廷而復舊官。蓋亦戛然自異之士矣。是書上卷分紀事、纂言、知人、格物四類。下卷分説詩、論文、補闕、拾遺、辨疑、刊誤六類。其説詩論文，頗能中理。而亦每傷於迂闊。如謂韓退之畫記，先儒謂其體似《顧命》，觀之信然。但《顧命》所言皆經世遠圖，其所敘載亦皆一時聲容禮樂之盛。而退之所紀不過游玩禽荒，是可同年而語哉。韓子不以其道得之，又玩而弗置，不幾於喪志乎云云。可謂膠固之甚。且《顧命》何嘗有樂，而曰聲容禮樂之盛。殆謬爲大言，不核事實矣。其紀事類中述梅殷之歸京師，乃以母老之故。其擠死笪橋下，出於趙深、譚曦之竊害，非成祖之意，是以其家受恩未艾云云。與史迥異，亦曲筆也。

餘冬序録

《四庫全書總目提要・子部・雜家類存目四》 《餘冬序録》六十五卷。内府藏本。

明何孟春撰。孟春有《文簡疏議》，已著録。是書體格近王充《論衡》。凡内篇二十五卷。前五卷多論君道，後二十卷多論古今人品。外篇三十五卷又閏五卷則皆雜論也。大旨主於品藻得失，不主於考證同異。好爲高論，而不免流入迂僻。又炫博貪多，有得輒録，往往傷於踳駁。外篇或剽陳言，或記瑣事，亦病蕪雜。使其精自簡汰，僅存數卷，頗足爲一家之言。而愛不能割，遂僅於陳絳《金罍子》諸書，較其優劣。殊爲不善用長。至分卷之目，原本標以《爾雅》月名月陽，尤爲詭異。

停驂録　續録

《四庫全書總目提要・子部・雜家類存目四》 《停驂録》一卷。《續録》三卷。兩江總督採進本。

明陸深撰。是編乃其罷山西提學僉事南歸時所作。前録成於嘉靖九年，續録成於十一年。雜録詩話、文評、朝章、國典，於經義亦閒有考證。《續録》中所載孟子爲長者，折枝當解作肢體之肢，亦足以備一説。又謂《論語》、《詩》、《書》執禮，「執」疑是「蓺」之誤，則太拗見矣。

河汾燕閒録

《四庫全書總目提要・子部・雜家類存目四》 《河汾燕閒録》二卷。兩江總督採進本。

明陸深撰。深有《南巡日録》，已著録。是書隨筆劄記，雜論史事得失，經典異同，亦頗及當代故實。其曰《河汾燕閒録》者，蓋深爲山西提學僉事時所著也。

傳疑録

《四庫全書總目提要・子部・雜家類存目四》《傳疑録》二卷。兩江總督採進本。

明陸深撰。上卷雜論經説異同，兼及史事。於前代宗室恩數等殺之制，敘述尤詳。當爲明代宗禄之弊而設。下卷則專論調律之法，始於累黍候氣，終於十二辰，皆備載之。蓋隨手雜録而成者。

卮言餘録

《四庫全書總目提要・子部・雜家類存目四》《卮言餘録》十三卷。山東巡撫採進本。

明林炫撰。炫字貞字，閩縣人。正德甲戌進士，官至通政司參議。是編乃其隨筆劄記，多談典籍藝文，亦頗及雜事，而評史者較多。其中往往但引用舊文，不加斷語。疑其裒輯諸書，欲有所論著而未成，故前後無序跋，亦併無目録也。

詢芻録

《四庫全書總目提要・子部・雜家類存目四》《詢芻録》一卷。浙江范懋柱家天一閣藏本。

明陳沂撰。沂，有《維楨録》，已著録。是書取里巷相傳譌謬之事，及通俗俚語，各爲疏證其出處。故以《詢芻》爲名。僅十九條，皆不足以資考據。

北窻叢録

楊士奇等《文淵閣書目・荒字》《北窻叢録》一部一册，闕。

摛耀録

張萱等《内閣藏書目録・諸子類》《摛耀録》，一册。《年譜》，一册。

刑部侍郎王宗沐事實。

認字測

《四庫全書總目提要・子部・雜家類存目五》《認字測》三卷。浙江鮑士恭家藏本。

明周宇撰。宇有《字考啓蒙》，已著録。是書標八十一字，每字各爲疏解一篇。其義欲借以講學，而穿鑿點畫，實則王安石之緒餘而已。既非小學，又非語録，四庫之中，無類可入。姑附之於雜家焉。

槐亭漫録

黄虞稷《千頃堂書目・子部・雜家類》嚴堯皾《槐亭漫録》十卷。字汝儀，朝邑人。晉府典寶。

《四庫全書總目提要・子部・雜家類存目二》《槐亭漫録》無卷數，湖北巡撫採進本。

明嚴堯皾撰。堯皾字汝儀，號槐亭，朝邑人。官房縣主簿。是書凡十一篇，曰明元、曰太極、曰天文、曰地理、曰時令、曰人物、曰性命、曰鬼神、曰文史、曰雜著、曰拒邪。前有嘉靖甲辰自序，謂是録皆經傳格言、師友緒論。然鈔撮舊文，參以膚談，不足稱窮理格物之功。

擊壤閒録

黄虞稷《千頃堂書目・子部・雜家類》華彦名《擊壤閒録》二卷。

居業録

徐𤊹《徐氏家藏書目・子部・諸子類》 胡氏《居業録》四卷。胡居仁。

倦遊雜録

楊士奇等《文淵閣書目・荒字》 張師正《倦遊雜録》一部一册，闕。

靈怪録

錢謙益等《絳雲樓書目・雜記》 《靈怪録》。

蒙溪鉤餘録

錢謙益等《絳雲樓書目・雜記》 《蒙溪鉤餘録》。

埭川識往

黃丕烈《蕘圃藏書題識》 《埭川識往》一卷。舊鈔本。

此書余得諸郡故家藏匣中久矣。無别本可對也。甲戌四月路過玄妙觀前。有友人出一書相示，云是外間所罕有者。余取視之，蓋即《埭川識往》也。因謂友人曰：「此書原本余得之，請攜歸一對。果自余本出特傳録，又不無稍誤耳。唯是本本有原誤而校正者，痕迹宛然。末跋中所改，有正有誤。」「壬午」二字原作「辛巳」，如據卷端弁言，「壬午」爲正。「白沙公」三字原作「二月余」。「予」字原作「中」字。「曲江黃弘農」原作「白沙貢大童」。此原正兩校誤也。觀卷端弁言云：「與客至吳門」，客即指野素。未完。

此書未知撰人。前有延陵白沙山人端木氏大章敘，即貢大章後跋。爲曲江黃弘業非大章再跋。「二月餘」亦當作「白沙公」。觀語氣知之，不得云校誤。

篷窗日録

錢謙益等《絳雲樓書目・雜記》 《篷窗日録》陳全之。

平橋漫録

黃虞稷《千頃堂書目・子部・雜家類》 鄭文康《平橋漫録》一卷。

山脞録

錢謙益等《絳雲樓書目・雜記》 閔文仲《山脞録》。

深億尊聞録

錢謙益等《絳雲樓書目・雜家》 《深億尊聞録》，二卷。

世廟識餘録

錢謙益等《絳雲樓書目・雜論》 徐學謨《世廟識餘録》二十六卷。

損齋備忘録

錢謙益等《絳雲樓書目・雜記》 《損齋備忘録》梅純，江寧人。

吴中録

楊士奇等《文淵閣書目・荒字》 楊慈湖《吴中録》一部一册,闕。

賢識録

錢謙益等《絳雲樓書目・雜家》 陸釴《賢識録》釴字鼎儀,崑山人。歷官至太常少卿。以詩名成宏間。李長沙稱之。

之桐紀事

范邦甸等《天一閣書目・雜論》 《之桐紀事》一卷。刊本。明余漢城著。

齋居紀事

毛晉《汲古閣書跋》 《齋居紀事》。

先君搜裒放翁著作,可謂備矣。但不得《老學菴續筆記》以爲欠事。扆近讀袁尚之《嘉藝録》中有《齋居紀事》一卷。從放翁真跡抄出者,并刊附於後。卷末缺字,想係渝敝處。《嘉藝録》者,尚之手録其家藏及所見法書、名畫、題識,都爲一册。亦朱性甫《鐵網珊瑚》之流也。但其記本之紙絹軸之大小横立,以及若何設色。今昔收藏姓氏,視性甫爲詳密云。汲古後人毛扆識。

齋居暇録

黄虞稷《千頃堂書目・子部・雜家類》 彭鳳徵《齋居暇録》八卷。

倪雲林遺事

毛晉《汲古閣書跋》 《倪雲林遺事》。

語云:「米顛之後,復有倪干。」即殘箋斷素,珍之不啻吉光片羽。至其詩文輒存而不論,何貴目而賤心也。然詩文特語言文字耳,若元章葬其親,不封不樹。元鎮欲母病速起,及奉養無嗣師,終其身一種不可緇磷之摯性。真堪敦薄,凡後世遊戲翰墨,自詫爲非顛即迂者,寧但逕庭耶。

昔年從天竺僧寮見《雲林遺事》,如載飲食一條。似乎贊歎殺法,又載混厠諸事。俚陋之甚,今悉删去。偶從輟耕諸書採拾種種,末附題畫詩百餘篇。展卷一過,覺雲山竹樹,恍然座右。亦貧士几上一古玩也。

夢醒紀臆

黄虞稷《千頃堂書目・子部・雜家類》 陳嘉謨《夢醒紀臆》一卷。上元人,天啓貢士。吴江訓導。

金陵瑣事

顧廣圻《思適齋集・題跋》 《金陵瑣事》四卷。明刻本。

上元伍君詒堂至邗江,示我明周吉父此書。寓中鐙下繙閲一過,喜其足以增廣聞見,爲博物家所不可少。焦澹園甚稱道之,洵非虚已。第三卷古碑碣一條,所指某刻在某處,出自目驗,尤可徵信。余向作冶城山館客,訪尋所獲較遜此。數如尊經一炬,閣下諸石固應被燬,而鷲峯寺無恙。欲拓顔魯公放生池記,羣衲堅諱無有也。儻使得好古有力之士,及今加意搜剔。凡屬斯類或當復出矣。亦此書中有用之一事也。唯唐江寧詩人一條,内引《李太白集》中所云:白家本金陵,世爲右族,遭沮渠蒙遜之亂。以爲觀此語,太白亦金陵人,則誤。蓋白是涼武昭王暠九代孫。見李陽冰所撰《白集序》。《新唐書》嘗取入本傳。故自言世爲右族,然則望系隴西，家當在金城，非金陵也。且《晉書・蠹傳》及《沮渠載記》具在蒙遜之亂。自屬涼州與江表迥不相涉。若果金陵，豈能遺乎。前明之人考古多疏，不必獨爲吉父病。遂題其卷端而還之。

宋賢事彙

《四庫全書總目提要・子部・雜家類八》　《宋賢事彙》二卷。浙江汪啓淑家藏本。

明李廷機撰。廷機有《漢唐宋名臣録》，已著録。是編雜採史書説部所載宋人行事，分爲四十三類。首有自序，謂宋之世風人材，頗類今日。言論行事，往往有可用者云云。宋明之季，儒者如出一轍，此類亦可以觀矣。

見聞紀詞

錢謙益等《絳雲樓書目・雜記》　《見聞紀詞》。

豫齋管見

錢謙益等《絳雲樓書目・雜記》　《豫齋管見》。

翦勝野聞

錢謙益等《絳雲樓書目・雜記》　《翦勝野聞》一卷。徐楨卿。

客座新聞

錢謙益等《絳雲樓書目・雜記》　沈周《客座新聞》。

近峯聞略

錢謙益等《絳雲樓書目・雜記》　《近峯聞略》皇甫録。

李氏紀聞

楊士奇等《文淵閣書目・荒字》　《李氏紀聞》一部一册，闕。

苹野纂聞

錢謙益等《絳雲樓書目・雜記》　《苹野纂聞》。

耆舊續聞

楊士奇等《文淵閣書目・荒字》　《耆舊續聞》一部一册，闕。

石洞記聞

張萱等《内閣藏書目録・諸子類》　《石洞記聞》，二册不全。莫詳著人姓氏。宋景定《問録》中皆上論語講章。

五湖漫聞

錢謙益等《絳雲樓書目・雜記》　《五湖漫聞》。

繼世紀聞

錢謙益等《絳雲樓書目・雜家》 陳洪謨《繼世紀聞》四卷。

治世餘聞

錢謙益等《絳雲樓書目・雜家》 陳洪謨《繼世紀聞》四卷。《治世餘聞》四卷。

震澤紀聞

錢謙益等《絳雲樓書目・雜記》 《震澤紀聞》王鏊。

明辨類函

《四庫全書總目提要・雜家・存目五》 《明辨類函》六十四卷。直隸總督採進本。

明詹景鳳撰。景鳳有《畫苑補益》，已著録。是書《明史・藝文志》、黄虞稷《千頃堂書目》俱作詹氏小辨。而世所傳崇禎壬申刊本，實作《明辨類函》。蓋後又改名也。首列作者辨，以發明周子《太極圖》至蔡氏《範極十書》之旨。次造化辨，分理氣至異事八目。次人道辨，爲篇三，曰明自，言學也。曰行自，言治也。曰適自，言藝也。次人品辨，爲統二。以歷代君臣志得道行者爲得志統。以不能行其道者，爲齎志統。景鳳宗耿定向之學，故所論格物致知及明明德於天下皆以知識爲良知。乖隔支離，不能窺見本體。其於當時爲禪學者，雖亦斥之甚力。而中無定識，往往騎牆。如諸子門中謂夫子與老子同生周世，爲萬古開辨局。又謂佛老倘真能信之，亦足爲清心寡欲之助。仍不免混儒、墨而一之。又稱孟子在齊，三卿往返數年，名實竟未加上下，尤放言無忌。其品藻同時諸人，每恨不爲王世貞所知。蓋亦文士好名者，乃欲附講學以自重。議論高而無所歸宿，終不免於遊談無根之誚也。

七脩類稿

范邦甸等《天一閣書目・雜家》 《七脩類稿》五十一卷。刊本〇明仁和郎瑛仁寶著。分天地、國事、義理、辨正、詩文、事物、奇謔、七類。

錢謙益《絳雲樓書目・雜記》 《七脩類稿》郎瑛字仁寶，仁和人。潛居不仕，五十九卷。

《四庫全書總目提要・雜家・存目四》 《七修類稾》五十一卷。江西巡撫採進本。

明郎瑛撰。瑛字仁寶，仁和人。是編乃其筆記。凡分天地、國事、義理、辨證、詩文、事物、奇謔七門。所載如杭州宋官署考，則《咸淳臨安志》及西湖各志所未詳。又紀明初進茶有探春、先春、次春、紫筍諸名，及漕河開鑿工程，皆《明會典》及《明史》諸志所未及。亦閒有足資考證者。然採掇龐雜，又往往不詳檢出處，故踳謬者不一而足。如以宋李建中爲南唐人，謂謝無逸以蝴蝶詩得名，後李商隱竊其義，則以唐人而蹈襲宋人。引武林女子金麗卿詩「梅邊柳外識林蘇」句，譏其不能守禮，出則擁蔽其面。皆極爲王士禎所詆斥，見於《香祖筆記》中。此外如紀楊維楨爲明太祖所召，託疾固辭，作詩謚死，則全無事實。桓温妻我見猶憐之語，不知爲李勢妹。而但云温娶妾甚都，則失之耳目之前。至「周公恐懼流言日，王莽謙恭下士時」一詩，以爲不知姓名，必宋人所作。則并《白居易集》而亦忘之。蓋明人著書鹵莽，往往如此。書中極詆《説郛》、《輟耕録》。然此編實出此二書下，所謂人苦不自知也。

彭元瑞等《天禄琳琅書目後編・子部》 《七修類稾》四函，二十四册。

明郎瑛撰。瑛字仁寶，仁和人。書五十一卷，分七門。曰天地、曰國事、曰義禮、曰辨證、曰詩文、曰事物、曰奇謔。前有張之象序。目録後有瑛自識，刻於閩中。此其舊本也。之象字月麓，上海人。官浙江按察司知事。

蠡海集

《四庫全書總目提要・子部・雜家類六》 《蠡海集》一卷。兩淮鹽政採進本。

舊本題宋王逵撰。案宋有三王逵。其一王逵，不知何許人。仁宗時官江南西路轉運使，調淮南轉運使。包拯連具七章彈之，具載拯奏議中。極斥其貪鄙酷虐，似非能著書之人。其一王逵，濮陽人。天禧三年進士，官刑部郎中。其所著作，惟吕希哲雜記載其贈蔡襄詩一首。阮閲《詩話總龜》載其詠酒簾一聯，不聞更有此書。其一王逵，淄州人。建炎中知徐州王復之孫，紹興中太僕丞王佾之子。其所著作，惟《蘆浦筆記》載送田鄂詩一首。亦不聞有此書。此書中論脈一條，稱七表、八裏、九道計二十四，見之於叔和《脈訣》，是熙寧閒書也。前兩王逵不得見。論百刻一條，稱趙緣督又有一説，是至元以後書也。後王逵亦不得見，又安得而引之耶。考明黄姬水《貧士傳》，載王逵，錢塘人。足一跛，家極貧，無以給朝夕，因賣藥，復不繼，又市卜。博究子史百家，客至，輒談今古不休。人知其辨博，每以疑難質之，無不口應。列其人於張介福之後，王賓之前。蓋洪武、永樂閒人。作是書者，必此王逵。商濬刻《稗海》時，未及詳考。誤以爲宋王逵也。其學蓋出於邵子，其書亦規摹《觀物外篇》，分天文、地理、人身、庶物、曆數、氣候、鬼神、事義八門。皆即數究理，推求天地人物之所以然。雖頗穿鑿，而亦時有精義。世稱二十四番花信風，楊慎《丹鉛録》引梁元帝之説，別無出典。殆由依託，其説亦參差不合。惟此書所列，最有條理，當必有所受之云。

露書

《四庫全書總目提要・雜家・存目五》《露書》十四卷。兩淮馬裕家藏本。

明姚旅撰。旅號園客，莆田人。其書分核篇二，韻篇三，華篇、雜篇、蹟篇、風篇、錯篇、人篇、政篇、籟篇、諧篇、規篇、枝篇、異篇各一。雜舉經傳，旁證俗説。取東漢王仲任所謂口務明言，筆務露文之意，名曰《露書》。然詞氣儇薄，頗乖著書之體。其核篇所論經義，率毛舉捃拾，無關大旨。韻篇亦猥雜不倫，諧異諸篇尤多鄙俚。至謂屈原宜放，馬遷宜腐，以其文之繁也。傎亦甚矣。

書蕉

《四庫全書總目提要・雜家・存目五》《書蕉》二卷。浙江孫仰曾家藏本。

明陳繼儒撰。繼儒有《邵康節外記》，已著録。是書皆雜鈔古今名物訓詁及奇文僞字，可供詞藻之用者，隨筆劄記，頗無倫次。如執金吾秦吉了之類。人所習見者，俱泛載之，徒費簡牘。又如泥孩兒一條出陸游《老學菴筆記》，而没其書名，亦爲攘美。至以闕止爲宰子，渾瑊爲渾城，陳正敏爲陳所敏，尤失考矣。

次麓子集

《四庫全書總目提要・雜家・存目四》《次麓子集》十二卷。山西巡撫採進本。

明李錦撰。錦號次麓，榆社人。嘉靖壬子舉人，官宛平縣知縣。是書雖以集名，實説部之類。凡列三十二門，據卷首錦自序云：「約舉經傳子史百家，以及稗官小説，遇有可評騭者，無論工拙，輒附數語，以資睹記云云。其書皆先列古書一條，而其下綴以己説。多掉弄筆墨，無所闡發。

閒中編

錢謙益等《絳雲樓書目・雜家》 黄溥《閒中編》。

思問初編

黄虞稷《千頃堂書目・子部・雜家類》《思問初編》十二卷。不知名氏。

春雨堂雜鈔

《四庫全書總目提要・雜家・存目四》《春雨堂雜鈔》一卷。兩江總督採進本。

明陸深撰。所録多古今政治得失之故，鈔撮舊文自爲評騭。其謂漢光武篤信圖讖，與求仙覆轍相去不遠，似亦因世宗好道而託諷也。

畫禪室隨筆

《四庫全書總目提要・子部・雜家類六》《畫禪室隨筆》四卷。內府藏本。

明董其昌撰。其昌有《學科考略》，已著録。是編第一卷論書，第二卷論畫，中多微理。由其昌於斯事積畢生之力爲之，所解悟深也。第三卷分紀遊、記事、評詩、評文四子部。中如記楊成以蔡經爲蔡京之類，亦未免小誤。其《評文》一門，多談制藝。以陸龜蒙《白蓮詩》爲皮日休之類，頗涉輕薄。蓋其昌應舉之文與陶望齡齊名，當時傳誦，故不能忘其結習也。四卷亦分子部四：一曰《雜言上》，一曰《雜言下》，皆小品閒文，然多可採。一曰《楚中隨筆》，其册封楚王時所作。一曰《禪悅大旨》，乃以李贄爲宗。明季士大夫所見，往往如是，不足深詰。視爲蜩螗之過耳可矣。

瑯琊漫鈔

《四庫全書總目提要・子部・雜家・存目四》《瑯琊漫鈔》一卷。兩淮鹽政採進本。

明文林撰。林字宗儒，長洲人，成化壬辰進士，官至温州府知府。是書雜記瑣聞逸事，閒亦考證經史。凡四十八則，無甚可採。其三皇一條，至謂司馬貞祖邵子之説而成本紀，則唐宋不辨矣。

六研齋筆記

《四庫全書總目提要・子部・雜家六》《六研齋筆記》四卷。《二筆》四卷。《三筆》四卷。禮部尚書曹秀先家藏本。

明李日華撰。日華有《梅墟先生别録》，已著録。日華工於書畫，故是編所記論書畫者十之八。詞旨清雋，其體皆類題跋。蓋錦贉玉軸，流覽既久，意與之化，故出筆輒肖之也。其他所記雜事，亦楚楚有致。而每一真跡，必備録其題詠跋語，年月姓名，尤足以資考證。王士禛《居易録》嘗譏其以韓愈《山石詩》爲白居易、陸游作。以唐莊宗如夢令詞爲李白作，以韋應物《西澗詩》爲杜牧作，以林逋爲與文同李公麟同時，以趙秉文爲元人，皆誠爲舛謬。其他如以蘇若蘭與渤海高氏竝列於能書婦人中，不知何據。又文徵明詩竹符調水沙泉活句，乃用蘇軾詩語，今見《東坡集》中。而以爲吴中諸公遺力往寶雲取泉先以竹作籌子，付山僧爲質。其事未經人用亦屬疎漏。大抵工於賞鑒，而疎於考證。人各有能有不能，取其所長可矣。是書分三集，集各四卷，《明史・藝文志》作十二卷，蓋總而言之。其實即此三集也。

胡文穆雜著

《四庫全書總目提要・子部・雜家類六》《胡文穆雜著》一卷。浙江范懋柱家天一閣藏本。

明胡廣撰。廣字光大，建文庚辰進士第一。惠帝以其名與漢胡廣同，更名靖。除翰林院修撰。靖難兵至，迎降。永樂初，復原名。累官文淵閣大學士。卒謚文穆，事蹟具《明史本傳》。所著有《晃菴扈從》諸集。是書乃其隨手劄記，已載入文穆集中，此其别行之本也。其中如謂《資治通鑑》論維州悉怛謀事，司馬光非不知李是牛非，特以意主和鄰，不欲生釁，故矯爲此言。引其臨終與吕公著簡爲證，可謂深明時勢。又謂灞陵尉禁人夜行，乃其本職。李廣憾之爲私意，謂子産論黄熊爲啓信妄喜怪之漸。謂申屠嘉大節凜然，班固稱其學術不及陳平，其説非是。持論亦正。他如謂易卦吉凶皆戒，占者當反求諸己，與左傳穆姜南蒯之事合。謂問名、納吉、納幣之卜，皆卜其日，非卜吉凶，程子所疑未可憑。謂李白非無與杜甫詩，《容齋隨筆》所考未確。謂灌嬰實定豫章，李白詩不誤，而胡若思指爲陳嬰，反誤。亦頗有考據。廣文集未足名家，此書在明初説部之中則猶爲可取。至論季布不死一條，謂班固之言抑揚太過。與其負王艮而迎成祖，截然相反。豈書作於建文壬午以前耶。然論漢黄生、宋蘇軾武王非聖人之説，又似曲爲靖難者解。或自知大節有虧，而故爲成仁取義之言，以掩後世之耳目歟。

宙合編

《四庫全書總目提要・子部・雜家・存目五》《宙合編》八卷。福建巡撫採進本。

明林兆珂撰。兆珂有《毛詩多識編》，已著録。是編乃其考證之文，分爲六門。一曰泰真測微，皆談天地。二曰珍駕提羽，皆談經籍。三曰墨兵微畫，皆談史傳。四曰議疇剽耳，皆談世務。五曰在鈞誦末，皆論學問文章。六曰說藪鬖髿，皆談雜事。明代說部，大都撏撦斷爛，游談無根。兆珂又摭明人之說部而以己見斷之，輾轉稗販，似奥博而實無考證。每篇名目，故爲詭異。篇首各有小序，亦皆澀體。均之當時習氣也。

對問編

《四庫全書總目提要・雜家・存目四》《對問編》八卷。副都御史黄登賢家藏本。

明江應曉撰。應曉字覺卿，徽州人。嘉靖末官涪州州判。是書刺取史籍所載天文、地理、人物、雜事分條立說，議論多偏駁不純。前有自序一篇，文頗聱牙。蓋亦沿歷下瑯琊之習者也。

東巢雜著

《四庫全書總目提要・雜家・存目四》《東巢雜著》二卷。浙江巡撫採進本。

不著撰人名氏。前有陸釴序，稱爲同邑。釴，鄞縣人，則亦鄞人也。序中但稱其號曰東巢子。下卷兩鄉水利事宜一條，但自稱其名曰復，其姓則未之詳，考《甬上耆舊詩小傳》，稱倪復字汝新，列其所著書凡十四種。《東巢雜著》居其一，當即倪復作矣。所撰《詩傳纂義》，已著録。是書皆考辨之文。於禮制樂律易象皆有論斷，亦雜及經義史事，而終以其鄉之水利及《武宗實録》。其書成於嘉靖初年，故仲嬰齊後歸父辨，力主爲之後者爲之子。蓋亦剛正之士，不附張桂之說者云。

梟瓦三編

《四庫全書總目提要・雜家・存目五》《梟瓦三編》十二卷。浙江巡撫採進本。

明吴安國撰。安國字文仲，長洲人。萬曆丁丑進士。官至寧波府知府。是編凡讀經二卷，讀史二卷，述訓二卷，談藝二卷，匡時二卷，紀龐二卷。其讀經諸條多有駁孟子、闢朱子之語。讀史内謂湯武之征誅爲逆，而以聖人應天順人之說爲非。述訓以下語頗平正，然大都鈔撮說部，亦無所心得也。

俟後編

《四庫全書總目提要・雜家・存目五》《俟後編》六卷，《補録》一卷，《附録》一卷。江蘇巡撫採進本。

明王敬臣撰。敬臣字以道，長洲人。歲貢生。萬曆丙戌，南京禮部尚書袁洪愈薦授國子監博士。《明史・文苑傳》附見魏校傳中。是編凡經說一卷，論學、論治共二卷，詩文一卷，禮文疏節，使俗禮節共一卷，女戒一卷。其補録一卷，乃其門人所録。故其中時稱先生。刊本亦題敬臣撰，校讎者誤也。經說《論》、《易》頗切近如其爲人。論書《洪範》非《洛書》，亦爲有見。論詩以三百篇爲秦火之餘，後人竄亂。蓋陰祖王柏之說，不知其謬。論《春秋》亦平允，說禮僅一條，謂王制出於史官，與漢文博士之說異，未詳所本。其講學以立志爲本，以慎獨爲宗，謂學者不可單看虚明景象，蓋參酌於朱、陸之閒。所定四禮，大抵以朱子家禮爲藍本，而參以鄉俗，亦吕坤《四禮翼》之支流。惟補録一卷，頗嫌駁雜。如謂朱子誤解格致不及陽明之說。又謂朱子後日自悔，又謂王守仁、陳獻章皆理學之宗，王艮見道甚確。又謂莊子甚高曠，使在聖門，則爲曾點之流。老子比莊子更高一步，皆不可訓。蓋敬臣之學本從姚江得力，後乃覺其虚無，參以朱學。凡補録所載，皆門人過尊其師，一字不欲散佚，掇拾舊論，復成此卷。而不知皆其師所已棄也。至於軍中呼萬歲，亦下馬呼萬歲，乃宋張詠事。而補録以爲郭子儀，則記憶偶譌，又其小疵矣。

簣齋雜著

《四庫全書總目提要・雜家・存目四》《簣齋雜著》一卷。編修程晉芳家藏本。

明陸垹撰。垹字秀卿，嘉善人。嘉靖丙戌進士，官至右僉都御史，巡撫河南。

此編乃其筆記，載曹溶《學海類編》中。僅十四條，蓋摘録不完之本也。

長水日鈔

《四庫全書總目提要·雜家·存目四》《長水日鈔》一卷。浙江鮑士恭家藏本。

明陸樹聲撰。樹聲有《平泉題跋》，已著録。此書前有自序，稱自請謝歸，年衰病積。追憶見聞，偶與心會，輒一操翰，汗漫成帖。蓋其歸田後隨筆劄記之本也。前數條多論易義，閒及於《春秋》、《四書》，後則皆尚論古人之言行。其説經閒涉穿鑿。如解《周禮》參之以九藏之動句爲以三指按寸關尺三脈，不免失之好奇也。

太岳雜著

《四庫全書總目提要·雜家·存目四》《太岳雜著》一卷。兵部侍郎紀昀家藏本。

明張居正撰。居正有《書經直解》，已著録。是編多論古之語，而於明代掌故尤詳，亦兼及醫方雜事。其中如廣寒殿樑上拆得至元通寶錢知爲元造而非遼造。朱彝尊《日下舊聞》引爲考證，亦閒有可採。中有其子懋修跋，稱殿閣學士之設在洪武革丞相後，不始於永樂。天下知府有上中下三秩，從三品、正四品、從四品之不同，爲鄭曉、王世貞諸書所未知。然洪武中設殿閣學士，皇甫録《明記略》已載之。録書成於嘉靖壬寅，在居正前。懋修蓋未詳考。其論趙蓋韓楊一條，最爲平允。而卒之以傲很掇禍，乃與所言相反。其論古人，惟心服張詠而頗斥南宋諸儒之迂。然至詆周公爲多事，則妄矣。其論周初禮樂尚質一條，隆慶辛未主會試以先進於禮樂命題，即用其意作程文，未免偏論。至於謂大臣子弟當以科第進身，不必避與寒士爭進之嫌。則全爲其子殿試第一而發，益出私心矣。此書本載《太岳集》中。此本乃崇禎癸未德州盧世漼録出別行，今亦併存其目焉。

東園客談

黄虞稷《千頃堂書目·子部·雜家類》 孫道易《東園客談》，一册。（吴補）

閑窗括異志

黄丕烈《蕘圃藏書題識》《閑窗括異志》一卷。舊鈔本。

《搜采異聞録》見諸《絳雲樓書目》。此系傳是樓物，故收之案頭。無別本讐對，因向坊閒取《稗海》本勘之。實爲此善於彼。蓋舊鈔可貴也。不特總目、子目俱全，即每條字句亦多佳處。而舊鈔訛謬有可補正者，復載其異於上方。通體於字之是者旁加圈，非者，疑者旁加點。比《稗海》本衍文旁加尖角。此校之例也。戊辰八月八日，復翁。

又韓隨筆

吴壽暘《拜經樓藏書題跋記》《又韓隨筆》。

右鈔本一册。題「隨筆癸亥集」。前有叔紹貞序，稱爲又韓姪而不著姓氏。先子跋云：「《癸亥集》一册，近從苕賈得之。據序稱又韓所撰。又韓未詳其姓名，似是禹航人，曾任麻城令。觀其書亦一超覽之士。周芚兮大令讀之，謂予曰：『明人著書大槩有二種，一爲升菴派，一爲眉公派。《癸亥集》蓋眉公派也。』周之語雖如此，然視世之但知以爛熟人比取巧名者，不大有閒哉？戊申長至後一日記。」

鄭桐庵筆記

黄丕烈《蕘圃藏書題識》《鄭桐庵筆記》，不分卷。鈔本。

《鄭桐庵筆記》案銅庵名敷教，國初人。

此書已遭剜損，卷中空白處皆是也。書名亦削去，從部葉得之。復翁。均在卷首。

吾郡有鄭桐庵，昔賢之著名者也。向嘗得其手鈔佛氏書幾種。業輟贈余同年蔣賓嵎。篋中無桐庵筆墨在矣。壬戌歲，杪再徙居東城之縣橋。偶與韓丈旭亭談及，知桐庵系里中人。心甚悔前此之輕棄矣。續收得宋槧《續幽怪録》上有桐庵姓字，章急收之。與韓丈作詩紀事。又從伊裔索得筆墨一紙，無附麗，未暇裝潢。

頃賈人自瞟城歸，購得桐庵雜著、詩古文詞并紀年、紀遇等共四册。竊喜桐庵事跡略可考見。適海甯陳君仲魚處，亦有《桐庵筆記》一卷，遂借鈔此。桐庵人品、學問，府志略具而其遺文、逸事散見他處。茲何幸而次第搜羅，畢集我室乎。遷居縣橋事載先生紀年中。在崇禎五年壬申，先生三十七歲。相傳所居爲秋水軒，遺址無可考。顧瞻舊里，繙閱遺編，惟有益深景仰焉耳。己巳仲冬，二十有八日。後學黄丕烈識。在卷末。

碧雞漫志

錢曾《讀書敏求記·雜家》《碧雞漫志》五卷。

王灼晦叔客寄成都。碧雞坊之妙勝院，追記詞曲所由，起作爲此詩。予暇日輯詞目一卷，自十六字至二百四十字，止調凡八百餘。《沿波討源》自謂「差勝于《花草粹編》等書」。惜乎詞學失傳，末由考調之何自而名。視此書有餘愧耳。

青溪暇筆

《四庫全書總目提要·雜家·存目五》《青溪暇筆》三卷。江蘇巡撫採進本。

明姚福撰。福字世昌，自號守素道人，江寧人。是編皆劄記讀書所得，及雜録耳目見聞。其首卷所述明初軼事，多正史所不載。惟「體用」字見《周易正義》，福乃以爲宋儒以前無此字，出於佛典。至其取鄭謐之説謂異姓可以爲後，而深駁陳淳之論。其爲乖刺，又不止訓詁閒矣。

車臯雜記

《四庫全書總目提要·雜家·存目五》《車臯雜記》一卷。浙江范懋柱家天一閣藏本。

不著撰人名氏。所載皆有明朝野雜事，閒及經義及音律詩話。其中若辨康定《易儲》、薛瑄《不諫》。謂崔銑修《孝宗實録》，親見祕閣舊案，瑄銜下註以公出，則瑄乃未嘗與其事，非不諫也。此類頗有關於史事。至所論樂律，謂六十調仲呂所生之黄鍾，僅能得黄鍾之半而差强焉。考黄鍾無半聲，旋宫所用之半聲乃變半聲也。止得四寸三分有奇，則得黄鍾之半而猶弱焉。此書云差强，殊不可曉。其他亦率多膚末，無足採擇。

秋涇筆乘

《四庫全書總目提要·雜家·存目五》《秋涇筆乘》一卷。浙江巡撫採進本。

明宋鳳翔撰。鳳翔字羽皇，秀水人。萬曆壬子舉人。是書皆載史傳雜事，而附以議論，頗多迂闊。其記太倉王千户入海見龍抱石事，則又涉於神怪矣。

蘭葉筆存

《四庫全書總目提要·雜家·存目五》《蘭葉筆存》無卷數。兩江總督採進本。

明釋本以撰。本以字以軒，别號亦已，又號師獄叟，蘇州人。書中載天啓四年董其昌所記玉璽事，則猶在其後也。又稱先生每書竟，必令潛寫填語。蓋潛其本名矣。是編首頁題爲《蘭葉筆存》，次頁又題爲《慎辭録》。所論《淳熙祕閣續帖》，於《黄庭内景經》點畫形模，辨析絲毫，蓋即姜夔蘭亭偏傍之意。其餘多談書畫，亦偶及雜事。所稱引者，焦竑、董其昌語爲多。中後雜載詩二十餘首，即其自作。大抵隨筆紀録之册，後人鈔合爲帙也。其中石頭城謡一條，論樂府音節，穿鑿附會，殊不足據。餘皆明末山人。

戒菴漫筆

《四庫全書總目提要·雜家·存目五》《戒菴漫筆》八卷。浙江鮑士恭家藏本。

明李詡撰。詡字厚德，江陰人。少爲諸生，坎坷不第，年八十餘而卒。所作《世德堂吟稾》、《名山大川記》諸書，皆已亡佚。惟是編爲其孫如一刊行，皆所記聞見雜説。詡自號戒菴老人，因以爲名。書中稱世宗爲今上，而又載有萬曆初事。蓋隨時綴録，積久成編，非一時所撰集。故前後不免於駁文也。其間多誌朝野典故及詩文瑣語。而敘次煩猥，短於持擇。於凡諧謔鄙俗之事，兼收並載，乃流於小説家言。惟記蘇軾、黄庭堅真蹟詩句，可補本集之亡佚。記劉基畫蜀川圖，可證圖繪寶鑑之闕漏。又如論孟子古本同異，則較王士禛《池北偶談》所摘爲詳，又據《三水小牘》以證洪邁《夷堅志》之蹈襲，辨《兩山墨談》所稱蘇軾有妹嫁秦觀之誕妄諸條，爲沙中金屑耳。

呂氏筆弈

《四庫全書總目提要・雜家・存目五》《呂氏筆弈》八卷。浙江鮑士恭家藏本。

明呂曾見撰。曾見字眉陽，紹興人。由貢生官西安縣教諭。是編前有方應祥、鄒維璉、汪慶伯、呂奇策序，蓋萬曆中人也。首二卷多説經義。其學出於姚江，詆毀程朱頗甚。至謂伊川背師忘本。每篇各有批評，乃純用禪語。殊不免心學習氣。其餘或史論，或雜考，大抵捃摭楊慎、王世貞、陳耀文、胡應麟、焦竑諸家説部，而以議論貫串之。亦非根柢之學也。

讀書雜記

《四庫全書總目提要・雜家・存目五》《讀書雜記》二卷。安徽巡撫採進本。

明胡震亨撰。震亨有《海鹽縣圖經》，已著録。是編乃其讀書筆記。如引元稹白集序，證刊版始唐長慶中。引顏師古《匡謬正俗》，證柏梁詩傳寫之謬。引劉孝標《世説註》證《蜀都賦》有改本。引杜牧詩，證木蘭爲黄陂人。引孟元老《東京夢華録》證爆仗字。引朱子陸游詩，證豆腐緣起。引曾慥《類説》，證李賀《容州槎語》。引王象之《碑目》，證顧況《仙遊記》。皆語有根據。他如辨孔子防墓，辨周稱京師，亦俱明確。以及元鄉試録條格，贊寧譯經論，道藏源流諸條，亦足以資考據。惟其生於明末，漸染李贄、屠隆之習。掉弄筆舌，多傷佻薄。憤嫉世俗，每乖忠厚。如謂嫦娥纖阿兩雌與吴剛共處月中，則調笑及於明神。謂生天、生地、乃生盤古，應稱三郎，則嘲弄及於古帝。以至明末時事，動輒狂詈。牽及唐之進士，併詆爲賊。其傎亦未免已甚也。

正思齋雜記

《四庫全書總目提要・雜家・存目四》《正思齋雜記》二卷。浙江范懋柱家天一閣藏本。

明劉教撰。教字因吾，吉水人。書中稱孝宗爲今上，則宏治中人也。其書雜論古今軼事，頗崇道學。其開卷引陳亮之説，以歲建干支推宋、元、明國家盛衰至二千餘言。大抵用丙丁龜鑑之剩論，殊附會無理。其取《伊洛淵源續録》之説，詆許衡、劉因不當仕元，尤明人偏駁之見。

識遺

楊士奇等《文淵閣書目・荒字》羅子蒼《識遺》一部一册，闕。

博識續箋

黄虞稷《千頃堂書目・子部・雜家類》戴廌《鼇博識續箋》四卷。崇禎壬申阮元聲序。

百可漫志

錢謙益等《絳雲樓書目・雜記》陳鼒《百可漫志》。

警愚筆記

黄虞稷《千頃堂書目・子部・雜家類》王廷簡《警愚筆記》二卷。臨邛人，嘉靖壬戌進士。

韓澗泉日記

楊士奇等《文淵閣書目・荒字》《韓澗泉日記》一部三册，闕。

清溪暇筆

錢謙益等《絳雲樓書目・雜記》《清溪暇筆》二十卷，上元人。

三餘贅筆

錢謙益等《絳雲樓書目・雜記》《三餘贅筆》。

《四庫全書總目提要・雜家・存目四》《三餘贅筆》二卷。浙江范懋柱家天一閣藏本。

明都卬撰。卬字維明，號豫菴，吴縣人。太常寺卿穆之父也。穆官工部主事時，封如其官，年已八十。餘姚王守仁爲作壽序，今附録卷末。是書雜録見聞，亦閒有辨論，然多摭拾舊文。其引《唐六典》解世俗長功短功之名，未免附會古義。謂鄭本伯爵，春秋書爵非貶。段必敵人之名，故書曰克決非其弟，尤悖謬之甚。惟論鄧攸殺子不情，朱子不當載之於小學書中。頗爲有見。及陶九成著書，吕洞賓始末、趙緣督姓名、宋高宗作幽閒鼓吹數條，差資考證耳。

於堧注筆

錢謙益等《絳雲樓書目・雜記》《於堧注筆》内鄉李蓘字于田著。

岡齋筆塵

錢謙益等《絳雲樓書目・雜記》《鬱岡齋筆塵》王肯堂。

《四庫全書總目提要・雜家・存目五》《岡齋筆塵》四卷。兩江總督採進本。

明王肎堂撰。肎堂有《尚書要旨》，已著録。是編第一卷所載論醫諸條，凡四十頁。皆深切微妙，得古人法外之意。與所作《證治準繩》足相表裏。其他雜論天文、算術、六壬、五行家言，以及賞鑒書畫之類，亦頗足資參考。惟生於心學盛行之時，凡所議論，大抵以佛經詁儒理，甚至謂教習庶吉士當令看《楞嚴經》，是何言歟。

吴中雜識

錢謙益等《絳雲樓書目・雜記》《吴中雜識》。

芸心識餘

《明史・藝文志・子部・雜家類》陳其力《芸心識餘》八卷。

黄虞稷《千頃堂書目・子部・雜家類》陳其力《芸心識餘》八卷。

江鄰幾雜誌

楊士奇等《文淵閣書目・荒字》《江鄰幾雜誌》一部一册，闕。

傍秋亭雜記

錢謙益等《絳雲樓書目・雜記》《傍秋亭雜記》顧清。

冰廳劄記

錢謙益等《絳雲樓書目·雜記》《冰廳劄記》徐學謨著。雜記爲祠部郎時事。冰廳者，祠部退食堂名也。刻《海隅集》中。此書所記，採入《世廟識餘録》者，凡十之九。

病逸漫記

錢謙益等《絳雲樓書目·雜記》《病逸漫記》二卷。陸釴著。記中言景泰帝爲宦者蔣安以帛勒死。

復齋筆記

錢謙益等《絳雲樓書目·雜論》許浩《復齋筆記》。

蓬軒類記

錢謙益等《絳雲樓書目·雜記》《蓬軒類記》黄暐撰。暐字日昇，仕至部郎。王文恪友也。書中多載吴事。

蓬窗類記

黄丕烈《蕘圃藏書題識》《蓬窗類記》二卷。明鈔本。

道光辛巳郡中方有修志之舉，思廣收遺籍，以助多聞。適估人以鈔本各種相示，惟此册最舊。因購之。在明人著述中不多得也。向爲楊五川所藏，尤足珍重云。復見心翁十月廿六日記。

去冬十二月望間，余友管佛容來，談及伊家藏有此書刊本。聞之喜甚，後以迫殘歲，不暇及此。今春開歲又十四日，枯坐無聊，思假刊以校鈔本。遂往借之，止一卷。原分上下。今存上卷，不分某某記，於原書類記之名不合。卷首二序後有其孫省曾序。蓋重刊删削，非其舊矣。名曰《蓬軒吴記》云。壬午蕘夫。

管氏所藏刊本亦稍有與此異者，就字之可存者，校諸上方。内有異者，著之於卷尾。恐爲重刊時增補也。《瀨亭》一條，今修撰毛憲清句下多「丙辰朱懋忠繼之」句。崑山人也。句上增「皆」字，下四至四人改作「五」。此必後人增益而然，不可據逃虚子。條末有云：「少師公有叔名震者。公回至家不容相見。曰：『汝從西方之教而靖東方之難。難不能靖，置我何地。何見之有。』此可廣異聞，故存之。餘即有一二異處，無足重輕，不復及云。同日記。

越上元後二日，閒窗無事，仍將刊本校一過。刊不如鈔者，悉未校出。因鈔固全本中摘録。省曾序云吴記二卷，別記一卷。知所據非全本矣。

前聞記

《明史·藝文志·子部·雜家類》祝允明《前聞記》一卷。《讀書筆記》一卷。

錢謙益等《絳雲樓書目·雜記》《前聞記》。

濯纓亭筆記

范邦甸等《天一閣書目·雜家》《濯纓亭筆記》十卷。刊本。明長洲戴冠撰。華察序云：「戴先生爲吾父奉政公師。余少猶及識之。間嘗求其遺文，未得也。頃同在陸給事子餘得其所著。《濯纓亭筆記》十卷，手校寄余山中。余爲刻梓。是編舊題《随筆類記》，故少卿都公元敬爲易今名。蓋濯纓者，先生所自號也。

錢謙益等《絳雲樓書目·雜記》《戴氏濯纓亭記》戴冠，長洲人。宏正間有文名。

《四庫全書總目提要·雜家·存目四》《濯纓亭筆記》十卷。浙江鮑士恭家藏本。

明戴冠撰。冠有《禮記集説辨疑》，已著録。是書雜記見聞，終以辨物字義，皆鈔撮前人成說。第十卷謂「《玉篇》『匚匸』二字形像字義俱同，不應分作二部。」不知《説文》「匸」作「匸」，謂衺徯有所俠藏也。「匚」作「匚」謂受物之器，迥不相涉。冠乃混而爲一，誤矣。舊名《隨筆類記》，都穆爲易今名。濯纓，冠所自號也。前有嘉靖丁未陸粲序，後有華察跋。舊本以《禮記集説辨疑》一卷附此書之末，殊爲不類。今析出別入經部焉。

石田雜記

錢謙益等《絳雲樓書目・雜記》《石田雜記》。

菽園雜記

錢謙益等《絳雲樓書目・雜記》《菽園雜記》十五卷。陸容字文量，太倉人。成化間爲浙江參政，有《式齋集》三十八卷。陸公好學，居官手不釋卷。藏書萬卷，皆手自讎勘。

霞外雜俎

范邦甸等《天一閣書目・子部・雜家》《霞外雜俎》一卷。刊本。○明東谷居士敖英序云：「嘉靖丁酉秋，予有蜀臺之役。一日泊舟空舲灘上，以候風色。乃野服登岸，眺望由曲徑窈窕入平林廣石梁。又斗折而行西數百步，見峭壁攢峯，如屏如玦。中有石潭水色，幽幽可鑒鬚眉。潭上有石筍騈立，勢欲墮。有泉出石竇，若噴雪花。潺潺落潭中傍。有磐石如席、石傍。有古松三株，虬枝奇屈，緑蔭葳蕤。予欣然會心，乃小憩石上以觀泉流。俄有一翁曳杖而來，癯然山澤之姿，似有道者。予揖而與之坐欵語，移時因問。「翁知攝生之要乎？」翁曰：「吾每日只服一劑和氣湯。」又問：「翁居閒處獨，亦觀書否。」翁曰：「吾壯年服膺九字經，今耄矣。慚負此經多矣。」又問：「翁于世亦有求乎？」翁曰：「人生空分機關計較，都不濟事矣。命而已，吾何求哉。」已而蒼然暮色自四山而至。予遂與翁別。翁袖中探此書，授予且告曰：「此鐵脚道人所纂也，敢以爲上客之壽。」予返而登舟，取所授書閱之。翁與余石上所語者，班班在焉。連日三復，愛其言簡，易警策若終身之受用不盡。因命幼兒楷書數通，以寄鄉關親友。

水東雜記

錢謙益等《絳雲樓書目・雜記》《水東雜記》見小說。

瓦斧雜記

錢謙益等《絳雲樓書目・雜記》《瓦斧雜記》劉世節。

西樵野記

錢謙益等《絳雲樓書目・雜記》《西樵野記》侯甸，吴郡人。

西京雜記

錢謙益等《絳雲樓書目・雜記》楊穆《西京雜記》。

寓圃雜記

錢謙益等《絳雲樓書目・雜記》王琦《寓圃雜記》字元禹，別號夢蘇。道人朱存理，嘗客其家。

游初子筆記

黄虞稷《千頃堂書目・子部・雜家類》 張鳴鸞《游初子筆記》三卷。

西園雜記

錢謙益等《絳雲樓書目・雜記》 《西園雜記》。

閒居漫讀新得記

范邦甸等《天一閣書目・雜家》 《閒居漫讀新得記》九卷。烏絲闌鈔本。四明倪復著。

秀雅堂脞記

楊士奇等《文淵閣書目・荒字》 《秀雅堂脞記》，一部一册，闕。

陰冗記

錢謙益等《絳雲樓書目・雜記》 蘭莊《駒陰冗記》。

蕭子雜俎

錢謙益等《絳雲樓書目・雜記》 《蕭子雜俎》。

草木子

《明史・藝文志・子部・雜家類》 葉子奇《草木子》八卷。

黄虞稷《千頃堂書目・子部・雜家類》 葉子奇《草木子》八卷。字世傑，龍泉人。洪武初爲學教官，坐學吏累繫獄。于獄中研瓦記所得，追釋歸足成之。

范邦甸等《天一閣書目・雜家》 《草木子》四卷。刊本。元龍泉葉子奇著并序。明鄭善夫敘云：《草木子》，葉子奇氏括人，生元季。匿於龍泉之槎溪所著。有《範通元理》、《太元本旨》各二卷。有詩十六卷，文二十卷。《本草》、《醫書節要》各十卷。《齊東野語》卷。《草木子》三卷。《草木子》成於洪武戊午幽纍中。稽上下之儀星纏之軌，陰陽五行生剋之運。海嶽浸瀆戎夷希乏之物，鬼神伸屈之理，草之變魚蟲之尤，律曆推步易衍之大宗，釋老禮制之書，而之於六籍之要，大歸同焉。《野語》記時事失得，兵荒菑異。草木子云者：草記時，木記歲，以況其生而傷乎。其言之立也。舊本凡二十八篇，今纂爲八。《野語》凡三卷，今爲二。其七代宗子溥殺青而行之，弁曰《草木子》。

張萱等《内閣藏書目録・子部》 《草木子》，二册。國初括蒼葉世傑著。

王圻《續文獻通考・經籍考・雜家》 《草木子》，葉子奇著。

徐𤊹《徐氏家藏書目・諸子類》 《草木子》四卷。明葉子奇。

譚子雕蟲

《四庫全書總目提要・雜家・存目五》 《譚子雕蟲》二卷。浙江巡撫採進本。明譚貞默撰。貞默有《三經見聖編》，已著録。此書作於崇禎壬午。乃其著作堂集之一種。所録祇《小蟲賦》一篇，又名《小化書》。其命意蓋取《莊子》「惟蟲能蟲，惟蟲能天」，及《家語》「倮蟲三百有六十而人爲之長」二語。因即蟲喻人，分爲三十七段。每段自爲之註，亦和香方《禽獸決録》之支流也。

射林

《四庫全書總目提要・雜家・存目五》《射林》八卷。浙江范懋柱家天一閣藏本。

明朱光裕撰。光裕字仁仲，蘇州人。萬曆中諸生。是書取平日所見聞者論次之，曰輿象系君臣系政事系藝文系禮樂系疆戎系田賦。系，皆爲發策決科而設。中多沿襲舊聞，閒有深中時弊者。如取士制禄防禦之類，亦不爲無見。惟其決震澤隄，廢會通河諸論，揆之時勢，皆不可行。至欲仿海運鑿新河，則又邱濬之偏見矣。

異林

錢謙益等《絳雲樓書目・雜記》《異林》。

《四庫全書總目提要・雜家・存目五》《異林》十卷。河南巡撫採進本。

明支允堅撰。允堅字子固，號梅坡居士。是編凡《軼史隨筆》二卷，《時事漫記》三卷，《軼語考鏡》三卷，《藝苑閒評》二卷。軼史隨筆論多瑣屑，時寓不遇之感而識趣頗卑。如論劉穆之金柈貯檳榔，段文昌金蓮花盆濯足之類，皆不勝企羨。又論飛燕、合德無損於漢。妲己、妹喜皆不白之冤，殊爲偏僻。至於薛嵩夢蝨報恩，西王母論漢武帝語，小説誣詞。皆竟據爲實事，尤不足取。《時事漫記》多載委巷之談，軼語考鏡掇拾餖飣。如宋人二結之類，點竄《列子》而不竟其説，不知何取。《藝苑閒評》皆詩話之流，而所見亦淺。

路史

《四庫全書總目提要・雜家・存目五》《路史》二卷。浙江吴玉墀家藏本。

舊本題青藤山人撰。青藤山人，徐渭别號也。渭有《筆元要旨》，已著録。渭以才俊名一時，然惟書畫有逸氣，詩文已幺弦側調，不入正聲。至考證之功，益爲疎舛。是編蓋其雜記之册。王士禎《香祖筆記》嘗議其不知隃麋爲漢縣，而妄云唐時高麗貢墨。以麋膠和松煙謂之「隃麋」。又云中山酒、中山兔毫竝是應天府溧水縣，非古中山，亦出杜撰。今考其書，瑣事多據《事文類聚》，訓詁多據《洪武正韻》，故事多據《十七史詳節》，頗爲弇陋。甚至檀弓之髽指爲喪冠。月令之大酋指爲周禮。以暨季江爲江季，以寒具爲寒食之具。種種臆談，不可枚舉。至云劉歆字子駿，向之少子，亦記爲異聞。則更無謂矣。

雪菴清史

《四庫全書總目提要・雜家・存目五》《雪菴清史》五卷。浙江朱彝尊家曝書亭藏本。

明樂純撰。純字思白，號天湖子，沙縣人。是書皆小品雜言。分《清景》、《清供》、《清課》、《清醒》、《清福》爲五門。每門又各立子目，大抵明季山人潦倒恣肆之言。拾屠隆、陳繼儒之餘慧，自以爲雅人深致者也。

日知録

《明史・藝文志・子部・雜家類》 汪坦《日知録》五卷。

黄虞稷《千頃堂書目・子部・雜家類》 汪坦《日知録》五卷。

物理小識

黄虞稷《千頃堂書目・子部・雜家類》 方以智《物理小識》。

春寒閒記

《四庫全書總目提要・雜家・存目五》《春寒閒記》一卷兩淮鹽政採進本。

不著撰人名氏。卷末自跋，稱辛酉二月二十五日記，署曰德水。又有錢塘厲鶚跋，謂是書頗有可觀，而疑德水爲德州盧氏子。蓋以盧世㴶字德水也。案御史題名曰：「盧世漼，山東德州左衛軍籍。直隸淶水人。前明進士。順治元年起福建道御史，以病乞歸。」其書多録前人佳事、雋語，然頗推重李贄。

日知録

《四庫全書總目提要・子部・雜家類三》《日知録》三十二卷。內府藏本。

國朝顧炎武撰。炎武有《左傳杜解補正》已著録。是書前有自記，稱「自少讀書，有所得，輒記之。其有不合，時復改定。或古人先我而有者，則遂削之。積三十餘年，乃成一編。」蓋其一生精力所注也。書中不分門目，而編次先後則略以類從。大抵前七卷皆論經義，八卷至十二卷皆論政事，十三卷論世風，十四卷、十五卷論禮制，十六卷、十七卷皆論科舉，十八卷至二十一卷皆論藝文。二十二卷至二十四卷雜論名義，二十五卷論古事真妄，二十六卷論史法，二十七卷論注書，二十八卷論雜事，二十九卷論兵及外國事，三十卷論天象、術數，三十一卷論地理，三十二卷爲雜考證。炎武學有本原，博贍而能通貫。每一事必詳其始末，參以證佐而後筆之於書。故引據浩繁，而牴牾者少。非如楊慎、焦竑諸人偶然涉獵，得一義之異同，知其一而不知其二者。

吴壽暘《拜經樓藏書題跋記》《日知録》。

亭林先生《日知録》初本八卷，後附《譎觚十事》。符山堂刻。

日知録集釋

張之洞《書目答問・儒家》《日知録集釋》三十二卷。顧炎武、黄汝成箋。原刻本，廣州重刻本，武昌局本。

經史慧解

《四庫全書總目提要・雜家・存目六》《經史慧解》六卷。浙江巡撫採進本。

國朝蔡含生撰。含生字天度，蕭山人。其自署稱固陵者，即今蕭山縣西興地也。是書雜取經史事蹟人物各著論一篇，凡二百二十一首。其文縱横辨難，頗似毛奇齡。好爲異説亦似之，然博贍不及也。

匡林

《四庫全書總目提要・雜家・存目六》《匡林》二卷。浙江汪汝瑮家藏本。

國朝毛先舒撰。先舒有《聲韻叢説》已著録。是編皆其議論之文，裒爲一集。自序稱讀蘇軾《志林》，稽諸事理，時或戾焉。因偶爲駁正數段，更取他作之類似者併録之。得若干篇，名曰《匡林》則是書立名，當爲匡正《志林》之義。而與軾辨者僅二三條。其餘皆自録集中雜文與近人辨者。然則以裒聚衆作謂之「林」，以力排俗論謂之「匡」。觀其《小匡文鈔序》，以小有所匡爲説，可互證也。

檮林三筆

《四庫全書總目提要・雜家・存目五》《檮林三筆》五卷。直隸總督採進本。

國朝魏裔介撰。裔介有《孝經註義》，已著録。是書分三種，《檮林偶筆》一卷，《檮林閒筆》一卷，《檮林續筆》二卷。閒筆所載多息心養生之論，偶筆上卷多講學之語，下卷皆論史事。續筆則援引先儒，閒參己見，亦頗及明季時事。

冬夜箋記

《四庫全書總目提要・雜家・存目五》《冬夜箋記》一卷。大學士英廉購進本。

國朝王崇簡撰。崇簡字敬哉，宛平人。前明崇禎癸未進士。入國朝補選庶吉士，官至禮部尚書。是編成於康熙乙巳，皆其隨筆劄記之語。所述格言，多先儒名論，亦閒摘録古事及同時耳目所見聞。然徵引舊聞，皆不載其出典。亦或偶然記憶未真。如伯夷叔齊姓名一條，云出《吕氏春秋》及《韓詩外傳》。今二書竝無此文。案《論語疏》所引乃出《春秋・少陽篇》也。

竹村雜記

《四庫全書總目提要・雜家・存目六》《竹村雜記》二卷。江西巡撫採進本。

國朝史白撰。亦復堂雜説之類，而條目稍多。其中謂《左傳》、《國語》非一人所作，引黃池之會左氏作先晉人，《國語》作吳公先歃爲證，頗能得間。解壹發五豝以中必疊雙爲誤，解朝隮于西以朱註作雨止爲誤，亦頗見疏剔。至謂桎梏而死爲桎梏於人欲，則殊失之穿鑿。其他亦不能一一精確也。

介軒遺筆

《四庫全書總目提要・雜家・存目六》《介軒遺筆》二卷。山西巡撫採進本。

國朝史既濟撰。既濟字若川，鄱陽人。是編皆隨筆記録，多誌其家世本末，及江右近事。間及經史，亦罕所考據發明。

山　志

《四庫全書總目提要・雜家・存目六》《山志》六卷。江蘇周厚堉家藏本。

國朝王宏撰撰。宏撰有《周易筮述》，已著録。是編乃其筆記之文，議論多而考證少，亦頗及見聞雜事。

在園雜志

《四庫全書總目提要・雜家・存目六》《在園雜志》四卷。浙江巡撫採進本。

國朝劉廷璣撰。廷璣字玉衡，號在園，鑲紅旗漢軍。由廕生官至江西按察使，後降補分巡淮徐道。是編雜記見聞，亦間有考證。頗好譽己詩，似張表臣《珊瑚鉤詩話》。四卷録《乩仙詩》至十五六頁，亦太近《夷堅諸志》。所記邊大綬伐李自成祖墓事甚詳，然與大綬自序不甚合，疑傳聞異詞也。

南村隨筆

《四庫全書總目提要・雜家・存目六》《南村隨筆》六卷。浙江巡撫採進本。

國朝陸廷燦撰。廷燦有《續茶經》，已著録。此其居家時取平日所見聞雜録之，而於新城王士禎、商邱宋犖兩家説部採取尤多。蓋廷燦爲士禎與犖之門人，故其議論皆本之《池北偶談》、《筠廊隨筆》諸書，而略推擴之。

筠廊偶筆　二筆

《四庫全書總目提要・雜家・存目六》《筠廊偶筆》二卷，《二筆》二卷。內府藏本。

國朝宋犖撰。犖有《滄浪小志》，已著録。是書皆雜記耳目見聞之事，其中如回鴈峰考之類，亦間資考證。

東城雜記

吳壽暘《拜經樓藏書題跋記》《東城雜記》。

右二卷。國朝厲鶚著。有杭世駿及厲自序。先君子手校記簡端云：「《東城雜記》二卷。從知不足齋借鈔。」緑飲言此尚非足本，惟郁陛宣茂才東歗軒藏本最佳。當更求勘之。甲辰秋七月曝書日記，吳某又云乙巳歲吳門宗人枚菴，借録又爲勘出數處。簡莊徵君書云：「嘉慶十四年冬日陳鱣借録于吳門寓舍，并校一過。」時方得樊榭徵君所著《玉臺書史》，因與拜經樓主人交易而觀。各鈔副本云。次年春正月鱣識。

香祖筆記

《四庫全書總目提要・子部・雜家類六》《香祖筆記》十二卷。山東巡撫採進本。

國朝王士禎撰。皆康熙癸未甲申二年所記，至乙酉乃排纂成書。其曰香祖者，王象晉《羣芳譜》曰：「江南以蘭爲香祖」，士禎蓋取其祖之語，以名滋蘭之室，因以名書也。是書體例與《居易録》同，亦多可採。惟論尹吉甫一條，最爲紕繆。

鈍根雜著

《四庫全書總目提要・雜家・存目六》《鈍根雜著》四卷。編修周厚轅家藏本。

國朝周池撰。池有《讀史偶評》，已著録。

樵香小記

張之洞《書目答問・儒家》《樵香小記》二卷。何琇。守山閣本。

南江札記

張之洞《書目答問・儒家》《南江札記》四卷。邵晉涵。刻本。

惜抱軒筆記

張之洞《書目答問・儒家》《惜抱軒筆記》八卷。姚鼐。全集本。

棗林雜俎

《四庫全書總目提要・雜家・存目五》《棗林雜俎》。無卷數，浙江巡撫採進本。

國朝談遷撰。遷有《海昌外志》，已著録。是書分類記載，凡十二門。

經史筆記

《四庫全書總目提要・雜家類・存目六》《經史筆記》。無卷數，兩江總督採進本。

國朝潘繼善撰。繼善有《音律節略考》，已著録。是書皆偶拈經史之文，爲之論説。

二樓紀略

《四庫全書總目提要・雜家・存目六》《二樓紀略》四卷。浙江巡撫採進本。

國朝佟賦偉撰。賦偉字青士，襄平人。官寧國府知府。寧國舊有北樓，即南齊謝朓之高齋。明嘉靖中知府朱大器又起文昌臺，設書院其下。賦偉更爲修治，題曰南樓。每乘暇遊宴其閒，因雜録見聞爲此書。

數馬堂答問

《四庫全書總目提要・雜家・存目六》《數馬堂答問》二十卷。福建巡撫採進本。

國朝黄名甌撰。名甌字馭卜，福州人。是書九類。一天文、二地輿、三人物、四經書、五史鑑、六人事、七釋老、八飛植、九數學。凡二百六十餘條。而飛植類止一條爲最少。其體皆設爲問答，而大抵掇拾陳因，時多舛誤。

卮壇對問

《四庫全書總目提要・雜家・存目六》《卮壇對問》六卷。江蘇巡撫採進本。

國朝江德中撰。德中有《西粤對問》，已著録。是書首卷論支干及日月星雲之事，二卷以下則雜論經史。其自序云，斯編紀事，初詳甲子，譜年也。閒存姓氏愼交也。今覆審是書所載，與二語絶不相應。疑已經他人删訂，非其原本矣。

毛氏殘書三種

《四庫全書總目提要・雜家・存目六》《毛氏殘書三種》無卷數。江蘇巡撫採進本。

國朝毛羽宸撰。原本不題書名，亦無序跋目録。凡分三部，曰理學部，多談心性。曰儒學部，多考證名物典制。曰史學部，則史評也。似全書不止於此，此其殘稾耳。

道驛集

《四庫全書總目提要・雜家・存目六》《道驛集》四卷。浙江巡撫採進本。

國朝張祖年撰。祖年字申伯，湯溪人。是集其所自編，凡再易刊版乃定。卷一曰正學闡微，泛論四書性理諸書。卷二曰正史闡微，大致似胡寅讀史管見。卷三曰雜文提要，卷四曰雜著提要，大抵多講學之語。祖年自稱張栻二十世孫，故力辨張浚殺曲端事。說《論語》、《孟子》皆主栻說，而於明英宗免聖賢後裔差役一事，尤頌美不置云。

雕丘雜録

《四庫全書總目提要・雜家・存目五》《雕丘雜録》十八卷。直隸總督採進本。

國朝梁清遠撰。清遠字邇之，號葵石，真定人。順治丙戌進士，官至吏部侍郎。

餘菴雜録

《四庫全書總目提要・雜家・存目五》《餘菴雜録》三卷。兩淮鹽政採進本。

國朝陳恂撰。恂字子木，本姓曹，海鹽人。前明崇禎壬午舉人。是書雜說經義詩文，兼載碎事。其論禹治水順行一條，全攘鄭樵之説，不言所自。其引伊世珍《瑯嬛記》一條，以范雎裹足不入秦語爲女子纏足之證，亦失之不經。

稽古堂論古

《四庫全書總目提要・雜家・存目五》《稽古堂論古》三卷。江蘇巡撫採進本。

舊本題明張燧撰。今核其書，即從千百年眼中摘出，蓋坊賈僞立此名以售欺者。鈔本尚新，是近時所依託也。

見聞記憶録

《四庫全書總目提要・雜家・存目五》《見聞記憶録》五卷。浙江巡撫採進本。

國朝余國楨撰。國楨字瑞人，別號劬菴，遂安人。前明崇禎庚辰進士，官富順縣知縣。是編乃其入國朝以後家居所作。自序稱生平卷帙，盡佚兵火。偶舉所憶，惝怳都如夢境。後其子中恬分爲五卷，曰記文、曰記人、曰記物、曰記異、曰雜記。蓋隨筆纂録之本。大抵皆明末瑣事，閒涉荒誕、無關考證。又所作雜文竝厠其中，亦非得體。

讀書偶然録

《四庫全書總目提要・雜家・存目五》《讀書偶然録》十二卷。兩淮馬裕家藏本。

國朝程正揆撰。正揆字端伯，孝感人。前明崇禎辛未進士，官尚寶司卿。入國朝授光禄寺丞，官至工部侍郎。是編乃其讀書劄記，議論考證，兼而有之。間出新意，而頗不免踳駁。

庸言録

《四庫全書總目提要・雜家・存目六》《庸言録》無卷數，浙江吴玉墀家藏本。

國朝姚際恒撰。際恒字善夫，徽州人。是編乃其隨筆劄記。或立標題，或不立標題，蓋猶草創未竟之本。際恒生於國朝初，多從諸耆宿游，故往往剽其緒論。

嶺西雜録

《四庫全書總目提要・雜家・存目六》《嶺西雜録》二卷。江西巡撫採進本。

國朝王孝詠撰。孝詠字慧音，吴縣人。自序題彊圉大荒落之歲，當爲乾隆二年丁巳。其時《舊唐書》猶未刊刻頒行，故孝詠有重刊之議也。是書乃孝詠客遊廣西時作，其中頗紀粤事，而所考證議論，無關於粤者甚多。蓋以成於嶺西而名，非記其風土也。孝詠猶及與朱彝尊等游，故耳目擩染，所言往往有根柢。

後海堂雜録

《四庫全書總目提要・雜家・存目六》《後海堂雜録》二卷。江蘇巡撫採進本。

國朝王孝詠撰。是書成於乾隆甲申，年已七十五矣。多評論古人，亦間及近事。其學多本毛奇齡，故欲以奇齡配孔子廟，未免偏私。

然疑録

《四庫全書總目提要・雜家・存目六》《然疑録》六卷。江蘇巡撫採進本。

國朝顧奎光撰。奎光有《春秋隨筆》，已著録。是編乃其筆記之文。其中説春秋者十之五六，説四書者十之二三。其他論史、論詩、論文及雜論事理者僅十之一二。所徵引不甚博，而立説大抵中理。

瀟湘聽雨録

《四庫全書總目提要・雜家・存目六》《瀟湘聽雨録》八卷。編修程晉芳家藏本。

國朝江昱撰。昱有《尚書私學》，已著録。是編乃其弟官常寧知縣時，昱奉母就養，因摭見聞，孝訂故實，著爲一編。

過庭録

張之洞《書目答問・儒家》《過庭録》十六卷。宋翔鳳。浮溪精舍本。

春明夢餘録

《四庫全書總目提要・子部・雜家類六》《春明夢餘録》七十卷內府刊本。

國朝孫承澤撰，承澤有《尚書集解》，已著録。是書首以京師建置形勝、城池、畿甸，次以城防宫殿壇廟，次以官署，終以名蹟寺廟、石刻、巖麓、川渠陵園。似乎地志，而敘沿革者甚略。分列官署，似乎職制。每門多録明代章疏，連篇累牘，又似乎故事。體例頗爲龐雜。且書中標目，悉以明制爲主，則不當泛及前代。既泛及前代，則當元元本本，絲牽繩貫，使端委粲然。不當挂一漏萬。

東山草堂通言

《四庫全書總目提要・雜家・存目六》《東山草堂通言》六卷。户部尚書王際華家藏本。

國朝邱嘉穗撰。嘉穗有《考定石經大學經傳解》，已著録。是編乃其劄記之文，分經史、性命、學問、政教、見聞、詩文六門。大抵好爲論辨而考據甚疎。

尚論持平　析疑待正　事文標異

《四庫全書總目提要・雜家・存目六》《尚論持平》二卷，《析疑待正》二卷，《事文標異》一卷。浙江吴玉墀家藏本。

國朝陸次雲撰。次雲有《八紘譯史》已著録。三書皆辨證經史疑義，體例相同。特隨得一二卷即以付梓，遂各立名目，實則一書而再續耳。

恒言録

張之洞《書目答問・儒家》《恒言録》六卷。錢大昕。文選樓本。

曉讀書齋雜録

張之洞《書目答問・儒家》《曉讀書齋雜録》四卷。洪亮吉。集外奕氏刻本。

古夫于亭雜録

《四庫全書總目提要・子部・雜家六》《古夫于亭雜録》六卷。兩江總督採進本。

國朝王士禎撰。士禎以康熙甲申罷刑部尚書里居。乙酉續《成香祖筆記》之後，復採掇聞見，以成此書。

居易録

《四庫全書總目提要・子部・雜家類六》《居易録》三十四卷。山東巡撫採進本。

國朝王士禎撰。士禎有《古歡録》，已著録。是書乃其康熙己巳官左副都御史以後，至辛巳官刑部尚書以前，十三年中所記。前有自序，稱取顧況長安米貴居大不易之意，末又以居易俟命爲説。其義兩岐，莫知何取也。中多論詩之語，標舉名儁，自其所長。其記所見諸古書，考據源流，論斷得失，亦最爲詳悉。其他辨證之處，可取者尤多。

池北偶談

《四庫全書總目提要・子部・雜家類六》《池北偶談》二十六卷。山東巡撫採進本。

國朝王士禎撰。凡談故四卷，皆述朝廷殊典及衣冠勝事。

分甘餘話

《四庫全書總目提要・子部・雜家類六》《分甘餘話》四卷。山東巡撫採進本。

國朝王士禎撰。此書成於康熙己丑罷刑部尚書家居之時。曰分甘者，取王義之與謝萬書中語也。大抵隨筆記録，瑣事爲多。蓋年逾七十，借以消閒遣日，無復考證之功。故不能如《池北偶談》、《居易録》之詳核。

書隱叢説

《四庫全書總目提要・雜家・存目六》《書隱叢説》十九卷。浙江巡撫採進本。

國朝袁棟撰。棟號漫恬，吴江人。是書雜鈔小説家言，參以己之議論，亦頗及當代見聞。原序擬以洪邁《容齋隨筆》、顧炎武《日知録》。棟自序亦云摹仿二書。然究非前人之比也。

諤崖脞説

《四庫全書總目提要・雜家・存目六》《諤崖脞説》五卷。浙江巡撫採進本。

國朝章楹撰。楹字柱天，浙江新城人。雍正癸丑進士。官青田縣教諭。是書皆其隱意鈔撮之語，初名《噩捱脞説》，後更今名。

枝　語

《四庫全書總目提要・雜家・存目六》《枝語》二卷。浙江巡撫採進本。

國朝孫之騄撰。之騄所輯《尚書大傳》，已著録。是書取花木蔬果之類，各爲詮釋。略於形色性味，而詳於名義。或穿鑿其偏旁，或附會其音聲。偏旁音聲皆不可通，則宛轉假借，牽合故實，以寓議論。大抵以陸佃《埤雅》爲鼻祖。然《埤雅》之失在於好引《字説》，而所長在於考據經典。之騄不效其考據，而效其字説，亦可謂不善學矣。古來著録之例，草木種植當附農家，名物訓詁當附小學。是書皆近之而皆不類，姑附之於雜家焉。

任菴語略

《四庫全書總目提要・雜家・存目六》《任菴語略》無卷數，直隸總督採進本。

國朝王建衡撰。建衡有《讀史辨惑》，已著録。是編乃其筆記之文。不分卷數，但録爲上下二册。自述性喜讀書，儲藏甚富。今觀其上册所論，皆商濬《稗海》所載。下册所論，皆陶宗儀《説郛》所載也。

蓉槎蠡説

《四庫全書總目提要・雜家・存目六》《蓉槎蠡説》十二卷。浙江孫仰曾家藏本。

國朝程哲撰。哲字聖跂，歙縣人。此編前有王士禎序，稱「其抱博辨之才，具論斷之識，無雷同勦説之弊。」然其書雜掇瑣聞，不甚考證。大抵皆才士聰明語耳。

復堂雜説

《四庫全書總目提要・雜家・存目六》《復堂雜説》一卷。江西巡撫採進本。

國朝史白撰。白字堅又，鄱陽人。書中皆雜論經史之語。其解易卦，多尚互體，頗能復古。其餘皆習見之語。首尾僅四十餘則，蓋其隨筆劄記，而後人鈔撮成帙者也。

暑窻臆説

《四庫全書總目提要・雜家・存目六》《暑窻臆説》二卷。山東巡撫採進本。

國朝王鉞撰。鉞有《粤遊日記》，已著録。是編則世德堂遺書之第四種也。

蒿菴閒話

《四庫全書總目提要・雜家・存目六》　《蒿菴閒話》二卷。桂林府同知李文藻刊本。

國朝張爾岐撰。爾岐有《周易説略》，已著録。是編乃其劄記之文，凡二百九十六條。顧炎武與汪琬書，自稱：「精於三禮，卓然經師，不及爾岐。」故原跋以是編爲《日知録》之亞。然《日知録》元元本本，一事務窮其始末，一字務核其異同。是編特偶有所得，隨文生義，本無意於著書。謂之零璣碎璧則可。至於網羅四部，鎔鑄羣言，則實非《日知録》之比。

張之洞《書目答問・儒家》　《蒿菴閒話》二卷。張爾岐。《貸園叢書》本、粵雅堂本。

蔣　説

《四庫全書總目提要・雜家・存目六》　《蔣説》二卷。兩淮鹽政採進本。

國朝蔣超撰。超有《峩嵋山志》，已著録。蔣説者，蓋因其姓以名書，如僧肇著書名曰《肇論》之類也。而觀其自序，乃轉讀「菰蔣」之「蔣」，已爲詭僻。

天香樓偶得

《四庫全書總目提要・雜家・存目三》　《天香樓偶得》十卷。浙江巡撫採進本。

國朝虞兆漋撰。兆漋字虹升，嘉興人。康熙初諸生。是編乃其讀書所得，隨筆纂録。分類編次爲天文、地理、宮室、器用、鳥獸、蟲魚、草木、典制、字學、人事、藝文十部，中多蹈襲舊文。其自爲考證者不過十之一二。

山居代麐

《四庫全書總目提要・雜家・存目五》　《山居代麐》一卷。浙江巡撫採進本。

不著撰人名氏。凡臚列山居、園居、舟居、游居、瓢居、獨居、酣居、宵居、睡居、病居十目，下引前人閒適之語以應之。意以示客，故名代麐。其所引書有明末陳繼儒《巖棲幽事》，而序題丁亥夏五，則當在國朝順治四年也。

榴園管測

《四庫全書總目提要・雜家・存目六》　《榴園管測》五卷。湖南巡撫採進本。

國朝王元復撰。元復字能愚，號醒齋，里籍未詳。是編採永樂《性理大全》所列周子《太極圖説》、邵子《皇極經世書》、朱子《易學啓蒙》、蔡元定《律吕新書》、蔡沈《洪範數》諸書，而引伸其説。大抵因襲舊文，而參以臆斷。所附天度、月度、及雜論數條，亦皆掇拾性理之緒餘。

讀書隨記　續記　剩語

《四庫全書總目提要・雜家・存目六》　《讀書隨記》一卷，《續記》一卷，《剩語》一卷。編修汪如藻家藏本。

不著撰人名氏。自題曰湖上逸人。又署上章攝提格。爲庚寅歲。相其版式，蓋康熙中所刊也。其書皆摘録經史中語，而以己意論斷之。然無所發明。剩語爲詩賦小詞數十首，於句下各加箋註，亦無可採。

妙貫堂餘譚

《四庫全書總目提要・雜家・存目六》　《妙貫堂餘譚》六卷。江西巡撫採進本。

國朝裘若宏撰。若宏字任遠，新建人。康熙丙子舉人。是書多記舊聞，隨事論斷。或意所未盡，則本條之下更綴餘論以申之。凡分五類。一曰譚史，二曰譚學，三曰譚詩文，四曰清譚，五曰雜譚。記其鄉人之事爲多。

雜品分部

書數

姚振宗《後漢藝文志・雜家》 王粲《書數》十篇。粲始末具經部書類。

《金樓子・雜記篇》曰：「王仲宣昔在荊州著書數十篇。荊州壞，盡焚其書。今存者一篇，知名之士咸重之。」見虎一毛不知其斑。

蓺苑雌黄

陳振孫《直齋書録解題・雜家類》 《蓺苑雌黄》二十卷。建安嚴有翼撰。大抵辨正訛謬，故曰「雌黄」。其目：《子史》、《傳注》、《詩詞》、《時序》、《名數》、《聲畫》、《器用》、《地理》、《動植》、《神怪》、《雜事》，卷爲二十，條凡四百條，硯岡居士唐稷序之。有翼嘗分教泉、荊二郡。

馬端臨《文獻通考・經籍考・子部・雜家》 《藝苑雌黄》二十卷。

珠叢

《隋書・經籍志・雜家》 《珠叢》一卷。沈約撰。

鄭樵《通志・藝文略・雜家》 《珠叢》一卷。沈約撰。

格論

姚振宗《三國藝文志・雜家》 吕雅《格論》十五篇。

《蜀志・吕乂傳》：乂字季陽，南陽人也。代董允爲尚書令。延熙十四年卒。次子雅爲謁者。雅清厲有文才，著《格論》十五篇。

述伎藝

《隋書・經籍志・雜家》 《述伎藝》一卷。

篤論

《舊唐書・經籍志・雜家》 《篤論》四卷。杜恕撰。

《新唐書・藝文志・子部・雜家》 杜恕《篤論》四卷。

帝王略論

錢東垣等輯《崇文總目・雜家》 《帝王略論》五卷。虞世南撰。

侗按《玉海》引《崇文目》同。

《新唐書・藝文志・子部・雜家》 虞世南《帝王略論》五卷。

《宋史・藝文志・雜家》 虞世南《帝王略論》五卷。

道術志

《隋書・經籍志・雜家》 《道術志》三卷。

博雅志

《新唐書・藝文志・子部・雜家》 李文成《博雅志》十三卷。安國公興貴子。

鄭樵《通志・藝文略・雜家》 《博雅志》十三卷。李文成撰。

張掖郡玄石圖

《舊唐書・經籍志・雜家》 《張掖郡玄石圖》一卷。高堂隆撰。

《新唐書・藝文志・子部・雜家》 高堂隆《張掖郡玄石圖》一卷。

張掖郡玄石圖

《舊唐書・經籍志・雜家》 《張掖郡玄石圖》一卷。孟衆撰。

《新唐書・藝文志・子部・雜家》 孟衆《張掖郡玄石圖》一卷。

聖賢眼目

陳振孫《直齋書録解題・雜家類》 《聖賢眼目》一卷

曲阿洪興祖慶善撰。摘取經、子數十條，以己見發明之。

馬端臨《文獻通考・經籍考・子部・雜家》 《聖賢眼目》一卷。

《宋史・藝文志・雜家》 洪興祖《聖賢眼目》一卷。

學林

《四庫全書總目提要・子部・雜家類二》 《學林》十卷。浙江吴玉墀家藏本。

宋王觀國撰。觀國，長沙人。其事蹟不見於《宋史》。《湖廣通志》亦未之載。惟賈昌朝《羣經音辨》載有觀國所作後序一篇，結銜稱左承務郎，知汀州寧化縣、主管勸農公事，兼兵馬監押。末題紹興壬戌秋九月中澣，則南渡以後人也。考晁公武、陳振孫兩家書目及《宋史・藝文志》是書俱未著録。吴曾《能改齋漫録》、趙與旹《賓退録》引之，均稱曰《學林新編》。而今所傳本，但題《學林》，無「新編」二字。考袁文《甕牖閒評》、王楙《野客叢書》亦祇稱王觀國《學林》，則當時已二名兼用矣。

張之洞《書目答問・儒家》 《學林》十卷。宋王觀國。聚珍本福本、湖海樓本。

事實類苑

《四庫全書總目提要・子部・雜家類七》 《事實類苑》六十三卷。兩淮馬裕家藏本。

宋江少虞撰。少虞始末未詳。據序首自題，稱左朝請大夫權發遣吉州軍州事。而《江西通志》亦未載其履貫，蓋已不可考矣。其書成於紹興十五年。以宋代朝野事迹見於諸家記録者甚多，而畔散不屬，難於稽考。因爲選擇類次之。分二十二門，各以四字標題。

筆志

王圻《續文獻通考・經籍考・雜家》 《筆志》汪自明著。

服飾變古

《宋史・藝文志・雜家》 徵微子《服飾變古》一卷。

幽居録

《宋史・藝文志・雜家》 趙世逢《幽居録》五卷。

洞天清録

高儒《百川書志・隱家》《洞天清録》一卷。

宋宗室趙希鵠編。辨古文房清物，凡十一類，一百三十八條。

范邦甸等《天一閣書目・雜家》《洞天清録》集十二卷。藍絲闌鈔本。宋趙希鵠撰并序。

翠微洞隱

《宋史・藝文志・雜家》張大檝《翠微洞隱》百八十卷。

意樞

《宋史・藝文志・雜家》馬總《意林》二卷又《意樞》二十卷。

靈臺隱祕寶符

《宋史・藝文志・雜家》通幽子《靈臺隱祕寶符》一卷。扶風隱者。

感應類從譜

《宋史・藝文志・雜家》狐剛子《感應類從譜》一卷。

感應類從志

《四庫全書總目提要・雜家・存目七》《感應類從志》一卷。浙江巡撫採進本。

舊本題晉張華撰。隋唐以來經籍、藝文諸志皆所不載，諸家書目亦不著録。書中語多俚陋，且皆妖妄魘制之法。其爲依託無疑也。

負暄野録

《四庫全書總目提要・子部・雜家類七》《負暄野録》二卷。兩江總督採進本。

舊本題曰陳櫄撰，不著時代。卷末有至正七年王東跋，乃云不知何人所述。是當時所見之本，未署名也。今考書中秦璽一條，稱櫄嘗聞諸老先生議論，則其人名櫄無可疑。但不知何據而題爲陳姓。案《閩書》，陳櫄、陳幾之孫，長樂人。紹熙元年進士。書中秦璽條内，稱近嘉定己卯。光宗紹熙元年下距寧宗嘉定己卯，首尾三十年。又西漢碑條内亦稱聞之梁溪尤袤，惜不再叩之。袤亦當光、寧之時，疑即此陳櫄也。

錢大昕《補元史藝文志・雜家類》陳樵《負暄野録》二卷。

負暄雜録

錢大昕《補元史藝文志・雜家類》《負暄雜録》一卷。字君際，吴人。

筆海雜録

錢大昕《補元史藝文志・雜家類》孟夢恂《筆海雜録》五十卷。

策府樞要

黃虞稷《千頃堂書目・子部・雜家類》 魯淵《策府樞要》。

王圻《續文獻通考・經籍考・雜家》 《策府樞要》，魯淵著。

倪燦《補遼金元藝文志・雜家》 魯淵《策府驅要》。

雲煙過眼録

楊士奇等《文淵閣書目・荒字》 周密《雲煙過眼録》一部一册，闕塾本煙雲。

范邦甸等《天一閣書目・雜家》 《雲烟過眼録》一卷。藍絲闌鈔本。宋周密公謹父撰。

錢曾《讀書敏求記・雜家》 《雲煙過眼録》一卷。

周公謹《雲煙過眼録》隆慶三年秋八月，周曰東從至正廿年夏頤手抄本重書一過。字畫端楷，且與居士錢叔寶諸公友善。共相摹寫，洵一名士也。録云焦達卿有吴彩鸞書《切韻》一卷。其書一先爲二十三先二十四仙。相傳彩鸞所書韵散落人間者，甚多。余從延令季氏曾覩其真蹟，「一先」仍作「一先」，與達卿所藏者異。逐葉翻看，展轉至末仍合爲一卷。

日用漫筆

倪燦《補遼金元藝文志・雜家》 朱本《日用漫筆》。

黃虞稷《千頃堂書目・子部・雜家類》 朱本《日用漫筆》。

隨隱漫録

錢大昕《補元史藝文志・雜家類》 陳世崇《隨隱漫録》五卷。臨川人。

稽神録

黃丕烈《蕘圃藏書題識》 《稽神録》六卷，《補遺》二卷。舊鈔本。

此舊鈔本《稽神録》二册。嘉靖時姚舜咨家藏書也。其源流載姚跋語中，玆不贅。

畫墁録

錢曾《讀書敏求記・雜家》 張舜民《畫墁録》一卷。

己卯立夏日録完，隨校一過。新刻顛倒譌謬不足存也。

姬侍類偶

黃丕烈《蕘圃藏書題識續録》 《姬侍類偶》一卷。校明鈔本。

此《姬侍類偶》舊鈔本，前後有缺失，補全。卷端有璜川吴氏收藏圖書，則鈔補尚新矣。頃坊友攜一故家書籍求售，余檢得此種。蓋書雖無甚要緊，猶是宋人序以流傳之本，且鈔本頗舊，校字亦精，特留之。因憶《古歡堂書目》中有此書，即遣奴借之歸，果有之。并係古歡主人手録本，云是江雨來本。因輟一日力，悉校其異於此。兩本互有得失，參觀之可也。惟此本較古歡本多兩聯「一成君擊磬，屈庭吹簫，二法嬰歌曲，飛瓊鼓簧」。有此方合序所云一百七十有六句，未知古歡本何以脱失若此邪。古歡本有案語及夾注，當是主人録時寫入。玆校附存，聊以備考云爾。蕘夫。

浮　物

黃虞稷《千頃堂書目・子部・雜家類》 《浮物》一卷。

錢謙益等《絳雲樓書目・雜記》 《浮物》。

藝圃蒐奇

《四庫全書總目提要・雜家・存目十一》《藝圃蒐奇》十八卷,《補闕》二卷。編修汪如藻家藏本。

舊本題明徐一夔編。一夔字大章,天台人。僑寓嘉興。元末嘗官建寧教授。案一夔官建寧教授見其始豐稾與危素書。《明史》本傳不載,蓋偶未考其文集。洪武初徵修《禮書》。王禕又薦修《元史》,辭不至。後起爲杭州教授。又召修《大明日曆》,特授以翰林官,以足病辭歸。事蹟具《明史・文苑傳》。《翦勝野聞》稱其官杭州教授時,以表文忤旨,收捕斬之,殊爲妄誕。

湧幢小品

范邦甸等《天一閣書目・雜家》《湧幢小品》三十二卷。刊本。明朱國楨撰。

錢謙益等《絳雲樓書目・雜記》《湧幢小品》朱國禎。

黃元龍小品

《四庫全書總目提要・雜家・存目五》《黃元龍小品》二卷。浙江巡撫採進本。

明黃奐撰。奐字元龍,歙縣人。是書分醒言一卷,偶載一卷。醒言皆讀書時隨筆劄記之文,所見頗爲迂闊。偶載則鬼神怪異之事,亦多不經。

藝　彀

黃虞稷《千頃堂書目・子部・雜家類》鄧伯羔《藝彀》二卷,又《中有録》一卷,又《論世編》二卷。金壇人。

錢謙益等《絳雲樓書目・雜記》鄧伯羔《藝彀》。

雞　肋

黃虞稷《千頃堂書目・子部・雜家類》趙崇絢《雞肋》一卷。字元素。

狐白裘

范邦甸等《天一閣書目・雜家》《狐白裘》十卷。刊本。博野劉瑶編。

清珠淵

黃虞稷《千頃堂書目・子部・雜家類》王路《清珠淵》十卷。

蓮漏清音

黃虞稷《千頃堂書目・子部・雜家類》丁明登《蓮漏清音》又《日有篇》又《春氣録》又《陰德登科》。

廣仁品

范邦甸等《天一閣書目・雜家》《廣仁品》二十卷。刊本。明淮南李盤輯,李兆勳序。

神隱

高儒《百川書志・隱家》《神隱》二卷。臞仙製。上卷四十一類,凡三百九十三條。攝生之道,樂其志也。下卷十四類,凡五百四十五條,歸田之計,樂其事也。

玉壺冰

高儒《百川書志・隱家》《玉壺冰》一卷。皇明南濠都穆居家所集也。採諸書所載人境勝概,隱身樂道之事,以倡高尚之風。其視貪慕無厭,爲何如也。當與卧遊並觀,採書三十一種,得七十一則。穆曰:「非厭塵濁、樂閒曠者,莫觀也。」

范邦甸等《天一閣書目・雜家》《玉壺冰》一卷。刊本。明吴郡都穆撰。

錢謙益等《絳雲樓書目・雜記》《玉壺冰》見小説。

蠶衣

錢謙益等《絳雲樓書目・雜記》《蠶衣》祝允明。

異弈

錢謙益等《絳雲樓書目・雜記》《異弈》。

智品

錢謙益等《絳雲樓書目・雜記》《智品》。

五色石

黄虞稷《千頃堂書目・子部・雜家類》鎮國中尉碩爋《五色石》一卷。

是齋售用

楊士奇等《文淵閣書目・荒字》《是齋售用》一部一册,闕。

真珠船

范邦甸等《天一閣書目・雜家》《真珠船》八卷。刊。明關西胡侍撰。

丹甑

徐𤊹《徐氏家藏書目・子部・諸子類》《丹甑》一卷。袁伯修。

鞶鑑銘箋

楊士奇等《文淵閣書目・荒字》王勃《鞶鑑銘箋》一部一册,闕。

墨客揮犀

楊士奇等《文淵閣書目・荒字》彭淵材《墨客揮犀》一部一册,闕。

蠶衣

黄虞稷《千頃堂書目·子部·雜家類》 《蠶衣》一卷。

内篇　外篇

黄虞稷《千頃堂書目·子部·雜家類》 周弘祖《内篇》一卷，《外篇》二卷。

藝圃球瑯

黄虞稷《千頃堂書目·子部·雜家類》 蔣以忠《藝圃球瑯》二卷。又《稽古編》四卷。常熟人。

玄智品

黄虞稷《千頃堂書目·子部·雜家類》 樊衡《玄智品》十三卷。

心聖直指

黄虞稷《千頃堂書目·子部·雜家類》 林兆恩《心聖直指》一卷，又《宗孔心要》六卷，又《心經提要》一卷。

璚壺玉液

錢謙益等《絳雲樓書目·雜記》 《璚壺玉液》。

遵生八牋

《四庫全書總目提要·子部·雜家類七》 《遵生八牋》十九卷。通行本。

明高濂撰。濂字深父，錢塘人。

山居清賞

《四庫全書總目提要·雜家·存目十一》 《山居清賞》二十八卷。内府藏本。

明程榮編。榮字伯仁，歙縣人。是編列《南方草木狀》至《禽蟲述》凡十五種，多農圃家言。中惟《茶譜》一種爲榮所自著。採摭簡漏，亦罕所考據。

幽閒鼓吹

楊士奇等《文淵閣書目·荒字》 張固《幽閒鼓吹》一部一册，闕。

清秘藏

《四庫全書總目提要·子部·雜家類七》 《清秘藏》二卷。浙江鮑士恭家藏本。

明張應文撰。而其子謙德潤色之。應文字茂實，崑山監生。屢試不第，乃一意以古器書畫自娱。謙德即作《清河書畫舫》及《真蹟日録》之張丑，後改名也。是編雜論玩好賞鑒諸物，其曰清祕藏者，王穉登序謂取倪瓚清祕閣意也。上卷分二十門，下卷分十門，其體例略如《洞天清録》。其文則多採前人舊論。

法教佩珠

《四庫全書總目提要・雜家・存目七》《法教佩珠》二卷。山西巡撫採進本。

明林有麟撰。有麟有《青蓮舫琴雅》，已著録。是書成於萬曆甲寅。雜採儒先格言及二氏因果之語，前有許樂善序，稱其擷菁華於三教，漱芳潤於百家，則固明言其雜以釋道，非純然儒者之書矣。

十可篇

《四庫全書總目提要・雜家・存目七》《十可篇》十卷。浙江巡撫採進本。

明馬嘉松編。嘉松字曼生，平湖人。萬曆末諸生。是書摘録子史及諸家小説，分爲十篇。曰可景、可味、可快、可鄙、可泯、可坦、可遠、可諧、可嘉、可删。前有陳繼儒序及自序。其可景、可味、可嘉三編多取古人嘉言善行以爲法。餘七編多取古人醜行敗德以爲戒。然徵引錯雜，絶無體例。評語尤多傷輕薄。

廣社

《四庫全書總目提要・雜家・存目七》《廣社》無卷數。內府藏本。

明張雲龍撰。雲龍字爾陽，華亭人。是書成於崇禎末年，乃因陶邦彦所作《燈謎》而廣之。前載作謎諸格，取字義相似者配合一句，暗射成語。後借詩韻平仄分註，以備採用。然語多鈍置，頗乏巧思。

增定玉壺冰

《四庫全書總目提要・雜家・存目七》《增定玉壺冰》二卷。浙江巡撫採進本。

明閔元衢編。元衢有《羅江東外紀》，已著録。初都穆採古來高逸之事，題曰《玉壺冰》。寧波張孺愿稍删補之，題曰《廣玉壺冰》。元衢以爲未盡，復增定此編。

太平清話　讀書鏡

黄虞稷《千頃堂書目・子部・雜家類》　陳繼儒《太平清話》四卷。又《讀書鏡》十卷。又《安得長者言》一卷。又《狂夫之言》并《續》五卷。

讀書十六觀

《四庫全書總目提要・雜家・存目七》《讀書十六觀》一卷。浙江採仰曾家藏本。

明陳繼儒撰。採古人成語，自吕獻可以下凡十六條。聯綴成編，以爲讀書之法。命名之義，蓋擬浮屠氏之十六觀經也。

迎禧通□

錢謙益等《絳雲樓書目・雜記》　《迎禧通□》。

學統存

《四庫全書總目提要・雜家・存目七》《學統存》二十四卷。江西巡撫採進本。

國朝宋士宗撰。士宗有《史學正藏》，已著録。是書分二十四門，各爲一卷。多摘録前人之説。其自序謂周有老、莊，宋有象山，明有文成，兼之宗杲、大鑑輩日與吾黨争理，即濂、洛、關、閩復生，不能驟起而勝也。

雲薖淡墨

《四庫全書總目提要・雜家・存目七》《雲薖淡墨》六卷。浙江吴玉墀家藏本。

明木增撰。增字生白，雲南麗江土司。世襲土知府。以助餉征蠻功，晉秩左布政使。年甫三十，即謝職。天啓五年，特給誥命以旌其忠。增好讀書，多與文士往還。

偶得紺珠

《四庫全書總目提要・雜家・存目七》《偶得紺珠》一卷。内府藏本。

明黄秉石撰。秉石字復子，江寧人。萬曆中以薦爲推官，官至嚴州府同知。是編雜採諸書，餖飣少緒，又多不註出典。蓋隨手筆記，未有詮次體例也。

鼂采館清課

《四庫全書總目提要・雜家・存目七》《鼂采館清課》二卷。兩江總督採進本。

明費元禄撰。元禄字學卿，鉛山人。鉛山之河口有五湖，其一曰官湖，即鼂采湖也。元禄構館其上，因以爲名。是書皆記其館中景物及遊賞閒適之事。

都氏鐵網珊瑚

《四庫全書總目提要・雜家・存目七》《都氏鐵網珊瑚》二十卷。浙江范懋柱家天一閣藏本。

明都穆撰。穆有《壬午功臣爵賞録》，已著録。是書與世傳朱存理《鐵網珊瑚》同名。案存理之書非存理所撰，辨詳本條下。此姑從世俗刊本稱之。然存理之書分書品、畫品二門，備録題跋印記，爲張丑、郁逢慶諸書所宗。

竹嶼山房雜部

《四庫全書總目提要・子部・雜家・存目七》《竹嶼山房雜部》三十二卷。浙江巡撫採進本。

是書凡養生部六卷，燕閒部二卷，樹畜部四卷，皆明華亭宋詡撰。種植部十卷，尊生部十卷，詡子公望撰。公望之子懋澄，合而編之。詡字久夫，公望字天民，皆見於書中。其始末則未詳焉。考《千頃堂書目》載是書，凡二十七卷。前集樹畜部四卷，養生部六卷，家要二卷，宗儀二卷，家規四卷。後集種植一卷，尊生一卷。此本蓋不完之書。

子史碎語

《四庫全書總目提要・雜家・存目七》《子史碎語》二十四卷。浙江巡撫採進本。

明胡尚洪編。尚洪字叔開，宣城人。是編成於天啓丙寅，《明史・藝文志》著録。然皆採摭諸書，餖飣而成。分造化、人事、君道、臣術四門。又分子目三百八十有三。煩碎冗雜，無復條理。《三墳》、《天禄閣外史》、《心書》之類，皆僞妄顯然者，亦皆採録。至如割裂郭象《莊子註》謂之郭子，亦自我作古，前此未聞也。

厚　語

《四庫全書總目提要・雜家類・存目七》《厚語》四卷。浙江巡撫採進本。

明錢蓑撰。蓑字懋登，海鹽人。萬曆中由貢生官於潛縣訓導。是編皆録長厚之事可爲世法者，故曰《厚語》。分十六類，皆以明人居前，而古事以類列於後。其凡例謂耳目所逮，尤易信從云。

農田餘話

錢謙益等《絳雲樓書目・雜記》 《農田餘話》。

藝林剩言

錢謙益等《絳雲樓書目・雜記》 《藝林剩言》。

經傳格言

張萱等《内閣藏書目録・雜家》 《經傳格言》，一册，全。鈔本。莫詳姓氏。

培壘居雜録

《四庫全書總目提要・雜家・存目七》 《培壘居雜録》四卷。浙江巡撫採進本。

明鄭端允編。端允字思孟，海鹽人。鄭曉之曾孫也。是書雜採諸書勸戒之言，至《太上感應篇》亦所不遺。雖意主訓誨，而其言不盡出於儒者，蓋雜家流也。

湘煙録

《四庫全書總目提要・雜家・存目七》 《湘煙録》十六卷。浙江吳玉墀家藏本。

明閔元京、凌義渠同編。元京字子京，烏程人。義渠之舅也，未詳其所終。義渠字駿甫，此書亦題爲烏程人，而太學題名碑作歸安人。蓋二縣同爲湖州倚郭也。天啓乙丑進士，官至大理寺卿，崇禎甲申殉國難。

愧林漫録

《四庫全書總目提要・雜家類・存目七》 《愧林漫録》十卷。浙江巡撫採進本。

明瞿式耜撰。式耜字起田，常熟人。萬曆丙辰進士，官至右僉都御史，巡撫廣西。晉文淵閣大學士，兼兵部尚書。大兵下廣西，抗節死之。事蹟具《明史》本傳。乾隆四十一年賜謚忠節。是編成於崇禎丙子。雜鈔諸儒之言，分爲學問、居心、規家、酬世、在位、積德、讀書、究竟、攝生、依隱十篇。儒墨兼陳，蓋林居時録以自警。大旨歸於爲善而已，非辯別學術之書也。

舌華録

《四庫全書總目提要・雜家・存目七》 《舌華録》九卷。浙江巡撫採進本。

明曹臣撰。臣字藎之，歙縣人。是書取前人問答雋語，分類編輯，凡十八門。《世説新語》之餘波也。所録皆取面談，凡筆札之詞不載，故曰《舌華》。取佛經舌本蓮華之意。上起漢、魏，下逮明人，頗爲猥雜。原序亦自言「近時之事，多所潤飾」。則非盡實録可知矣。

清賞録

《四庫全書總目提要・雜家・存目七》 《清賞録》十二卷。浙江鮑士恭家藏本。

明張翼、包衡同撰。翼字二星，餘杭人。衡字彦平，秀水人。二人皆久困場屋，棄去制義，因共購閲古書，採摭雋語僻事，積而成帙。一刻之秀州，一刻之武林。翼遊盤谷，又重刻焉。然多習見之詞，特剽剟成書，無裨考據。

堊録

《四庫全書總目提要・雜家・存目七》《堊録》三卷。浙江范懋柱家天一閣藏本。

不著撰人名氏。卷首題鈔自袁陶齋，亦不知陶齋何人也。所載凡十一類。文房通用至養育禽獸皆載其名義，與一切新法。大旨倣《多能鄙事》諸書爲之，而瑣屑彌甚。

妮古録

《四庫全書總目提要・雜家・存目七》《妮古録》四卷。通行本。

明陳繼儒撰。繼儒有《邵康節外紀》，已著録。是書多評論字畫古玩，蓋倣趙希鵠《洞天清録》、周密雲《煙過眼録》而作。然議論殊爲淺陋。

飛鳧語略

《四庫全書總目提要・雜家・存目七》《飛鳧語略》一卷。編修程晉芳家藏本。

明沈德符撰。德符字虎臣，又字景伯，又字景倩，秀水人。萬曆戊午舉人。此書論字墨法帖及古器真贋之別，皆舉生平所聞見者。凡十八條。其中多與所著《敝帚軒剩語》相同。疑即從剩語中鈔出者，曹溶《學海類編》乃兩收之，未免失於詳檢也。

筠軒清秘録

《四庫全書總目提要・雜家・存目七》《筠軒清秘録》三卷。兩淮鹽政採進本。

舊本題董其昌撰。其昌有《學科考略》，已著録。是書凡列目二十有九，皆論玉、石、銅、磁諸古器及法書名畫之類。前有陳繼儒序，謂可與項元汴蕉林清課竝稱。

蕉窗九録

《四庫全書總目提要・雜家・存目七》《蕉窗九録》無卷數。江蘇巡撫採進本。

舊本題明項元汴撰。元汴字子京，秀水人。家藏書畫之富，甲於天下。今賞鑒家所稱項墨林者是也。是書首紙録，次墨録，次筆録，次研録，次帖録，次書録，次琴録，次香録。前有文彭序，稱大半採自吳文定《鑒古彙編》，閒有刪潤。今考其書，陋略殊甚。彭序亦弇鄙不文。二人皆萬萬不至此。殆稍知字義之書賈，以二人有博雅名，依託之以炫俗也。

水雲録

《四庫全書總目提要・雜家・存目七》《水雲録》二卷。兩淮鹽政採進本。

明楊溥撰。溥，長沙人，自號水雲居士。《千頃堂書目》列於劉基《多能鄙事》後，即以爲永樂中石首楊溥。然考書中自述，有戎務之暇語，則其人乃嘗爲武職者。又所撰有用藥珍珠囊，其書成於宏治中。蓋名姓偶同，非一人也。是編上卷載十二月種植花果飲饌及文房雜用，下卷分衛生、養生、器用、牧養四門。所記多農圃種畜法，頗爲瑣屑。

甘泉蕞殘録

黄虞稷《千頃堂書目・子部・雜家類》陸仲《甘泉蕞殘録》三十卷。陸容子。字安甫，進士。

保生要録

楊士奇等《文淵閣書目・荒字》 蒲虔貫《保生要録》一部一册，闕。

畜德録

錢謙益等《絳雲樓書目・雜記》 《畜德録》陳沂。

小字録

楊士奇等《文淵閣書目・荒字》 陳思《小字録》一部一册，闕。

陳思《小字録》一部一册，闕。

餘冬序録

張萱等《内閣藏書目録・諸子類》 《餘冬序録》十三册全。

嘉靖間郴州何孟春著。

錢謙益等《絳雲樓書目・雜家》 《餘冬序録》六十五卷。何孟春，郴州人。出李長沙門，歷官少宰。嘉靖初以議禮忤旨，削籍。《文簡集》十八卷。

頤生録

楊士奇等《文淵閣書目・荒字》 劉詞《頤生録》一部一册，闕。

延壽録

楊士奇等《文淵閣書目・荒字》 葉留《延壽録》一部一册，闕。

堯山堂外紀

《四庫全書總目提要・雜家・存目七》 《堯山堂外紀》一百卷。浙江鮑士恭家藏本。

明蔣一葵撰。一葵字仲舒，常州人。堯山，其讀書堂名也。是書取記傳所載軼聞瑣事，擇其稍僻者，輯爲一編。上起古初，下迄明代，每代俱以人名標目。雅俗竝陳，真僞竝列，殊乏簡汰之功。至以明諸帝分編入各卷之中，尤非體例矣。

巖棲幽事

《四庫全書總目提要・雜家・存目七》 《巖棲幽事》一卷。通行本。

明陳繼儒撰。所載皆山居瑣事。如接花藝木以及於焚香點茶之類。詞意佻纖，不出明季山人之習。自跋稱陳仲子爲家於陵，尤可嗤鄙。此沿楊修家子雲之誤也。

墨林快事

《四庫全書總目提要・雜家・存目七》 《墨林快事》十二卷。兩淮馬裕家藏本。

明安世鳳撰。世鳳有《燕居功課》，已著録。此書以所見古器、古刻、古書畫各爲跋語。凡六百九十五則，多涉議論，頗乏考據之功。

考槃餘事

《四庫全書總目提要・雜家・存目七》《考槃餘事》四卷。通行本。

明屠隆撰。隆有《篇海類編》，已著録。是書雜論文房清玩之事。一卷言書版碑帖，二卷評書畫琴紙，三卷、四卷則筆硯爐瓶，以至一切器用服御之物皆詳載之，列目頗爲瑣碎。其論明一代書家，以祝允明爲第一，而文徵明次之。軒輊亦未盡平允。

製錦管見

楊士奇等《文淵閣書目・荒字》 汪文振《製錦管見》一部一册，闕。

琴書人覺

王圻《續文獻通考・經籍考・雜家》《琴書人覺》一十卷。晉江黄沚著。

博學彙書

《四庫全書總目提要・雜家・存目七》《博學彙書》十二卷。内府藏本。

明來集之撰。凡讀書所得，隨筆記録，不分門目。惟以類相從，鱗次櫛比，俾可互證。視他書叢雜無次者，較爲過之。然所採多小説家言。如《拾遺》、《洞冥》諸記，是豈足取以爲據乎。

倘湖樵書

《四庫全書總目提要・雜家・存目七》《倘湖樵書》十二卷。安徽巡撫採進本。

明來集之撰。集之有《讀易隅通》，已著録。是書《初編》六卷，《二編》六卷。皆採摭唐、宋、元、明諸家之説，以類相從，《排纂其文。而總括立一標目，或雜引古書而論之，或先立論而以古書證之。徵摭繁富，頗有考證之處。而細大不捐，蕪雜特甚，亦多有迂僻可笑者。

漁書

黄虞稷《千頃堂書目・子部・雜家類》 林日瑞《漁書》十三卷。

紫雲隱書

黄虞稷《千頃堂書目・子部・雜家類》 程仲彝《紫雲隱書》□卷。崇禎庚午序。

芝園外集

徐𤊹《徐氏家藏書目・子部・諸子類》《芝園外集》二十四卷。張時徹。

軒渠集

楊士奇等《文淵閣書目・荒字》《軒渠集》一部一册，闕。

蜂鬚集

黄虞稷《千頃堂書目・子部・雜家類》 龔安卿《蜂鬚集》十九卷。字長安，莆田人，一作三十卷。

紀録彙編

《四庫全書總目提要・雜家・存目十一》《紀録彙編》二百十六卷。浙江鮑士恭家藏本。

明沈節甫編。節甫，烏程人。嘉靖己未進士，官至工部左侍郎，謚端靖。是書採嘉靖以前諸家雜記，裒爲一集，凡一百一十九種。其中有關典故者多已別本自行。其餘如王世貞《明詩評》之類，則文士之餘談。祝允明《志怪》之類，又小説之末派。一槩闌入，未免務博好奇，傷於宂雜。且諸書有全載者，有摘鈔者，甚或有一書而全録其半，摘鈔其半者，爲例亦復不純。卷帙雖富，不足取也。

元壺雜俎

《四庫全書總目提要・雜家・存目七》《元壺雜俎》八卷。安徽巡撫採進本。

明趙爾昌撰。爾昌字慶叔，錢塘人。官宣城縣知縣。是書雜採史傳説部，鈔合成編。分勝事、名言二紀，各爲四卷。大致欲仿沈括《清夜録》、周密《澄懷録》之體。而採掇蕪雜，或註所出，或不註所出，亦無定例，不過陳繼儒之流耳。前有萬曆辛亥笪繼良序，稱采之古者什七，裁之今者什三。則其隨意成書，不盡有典據可知矣。

益智編

《四庫全書總目提要・雜家・存目七》《益智編》四十一卷。浙江巡撫採進本。

明孫能傳撰。能傳有《謚法纂》，已著録。是書成於萬曆甲寅，凡分十有二類。

游具雅編

《四庫全書總目提要・雜家・存目七》《游具雅編》一卷。編修程晉芳家藏本。

明屠隆撰。所載笠杖漁竿之屬，皆便於遊覽之具，故以爲名。卷末附圖四式。一曰太極樽，一曰葫蘆樽，一曰山遊提盒，一曰提爐。雖書中所已具，以其形製皆須圖乃明，故復附繪於末。

纍瓦編

《明史・藝文志・子部・雜家類》吴安國《纍瓦編》三十二卷。

最樂編

范邦甸等《天一閣書目・雜家》《最樂編》五卷。刊本。明高道淳著，魏大中等正并序。

國寶新編

錢謙益等《絳雲樓書目・雜記》《國寶新編》俱見傳記。

研山齋雜記

《四庫全書總目提要・子部・雜家類七》《研山齋雜記》四卷。編修勵守謙家藏本。

不著撰人名氏。考研山爲孫承澤齋名，或疑即爲承澤作。然所引查慎行《敬業堂詩》、王士禎《居易録》等書，皆在承澤以後，則必不出承澤手。考承澤之孫炯有《研山齋珍玩集覽》，此書或亦炯所撰歟。首論六書，而附以璽印及刊版、告身、表文之屬。次研説、墨譜，而附以眼鏡。次爲銅器考、窯器考。皆頗足以資考證。蓋承澤雖人不足道，而於書畫古器則好事賞鑑，兩擅其長。其所收藏，至今爲世所重。炯承其遺緒，耳擩目染，具有淵源。其所論著，一一能詳究始末，細別纖微，固亦不足異矣。

長物志

《四庫全書總目提要・子部・雜家類七》《長物志》十二卷。浙江鮑士恭家藏本。

明文震亨撰。震亨字啓美，長洲人。徵明之曾孫。崇禎中官武英殿中書舍人，以善琴供奉。明亡殉節死。是編分室廬、花木、水石、禽魚、書畫、几榻、器具、位置、衣飾、舟車、蔬果、香茗十二類。其曰長物，蓋取《世説》中王恭語也。凡閒適玩好之事，纖悉畢具。大致遠以趙希鵠《洞天清録》爲淵源，近以屠隆考槃餘事爲參佐。明季山人墨客，多以是相誇，所謂清供者是也。然矯言雅尚，反增俗態者有焉。惟震亨世以書畫擅名，耳擩目染，與衆本殊。故所言收藏賞鑒諸法，亦具有條理。

檢蠹隨筆

《四庫全書總目提要・雜家・存目七》《檢蠹隨筆》三十卷。兩江總督採進本。

明楊宗吾撰。宗吾字伯相，成都人。官錦衣衛指揮。大學士廷和之曾孫，修撰慎之孫也。是書爲類二十有四，採掇瑣碎，分條編載，體近類書。而當時邸報及其祖父遺事亦間附焉。又有數條乃駁陳耀文《正楊》之非，及陳建《通紀》載楊廷和事之誤。又麗句、瑣語二門，專取詩文詞藻，與全書體例皆不相類，殊爲猥雜。自序稱不問人之棄取，惟意是採。今古駁雜，積成數卷。蓋亦道其實也。

李氏居室記

《四庫全書總目提要・雜家・存目七》《李氏居室記》五卷。浙江范懋柱家天一閣藏本。

明李濂撰。濂有《祥符先賢傳》，已著録。是編乃其退老居鄉，築别墅於郊外。有堂有序，各爲撰記。室中器物，悉製箴銘，以寓規警。蓋林居放志之作，故隨所欲言，不以修詞爲意云。

古今明堂記

黄虞稷《千頃堂書目・子部・雜家類》黄景昉《古今明堂記》六卷。

諸子拔萃

《四庫全書總目提要・雜家・存目七》《諸子拔萃》八卷。内府藏本。

明李雲翔編。雲翔字爲霖，江都人。是書成於天啓丁卯。取坊本諸子彙函割裂其文，分爲二十六類。其杜撰諸子名目，則一仍其舊。古今荒誕鄙陋之書，至諸子彙函而極。此書又爲之重儓。天下之大，亦何事靡有也。

諸子品節

黄虞稷《千頃堂書目・子部・雜家類》陳深《諸子品節》五十卷。萬曆庚寅序。

諸子奇賞

黄虞稷《千頃堂書目・子部・雜家類》陳仁錫《諸子奇賞前集》五十一卷，《後集》十六卷。

詩謎

楊士奇等《文淵閣書目・荒字》《詩謎》一部一册，闕。

《詩謎》一部一册，闕。

博物要覽

《四庫全書總目提要・雜家・存目七》《博物要覽》十六卷。兩淮馬裕家藏本。

明谷泰撰。泰字寧宇，官蜀王府長史。

玉芝堂談薈

《四庫全書總目提要・子部・雜家類七》《玉芝堂談薈》三十六卷。浙江巡撫採進本。

明徐應秋撰。應秋字君義，浙江西安人。萬曆丙辰進士。官至福建左布政使。是書亦考證之學，而嗜博愛奇，不免兼及瑣屑之事。其例立一標題爲綱，而備引諸書以證之。

新增格古要論

范邦甸等《天一閣書目・雜家》《新增格古要論》十三卷。刊本。明曹昭撰，王佐校，增後附《宫殿記》。

便民圖纂

范邦甸等《天一閣書目・雜家》《便民圖纂》十六卷。刊本。明陳維一編，歐陽鐸序。嘉靖丁亥冬翻刻。吕經序原本出三厓歐氏。若托始則任邱鄺廷瑞氏選刻于吴者。

《四庫全書總目提要・雜家・存目七》《便民圖纂》十六卷。安徽巡撫採進本。

不著撰人名氏。

藝林伐山

錢謙益等《絳雲樓書目・雜記》《藝林伐山》二十卷，楊慎。

經術要義

《四庫全書總目提要・雜家・存目七》《經術要義》四卷。浙江巡撫採進本。

國朝高元標撰。元標字琴山，嘉興人。其書雜採舊文，分門排纂。自孝行至閨範，凡二十五目。末附報應一門，所徵引尤涉荒誕。標曰《經術要義》，未免名實不符矣。

孝史類編

《四庫全書總目提要・雜家・存目七》《孝史類編》十卷。浙江巡撫採進本。

國朝黄齊賢編。齊賢字敬思，嘉興人。是編前列《孝經》，次述歷代帝王孝行，次述歷代孝子，各以事蹟相似者分類紀之，凡二十有二門。孝爲百行之原，發於至性，各不相師，未可宂陳條目。至於修道度親一門，尤爲二氏之言，非儒者之道矣。

閑家編

《四庫全書總目提要・雜家・存目七》《閑家編》八卷。浙江巡撫採進本。

國朝王士俊撰。士俊字犀川，平越人。康熙辛丑進士，官至河東總督。是編分家訓、家禮、家政、家壼四門，又各立子目。皆雜引古書，閒參以己見，大抵習見之詞。其家壺之名又頗嫌杜撰，於古無稽也。

多識類編

《四庫全書總目提要・雜家・存目七》《多識類編》二卷。兵部侍郎紀昀家藏本。

國朝曹昌言撰。昌言字禹拜，新建人。是編乃其劄記之文。分動物、植物二門，雜採諸書所載物性、物理，以儷語聯綴成文，頗爲博洽。前有南城陶成序，稱雍正丁未仲夏，昌言以疾卒，年二十有八。其兄以所著《格物類纂》二卷付梓，乞成爲序。所稱書名與此本不符。末有其兄茂先所作行狀，則稱昌言聞名山勝蹟，異卉奇葩，必周歷遊覽，考究本末。閒從野老農夫詢動植情形，得其實，歸即筆之於書。所著有《玉隆紀游》、《多識類編》、《輿圖輯略》、《四書薈言》諸書。今仍名《多識類編》，殆初名《格物類纂》，後改今名。

閑家類纂

《四庫全書總目提要・雜家・存目七》《閑家類纂》二卷。侍講學士彭紹觀家藏本。

國朝彭紹謙撰。紹謙字濟光，長洲人。乾隆丁卯舉人，官至曹州府桃源同知。是編裒輯治家格言，分爲十類。曰敦倫、曰培本、曰學術、曰閑邪、曰慎交、曰壼教、曰貽謀、曰治生、曰馭下、曰廣愛。貽謀門後附家塾課約一篇，則紹謙所自述也。大旨爲啓導下愚而作，故多涉於計較利害。然不談因果，亦不談神怪，在勸善書中，猶爲不詭於正云。

讀書樂趣

《四庫全書總目提要・雜家・存目七》《讀書樂趣》八卷。内府藏本。

國朝伍涵芬撰。涵芬字芝軒，於潛人。康熙丁卯舉人。是書首載朱子《四時讀書樂歌》，以見命名之意。然《四詩》、《晦菴集》不載。據《仙居縣志》，載此四詩題爲縣人翁森作。稱森字秀卿，號一瓢。宋亡後隱居不仕，著有《一瓢集》云云。

範家集略

《四庫全書總目提要・雜家・存目七》《範家集略》六卷。原任工部右侍郎李友棠家藏本。

國朝秦坊撰。坊字表行，號儼庵，無錫人。是編分身範、程範、文範、言範、説範、閨範。自周秦以及明代，凡前賢格言懿行，彙爲一帙。然頗宂雜。

範身集略

《四庫全書總目提要・雜家・存目七》《範身集略》八卷。浙江巡撫採進本。

國朝秦坊編。坊《範家集略》以身範爲先。然僅書中之一門，未爲賅備。故繼爲此編，專明範身之義。

查浦輯聞

《四庫全書總目提要・雜家・存目七》《查浦輯聞》二卷。浙江巡撫採進本。

國朝查嗣瑮撰。嗣瑮字德尹，海寧人。康熙庚辰進士，官至翰林院侍講。是書乃鈔撮雜家之言可資博覽者。大抵皆節録原文，無所考據。閒有自附新語，不過數條。

硯北雜録

《四庫全書總目提要・雜家・存目七》《硯北雜録》無卷數。編修勵守謙家藏本。

國朝黄叔琳編。叔琳有《硯北易鈔》，已著録。是書上至天文、地理，下至昆蟲、草木，凡經史所載，旁及稗官小説。據其所見，各爲採録，亦閒附以己意。大抵主於由博返約，以爲考據之資。中多簽題黏補之處，皆叔琳晚年手自删改。蓋猶未定之本也。

會心録

《四庫全書總目提要・雜家・存目七》《會心録》四卷。衍聖公孔昭焕家藏本。

國朝孔尚任撰。尚任有《節序同風録》，已著録。是編雜採古人清言佳事，略如沈括《清夜録》、周密《志雅堂雜鈔》之例。

養知録

《四庫全書總目提要・雜家・存目七》《養知録》八卷。編修曹錫齡家藏本。

國朝紀昭撰。昭有《毛詩廣義》已著録。是編乃其訓課家庭之作。雜引諸書所載嘉言懿行，而以己意發明之。

諸儒檢身録

《四庫全書總目提要・雜家・存目十一》《諸儒檢身録》一卷。鴻臚寺少卿曹學閔家藏本。

國朝令狐亦岱撰。亦岱字太峰，猗氏人。由左翼宗學教習官縉雲縣知縣。是編即其官縉雲時所刻。雜採諸儒格言，分爲八門。

人道譜

《四庫全書總目提要・雜家・存目七》《人道譜》無卷數，浙江巡撫採進本。

國朝閔忠撰。忠，歸安人。是書仿劉宗周《人譜》之意，以孝、弟、忠、信、禮、義、廉、恥爲人之要。分爲八集，各爲標目。雜採史事而各引先儒之説以發明之。

權衡一書

《四庫全書總目提要・雜家・存目七》《權衡一書》四十一卷。直隸總督採進本。

國朝王植撰。植有《四書參註》，已著録。是編雜採諸書之言，而閒斷以己意。分類四十，子目一百四十九。每一類爲一卷，惟制勝分二子卷，故爲四十一卷。

冬遊記

《四庫全書總目提要・雜家類》《冬遊記》一卷。浙江范懋柱家天一閣藏本。

明羅洪先撰。洪先字達夫，吉水人。嘉靖己丑進士第一，官至贊善。隆慶初贈太常寺少卿，謚文恭。事蹟具《明史・儒林傳》。洪先宗姚江良知之説，是書乃其赴召時取道金陵，與王守仁弟子王畿、王艮輩講學語。所言性命學問，浸淫佛氏，淪於虚寂，并守仁本旨而失之。李贄諸人，沿流不返。遂至累及守仁，爲儒者詬厲。其所從來者漸矣。

課業餘談

《四庫全書總目提要・雜家・存目七》《課業餘談》三卷。編修程晉芳家藏本。

國朝陶煒撰。煒字賓玉，秀水人。其書仿《釋名》、《廣雅》之體，採輯經史中淺近而易解者，以類編載。自天地至古音轉注，分二十有一篇。大概人所習知，稍加裒綴，別無考訂之處。甚至採《昭明文選》之註，連行累牘而没所自來，尤非著書之體。

老老恒言

《四庫全書總目提要·雜家·存目七》《老老恒言》五卷。浙江巡撫採進本。

國朝曹庭棟撰。庭棟有《易準》，已著録。是書皆言衰年頤養之法。前二卷詳晨昏動定之宜，次二卷列居處備用之要，末附粥譜一卷，借爲調養之需。蓋庭棟年七十五時作也。

七頌堂識小録

《四庫全書總目提要·子部·雜家類七》《七頌堂識小録》一卷。浙江巡撫採進本。

國朝劉體仁撰。體仁字公勇，諸書或作公㦛。「㦛」即古「勇」字也。河南棣川衛人。順治乙未進士，官至吏部郎中。王士禎《居易録》記體仁喜作畫而不工，恒蓄一人代筆。有宣州兔毛褐，真不知假之戲，至今以爲口實。然其賞鑒則特精，所撰《七頌堂集》中有與張實水尺牘，稱「近日仿《煙雲過眼録》爲識小録一册」，即是書也。

研山齋珍玩集覽

《四庫全書總目提要·雜家·存目七》《研山齋珍玩集覽》。無卷數，編修勵守謙家藏本。

國朝孫炯撰。炯字挈菴，大興人。吏部侍郎承澤之孫也。是書取《退谷隨筆》中所論銅、玉、磁器及筆、墨、硯紙、印章、文玩與刻版、繡繪、刻絲之屬，益以炯所見聞，編成此帙。炯自爲序。

福壽陽秋

《四庫全書總目提要·雜家·存目七》《福壽陽秋》無卷數。内府藏本。

國朝魏博編。博字約之，江寧人。其書凡分五集。首集爲勸善篇，二集爲省克編，三集爲修齊録，四集爲秦庭鏡，五集爲清涼散。皆取前人格言，編次成書。大旨勸人修福延壽，故以爲名。然多主於因果報應，故不免闌入二氏之説。

初學藝引

《四庫全書總目提要·雜家·存目七》《初學藝引》二十三卷。浙江巡撫採進本。

國朝李仕學撰。仕學字亨敏，號遜齋，揭陽人。是編本爲《初學游藝》而作。

韻石齋筆談

《四庫全書總目提要·子部·雜家類七》《韻石齋筆談》二卷。浙江鮑士恭家藏本。

國朝姜紹書撰。紹書有《無聲詩史》，已著録。是書仿周密雲煙過眼録，記所見古器書畫及諸奇玩。惟密書以收藏之人標題，此書即以其物標題。

書林揚觶

張之洞《書目答問·儒家》《書林揚觶》二卷。方東樹。盱眙吴氏刻本。